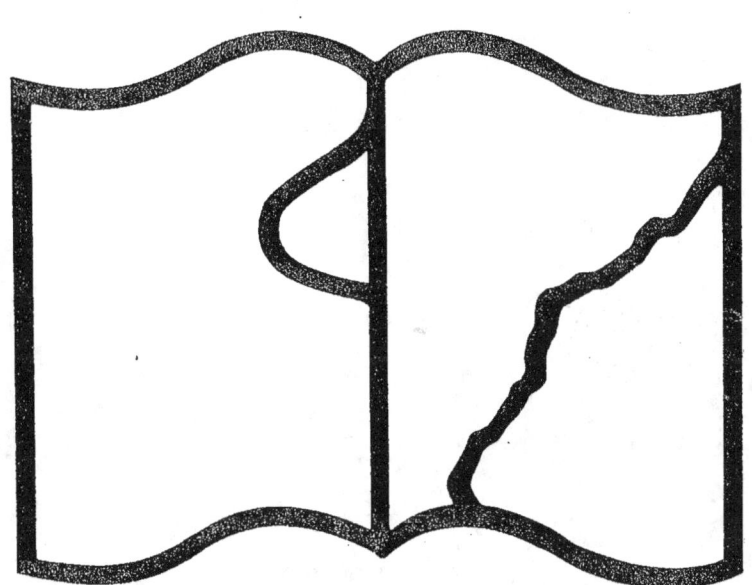

Texte détérioré --- reliure défectueuse
NF Z 43-120-11

LE
SECRET DU DOMPTEUR

GRAND ROMAN D'AVENTURES

PAR

LOUIS NOIR

LIBRAIRIE DES PUBLICATIONS A **5** CENTIMES. 42, RUE JACOB, PARIS

TABLE DES MATIÈRES.

PROLOGUE.
LA VÉNUS ROUGE
Chap. I. — Trois mois avant et trois mois après. 5
II. — Le combat. 17
III. — L'incendie. 19

PREMIÈRE PARTIE.
L'AMOUR D'UNE REINE
Chap. I. — Au bivac. 22
II. — Où Rosée-du-Matin voit M. de Lincourt pour la première fois. 30
III. — Une tempête dans un verre d'eau. 34
IV. — Son Excellence don Lopez y Matapan, gouverneur d'Austin. 40
V. — Où l'on présente au lecteur Sans-Nez et Bois-Rude. 43
VI. — Le camp indien. 50
VII. — Comment le comte cloua l'Aigle-Bleu sur son cheval. 61
VIII. — Invitation à la valse. 68
IX. — Le bal. 71
X. — D'un singulier incident. 87
XI. — Où l'Aigle-Bleu réalise le proverbe : *Ce que femme veut, Dieu le veut.* 87
XII. — Le prodige. 96
XIII. — Comme quoi il ne faut jamais jouer ses culottes et encore moins les perdre. 103
XIV. — Pourquoi le comte était en Amérique. 104
XV. — Comment la reine aux cheveux blancs envoyait des cartels d'invitation. 108
XVI. — Pourquoi Grandmoreau avait ri. 112
XVII. — La pierre fermée. 122
XVIII. — Une scène terrible. 128
XIX. — Où le señor Matapan perd plus que ses culottes. 141
XX. — La chasse à l'homme. 155
XXI. — Frère et sœur. 157
XXII. — Où et comment don Matapan s'éveilla. 159
Ch. XXIII. — Où John Huggs redevient capitaine. 164
XXIV. — Les pirates de la savane. 167
XXV. — Ramassé. 170
XXVI. — La défense. 171
XXVII. — Où il est traité par deux fameux docteurs une des plus graves questions qui aient divisé le monde savant. 172
XXVIII. — Dans quelle terrible situation se trouvèrent les docteurs Hilaire du Bodet et Simiol, à deux jours de marche d'Austin. 189
XXIX. — Comment la ville d'Austin eut quatre gouverneurs pour un, et de ce qui s'ensuivit. 19
XXX. — La Couleuvre. 192
XXXI. — D'une conversation qui eut lieu entre Tomaho et l'Aigle-Bleu. 200
XXXII. — Le message. 213
XXXIII. — Les couvents au Mexique. 214
XXXIV. — Confidences de nonne à nonnette. 220
XXXV. — La procession. 224
XXXVI. — Entrevue. 232
XXXVII. — La lagune de la mort. 233
XXXVIII. — Le marché. 235
XXXIX. — Le rapt. 238
XL. — Le feu. 238
XLI. — Le message d'amour. 249
XLII. — Il ne faut pas se lier à l'apparence. 254
XLIII. — Poursuite. 256
XLIV. — Comment Sable-Avide et Nativité se rencontrèrent et ce qu'il en advint. 264
XLV. — Pourparlers. 270
XLVI. — Monsieur et madame Tomaho. 274
XLVII. — Un engin infernal. 281
XLVIII. — Pour la science. 284
XLIX. — L'explosion. 290
L. — Où Tomaho et Sans-Nez donnent des leçons de tactique au colonel. 301
LI. — Les deux frères. 309
LII. — Le sacrifice. 313
LIII. — Les fiancés de la mort. 315

	Pages.
CHAP. LIV. — Bataille et combat.	317
LV. — Les Grands-Braves.	326
LVI. — Aventure extraordinaire arrivée à don Matapan.	336
LVII. — Où Tomaho se trouve obligé de réfléchir longuement.	344
LVIII. — Comment Tomaho vit un monstre extraordinaire et de ce qui s'ensuivit.	349
LIX. — Le truc aux macreuses.	354
LX. — L'ours et John Burgh.	359
LXI. — Des griefs qu'avait Tomaho contre le grand-père des ours.	366
LXII. — De l'idée qu'avait eue le comte de Lincourt pour une destruction de macreuses.	370
LXIII. — Tomaho et le grand-père des ours; lutte mémorable et terribles péripéties.	372
LXIV. — Les sauts périlleux.	384
LXV. — Le gouffre.	387
LXVI. — Où M. d'Eragny et Bouléreau se séparent de la caravane.	413
LXVII. — Comment avait opéré le talisman du sorcier John Huggs.	424
LXVIII. — Où le capitaine John Huggs se sépare de ses deux lieutenants.	429
LXIX. — Le repaire.	439
LXX. — Un café à cent pieds sous terre.	444
LXXI. — Où John Huggs soumet à sa troupe de superbes combinaisons.	447
LXXII. — La souricière.	451
LXXIII. — Où Bouléreau fait preuve de mansuétude.	460
LXXIV. — La loi de Lynch.	467
LXXV. — Colombes et vautours.	472
LXXVI. — Où Grand-Seize et Petit-Dix-Huit songent à célébrer de nouvelles noces.	477
LXXVII. — Suite des aventures de Tomaho et de Sans-Nez à cent pieds sous terre.	479
LXXVIII. — Paris en Amérique.	484
LXXIX. — Où l'on voit un bandit de la Calabre devenir chef de brigands dans les savanes du Mexique.	490
LXXX. — Où Galloni déploie, comme général, les plus brillantes qualités.	499
LXXXI. — Trop tard !	503
LXXXII. — Où Galloni est frappé d'étonnement.	505
LXXXIII. — Comment John Huggs se venge quand le commerce ne va pas.	510
LXXXIV. — Sous terre et dans l'eau.	519
LXXXV. — Où Bouléreau et sa pipe revoient la lumière du jour.	523
LXXXVI. — Nouvelle alerte.	527
LXXXVII. — Une singulière armée.	528
LXXXVIII. — Où Bouléreau voit des choses si étranges qu'il en laisse tomber sa pipe.	533
LXXXIX. — Les finesses de don Matapan.	536
XC. — Le repas du géant.	543
XCI. — Où Tomaho est bien près... d'avoir tort.	547
XCII. — De l'influence de la musique sur des pirates de prairie.	549
XCIII. — En route pour Austin.	552
XCIV. — Conseil de guerre avant la bataille.	559
XCV. — Un siège mémorable.	565
XCVI. — Expiation.	576
XCVII. — Les caïmans.	582
XCVIII. — La chasse aux caïmans.	591

	Pages.
CH. XCIX. — Où l'on revoit la reine aux cheveux d'argent.	598
C. — John Burgh à la recherche du Secret du Trappeur.	606
CI. — D'une consultation que M. de Lincourt demanda aux docteurs Simiol et du Bodet, et de la perplexité où il se trouva.	614
CII. — Le vrai remède.	621
CIII. — Après le premier pas?.	623
CIV. — La prairie tremblante.	629
CV. — Dans le guêpier.	636
CVI. — Où Simiol et du Bodet trouvent à point un cadavre pour leurs expériences.	642
CVII. — Où l'on voit à quoi peut servir un caïman mort.	653
CVIII. — Parisien et Peau-Rouge.	658
CIX. — Projets d'émancipation.	660
CX. — Enthousiasme et scepticisme.	662
CXI. — Les exigences de Sans-Nez.	672
CXII. — Suprêmes déceptions.	677
CXIII. — Sanglant dénoûment.	680
CXIV. — Quels étaient ces deux hommes?.	683
CXV. — Offres de trahison.	684
CXVI. — Où Tomaho étonne Sans-Nez par sa perspicacité.	686
CXVII. — Le chapelet de Grandmoreau.	690
CXVIII. — Le déjeuner.	693
CXIX. — Histoire du baron de Senneville.	699
CXX. — Les funérailles du Sauveur.	700
CXXI. — L'offrande de Sans-Nez.	711
CXXII. — Tomaho à la recherche des paroles magiques.	720
CXXIII. — La pêche aux anguilles.	722
CXXIV. — La Couleuvre siffle et redresse la tête.	735
CXXV. — L'homme-vampire.	738
CXXVI. — Joyeuse veille, triste lendemain.	740
CXXVII. — La soif!	748
CXXVIII. — De l'étrange aventure qui advint à du Bodet et à Simiol.	754
CXXIX. — Près du Secret.	763
CXXX. — Au-dessus de l'abîme.	770
CXXXI. — La grappe humaine.	783
CXXXII. — Un nouveau Titan.	789
CXXXIII. — Le danger grandit.	797
CXXXIV. — Jupiter tonnant.	802
CXXXV. — Bouléreau, ingénieur des ponts et chaussées.	813
CXXXVI. — Le Secret du Trappeur.	815
CXXXVII. — Une voile, un festin et une explication.	828
CXXXVIII. — Ce que Sans-Nez appelle une mise en perce.	834
CXXXIX. — Après le bain, la douche.	837
CXL. — L'or coule à flots.	842
CXLI. — Règlement de comptes.	8'0
CXLII. — Une visite inattendue.	854
CXLIII. — Où Tomaho apprend des nouvelles excessivement graves et intéressantes.	859
CXLIV. — Où Grandmoreau se montre intraitable.	862
CXLV. — L'exécution.	
Épilogue, qui pourrait bien devenir un véritable prologue.	

FIN DE LA TABLE DES MATIÈRES

Paris. — Typ. Collombon et Brûlé, rue de l'Abbaye, 22.

LE SECRET DU DOMPTEUR

Par LOUIS NOIR

1ᵉ Livraison   Prix : 5 centimes

LE SECRET DU DOMPTEUR

PROLOGUE

LA VENUS ROUGE

CHAPITRE PREMIER

Trois mois avant et trois mois après.

La scène que nous allons décrire se passe trois mois avant le début de notre drame.

Sous une haute futaie de chêne, dans une forêt immense, en pleine sauvagerie, sans crainte des Apaches, peuplado féroce et indomptée qui brave le Mexique et les États-Unis, deux hommes, deux blancs, deux trappeurs sont assis en face d'un feu clair, sans fumée, sur les braises duquel cuit un quartier de daim.

L'un est un vieillard à barbe blanche, à l'air franc et loyal.

Il est connu de tous les aventuriers, chasseurs ou chercheurs d'or, comme le guide le plus sûr, le compagnon le plus honnête, l'homme le plus brave auquel on puisse s'associer, pour une campagne à la recherche des fourrures précieuses ou des mines.

Il s'appelle Robinson.

C'est un Canadien d'origine française.

L'autre est un jeune homme de vingt-quatre ans, de fière mine, de tournure élégante; ses magnifiques cheveux noirs encadrent un beau et mâle visage.

Le ton, les manières, les gestes annoncent une éducation distinguée.

Le regard est étincelant, extraordinaire; il est impossible d'en soutenir l'éclat.

Le vieux Robinson, lui-même, qui a vu la mort presque chaque jour de sa vie, face à face, sans pâlir, évite de rencontrer le choc magnétique de ces deux prunelles qui lancent des gerbes de rayons électriques.

Ces deux hommes causent à voix basse, car entourés de périls comme ils le sont, exposés aux surprises des bêtes fauves et des indiens, ils prêtent attention au moindre bruit, ils se taisent à chaque instant pour écouter, ils sondent de l'œil les mystérieuses profondeurs des sous-bois.

Le danger est partout, ils sont enveloppés de menaces de mort; flèches des Peaux-Rouges, balles des pirates de savane, morsure des jaguars, attaques des ours gris démesurés, assauts furieux des bandes de loups noirs affamés, piqûres des serpents à sonnettes, enlacements monstrueux des boas, ils ont tout à craindre. Et, comme espoir, ils n'ont que leur courage et leur merveilleuse adresse au tir. Ils sont, du reste, armés jusqu'aux dents.

Le plus vieux chasseur dit à l'autre :

— Monsieur le comte, notre pacte prend fin demain. Nous allons nous séparer.

— Oui, master Robinson! dit le jeune chasseur. Oui, demain, nous nous quittons. Et, sur ma parole de gentilhomme, j'atteste que vous avez dignement tenu parole. En vue de mes plans d'avenir, vous avez fait mon éducation d'aventurier...

— Pardon, fit master Robinson, dites : de trappeur. Je suis trappeur et point aventurier. Vous voulez devenir un flibustier illustre, rassembler une armée, conquérir Cuba ou le Mexique, imiter Raousset-de-

Boulbon, c'est votre affaire. Vous m'avez demandé de faire de vous un homme bâti à chaux et à sable, un marcheur infatigable, un tireur hors ligne, un parfait chasseur, ne craignant rien au monde ; je me vante d'y avoir réussi ; j'étais sans rival, maintenant j'ai un maître. Vous tuez, mieux que moi, l'Indien, l'ours et le jaguar. Vous serez toujours le premier de votre future armée pour l'audace, la force et la ruse. Pour être fier de mon élève, j'en suis fier ; mais vous suivre comme vous me l'avez proposé, non.

— Parce que...

— Parce que tous les flibustiers finissent misérablement et sont fusillés ou pendus.

— Pour faire une grande fortune digne de mon nom, dit le comte, il faut bien risquer quelque chose.

— Sans doute, sans doute! fit le vieux trappeur. Mais moi, je ne suis pas comme vous un comte ruiné, un de Lincourt qui a son blason à redorer. Je suis un vieux trappeur qui a gagné une petite fortune et qui veut finir ses jours en paix. Votre éducation est ma dernière campagne ; elle finit demain.

— Master Robinson, je vous regretterai et je vous serai toute ma vie reconnaissant.

— Alors, dit le trappeur, décidez-vous à me faire plaisir. Confiez-moi le secret.

— Quel secret?

— Monsieur le comte, vous savez bien ce que je veux dire ; comme le serpent fascine l'oiseau, vous fascinez les fauves. Je vous ai vu amener à vos pieds, comme des chiens soumis, les jaguars et les ours. Ce n'est pas naturel. Vous avez un secret ! Dites-le moi.

— Master Robinson, dit le comte de Lincourt (car c'était un de Lincourt très authentique) si mon secret ne servait qu'à dompter les fauves, je vous le dirais. Mais ce secret me permet de dompter les hommes ; c'est lui qui fait ma force et mes chances ; c'est lui qui me permettra de réaliser mes rêves de grandeur. Master Robinson, vous êtes trop sage pour ne pas comprendre que je dois garder mon secret.

Le vieux trappeur poussa un soupir et n'insista pas.

Tout-à-coup l'on entendit un long cri de détresse sous la futaie, à peu de distance.

En un clin d'œil, les deux chasseurs sautèrent sur leurs armes et disparurent dans la forêt.

Ils arrivèrent bientôt près d'un massif de chênes entrelacés de lianes, au milieu duquel ils aperçurent une jeune Indienne, montée sur un cheval de sang, lequel portait un lynx sur son cou.

Le lynx ou loup-cervier n'atteint en Amérique que quatre-vingts centimètres de long ; ce n'en est pas moins un animal redoutable qui attaque les plus grosses proies. Il se jette sur les daims, sur les lamas, se cramponne de ses griffes sur leur cou, et travaille des dents jusqu'à ce qu'il ait atteint l'artère carotide. Alors il saigne la bête.

La course, les sauts, les ruades de sa victime ne peuvent lui faire lâcher prise.

A la vue de ce qui se passait le vieux trappeur comprit ce qui était arrivé.

Cette Indienne avait dû avoir la fantaisie de se promener, à cheval, loin du camp, ce qui n'a rien d'étonnant pour qui connaît les mœurs des Apaches, nation de cavaliers.

Le lynx avait sauté sur le cheval qui s'était emporté et qui, en ce moment, se débattait au milieu des lianes.

Master Robinson épaulait déjà sa carabine lorsque le comte de Lincourt lui dit :

— Non ! Pas de coups de feu ! Inutile d'attirer ici des Indiens.

Et il s'avança droit au lynx qui, levant la tête, aperçut le comte. Celui-ci s'arrêta et plongea son regard dans celui du lynx.

Le lynx, immobile, parut comme pétrifié par un pouvoir inconnu.

La jeune fille en profita pour sauter à terre et pour tomber dans les bras de master Robinson qui murmurait : « Dieu me damne si ce n'est pas la Vénus-Rouge ; il n'y a qu'elle qui puisse être aussi jolie. »

L'Indienne s'était mise à crier au comte :

— Tuez-le ! Tuez-le donc !

Mais Robinson la fit taire d'un geste.

Alors elle regarda, stupéfaite, la scène singulière qui se déroulait devant elle.

Le lynx ne bougeait plus.

Le comte marchait lentement sur lui et la bête frissonnait de tous ses membres, le poil hérissé, le dos ondulant ; elle voulait fuir, mais elle était clouée en place par la fascination de l'œil fulgurant du comte.

Celui-ci, le couteau de chasse en main, arriva sur le lynx, et, d'un coup prompt et sûr, le poignarda.

La bête, blessée à mort, se débattit, miaula effroyablement, chercha plusieurs fois à s'élancer, mais toujours contenue par le regard du comte, elle finit par tomber sur le sol et rendit le dernier souffle.

Le comte, cependant, examinait la blessure du cheval et, la trouvant peu dangereuse, il coupa les lianes qui l'enveloppaient.

L'animal, hennit de plaisir.

Le comte, regardant alors la jeune Indienne, la trouva charmante, sourit et lui dit galamment, en lui présentant la main pour qu'elle montât à cheval :

— Et maintenant, jeune fille, allez rejoindre votre tribu et ne commettez plus de pareilles imprudences. La clairière de la forêt est à deux cents pas d'ici, une fois en plaine vous ne craignez plus rien.

L'Indienne avait sauté en selle.

Elle demanda en rougissant :

— Tu es donc un ami des Peaux-Rouges?

— Non ! dit le comte. Je suis en guerre avec les Apaches. Mais tu es une femme et quoique vous autres, Indiennes, vous soyiez féroces, je ne veux pas venger sur l'une de vous les tortures que vous faites subir aux prisonniers.

Avec un sourire :

— Et puis vous êtes si jolie, mon enfant, que ce serait un crime de vous causer le moindre ennui.

L'Indienne parut extrêmement troublée et prit, avec la fougue des natures primitives, le parti subit de lancer son cheval au galop et de gagner la plaine au plus vite.

— Sauvage, va ! dit master Robinson. Ça ne dit même pas merci !

Puis avec humeur :

— Monsieur le comte, vous venez de manquer une occasion de faire ma fortune et la vôtre.

— Ah bah!

— Oui, dit le vieux chasseur. Une belle fortune. Cette jeune fille est tout simplement la Vénus-Rouge.

— Vous en êtes sûr.

— Absolument. Et il est trop tard pour la rattraper maintenant. Elle nous a glissé dans la main.

Le comte réfléchit. C'était, en effet, un coup de fortune qu'il avait manqué là.

A cette époque, la grande tribu des Apaches, sur les conseils des prêtres, avait choisi une reine.

Une prédiction annonçait qu'une femme devait sauver les Indiens et jeter les Visages-Pâles à la mer ; à certains signes, les prêtres avaient cru reconnaître cette femme dans une jeune fille d'une beauté incomparable ; ils l'avaient mise à la tête de la nation apache, et cette enfant de quatorze ans commandait à trente mille guerriers.

Les trappeurs, en raison de cette beauté qui était célèbre dans toute l'Amérique, l'avaient surnommée la Vénus-Rouge, parce que ses sujets étaient des Peaux-Rouges.

Nul doute que, pour la rançon d'une pareille prisonnière qui leur était chère, les Apaches n'eussent payé une grosse rançon.

Cependant le comte dit au trappeur :

— Eh bien, master Robinson, tout bien réfléchi, mieux vaut que la petite se soit enfuie. Moi, de Lincourt, je ne pourrais battre monnaie avec une femme.

— Ce qui est fait est fait, dit le vieux chasseur avec philosophie. N'en parlons plus, mais filons. Les Apaches vont revenir et ils chercheraient à nous pendre... par reconnaissance.

Le vieux trappeur ramassa le lynx, dont la peau était précieuse, et tous deux se mirent en route.

— Et nous allons... demanda le vieux chasseur.

— A San-Francisco ! C'est là que je trouverai à lever ma première bande d'aventuriers ! dit le comte.

— Je vous mettrai sur la route, monsieur le comte ; mais je n'irai pas jusque-là ! déclara le vieux trappeur.

— Soit, master Robinson ! A votre volonté.

Et ils s'enfoncèrent dans la forêt.

. . . .

Trois mois se sont écoulés.

Nous sommes à San-Francisco, dans la fameuse taverne du *Buffalo*.

Cette taverne est fréquentée par tous les aventuriers de la ville.

Il est dix heures du soir.

Toutes les tables sont occupées.

Les buveurs bruyants et nombreux, debout ou assis, forment des groupes animés du plus étrange aspect.

Les costumes offrent une variété infinie.

Le simple caleçon de cotonnade, tranchant sur la peau noire d'un nègre, contraste avec le velours brodé du Mexicain.

Là un gentleman avec la courte jaquette anglaise, et plus loin un Chinois avec sa longue robe de soie chamarrée.

Vestes de marin, guenilles de vagabonds, blouses de chasse, manteaux de guerriers indiens, et surtout armes de toutes formes et de toutes provenances, tel est l'aspect bariolé de la salle.

Si l'on ajoute à ce discordant assemblage

de couleurs criardes les différences de teint chez ces hommes venus de toutes les parties du monde, on se fera une idée incomplète de l'étrange et bizarre société réunie, le 10 août 1865, à la taverne du *Buffalo*.

Un jeune homme se distingue de la foule.

Il occupe seul une table au milieu de la salle.

Il fume silencieusement un havane, et, de temps à autre, porte à sa bouche une coupe de cristal dont il savoure lentement le contenu.

C'est le tavernier, maître James Rood lui-même, qui tire de sa prison de glace une bouteille au col argenté et verse le champagne à son client.

Quel est ce gentleman ?

Plusieurs individus de mine hostile paraissent s'adresser cette question ; ils fixent leurs regards insolents sur le buveur de champagne, et lancent de grossières plaisanteries.

L'élégance de ce gentleman choque ces brutes.

La toilette du gentleman est irréprochable.

Elle tranche sur le délabrement des uns et le mauvais goût des autres.

Mais regards et paroles ne rencontrent qu'indifférence ou dédain.

L'élégant gentleman, calme, impassible au milieu du brouhaha produit par les conversations de deux cents consommateurs, paraît attendre quelqu'un ; ses regards se fixent longuement sur les nouveaux arrivants.

Quelques coups de révolver partis de différents points de la salle lui avaient fait à peine détourner la tête. Il connaissait sans doute les habitudes du pays. Permis de s'exercer au tir dans une salle, pourvu qu'on la payât. C'était et c'est encore la règle.

A quelques pas du buveur isolé se tenait un autre personnage assez remarquable.

Debout près d'une table surchargée de bouteilles vides, cet individu causait avec plusieurs hommes qui paraissaient l'écouter complaisamment. Ils l'appelaient « le Trappeur. »

Les traits de son visage hâlé étaient rudes, mais réguliers. Une barbe courte et drue les cachait à demi. Sous les épaules carrées se développait un torse puissant. Les membres, aux extrémités fortement accusées, dénotaient une vigueur musculaire peu commune. « Le Trappeur » portait avec aisance le costume des gens de son métier : veste de peau de daim, culotte pareille, bonnet de fourrure et bottes ferrées, en cuir solide. De plus, le rifle de fabrication kentuckyenne, le révolver à six coups dans un étui fixé à la ceinture, et à côté un poignard à lame tranchante pouvant servir à la fois d'arme de combat et de couteau à dépecer le gibier. Enfin, près du révolver pend, comme une aumônière, une bourse de cuir rendant des sons métalliques à la moindre secousse que lui imprime son propriétaire.

Le Trappeur exerçait une grande autorité sur ceux qui l'entouraient. On le craignait. C'était un Français nommé Grandmoreau : il était reconnu qu'il valait mieux l'avoir pour ami que pour ennemi. On disait merveilles de son audace et de son adresse. Un jour, au désert, devant plus de trente chasseurs et de cent Indiens, dans une fête, il avait enlevé avec une balle, à vingt pas de distance, un caillou entre les doigts d'un de ses amis qui avait eu en Grandmoreau assez de confiance pour se risquer à tenir l'objet visé. (Voir notre gravure, livraison 2.)

Le chasseur a l'aspect brutal ; au repos, l'œil est doux ; dans l'irritation, il devient sanglant et sort de l'orbite. Cette tête rappelle celle du taureau, à ce point que Grandmoreau a reçu le surnom de *Tête de Bison*. Ce dont il n'est point choqué. Le fond de ce caractère est une certaine inquiétude, une susceptibilité ombrageuse, souvent inexplicable, qui s'offense d'un rien : certaines injures, plus graves, le laissent indifférent. Ignorant et grossier, Grandmoreau hait d'instinct toute supériorité.

Le Trappeur a remarqué l'élégant gentleman auquel verse à boire le tavernier plein de déférence.

Évidemment l'attention de l'hôte choque le chasseur ; tant d'égards l'offensent.

S'ils s'adressaient à quelque personnage célèbre dans les prairies, à quelque aventurier fameux, passe encore !

Mais rendu à ce gentleman inconnu, rendu parce que cet homme était bien mis, cet hommage irritait le Trappeur, qui n'était pas homme à cacher son opinion.

— Fait-il des embarras, ce musqué! disait-il à voix haute. Ça se donne des airs !

« Ça vous dédaigne et ça n'a pas l'air de faire attention aux autres. Nous allons tâcher de lui donner une légère émotion, et nous verrons s'il prendra garde à moi. Ne bougez pas, vous autres. »

Le batteur d'estrade tira son révolver de sa gaîne, l'arma, et visant un moment, il coupa en deux le cigare que fumait le gentleman. Celui-ci eut à peine un mouvement de surprise. Son front se plissa légèrement, et son regard, d'où jaillit un éclair, se fixa une seconde sur celui du mauvais plaisant.

Le gentleman comprit que le Trappeur voulait le faire sortir de son impassibilité et jugea qu'il éprouvait son sang-froid. Alors, de l'air le plus calme, il tira un nouveau cigare d'un étui de maroquin, l'alluma et se remit à fumer.

On avait applaudi à l'acte d'imprudence et de brutale provocation du Trappeur.

On applaudissait maintenant la superbe indifférence du gentleman. Le coureur de bois ne voulut pas rester sous le coup de cet échec :

— Nous verrons bien ! dit-il. Je le forcerai à se fâcher, ce gaillard-là, et... nous rirons.

Le Trappeur était déterminé à pousser l'affaire jusqu'au bout.

D'une seconde balle, il brisa le verre que le gentleman portait à ses lèvres.

Ce dernier ne sourcilla pas ; il secoua son gant mouillé par le vin répandu, fit signe à l'hôtelier de lui apporter une autre coupe, la remplit, la vida lentement, puis se leva.

C'était un adversaire digne du Trappeur pour la force physique, à en juger par les formes que ne dissimulaient pas ses vêtements de drap fin.

Avec la taille un peu au-dessus de la moyenne, concordait, dans une harmonie parfaite, une structure élégante et forte. Il devait y avoir autant de souplesse que de vigueur dans ces muscles accusés par les plis de l'habit.

Une barbe brune, fine et légèrement frisée, encadre un beau visage, froidement et noblement énergique.

L'œil est fixe et brillant, la lèvre fière et dédaigneuse, le front haut et dégagé.

Le Trappeur avait provoqué un adversaire de fort bonne mine, comme on voit ; il n'en supporta pas moins fièrement le regard hautain dont le gentleman l'enveloppa.

Il ricanait même avec une persistance insolence.

— Il n'est pas méchant, dit-il en se tournant vers un groupe nombreux d'où partirent des rires approbatifs.

Le gentleman avait pris dans sa poche un petit révolver à canons si courts, que l'on ne vit pas l'arme dans sa main ; il leva le bras vers son adversaire, il ajusta un moment, et la balle coupa les cordons de la bourse du Trappeur. Le sac de cuir tomba et s'ouvrit.

Une partie de l'or qu'il contenait s'éparpilla sur le plancher. Cette fois encore, les rieurs changèrent de camp.

Mais, en riant, on se bousculait pour ramasser les dollars, que le Trappeur laissa courir sur le plancher sans s'en préoccuper.

Il y eut un moment de brouhaha.

On se bouscula pour trouver les pièces ; on se gourma ; des tables furent renversées.

Il y eut des nez écrasés par des coups de poing, des dos piqués de coups de couteau, de furieuses injures échangées.

Un Chinois resta mort sous un banc ; un homme sortit ensanglanté ; mais le silence se rétablit rapidement.

. . . .

L'or ramassé, chacun se sentait pris d'une curiosité intense.

Deux adversaires de cette force ne pouvaient manquer d'offrir le spectacle de quelque duel extraordinaire. Le Trappeur était furieux. Son adversaire restait impassible.

Le chasseur s'avança menaçant :

— Nous verrons si vous êtes aussi adroit deux fois de suite, dit-il. Nous allons nous battre.

La situation était dessinée nettement, à la grande joie des assistants.

— Oui ! oui ! cria aussitôt la foule. Un duel !

Chose étrange! On eût dit que les deux champions appartenaient aux spectateurs, et que ceux-ci avaient le droit de leur imposer les conditions de la lutte. C'est la coutume américaine.

On disait : Ici! Non! Dehors! Oui! Ici! Nous serons tous témoins.

Les exclamations de toutes sortes se croisaient, assourdissantes, inintelligibles.

Tous les consommateurs étaient grimpés sur les siéges, sur les tables.

Deux cents voix parlaient à la fois.

Ce fut pendant cinq minutes un tapage infernal, un désordre indescriptible.

. . . .

Cependant James Rood, le maître de l'établissement, s'était hissé sur une table; il réclama énergiquement le silence. Il l'obtint.

— Je ne permettrai pas que l'on s'égorge dans ma maison... commença-t-il. Je ne...

Une formidable protestation coupa court au speech du tavernier.

— A la porte! criait-on. Par la fenêtre, l'empoisonneur! Pendons-le!

James était entêté, de plus homme d'expédients.

— Si l'on ne m'écoute pas, cria-t-il, je fais éteindre le gaz.

Et les lumières commençant à baisser, le calme se fit aussitôt. Plus de gaz, plus de plaisir. On ne verrait rien.

James Rood posa son ultimatum :

— On me payera la casse, dit-il.

— Oui, oui, répondit-on.

— Je propose, continua maître James, de mettre les frais à la charge du vaincu.

— C'est juste! bravo! cria la foule.

Les deux champions approuvèrent.

Parfaitement rassuré, car il savait les deux adversaires solvables et gens de parole, le tavernier descendit de sa tribune improvisée, et se mêla au groupes formés par ses clients. On pouvait tout pulvériser chez lui : la dette ne serait pas reniée.

. . . .

Le gentleman, calme et digne, avait laissé passer l'orage populaire. L'apaisement s'étant fait, il parla à la foule.

— Cet homme, dit-il d'une voix claire et assurée en désignant le Trappeur, m'a provoqué sans raison.

« J'accepte le défi!

« Mes nombreux témoins nous désigneront l'arme qui leur conviendra, et ils régleront les conditions du duel. J'ai dit.

Une immense acclamation répondit proposition, faite avec le plus profond dédain pour le Trappeur, qui sentait bien l'immense supériorité d'attitude que son adversaire avait sur lui. Mais il comptait prendre sa revanche dans le combat.

Trait de mœurs!

Le gentleman a engagé la foule à se prononcer; aussitôt elle ne discute plus; elle agit, et prend le meilleur moyen de trancher la question du choix des armes.

Une sorte de comité se forme.

Un bureau est improvisé.

Les votes sont recueillis dans les formes légales. L'*épée*. Le *révolver*. Le *couteau*. Les assistants désigneront l'une de ces trois armes.

. . . .

On va procéder au scrutin, quand une voix fortement timbrée se fait entendre malgré le tumulte.

— Je demande la parole, crie une sorte de colosse portant le costume des marins américains.

— John Huggs! dit-on dans la foule. Le capitaine du *Texas!* Parlez! parlez!

John Huggs est un personnage.

John Huggs est en faveur dans l'assemblée.

— J'ai une proposition à vous faire, gentlemen, dit-il.

— Écoutez! écoutez! murmure l'auditoire dont la curiosité est excitée.

Le capitaine continue :

— On se battra au couteau, si l'assemblée y consent.

« Le duel aura lieu, en champ clos, sur le pont de mon navire, dans la grande cuve dont je me sers pour le transport des poissons vivants. Vingt pieds de diamètre! C'est un espace suffisant. Ça ne s'est jamais fait. Ce sera très-amusant!

« Les combattants n'ont pas d'observations à présenter? demanda le marin.

Le Trappeur avait enlevé un caillou entre les doigts d'un de ses amis.

— Non! non! cria-t-on de toutes parts sans même laisser le temps aux premiers intéressés de répondre.

« Hurrah pour John Huggs!

« Au navire! »

La multitude n'aurait permis aux deux adversaires de refuser la proposition originale du capitaine, qui fut votée d'acclamation.

La foule des buveurs quitta bruyamment la taverne à la suite du marin et des deux hommes dont on venait d'arrêter le genre de supplice.

En tête John Huggs.

Puis le gentleman seul, toujours froid et dédaigneux.

Derrière lui, le chasseur et un groupe d'amis.

Le Trappeur, irrité de l'ascendant que son adversaire avait paru conquérir, se montrait de plus en plus insolent et provocateur.

Il prétendait que le gentleman n'avait pas eu l'intention de couper les cordons de la bourse.

— Il faut reconnaître, disait-il en ricanant, que le hasard a de singuliers caprices.

« Ce joli rat musqué veut me loger une balle dans le ventre, et il casse la boucle de mon ceinturon.

« Voilà qui est plus que réussi. »

Le gentleman eut un mouvement d'indignation.

— Vous me croyez donc assez lâche pour tuer un homme traîtreusement, sans le prévenir, même après une insulte? demanda-t-il avec un calme que démentait une légère altération dans sa voix.

— Lâche, je ne crois pas, répliqua le Trappeur.

« Mais maladroit, j'en jurerais. »

Le gentleman haussa les épaules.

— Voulez-vous me confier votre rifle?

— Volontiers!

Le gentleman se saisit de l'arme, en vérifia l'amorce et passa la baguette dans le canon.

— Chargé à deux cents mètres, dit-il.

« Très-bien !

« Vous voyez ce falot, sur la jetée?

— Oui.

Et le coureur de bois, devinant l'intention de son adversaire, ajouta :

— Un apprenti casserait cette grosse lanterne à chaque coup.

— Eh bien! moi je vais couper la corde qui la tient suspendue, et vous verrez le falot tomber tout allumé, affirma le gentleman.

Le coup était étonnant : on ne voyait pas la corde. Il fallait la deviner en quelque sorte. La foule s'arrêta.

L'intérêt devenait poignant. Le gentleman arma, visa et fit feu.

La lumière descendit, puis disparut, aux applaudissements des cinq cents personnes présentes, car aux consommateurs de la taverne du *Bufle* s'étaient joints quantité de curieux recrutés à chaque coin de rue.

Le Trappeur cessa de ricaner.

Les spectateurs trouvaient l'adresse du gentleman prodigieuse.

On arriva enfin sur le quai.

L'escorte, immense, houleuse, s'arrêta.

Le capitaine héla un canot de son bâtiment; puis il fit signe qu'il voulait parler.

La foule, qui commençait à chercher des moyens de gagner le navire, garda le silence et l'immobilité.

Le capitaine Huggs sourit.

Cet homme devait avoir une idée.

Il fit son speech.

— Les combattants, dit-il, ne se connaissant pas, je me fais un devoir de les présenter l'un à l'autre, ainsi qu'à vous tous, gentlemen.

S'adressant à l'étranger :

— Je vous présente, dit-il, Grandmoreau, surnommé le *Trappeur*.

Puis il attendit que le gentleman inconnu voulût bien lui décliner ses noms et qualités.

Mais lui, dédaigneux, jeta un fier regard sur la foule.

— Je n'ai besoin de personne pour me présenter, dit-il avec autorité.

« Je suis le comte Henri de Lincourt, compatriote de La Fayette. »

Un murmure approbatif accueillit ces paroles.

Le Trappeur grogna ;

— Un comte !

« Quel luxe !

« S'il est le seul représentant de sa noble famille, l'avenir de la race me paraît bien aventuré. »

Cette bravade fit sourire celui qu'elle avait la prétention de blesser.

Cependant le capitaine John Huggs lorgnait du coin de l'œil, en se frottant les mains, son embarcation qui ne tarda pas à venir ranger le quai.

Il y prit place avec ses deux compagnons.

Évidemment le capitaine avait son idée.

— Nage! dit-il à ses matelots, et rondement! Il y a un dollar de gratification si vous y allez vigoureusement.

Il tenait la barre.

Mais il jetait çà et là un regard sournois en voyant la foule se précipiter dans des barques.

Le capitaine semblait tenir extraordinairement à toucher au navire avant que personne autre n'y arrivât.

S'apercevant que les autres canots faisaient force rames, il cria à son équipe d'une voix furieuse :

— Par tous les diables! faillis chiens que vous êtes, nagez donc !

« Vous y allez comme si vous promeniez des ladies. »

Puis il ajouta :

— Dix dollars si vous gagnez sur tous ! Allez donc ! Hip ! hip !

Les matelots se couchèrent sur les avirons, et le canot fila comme une flèche vers le vapeur qui se balançait légèrement à un demi-mille en rade !

Mais, si bonne volonté que les marins y missent, deux yoles les gagnaient et se détachaient en avant des autres barques, qui formaient une flottille considérable ; tout était en mouvement dans le port ; plus de six mille personnes voulaient s'embarquer.

Le bruit de l'aventure qui se préparait s'était répandu avec une rapidité électrique. La ville entière accourait, avertie par des télégrammes lancés de tous côtés.

On n'imagine pas, en Europe, ce que c'est qu'une *attraction* pour les Américains ; quelle fièvre d'émotion et de curiosité les secoue quand un spectacle extraordinaire est annoncé !

C'est un délire !

Great attraction!

S'agit-il d'un combat bizarre, d'une exhibition singulière, d'un héros qui arrive ou d'une ballerine en renom qui débute, d'un écrivain célèbre qui fait une conférence ou d'un clown fameux qui débarque, *great attraction !*

C'est une fureur inouïe, indicible, qui s'empare d'une cité, d'un pays.

C'est une traînée de poudre.

Les affaires cessent, les voitures s'emplissent, les piétons se précipitent ; les courants humains se forment instantanément, s'enflent et roulent en cascades bruyantes vers le point désigné.

Les têtes s'exaltent ; la masse grossit toujours ; elle se monte à l'excès : c'est une folie contagieuse, frénétique.

Les moyens d'informations sont rapides, nombreux ; une ville américaine, avec son réseau télégraphique, vibre au même instant d'une extrémité à l'autre.

On se prévient, on s'appelle.

La secousse magnétique agite la cité.

La nouvelle arrive foudroyante.

« A John Griffish, rue 17 [1], n° 24.

« Venez au port : trappeur Grandmoreau contre gentleman très-adroit. Au couteau dans une cuve, sur *Texas*, aux flambeaux. *Great attraction.*

« Schmidt. »

Mille télégrammes semblables sont lancés par des amis à leurs amis, par des commis à leurs patrons.

Les journaux, en Amérique, luttent à qui renseignera le plus vite et le mieux les acheteurs ; la concurrence est acharnée.

Pour un fait divers intéressant, on improvise une édition.

Les reporters sont partout, voient tout, télégraphient tout.

[1]. La plupart des rues, dans les villes d'Amérique, portent des numéros, ce peuple neuf n'ayant pas d'histoire, et n'ayant par conséquent que très-peu de noms célèbres.

Déjà quinze de ces argus de la presse suivaient le cortège.

Déjà ils avaient envoyé des dépêches détaillées pour chaque incident.

Les tirages des feuilles étaient commencés lorsque la foule commençait à peine à s'ébranler vers le port ; on criait par les rues les bulletins frais encore avec cette mention :

« Édition extraordinaire !

« Détails émouvants !

« Duel aux flambeaux, etc... »

Tous achetaient et s'élançaient vers la rade, hurlant :

— Aux barques !

« Des barques ! »

En un instant, il n'y en eut plus.

Et la foule était là, exigeante, impérieuse ; on offrait vingt dollars pour avoir passage.

Le port, déjà si étrange d'aspect, offrait un coup d'œil pittoresque.

A dire vrai, ce n'est pas un port.

Il fut construit si bizarrement !

Pour la commodité du commerce, on voulut que les navires vinssent jusqu'aux portes des magasins.

Dans ce but, on éleva, au milieu de l'eau, les maisons sur pilotis ; on forma ainsi des rues.

Puis on culbuta dans la mer la colline du Télégraphe, qui surplombait le port.

Les débris de roc servirent à donner aux quais une base solide ; le dessous des maisons fut rempli avec la terre du monticule, et on eut ainsi une sorte de Venise américaine.

Au lieu d'amener l'eau en terre ferme par des canaux, les San-Franciscains amenèrent la terre dans l'eau.

Qu'on s'imagine la foule dans ces rues maritimes ! De tous les quais, on sautait en barque ; et, nous l'avons dit, les vapeurs chauffaient pour gagner le *Texas*, qui était en rade dans la petite baie du Télégraphe.

Cependant le capitaine Huggs voyait avec rage que les yoles gagnaient sur lui.

— Du nerf ! criait-il. Vous êtes des poules mouillées : cent dollars si vous arrivez premiers !

« Poussez, les enfants ! »

Chose étonnante !

Le capitaine, qui ne ramait pas, avait la sueur au front.

Et les yoles gagnaient toujours.

Le gentleman et Grandmoreau observaient curieusement le marin.

— Qu'importe, dit le Trappeur, si ces yoles nous dépassent!

— Par tous les feux de l'enfer! Grandmoreau, dit le capitaine, il importe extrêmement, il importe au plus haut point!

Et frappé d'une idée subite :

— Si ces marsouins-là me dépassent, murmura-t-il, je les aborde par le travers et je les coule en grand.

Le gentleman souriait.

Peut-être avait-il deviné le plan du capitaine.

— Trappeur, dit-il à son adversaire, je gage que vous ne coulez pas comme moi une barque d'un seul coup de rifle.

— Belle malice que de trouer une de ces yoles! fit Grandmoreau d'un air hargneux.

— Je parle de la couler! dit le gentleman, et il s'agit d'ouvrir une voie d'eau large comme le fond de mon chapeau,

— Sans tuer personne?

— Sans toucher personne.

Grandmoreau tendit son rifle de mauvaise grâce.

S'il n'eût pas été poussé par la curiosité, il n'eût pas prêté son arme ; mais il voulait voir le coup.

Les yoles étaient l'une à quarante brasses, l'autre à cinquante.

Le gentleman tira un premier coup en l'air, pour vider le canon.

Puis il prit dans sa poche son couteau, qui, comme tout bon couteau américain, contient toutes sortes d'outils sous un petit volume.

Il y avait dans le sien vrille et poinçon.

Le gentleman fit, très-lestement, un trou dans chaque balle ; il cassa la chaîne d'or de sa montre, la passa dans le trou de chaque balle, riva la chaîne en frappant du dos de son couteau et en s'aidant du plat-bord pour tenir coup ; puis il glissa le projectile dans le canon.

— C'est la balle ramée! dit-il.

Et il se coucha dans le fond du canot.

Il visa, au ras de l'eau, l'arrière de la yole la plus rapprochée et tira ; puis il se remit à charger tranquillement.

— Personne n'est atteint, dit-il souriant toujours; la yole s'enfonce.

En effet aucun des matelots ni des passagers n'avait remué.

Les rameurs continuèrent, avec l'entêtement caractéristique des Américains, à manier leurs avirons jusqu'à la dernière seconde; ils avaient la ceinture dans l'eau qu'ils ramaient encore.

L'embarcation sombra, au moment où l'autre yole en était à dix brasses.

— Hurrah ! avait hurlé le capitaine Huggs.

— Hurrah! avaient répondu ses matelots.

— Hurrah! avait acclamé la foule dans les barques.

Elle saluait la déconvenue de l'embarcatio qui avait la tête.

Question de jalousie.

— Et l'autre! fit le capitaine Huggs montrant la seconde yole.

— Inutile ! dit le comte.

« Vous allez voir. »

En effet ceux de la barque coulée avaient nagé vers la yole qui venait sur eux et ils l'abordèrent.

Il y eut lutte...

La yole chavira...

L'immense clameur de la multitude prouva que cet incident la ravissait d'aise.

Le capitaine Huggs était radieux.

— Je toucherai premier, dit-il avec expansion.

« L'honneur de mon canot est sauf! »

Le comte, que son ironique sourire n'abandonnait pas, compléta la pensée du marin.

— Et vous ferez un beau coup de commerce, n'est-ce pas, capitaine? dit-il.

John Huggs tressaillit.

Il était deviné.

Mais le *Texas* ne se trouvait plus qu'à quelques encâblures.

On l'atteignit.

Grandmoreau n'avait cessé de mâchonner à mi-voix des menaces sourdes.

— On verra tout à l'heure! grondait-il.

« Le couteau n'est pas la balle.

« ... Adroit... si l'on veut... mais il faudrait voir ça dans la prairie...

« L'on n'est réputé tireur que quand on a eu un Peau-Rouge ou un jaguar au bout de son fusil.

« Il n'est pas dit que l'on placerait sa balle dans l'œil de la bête... »

Et autres protestations d'amour-propre blessé.

Le comte ne s'en préoccupait pas plus que du clapotis de l'eau.

Grandmoreau jetait de temps à autre sur son élégant adversaire un rouge regard de buffle irrité, et il serrait furieusement la lame de son couteau.

On accosta.

John Huggs sauta sur le pont.

— Vite! dit-il.

« A bord! »

On se hissa sur le pont.

— Holà! avait crié John Huggs, tout le monde en armes, et du leste!

Puis au second :

— Harris, dit-il, je mets l'équipage de cinq pour cent dans mon idée! vous y êtes, à vous seul, de trois pour cent.

Les matelots accouraient avec des revolvers et des haches.

Ils y mettaient de l'empressement.

Connaissant le capitaine, ils jugeaient que le plan devait être productif.

— Des sentinelles partout! cria John Huggs; il y aura gros de recette.

« Feu sur qui voudra monter sans payer! et je casse la tête à celui de vous autres qui broncherait.

« Second, vous ferez la recette.

« Relevez l'échelle. »

Déjà la foule des barques était proche; les plus légères touchaient au navire quand le dernier ordre du capitaine fut exécuté.

John Huggs se frotta les mains, promena sur la flottille immense un long et joyeux regard et sembla se consulter un instant.

Il calculait...

Mais la foule s'irritait de ce que l'échelle avait été retirée.

Une formidable protestation avait éclaté et montait vers le ciel.

On tirait des coups de revolver sur le trois-mâts; on tentait l'abordage.

Mais c'était chose difficile que d'y réussir.

Du reste John Huggs, qui s'était arrêté à un chiffre, monta sur la dunette.

Il en fit garder l'escalier par deux de ses hommes les plus solides, puis, dominant la multitude, il saisit son porte-voix.

Tout le monde avait compris...

John Huggs allait rançonner le public!

Les Américains sont gens positifs; nul ne blâma le capitaine.

Chacun en eût fait autant à sa place.

Du moment où l'on pourrait monter en payant, tout était bien.

Ce peuple est ainsi fait que tous admiraient l'ingénieuse idée de John Huggs, et qu'il grandissait dans l'estime publique.

Le silence s'était fait.

A voir le capitaine armé de son porte-voix, on eût dit de Neptune calmant les flots, son trident à la main.

John Huggs salua, puis, fièrement, il lança son ultimatum :

— Gentlemen, cria-t-il d'une voix accoutumée à dominer la tempête, le duel aura lieu dans dix minutes.

« Tout le monde pourra voir le terrible combat que vont se livrer les braves champions que vous connaissez.

« Venez tous.

« Je ne prends que dix dollars par personne.

« Dix dollars seulement... »

L'avisé capitaine envoya son prix d'entrée aux quatre points cardinaux et attendit l'effet de son idée.

En un instant, le trois-mâts fut couvert de monde.

Le second recevait l'argent à mesure qu'un spectateur arrivait au sommet de l'échelle, qui avait été déroulée de nouveau.

Les premiers arrivés montèrent sur les agrès, y formant des grappes humaines; on se hissa partout.

Le trois-mâts, surchargé, s'enfonça de deux mètres au moins.

Cinq cents personnes étaient là, attendant que le duel commençât.

Toutes avaient acquitté le prix d'entrée imposé.

John Huggs jeta un regard satisfait sur ses nombreux spectateurs, et, un pied sur le sac d'or que venaient de lui apporter péniblement à travers la foule deux de ses hommes et le second, il commanda :

— Distribuez les torches !

On jeta des torches aux spectateurs.

— Gentlemen, cria John Huggs, vous êtes des hommes et non des buses.

« Une imprudence, et le vapeur flambe !

« Vous serez grillés ou noyés.

« Nous avons du pétrole à bord.

« Donc, prenez garde au feu ! »

Puis, sûr que chacun veillerait sur tous et tous sur chacun dans la crainte d'un incendie qui eût été effrayant, le capitaine cria :

— Allumez !

Trois minutes après, le pont du bâtiment était inondé de cette lumière rouge produite par la combustion de la résine et du chanvre.

La foule des spectateurs, grouillante et bruyante, faisait choix de ses places.

Les uns, grimpés sur les haubans et accrochés aux cordages, pendaient en festons au-dessus même du terrain de combat.

D'autres se tenaient droits sur les huniers.

Et tous cherchaient à gagner un point culminant, afin de pouvoir plonger du regard dans l'intérieur de la cuve.

A la lueur des torches, on pouvait distinguer sur les quais des masses énormes accourues à la nouvelle du duel étrange inventé par le capitaine Huggs.

Le marin yankee rayonnait; son idée avait un prodigieux succès.

Le long sifflement d'un vapeur vint tout à coup arrêter le vigoureux frottement de main par lequel il manifestait sa bonne humeur.

— Un concurrent ! dit-il avec mépris.

« Je m'en moque; ma salle de spectacle est comble ! »

Le *Texas* était bondé d'hommes.

John Huggs ne se trompait pas.

Le vapeur vint ranger le trois-mâts bord à bord et demeura immobile.

Sur le pont de ce navire nouveau-venu se pressait une foule compacte.

L'arrivée du vapeur fut bientôt suivie de celle de vingt, de trente, de cent bâtiments ancrés dans le port.

Et chaque vaisseau, illuminé brillamment, portait des milliers de curieux.

En un instant, le yacht fut enveloppé d'une vaste ceinture flottante.

Sous le ciel étoilé, sur la mer bleue, au milieu du resplendissement des torches, c'était un spectacle féerique. Mais la brutalité de l'homme imprimait à cette scène son cachet grossier.

Matelots et spectateurs s'interpellaient joyeusement d'un bord à l'autre; ils échangeaient des lazzis au gros sel et des propos plus risqués que faciles à traduire.

Les paris s'ouvraient, et l'on jouait sur les deux combattants.

Les poules s'organisaient.

— Je parie pour le Trappeur, criait une voix.

— Je tiens... A un contre cinq ?

— Accepté !

— Le comte sera tué d'un seul coup, affirmait un parieur.

— Cent dollars que non, répondait-on aussitôt.

Mille et mille défis s'engageaient ainsi en quelques minutes.

Enfin l'attention générale se concentra sur le yacht.

John Huggs avait embouché son porte-voix; on crut que le duel allait commencer.

Mais le capitaine lança l'avis suivant, suprême exploitation, réservée pour la dernière minute.

— Gentlemen, dit-il, j'ai sur la dunette des places d'où l'on plonge sur la cuve; je les offre à cent dollars l'une !

Le prix était exorbitant; cependant il y eut émulation, et, parmi ceux qui se trouvaient sur le pont, il se fit une bousculade pour se disputer ces places favorisées.

Un petit bossu, qui s'était hissé moyennant finances sur les épaules d'une sorte de géant, se mit à courir sur les têtes, tant la foule était compacte : il arriva premier sur la dunette, qui fut bientôt couverte.

Six reporters de journaux étaient parmi les heureux qui avaient gagné le bon poste; ils prenaient des notes.

Ici nous allons citer un fait historique qui paraîtra incroyable.

En ce moment, de vapeur en vapeur, jusqu'au trois-mâts, on passait de main en main un appareil télégraphique avec cette recommandation, qui se criait complaisamment d'un bord à l'autre :

« Au rédacteur du *Courrier des États-Unis*. »

Un fil *isolé* par un enduit de gutta-percha était attaché à l'appareil et se déroulait depuis une station placée sur les quais jusqu'au trois mâts le *Texas;* ce fil immergeait dans la mer et mettait ainsi en communication directe la rédaction du journal avec son reporter.

L'appareil, parvenu à destination, fut installé sur-le-champ et fonctionna aussitôt.

Personne n'eut l'idée bête de couper le fil conducteur; l'Américain a le respect de l'intelligence et ne cherche jamais à empêcher les autres de réussir; il imite les meilleurs procédés et tâche d'inventer mieux encore.

Autre fait réel et topique.

Le petit bossu s'était mis de son côté à développer un paquet qu'il avait tiré de dessous son paletot : ce paquet était sa bosse et contenait le prospectus d'une religion qu'on lançait pour le quart d'heure.

En Amérique, on invente tous les six mois une nouvelle secte.

Les prospectus tombèrent dru sur les spectateurs, qui les lurent à la clarté des torches.

Bizarre nation !

Grande nation !

Toute idée germe dans ces cerveaux américains.

Le *credo* de la religion qui venait d'éclore eût fait bien rire des Européens.

Le prophète de cette foi proposait la fusion de tous les cultes en un seul : quelque chose comme l'Unitéide du père Gagne !

Personne ne rit de ce plan.

Ceux à qui il ne convint pas d'associer le Christ à Bouddha, Confucius à Mahomet, Luther à Loyola, se contentèrent de jeter le prospectus; d'aucuns le gardèrent.

On augura bien, du reste, d'une religion qui avait de si intelligents missionnaires.

Dire tout ce qui se passa d'étrange pour un Européen, ce soir-là, serait impossible.

Il faut se borner...

Cependant la cuve était là, vaste, et admirablement disposée pour qu'on vît à merveille.

Elle avait un creux de deux mètres; mais d'un mètre seulement elle s'enfonçait dans le pont.

D'un mètre elle le débordait.

Les deux adversaires, qui avaient été conduits dans la cabine du capitaine pour s'y déshabiller, étaient attendus avec impatience.

La foule commençait à vociférer :

— Le duel !

« Au rideau ! »

Tout à coup la soupape qui servait à vider l'eau de la cuve s'ouvrit; les deux adversaires surgirent par là.

On eût dit d'une féerie.

La soupape se referma.

Des applaudissements violents retentirent.

Nus jusqu'à la ceinture, le poignard en main, et le bras gauche enveloppé d'un puncho mexicain, les adversaires attendaient silencieusement qu'on leur donnât le signal de combattre.

John Huggs avait fait argent de toute place.

Il n'avait plus un centimètre carré de disponible.

Il s'approcha de la cuve.

— Les combattants sont-ils prêts ? demanda-t-il.

Mais le Trappeur paraissait plongé depuis un moment dans de profondes réflexions.

Il releva la tête à l'avertissement du capitaine et répondit d'un air grave :

— Dans un instant.

« J'ai une précaution à prendre. »

La foule parut surprise.

Un incident surgissait.

Grandmoreau s'approcha du comte.

— Gentleman, dit-il à haute voix, il faut tout prévoir, prétend-on communément.

« Même l'impossible.

— Je suis de cet avis.

— Si vous me tuez, ce qui peut arriver, quoique absolument invraisemblable, vous aurez non-seulement accompli un joli tour de force, mais vous pourrez encore vous vanter de posséder un riche coup de poignard.

« Je dis un *riche, très-riche* coup de poignard.

« Je vais vous confier un secret enfermé là depuis dix ans. »

Le Trappeur frappa du poing son énorme crâne mamelonné de plus de bosses que tous les Galls n'en inventèrent jamais.

Puis il continua :

— Je sais que ma confidence doit entraîner fatalement la mort de l'un de nous.

« C'est pourquoi je n'hésite pas à vous la faire.

« Dépositaire de mon secret, vous ne souffrirez pas que je le partage désormais.

« Moi vivant, jamais homme ne me trahira ; car la mort suivra de près le legs prématuré de mon héritage. »

Le comte de Lincourt écoutait sans souffler mot.

Les bras croisés sur la poitrine, il riait silencieusement.

La foule des spectateurs, tout à l'heure bruyante, s'était soudainement calmée.

Les paroles du coureur de bois étonnaient, intriguaient, captivaient.

Quel pouvait bien être ce secret ?

Le maintien à la fois sérieux et railleur de M. de Lincourt déplut à Grandmoreau, qui reprit :

— Je vous somme d'ajouter foi aux paroles d'un homme qui n'a jamais menti, même pour éviter le scalpel inexorable du plus sauvage Peau-Rouge.

« Je ne suis pas un hâbleur, mais un chasseur connu comme véridique.

« Je suis un homme posé, moi.

« Croyez-en celui dont la signature vaut vingt mille dollars chez tous les banquiers d'Amérique, et par conséquent du monde entier.

Et se tournant vers la foule :

— Je prends à témoins, dit-il, ceux qui ne connaissent que j'ai dit vrai.

— Oui, oui, cria-t-on.

Le comte composa son attitude ; il devint on parut devenir confiant.

— Je vous écoute, dit-il.

— Je vais donc vous confier un secret ! dit Grandmoreau.

« Il vaut plus de dix, plus de vingt millions !

« De cette façon, je vais vous mettre dans la nécessité de me tuer, et me mettre, moi aussi, dans celle de vous tuer ; car c'est trop de deux hommes pour savoir ce que je veux vous dire. »

Le Trappeur se rapprocha encore du comte et parla à voix basse pendant plusieurs minutes.

La foule, très-attentive d'abord, n'entendit plus rien.

Aussitôt de devenir brutale et murer.

— Assez ! assez ! cria-t-on bientôt.
— Aux couteaux !
— En garde ! vociféraient les plus acharnés.

Les combattants se sont enfin séparés.

Le comte paraît très-impressionné de la confidence du Trappeur.

Il a tressailli plusieurs fois.

Il n'a plus le même air de dédain pour son adversaire.

Les spectateurs crient à tue-tête :

— Le signal !
« Le signal ! »

Le capitaine John Huggs prononce les mots traditionnels :

— Allez, gentlemen !

Un formidable hurrah s'échappe de vingt mille poitrines.

La population de la ville, sur les quais, répond par des acclamations assourdissantes.

La multitude a exigé qu'une commission, improvisée par elle, reçoive les dépêches envoyées au *Courrier des États-Unis* par le reporter qui est sur le trois-mâts.

On les communique verbalement, de la station du quai, à la population.

Puis le télégramme est expédié au journal sans retard.

Or on venait de recevoir l'avis suivant :

« Complication !
« Grandmoreau a un secret.
« Vingt millions !...
« Il révèle le secret au comte.
« Il faut que l'un ou l'autre meure. »

La ville fut brutalement empoignée par cette péripétie.

Des enragés, qui n'avaient pas d'argent, se mettaient à la nage.

On devine, à les voir, des vétérans de la *prairie*.

CHAPITRE III

LE COMBAT

Cependant le duel commence.
L'heure est solennelle.
Les adversaires sont haletants.
Les deux spectateurs ont une attitude qui fait contraste.
Ils sont superbes tous deux :
Le comte droit, très-peu fendu, le corps placé comme dans la garde savante et sévère de la boxe anglaise.
Son regard hautain est chargé d'éclairs; on sent que ce gentilhomme est sûr de lui, qu'il doit admirablement manier son arme.
Il attend le choc.
Grandmoreau est ramassé sur lui-même, prêt à bondir.
Il secoue sa tête énorme de bison en furie.
Cette masse furieuse, lancée par des jarrets d'acier, aura un irrésistible élan; c'est la force toute-puissante.
Le chasseur a pris la garde espagnole.
Les paris redoublent.
Le Trappeur fait quelques feintes.
Le comte recule.
Ses tenants regrettent d'avoir engagé leurs dollars sur lui.
Il a pourtant paré avec une habileté remarquable deux coups de bas en haut dangereux, mais il perd du terrain.
Enfin il est acculé aux parois de la cuve.
Grandmoreau tient son homme.
Il se replie, prépare une botte terrible, la combine sûrement; il menace par une attaque en flanc droit, puis à la tête; les lames ont étincelé.
C'est une passe rapide comme l'éclair : le comte est perdu.
Il n'arrivera pas au contre lors de la détente.

Le trappeur se rue sur son adversaire et frappe en s'élançant.

Mais le comte s'est dérobé en se baissant brusquement.

La lame de Grandmoreau s'enfonce de trois pouces dans le bois...

Un tonnerre de hurrahs éclate, roule et se prolonge.

Le Trappeur arrache son arme avec violence.

Le comte souriant est derrière lui; il n'a pas frappé...

Sûr de lui-même, il joue avec son adversaire...

Grandmoreau est fou de dépit; il lance la menace.

Il écume.

Le sang-froid du comte est merveilleux.

Il esquive les coups avec une prestesse qui tient du prodige.

Il joue un jeu serré, précis, inconnu en Amérique, où les traditions espagnoles font loi dans cette escrime.

Les retraites de corps, les effacements, les voltes, les oppositions du gentilhomme enthousiasment les spectateurs.

Grandmoreau ne rencontre jamais que le vide.

Le comte recule encore une fois, recule toujours, se trouve arrêté de nouveau.

Le Trappeur reprend du sang-froid et mesure bien son bond.

Mais le comte, profitant d'un jour dans la garde de son adversaire, frappe en pleine poitrine le chasseur de son poing gauche, et l'envoie rouler au milieu de la cuve.

Grandmoreau tombe lourdement.

Un rire gigantesque salue sa chute.

Il se relève, menace la foule du poing, tonne des imprécations.

Il voit le comte arrangeant son puncho sur son bras avec une parfaite tranquillité...

Ce calme pousse l'exaspération du Trappeur à ses dernières limites.

Ce taureau respire le sang.

Ses narines soufflent le feu.

L'œil s'illumine de lueurs sinistres.

Le chasseur se sent perdu, mais il veut mourir en tuant.

Peu importe qu'il soit frappé, pourvu qu'il frappe !

La foule l'encourage.

Le combat va devenir épouvantable.

Il y a chance pour un coup double et mortel.

Le chasseur change de garde et d'allures.

Il abandonne l'attitude courbée; il se redresse résolu, terrible, implacable.

Ses épaules s'élargissent, sa poitrine se développe en avant; la tête haute et le regard assuré, il marche à pas comptés sur son ennemi qui ne recule plus.

L'élégant gentleman est en pleine possession de lui-même.

Ses membres, corrects de forme, fins d'attaches et arrondis à leur naissance, dénotent autant de force que de souplesse.

Il laisse approcher le Trappeur.

La crise suprême est proche.

On trépigne furieusement, on acclame follement.

De monstrueux paris s'engagent.

Une sorte de fièvre s'est emparée de la foule.

La fureur du Trappeur semble croître avec les applaudissements prodigués à son adversaire.

Ses lèvres se frangent d'une ligne d'écume jaunâtre.

Mais il cherche avec une volonté tenace la lutte corps à corps, les bras enlaçant les torses.

Le comte a déroulé en partie le puncho enveloppant son bras gauche; — il laisse pendre la couverture mexicaine, à la manière des torreros; il l'agite.

Un long frémissement parcourt les rangs des spectateurs.

Les combattants se touchent et s'étreignent.

Leurs bras se lèvent, et les couteaux lancent de fugitifs éclairs.

Les bustes se tordent.

Les coups de talon retentissent sur les douves de la cuve.

Le sang coule.

Le Trappeur a poussé un sourd rugissement.

C'est lui qui est blessé.

Il se dégage, puis s'élance et frappe.

La pointe de son poignard ne rencontre que le vide ou le puncho flottant de son habile adversaire.

Il reçoit un nouveau coup.

Puis un troisième !

Un quatrième !

Un cinquième !

Encore ferme sur ses jarrets, il lutte toujours.

Il frappe en désespéré.

La fureur l'aveugle.

Pas un de ses coups ne porte !

Le comte, lui, paraît n'avoir qu'à étendre le bras pour entailler la peau du malheureux Trappeur.

Grandmoreau piétine dans son propre sang.

Il ne veut pas s'avouer vaincu.

Il est rouge de la tête aux pieds, et une chaude buée l'enveloppe.

Il combat toujours.

Épuisé, chancelant, il veut frapper encore.

Il tombe enfin, mais le poing haut et le poignard menaçant !

Le comte de Lincourt n'avait pas reçu une égratignure ; en revanche son puncho était en lambeaux.

La chute du Trappeur fut le signal d'un grand tumulte dans la foule.

Ceux qui avaient parié pour le gentleman français lançaient de joyeux hurrahs.

Ils étaient en minorité.

Ceux qui avaient compté sur la force et la valeur du coureur de bois poussaient des « grognements » significatifs.

Le comte, sans se préoccuper de l'opinion du nombreux public qui continuait à l'observer, jeta son poignard rougi ; puis, se hissant sur le bord de la cuve, il s'y maintint en équilibre en saisissant la corde maîtresse d'un hauban.

— Un médecin ! demanda-t-il d'une voix vibrante.

Un jeune homme se présenta aussitôt.

— Le docteur Finlay, dit-il.

— Bien.

« Examinez le blessé. »

Le médecin se fit apporter un seau d'eau douce.

Il en aspergea le Trappeur évanoui, dont les dix huit blessures furent visitées en quelques minutes.

— Aucune lésion grave ? questionna M. de Lincourt.

— Aucune.

— J'en étais sûr.

« Mais à quand la guérison complète ?

— Dans six semaines il sera sur pied.

— Bien, docteur.

« Je vous le confie.

« Vous m'en répondez.

« A bientôt ! »

Au contact de l'eau froide, le blessé avait repris ses sens.

Il entendit les dernières paroles adressées au médecin par son généreux adversaire.

Faisant un effort, il se souleva péniblement.

— Gentleman, dit-il, dix fois vous avez tenu ma vie à la pointe de votre couteau, et dix fois vous m'avez épargné.

« Vous vous êtes contenté de m'égratigner, quand vous pouviez me daguer jusqu'à la garde.

« C'est trop de générosité, monsieur le comte.

« C'est surtout trop de désintéressement.

« Je vous ai provoqué sans raison, j'ai eu tort.

« Quant au secret...

— Il sera bien gardé, se hâta de répondre M. de Lincourt.

Puis, s'emparant de la main que Grandmoreau lui tendait en signe de réconciliation, il lui dit rapidement à l'oreille :

— Au Buffalo dans deux heures.

Le Trappeur ne répondit pas ; il se laissa enlever par quatre matelots qui le descendirent dans une barque et le conduisirent à terre, ainsi que le docteur Finlay, déjà tout dévoué à son intéressant malade.

CHAPITRE IV

L'INCENDIE

Le public avait murmuré pendant les quelques minutes que dura la scène qui vient d'être décrite.

Bientôt les murmures dégénérèrent en grossières invectives, en interpellations outrageantes.

Le comte de Lincourt a sauté sur le pont ; fièrement campé près de la paroi de la cuve, il promène un regard dédaigneux sur la masse insultante.

Les traits de son visage visiblement contracté décèlent une forte agitation mentale.

Il se contient, pourtant, et pas un mot ne sort de ses lèvres blêmes et frémissantes.

Cependant les injures pleuvent de tous côtés.

— C'est un coup monté! crie-t-on.

« Nous sommes volés !

« Deux saltimbanques !

« Des duellistes pour rire !

— Eh! Français de Pontoise, criait une sorte de gavroche parisien à cheval sur une vergue.

« Combien pour cent sur la recette ?

— Pas dangereux, le métier ! gueulait un autre.

« Bravoure d'occasion !

« Bien payé pour un vieux meuble ! »

Mille injures, mille quolibets de même valeur partent de toutes parts et succèdent presque sans transition aux applaudissements frénétiques de tout à l'heure.

La foule est partout la même : excessive dans ses engouements comme dans ses haines.

M. de Lincourt, toujours silencieux, fit un geste impérieux, commandant à la foule de lui livrer passage.

Personne ne bougea.

Les poings s'élevèrent menaçants.

— Place! cria le comte d'une voix tonnante.

Quelques coups de revolver lui répondirent, et les balles lui sifflèrent aux oreilles.

Le capitaine John Huggs était là, souriant et tranquille.

Le brave Yankee additionnait mentalement le montant de sa recette.

— Capitaine, lui dit le comte, si vous êtes maître à votre bord, ordonnez qu'on me livre passage.

— Gentleman, répondit distraitement Huggs, arrangez-vous avec le public.

« Vous vous êtes tiré d'affaire jusqu'à présent; trouvez un expédient.

« Quant à moi, je n'ai pas à intervenir entre vous et tout ce monde. »

M. de Lincourt toisa John Huggs et dit d'un air sombre :

— Je t'ai fait gagner des sacs d'or ; je te es ferai perdre, misérable !

Il s'empara brusquement du porte-voix que le capitaine tenait sous son bras.

Et, l'embouchant, il lança à ses insulteurs cette menace :

— Je vais vous donner le feu pour torture et l'eau pour linceul.

Puis se saisissant d'une torche arrachée des mains d'un matelot, il la lança sur un amas de toiles goudronnées qui s'enflammèrent aussitôt.

Gagnant alors d'un bond le bordage du pont, il se dressa fier et superbe, éclairé en plein par les premières lueurs de l'incendie qu'il venait d'allumer.

L'apparition dura un quart de seconde.

Le vainqueur du Trappeur disparut soudain dans les flots.

Le capitaine Huggs, terrifié par les flammes qui couvraient déjà le tiers du pont de son navire, abandonna définitivement une difficile addition.

Mais qu'ordonner, que faire au milieu du désordre et de la panique générale?

Impossible de donner un ordre et de le faire exécuter avec ces cris de terreur proférés par mille individus affolés, éperdus, n'ayant plus que le choix de mourir noyés ou brûlés.

Le comte se vengeait cruellement.

Il avait remarqué une quarantaine de tonnes à pétrole rangées sur le pont et couvertes de vieilles bâches que l'on avait mouillées par précaution. C'était une garantie contre des étincelles, contre une torche qui fût tombée et qu'on eût ramassée aussitôt. Mais le feu était intense.

Le comte avait la certitude que le pétrole s'enflammerait bientôt.

Son espoir se réalisa vite.

Un tonneau éclata, puis un deuxième, un troisième…

Et tous jusqu'au dernier

En un instant, le pont du bâtiment fut inondé ; il se trouva bientôt au centre d'un immense foyer dont la flamme ondoyait à plus de cinquante pieds de hauteur.

La plupart des personnes qui se trouvaient à bord se jetèrent à la mer.

Quelques-unes purent échapper au feu.

Un grand nombre périt dans les flots.

Le sinistre ne faisait que commencer.

Les quarante navires qui enserraient de près le trois-mâts, voyant l'incendie prendre en quelques minutes des proportions inquiétantes pour leur propre sûreté, s'empressèrent de manœuvrer pour se retirer à distance du dangereux brûlot.

Malheureusement, tous ces bâtiments étaient encombrés de curieux qui gênaient ou plutôt empêchaient complétement l'action des matelots.

Il y eut vingt abordages en cinq minutes.

Nombre de ces navires avaient des chargements de pétrole provenant des sources exploitées dans la contrée.

C'était le fret ordinaire des bâtiments.

Le danger devient pressant.

L'huile minérale coule le long des flancs du trois-mâts ; elle brûle sur l'eau ; sa flamme bleuâtre entoure déjà plusieurs bâtiments, dont elle lèche la coque enduite de goudron.

L'incendie se propage avec une incroyable rapidité.

Sa violence est encore accrue par le vent du large accompagnant la marée montante.

Cinq, dix, quinze vaisseaux prennent feu presque simultanément.

De formidables détonations se succèdent sans interruption.

Ce sont des tonnes de pétrole qui éclatent, ce sont des barils de poudre qui sautent.

Des myriades d'étincelles s'éparpillent dans l'air.

Des débris enflammés, emportés par le vent, tombent jusque dans la ville, où règnent la terreur et la consternation.

La baie du Télégraphe et la passe sont complétement envahies par les flammes.

Plus de dix mille barriques de pétrole alimentent l'incendie.

Quelques navires à demi consumés flottent encore sur ce vaste lac de feu.

Ils sombrent un à un au milieu d'un nuage de vapeur.

Le dernier disparaît enfin...

Et, pendant plusieurs heures, de longues flammes violacées courent encore à la surface des eaux.

Un homme, debout sur un rocher à l'entrée du port, a contemplé le sinistre dans toute son horreur.

Là, immobile, les lèvres contractées par un singulier sourire, il a vu en une heure brûler quarante vaisseaux.

Il a calculé que deux ou trois mille hommes ont trouvé la mort dans le feu ou dans l'eau.

Le comte Henri de Lincourt est vengé !

CONCLUSION DU PROLOGUE

Deux heures plus tard, Grandmoreau terminait un long entretien avec le comte.

— Nous allons gagner des millions, vous le voyez, concluait-il, si vous parvenez à compléter les sommes nécessaires à l'expédition.

— Comptez sur moi, dit le comte. Et ne regrettez pas ce partage. Il vous aurait fallu dix ans pour parfaire les fonds indispensables. Je les aurai sous peu. Puis, notre première expédition faite, je vous en proposerai une seconde, aussi lucrative, en Afrique, au Pays des Singes, où dort sous le sable un immense trésor.

Et le comte, à son tour, raconta son secret à Grandmoreau émerveillé.

Il conclut en disant :

— De Sidney, je suis venu à San-Francisco, pour trouver des compagnons. Je vous ai rencontré et nous voilà associés apportant chacun notre trésor. Allons au vôtre d'abord, au mien après.

— C'est dit ! fit Grandmoreau. Je vous attendrai avec des amis à Austin dans deux mois.

— Dans deux mois, exactement ! dit le comte. Au revoir, Grandmoreau !

Ils se serrèrent la main, et le comte quitta le blessé, laissant à son chevet les plus brillantes espérances.

FIN DE LA CONCLUSION

PREMIÈRE PARTIE

L'AMOUR D'UNE REINE

CHAPITRE I

AU BIVAC

Nous sommes au Mexique, non loin de la frontière des États-Unis, sur les confins du territoire des Apaches, race sauvage, audacieuse, brave et nombreuse.

Elle peut mettre cinquante mille fusils en ligne, dans ses montagnes inaccessibles, du haut desquelles elle tient en échec les forces des deux grandes nations qui l'avoisinent.

Entre la dernière ville mexicaine que l'on aperçoit à distance, et l'Apachéria qui s'élève au loin, s'étend la *prairie*.

A plusieurs milles de la cité, sur une éminence dominant à pic le Rio Colorado, rivière importante, six hommes armés sont assis devant un feu sur les charbons duquel rôtit un marcassin tout entier.

Ces hommes sont des coureurs de bois, des chasseurs.

Ils ont à portée de la main leurs rifles et leurs couteaux.

La contrée n'est pas sûre.

Au moindre bruit, ces aventuriers dressent l'oreille; leurs regards perçants sondent l'espace; ils savent que les Indiens rôdent et que les jaguars guettent.

Ils se défient.

Mais ils sont six !

Mais ils sont intrépides !

On devine, à les voir, des vétérans de la *prairie*.

Ils causent avec animation, ne paraissant point se soucier des beautés du paysage qui les environne.

Paysage grandiose, pourtant !

Grandiose non-seulement par l'immensité de ses horizons, mais aussi par ces aspects divers, par ces mille détails où l'âpreté sauvage se mêle harmonieusement aux sites verdoyants et fleuris.

Devant eux, le désert !

Non le désert de sable du continent africain.

Non cette plaine brûlante où ne s'enracine aucune plante.

Non cette mer terrestre aux flots siliceux, mobiles et ondoyants sous le souffle du simoun comme les vagues de l'Océan sous les coups d'aile de la tempête !

C'est un tout autre aspect, et néanmoins c'est bien le désert, c'est l'étendue, la solitude, le silence.

Mais c'est la prairie :

L'herbe y pousse.

On dirait le Sahara sur lequel la nature aurait déployé un riche tapis de verdure.

C'est enfin la savane américaine, patrie du hardi trappeur et de l'indomptable Indien.

Elle se déroule, bordée d'un cadre merveilleux.

Aux confins de la plaine immense, dans l'ouest, se profilent en long replis de larges bandes d'un vert foncé, vastes forêts vierges, sous le couvert desquelles n'a pas encore retenti le bruit de la cognée.

Là, solidement enracinés, les pieds dans l'humus, le chêne, l'érable, le cèdre, le mélèze, élèvent leurs troncs puissants et leurs cimes touffues à des hauteurs prodigieuses.

Produits de la terre généreuse, ils lui rendent, avec leurs débris, tous les éléments d'une gestation nouvelle, germes de vie et de force où de futures générations d'arbres et de plantes puiseront leur sève, ce sang du végétal

Au-dessus des pentes boisées surgit la chaîne des Andes.

Les sommets en pointes de clochers ; les cônes au faîte arrondi ou dentelé, vieux cratères éteints, s'amalgament dans un désordre effrayant vu de près, grandiose à distance.

De loin, c'est le chaos enveloppé d'une couche d'air bleu, gaze légère qui diminue la profondeur des effondrements, arrondit le pic aigu, efface l'abrupt escarpement.

Au-dessus de la région des nuages, presque au ciel, des masses éclatantes de blancheur semblent suspendues dans l'azur.

Ce sont les neiges éternelles, couronnant les plus hauts sommets !

Au milieu de ce paysage d'une imposante grandeur, miroitant au soleil, serpente un ruban d'argent.

Les blancheurs scintillantes de ce mince filet étincelant et moiré se détachent nettement sur le vert foncé de la prairie.

C'est le Rio Colorado !

On dirait d'un ruisseau, mais c'est un large fleuve dont la masse liquide se déverse dans le golfe du Mexique.

Dans le Sud s'effrange capricieusement le rivage, que baignent les flots de l'Atlantique, bordant l'espace de ce côté.

Aussi loin que la vue peut porter s'étendent les eaux tempétueuses de la vaste mer.

Et l'on rêve à l'immensité...

Car, plus loin encore, ces mêmes eaux vont baigner d'autres plages et battre d'autres falaises.

Plus au sud, et cachée par une succession de collines couronnées d'une luxuriante végétation, s'élèvent les terrasses des sept ou huit cents maisons composant la ville d'Austin.

C'est à dix kilomètres au nord de la cité, au delà des mamelons qui l'entourent, que se tiennent les six aventuriers dont nous avons signalé la présence, et qui s'apprêtent à déjeuner.

Le marcassin semble cuit à point.

Il s'en exhale une délicieuse odeur d'aromates, et le jus dont l'un des chasseurs l'arrose coule sur la peau mordorée.

Les coureurs de bois, plusieurs d'entre eux du moins, ont campé là.

On voit sur l'herbe les formes de trois corps, moulées de façon à ne pas laisser de doute sur l'établissement d'un bivac pour passer la nuit précédente.

Les trois chasseurs qui ont dormi là sont reconnaissables à leurs vêtements non souillés, à leurs chaussures non poudreuses.

Les trois autres sont venus depuis peu.

Leurs blouses de chasse, froissées, portent encore la marque de la bretelle du rifle ; elles sont couvertes de poussière.

Ces hommes ont tous, derrière eux, enfoncée dans le sol, une branche d'arbre à plusieurs crochets, sur lesquels reposent les armes.

Les derniers venus semblent affamés.

— Eh ! Grandmoreau, dit l'un d'eux avec un fort accent britannique, pique donc le *marcass* !

« Il me semble qu'il va jûter rose et que l'on pourra en tâter. »

Grandmoreau, car c'était bien lui, enfonça son couteau dans le rôti, examina la lame, la flaira, et dit solennellement :

— On peut servir.

Un sourire de satisfaction épanouit le visage de l'Anglais.

Celui-ci était un grand gaillard, sur la nationalité duquel on pouvait se prononcer au premier coup d'œil, alors même qu'il n'eût point parlé.

C'était un vrai fils de la Grande-Bretagne, long, maigre, anguleux.

Des os énormes, des muscles saillants, et par-dessus une peau très-blanche.

De plus, les inévitables favoris roux ardent, l'œil bleu clair, et la mâchoire fortement armée : puissant appareil de mastication où il ne manquait pas un des trente-deux broyeurs réglementaires.

De son vrai nom, l'homme s'appelait Burgh ; de son surnom, il était qualifié Main-de-Fer.

Boxeur émérite, il assommait bêtes ou gens

très-galamment, et les Indiens lui ayant vu abattre un petit taureau du Texas d'un coup de poing, ils l'avaient baptisé comme nous avons dit.

Maître Burgh était un Anglais pur sang, qui plus est, un Londonien.

Il avait un brin d'humour dans l'esprit, de l'originalité dans les mœurs; il aimait à avoir ses coudées franches; il était quelque peu brutal; il dédaignait son prochain, à moins qu'il ne lui eût été présenté et recommandé; il méprisait tout ce qui n'était pas coureur de bois ou gentilhomme.

Rascal (disons le mot, voyou de Londres), il avait été groom, balayeur de rues, homme-affiche, domestique, soldat et mille autres choses encore.

Il avait la conscience large, très-large, trop large, et n'éprouvait de scrupules que vis-à-vis des coureurs de bois.

Mais un sentiment survivait à tout en lui : le respect de la noblesse.

Pourquoi?

Il était Anglais, et l'Anglais est ainsi fait qu'il admire ses lords. Nous constatons la chose, sans l'approuver.

L'Anglais aime la liberté, mais il ne croit pas à l'égalité, et rien ne peut déraciner en lui le culte de l'aristocratie.

Burgh eût tué comme un chien le premier millionnaire venu qui se fût montré trop hautain avec lui, si le millionnaire n'eût pas été titré.

Devant un gentilhomme, il s'inclinait plein de déférence.

En dehors de cette particularité, Burgh, chasseur fameux, était presque l'égal de Tête-de-Bison en réputation.

C'était, au demeurant, comme compagnon, un camarade un peu bourru, trop grand mangeur, assez égoïste, sarcastique à la façon britannique, gêneur même dans une certaine mesure, mais il était fidèle à la chose convenue, rude au combat et à la fatigue, pratique en toutes circonstances, voyant juste au figuré et au propre.

En revanche, mercenaire comme pas un, amateur de guinées, ne donnant rien pour rien, et tenant ses prix très-haut.

Mais solide, mais précieux comme guide ou comme associé de chasse.

By God ! il avait bien ses qualités, s'il avait des défauts.

Burgh était affamé comme toujours, plus que d'ordinaire, toutefois.

— By God! dit-il, je crève de faim.

« Depuis hier au soir, nous ne nous sommes rien mis sous la dent. »

Et regardant vers un point de l'horizon :

« Ces chiens d'Apaches, reprit-il, font bonne garde.

« La ville est enveloppée comme dans un filet.

— Comment avez-vous passé à travers? fit Grandmoreau.

— C'est bien simple.

« Nous en avons crevé six mailles. »

L'Anglais fit le geste de poignarder quelqu'un.

Les chasseurs se mirent à rire.

— Mais vous autres, demanda l'Anglais, vous avez dû avoir du mal à passer aussi?

— Nous, fit Grandmoreau, nous sommes ici depuis quatre jours.

« Les Peaux-Rouges observaient déjà la ville, mais ne la bloquaient pas encore.

— Goddam ! fit Burgh, depuis quarante-huit heures, je vous jure que le blocus est complet.

« Un instant j'ai cru que nous ne passerions pas.

— Il m'a semblé, en effet, dit Grandmoreau, que l'armée indienne s'est augmentée étonnamment depuis deux jours.

— Il y a plus de deux mille guerriers sous les armes.

« Depuis que toutes les tribus ont reconnu pour reine la *Vierge aux cheveux d'argent*, ces vermines-là font leurs expéditions en bien plus grand nombre qu'auparavant.

« Et puis ils marchent, ils campent, ils battent militairement.

— Hein? fit Grandmoreau...

« Tu dis?...

— Je dis... militairement... comme des riflemen et des horse-guards.

« Si ça continue, ils auront du canon un de ces jours. »

Grandmoreau se prit à rire.

C'était une ronde.

Burgh fronça le sourcil.

— Par l'enfer! tu crois donc que je plaisante, vieille Tête-de-Bison? fit-il avec mauvaise humeur.

« Écoute ceci :

« A notre arrivée, hier, nous nous défiions; les fumées des camps nous avaient avertis de la présence des Peaux-Rouges.

« Nous avançons à la nuit ;... partout des postes de six hommes.

« De six hommes! comme qui dirait une escouade, mon vieux.

« Nous observons.

« Deux Indiens sur six veillent ; les autres dorment ; chaque faction dure deux heures.

« Est-ce assez corps-de-garde, animal entêté que tu es?

Et Burgh regarda d'un air railleur Tête-de-Bison, qui murmura :

— Jamais les Indiens ne se sont comportés de cette façon-là sur le sentier de la guerre; il y a du nouveau dans les tribus.

— Tu n'es pas au bout.

« Imagine-toi, vieux caïman, que les gaillards font patrouille.

— Pas possible !

— C'est comme je te le dis.

« Nous nous étions glissés à vingt pas du poste, et nous pensions n'avoir qu'à égorger ces six va-nu-pieds d'Apaches !

« Aôh ! mon camarade, nous étions loin de compte.

« A peine étions-nous installés que nous entendons des bruits de pas.

« C'était une ronde.

« Vingt cavaliers !...

« Dix minutes après, autre ronde.

« Une demi-heure après, patrouille de gens à pied !

— Diable ! diable ! murmurait Tête-de-Bison de plus en plus surpris.

— Comme ça toute la nuit ! reprit Burgh.

— Qu'avez-vous fait ?

— D'abord nous avons battu en retraite pour nous concerter.

« Le Cacique (l'Anglais désigna un de ses

4ᵉ LIVRAISON

compagnons, coureur de bois comme lui, quoique Peau-Rouge), le Cacique, fit-il, était d'avis de tomber sur le poste entre deux patrouilles et de passer.

« Je me défiais.

« Afin de savoir ce qui nous attendait au cas où nous tenterions le coup, je m'amusai à tirer un coup de rifle sur le poste.

« Bien m'en a pris.

« En moins de rien, on vit se dresser partout des bandes endormies qui se mettaient sur pied par alerte.

« De toutes parts le cri d'appel retentissait dans les camps.

« Figure-toi qu'ils sont dispersés par petites troupes pendant la nuit.

« Tu égorges un poste, tu veux filer sur la ville; trois ou quatre postes, de plus en plus forts, sont échelonnés derrière le premier, mais non pas en ligne; ils forment damier.

« Décidément l'idée du Cacique était mauvaise; je ne dis pas ça pour le vexer, mais en général il faut se défier des idées du camarade. »

L'Indien ne protesta pas.

— Alors, dit Grandmoreau, c'est une véritable armée qui nous bloque?

— Tu l'as dit, vieux renard subtil; par mon rifle et mon couteau! tu l'as dit et bien dit.

— Et... vous avez passé?

— Puisque nous voilà!

— Comment vous y êtes-vous pris?

— J'ai dressé mon piège.

« J'ai bien pensé que, le matin, des bandes iraient à la chasse.

« Nous avons dressé une embuscade sur une piste d'antilopes.

« Les bandes ont quitté le camp dès l'aube: six hommes ensemble, toujours!

« Ce que j'espérais est arrivé.

« Une troupe a trouvé la piste d'antilopes, et, au bout, nos couteaux.

« Les six Apaches sont tombés morts, le temps d'y penser.

— Voilà un beau coup!

— Très-beau, je m'en flatte.

— Après?... Qu'est-il arrivé?

— Nous avons scalpé les Indiens.

« Ensuite nous les avons cachés sous des tas de feuilles sèches.

« Puis le Cacique a pris dans le fond de son sac de chasse son pinceau et ses couleurs, qui font partie de son équipement, et il nous a tous tatoués.

— Et vous avez mis les manteaux des Indiens sur votre dos ; je vois la chose.

— Justement !

« Nous avons fait des fagots et caché dedans nos armes et nos vêtements.

« Puis nous sommes revenus vers les camps, comme si nous étions allés faire du bois ; ce n'est pas plus malin que ça.

— Vous n'avez pas été inquiétés ?

— Pas du tout.

« Au dernier poste, nous nous sommes mis à courir comme des cerfs, et nous voilà débarbouillés et débarrassés de notre déguisement.

— Vrai, c'est joli !

« Mais c'est égal, la reine sera furieuse.

— Une rage de panthère.

« L'enfant est violente.

— Rude femme tout de même ! fit Grandmoreau avec admiration.

« Elle discipline ces sauvages-là et elle en fera quelque chose.

— Si elle recrutait des blancs, dit en riant Burgh, je m'enrôlerais, rien que pour l'avoir comme sergent instructeur.

La plaisanterie de Burgh obtint un grand succès.

— Tu n'es pas dégoûté ! dit Grandmoreau ; malgré ses cheveux blancs, elle est belle femme et toute jeune.

— Les cheveux blancs, fit Burgh, c'est original en diable.

« Mais ce n'est pas naturel.

« J'ai idée qu'elle le teint de cette couleur-là pour se distinguer des autres squaw (femmes) et impressionner les Peaux-Rouges, qui sont superstitieux.

— Je l'ai vue toute petite, dit Grandmoreau ; déjà elle méritait son surnom de *Vierge à chevelure d'argent*.

« Elle avait des nattes blanches et brillantes.

— Après tout, malgré sa tignasse, si elle me veut comme prince consort, je l'épouse ! dit Burgh.

On rit sur ce lazzi.

Mais Grandmoreau calculait.
— Six fois vingt dollars, dit-il, cela fait cent vingt dollars.

« Belle journée, si vous avez conservé les six scalps?

— Le Cacique les a! dit Burgh joyeusement.

« Paie-t-on régulièrement les chevelures, à Austin?

— Rubis sur l'ongle.

— All right!

« Tout va bien. »

L'Anglais était enchanté.

On donnait vingt dollars de prime par tête d'Indien.

Il avait gagné sa journée.

— Cacique, dit-il, montrez que les chevelures sont de belle venue.

L'Indien auquel Burgh s'adressait était un Araucanien; il appartenait à cette tribu sur laquelle un avocat français, M. de Touneins, a régné sous le nom d'Orélie Ier.

Parmi ceux de sa race, qui sont fameux par l'élévation de leur taille, le Cacique eût passé pour un colosse.

Il avait plus de sept pieds.

Ce géant portait le même costume que ses compagnons.

Il ne se distinguait que par la couleur olive-clair de sa peau.

De plus, il avait, pour toute coiffure, un large anneau d'or orné de diamants et de pierres précieuses.

Cet homme devait être effroyablement fort.

La largeur des épaules, la grosseur du torse et la puissance des membres étaient en proportion de la hauteur.

L'harmonie était complétée par un visage aux traits réguliers, respirant le calme et la douceur.

Il exhiba d'un sac, pendu à un crochet derrière lui, six chevelures qu'il étala toutes fraîches de sang.

— Ouache! fit-il.

« La reine sera folle de rage, comme une panthère blessée, quand elle saura que six de ses guerriers sont scalpés. »

Les chasseurs admirèrent les trophées encore sanglants.

— Bonne, très-bonne affaire! dit Tête-de-Bison.

Le Cacique poussa un cri de guerre rauque, brandit son poing avec une exaltation sauvage, et s'écria:

— Que le Vacondah favorise souvent ainsi Tomaho et ses amis !

« Que les scalps tombent sous leurs mains.

« Car les Apaches sont des bandits sans parole et sans loyauté. »

L'Indien avait une vieille rancune contre les Apaches, c'était évident. Il considéra un moment avec satisfaction les trophées, puis il les remit dans le sac en murmurant :

— Si le Grand-Esprit est juste, un jour je scalperai ainsi ce misérable Orélie qui s'est fait roi d'Araucanie à ma place.

Parmi les chasseurs, personne ne releva cette phrase, qui peut paraître étrange au lecteur, mais que les aventuriers trouvèrent sans doute très-naturelle, connaissant l'histoire du guerrier araucanien.

— Aux couteaux ! disait l'Anglais en ce moment; la bête est servie.

En effet, pendant que les autres chasseurs parlaient, le plus vieux d'entre eux avait mis la table... sur l'herbe.

C'est-à-dire qu'il avait étalé de larges feuilles à terre, à vingt pas du foyer.

Les feuilles formaient plat.

Elles étaient d'une essence parfumée.

Le coureur de bois avait enlevé le marcassin par le bâton qui servait de broche, placé qu'il était sur deux fourches, puis il avait porté l'animal sur les feuilles.

Les chasseurs s'étaient assis tous autour, en rond.

Chacun apportait du pain ou du biscuit de mer.

Grandmoreau ouvrit le ventre du marcassin; on aperçut alors, cuites à point, plusieurs pièces de menu gibier.

C'étaient deux ramiers, trois perroquets, une quarantaine de petits oiseaux.

D'autre part, dix gros œufs de canards sauvages étaient cuits durs.

Tout cela avait mijoté avec force épices dans le ventre du marcassin.

Le fumet qui s'épandait dans l'air eût réveillé un mort et donné envie de manger à un homme pris d'une indigestion.

Les chasseurs se mirent à attaquer la grosse pièce et les petites...

Un quart d'heure après, il restait... les os.

Les aventuriers avaient arrosé leur repas de larges coups de rhum.

Ils allumèrent ensuite leurs cigares ou leurs pipes et se mirent à fumer l'excellent tabac du pays, en parlant de ce qui les réunissait ce jour-là.

D'aucuns venaient de fort loin.

Grandmoreau avait convoqué ses amis en vue d'une expédition que le comte de Lincourt devait commander.

Les chasseurs en ignoraient le but, et Grandmoreau les avait prévenus dans ses messages qu'ils ne sauraient rien jusqu'à un certain moment.

— Camarades, dit-il, nous voilà réunis; vous savez pourquoi.

« Acceptez-vous mes propositions?

— Posons les conditions, Main-de-Fer, homme de calculs, en sa qualité d'Anglais.

« Cent dollars par tête sont garantis quand même.

— En plus, dit Grandmoreau, le dixième des bénéfices.

« Vous savez qu'il s'agit de mon secret, et, par tous les diables ! il vaut des millions.

Les yeux des chasseurs étincelaient.

— La chose est acceptable, dit Main-de-Fer; mais il y a la question du chef.

« Il faudra le voir.

« Viendra-t-il, seulement?

« Les Indiens veillent.

— Je vous ai donné sa parole comme je vous aurais donné la mienne, dit Grandmoreau.

« Vous pouvez compter sur son exactitude.

« Vous verrez et vous jugerez.

— Tête-de-Bison, dit Main-de-Fer, tu ne te trompes pas quand il s'agit de dépister un grizly ou un jaguar; mais tu peux t'exagérer ce que vaut cet homme, un inconnu, peut-être incapable de remplir le rôle difficile de chef d'expédition.

« Il s'est attribué ce rôle et tu n'y trouves rien à redire, fort bien !

« Quant à moi, je fais mes réserves. »

Aux paroles de doute et de défiance que venait de prononcer ce fils d'Albion s'associèrent ses camarades.

Tête-de-Bison, le trappeur, se contenta de répéter :

— Vous verrez et vous jugerez !

Mais les autres chasseurs semblaient partager l'opinion de Burgh.

— Il faudra voir... disaient-ils.

Tête-de-Bison protesta.

— Un homme qui m'a vaincu est-il le premier venu?

« Un homme qui, possédant mon secret, me fait grâce de la vie, doit inspirer l'admiration. Enfin, c'est l'*Homme de Bronze*!

« Nous allons marcher sous les ordres de la bravoure et de la générosité personnifiées dans le comte de Lincourt.

— Aôh! fit l'Anglais.

« Il est donc noble?

— Mais oui.

— C'est un gentilhomme français?

— Français, oui.

« C'est l'unique et dernier rejeton d'une très-vieille famille de Bretagne.

— Aôh! répéta l'Anglais.

« Tu as raison, alors.

« Si cet homme est noble, je ne doute plus de sa valeur.

« Je n'ai plus rien à dire.

— Ainsi, remarqua en raillant l'un des trappeurs, du moment qu'il est noble, il possède toutes les qualités, même celles d'un coureur de prairie?

John Burgh, avec le calme de la conviction arrêtée, répondit au questionneur :

— Puisqu'il est noble, te dit-on.

Argument péremptoire dans la bouche d'un Anglais.

Ce Burgh dont la vie n'a été qu'une longue suite d'aventures; cet irrégulier brouillé depuis longtemps avec toutes les convenances sociales; ce civilisé aux habitudes de sauvage a conservé le respect de la noblesse.

Né dans un bourg du vieux Londres, il a connu la misère de bonne heure.

Il a appris à maudire l'esclavage de l'obscur ouvrier, courbé sous le joug du manufacturier millionnaire et insatiable.

Il a rompu avec une organisation sociale comportant l'exploitation de l'homme par l'homme.

Il respire depuis de longues années l'air de la liberté dans la savane et la forêt vierge.

Un vieux préjugé lui reste :
Pour John Burgh, un gentilhomme est toujours un homme supérieur.

Honnête conviction que ne partageaient pas les autres trappeurs.

Ils répondirent à l'argument par des plaisanteries que l'Anglais supporta avec le plus grand flegme.

Il avait le culte de la noblesse comme nous avons, nous, le respect de « l'autorité »

Le cacique, silencieux, avait réfléchi.

Les yeux alternativement fixés sur celui qui parlait, il s'était borné à écouter.

Il sortit de son apparente indifférence.

— Qu'est-ce donc qu'un comte, un noble, dans votre pays? demanda-t-il.

Tête-de-Bison répondit à la question du géant :

— Autrefois, dit-il, les nobles d'Europe possédaient la terre et le peuple.

« Aujourd'hui, ils possèdent encore leurs titres de comte, baron, marquis, etc. ; mais c'est tout.

— Ils sont donc comme moi, dépossédés?.
— A peu près.

Le géant demeura silencieux, sombre.

Il paraissait en proie à quelque souffrance morale.

Des sons inintelligibles s'échappaient de sa bouche.

Peu à peu, ses lèvres articulèrent des mots, puis des phrases entières.

Il parla ses pensées.

Les trappeurs l'écoutèrent souriants, bien qu'émus.

— Moi, Tomaho... chassé, banni !
« Ils m'ont abandonné, moi, leur cacique.
« Les Hommes-Rouges sont ingrats.
« J'ai été pris dans le piège de cet Orélie, un renard bleu lâche et rusé; mes guerriers m'ont trahi...
« Et c'est un Français qui règne depuis douze lunes sur l'Araucanie et la Patagonie...

« Mon pays aux mains de cet étranger!
« Honte! malheur ! »

Le géant, après un instant de silence, reprit d'une voix forte :

— Je veux me venger!

« A son tour, il tombera.
« Alors Tomaho sera fort et puissant!
« Il écrasera Orélie le traitre.
« Il livrera au Grand-Esprit l'âme noire de *l'homme qui parle* (l'avocat). »

Le géant se tut sur ce consolant espoir.

— Cacique, lui dit l'Anglais, ne vous désolez pas tant.

« Nous vous aiderons un jour à remonter sur le trône de vos nobles aïeux... pourvu que l'entreprise que nous allons tenter réussisse. »

Tomaho tendit sa large main.

John Burgh y plaçant prudemment deux doigts, redoutant l'étreinte.

— Voici l'histoire, commença le géant.

— Cet Orélie, que j'avais reçu dans mon wigwam, abreuvé d'eau-de-feu, couvert de fourrures, ce Touneins, auquel j'avais donné des chevaux, une femme, des troupeaux, ce misérable renard bleu, astucieux et menteur, profita de...

— Assez! s'écria-t-on en chœur.
— Oui, assez! répéta l'Anglais.
« Nous connaissons l'affaire.
« Vous nous l'avez racontée huit fois au moins.
« Nous savons fort bien que pour vous débarrasser de ce gêneur de Français, vous lui avez tendu un piège.
« Vous vous êtes vous-même jeté dans vos propres filets, et vous avez préparé la fortune de votre gredin de successeur.
« En un mot, vous avez fait le malin avec un habile.
« Mais soyez tranquille ; à nous cinq, nous chasserons l'étranger et nous soumettrons vos sujets rebelles.
« Mais assez d'histoires, Cacique, assez!... »

Un nouveau serrement de mains répondit aux encourageantes promesses de John Burgh.

— Cependant... voulut insister le Cacique, entêté au delà de toute expression.

Il y eut un *tolle* d'imprécations devant lequel dut céder Tomaho.

Mais ce ne fut pas sans regret.

Cependant la question qui intéressait les chasseurs n'était pas vidée.

L'un d'eux, ayant regardé le soleil, demanda à Tête-de-Bison.

— Le chef doit arriver à midi?

« Il est midi... pas de chef !... »

Grandmoreau sourit.

— Il n'est pas loin, j'en réponds... dit-il.

Mais s'interrompant tout à coup :

— Quelle sottise ! s'écria-t-il.

« Ces gens-là sont fous! »

Les aventuriers l'interrogèrent du regard.

Il étendit le bras dans la direction du sud.

CHAPITRE II

OÙ ROSÉE-DU-MATIN VOIT M. DE LINCOURT POUR LA PREMIÈRE FOIS

Un cavalier et une amazone s'avançaient au galop de chasse de deux vigoureux mustangs mexicains.

— Ce ne sont pas des habitants d'Austin, dit un trappeur.

— En tout cas, ils ne connaissent pas le danger, dit Grandmoreau.

— La broussaille est pleine de couguars, remarqua Main-de-Fer.

« Sans compter que les partis indiens s'aventurent très loin vers la ville ! »

Les promeneurs avaient aperçu le groupe formé par les cinq coureurs de prairies.

Tous deux, ils s'avancent aussitôt avec la plus parfaite confiance.

Les chasseurs éprouvent une stupéfaction profonde ; ils regardent avec attention l'homme assez imprudent pour exposer une femme dans des parages si dangereux.

Le cavalier est presque un vieillard.

Mais il paraît porter gaillardement l'âge avancé qu'accusent ses cheveux blancs et les rides qui sillonnent son visage.

Il est vêtu à la française.

Une rosette rouge tranche sur le revers noir de sa courte redingote de cheval.

On devine dans ce personnage un ancien soldat ; quelque officier supérieur de cavalerie.

Le front intelligent, coupé carrément, l'œil loyal et assuré, le sourire bienveillant, annoncent une brave et franche nature de soldat.

L'amazone est une jeune fille, presque une enfant.

Sa fraîche et jolie figure n'accuse pas plus de seize ou dix-sept ans.

Elle est brune ; son œil vif et doux brille d'un pur éclat ; sa taille est fine, ronde, souple, élégante.

Toute sa personne a un charme indéfinissable dont les chasseurs sont frappés.

Tête-de-Bison paraît tout disposé à être agréable à cette charmante fille.

John Burgh, qui lorgne rarement les femmes, a fait cette réflexion flatteuse :

— Jeune miss très jolie ! — aôh, très jolie !

Les deux autres trappeurs approuvent du geste.

Le Cacique murmure un surnom délicieux dont il salue sur-le-champ la jeune fille :

— Ohima ! fait-il : voilà Rosée-du-Matin.

Le vieux cavalier s'arrêta à deux pas des aventuriers.

— Gentlemen, je vous salue, dit-il.

« Je suis fort heureux de vous rencontrer.

« Nous sommes égarés.

« Vous voudrez bien, sans doute, nous aider à retrouver le chemin d'Austin ?

« Si l'un de vous consentait à nous guider... »

Tête-de-Bison hocha la tête :

— Nous ne demandons pas mieux, dit-il, que de vous indiquer la direction à suivre, mais nous ne pouvons vous accompagner, même un moment.

— Y a-t-il indiscrétion à vous demander pourquoi ? demanda l'étranger.

« Vous ne paraissez pourtant pas très occupés, gentlemen, ajouta-t-il en riant.

« D'ailleurs, je vous paierai largement... »

John Burgh l'interrompit.

— Nous autres trappeurs, nous ne faisons jamais payer un service de ce genre-là.

— En effet, ajouta Grandmoreau, si l'on pouvait vous accompagner, on le ferait gratis.

« Mais nous ne pouvons nous éloigner, par la raison que nous attendons ici la venue d'un compagnon qui est notre chef 'expédition.

« Il a fixé l'heure de midi... »

En ce moment, un long cri d'appel se fit entendre de l'autre côté de la rivière.

— Et tenez, continua le Trappeur, ce signal nous annonce qu'il approche.

Tous les regards se tournèrent dans la direction du Rio-Colorado.

Sur la rive opposée, on distingua facilement un homme grimpé sur un quartier de rocher et saluant du geste.

— Il est exact, murmura l'un des aventuriers, mais il a pris un drôle de chemin.

« Il ne va pas passer l'eau, je suppose? »

« La rivière est pleine de caïmans... »

Grandmoreau sourit finement.

— Qui sait? dit-il.

« Il a son idée, sans doute. »

Évidemment le comte de Lincourt a son idée.

Il se dispose tout simplement à traverser la rivière à la nage, malgré les terribles hôtes dont elle est infestée.

On peut parfaitement le voir faire tous ses préparatifs.

La stupeur cloue chacun des trappeurs à sa place.

L'émotion impose le silence à tous.

Le comte commença par couper, sur la rive, plusieurs brassées de roseaux secs dont il confectionna quatre paquets; puis, reliant ces paquets entre eux à l'aide de deux forts arondeaux solidement fixés, il obtint ainsi un radeau léger qu'il mit à flot.

Il se déshabilla alors, fit un paquet de ses vêtements et le posa sur le frêle esquif, avec ses armes.

Le tout se trouvait parfaitement à sec, et le radeau dépassait l'eau des deux tiers de son épaisseur.

Le comte de Lincourt adressa un dernier salut à ceux qui l'attendaient, et se jeta à la nage, poussant son bagage devant lui.

Il se servait peu de ses bras qu'il tenait allongés sur ses bottes de roseaux; son buste presque entier sortait de l'eau. Il avançait sans fatigue, battant l'eau du pied, et se servant tantôt d'une main, tantôt de l'autre pour se maintenir dans une bonne direction.

Les cinq trappeurs regardaient le nageur. Ils étaient profondément inquiets.

— Il est perdu! dit Sans-Nez.

« La rivière est pleine de caïmans. »

« Il va se faire dévorer. »

Tête-de-Bison n'était pas complètement rassuré; pourtant il répondit de l'air le plus tranquille :

— Le gaillard ne se laissera pas manger comme ça du premier coup, soyez-en sûrs.

« Avant de passer dans l'estomac de ces vermines, il leur cassera plus d'une mâchoire. »

Rosée-du-Matin, pour lui donner le nom poétique que lui avait trouvé le Cacique, poussait de légers cris de terreur.

Son père murmurait à part lui :

— Voilà un hardi compagnon!

Tout à coup on vit M. de Lincourt s'enfoncer dans l'eau jusqu'aux épaules.

Il ne s'appuyait plus que d'une main sur son radeau; de l'autre, il avait saisi l'un de ses deux revolvers.

Les prévisions des coureurs de prairies se réalisaient.

Leurs craintes étaient fondées.

Une longue masse verdâtre s'agitait à la surface de la rivière, à vingt brasses du nageur.

On eût dit le ventre d'une pirogue chavirée, n'étaient les visibles mouvements d'une sorte de gouvernail ondulant à l'arrière de la trop vivante épave qui nageait vers le radeau.

Rosée-du-Matin voulut crier un avertissement.

— Chut! fit Tête-de-Bison.

« Le comte a vu l'animal.

« Il ne faut pas le distraire, mademoiselle. »

Le caïman était à portée de sa proie.

A trois pas du comte s'ouvrait une immense gueule que garnissait une double rangée de dents aiguës et tranchantes.

Que l'on se figure une gigantesque pince à gants, aux branches de deux pieds de longueur, et dont l'intérieur serait orné de deux lignes de clous d'acier triangulaires, saillants de deux pouces et s'emboîtant pour former la plus puissante machine à triturer !

On aura alors une vague idée de la terrible gueule qui menaçait le comte de Lincourt.

Celui-ci, avec le plus beau calme, saisit le moment propice et fit feu.

L'eau jaillit sous les coups de queue de l'alligator, qui vomit un flot de sang noir et sombre.

De la rive, les trappeurs, l'étranger et la jeune fille avaient suivi d'un regard anxieux cette courte lutte de l'homme contre le dangereux crocodile américain.

Un soupir de satisfaction soulagea les poitrines oppressées.

— Il est de sang noble, je n'en doute pas, avait prononcé sentencieusement John Burgh.

« Son sang-froid intelligent le prouve.

— Quand je le disais! appuya Tête-de-Bison, que le triomphe de M. de Lincourt faisait fier.

« Vous en verrez bien d'autres.

« Croyez-moi !

« C'est un rude compagnon, qui nous réserve plus d'une surprise. »

La jeune amazone, profondément impressionnée, ne quittait plus le nageur des yeux.

Elle laissa tout à coup échapper un cri d'effroi, car il lui parut que le comte était brusquement assailli par un ennemi qui s'avançait traîtreusement entre deux eaux.

Un second coup de revolver retentit.

Un second caïman, le crâne perforé, laissait le passage libre à l'intrépide nageur.

Une troisième fois, enfin, le comte, avec la même adresse, évita le contact d'un dernier adversaire.

Beau succès !

Burgh est enthousiasmé.

Les aventuriers saluent le comte de leurs bravos.

On le voit soudain disparaître dans des touffes de joncs qui croissaient en abondance sur les rives du fleuve.

Au bout d'un instant, il sort des roseaux où il s'était habillé ; il s'avance, le fusil sous le bras, au-devant des trappeurs.

John Burgh, qui est prudent et qui va carrément au but, salue l'étranger et sa fille ; puis il leur dit :

— Vous voyez que nous attendions le chef !

« On ne peut vous accompagner à Austin; mais piquez droit vers cette colline, là-bas.

« Vous apercevrez la ville.

« Quant à rester... impossible !

« Nous aurons à dire probablement des choses graves... et... vous comprenez?

— C'est trop juste, dit en souriant l'étranger.

Le vieux cavalier et la jeune fille s'éloignèrent au pas de leur monture, dans la direction de la ville d'Austin.

Rosée-du-Matin jeta un long regard sur le hardi vainqueur.

Elle s'en allait à regret.

Elle était femme.

Elle eût voulu voir et savoir.

Le comte de Lincourt échangea une poignée de main avec Grandmoreau et salua ses futurs compagnons d'aventures.

— Qui sont ces étrangers? demanda-t-il en désignant l'amazone et celui qui l'escortait.

— Un étranger et sa fille, égarés dans ces parages ! dit Grandmoreau.

« Comme nous avions à causer, on les a priés de s'éloigner.

— Mais ils courent de graves dangers ! fit le comte.

— Le cavalier a l'air décidé ! observa Burgh. Mais sait-il abattre un jaguar?

— La jeune fille semblait me porter quelque intérêt ! dit le comte en souriant.

« Je l'ai entendue me crier de prendre garde à moi ! »

Le cacique, qui avait longuement observé le comte, lui dit :

— Rosée-du-Matin a le cœur bon : elle faisait des vœux pour le chef.

— Vous connaissez cette jeune fille? demanda le comte à l'Indien.

— Je l'ai vue aujourd'hui pour la première fois, dit le Cacique.

— Mais vous savez son nom !

— Elle a dans le regard quelque chose qui fait penser au soleil du matin rayonnant doucement à travers le feuillage humide.

LE SECRET DU DOMPTEUR

33

Le capitaine John Huggs. — (*Scène de bord.*)

« Je lui ai donné le surnom que le chef vient d'entendre.

— Et, by God, sir, dit Burgh, l'enfant le mérite.

« Elle est mignonne, jolie...

« Un morceau de rose.

— Ah! si charmante! fit le comte.

« En ce cas, gentlemen, l'un de vous devrait se dévouer et... »

Le comte n'acheva pas.

Un long cri d'effroi retentissait.

Suprême appel au secours!

Dernier effort de la créature en face de la mort!

Un hennissement d'agonie suivit le cri humain.

Un énorme jaguar se tenait cramponné au poitrail du cheval monté par le gentleman étranger. — Les puissantes mâchoires du tigre américain enserraient la gorge de sa victime, qui tomba à genoux, à demi étouffée.

Le cavalier avait vidé les arçons!

Le revolver au poing, il cherchait le moyen de tuer le jaguar sans blesser son cheval.

Mais l'émotion l'empêchait de viser : chacune de ses balles se perdait sans toucher le but.

Les trappeurs, le rifle à l'épaule, suivaient toutes les péripéties de la terrible scène.

— Tirez donc! leur commande le comte.

— Impossible! répond Grandmoreau qui abaisse son arme.

« Nous tuerions peut-être l'homme. »

Cheval, bête féroce et cavalier forment à la vérité un groupe mouvant au milieu duquel, à la distance de deux cents mètres, une balle peut fort bien s'égarer.

M. de Lincourt hausse les épaules.

Il met en joue, vise une seconde et tire.

Le jaguar roule d'un côté, le cheval de l'autre, et le cavalier se lève debout, entre les deux bêtes agonisantes.

Les trappeurs n'applaudirent pas au coup de maître de leur jeune chef.

Ils gardèrent le silence de l'étonnement; ils étaient ravis.

5ᵉ LIVRAISON.

5

Le géant araucanien restait stupéfait.

Il traduisit son enthousiasme par un cri du cœur.

— Si ce scélérat de Touneins tirait comme ça, dit-il, je l'aurais accepté comme roi! Mais c'est une coyotte, un renard bleu, un vil animal.

Et il fit un pas vers le comte pour lui raconter son histoire.

— Moi, Tomaho, dit-il, je...

— Assez! crièrent les chasseurs.

« Est-ce le moment de faire ton récit? »

Tomaho observa timidement :

— Il faut cependant que le chef sache...

— Plus tard!... plus tard! dit Grandmoreau.

— Oui, plus tard! fit le comte distrait par l'approche du cavalier démonté, qui rejoignait le groupe des trappeurs.

Il avait été précédé par sa jeune compagne, qui s'était laissé guider par l'instinct de son cheval.

Le vieillard s'inclina devant le comte.

Puis, lui tendant la main :

— Merci, monsieur, lui dit-il simplement.

« L'amitié du colonel d'Éragny vous est acquise.

Et désignant la jeune amazone.

— Ma fille, ajouta-t-il.

Mademoiselle d'Éragny ne prononça pas une parole.

Son regard parla.

Il fut éloquent.

— Colonel, répondit le comte, j'ai donc rendu un service à un compatriote?

« Car vous êtes Français? »

Sur un signe affirmatif, il ajouta :

— Béni soit, colonel, le hasard qui m'a amené ici.

— Nous donnerez-vous votre nom? demanda M. d'Éragny.

— Le comte Henri de Lincourt, dit le jeune homme.

— Venez-vous à Austin?

— Oui; j'y ai certaines acquisitions à faire avant d'entrer en campagne.

— Alors permettez-nous de compter sur votre visite.

« A l'heure du dîner? »

Le comte hésitait.

Un regard de mademoiselle d'Éragny le décida.

— Je serai votre hôte, répondit le comte avec un empressement poli.

« Et, s'il vous plaît, nous partirons à l'instant pour Austin.

« Ces gentlemen me permettront de remettre à plus tard les explications que nous avons à échanger. »

Cette promesse du comte parut causer une joie très-vive à mademoiselle d'Éragny.

On se mit en marche.

Le comte observa la jeune fille à la dérobée, et celle-ci rougit chaque fois que son regard rencontra celui du comte.

A la porte d'Austin, le comte et sa fille se séparèrent des trappeurs qui, de leur côté, gagnèrent une taverne, rendez-vous ordinaire de leurs compagnons.

CHAPITRE III

UNE TEMPÊTE DANS UN VERRE D'EAU

La ville d'Austin est une cité dont l'administration, la milice, la population et les autorités font l'étonnement du voyageur.

On y commerce comme nulle part ailleurs; les soldats s'y montrent très-peu militaires; les mœurs y sont d'un laisser-aller sans bornes; on n'y fait rien comme ailleurs.

Beaucoup de jactance, de vergogne, de *pose;* au fond, rien de solide.

Étranges habitudes : nonchalance inouïe, souci extrême de paraître, profond dédain d'*être;* — un attachement extraordinaire pour certaines formes, une insouciance choquante de certaines autres, et jamais de fond, telle est la ville, et, en général, telles sont ces villes frontières perdues sur les confins du Mexique.

Armée pour rire, République pour rire, peuple dont on rit, gouverneur dont on se moque; un commerce actif dans des conditions excentriques, des habitations formant oppositions et contrastes heurtés; mélange singulier de luxe et de misère; pas de chemise et des vestes de velours brochées d'or et de soie; de la lâcheté à revendre et du courage inattendu; rien de ce qui peut se prévoir raisonnablement, tout ce qui ne doit pas arriver, l'invraisemblance et l'impossible en permanence, voilà la cité.

Insouciants et causant, les trappeurs, que le comte avait rejoints quelques heures après, allaient par les rues.

Ils avaient à peine remarqué les groupes bruyants formés à chaque carrefour.

Arrivés sur la place centrale, ils durent enfin s'apercevoir de l'agitation qui régnait dans toute la ville.

Sur ce point se trouvaient réunis des groupes nombreux gesticulant, discourant, proférant des cris de menace inintelligibles pour les survenants.

— Voilà des gens qui paraissent fort animés, dit le comte en marchant vers la foule.

— Eh! garçon, demanda le comte à un jeune lepero de bonne mine qui profitait de la bagarre pour couper quelques bourses et voler des foulards.

Le larron, au lieu de répondre, se glissait comme une anguille dans les rangs pressés des émeutiers; mais il lorgnait le comte du coin de l'œil tout en fuyant.

Il se demandait, défiant, ce que ce trappeur — le comte avait son costume de chasse — pouvait lui vouloir.

Or M. de Lincourt, voyant s'écarter ce jeune drôle, tira de sa poche un magnifique dollar flambant neuf et, l'élevant au-dessus de sa tête, il le fit miroiter au soleil en criant de nouveau :

— Eh! garçon.

Le lepero, qui était à dix pas déjà, revint, ondoyant du corps, rampant à travers ce flot humain, tenant son regard noir et brûlant attaché sur la pièce qui le fascinait.

Il se posa devant le comte, humble, quémandeur, et dit, tendant la main :

— Tout à votre disposition, senor.

Le comte connaissait cette race à fond; il laissa tomber l'or dans la main du drôle, qui frétilla comme une anguille et fut gagné du coup.

— Que désirez-vous, senor? demanda-t-il.

— Savoir pourquoi ces gens-là crient, dit M. de Lincourt,

— C'est à cause des Indiens qui nous bloquent, dit le lepero.

« Les gens d'Austin veulent que le gouverneur et ses soldats battent les Apaches.

« Le gouverneur et ses soldats refusent de marcher à l'ennemi.

— Et le peuple va battre l'armée pour la forcer à battre les Indiens? dit le comte en riant.

— Précisément, senor.

— Mais si le gouverneur et la garnison persistent dans leur résolution de ne pas marcher à l'ennemi, qu'arrivera-t-il?

— Il arrivera, senor, que les habitants tomberont sur les militaires; et si les derniers sont vaincus, ce sera le gouverneur qui paiera l'impôt exigé par la reine des Apaches pour laisser le passage libre.

« Si c'est la population qui est rossée par la troupe, on lèvera sur elle un emprunt forcé.

— Mais, fit le comte, il vaudrait infiniment mieux que les habitants et les soldats se réunissent contre l'ennemi.

— Ah! voilà une idée qui est bien d'un Français, senor, fit le lepero.

« Une idée comme il n'en poussa jamais dans le cerveau d'un honnête trafiquant d'Austin.

Le comte sourit.

Le lepero vit que l'on n'avait plus besoin de lui; il salua avec une grâce exquise et se faufila de nouveau dans les groupes pour exercer son honorable industrie.

Cependant le tumulte allait grandissant.

L'émotion populaire se traduisait par des injures contre les soldats et le gouverneur.

On entendait récriminer de tout côté.

— Ces soldats ne serviront donc jamais à rien!

« Qu'ils marchent!

« Ils sont plus lâches que des coyotes.

« C'est à eux de nous débarrasser de ces brigands d'Indiens.

— C'est la faute du gouverneur, criait-on.

« Il doit se faire obéir par la troupe. »

Et d'un autre côté :

— Notre commerce est perdu.

« Le gouverneur veut notre ruine, mai c'est un couard.

« C'est à ses soldats de forcer le blocus. »

Mille autres propos, doublés d'autant d'insultes, circulaient dans la foule, qui semblait n'avoir pour la garnison et l'autorité qu'un respect fort médiocre.

Tout à coup les cris se confondirent en une seule vocifération.

Pourquoi cette violente clameur?

Trois cents soldats de la garnison débouchaient sur la place.

Ils avaient à leur tête le gouverneur de la ville.

Quels soldats!

Quel gouverneur!

A voir le chef, on comprend les soldats, et les soldats font comprendre le chef.

Il est sur une mule, le gouverneur!

Sur une mule aux longues oreilles cassées, à l'allure lente et circonspecte, au pelage roux et fané.

C'est une boule que ce gouverneur, c'est un paquet, un ballot, une outre, un pot à tabac, une citrouille, tout ce que l'on voudra de gros et de rond.

A coup sûr, ce n'est pas un homme.

Si c'est un homme, c'est l'homme-boule.

A dos de mule, on s'aperçoit que la boule a de maigres appendices, bras et jambes ; on dirait d'une très-grosse citrouille à quatre pattes. Les jambes, grêles, sont collées aux flancs de la monture, et les bras s'accrochent au pommeau de la selle.

Ce potiron a une tête, petit potiron sur un gros : deux renflements inégaux, superposés, le plus petit s'enfonçant dans le plus large.

Cette tête renflée, flasque, molle, ballonnée, n'est pas une tête, mais une trogne.

Elle dénonce cyniquement les vices du gouverneur.

Il doit être, il est ivrogne et vert-galant.

Au milieu de la tête, rubiconde et truculente, on distingue une sorte d'excroissance rappelant par sa forme la vitelotte rouge de Hollande.

C'est le nez du gouverneur.

Au-dessous du nez, une ligne de chairs jippues et violacées : c'est la bouche, aux deux lèvres pendantes, légèrement frangées.

Cette face ruisselante de graisse, suintant le gras-fondu, est percée de deux trous au fond desquels se cachent deux yeux, toujours dans l'ombre, sous les buissons de poils roux qui les abritent.

Parfois deux étincelles s'allument au fond de ces cavités.

C'est qu'alors le gouverneur a vu se dessiner la panse arrondie d'une outre pleine de bon vin, ou la cambrure d'un mollet de fille à tournure égrillarde. Le gouverneur est ivrogne et paillard, mais, au demeurant, le meilleur homme du monde.

C'est Sancho Pança gouvernant un drôle de monde et un monde de drôles, devenu quelque peu drôle lui-même, mais resté bon enfant.

D'un air qu'elle s'efforce de rendre menaçant, la force armée escorte le chef civil et mexicain de la ville d'Austin.

La force armée!

Les soldats sont tous armés, il est vrai. Mais la fantaisie a certainement présidé à la distribution des fusils et autres engins de guerre, aussi bien qu'aux accessoires d'uniforme et de fourniment.

La garnison d'Austin possède la plus riche collection d'armes à feu qui soit au monde.

Elle a mis à contribution les manufactures de tous les pays connus et inconnus.

Il y a de tout.

Canardières, tromblons, escopettes, vieux mousquets transformés en fusils à pierre, rifles de rebut, fusils de munition réformés, tout l'attirail hors de service que l'Europe envoie à l'Amérique du Sud, où l'on rafistole ces vieilleries à l'usage des milices.

Chaque soldat porte un arsenal d'armes blanches :

Couteaux longs, sabres de cavalerie, épées rouillées, coupe-choux, tranche-lard, mais toujours un bon stylet ou un poignard espagnol.

C'est la seule partie de l'armement qui semble un peu sérieuse.

Le soldat pour rire peut avoir besoin de venger une offense personnelle : sans devenir plus brave en ce cas, il sait s'embusquer dans l'ombre et frapper pour son compte personnel, traîtreusement, mais sûrement.

Quant à prendre sérieusement fait et cause pour son gouvernement, jamais!

L'uniforme vaut l'armement; il n'est pas le moins du monde... *uniforme*.

Le simple soldat, s'il est riche, écrase par son luxe l'officier besoigneux.

Qu'un tambour ait des épaulettes de général, peu importe, pourvu qu'il n'en demande pas la fourniture par l'État.

En définitive, plus de misérables que de riches : ces derniers sont des amateurs de plumets ; les premiers sont des cancres et pauvres hères qu'une maigre solde, rarement payée, et quelque profits — maraude et extorsions — attirent au service.

En résumé, une troupe de malandrins du plus étrange et du plus pittoresque aspect.

C'est à la tête de ces soldats que le ventripotent gouverneur s'avance à la rencontre de la foule ameutée, qui sait ce que vaut l'aune de toute cette friperie militaire.

Le gouverneur crie halte en débouchant sur la place.

La colonne s'arrête avec un manque de précision remarquable ; les rangs se heurtent, chaque homme donne du nez dans le dos du voisin ; des armes tombent ; les officiers jurent, les troupiers se gourment ; enfin le détachement s'arrête.

L'alignement dure un bon quart d'heure.

Le gouverneur prend un air belliqueux ; la foule est hostile, moqueuse et provoquante.

Les soldats s'engueulent vigoureusement avec elle.

Le gouverneur a une harangue à prononcer ; il pousse sa mule en avant et veut parler.

Sa voix de fausset se perd dans les clameurs de plus en plus menaçantes.

— A bas le gouverneur ! crie-t-on.

« A mort la milice !

« La corde pour ces lâches ! »

Les soldats et leur chef se déconcertent devant les cris furieux de la multitude.

Le spectacle était amusant.

Le comte de Lincourt et ses trappeurs, ayant gravi les quelques marches d'une fontaine monumentale élevée au milieu de la place, observaient en riant cette scène burlesque.

Ils formaient un groupe distinct sur une plate-forme d'où ils planaient au-dessus de la foule, et le gouverneur s'était placé au-dessous d'eux pour faire ses sommations.

Il avait piteuse mine, le bon gouverneur, et la corvée lui paraissait pénible : il suait, geignait, gesticulait.

Mais c'était en vain : on le huait à outrance.

Le comte, cependant, se sentait quelque sympathie pour ce pauvre homme, qui ne semblait animé que de bonnes intentions.

— Eh ! senor, lui cria-t-il, un mot, je vous prie.

Le gouverneur leva la tête vers les chasseurs ; il admira leur prestance, sentit qu'il y avait là une force, peut-être un secours, et il poussa sa mule plus près de la fontaine.

— Gentleman, dit-il au comte, tout à vous ; que souhaitez-vous de moi ?

« Malgré l'embarras où je me trouve, je suis tout disposé à vous être agréable.

« Mais si vous pouvez m'aider à me tirer d'affaire, vous et vos amis, par la Madone ! je vous en serai toute ma vie reconnaissant.

— Je ne demande pas mieux, senor, que de vous donner un conseil ou un coup de main ; mais que voulez-vous, en somme ?

— Eh ! gentleman, je ne veux rien, moi.

« Ce sont ces braillards qui exigent quelque chose... d'à peu près impossible.

« Ils veulent que les soldats attaquent les Indiens.

« J'ai beau leur dire que mes hommes refusent de marcher ; ils n'entendent à rien. »

En ce moment, les huées redoublèrent, et le gouverneur perdit contenance.

— Gentleman, dit-il, ces forcenés sont capables de me battre ; et je vous demande un peu s'il y a de ma faute.

— Faites charger ces braillards, dit le comte.

— Vous avez raison, fit le pauvre gouverneur sur le ton de la résignation ; mais si les soldats sont repoussés, je serai tué.

— Baste ! fit le comte, nous sommes là.

— Mais vous n'êtes que sept !

— C'est six de trop pour cette canaille.

Le gouverneur sentait qu'il fallait en finir et il savait que les chasseurs inspiraient une terreur salutaire aux gens d'Austin.

— Vous me promettez, gentleman, dit-il, de ne pas m'abandonner ?

— Comptez sur nous, dit le comte.
— Bon ! fit le gouverneur ; j'ai votre parole et je me risque.

Il montra, ma foi ! quelque courage, prit une attitude menaçante et cria aux mutins, avec une emphase solennelle :

— Je prends Dieu et les saints à témoin que j'ai épuisé toutes les voies de conciliation.

« Que le sang versé retombe sur les coupables ! »

Puis, d'un geste tragique :

— Dispersez-vous ! cria-t-il, — ou je fais tirer.

A cette menace, mille voix répondirent par ce seul cri :

— A mort ! à mort !

La contenance des soldats n'était pas faite pour en imposer aux rebelles ; les chasseurs riaient, ce qui n'indiquait pas qu'ils fussent sérieusement décidés à intervenir.

La foule ne vit qu'un gouverneur et des soldats à molester.

Ce sont des jeux qu'elle aime, quand ils sont sans danger.

Elle s'enhardit.

Quelques enragés, le couteau à la main, s'avancèrent contre le malheureux gouverneur, qui se prit à trembler de frayeur.

Il jeta un regard suppliant vers le comte.

Cependant Tomaho, le géant patagon, donnait des signes d'impatience visible et s'adressait enfin au comte de Lincourt avec animation :

— Ces gens-là, fit-il, sont de lâches coyottes !

« Je comprends ce que c'est !

« Ils veulent renverser le gouverneur.

« C'est comme ça qu'ils m'ont détrôné, là-bas, en Araucanie ; mais j'avais contre moi un peuple brave et un ennemi subtil.

« Ici, je me sens capable de battre tous ces loups sans courage.

« Si vous voulez, chef... je... »

Il fit un geste expressif et ses yeux étincelèrent.

Le roi détrôné, Tomaho, prenait ardemment parti pour le gouverneur menacé, qui était déjà entouré par une douzaine de forcenés.

— A moi, soldats ! braillait-il d'une voix étranglée par la peur,

Et comme personne ne bougeait.

— Secourez-moi, gentlemen ! — Trappeurs, à mon secours ! suppliait-il en s'adressant aux chasseurs.

Le Patagon grondait sourdement.

M. de Lincourt fit un signe à Tomaho, et descendit avec lui les trois marches qui le séparaient du gouverneur et de ceux qui le menaçaient.

De deux formidables coups de poing, il abattit deux des plus enragés, pendant que le géant, se saisissant d'un braillard qui l'agaçait, le souleva de terre et le lança dans la large vasque de la fontaine, où l'Austinois se mit à barbotter, à la grande joie des chasseurs qui se tenaient les côtes.

Le brave Patagon tendait les mains pour recommencer la même expérience, mais il ne trouva pas de baigneur de bonne volonté.

Tout le monde reculait à son approche.

Il se fit un large cercle.

Le gouverneur délivré respirait plus à l'aise.

Il remerciait chaleureusement ses sauveurs.

Tout à coup un incident se produit.

Un soldat des derniers rangs laisse tomber son arme.

Le coup de fusil part au choc.

Une commotion de terreur saisit la foule, qui s'imagine que la troupe, encouragée par le secours des trappeurs, a pris le parti de tirer.

Des cris d'épouvante retentissent.

Mais les soldats de tête se sentent effarés tout autant que le peuple.

Ils ont entendu une détonation, en queue ; ils se croient assaillis par derrière.

Il y a poussée et reculade.

Des poltrons déchargent leurs armes au hasard et tout fuit en hurlant :

— Trahison ! trahison !

C'est une panique désopilante.

La place est vide...

Les chasseurs voient une trentaine de corps étendus...

S'est-on tué ?

Le gouverneur assure que c'est impossible.

Cependant les deux partis, groupés dans les rues voisines, voient que le théâtre de la lutte est évacué ; chacun comprend qu'il a fait peur à son adversaire.

Aussitôt le peuple de revenir... mais prudemment et pas à pas.

Et les soldats de rentrer aussi... avec non moins de circonspection.

A mesure que les groupes s'enhardissent et s'avancent, on voit les corps étalés s'agiter et se relever ; le gouverneur dit avec satisfaction :

— Je le savais bien ! Mon peuple et ma milice sont incapables de s'égorger ! Ces gaillards faisaient les morts !

— Señor, dit le comte en riant, je ne vous félicite ni sur la population ni sur l'armée.

« Comme il faut en finir, toutefois, je vais haranguer la foule.

« Si elle n'accepte pas le conseil que je vais lui donner, eh bien !...

— ... Eh bien ? dit le gouverneur.

— Et bien ! Tomaho dispersera les mécontents.

Et le comte s'avançant vers la multitude qui commençait à s'échauffer de nouveau :

— Gentlemen, dit-il, du silence !

On se tut comme par enchantement.

Le comte dominait tout ce monde.

Il reprit :

« Vos soldats ne veulent pas marcher.

« Je comprends que vous soyez indignés contre ces poltrons.

« Mais alors il faut montrer moins de couardise qu'eux .

« Marchez vous-mêmes.

« Vous êtes des hommes solides ; vous avez des armes ; et vous craindriez une horde d'Indiens !

« Marchez donc, sinon vous n'êtes que des lâches ! »

Et comme il s'élevait un sourd grondement, le comte répéta plus haut :

— Oui, des lâches !

« Et je vous le dis en face.

« Je vois que vous avez encore plus peur que les soldats. »

La foule insultée s'agite et gronde.

Le gouverneur tremble de tous ses membres.

Vous gâtez tout, dit-il à M. de Lincourt.

« Ces furieux vont nous exterminer. »

Un groupe d'une centaine d'individus armés de couteaux s'avançaient menaçants,

Poussés par la masse compacte, ils ne pouvaient reculer ; de la parole et du geste, ils s'encourageaient dans leur attitude offensive.

Le comte, la main sur la crosse de son revolver, promenait un regard souverainement méprisant sur les agresseurs.

Les six trappeurs, la carabine prête, suivaient de l'œil tous les mouvements du chef, n'attendant qu'un signe pour agir.

Mais le comte leur fit comprendre d'un regard qu'ils ne devaient pas bouger, quoique la foule cherchât à l'envelopper.

D'une voix qui domina le tumulte, il cria :

— Allons ! place !

Et il fit un pas.

Une centaine d'hommes lui barraient la retraite vers la fontaine ; vingt poignards le menacèrent.

Avec une dextérité incroyable, il évita les coups et trouva le moyen de défoncer deux ou trois crânes avec la crosse de son revolver : on lui laissa passage, mais des voix crièrent :

— A mort, les trappeurs !

C'était des extrémités de la place que venaient ces menaces ; les plus rapprochés étaient moins ardents. Toutefois le comte voulut en finir.

— Cacique, dit-il à l'Indien, balayez cette canaille.

L'ex-majesté araucanienne n'attendait que cet appel.

Il bondit.

Ses deux larges mains s'abaissèrent au hasard sur la foule, et deux têtes disparurent.

Il les releva ensuite :

Ses doigts crispés enserraient par le cou deux hommes, dont il montra les faces grimaçantes ; puis il les lança, étranglés, au milieu de la foule.

Deux, trois, quatre fois, le colosse recommença sa terrible exécution.

Le vide se fit bientôt autour de lui, large et vaste.

Alors le géant chargea, et la foule se sauva résolûment.

Toutefois Tomaho parvint encore à saisir quelques retardataires qu'il envoya agréablement se balancer dans les airs.

Mais la place se déblayait à vue d'œil.

Aux provocations et aux insultes succédaient les cris de détresse et de douleur.

La multitude, hurlante et vaincue, fuyait devant le terrible colosse.

Elle s'écoulait torrentueuse et affolée dans les rues voisines.

C'était une scène étrange et burlesque.

Les trappeurs applaudissaient; le gouverneur admirait bouche béante.

Le comte sifflait une fanfare de chasse.

Enfin Tomaho cessa sa poursuite.

Le combat cessa faute de combattants.

On vit le Cacique revenir tranquillement vers ses compagnons.

Il rapportait deux prisonniers sous son bras gauche.

De la main droite il traînait trois ou quatre grands sabres conquis sur l'ennemi.

Il déposa le tout devant le gouverneur.

— Voilà, lui dit-il, deux hommes à pendre, et de ceux qui criaient le plus fort.

— Peuh! fit le gouverneur, pendre, c'est grave.

« Un simple bain suffirait... »

Le gouverneur était décidément bon enfant.

— Comme vous voudrez, dit Tomaho. Et il envoya les prisonniers dans la vasque.

— Et dire, souffla-t-il en s'essuyant le front, car il avait couru et beaucoup frappé, dire que si ce misérable et subtil avocat qui m'a tendu un piége ne m'avait pas réduit à l'impuissance par ses ruses, voilà comment j'aurais arrangé mes guerriers révoltés!

« Et pourtant ils sont d'autres hommes que ces coyottes tremblants et sans forces. »

Puis, espérant que le gouverneur et le comte écouteraient son histoire, qu'il avait tant à cœur de conter, il essaya de la narrer vu la circonstance.

— Senor, dit-il, il y a six ans, j'étais..

Les trappeurs virent le danger qui les menaçait et firent signe au comte :

— Mon cher Tomaho, lui dit celui-ci, je suis très-curieux de connaître votre aventure.

« Mais ce n'est pas le moment de nous faire ce récit.

« Je remets donc le plaisir de vous entendre à notre prochaine halte dans la savane. »

Puis, s'adressant au gouverneur, M. de Lincourt ajouta :

— Débarrassé de ces émeutiers redoutables, vous voilà tranquille.

Le gros bonhomme se confondit aussitôt en remerciements et en protestations de reconnaissance.

— Je vous dois la vie, s'écria-t-il.

« Ces gueux m'égorgeaient, sans votre énergique intercession.

« Soyez béni, Excellence. »

Mais le brave homme restait inquiet.

Il fit une pause, se gratta l'oreille et dit enfin :

— Le danger conjuré aujourd'hui sera plus grand demain, si vous me quittez.

— Et pourquoi? demanda le comte.

— D'abord ils seront exaspérés, et puis ils veulent et voudront me forcer à obtenir des Indiens le passage libre pour les convois bloqués ici.

« J'ai fait le possible pour fléchir ces gredins de Peaux-Rouges ; ils se montrent intraitables, sous prétexte que nous n'avons pas payé intégralement les droits exigés pour le passage du dernier convoi.

« J'offre de doubler les sommes exigées, ils ne veulent rien entendre.

« Je leur ai envoyé trois parlementaires ; ils nous les ont renvoyés sans oreilles.

« Je suis au désespoir.

« Excellence, je vous en prie, tirez-moi d'embarras ; ma bourse vous est ouverte, et ma gratitude égalera les sentiments de sympathie que m'inspire votre noble et généreuse personne. »

Le comte se laissa toucher.

Les terreurs du malheureux gouverneur l'amusaient.

Riant de lui, il s'intéressait à lui

Et d'autre part il avait ses raisons pour tenir à ce que les Indiens décampassent.

— Ne vous désespérez pas, lui dit-il.

« Nous trouverons bien le moyen d'amener à composition ces entêtés d'Indiens.

Une heure après, trois cavaliers sortaient d'Austin.

« On parlementera.

— Mais, pour parlementer, il faut des parlementaires.

« Vous n'en trouverez plus, Excellence, observa le gouverneur.

— Et pourquoi ?

« On les paiera.

— Ils refuseront.

« Car c'est aller à la mort, maintenant, que de pénétrer dans le camp de la Vierge aux cheveux blancs ; elle a fait dire qu'elle renverrait morts et scalpés tous ceux qui se présenteraient.

— La Vierge aux cheveux blancs ? interrogea le comte étonné de ce nom.

— Oui, la reine de ces damnés Peaux-Rouges.

« Une fille de sang européen, à chevelure blanche, qui commande à vingt tribus.

— Elle est donc bien féroce, cette reine ?

— Cruelle et impitoyable.

— N'importe !

« Il faut essayer de trouver un ambassadeur à lui expédier.

« Essayons.

« Je vois de nombreux rassemblements à l'entrée de toutes les rues.

« Faites signe qu'on approche. »

Le gouverneur hocha la tête.

— Je les connais, fit-il.

« Ils ne viendront point.

— Essayez toujours ! fit le comte.

Le gouverneur héla ses administrés.

Il accompagna les éclats de sa voix grêle et flûtée des signes les plus engageants.

Personne ne bougea.

Nul n'osa s'avancer sur la place.

— J'irais bien les trouver, murmura le bonhomme ; mais j'ai encore des craintes...

— Il y a un moyen, dit le comte en riant.

« Vous allez voir. »

Il prit sa bourse, l'agita et la fit tinter.

Il y eut quelque chose comme un frisson d'avidité qui parcourut les groupes.

Le comte tira de la bourse une poignée de monnaie et la jeta dans le milieu de la place.

Les dollars sonnèrent et rutilèrent en roulant.

6ᵉ LIVRAISON.

L'effet fut instantané.

La foule se rua vers les pièces éparpillées, sur le sol battu de la place.

Il y eut mêlée.

Les soldats se débandèrent, — officiers compris, — et se mirent de la partie avec ardeur.

On se bousculait avec acharnement.

Les taloches pleuvaient.

Plus d'un coup de couteau fut échangé.

Ces couards, qui reculaient tout à l'heure devant un seul homme, se disputaient crânement, le poignard à la main, quelques pièces d'or jetées en pâture à leur avidité.

C'était triste, burlesque.

En quelques minutes, la récolte fut terminée.

La chose faite, on pensa non sans raison que l'auteur de cette générosité avait quelque chose à dire.

Tous les regards se fixèrent sur le comte. On attendait une seconde poignée d'or.

M. de Lincourt s'adressa au gouverneur.

— Vous avez mis votre bourse à ma disposition.

« Je vous prends au mot.

« Donnez.

— Mais de quoi s'agit-il? fit le gouverneur dont la figure s'allongea autant que boule le peut.

— Vous allez le savoir, dit le comte.

« Donnez toujours. »

La générosité du gouverneur paraissait avoir baissé.

Il finit toutefois par exhiber, après avoir fouillé plusieurs poches, une bourse de cuir au ventre rebondi.

— Il y a mille dollars, dit-il, en or et billets de la Banque des États-Unis.

Le comte montra la sacoche à la foule.

— On demande, dit-il, un ambassadeur pour le camp indien.

« Il y a mille dollars, dans cette bourse, pour celui qui se risquera.

« A qui la prime? »

La foule resta muette.

Ces gens qui, tout à l'heure, se disputaient quelques pièces à coups de poignard, tremblaient à la pensée d'affronter la colère des Peaux-Rouges.

Le comte vit bien qu'il ne pouvait rien espérer de ce peuple.

La terreur planait sur la masse.

Elle paralysait tout élan généreux; elle contre-balançait même la toute-puissance de l'or.

— Vous le voyez, Excellence, dit alors le gros gouverneur.

« Personne n'osera se présenter devant la redoutable et féroce Reine-Blanche.

« Rendez-moi ma bourse.

— Un instant, fit le comte riant de l'empressement avec lequel don Matapan — ainsi se nommait le gouverneur — tenait à rentrer en possession de ses dollars.

« Il est convenu que vous abandonnez le contenu de ce sac à celui qui se chargera d'aller porter vos conditions de paix à cette reine d'Indiens, que l'on dit redoutable?

— C'est convenu, en effet, caballero, répondit le gouverneur.

« Mais je ne vois personne.....

— Pardon, reprit M. de Lincourt.

« Je me charge, moi, de ce rôle d'ambassadeur.

« Et je confisque la sacoche.

— Quoi! Excellence, s'écria ironiquement don Matapan, vous seriez gêné à ce point?

Le comte vit bien qu'il baissait dans l'esprit du gouverneur, mais il répondit sans colère :

— Vous êtes dans l'erreur, mon cher gouverneur.

« Je n'ai aucunement besoin de votre or.

« Mais je tiens à ne pas vous le rendre.

« J'en ferai un emploi qui vous étonnera.

« Laissez-moi le soin de vous ménager une charmante surprise, que je déflore presque en vous l'annonçant. »

Don Matapan n'avait pas à réclamer.

Il s'inclina.

— Mais, dit-il, Votre Excellence ne paraît pas se douter des périls qui la menacent dans l'accomplissement d'une pareille mission.

— Mon cher gouverneur, répliqua le comte, il n'y a de danger que pour les imbéciles ou les imprudents.

« Que devez-vous aux Indiens?

— Le droit de passage qui n'a pas été

acquitté par les deux dernières caravanes.
— Et pourquoi ce droit convenu n'a-t-il pas été payé ?
— Mon Dieu! Excellence, c'est bien simple! fit le gouverneur de son air le plus ingénu.

« Nous avons, cette fois-là, été les plus forts.

« La caravane a battu les Peaux-Rouges.

« Elle avait une escorte de trappeurs.

— Je comprends à merveille, conclut le comte avec un geste de mépris.

« Vous avez manqué à votre parole.

« La foi des traités a été violée.

« Vos torts sont impardonnables, et votre sottise ne peut se qualifier.

« Mais je veux réparer le mal.

« Comptez sur moi et sur mon ami Grandmoreau, qui seul m'accompagnera.

« Vos convois marchands auront le passage libre, je vous en réponds. »

La foule, qui s'était rapprochée peu à peu, couvrit d'applaudissements ces dernières paroles du comte.

Les vivats retentirent, nombreux et sonores pendant plusieurs minutes.

M. de Lincourt promena un fier regard sur ceux qui voulaient le poignarder quelques minutes plus tôt.

— Quelle admirable canaille vous avez à gouverner! dit-il.

« Vraiment, il serait désolant de laisser à vos adorables sujets un levain de rancune contre vous.

« Je vais faire votre paix avec eux. »

Et d'un coup de couteau il éventra la sacoche.

— Cacique, dit-il, jetez cet or et ces billets à ces drôles.

Tomaho fut surpris; les trappeurs s'étonnèrent, mais ils ne protestèrent pas.

Et Tomaho fit sa distribution en conscience.

On juge si la bataille fut acharnée à ses pieds.

Les trappeurs se donnèrent du rire à en crever.

Le gouverneur soupirait.

— Senor, lui dit le comte en voyant la multitude se bousculer à ses pieds, ivre de convoitise, senor, je pars cette nuit.

« Demain, vous aurez de mes nouvelles, ou je ne serai plus. »

Et au cacique :

— Videz-leur d'un coup la sacoche sur la tête, dit-il.

Ainsi fut fait.

La lutte devint sanglante.

Le comte fit un geste de dégoût et s'éloigna, suivi des cinq trappeurs ses compagnons.

Le senor Matapan, de son côté, regagna le palais du gouvernement, après avoir congédié son escorte aussi nombreuse qu'inutile.

Ballottant sur sa mule, dont le pas lent et régulier le secouait doucement, le magot murmurait :

— Mille dollars !

« Et rien de fait.

« C'est un aventurier...

« Je suis volé.

« Mais que faire avec des hommes pareils?

« Mille dollars!... Mille dollars!... »

Et le pauvre homme réintégra son domicile, pénétré de cette conviction qu'il venait d'être joué.

CHAPITRE V

OU L'ON PRÉSENTE AU LECTEUR SANS-NEZ ET BOIS-RUDE.

La bataille de Tomaho avec les gens d'Austin était à peine terminée que John Burgh dit, d'un ton convaincu, aux autres trappeurs :

— J'ai faim.

« Une tranche grillée de buffalo ferait bien mon affaire.

« Si nous allions dîner ? »

Et l'Anglais clappa sa langue contre son palais avec un bruit significatif.

— Main-de-Fer, dit le comte, si vous ne détestez pas la cuisine française, j'ai dans l'idée que vous aurez mieux qu'une tranche de buffalo à la table de M. d'Éragny.

Et s'adressant aux chasseurs :

— En route, gentlemen! dit-il.

« Notre hôte doit nous attendre. »

Mais Tomaho seul fit mine d'accompagner le comte ; les autres trappeurs se regardaient en hésitant.

— Eh ! gentlemen, qu'avez-vous donc ? demanda M. de Lincourt étonné.

— Monsieur le comte, dit Burgh traduisant la pensée de ses amis, vous et le colonel, vous êtes de noblesse : nous sommes, nous, des hommes de la prairie, et nous serions gênés, fort gênés à ce dîner.

— Sans compter, dit Tête-de-Bison, que nous n'avons pas les manières du monde et que nos costumes ne sont pas de cérémonie.

Tomaho semblait seul déterminé à suivre le comte ; Tête-de-Bison crut rendre service à son chef en le débarrassant de l'Indien.

— Le mieux, dit le Trappeur, est que nous allions faire une petite soûlerie d'ouverture d'expédition à notre taverne.

« Venez-vous, Cacique ?

« Quand nous serons ivres, nous battrons les autres ivrognes, et ce sera très-amusant. »

Tomaho ne goûta pas cette proposition :

— Tête-de-Bison, dit-il, j'ai assez rossé les Austinois pour aujourd'hui : allez-vous abrutir avec de l'eau-de-feu si vous voulez, vous autres ; moi, je vais au dîner du colonel.

— Vous y ferez une drôle de tête ! dit railleusement Tête-de-Bison.

L'Indien protesta dignement :

— Moi, Tomaho, dit-il, je vous comprends, grosse Tête-de-Bison.

« Vous voulez dire que je ne serai pas à ma place.

« Vous vous trompez.

« J'ai les manières d'un grand guerrier. Cacique de naissance, je me sens d'aussi bonne race que le comte ici présent et que l'autre Français qui nous a invités.

« J'ai mes peintures de guerre sur la figure et mon grand manteau d'expédition sur les épaules ; j'ai mes plumes d'aigle dans la coiffure, mes mocassins de buffle aux pieds ; je me trouve très-bien habillé, et je dirai même mieux habillé que le comte notre chef et que son ami.

« Je ne dis pas cela pour les offenser, mais uniquement parce que je ne vois pas pourquoi je n'irais pas dîner avec eux. »

Les chasseurs haussèrent les épaules, mais Tomaho n'en fut pas ébranlé dans sa conviction.

Le comte lui tendit la main en souriant :

— Cacique, dit-il, vous êtes dans le vrai et ces gentlemen ont tort.

Puis aux trappeurs :

— Ah çà ! voyons, dit-il, est-ce que vous êtes gens à commettre quelque inconvenance à la table d'un hôte bien élevé ?

« Êtes-vous hommes à dire une grossièreté devant une jeune fille ?

« Vous, Main-de-Fer, savez-vous, oui ou non, jouer galamment de la fourchette ?

« Et vous, Bois-Rude, ne ferez-vous pas gaillardement raison à tous les toasts que l'on portera ?

« Par tous les diables ! vous êtes de drôles de corps et vous me faites rire.

« Le monde ! Les manières ! Les costumes !...

« Mes camarades, tout ce que vous avez dit là, c'est fadaises et niaiseries !

« Ici, à Austin, le désert commence.

« Ici, une femme ne doit exiger des hommes que le respect et la protection.

« Un homme ne doit demander à un autre que le courage et la loyauté.

« Chez le colonel, vous serez ce que vous êtes, d'excellentes gens, sans façon, riant et parlant franc, buvant sec sans dépasser les bornes d'une griserie décente, et tout se passera d'une façon parfaite.

« Tomaho, mon cher, votre bras, et si ces messieurs sont assez bégueules pour ne pas nous suivre, nous le verrons bien. »

Tomaho jeta un regard de triomphe sur ses amis, et, bras dessus bras dessous, lui et le comte se dirigèrent vers la maison qu'habitait le colonel.

Les chasseurs, enchantés au fond, suivirent leur chef.

— Et voilà ce que c'est qu'un vrai gentilhomme ! dit Burgh en manière de conclusion.

« Trouvez-moi donc un bourgeois qui vous mette tout de suite à votre aise comme ça ! »

Mais un des chasseurs murmura, d'une voix sifflante, rauque, péniblement articulée :

— Ce qui me chiffonne, c'est mademoiselle d'Éragny, je ne me mettrai pas en face d'elle, non, je ne m'y mettrai pas.

« Elle n'est pas encore habituée à ma tête. »

Puis après un soupir :

— S'être appelé le beau Ragottier !

« Avoir été le plus joli garçon de Ménilmontant et le plus beau trappeur de la prairie !

« Et, aujourd'hui, s'appeler Sans-Nez !

« Quel guignon ! »

Le chasseur, d'un coup de poing, enfonça son chapeau sur son front.

De fait, Sans-Nez n'était pas beau.

Jeune à coup sûr, bien fait, élégant de taille, de gestes et de manières, il avait une tête affreuse. Personne n'aurait reconnu Ragottier.

Son nez avait été coupé.

Les sourcils avaient été arrachés au-dessus des yeux avec la peau.

Plus de paupières !

Plus de lèvres !

De là une grande difficulté de prononciation.

C'était hideux, non repoussant, toutefois.

Sans-Nez était, même au désert, d'une propreté, d'une coquetterie extrêmes.

Sa blouse de chasse était de fine laine ; toutes les parties de son costume et de son équipement dénotaient une certaine recherche.

Enfin cette tête, déchiquetée par le couteau des Indiens, se couronnait d'une splendide chevelure noire bouclée, au-dessus d'un front très-bien dessiné.

Quand on s'accoutumait aux cicatrices, on retrouvait dans les traits des lignes qui permettaient de reconstituer l'ensemble par l'imagination, et l'on jugeait que Sans-Nez ne se vantait pas en affirmant qu'il avait été la coqueluche des squaws indiennes et des senoras mexicaines.

Avec lui vivait ordinairement, comme associé de chasse, un certain Bois-Rude.

C'était un Irlandais jovial, bon garçon, rieur, mais buveur enragé.

Ivrogne ne rendrait pas notre pensée.

Bois-Rude (c'était un surnom) ne s'enivrait jamais, quoique buvant toujours.

Aucun défi ne le faisait reculer.

On eût versé la mer dans son gosier que les vagues eussent passé sans désaltérer sa gorge et sans troubler sa cervelle.

Jamais il ne perdait la raison.

Rougeaud, court sur ses jambes un peu torses, l'œil enluminé, la trogne truculente, le verbe haut, clair, railleur, il jetait des notes gaies dans la conversation et il s'avisait parfois de drôleries assez piquantes.

Tels étaient les deux chasseurs que le lecteur ne connaissait pas encore.

Nous avons cru nécessaire de les lui présenter.

— Va, sois tranquille, dit Bois-Rude à Sans-Nez ; j'arrangerai ton affaire.

« J'intéresserai mademoiselle d'Éragny en ta faveur.

— Qu'est-ce que tu lui diras ? fit Sans-Nez.

— Je lui dirai que pour attraper les corbeaux il faut un mort, et que tu n'as qu'à te coucher sur le sable pour qu'ils croient que tu es une charogne humaine déjà déchiquetée.

« Quand la jeune personne saura que tu m'es si utile comme appeau, elle te jugera favorablement. »

La plaisanterie était grossière, brutale ; mais elle provoqua le rire des chasseurs, y compris celui de Sans-Nez.

— C'est pourtant vrai ! dit-il.

« Que je m'endorme en plein jour dans la prairie, et les vautours s'imaginent que je suis un cadavre entamé par le bec de leurs confrères.

« Quand je m'éveille, j'en vois des bandes qui planent au-dessus de ma tête et qui sont étonnés probablement qu'un si beau cadavre sente la chair fraîche. »

Et le rire des chasseurs retentit plus sonore à l'aveu de Sans-Nez.

Mais celui-ci fit un triste retour sur la réalité.

Il regarda longuement son torse, son mollet nerveux, son pied fin et cambré, sa hanche bien prise ; il jeta un coup d'œil complaisant sur toute sa personne, leva le bras par un geste qui lui était familier, imita avec ses doigts un claquement de castagnettes, et dit :

— Tant de galbe!
« Tant de chic!
« Une si belle tête autrefois, et maintenant faire peur aux femmes!
« Quel guignon!
— Sans-Nez, demanda Tête-de-Bison, où diable avez-vous été arrangé comme ça?
— Affaires de femme! dit le Parisien.
« Tenez, je ne vous ai jamais conté l'affaire, mais comme la reine aux cheveux d'argent aura querelle avec le comte et conséquemment avec nous, je vous dirai mon aventure à table... et... vous verrez...
— Est-ce que la reine est pour quelque chose dans ce qui vous est arrivé?...
— Vieux trappeur, faute de lèvres, parler me fatigue.
« Laissez-moi reprendre haleine.
« Au dessert, je ferai des révélations... piquantes. »
On arrivait.
Le colonel et Rosée-du-Matin, comme disait Tomaho, firent un accueil cordial à leurs invités.
Sans-Nez remarqua que mademoiselle d'Éragny rougissait beaucoup en revoyant le comte, et que celui-ci avait eu un long et pénétrant regard pour cette charmante fille.
Toutefois Tomaho fut le héros de la réception cordiale que reçurent les trappeurs.
Mademoiselle d'Éragny savait gré au Cacique de ce nom gracieux qu'il avait trouvé pour elle, et elle le lui témoignait par de bons sourires.
Le colonel, en soldat qu'il était, admirait le colosse indien.
— Soyez les bienvenus, messieurs! dit-il.
« Aussi bien, après la scène qui vient de se passer et à laquelle nous avons assisté du haut de notre vérandah, vous devez avoir gagné de l'appétit.
« Vive Dieu! cacique.
« Vous avez une façon remarquable de disperser les attroupements.
« J'allais courir à votre aide, mais j'ai compris que c'était inutile. »
Tomaho rayonna de joie et d'orgueil.
— Colonel, dit-il, vous voyez devant vous un grand cacique, banni de son pays.

« Mais vous m'êtes témoin que ce n'est ni la force ni le courage qui ont dû me manquer, lorsque mon aventure m'arriva.
« Le subtil avocat Orélie de Touneins... »
Le colonel eut un soubresaut de surprise; mais Grandmoreau intervint.
Pour cent douros, il n'aurait pas voulu entendre cette histoire.
— Cacique, dit-il, plus tard... plus tard...
Le colonel comprit qu'il échappait à quelque récit interminable, et dit :
— Cacique, au dessert... vous nous ferez votre récit... que nous écouterons avec plaisir.
Puis à ses hôtes :
— A table, messieurs!
« C'est un dîner à la française que je vais vous offrir.
« J'ai pensé que notre cuisine nationale vous délasserait des infernales compositions culinaires de MM. les Mexicains.
— Heureuse inspiration! répondit le comte!
On passa dans la salle à manger.
Le colonel avait fait les choses en gentilhomme qui se pique d'exercer noblement l'hospitalité.
Mets savoureux, vins généreux, empressement cordial du vieux colonel, et, par-dessus tout, la présence d'une charmante jeune fille, n'ayant pas assez de ses deux jolies mains pour servir les saveurs de son père, et dont le doux et brillant regard cherche à deviner leurs moindres désirs.
La conversation s'établit sur le semblant d'émeute comprimée si lestement par Tomaho.
Puis on parla du blocus.
Le colonel était fort ennuyé de ce siége.
— Je suis très-contrarié de ce qui arrive, dit-il.
« Le blocus de ces damnés Peaux-Rouges paralyse complétement le commerce avec l'intérieur.
« Je suis victime de ce déplorable conflit, survenu inopinément et juste à point pour retarder tous mes projets.
— Et comment cela? demanda M. de Lincourt avec plus d'intérêt que de curiosité.
— Mon cher comte, dit le colonel, vous

voyez en moi un homme qui a perdu en France une fort belle fortune dans une entreprise qui a échoué.

« J'ai voulu reconstituer ma position et je suis venu en Amérique avec ce qui me reste : deux cent mille francs liquides !

« Avec cela, on peut tenter ici quatre grandes affaires au moins.

« Qu'une seule réussisse et l'on devient millionnaire.

— Avez-vous commencé une opération, colonel ?

— J'allais en mettre une en train.

« Je voulais organiser l'exploitation d'une forêt d'érables.

« Exploitation particulière qui consiste dans la récolte de la séve de ces arbres, et dans la transformation de cette séve en un sucre aussi estimé que les meilleurs produits de la canne.

« J'ai acheté la concession.

« Tous mes préparatifs sont terminés depuis longtemps ; mais, de par la volonté de Sa Majesté la reine aux cheveux d'argent, je suis obligé de surseoir à l'accomplissement de mes projets. »

C'était la deuxième fois que le nom de la reine des Indiens venait frapper les oreilles du comte et, somme toute, il savait d'elle peu de chose, quoiqu'il se fût engagé à être l'ambassadeur de la ville d'Austin auprès de cette étrange Majesté.

Les événements s'étaient précipités de telle sorte, qu'il n'avait pas encore eu le temps de prendre ses informations.

— Quelle est donc en réalité cette reine ? demanda-t-il curieusement :

Sans-Nez, sur cette question, échangea avec ses compagnons un regard significatif ; mais il laissa la parole à son hôte.

— Je ne puis, répondit le colonel au comte, que vous répéter les propos qui s'échangent ici.

« Cette femme a réuni sous sa domination plus de vingt tribus.

« Ces tribus ont chacune un chef qui leur est propre ; mais elles reconnaissent l'autorité prépondérante de celle qu'ils ont nommée la Vierge aux cheveux d'argent.

« Cette femme commande donc à plus de vingt mille guerriers.

« On la dit féroce et sanguinaire.

« Jeune et belle, ses cheveux sont entièrement blancs, et l'albinisme ne serait pour rien dans cette singularité sans exemple chez ceux de sa race.

« Enfin, ajouta M. d'Éragny, cette fameuse reine passe pour une amazone déterminée.

« A la tête de ses guerriers, elle commande en chef dans les combats ; elle-même prend part à la lutte, et son adresse, sa force, son courage, font l'admiration des siens.

« Les peuples la vénèrent comme une émanation du Grand-Esprit.

« Son prestige est immense, et il s'étend jusque dans les régions voisines et même au delà des grands rivières du haut-Missouri.

M. de Lincourt avait écouté le colonel avec attention ; mais ce fut avec un sourire passablement incrédule qu'il demanda :

— Qu'y a-t-il de vrai, selon vous, dans tout cela ?

— Tout, ou presque tout, répondit simplement M. d'Éragny.

— C'est incroyable ! inouï ! s'écria le comte doutant plus que jamais.

Le trappeur Grandmoreau, qui jusqu'alors avait gardé le silence, prononça gravement :

— M. le colonel ne fait que répéter des récits dont j'ai pu, moi, vérifier l'exactitude.

« Je vous le dis, la Reine-Blanche est bien telle qu'on la dépeint.

« Je suis resté son prisonnier pendant deux jours, et comme elle ne fait grâce à personne, j'allais subir toutes les horreurs de la torture avant de mourir, quand je fus délivré d'une façon étrange.

« Il y eut une éclipse de soleil qui épouvanta les Indiens, et je leur criai que le Grand-Esprit voilait la lumière parce qu'il n'approuvait pas ma mort : les Indiens crurent cette bourde et me lâchèrent.

« Mais j'en ai assez vu, de la reine et des Apaches, pour vous dire qu'elle est plus farouche, plus sanguinaire qu'aucun de ses sujets. »

Il n'y avait pas à douter de la parole du Trappeur.

Ces gens-là ne mentent pas.

Le comte le savait.

— Parbleu ! s'écria-t-il avec enjouement, tout ce que vous me dites augmente mon envie de faire connaissance avec cette terrible sauvage.

— Quoi ! fit mademoiselle d'Éragny avec un mouvement d'effroi.

« Vous oseriez braver cette Indienne? »

Le comte considéra la jeune fille pâle et profondément émue.

Calme et souriant, il répondit :

— J'ai promis d'aller à son camp.

— Promis? fit Blanche avec angoisse.

— Oui ; je suis engagé.

« Je serai très-heureux de vous raconter moi-même, demain ou après, comment Sa Majesté la reine des Peaux-Rouges m'aura reçu.

— Eh bien ! monsieur le comte, dit Sans-Nez, si la reine vous arrange comme elle m'a arrangé, je ne vous vois pas beau après-demain.

Cette déclaration de Sans-Nez, faite avec les sifflements et les rauquements de voix qui lui étaient habituels, provoqua une explosion d'exclamations chez les chasseurs.

La curiosité était vivement surexcitée.

Sans-Nez se leva, il promena sur ses avantages physiques le regard circulaire qui lui était familier, il leva le bras, fit retentir le claquement de doigts par lequel il manifestait son admiration pour son *galbe* et son *chic*, puis, d'un air navré, au colonel et au comte :

— Voilà ! fit-il.

« Voilà ce qui reste du plus joli trappeur de la prairie.

« Voilà ce qu'est devenu le beau Léon !

« J'épouvante les dames et je fais pleurer les moutards.

« C'est la reine des Apaches qui m'a fait couper le nez. »

Et avec une conviction dont la fatuité comique fit sourire :

— Ça se comprend !

« Elle avait un penchant pour moi, et comme elle craignait de m'adorer, elle a voulu m'enlaidir. »

Avec un peu de colère

— Vous riez, vous avez tort !

« Je m'appelle Ragottier, j'étais l'agent, le limier, l'éclaireur du fameux Herrera, que j'ai quitté pour devenir trappeur.

« Pour être beau, j'étais beau.

« Pour être fin, j'étais fin ; même je le suis encore, et personne ne tend un piége mieux que moi.

« Pour être crâne, j'étais crâne ; je le suis toujours.

« Je ne crains rien.

« Mais la beauté s'est envolée !

« Donc, ayant entendu parler de la reine, ayant eu des succès, passant pour un grand chasseur et jouissant d'une renommée avantageuse, je me rendis, sous un prétexte habile, je m'en vante, au pays des Apaches.

« Je fus bien reçu. »

Et à Tête-de-Bison qui semblait railler :

— Oui, vieux trappeur, oui, bien reçu, je m'en flatte.

« Je pousse mes petites affaires et je m'aperçois bientôt que je ne suis pas désagréable à la reine.

« Je lui demande sa main... je suis refusé.

— Et vous appelez cela être bien reçu, Sans-Nez ! fit Tête-de-Bison.

— J'étais refusé, vieux trappeur, pour des raisons politiques.

« La reine me fit dire que la chose ne devait pas me froisser.

« Enfin on sait ce que parler veut dire ; elle m'aimait, voilà ; mais elle ne pouvait pas m'épouser, pour des raisons d'État.

— Et pour vous consoler elle vous a fait arracher les lèvres ! fit Grandmoreau.

— Attendez donc, vénérable Tête-de-Bison.

« Vous allez apprendre comment j'ai perdu mon nez. »

Sur ce, nouveau geste, claquement de doigts et clappement de langue.

Puis Sans-Nez reprit :

— Je n'étais pas content, comme de juste, et je me promis d'enlever la reine, éprouvant pour elle une grande passion.

« Je dresse mon embuscade, je parviens à me glisser dans son wigwam, je lui jette un manteau sur les épaules et.. je me trouve tout à coup renversé à terre et garrotté.

— Ah! ah! fit-on.
« Elle avait appelé ses guerriers?
— Du tout!
« Elle était plus forte que moi, voilà tout! fit Sans-Nez avec bonhomie.
« Elle me terrassa avec grâce, aisance et facilité.
« La poule avait pris le renard.
« Quand je dis la poule, je suis bête comme une outarde.
« C'est une panthère que cette femme-là! »
L'hilarité fut bruyante.
Sans-Nez fit une grimace significative, protesta contre les rieurs et dit :
— Il n'y a pas un de nous qui soit capable de lutter contre ce démon !
« Vous avez une main de fer, Burgh; la griffe de la reine est d'acier.
« Mais voilà où j'ai vu qu'elle m'aimait. »
On écouta curieusement.
Sans-Nez reprit :
— Elle appela ses guerriers, et leur dit, en me montrant à terre meurtri et confus :

« — Coupez le nez, les oreilles, les sourcils, les lèvres et les paupières à ce *trop joli garçon.* »
Ici Sans-Nez joua des castagnettes avec ses doigts et répéta :
— Trop joli garçon !
« Vous comprenez?
« Trop joli...
« C'est clair. »
Puis, fatigué, il murmura très-vite, pour en finir :
— Bref, on m'a arrangé comme vous voyez.
« La reine m'a dit :
« — Je te laisse vivre !
« Il faut que tu souffres longtemps pour punir ton audace.
« Tu ne peux plus être aimé; ce sera ton supplice. »
Il insista :
— *Tu ne peux plus être aimé !* »
« C'est limpide.
« Et voilà pourquoi je m'appelle Sans-Nez. »

Lassé, il se tut.

Mais le regard fit l'inspection générale de la personne, les doigts claquèrent, la langue clappa; et un long soupir dit éloquemment combien le beau Léon regrettait son nez.

Son histoire eut un prodigieux succès, et Tête-de-Bison conclut en secouant la tête :

— Monsieur le comte, garde à nous !

« Vous le voyez !

« La reine n'est pas tendre. »

M. de Lincourt se leva.

— Colonel, dit-il, l'heure s'avance et je dois partir pour le camp indien avec Grand-moreau.

« Vous plaît-il que nous prenions congé de mademoiselle et de vous ? »

On vit une larme jaillir des yeux de Blanche, qui contenait avec peine son émotion.

— Monsieur, dit le colonel, vous avez juré ; vous êtes engagé ; je n'aurai pas le mauvais goût de vous détourner de votre devoir.

« Mais je bois à votre heureux retour, en vous engageant à la prudence. »

Et il remplit les verres.

Ce toast fut gravement porté.

Seul de ces hommes, le comte était confiant et souriant.

Il voulut rassurer mademoiselle d'Éragny :

— Mademoiselle, dit-il, je vois que vous me faites l'honneur de beaucoup de reconnaissance, à cause d'un service trop facilement rendu pour valoir un de vos sourires.

« Laissez-moi vous dire que braver la reine est un jeu pour moi.

« J'ai la ferme conviction de revenir sain, sauf et entier.

« Colonel, au revoir ! »

Tout le monde était ému.

Chacun jugeait que le comte allait risquer follement sa vie.

On se serrait la main en silence pour se quitter.

Mademoiselle d'Éragny semblait désespérée.

Instinctivement, chacun brusquait les adieux.

Mais une voix protesta, celle de Tomaho !

— On m'avait promis, dit-il d'un air piteux, que, moi aussi, je raconterais mon histoire.

« Et je vois que l'on part ! »

Le Cacique était navré.

Le colonel fut touché de la mine du colosse.

— Mon cher Tomaho, dit-il, ce qui est différé n'est pas perdu.

« Il s'agit, n'est-ce pas ? d'Orélie, qui s'est fait roi d'Araucanie.

— Oui, de lui, de ce renard subtil...

— Eh bien ! dit le colonel, ce que j'ai lu dans les journaux de vos aventures et des siennes me donne envie de savoir le reste.

« Nous en reparlerons. »

Tomaho fut ravi.

— Ainsi, dit-il, en France, de l'autre côté de l'Océan, on sait que l'infâme Orélie m'a détrôné et banni !

— La chose a fait grand bruit, Cacique.

— Mais on croit peut-être que cet Orélie a vaincu loyalement !

— Cacique, on soupçonne quelque ruse de sa part.

« Du reste, si vous voulez, nous écrirons la vérité à un journal très-répandu, qui fera connaître au monde entier vos griefs contre Orélie. »

La joie, une immense joie, faillit étouffer le géant.

— Le monde entier ! dit-il d'une voix sourde. Colonel, entre toi et moi, c'est une amitié éternelle.

Et le colosse serra les mains de M. d'Éragny à les broyer.

Le comte, cependant, avait pris congé de Blanche, qui, sentant son cœur se briser, s'était retirée en cachant ses larmes.

— De la prudence ! dit le colonel à M. de Lincourt en reconduisant les chasseurs.

— De l'audace ! répondit celui-ci.

CHAPITRE VI

LE CAMP INDIEN

Une heure après, trois cavaliers sortaient d'Austin

C'était le comte et Tête-de-Bison, qui se dirigeaient vers le camp indien.

Main-de-Fer les accompagnait jusqu'à mi-chemin pour rester en observation.

Il devait demeurer en vedette sur l'éminence que nous connaissons déjà et où avait eu lieu la rencontre entre les trappeurs et leur chef.

Jusqu'à la colline, rien n'entrava la marche des trois aventuriers.

John Burgh prit sa faction.

Il attacha son cheval au plus épais d'un fourré, il serra la main de ses compagnons, leur souhaita bonne chance et grimpa sur un arbre très-élevé d'où il pouvait voir au loin.

Tout à coup il redescendit lestement et siffla les deux chasseurs qui s'éloignaient.

— Qu'y a-t-il, Main-de-Fer ? lui demanda le comte.

— Rien que de bon ! fit celui-ci.

« Au sortir des bois, dans la plaine, vous allez être assaillis par une tourmente sèche, et si, comme je le suppose, vous avez, sir, l'intention de tenter un coup de main, le vent vous sera certainement utile.

— Quel plan me prêtez-vous donc ? fit le comte.

— Je pense que vous ne songez pas à entrer tout bonnement, les mains vides, dans le camp indien.

« Vous devez avoir quelque bonne idée, et un grand vent ne vous nuira pas. »

M. de Lincourt serra la main de Burgh en lui disant :

— Main-de-Fer, vous avez l'esprit pénétrant : vous êtes un homme précieux.

« A l'avenir, je compterai sur vous. »

Et, fort de l'avis donné, il se remit en route avec Grandmoreau.

Comme l'Anglais l'avait annoncé, une tempête sèche se déchaînait sur la plaine.

Le vent soufflait avec rage par un temps clair ; pas de nuage au ciel.

Il était deux heures du matin environ.

La route que suivaient les aventuriers était celle des caravanes.

De nombreux squelettes de chevaux et de bœufs marquaient la direction de ce chemin à peine indiqué.

Pendant plus d'une heure, la marche des hardis ambassadeurs ne fut entravée par aucun obstacle.

Mais plus ils avançaient, plus il devaient assurer leur sécurité contre l'active et inquiète vigilance des sentinelles indiennes.

Les blanches clartés de la lune éclairaient vaguement leur marche.

Cette lumière blafarde prêtait au paysage une apparence lugubre.

Son pâle et froid rayonnement dénaturait les formes, obscurcissait les ombres, blanchissait les surfaces polies.

Les fauves glapissaient dans la prairie, et leurs voix sinistres traversaient l'espace. Plus on approchait, plus le péril augmentait.

Les erreurs d'optique pouvaient devenir dangereuses ; se tromper sur la nature des objets était grave.

Mais Tête-de-Bison était familiarisé avec les effets de la lune, et il avait étudié plus d'une fois les mirages trompeurs de ses blêmes rayons.

Précédant M. de Lincourt de quelques pas, il avançait doucement, prudemment, silencieusement.

Après une très-longue marche, vers quatre heures du matin il s'arrêta soudain, faisant signe au comte d'avancer.

Quand celui-ci l'eut rejoint, il descendit de cheval et entrava sa monture ; le comte en fit autant.

— Sommes-nous près du camp ? demanda M. de Lincourt à l'oreille du Trappeur.

— A mille pas d'ici doit se trouver un poste, dit Grandmoreau.

— Eh bien ! fit le comte, ce poste, il faut l'enlever et nous présenter à la reine avec des prisonniers.

— Tiens ! observa Grandmoreau, c'est votre plan ! Il est bon !

« Le tout est de capturer les Indiens.

« Il faudrait, pour bien réussir, rencontrer deux cavaliers en vedettes perdues.

— Espérons que la chance nous favorisera ! dit le comte.

Et tous deux se mirent à ramper jusqu'à ce que Grandmoreau fît halte.

— Voyez-vous, lui dit-il, cette espèce de perche, à droite de ce buisson, à deux cents pas de nous ?

Il parlait si bas, que sa voix n'était qu'un souffle.

— Je vois, répondit le comte en prenant mille précautions pour éviter le bruit.

« C'est, il me semble, un arbuste mort et, par conséquent, dépouillé de ses feuilles.

— Vous vous trompez, reprit le Trappeur.

« Cet arbuste mort, quand on le fixe pendant quelques instants, remue et s'agite singulièrement à contre-vent.

« Et puis, je vois une seconde tige.

« Avançons prudemment.

« Le moment d'agir approche.

— Qu'y a-t-il? demanda le comte.

« Sont-ce des sentinelles?

— Oui.

« Ces grandes tiges que nous voyons se balancer sont les bois de leurs lances.

« Votre connaissance du désert est précieuse au delà de toute expression, murmura le comte.

« Grandmoreau, ces deux Indiens sont à nous.

« Préparez votre lazzo.

« Moi, je me charge de celui de gauche.

« Vous, prenez celui de droite.

— Bon! fit le Trappeur.

« Si vous êtes aussi adroit que moi, l'affaire est faite.

— Avançons encore! fit le comte.

Les deux aventuriers se remirent à ramper sous les hautes herbes.

Marche dangereuse!

Ils avaient à craindre les serpents, les fauves embusqués, les regards de l'ennemi; la moindre imprudence pouvait les perdre.

Mais ils avançaient avec une lenteur, une sûreté, une souplesse telles, que les sentinelles ne distinguaient rien de suspect.

Le vent soufflait toujours avec violence, favorisant l'audacieuse attaque des chasseurs.

Ces deux vedettes, détachées loin du camp, avaient mission surtout de garder le chemin.

Elles étaient au moment le plus fatigant de la veillée ; le comte avait choisi pour son attaque la demi-heure qui précède l'apparition de l'aube.

En ce moment, le sommeil accable les sentinelles ; la prochaine apparition du soleil leur inspire une certaine sécurité ; l'œil appesanti se ferme à demi ; tout papillotte à la vue, qu'obscurcit le battement des paupières.

A vingt pas des vedettes, le comte s'arrêta.

— Ensemble! murmura-t-il.

« Et au cou!

« Que ces Peaux-Rouges ne poussent pas un cri, ou tout est perdu.

Le comte et Tête-de-Bison déroulèrent chacun une longue corde qui leur enserrait la taille.

C'était un lazzo mexicain.

Ils maniaient cette arme terrible comme les meilleurs vaqueros des prairies hautes.

Ayant pris position, de manière à pouvoir lancer sûrement leurs lazzos, les trappeurs se dressèrent soudain.

Les cordes de soie sifflent, et les deux sentinelles indiennes se trouvent enveloppées chacune dans le nœud coulant.

Un choc violent les jette à terre.

Elles se débattent en vain. Leurs mouvements ne servent qu'à resserrer le lien qui les réunit, les étreint, les étouffe et comprime tous leurs efforts.

Suffoqués, les deux hommes se relèvent, retombent, se relèvent encore et retombent toujours!

Tête-de-Bison et le comte se précipitent.

En un clin d'œil, ils ont désarmé les Indiens à peu près étouffés et mis hors d'état de faire la moindre résistance et de crier.

En ce moment, quelques lueurs rougissaient le ciel, et Grandmoreau inspecta l'horizon.

— Bon! dit-il.

« Le tour est fait!

« Monsieur le comte, vous maniez le lazzo comme le couteau.

« Maintenant, que faisons-nous?

— Vous parlez l'apache purement, n'est-ce pas? fit le comte.

— Comme si j'étais né dans les montagnes de ces chiens-là! dit le Trappeur.

— Les peintures dont nous avons orné nos figures sont bien exactement celles des tribus de la reine?

— Oui, monsieur le comte.

— Eh bien! prenons les manteaux de guerre de nos prisonniers, passons-leur nos blouses de chasse, jetons-les en travers des chevaux, et en avant!

« Il s'agit de franchir la ligne des postes. »

En un instant la transformation fut opérée, et les deux aventuriers, à cheval sur les montures des Indiens, déguisés en guerriers apaches, les prisonniers couchés devant eux, marchèrent hardiment vers le camp.

Aux clartés de l'aube, les postes crurent voir des cavaliers de leur armée rentrant avec des prisonniers; partout on fit fête aux deux chasseurs.

Ils passèrent au trot à travers une triple ceinture d'avant-postes, salués par des acclamations.

Ces lignes franchies, ils se trouvèrent à quelques milliers de pas du camp indien.

Le comte admira la savante distribution des grand'gardes et la bonne assiette du bivac.

— Décidément, dit-il, ces Apaches se sont formés à la guerre.

« Voilà des dispositions excellentes.

— La reine, fit gravement Tête-de-Bison, est réellement une femme extraordinaire.

« Vous serez étonné, monsieur le comte.

— J'espère l'étonner bien davantage! dit M. de Lincourt.

Et il mit pied à terre.

— Reprenons nos blouses, dit-il, et redonnons leurs manteaux aux prisonniers.

Tête-de-Bison obéit en silence, mais il n'était pas sans quelque inquiétude.

Les deux chasseurs reprirent leur costume, remontèrent à cheval et replacèrent les prisonniers devant eux.

Ce fut en cet équipage que les deux aventuriers pénétrèrent dans le campement indien.

Le jour avait enfin succédé à la nuit. Devant les premiers rayons d'un soleil resplendissant s'effaçaient les pâles clartés de la lune et le fugitif scintillement des étoiles.

Le vent était tombé.

Le camp apparut aux yeux des aventuriers.

Sur un vaste terrain complétement dénudé se dressaient, dans une bizarre symétrie, un millier de tentes en peaux de daims, de cerfs ou de buffles.

Là dormait encore un peuple guerrier de plus de vingt tribus.

Sur un mamelon, au centre de l'immense clairière, s'élevait une sorte de pavillon de fourrures aux vastes proportions.

Des trophées conquis sur les ennemis ornaient l'entrée de cette demeure faite toute entière de dépouilles d'ours grizlys et de jaguars.

C'était l'habitation de la reine.

La coutume indienne ne permet pas à un guerrier de parer les portes de sa demeure d'autres trophées que ceux qu'il a conquis.

Et l'on voyait devant la tente de la reine plus de trente chevelures pendant à des lances fichées en terre.

Scalps et armes avaient été pris de sa main, en plein combat, sur des ennemis tués par elle.

Avec le calme imperturbable qui le caractérisait, le comte dit en souriant à Tête-de-Bison :

— Si vraiment la reine a recueilli ces trophées loyalement, sans supercherie, cette femme est extraordinaire.

« Je serai enchanté de faire sa connaissance.

« Tudieu! quel démon!

— Monsieur le comte, dit le Trappeur, la Vierge des Apaches est au-dessus de tout ce que vous pouvez imaginer comme bravoure et comme férocité.

— Alors nous allons avoir quelque plaisir à la forcer aux plus strictes convenances de la politesse.

Et M. de Lincourt piqua son cheval.

Tout dormait encore dans le camp.

Trois guerriers veillaient seuls à la sûreté de la reine.

Ils se tenaient immobiles à quelques pas de la tente, ne prêtant qu'une distraite attention aux premiers bruits de la nature qui s'éveille.

Ils comptaient trop sur les postes avancés pour supposer qu'un ennemi pénétrât dans le camp.

Tout à coup le visage de ces guerriers s'anime.

Leurs nerfs se crispent.

Leurs yeux grands ouverts, à la pupille dilatée par l'étonnement, se fixent sur un point.

Ils viennent d'apercevoir les deux étrangers conduisant leurs frères prisonniers.

Immobiles, hébétés, l'étonnement et la stupeur les paralysent.

Les trappeurs sont à vingt pas d'eux, et ils n'ont pas fait un mouvement.

Ils se précipitent enfin.

Grandmoreau et le comte s'arrêtent.

Ils se tiennent sur une prudente défensive.

Les Indiens, revenus de leur surprise, ont poussé un cri d'appel.

En un clin d'œil, les guerriers sortent en masse de leurs tentes, et, en moins de cinq minutes, des milliers d'hommes entourent les trappeurs.

Jamais scène aussi étrange n'avait frappé un œil d'Apache.

Au milieu d'un bivac, deux Faces-Pâles à cheval sur des coursiers pris à des vedettes indiennes.

Et ces vedettes prisonnières !

Et les blancs tranquilles, impassibles, semblant ignorer qu'ils excitent au milieu de cette foule une immense colère.

Tête-de-Bison promène ses yeux de bœuf ronds et paisibles encore sur la multitude ; il commence à comprendre que l'audace du comte les environne d'un prestige qui imprime un frein à la fureur des guerriers apaches.

Le vieux chasseur sourit.

— Tous ces gens-là croient rêver ! dit-il.

« Ils nous brûleront peut-être ; mais ils parleront longtemps de nous.

— Grandmoreau, fit M. de Lincourt, je vous réponds de tout.

Le comte, prêt à faire sauter la cervelle au premier qui approchera, maintient les plus hardis par son calme et sa fière attitude.

Si quelque guerrier s'avance, il fait peser sur lui un regard qui l'éloigne.

Cependant la situation ne peut se prolonger longtemps.

— Grandmoreau, dit le comte au chasseur, prévenez donc les Indiens que nous voulons parler à la reine.

— Au fait, dit le vieux chasseur, vous avez raison. Si nous ne les prévenions pas, ils rôderaient autour de nous sans oser nous questionner.

« Dans une heure, nous serions encore dans la même position.

Et il interpella un guerrier.

— Hoha !

« La Couleuvre Jaune !

« Ici, jeune serpent.

« Ne reconnais-tu pas Tête-de-Bison, qui t'a fait grâce de la vie quand tu avais sept ans ?

« Tu m'as prouvé ta reconnaissance en voulant me scalper il y a cinq ou six lunes ; mais ce n'est pas une raison pour te cacher derrière les autres.

« Avance un peu. »

L'Indien, jeune homme de dix-sept ans, fit dix pas en avant et répondit :

— Mon père se trompe.

« Je n'ai pas cherché à prendre son scalp, mais seulement à le faire prisonnier.

« Je lui dois la vie.

« Je veux me faire quitte avec lui en l'épargnant une fois.

« Après quoi... je... le tuerai une autre fois.

— Bien dit, la Couleuvre !

« Tu siffles bien, mon fils.

« Mais nous réglerons nos comptes plus tard ; aujourd'hui nous voulons parler à la reine. »

Un sachem fit quelques pas en avant et prit la parole.

Tête-de-Bison l'arrêta d'un geste.

— Hohao ! sachem, restez à distance.

« Tout vieux que vous êtes, vous avez la voix assez forte pour que je vous entende à dix pas.

« Si l'on avance, les deux captifs sont morts. »

Le sachem se le tint pour dit :

— Que veulent les Faces-Pâles ? demanda-t-il.

— Rendre les prisonniers à certaines conditions ? dit le Trappeur.

— Que les guerriers blancs nous disent ce qu'ils exigent.

— C'est à la reine elle-même, déclara le

chasseur, que je désire remettre mes prisonniers.

Un sourd murmure répondit à cette prétention.

Quelques couteaux sortirent de leur gaîne. Vingt carabines furent armées.

— Attention ! dit au comte Grandmoreau qui sentait le danger.

L'attitude des Peaux-Rouges était en effet on ne peut plus menaçante.

Soudain tout murmure cesse, toute parole meurt sur les lèvres rendues immobiles.

Écartant d'un geste gracieux la peau de jaguar qui ferme sa tente, la reine apparaît sur le seuil de son rustique palais.

Étrange femme que cette souveraine, commandant aux vingt tribus restées indépendantes malgré tous les efforts de deux nations puissantes et civilisées.

La reine aux cheveux d'argent justifie son nom : elle est blanche de teint et de cheveux. Bizarrerie extraordinaire ! elle n'a pas vingt ans, et sa magnifique chevelure est d'un blanc neigeux qui frappe le regard.

Rien de choquant dans cette singularité.

Le visage est rayonnant de jeunesse ; le teint a une splendeur qui éblouit.

On dirait une de ces belles têtes souveraines de reines poudrées à frimas, comme on en voyait à l'époque de Louis XV.

Les sourcils et les longs cils soyeux sont noirs.

Le contraste est saisissant.

Noirs aussi sont les yeux, grands, admirables d'expression, resplendissants d'intelligence et de fierté.

L'éclat dont ils brillent donne au regard une force et une puissance infinies.

Le front droit, taillé à la grecque ; le nez fin, rose, légèrement aquilin ; la lèvre charmante, expressive, souriant avec une grâce hautaine ; l'ovale parfait du visage aristocratiquement découpé ; l'harmonie des traits et un port tout royal, sacrent cette vierge reine et lui donnent cette auréole de beauté qui fascine et qui assure l'empire de la femme.

La taille est svelte, élancée, souple, délicieusement ciselée aux contours de la gorge et des hanches.

La tunique indienne flottante caresse les formes adorables qu'elle dessine.

Les perles et les topazes en colliers parent le sein ; les diamants étincellent en agrafes ; les bracelets d'or ceignent les poignets.

Le pied, nu, petit, cambré, chausse les pantoufles de fourrure.

La main, délicate, est fiévreusement agitée.

La reine a promené un long regard sur ses sujets qui l'entourent.

Elle aperçoit les étrangers.

Son sourcil olympien se fronce.

Le comte sait que la Vierge des Apaches entend l'anglais et le parle.

Il fait signe à son compagnon.

Tous deux sautent à terre, saisissent les chevaux par la bride et s'approchent.

Le comte s'incline devant la reine avec une élégance suprême et lui dit d'une voix caressante :

— Je suis heureux de saluer à l'aube la plus belle créature qui soit sortie des mains du Grand-Esprit pour régner sur le monde.

« Voyageur, j'ai voulu vous voir, dussé-je payer mon audace et mon bonheur de ma vie.

« Je suis un seigneur français.

« J'erre par le monde.

« J'ai entendu vanter la Vierge aux cheveux d'argent, et je me suis juré de déposer à ses pieds mon tribut d'admiration.

« Je suis payé de ma témérité en la voyant supérieure à sa renommée.

« Maintenant, qu'elle décide de moi.

« Je ne lui demande que la liberté de mon guide. »

La reine écoutait, bienveillante et flattée... Elle était femme.

Le comte était un type parfait de noblesse et de perfection masculine.

Elle était touchée de sa démarche.

Plusieurs fois les longs cils de la jeune femme voilèrent les pensées qui se peignaient dans ses yeux.

Toutefois elle songeait aux prisonniers.

— Pourquoi, demanda-t-elle, avoir capturé mes guerriers ?

— Quand on est déterminé à marcher jusqu'au genou dans le sang pour arriver à vous, dit le comte, on ne se laisse pas arrêter par deux hommes, seraient-ce de braves guerriers apaches.

Grandmoreau songeait à part lui que le comte déployait une rare adresse.

Il s'inclina à son tour devant la reine et dit en apache :

— Les guerriers n'ont pas été maltraités.

« Nulle parole d'offense ne les a blessés.

« Nous n'avions contre eux aucun fiel. »

Et le Trappeur termina son speech en débarrassant prestement les prisonniers de leurs liens, et en déposant humblement leurs armes aux pieds de la reine.

Celle-ci eut un gracieux sourire.

Tête-de-Bison venait évidemment de gagner la partie.

Elle regarda le Trappeur avec bienveillance et lui dit :

— Mon père a failli périr un jour sur le poteau de la torture.

« Mais le Grand-Esprit l'a protégé par un prodige céleste.

« Aujourd'hui Tête-de-Bison revient parmi nous accompagné d'un voyageur aux bonnes intentions duquel je veux croire.

« Son œil semble loyal.

« Mais je ne conseille ni à ce voyageur ni au Trappeur de tenter le sort une fois encore.

« Je hais les Visages-Pâles.

— Majesté, dit le comte, il ne faut pas confondre ceux de ma nation avec les Mexicains.

« Je suis Français.

« Je sais que la reine a des sujets de colère contre les gens d'Austin.

« Vraiment ces blancs sont déloyaux et perfides.

« Je serais, comme la Vierge aux cheveux d'argent, très-irrité contre ces lâches coyottes, si je régnais sur les Apaches.

« Toutefois j'ose prévenir Sa Majesté que la ville est terrifiée.

« Elle offre de payer tout ce que l'on exigera d'elle.

« Elle est prête à subir la paix. »

La reine eut un regard étincelant et demanda d'une voix altérée :

— Vous venez donc en parlementaires ?

— Moi ! fit le comte.

« Moi, l'envoyé de ces gens !

« Reine, vous m'offensez.

« Hier, j'ai châtié l'insolence de cette population.

« Elle voulait forcer le gouverneur à faire marcher les soldats contre les Apaches.

« Ce pauvre homme s'y refusait : il disait que les Apaches avaient raison, qu'on avait violé la foi jurée.

« La population a voulu mettre cet honnête homme à mort.

« Je l'ai protégé et sauvé.

« Sachant qu'aujourd'hui je devais venir au camp, le gouverneur m'a prié de déposer ses hommages aux pieds de Votre Majesté et de lui dire qu'il comprenait sa haine.

« Pour lui, impuissant, il implore votre clémence.

« J'accomplis un acte de courtoisie envers ce malheureux.

« Il serait au-dessous de ma dignité d'être le parlementaire de personne. »

La situation, ainsi présentée, changeait complétement d'aspect.

La reine sembla hésiter un instant.

Elle regarda fièrement le comte, parut prendre une décision et dit au Trappeur :

— Tête-de-Bison, tu vas répéter à mon peuple les paroles que tu viens d'entendre.

Le vieux Trappeur traduisit à haute voix le discours du comte et y ajouta des phrases de son cru propres à bien disposer les Apaches.

Il promit beaucoup d'or.

Et aussitôt la convoitise des sauvages s'alluma.

La reine vit ces dispositions, qu'elle approuvait sans doute.

Elle dit au comte :

— Je veux en finir avec cette ville d'Austin, et si le conseil des sachems y consent, je traiterai.

« Connaissez-vous les conditions auxquelles se soumettrait le gouverneur ?

— Reine, il m'a supplié, dit le comte, au cas où vous lui seriez favorable, de vous faire des offres.

— Les sachems vont les entendre, répondit-elle.

L'affaire prenait la tournure la plus favorable.

Le conseil des sachems s'assembla sur le champ autour de la reine.

Le sachem se prépare à tirer.

Le comte assista à cette étrange cérémonie.

Les femmes qui servaient la Vierge aux cheveux d'argent étalèrent des fourrures splendides sur une sorte de banc de gazon.

Là reine s'assit et fit un signe.

Les chefs de tribus et les vieux guerriers admis au conseil prirent place en cercle autour de la souveraine.

Ils étaient au nombre de soixante-trois.

Parmi eux, un enfant de cinq ans.

Le comte étonné demanda au vieux Trappeur à voix basse :

— Pourquoi ce bambin au milieu de ces vieillards ?

« Va-t-il donner son avis ? »

Tête-de-Bison secoua la tête d'un air grave et dit au comte :

— Je crains plus ce petit bonhomme que le plus rusé des sachems.

— Parce que ?...

— Monsieur le comte, cet enfant est un de ceux que les Indiens appellent des vaocados.

« Il arrive souvent qu'un moutard de la tribu rend un service inattendu, vu son jeune âge.

« Par exemple, il s'éveille après un cauchemar ; il pleure, il crie.

« Il a rêvé que l'ennemi menaçait le wigwam.

« Pour lui, ce songe est une réalité.

« Le père, qui croit aux pressentiments et qui est superstitieux, prend ses armes et fait patrouille avec quelques autres.

« On découvre une embuscade par hasard.

« L'enfant est réputé dès lors vaocado.

— Et cela veut dire ?

— Prophète.

« On l'entoure de soins.

« Il siége au conseil.

« Il se croit de l'importance.

« Voyez la gravité de celui-ci.

— Le voilà assis ! dit le comte.

« On le dirait coulé en bronze ; il garde une impassibilité de statue.

— Eh bien ! si dans ce petit cerveau il entrait cette idée, qu'il faut vous chasser sans traiter, rien au monde ne pourrait déterminer la tribu à prendre une décision favorable.

— Mon cher, dit tout à coup le comte, vous avez une montre d'argent.

« Y tenez-vous beaucoup ?

— C'est une bonne fille, ma montre, dit le Trappeur.

« Elle est fidèle.

« Jamais elle ne varie, et je puis m'y fier.

« J'imagine que pour quarante dollars on aurait mieux, pourtant.

— Probablement.

— Alors, vieux Trappeur, croyez-moi.

« Tachez de trouver la mère de ce petit drôle.

« Donnez-lui la montre et dites-lui de l'offrir à l'enfant de notre part.

« J'imagine que ce vaocado, comme vous dites, sera enchanté.

— L'idée est bonne.

« Monsieur le comte, Dieu me damne si vous n'êtes pas le plus fin de tous ceux que je connais !

« La mère est cette jeune femme qui se tient derrière l'enfant.

« Elle est assez fière d'avoir donné le jour à un vaocado pour qu'on la reconnaisse à son attitude.

— Allez vers elle, alors, allez, vieux Trappeur !

Et le comte se mit à regarder avec intérêt les cérémonies qui préludaient à la délibération des sachems.

Quelques minutes plus tard, on voyait la mère du vaocado passer au cou de son enfant la montre de Tête-de-Bison, et murmurer quelques mots à l'oreille de l'enfant.

Celui-ci ne sortit pas de son impassibilité, mais son œil étincela.

M. de Lincourt jugea qu'il était gagné.

Faire un présent au vaocado d'une tribu n'est pas chose qui choque les Indiens.

Tout au contraire.

Le vaocado étant réputé le bon génie d'une peuplade, rien de plus naturel, selon les Apaches, et de plus flatteur pour la tribu que des cadeaux offerts à son fétiche.

Le don de la montre produisait donc un excellent effet.

Les guerriers se redirent les uns aux autres :

— Les étrangers sont généreux.

« Ils ont donné une *médecine-instrument* [1] au vaocado.

« L'enfant a un *maître de l'heure*.

Et toutes ces natures naïves s'extasiaient sur la splendeur du cadeau.

Quant au vaocado, il devait éprouver une émotion extrême.

On le voyait pâlir sous la couleur de brique de son teint.

Toutefois il ne bronchait pas.

Le conseil commença à délibérer.

C'était un spectacle imposant, solennel même.

La tribu en armes était rangée en un cercle immense.

Le soleil étincelant faisait ressortir les couleurs pittoresques, et le tableau s'animait des resplendissements de la lumière.

La foule mouvante, ondulante, s'étendait au loin.

Graves et calmes, les sachems allaient décider des destins de la peuplade.

Comme toujours, le calumet sacré fut allumé.

Un guerrier, blessé et hors d'état de prendre part à un combat, présentait à tour de rôle à chaque sachem la pipe allumée.

Le chef aspirait la fumée et la lançait vers l'Orient.

Le calumet fit ainsi le tour de l'assemblée.

La reine dut, comme tous les guerriers, aspirer le tabac sacré.

Le comte en éprouva une sorte de désenchantement.

Il eut une crispation de lèvres dédaigneuse et il poussa du coude le vieux Trappeur.

— Avez-vous vu ? dit-il.

« Elle fume !

---

[1]. Les Indiens appliquent le mot médecine à tout ce qui leur paraît extraordinaire ; une montre leur inspire un sentiment de curiosité superstitieuse ; ils ne peuvent se rendre compte de la façon dont les aiguilles marchent et dont le tic-tac se produit.

« C'est révoltant. »

Tête-de-Bison n'avait pas de préjugé, et il dit simplement :

— C'est l'usage.

— N'importe! fit le comte.

« Décidément, c'est une femme sauvage, et, toute reine qu'elle est, elle figurerait bien dans une foire. »

Cette impression du comte devait entraîner de graves incidents plus tard ; la reine, pour laquelle il avait éprouvé un sentiment d'enthousiasme, se dépoétisait à ses yeux.

Et cependant elle était toujours l'adorable femme dont le prestige, s'imposant à ces hordes féroces et sanguinaires, les avait courbées devant elle.

La discussion fut ouverte.

La reine fit un signe.

Un crieur public, sorte de clairon à voix humaine, lança l'appel du silence aux quatre coins de l'horizon, et la foule se tut comme par enchantement.

Le calme fut si parfait, que l'on entendit les battements d'ailes d'un condor qui passa au-dessus du camp, se dirigeant de l'est à l'ouest.

Un magicien signala la direction du vol et annonça :

— Les présages sont favorables !

Aussitôt la délibération commença.

Gravement, lentement, chacun donna son avis, et tous les sachems, sauf un, furent d'accord pour traiter.

Le vaocado, consulté, donna son approbation avec une évidente bienveillance.

Le regard de l'enfant s'abaissa sur sa montre, puis glissa vers les étrangers avec un sourire ; mais il reprit aussitôt son immobilité.

Seul, nous l'avons dit, un chef ne fut pas pour le traité.

Il se leva.

C'était un type admirable de beauté sauvage et imposante.

Jeune, admirablement fait, il avait ce profil aquilin d'oiseau de proie, féroce et noble, qui domine et fascine.

Il y avait dans l'œil une fierté indomptable; dans la bouche, aux lèvres minces et sanglantes, des menaces de torture pour l'ennemi ; dans le front, haut, mais fuyant, un signe d'intelligence audacieuse, dans les narines, mobiles, dilatables, un indice de courage et de violence.

Le corps, moulé comme un bronze antique d'Apollon, était la perfection de la forme masculine.

Svelte, fin de taille, gracieux d'épaules, correct comme buste, d'un galbe pur comme bras et comme jambes, évidemment doué d'une musculature puissante quoique très-harmonieux, cet admirable corps laissait cette impression, que l'Indien devait être d'une force et d'une adresse prodigieuses.

Ce magnifique spécimen de la race rouge avait plus de sept pieds.

La taille de Tomaho.

Mais rien de massif.

Le comte l'admira quand, debout, l'œil chargé d'éclairs, il prit la parole.

— Qui donc ce magnifique guerrier? demanda-t-il au Trappeur.

— C'est l'Aigle-Bleu, répondit Grandmoreau ; le frère de la reine.

« Un rude homme !

« S'il luttait contre Tomaho, je parierais contre notre ami. »

L'Aigle-Bleu fit peser sur le comte un regard haineux, puis il dit d'une voix haute et sonore :

— Je vois la reine bien disposée pour les blancs.

« Je vois le conseil favorable à un traité.

« Seul, je ne puis m'opposer à ce que le pacte soit conclu.

« Mais je déclare ici que j'aimerais mieux me percer d'une flèche, quitter les terres de chasse de l'Apacheria, rejoindre mes pères dans les vastes territoires qu'après la mort le Grand-Esprit réserve aux braves ; je préférerais me tuer devant l'assemblée que de jurer la paix avec ce blanc qui est là devant vous, que je hais et dont j'aurai le scalp.

« J'ai dit.

« Que mes frères décident.

« S'ils me refusent la liberté de combattre cet étranger, je me frappe et j'ensanglante le sol.

« Traitez; jamais je n'étendrai la main pour conclure la paix.

« Je respecterai vos décisions.

« Mes guerriers n'épouseront pas ma cause ; le blanc n'aura que moi pour ennemi.

« Je n'engage que ma personne dans la lutte.

« C'est tout ce que je demande. »

Cette déclaration énergique causa une vive impression.

La reine parut profondément froissée ; les guerriers étaient inquiets de cette résolution de l'Aigle-Bleu.

Tous les regards se tournèrent vers le comte qui, instruit par Grandmoreau du sens de ce discours, fit un pas en avant :

— L'Aigle-Bleu parle-t-il l'espagnol ? demanda-t-il.

— Oui, dit le sachem en espagnol.

« J'ai appris la langue des chiens de Visages-Pâles et je saisis le sens de leurs aboiements.

— Sachem, dit le comte, mépriser ses ennemis est d'un sot.

« Après le traité, dans un combat devant toute la tribu, je vous apprendrai à m'estimer.

— Je ne t'estimerai que mort ! dit le sachem d'un ton superbe.

— Je vivrai et je vous aurai vaincu ! dit le comte avec une assurance hautaine.

Et à Grandmoreau :

— Dites aux sachems qu'ils ne se préoccupent en rien de cette querelle.

« Je me battrai, le traité conclu, avec l'Aigle-Bleu.

« Vaincu et mort, le pacte n'en sera pas moins valable.

« Vainqueur, la tribu ne pourra rien me reprocher.

« Je suis provoqué. »

Le Trappeur murmura :

— Monsieur le comte, l'adversaire est un terrible jouteur.

— Tête-de-Bison, mon ami, dit le comte, accoutumez-vous à m'obéir sans observation.

« Une autre fois, pour une réflexion aussi impertinente que celle-là, je vous casserai la tête.

« Parlez à ces gens. »

Le Trappeur traduisit la déclaration du comte.

Elle fut unanimement approuvée.

Les Indiens étaient-ils donc pour le comte contre l'Aigle-Bleu ?

Loin de là.

Ils voyaient d'une part un traité avantageux conclu, un tribut perçu, une expédition terminée heureusement.

D'autre part, ils jugeaient tous que l'Aigle-Bleu allait tuer le Visage-Pâle.

Et ils étaient ravis.

Ils échangèrent des regards significatifs.

La reine seule semblait mécontente.

Mais pouvait-elle, contre son frère, prendre parti pour l'étranger ?

Elle regarda longuement le comte, parut le juger perdu, poussa un soupir de regret qui fut remarqué de tous et dit :

— Mon frère l'Aigle-Bleu aurait dû ne pas provoquer l'étranger.

« Le défi est lancé.

« Il est accepté.

« Je le regrette.

« Mais mon frère a blessé mon cœur, car il a offensé inutilement un hôte avec lequel la tribu était en *voie d'amitié* (expression usitée chez les Indiens).

« Le combat est inévitable.

« Il aura lieu.

« Cependant, je le répète, je juge que l'Aigle-Bleu a précipitamment agi en n'écoutant que les conseils de la haine. »

Le sachem tressaillit à ce reproche.

Il vint s'incliner devant la reine, baisa avec respect le manteau de la jeune femme, et, se relevant, il dit tristement :

— Je croyais connaître ma sœur.

« Je ne pensais point l'offenser.

« Il y a *deux visages* dans cette question (*deux faces, expression indienne*).

« D'une part, le traité.

« Je n'empêche pas d'être conclu.

« Mais il y a, d'autre part, l'affront subi par la tribu, et je veux du sang pour le laver.

« Deux de nos guerriers ont été garrottés par le Visage-Pâle.

« C'est une surprise.

« C'est aussi une honte.

« Les Apaches peuvent-ils souffrir qu'on se vante de les prendre au piège comme des daims sans finesse ?

« L'homme qui a tendu l'embuscade mourra, et ce sera bien.

« Le traité sera conclu, et ce sera bien encore.

« J'aurais tué plus tard ce Visage-Pâle; il veut la mort aujourd'hui.

« Il l'aura. »

La tribu entière approuva cette déclaration.

La reine voila son regard et fit un signe qui comprima l'explosion de joie de son peuple.

Il se fit un silence.

Bas à l'oreille du comte, le Trappeur dit en souriant :

— Entre nous, monsieur le comte, je crois que la Vierge en tient pour vous.

— Tant pis pour elle! dit sèchement le comte.

« Mais je vais donner à ce bellâtre indien une rude leçon. »

Cependant la reine fit un second signe et dit :

— Que l'étranger s'avance.

« Qu'il fasse ses offres au nom des Visages-Pâles. »

Le comte entra dans le cercle des sachems avec le Trappeur et il posa ses conditions.

Comme tout se réduisait à une question d'argent, comme les intérêts des gens d'Austin n'étaient pas précisément ce à quoi le comte tenait le plus, l'accord fut promptement conclu.

Du reste, les Indiens étaient talonnés par une vive curiosité.

Le prochain combat était pour eux un sujet d'irrésistible attraction.

On expédia les formalités du traité aussi vite que le permit la gravité indienne.

Le pacte fait, juré, garanti, il se fit un silence solennel.

L'heure de la lutte avait sonné.

CHAPITRE VII

COMMENT LE COMTE CLOUA L'AIGLE-BLEU SUR SON CHEVAL

La reine conservait toute la dignité que lui commandait son rang.

Tête-de-Bison, qui ne doutait point qu'elle ne fût très-contrariée de ce duel, admirait son calme; toutefois il remarqua qu'elle était fort pâle et que les traits de son visage se contractaient chaque fois que son regard s'arrêtait sur l'Aigle-Bleu.

— Est-ce que, décidément, se demandait le Trappeur, la Vierge serait amoureuse du comte?

Puis souriant à cette pensée :

— Ce serait drôle! se disait-il.

Et il songeait à part lui :

— J'ai idée que le chef aime Rosée-du-Matin; je vois des nuages à l'horizon.

« Gare à l'orage!

« Si le comte tue ce Peau-Rouge, la situation va se compliquer. »

Puis une question se posait.

— Le comte sera-t-il vainqueur?

Le Trappeur en doutait.

— Cela, pensait-il, dépendra de l'arme et des conditions.

Mais c'était un homme avisé que Tête-de-Bison; il prit ses précautions.

— Monsieur le comte, demanda-t-il, me permettrait-il un conseil?

— Deux, si bon te semble! dit M. de Lincourt.

— Je désirerai savoir d'abord quelle arme vous choisissez, dit le Trappeur.

— Quelle est celle qui sourirait le mieux à ce Peau-Rouge?

— Le couteau et le tomahawk, à coup sûr!

« Mais il voudra combattre à cheval.

— Alors, c'est parfait!

— Monsieur le comte!...

— Qu'as-tu?

— Le couteau et le tomahawk me vont... pour vous!

« Vous les maniez de main de maître; je suis payé pour le savoir.

« Mais...

— Mais tu penses que le duel à cheval me serait défavorable?

— Peut-être...

« Ces sauvages sont étonnants sur leurs *mustangs;* eux et la bête ne font qu'un.

— Veux-tu que je te dise mon idée, vieux Trappeur?

— Vous m'honorerez, monsieur le comte.

— Eh bien! si *un* que fasse l'Aigle-Bleu avec sa monture, il fera plus *un* encore quand nous aurons combattu.

Et, sur cette prophétie énigmatique, le comte leva la main.

Il réclamait le silence.

On écouta.

— Trappeur, dit le comte, déclarez mes intentions à ces gens-là.

Et, cédant la parole à son compagnon, les bras croisés, indifférent aux regards tristes de la reine, il attendit, dominant la foule par sa fierté provoquante.

Tête-de-Bison prit la parole.

— Mes frères, dit-il, le traité nous fait amis devant le Vacondah (Dieu).

— Aoch! firent les sauvages.

« C'est vrai ! »

Mais plusieurs lui crièrent :

— Cependant il doit y avoir combat entre l'Aigle et l'étranger.

— Ce qui est dit est dit! reprit le Trappeur.

« Mais je rappelle à mes frères que mon chef, s'il est vainqueur, se retirera librement.

« C'est juré.

— Aoch! c'est juré! cria la foule.

— Reste à déterminer la façon dont le combat aura lieu.

« Le chef blanc sait que l'Indien aime à manier le *couteau* et le *tomahawk*.

« Il propose le *couteau* et le *tomahawk*. »

Les Indiens parurent surpris et enchantés.

L'imprudent étranger ignorait donc que ces deux armes, dans les mains d'un Indien des prairies, sont des outils familiers, qu'il manie avec une incroyable dextérité.

Il ne savait donc pas que le couteau et le tomahawk sont au Peau-Rouge ce que le croc est au chien, la défense au sanglier, le crochet à la vipère, la griffe au lion, la serre au vautour !

La reine, qui écoutait attentivement, tressaillit; toutefois elle se contint.

Muette, partagée sans doute entre deux sentiments contraires, elle laissait s'accomplir des événements contre lesquels elle se sentait impuissante.

L'Aigle-Bleu, à la déclaration du Trappeur, avait eu un mouvement de lèvres qui décelait la certitude du triomphe.

Son œil resplendit.

La victoire était à lui.

Jamais personne n'avait manié le poignard et la hache comme lui.

Le sourire de l'Indien n'avait pas échappé à M. de Lincourt.

— Trappeur, dit-il, annoncez donc à ce Peau-Rouge que nous serons à cheval.

« Je veux lui faire la part belle. »

L'Aigle-Bleu intervint.

— Puisque, dit-il, je comprends les visages-Pâles quand ils aboient en espagnol, pourquoi mon ennemi a-t-il recours à cette vieille Tête-de-Bison pour me faire connaître ses pensées ?

Le comte haussa les épaules.

La reine pâlit de colère contre son frère et lui dit menaçante :

— Je consens au combat!

« Je ne m'oppose pas à ce que l'Aigle-Bleu tue l'étranger.

« Mais ce Visage-Pâle est brave!

« Toute la tribu le voit.

« L'appeler chien est une offense.

« C'est un jaguar.

« Il est de noble sang.

« Qui peut dire le contraire?

« L'injure est la ressource des vieilles femmes!

« Je déclare, moi, que nul n'aurait montré plus d'audace que lui.

« Je déclare qu'il y aura pour sa mort des chants de gloire! »

Puis avec une sorte d'emportement :

— Je les chanterai, moi !

La Vierge avait parlé avec une animation extrême; le courage du comte avait frappé les guerriers.

Ils approuvèrent la reine.

— En vérité, dit un sachem, le blanc mérite d'être traité en homme.

« Qu'il en soit ainsi ! »

L'Aigle-Bleu voila un regard haineux et détourna la tête; mais le comte, allant droit à lui, le toucha du doigt.

L'Indien tressaillit.

Les yeux des deux adversaires lancèrent la flamme et M. de Lincourt dit avec dédain :

— Je choisis toujours l'arme favorite de mon ennemi.

« Nous allons donc nous battre au couteau et au tomahawk.

« Mais si vous le voulez bien, le combat aura lieu à cheval.

« Je tiens à vous frapper, sachem, en vous donnant tous vos avantages : vous conserverez votre arc et votre lance si bon vous semble. »

L'Aigle-Bleu fixa son regard sur celui du comte.

Il cherchait à deviner pourquoi on lui proposait ce duel à cheval.

Il était étonné.

Il comprenait que le comte agissait sciemment.

Toutefois il n'hésita pas à accepter.

Il sentait quelle supériorité d'armement le comte lui accordait; sa certitude de vaincre s'en accroissait.

Mais il ne voulut pas paraître profiter des concessions de son ennemi.

— Je ne veux pas de faveurs de toi! dit-il.

« Prends arcs, flèches et lances, si cela te plaît.

« Si tu ne le fais pas, c'est que tu ne sais pas t'en servir.

« Tant pis pour toi! »

Et avec un geste joyeux il demanda aux siens son cheval et ses armes.

On amena les chevaux aux combattants.

Le terrain de combat avait été désigné par les chefs de tribu présents.

C'était une espèce de cirque naturel.

Le sol, plat, herbeux et légèrement humide, pouvait se comparer à celui d'un manége.

Une succession de mamelons contournaient ce cirque, et formaient des gradins où prirent place d'innombrables spectateurs.

Le combat qui allait avoir lieu empruntait déjà une certaine grandeur au caractère des combattants ; on eût dit que tous deux personnifiaient leur race.

Jamais l'Europe n'était apparue plus noble et plus intelligente aux yeux des Indiens que dans la personne du comte.

Jamais la sauvage beauté des tribus au teint de cuivre ne s'était mieux incarnée que dans l'Aigle Bleu.

Et la lutte allait se dérouler au milieu d'un site grandiose.

Un cercle de roches disposées en gradins formait comme une arène immense.

La tribu couvrait pittoresquement ces blocs de granit gigantesques.

Elle s'étendait, par le nord, de l'est à l'ouest.

Au sud, un mur naturel, surplombant et de teinte nacrée, fermait la scène.

On l'appelait le Miroir-de-Diamant.

C'est à ses pieds qu'allaient s'attaquer les deux adversaires.

Par une disposition singulière du sol, le théâtre même du duel était séparé de l'hémicycle occupé par les spectateurs.

L'endroit où les deux adversaires allaient se battre était un petit plateau surélevé et formant au pied du mur une assise longue de cent mètres, large de vingt à peine.

Entre les deux adversaires et la tribu s'étendait un ravin profond et dont les talus s'escarpaient en précipices.

Il semblait que ces abîmes appelassent le vaincu.

Sur le fond blanc du mur, les silhouettes des combattants devaient se profiler nettement en noir.

L'espace leur était mesuré.

Au tableau qui allait émouvoir la tribu, les sachems avaient donné un cadre merveilleux.

Cependant les Apaches, échelonnés sur les roches, attendent anxieusement le signal.

La reine, entourée des principaux chefs, a pris place au centre du cirque.

Tête-de-Bison, seul, grave, silencieux, s'est hissé sur un rocher, où il se tient debout et immobile.

Le Trappeur paraît inquiet.

Mais pourquoi ce vague sourire errant depuis un quart d'heure sur son visage ordinairement sévère et dur?

Avant de grimper sur son rocher, Grandmoreau a examiné avec un soin minutieux les amorces de son rifle.

Maintenant il caresse la crosse de son

arme dont la bretelle repose à peine sur son épaule gauche.

Les deux combattants sont conduits vers l'arène.

Ils passent devant la Vierge aux cheveux d'argent.

Le comte a changé d'attitude.

Un peu railleur jusqu'ici, il s'est laissé émouvoir par l'intérêt que la reine lui porte; le généreux élan de la jeune femme l'a touché.

Il arrête son cheval devant elle et la salue avec une grâce chevaleresque.

Elle voile ses grands yeux de ses longs cils; son sein oppressé palpite; mais elle reste silencieuse.

L'Aigle-Bleu s'incline à son tour.

Les deux adversaires s'éloignent en sens inverse, conduits chacun par un sachem; ils pénètrent sur le tertre chacun par un côté opposé, et ils apparaissent prêts à la lutte.

Le silence est solennel.

Chacun retient sa respiration.

Pas un souffle humain dans l'air!

La haute stature de l'Indien donne à la tribu une foi absolue dans le triomphe de son champion.

Monté sur un mustang plein de feu, cavalier superbe, l'Aigle-Bleu le maintient avec une science consommée.

Le comte monte le cheval qui l'a amené jusqu'au camp.

C'est une assez jolie bête, une des meilleures que M. de Lincourt ait pu se procurer dans Austim; mais elle est très-inférieure à celle du sachem.

Tout est désavantage pour le comte.

Le sachem a saisi son arc et une flèche dans son carquois.

Il se prépare à tirer.

Le comte tient d'une main son tomahawk, sorte de hachette légère, arme de jet qui se lance et qui tranche.

Les deux adversaires s'avancent lentement, guidant leurs chevaux par la pression des genoux.

Le comte n'a pour se couvrir des flèches qu'un pan de ceinture roulé autour de son bras à plusieurs épaisseurs, que le fer ne saurait pénétrer.

L'Aigle-Bleu se tient prêt à arrêter son coursier, pour viser et tirer quand il se jugera assez rapproché.

Tête-de-Bison se demande comment le comte a pu s'aventurer dans une lutte où il se trouve, en quelque sorte, à la merci de son adversaire.

Que le sauvage choisisse bien son temps, tire avec sang-froid, et c'en est fait!

Le comte est droit sur ses étriers, il suit le bord du ravin.

Près de lui, le précipice.

L'Indien, au contraire, est presque collé au mur.

Il ne veut pas commettre cette faute de laisser, entre lui et le roc, le passage libre; il se sent plus sûr à distance du ravin.

Les deux adversaires avancent toujours à l'allure lente.

Cinquante pas au plus les séparent.

L'Aigle-Bleu, s'il sait profiter de l'instant propice, doit choisir celui-là pour envoyer sa flèche.

Le comte de Lincourt ne fait aucune démonstration hostile.

Il semble indifférent, pour ceux qui le voient à distance.

Toutefois pas un des mouvements de l'Indien ne lui échappe.

Ses yeux fixes et grands ouverts rayonnent sous le soleil.

Une flamme magnétique semble s'échapper de ses prunelles noires et dilatées.

Il s'aperçoit que l'Aigle-Bleu suspend la marche de son mustang.

Et prompt comme la pensée, le comte enfonce ses éperons dans le ventre de sa monture, l'enlève et la lance en avant.

Il part!

C'est un éclair qui passe.

Le sachem a tiré...

La flèche se perd dans l'espace...

Une voix grave crie:

— Bravo!

C'est celle du Trappeur.

Un long murmure de désappointement s'élève.

La tribu s'étonne et s'indigne.

Pour la première fois de sa vie, l'Aigle-Bleu a manqué son but.

Grandmoreau abattit d'une balle un héron au vol.

Mais le comte, qui a dépassé son ennemi en longeant audacieusement l'abîme, arrête son cheval et le fait volter avec une habileté inouïe.

A peine le sachem se retourne-t-il pour faire face, que le tomahawk du comte siffle dans l'air et que le carquois de son adversaire tombe et roule dans le ravin.

La hache a coupé la banderolle qui le retenait.

L'Aigle-Bleu a perdu ses flèches.

Le Trappeur salue ce coup superbe par un rire retentissant.

La tribu garde un morne silence.

Mais l'Aigle-Bleu s'exalte et la colère le pousse en avant au galop.

Le comte reste en place, mais cette fois serré au mur.

Son adversaire a la lance au poing.

Le Peau-Rouge arrive à fond de train.

Le poignard de M. de Lincourt n'est pas encore sorti de sa gaîne.

Les deux combattants se croisent ; leurs genoux se touchent ; l'Aigle-Bleu étend le bras.

La pointe de la lance ne rencontre que le vide, et l'Indien passe, emporté rapidement par son coursier.

Le comte, par une manœuvre habile, a évité le coup qui devait lui traverser la poitrine ; de son bras gauche, il a paré avec une sûreté qui étonne les Indiens, mais qui ne surprend pas Grandmoreau.

La lance, arme longue, peu sûre, est toujours facilement détournée par qui sait appliquer sur la hampe ce coup sec que l'escrime enseigne dans l'étude des parades contre cette arme.

La stupéfaction de la tribu est profonde.

Pas un mot dans la foule.

Dans tous les regards, l'étonnement et la honte.

Et, descendant du haut du roc sur la tribu, les notes stridentes du rire provoquant du Trappeur.

L'Aigle-Bleu s'exalte.

Par trois fois il charge.

Par trois fois, l'Européen déconcerte les tentatives de l'Indien.

L'Aigle-Bleu écume de rage.

Avec l'aveuglement d'une fureur à son paroxysme, il exécute une quatrième tentative avec un emportement inouï.

Cette fois, M. de Lincourt veut en finir avec ces attaques qu'il juge ridicules.

Il prend ses mesures et s'affermit sur ses étriers.

La rage fait commettre des maladresses à l'Indien ; il lance son coup avec une violence insensée.

La pointe effleure le bras du comte ; l'étoffe seule est déchirée.

Mais le comte a saisi l'arme, l'a d'un coup sec arrachée des mains du sachem et celui-ci manque d'être désarçonné.

Le Peau-Rouge pousse un rugissement de colère.

L'écho lui répond par le rire goguenard du Trappeur.

Tête-de-Bison est dans un inexprimable ravissement.

Les Apaches sont consternés. Ils voient M. de Lincourt jeter avec un geste de mépris la lance au loin.

L'Aigle-Bleu pousse des cris de fauve qui font trembler les rocs, et il brandit son couteau.

En cette arme, il a toute confiance. Cette fois, il vaincra.

M. de Lincourt s'est enfin décidé à dégainer.

En écuyer consommé, il fait voltiger son cheval sur le sol de l'arène.

Il exécute des sauts et des voltes que les Apaches admirent malgré eux.

Sur l'arène étroite, les adversaires se lancent l'un contre l'autre, s'évitent et se poursuivent.

Ces courses folles, avec l'abîme béant sous leurs pieds, ont quelque chose de vertigineux.

Le comte est sûr de lui.

On dirait qu'il joute dans un carrousel.

L'Aigle-Bleu est splendide dans les développements de galop de ses chasses, lorsqu'il fait bondir son ardent coursier.

C'est un Centaure lié à sa monture, ne faisant qu'un avec elle.

Il a des élans de colère sauvage qui soulèvent des exclamations admiratives dans la tribu.

Mais le comte a une science d'écuyer supérieure à toutes les habiletés de son ennemi ; il échappe toujours aux attaques.

Il ne riposte pas.

Paraissant chercher une occasion favorable, il se maintient hors de portée du bras de l'Aigle-Bleu, sans toutefois s'éloigner jamais de plus de dix longueurs de cheval.

Tout à coup la monture du comte s'immobilise sur ses jarrets tremblants, à cinq pas de l'Indien.

Un cri de surprise s'élève.

Le comte a levé le bras.

Un éclair brille.

Un trait de foudre étincelant semble s'échapper de la main du comte.

Le Peau-Rouge est cloué par la cuisse gauche au corps de son cheval.

Lancé avec une extrême violence et une incroyable adresse, le poignard du comte a traversé les chairs et a pénétré profondément dans les flancs de l'animal hennissant de douleur.

Le cheval se cabre, manque des deux pieds de derrière et s'abat.

Le sachem est engagé sous sa monture.

Il a laissé tomber son arme.

Il est vaincu.

Un silence lugubre accueille la victoire de l'étranger.

Quelques sons rauques et saccadés, assez semblables à ceux que rendrait une grosse crécelle aux dents usées, inquiètent l'écho.

C'est Tête-de-Bison qui vient de rire encore une fois et qui est enroué, tant il a mis peu de mesure dans les éclats de son hilarité.

La tribu s'attend à ce que le comte achève son ennemi.

Mais M. de Lincourt abandonne le blessé et s'avance au galop au-devant de la reine qui accourt.

— A cause de vous, dit-il, votre frère gardera son scalp et je ne lui donnerai point le dernier coup.

La reine remercie d'un geste et se précipite vers son frère.

En un instant, l'Indien fut entouré par les siens.

On le dégagea.

Avec un courage vraiment extraordinaire, le blessé résistait à la douleur.

Il arracha lui-même l'arme qui lui traversait la jambe.

Le sang s'échappait avec abondance de la plaie.

Il perdit connaissance.

Si l'hémorragie n'était pas promptement arrêtée, le blessé allait périr.

La reine blanche, l'œil sec, mais les traits du visage contracté, contemplait son frère mourant.

Elle releva soudain la tête.

Son regard se fixa longuement sur celui de M. de Lincourt.

Le comte crut deviner dans ce regard une muette demande de secours.

Il sauta de cheval et s'approcha du blessé.

Grandmoreau pénétra avec le comte au milieu du cercle formé par les Indiens autour de leur jeune chef.

— Vite! dit M. de Lincourt au Trappeur.

« Dans ma selle...

« A gauche...

« Une trousse de cuir. »

Et à la reine :

— Votre écharpe.

Elle lui tendit le voile.

Il le déchira, en tordit des lambeaux et en serra la jambe au-dessus de la blessure.

Le Trappeur apporta une boîte en maroquin qu'il ouvrit.

L'acier poli de divers instruments de chirurgie étincelait sur le velours grenat qui tapissait l'intérieur de la boîte.

— Vous savez faire une ligature? dit le comte à son compagnon.

« Je crois que vous vous y entendez fort bien, d'après ce qu'on m'en a dit.

« Sauvez cet homme.

— Je sais très-bien mon affaire comme chirurgien, répondit Grandmoreau en faisant la grimace.

« Mais...

— Mais quoi?

— Cet animal a voulu me scalper, et je ne vois pas pourquoi je lui sauverais la vie.

— Bah! insista le comte.

« Il vous revaudra cela un jour.

« D'ailleurs, je vous en prie... »

Et désignant du regard la sœur du blessé :

— Ainsi que la reine, ajouta-t-il.

Tête-de-Bison, tout en grommelant, se saisit des outils et des accessoires nécessaires.

En quelques minutes, il parvint à pincer l'artère et arrêta l'hémorragie.

Pendant l'opération, l'Aigle-Bleu avait repris ses sens.

Il tressaillit de tous ses membres en reconnaissant le Trappeur penché sur lui et le soignant.

— Ne bouge pas! avait grondé Grandmoreau.

« Tu vas me faire rater ma ligature. »

Et comme l'Indien le considérait d'un œil farouche :

— Oh! je le sais, disait le Trappeur, tu m'en veux toujours.

« Et tu ne me pardonneras pas de t'avoir sauvé la vie.

« Mais on prendra ses précautions, Aigle-Bleu de mon cœur.

« Épargnez un de ces serpents, il vous mord. »

La reine interrogeait le comte :

— Survivra-t-il?

— Il est sauvé, dit M. de Lincourt.

Cette assurance causa une joie très-vive à la reine.

Mais elle avait à cœur les provocations de son frère.

Elle se tourna vers les sachems.

— Qui avait raison de moi ou de l'Aigle-Bleu? demanda-t-elle.

« A votre avis, l'étranger s'est-il bien conduit?

— Son cœur est généreux! dit le plus âgé des chefs.

« Ma sœur avait bien jugé. »

En ce moment, le vaocado s'approcha, sa montre dans une de ses mains, l'air ravi.

Il regarda le *maître de l'heure*, comme il disait, le comte, le blessé, la reine, tous les assistants; puis il étendit son petit bras et sa main libre toute ouverte.

On écouta l'enfant.
— Le Visage-Pâle, dit-il, est bon.
« C'est un grand guerrier.
« Il faudra qu'il épouse la reine ! »
Le Vaocado parlait en Indien.
Le comte n'avait pas compris.
— Que dit cet enfant ? demanda-t-il.
Mais la reine, dont le visage prit la teinte d'une rose qui vient d'éclore, ne répondit pas
Grandmoreau avait entendu et souriait.
Mais il avait besoin de l'aide du comte.
— Un coup de main, je vous prie, dit-il.
Et il termina l'opération.
Puis, tout bas, en français, au comte, d'un air de reproche :
— Vous m'avez demandé la vie de cet homme.
« Vous-même vous l'avez épargné.
« Vous croyez à sa reconnaissance ?
« Vous allez voir. »
Et s'adressant au blessé :
— Sachem, vous alliez mourir, fit-il.
« Le savez-vous ?
— Je sens, dit gravement l'Indien, que les sources de la vie coulaient à flots de mes veines.
— Le chef est-il assez franc pour dire tout ce qu'il pense ?
— Je ne mens jamais.
« Ce que je veux cacher, je le tais.
— Sachem, avouez que vous nous haïssez toujours.
Le chef eut un regard sauvage pour chacun des deux blancs.
— Jamais, dit-il, un Apache n'oublie ni une offense ni un bienfait.
« Jamais sa haine n'est apaisée.
« Je suis le feu.
« Vous êtes l'eau.
« Je suis le sang rouge.
« Vous êtes le sang bleu.
« Entre nous, pas de mélange.
« Ma tête se souviendra du service rendu, de la vie épargnée.
« Mon cœur conserve ses colères.
« J'agirai en conséquence. »
Le comte sourit.
— Trappeur, dit-il, ce que dit le sachem est juste, et je l'approuve.
« Il nous rendra quelque jour ce que nous lui prêtons aujourd'hui.

« Ensuite il redeviendra notre ennemi.
— Et j'aurai vos scalps ! s'écria l'Aigle-Bleu avec énergie.
— J'en doute ! fit le comte.
Il s'éloigna, suivi de Tête-de-Bison, qui grommelait :
— Ne pas écraser une vipère quand on la tient sous son talon, c'est toujours une imprudence.
« Ce serpent nous causera bien du tracas quelque jour. »
La reine était restée à l'écart.
Appelant le vaocado, elle l'avait embrassé et conduit à l'écart.
L'enfant causait avec elle et ils formaient tous deux un groupe charmant.
La reine interrogeait le petit prophète.
Et l'enfant lui disait :
— Tu aimes l'étranger !
« Je le sais.
« Mon cœur me le dit.
— Et lui ? demandait la Vierge.
« M'aime-t-il ? »
L'enfant gardait un silence singulier.
Enfin il murmura :
— Je crois qu'il aime une autre femme !
La reine avait foi, comme toute Indienne, dans le sens divinatoire du vaocado.
Elle tressaillit.
— Oh ! dit-elle, je saurai la vérité.
Et elle se leva.
Le comte s'approchait.
— Reine ! dit-il, je prends congé de vous.
« Je vous remercie et vous dis adieu. »
Mais elle murmura :
— Au revoir !
Le comte s'inclina et remonta à cheval.
Les deux aventuriers s'éloignèrent aussitôt dans la direction de la ville.
Le regard de la reine blanche les accompagna longtemps.
Ils avaient disparu dans les profondeurs de la forêt que ce regard les cherchait encore.

CHAPITRE VIII

INVITATION A LA VALSE.

Toute la population d'Austin attendait hors des murs avec inquiétude les résultats de l'ambassade dont s'était chargé le comte de Lincourt.

Une masse compacte encombrait les dehors de la porte, ainsi que les avenues extérieures par lesquelles devaient vraisemblablement rentrer les deux trappeurs.

Le gouverneur lui-même, entouré de sa fameuse escorte, attendait impatiemment le retour des ambassadeurs.

Le colonel et sa fille se trouvaient dans la foule, avec les compagnons du comte.

L'agitation était extrême.

On discutait.

Rosée-du-Matin, pâle et triste, tressaillait au moindre bruit qui s'élevait dans la population.

Tomaho, dominant tout le monde, fixait ses yeux perçants sur le camp indien.

Tout à coup un cavalier accourut à toute bride.

C'était John Burgh

— Hurrah! cria-t-il en brandissant son fusil.

Tout à coup de bruyantes exclamations de surprise s'échappèrent de toutes les bouches.

Le comte et Grandmoreau étaient signalés.

Ils parurent enfin.

En un clin d'œil, le résultat favorable obtenu fut connu de tous.

— Les convois peuvent circuler librement.

Tels furent les mots joyeux qui circulèrent et excitèrent une joie universelle.

C'était en effet la vie et la richesse rendues à la ville et à ses habitants, tous commerçants et importateurs.

Le comte et Grandmoreau entrèrent bientôt dans la ville au milieu des acclamations d'une foule enthousiasmée.

Ils trouvèrent là leurs compagnons, avec lesquels ils échangèrent des poignées de mains.

Le colonel présenta au comte de chaleureuses félicitations.

Rosée-du-Matin, joyeuse, mit sa petite main dans celle de M. de Lincourt, et le regard de la jeune fille traduisit son immense joie.

Le gouverneur, toujours grimpé sur sa mule, choisit ce moment pour s'approcher des deux trappeurs et leur présenter ses compliments.

— Je salue Votre Excellence! dit-il au comte.

« Et, si j'en crois ce que l'on m'annonce, vous avez réussi dans votre dangereuse entreprise?

— Complétement, répondit le comte.

« Je vous détaillerai les conditions que j'ai acceptées parce qu'elles sont justes.

« Voici l'anneau de la reine blanche.

« Vous trouverez bon que je conserve provisoirement ce gage d'alliance. »

Le gouverneur s'inclina profondément.

— Excellence, reprit-il d'un air solennel, au nom de la population d'Austin, je vous adresse les remerciements auxquels votre noble conduite vous donne droit.

Des hurrahs et des applaudissements retentirent.

Le comte réprima un sourire de mépris.

Il avait un dédain profond pour cette ville.

En ce moment, des voix bruyantes et enthousiastes criaient cependant :

— Une fête au sauveur d'Austin!

« Un bal aux chasseurs!... »

Les voix de femmes dominaient.

Toute grande joie se traduit au Mexique par la danse.

Les femmes trouvent en tout prétexte à boleros et à fandangos.

Les cris redoublèrent.

— Un bal! un bal!

C'étaient les femmes qui se prononçaient énergiquement.

Don Matapan, l'eût-il voulu, n'aurait pu lutter contre l'opinion générale, opinion si chaudement exprimée par la population entière.

Il paraissait d'ailleurs très-disposé lui-même à fêter le succès des ambassadeurs.

Ce fut donc avec un véritable plaisir qu'il accéda aux propositions émises.

Se hissant sur ses étriers, il montra sa grosse face réjouie et enluminée :

— Je souscris à vos désirs, dit-il.

« Le bal aura lieu dans les grands magasins de la ville.

« Préparez-vous.

« Les portes des docks seront ouvertes demain soir à huit heures.

« J'invite tout le monde. »

Le gros gouverneur lança ces derniers mots de toute la force de ses poumons.

Puis il retomba lourdement sur sa selle. Les reins de la mule craquèrent, et ses jarrets plièrent.

La pauvre bête faillit s'abattre sous le poids.

De longues acclamations retentirent, et la foule se dispersa.

Chacun songeait déjà à se préparer pour la solennité du lendemain.

M. de Lincourt prit congé du colonel et de sa fille; escorté de ses trappeurs, il regagna la taverne où il logeait.

En chemin, côte à côte avec Tête-de-Bison, le comte riait de la reconnaissance des Austinois.

— Quel feu pour la danse! dit-il.

« Ils aiment autant le bal qu'ils détestent les coups de fusil.

« Cette fête sera-t-elle agréable?

— Vous vous y ennuierez peut-être! fit le trappeur, mais tout le monde s'y amusera.

« Ceux qui ont du goût pour les jupes courtes et les tailles cambrées se paieront leurs petites fantaisies avec un peu d'or.

« Ceux qui se grisent volontiers trouveront des barils défoncés.

« Moi, je mêle le plaisir de boire à celui de caresser les senoras.

— Mes compliments!

« Vous menez de front les plaisirs.

« Mais pourquoi n'en ferais-je pas autant? »

Le trappeur se tut.

— Ah çà! vieux chasseur, êtes-vous muet? fit le comte.

— Sur certaines choses, oui.

— Qui peut vous empêcher de répondre?

— La discrétion.

— Au diable votre discrétion!

« Soyez net et franc.

« Pourquoi ne m'amuserais-je point?

— Parce que je crois que pour boire il ne faut pas être amoureux.

« Que pour chiffonner les filles faciles, il ne faut pas avoir avoir en tête l'image d'une demoiselle bien élevée.

« Voilà, monsieur le comte!

— Ce qui signifie?

— Oh! vous me comprenez bien.

Le comte comprenait en effet.

— Tête-de-Bison, dit-il, vous voulez sans doute faire allusion à un penchant que j'aurais pour la fille du colonel?

— A dire vrai, c'est ce que je pense.

— Eh bien! vous vous trompez.

Le comte dit cela fort sincèrement.

Le Trappeur parut surpris.

— J'aurais cru... j'aurais supposé... fit-il.

— Mon cher, dit M. de Lincourt, j'ai beaucoup d'amitié pour mademoiselle d'Éragny.

« C'est une sympathie très-vive, mais très-fraternelle, sans l'ombre d'amour.

« Je suis très-touché, je dirai même très-attendri de l'intérêt qu'elle me témoigne, et tant de reconnaissance m'émeut.

« Je me dévouerais sans hésiter pour cette jeune fille.

« Quant à l'aimer ou à en aimer une autre, jamais!

« Je ne veux pas enchaîner ma vie; je ne me marierai jamais.

« Je ne voudrais à aucun prix chercher à séduire mademoiselle d'Éragny.

« Donc, Trappeur, rien n'empêche que je m'amuse.

— Alors, fit Tête-de-Bison, savez-vous, monsieur le comte, ce que je ferais à votre place?

— Voyons cela.

— Eh bien! j'inviterais au bal la Vierge aux cheveux d'argent.

« Peut-être viendrait-elle.

— Le croyez-vous?

— Cela se pourrait.

— Et si elle venait?

— Je me paierais le plaisir d'en faire ma maîtresse!

« Quelle victoire, monsieur le comte!

« Une vierge si farouche! »

M. de Lincourt rit beaucoup de cette idée.

— Trappeur, dit-il, j'éprouve pour cette reine un bizarre sentiment.

— Ah! ah!

— Elle m'attire et me repousse.

— Tiens! tiens!

« Je la trouve très-désirable par instants; d'autres fois, je ne ressens pour elle que du dédain.

« Elle a fumé !
« Pouah !
— Vétille, monsieur le comte !
« C'est un usage, une cérémonie.
— Cette femme est une sauvage.
— Mais elle est très-belle !
Le comte devint rêveur.
Enfin il dit en riant :
— Baste ! j'en aurai le cœur net.
« Je saurai si la fascination l'emportera sur la répulsion.
« Ces cheveux d'argent, cette royauté, cette virginité, cette grâce et ces façons étranges, tous ces contrastes en font un être extraordinaire.
« Je l'invite.
« Si l'amour l'emporte, tant pis !
« Je brave un peu de ridicule.
— Du ridicule !
— Eh ! oui !
« Vous ne comprenez pas cela, Trappeur.
« Mais il y a un coin du monde qui est le café Riche à Paris.
« L'univers peut penser de moi ce qu'il voudra ; peu m'importe !
« Mais que l'on se rie de moi sur le boulevard, voilà qui m'est pénible.
« De Lincourt amoureux d'une femme sauvage...
« On en rirait longtemps.
« Mais la curiosité l'emporte.
« Je veux savoir, en somme, si je surmonterai certaines répugnances.
« Et puis succombera-t-elle ?
— Elle est à vous.
« N'avez-vous pas entendu ce qu'a dit le vaocado ?
— Je n'y ai rien compris.
— Eh bien ! monsieur le comte, l'enfant veut vous marier à la reine.
— Vraiment ?
— Et elle doit songer à réaliser la chose.
— Tu crois ?
— Oui, monsieur le comte.
— Alors, nous rirons à ce bal.
« J'invite. »
Et le comte, arrivé à la taverne, envoya sa carte d'invitation.

CHAPITRE IX

LE BAL

Le bal !
Il est splendide !
Rien, en France, ne saurait donner une idée de l'imprévu, de la singularité, de la richesse de cette fête.
Pour le bal, tous les sacrifices !
Aux salles immenses afflue tout le luxe de la cité.
Chacun envoie étoffes, tapis, tentures, marchandises précieuses, tout ce qui peut orner et briller.
Rien ne coûte.
On se cotise.
Chacun travaille avec ardeur et enthousiasme ; ces Mexicains ont un goût exquis pour l'ornementation.
Les fourrures, les têtes de fauves, les panoplies, les mosaïques improvisées, les fleurs à profusion, les tentures éblouissantes, offrent un coup d'œil féerique.
Pas de vol.
Un coup de couteau ou une balle dans le crâne à qui prendrait une épingle.
Don Matapan, réconcilié avec son peuple, s'est installé au milieu des préparatifs que, du fond de son fauteuil apporté là, il surveille sans relâche.
Cette boule humaine a un certain sentiment de l'art.
L'ensemble est bien coordonné, largement conçu, imposant ; les détails sont admirablement réussis et variés à l'infini.
Du reste, les bâtiments choisis pour la fête se prêtent à une ampleur imposante dans le développement de la scène.
Le gouverneur d'Austin s'est surpassé.
En un jour, il a transformé l'immense entrepôt de la ville en de vastes et magnifiques salles de bal.
Un salon principal est au centre de la construction. Deux ailes s'étendent de chaque côté, formant une enfilade de galeries divisées par d'épaisses tentures en velours grenat.
Toutes les pièces se commandent,

circulation sera facile, quelle que soit la foule qui les encombrera.

Deux buffets abondamment approvisionnés forment annexes; ils ont une sortie dans les jardins du gouverneur, où l'on pourra, après boire, respirer l'air pur du dehors et fumer une cigarette.

Ces buffets font songer aux noces de Gamache.

Les trappeurs et tous les tireurs d'Austin, réunis en bandes, ont fait une immense battue.

On a tué le gibier par grands massacres; plus d'un millier de chasseurs se sont trouvés en ligne à vingt pas de distance les uns des autres.

Grandmoreau a fait des coups admirables; il a tué un héron, d'une balle, au vol.

La ligne des tireurs a marché pendant cinq heures, poussant les fauves affolés vers des barrières de rochers sans issue et gardées du reste de façon à épouvanter les animaux en fuite.

Plus de trois cent mules et de cinquante chariots sont rentrés à Austin chargés de poil et de plume.

Aussi sur les buffets s'amoncellent les daims rôtis en entier par les procédés des Peaux-Rouges, les sangliers, les buffalos, tout ce qui a quatre pattes, tout ce qui a deux ailes et se mange.

Les fruits sont amoncelés dans des buissons élégants, sur des tapis de mousse.

Les caves, enguirlandées et enrubanées, contiennent tous les *rafraîchissements* connus au Mexique.

L'eau-de-vie en est la base.

Il y a de quoi *échauffer* la population d'une capitale.

Et tout cela resplendit.

De nombreux lustres installés à la hâte répandent une vive lumière dont le rayonnement se projette au loin par les fenêtres ouvertes.

Il est dix heures du soir.

Tous les habitants d'Austin, tous les trafiquants, tous les gens de la prairie, sont rassemblés.

Spectacle étrange, pittoresque, varié à l'infini !

Quant aux costumes, il faut renoncer à les décrire.

Vingt nations ont là leurs représentants, lesquels, méprisant toute contrainte, endossent le vêtement de leur choix.

On peut juger de l'extravagant bariolage, de l'orgie de couleurs brillant d'un discordant éclat sous le feu des lustres.

C'est à faire frémir tous les Manet de l'avenir.

Le plus réaliste des peintres n'aurait qu'une pensée, qu'une préoccupation : rechercher des lunettes bleues.

On n'a pas idée d'un pareil miroitement.

Seuls, au milieu de la foule multicolore, les trappeurs et coureurs de bois se distinguent par leur costume aussi sévère que simple.

Ces sauvages de la civilisation ont complétement négligé les frais de toilette.

Ils ont conservé la botte de daim non tannée qui défie la morsure des serpents, leur large caleçon et la blouse serrée à la taille par une large courroie de cuir fauve.

Tel est l'uniforme généralement adopté par tous, — chasseurs ou trappeurs ; — les distinctions ne portent que sur la provenance des plumes qui ornent leurs chapeaux de feutre aux larges bords retroussés à la fantaisie du possesseur.

Costumes mexicains, indiens, européens, chiliens, péruviens, brésiliens, blouses de trappeurs et uniformes fantaisistes de miliciens, gens de toutes couleurs et de toutes castes, femmes de toutes classes, depuis les filles faciles du *quartier des Chapelles* jusqu'aux aristocratiques senoras, femmes de négociants titrés, de trafiquants nobles, d'haciendéros gentilshommes, comme il s'en trouve tant au Mexique, des leperos, vagabonds sans aveu, des vaqueros, grossiers vachers et les plus riches possesseurs de terre ; bref, la foule la plus bigarrée qu'il soit possible d'imaginer.

Mais rien de désordonné, rien de confus, de mêlé dans cette bagarre.

Chacun a le sentiment de sa situation et prend sa place et son rang.

Cette foule intelligente a le tact exquis des

LE SECRET DU DOMPTEUR

Il a vu plusieurs Apaches guetter un officier de la milice.

races du Sud; elle a procédé d'elle-même au triage des classes qui la composent.

Les éléments qui se conviennent s'attirent.

Les salles sont nombreuses et se prêtent aux classements.

L'ouvrier et le marin se réunissent volontiers. — Le soldat et le serviteur à gages ne sont pas loin. — Le vaquero est là aussi avec ses engagés nègres émancipés d'hier.

De même, bourgeois, commerçants, industriels se sont trouvés. — Tous ces gens se connaissent, même sans s'être jamais vus; ils se démènent sûrement, et c'est entre eux qu'ils trouvent le plaisir sans contrainte.

Et à tous ces gentlemen, caballeros, senores, excellences, les femmes qu'il leur faut.

On procède par affinités.

La haute classe d'Austin, noblesse et grasse finance, forme un clan à part.

Et ce groupe n'est pas le moins singulier à observer.

Son aristocratique composition se subordonne à des conditions de latitude et de longitude nuisant nécessairement à son homogénéité.

De là des contrastes curieux, de frappantes contradictions.

Les trappeurs, chasseurs, coureurs de bois et autres aventuriers erraient de salon en salon, et ne se fixaient nulle part.

C'étaient les irréguliers du bal, les bohèmes de la fête.

Mais des bohèmes dorés!

Car la bourse pendue à leur ceinture retentissait du son joyeux des dollars!

L'on danse partout avec entrain, avec furie, avec rage.

Boleros, fandangos, contredanses, mazurkas, polkas, gigues, sauteries inimaginables, inconnues en Europe, se déroulent, s'enchaînent, et le spectacle est féerique.

Les orchestres sont multiples; ils représentent les diverses nationalités auxquelles appartiennent les habitants d'Austin.

Castagnettes, guitares, mandolines et tambourins excitent l'humeur chorégraphique de tous ceux dont les veines contiennent du sang espagnol.

Aux sons du trombone et de l'ophicléide tournent lourdement l'Allemand et sa Gretchen.

Graves et compassés, les Anglais exécutent aussi gaiement que possible leurs pas de gigue à l'aide d'une musique durement rhythmée, sur un mode terne, et pauvre de mélodie.

Les instruments indiens font entendre un bizarre ensemble de coups de sifflet saccadés et de roulements de tambour.

L'Auvergne elle-même est représentée dans ce bal cosmopolite.

Et c'est aux plaintes chantantes de la primitive musette que, dans un coin reculé, se saute et se tape une interminable bourrée.

Dans le salon principal, un orchestre assez complet exécute avec verve et entrain des contredanses françaises.

Il règne en cet endroit une gaieté réjouissante et du meilleur aloi.

Bien des femmes, espagnoles et autres, ont faussé compagnie aux leurs pour venir prendre une part active aux danses françaises. Et c'est avec un aimable empressement que des cavaliers expérimentés les initient aux douces émotions de la valse délirante et de l'amusant quadrille.

Les trappeurs toujours errant, se contentent de recueillir en passant quelque œillade engageante, certains serrements de mains furtifs, et parfois même un baiser donné ou reçu à la dérobée.

Tout trappeur était évidemment haut coté dans les cœurs féminins.

Mais on haletait.

Les buffets étaient assaillis.

Pillage splendide !

Les tonnes étaient inépuisables et les montagnes de victuailles bravaient les plus vigoureuses attaques.

Quels appétits, pourtant !

Don Matapan ne dansait pas ; il était dans un fauteuil roulant, et se faisait pousser autour des tables.

Il nageait dans la joie et... dans le vin.

Il encourageait son peuple à boire, donnait l'exemple et payait de sa personne avec une superbe vaillance.

Il exultait.

Jamais franc-lippeur n'aurait pu rêver rien de plus pantagruélique que cette fête !

L'œil, l'oreille, l'odorat, le palais, le toucher, tout était agréablement surexcité ; c'était un concert harmonieux et parfait donné aux sens par les sensations.

Les trappeurs, gens de sobriété au désert, faisaient ici l'admiration du gouverneur par la façon dont ils entendaient les libations.

— Quels hommes ! murmurait don Matapan en amateur.

« Quels estomacs !

« Quelles têtes solides ! »

Et le gouverneur murmurait à part lui, caressant une idée qui lui était chère :

— Je trouverai ce soir quelque brave adversaire, fait pour quelque bonne bataille, verre en main.

« J'aperçois là-bas un de ces trappeurs qui promet... s'il continue. »

Et il lorgnait complaisamment Bois-Rude, qui justifiait son surnom.

Don Matapan se sent attiré vers le chasseur par une estime sympathique et méritée.

Bois-Rude est installé depuis l'ouverture des salons devant la table du buffet le mieux garni.

Confortablement campé dans un large siège et entourant de ses jambes croisées l'unique pied d'un guéridon surchargé de vins et de victuailles, voilà deux bonnes heures qu'il mange, boit et fume.

— Senor, lui dit le gouverneur, je vois avec le plus vif plaisir que vous dégustez en gourmet ce vin d'Espagne, qui est remarquable.

« C'est avec un plaisir extrême que je porterais votre santé. »

Bois-Rude lève la tête, sourit, décoiffe deux bouteilles, en vide le contenu dans deux saladiers transformés en coupes, et il se lève d'un air solennel.

— Excellence, dit-il saisissant un saladier et le tendant à don Matapan, je suis ravi de l'occasion qui se présente de faire raison à votre toast.

« Je déclare que depuis le commencement de la fête vous remplissez votre rôle d'hôte de façon à mériter mes éloges
« A votre honneur ! »
Et il trinqua.
Don Matapan avait un peu hésité. La gorge du saladier était grosse pour sa courte main.
Toutefois il réussit à l'empoigner, et les deux rivaux vidèrent leur coupe d'un trait.
Ce fut un beau début et plein de promesses.
— Mon camarade, dit le gouverneur, vous me semblez homme à dédaigner la danse pour la table.
« Si vous pensez comme moi, nous passerons agréablement la soirée à boire en regardant les autres se trémousser.
— Par le diable ! dit Bois-Rude, ça me va, senor, et j'aurai du plaisir à vous voir rouler sous la table.
« J'espère que vous tiendrez un bon bout de temps. »
Don Matapan sentit son front s'empourprer et son œil s'alluma.
— Jeune homme, dit-il, cela ressemble à un défi ; vous êtes téméraire, mon garçon...
Bois-Rude se mit à rire :
— Ah çà ! senor, dit-il, est-ce que vous auriez la prétention de vaincre Bois-Rude dans un duel bachique?
— Et pourquoi donc pas, l'ami ?
— Excellence, vous êtes d'une audace... Si vous me connaissiez, vous vous contenteriez d'espérer une défaite honorée par une belle résistance.
« Mais vaincre Bois-Rude... jamais !
— Trappeur, je veux vous faire enlever au jour, ivre-mort, par mes domestiques.
Bois-Rude haussa les épaules et héla Burgh, dit Main-de-Fer.
L'Anglais vint sur cet appel.
— John, dit Bois-Rude, voilà le senor Matapan qui veut lutter contre moi à qui videra le plus de fioles.
« Tu vas être mon second. »
Burgh trouvait la prétention du gouverneur insensée.
— Senor, dit-il, je dois loyalement vous prévenir que ce n'est pas un baril de rhum qui me ferait trébucher !
« Et pourtant Bois-Rude me dépasse de cent longueurs de main comme buveur !
« Maintenant, que parie-t-on ?
— Ce que vous voudrez, mes camarades, dit railleusement le gouverneur
— Croyez-vous, senor, demanda Burgh, que nos carabines, qui sont accrochées là-bas, à cette panoplie, ne soient pas de glorieux trophées à montrer à vos amis ?
« Jamais Indiens n'ont pu nous les enlever le tomahawk au poing.
« Vous les gagneriez, vous, le verre à la main, si vous l'emportiez sur nous.
— Trappeurs, vous me faites une offre qui me séduit.
« Mais moi, qu'est-ce que j'engage ?
— Vos culottes, dit gravement l'Anglais.
« Si nous gagnons, elles sont à nous. »
Tout le monde se prit à rire autour des champions.
Le gouverneur était interloqué.
— Pourquoi mes culottes? demanda-t-il avec étonnement.
— Parce que, dit Burgh, lorsqu'on veut parler d'un homme qui a été bien battu au jeu ou dans un pari, on dit qu'il a perdu jusqu'à ses culottes.
« Et puis, senor, je suppose qu'il y a quelque chose dans vos culottes? »
Le gouverneur tâta ses poches.
— J'ai, dit-il, quelques douzaines de douros; une misère.
— Nous vous jouons donc, contre nos armes, vos culottes et ce *qu'elles contiennent*, dit Burgh soulignant le mot.
« Nous prenons tous ces gentlemen à témoin. »
La galerie était joyeuse; elle trouvait l'idée drôle.
— Oui, oui ! cria-t-elle.
« Senor Matapan, il faut vaincre ou périr.
« Vos culottes sont engagées.
— Soit ! dit le gouverneur.
Et aux trappeurs :
— Mes camarades, topons !
On conclut la gageure.
Le tournoi commença.
Ce qu'il fut, on peut en juger par ce fait:

que plus de cinquante bouteilles jonchaient déjà le sol au milieu de la nuit, et qu'aucun des buveurs ne donnait signe de défaillance.

Le gouverneur était cramoisi, Burgh était rouge, Bois-Rude n'avait pas changé de couleur.

Une seule particularité dénotait un commencement d'ivresse commune.

Son Excellence don Matapan tutoyait fraternellement les trappeurs, qui lui rendaient cette familiarité.

On échangeait de petits noms d'amitié.

Don Matapan appelait ses deux adversaires ses *compadres* (compères), et ceux-ci ripostaient par des métaphores d'un goût risqué.

John Burgh baptisait le gouverneur de « vieille citrouille ramollie! » Bois-Rude, plus distingué dans ses expressions, le qualifiait de « grosse charogne pourrie, » ce qui était la plus grande preuve d'amitié de sa part.

Les chasseurs ne se départent d'un certain décorum qu'entre intimes.

Don Matapan tressaillait d'aise à chaque aménité du genre que nous venons de définir, et il recevait avec un sourire ravi les caressantes qualifications :

D' « affreux pourceau galeux mort de grasfondu ; »

De « baleine puante ; »

De « melon gâté, » etc.

Il se gaudissait d'être sur un pied d'amitié si complet avec les chasseurs, gens qui ne se prodiguent pas d'ordinaire.

Pendant que ces aimables ivrognes luttaient de façon à rappeler les joutes les plus fameuses en ce genre dont l'histoire fasse mention, le bal continuait, ardent et joyeux.

Un seul homme ne paraissait pas s'amuser : c'était Tomaho.

Le géant se promenait gravement.

Il laissait errer sur les danseurs un regard terne et froid.

De temps en temps, par un haussement d'épaules accompagné d'une sorte de grognement sourd, il manifestait sa dédaigneuse pitié.

Cela durait depuis deux heures.

Tout à coup, en entrant dans une salle, l'ex-roi d'Araucanie se heurta contre un cercle de spectateurs formé autour d'un quadrille.

Un orchestre français jouait à tour de bras une sorte de pot-pourri évidemment emprunté au répertoire des bals parisiens.

C'était une harmonie bizarre, folle, échevelée, pleine de fièvre et d'entraînement.

Tomaho dressa l'oreille et fixa un œil curieux et ravi sur les danseurs.

Sans-Nez obtenait un succès fou.

Ce fils de la barrière Ménilmontant dansait un cancan échevelé, et il frappait la foule d'admiration.

L'entrain des airs, la verve du danseur, le je ne sais quoi qui fait que Paris fascine et qu'un Parisien charme, tout contribuait à passionner la galerie et Tomaho qui n'avait jamais vu danser le cancan.

— Och ! fit-il.

« Sans-Nez est un grand danseur.

« Mon œil le regarde avec joie.

« Cette musique est bonne.

« Elle chatouille mon cœur et mes jambes. »

Le Patagon suivit tous les gestes du chasseur avec un intérêt de plus en plus marqué.

Soudain Sans-Nez se mit à exécuter un cavalier seul avec le frénétique entrain d'un Chodoche émérite.

Ses contorsions et grimaces se succédaient rapides, insensées, enragées.

C'était un cancan à rendre jaloux les plus célèbres habitués de nos bals de barrière.

Les spectateurs applaudissaient frénétiquement aux excentricités chorégraphiques du danseur.

Tomaho, lui aussi, manifestait du geste et de la voix son contentement.

Mais son émotion grandissait et le dominait.

Il trépignait ; ses grands bras s'agitaient au-dessus des têtes, sa poitrine se soulevait violemment, il poussait de formidables exclamations, des bravos sans doute exprimés dans la langue de son pays.

Les accords précipités de l'orchestre annoncent la fin du morceau.

Le silence se fait.

La contredanse est terminée.

Les danseurs se sont arrêtés, et le cercle de spectateurs qui les entoure va se rompre

Le Patagon s'élance soudain.

Le géant s'indigne contre les musiciens qui ont cessé de jouer.

Il les menace du poing.

Sans-Nez comprend que l'Araucanien est saisi du *delirium tremens* de la danse; il fait signe à l'orchestre.

La musique retentit de plus belle.

Tomaho frémit de plaisir; il piaffe comme un cheval impatient.

Sans-Nez lui jette au bras une jolie senora.

Le géant reçoit sa danseuse, l'enlève comme une plume, se lance avec elle en avant, gesticule avec fureur, mais en mesure, décrivant les plus étranges figures et faisant exécuter à la danseuse des bonds inouïs.

Il montre une fougue indicible.

Sans-Nez le calme un instant et lui confie les deux senoras pour exécuter devant elles et Tomaho un cavalier seul d'un risqué, d'un audacieux qui soulève l'enthousiasme.

Mais Tomaho frissonne d'émulation; il se contient avec peine il a des haussements d'épaules qui signifient : « Ce n'est rien! on va voir tout à l'heure. »

Sans-Nez reprend les senoras...

Tomaho fait un geste superbe pour commander l'attention; il redresse ses plumes sur sa coiffure d'or; il fait craquer ses doigts, se tape sur les cuisses à en couvrir le bruit des cymbales et pousse un cri sauvage.

Il part...

Cavalier seul!...

Ce fut quelque chose de merveilleux, de fantastique, de démesuré.

Chicard aurait vu en son temps un pareil spectacle qu'il se serait suicidé de désespoir.

Le géant dépassa tout ce qu'on peut imaginer.

Il se livra, toujours en cadence, aux inspirations les plus échevelées.

Il imita le cheval qui rue, l'ours qui marche sur ses pattes de derrière, le jaguar qui bondit, le cerf qui fuit, le bison qui encorne, le chien qui mord, le poisson qui nage.

Il marcha sur les mains, les pieds en l'air et les jambes gigottant.

Il rampa comme le serpent et renversa une vingtaine de personnes, pinçant les mollets des dames pour remplacer les piqûres de la vipère.

Il se permit des excentricités fabuleuses.

La foule se tordait de rire, applaudissant à tout rompre.

Tomaho produisit un effet prodigieux, surtout quand il couronna cette orgie chorégraphique en jetant Sans-Nez à califourchon sur ses épaules, et en terminant la séance par le pas du triomphe, portant ses deux senoras à bras tendu.

Il vint s'échouer, ruisselant de sueur, devant un buffet; il déposa ses danseuses au milieu de deux corbeilles de fleurs, assit Sans-Nez sur un sanglier cuit tout d'une pièce, et, haletant, il saisit à deux mains un baril de vin défoncé, qu'il porta à ses lèvres comme d'autres eussent fait d'un saladier.

Ce qu'il en resta au fond, quand il le reposa à terre, ne valait pas la peine d'en parler.

La foule regardait la tonne vide, le géant qui s'essuyait les lèvres, Sans-Nez qui riait et les senoras toutes fières d'un pareil homme; on s'extasia longtemps.

Tomaho savoura ce succès, et il dit triomphalement à Sans-Nez :

— Si ce méchant nain d'Orélie était là, il serait vexé.

— Mon cher, dit Sans-Nez, il en crèverait de dépit...

— Et d'un coup de poing dont je l'assommerais, ajouta Tomaho avec une conviction profonde.

Sur ce, ils attaquèrent un pâté de compagnie avec les senoras.

Une circonstance mit le comble au bonheur et à l'appétit de Tomaho.

Le comte vint à traverser la salle; il salua les deux chasseurs et leurs senoras.

— Cacique, vint-il dire au géant en lui serrant la main, je vous félicite sur le pas du jaguar et sur la marche du serpent; il n'est bruit que de cela dans le bal.

Le compliment plongea Tomaho dans un océan de joie.

Il voulut retenir le comte et recommencer

ses exploits devant lui, mais M. de Lincourt prétexta qu'il cherchait Tête-de-Bison et s'éloigna, suivi de tous les regards.

Le comte était le héros de la fête et il avait fort à faire pour répondre aux œillades, aux provocations de toute sorte improvisées à son intention.

Mais M. de Lincourt ne s'arrêtait pas à recueillir des hommages ; il cherchait en effet Tête-de-Bison et il finit par le trouver attablé en face du gouverneur et prenant part en amateur à la lutte engagée par celui-ci contre Burgh et Bois-Rude.

La mêlée était chaude.

Les tas de bouteilles vides, jonchant le sol, attestaient que les combattants ne se ménageaient pas.

Le comte arriva pour entendre Burgh, très-échauffé, dire au gouverneur d'un ton aimable et caressant :

— Je crois, vénérable potiron, que vous commencez à bégayer.

Et Bois-Rude d'ajouter :

— Encore un coup de rhum, et votre honorable carcasse roulera sous la table.

Don Matapan, indigné, non des épithètes, qu'il trouvait adorables, mais du défi, se leva titubant et glapit :

— Vous êtes deux galopins !

« Versez !

« Je vous enterrerai ! »

Et de boire avec trinquements bruyants.

Le comte, sans se commettre dans cette débauche pantagruélique, fit signe à Tête-de-Bison.

Celui-ci se leva et accourut ; M. de Lincourt prit le bras du Trappeur qu'il entraîna à l'écart.

— Mon cher, lui dit-il, il se passe quelque chose d'étrange.

« La reine ne vient pas, ce qui, somme toute, n'a rien d'étonnant ; mais le colonel m'a prévenu d'un fait singulier et jusqu'à un certain point inquiétant.

— Lequel ?

— Il est arrivé tard au bal avec sa fille, et, au moment de venir ici, du haut de sa fenêtre il a vu plusieurs Apaches, entrés dans la ville il ne sait comment, épier en se cachant un officier de la milice qui faisait une ronde.

— Monsieur le comte, dit Tête-de-Bison, je voudrais bien parler au colonel.

— Allons à sa rencontre, fit M. de Lincourt.

Et tous deux se mirent à la recherche de M. d'Éragny.

Ils le rencontrèrent avec Blanche dans le salon que semblait s'être réservé l'aristocratie d'Austin.

Tête-de-Bison interrogea le colonel à voix basse :

— Connaissez-vous bien les Apaches ? lui demanda-t-il.

— Parfaitement bien, dit M. d'Éragny.

— Et vous en avez vu plusieurs en embuscade par la ville ?

— Ils étaient trois.

— Diable ! fit Tête-de-Bison.

« Qu'est-ce que cela veut dire ?

« Une trahison après serment me paraît pourtant impossible. »

En ce moment, le bal était très-bruyant. L'animation était à son comble ; danseurs et danseuses s'en donnaient à cœur joie.

Tête-de-Bison promena son regard sur toute cette foule, et désignant des officiers de la milice en uniforme, il dit au comte :

— Voilà comme sont ces gens-là !

« Les chefs de poste sont au bal ; tenez, ils ont le hausse-col de service ; nous sommes, pardieu ! bien gardés !

— S'il en est ainsi, dit le comte, il n'est pas étonnant que des Apaches curieux de voir la ville se soient hissés par-dessus les murs.

— Mais, dit le colonel, si les Indiens méditaient un mauvais coup ?

« L'entrée d'Austin leur étant interdite, malgré le traité, j'augure mal de ce que j'ai vu.

— Oh ! dit le Trappeur, quelques maraudeurs dans Austin, cela ne prouve pas grand' chose, sinon que l'on veille mal sur les remparts.

« Toutefois, je crois qu'il faut nous tenir sur nos gardes. »

Et il jeta au comte un coup d'œil significatif.

Peut-être Tête-de-Bison avait-il plus de craintes qu'il ne le faisait paraître.

Soudain le bruit des orchestres et des conversations fut dominé par un brouhaha venant du dehors.

Il n'y eut qu'un mouvement dans la foule qui encombrait le grand salon.

Toutes les têtes se tournèrent du côté de la grande porte de l'entrée principale.

Mille regards curieux interrogèrent l'horizon fermé par de lourdes tentures de velours rouge.

Tout à coup les rideaux s'écartèrent.

Un Apache s'avança gravement, et s'arrêta sur le seuil du salon.

Tout mouvement cessa.

Un profond silence se fit.

L'Indien, tatoué et costumé en guerre, prononça d'une voix forte ces mots en Espagnol :

— La reine !

Puis il se retira, suivi par ce bourdonnement qui se dégage des foules inquiètes et ressemble au murmure du vent dans la feuillée.

Les tentures se relevèrent et la reine, la terrible et redoutée reine des Indiens, apparut resplendissante.

Majestueuse et fière, la sauvage souveraine fit quelques pas et pénétra dans le salon.

Tous les regards étaient fixés sur elle.

La surprise, l'étonnement, la stupéfaction se lisaient sur chaque visage.

La présence de cette femme à Austin, au milieu d'une fête, ne trouvait sa raison d'être dans aucun cerveau.

Le comte n'avait prévenu personne de son invitation.

On ne s'expliquait pas cette apparition ; mais le saisissement de la population était immense.

La reine des Indiens porte un costume à la fois étrange et magnifique.

Il peut être comparé, dans son ensemble, à ces toilettes à la grecque mises à la mode par madame Tallien sous le Directoire.

Les longs et soyeux cheveux argentés de la reine s'enroulent en épais bandeaux autour de sa tête ; un cercle d'or les comprime et les fixe.

Sur ses épaules nues descendent en s'étageant plusieurs rangées de perles dont chacune vaut plus d'un million.

De splendides bracelets de jade ornés de brillants énormes étincellent à ses bras nus.

Une tunique de soie bleue lamée d'argent et frangée d'une ganse finement brodée tombe, voile diaphane, jusque sur les pieds mignons, chaussés de mocassins légers.

Une ceinture composée de six rangées d'émeraudes et d'une agrafe de rubis enserre la taille fine de la reine et fait dessiner à l'étoffe des formes divinement moulées.

Pour la liberté de la marche, la tunique est coquettement relevée un peu au-dessus des genoux par des rosettes au milieu desquelles resplendissent deux superbes topazes.

La reine s'est arrêtée après avoir fait quelques pas dans la salle de bal.

Elle jette autour d'elle un long regard et tressaille en apercevant le comte de Lincourt, qui se trouve en ce moment auprès de mademoiselle d'Éragny. M. de Lincourt ayant invité la Vierge aux cheveux d'argent, la courtoisie lui fait un devoir d'être son cavalier ; il s'excuse d'un mot près de Blanche et va au-devant de la reine.

Celle-ci a remarqué l'empressement du comte à quitter mademoiselle d'Éragny.

Un sourire remplace l'expression de colère qui a fugitivement assombri ses traits.

Le comte la complimente.

Elle l'écoute, mais elle le regarde malicieusement :

— Vous me souhaitez la bienvenue, comte, dit-elle, et je l'accepte avec plaisir.

« Votre fête européenne est la première que je vois ; elle me paraît très-belle.

« Je suis heureuse d'être ici.

— Et nous, dit le comte, nous sommes, reine, très-honorés de votre présence.

« Si j'avais été prévenu de votre arrivée, je serais allé au-devant de vous, comme c'était mon devoir.

« Mais l'officier du poste de la porte par laquelle vous êtes entrée a manqué à sa consigne en ne m'avertissant pas.

— Comte, dit-elle railleusement, la ville ne se garde plus depuis qu'elle a ma parole.

« Aux portes, point de soldats !
« Je n'ai eu à faire présenter nulle part le sauf-conduit que vous m'avez envoyé.
— Ceci prouve, dit le comte, l'entière bonne foi des habitants !
— Ou leur négligence ! fit la reine avec un singulier sourire.

Tête-de-Bison jugea ce sourire inquiétant sans doute.

Il s'en alla tout doucement décrocher son rifle à une panoplie et dit un mot aux autres trappeurs qui l'imitèrent et qui, sans affectation, conservèrent, depuis lors, leurs fusils en bandoulière.

Personne ne remarqua ce mouvement.

Cependant M. de Lincourt faisait à la reine les honneurs de la fête.

Celle-ci ignorait tout des usages européens ; mais elle n'éprouvait aucun embarras, tant il est vrai que partout les natures d'élite se sentent au-dessus de la situation, quelle qu'elle soit.

Le comte offrit son bras avec empressement.

Le reine remarqua le geste, et ne le comprit pas d'abord.

Mais voyant des couples se promener bras dessus bras dessous, son hésitation ne dura qu'une seconde.

Elle posa sa main sur le bras qu'on lui tendait.

M. de Lincourt, avec une courtoisie galante, fit parcourir toutes les salles à la visiteuse inattendue.

Il lui fit les honneurs de cette fête, dont il expliqua la cause.

La reine admirait sans étonnement.

Elle écoutait la musique avec un plaisir qu'elle ne dissimulait pas, et suivait d'un œil ravi les évolutions des danseurs.

Le couple a parcouru les salons, escorté par les regards étonnés et curieux du public.

Il revient dans la grande pièce où, aux accords de l'orchestre français, s'agitent joyeusement les amateurs des danses parisiennes.

Le comte éprouve un certain sentiment de sympathie et d'admiration pour l'adorable créature dont il s'est fait le cavalier.

Tout en elle est charmant.

M. de Lincourt, qui a cette faiblesse de penser au ridicule de convention, au boulevard Montmartre, à ses petits préjugés, M. de Lincourt, qui est resté gentilhomme parisien en devenant aventurier, M. de Lincourt songe que si cette reine paraissait à Paris, dans un de ces salons politiques où l'on fête les ambassades exotiques et où l'on accueille les souverains des plus étranges pays, il serait très-flatté d'être chargé de présenter à la Vierge aux cheveux d'argent le tout Paris qui se presserait à ses réceptions.

Il songe à cette princesse d'Oude qui a ébloui l'ambassade anglaise de ses diamants et de sa beauté ; il se dit que la Vierge aux cheveux d'argent lui est très-supérieure ; il est séduit, fasciné.

Il oublie l'épithète de *sauvage* qu'il a lancée.

Il devient très-attentif.

On ne donne pas impunément le bras à une très-jolie femme.

On ne sent pas, sans en être impressionné, les plis d'une tunique, voilant tant de charmes, battre le bas de son pantalon.

On ne respire pas les parfums d'une pareille fleur féminine sans qu'ils vous montent à la tête.

Le comte était conquis.

Et la reine semblait toute à lui dans ce bal dont la musique l'enivrait.

C'est la *valse des Roses* que l'on joue en ce moment.

Le motif est entraînant et mélodieux.

Subissant l'effet de cette musique expressive, la reine blanche laisse aller son buste charmant à d'imperceptibles balancements que règlent des accords savamment cadencés.

— Que je voudrais pouvoir danser ainsi ! murmure-t-elle avec un soupir de regret.

Le comte l'entendit.

— Voulez-vous essayer ? demanda-t-il avec empressement.

— Mais puisque j'ignore cette danse.

— Tentez l'aventure, croyez-moi, insista le comte.

« On n'apprend pas la valse.

« On l'éprouve et on la danse spontanément. »

Mademoiselle d'Éragny venait demander à la reine blanche la grâce de l'officier prisonnier.

Comme la reine hésitait, il ajouta du ton le plus persuasif :
— Je vous en prie !

La reine leva sur lui son plus doux regard, et sa bouche dessina le plus engageant sourire.

C'était accepter comme acceptent les femmes, sans dire oui.

Ainsi traduisit le comte, car il passa aussitôt son bras autour de la taille souple et ronde qu'on lui abandonnait, et il commença à valser.

La reine, tout d'abord étourdie, cessa un moment de s'abandonner à l'impulsion de son cavalier; mais elle se remit vite et se laissa bientôt aller sans réserve aux entraînements de cette *valse des Roses* qui a fait tourner tant de têtes féminines.

L'Indienne, dont la tête se penche langoureusement sur l'épaule de son cavalier, se livre sans réserve au plaisir.

Son regard voilé paraît contempler dans l'espace quelque radieuse apparition.

Ses lèvres entr'ouvertes s'agitent sans qu'aucun son s'en échappe.

Parfois tout son corps tressaille, et son bras s'appuie plus fortement sur celui du danseur.

Le comte s'enivre au contact de l'admirable créature qu'il tient enlacée.

L'expression de son visage est changée.

Cette femme succombant entre ses bras, cette étrange et sauvage beauté, a triomphé de ses préjugés.

Cependant un grand danger planait sur tous les acteurs de cette scène. Une imprudence et une félonie se préparaient.

Pendant que M. de Lincourt et la reine des Indiens circulaient dans les salons, et que le couple continuait à valser, les officiers de la garnison d'Austin s'étaient réunis

Ces estimables soldats, dont on connaît la bravoure, méditent un grand coup.

Ils ont dépêché un des leurs à la recherche du gouverneur, leur chef suprême.

Ils attendent le retour de leur envoyé.

Celui-ci ne tarde pas à paraître.

— Rien à faire, dit-il.

« Don Matapan est ivre-mort.

— Peu importe! s'écria l'un des officiers.

« L'important est que l'on obtienne de lui un ordre formel.

« C'est le point capital.

« Notre responsabilité sera ainsi parfaitement couverte.

— Je vous le répète, insista le survenant.

« Le gouverneur est ivre-mort.

« Il a bu avec un trappeur qui, paraît-il, peut lui rendre des points... ou plutôt des bouteilles.

« Impossible d'en tirer un mot.

— Caramba! mes camarades! jura un capitaine galonné sur toutes les coutures.

« Il s'agit de s'entendre et de se comprendre.

« Passons-nous de la permission de don Matapan, et agissons comme si nous l'avions.

« S'il nous arrive malheur, nous soutiendrons avec ensemble que nous n'avons agi que d'après les instructions de cet ivrogne, qui finira par nous croire lui-même, vu son état actuel.

« Jamais plus belle occasion ne s'est présentée.

— Adopté! s'écrièrent en chœur tous les officiers.

« Agissons, et vite. »

Le capitaine qui venait de trouver l'expédient accepté comme excellent reprit :

— Nous avons un bataillon.

« Qu'on le réunisse.

« Il s'emparera facilement de cette reine de Peaux-Rouges et la conduira à la caserne.

« On l'installera dans un confortable cachot, et nous pourrons alors dicter des lois à MM. les Indiens.

« Avec un otage pareil, nous obtiendrons l'impossible. »

La proposition du digne capitaine obtint tous les suffrages, et les officiers se séparèrent pour préparer le coup de main prémédité.

Pas un de ces drôles n'objecta le traité, la foi jurée, l'honneur militaire.

Leurs préparatifs ne furent pas longs.

Dix minutes ne s'étaient pas écoulées qu'une troupe de soldats armés faisaient irruption dans le salon où se trouvait la reine.

Cette entrée produisit un tumulte indescriptible.

A la vue de cette compagnie, le comte comprit tout.

Il prit rapidement son parti.

Il fit un signe à Grandmoreau, qu'il aperçut dans la foule.

Celui-ci s'approcha.

— Que l'on m'amène le gouverneur, dit-il.

« Et pas de retard. »

Le Trappeur s'éloigna.

Obéissant à leurs officiers, les soldats firent quelques pas vers la reine, qui ne supposait rien du péril dont elle était menacée.

Le comte de Lincourt, la tête haute, fier et dédaigneux, interpella le lieutenant qui commandait.

— Que voulez-vous? demanda-t-il avec colère et brusquerie.

— J'ai ordre d'arrêter cette femme, répondit l'officier.

Il désigna la reine.

— De qui, cet ordre?

— De mes chefs.

— Quels chefs?

« Vous n'avez qu'un chef responsable ici.

« C'est le gouverneur.

« Aurait-il donné cet ordre?

« Aurait-il manqué ainsi, sans pudeur, à la parole donnée et aux lois sacrées de l'hospitalité? »

L'officier, hésitant, gardait le silence.

— Répondez donc! fit le comte avec impatience.

— J'obéis à un ordre, voilà tout, se contenta de dire simplement le lieutenant.

M. de Lincourt eut un singulier sourire.

Puis, laissant tomber un regard de pitié sur les soldats et leur chef, il prononça d'une voix vibrante cet appel :

— A moi, les trappeurs!

Il ne comptait que sur ses amis, ces cinq hommes dont le dévouement lui était déjà acquis.

Tomaho le Patagon, John Burgh l'Anglais et Sans-Nez se sont trouvés rangés autour de celui qu'ils ont accepté pour chef.

Ils ont leurs armes. Ils se tiennent prêts à tout événement.

Leur attitude impose aux soldats.

Grandmoreau et Bois-Rude arrivent dans ce moment.

Ils soutiennent le gouverneur complétement ivre et chantant à tue-tête.

Voyant don Matapan dans cet état, le comte de Lincourt ne juge pas utile de l'interroger.

Il eût évidemment perdu son temps.

Mais les cinq aventuriers que nous connaissons ne furent pas les seuls qui vinrent se grouper autour du comte.

Tous les trappeurs et chasseurs des prairies présents au bal se réunirent spontanément; ils se trouvèrent là cinquante prêts à faire respecter la foi jurée, et à protéger la souveraine indienne contre toute violence.

M. de Lincourt accueillit ce renfort par un signe de remerciement et de joyeuse bienvenue.

Cependant le lieutenant avait hâte d'accomplir sa mission.

Il se sentait soutenu.

Le gros des gens des prairies n'avait pas d'armes.

De plus longs pourparlers pouvaient empêcher l'arrestation de la reine.

Il fallait donc agir au plus tôt.

A son commandement, les soldats croisèrent la baïonnette et firent un pas en avant.

Les trappeurs accueillirent par un sourd grondement cette manifestation hostile.

Instinctivement, chacun d'eux porta la main à la crosse de son rifle absent.

Sauf les compagnons du comte, tous étaient désarmés, par cette bonne raison que les fusils étaient aux panoplies.

Par une mesure habile, des soldats s'étaient glissés le long des murs et s'étaient emparés des rifles et des pistolets.

Pas le moindre revolver, pas même le machète, ce couteau-sabre dont ne se sépare presque jamais un coureur de prairie.

Les trappeurs, si braves et déterminés qu'ils fussent, n'avaient pas la partie belle.

La foule des danseurs et danseuses assistait inquiète à cette scène.

Mais elle ne prenait parti.

Rien ne la passionnait ni pour ni contre.

Dérangées dans leurs plaisirs, plusieurs femmes firent cependant entendre quelques murmures à l'adresse des soldats, dont la présence suspendait les danses.

Tomaho le Patagon ne pouvait voir sans colère les pointes menaçantes des baïonnettes à deux pas de son épiderme.

L'orchestre était derrière lui.

Il étendit le bras et se saisit d'un lourd pupitre placé devant le chef de musique.

Dans la main du géant, ce meuble devenait une arme terrible, une gigantesque massue.

Le pupitre tournoya une seconde sur les têtes des soldats.

Plus d'un crâne eût été brisé sans un geste de la reine qui arrêta net le moulinet du Patagon.

L'Indienne, avec un calme et tranquille sourire, dit à M. de Lincourt :

— Comte, vos guerriers sont sans armes.

« La lutte serait inégale.

— Que nous fait le danger ! répliqua le comte avec un généreux élan.

« Il ne sera pas dit que nous ne vous aurons pas défendue contre les lâches et les traîtres qui menacent votre liberté.

« Reine ! ajouta-t-il d'une voix ferme.

« Moi vivant, vous resterez libre.

« Croyez-en la parole d'un homme qui méprise la mort et se moque de ce qui peut s'ensuivre. »

En entendant ces paroles, Tomaho assujettit dans ses larges mains son pupitre-massue.

— Comte, répondit la reine, vous êtes loyal et généreux.

« Je le vois, votre cœur se lit sur votre visage.

« Mais comme je n'avais pas confiance dans la parole des chiens de Faces-Pâles de cette ville, mes guerriers veillent, et leur présence... »

Un brusque commandement du lieutenant à ses soldats interrompit la souveraine des Indiens.

— Allons! assez de paroles!

« Emparez-vous de cette femme. »

L'officier lui-même s'avança et posa la main sur l'épaule nue de la reine.

Celle-ci tressaillit au contact.

Elle tira des plis de sa robe un petit sifflet retenu par une chaînette d'or.

Ce sifflet avait été fabriqué avec un os humain; les taches couleur de rouille qui le marbraient dénonçaient sa provenance.

La reine porta le minuscule instrument à ses lèvres. Aussitôt un sifflement aigu, perçant, strident, coupa l'air avec une incroyable puissance.

Les dernières vibrations n'étaient pas éteintes que les portes et les fenêtres de tous les salons s'ouvraient avec fracas; les carreaux volaient en éclats avec un bruit que couvrirent aussitôt les clameurs de la foule.

Des centaines de Peaux-Rouges, tatoués et costumés en guerre, faisaient irruption par toutes les issues, en poussant d'épouvantables cris.

Il y eut un moment de panique impossible à décrire.

Hommes et femmes couraient follement, cherchant à s'échapper; mais toute évasion était impossible : pas une ouverture qui ne fût gardée par vingt Indiens armés jusqu'aux dents, et ne paraissant pas disposés à laisser forcer le passage.

Pas un toutefois ne tira.

Le tumulte s'apaisa peu à peu.

Un morne silence lui succéda bientôt.

Silence de stupeur et d'effroi.

La reine, superbe et hautaine, jeta un regard de dédain à l'hostile soldatesque, tout à l'heure menaçante, à présent réduite à l'impuissance et à l'humilité.

Elle dit :

— Confiante dans les paroles de paix qui m'ont été portées au nom des habitants d'Austin, je suis venue pour partager les joies de la réconciliation.

« La trahison et la perfidie m'ont accueillie.

« Inspirée par le Maître de la vie, j'avais prévu vos projets et j'ai pu les déjouer.

« Rien ne s'oppose à ma vengeance!

« Un signe de moi, et le massacre commence! »

Un long frémissement parcourut la foule, répondant aux menaçantes paroles de la souveraine des Peaux-Rouges.

Nul ne bougea.

La terreur planait sur la population et sur les soldats affolés.

Le gouverneur, don Matapan, qu'avaient lâché Grandmoreau et Sans-Nez, était tombé sur un banc, et l'on entendait ses ronflements sonores, qui troublaient seuls le silence de mort dont fut suivie la déclaration de la reine.

Elle parla en souveraine.

Elle agit en Indienne.

Elle fit un geste.

L'Aigle-Bleu et une trentaine d'Indiens sautèrent dans la salle et vinrent se ranger autour de leur reine.

— Que cet officier soit prisonnier ! dit-elle à ses guerriers.

Elle désignait le lieutenant.

C'était peut-être le seul de tous les miliciens qui eût quelque énergie.

Le comte l'avait remarqué.

Il intervint.

— Celui-là, dit-il, n'est qu'un instrument; il n'est pas le vrai coupable.

« Il a obéi à un ordre. »

La reine fronça le sourcil, hésita un moment, pour lutter contre un sentiment de fierté blessée, et dit à M. de Lincourt :

— Je sais discerner, comte, ce qui est bien de ce qui est mal.

« Je sais surtout ne pas juger trop vite des intentions.

« Je sais ce que je vous dois pour la protection que vous vouliez m'offrir.

« Je sais aussi quels sont mes devoirs vis-à-vis des coupables. »

Le comte se mordit les lèvres, pâlit, recula de quelques pas, et conserva de cette leçon une impression ineffaçable.

Cependant la reine interrogea le lieutenant en espagnol.

— De qui tenais-tu l'ordre de m'arrêter? demanda-t-elle.

— Du capitaine Tomassi, répondit le lieutenant très-nettement.

Elle donna un ordre à l'Aigle-Bleu, qui le communiqua à ses Indiens du dehors.

Ceux-ci avaient désarmé tout le bataillon et le tenaient prisonnier.

Un instant plus tard, Tomassi, l'ingénieux auteur de la trahison, était devant la reine.

— De qui as-tu reçu l'ordre de m'arrêter? lui demanda-t-elle comme au lieutenant.

— Du gouverneur! dit Tomassi sans scrupule.

En ce moment, les ronflements de don Matapan protestèrent.

— Tu mens! dit la reine.

Et sans plus s'attarder à cet incident :

— Cet officier est un misérable traître! s'écria-t-elle.

« Il est le coupable.

« Il sera torturé demain, au soleil levant, dans mon camp. »

Puis royalement :

— J'ai dit!

« Que votre fête continue.

« J'ai entendu des voix reprocher la trahison aux soldats.

« Je remercie la population et je lui prouverai sous deux jours ma reconnaissance.

« Mes guerriers sont ici ; qu'ils y restent.

« Les Apaches savent danser et ils sont maintenant vos amis.

« D'eux, ne craignez rien !

« Un homme seul, celui-là, mourra.

« A tous les autres, je souhaite le plaisir et la joie. »

En ce moment, Tête-de-Bison disait au comte :

— Quelle femme !

« Comme elle arrange bien les choses !

« Monsieur le comte, n'oubliez pas qu'elle est à vous.

« Voilà une conquête qui fera de l'honneur à tous les gens des prairies.

— Peuh! fit le comte avec dédain.

« Elle est beaucoup trop mal élevée pour que je me commette avec elle. »

Et il tourna les talons.

De ce moment, il ne parut plus au bal.

Cependant la reine le chercha des yeux, dès que l'on eut emmené le prisonnier et que le calme fut revenu.

Elle ne vit que Tête-de-Bison.

D'un regard, elle l'appela.

Le vieux trappeur s'approcha.

— Chasseur, demanda-t-elle, savez-vous où est le comte?

Tête-de-Bison était fort embarrassé.

— Je crois, dit-il, qu'il se promène dans les salles.

— Je désire lui parler.

— Alors je vais le chercher.

... La reine, assise, entourée de gentlemen et de caballeros, attendit...

Le bal se continuait avec un entrain tel, que l'on eût dit que rien ne se fût passé.

La population était ravie d'en être quitte à si bon compte.

La vie de Tomassi lui importait peu.

Cet officier n'était pas d'Austin.

Favori du gouverneur, insolent, hautain, exigeant, il n'avait point d'amis et ses ennemis étaient nombreux.

Donc, point de sujets de tristesse.

Les Apaches, mêlés à la foule, un peu partout, se mirent à esquisser des danses indiennes de caractère.

Tomaho leur donnait l'exemple.

Il leur prouvait que les pas nationaux des Peaux-Rouges peuvent s'exécuter sur des airs européens et sont cousins germains du cancan.

Ce renfort de danseurs quintuplait l'animation de la fête.

Autour de la reine, un cercle d'admirateurs.

Mais le comte ne paraissait pas.

Les Mexicains ont reçu des Espagnols des traditions de galanterie précieusement conservées.

Des caballeros fort distingués font leur cour à la charmante Indienne; elle les écoute, étonnée du ton et des manières de cette société européenne qu'elle juge supérieure à la sauvagerie des tribus.

Elle entrevoit tout un monde inconnu.

Le fils d'un riche haciendero se risque à l'inviter.

Elle accepte.

Mais en valsant son regard est voilé, et Tête-de-Bison, qui est revenu, se dit que la reine, au bras du Mexicain, pense au comte qui lui tient rigueur.

La valse terminée, il s'approche; mais comment parler de M. de Lincourt devant tant de monde qui peu à peu s'est réuni autour de la reine?

Elle se lève, prétexte qu'il fait une chaleur étouffante, et, sur dix bras qui s'offrent, elle prend celui de Tête-de-Bison qui ne se présentait point.

Elle l'entraîne dehors.

Tout le monde envie le bonheur du vieux Trappeur, qui se sentait un peu embarrassé d'être le cavalier d'une si jolie femme.

Comme il le disait plus tard, « il avait l'air d'un ours conduisant une antilope. »

Ils sortent.

On ne les suit pas, par discrétion.

Ils sont seuls sur une espèce de terrasse dominant la campagne.

La reine n'ose pas questionner le Trappeur; elle sent que son rang, son sexe, les coutumes européennes lui imposent la réserve.

Et c'est Tête-de-Bison qui, d'un air fort gêné, dit le premier :

— J'ai couru partout.

« La reine me croira si je lui affirme que j'ai bien cherché.

« Le comte est parti. »

Tout à coup reine, rang, dignité, dissimulation féminine, pressentiment des usages, tout s'efface; l'Indienne apparaît.

Elle saisit les mains du Trappeur et lui dit avec anxiété :

— Tu ne sais pas feindre, chasseur!

« Tu pourrais me dire quelque chose et tu ne le dis pas.

« Parle donc!

« Qui sait si ma reconnaissance ne te sera pas précieuse un jour? »

Dans les situations nettes, le Trappeur se sent à l'aise.

Il est franc du collier.

— Là, j'aime mieux cela! fait-il.

« Vierge cuivrée, écoutez-moi.

« Au fond, je vous aime bien.

— Dis-tu vrai?

— Je vous l'assure.

La reine détacha une broche de brillants de sa parure et la tendit au Trappeur :

— Tiens! lui dit-elle.

« Que ce soit un gage d'amitié! »

Le Trappeur se sentit touché et poussé à tout dire :

— Si j'osais!... fit-il.

— Ose donc!

Il hésitait un peu.

Mais il vit, sous la clarté de la lune, cette femme palpitante, suppliante, émue, inquiète, passionnée.

Et il risqua la question qui lui brûlait les lèvres :

— La Vierge cuivrée, demanda-t-il, aime-t-elle, oui ou non, le comte?

La reine ferma les yeux, se tut, et le silence permit au Trappeur d'entendre les battements de ce cœur de femme qui soulevait le sein violemment.

Le Trappeur n'insista pas, étant suffisamment éclairé.

— Par l'Esprit des mondes! dit la reine, parle donc!

Et entraîné par cet appel, auquel elle joignit un pressement de mains qui le fit frémir d'aise, tant l'attraction magnétique de cette femme était puissante, Grandmoreau lui dit :

— Il est parti.

« Vous l'avez froissé.

— Moi! fit-elle avec explosion.

« Je l'ai froissé!

— Oui.

« Il me l'a fait comprendre.

— Qu'ai-je fait?

— Vous ne vous souvenez donc pas de ce que vous lui avez dit à propos du lieutenant?

Elle se rappela cette scène.

— Oui, dit-elle d'un air sombre, je comprends qu'il se soit offensé.

« Mais j'étais froissée moi-même par son intervention devant mes guerriers, qui sont fiers et braves!

« Mais je suis souveraine!

« Mais tout un peuple m'obéit!

— ...Et lui n'obéit à personne! riposta Grandmoreau.

— Oh! je sens qu'il est indomptable.
« Mais je désarmerai son orgueil.
« Je calmerai sa colère.
— Cela me paraît difficile.
— Tu crois?...
— Je pense que jamais il n'oubliera...
Le Trappeur exprimait avec l'accent le plus sincère sa conviction profonde.
La reine le comprit.
Alors la lionne, en elle, reparut brusquement; ce fut un éclat de colère sauvage.
Le Trappeur en fut effrayé.
Elle poussa un cri de fauve blessé, se tordit les mains avec rage, puis, l'œil sanglant, le visage bouleversé, elle rugit littéralement :
C'était étrange...
En pleine lumière, sous la lune étincelante, elle lançait des imprécations véhémentes, d'un caractère grandiose par l'expression.
Grandmoreau, qui comprenait l'indien, raconta depuis qu'elle maudissait le comte, le vouait aux volcans, aux cataractes, aux océans, aux abîmes incommensurables !
Elle évoquait la tempête, le feu, les montagnes pour anéantir le comte.
Elle semblait une prophétesse en lui prédisant d'effroyables supplices.
Les cheveux épars, flottant à la brise, le geste terrible, le regard flamboyant, le front menaçant et inspiré, elle faisait frissonner le vieux chasseur.
Enfin, brisée par cette explosion de majestueuse fureur, elle tomba épuisée sur un banc de pierre.
La tête appuyée sur la main, accoudée à la balustrade de la terrasse, elle laissa errer sa pensée dans l'espace et se perdit dans des songes sans fin...
Le Trappeur se retira sans bruit.

CHAPITRE X

D'UN SINGULIER INCIDENT

Au pied du mur de cette terrasse, debout, invisible au milieu d'un bouquet d'arbustes, se tenait un homme.
Il avait tout entendu.

C'était un grand et beau jeune homme, de fière mine et du noble aspect.
Il portait le costume élégant d'un habitué de ce café de Paris dont le comte redoutait tant les railleries.
Le visage avait une expression austère, dure et hautaine.
Mais il était impossible de rencontrer profil plus aristocratique.
Ses traits rappelaient ceux de l'Aigle-Bleu, mais avec une sorte d'affinement européen.
C'était la même tête d'oiseau de proie de haute race, le même regard perçant, le même front élevé et fuyant au sommet par une courbe élégante.
Il y avait quelque chose d'imposant et d'auguste dans ces traits, qu'une vive douleur contractait en ce moment.
Longtemps l'étranger demeura rêveur et cloué au sol.
Enfin il se glissa le long de la muraille, se mit hors de portée du regard de la reine, croisa ses bras sur sa poitrine et murmura ces mots :
— Le sort est fatal !
« Deux fois déjà les destins ont jeté cet homme sur ma route.
« Le comte de Lincourt mourra... »
Puis avec un sanglot étouffé :
— Elle l'aime...
« Et j'étais loin d'elle !... »
Il médita un instant encore.
Enfin il releva la tête.
Le calme et la résolution avaient remplacé la tristesse.
Il siffla longuement.
Un cheval accourut en hennissant joyeusement.
L'étranger sauta en selle et disparut, contournant les murs d'Austin...

CHAPITRE XI

OU L'AIGLE-BLEU RÉALISE LE PROVERBE : CE QUE FEMME VEUT, DIEU LE VEUT

Au bal, personne, après un moment, ne s'était occupé de la disparition du comte et de la reine.

Personne, excepté mademoiselle d'Éragny peut-être.

Mais elle fut bientôt distraite de sa préoccupation.

Elle remarqua, debout, immobile, pareil à une cariatide, un Indien qui la contemplait, plongé dans une sorte d'extase.

C'était l'Aigle-Bleu.

Tête-de-Bison, qui venait de quitter la reine, fut frappé de l'expression des traits du sachem.

— Par mon rifle! se dit-il, encore du nouveau et des complications!

« Voilà l'aigle qui admire la colombe.

« Gare à ses serres!

« Il y aura quelque enlèvement. »

Le vieux chasseur n'augurait rien de bon de tout ce qui se passait.

C'était toutefois un homme avisé et prudent, capable de prévoir de longue main et de se préparer, en cas de naufrage, une planche de salut, voire deux.

— Je suis assez bien avec la reine, pensa-t-il, cela peut servir.

« Si j'essayais de me mettre au mieux avec le frère, ce serait un coup de maître. »

Sur ce, il s'avança vers l'Aigle-Bleu, qui parut désagréablement affecté en se sentant touché à l'épaule, mais qui sourit en reconnaissant le vieux trappeur.

— Bon! pensa celui-ci.

« C'est la première fois que ce diable de guerrier me paraît aimable. »

Et s'adressant à l'Aigle :

— Salut, sachem! dit-il.

« T'amuses-tu à notre fête? »

L'Aigle-Bleu répondit lentement :

— Mon cœur n'est pas triste.

Puis il reprit :

— Je désirerais causer avec Tête-de-Bison; mon frère y consent-il?

— Pardieu! oui, sachem.

« Attablons-nous là-bas.

« Buvons ensemble.

« L'eau-de-feu délie la langue.

— Mon frère dit vrai.

Et le sachem prit place en face du Trappeur, autour d'un buffet.

Grandmoreau n'était pas homme à mépriser un adversaire.

Il se disait que faire oublier ses rancunes à l'Aigle-Bleu ne serait pas d'un maladroit.

Il manœuvra en conséquence.

— Mon frère le sachem, dit-il après une libation copieuse, me paraît moins haineux qu'autrefois.

« Je l'en félicite. »

Le sachem tressaillit.

— Il y a trêve, dit-il.

— C'est vrai, fit Grandmoreau.

« Mais cette trêve ne pourrait-elle devenir la paix?

— Peut-être! fit l'Indien.

— A quelles conditions?

— Nous verrons plus tard.

Puis brusquement :

— Je vois que, malgré ma défaite, le Trappeur comprend que ma flèche est toujours dangereuse, reprit l'Indien.

Grandmoreau, en habile homme, flatta l'orgueil du chef.

— On peut être vaincu, dit le chasseur, quand on lutte contre un adversaire dont on ne connaît pas les moyens de combat.

« Si le sachem avait étudié en Europe, comme le comte, peut-être prendrait-il sa revanche et vaincrait-il à son tour.

— Je vaincrai! dit l'Indien.

Le Trappeur secoua la tête d'un air de bonhomie, et dit :

— Ce n'est pas impossible!

« Je suis au comte.

« Je lui souhaite longue vie et bonheur; mais je préférerais le voir ami du sachem que son ennemi; ce viendra peut-être.

— Jamais!

Grandmoreau eut l'air de se gratter la tête d'une façon d'homme embarrassé.

— Tant pis! fit-il.

« Au service du comte par traité signé, je vois avec regret que la guerre est entre lui et mon frère.

— Que t'importe, si ma balle se détourne de toi!

« Je t'aimerai peut-être un jour. »

Grandmoreau n'était pas fâché de se faire un ami du sachem, mais sa loyauté se révoltait à l'idée de trahir le comte.

Il était pour les situations nettes.

Les Trappeurs forment un groupe à part.

Il crut que l'Indien en viendrait à lui proposer quelque marché odieux.

— Sachem, dit-il, je t'estime comme un grand guerrier que tu es.

« Mais, je te le répète, mon cœur est au comte.

« Si tu espérais de moi quoi que ce fût de nuisible aux intérêts de mon chef, tu aurais tort.

— Tête-de-Bison est fidèle, dit l'Indien. Je le sais.

« Mais il peut servir le comte et m'être agréable sans manquer à son devoir et à ses serments.

— Alors, chef, parle.

Le sachem baissa la voix.

— Je désire, fit-il, savoir qui est ce lys blanc, là-bas.

— C'est, dit Grandmoreau, la fille du colonel d'Éragny.

« Elle se nomme Blanche.

« Tomaho l'a surnommée Rosée-du-Matin.

— Le Cacique a été bien inspiré! dit l'Aigle-Bleu.

Il reprit :

— Le Trappeur peut-il me dire si le comte aime Rosée-du-Matin?

Tête-de-Bison réfléchit un instant.

Il ne voulait pas mentir.

— Que mon frère parle sans détour, dit le sachem, qu'il ne cherche pas de phrases détournées, comme des flèches qui ricochent.

— Je cherche seulement, dit Tête-de-Bison, à ne rien faire qui ne soit droit et honnête, Aigle-Bleu.

« Or, comme j'ai parlé au comte de Rosée-du-Matin, je me demande s'il est bien de faire connaître sa pensée. »

Le sachem se tut, et attendit.

Tête-de-Bison se décida à dire :

— Ma foi! je ne vois pas d'inconvénients à te révéler la chose.

« Le comte m'a affirmé qu'il n'éprouvait que de l'amitié pour mademoiselle Blanche. »

Et le Trappeur ajouta finement :

— Il m'a même juré qu'il ne voulait aimer aucune femme.

Le sachem parut étonné au plus haut point et il se fit répéter cette déclaration, murmurant après Grandmoreau :

— Aucune femme !...

Le Trappeur, pour ne pas entrer dans de plus amples explications, proposa une santé, et l'on vida une coupe de rhum.

Mais l'Aigle-Bleu voulait d'autres renseignements.

— Voilà qui va bien ! fit-il.

« Peut-être l'amitié naîtra-t-elle entre nous, vieux chasseur.

— Quoique ma balle soit aussi juste que la tienne, sachem, dit Grandmoreau, ce que tu dis me fait plaisir.

En ce moment, mademoiselle d'Éragny venait d'accepter une invitation, et elle valsait.

Le sachem l'admirait.

Il se retourna brusquement vers Tête-de-Bison et lui demanda :

— Est-il difficile de danser en tournant ainsi ?

— Non, ma foi !

— Pourrais-tu me montrer cela ?

Le Trappeur se prit à rire.

— Moi, Tête-de-Bison, maître de danse ! s'écria-t-il.

« En voilà une bonne farce ! »

Mais le front contracté du sachem lui fit changer de ton.

— Ne plaisantons pas avec cet animal-là, pensa-t-il à part lui.

« Je gâterais tout.

« Mieux vaut flatter sa main. »

Et au sachem :

— Tu veux valser ?

« Viens !

« Je vais te donner un professeur.

« Tu es joli garçon.

« Tu parles espagnol.

« Tu te tireras d'affaire. »

Il emmena le sachem dans une salle voisine, où Sans-Nez se livrait de nouveau à la chorégraphie.

— Tu vois, dit Grandmoreau au sachem, cette jeune senorita ?

« Te plaît-elle ?

« Ce serait un bien meilleur professeur que moi.

« Invite-la.

« Je vais te présenter. »

L'Aigle-Bleu approuva l'idée d'un geste, et Grandmoreau le conduisit auprès de la senorita, à laquelle il dit :

— Ma charmante, voici un prince indien, le frère de la reine.

« Il serait ravi d'apprendre la valse avec vous. »

La senorita se montra fière d'une recherche si flatteuse.

Elle fit un accueil aimable au sachem.

Un instant plus tard, sur un mot de Grandmoreau, l'orchestre préludait.

Le sachem s'essayait à la valse, s'étonnait d'avoir comme des ailes aux pieds, selon l'expression dont il se servit avec Grandmoreau ; il s'improvisa valseur.

— Allons, dit Tête-de-Bison, c'est une vocation de famille.

« La sœur et lui sont nés pour danser. »

La valse terminée, le sachem reconduisit sa danseuse en place, lui offrit un anneau qu'il détacha de son doigt, la salua et vint joyeux vers Grandmoreau.

— Mon frère, dit-il, est de bon conseil.

« Je le remercie.

« Je me souviendrai de lui. »

Et tournant les talons, le sachem s'en alla gravement vers le grand salon.

— Il paraît, se dit Grandmoreau, qu'il n'a pas besoin de moi pour se présenter à mademoiselle d'Éragny !

« Corne de buffalo ! il va bien, ce garçon-là ! trop bien !

« Mais baste !

« Je n'ai pas lésé les intérêts du comte.

« J'ai agi en tout honneur.

« Voilà une haine qui semble éteinte.

« La soirée est bonne. »

Et il regarda comment les choses allaient se passer.

A dire vrai, tout marcha le plus simplement du monde.

Le sachem avait remarqué que l'on se faisait présenter à sa danseuse.

Il vint saluer le colonel.

Celui-ci rendit poliment le salut.

L'Aigle-Bleu dit alors à M. d'Éragny un peu étonné :

— Tu es chef.

« Je le suis aussi.

« Tu es de haute race.

« Je suis l'enfant d'un grand wigwam.

« Je désire danser avec Rosée-du-Matin qui est ta fille.

« Je crois agir en guerrier loyal en m'adressant à toi pour lui être présenté. »

M. d'Éragny trouva le procédé irréprochable.

— Sachem, dit-il, cette contredanse terminée, je me ferai un plaisir de vous être agréable.

— Et moi, dit le sachem, je remercie un grand guerrier français d'avoir bien accueilli ma demande.

La conversation continua entre le colonel et le sachem, qui fut parfait de tact et de tenue.

Si bien que, quand le comte l'eut présenté, quand Blanche eut accepté l'invitation en rougissant, le colonel dit à Grandmoreau qui s'était approché :

— Vraiment, ces Indiens ont d'excellentes façons, mon cher Trappeur.

« Celui-ci est étonnant.

— Oh! très-étonnant! dit Grandmoreau d'un air énigmatique.

Le colonel chercha à deviner la pensée du vieux Trappeur.

— Écoutez! dit celui-ci allant au-devant d'une interrogation, pas de longues phrases.

« Voici ce que j'ai à vous dire.

« Jusqu'ici, point de danger.

« Pour cette nuit, rien à craindre.

« Il y a un traité.

« La reine tiendra fidèlement ses promesses, ainsi que tous les siens.

« Si plus tard il y a péril, je vous avertirai, colonel.

— Ainsi vous supposeriez...

— Je suppose qu'un beau jour le sachem vous demandera votre fille en mariage.

Le colonel sourit.

— Savez-vous, Trappeur, dit-il, que si ce chef, au lieu d'être un sauvage, portait des habits comme les vôtres ou les miens, je ne serais pas éloigné de croire qu'il ferait un gendre très-sortable?

Grandmoreau eut un mouvement de surprise dont il revint vite.

— Suis-je bête! fit-il.

« J'ai cru que c'était sérieux.

— Mais je vous ai dit ce que je pensais...

— Comment! une blanche comme mademoiselle d'Éragny à ce Peau-Rouge?

— J'ai vu, à Paris, un Apache qui est le plus galant homme et le plus beau garçon qu'un père puisse souhaiter pour sa fille, mon cher Trappeur.

« Si ce sachem voulait passer une année ou deux à Paris et vivre de la vie civilisée, je crois que Blanche serait plus heureuse avec lui qu'avec nombre de gandins de ma connaissance. »

Le Trappeur n'en revenait pas.

Il se tut, comme un homme qui a beaucoup de réflexions à faire.

Cependant l'Aigle-Bleu et mademoiselle d'Éragny valsaient avec un succès semblable à celui qu'avaient obtenu M. de Lincourt et la reine; on chuchotait en les suivant du regard, et l'aristocratie proclamait une fois de plus cette vérité :

Que l'on apprend la danse,
Mais que l'on naît valseur.

Tête-de-Bison se posait une foule de questions :

Il se demandait d'abord si réellement le colonel consentirait à marier sa fille à un Peau-Rouge, et il en doutait.

— Plaisanterie de Français! pensait-il.

Mais il se demandait encore :

— Rosée-du-Matin aimerait-elle un Apache?

Et il étudiait l'attitude de la jeune fille avec attention.

Mais Blanche, les yeux baissés, valsait avec une décence gracieuse; il était impossible de deviner ses impressions.

Toutefois Tête-de-Bison conclut :

— C'est absurde!

« Elle aime le comte!

« Elle n'aura jamais la folle idée de prendre pour fiancé un Indien, fût-il chef de cent tribus! »

Et sur cette opinion nettement formulée,

le Trappeur prit congé du colonel pour aller boire, et lui dit en manière de protestation :
— On a bien raison de dire que les soldats français aiment à rire.
« Vous vous êtes moqué de moi! »
Puis, sans attendre d'explications, il s'éloigna en riant.
Le colonel souriait, lui.
— Allons, dit-il, je vois qu'il ne m'a pas compris; je l'éclairerai une autre fois.

Cependant Tête-de-Bison fut tout à coup frappé par une idée.
— Voilà qui me renverse, alla-t-il confier à son ami Sans-Nez.
— Quoi donc?
— L'Aigle-Bleu qui danse!
— Eh bien? fit Sans-Nez.
— Et sa blessure?
— Baste! ils sont de fer.
— De fer... de fer... Quand on a une artère coupée, l'on ne peut pas, comme ça, valser le lendemain, mon cher.
« J'ai vu un Indien amputé du pied gauche, se battre le lendemain et les jours suivants et s'en tirer!
— Mais il était à cheval!
« Celui-ci valse!
— Après tout, une piqûre de couteau, ce n'est pas une affaire.
« J'ai eu, moi, le mollet traversé d'une flèche et j'ai fait mes journées de marche, comme les camarades.
— Mais tu n'avais pas une artère coupée! dit obstinément Sans-Nez.
« Mais tu boitais!
— A peine.
— Celui-ci ne boite pas du tout.
— Ces Indiens ont des baumes dont l'effet est surprenant.
« Et puis, à moins qu'il n'y ait deux Aigle-Bleu, je ne vois pas comment expliquer autrement la chose. »
Tête-de-Bison secoua la tête et murmura à part lui :
— J'en aurai le cœur net.
« Du reste, j'en parlerai au comte. »
Il continua à regarder le sachem avec une attention extrême.
Celui-ci valsait toujours.

— Qu'une femme, dit le Trappeur, soutenue par un cavalier comme le comte, lève les pieds en cadence, c'est possible!
« Que, du premier coup, un homme valse comme ça, c'est bizarre! »
Mais Sans-Nez s'était éloigné.
En fait, le vieux Trappeur avait raison de s'étonner.
Il pressentait un secret dans toute cette aventure.
Plus tard, à mesure que se déroulèrent les événements par lesquels se termina le bal, Grandmoreau acquit de plus en plus cette conviction, profonde chez lui, que l'Aigle-Bleu avait un frère jumeau qui lui ressemblait étonnamment.

La valse était terminée.
Le sachem reconduisit Blanche à sa place.
Il se dirigea vers le buffet, y prit une corbeille de fruits et vint les présenter lui-même à mademoiselle d'Éragny.
Cette galanterie du chef fut très-remarquée et surprit tous les trappeurs et les aventuriers de la plaine.
Un Apache se faisant cavalier servant, et offrant de sa main à une jeune fille des rafraîchissements!
C'était inouï.
— Eh! Sans-Nez! disait Tête-de-Bison à son camarade qu'il avait retrouvé.
« Es-tu sûr de ne pas rêver?
« Moi, j'ai le cauchemar!
« Le sachem est presque aux genoux de Rosée-du-Matin. »
Les trappeurs conservaient à mademoiselle d'Éragny le nom poétique que lui avait donné Tomaho.
— La prairie n'est plus la prairie! dit Sans-Nez.
« Les Indiens se civilisent.
« Dans dix ans, ils auront des habits noirs et des chapeaux haute forme.
« Vieux Trappeur, nous aurons de singulières choses avant peu.
— Je le crois! dit Tête-de-Bison avec une conviction profonde.
« J'ajoute : je le crains.
— Parce que?...

— Parce que toutes ces histoires d'amour amèneront des meurtres.

« On dit que chaque passion, dans la prairie, entraîne une chance de mort.

« On dit aussi que l'indifférence de qui est aimé le tue ou tue qui aime.

« Il y a, selon les deux proverbes, bien des menaces de sang dans tout ce qui se passe.

« Comptons un peu...

« La reine aime le comte.

— *Un !* fit Sans-Nez.

— Le comte n'aime pas la reine.

— *Deux !*

— Le sachem adore Rosée-du-Matin.

— *Trois !*

— Rosée-du-Matin ne se mariera jamais avec un Apache.

— Sûrement non ! fit Sans-Nez.

« Elle va s'en amuser un peu ; toute fille est coquette.

« Puis... bonsoir !

« — Sachem, allez-vous-en.

« Les filles comme nous se moquent des sauvages comme vous. »

— Terrible rancune du sachem !

— Donc *quatre !* dit Sans-Nez.

— Plus l'*autre*.

— Qui, l'*autre* ?

— Le Jésus-Christ des Apaches.

« Le Messie !

« Le Sauveur !

— Tiens ! s'écria Sans-Nez, c'est vrai ! je n'y pensais plus.

« Il doit venir un jour, du bout du monde, dit la prophétie, un Christ Apache qui donnera le salut à toute la race rouge, et qui épousera la Vierge aux cheveux d'argent.

« Mais...

— ... Mais quoi donc, Sans-Nez ? s'écria Tête-de-Bison scandalisé.

« Est-ce que vous refuseriez de croire à une prophétie indienne ?

— Absolument ! dit Sans-Nez qui, en sa qualité de Parisien, était sceptique.

— Sans-Nez a tort, dit une voix grave.

C'était celle de Tomaho.

Et il déclara avec fermeté :

— Mes pères et les pères de mes pères ont légué à leurs fils le souvenir des prédictions qui s'étaient accomplies.

« Jamais prophétie n'a été reconnue fausse, jamais !

« Il est certain que les Apaches verront venir le Sauveur !

« Et l'heure est proche.

— L'heure est proche ? répéta Sans-Nez d'un air narquois.

« Quelle heure ?

« Vous êtes amusant, Tomaho !

« Est-ce à cinq heures dix minutes ou à sept heures cinq du matin que doit arriver ce fameux Messie des Peaux-Rouges ?

— C'est aujourd'hui, à l'aube du jour, qu'il se manifestera.

— En chair et en os ? fit Sans-Nez.

— Il se manifestera par un grand prodige sur les montagnes.

« A l'aube, on verra dans l'air, au-dessus des pics de l'Apacheria, apparaître les signes du salut de notre race.

« Un arc et des flèches se dessineront sur les crêtes.

— Un arc-en-ciel ? dit Sans-Nez en riant aux éclats.

— Vous verrez ! dit Tomaho.

— Des blagues ! fit Sans-Nez.

Mais Tête-de-Bison dit gravement :

— Sans-Nez, tu es encore jeune.

« Tu parles légèrement.

« Si réellement la prophétie annonce pour aujourd'hui le prodige, il aura lieu.

« Je parierais cent dollars là-dessus ; tiens-tu, camarade ?

— Peuh ! fit Sans-Nez

« Il y a des espèces de charlatans, sorciers et faiseurs de tour, dans les tribus, qui composent des charmes et autres bêtises de ce calibre pour jeter de la poudre aux yeux.

« Ces gens-là s'arrangent toujours pour que les prophéties aient l'air de se réaliser d'une façon ou de l'autre.

« Ils feront quelque fantasmagorie aujourd'hui matin.

— Bon ! dit Tête-de-Bison.

« Tu as l'air de te moquer des prodiges pour faire l'esprit-fort.

« Au fond, tu y crois.

— Pas du tout ! dit Sans-Nez.

« Je ne crois qu'à Robert Houdin. »

Et il se moqua de ses deux compagnons,

tout en glosant sur l'Aigle-Bleu, toujours empressé près de mademoiselle d'Éragny. Le sachem, assis près de la jeune fille, causait en espagnol avec elle.

Le colonel prenait part à cette conversation, qui semblait fort intéressante à mademoiselle d'Éragny, car elle mettait beaucoup de feu dans ce qu'elle disait.

Il s'agissait des coutumes indiennes.

— Sachem, disait mademoiselle d'Éragny, vous avez des usages cruels, sanguinaires.

« Vous torturez vos ennemis.

— C'est justice, disait l'Aigle-Bleu.

« Ils nous torturent quand ils nous prennent; ne pas les tuer, c'est s'exposer à tomber sous leur flèche; un guerrier doit se défendre et défendre sa tribu, sa femme, ses enfants.

— Mais les blancs se battent dans leurs guerres, sans pour cela massacrer leurs prisonniers, dit le colonel.

— Ce n'est pas la même chose, fit le sachem avec beaucoup de bon sens.

« Les blancs font la guerre pour conquérir des provinces.

« Les chefs blancs veulent commander à plus de monde.

« Alors ils attaquent leurs voisins, et les guerriers blancs se font tuer par d'autres guerriers qu'ils ne connaissent pas, qu'ils ne détestent pas; ils meurent pour que leur chef soit maître d'une province de plus.

« Mais, au fond, les blancs n'ont pas de colère contre leurs adversaires.

« N'ayant pas de fureur dans l'âme les uns contre les autres, ils s'épargnent.

« Parmi nous, c'est différent.

« On se bat, non pour un territoire, non pour un chef ambitieux, mais parce que la tribu a reçu quelque grave offense.

« On se tue parce qu'on s'exècre.

« On se connaît de peuplade à peuplade; chacun a quelque membre à venger.

« En revanche, vous autres blancs, vous êtes féroces quand vous vous battez en duel, d'homme à homme.

« Nous n'avons que des duels, nous autres, car nous avons presque tous dans la tribu hostile un ennemi personnel.

« Enfin je sais que quand il s'agit, non plus de batailles voulues par le maître contre les étrangers, mais de guerres civiles entre frères, les blancs sont sans pitié.

« Ils s'égorgent, ils se massacrent, ils se fusillent impitoyablement. »

« Pourquoi?

« Parce qu'alors chaque soldat se bat pour son idée, pour lui-même.

« Parce que la haine anime les cœurs.

« Nous, Apaches, nous ne voulons pas conquérir de terres.

« Nous en avons trop.

« La haine seule nous pousse à la guerre; aussi la faisons-nous sans pardon. »

Et se tournant vers le colonel :

— Le chef français nie-t-il que, dans les duels, les blancs cherchent à se tuer?

« Nie-t-il que la guerre civile entre blancs soit marquée par de grands massacres entre frères d'une même race?

« Enfin lui-même, étant soldat, ne s'est-il pas battu avec des compagnons?

« N'a-t-il pas commandé une troupe de cavaliers qui a sabré des gens de Paris, sous un roi nommé Philippe? »

Et après avoir formulé ainsi très-nettement, très-logiquement sa pensée, le sachem se tut, selon la coutume indienne.

Il voulait laisser répondre son interlocuteur.

Toutefois il souriait.

Le colonel avait tressailli.

Il se demandait si l'Indien savait sa vie ou parlait par induction.

Il avait pâli.

— Sachem, demanda-t-il, vous avez donc entendu parler du roi Louis-Philippe, dans vos montagnes?

— Du roi, du colonel d'Éragny et de sa fille, dit l'Aigle-Bleu.

« Il y a six ans au moins que le nom du colonel m'est connu.

— Et vous savez les particularités de ma carrière militaire?

— Quelques-unes, oui.

« Je savais aussi que le chef viendrait : j'ai reçu avis de son départ pour Austin il y a trois lunes. »

L'étonnement de M. d'Éragny et de Blanche fut profond.

Mais un souvenir vint à leur esprit en même temps.

— Je comprends! dit le colonel.

« Ce chef indien que nous avons vu à Paris est de vos amis.

— C'est mon cousin, dit l'Aigle-Bleu.

— J'ai eu avec lui la même discussion qu'avec vous.

— Je le sais, dit l'Apache.

— Et il y a prêté assez d'importance pour vous en écrire?

— Il m'a écrit cela et beaucoup d'autres choses, fit le sachem.

« Mais je désire que ma langue se taise sur ce sujet.

« Le colonel me permettra de n'en plus parler. »

M. d'Éragny s'inclina, quoique dévoré par la curiosité.

Blanche cachait de son mieux une émotion très-vive.

Le sachem reprit :

— Si je ne dois point continuer à causer de celui qui aime le colonel et qui en parle avec éloge, je puis cependant demander ce que pense le chef français des réponses que j'ai faites sur la vengeance et sur la guerre.

— Sachem, dit le colonel gravement, il n'est que trop vrai que j'ai eu des duels.

« J'avoue également que j'ai, dans ma jeunesse, pris part à des guerres civiles et réprimé l'émeute dans le sang.

« Je n'ai dans ma vie de remords que pour avoir tué un adversaire, l'épée à la main, à la suite d'une querelle, et montré trop d'ardeur contre la population révoltée.

« J'ai d'amers regrets de ce passé ! »

Le sachem sembla surpris.

Le colonel reprit :

— Les haines, les vengeances sont déplorables, et je condamne les exécutions, les fusillades inutiles, les tortures infligées aux prisonniers...

« Tenez, sachem, je méprise l'officier déloyal qui a voulu trahir la reine, mais je suis navré du sort qui l'attend.

« Je me demande comment vous, homme de cœur, je le sais, capable de délicatesse et de générosité, vous laisserez commettre ce meurtre. »

A ces mots, mademoiselle d'Éragny, qui n'avait amené la conversation que pour intercéder en faveur du malheureux capitaine, dit avec un profond soupir :

— Il est pénible de penser que nous dansons ici, lorsqu'au lever du jour un homme, même coupable, sera brûlé!

Le sachem parut frappé de cette réflexion dite fort tristement.

— Est-ce que Rosée-du-Matin, demanda-t-il avec un air de soupçon singulier, s'intéresse *particulièrement* à cet officier?

Le mot *particulièrement* ou plutôt son équivalent fut souligné; car nous devons dire que ce ne fut pas l'expression exacte qu'employa l'Indien.

Il traduisit littéralement la locution indienne, qui signifie à peu près la même chose, mais qui a plus d'énergie.

Il dit :

— Est-ce que les paroles de Rosée-du-Matin ont des racines dans le cœur de cet officier?

Mademoiselle d'Éragny, sans saisir exactement le sens de ces mots, protesta qu'elle n'avait jamais vu le prisonnier.

— C'est un inconnu pour moi, dit-elle.

« Mais l'humanité me commande de regretter sa mort. »

Le sachem parut fort joyeux et dit très-vivement :

— Je suis heureux que le *génie des bonnes heures* me donne l'occasion d'être agréable à ma sœur.

« Je tâcherai de sauver le prisonnier. »

— Vraiment, sachem? fit mademoiselle d'Éragny enchantée.

« Vraiment, vous obtiendrez la grâce de ce capitaine?

« Je vous en serai très-vivement reconnaissante et je proclamerai partout que l'Aigle-Bleu sait pardonner.

— Que Rosée-du-Matin ne se trompe pas, dit le sachem.

« Qu'elle sache que c'est à cause d'elle seulement, et pour lui épargner un ennui, que je vais parler à la reine en faveur de ce misérable traître.

« Ce supplice paraît être pour ma sœur comme un caillou pointu sur un sentier; j'ôte le caillou. »

Et le sachem se leva.

— Il faut, dit-il, que nous allions trouver la reine.

« L'aube va se lever. »

Puis, avec une émotion extraordinaire, qui secoua tout son être comme le vent secoue la feuille :

— Aujourd'hui, dit-il, va commencer l'ère nouvelle, l'ère de salut.

— Aujourd'hui le Sauveur des Indiens va se manifester par un signe prodigieux.

« Aujourd'hui commence la revanche des Peaux-Rouges contre les Visages-Pâles. »

Le colonel fut frappé du son dont ces paroles furent prononcées.

— Que voulez-vous dire, sachem? demanda-t-il.

— Que le colonel et sa fille me suivent et ils verront!

Sur cette invitation, le sachem prit son sifflet, fait d'os humains; il en tira un son prolongé.

Un Indien accourut.

Le sachem lui dit quelques mots à l'oreille et le Peau-Rouge disparut.

— Venez! dit alors l'Aigle-Bleu au colonel et à Blanche.

Et il sortit du bal accompagné par eux.

CHAPITRE XII

LE PRODIGE

Quelques instants plus tard, sur la terrasse où la reine méditait assise, et derrière elle, se tenait un groupe formé de l'officier prisonnier, de mademoiselle d'Éragny, du sachem et de quelques autres personnes.

La reine, plongée dans ses rêveries, n'avait rien entendu.

Le regard perdu dans l'immensité des cieux, elle semblait insensible à tout ce qui l'entourait.

L'Aigle-Bleu s'avança et, du doigt, toucha son épaule.

Elle retourna la tête, mais sans changer de position.

Le sachem s'était incliné.

— Que veut l'Aigle-Bleu? demanda-t-elle, d'un ton d'impatience, en langue indienne.

— Une faveur! dit le chef.

— Mon frère doit se souvenir, fit la reine, que mon cœur est fermé pour lui, depuis le jour de ce combat que je désapprouvais.

— L'Aigle-Bleu regrette qu'il en soit ainsi, fit le sachem.

« Il a soutenu l'honneur de la tribu et il a bien fait.

« Il n'a pas à courber la tête sous la honte et il porte le front haut.

« Puisque la reine ne veut pas l'écouter, l'Aigle-Bleu parlera aux sachems, dans le conseil, après l'apparition des signes.

— Les signes! fit la reine. Les verrons-nous jamais?

— Ma sœur en doute?...

— Oui, dit-elle résolûment, j'en doute.

— Peut-être la reine a-t-elle pour cela d'étranges raisons, dit amèrement le sachem, des raisons désolantes pour nous.

La Vierge se leva frémissante.

— Je suis la reine! dit-elle.

« Je commande!

« D'où vient que l'Aigle-Bleu ose surveiller mes actes et mes pensées?

— Depuis que, dans ton cœur de vierge, est né un désir de femme, dit le sachem.

Et il fit fièrement quelques pas en arrière en disant :

— J'attendrai les signes.

Mais la reine avait aperçu le groupe qui se tenait près d'elle.

Elle reconnut mademoiselle d'Éragny.

Depuis que Tête-de-Bison lui avait juré que le comte n'avait pour Blanche que de l'amitié, la reine ne se sentait plus de colère contre la jeune fille.

Elle ne voyait pas en elle une rivale, mais une femme ayant de l'influence fraternelle sur le comte.

Elle s'avança donc vers Blanche et lui demanda en espagnol :

— Que veut Rosée-du-Matin de la reine des Apaches?

— La grâce de ce prisonnier, dit Blanche en s'inclinant respectueusement.

« Ce serait vous honorer à jamais que de l'accorder, reine.

— Est-ce la même faveur que demandait

Ils assistèrent à un spectacle d'une puissance incomparable.

l'Aigle-Bleu? fit la reine souriant soudain.
— C'est la même, dit le sachem.
La reine jeta un malicieux regard sur son frère et lui dit en langue apache, pour ne pas être comprise d'autres que de lui :
— Il est né dans ton cœur d'Apache un désir pâle !
Elle lui rendait son reproche.
Mais le sachem protesta.
— La reine, dit-il, juge trop vite ! Je comprends ce qu'elle veut dire et je lui annonce qu'elle rougira de ses paroles.
Puis, après s'être bien assuré que personne de ceux qui étaient autour de lui ne semblait comprendre l'indien et baissant la voix :
— Lorsque la reine, ajouta-t-il, saura le but des actions de l'Aigle-Bleu, elle regrettera ce qu'elle vient de dire.
Cependant les spectateurs de cette scène en attendaient le dénouement avec une certaine anxiété.
La Vierge mit fin à leur inquiétude :
— Ma sœur Rosée-du-Matin, dit-elle, a touché mon cœur par sa prière ; je fais grâce.
« Que cet homme vive ! »
L'officier mexicain se jeta aux pieds de la reine, que tous les assistants acclamèrent.
Mais d'un geste elle imposa le silence, et montrant l'horizon :
— Bientôt, dit-elle avec une solennelle tristesse que tous remarquèrent, bientôt le ciel va s'enflammer aux cimes neigeuses de nos montagnes.
« Des prédictions sont faites.
« Mes tribus attendent l'heure du grand prodige.
« S'il paraît, l'heure des destins aura sonné pour moi. »
Elle soupira profondément.
Sans doute l'Aigle-Bleu jugea que sa sœur n'avait pas été assez affirmative, car il ajouta d'une voix ferme, avec un geste énergique :
— Que les Visages-Pâles en soient certains, le signe sera vu de tous éclatant et radieux dans le ciel en feu.

La reine sentit comme un reproche dans ces paroles, mais elle ne les releva point, et après avoir promené un long regard sur ceux qui se trouvaient sur la terrasse, comme si elle y cherchait quelqu'un, ne le trouvant pas, elle s'assit découragée à la place qu'elle occupait d'abord.

En ce moment, les gens d'Austin remarquèrent que tous les guerriers d'escorte, au nombre de plus de cinq cents, se glissaient silencieusement sur le tertre qui dominait la terrasse.

Au loin, dans l'ombre, sur une éminence voisine de la ville, on entendait un bruit de marche qu'apportait la brise.

Les trappeurs, excepté le comte, se trouvaient réunis à quelque vingt pas de la reine. Ils écoutaient.

— Ce sont les Apaches qui se massent sur la colline, dit Grandmoreau.

« De là ils distinguent les cimes.

— By God! dit Burgh un peu ivre à la suite du rude combat livré au gouverneur, by God! je crois que nous allons assister à quelque chose de bizarre et de particulier.

« Tomaho, ne vous mettez pas devant moi, mon vieux camarade.

« Quoique je voie un peu double, vous m'empêcheriez de rien distinguer, et vous êtes si grand, que vous apercevrez le phénomène par-dessus toutes les têtes.

— Tu y crois donc, toi, un Anglais de Londres, à cette blague-là! fit Sans-Nez toujours sceptique et railleur.

— Je crois... sans croire... goddam!

« Quand ma bourse n'est pas intéressée dans une affaire et qu'un spectacle est gratis, je me le paie.

« Si c'est réussi, je crie hurrah et j'applaudis.

« Si c'est manqué, je grogne et je siffle.

— Enfin crois-tu?

— Ai-je quelque chose à gagner en niant?

« Alors je nie.

« Ai-je avantage à affirmer, alors j'affirme avec force et conscience.

« J'ai connu un missionnaire catholique qui avait d'excellent vin de France et qui m'en versait rasade en me convertissant à son culte.

« Je me gardai bien de le contredire avant que son dernier baril fût vide.

« Qu'est-ce que ça me fait, à moi, ce prodige des Indiens?

« Il ne me concerne pas.

« J'attends en curieux, voilà! »

— Il a raison, dit Bois-Rude frais comme une rose et ferme comme un roc.

On eût dit qu'il n'avait pas bu même un simple grog.

— Moi, continua-t-il, je suis catholique, et j'ai vidé un baril de rhum à un missionnaire protestant qui me contait ses sornettes et voulait me rebaptiser.

« Quand la dernière goutte fut dans mon gosier, je lui dis : « Nous recauserons lorsque vous aurez encore un fût de Jamaïque de cette marque-là. »

« Il n'y aurait pour moi qu'un prodige sérieux.

— Lequel? fit Sans-Nez.

— Une bouteille toujours pleine quand même on se la viderait tout le temps dans le bec.

— J'ai vu cela! dit Sans-Nez.

« Robert Houdin montre tous les soirs aux Parisiens la bouteille inépuisable.

« Elle fournit de toutes les liqueurs.

— Sans-Nez, si tu ne plaisantais pas, je m'embarquerais demain pour la France et j'irais acheter son secret à ce Robert.

« Je lui donnerais autant de peaux de castors et de sacs de poudre d'or qu'il en demanderait pour me vendre sa recette.

— Imbécile!

« C'est un tour de physique amusante.

— Amusante en effet, si les liqueurs sont bien dosées et de bon aloi.

— Taisez-vous donc! dit Tête-de-Bison.

« Le jour va poindre.

— Tiens! ce vieux buffalo qui veux nous couper le sifflet! protesta Sans-Nez.

« Est-ce que parler empêche de voir?

« Tu en seras pour tes frais de grognement, désagréable animal.

« On ne verra rien.

« Et si l'on voit!

« Croiras-tu?

— Je croirai que toi et un imbécile, vous faites deux crétins.

« Des blagues indiennes, des diableries, des fantasmagories indiennes, oui!

« Voilà ce qui peut apparaître.

« Mais des miracles... des vrais!.. jamais... jamais!.. »

En ce moment, un cri de surprise, suivi d'un murmure immense, puis d'un silence profond, fit taire Sans-Nez.

On avait vu une lueur immense fendre le ciel, le teindre en rouge sang, pâlir et disparaître.

Sous cette clarté étrange, brutale, à nulle autre comparable, tout le panorama des montagnes et de la plaine avait resplendi, empourpré de reflets sanglants.

La population d'Austin, groupée d'un côté de la terrasse, semblait terrifiée d'étonnement.

Les Indiens d'escorte brandirent leurs armes et saluèrent silencieusement le prodige; leur tribu, sur l'éminence, poussa des exclamations d'enthousiasme.

Ils y répondirent bruyamment.

Tête-de-Bison, posant la main sur l'épaule de Sans-Nez, lui dit :

— Eh bien! face de chien mordu, monsieur de Sans-Sourcils et de Nez-Coupé, qu'est-ce que tu en dis?

— J'ai vu mieux que ça à Paris, du haut du Trocadéro, vénérable ganache! dit Sans-Nez avec mépris.

« Si c'est là tout le feu d'artifice, c'est mesquin.

— Bon! bon! fit Tête-de-Bison.

« C'est pour avoir l'air

« Mais tu comprends bien que ce n'est pas naturel, mon garçon.

— Au diable! fit Sans-Nez.

« Tu es trop crédule.

« Je me charge de te faire prendre une vessie pour le soleil. »

En ce moment, une commotion violente, inouïe, pareille à un tremblement de terre, fit vaciller le sol à ce point, que John Burgh en perdit l'équilibre.

Il se rattrapa à Tomaho en maugréant; d'autres furent moins heureux et tombèrent.

La foule était sous le coup de l'épouvante lorsque la plus haute crête des montagnes fut projetée à une distance prodigieuse dans l'espace, puis retomba s'émiettant sous l'action dévorante d'un volcan qui l'avait soulevée.

Un torrent de feu s'échappa en gerbes éblouissantes du cratère qui venait de s'improviser, et les spectateurs de cette scène grandiose assistèrent à une éruption d'une puissance incomparable et d'un éclat fulgurant.

Les Apaches eux-mêmes, qui s'attendaient à des miracles, furent frappés d'une crainte superstitieuse et se turent, cloués au sol par la surprise.

La terreur planait sur la foule.

On entendait, de dix en dix minutes, le bruit sourd de détonations qui, à cinquante lieues de là, sur le théâtre du cataclysme, devaient être épouvantables.

Toutes les oreilles se tendaient vers ces bruits formidables, et dans les intervalles régnait un silence de mort.

Mais une voix gouailleuse, au timbre parisien, cria cette protestation contre la crédulité de tous :

— Pour être réussi, ça l'est. Mais gare aux manches de fusées qui vont nous retomber sur la tête!

Sans-Nez persistait dans son idée d'un feu d'artifice gigantesque.

— Tais-toi! malheureux! dit Tête-de-Bison avec autorité.

« Tais-toi!... Les Indiens vont t'écharper, si tu continues.

— Mais puisque je dis que c'est réussi, leur petite fête de famille!...

— Tiens! tu me fais bondir!

« N'as-tu donc pas senti la terre trembler sous nos pieds?

— C'est un coup de mine.

— Que l'on sentirait de cinquante lieues d'ici...

— Pourquoi pas?

« En y mettant la poudre nécessaire?

— C'est insensé!...

— Possible...

« Mais le grand Vacondah des Indiens viendrait en personne se montrer devant moi et je le toucherais de mes mains, je le verrais de mes yeux, je l'entendrais de mes oreilles que je lui dirais à lui-même, en face, qu'il n'est qu'un vieux farceur.

« Et voilà !

« Les sens, ça peut tromper.

« On a la berlue, les yeux qui papillotent, les oreilles qui bourdonnent.

« On a le mirage.

« On a les charlatans, les savants, les monteurs de coups, comme Mahomet, qui se disent prophètes et se font Bons-Dieux.

— Mais si tu n'en crois ni tes mains, ni tes oreilles, ni tes yeux, à quoi donc croire? fit Tête-de-Bison exaspéré.

Sans-Nez, pour toute réponse, haussait les épaules en sifflant; mais une voix dit, derrière Tête-de-Bison :

— On ne doit croire qu'à la raison.

Le comte était là, souriant.

Il tendit la main à Sans-Nez, qui la serra en échangeant un regard intelligent et joyeux avec M. de Lincourt.

Ces deux Parisiens se comprenaient sans avoir besoin de s'expliquer.

Tête-de-Bison, cependant, essaya de dire :

— Mais, monsieur le comte...

Celui-ci mit un doigt sur ses lèvres et imposa silence au Trappeur.

Du reste, la scène changeait d'aspect.

Le volcan s'éteignait.

Le jour se faisait.

L'aube rayonnante éclaira les monts et les vallées.

— N-i, ni, c'est fini ! dit Sans-Nez.

« Le tour est fait.

« Allons-nous-en. »

Mais les Apaches ne bougeaient pas ; ils n'avaient pas vu le signe.

Cependant, si le soleil n'avait pas encore paru, le jour s'était fait.

Soudain des colonnes de nuées épaisses s'élevèrent, et, couchées par le vent, s'étendirent dans le ciel, denses, noires, formant des nuages opaques dont l'odeur suffocante prit bientôt à la gorge tous les spectateurs de ce nouveau prodige.

La nuit se fit plus sombre à mesure que ces nuées s'étendaient d'un bout à l'autre de l'horizon.

Bientôt il fut impossible de distinguer quoi que ce fût à une distance de cent pas.

Cette fois le saisissement de la multitude fut profond.

Cette ombre mystérieuse glaçait d'épouvante les âmes les mieux trempées.

Il y avait dans ce qui se passait quelque chose de vraiment incompréhensible, qui s'imposait; car la réalité vous pénétrait par tous les pores.

On se fût cru au dernier jour des mondes. Un témoin de cette scène, en écrivant la description au *Courrier des États-Unis*, peignit ses sensations d'un mot :

« Il me sembla, dit-il, que c'était la fin des temps, et que le néant tombait sur nous pour l'éternité. »

Le comte lui-même éprouva quelque émotion, et il dit franchement :

— Sans-Nez, ceci est réellement très-fort; nous pouvons permettre à Tête-de-Bison de manifester de la surprise.

— Il est de fait, dit Sans-Nez en éternuant, car le soufre lui chatouillait désagréablement les narines, que, comme truc, c'est *esbrouffant.*

— Enfin, dit Tête-de-Bison un peu pâle, mais triomphant, enfin tu crois!...

— ... Que tu es un vieux serin ! fit Sans-Nez toujours méprisant.

« On s'*épatte*, quand c'est vraiment épattant comme ici ; mais ce n'est pas une raison pour beugler : Je crois ceci, je crois cela !

« Le ciel me tomberait sur la tête que je dirais : Bon ! il était mal accroché ! et c'est tout ce que ça prouverait...

« Ça voudrait-il dire que Mahomet est prophète, voyons ? »

La voix de Sans-Nez fut couverte par des hurlements de fauves en liesse dont rien ne saurait donner l'idée.

Au milieu de cette nuit pesante et lourde, pendant que la foule était dans l'angoisse, un demi-cercle d'or avait troué l'ombre, y dessinant un arc rutilant armé d'une flèche d'argent étincelante.

C'était le signe attendu par les Indiens haletants d'espérance.

A sa vue, ils avaient poussé des cris qui n'avaient rien d'humain.

Le jour reparut peu à peu, et on vit les Apaches bondir, se tordre, courir avec fureur, s'embrasser et se terrasser dans les excès de leur délire.

Sur l'éminence, même tumulte.

Le comte, haussant les épaules, dit à Sans-Nez :

— Voilà des fous !

« Ils croient.

« Décidément, ne rien croire est peut-être le commencement de la sagesse. »

— Cependant, monsieur le comte... essaya de dire Tête-de-Bison.

Mais M. de Lincourt tourna le dos au vieux Trappeur, qui fut profondément vexé de ce refus d'entrer en discussion.

Il s'en vengea en invectivant Sans-Nez, lequel Sans-Nez se moqua du Trappeur et lui prouva péremptoirement, par les chemins de fer, le télégraphe électrique, la poudre à gratter, les escamotages, les ballons, les canons rayés, les poignards qui rentrent dans les manches, par le sérieux de la science et les subtilités facétieuses de la physique amusante, que rien n'était plus facile que d'enfoncer les gobe-mouches, du moment où l'on était saltimbanque émérite ou en avance sur son siècle par la possession d'un des secrets de l'avenir.

Et Sans-Nez laissa Tête-de-Bison plus ahuri encore de ce qu'il venait d'entendre que des prodiges qu'il avait vus.

Le colonel, de son côté, qui avait été très-fortement impressionné, disait au comte :

— Je suis convaincu qu'il y a quelque chose de surnaturel dans ce qui vient de se passer : cela dépasse les forces humaines.

Et le comte, poliment, répondait :

— Dans quelques heures, vous reviendrez de cette impression, colonel.

— Non, non ! fit celui-ci.

« J'ai le sentiment profond, intense, que la main de l'homme n'est pour rien en tout ceci.

— Alors vous allez croire au Vacondah ! aux sorciers indiens.

— Je crois à Dieu, de quelque nom qu'on l'appelle et quelle que soit la façon dont il se manifeste.

— Allons ! murmura le comte.

« Il n'y a que Sans-Nez et moi qui représentions ici le scepticisme parisien. »

Et il salua le colonel en souriant, pour se retourner du côté de la reine qui l'appelait.

Dès qu'un amour est au cœur d'une femme, rien ne l'en distrait, ne l'arrache à sa passion.

Signes, prodiges, menaces et prévisions sombres pour un avenir prochain, car la reine se sentait instinctivement menacée par la venue du Sauveur attendu, délire de ses tribus, bruit infernal des uns, stupide silence des autres, rien, non, rien n'avait empêché la reine d'entendre la voix du comte, de tressaillir, de l'appeler.

Et quand il fut près d'elle, oubliant tout le reste, elle lui dit avec un accent plein de prières et de caresses :

— Mademoiselle d'Éragny, que vous aimez si fraternellement, m'a demandé la grâce de ce capitaine, et je l'ai accordée, pensant que vous sauriez à votre tour être généreux.

Elle prononça très-bas ces derniers mots, par lesquels elle s'humiliait en quelque sorte aux pieds du comte.

Le comte fut sinon touché, du moins apaisé par le repentir que manifestait cette charmante femme ; sans retomber sous le charme dont un instant cette enchanteresse l'avait enveloppé, il n'éprouva plus contre elle ce vif ressentiment dont il était animé depuis l'affront qu'il prétendait avoir reçu.

— Je remercie la reine, dit-il, et je saurai lui témoigner ma reconnaissance.

— Si votre cœur est d'accord avec votre bouche, comte, vous me promettez de venir à mon camp lorsque je vous y inviterai ?

Il était difficile que M. de Lincourt refusât ; aussi s'inclina-t-il en signe d'acceptation.

— Je vous remercie de cette confiance, dit la reine d'un air heureux.

« A bientôt, comte !

« Mes guerriers m'attendent ! »

Puis tout à coup, brusquement :

— Vous avez vu les signes, comte.

« Vous êtes un homme d'Europe.

« Je crains un malheur pour moi.

— Pour vous ! fit le comte, cette fois très-vivement intéressé.

— Pour moi ! dit-elle d'un ton triste.

— Mais ces signes... il n'y faut pas

croire... c'est une admirable scène, arrangée avec d'immenses moyens par vos jongleurs indiens en vue de ce Messie qui doit venir.

« Quelque imposteur va se présenter.
— Chut! dit la reine avec terreur.

Puis très-bas :
— Comte, je défendrai ma vie, mon pouvoir, la liberté de mon cœur.
« Au revoir! »

Et la Vierge, laissant M. de Lincourt très-intrigué, descendit les degrés de la terrasse pour rejoindre sa tribu.

En ce moment, l'Aigle-Bleu prenait congé du colonel et de sa fille avec une politesse raffinée.

Les Indiens saluaient leur reine avec une joie indicible en ce moment.

— Votre tribu, dit le colonel au sachem, s'attend sans doute à de grands événements.
« Allez-vous donc commencer la guerre?
« La reine a-t-elle des projets belliqueux?
— Nul ne sait ce que le Vacondah, qui gouverne l'univers, a résolu! dit le sachem.
« Un Sauveur est attendu.
« Il est parmi nous à cette heure; mais quand se manifestera-t-il?
« Personne ne saurait le dire. »

Et le sachem se retirait, quand Tête-de-Bison s'approcha.
— Salut à l'Aigle-Bleu! dit-il.
« Mon frère doit cruellement souffrir, après les efforts qu'il a faits.
« Sa blessure est envenimée sans doute, et je pourrais la panser.
— Viens! dit l'Aigle-Bleu.

Il enleva le chasseur et le plaça sur son cheval, en avant de sa selle.

Le Trappeur, sans être inquiet, fut froissé d'être une plume dans la main de cet élégant colosse.

— Où allons-nous? dit-il.
— A portée de trois balles, dit le sachem.

En quelques temps de galop, il atteignit un bouquet d'arbres.

Il y engagea son cheval.
— Descends! dit-il alors au Trappeur.
Celui-ci obéit.
L'Aigle-Bleu descendit à son tour.
— Je sais ce que tu veux, dit-il.

« Je comprends le langage détourné des Visages-Pâles.
« Ils parlent comme sifflent les balles qui ricochent.
« Tu voulais un service de moi et tu ne le demandais pas franchement.
— Un service! fit Tête-de-Bison surpris.
— Oui, un service.
« Ne feins pas l'étonnement.
« Tu es médecin-boucher (expression indienne), et tu sais couper les chairs et les os.
« Nous autres, nous ignorons cet art; mais nous avons des plantes puissantes. »

Relevant son manteau, il montra sa cuisse bandée et entourée d'herbes pilées.
— Je suis sans fièvre.
« Je suis sans douleur.
« C'est grâce à ces plantes bienfaisantes qui enlèvent le mal, qui permettent à l'Indien blessé de marcher et de courir.
« Tu sais cela.
« Tu veux posséder ces herbes.
« Je t'en enverrai préparées en baume, mais tu me rendras un service.
— Lequel?
— N'importe à quelle heure, n'importe à quel moment, tu remettras à Rosée-du-Matin le message que je jugerai à propos de lui envoyer.

Tête-de-Bison réfléchit, pesa la proposition, jugea ne pas se compromettre en acceptant, et finit par dire joyeusement :
— Chef, je compte sur cet envoi, compte sur ma parole.

Et les deux hommes se séparèrent après s'être touché la main à l'indienne.

Tête-de-Bison se disait :
— Je me suis trompé!

Le sachem, en s'en allant au galop rejoindre la reine et son escorte, murmurait entre ses dents, en français :
— Sans cette précaution, j'aurais été fort embarrassé.

Et joyeusement :
— Tout va bien d'un côté.

Puis, plus tard encore :
— Reste à voir le comte à l'œuvre.

Si Tête-de-Bison avait entendu le sachem parler ainsi en français, il aurait été bien étonné.

Lorsque le Trappeur regagna Austin, il vit s'écouler lentement la foule, toujours très-impressionnée de ce qu'elle avait vu.

Grandmoreau, ne jugeant pas qu'il fût utile de parler au comte de ses soupçons, ne lui en dit mot, puisqu'il ne les jugeait plus fondés.

Mais le comte aperçut le sachem et l'interpella.

— Comment diable se fait-il, demanda M. de Lincourt, que ce bellâtre d'Aigle-Bleu ait pu danser à cette fête?

Tête-de-Bison donna les explications que l'on sait; le comte fut émerveillé de la puissance du baume et se jura de l'expérimenter à la première occasion.

Cependant il lui restait de vagues soupçons.

Le bal étant fini, le jour étant venu, chacun rentra chez soi.

CHAPITRE XIII

COMME QUOI IL NE FAUT JAMAIS JOUER SES CULOTTES ET ENCORE MOINS LES PERDRE

Il est midi.

Nous sommes dans la prairie.

Un bouquet de verdure abrite Tomaho, Sans-Nez, Burgh, Bois-Rude, et le gouverneur, transporté là et à peine éveillé.

Don Matapan s'est étiré.

Le brave gouverneur est ahuri.

—Senor, lui dit gravement John Burgh, voici ma gourde.

« Buvez un large coup. »

Don Matapan sait qu'il faut une bonne rasade au lendemain d'une soûlerie pour se remettre d'aplomb, et il lampe une gorgée qui lui redonne sur-le-champ sa lucidité.

— Eh! eh! fait-il avec un sourire plein de bonhomie.

« Eh! eh! je suis vaincu.

« Mais pourquoi, mes camarades, suis-je ici et non chez moi?

— Et vos culottes! dit Burgh du ton le plus sérieux.

— Mes culottes! s'écrie le gouverneur en riant; c'est vrai, je les ai perdues.

« Hi! hi! hi! hi!

« Mes culottes!

« Bonne farce!

— Ah! tant mieux! vous prenez bien la chose, senor; mes compliments!

Le ton glacial dont Burgh prononce ces derniers mots frappe le gouverneur.

— Pourquoi ne rirais-je pas? interroge-t-il.

« C'est drôle!

— Après tout, en effet, dit Sans-Nez, perte d'argent n'est pas mortelle.

— Oh! pour quelques douros que j'avais dans mes poches, ce n'est pas une affaire! fait don Matapan.

— Je vois avec plaisir, dit Burgh, que vous êtes beau joueur.

« Vous convenez bien de toute votre perte et vous vous rappelez que vous avez parié vos culottes et ce qu'elles contenaient. ?

— Sans doute! sans doute!

— Eh bien! senor, comme vos culottes contiennent votre personne de la ceinture aux mollets, nous vous laissons le choix entre:

« 1° Être coupé au-dessous du nombril et au-dessus des genoux pour que nous prenions possession de la partie de votre individu qui nous appartient;

2° Ou payer mille piastres de rançon.

« Vous avez dix minutes pour vous décider, senor. »

Le gouverneur ne riait plus.

— Comment, dit-il, ce serait sérieux?

— Senor, dit John Burgh d'un ton décidé, sombre et menaçant, senor, j'ai perdu mes pantalons dans les mêmes conditions, moi.

« Nous étions quatre contre quatre.

« Nous jouions contre des pirates de prairie, et la chance fut contre nous.

« L'un de nous a refusé de payer rançon et il a été coupé. »

Puis, avec un geste terrible, montrant quatre pieux, des cordes et une scie brillant au soleil, à dents aiguës, à fortes poignées:

— Tout est prêt, senor!

— Mais, mais...

Et don Matapan se lamenta.

John Burgh tira sa montre:

— On m'appelle Main-de-Fer, dit-il, et je suis connu comme ne badinant pas.

« Vous avez dix minutes, senor, pour vous décider.

— Et le comte? dit Matapan.

— Le comte a-t-il d'autres droits sur nous que ceux que lui donne notre engagement?

« Nous sommes gens à nous soucier fort peu d'un chef qui aurait la prétention de se mêler de ce qui ne le regarde pas.

« Voilà une minute écoulée. »

Déjà Tomaho enfonçait les pieux!
Déjà Sans-Nez préparait les cordes!
Déjà Bois-Rude examinait son couteau et visitait la scie.

Tout le monde avait un air ferme et implacable.

Don Matapan était dans des transes mortelles.

— Mes camarades, dit-il, par pitié, en grâce, pas de mauvaises plaisanteries!

« Je... vous... »

Mais le silence seul lui répondant et les dix minutes s'écoulant, le gouverneur fut pris d'une sueur froide, et quand il vit Burgh s'avancer pour le lier, il s'écria :

— Je donne les piastres.

« Par la Madone! voilà un pari qui me coûte cher.

« Si j'avais su!...

— Nous aurions bien perdu nos rifles, nous! dit John Burgh.

« Et nous y tenons plus qu'à mille piastres!...

« Écrivez sur ce carnet, qui est à vous, un bon de mille piastres que j'irai toucher, et au retour vous serez libre. »

Le gouverneur s'exécuta en soupirant et en versant un pleur.

Burgh monta en selle avec le bon et partit pour Austin.

Il entendit Sans-Nez dire à don Matapan :

— Sacrebleu! senor, un peu de résignation; maintenant que le sacrifice est fait, buvons un coup et mangeons.

« Nous avons ici un fort relief du festin d'hier. »

Et à Tomaho :

— Cacique, servez donc, mon camarade!

Lorsque Burgh revint, il trouva le gouverneur plus que gris, chantant à tue-tête, trouvant superbe la farce qu'on lui avait jouée, et quand il rentra au soir dans sa bonne ville d'Austin, il proclamait que les chasseurs étaient les meilleurs fils du monde..

Tant il est vrai que :

Quand on a du chagrin,
Il faut le noyer dans le vin.

CHAPITRE XIV

POURQUOI LE COMTE ÉTAIT EN AMÉRIQUE

M. de Lincourt avait pris l'habitude de déjeuner chaque matin et de dîner chaque soir avec Tête-de-Bison.

Celui-ci avait vu rentrer le gouverneur et les autres chasseurs.

Il connaissait le dénouement de l'histoire aux culottes.

Donc, le lendemain, dans la meilleure taverne d'Austin, le vieux trappeur, attablé en face du comte, lui racontait le tour joué par John Burgh au gouverneur.

— Ceci, dit le comte, est une plaisanterie très-spirituellement menée.

« Toutefois il ne faudrait point que, dans notre troupe, on se permît souvent de ces sortes de farces.

« Ceci est contraire à la discipline. »

Le mot discipline fit lever la tête à Grandmoreau.

— Monsieur le comte, dit-il, me croyez-vous dévoué à votre personne?

— Absolument! dit monsieur de Lincourt.

— Écouterez-vous un avis venant de moi comme étant dicté par le vif intérêt que je vous porte?

— Oui, certes.

— Eh bien! je crois qu'il serait dangereux d'exiger de nos camarades une discipline plus rigoureuse que ne le comporte leur engagement.

« Les gens qui sont avec nous sont de rudes hommes.

« Ils ont des coutumes, des habitudes auxquelles ils tiennent.

« L'obéissance militaire leur déplairait souverainement.

...Deux amoureux, à n'en pas douter.

« Je les connais.

« Si vous vouliez les y plier, il en résulterait de graves périls.

« De deux choses l'une : ou ils vous tueraient, ou ils vous abandonneraient. »

Le comte pâlit légèrement :

— Moi, dit Tête-de-Bison, c'est différent.

« Je vous aime et je vous dois la vie, ce qui me lie à vous.

« Mais eux, en dehors des conditions stipulées, ils se regardent comme libres. »

Évidemment M. de Lincourt dominait un violent sentiment de colère.

Il garda longtemps le silence.

Enfin, maître de lui, il tendit la main en souriant à Grandmoreau :

— Merci du conseil! dit-il simplement.

« Mais rassure-toi.

« Je commanderai et l'on obéira, parce que je sais imposer l'obéissance.

« On me verra toujours tellement au-dessus des autres, que j'obtiendrai le plus profond respect de tous.

— Oh! de cette façon, très-bien! fit Grandmoreau.

« Je vous sais capable d'une audace et d'une adresse qui feront de vous le roi de la prairie.

— Je crois en effet que peu d'hommes pourront me disputer cette souveraineté.

« Pourtant... il y en est un qui, s'il était ici, serait un rival redoutable au cas où il engagerait la lutte.

— Vraiment! dit Grandmoreau étonné.

Le comte, écartant sa chemise, montra sur sa poitrine une cicatrice.

— Voilà, dit-il, une marque qui vous prouve que celui dont je vous parle tire l'épée aussi bien que moi.

« Il porte du reste, à peu près à la même place que moi, la preuve que je ne suis point en reste avec lui.

« Mais ce n'est rien.

« Je me suis battu trois fois, vous entendez, Grandmoreau, trois fois, dans des conditions toujours bizarres, avec cet homme.

14ᵉ Livraison.

« Chaque fois les chances se sont balancées à peu près également.

— Voilà qui est intéressant! fit le Trappeur frappé de cette confidence.

« Je voudrais bien voir ce gaillard-là!

— Vous le verrez, Grandmoreau, vous le verrez avant peu.

« Je vais vous dire pourquoi.

« Mon cher, il y a des gens qui ont des idées fixes.

« Moi, par exemple.

« Là où je suis, je veux que personne ne m'égale.

« A Paris, l'élite de cette cité reine du monde se trouve réduite à quelques centaines de gentilshommes, d'artistes, de gens de lettres, d'hommes de talent et de fortune, qui se donnent rendez-vous dans certains salons, dans certains cercles et en certains lieux de promenade.

« Je vous explique cela très-simplement, pour que vous compreniez sans peine, Grandmoreau.

— Je vous remercie, monsieur le comte, dit le chasseur.

— Peu riche, mais ayant beaucoup d'intelligence, d'orgueil et de courage, je m'étais juré d'être le lion, le roi de ce clan d'hommes supérieurs que l'on appelle la haute fashion à Paris.

— Et vous y avez réussi sans peine?

— Oh! sans peine... non.

« Il ne s'agit pas seulement, à Paris, de tuer quelques hommes en duel pour se faire respecter.

« Beaucoup, à ce jeu, n'ont réussi qu'à passer pour des spadassins et à se faire craindre, ce qui n'est pas suffisant.

« Duelliste, il faut rester sympathique à la foule la plus susceptible, la plus délicate, la plus fine dans ses appréciations, la plus prompte aux revirements soudains.

« Homme à bonnes fortunes, il faut se garder de froisser l'opinion, de se donner des ridicules, de poser pour le Lovelace.

« La générosité qui s'afficherait ou qui s'égarerait vous ferait taxer de sottise.

« On doit avoir de l'esprit sans affectation, semer insoucieusement des mots que d'autres recueillent.

« Le courage doit avoir cette teinte chevaleresque qui est à la bravoure ce que le parfum est à la fleur.

« On ne peut rien ignorer, et tout connaître vous caserait parmi les savants; on cesserait d'être homme du monde.

« Enfin, Trappeur, il faut avoir la force et le charme, la puissance et la grâce, la fortune et l'élégance, la fermeté d'âme et l'insouciance, la dignité de la tenue et le laisser-aller, l'impertinence et le tact, une ligne de conduite et des fantaisies.

« Et pour régner réellement sur ceux qui ont au suprême degré tant de qualités opposées s'alliant merveilleusement, votre supériorité doit être acceptée, non subie; elle s'affirme sans s'imposer.

« J'avais conquis cette souveraineté.

« Un homme est survenu, celui dont je vous ai parlé, que peu de Parisiens ont connu, qui a certainement quelque pensée grandiose à réaliser, qui poursuit son but avec un génie dont le monde sera quelque jour ébloui.

« Le théâtre de la lutte qu'il entreprendra ne saurait être Paris.

« Donc il ne me gênait pas.

« Mais la fatalité a produit un choc entre nous.

— Ah! ah! fit Grandmoreau qui était fortement empoigné par l'intérêt.

« Je suis curieux de savoir comment les choses se sont passées.

— Assez mystérieusement au fond, très-simplement en apparence.

« Je développais un jour devant quelques amis, au Café Riche, cette théorie, que la race blanche était supérieure à toute autre.

« Un jeune homme, un étranger, se leva et sortit après m'avoir longuement regardé.

« Le lendemain, je recevais un défi conçu à peu près en ces termes:

« *Je n'ai pas une goutte de sang blanc dans les veines.*

« *Je regarde M. de Lincourt comme un des hommes les plus remarquables de Paris, et je lui prouverai que je suis son égal en tout.*

« *Nous débuterons, s'il y consent (ce dont je ne doute pas), par éprouver nos courages.*

« *Notre premier combat aura lieu à l'épée.* »

« Je fus tellement surpris, continua M. de Lincourt, que je montrai ce cartel à mes amis, riant de cette aventure.

« Tout Paris, vous entendez, Grandmoreau, tout Paris en fut instruit.

« J'eus mon premier duel. »

« Je fus blessé. »

Le Trappeur fit un mouvement.

— Oh! dit le comte, je pris ma revanche.

« Mais nous étions de pair avec l'étranger, et la victoire fut indécise.

« Cette affaire fit un bruit énorme ; le Jockey-Club, les journaux, la ville, la France, l'étranger, tout le monde s'en occupa.

« Après le duel à l'épée, qui laissait cet homme *mon égal*, eut lieu le duel au pistolet.

« Il avait posé ses conditions.

« *— Je ne puis vous tuer, avait-il dit, car la mort laisserait la question indécise entre nous ; mais je vous couperai l'oreille gauche.* »

— Tiens, dit Grandmoreau, il n'a pas réussi, à ce que je vois.

— Tout au contraire, dit le comte.

« Regardez attentivement. »

Il montra son oreille.

— Vous devez voir de légères marques produites par une opération chirurgicale.

« On m'a reconstruit un bout d'oreille avec un morceau de chair pris sur ma cuisse et avec la peau du cou. (*Historique.*)

— Comment, cela peut se faire ! s'écria le Trappeur émerveillé.

— Parfaitement !

Chacun de nos lecteurs sait que depuis quelque vingt ans ces sortes d'opérations sont fréquentes ; mais Grandmoreau en était ahuri.

— Et lui? lui? demanda-t-il.

— Mon cher, je lui coupai l'oreille gauche, et on la lui rétablit de même.

« Bref, les duels se suivirent.

« J'avoue qu'à la fin la lutte me parut fastidieuse.

« Toujours le même résultat.

« Il me blessait, je le blessais.

— Il fallait l'envoyer au diable.

— Êtes-vous fou? dit le comte.

« Et Paris, mon Paris !

« Vous ne savez donc pas qu'à cette heure, tous les matins, au Jockey-Club, au Café de Paris, à la Maison d'or, on se demande :

« *— A-t-on des nouvelles de Lincourt ?* »

« Je suis devenu le champion de la race blanche, pour Paris.

« Il faut que je soutienne la lutte jusqu'au bout.

« Je ne suis ici que pour cela.

— Comment !... ici !... fit le Trappeur.

« Et le secret ?

— Mon cher Trappeur, cet homme, en fin de compte, m'a écrit, après notre dernier duel, quelque chose dans ce genre :

« Vous êtes sur votre terrain.

« Je vous ai combattu chez vous.

« Mais je voudrais vous voir en pleine na-
« ture, dans le désert.

« Là je vous montrerais que je suis non pas
« votre égal, mais votre supérieur.

« Au Sahara ou dans la prairie, nous au-
« rons notre lutte suprême, si vous le voulez
« bien.

« Je vous appellerai à San-Francisco, dans cinq ou six ans.

« Oserez-vous quitter Paris et venir ? »

— Et vous y êtes venu ?

— Après avoir parcouru l'Afrique pour me former aux aventures.

« Le hasard fit que je découvris un trésor qui dort là-bas.

— Mais... l'homme?...

— Il m'a fait prévenir qu'ayant passé lui-même sept ans à Paris pour y étudier notre civilisation, il était prêt contre moi lors de notre premier duel, mais que je n'étais pas prêt contre lui dans la prairie.

« Il fallait, disait-il, longtemps pour faire d'un Européen un vrai Trappeur, un coureur de bois.

« Il pensait que six années me suffiraient pour être bronzé à cette vie.

— Et voilà combien de temps que vous courez les aventures ?

— Six ans, dit le comte.

« Mais après chacune de mes actions d'éclat, telle que votre affaire avec moi, je reçois une lettre de compliments.

— Voilà l'histoire la plus extraordinaire que j'aie entendu raconter, dit le Trappeur en secouant la tête. Cet homme viendra.

Mais en ce moment il se fit dans Austin un certain tapage, et la vue de cavaliers indiens interrompit ce dialogue intéressant, assez pendant lequel il s'était passé des choses surprenantes dans la cité. Nous allons les raconter.

CHAPITRE XV

COMMENT LA REINE AUX CHEVEUX BLANCS ENVOYAIT DES CARTELS D'INVITATION

Le soleil est levé.

Les habitants d'Austin dorment à poings fermés.

Les fatigues du bal de l'avant-veille, les excès d'une nuit de fête qui avait eu son lendemain, ont raison de l'activité commerciale du plus âpre au gain.

Les rues sont désertes.

Des chiens errants et des juifs mal vêtus sont les seuls êtres que l'on y rencontre.

Sur la grande place, une centaine de cavaliers indiens stationnent depuis deux heures.

Silencieux, et pareils à des ombres surprises par le grand jour, ils évitent de provoquer l'écho.

Les chevaux sont immobiles.

Un homme de haute taille, à la fière attitude, paraît commander à la troupe.

C'est l'Aigle-Bleu.

Dans le groupe des Peaux-Rouges, pas un mouvement, pas un mot.

Peu à peu la ville s'anime.

L'heure du réveil a sonné pour tous.

Le moment d'aller à ses affaires est venu pour chacun.

Le va-et-vient accoutumé s'établit dans les rues.

Toutefois, contre l'ordinaire, des groupes se forment çà et là.

On cause bruyamment.

Les événements et les incidents de la nuit sont commentés de mille façons.

La visite de la reine des Peaux-Rouges est surtout l'objet des conversations.

Puis la nouvelle est connue.

Des Apaches sont dans la ville.

De nombreux curieux entourent déjà les cavaliers indiens, cherchant à s'expliquer le motif qui les a conduits là.

Sur un ordre de l'Aigle-Bleu, les guerriers sauvages se sont divisés en quatre pelotons.

Trois de ces pelotons se mettent simultanément en mouvement.

Ils prennent des directions différentes, et s'engagent dans les rues de la ville, qu'ils parcourent au petit pas de leur monture.

Chaque escouade est précédée d'une espèce de crieur public dont l'origine européenne se traduit par la blancheur de son teint, et aussi par la facilité avec laquelle il s'exprime en langue espagnole.

Ce sont des enfants enlevés aux blancs dans les expéditions et adoptés par les tribus.

Les trois crieurs sont munis d'une sorte de tambourin fixé à la selle de leur cheval, et sur lequel ils frappent à tour de bras, observant une cadence qui règle le pas de leur monture.

Les pelotons s'arrêtent à tous les carrefours, à chaque coin de rue.

On dirait d'une troupe de saltimbanques arrivée dans une de nos villes de province et annonçant le spectacle du soir, si cette scène n'avait quelque chose de majestueux et de solennel.

A chaque station, le crieur déroule une large pancarte et lit à haute voix :

« La puissante reine du grand peuple des prairies aux Faces-Pâles !

« Le traité d'alliance juré entre elle et le comte sera observé par ses nombreux guerriers.

« La reine offre aux habitants d'Austin le grand repas de l'amitié, la grande fête de la paix.

« Ils lui donneront une preuve de confiance en prenant place au festin qui sera prêt passé le milieu du prochain soleil.

« Tous seront sous la protection de la reine, dont la parole est donnée au nom du Maître de la vie.

« Paix et amitié. »

Cette étrange invitation, lue, relue et criée

par toute la ville, jeta le trouble et l'émoi dans la population.

Jamais pareil fait ne s'était produit.

Certes on pouvait se fier aux paroles de paix de la souveraine des Peaux-Rouges.

L'Indien ne ment jamais.

Toutefois une invitation inexplicable, inattendue et s'adressant à tous était bien faite pour exciter la curiosité.

Pendant que trois groupes de cavaliers parcouraient la ville, le quatrième peloton, ayant à sa tête l'Aigle-Bleu, prit le chemin du palais du gouvernement.

Arrivé devant la maison que l'on gratifiait généreusement du nom de palais, l'Aigle-Bleu demanda à parler au gouverneur.

Celui-ci avait été réveillé par un planton effaré à la vue des Indiens; il avait regardé dehors et vu arriver les cavaliers.

Mais, en homme plus que prudent, il n'avait pas cru devoir se montrer.

Mal dégrisé par un lourd sommeil de plus de douze heures, il se rappelait confusément les événements qui s'étaient passés depuis l'avant-veille.

Il ne s'était pas encore trouvé pleinement en possession de ses facultés.

Il pensait que l'on pouvait lui attribuer la responsabilité d'un acte commis dans sa propre maison.

Il craignait enfin que les Peaux-Rouges ne vinssent lui demander raison de la tentative de rapt, et peut-être même exiger que les coupables leur fussent livrés à merci, ou tout au moins comme otages.

Il n'avait pu avoir, vu son ébriété, de longues explications à ce sujet, et il se souvenait que la perte de ses culottes lui avait coûté mille piastres.

Il ne voyait que dangers partout, même du côté des trappeurs.

Donc, peu rassuré quant à sa sécurité personnelle, don Matapan ne crut pas prudent de franchir le seuil de son habitation.

— Ces damnés seraient capables de m'enlever, se dit-il.

« Évitons tout rapprochement. »

Le circonspect gouverneur se trouvait dans une pièce du premier étage.

Il fit fermer les portes, mit le poste sous les armes aux meurtrières et se demanda comment il parlementerait avec les Indiens.

Sa grosse face rubiconde reflèta tout à coup un air de satisfaction.

Une idée vient de germer sous le dôme poli et reluisant qui recouvre le cerveau de don Matapan.

Le digne homme a trouvé le moyen de recevoir ses visiteurs sans se départir de l'excessive prudence dont il use en toute circonstance.

Il ouvre une fenêtre à balcon donnant sur la rue.

Les cavaliers indiens sont à quelques pas de lui.

Il attire leur attention par ces mots :

— Vous demandez le gouverneur ?

« C'est moi.

« Que me voulez-vous ? »

L'Aigle-Bleu, sans répondre, tire un pli de sa ceinture de peau de buffle.

Il pique le pli au bout de sa longue lance, puis, se levant sur ses étriers, il le tend au gouverneur.

Don Matapan, toujours prudent, s'efface du mieux qu'il peut derrière la galerie de bois du balcon, puis, étendant le bras avec une hésitante précaution, il saisit la missive.

Il la lit, tout en observant du coin de l'œil les cavaliers indiens.

Ceux-ci attendent, immobiles et silencieux.

Don Matapan n'avait pas terminé sa lecture que l'Aigle-Bleu prononçait ce seul mot :

— Répondez, senor.

Le gouverneur réfléchissait.

— Étrange invitation ! se disait-il.

« Est-ce un piége ?

« C'est peu probable.

« On dit que ces gens sont d'une loyauté à toute épreuve. La vie d'un hôte est pour eux un dépôt sacré qu'ils feraient respecter au péril même de leur propre existence.

« Mais, ma foi ! j'ai bien envie de... refuser... »

La voix de l'Aigle-Bleu interrompit les réflexions du gouverneur.

— Répondez, senor, répéta-t-il.

« Mais si vous refusez, on vous enlèvera.

« La reine veut que l'on se fie à sa parole !

« Donc, de gré ou de force, vous viendrez !

— J'accepte, fit don Matapan complétement décidé.

« Faites savoir à la reine que je me rendrai à son aimable invitation.

— Och ! (bien !) dit l'Indien.

Et il s'éloigna suivi de ses cavaliers.

Le senor Matapan fit des réflexions fort longues sur ces singuliers événements.

Et il conclut :

— J'ai promis, bon !...

« Ils partiront d'ici, croyant que je viendrai...

« Très-bien !

« Je vais embaucher des chasseurs pour renforcer ma troupe, fermer les portes de ma ville et... au diable le traité !

« Je ne veux pas me risquer, moi. »

Sur cette bonne résolution, il but un coup de vin blanc.

Mais il comptait sans son hôte et sans... sa fille.

On le verra plus tard.

La troupe de l'Aigle-Bleu avait pris le chemin de la taverne habitée par M. de Lincourt et ses trappeurs, et devant laquelle elle s'arrêta, interrompant la conversation que nous avons racontée.

Le frère de la reine blanche demande à haute voix :

— Le comte ?

M. de Lincourt, appelé aussitôt, paraît.

Il reconnaît son adversaire du camp indien.

Un franc sourire donne à son visage une belle et noble expression ; il reflète un bon et vrai sentiment de cordialité.

— Une visite de paix et de réconciliation ? s'écrie-t-il, car il avait entendu la lecture de la pancarte.

« Sachem, je m'en félicite. »

M. de Lincourt croit en effet à une réconciliation.

Mais l'Indien, sombre et comme replié sur lui-même, garde le silence.

Son regard fixe et brûlant s'est longuement arrêté sur son vainqueur d'hier.

Pareil regard ne pouvait jaillir de la prunelle d'un ami.

Le comte s'apprêtait à tendre la main au Peau-Rouge, quand celui-ci répondit à ses avances avec un fier dédain :

— Jamais de réconciliation avec un Visage-Pâle !

« La paix aujourd'hui entre le comte et moi, c'est juré.

« Mais la guerre demain... et toujours ! »

En entendant ces paroles haineuses, M. de Lincourt fronça les sourcils.

Les traits de sa figure se contractèrent soudain.

Ils rendirent une expression de sauvage férocité.

Le comte s'était trompé et son implacable orgueil en souffrait.

Il se tut, mais son regard flamboyait.

L'Aigle-Bleu, impassible, tendit son invitation au comte et s'éloigna au galop de son vigoureux mustang.

Ses guerriers disparurent avec lui.

Les trois autres pelotons de cavaliers indiens, ayant terminé leur tournée et parcouru consciencieusement toutes les rues de la ville, attendaient sur la grande place le retour de leur chef et de ses hommes.

L'Aigle-Bleu donna le signal du départ.

Toute la troupe s'élança et fut bientôt hors de la ville.

Dix minutes ne s'étaient pas écoulées que le dernier Peau-Rouge disparaissait sous le couvert sombre de la forêt qui séparait la ville du campement indien.

Dans ce moment, les habitants d'Austin, revenus de leur surprise, se trouvaient en proie à une légitime émotion.

On devait répondre aux avances des Indiens.

Fallait-il accepter ou refuser ?

Embarrassante alternative !

Un refus pouvait indisposer les Peaux-Rouges, et, par suite, compromettre indéfiniment la situation commerciale.

On craignait les Apaches, malgré leur réputation de loyauté à tenir un serment.

Pendant que les hommes discutaient le pour et le contre, sans parvenir à s'entendre, les femmes, sans aucunement discuter, s'entendaient, elles, on ne peut mieux.

La curiosité, l'irrésistible curiosité ne tarda pas à s'emparer des esprits; et le désir d'assister au festin indien domina bientôt toutes les craintes, et fit cesser les dernières hésitations.

Les femmes se montrent toujours déterminées en de semblables circonstances.

Elles voulaient, en incorrigibles filles d'Ève, faire connaissance avec les Indiens chez eux.

C'est une étude sur nature qu'elles demandaient.

Comme toujours, et se conformant à un usage universellement pratiqué, les hommes d'Austin s'inclinèrent devant la volonté des femmes.

Pas un mari ne consentit à contrarier sa moitié ; — l'amant s'inclina, soumis, devant sa maîtresse ; et le père ou le frère dut lui-même en passer par le caprice de la fille ou de la sœur.

Enfin, tout le sexe faible d'Austin se montrant inébranlable dans sa résolution de faire une visite aux Peaux-Rouges, le sexe fort ne put que s'incliner et promettre aide et assistance en cas de péril.

Le gouverneur, qui n'avait nul souci de se rendre à l'invitation de la reine, fut forcé de changer d'avis.

Sa fille, une longue, mince et assez laide personne, mais prétentieuse et coquette, sut l'y contraindre.

Ce laideron voulait aussi voir les Peaux-Rouges de près.

Ce désir s'étendait à toutes les femmes.

Il y avait positivement contagion.

Le comte en eut la preuve.

Il vit le colonel venir à la taverne avant même que les Indiens eussent quitté la ville.

M. d'Éragny semblait assez préoccupé.

— Cher comte, dit-il, voici une singulière aventure.

« Ne trouvez-vous pas?

« Cette fête indienne est une malencontreuse imagination de la reine.

— Pourquoi donc, colonel?

— Parce que toutes les senoras d'Austin s'attendent à des prodiges.

« Toutes veulent assister à cette soirée, qui sera féerique, dit-on déjà.

« Croiriez-vous que Blanche me tourmente pour que je la conduise au camp indien!

« Craignant d'être imprudent, je venais vous consulter.

« A votre avis, y a-t-il danger?

— Je ne le pense pas, dit M. de Lincourt.

« La reine, si elle avait eu de mauvais desseins, se serait empressée de les exécuter au dernier bal.

« Elle était maîtresse de la ville.

« Et puis... nous serons là!

— Ceci commence à me rassurer.

« Je vais de ce pas annoncer à Blanche que son désir sera satisfait.

— Colonel, vous êtes extraordinairement pressé!

« Quoi! pas même une minute pour goûter à ce délicieux vin qu'il fait si bon sabler le matin d'une chaude journée!

— J'accepte une rasade, mais debout, à l'américaine.

« Imaginez-vous que Blanche avait presque les larmes aux yeux, parce que j'hésitais.

— Mon cher colonel, toute femme est née avec une soif de curiosité insatiable.

« On s'attend à des choses prodigieuses de la part des Indiens.

« Mademoiselle d'Éragny veut tout naturellement assister à ce spectacle.

« Il a pour elle l'attrait d'une première représentation à l'Opéra.

— Je vous remercie de ce jugement indulgent et de la fraternelle protection que vous lui promettez.

« Au revoir, comte!

« Trappeur, portez-vous bien! »

Et le colonel s'en alla lestement.

Il aimait sa fille à l'adoration, et il eût traversé un bûcher pour lui éviter une larme.

Le comte dit avec une certaine amertume au Trappeur :

— Vous voyez, Grandmoreau, ce que sont les femmes : des têtes de linottes.

« Voilà une jeune fille bien élevée, charmante et douce.

« On parle fête!

« Aussitôt son imagination prend feu.

Je ne crois pas qu'il y ait danger, ni vous non plus, je pense, vous ne le supposez pas.

« C'est heureux.

« Car le péril serait-il évident que cette enfant, dont le cœur est excellent, s'aveuglerait pour ne pas voir le péril.

« Elle ne réfléchirait pas, et irait follement s'exposer, entraînant son père dans un piége.

« Que serait-ce si l'amour s'en mêlait ! »

Grandmoreau sourit dans sa barbe.

Le comte ajouta :

— Mais Blanche n'aime encore personne.

Le Trappeur vida son verre pour cacher une forte envie de rire.

Il avait ses raisons, comme on le saura plus tard.

En ce moment, le comte vit un lepero se glisser dans la taverne et venir à lui le chapeau à la main, et murmurant une demande d'aumône.

M. de Lincourt donna à ce misérable quelque monnaie.

Le lepero se retira, mais un instant plus tard le comte, voulant prendre dans sa ceinture son porte-cigares, trouva un pli que l'on y avait glissé.

— Ce drôle, dit-il, était un messager.

— Quelque déclaration d'amour qu'une senora vous envoie, dit le Trappeur.

M. de Lincourt lisait déjà.

— Tenez, Grandmoreau, dit-il, voyez.

« Mon adversaire est ici, ou près d'ici. »

Et le comte tendit la lettre au Trappeur.

Elle ne contenait qu'une empreinte de cire représentant des armoiries bizarres, et cette légende :

Vouloir !

— Allons ! dit le comte gaiement, la lutte va s'engager bientôt.

— Et je bois à votre victoire ! dit sincèrement le Trappeur.

L'arrivée des autres chasseurs, venant demander au comte si l'on irait à la fête, empêcha M. de Lincourt de s'expliquer plus longuement avec Grandmoreau sur son passé et sur ses projets d'avenir.

CHAPITRE XVI

POURQUOI GRANDMOREAU AVAIT RI

Avant de venir trouver le comte, le vieux Trappeur avait vu quelque chose qui était de nature à lui donner sur l'innocence de Blanche des idées qui ne ressemblaient en rien à celles de M. de Lincourt.

Enragé chasseur, passionné pour l'affût, chaque matin, deux heures avant le lever du jour, le Trappeur allait s'embusquer hors la ville, pour tirer quelque gibier.

Son coup fait, il rentrait.

Mais voilà que ce matin même, en passant sous la terrasse où nous avons vu la reine assister aux prodiges annoncés par les prophéties, le Trappeur avait remarqué une ombre humaine debout sur le bord même de cette terrasse.

Il s'arrêta.

Curieux, prudent, sachant qu'il est bon de savoir le plus de choses possible, que saisir un secret, c'est se donner une arme, Grandmoreau se mit à ramper pour voir sans être vu.

Et il vit :

Debout, immobile, un homme, vêtu du manteau mexicain et couvert du chapeau à larges bords, faisant sentinelle;

Près de là, sous un arbre, assis sur un banc, deux amoureux, à n'en pas douter, car le jeune homme donnait un baiser à la jeune fille.

Couple charmant, du reste, que la lune éclairait de ses rayons argentés, faisant ressortir le profil aquilin de l'Aigle-Bleu et la délicieuse figure de Rosée-du-Matin.

Le sachem portait un costume mi-partie indien, mi-partie mexicain.

C'était lui !...

Bien lui !...

C'était elle !...

Bien elle !...

Et Grandmoreau s'en fut chasser.

De dire un mot de cette rencontre, il se fût bien gardé.

Il ne se croyait pas le droit de trahir le secret de mademoiselle d'Éragny.

Tous se dirigeaient vers le camp indien.

Quant à la juger... c'était différent.
— Sacrebleu !... se disait-il en frappant la crosse de son fusil.

« Les femmes !...
« Aimer un Indien après une valse !
« Sacrebleu !... »

Dès le lendemain, c'est-à-dire vingt-quatre heures après la visite des cavaliers indiens, la ville d'Austin était presque déserte.

On ne rencontrait par les rues que des enfants.

Les habitations particulières, aussi bien que les boutiques, bazars et entrepôts, étaient fermés.

De loin en loin, sur le seuil d'une porte, on voyait un vieillard s'abandonnant aux douceurs de la sieste, et suivant d'un regard paresseux les jeux des enfants.

Toute la population d'Austin est en route pour le camp indien.

Hommes et femmes se sont engagés bravement dans la forêt par groupes nombreux ; et, précédés de guides connaissant parfaitement le pays, ils se rendent, insouciants et joyeux, à l'invitation de la reine blanche.

M. de Lincourt, ses Trappeurs et tous les hommes des prairies qui sont à Austin forment un groupe à part.

Sur l'invitation du comte, le colonel d'Éragny et sa fille se sont joints à la petite troupe des coureurs de bois.

Et le gouverneur, y compris son escorte et mademoiselle Léonora, sa fille, s'étant mis sous la protection de M. de Lincourt, porte à une trentaine de personnes le groupe qui, le premier, débouche dans la savane.

L'immense plaine se couvrit derrière les trappeurs d'immenses files de piétons et de cavaliers suivant des sentiers divers, mais où, selon la coutume, on n'avançait que sur un seul rang.

Ces cordons mouvants ondoyaient au soleil et présentaient l'aspect le plus pittoresque.

Tous se dirigeaient vers le camp indien, situé dans cet amphithéâtre de collines que nous avons décrit.

La foule converge vers ce centre.

Il arrive du monde de partout.

A vingt lieues à la ronde, les hacienderos ont été avertis.

Ils accourent.

On dirait d'une émigration en masse.

Les arrivants peuvent embrasser du regard ce vaste cirque naturel, ancien cratère de volcan, où nous avons vu l'Aigle-Bleu et M. de Lincourt le couteau à la main.

Cinq à six cents tentes de peaux de bisons ou de buffles sont symétriquement groupées sur le flanc intérieur du cratère.

Sur un tertre isolé est construit un wigwam qui affecte la forme d'un riche pavillon dressé sur une charpente élégante, recouverte de fourrures épaisses, doublées à l'intérieur de nattes qui forment un tissu d'une légèreté incomparable.

Jamais souverain d'Europe ne se fit élever, dans un camp de plaisance, une tente aussi vaste et d'un aussi grand prix.

C'est l'habitation de la reine blanche.

Burgh, dit Main-de-Fer, évalue le prix des fourrures qui sont étalées, formant murailles ou tapis, et il déclare qu'il ferait marché à cent mille dollars.

Sans-Nez estime les nattes à une somme plus élevée encore.

On dirait des tapisseries.

Elles sont ornées de dessins représentant des scènes de guerre indiennes ; quelques-unes sont d'un prix inestimable, comme le constata plus tard le comte.

Elles proviennent des anciens temples mexicains, et l'on y voit des scènes de la mythologie des Aztèques.

Cette tente et ce village indien produisent une impression agréable et charmante au milieu du demi-cercle de rochers qui forment comme une gigantesque arène.

Une large échancrure s'ouvre sur un seul point du cirque ; et l'œil étonné cherche vainement l'horizon au delà de cette grande crevasse ; il est borné par une haute falaise à la crête sourcilleuse dont le pied va se perdre dans un abîme insondé.

Cette falaise forme comme un fond à ce théâtre antique.

Un immense rideau de peaux de bisons masque l'entrée de l'échancrure.

Les Indiens ont-ils donc là quelque chose à cacher?

Évidemment!...

Des sentinelles veillent sur ce point.

M. de Lincourt et ceux qui l'accompagnent se sont arrêtés, séduits par l'aspect singulier du paysage animé qu'ils peuvent embrasser tout entier du regard.

Tous admirent en silence.

Seul, Burgh dit Main-de-Fer pousse de temps en temps des grognements de plaisir.

Il hume dans l'air de délectables odeurs : parfums de viandes aromatisées qui saturent l'atmosphère d'effluves enivrantes pour un ventre toujours affamé comme celui de maître Burgh.

— Hip! hip! fait-il en se frottant les mains et en clappant sa langue à son palais.

« Grasse chère et cuite à la mode indienne!

« Méthode excellente!

« Rosbifs exquis! »

Et Main-de-Fer promenait des regards satisfaits sur le vaste espace de terrain plat formant l'arène du cirque.

Cependant le colonel, qui, lui aussi, se sentait pris aux narines par les délectables senteurs de la cuisine indienne, le colonel, vieux soldat d'Afrique, fait à la vue des camps, cherchait les cuisines de l'œil.

Point de feux.

— Maître Burgh, demanda-t-il, est-ce que les Indiens feraient cuire le gibier dans leurs wigwams, par hasard?

« On ne voit aucune fumée.

— Colonel, je parierais néanmoins que plus de quinze cents grosses pièces et de dix ou douze mille petites cuisent en ce moment.

« Quel repas, goddam!

« On en débouclera sa ceinture, c'est moi qui vous le dis!

— Mais, sacrebleu! où diable ces gens-là ont-ils placé l'office?

— Sous terre, colonel, sous terre!

« Bonne méthode!

« Excellente méthode! »

Et Burgh, montrant des pieux fichés dans le sol tout autour des wigwams, dit au colonel surpris :

— Chaque pieu, chaque four.

« Les Apaches ont creusé des trous, les ont chauffés à point et y ont enterré dans des feuilles, avec des épices, le petit et le gros gibier; le petit dans le gros, bien entendu. »

« Bonne cuisine, colonel!

« Cuisine exquise!

« Vous en tâterez.

— Par la Madone! Burgh, vous avez dit vrai, s'écria don Matapan qui venait d'arriver : nous en tâterons, comme vous dites.

« Mais je crois que le liquide manquerait si je n'avais pris mes précautions. »

Et derrière lui il montra une mule chargée d'outres.

Puis malicieusement, en regardant Bois-Rude, il ajouta :

— Il y en a ici qui ne boiront pas à leur soif.

— Je le crains, fit Bois-Rude dont la mine s'allongea en exprimant ce doute.

« Triste repas!

« Ces Peaux-Rouges sont des buveurs d'eau claire, quand ils n'ont pas d'eau-de-feu.

« Ils n'auront pas de vin.

« Et l'eau-de-vie, ils ne la prodiguent jamais.

« Peuh!

« Mauvaise journée, compagnons!

« Au diable la bonne chère sans les rasades! »

Et il jeta un coup d'œil d'envie sur les provisions liquides du gouverneur; puis il eut pour ce dernier un regard éloquent.

Mais le gros señor eut l'air de ne pas comprendre.

Il tenait rancune à Bois-Rude de lui avoir fait perdre ses culottes et ce qu'il y avait dedans.

Mais Tomaho, qui ne dédaignait ni le vin ni le rhum, et qui partageait les inquiétudes de ses amis, poussa une exclamation joyeuse.

— Ohémè! fit-il, on boira!

Tous interrogèrent le géant, dont la figure rayonnait de plaisir.

— Mes frères ont tort de s'alarmer, fit le cacique araucanien dont l'œil perçant explorait tous les recoins du camp.

Il étendit le bras dans la direction d'une sorte de crique formée sur un point du talus intérieur par l'éboulement de plusieurs roches qui formaient une muraille protectrice contre les rayons du soleil.

— Voyez ces tonneaux rangés derrière les rochers.

— Il y en a plus de trois cents! s'écria joyeusement Bois-Rude.

« Mais comment diable ces faces de cuivre ont-elles pu se procurer ce riche approvisionnement? »

Telle fut la demande que s'adressèrent tous les chasseurs, sans parvenir à trouver une réponse vraisemblable.

Quant au gouverneur, il ne réfléchissait pas.

Il poussait de petits cris de joie et sautillait, s'appuyant de ses courtes jambes grêles sur les étriers et faisant fléchir sa mule.

On eût dit une outre ventrue et molle plantée sur deux pieds branlants, et qu'animerait le liquide contenu dans ses flancs.

Toute la bande était en bonne humeur.

Arrêtée d'abord à l'entrée du panorama que nous avons décrit, la petite troupe se remit en marche, descendit la pente du cirque et se dirigea vers la tente de la reine.

Les trappeurs ne s'attendaient point aux splendeurs de la réception qui leur était préparée.

Les portes du pavillon s'étaient relevées à leur approche, et l'œil, par cette large ouverture, pouvait plonger à l'intérieur de la tente.

La reine était assise sur un trône d'une richesse fabuleuse.

C'était celui du roi de l'Anahuac, retrouvé par les Apaches avec les trésors immenses enfouis dans un lac par ce souverain lorsque l'invasion de Cortez menaça tous les royaumes tributaires de l'empire mexicain.

Le comte, qui avait lu la description de ce trône fameux, le reconnut.

Il fut ébloui par sa splendeur.

Une originalité de ce siége royal, dont aucun dans le monde n'approche par la profusion des pierreries, l'étrangeté et le fini des sculptures, c'est qu'il est fabriqué d'os humains.

Les merveilles rapportées de Chine par notre armée et provenant du palais d'été sont peu de chose comparées à celles dont le pavillon était orné.

Partout l'or, les diamants, les perles, les rubis et les saphirs étincelaient.

Les topazes et les émeraudes scintillaient, suspendues par des fils légers.

C'était, le long des tentures, un tel resplendissement, que le regard se voilait.

L'antiquité des ornements, leur mystérieuse origine, leur haute valeur artistique, en centuplaient le prix.

Toutes les imaginations furent frappées.

La reine, sur son trône, apparaissait belle et fière.

Le comte la jugea vraiment souveraine.

Ainsi sont les hommes que la civilisation a pétris.

Au tableau, il leur faut le cadre.

Avec ou sans autorité, la vierge de ces tribus était un type idéal de majesté et de grâce.

Le comte ne la trouvait telle qu'au milieu de la cour imposante qui l'entourait.

Cour d'aspect barbare, il est vrai, mais produisant un effet puissant par la gravité des poses, le prestige des costumes, le choix des guerriers, l'aspect de l'ensemble.

La tente est immense.

Cent vingt-sept sachems armés, immobiles, entourent le trône.

Le silence est profond.

Les trappeurs, reçus par un chef et par un crieur public, sont conduits jusqu'au-devant du pavillon, où ils s'arrêtent.

La voix du crieur annonce :

— Les hôtes de la paix, envoyés par le Grand-Esprit.

Et la reine, sortant de son impassibilité, fait un signe d'acquiescement et prononce la bienvenue.

Les trappeurs, le comte en tête, mettent pied à terre et sont introduits.

Tous vont saluer la vierge aux cheveux d'argent, qui sourit à M. de Lincourt, se lève et rompt l'étiquette de réception pour faire un accueil charmant à ses invités.

— Comte, dit-elle à M. de Lincourt, vous et les vôtres, vous êtes les bienvenus dans nos camps.

Puis, donnant un regard aux autres personnages, elle salua à l'européenne, avec une aisance parfaite.

Son œil noir et brillant se fixa un quart de seconde sur mademoiselle d'Éragny.

La jeune fille eut un tressaillement.

La reine observa ce fugitif mouvement.

— Que Rosée-du-Matin, lui dit la reine, sache qu'ici elle se trouve dans le wigwam de sa sœur, et qu'elle n'oublie pas qu'on l'aime dans la tribu parce que son cœur est bon.

A ce compliment, Tête-de-Bison releva le nez pour examiner la contenance de mademoiselle d'Éragny, pensant bien qu'elle rougirait quelque peu.

Mais point.

Blanche avait un air candide qui fit penser au vieux trappeur qu'elle était étonnamment dissimulée.

Sa pensée, du reste, ne s'arrêta pas longtemps sur cet incident.

Un banquet attendait les invités.

Sur un geste de la reine, tout un côté de la tente fut enlevé par des mains invisibles.

L'effet produit par ce changement à vue se manifesta par une approbation contenue des chasseurs.

Ils se retenaient d'applaudir.

L'aspect de l'intérieur du wigwam offrait à la vérité un superbe et réjouissant coup d'œil.

Sur des nattes était dressé un riche couvert, dont l'origine mexicaine et l'antiquité se trahissaient par l'élégance dans la forme de chaque objet et le goût dans l'ornementation.

Les vases d'argent finement ciselés se miraient dans le poli des coupes d'or bruni dont les rayonnements blonds et chauds caressaient le regard ébloui.

De magnifiques vases, rappelant les temps les plus reculés de la civilisation aztèque, contenaient les plus belles fleurs de la prairie.

Les parois du wigwam étaient couvertes de lianes vertes et fleuries qui, dans leurs entrelacements, formaient un charmant décor.

La reine, se tournant vers ses hôtes, leur dit très-finement :

— Chacun de mes plus grands sachems a voulu posséder un des hôtes illustres que nous attendions ; je vois ici les plus renommés chasseurs de la prairie.

« Ils voudront bien que chacun de mes guerriers choisisse parmi eux celui pour lequel il a le plus d'amitié. »

Cette façon de ne retenir près d'elle que certaines personnes était fort délicate.

Du reste, les trappeurs étaient ravis de ne pas être condamnés à dîner avec la reine.

Le comte, le colonel d'Éragny et Blanche, ainsi que le gouverneur et sa fille Léonora, prirent seuls place aux côtés de la reine, priés par elle de demeurer ses hôtes.

Les chasseurs furent emmenés par les sachems, au grand contentement de ceux-ci et de ceux-là.

— Est-ce que je pourrais manger à mon aise en cette compagnie? avait grogné John Burgh d'un air joyeux en quittant le wigwam royal.

— Impossible de boire à sa soif en pareille société! s'était dit Bois-Rude en se frottant les mains.

Et la troupe suivit les chefs indiens, ravie d'être débarrassée de la réception officielle.

Pas un chasseur qui ne connût un chef et n'en fût connu ; on s'était souvent battu, raison de plus pour s'entendre à cette heure de paix.

Tomaho, le Cacique, fut le seul qui ne reçut d'invitation de personne, par la raison bien simple qu'il avait disparu pendant que l'on admirait le wigwam de la reine.

Ses amis ne s'inquiétèrent aucunement de la subite disparition du géant.

Cependant les premiers arrivants formant tête de colonne apparaissaient sur les pentes du vaste cirque.

L'avalanche, grossissant de minute en minute, se répandait en groupes joyeux et bruyants dans toutes les directions.

Les Peaux-Rouges, avec un empressement et une aménité fort peu dans leurs mœurs, recevaient les arrivants, les conduisaient à leur wigwam, les fêtaient au mieux.

Bientôt la foule mangeante et festoyante couvrit toutes les parties de la vaste enceinte de l'ancien cratère.

La découverte de Tomaho se trouvait parfaitement justifiée.

Les tonneaux qu'il avait aperçus le premier contenaient d'excellent vin.

On puisait à pleines gourdes dans les barriques défoncées, et les outres de cuir circulaient activement, répandant dans la foule la gaieté et la belle humeur.

Sur un tertre, à quelque vingt pas du wigwam de la reine, les chasseurs du comte, assis au milieu d'une troupe de guerriers, faisaient largement honneur aux victuailles que servaient avec empressement des femmes indiennes.

Les Peaux-Rouges admiraient la puissance d'absorption dont les trappeurs faisaient preuve ; mais Burgh et Bois-Rude faisaient surtout leur admiration.

L'Anglais mangeait avec cet enthousiasme bien réglé qui est particulier à la race anglo-saxonne.

Il était beau d'entrain méthodique et de conviction sérieuse.

Il mastiquait, avalait, coupait, portait du plat aux lèvres les morceaux coupés également ; il fonctionnait enfin avec une précision mécanique.

L'on n'eût pas dit qu'il se pressait, tant la régularité était parfaite.

Mais la viande disparaissait avec une étonnante rapidité et se fondait dans son estomac.

Tous nous avons vu manger des Anglais. Incontestablement, c'est beau.

Qu'on s'imagine que Burgh était l'idéal du genre et l'on conviendra qu'il devait être sublime.

Bois-Rude, lui, se livrait à un autre genre d'exercice :

Il buvait.

Il buvait, ne s'interrompant que pour avaler une bouchée de temps en temps.

C'était plaisir de le voir ingurgitant le vin avec autant de mesure et de méthode que Burgh en observait pour la chère.

De minute en minute, Bois-Rude soulevait avec précaution l'outre de cuir, la penchait sur le fond de gourde qui lui servait de coupe et regardait le vin couler.

Puis, saisissant la coupe à deux mains, il la portait lentement à ses lèvres, qu'un frémissement de plaisir agitait et que caressait doucement sa langue.

Et pendant qu'il buvait, sans se presser, mais aussi sans reprendre haleine, les traits de son visage coloré prenaient une expression de contentement, de bonheur ineffable, de joie indicible.

Ses yeux mourants de béatitude se tournaient vers le ciel comme pour adresser au Créateur de silencieuses, mais ferventes actions de grâces.

Quand la coupe quittait la bouche de ce passionné buveur, il n'eût pas été facile de faire rubis sur l'ongle : pas une goutte de liquide n'échappait à l'aspiration.

Le buveur et le mangeur ne prenaient que peu de part, comme on le doit penser, à la conversation de leurs camarades.

A peine répondaient-ils par une syllabe, ou même par un signe, aux interrogations qui leur étaient adressées.

Grandmoreau, lui aussi, parlait peu.

Il semblait inquiet.

Sans-Nez faisait seul avec les sauvages les frais de la conversation, et il s'en acquittait avec une peine infinie en raison de ses lèvres déchiquetées, si bien que, las de ce jeu, il poussa du coude le vieux trappeur.

— C'est ennuyeux, dit-il, d'être chargé seul de faire tête aux Indiens qui m'accablent de questions.

« On ne tirera rien de Burgh, comme amabilité et politesse, avant qu'il soit plein et que sa panse s'arrondisse comme celle d'un bœuf au pâturage.

« Bois-Rude ne desserrera pas les dents avant d'avoir avalé deux ou trois barils.

« Toi, vieil animal taciturne, tu pourrais seul m'aider et tu ne dis mot. »

Cette apostrophe avait été faite par Sans-Nez dans un jargon particulier aux chasseurs des prairies et que nul autre qu'eux ne comprenait.

Grandmoreau jeta un regard dans la direction de la crevasse masquée par le rideau de peaux et gardée par des sentinelles indiennes.

— Je pense, dit-il gravement dans le même jargon que Sans-Nez avait employé, que cette canaille d'Aigle-Bleu est un oiseau dont il faut nous méfier.

— Pourquoi? demanda John Burgh la bouche pleine et tiré de sa béatitude par cette réflexion fort sensée.

Grandmoreau, désignant par un coup d'œil sournois les sentinelles faisant bonne garde, reprit :

— Si les Indiens cachent quelque chose, ce n'est pas pour le plaisir de nous intriguer.

« Donc ce qui est là ne peut être qu'un danger.

« Qui menace-t-il?

« Je n'en sais absolument rien ; mais comme c'est peut-être nous, il faut se tenir sur ses gardes.

— Camarade, tu as raison, approuva Sans-Nez.

« Mais pourquoi ne saurions-nous pas ce qu'il en retourne?

— Comment?

— Mon Dieu, c'est, tout bêtement, en y allant, dans ce défilé dont on nous cache le contenu.

— En plein jour, il ne sera pas facile de tromper la vigilance des sentinelles, fit observer Bois-Rude qui cessa de boire et dressa l'oreille.

Cette intervention de Bois-Rude était particulièrement remarquable, en ce sens qu'il fallait une menace sérieuse pour l'arracher au plaisir de boire.

— Pas facile, non, dit Sans-Nez.

« Mais pas impossible, hein?

« D'abord, moi, j'en aurai le cœur net.

« Je veux aller voir ça.

— Et les sachems qui vont se défier de nous, mes camarades ! dit Burgh.

« Croyez-vous qu'ils ne sont pas en défiance en nous entendant jargonner?

— Peuh ! fit Sans-Nez. On va leur donner le change.

Puis aux sachems :

— Chefs, nous venons de délibérer entre

nous, et mes frères me chargent de vous proposer, en souvenir de cette journée, l'échange de nos couteaux.

« Cette offre convient-elle à mes frères les Apaches ? »

Les Indiens se consultèrent du regard, et le plus âgé répondit :

— Les sachems acceptent la proposition des Visages-Pâles.

« Leurs cœurs étaient inquiets en entendant les trappeurs causer dans la langue du mystère ; mais puisqu'il s'agissait de s'offrir l'échange mutuel des couteaux, la défiance tombe. »

Et les Apaches tendirent leurs couteaux, recevant ceux des trappeurs.

Le repas continua.

Les trappeurs jouèrent la gaieté la plus franche, et les Apaches en eurent l'air enchantés.

Bois-Rude but toujours autant, et Burgh, dit Main-de-Fer, ne mangea pas moins.

Tête-de-Bison causa davantage et Sans-Nez fit tous ses efforts pour que la conversation fût très-vive.

Si bien que tout semblait être pour le mieux dans le meilleur des mondes possibles.

Mais au bout d'une heure, comme on entendait des coups de feu suivis d'exclamations joyeuses, Sans-Nez dit aux sachems :

— Frères, nous avons fait honneur à votre hospitalité en mangeant et en buvant de grand cœur et de grand appétit.

« On tire à la cible, là-bas.

« Ne vous plairait-il pas de nous joindre à ceux qui essaient leur adresse?

— Och! fit un sachem. Nous serons heureux de voir nos amis placer leurs balles dans les gourdes [1].

L'on but la dernière rasade et l'on se rendit à l'endroit où le tir était établi.

Comme d'habitude, c'était un arbre qui servait de cible.

Une centaine de trappeurs et d'Apaches, réputés des plus habiles, joutaient à qui ferait les plus beaux coups.

L'arrivée de Tête-de-Bison fut reçue par des acclamations.

[1]. Les gourdes sont les buts ordinaires des tireurs.

Grandmoreau était connu comme ayant une justesse de coup d'œil étonnante.

— A vous, à vous, Tête-de-Bison ! lui cria-t-on de toutes parts.

Le Trappeur salua en souriant la foule des Peaux-Rouges et des blancs, puis il leva la main pour obtenir le silence.

On se tut :

— Guerriers, gentlemen et senors, dit Grand-Moreau qui pratiquait le speech à l'occasion, mes compagnons et moi nous allons placer chacun une balle dans un but.

« Une seule, car tirer sa poudre en amusements n'est pas notre affaire.

« Je crois que lorsque vous aurez entendu une fois le son de nos rifles, vous vous tiendrez pour satisfaits. »

Une rumeur d'approbation s'éleva.

Le vieux Trappeur fit signe à Bois-Rude de commencer.

Celui-ci, ivre-mort très-probablement, mais ferme comme un roc, visita sa charge, estima, du but où l'on se plaçait à l'arbre-cible, une distance de cinquante pas ; il en compta cinquante autres pour doubler la distance, fit mi-tour sur lui-même avec une précision militaire et ne dit que ces mots :

— A la plus petite gourde et au centre !

Il épaula, visa et tira.

On se précipita vers l'arbre...

La gourde était trouée au centre...

Des tonnerres de bravos et d'applaudissements retentirent.

La foule avait surtout été impressionnée par les façons automatiques du trappeur, et les Indiens glosèrent beaucoup sur l'étrange attitude de cet homme étonnant, qu'ils appelaient Gorge-de-Fer, et parfois aussi la Statue-qui-marche.

(En termes exacts, le Dieu-qui-marche, parce que les statues ne représentent que des divinités dans l'ancienne mythologie américaine.)

Déjà Burgh succédait à Bois-Rude.

L'Anglais fit enchâsser dans l'écorce de l'arbre un douro d'argent espagnol, monnaie large comme notre pièce de cent sous.

De la même distance que Bois-Rude, il tira, et la pièce continua à briller aux yeux des spectateurs, qui crurent le coup manqué.

Mais Burgh, flegmatiquement, dit à ses voisins :

— Allez voir !

Et l'on courut.

La balle avait si bien frappé, qu'au lieu de faire tomber la pièce, elle l'avait enfoncée de trois pouces dans le bois.

Toujours éclairée, elle étincelait encore.

L'enthousiasme éclata délirant.

On décida aussitôt que la pièce resterait dans l'arbre comme *témoignage*.

En langue indienne, on dit, comme l'*œil de la vérité*.

Malheur à qui touche à l'un de ces signes ! car Indiens ou trappeurs, pirates de la savane ou trafiquants, tout homme des prairies enfin tue sans pitié le délinquant.

Il n'était pas probable qu'un filou fût jamais assez osé pour toucher à ce fameux témoignage de Burgh.

Margh-Ylperht, dans sa relation datée de 1870, raconte avoir vu cette pièce toujours à sa place.

Après ce coup brillant, chacun se demandait ce que feraient Sans-Nez et Tête-de-Bison.

Sans-Nez fit signe au vieux Trappeur en lui disant :

— Une piastre à la volée !

Et il se prépara avec la désinvolture faubourienne qui lui était habituelle.

Il fit des grâces, il arrondit le bras, il sourit du mieux possible, quoique ses lèvres absentes rendissent la chose difficile.

Les Indiens trouvèrent naturellement que ce n'étaient point là les manières d'un guerrier.

Les Mexicains, au contraire, gens de vantardises et de grands gestes, approuvaient ces façons galantes empruntées à Mélingue, que Sans-Nez avait vu souvent jouer à l'ancienne *Gaîté*.

Quand il eut enfin épaulé, Grandmoreau jeta la pièce en l'air : le coup partit...

L'on retrouva la piastre fort loin et marquée par le projectile.

Alors, honneur insigne ! au milieu d'une émotion immense de toute la foule, on entendit les Indiens crier :

— Le *Grand Témoignage* !

« Le Grand Témoignage ! »

Et un sachem s'avança vers Sans-Nez, qui, selon sa coutume, claquait des doigts, le bras étendu, se contemplait et murmurait :

— Du galbe ! Du chic ! Un chic exquis !...

— Frère, dit le sachem, la tribu emportera la piastre et la placera sur le tombeau de *Foudre-qui-tue*, notre plus grand guerrier.

— Comme vous voudrez... Beaucoup d'honneur... sachem ; merci bien ! fit Sans-Nez.

« Si vous pouviez me rendre ma figure d'autrefois, j'aimerais mieux ça.

« Tant de chic... et plus de femmes ! »

Il salua courtoisement, et la piastre fut conservée précieusement par le plus vieux sachem des Apaches.

Et la foule se demanda ce que pourrait bien faire de plus fort maître Grandmoreau.

Celui-ci avait dit deux mots à un Indien, qui était revenu avec une branche d'une espèce de sureau, qu'il remit au Trappeur.

Tête-de-Bison, débourrant l'intérieur de la branche avec la baguette de son fusil, y creusa de part en part, dans le sens de la longueur, un trou à peine plus large qu'une balle ; et, avec une balle, il boucha une extrémité du trou.

Puis appelant Bois-Rude :

— A trente pas, mon vieux ! dit-il.

Bois-Rude, sans mot dire, prit la branche qui représentait une sorte de tuyau fermé à un bout par la balle et long d'un pied à peu près.

Il compta les trente pas avec ses façons d'automate, se retourna, éleva le bras en l'air, tenant la baguette, en tournant le bout non bouché du côté de Grandmoreau.

La foule était muette d'étonnement.

Un pareil coup était-il possible ?

Pas un mot !

Pas un souffle !

Grandmoreau crie à Bois-Rude qui obéit à tous ses ordres :

— Un peu à gauche.

« Incline le bec du tuyau.

« Assez !

« Relève d'un quart de pouce.

« Ne bouge plus ! »

La fuite de John Huggs.

Quelle scène!
Toute royauté a son prestige.
Grandmoreau est le roi des tireurs.
La multitude haletante regarde et se tait.
Grandmoreau ajuste.
Lui et Bois-Rude semblent deux marbres pour l'immobilité.
Un éclair brille.
Bois-Rude n'a pas bougé.
Un homme s'écrie :
— On voit le jour à travers le tuyau ! Une balle a chassé l'autre !
C'était vrai.
Bois-Rude alors pivote lentement, très-lentement sur son talon gauche; on dirait de ces hommes de cire montés sur plate-forme et qui virent devant le public dans les exhibitions.
Et à mesure qu'il tourne, le corps toujours roide, le bras tendu, les spectateurs répètent le même cri de surprise :
— On voit le jour à travers le tuyau !

Bois-Rude est revenu en face de Grandmoreau; il termine son évolution sur lui-même.
Il jette la branche et il revient, toujours calme et compassé, vers ses amis.
Mais les sachems se sont précipités; ils ont ramassé la branche; ils l'examinent avec une terreur superstitieuse; enfin ils reviennent vers les trappeurs et ils décident que le sureau sera enchâssé dans une enveloppe d'or et déposé auprès de la piastre touchée si miraculeusement par Sans-Nez.
Mais les sachems ajoutent que le *témoignage* de Tête-de-Bison sera au-dessus de celui de Sans-Nez.
On juge du prestige que les chasseurs avaient conquis.
Ce n'étaient que clameurs, hurrahs, salves de bravos, trépignements.
Des senoras jetaient des fleurs aux héros de la fête.
Des hommes leur lançaient leurs chapeaux,

16ᵉ Livraison.

signe d'un enthousiasme touchant à la démence.

Cela dura bien un quart d'heure.

Mais une joute entre coureurs, hommes des prairies et Apaches vint faire diversion et l'on se précipita pour voir la lutte entre des célébrités dont la vélocité était telle, qu'aucun cheval, disait-on, ne pouvait distancer quelques-uns d'entre eux.

Aussitôt les trappeurs tinrent conseil.

— Voilà le moment! dit Sans-Nez. En marche!

« Allons voir ce qu'il y a derrière ce rideau.

— Avant de marcher, observa Grandmoreau, il faut arrêter notre plan.

« Voici ce que je propose :

« D'abord il ne faut pas exciter la méfiance de ces faces de cuivre.

« Nous allons partir l'un après l'autre... »

Le Trappeur s'interrompit.

Il venait d'apercevoir le Cacique araucanien.

CHAPITRE XVII

LA PIERRE FERMÉE.

Le géant s'avançait rapidement, rompant ainsi avec ses habitudes de lenteur et de flegme.

Pourquoi ce changement?

Chacun de ses pas ne mesurait pas moins de deux mètres.

Quand il fut auprès de ses compagnons :

— Amis, dit-il, pourquoi les Peaux-Rouges ont-ils gardé ce défilé ?

— C'est justement ce que nous nous demandons, fit John Burgh, et nous comptions un peu sur toi pour nous renseigner.

« Mais qui t'a fait remarquer la chose, et pourquoi tiens-tu à en avoir l'explication ?

— Écoutez, fit Tomaho.

« Vous dites toujours, entre vous, que je ne suis pas intelligent... »

Les chasseurs firent mine de protester.

— Och! fit le cacique avec bonhomie, je sais que je ne suis pas aussi fin que Sans-Nez, sans quoi Orélie ne m'aurait pas attrapé.

« Mais voilà! J'ai résolu d'imiter le karou, qui est une bête peu malicieuse, mais si défiante, si défiante, qu'on ne la prend jamais. »

Le Cacique fit cette déclaration d'un ton si bon enfant, que les chasseurs se mirent à rire.

— A l'avenir, dit Tomaho, je...

— Au fait! au fait! s'écrièrent les chasseurs prévoyant de trop longues digressions.

— Bon! très-bien! Vous n'aimez pas m'entendre raconter, dit Tomaho.

« Je n'ai pas la langue subtile et le ramage agréable.

« Je serai donc bref comme l'oiseau des mouches, qui n'a qu'un seul cri.

« Je me défiais.

— Ah! ah! firent les chasseurs.

— Il y a un voile qui m'inquiète, au fond des roches, là-bas.

« Je suis allé vers le fond de cette grande crevasse, quand un Indien en armes me refusa le passage.

« Je me préparais à jeter la sentinelle dans le ravin, mais il me vint une réflexion.

— Pas possible! interrompit Burgh railleur.

— Si, possible! fit le géant sans s'émouvoir.

« Je me dis que les Indiens avaient leurs raisons pour faire garder les abords du défilé.

— Bien pensé! remarqua l'Anglais toujours moqueur.

— Et que fis-tu, grand homme? demanda Sans-Nez.

— Je m'en allai.

— Et voilà tout?

« Ce n'était pas la peine de réfléchir.

« Décidément, tu n'es pas malin, mon cher Cacique.

— Je le sais bien, fit tranquillement Tomaho.

« C'est bien parce que je ne suis pas malin, comme vous dites, que ce brigand de Touneins m'a volé ma couronne.

« Car vous le savez, le piège qu'il m'a tendu...

— Nous le savons très-bien! s'écrièrent ensemble les chasseurs.

« Assez! assez! »

Le géant attendit le silence et reprit avec une pointe de malice :

— Je m'en allai... mais je continuai mon inspection tout autour des roches.

— Ah! ah!... pas bête! fit-on

— Je sais maintenant un petit endroit qui nous permettrait peut-être d'arriver au dessus de la gorge fermée par le voile de fourrures.

— Tiens, tiens, tiens! ce Tomaho!

Le géant jouit de son triomphe, mais fort modestement pourtant.

Il ajouta :

— Quand j'eus terminé ma petite ronde, je revins vers vous autres.

« Tout en venant, je pensais que ces gredins de Peaux-Rouges pourraient bien nous jouer un mauvais tour.

« C'est pourquoi je voulais vous consulter.

— Voilà qui n'est pas sot du tout! fit Grandmoreau.

« Le Cacique m'étonne!

« Mais il faut agir.

« Je reprends ma proposition :

« Partons tous les cinq dans différentes directions.

« Nous nous retrouverons au point où le Cacique pense que l'on peut le mieux arriver à voir ce qui se passe dans cette gorge.

« Indiquez-nous cet endroit, Tomaho.

— C'est, dit l'Araucanien, une grosse roche toute ronde, facile à reconnaître, et que vous verrez à deux cents pas du défilé, sur la droite.

— Je connais aussi l'endroit, fit alors le Trappeur.

« Tomaho a raison : c'est ce seul point qui nous offre des chances de parvenir au but sans éveiller l'attention des sentinelles.

« Une fois là, nous aviserons.

« Qu'en dites-vous?

— Approuvé! s'écrièrent les chasseurs.

« En marche ! »

Les cinq hommes se séparèrent aussitôt.

Se donnant des airs de flâneurs, ils allaient de wigwam en wigwam, de groupe en groupe, fumant et causant de l'air le plus indifférent.

Au bout d'un certain temps, ils étaient rassemblés derrière la roche désignée par Tête-de-Bison.

Ils ne tinrent pas conseil longtemps.

— En file! avait dit Grandmoreau.

« Je pars en avant. »

Aussitôt le Trappeur disparut presque entièrement dans les herbes.

Ses camarades ne l'apercevaient que d'instant en instant, mais ils devinaient tous ses mouvements au frémissement des herbes sèches s'écartant devant lui.

Bientôt Grandmoreau arriva sur une espèce de plate-forme où il fit une courte station, faisant signe à ses camarades de l'y rejoindre.

Ceux-ci parvinrent près du Trappeur.

— Je vais, dit celui-ci, continuer à avancer.

« Je descendrai jusqu'à cette saillie que vous apercevez.

« De là je verrai probablement le fond du défilé. »

Tomaho fit une observation.

— Je ne suis pas très-fin, dit-il.

— On le sait, c'est entendu! observa Sans-Nez.

« Pas de mots inutiles.

— C'est que mon avis est peut-être bête.

— Donnez-le toujours.

— Je me défie parce que je ne vois pas de sentinelles.

— Et moi aussi, dit Tête-de-Bison, je me défie.

« Mais il faut bien se risquer.

« Restez là.

« J'avance. »

Les quatre autres chasseurs restèrent en observation et le vieux Trappeur se glissa en avant, rampant comme une couleuvre.

Il arriva sur la saillie et s'arrêta.

Il semblait indécis.

Son hésitation ne dura pas, et il se remit à ramper.

Les chasseurs le regardaient attentivement.

Tout à coup la terre parut s'enfoncer sous lui.

Il disparut.

Avait-il glissé?

Burgh releva la tête et laissa échapper un « goddam » moins sourd, bien qu'énergique.

Il ne s'expliquait pas cette subite disparition.

Il y avait là quelque chose d'extraordinaire, d'incroyable, d'inouï.

Mille suppositions se succédèrent dans l'esprit des chasseurs en moins de dix secondes.
— Il faut aller voir, dit Burgh.
Et il se mit à avancer à son tour.
Et il rampait avec toutes les précautions imaginables.
Il parvint enfin à l'endroit même où avait disparu Grandmoreau.
— Tonnerre de D...! dit Sans-Nez, il faut en avoir le cœur net.
Sans hésitation, il prit le même chemin que ses deux amis.
Il déploya toute son adresse, mais à son tour il parut s'enfoncer dans les profondeurs du sol.
Bois-Rude poussa un grognement.
Il demanda à sa gourde une inspiration, et il allait partir.
Tomaho voulut faire une observation.
— Toi, tu m'embêtes! fit rudement Bois-Rude.
Et il se glissa en avant.
Il avançait par saccades, comme mû par un ressort.
Mais, comme les autres, il s'enfonça de l'autre côté de la saillie.
Seulement il poussa un jurement formidable.
Tomaho restait seul.
Le géant se tint coi d'abord.
Cette grosse masse s'immobilisa au milieu des herbes.
On eût dit un quartier de rocher, ou mieux quelque statue détachée d'une ruine et tombée la face contre terre.
Le Cacique réfléchissait.
— Je ne vois plus mes frères, se disait-il, et il me semble que la terre vient d'engloutir le dernier.
« Que veut dire tout cela?
« Je n'y comprends rien. »
Le brave Patagon borna là ses réflexions pour l'instant.
Au lieu d'avancer, il se mit à reculer, toujours en rampant.
Il parvint à regagner le point de départ sans encombre.
Se relevant alors, il murmura :
— Je ne suis pas fin, moi.
« Je ne devine pas ce que mes compagnons sont devenus.

« Qu'ai-je à faire? »
Il songea un peu.
— Le mieux, dit-il, est de consulter plus avisé que moi.
« Avertissons le comte, qui m'expliquera tout.
« Voilà ce qu'il me faut faire. »
Sa résolution prise, Tomaho se dirigea à grands pas du côté du wigwam royal.
Tout en marchant, le géant s'adressait mentalement des reproches, en même temps qu'il se félicitait.
— J'abandonne mes frères, pensait-il.
« C'est bien ou c'est mal.
« Qu'aurait fait ce rusé Touncins, cet adroit gredin qui me prit ma puissance et mon peuple?
« Il se serait sauvé lâchement.
« Et je l'imite.
« Mais Tomaho n'est pas lâche en cherchant du secours pour ses frères, plutôt que de tomber impuissant à côté d'eux dans quelque piège. »
Tomaho avait horreur des embuscades depuis son affaire avec Orélie.
Le géant en était là de son monologue quand il aperçut, appuyé sur le canon de son fusil, le frère de la reine.
Le visage de l'Aigle-Bleu rayonnait.
Cet homme ordinairement calme, impassible, impénétrable, même dans les plus grands périls, comme tous ceux de sa race, cet homme au caractère sombre et dissimulé riait en ce moment.
Il riait franchement, il se laissait voir joyeux et satisfait.
Tomaho, quoique peu observateur, remarqua cet air narquois, ce rire moqueur qui le salua au passage.
Il se demanda :
— Ce traître est sans doute pour quelque chose dans la disparition de mes frères les guerriers blancs.
Il s'arrêta soupçonneux et indécis.
Puis il crut devoir lui faire un speech de circonstance, car il se sentait indigné.
— L'Aigle-Bleu, prononça-t-il gravement, ton visage moqueur me semble celui d'un jaguar qui tient une proie sous sa griffe.
« Tu es un brave et puissant guerrier,

mais ta force et ta puissance peuvent disparaître d'un soleil à l'autre.

« Moi aussi, j'étais le plus grand guerrier de ma nation.

« N'as-tu pas entendu parler du cacique Tomaho, le plus puissant parmi les caciques d'Araucanie?

« Il est devant toi.

« Trahi et délaissé, il vit loin de son pays.

« Chef, prends garde! Crains la ruse du lâche coyote; redoute la dent mortelle du serpent caché sous les herbes. »

Le géant s'éloigna d'un pas lent et majestueux après avoir prononcé ces paroles d'avertissement et de menace.

Le frère de la reine ne lui avait répondu que par un léger haussement d'épaules.

Tomaho, cependant, arriva devant le wigwam royal.

Les convives de la reine indienne causaient joyeusement en dégustant un excellent café préparé à l'espagnole.

Le repas avait dû se passer au mieux.

Le géant ne pénétra pas sous la tente, ne prononça pas un mot.

Se tenant droit et immobile, il fixa son regard sur M. de Lincourt jusqu'à ce que celui-ci l'eût aperçu.

Alors il éleva la main gauche à la hauteur de son oreille, et son index s'ouvrit et se referma par trois fois.

Cela voulait dire :

« Venez m'écouter. »

Le comte le comprit.

Il se leva aussitôt et s'approcha du Patagon.

— Captain, lui dit celui-ci, employant la locution d'usage dans les bandes des prairies.

« Nos frères sont tombés dans un piège.

« Je les ai vus s'engloutir dans la terre l'un après l'autre, je ne sais comment.

— Où cela? demanda le comte.

— Là-bas, fit le géant en étendant le bras dans la direction du défilé.

— Bien, dit M. de Lincourt sans montrer aucune inquiétude.

« Continue. »

Et il entendit le minutieux rapport du géant.

Il le pria de l'attendre et rentra dans le wigwam.

Il jugea n'avoir qu'un moyen de sauver ses hommes.

— Reine, fit-il, mes amis, s'étant aventurés dans une certaine partie de votre campement, ont tout à coup disparu.

« Je vous prie de faire rechercher ces braves trappeurs, et surtout de veiller à ce qu'il ne leur arrive aucun mal, si, comme je le suppose, ils sont aux mains de vos guerriers. »

La reine se contenta de sourire, sans répondre.

— Je ne me trompe donc pas, je le vois, continua le comte.

« Ils sont prisonniers.

« Votre calme et votre rire me rassurent, sans m'enlever toute inquiétude. »

Et d'une voix légèrement altérée par l'irritation qu'il contenait difficilement, M. de Lincourt ajouta :

— Je ne pense pas qu'il puisse arriver malheur à mes chasseurs.

La reine souriait toujours.

— C'est le cacique Tomaho, dit-elle, qui a apporté la nouvelle?

— Oui, dit le comte.

— Mandez-le, je vous prie.

Le comte appela l'Araucanien.

La reine l'interrogea.

— Le Cacique, dit-elle, ne voudrait pas mentir; sa parole est pure comme un acier poli.

« Je compte qu'il dira la vérité. »

Tomaho s'inclina, flatté du compliment.

— Je pourrais, pour prouver que je ne sais pas déguiser ma pensée, dit-il, raconter comment Orélie, le Renard subtil...

— Cacique, interrompit le comte, ceci serait inutile.

— Et, ajouta la reine, je sais l'histoire du vaillant Tomaho tombé dans une embuscade.

— Ah! dit Tomaho ravi.

— Je vais donc, reprit la reine, questionner le chef araucanien.

« Où alliez-vous, quand les guerriers blancs ont disparu?»

Cette question embarrassait le géant.

Il aurait bien voulu ne pas y répondre.
Il se tut.
La reine, se tournant vers M. de Lincourt, lui dit :
— Comte, le Cacique a des raisons pour garder le silence, mais je devine la vérité.
« Les chasseurs blancs sont coupables.
« Il ont abusé de mon hospitalité.
« Car les gens des prairies sont toujours ainsi !
« La curiosité les dévore, et, pour la satisfaire, ils deviennent injustes et méchants. »
Puis à tous ses hôtes :
— Je vous réserve une surprise qui doit compléter cette fête donnée en votre honneur.
« Des gardes veillent attentivement pour qu'aucun regard indiscret ne vienne surprendre mon secret.
« Et vos amis, méconnaissant mon autorité, cherchant à tromper la surveillance de mes guerriers, veulent à tout prix connaitre mon secret.
« Ont-ils raison?
— Non, répondit le comte loyalement.
— Ils sont donc punis justement.
« Mais je ne veux pas prolonger vos inquiétudes, ajouta la reine.
« Allons délivrer les chasseurs blancs. »
Tout le monde se leva et sortit du wigwam.
Plusieurs chefs de tribus, parmi lesquels l'Aigle-Bleu, vinrent se joindre au groupe que la reine précédait, donnant le bras à M. de Lincourt.
Tomaho marchait en avant.
Il semblait penaud de la tournure que prenait l'affaire.
Toutefois de temps à autre la vanité lui chatouillait le cœur.
Alors un sourire errait sur ses lèvres.
— Och! pensait-il.
« Tomaho, si bête au dire de Sans-Nez, n'est pas pris.
« Les autres sont dans le piége. »
Et alors son pas devenait allègre ; il allongeait les jambes et faisait deux mètres à chaque coup de compas.
On arriva bientôt à l'endroit où le géant avait vu le dernier de ses compagnons s'enfoncer dans le sol.

La reine se retourna alors vers le comte et lui dit :
— Nous allons gagner cette saillie de roc.
« De là vos chasseurs comptaient apercevoir le fond de la gorge.
« Mais ils se trompaient.
« Vingt pas encore les séparaient du point où la vue leur en serait possible.
« Je vous demande, comte, pour eux, pour le Cacique et vous, l'engagement de ne pas aller plus avant.
— Je le jure ! dit M. de Lincourt.
On avança jusqu'à la saillie.
L'on ne voyait rien qui décelât un piége.
La reine dit alors à l'Aigle-Bleu, qui semblait d'une humeur charmante :
— Que les sachems délivrent les Visages-Pâles; cette leçon leur suffira.
— Où sont donc mes hommes? demanda le comte.
— Presque à vos pieds! dit railleusement l'Aigle-Bleu.
Et il montrait un vaste bloc qui semblait être détaché de la saillie et tombé de son sommet sur un petit plateau en contre-bas au haut duquel on devait surplomber la gorge.
L'Aigle-Bleu s'avança, et appuyant du pied sur le roc à une certaine place, il lui imprima, avec une facilité qui tenait du prodige, une oscillation à la suite de laquelle le bloc roula sur lui-même.
Et la reine disait au comte :
— Nous savons par les Mexicains du temps de la conquête, dont les descendants sont encore parmi nous, nous savons, comte, les secrets des *pierres fermées*.
« Nous connaissons le moyen de disposer, sur des fentes de rochers, des quartiers de granit qui forment de vastes piéges où se prennent tous ceux qui veulent passer sur eux. (Historique : rien de plus surprenant que ces chausse-trapes immenses tendues sous les pas des voyageurs.)
La reine reprit :
— Qu'un homme ou un animal mette le pied sur cette pierre placée de façon à ce qu'il ne puisse avancer qu'en s'aventurant, elle bascule, et se referme sans qu'on puisse s'échapper du piége.
Le comte avait entendu parler de ces

étranges chausse-trapes, et, malgré tout ce qu'on lui avait affirmé à ce sujet, il avait hésité à y croire.

Mais voilà que, sous le pied de l'Aigle-Bleu, le roc se soulevait et laissait, se tenant en équilibre, un vide béant.

On put voir, au fond d'un trou, les trois prisonniers confus et furieux.

Il sortit du piège trois imprécations rageuses que le comte réprima aussitôt.

— Gentlemen, dit-il, pas un mot de colère, je vous prie, et supportons dignement cette mauvais plaisanterie.

Puis, dans le jargon des chasseurs, dont on lui avait appris la clef, qui consiste dans une certaine adjonction de syllabes et dans une disposition des membres de chaque mot produisant une sorte d'anagramme, il ajouta rapidement :

— Dissimulez!

« Prenez la chose en riant.

« Vous serez plus ridicules encore en vous fâchant ; mais soyez sûrs d'une revanche. »

Les chasseurs étaient trop intelligents pour ne pas apprécier cet avis.

Ils bondirent hors de la fente de rocher, mais il leur fallut une grande puissance sur eux-mêmes pour se contenir en voyant des sourires moqueurs sur toutes les faces cuivrées des Indiens.

Cependant ils se dominèrent :

— Mes frères, dit Tête-de-Bison, vous vous êtes moqués de nous, et c'est bien fait.

« Nous avons tort :

« C'est la deuxième fois que je suis pris ainsi sous une de vos damnées pierres.

« Je m'arrangerai pour que ce soit la dernière.

« Aigle-Bleu, riez donc à votre aise.

« Nous sommes gens à rire avec vous de ce bon tour.

— Moi, je m'en pâme! dit Burgh dont la mine était considérablement allongée et qui faisait des efforts inouïs pour se livrer à une hilarité sonnant plus faux qu'une piastre de mauvais aloi.

Sans-Nez faisait claquer ses doigts, se regardait comme de coutume et murmurait :

— On risque de se faire couper en deux, dans ces pièges-là!

« Il ne me reste plus que du galbe, du torse et du chic ; mais je ne m'exposerai plus à perdre sur ces pierres le peu d'avantages physiques qui me restent.

« Bien joué, messieurs les Apaches! »

Bois-Rude ne dit mot ; mais avisant la gourde de Tomaho, il la lui vida d'un trait.

Cependant le colosse se grattait le nez et faisait ses réflexions :

Il ruminait quelque chose.

Enfin il demanda à l'Aigle-Bleu :

— Est-ce que ce bloc, quand il retombe, est accroché à quelque chose?

« Qui empêche de le relever?

— Mon frère n'est pas aveugle, je suppose? dit l'Aigle-Bleu.

« Le poids de cette masse suffit pour résister aux efforts de dix hommes. »

Tomaho se regratta le nez, puis le front, puis l'oreille, et reprit la parole.

— Je serais curieux d'entrer là-dedans! fit-il.

— Drôle d'idée, Cacique! observa le comte.

Mais l'Aigle-Bleu ne voulut pas perdre l'occasion qui se présentait de faire partager au géant le sort de ses camarades, ne fût-ce que pour un instant.

Il pensa à laisser le Cacique se morfondre dans le piège pendant quelques minutes.

— Si mon frère, dit-il, croit trouver quelque plaisir au fond de ce trou à rats, il peut s'y glisser.

Tomaho, sans rien dire, malgré les regards du comte, se laissa tomber dans la fente de rocher.

Mais elle n'était pas assez profonde pour lui ; il courba donc le dos et dit :

— Fermez!

L'Aigle-Bleu était ravi.

Il toucha du pied le roc, qui s'abaissa aussitôt.

Mais voilà qu'à peine était-il en place, on le vit se lever lentement, à la grande stupeur de tous ; l'on aperçut Tomaho levant le bloc par la pression de ses épaules ; puis tout à coup, par un brusque mouvement, le géant renversa la pierre, qui roula vers l'abîme.

Un instant après on entendit deux cris

terribles qui montaient vers le ciel du fond de la gorge...

Les chasseurs se regardèrent en silence.

Les Indiens ne dirent mot.

Mais Tomaho, s'essuyant le front, sortait de la fente et disait à l'Aigle-Bleu :

— Si je n'étais tombé que dans une embuscade aussi mal tendue que celle-là, je serais encore le chef de l'Araucanie.

« Mais le Renard subtil, l'infâme Orélie, sait beaucoup mieux tendre un piége que l'Aigle-Bleu.

— Mon frère connaît le secret des pierres levées! dit le sachem pâle de colère, car les chasseurs, à leur tour, riaient franchement aux éclats.

« Nul homme au monde ne peut soulever pareil fardeau.

« Le Cacique a touché *le point d'équilibre*. »

Tomaho s'indigna de cette supposition.

Il bondit vers un quartier de granit plus considérable que celui qui avait fermé le piége, l'arracha du sol par un admirable effort et le poussa vers le précipice, dans lequel il alla s'engouffrer.

Un cri terrible s'éleva encore des profondeurs du défilé.

Les chasseurs voulurent courir pour voir l'effet de la chute.

Le comte les arrêta.

— Sur votre vie! dit-il, ne bougez pas!

« J'ai juré pour nous tous qu'on ne dépasserait pas l'endroit où nous sommes. »

Il fut obéi.

Quant à Tomaho, s'essuyant une seconde fois le front, il se planta devant l'Aigle-Bleu, parut chercher une longue phrase et finit par dire ce seul mot :

— Voilà!...

Et il avait raison.

Son acte parlait pour lui...

Les sachems étaient atterés.

L'Aigle-Bleu blémissait.

La reine seule semblait admirer le colosse.

Personne cependant ne paraissait se préoccuper des cris entendus.

— Allons, dit le comte, tout va bien.

« Il serait sot de nous garder mutuellement rancune.

« Ces gentlemen ont appris que la curiosité a des dangers, et les sachems savent que leur trébuchet de pierre n'est pas de ceux qui prennent Tomaho.

« La nuit vient...

« Plaît-il à la reine de regagner le camp?

— Je le désire d'autant plus, dit la reine, que l'heure approche où vous allez enfin connaître le secret de ce ravin.

« Venez, comte. »

L'on redescendit vers le camp.

Mais les sachems restèrent groupés autour de l'Aigle-Bleu et les trappeurs demeurèrent en troupe.

Le comte, au mieux avec la reine, lui donnait le bras.

Les trois groupes semblaient s'être donné le mot pour rester à distance.

Que disait M. de Lincourt à la reine?

Des choses charmantes, sans doute, car elle écoutait silencieuse, et quand une femme se tait au bras d'un cavalier pour l'écouter, c'est qu'elle trouve plaisir à ce qu'il dit.

Les Indiens se taisaient.

Tomaho, seul parmi les chasseurs, prononça quelques mots.

— Je suis bête, dit-il, mais je suis devenu défiant et puis je suis très-fort : je crois que cela me suffira pour ne pas tomber dans les embuscades où les plus malins se prennent.

Cette allusion fut la vengeance de Tomaho triomphant contre les quolibets qu'on lui décochait souvent.

CHAPITRE XVIII

UNE SCÈNE TERRIBLE

La nuit est tombée subitement.

Pas de crépuscule : nous touchons aux régions équatoriales.

Nuit splendide des tropiques.

Ces étoiles, ces soleils lointains, brillent dans l'espace.

A cause de leur scintillant rayonnement, on est tenté de les comparer à des marguerites de feu constellant les célestes prairies.

L'air pur reste bleu malgré l'ombre.

Les bûchers.

Il semble avoir conservé des phosphorescences volées à la lumière du jour.

Une flèche lancée dans ce bleu sombre laisserait derrière elle une trace lumineuse.

De vagues parfums emplissent cette tiède et douce atmosphère : ce sont les fleurs de la savane qui rendent hommage à la nature et l'encensent de leurs mille senteurs.

Au silence d'un court crépuscule succède un étrange et sauvage concert.

Les carnassiers quittent leur repaire.

La faim les chasse vers la savane.

La journée commence pour eux avec la nuit.

Ils s'étirent paresseusement avant d'entrer en quête ; leur estomac vide a des sonorités creuses ; les échos brusquement réveillés semblent s'avertir en se renvoyant leurs terribles rugissements.

Les aboiements grêles du coyote, ce chacal d'Amérique, se font entendre dans toutes les directions.

La chouette, elle aussi, lance sa note lugubre ; la hulotte lui répond par un long cri plaintif, et le grand-duc gémit à la manière des geindres devant le pétrin.

D'énormes chauves-souris voltigent de toutes parts et lancent leurs sifflements aigus et stridents.

Ce sont les fifres de cet orchestre formi-

17ᵉ LIVRAISON

qui, la nuit, remplit de ses discordants rds le désert américain.

Le comte de Lincourt et la reine blanche reviennent de délivrer les trappeurs tombés dans le piége de l'Aigle-Bleu.

Ils marchent lentement, se donnant le bras, et paraissent être engagés dans une conversation attachante.

Derrière ce couple charmant viennent, pêle-mêle, les chefs indiens et les habitants notables d'Austin.

Malgré l'incident que nous avons raconté, la masse des Visages-Pâles et des Peaux-Rouges paraissent être dans les meilleurs termes.

Ils bavardent joyeusement, car les Indiens, par complaisance pour leurs hôtes sans doute, se sont départis de leurs usages habituels. Ordinairement réservés, silencieux, taciturnes, ils sont devenus démonstratifs, bruyants et bavards.

L'eau-de-feu est pour quelque chose dans cette transformation; mais y est-elle pour tout?

A quelques pas en arrière de leur chef, Grandmoreau, Burgh, Tomaho et Bois-Rude forment un groupe à part.

Sans-Nez n'est pas avec ses compagnons.

Il s'est lestement esquivé en disant à Grandmoreau.

— J'en aurai le cœur net.

Et il avait choisi la première occasion pour se faufiler inaperçu dans la broussaille.

Les trappeurs ont la mine féroce.

Malgré la victoire de Tomaho, ils sont furieux d'avoir donné bêtement dans un piége que maintenant ils trouvent grossier.

Que se passe-t-il dans le cerveau de ces gens qui ont désappris à pardonner?

Que pensent ces hommes prêts à risquer leur vie pour se venger de la plus légère offense?

A coup sûr, chaque imagination tend vers un même but.

Tous recherchent les moyens de prendre une revanche éclatante.

En voyant ces fronts plissés, ces sourcils froncés, ces faces calmes et réfléchies, on pourrait formuler avec assurance cet avertissement à l'adresse de l'Aigle-Bleu :

— Gare à la vengeance! elle sera complète.

Tomaho, seul, ne réfléchit pas.

Les efforts d'intelligence qu'il a faits coup sur coup l'ont épuisé.

Ses facultés ne lui permettent pas une tension d'esprit plus prolongée.

Il s'abandonne à la satisfaction d'avoir échappé au traquenard, et se réjouit d'être le principal auteur de la délivrance de ses amis.

Ses joies se traduisent par les ironiques plaisanteries qu'il adresse de temps en temps à ses compagnons.

— On se moquait, disait-il, parce qu'Orélie de Touneins m'a fait prisonnier.

« Ce subtil renard fut pour moi un Aigle-Bleu rusé comme celui qui vient de vous prendre au trébuchet.

« Et Tomaho a deviné le piége, et il a sauvé ses amis, beaucoup plus rusés que lui. »

Le géant abusait de sa victoire et prodiguait le sarcasme.

On ne l'écoutait pas, mais il parlait tout de même, s'écoutant avec plaisir.

Cependant la reine et son cortége marchent toujours dans la direction du fameux défilé dont l'entrée était masquée par une immense tenture de peaux.

Tout à coup un Apache accourt au-devant de la reine.

Il mène par la bride une magnifique jument blanche à la crinière abondante et dont la queue formant panache traîne jusqu'à terre.

La reine alors remercie le comte et quitte son bras.

Elle monte en selle légèrement.

La jument, en sentant le poids de la cavalière, redresse la tête, pousse un hennissement et frappe le sol avec impatience.

La noble bête semble fière de porter la Vierge aux cheveux d'argent.

Au moment même où la reine sautait à cheval, les sachems de sa suite se groupaient autour d'elle; des guerriers leur amenaient des chevaux de main sur lesquels ils s'élançaient; ils formèrent bientôt un peloton d'escorte s'arrondissant en demi-cercle autour de la Vierge aux cheveux d'argent.

Dès qu'elle se vit entourée de ses chefs de tribu, la reine porta à ses lèvres cet os humain qui lui servait de sifflet.

Une note aiguë, stridente, coupa l'air.

Aussitôt mille voix retentirent dans toutes les directions.

Ces voix ne proféraient qu'un seul cri.

Il semblait que ce fût un mot d'ordre qu'elles se transmettaient de proche en proche.

La reine venait en effet de faire circuler un ordre par les crieurs de guerre.

Ces crieurs sont en quelque sorte les trompettes des Peaux-Rouges; et voici quel est leur rôle dans les batailles :

Le grand chef, qui est accompagné de plusieurs crieurs, lance un commandement à l'une de ces trompettes humaines.

Sans retard, le commandement est transmis au crieur le plus rapproché, qui agit de même, et ainsi de suite.

De sorte qu'en deux minutes il est possible, à l'aide de ce procédé tout primitif, de faire circuler un ordre parmi un rassemblement d'hommes occupant un vaste espace de terrain.

Ce moyen de communication, s'il est d'invention indienne, n'en a pas moins été pratiqué dans les temps les plus reculés.

Certaines peuplades d'Asie n'agissent pas autrement dans leurs expéditions de guerre.

Pas un de nos soldats d'Afrique n'ignore cette pratique, mise en usage avec succès par les Arabes au commencement de la conquête algérienne.

En entendant toutes ces voix indiennes porter dans tout le camp des instructions dont il ne soupçonnait aucunement la signification, le comte de Lincourt fit un signe d'appel à Grandmoreau.

Le Trappeur s'approcha.

— Que veut dire tout ceci? lui demanda rapidement le comte.

— Je n'y comprends rien, répondit Grandmoreau.

« Mais veillons au grain.

« D'abord, je suis d'avis de monter à cheval, à l'exemple de la Reine.

— Tu as raison.

« Où sont nos chevaux?

— A deux pas.

« Là, derrière ces touffes de spiréas.

— Va les chercher

« Et vivement! »

Grandmoreau s'éloigna avec Burgh.

Trois minutes après, les deux trappeurs revenaient à cheval, et tenant en main les montures de leurs compagnons.

Le comte sauta en selle, et la petite troupe prit position à une très-courte distance de la reine et de son escorte de sachems.

Tomaho, lui, avait deux chevaux pour lui tout seul, celui qu'il montait et un autre qu'il tenait par la bride. Sans-Nez n'avait pas encore reparu : voilà pourquoi le Patagon avait l'air d'un cocher à la promenade.

Peu à peu les crieurs indiens avaient cessé leur vacarme.

Mais mille autres bruits succédaient aux glapissantes clameurs qui parcouraient tout le campement depuis cinq minutes.

C'était maintenant un sourd piétinement de chevaux mêlé à cette espèce de froissement d'une grande foule qui s'agite et murmure.

On n'entendait pas un cri, pas une simple exclamation.

C'était un grondement étouffé, contenu, comprimé.

C'était le flot plein de bruit venant s'étaler mollement sur des galets mous et spongieux.

M. de Lincourt et ses compagnons écoutaient et observaient.

La reine, au milieu de son escorte, paraissait attendre l'exécution des ordres qu'elle venait de faire circuler.

Suivie des sachems, elle s'était avancée dans la direction du défilé fermé par l'immense tenture en peaux.

Là, campée sur un tertre assez élevé, elle jette des regards investigateurs dans toutes les directions.

Apercevant le comte et ses trappeurs à cheval à vingt pas, elle les salue d'un sourire et d'un geste gracieux.

En ce moment, Tomaho poussait une exclamation de surprise.

Sans-Nez était à cheval à côté de lui, et il ne l'avait ni vu ni entendu approcher.

— Décidément, murmurait le géant en lâchant la bride du cheval de son compagnon.

cette face pâle est encore plus rusée que le traître Touneins.

« Il serait capable de faire ses esclaves tous les caciques de ma nation.

« C'est un renard qu'une lionne a nourri. »

Pendant que Tomaho faisait ses réflexions, Sans-Nez s'était approché de M. de Lincourt et de Grandmoreau.

— Je sais toute l'affaire, dit-il tout bas.

— Quelle affaire? interrogea le comte.

— Nous allons assister à un beau spectacle.

« La reine blanche va faire périr des prisonniers blancs capturés par ses guerriers.

— Des blancs! s'écria le comte.

— Tout ce qu'il y a de plus blanc comme peau.

« Mais, comme conscience, tout ce qu'il y a de plus foncé, à mon avis, du moins.

— N'importe! fit Grandmoreau.

« Nous ne laisserons pas mourir ces gens, ou nous serons des lâches.

— Bien dit! appuya le comte.

« Nous devons les sauver d'abord, puis les livrer à la justice mexicaine s'ils sont criminels. »

Sans-Nez fixa sur M. de Lincourt un regard moqueur.

— Le sauvetage sera difficile, fit-il.

— Si nous ne réussissons pas, nous serons tués, voilà tout.

« Nous mourrons du moins avec la conscience d'avoir fait notre devoir. »

Sans-Nez haussa les épaules.

— On ne meurt pas pour des John Huggs, fit-il avec une moue dédaigneuse.

— Vous dites John Huggs! s'écria le comte.

— Lui-même, avec son équipage composé de douze matelots yankees, autant de chenapans comme leur capitaine, sans aucun doute.

Le comte garda le silence pendant quelques instants.

Il réfléchissait.

Trois minutes écoulées, il prononça, élevant la voix pour être entendu des cinq chasseurs qui l'entouraient :

— Décidément, je ne ferai pas le sacrifice de ma vie et de celle de bons et braves compagnons pour tirer du péril ce John Huggs que vous connaissez.

« Partagez-vous mon sentiment?

— Oui, répondirent les chasseurs.

— Bien.

« Donc, restons calmes et observons.

— Je crois que c'est notre rôle, approuva Sans-Nez.

« Mais je n'ai pas tout dit, ajouta-t-il.

— Parle donc, lambin, grommela Grandmoreau.

— Voici le plus drôle :

« Il n'y a pas un seul Peau-Rouge avec les blancs dans le défilé.

« N'est-ce pas que ça vous paraît fort?

— Très-fort, yes, fit Burgh dit Main-de-Fer.

— Beaucoup trop fort, appuya Grandmoreau avec une pointe de mauvaise humeur.

— Sans-Nez plaisante, dit Tomaho avec son bon et naïf sourire.

— Soyez sérieux, fit le comte à son tour.

— Je suis très-sérieux et absolument véridique, reprit Sans-Nez.

« John Huggs et son équipage sont gardés par deux cents nègres.

« Mon étonnement a été au moins aussi grand que le vôtre.

« Et j'ai cherché à m'expliquer ce fait étrange, invraisemblable, presque impossible.

« Eh bien! je ne me suis rien expliqué du tout. »

Le comte et les chasseurs réfléchissaient; mais si peu de temps les séparait du moment où ils auraient le mot de l'énigme qu'ils se résignèrent à attendre sans approfondir ce mystère plus avant.

— Encore une fois, dit le comte, dès qu'il s'agit de ce Yankee John Huggs et de ses pareils, nous n'avons qu'à laisser faire, sans nous préoccuper du sort qui leur est réservé.

« Ce drôle voulait me laisser écharper sur le pont de son navire.

« C'est un négrier de la pire espèce, un forban de mer, rien de bon.

« Il ne vaut pas une charge de notre poudre.

— Approuvé! approuvé! dirent les trappeurs.

« On se bat pour sauver d'honnêtes camarades, mais non pour du gibier de potence comme Huggs.

Et les trappeurs se remirent à observer autour d'eux.

La scène devient imposante.

Des guerriers indiens à pied, armés en guerre, et au nombre de plus de deux mille, se sont massés en silence de chaque côté de l'entrée du défilé.

Ils forment deux colonnes épaisses ayant leur tête au vaste rideau de peaux masquant l'entrée de la gorge; leurs lignes s'étendent au loin dans l'intérieur du cirque, et dessinent, en s'élargissant, deux haies pour envelopper la multitude.

Bientôt une foule compacte roule et se précipite à flots pressés entre les deux lignes de fantassins Peaux-Rouges.

Ce sont les cinq à six mille habitants d'Austin.

Ils ont abandonné les plaisirs de la table pour se masser dans cette partie de l'immense cirque faisant face à la large découpure qui rompt l'uniformité de ses parois en pente douce.

C'est un peu malgré eux que les hôtes des Peaux-Rouges viennent s'entasser en foule entre les deux lignes de guerriers :

Pour les forcer à se réunir ainsi sur un même point, quinze cents cavaliers indiens ont entouré la vaste enceinte du campement, et ils ont poussé la masse populaire devant eux, avec une adresse que pourraient leur envier nos gardes municipaux.

Peu à peu les habiles cavaliers avaient rapproché leurs distances, doublé, triplé leurs lignes, et ils étaient enfin parvenus à grouper sur un terrain relativement peu étendu la presque totalité des habitants d'Austin, leurs invités.

Enfin, pour assurer l'effet de leur manœuvre, les cavaliers Peaux-Rouges formèrent un immense demi-cercle dont les extrémités rejoignaient les deux ailes excentriques de l'infanterie :

Si, en définitive, les Indiens pensaient à faire prisonnière toute la population d'Austin, la réussite ne pouvait être plus complète.

La reine, calme et superbe au milieu de ses chefs de tribus, paraissait attendre la fin de ce mouvement si habilement opéré par sa cavalerie.

La manœuvre étant terminée, la reine porta à ses lèvres son sifflet d'os humain et en tira une note aiguë et perçante, qui domina les bruits de la foule.

Elle accompagna ce coup de sifflet d'un geste de commandement que répétèrent tous les sachems, et aussitôt le silence le plus complet succéda au bruit et à l'agitation.

Les gens d'Austin eux-mêmes se tinrent cois.

L'inquiétude et la curiosité commençaient à travailler les cervelles.

Que signifiait tout cet appareil guerrier? Que voulait dire ce déploiement de force?

Mais bientôt l'attention générale se concentre sur un point, ou plutôt sur trente points brillants que l'on voit tout à coup luire sur la crête des parois du défilé.

Les Indiens allument des feux sur les sommets des pentes à pic de la gorge

Bientôt ces feux grandissent, s'étalent et se rejoignent.

Les hautes herbes flambent.

Des langues de feu clair et pétillant lèchent les noires parois des rochers.

Les arbustes s'enflamment.

Les grands arbres même brûlent, et leurs cimes touffues, que la flamme dévore, forment autant de petits incendies au-dessus du vaste foyer qu'elles dominent.

Grandmoreau ricane en voyant se développer l'incendie.

— Illumination indienne, murmure-t-il.

« Ces faces de cuivre se mettent en frais.

« Ce n'est pas pour rien; nous allons en voir de fortes.

— L'illumination commence seulement, dit Sans-Nez.

« Vous allez voir tout à l'heure.

— Première surprise! fit M. de Lincourt avec un léger haussement d'épaules.

Puis, se tournant vers les chasseurs, il ajouta en riant :

— Sa Majesté veut absolument nous étonner.

« Elle y arrivera peut-être; mais, en tout cas, ne lui en laissons rien voir.

Les trappeurs répondirent à leur chef par un sourire d'acquiescement.

Ils le comprenaient.

La dignité leur commandait l'impassibilité absolue, quoi qu'il arrivât.

Cependant l'incendie commençait à se propager rapidement.

C'était une grande scène d'horreur.

Les flammes, courant sur les crêtes avec une rapidité prodigieuse, forment un vaste demi-cercle qui va courant vers le défilé pour y rejoindre ses deux ailes gigantesques.

L'intensité de la chaleur est telle, que l'on étouffe sous le dôme immense de fumée rougeâtre dont l'arène est couverte.

On ne voit pas un coin du ciel.

L'attente est cruelle pour la foule murée par le fer des Indiens et le feu des collines.

Tous les yeux sont fixés vers le défilé.

Enfin le cercle de flammes est fermé.

Un coup de sifflet aigu passe au milieu des grondements sourds et des pétillements; il retentit strident. C'est un commandement lancé par la reine elle-même.

La grande tenture de peaux qui masquait l'entrée du défilé tomba.

La foule ne laissa échapper ni un cri ni un murmure.

Elle restait là, morne, silencieuse, stupide, devant l'épouvantable spectacle qu'on lui montrait.

Au milieu du défilé, sur un vaste terre-plein gazonné, sont dressés dix bûchers de même dimension.

Ces bûchers, composés de rondins de bois sec, cubent cinq à six stères, et affectent la forme d'une pyramide tronquée.

Du milieu de chacune de ces pyramides émerge un long poteau fourni par la tige lisse d'un bouleau.

Dix hommes, dix victimes sont attachées à ces poteaux.

Ce sont, prétend Sans-Nez, les marins de l'équipage de John Huggs.

Ces hommes, dont on peut distinguer les traits à l'éclatante lueur de l'incendie, ont tous des physionomies sombres et énergiques.

Ils appartiennent à cette classe de marins qui sont les bohêmes de l'Océan.

Écumeurs de mer, négriers, forbans à l'occasion, contrebandiers toujours, déserteurs de cent navires, capables de tout pour le gain, de rien pour le devoir, mais braves, intrépides, stoïques, ils ont d'avance franchement accepté l'inévitable dénouement de leur carrière : la mort violente!

La mort, souvent ignominieuse, parfois épouvantable.

Ils savent ce qui les attend.

C'est le bout de corde qui les suspend à la grande vergue, ou le coup de couteau de la vendetta, ou la hache des nègres révoltés, ou enfin l'agonie lente dans les plis d'une vague, en un jour de tempête.

Ces têtes de bandits se détachent en vigueur sur le fond éclatant de la scène.

Toutes expriment la résignation, mais la résignation farouche.

Aucune plainte, aucune insulte.

Le silence et quelque chose de menaçant dans l'attitude.

Les condamnés ne cherchent pas à rompre les liens d'écorce qui les attachent au poteau de la torture; mais leurs regards étincelants interrogent l'espace...

Ils cherchent quelque chose ou quelqu'un.

Ils l'ont aperçu!

C'est John Huggs, leur chef!

Alors leurs voix s'unissent en une protestation vigoureuse contre le sort, en un défi contre la justice impitoyable qui les atteint. Ainsi qu'aux beaux jours de liberté, quand le bâtiment négrier voguait sur l'azur des eaux et sous celui des cieux, les forbans saluent l'heure suprême du trépas comme ils ont salué les heures joyeuses du triomphe et du butin.

— Hip! hip! hip! Hurrah!...

Et une voix puissante leur répond, celle de John Huggs.

On le voit!

Au fond de la gorge se dresse un bûcher dix fois plus considérable que les autres.

Un très-haut poteau le domine.

A l'extrémité, un homme est solidement attaché.

C'est John Huggs.

Le capitaine yankee a été distingué par les Indiens.

Il occupe la place d'honneur.

Il y figure avec une sorte de dignité brutale.

Cet homme a l'habitude et la fierté du commandement; il n'a pas dans l'âme l'ombre d'un sentiment délicat, mais il a l'audace, l'intelligence, le cynisme.

Rien de noble, rien d'élevé dans cette nature fruste, rude, avide, sans loi, sans frein; cependant, dans la façon dont ce capitaine négrier accepte la fin, le néant, l'éternel oubli, il y a une certaine grandeur sauvage dont les Apaches eux-mêmes sont frappés.

Le long profil du marin yankee est en vive lumière; toutes les facultés puissantes de ce tempérament s'accusent.

Type repoussant par la bassesse des aspirations, presque sympathique par les témérités inouïes des actes.

A cette heure, ce nez de corbeau, flairant les proies sur terre et sur mer à cent lieues à la ronde, ce nez qui a respiré voluptueusement sur tant de charniers, se dessine en relief, et les narines frémissantes, soufflant le mépris sur le brasier qui flambe, lui donnent une force d'expression dédaigneuse qui l'ennoblit.

L'œil est superbe d'assurance, hardi encore en face du bûcher.

La lèvre mince jette un sourire d'amitié aux compagnons qui ont proféré le hurrah, et elle laisse échapper en réponse le même cri, qui part, franc, plein et vibrant, d'une poitrine où le cœur bat avec calme.

Le forban n'a pas peur.

La multitude a tressailli.

Les voix ont remué des échos dans les âmes.

Mais les trappeurs restent impassibles.

Parmi eux, John Huggs est un pirate de mer et de terre, un homme déloyal et misérable, une bête venimeuse, bonne à tuer partout.

Les voleurs des prairies ou de l'Océan n'ont rien à attendre des chasseurs, qui les haïssent et leur donnent la chasse en toute occasion.

Donc Huggs mourra.

Mais la scène s'anime encore d'un incident étrange.

A l'horreur de cette exhibition de suppliciés attendant l'heure du sacrifice se joignait un profond étonnement, occasionné par la présence de deux ou trois cents nègres rangés en cercle autour du bûcher.

D'où sortent ces nègres?

Que signifie leur présence au milieu des Indiens?

Qu'ont-ils à faire autour de ces bûchers dressés par la barbarie des Peaux-Rouges?

Les trappeurs et Sans-Nez lui-même ne savaient rien et n'en devinaient pas plus.

M. de Lincourt, souriant, avait d'imperceptibles haussements d'épaules.

— Mise en scène soignée, murmurait-il à mi-voix.

« Cette femme combine admirablement ses effets.

« Elle mériterait des applaudissements. »

Le comte restait fidèle à son parti pris de ne se laisser démonter par aucune surprise.

En vérité, du reste, il résistait supérieurement à l'étonnement.

Grandmoreau interrompit les réflexions de M. de Lincourt:

— Il se passe quelque chose dont je n'augure rien de bon, dit-il gravement.

— Quoi donc? demanda le comte.

« Aurions-nous à craindre une trahison?

— Je ne puis rien affirmer.

« Tout ce que je sais, c'est que nous sommes suspectés, et vous allez voir que je dis vrai.

— Enfin, qu'y a-t-il?

— Il y a que je n'ai pas quitté des yeux la reine et son escorte depuis que les bûchers sont démasqués.

« Nous étions nous-mêmes observés; je m'en suis fort bien aperçu.

« Quand nous avons, tout à l'heure, mis la main à la crosse de nos rifles, à la vue des victimes attachées sur les bûchers, la reine a fait un signe à son frère l'Aigle-Bleu.

« Celui-ci a disparu aussitôt.

— Et voilà la cause de ton inquiétude? demanda le comte.

« Je t'avoue que les petits manèges de Sa Majesté et de son frère ne me préoccupent pas pour le moment.

— Vous avez tort; votre liberté est menacée.

Grandmoreau prononça ces quelques mots avec assurance et autorité.

Il n'y avait pas à se tromper sur leur valeur.

Des gens de la trempe du Trappeur n'affirment pas sans être absolument sûrs de ce qu'ils avancent.

Le comte prit de l'inquiétude :

— Selon toi, qu'avons-nous donc à faire? demanda-t-il vivement.

— Rien pour l'instant.

— Comment, rien?

— Absolument rien, puisque je ne sais qu'une chose : c'est que des mesures sont prises ou vont être prises pour nous mettre dans l'impossibilité de contrarier les Indiens dans l'exécution de leurs projets.

« D'après ce qu'ils feront, nous... »

Le Trappeur fut interrompu par une exclamation de Burgh.

— Aôh! très-bien! disait l'Anglais.

« Belle manœuvre!

« Magnifique manœuvre!

« Superbes cavaliers!

« On dirait des horse-guards de la reine Victoria! »

Burgh dit Main-de-Fer admirait les évolutions hardies de soixante cavaliers qui, détachés du gros de la troupe, s'avançaient à travers la foule.

L'Aigle-Bleu était à leur tête.

— Que vous disais-je ? fit Grandmoreau en désignant les guerriers indiens.

— Il n'y a pas de danger sérieux, prononça le comte.

— Je crois, dit Sans-Nez, que la reine n'attentera pas à la vie de ses hôtes; mais elle nous ôtera les moyens de nous opposer au sacrifice des prisonniers blancs.

— C'est son droit, conclut M. de Lincourt insoucieusement.

« Attendons. »

Les prévisions de Grandmoreau se réalisaient peu à peu.

Les cavaliers indiens vinrent se ranger à la gauche du groupe formé par les chasseurs, qui se trouvaient isolés ainsi entre ces cavaliers, la ligne d'infanterie et l'escorte de la reine.

Mais les précautions des Peaux-Rouges ne s'arrêtèrent pas là.

L'Aigle-Bleu avait divisé sa troupe en quatre pelotons.

A son commandement, les guerriers du premier peloton épaulèrent leurs fusils et tuèrent les chasseurs couchés en joue.

Ceux-ci ne firent pas un mouvement.

Seul, Burgh laissa éclater son admiration; car il s'enthousiasmait pour les beaux mouvements militaires.

— Bons soldats! s'écria-t-il.

« Magnifique troupe!

« Excellente mesure! »

Et, de fait, l'immobilité des cavaliers et de leurs chevaux était parfaite.

Pendant une minute, ces centaures indiens, hommes et montures, semblèrent former un groupe équestre de bronze.

L'Aigle-Bleu prononça un mot; les fusils du premier peloton se relevèrent, tandis que ceux du deuxième s'abaissaient.

Cette manœuvre se répéta avec une régularité parfaite, de sorte que vingt canons de fusils menaçaient continuellement les chasseurs et montures, et leur interdisaient le moindre acte de révolte ou d'hostilité.

— Vous nous paierez tout cela un jour, grommela Sans-Nez.

Mais M. de Lincourt ne s'irritait pas; il se sentait flatté par toutes ces précautions extraordinaires.

— Laissez donc, Sans-Nez! dit-il.

« Ils font de nous un magnifique éloge.

« Nous n'avons pas le droit d'en vouloir à ces quatre mille malheureux qui ont peur de six hommes. »

Un long murmure de la foule coupa cette conversation du comte et des trappeurs.

En ce moment, l'attention générale se portait sur les nègres.

Quittant la gorge pour se diriger vers le tertre où se tenait la reine et son escorte, ils formèrent comme une longue procession.

On remarqua que tous portaient dans leurs mains les fers avec lesquels on a coutume d'attacher les esclaves à bord des négriers.

Ce défilé lent, solennel, conduit par des

Le sachem la Flèche-Enchantée, dit *Sable-Avide*.

vieillards, était cadencé par les notes d'une psalmodie étrange dont le rhythme produisait une impression indéfinissable.

La voix du comte rompit le charme sous lequel ce chant tenait ses trappeurs.

— La cérémonie continue! dit en riant M. de Lincourt.

« Voilà une procession à laquelle il ne manque que des évêques et du clergé. »

Cependant les nègres passaient devant la reine et jetaient à ses pieds leurs fers brisés.

Ils retournèrent ensuite vers la gorge pour former un cercle noir autour des bûchers, qui attendaient la torche et qui bientôt allaient s'allumer.

Tout à coup, en cet instant émouvant, les éclats d'une voix humaine dominèrent les bruits s'élevant de la foule.

Cette voix rendait des sons d'une sonorité et d'une puissance extraordinaire.

Le marin John Huggs, un véritable Yankee, prononçait un speech avant de mourir.

Il criait de toutes ses forces :

— Les funérailles que l'on me fait sont splendides.

« On me fait une flambée admirable.

« Il m'est en outre très-agréable de dominer de si haut des lâches.

« Vous êtes ici cinq mille blancs capables de délivrer dix hommes dont les veines contiennent le même sang que les vôtres, et vous allez nous laisser brûler sans honte !

« Habitants d'Austin, vous serez pillés et brûlés !

« Je ne suis pas encore en cendres.

« Souvenez-vous de John Huggs.

« Il se vengera de votre indifférence ou de votre lâcheté. »

Après un court silence, le marin reprit en langue apache, car il parlait, en vrai forban, tous les dialectes connus et quelques-uns d'inconnus :

— Quant à vous, Apaches, Pownies, Sioux, Keuhas et autres faces de cuivre, vous saurez un jour ce que vaut un Américain de ma trempe.

« Et votre Vierge aux cheveux d'argent sera l'esclave du dernier de mes matelots.

« J'ai dit. Allumez, maintenant. »

Ces fières paroles passaient dans l'air avec une sonorité métallique, humiliant les gens d'Austin, irritant les Apaches.

Mais pas un mot ne répondit aux menaces de John Huggs.

Dans l'esprit des Indiens, le malheureux s'enhardissait à supporter le supplice du feu.

Les gens d'Austin, eux, étaient consternés, stupides, anéantis.

Le comte commençait à s'émouvoir.

— Messieurs, dit-il aux trappeurs, ce John Huggs est un vil coquin, mais il est de trempe énergique.

« Si l'on faisait quelque chose pour lui ? »

Mais la voix de John Huggs retentit de nouveau.

Il venait d'apercevoir le comte de Lincourt à la tête de ses coureurs de bois.

— Eh ! gentleman ! cria-t-il.

« Vous voulez me voir brûler par ces brigands après avoir brûlé vous-même mon navire !

« Par l'enfer ! je vous baptise.

« Vous n'êtes plus le comte Henri de Lincourt.

« Vous êtes un lâche ! »

A cette insulte, M. de Lincourt lança son cheval en avant et poussa vers les bûchers.

Nul n'y fit opposition.

Sur un ordre de l'Aigle-Bleu, les fusils du peloton de surveillance s'étaient relevés.

Le comte poussa sa monture jusqu'au pied du poteau auquel le forban était attaché.

On s'attendait à une explosion de colère de la part de M. de Lincourt : il n'en fut rien.

Il se dressa légèrement sur ses étriers et dit avec un calme railleur à maître John Huggs :

— Mon garçon, vous avez trop fait de commerce dans votre vie pour ne pas savoir ce que c'est qu'un compte.

« Voulez-vous établir le nôtre ?

« Oui ?

« Très-bien.

« Ce sera clair.

« Examinons votre affaire.

« Vous me demandez de vous délivrer, et la chose est peut-être faisable au prix de beaucoup de notre sang versé.

« Or, maître John Huggs, votre sang à vous ne vaut pas le nôtre.

— Je suis de race pure tout comme vous ! protesta le forban.

— Possible ! mais vous êtes un coquin.

« Mais passons.

« Il suffit que j'estime votre vie de bandit fort peu de chose pour que je ne risque pas la mienne et celle de braves gens en votre faveur.

« Vous faites traite sur moi, vous *tirez à vue* sur mon courage et mon adresse.

« En avez-vous le droit ?

« Non, à coup sûr.

« Je ne vous dois rien, tout au contraire, maître Huggs.

« Souvenez-vous que vous m'avez laissé lâchement menacer de mort par la foule qui se trouvait à votre bord le soir de mon duel avec Grandmoreau.

« Je vous ai puni de votre ingratitude en mettant le feu au bâtiment.

« Partant, quittes !

« Quant à vous faire crédit d'un penny, vous êtes trop mauvaise paie.

« Qu'avez-vous à dire, maître John Huggs ? »

La logique du comte était écrasante.

Cette façon *commerciale* de régler l'affaire frappait beaucoup plus les esprits que les grands mots et les grandes phrases.

John Huggs courba la tête.

— C'est bon ! c'est bon ! dit-il.

« En voilà assez.

« Comme les gens qui vont faire faillite, j'ai voulu emprunter, et, dans ces cas-là, on s'adresse à tout le monde, même à des ennemis, ce qui est un tort.

« Vous crèverez comme moi un beau matin, je vous le prédis.

« Je n'ai qu'un regret, c'est de vous avoir demandé votre aide.

— Moi, dit le comte, au prix de mon salut, je n'aurais pas voulu m'adresser à vous.

« Vous avez échappé au feu de votre bâtiment, maître John ; vous n'échapperez pas à celui de votre bûcher.

« Pour l'honneur des bandits de votre sorte, mourez bien.

« C'est la seule bonne action qui vous reste à faire.

— Je vivrai et je te lierai sur un brasier ardent ! dit entre ses dents John Huggs.

Quel étrange espoir avait-il ?

Le comte n'entendit pas les paroles du forban.

Les trappeurs, qui s'étaient rapprochés, avaient senti trop vivement l'insulte que leur avait adressée Huggs pour être indulgents et pitoyables.

Très-peu tendres du reste, habitués au sang et aux tortures, méprisant et haïssant tout bandit, eux, gens de loyauté et mourant pour une parole donnée, les chasseurs saluèrent la déconvenue du capitaine par des ricanements.

— Monsieur le comte, dit Tête-de-Bison, il n'est tel que de s'expliquer.

« Ce pauvre John Huggs croyait que nous étions en reste avec lui, mais il s'aperçoit qu'il se trompait.

— Sans le bûcher, qui finit tout, dit Sans-Nez qui s'était montré le plus hostile à John Huggs, je lui réclamerais quelque chose comme deux mille dollars qu'il m'a volés.

— A vous ! protesta Huggs. C'est faux !

— Allons donc ! fit Sans-Nez.

« Souvenez-vous d'un joli garçon, plein de chic, ayant du galbe et du chien (sur ce, imitation de castagnettes, geste et coup d'œil vainqueur comme d'habitude), souvenez-vous d'un très-joli garçon auquel vous avez donné un coup de couteau traîtreusement pour lui enlever son or.

« C'était à Philippo, en 1860.

— Pour une canaille, c'est décidément une canaille complète et réussie ! fit John Burgh.

Et les trappeurs de s'éloigner sur cette exclamation.

Inutile de dire que, depuis qu'ils avaient pris cette attitude, les Apaches ne se défiaient plus d'eux.

En s'éloignant pour regagner leur première place, le comte dit à ses gens :

— Quand ce drôle a parlé des gens d'Austin, je commençais à m'émouvoir en sa faveur ; mais il nous a insultés ; tant pis pour lui !

— Et tant mieux pour nous ! dit Sans-Nez. C'est une vipère toujours bonne à écraser d'un coup de talon.

Les nègres cependant attendaient le moment d'agir avec une vive impatience.

Ces hommes torturés par les négriers pendant la traversée, avaient une soif de vengeance qui se traduisait par des menaces et des imprécations.

Il faut avoir vu quel enfer est un bâtiment chargé d'esclaves pour comprendre la rage de cruauté dont les victimes des négriers sont animées.

Les noirs, dès que les chasseurs se furent retirés, se ruèrent autour des prisonniers et les accablèrent de reproches et d'injures.

Ce fut une scène de revanche atroce.

On vit toute cette bande, arrivée au paroxysme de la colère, lapider ces matelots prisonniers à coups de cailloux tranchants.

C'était un spectacle d'une sauvagerie révoltante, mais ceux qui songeaient aux souffrances qu'avaient dû endurer ces malheureux, ceux qui savaient quelle vie et quelle mort souvent on leur fait, ceux-là comprenaient ces fureurs.

Le sang des marins coulait.

Seul John Huggs échappait aux coups par la grande élévation du poteau auquel il était attaché.

Mais cette lapidation n'était qu'un prélude à la torture du feu.

Pendant l'étrange dialogue qui vient d'être rapporte, une vingtaine de nègres armés de torches s'étaient dispersés sur la plateforme où s'élevaient les bûchers.

Ils mirent le feu à ces amas de bois secs qui flambèrent aussitôt.

De longues colonnes de flammes ne tardèrent pas à s'élever.

Pas de fumée ; le feu clair et pétillant jetait une blanche lumière se détachant brillante et pure au milieu des lueurs rougeâtres de l'incendie allumé par les Indiens, qui allait se propageant, et continuait à illuminer les crêtes élevées du défilé.

Bientôt les flammes atteignent les malheureux matelots attachés aux poteaux.

Chacun de ces misérables essaie de lutter contre la douleur ; on les voit résister, tendre tous leurs muscles quand ils se sentent atteints, se taire à force d'efforts, puis, vaincus, ils hurlent avec désespoir, se tordent comme des vers sur la cendre brûlante et disparaissent dans les tourbillons.

John Huggs domine toute cette scène d'horreur.

Son énorme bûcher brûle comme les autres, mais élevé qu'il se trouve à trente pieds au-dessus du sol, les langues de feu qui lèchent son poteau ne l'atteignent pas encore.

Et cependant, moins calme que ses hommes ne l'ont été au début de leur supplice, avant d'être touché par le feu, il semble s'agiter et faire des efforts pour se débarrasser de ses liens.

Est-il pris de terreur ?

Probablement.

La position de cet homme est plus horrible encore que celle de ses compagnons qu'il voit sous lui et dont le trépas commence son agonie.

Détail affreux !

Chaque fois qu'un corps se détache du poteau qui le retient et tombe dans le brasier, une fumée noire mêlée de vapeurs s'élève en lourdes spirales.

Par moments, John Huggs est entouré de ces vapeurs qui lui portent des odeurs de chairs brûlées.

Enfin les victimes disparaissent l'une après l'autre.

John Huggs reste seul vivant.

Le pied du poteau qui le supporte a pris feu, et il est déjà fortement entamé.

La foule, toujours muette, regarde, morne et fortement impressionnée, ce spectacle affreux.

Le forban s'agite cependant ; il imprime des secousses au poteau.

On dirait que, le sentant atteint par la flamme et à demi rongé, il veut en diriger la chute d'un certain côté.

Les trappeurs suivent cette manœuvre avec un certain intérêt.

Ils ont comme un vague idée que Huggs cherche quelque moyen de fuite.

Tout à coup le tronc d'arbre vacille.

Il va tomber.

Il tombe en effet... sur la crête de la falaise, au delà du précipice, et dans cette partie du défilé où l'incendie allumé par les Peaux-Rouges n'a pu se propager faute d'aliment.

Cette chute du poteau de supplice du Yankee provoque une immense clameur parmi les spectateurs.

Cri de rage et de fureur chez les Indiens.

Cri d'étonnement de la population d'Austin.

Mais le tumulte cesse bientôt.

La surprise suspend toutes les respirations et comprime chaque poitrine.

L'extrémité supérieure du poteau a à peine touché le roc que John Huggs se trouve soudain détaché, et libre de ses mouvements.

Debout, fier et superbe d'attitude, il se tient un instant immobile sur le rebord de la falaise.

Puis il fait un geste de défi et disparaît dans la nuit.

Tout le monde comprend que le capitaine est parvenu, par des pressions vigoureuses sur ses liens, à les desserrer, et qu'avec l'habileté d'un marin consommé, il a réussi à se dégager.

Profitant de la fumée et des tourbillons, il a fait mine de rester toujours attaché, attendant que le poteau fût attaqué par le feu.

Alors il est parvenu à en diriger la chute vers la crête du roc.

Cette évasion audacieuse annonçait un sang-froid qui fit l'admiration du comte.

— Messieurs, dit le comte, cet homme est de ceux avec lesquels il faut compter. Nous aurons à nous défier de ses vengeances.

— Et lui, dit Sans-Nez, devra se défier de nos balles.

En ce moment, les Indiens en masse se précipitaient vers les crêtes, à la recherche du fugitif, en poussant des hurlements épouvantables.

La foule suivit le torrent des chasseurs d'homme.

CHAPITRE XIX

OU LE SENOR MATAPAN PERD PLUS QUE SES CULOTTES

Pendant que se déroulaient les incidents que nous venons de raconter, une scène assez singulière se passait dans le pavillon de la reine.

Scène qui devait avoir les conséquences les plus extraordinaires pour la suite de cette histoire.

La reine et ses hôtes ont quitté la table du festin pour aller délivrer les chasseurs.

Le gouverneur, don Matapan, est resté seul dans la salle du festin.

Il n'a pas pensé à accompagner sa fille qui, de son côté, n'a aucunement songé à son père.

Depuis longtemps, mademoiselle Léonora a su se soustraire à l'autorité paternelle. Elle a conquis sans peine une indépendance que l'on ne cherche pas à lui disputer.

Le digne gouverneur, gêné par la sobriété de ses compagnons de table, n'avait pas suffisamment fait honneur aux excellents vins de Sa Majesté indienne.

Il était demeuré là, insoucieux du spectacle attendu, nonchalamment couché sur un amas de fourrures, et faisant tout haut ses réflexions :

— Est-il possible, disait-il, que des gens qui se respectent quittent la table juste au moment où l'on débouche le champagne!

« Ce Tomaho de malheur aurait bien dû donner dans le piége avec les autres, au lieu de venir nous troubler au plus beau moment du dîner. »

Tout en parlant, don Matapan caressait doucement les parois extérieures de sa coupe pleine.

Son regard humide se fixait avec béatitude et attendrissement sur le liquide clair et pétillant.

Et il buvait lentement, à petits coups, et agitant sa coupe à chaque gorgée, comme il eût fait d'un verre d'eau sucrée.

Puis se reprenant à réfléchir :

— Ce comte de Lincourt commence à baisser singulièrement dans mon estime.

« Il est très-brave, je le veux bien.

« C'est un homme à ne pas reculer devant le plus terrible danger, et la mort ne paraît pas l'effrayer.

« Mais c'est égal, il ne me va plus.

« Comment s'en aller quand le champagne arrive !

« Il était là à coqueter avec cette reine aux cheveux d'argent, au lieu de se conduire en homme, au lieu de déguster gaillardement les vins délicieux qui nous ont été si largement servis.

« Décidément sa valeur n'est pas telle que je me la figurais. »

Après une légère pose, le gouverneur reprit en caressant le goulot d'une bouteille de champagne :

— Le comte me paraît avoir beaucoup de sympathie pour cette femme aux cheveux d'argent…

« Mais moi aussi j'aime une reine à la tête argentée. »

Puis serrant amoureusement une bouteille de *cliquot* sur son cœur, il lui fit une tendre déclaration :

— Belle et charmante bouteille, disait-il, je te couvre de baisers, et tu réponds généreusement à chacune de mes accolades par ces adorables glous-glous qui portent la fièvre et le bonheur dans les veines de ton heureux amant !

Comme la bouteille ne protestait pas, le gouverneur se permit des licences amoureuses.

Avant de faire sauter le bouchon, don Ma

tapan promenait ses deux mains autour de sa bouteille ; il la pressait doucement, l'élevait à la hauteur de son œil, et admirait la transparence de la liqueur.

Puis, après mille précautions, et avec l'adresse que donne une longue expérience, il décoiffa la belle.

Le vin s'échappant en mousse blanche remplissait sa coupe ; il humait cette mousse avec délices.

Ou bien, versant avec précaution, il buvait à petites gorgées, savourant goutte à goutte le liquide clair et reposé.

Tantôt, emporté par une impérieuse avidité, il absorbait d'un trait tout le contenu de son verre.

Ce buveur émérite avait mille manières de caresser la bouteille, cette maîtresse fidèle de tout amant convaincu.

S'il avait la caresse douce, il savait aussi user de la flatterie séduisante.

Il vantait les charmes de l'ivresse.

Tout en dégustant, il murmurait :

— Le vin a toutes les vertus :

« Il est le grand consolateur des affligés ;

« Il augmente les facultés intellectuelles ;

« Il développe l'amour du prochain.

« Moi-même, en ce moment, je voudrais avoir là à côté de moi un ami, et le voir prendre part à mes plaisirs.

« Je lui dirais que le bonheur non partagé n'est jamais complet, et que le vin est meilleur après avoir trinqué. »

Don Matapan avait prononcé ces dernières paroles avec émotion.

Sa large poitrine se souleva lentement, et il laissa échapper un soupir de soufflet de forge.

Il se souvint d'une des plus belles nuits de son existence, une nuit fameuse où la perte de ses culottes lui avait coûté mille piastres.

Mais peu lui importait l'argent.

Les contribuables payaient ses paris perdus ; à n'importe quel prix, il eût recommencé cette lutte mémorable.

Il regrettait l'absence des trappeurs.

— Ah ! que Bois-Rude et ses amis ne sont-ils là ! murmura-t-il.

« Quelle bataille !

« S'ils avaient eu soin au moins de boire quelques bouteilles de ce cliquot avant d'aller courir par le camp, ils ne se fussent pas laissés prendre au trébuchet comme de simples bêtes.

« Leur intelligence éveillée par les subtiles vapeurs du vin leur aurait fait soupçonner le danger ou fourni les moyens de l'éviter. »

Puis tapant sur la table :

— Soirée perdue !

« Pas de joute verre en main !

« Aucun adversaire !

« Pourtant je me sens fort ce soir.

« Je vaincrais les plus redoutables. »

Le gouverneur poussa encore un gros soupir de regret, puis il remplit son verre et le porta à ses lèvres.

Mais, ô surprise !

En ce moment le glou-glou d'une bouteille que l'on vide se fait entendre distinctement.

Don Matapan n'ôte pas la coupe de ses lèvres, mais il n'en suce plus les bords.

Il écoute.

Le glou-glou a cessé.

Était-ce une illusion ?

Don Matapan aspire de nouveau le champagne pour s'arrêter encore :

Un petit bruit sec et sonore est perçu par son oreille exercée :

C'est le claquement de langue d'un buveur qui vient d'ingurgiter quelque délectable boisson.

Le gouverneur a posé son verre.

On boit près de là.

A demi couché sur ses coussins de fourrures, don Matapan enfonça son coude dans le poil soyeux d'une peau de grizly, et se souleva doucement.

Le bruit semblait venir de ce compartiment du wigwam qui précède la salle du festin. Et ce compartiment n'était séparé que par une tenture en peaux d'élans.

Le regard humide du gouverneur se fixa avec une expression indéfinissable sur la cloison de peaux, ses narines se dilatèrent, ses lèvres eurent des frémissements précipités.

Don Matapan était sous le coup d'une agréable émotion.

Le vin pousse à la fraternité.
Le voisinage d'un buveur est doux à l'ivrogne.
Don Matapan espère trouver avec qui lutter. Son flair subtil lui dit qu'il y a là, à côté de lui, un ami, un frère.
Il l'a senti, deviné, compris.
La joie se lit sur sa large face empourprée.
— Un adorateur de Bacchus dans ce pays perdu! dit-il avec élan.
« Merci, mon Dieu, pour cette trouvaille inespérée.
« Je vais l'inviter à partager les joies d'un tournoi charmant dont nous serons les deux héros. »
Ceci dit, il enfla tant qu'il put sa voix de clarinette aux vibrations stridentes et claires.
— Eh! camarade, cria-t-il, voulez-vous mesurer vos forces avec un maître en l'art de boire?
« Voulez-vous vider ensemble la coupe de l'amitié? »
Il attendit un instant.
Silence complet.
« Quoi! pas de réponse! reprit-il.
« Ne seriez-vous pas un buveur?
« Je me serais donc trompé, et je perdrais si vite l'espoir de rencontrer en face de moi un homme capable de tenir un verre. »
Provocation tentante.
Don Matapan s'interrompit encore, et écouta de nouveau.
Ses yeux se fixèrent attentifs sur les peaux d'élans.
Il attendit.
Attente vaine!
Un peu désappointé, le gouverneur promenait une main distraite sur le ventre d'une bouteille.
Il était perplexe.
Sa dignité lui défendait d'aller au-devant de celui dont le silence même semblait indiquer un dédain profond.
Mais d'un autre côté, don Matapan se sentait navré d'être seul.
Il avait positivement besoin de trinquer.
Il ne se découragea pas.
Il modifia son invitation, lui donnant le caractère d'une provocation plus directe et plus vive.

— Je m'adresse donc à un buveur à la tête faible! reprit il.
« J'ai donc là, près de moi, un homme assez égoïste pour ne pas comprendre les jouissances de l'ivresse partagée!
« S'il en est ainsi, je le déclare, indigne de boire. »
Le gouverneur s'arrête soudain dans ses adjurations.
Ses petits yeux s'écarquillent, et sa bouche reste béante.
Une main vient d'écarter légèrement les peaux d'élans.
Cette main est ornée d'un verre plein d'un liquide rendant le pur et clair reflet de la topaze.
C'est de l'eau-de-vie!
Une voix enrouée prononce lentement ce souhait indien équivalant à notre « à ta santé! » français :
— Le grand Vacondah te conserve le bonheur de boire!
Après un balancement bizarre, la main a disparu tout à coup, et le claquement de la langue se détachant violemment du palais retentit par deux fois.
Le gouverneur était surpris et intrigué.
Il se saisit d'une coupe de champagne, l'éleva à la hauteur de son visage et répondit au salut que lui avait adressé le buveur invisible.
Mais il était résolu à provoquer une joute à tout prix, et il se lança plein d'ardeur dans la voie des plus insolents défis.
— A la santé de mon frère inconnu! dit-il.
« Que le Vacondah protège le timide buveur qui n'ose pas lutter... »
C'était une attaque directe et blessante.
L'effet en fut rapide.
Les tentures, violemment arrachées, tombèrent tout à coup.
Un sachem était là seul, mais assis.
Sa main, sans que le corps se dérangeât, avait fait tomber le rideau.
Le gouverneur le reconnut pour un de ceux qui escortaient la reine au moment de la réception des blancs.
C'était évidemment un grand chef.
Le Peau-Rouge se tenait accroupi sur un triple coussin de fourrures.

Plusieurs bouteilles étaient placées devant lui.

Il buvait de l'eau-de-vie.

Sans se déranger, sans faire un mouvement ni même détourner la tête, l'Indien prononça lentement ces mots avec une nuance d'étonnement dans l'accent :

— Mon frère veut donc la guerre ?

— Oui, la guerre, s'écria don Matapan avec élan.

Et comme l'Indien, se retournant cette fois, le regardait avec surprise, il s'empressa d'ajouter :

— Vous allez me comprendre, ami sachem.

« Je veux la guerre, oui ; mais une guerre de buveur à buveur.

« Nous combattrons le verre d'une main et la bouteille de l'autre.

« L'eau-de-feu parlera haut ; mais la poudre gardera le silence le plus profond.

« Me comprenez-vous, maintenant ?

— Je comprends, fit l'Indien.

Puis d'un air convaincu :

— Mon frère a raison d'éviter un combat avec moi.

« On ne verra pas son scalp desséché se balancer au vent, à l'entrée de mon wigwam. »

Évidemment le sachem avait cru jusqu'alors qu'il s'agissait d'un duel plus sérieux.

Avec la morgue indienne, il tenait à constater qu'il ne reculait pas.

Il reprit :

— Nous avons conclu un pacte.

« Aujourd'hui une lutte serait impossible.

« Mais viennent demain les lueurs roses de l'aurore et, si mon frère y tient, nous mesurerons nos tomahawks et nos couteaux. »

Ce n'était pas du tout l'affaire de don Matapan.

Pour employer des mots choisis, le sachem n'en parlait pas moins la langue espagnole avec quelque difficulté.

De là le malentendu.

Il fallait l'éclaircir, car il restait quelque doute au sachem sur les intentions de son adversaire.

Le gouverneur prit son air le plus bonhomme et s'empressa de protester.

— Allons, allons, ne parlons pas de guerre sérieuse.

« C'est un sujet qu'il me déplaît toujours de traiter.

« Il ne s'agit que savoir qui boira le mieux ! »

Le sachem sourit cette fois et considérant attentivement don Lopez y Matapan :

— Tu es le grand chef d'Austin ? demanda-t-il.

— Oui, sachem.

— Et tu veux boire contre moi ?

— Jusqu'à extinction de forces.

— Alors soyons amis ! fit le sachem.

« J'ai bu l'eau-de-feu dans ton wigwam de pierre et il serait mal de nous battre.

« J'étais avec la Vierge aux cheveux d'argent à la grande fête des Visages-Pâles.

« C'était très-beau, très-beau !

« Les tonnes de bois étaient bien pleines.

« J'ai cru d'abord que tu étais mon ennemi ; mais il y avait erreur.

« J'en suis content, très-content, car je ne peux désirer ton scalp sans cheveux. »

Et il souriait en regardant le crâne de don Lopez y Matapan, poli et reluisant comme une grosse boule d'ivoire.

— A la bonne heure, fit le gouverneur sans s'arrêter à la remarque du sauvage.

« Comment s'appelle mon frère ? »

Le sachem releva orgueilleusement la tête et répondit :

— Je suis un grand chef !

« On me nomme la Flèche-Enchantée sur les sentiers de la guerre.

« Dans les wigwams, je suis appelé Sable-Avide, parce que j'aime l'eau-de-feu !

Don Matapan tressaillit d'aise.

« Le Sable-Avide ! murmurait-il.

« Quel joli surnom !

« Ça promet.

« S'il allait être aussi grand buveur que l'ami Bois-Rude ! »

Et sur cette espérance, le gouverneur fit une démarche amicale.

Un verre d'une main et une bouteille de l'autre, il alla au-devant du Peau-Rouge.

Quand il eut avancé de quelques pas, il se rassit.

— J'ai fait la moitié du chemin, dit-il, que mon frère fasse l'autre.

LE SECRET DU DOMPTEUR

Les pirates de la savane en conseil de guerre.

« S'il a de la haine pour moi, qu'il ne bouge pas.

« S'il est mon ami, qu'il vienne à ma rencontre. »

Le sachem se leva à son tour.

Don Matapan l'examina.

Ce chef de tribu est de haute taille.

Maigre et décharné, sa peau, aux reflets cuivrés, colle et plaque comme un parchemin, sur des os et des muscles aux saillances trop hardies.

L'œil est grand, clair et gris, avec des reflets d'acier. Quand la paupière se ferme à demi, par un clignotement étudié et voulu, le regard prend une singulière expression d'astuce et de finesse.

La bouche est grande et bien ornée; ses lèvres épaisses, la distinguant de celles de la race rouge, accusent des instincts de gourmandise et d'intempérance.

Le chef indien a d'ailleurs reçu des siens un nom significatif :

Sable-Avide!

Les propriétés absorbantes de son estomac ne sont-elles pas admirablement peintes par ce surnom?

Du reste, ce chef a un je ne sais quoi de bizarre dans toute sa personne.

C'est un homme de sang apache certainement, mais peut-être de sang mêlé.

Il y a en lui certains traits qui révèlent une origine européenne.

Peut-être sa mère a-t-elle donné quelque coup de flèche dans le contrat?

Peut-être quelque chasseur blanc l'a-t-il séduite?

Sable-Avide n'a pas appris l'espagnol dans sa tribu.

Il a rôdé dans les haciendas et il aime à se charger de missions chez les Visages-Pâles.

Parfois il a dans ses traits comme un pétillement spirituel que n'offrent jamais les visages des Indiens de race pure.

Cependant il ignore lui-même les contrastes de sa nature.

Ce ne sont que de fugitives étincelles.

Il est chef, grand chef.

Partout il garde son sérieux tant qu'il peut, même en buvant.

La démarche du gouverneur lui plaisait toutefois.

Silencieux et grave, il fit quelques pas vers don Matapan qui lui tendit son verre.

L'Indien a vu souvent trinquer, et il se plie aussitôt à cette coutume si répandue dans le monde des ivrognes.

Les deux verres étant vides, le Sable-Avide s'est saisi d'une bouteille d'eau-de-vie.

Il veut verser de « l'eau-de-feu » au gouverneur.

Don Matapan refuse doucement sans s'inquiéter du froncement de sourcils du Peau-Rouge, bon enfant au fond, mais irascible par décorum.

Le gouverneur s'empare d'une bouteille de champagne dont il coupe prestement les fils de fer.

Pendant que, lentement d'abord, le gaz soulève le bouchon, le gouverneur tape doucement sur la bouteille et dit au sachem:

— Regardez, mon camarade.

« Si vous n'avez jamais vu danser du champagne, c'est drôle. »

Sable-Avide prévoit que cette liqueur a des propriétés spéciales.

Il écarquille les yeux.

Le bouchon monte lentement.

Le sauvage surpris veut mettre la paume de la main dessus pour se rendre compte de la force inconnue qui le pousse; mais le bouchon saute avec bruit.

Le sachem saute en même temps, de surprise.

Il a reculé de deux pas.

Les yeux grands ouverts et la bouche béante, il considère avec stupeur cette bouteille détonante.

Il s'est cru un moment en présence de quelque engin de guerre ou d'une diablerie européenne, comme disent les Peaux-Rouges.

Mais il a porté son regard sur le gouverneur qui, calme et souriant, remplit sa coupe avec mesure et précaution.

Le sachem se rassure.

Sur un signe amical de don Lopez, le Sable-Avide tend son verre.

La pétillante liqueur y tombe en cascades mousseuses, et une blanche écume émerge par-dessus les bords.

L'étonnement de l'Indien renaît plus puissant.

Il est resté là, considérant son verre et paraissant ne pas oser faire un mouvement.

C'est pour la première fois qu'il a à faire au champagne.

Le gouverneur jouit de l'ébahissement de son convive.

Il élève sa coupe à ses lèvres et la vide aussitôt, invitant ainsi le Peau-Rouge à l'imiter.

Le Sable-Avide a fait des efforts pour reprendre possession de lui-même.

Il est complètement rassuré maintenant.

La bouteille au col d'argent n'est ni une machine infernale, ni une sorcellerie inventée par le génie des Visages-Pâles.

Il porte enfin le verre à sa bouche.

Il déguste avec lenteur.

Il goûte en conscience.

Puis il prononce gravement son speech d'appréciation, laconique, mais expressif:

— Canne à sucre, eau de feu, poudre.

Il analysait ainsi le vin de Champagne, et pensait en indiquer les éléments.

Il revient à la bouteille.

Il emplit de nouveau sa coupe.

Il boit plus lentement encore que la première fois.

Après une seconde rasade, il résume son analyse dans ce mot composé:

— C'est de l'*Eau de Feu Follet!*

Et c'en est fait.

Le champagne compte un adepte de plus.

Le Sable-Avide, succombant à la séduction, s'assied sur les fourrures à côté du gouverneur.

Il abandonnait l'eau-de-feu.

O sainte fraternité de l'ivresse !

Ces deux hommes se sentent pris d'une amitié expansive.

Leurs cœurs débordent de joie.

Leurs regards étincellent.

Les protestations et les poignées de main s'échangent.

C'est une effusion touchante.

Le gouverneur est ravi, car l'Indien est d'une politesse exquise.

Il appelle son ami des noms les plus agréables, les plus charmants.

Il lui dit de ces phrases qu'un Indien seul sait trouver :

— Toi dont la fraternité est douce à mon âme comme une bosse de bison à mon palais.

Ou encore :

— Tu n'as pas la crinière d'un lion, mais c'est la sagesse qui a dénudé ton crâne.

Et mille autres gentillesses.

Si bien que le gouverneur proclame à part lui Sable-Avide très-supérieur à Bois-Rude.

On but.

On but ferme.

Les deux nouveaux camarades vidèrent plusieurs bouteilles.

L'Indien étudiait toujours consciencieusement ce vin inconnu.

Le gouverneur, de son côté, jouissait bruyamment des étonnements ravis de son sauvage convive.

Peu à peu Sable-Avide, étonné lui-même de sa loquacité, devint de plus en plus causeur et communicatif.

Il en arrivait à rompre absolument avec les habitudes de réserve taciturne que les coutumes imposent au chef indien.

Il n'avait plus de secret pour don Matapan.

— Ah çà ! lui dit celui-ci, où diable ta reine a-t-elle eu tout ce champagne ?

Le sachem mit un doigt sur ses lèvres et dit tout bas :

— Chut !

« C'est l'homme de feu qui a envoyé tout cela et les hommes noirs.

— Quels hommes noirs ?

— Des nègres esclaves.

« En revenant de Paris, sur une grande pirogue à lui, qui marche par la flamme, il a pris en mer un bâtiment chargé de ces noirs et d'autres choses en grande quantité.

« Il y avait beaucoup d'eau-de-feu et de ce vin *feu follet* sur la grande pirogue.

« Mais, chut !

« L'homme de feu est un sorcier.

« Il faut en parler bas et avec respect.

— Tu as vu ce gaillard-là ? fit avec un air un peu dédaigneux don Matapan qui, ayant bu, ne craignait plus rien.

Le sachem se pencha à l'oreille du gouverneur et lui conta de si étranges choses que le digne homme n'en crut pas un mot.

— Bon ! pensait-il.

« Des divagations déjà !

« Il est un peu soûl.

« Tant mieux !

« Tout Sable-Avide qu'il est, je le vaincrai. »

Et il s'apprêta à tendre des embûches au sauvage.

Chose facile en apparence.

Le sachem se sentait entraîné à la tendresse par le vin de Champagne.

Il était étonné d'éprouver tant d'amitié à première vue pour un individu qu'il connaissait à peine et il attribuait les sentiments dont il était animé à une irrésistible attraction née d'une vive et naturelle sympathie.

— Vois-tu, frère, disait-il au gouverneur, je te trouve une bonne figure, un rire gai, un caractère excellent.

« Il me semble qu'en ta compagnie je suis tout autre que je n'étais.

« Je savais bien qu'il me manquait quelque chose : c'était de rire.

« On n'est pas gai dans les wigwams.

« Je cherchais au fond de ma gourde d'eau-de-vie ce que je n'y trouvais jamais et ce que j'éprouve en face de toi.

« Si tu veux, nous ne nous séparerons plus. »

Ce sauvage avait un fond d'aspirations rieuses dues au sang européen probablement, aspirations mal définies, toujours refoulées et qui trouvaient enfin un libre cours.

Il attribuait ce bonheur à la présence d'un convive bon enfant et il s'ancrait, avec la ténacité des hommes un peu gris et l'emportement de la première ivresse, à l'idée de passer sa vie avec le gouverneur.

Il se sentait encouragé par les confidences de don Matapan.

Celui-ci avait versé ses plaintes contre son peuple dans le sein de son ami.

Il lui avait dépeint la population de sa ville sous un triste aspect.

De là, pour Sable-Avide, l'espoir de s'attacher à jamais son ami.

— Écoute, dit-il après avoir écouté les jérémiades du gouverneur, écoute ton ami.

« Il a une proposition à te faire.

« Tu es chef des Visages-Pâles d'Austin.

« Tu commandes un troupeau de lâches coyotes.

« Veux-tu avoir à tes ordres des hommes braves et magnanimes? »

Le gouverneur écoutait l'Indien sans trop comprendre où il voulait en venir; mais l'idée de commander à des hommes magnanimes lui souriait.

— Je veux bien, répondit-il, être à la tête d'une population plus crâne que celle d'Austin.

« Ça me flatterait.

« Mais explique-toi. »

Le Peau-Rouge, après quelques secondes de réflexion, reprit d'un air insinuant :

— Tu peux être sachem

« Je t'offre de partager avec moi le commandement de ma tribu.

« Tu seras deux fois mon frère, car nous serons unis par l'amitié et par nos commandements sur nos guerriers. »

Don Lopez y Matapan ne vit pas d'inconvénient à accepter la proposition de l'Indien.

Ajouter à ses fonctions de gouverneur le titre honorifique de sachem ne lui déplaisait point.

— Allons toujours, se dit-il, nous nous arrêterons quand il en sera temps.

« En acceptant, je ne m'engage à rien. »

Cette réflexion faite, il répondit d'un air dégagé :

— Je serai sachem, si mon frère le veut.

Ce consentement à peine formulé, l'Indien fit un bond de joie et se leva, poussa un cri de bonheur, courut à un compartiment voisin, et reparut avec trois petits pots à la main.

L'un de ces pots contenait de l'ocre jaune, l'autre du bleu, et le dernier du rouge.

Les trois couleurs de la tribu du Sable-Avide.

Don Matapan regardait étonné.

Les allures du sachem lui parurent tout à fait extraordinaires.

Le Peau-Rouge s'approcha du gouverneur en dansant un pas singulier.

Il y avait quelque chose de solennel dans sa démarche, et de mesuré dans ses manières.

Le gouverneur s'en préoccupa et d'instinct repoussa son ami avec ses pots à peinture et son pinceau.

Le sachem parut contrarié de cette opposition.

— Mon frère ne veut donc pas être adopté par les Apaches! fit-il.

— Pardon, mon bon sachem, pardon, je ne demande que ça ! dit le gouverneur.

« Mais pourquoi ces couleurs et ce pinceau ?

— Il faut, dit le sachem, que mon frère se soumette à la cérémonie du grand tatouage, et il sera reconnu chef par mes guerriers.

Le gouverneur jeta un regard inquiet sur les pots de couleurs, puis sur le visage peint de l'Indien.

Le tatouage ne lui souriait aucunement.

— Est-il donc indispensable, demanda-t-il, de se tatouer comme toi, frère?

— C'est la loi ! répondit Sable-Avide avec une conviction qui excluait d'avance toute récrimination.

Don Lopez y Matapan était dans une situation fâcheuse.

Se laisser tatouer ne lui allait pas du tout.

Refuser irriterait son ami.

Il trouva un biais.

— J'accepte les propositions de mon frère, dit-il.

« Mais je lui propose de remettre la cérémonie du tatouage à ma prise de commandement. »

L'Indien ne répondit pas, jeta un regard sournois sur son compagnon et parut se résigner à attendre.

Mais il réfléchit sans trop en avoir l'air et il imagina une combinaison pour arriver à ses fins.

Ayant vidé un plein verre de champagne, il dit :

— Mon frère pâle se souvient-il qu'il m'a provoqué à qui boirait le plus?

« Il a voulu lutter avec Sable-Avide et le réduire à faire boire à la terre l'eau de feu follet que sa main n'aura pu porter à ses lèvres.

« Le Sable-Avide accepte le combat.

« Ce combat sera la lutte entre deux frères.

« L'amitié vaincue triomphera encore.

« Car celui qui succombera changera de nation.

— C'est une idée! s'écria le gouverneur qui adorait se mesurer avec les buveurs émérites.

L'Indien continua :

— Toi vainqueur, je te suis dans la ville des Faces-Pâles, et je me résigne à y gouverner avec toi ces blancs sans courage qui sont tes sujets.

« Moi vainqueur, tu es sachem de la nation apache.

— Ton idée me va, approuva don Matapan joyeux.

« J'accepte, et j'entame la lutte. »

Il avait totalement oublié ce que lui avait coûté la perte de ses culottes.

Il remplit son verre et le vida d'un trait.

— Voilà! dit-il, comment je débute dans le tournoi.

Le Peau-Rouge, dont un vague sourire animait la face placide, l'imita.

Le combat continue.

Le digne gouverneur, enchanté, se sent en veine; il est sûr de vaincre.

Le sachem semble ne pas douter de la victoire et il regarde par avance don Matapan comme acquis à la tribu.

— Tu ne te figures pas, frère, dit-il, quelle belle vie tu vas mener.

— Hein! fit don Matapan en riant.

« Me crois-tu déjà vaincu?

« Je t'enfoncerai.

« Verse encore!

« Verse toujours.

« Voyons la vie que tu me ferais? »

Le sachem emplit les coupes et répondit :

— Tout sera commun entre nous.

« Pas de bien qu'on ne partage.

— Voilà qui est bon! dit don Matapan.

— Je suis en expédition, continue le sachem, je fais des esclaves, je les partage avec mon frère, s'il me le demande.

— Bon, fit le gouverneur.

« Après? »

Le Sable-Avide reprit :

— Nos guerriers livrent un combat; ils sont victorieux.

« Je partage ma part de butin avec mon frère le sachem au visage pâle.

— Bon, répète le gouverneur.

« Ensuite?

— Les femmes manquent à notre tribu :

« Nous déclarons la guerre à une nation ennemie; nous lui enlevons ses jeunes « squaws » (femmes), et je dis à mon frère blanc :

« — Choisis la plus belle. »

Don Lopez y Matapan, pour être ivrogne, n'en était que plus paillard.

Cette perspective de se créer facilement un harem lui souriait.

Il vida une coupe de champagne et s'écria les yeux brillants de convoitise :

— Bien! très-bien! sachem.

« Je commence à comprendre les avantages de la vie au désert américain.

« Continue, je t'en prie. »

Toujours souriant, sourire de Peau-Rouge, le chef de tribu dit encore :

— J'ai des ennemis, je leur livre combat; ils tombent sous mes coups, et leurs scalps sanglants sont attachés à l'arçon de ma selle.

« En arrivant, je partage avec mon ami.

— Je ne demande pas mieux, fit le gouverneur.

« Voilà qui me donnera du relief! »

Très-poltron, don Matapan avait néanmoins des velléités de jouer au matamore.

Le sachem dit encore :

— Sable-Avide aime à boire et à faire désaltérer son frère.

« Quand Sable-Avide attaquera une caravane de Faces-Pâles, il s'emparera des vins.

— Bon, fit le gouverneur.

— Et le sachem blanc pourra boire du vin de feu follet, ajouta l'Indien en tapant gaiement sur l'épaule du gouverneur.

— En compagnie de son frère le Sable-Avide, dit le gouverneur non moins joyeux.

« C'est convenu.

« Est-ce tout ?

— Non, fit gravement l'Indien.

« Quand le Sable-Avide sera en péril, son frère le sauvera ou mourra avec lui. »

Du coup, l'enthousiasme de don Matapan tomba.

Trépasser ne lui allait pas.

— Diable ! ceci est plus grave, murmura-t-il, mais à voix basse.

L'Indien jugea finement que don Matapan était refroidi ; sa lèvre se plissa.

Il laissa passer un moment rempli par une rasade et il essaya d'atténuer l'effet de ses paroles.

Le sourire du Peau-Rouge s'accentua quand il reprit :

— Ma langue a parlé trop vite.

« Mon frère n'est pas guerrier.

« Il est homme de paix et de conseil.

« Le grand Vacondah l'éclairera, et il sera une lumière de sagesse et de vérité que respecteront les anciens et les sages de notre nation. »

Cette déclaration satisfit don Matapan.

— Je trouve tout cela parfait, s'écria-t-il.

« Buvons donc, et luttons.

« Je ne crains plus d'être vaincu.

« Cette vie de sachem du conseil ne me déplairait pas. »

Il pensait à part lui qu'il avait tout le temps pour réfléchir et se décider.

Sable-Avide, voulant profiter des dispositions de don Lopez, avait ressaisi ses pots de couleurs.

Ce sauvage avait une ténacité inouïe dans ses idées.

Le gouverneur avait pris les pots à couleur en grippe ; prévenant l'intention, il protesta avec humeur.

— Suis-je vaincu ? dit-il.

« Non, n'est-ce pas ?

« Eh bien ! le tatouage viendra plus tard, si je succombe.

« Pas d'empressement prématuré.

« Buvons, buvons jusqu'à la fin.

« Et nous verrons, ou plutôt qui vaincra verra. »

L'Indien reposa ses petits pots dans un coin ; mais son œil gris brilla singulièrement.

Les deux adversaires se remirent à boire.

Il s'agissait de vaincre.

Et tous deux étaient, une fois en train, d'un fabuleux entêtement.

C'était plaisir de voir ces deux hommes absorber en dix minutes une quantité de liquide suffisante pour soûler vingt crevés parisiens.

Le gouverneur, lui, avait une idée à laquelle il tenait non moins extraordinairement que le sachem à la sienne propre.

Don Matapan rêvait de faire de Sable-Avide et des ses guerriers une garde pour lui et pour Austin.

Il avait calculé que tout serait au mieux, à l'intérieur et à l'extérieur, s'il avait pour lieutenant chargé des opérations militaires un homme comme le sachem à la tête de ses Apaches.

Il tenta à son tour de l'amadouer.

— Je suppose que tu sois vaincu, ami sachem, commença-t-il.

— Mon frère a droit de supposer ! fit un peu railleusement l'Indien.

— Sans doute, reprit don Matapan.

« Eh bien si tu succombes, tu viens à Austin avec moi.

— C'est dit.

« Et le Sable-Avide n'a pas deux paroles.

— Fort bien.

« Donc je te fais sous-gouverneur de la ville.

« Tu commanderas mes troupes.

« Et tu seras surtout chargé de la garde du palais du gouvernement.

« Tu veilleras à notre sûreté.

— Och! (bien), fit l'Indien.
— De plus, continua le gouverneur, tu auras l'œil sur mes douaniers qui font presque tous de la contrebande.

« Tu les obligeras de confisquer les vins de France à mon profit.

« Nous les boirons ensemble.

— Och! dit le Peau-Rouge simulant un enthousiasme de commande.

— Nous resterons les alliés de la reine blanche, et nous pourrons, sans inquiétude, boire comme deux frères et recommencer chaque jour notre duel d'aujourd'hui. »

— Mon frère parle bien, approuva l'Indien.

« Il a ma parole, comme j'ai la sienne. »

Quand il prononça ces derniers mots, le Sable-Avide eut un singulier sourire.

Son œil intelligent rayonna une demi-seconde.

Cet homme que l'ivresse paraissait gagner de minute en minute, avait des moments de calme et de réflexion que ne remarquait nullement le gouverneur.

Il y avait une idée dans le cerveau du Peau-Rouge.

Une de ces idées fixes que nous qualifierons tout simplement d'idées d'homme soûl, sans l'ombre de ménagement pour la dignité du sachem.

Il voulait avec acharnement que le gouverneur succombât et devînt comme lui un sauvage, n'ayant nulle envie de passer sous-gouverneur d'Austin.

Dès ce moment la lutte devint palpitante.

Cependant les deux buveurs ingurgitent le champagne avec un entrain inouï.

Mais le sachem semble perdre la tête.

Don Lopez y Matapan est encore quelque peu solide sur les frêles tiges qui lui servent de jambes.

Il se sent en veine, et comme l'Indien paraît fléchir, il le plaisante tout en zézayant; il le pousse à boire et boit lui-même furieusement.

— Sachem, dit-il, encore un verre.

« La victoire est au fond. »

Le Sable-Avide boit et semble près de succomber.

Don Matapan se sent la tête alourdie;
mais il est sûr de vaincre et ne se ménage plus.

Bientôt, en effet, les paupières alourdies du sachem se ferment malgré lui.

Son regard se voile.

Il se laisse aller sur les coussins de peaux sans lâcher son verre.

— Il est vaincu! s'écrie le gouverneur en débouchant une bouteille avec un orgueil immense.

Au bruit que fait le bouchon, l'Indien rouvre les yeux; il fait le geste de tendre le verre, mais il retombe anéanti, complètement soûl.

Trois minutes ne sont pas écoulées qu'il dort profondément.

Un ronflement sonore le prouve.

Don Matapan est définitivement victorieux.

Il triomphe du grand buveur d'eau-de-feu dont la renommée s'étend dans toute la prairie.

Il veut affirmer et couronner cet éclatant succès par une libation dernière; car il se sent lui-même très-aviné.

— Pauvre garçon! dit-il.

« Il est ivre-mort.

« Je n'en vaux guère mieux; mais je suis debout!

« Quelle... quelle... nuit...

« ... J'ai... un frrrrrre...

« A ta... santé... »

La volonté n'étant plus tendue, l'ivresse envahissait brusquement le cerveau du gouverneur.

Il croit prendre une bouteille de champagne et sa main s'égare sur une fiole de tafia.

Il boit à même, brutalement, comme un homme arrivé à la période d'abrutissement.

Il tombe foudroyé à côté de l'Indien et s'endort aussitôt.

Ses ronflements et ceux du Peau-Rouge forment un duo dans lequel l'harmonie n'a rien à voir, quoiqu'il y ait accord parfait.

Mais bientôt ce singulier duo se change en solo.

Le sachem ne ronfle plus.

Il fait un mouvement.

Il ouvre un œil, puis l'autre.

Son regard rayonnant se fixe sur le gouverneur.

Le Peau-Rouge laisse échapper un sourd ricanement et se lève.

Sa face se ride et prend une indéfinissable expression.

Il y a de la joie, de la vengeance et de la férocité dans ce rictus.

Le sachem a tiré de sa gaîne son couteau à scalper.

Son regard est toujours arrêté sur don Lopez endormi, les noires prunelles du sauvage dégagent une flamme magnétique.

Il semble contempler un ennemi vaincu.

Il paraît méditer sur l'opportunité du sacrifice de cette victime.

Sable-Avide s'est arrêté à une idée.

Il tire l'une des longues plumes d'aigle qui ornent sa chevelure, en taille les barbes avec son couteau effilé et en fait une espèce de pinceau.

Puis, s'emparant de ses pots contenant les couleurs à tatouer, il se met à barbouiller le visage du gouverneur, y traçant de capricieuses arabesques avec une incroyable dextérité.

En un tour de main il eut orné la grosse face de don Lopez des couleurs et lignes symboliques qui confèrent et consacrent la dignité de sachem.

D'un dernier coup de pinceau, l'Indien tira une ligne bleue sur le front, au-dessus de l'œil droit. Cette ligne signifiait : « J'appartiens à la tribu des Oiseaux-Moqueurs. »

Son opération terminée, le Sable-Avide se recula de deux pas.

Il considérait son œuvre, souriant et silencieux.

Puis, satisfait sans doute, il s'empara d'une bouteille de champagne, en cassa le goulot et la vida dans un compotier dont il avait jeté le contenu.

Coupes et verres n'étaient plus assez grands pour lui.

Il buvait à longs traits, ne reposant le vase qu'après l'avoir tari.

Alors, Sable-Avide sembla tout à coup pris de vertige.

Il se mit à danser autour du gouverneur toujours ronflant.

Il exécuta mille gambades avec une adresse qui eût fait envie au clown le plus agile.

Il avait des contorsions bizarres, des poses étranges, des attitudes impossibles.

C'était la danse de la « victoire. »

Danse folle, effrénée, rapide, vertigineuse.

Les libations à plein compotier se succédaient rapidement.

Il semblait que les paniers de champagne rangés dans un coin du wigwam dussent y passer jusqu'au dernier.

Enfin le sachem s'arrêta dans ses folles évolutions.

L'œil en feu, la lèvre écumante et ruisselant de sueur, il demeura un instant immobile et stupide.

Court moment de répit.

Tout à coup un cri rauque s'échappe de sa poitrine.

C'est un appel.

Des guerriers accourent.

C'est une vingtaine d'Apaches de la tribu de Sable-Avide qui ont entendu le signal de leur chef; ils entrent dans le wigwam de la reine.

Leur sachem les regarde riant et gesticulant, il leur montre le gouverneur étendu.

Les Apaches semblent stupéfaits de cette hilarité peu bienséante de leur chef.

L'ivresse d'un sauvage doit être triste et digne.

— Mes fils, dit le sachem, vous avez des têtes lugubres d'ours gris affamés.

« Soyez gais.

« Je sais aujourd'hui ce que c'est que le bonheur et la joie.

Et montrant le champagne :

— Voilà, dit-il, un vin qui est sorcier.

« Cet homme, aujourd'hui mon frère, m'a fait connaître cette boisson, qui a la douceur du jus de canne à sucre, la vivacité de la poudre, la force de l'eau de feu.

« Mes fils vont boire! »

Sable-Avide cassa les fils d'une vingtaine de bouteilles et le champagne fit sauter les bouchons.

Surprise des Indiens.

Rires inextinguibles au sachem.

— Buvez! criait-il.

John Huggs assommant le capitaine des pirates de la savane.

« Soyons fous comme de jeunes élans. »
Et il versa.

Les Apaches vidèrent les verres avec quelque défiance d'abord.

Mais le cliquot leur parut délicieux.

Sable-Avide le prodigua...

Ce ne fut bientôt dans le wigwam que chants, cris discordants, embrassades, gambades, danses échevelées.

Les Apaches déliraient.

— Mes fils, criait Sable-Avide, je veux que nos wigwams soient toujours pleins de cette eau de feu follet.

« Nous irons livrer bataille pour en enlever aux caravanes de marchands.

« Je donnerais mon sang pour ce vin. »

Et les Indiens enthousiastes juraient par le Vacondah que la parole du chef se réaliserait...

Pendant que cette orgie se déroulait dans le pavillon de la reine, la foule assistait au supplice des négriers !

Nul ne troubla Sable-Avide.

En une heure, il ne resta plus une goutte de champagne...

Alors, sur l'ordre du sachem, on fit un brancard sur lequel le gouverneur endormi fut placé.

Quatre Indiens titubant, mais chantant à tue-tête, emportèrent l'ami du chef, entourés par leurs camarades qui dansaient sur les airs de la tribu.

20ᵉ Livraison.

Mais ces airs se modifiaient étrangement.

De variations en variations ils finirent par prendre le rythme et l'allure bouffes, et lorsque Sable-Avide et ses guerriers rentrèrent dans leur camp apportant don Matapan, des trappeurs qui passaient non loin de là s'arrêtèrent étonnés.

C'était la troupe du comte de Lincourt reconduisant à Austin le colonel et sa fille. Le chef et Tête-de-Bison étaient absents. La torture des négriers s'était terminée comme nous l'avons dit.

La poursuite du fugitif se continuait ardente dans les montagnes; mais une partie des gens d'Austin, dont le colonel, ne s'y associaient pas et retournaient à la ville.

En longeant le camp presque désert des Indiens, les chasseurs qui suivaient M. d'Éragny entendirent des chants bizarres et virent dans la pénombre le défilé de la bande du Sable-Avide.

Sans-Nez se détacha en reconnaissance et revint en riant à se tenir les côtes.

— Voilà, dit-il aussi laconiquement qu'il put à cause de sa difficulté de prononciation.

Don Lopez y Matapan a joué sa liberté contre Sable-Avide et l'a perdue comme ses culottes.

« Le chef l'emporte à son wigwam. »

Tout le monde s'amusa fort de la nouvelle déconvenue de l'ivrogne.

Mais Blanche fit observer à son père :

— On dirait que ces Indiens chantent des airs d'Offenbach !

— En effet ! s'écria le colonel.

Et à Burgh :

— Vous qui connaissez les chants indiens, qu'est-ce que celui-là, gentleman ?

— Colonel, dit Burgh, que le diable m'étrangle si jamais il est sorti pareil air du gosier d'un Peau-Rouge.

« On dirait des Parisiens en goguette.

— Juste ! fit laconiquement Sans-Nez.

« C'est le champagne.

« Ils ont bu chez la reine ! »

Puis fatigué de parler :

— Tenez, dit-il, voilà le pas que danse Sable-Avide.

Il sauta à bas de son cheval et imita les mouvements désordonnés du sachem.

Tous les trappeurs riaient aux larmes, sauf Tomaho qui, sautant du haut de sa monture à son tour, exécuta derrière Sans-Nez le même pas que lui.

De telle sorte que Burgh faillit dégringoler de son cheval, n'y tenant plus et pouffant de rire.

Bois-Rude lui-même s'esclaffait.

C'était très drôle.

D'autres gens des prairies qui suivaient s'en donnaient à cœur joie...

Sans-Nez se retournant enfin dit d'un air convaincu :

— Hein ! faut-il qu'il soit gris !

— Oh ! oui, dit-on.

Mais Sans-Nez avait vu Tomaho qui, les bras en l'air, le pied levé, avait suspendu ses mouvements.

— Ah çà ! cacique, dit Sans-Nez soupçonnant que si l'on riait du Sable-Avide on se moquait un peu de lui, ah çà ! cacique, qu'est-ce que vous faisiez donc derrière moi ?

— Je dansais comme vous, dit gravement le géant.

— Une autre fois, tâchez, je vous prie, de ne pas me faire de ces mauvaises plaisanteries.

— Je ne plaisantais pas, dit Tomaho.

— Allons donc ! fit Sans-Nez.

Tomaho se fâcha.

— Je ne suis pas menteur, vous le savez ! dit-il.

« Je ne comprends pas toujours très-bien ce que vous faites et ce que vous dites, vous autres.

« Le Sable-Avide danse : c'est que ça l'amuse.

« Vous l'imitez ; c'est que ça vous amuse.

« J'ai vu que l'on riait en vous voyant faire vos gambades et j'ai conclu que ça amusait les camarades.

« Alors, pour m'amuser moi-même et amuser les autres, je vous ai imité, comme vous imitiez Sable-Avide... »

Sur ce raisonnement plein de sens, Tomaho se croisa les bras et demanda triomphant :

— Qu'est-ce que vous avez à dire à ça ?

— Que vous êtes un imbécile! s'écria Sans-Nez exaspéré.

Tomaho empoigna le chasseur par le cou et le souleva...

On crut qu'il allait l'assommer.

Mais le placide géant se contenta de le mettre en selle et il s'y mit lui-même.

— En route, messieurs! dit le colonel pour couper court à cette scène.

Et l'on repartit; mais Sans-Nez grommela tout le long du chemin des menaces inarticulées dont Tomaho se soucia fort peu.

Comme le colonel demandait bas à Burgh si la querelle aurait des suites fâcheuses, l'Anglais répondit en frisant sa barbe :

— Il n'y a pas de danger.

« D'abord, c'est Sans-Nez qui a tort.

« Le géant est incapable d'y avoir mis malice, et puis il a une manière de faire tenir Sans-Nez tranquille quand Sans-Nez l'ennuie.

« Ils n'en sont pas à leur première dispute, car le Parisien est susceptible.

« Un jour que Tomaho, avec sa bonne bêtise, avait fait je ne me souviens plus trop quoi dont Sans-Nez s'était blessé, il y eut bataille.

« Le Parisien tire la savate et il prétendait qu'il jetterait bas le géant à coups de pied.

« Mon colonel, c'était beau à voir. »

Burgh, à ce souvenir, se repassa la main sur la barbe, signe de jubilation chez lui.

— Figurez-vous, dit-il, que Tomaho reçut trois ou quatre coups par ci par là; mais c'était comme de la grêle sur le feu.

« Il parvint à empoigner Sans-Nez, le plaça sous son bras gauche, et le tint collé ainsi contre ses côtes, comme fait de son cahier un enfant qui va à l'école.

« Et sans plus d'histoires il se remit en route avec nous.

« Nous n'étions pas à plus de mi-étape.

« Croiriez-vous, mon colonel, qu'il a porté ainsi Sans-Nez jusqu'au bivac (cinq heures de temps!).

« Quand Sans-Nez criait, il serrait un peu le bras et il étouffait les protestations du Parisien.

« L'autre se souvient de la leçon. »

Et Burgh se repassa la main sur la barbe pour la troisième fois.

Se rappeler cette scène lui était fort agréable.

Le colonel et Blanche regardaient Tomaho avec admiration.

Le géant s'en allait bonnement, au pas de sa monture, ne se doutant pas que sa force prodigieuse le grandissait à la taille d'un demi-dieu.

On atteignit ainsi Austin sans encombre et l'on se sépara.

CHAPITRE XX

LA CHASSE A L'HOMME

John Huggs, cependant, n'était pas sauvé pour avoir atteint les crêtes.

Les Indiens à cheval et à pied, escaladant les collines, s'étaient mis à sa poursuite avec fureur.

Mais une direction habile présida à leurs recherches.

Leur cavalerie, favorisée par les lueurs immenses de l'incendie, décrivit un large cercle, enveloppant la crête sur laquelle le marin avait pris pied.

Le comte et Grandmoreau, curieux de voir comment cette chasse prendrait fin, avaient rapidement pris congé de M. d'Éragny après lui avoir donné pour escorte le reste de la bande.

— Si Burgh était ici, dit Main-de-Fer en montrant au comte la rapide manœuvre des Indiens, il pousserait des exclamations d'admiration.

« Ces gens-là s'y prennent avec une habileté remarquable pour couper toute retraite à maître John Huggs.

— En effet! dit le comte.

« Ces Apaches sont dirigés de main de maître et je ne croyais pas tant d'intelligence à l'Aigle-Bleu. »

En peu d'instants, les deux mille cavaliers apaches avaient décrit un cercle qui se déroulait sur une vaste étendue.

Placés à dix ou vingt pas les uns des

autres, ils enveloppèrent un terrain compris dans une circonférence ayant une demi-lieue de rayon environ.

On avait vu l'Aigle-Bleu donner ses ordres à des groupes.

Coupant la circonférence par ses rayons, ces groupes s'étaient portés à toute vitesse à leur extrémité.

De là, ils s'étaient déployés et rejoints les uns les autres.

— Pardieu, dit le comte, voilà de la géométrie militaire ou je ne m'y connais pas.

« Il est impossible que cette précision mathématique soit le fait d'un Peau-Rouge comme l'Aigle-Bleu.

« Il y a du mystère là-dedans. »

La foudroyante évolution des Indiens ne permettait pas de supposer qu'un homme à pied comme l'était John Huggs eût franchi à temps le cercle.

Il était donc enfermé.

Les cavaliers n'étant pas à vingt pas les uns des autres n'avaient pas grand espace à surveiller.

Fuir semblait impossible.

— Il n'en réchappera pas! dit Tête-de-Bison d'un air joyeux.

— Tant mieux, en un sens! observa le comte ; car c'est un drôle.

« Tant pis, d'autre part, car c'est un fier luron.

— Oh! fit Tête-de-Bison, la battue commence.

En effet les Indiens à pied entraient dans le cercle avec un certain nombre de gens d'Austin, cavaliers et piétons, curieux de voir ce qui se passerait.

On fouilla le terrain...

Chacun, à son gré, cherchait ici et là.

Parmi les gens d'Austin se trouvait le capitaine qui avait failli être fusillé par les Apaches, et que la reine avait gracié quelques jours auparavant.

Il était à cheval.

Nous avons vu ce qu'était cet officier.

Un homme de caractère vil et plat.

Il avait eu une peur horrible et la grâce donnée par la reine l'avait transporté d'une vive reconnaissance.

A cette heure, il la manifestait bruyamment.

Il courait en avant, sondait chaque rocher, chaque buisson.

Il se lançait dans les sentiers perdus, se montrant plus âpre à la chasse qu'aucun Indien.

Il y avait de la gratitude, peut-être, dans son zèle, mais aussi du calcul.

Une capture pareille lui vaudrait sans doute quelque bonne aubaine qu'il réclamerait adroitement.

La reine ne pourrait lui refuser quelque bijou de sa toilette quémandé avec la grâce et la finesse d'un habile courtisan.

Il songeait à tout cela en galopant dans un chemin creux à plus de trois cents mètres en avant de tous.

Tout à coup une masse tomba du sommet d'un rocher en croupe sur sa selle et avant qu'il eût proféré un cri, dix doigts de fer lui tordirent le cou comme à un simple poulet.

C'était John Huggs qui accomplissait ce haut fait.

Embusqué sur le roc, il saisissait l'occasion... à la nuque.

L'homme étouffé, Huggs lui arracha sa tunique d'uniforme et se la passa ; car son torse était à nu.

Il avait couché devant lui l'homme étranglé.

Dire avec quelle merveilleuse prestesse le coup fut opéré est impossible : un marin, un gabier hors ligne, un homme accoutumé aux plus périlleuses gymnastiques avait pu accomplir si vite un pareil tour de force.

Le forban prit les armes du capitaine, éperonna le cheval, le mena près du précipice et fit tomber le corps le long des pentes.

Le cadavre alla rouler sur un bûcher!

Cela fait, il poussa droit vers un point du cercle.

Nous avons dit qu'il parlait le dialecte apache.

Jouant son rôle il demanda aux cavaliers d'un air empressé :

— L'avez-vous vu?

« Le brigand !

« Il est introuvable. »

Et autres interpellations faites dans le but d'occuper les Peaux Rouges, et de se rendre compte de la façon dont étaient montés les cavaliers les plus rapprochés.

Il remarqua que leurs montures semblaient inférieures à la sienne.

Alors, lançant l'excellent cheval du capitaine, il fila comme un trait...

L'audacieux forban avait réussi à s'échapper.

En vain les sauvages se mirent-ils à sa poursuite, il les distança et disparut dans la nuit.

Ce fut pour les cavaliers une grande confusion.

Il y eut une scène de fureur et de hurlements indescriptible.

Toute la nuit les Apaches s'acharnèrent inutilement à chercher comment l'évasion avait pu s'opérer.

Le cadavre du capitaine étant brûlé, on ne s'expliqua pas comment Huggs s'était procuré tunique, armes et cheval.

Et le comte conclut de tout cet incident :

— Décidément ce John Huggs est un homme à craindre !

Sur ce, il se remit en route pour Austin avec Grandmoreau.

CHAPITRE XXI

FRÈRE ET SŒUR

Le lendemain de cette scène, vers midi, la reine voyait une de ses femmes entrer dans son pavillon et lui annoncer l'Aigle-Bleu.

Un instant après, le frère entrait chez la sœur.

La reine reçut le chef avec cette majestueuse familiarité dont elle usait d'ordinaire avec lui ; elle lui montra une fourrure et lui dit en souriant :

— Que mon frère prenne place et qu'il parle !

« A-t-on retrouvé les traces du négrier ? »

Elle se regarda dans un miroir, et, en attendant la réponse, elle lissa ses cheveux.

Mais l'Aigle-Bleu resta debout.

La reine, étonnée de ce qu'il gardait le silence, se retourna.

Tout à coup elle tressaillit.

L'Aigle-Bleu lui semblait transformé.

L'œil du chef brillait plus vif, plus pénétrant, plus assuré qu'autrefois.

Son front rayonnant d'intelligence semblait plus vaste ; on eût dit qu'il était illuminé par une auréole.

Autre détail.

La main du chef sembla fine et blanche à la reine.

Cette observation surtout la frappa.

En même temps le visage du sachem lui sembla amaigri.

— Qu'a donc mon frère aujourd'hui ? demanda-t-elle avec intérêt.

— Rien ! dit froidement l'Aigle-Bleu.

— On dirait qu'il souffre ! reprit la reine.

« Sa main est blanchie par la fièvre et son visage en est allongé.

— Effet de ma blessure ! dit l'Aigle-Bleu.

— Que mon frère se repose sur une fourrure !

— Non.

« Je ne viens pas en frère.

— Ah ! fit la reine.

« Il y a donc des choses nouvelles ?

— Oui.

Et sur ces mots secs, laconiques, le sachem fit un geste de mauvaise humeur.

— Mais, s'écria la reine, qu'a donc décidément l'Aigle-Bleu ?

— Il est mécontent.

— Pourquoi ?

— Parce que la reine se perd.

Sur ce mot, le sachem se tut encore et il se fit un assez long silence.

La reine méditait.

Elle demanda enfin :

— L'Aigle-Bleu peut-il me dire ce que signifient ses paroles ?

— Elles disent que la reine se perd ! fit catégoriquement le sachem.

« Elles disent que bientôt la reine ne sera plus reine. »

Sur cette menace, la Vierge aux cheveux d'argent se redressa frémissante.

— Qui donc, demanda-t-elle, oserait m'enlever mon pouvoir?

— Nous, les sachems! dit le chef.

« La reine sait bien que demain on peut la chasser de la tribu.

— Et c'est mon frère qui parle ainsi!

— Lui-même!

— Et les sachems ont résolu d'agir ainsi!

— Pas un n'y songe.

— L'Aigle-Bleu parle aujourd'hui un singulier langage.

« Si les sachems n'ont pas de mauvaises intentions, pourquoi me déposeraient-ils?

— Parce que, moi, je leur ouvrirai les yeux.

La reine pâlit de colère.

— Ainsi, dit-elle, c'est mon frère qui se révolte contre moi.

— Il le faut.

« Mon cœur en saigne.

« Mais j'en ai l'ordre.

— Comment... l'ordre?... dit la reine.

L'Aigle-Bleu secoua la tête.

— La femme est un oiseau à cervelle légère! dit-il.

« N'y a-t-il pas au-dessus de la reine ou des sachems, au-dessus des Apaches, au-dessus de tous les Indiens, un homme auquel tous ceux dont le sang est rouge doivent obéir?

— Le Sauveur! dit la reine.

— C'est de lui que je tiens mes ordres et mes pouvoirs.

— Et tu as vu l'*Homme de Feu* [1]! s'écria précipitamment la reine.

— Je l'ai vu! dit l'Aigle-Bleu.

La Vierge aux cheveux d'argent parut anéantie de surprise.

— Ainsi, fit-elle, il est ici, bien réellement ici?

— Les deux yeux que voici, dit l'Aigle-Bleu, l'ont contemplé.

« Les deux mains que voilà se sont placées dans les siennes. »

— Et l'ordre! Cet ordre! fit la reine.

[1]. C'est le surnom que donnent les Indiens au Messie qu'ils attendent.

L'Aigle-Bleu ouvrit sa poitrine et montra, suspendue à son cou, une sorte de croissant fait d'un seul et énorme diamant.

— Voilà, dit-il, le signe de commandement sur les tribus.

La reine, à cette vue, parut en proie à une sorte de terreur superstitieuse; elle tomba à genoux et se prosterna.

Ses dents s'entre-choquaient et elle tremblait de tous ses membres.

Certes, elle ne se serait jamais attendue à ce que l'Aigle-Bleu fût porteur du signe terrible d'un commandement auquel nul n'aurait osé résister.

La superstition des Indiens est tellement enracinée à ce sujet qu'ils attribuent au Messie qu'ils attendent, et au croissant mystérieux qu'il doit porter, un immense pouvoir surnaturel. Ils prétendent que le croissant sacré donne une force invincible et que celui qui le porte peut, d'un mot, allumer des embrasements immenses, soulever les montagnes, convulsionner les mers.

La simplicité même avec laquelle l'Aigle-Bleu avait montré le signe contribuait à frapper l'imagination de la reine.

Elle ne reconnaissait plus dans cet homme froid, calme, impassible, ce frère qu'elle était accoutumée à dominer.

Puis, tout à coup, il lui apparaissait muni d'un pouvoir extraordinaire et surhumain.

Elle s'inclinait vaincue.

L'Aigle-Bleu sourit d'une façon étrange en la voyant à ses pieds.

Il y avait de la tristesse dans son regard, de l'amertume dans le plissement de ses lèvres.

Il releva la Vierge aux cheveux d'argent et lui dit doucement :

— Que ma sœur se rassure.

« Si elle obéit, son pouvoir ne sera pas menacé.

« Si elle refusait de se soumettre, elle perdrait tout commandement. »

Puis, souriant doucement et lui prenant la main, il la conduisit sur ce trône mexicain que nous avons décrit, la fit s'asseoir, l'admira un instant adorablement belle au milieu de cette splendeur et lui dit :

— Vraiment, ma sœur est faite pour être

reine et je serais désespéré qu'elle ne fût pas la femme de celui qui règnera sur toutes les tribus indiennes enfin sauvées du joug des blancs.

A ces mots, la reine se troubla.

— Ma sœur est rouge comme une baie de lettina! dit l'Aigle-Bleu.

« Je sais ce qu'elle pense.

« Elle croit des choses qui n'existent pas, peut-être. »

A cette singulière allusion, la reine regarda son frère.

— Je ne puis, fit celui-ci à l'interrogation muette de sa sœur, je ne puis que répéter à la reine les paroles du Sauveur.

— Il vous a parlé... de moi!

— Oui, dit le sachem.

« Que ma sœur écoute attentivement. »

La reine se recueillit.

Jamais femme ne s'était trouvée dans une situation aussi palpitante.

Elle savait que les Indiens, sur un mot de son frère, à la vue du croissant, la détrôneraient, la chasseraient, l'écharperaient sans pitié.

Elle savait aussi que l'Aigle-Bleu n'hésiterait pas à obéir au mystérieux Messie et que les liens du sang ne l'arrêteraient pas.

Enfin elle aimait le comte de Lincourt et elle se trouvait, par une vieille légende, loi des tribus, obligée d'épouser celui qui règnerait sur les Indiens délivrés.

Et, pour elle, le futur roi était ce Messie qui venait de se manifester par les prodiges que nous avons décrits.

Elle se suspendit en quelque sorte aux lèvres de son frère.

Celui-ci prononça lentement :

— Tu diras, m'a ordonné l'Homme de Feu, tu diras à la reine que je connais le secret de son cœur.

« Je veux qu'elle exécute tous les ordres que je lui communiquerai par toi, possesseur de mon signe.

« Si elle obéit aveuglément, alors même que tout lui semblerait contraire à son désir le plus cher, ce désir se réalisera.

— Mais.... s'écria la reine.

Le chef mit un doigt sur ses lèvres.

— Silence ! dit-il.

« Je ne veux, je ne puis m'expliquer davantage.

« Je jure seulement à la reine que l'Homme de Feu connaît bien son secret.

« J'ajoute qu'il a insisté sur ceci : que parfois ma sœur jugerait son désir fort éloigné d'être réalisé et qu'alors surtout elle serait le plus près de ses vœux.

« La reine a-t-elle compris ?

— Oui, dit-elle.

« Cependant....

— Que la reine n'interroge pas ! dit avec fermeté l'Aigle-Bleu.

Et il reprit :

— De ce jour je suis le chef !

« Mais tout se fera au nom de ma sœur, et je cacherai à tous, à moins qu'elle ne m'y force, le signe que je porte.

« Je pense que la reine consent à obéir ?

— Oui, dit-elle ; oui : seulement l'inquiétude et la curiosité me dévorent.

— C'est le lot des femmes! dit l'Aigle-Bleu.

« Il suffit, du reste, que la reine ne s'oppose en rien à ce que je ferai pour qu'enfin tout tourne selon ses vœux.

« Et si, moi, je lui dis d'être tranquille au sujet de ce qu'elle souhaite, c'est que je sais bien ce dont il s'agit. »

A cette déclaration, la reine, joyeuse, s'élança au cou de son frère et l'embrassa avec effusion.

Mais il se dégagea et dit froidement :

— Que ma sœur ne croie pas que je l'approuve.

« Le Sauveur a ses vues, son plan, ses volontés.

« Moi, j'obéis.

« Mais si j'étais le maître, jamais le vœu de la reine ne se réaliserait. »

Et sur cette déclaration énergique, l'Aigle-Bleu sortit laissant la Vierge aux cheveux d'argent palpitante entre l'espoir et la crainte.

CHAPITRE XXII

OU ET COMMENT DON MATAPAN S'ÉVEILLA

Toute fête a son lendemain, gai parfois, triste souvent.

Don Matapan ne devait pas être d'une gaieté folle en s'éveillant.

Il ouvrit les yeux vers neuf heures du matin environ.

On connaît le réveil des ivrognes.

Les yeux sont bouffis, la tête est lourde, la langue est épaisse, le gosier est sec, la poitrine est en feu.

Depuis trente ans qu'il se grisait chaque soir, don Lopez y Matapan savait ce qui l'attendait quand il se levait.

Il était pris d'une soif dévorante.

En pareil cas, certains ivrognes avalent une soupe à l'oignon ; d'autres s'ingurgitent une forte goutte (remède homœopathique) ; quelques-uns préfèrent le vin blanc ; pas un ne boit de l'eau pure.

Don Matapan, lui, avait imaginé une petite consommation des plus agréables.

Il avait dressé une doña Maria, sa camériste, à lui composer une limonade faite d'eau gazeuze naturelle, de jus de citron, de vin d'Espagne et d'un sirop de grenade exquis.

Il en buvait un premier verre qui, disait-il, lui dégageait l'estomac, un second qui adoucissait la gorge, un troisième qui dégageait la tête.

Le quatrième verre était pris un quart d'heure après, avec l'officier de service de la milice ; mais ce n'était plus de la limonade.

Il sortait du flanc d'une vieille bouteille d'alicante.

Douce habitude!

Excellente hygiène!

Donc le digne gouverneur s'éveilla et, avant même d'avoir ouvert l'œil, il cria de sa voix de fausset :

— Maria, mon enfant, ma limonade !

Mais point de Maria.

Mais point de limonade.

Et une soif... à se croire l'enfer dans le ventre !

Quelque peu poète, le brave senor disait plus tard en nous racontant l'aventure :

— Je n'aurais pas voulu souffler sur un tonneau de poudre ; mon haleine y aurait mis le feu, tant elle était brûlante...

Nous retrouvons l'expression textuelle dans nos notes et nous la transcrivons [1].

Don Matapan après avoir appelé plusieurs fois sa cameriste, se mit fort en colère, d'autant plus que jamais il n'avait eu plus besoin de limonade.

Tout tournait encore autour de lui, et les fumées de l'ivresse étaient mal dissipées.

Il se fâcha.

— La *carogne!* gronda-t-il. Elle fait des siennes avec quelque soldat! Je la chasserai! A son âge, courir encore le guilledou ! C'est honteux!

Maria avait quarante-cinq ans et elle était une des anciennes, très-anciennes intimes du gouverneur qui conservait un faible pour elle et qui en était jaloux de temps à autre.

Il exhala sa rage.

Mais à mesure qu'il vociférait, le gouverneur remarquait que, si troublé que fût sa vue, elle lui apportait cependant des images d'objets qui ne figuraient pas dans sa chambre à coucher.

C'étaient des arcs et des flèches, des scalps et des tomahawks, des nattes et des fourrures ; tout l'ameublement d'un wigwam indien.

D'ordinaire don Matapan, si ivre qu'il fût, couchait dans son lit.

Fût-il tombé dans la rue, il était religieusement ramassé par les leperos ou les gardes de nuit, qui savaient que l'on donnait une piastre pour la corvée de ramener le gouverneur et qui n'avaient garde de manquer cette aubaine.

De telle sorte que don Matapan s'étonna fort que, s'étant grisé, il n'eût pas été porté chez lui.

Mais la mémoire lui revint.

Il se leva sur son séant, passa ses grosses mains sur ses yeux, se rappela la fête, Sable-Avide, le champagne, sourit et murmura :

— Je suis chez ce sauvage que j'ai si bien vaincu hier.

« Quelle revanche de mon échec dans ma lutte contre Bois-Rude! »

Puis, se souvenant encore :

— Mais, au fait, j'ai gagné mon pari.

« Sable-Avide, s'il a pour un maravédis de

[1]. C'est à notre collaborateur Pierrre Ferragut que ce drame fut raconté par don Lopez y Matapan pendant la campagne du Mexique. — L. N.

LE SECRET DU DOMPTEUR

Le capitaine des pirates de la savane est ramassé par un couple d'Indiens.

loyauté, doit me suivre avec ses guerriers à Austin pour former ma garde d'élite.

« Lui et une centaine d'Apaches me vaudraient mieux que toute la milice.

« Je... »

Ici le gouverneur s'arrêta.

— Tiens! dit-il, un sauvage...

« Il dormait comme moi.

« Drôle de corps!

« Je n'ai jamais vu d'Apache de cette tournure-là. »

Et interpellant l'Indien :

— Parles-tu l'espagnol, mon camarade?

Sur ce, le gouverneur bâilla, et au lieu de répondre le Peau-Rouge bâilla aussi.

— Quelle laide grimace! se dit don Matapan.

Et il renouvela la question en s'étirant les bras, ce que fit aussi l'Indien, mais en gardant le silence.

Le gouverneur examina attentivement son homme et pensa :

— Il ne sait pas un mot d'espagnol, cet animal-là, et de plus il a l'air passablement bête...

« Quelle figure d'idiot!

« Essayons de la mimique pour nous faire comprendre, car je crève de soif et je suppose que l'on a mis cet imbécile près de moi pour me servir. »

21ᵉ LIVRAISON 21

Sur ce, don Matapan fit force gestes pour expliquer qu'il voulait boire.

Il montra sa langue, fit mine de lamper un coup; il mit dans ses gestes toute la clarté possible.

Il se crut compris.

Le sauvage l'imitait fidèlement, montrant lui aussi sa langue, et quelle langue! faisant semblant de boire, se posant la main sur le ventre pour témoigner de la satisfaction, si bien que le gouverneur conçut le doux espoir d'être bientôt à même de se désaltérer.

Mais il entendit des pas, se retourna et vit Sable-Avide qui semblait étonné, car il avait aperçu les gestes du gouverneur et il n'en voyait pas bien clairement le but, sans doute, car il demanda :

— Pourquoi donc mon frère fait-il toutes ces singeries en s'éveillant?

— Par tous les diables, mon vieil ami, dit don Matapan qui ne connaissait Sable-Avide que depuis dix-huit heures, je suis aise de vous voir, vous comprenez l'espagnol, vous : ce n'est pas comme cet animal...

— Quel animal? dit Sable-Avide en fronçant le sourcil.

— Ah! pardon! mille pardons! rectifia le gouverneur; peut-être est-ce un de vos parents.

— Je ne suis parent qu'avec les castors, fit Sable-Avide, et je ne vois ici aucun de mes cousins.

Cette réponse faisait allusion à une coutume des Indiens qui consiste à choisir comme cousin un animal quelconque : soit le jaguar, soit le vautour, soit le castor.

Le Sable-Avide croyait qu'il s'agissait d'une bête quelconque qui s'était introduite dans le wigwam et il demanda :

— Où donc est cet animal?

— Encore une fois pardon! fit le gouverneur; je veux parler de cet Apache.

Et il montrait le sauvage qui se mit de son côté à désigner le gouverneur.

Sable-Avide se mit à rire avec une joie immodérée.

Don Matapan en fut ahuri et scandalisé; le sauvage lui parut partager les sentiments que lui causait à lui, don Matapan, l'hilarité indécente de Sable-Avide.

Nous disons indécente, car elle dépassait toutes les limites de la bienséance.

Don Matapan se leva et dit d'un air de reproche à Sable-Avide :

— Mon cher, quand on a un ami, on ne se moque pas de lui comme vous faites.

— Tu es fâché? demanda Sable-Avide.

« Si tu savais, frère, comme tu as tort et comme tu vas rire toi-même !

— Si je dois rire, fit avec bonhomie don Matapan, c'est qu'alors il s'agit de quelque farce très-gaie, et dans ce cas...

Puis s'interrompant parce qu'il cherchait le sauvage et ne le voyait plus, il demanda à Sable-Avide :

— Où donc est-il?

— Qui?

— L'autre? L'Apache?

Sable-Avide fit pirouetter le gouverneur sur lui-même, le poussa un peu à gauche et lui demanda :

— Le revois-tu?

« Es-tu content, frère?

« Allons, ris... »

Mais don Matapan ne riait pas.

Il s'avança sur l'image qu'il apercevait et s'assura que c'était la sienne propre se reflétant dans une glace.

Il en resta muet d'étonnement.

Et Sable-Avide disait :

— Mon frère ne s'attendait pas à trouver un si beau *je me vois* (expression indienne pour signifier miroir) dans une hutte de chef !

« J'ai enlevé celui-ci dans le pillage d'une hacienda et j'y tiens beaucoup. »

Puis plus bas :

— Mon frère saura que bien des femmes ont tenu à se voir dans ce *ruisseau de verre* (autre expression indienne); et quand une femme est dans le wigwam de Sable-Avide...

Ici un geste expressif de lovelace.

Mais le sachem ne continua pas ses confidences.

— Que fait donc mon frère? s'écria-t-il tout à coup.

— Ce que je fais? riposta le gouverneur « J'ôte cette abominable peinture qui est cause que tout à l'heure ma figure me semblait celle d'un crétin. »

Et en même temps qu'il s'essuyait la face d'une main, don Matapan, de l'autre, voulait enlever les plumes de sa coiffure indienne.

Mais Sable-Avide ne l'entendait pas ainsi; il arrêta d'un coup sec sur les doigts les tentatives du gouverneur.

— Mon frère est Indien, dit-il.

« Il l'est pour la vie.

« Il le restera jusqu'à la mort.

— Vous dites!... s'écria don Matapan.

— Je dis que tu as perdu le pari, que tu es mon frère de gré ou de force et que je te tuerai plutôt que de te perdre.

— J'ai gagné... vociféra le gouverneur.

— Tu as perdu.

« Comme un guerrier simule la mort pour tromper son ennemi, j'ai simulé l'ivresse; toi tombé, je me suis relevé.

« Veux-tu entendre des témoins ? »

Et entraînant don Matapan dehors, il le présenta à deux cents guerriers assemblés en très-bel ordre.

— Mes fils! dit-il à sa tribu, voilà votre oncle.

Et à don Matapan :

— Mon frère! voici tes neveux.

Puis invoquant ses guerriers :

— N'est-il pas vrai, sur les vents, le feu, l'eau, la mort et la vie, que vous m'avez vu debout et que mon frère était couché et endormi ?

Tous les guerriers, d'une seule voix et sur un rhythme grave, firent le serment demandé.

Sable-Avide, triomphant, dit au gouverneur atterré :

— Tu le vois! Tu l'entends!

« Désormais, tu es Apache comme moi, sachem comme moi. »

Don Matapan faisait de tristes réflexions sur sa manie de jouter contre les forts buveurs; il songeait à sa culotte qui lui avait coûté mille piastres, et il se dit qu'il lui faudrait peut-être en dépenser le double pour obtenir sa liberté.

Car il ne doutait point de sortir de cette captivité moyennant rançon.

Mais comme une perte d'argent n'est pas mortelle, surtout pour un gouverneur dont la fortune est immense et dont les bénéfices sont énormes, don Matapan se résigna.

S'étant résigné, il se souvint qu'il avait soif.

— Sachem, dit-il, je suis votre frère, et vous laissez mon gosier en feu sans la moindre goutte de liquide pour le désaltérer.

« Ne pourrait-on boire ?

— Och! fit le sachem joyeux.

« Mon frère est ici pour boire; je le garde pour boire toujours avec lui. »

Et se faisant suivre de don Matapan par un signe amical, il le conduisit sous un arbre immense où le couvert était mis à l'indienne.

Le gouverneur sourit en voyant des flacons rangés en bel ordre et nombreux et pressés.

— Tout cela, dit-il, vient, à ce qu'il paraît, du navire de maître Huggs, capturé par un de vous ?

« J'en conclus que ce Huggs était un rude buveur.

— Tu en jugeras! dit Sable-Avide.

— Le drôle est-il donc repris?

— Non, mais on est sur sa trace...

« Il va s'aventurer dans la prairie à la tête de beaucoup de guerriers.

— Comment! Il a déjà levé une armée ?

— Depuis deux heures, il est à la tête de plus de cent hommes.

— Des marins ?

— Non. Des *pirates de la savane*, comme vous dites, vous autres.

— Et vous le prendrez ?

— Comme un élan au piège.

« Buvons. »

Le gouverneur n'avait pas attendu l'invitation pour vider la bouteille...

Quelle soif!

Mais quelle ardeur à l'éteindre !

. . . .

Une heure après, le gouverneur parlait de sa rançon.

Deux heures plus tard, il était convaincu que quitter la vie indienne était une chose absurde.

A la fin de la journée, il appelait tous les Peaux-Rouges ses enfants et leur proposait de les conduire au pillage d'Austin.

. . . .

Sable-Avide était ravi d'avoir conquis à la vie sauvage cet homme civilisé.

CHAPITRE XXIII

OÙ JOHN HUGGS REDEVIENT CAPITAINE

Sable-Avide avait annoncé au gouverneur que John Huggs était à la tête d'une troupe de bandits.

Le sachem ne se trompait pas.

. . . .

Après avoir pris la fuite, le forban avait fait galoper son excellent coursier pendant plus d'une demi-heure, ce qui avait mis entre lui et les Apaches une distance considérable, car il avait toujours gagné sur eux.

Il était arrivé en ce moment aux bords du Rio-Colorado.

Le fleuve était, on le sait, rempli de caïmans.

Le franchir audacieusement, c'était mettre entre soi et l'ennemi une barrière que les Indiens ne passeraient pas.

Car il est à remarquer que les races rouges n'ont pas, comme celles de sang blanc, le mépris du péril.

Un Indien ne s'exposera pas inutilement ou témérairement.

Traverser un fleuve peuplé de crocodiles pour atteindre un fuyard, c'est ce qu'un Apache ne fera pas, à moins d'y avoir un intérêt capital.

John Huggs se dit donc que franchir le Rio-Colorado serait un coup d'audace qui le mettrait à l'abri.

Mais, homme avisé et habile, il chercha sur les rives le meilleur endroit pour la traversée.

Longeant le bord, il finit par arriver à un défilé dans lequel le fleuve s'engouffrait et coulait rapide, étant resserré entre deux blocs de granit.

John Huggs se dit d'abord que les caïmans, très-amateurs d'eaux tranquilles et vaseuses, ne devaient pas occuper ce courant impétueux.

Ensuite Huggs pensa que la bande d'eau à passer étant étroite, il diminuait d'autant ses mauvaises chances.

En conséquence il arrêta son mustang sur un roc surplombant et au-dessous duquel l'eau coulait à dix pieds environ, ce qui constituait un saut assez considérable.

John Huggs s'orienta avec soin et murmura entre ses dents :

— C'est bien ici ! Vingt mètres de profondeur ; rien à craindre.

Évidemment il connaissait le terrain.

Il éperonna son mustang qui bondit dans le fleuve.

La chute produisit un bruit énorme, homme et cheval s'engloutirent, l'eau s'agita en un vaste remous.

Mais bientôt la bête et le cavalier reparurent.

Le courant les emportait en les faisant dériver vers l'autre bord ; car John Huggs avait choisi un de ces coudes brusques qui transportent d'un bord à l'autre le rapide d'un cours d'eau.

Le forban atterrit bientôt sain et sauf sur une plage sablonneuse, de l'autre côté du fleuve, à l'issue du défilé.

Il se jugea en sûreté.

Respirant à l'aise, il secoua ses vêtements mouillés, fit souffler son cheval et ricana :

— C'est dur à écorcher, un vieux requin comme moi !

« Ils n'auront pas ma peau. »

Mais en ce moment une voix dit derrière lui en espagnol :

— Pas un mouvement, senor, ou vous êtes mort.

Maître Huggs était un rude gaillard, car au lieu d'obéir, il sauta dans la rivière.

Bain sur bain.

Un coup de feu retentit.

Trop tard...

Huggs était dans le fleuve.

Alors une dizaine d'individus se précipitèrent sur la rive, et ils aperçurent quelque chose d'informe qui se débattait au milieu des flots.

— Par le sang du Christ ! dit celui qui semblait commander aux autres, Basilic a manqué son coup.

— Le fleuve ne manquera pas le sien ! dit celui auquel le reproche s'adressait.

— Et puis, après tout, fit le chef, la chose n'est pas d'importance.

« Mais je donnerais bien une piastre pour savoir le nom du hardi garçon qui traverse comme ça le Rio-Colorado.

— Rude homme ! fit Basilic.

— Solide homme ! répéta-t-on en chœur.

— Ah ! le cheval se noie.

« Basilic a peut-être touché.

— Possible.

— Mes enfants, j'y vois distinctement, vous savez.

« Eh bien ! l'homme a coulé.

— Comment, vieux hibou, tout clair que tu voies la nuit, peux-tu savoir que l'homme est à fond ?

— Puisqu'il n'est pas dessus.

« Est-il bête, ce Basilic !

— Ah ! mort, le cheval !

« A fond aussi !

— C'est égal, je donnerais vingt piastres pour connaître l'homme.

Et les commentaires continuèrent pendant plus d'un quart d'heure à perte de vue.

On concluait, en fin de compte, que Basilic n'avait pas perdu sa poudre.

Ce poste, car c'était un poste, allait reprendre son embuscade, quand tout à coup une voix dit dans l'ombre, à distance.

— Pour des pirates de la savane, vous êtes de fiers imbéciles, et Basilic notamment est un idiot de première importance.

« Qu'un de vous bouge et il est mort. »

Cette voix dans les ténèbres, l'incident qui venait de se dérouler, des chuchotements sous la ramée d'où partait la voix, des bruits de fusils qu'on armait, l'inattendu et l'étrangeté de l'aventure produisirent un grand effet sur les pirates.

Ils se tinrent immobiles.

Peut-être, quelques secondes de réflexion leur étant laissées, auraient-ils pris une énergique résolution, mais ils étaient décontenancés par la surprise que leur causa l'apparition d'un homme entièrement nu et armé, derrière lequel un autre homme dressé contre un arbre, en tunique d'officier mexicain, se dessinait vaguement dans les ténèbres.

L'homme nu dit à l'autre :

— Vous entendez, capitaine.

« Les gaillards sont trop bien cernés pour échapper.

« S'ils n'acceptent pas le marché, s'ils font mine de bouger, tirez sur eux et sur moi sans crainte de me tuer.

« La vie n'est rien pour moi, vous l'avez vu. »

Et l'homme nu, fusil en main, s'avança vers les pirates.

Ceux-ci n'en revenaient pas de stupéfaction.

Pourquoi ce costume d'Adam au sortir des mains du Créateur ?

Comment avaient-ils pu être cernés par la troupe mexicaine ?

Quel marché allait-on leur proposer ?

L'homme approchait toujours et celui des pirates qui s'appelait Basilic le reconnut.

— John Huggs ! s'écria-t-il joyeusement ! Mon ami John !

Il vint franchement serrer la main du fugitif.

Au nom de John Huggs, les pirates examinèrent curieusement le nouveau venu ; car John Huggs avait autrefois débuté par commander une bande de forbans de terre avant de se faire marin et flibustier.

Il avait laissé une belle réputation parmi les bandits, et on l'admirait fort.

Mais que voulait-il ?

Après avoir serré la main de Basilic, un vieux camarade, il fit signe aux pirates de s'assembler et de s'asseoir en cercle.

Mais les bandits hésitaient.

Ils regardaient avec inquiétude du côté de l'officier mexicain.

— Gentlemen, dit John Huggs d'un air souriant, ne me faites donc pas, je vous prie, l'injure de vous défier de moi.

« Je ne vous veux que du bien. »

Puis pour rassurer complètement les pirates :

— Je vous jure que si je suis venu à vous, c'est afin de vous faire partager une bonne aubaine.

Et à Basilic :

— Voyons, vieux pelé, dis donc à tes amis qu'il n'y a rien à craindre d'un ancien chef de bande comme moi.

Basilic répondit de John Huggs, et la confiance finit par venir à la troupe des bandits.

— Mes enfants, dit Huggs, je crois que jouer cartes sur table est le meilleur moyen de ne pas tricher.

« Je vais questionner.

« Répondez franchement.

« Que faites-vous là ? »

On se tut.

— Ah! fit Huggs, pas de réponse, quand je vous tiens tous !

« Soyez donc francs.

« Vous avez la bêtise de dissimuler avec un homme qui vous apporte la fortune.

« Basilic, réponds, toi.

— C'est que... le capitaine... le gros de la bande... enfin la consigne...

— Eh! vieille carcasse, que t'importera la consigne, si dans dix minutes, faute de parler, tes amis et toi, vous êtes morts?...

La menace fit son effet.

Basilic, après un regard aux camarades, se décida à tout dire.

John Huggs exerçait sur lui une fascination extraordinaire.

— C'est dur, dit-il, de violer la consigne, mais s'il n'y a pas moyen de faire autrement... ?

— A moins de crever ! appuya John Huggs. Va donc !

« Que faites-vous ici ?

— Nous sommes en avant-poste.

« Les Apaches, vous devez le savoir, Huggs, sont en nombre sur l'autre rive.

« Nous protégeons le camp contre une surprise des sauvages.

— Ah! fit John Huggs, il y a un camp ! Je m'en doutais.

Et il reprit :

— Combien d'hommes au camp ?

— Cent vingt-sept.

— Bons gaillards ?

— Très-bons gaillards.

John Huggs fit un geste dédaigneux.

— Comment donc, dit-il, une si forte bande, composée de pirates de la savane que tu dis résolus, fait-elle si peu parler d'elle?

Les bandits s'entre-regardèrent.

Ils pensaient probablement que l'argument était juste.

Basilic hocha la tête.

— Entre nous, dit-il, depuis six mois que notre vieux capitaine La Rivière, un Français qui avait du poil aux yeux, est mort, nous sommes mal commandés.

— Ah! fit Huggs.

« Et vous supportez un mauvais chef?

— Ah! John Huggs, il n'y a pas beaucoup d'hommes capables de conduire une bande comme vous.

« Il y a toujours des pirates, mais les capitaines manquent. »

John Huggs réfléchit pendant quelques instants et demanda encore :

— A combien le camp est-il d'ici ?

— Deux milles.

— Bon! allons-y.

— Mais, John Huggs, la consigne ?

— Je la lève.

— Vous !

— Oui. Je suis capitaine.

Les pirates étaient on ne peut plus surpris.

— Ah çà ! stupides animaux que vous êtes, dit John Huggs, ne comprenez-vous rien ?

« Vous avez un mauvais chef et vous n'osez rien tenter de sérieux, cela se voit, puisque l'on ne parle ni de prises d'haciendas, ni de massacres de caravanes.

« Vous êtes des bandits de carton.

« J'arrive.

« Je vous dis : Je vais commander, et vous hésitez !... »

— Mais... les Mexicains ?

— Quels Mexicains ?

— Ceux auxquels vous parliez tout à l'heure.

— Allons leur dire deux mots ! fit Huggs en riant.

Et il conduisit toute la bande vers l'officier.

C'était un mannequin que John Huggs, sorti du fleuve, avait fabriqué dans le petit bois et placé en vue.

Les pirates étaient confus d'avoir été joués.

— Eh! eh! fit Basilic, je vous reconnais à ce bon tour, Huggs.

Puis aux autres :

— Décidément, comme capitaine, il ferait l'affaire, pas vrai!

Ici Huggs eut un élan très vigoureux d'éloquence concise.

— Mes enfants, dit-il, pas de bêtises, pas d'hésitations, pas de bavardages inutiles : je suis John Huggs.

« Comme passé, on me connaît.

« Ce que je viens de faire vous prouve ce que je suis.

« Il y a un homme dans mes culottes, quand j'ai des culottes.

« Comme avenir... vous me connaîtrez.

« A cette heure, avec votre bande de cent hommes, je représente trente millions de dollars, dont moitié pour moi.

« Voulez-vous m'aider à jouer la partie?

« Vous pensez bien que, quand on passe le Rio-Colorado à la nage, comme je l'ai fait, dans le but de rencontrer une troupe de pirates de la savane, c'est que l'on a un assez joli coup à leur proposer.

« Il y a pour chacun 15.000 dollars à gagner.

« Est-ce une somme agréable? »

Les pirates étaient gagnés.

— Que faut-il faire? demanda Basilic.

« Les camarades sont prêts.

— Me suivre au camp, dit John Huggs.

Et ils se dirigèrent vers le bivac des pirates de la savane.

CHAPITRE XXIV

LES PIRATES DE LA SAVANE

La mer a ses forbans.

Le Sahara a ses Touaregs qui rançonnent les caravanes.

Les steppes de l'Asie ont les hordes de Mongols et de Kirghis qui pillent les voyageurs.

Les savanes de l'Amérique ont leurs pirates.

Les océans de verdure de la prairie sont sillonnés par des bandes redoutables de brigands, composées de tous les déclassés du continent américain.

Trappeurs qui ont forfait à l'honneur et qui sont chassés de toute association de chasse.

Marchands qui ont failli et qui, perdus de réputation, se font bandits.

Soldats déserteurs, prêtres et moines défroqués, *peones* assassins, *vaqueros* voleurs, *léperos* ambitieux, matelots sans navire, tout ce qui est hors la loi, se sent de l'audace dans la poitrine et un grand appétit au ventre, tous ceux enfin qui préfèrent risquer leur peau pour conquérir la fortune que de croupir dans la misère après la chute, les bohêmes de l'Amérique enfin se font pirates de savane.

Chaque troupe agit sous le commandement d'un chef qui n'a de pouvoir que celui qu'il conquiert le revolver au poing.

Nulle loi, sinon celle du plus fort.

Capitaine aujourd'hui, faisant trembler sa bande.

Demain assassiné par ses hommes en révolte.

John Huggs avait fait ce métier.

John Huggs y avait amassé de quoi s'acheter son premier navire quand, préférant l'eau à la terre, de pirate de la savane il se fit forban.

Nul ne savait mieux que lui comment on s'empare d'un commandement chez les pirates de la savane.

Révolté une fois, capitaine à la suite de sa rébellion, il avait eu plus d'un crâne à fracasser pour se maintenir en place et il était resté chef tant qu'il l'avait voulu.

Le plus long exercice du commandement ne dépasse guère cinq ou six mois; les plus heureux capitaines vivent un an : on en cite qui ont résisté deux ans.

C'est le terme extrême.

Du reste, après sept ou huit mois d'exercice, un vrai et habile chef de bande, a dû faire son affaire.

Quand un homme a de quoi fonder à New-York ou à San-Francisco quelque entreprise lucrative et moins périlleuse que l'attaque des caravanes à main armée, il s'empresse de fausser compagnie à la troupe qu'il commande.

Il sent trop le danger de sa position pour la conserver dès qu'il peut être autre chose.

Or, fait inouï, pendant cinq ans, maître John Huggs avait été chef d'une troupe.

Et il avait économisé sur ses bénéfices de quoi acheter un vapeur magnifique.

Pour tous ces pirates de la savane, c'était un homme extraordinaire.

Le poste entier du reste lui était acquis et en route il le fanatisa.

Il ouvrit à la cupidité des bandits des horizons magiques.

Il leur promit des sommes énormes et les convainquit qu'il les mènerait à la conquête d'une toison d'or.

Et en approchant du camp, les gens du poste étaient déterminés à tout pour le faire capitaine.

Basilic reçut de John Huggs les ordres nécessaires pour faire réussir certaine comédie sanglante, imaginée par le maître forban.

Il s'agissait de donner le commandement à John Huggs.

Basilic cria :

— Aux armes! les Apaches!

Et en un clin d'œil le bivac fut sur pied.

C'était une belle troupe que celle dont maître Huggs convoitait le commandement; une troupe d'élite.

Jamais bande n'avait présenté une plus riche collection de gredins de toutes nuances, de toutes espèces, de tous poils et de toutes races.

Il y avait, bien entendu, des Yankees, des Anglais, quelques Français, des Allemands, des Mexicains en nombre, des Peaux-Rouges, des Nègres, des Chinois émigrés venus à San-Francisco et y ayant fait de mauvais coups.

On y comptait plusieurs Polonais, un Kabyle et deux Arabes, déserteurs du corps expéditionnaire français au Mexique, un sujet du prince de Monaco, croupier de profession, venu pour établir une roulette en Amérique et réduit à être bandit après avoir vu sa banque sauter par trois fois.

Bref, c'était une troupe variée dans ses éléments, offrant une bariolure inouïe de costume et d'ornement.

Mais elle comptait de rudes hommes.

Et peu auparavant, bien commandée, elle avait fait des choses remarquables.

Mais son capitaine mort, son successeur avait justifié le proverbe :

Tel brille au second rang
Qui s'éclipse au premier.

Lieutenant excellent, il avait fait un commandant très-peu capable; avec cela ivrogne, brutal, ignorant et n'ayant que des vues étroites.

La bande parlait de se dissoudre; car nul ne s'y sentait capable de commander si grosse compagnie.

Il était question de se séparer par petits groupes.

John Huggs arrivait à point.

Basilic se chargeait du piège à tendre au capitaine.

Pour le capitaine, ce ne fut ni long ni difficile.

Basilic, se précipitant d'un air effaré au-devant de lui, avec des signes d'intérêt et de terreur, lui dit :

— Vite, suivez-moi!

« Là-bas, capitaine, derrière ce bouquet d'arbres.

« Par tous les diables! n'hésitez pas, ou vous êtes mort.

— Qu'est-ce qu'il y a? fit le capitaine tremblant.

— Une révolte, sang du Christ!

« Mais venez, vous conservez mon appui et celui d'une quarantaine d'hommes que je vais vous amener.

« Filez vers les arbres.

« Je vous y rejoins avec mes amis. »

Comme des cris : « à bas le capitaine! » étaient vociférés dans la nuit, à travers le camp, par les hommes du poste favorables à Huggs, le commandant de la bande crut aux dires de Basilic.

Il se dirigea en toute hâte vers le bouquet de bois.

John Huggs, auquel on avait fait, par des prêts divers, un costume, guettait l'arrivée du chef.

L'attente!...

Quand celui-ci, gagnant le bouquet d'arbres, fut à portée, John Huggs l'assomma par derrière d'un coup de hache ! . . . . .

L'homme tomba. . . . .

Un instant après, John Huggs était à cheval et au milieu du bruit, du vacarme, du trouble général causés par les incidents que nous avons racontés, on entendait sa puissante voix crier des ordres dans une trentaine de dialectes différents.

C'était pour ce marin cosmopolite une supériorité immense de pouvoir apostropher les pirates dans la langue que parlait chacun d'eux.

Ce John Huggs savait assez de chinois pour crier à un des brigands, originaire de Chang-Haï :

— Wouan-li-tcheou-far-tsi-lo-kiou-si.
(Range-toi et si tu bouges tu es mort).

Et il interpellait ainsi un Arabe qui ne prenait pas sa place assez vite dans la troupe alignée :

— Arroux meïa, alœuf-el-rabat.
(Viens ici, cochon de forêt, *sanglier*).

Et chaque homme d'obéir.

Lorsque la bande fut en ligne, étonnée d'être si disciplinée à la voix de cet inconnu, John Huggs dit, en anglais d'abord, puis ensuite dans toutes les autres langues qu'il parlait :

— Je suis John Huggs !

« J'ai tué le capitaine, qui était un imbécile ; je prends le commandement et je vous ferai faire un coup qui vous donnera plus d'or qu'aucun de vous n'en peut porter. »

Et à mesure que les groupes de chaque nationalité comprenaient, c'étaient des vivats joyeux et enthousiastes.

Nul ne contesta la prise de possession du commandement.

Mais bientôt le délire s'empara de la bande. Basilic, par ordre du capitaine, avait fait circuler un secret que chacun s'empressait de murmurer mystérieusement à l'oreille d'un ami.

— Tu ne sais pas?...
— Non.
— Huggs...
— Eh bien!...
— Il a le secret...
— Quel secret?
— Imbécile! Le secret, parbleu! Le grand secret! Le secret du Trappeur!
— Comment l'a-t-il eu?
— Triple brute, tu ne comprends pas! Il était capitaine du navire où a eu lieu le fameux duel...
— Tiens, c'est vrai!
— Il a tout entendu.
— Alors nous aurons de l'or à en charger des mulets?
— Il paraîtrait que ce n'est pas de l'or.
— Ah!
— Qu'est-ce que c'est?
— Un trésor pour sûr, mais ni or, ni argent, ni pierreries.
— C'est drôle!

Et les commentaires allaient leur train.

. . . .

Pour John Huggs, rentré avec Basilic sous la tente de l'ancien capitaine, il lui expliquait nettement et franchement ses plans.

Entre eux, c'était désormais à la vie à la mort.

Basilic était dévoué corps et âme à Huggs.

Si Basilic eût été matelot, jamais il n'aurait quitté son ancien chef; mais il détestait la mer.

N'ayant pu suivre Huggs sur l'Océan, il le retrouvait à terre avec un plaisir infini.

Et Huggs en faisait sur le champ son lieutenant.

— . . . . . Le secret, disait le capitaine à voix basse, le secret! Il est dans le ventre de ces deux hommes.

— Comment le savoir alors? murmurait Basilic.

— J'ai un moyen, non pas de savoir peut-être, mais à coup sûr de partager.

— Ah! fit Basilic... à coup sûr!...

— ...Et peut-être tout cela finira-t-il mieux encore, vieux diable roussi.

« D'abord j'enlève une fille que le comte adore.

« Une demoiselle d'Éragny qui doit le suivre dans son expédition.
— Bon... après?
— La capture faite, on verra!
— Mais le trésor, qu'est-ce que c'est?
— Je parierais d'après des indices sûrs que ce n'est ni or, ni argent, ni pierreries.
— Alors ça ne vaut pas le diable.
— Imbécile!... Des millions! Des milliards...
— Des milliards! répéta longtemps Basilic émerveillé pendant que John Huggs méditait.

« Des milliards! »

CHAPITRE XXV

RAMASSÉ

Le lendemain même de la fête que nous avons décrite, les Apaches levaient leur camp et passaient le Colorado à gué.

La tribu campa non loin du lieu où les pirates de la savane avaient établi leur bivac, levé à cette heure depuis longtemps.

Les bandits avaient abandonné leur ancien capitaine sans sépulture.

Selon leur coutume, les Indiens, après avoir fait fouiller au loin le pays par leurs cavaliers et s'être assurés qu'il n'y avait pas d'ennemis dans les environs, se mirent en quête de gibier, de bois, de plantes et de miel.

Les abeilles sont nombreuses, le miel est délicieux et les Peaux-Rouges en sont friands.

Un d'eux et sa femme, munis de la torche destinée à enfumer les mouches, rencontrèrent inopinément un corps humain étendu sans mouvement sur le sol.

C'était le capitaine des pirates de la savane.

Il vivait encore...

Quelques instants plus tard, transporté au camp, il était interrogé par l'Aigle-Bleu qui apprit que John Huggs était désormais un redoutable adversaire.

Nous verrons par la suite quelles complications nombreuses entraînèrent tant d'incidents si dramatiques déjà en eux-mêmes.

CHAPITRE XXVI

LA DÉFENSE

Le surlendemain de la fête, M. de Lincourt, accompagné de Tête-de-Bison, se présenta chez M. d'Éragny.

Le colonel reçut avec empressement ses visiteurs; mais il remarqua l'air de gravité de M. de Lincourt.

— Vous est-il donc arrivé quelque chose de fâcheux, mon cher comte? demanda M. d'Éragny avec empressement.

« Vous semblez préoccupé. »

Le comte sourit.

— Je viens, dit-il, colonel, vous proposer une affaire grosse de périls, mais qui peut vous rapporter quelque chose comme plusieurs millions...

« Vous êtes à la recherche d'une bonne opération sur la coupe des forêts.

« Vous avez levé une troupe de soixante hommes environ pour aller exploiter les bois des rives du Colorado.

« Je vous offre, colonel, de vous associer à une expédition bien autrement lucrative.

— ...Mais dangereuse, dit le colonel en souriant à son tour.

— Vous allez en juger! fit le comte.

Et il remit au colonel un message en espagnol que la reine lui avait envoyé.

Le colonel lut :

« Monsieur le comte,

« J'ai l'honneur de vous avertir que le traité conclu avec la ville d'Austin ne concerne pas le territoire apache.

« J'apprends que vous avez l'intention d'entrer sur les terres de mes tribus pour vous emparer d'un district où se trouvent accumulées d'immenses richesses.

« Je n'autorise en aucune façon cette invasion de mes États, et je serai forcée de m'y opposer avec toutes les tribus réunies.

« Je vous engage donc à renoncer à votre entreprise sous peine de mort. »

Suivait la signature.

Le colonel regarda le comte avec un étonnement profond.

— Vous voyez, dit celui-ci, que des *richesses immenses* sont amoncelées dans un *certain district;* la reine en convient.

« Or Grandmoreau connaît l'endroit pour l'avoir vu.

— De mes yeux *vu!* dit Grandmoreau.

« J'en jure. »

Il étendit la main.

Le colonel écoutait, tressaillant à chaque parole.

Le comte reprit :

— J'ai avec moi mes trappeurs et soixante hommes, et je comptais me rendre en secret par terre à mon but.

« Car pour y aller par mer, il n'y faut point songer.

« La chose présente des difficultés que je vous expliquerai plus tard.

« Je trouve la lettre de la reine très-menaçante et je crois que ma troupe serait trop faible.

« Voulez-vous y joindre la vôtre, colonel?

« Elle est bien composée, bien choisie, et elle sera bien commandée par vous.

« Nous y joindrons encore d'autres volontaires que nous recruterons avec un soin minutieux.

« De cette façon nous aurons un effectif de deux cent cinquante hommes.

« C'est un bataillon à cinq compagnies de trente hommes.

« J'ai du canon, j'ai des engins de guerre nouveaux et redoutables.

« Je me crois de force à braver avec vous tous les Indiens de l'Apacheria. »

Le colonel prit sa tête à deux mains et réfléchit longuement.

Le comte attendit.

Grandmoreau écoutait quelque chose, sans qu'on remarquât qu'il avait l'oreille tendue vers la porte.

Enfin le colonel prit son parti :

— Mon cher comte, dit-il, j'accepte.

« Il me faut gagner une dot pour Blanche.

« Seulement, je vous en prie, laissons-lui ignorer que je pars avec vous.

« Elle devait se retirer dans le couvent des Visitandines, ici même, à Austin, pendant mes expéditions sur les rives du Colorado.

« Elle croira que je n'ai pas changé d'avis et nous lui laisserons supposer que nos deux troupes doivent se séparer après une journée de marche.

— Colonel, il sera fait comme vous l'entendez et nous nous tairons.

— Silence donc, n'est-ce pas?

« Je ne dirai rien à mes hommes avant d'être en route.

« Blanche, de la sorte, n'aura aucune inquiétude sur mon compte.

— De plus, fit M. de Lincourt, vos hommes, une fois en marche, seront plus disposés à accepter nos offres qu'ici en ville.

« Ils seront en train et en haleine; ils auront respiré l'air de la prairie et ils auront plus de cœur au ventre. »

Tout à coup Tête-de-Bison qui, par une savante manœuvre, s'était rapproché de la porte, l'ouvrit...

Il vit s'enfuir un homme qui écoutait l'oreille collée à la serrure.

Grandmoreau tira un coup de pistolet sur cet espion qui s'enfuyait, mais qui ne fut pas atteint.

— Par ma carabine! dit le vieux Trappeur, je donnerais cent piastres pour avoir tué ce drôle.

« Est-il à votre service depuis longtemps, colonel?

— Depuis ce matin... comme palefrenier, répondit le colonel.

— Eh bien! fit le Trappeur, c'est un joli sujet que vous aviez là.

« Il a été et il est peut-être encore pirate de la savane.

« Quelque bande médite de vous attaquer et on a détaché ce coquin près de vous, colonel.

— On veillera! fit le comte.

Tête-de-Bison secoua la tête.

— J'estime, dit-il, que je suis un imbécile.

« Étant chez le colonel, je n'ai osé ouvrir cette porte qu'étant bien certain qu'il y avait quelqu'un derrière et je n'ai pas tiré assez rapidement.

— Grandmoreau, dit le comte, avec nos hommes et... ce que vous savez... nous pouvons tout braver.

Puis au colonel :

— Nous n'avons que peu de temps à dépenser en préparatifs.

« S'il vous plaît, colonel, nous nous hâterons.

« Je vous propose rendez-vous dans une heure pour signer l'acte d'association après discussion des conditions.

— Comte, dans une heure, je serai votre compagnon dévoué.

En quittant le colonel, Tête-de-Bison se frottait les mains.

— Te voila content! lui dit le comte.

« C'est toi qui as voulu qu'on associât le colonel.

— Et j'ai bien fait, monsieur le comte.

« Les richesses sont presque inépuisables; par conséquent la part des autres ne rogne pas la nôtre.

« De plus, en dehors de l'aide qu'il nous apporte, le colonel est une protection contre les Indiens dans une certaine mesure.

« Je sais là-dessus un secret qui n'est pas le mien... que je garde par conséquent... mais qu'il m'est agréable de savoir. »

Le comte n'insista pas pour savoir ce dont il s'agissait.

C'eût été déchoir que presser le Trappeur de parler.

Une heure après, le pacte était conclu.

CHAPITRE XXVII

OU IL EST TRAITÉ PAR DEUX FAMEUX DOCTEURS UNE DES PLUS GRAVES QUESTIONS QUI AIENT DIVISÉ LE MONDE SAVANT

Douze jours se sont écoulés.

Grandmoreau a déployé une activité fébrile

L'heure du départ approche.

Grandmoreau et le comte sont réunis dans un petit salon de la taverne où ils logent à Austin.

M. de Lincourt boit à petits coups du champagne frappé et fume des havanes; Grandmoreau lampe à grands coups du grog glacé et fume sa pipe de bruyère.

Le comte parle du prochain départ de leur caravane.

— Nous monterons à cheval demain à l'aube, dit-il.

« Tout est-il prêt?

— Tout.

« Nos fourgons sont sur la grande place.

« Les attelages ont été visités avec soin.

« Nous pouvons entrer résolûment en campagne.

— As-tu pensé à nos bateaux d'écorce?

— J'en ai fait confectionner dix.

— Bon! fit le comte.

« Il ne reste plus que la question du docteur.

« Où en trouver un?

« Tu peux ligaturer une artère et soigner une plaie ordinaire.

« Mais couper un membre, guérir d'une maladie, ce n'est plus de ta compétence.

« Il nous faudrait un médecin.

— Pas un seul des docteurs d'Austin ne consent à nous suivre! dit Grandmoreau.

— J'en fais mon deuil.

« Ce sont des médicastres! dit le comte.

« Mais je donnerais bien dix mille piastres pour avoir un bon médecin.

— Baste! fit Grandmoreau. Laissez aller les choses. J'ai mon idée.

— Quelle idée?

— Au dernier moment, j'enlèverai ce pharmacien que l'on dit si habile, qu'il vaut dix médecins à lui seul.

« Il ne veut pas venir, étant jeune marié et amoureux.

« Une fois en route, il me remerciera en apprenant quelle part de butin lui est réservée.

— C'est à exécuter, mais seulement à la dernière extrémité, dit le comte.

« Le moyen me répugne un peu.

« Mais à tout prix il me faut un médecin. »

M. de Lincourt allait faire une autre question sur un autre sujet, quand des cris se firent entendre dans la grande salle de l'auberge, à côté.

— Encore une rixe, remarqua Grandmoreau.

— Qu'importe! dit M. de Lincourt d'un air ennuyé.

Puis reprenant :

— Et mon wagon de fer?

« Est-il chargé avec tout le soin indispensable? »

Ici, Tête-de-Bison se gratta l'oreille tout en répondant :

— Toutes vos sacrées machines sont comme dans du coton.

« Mais du diable si je sais pourquoi vous vous embarrassez de tout ce bagage. »

Et prenant son air le plus insinuant, le Trappeur ajouta en manière de réflexion :

— Vos boîtes m'ont tout l'air de ces appareils photographiques comme j'en ai vu à San-Francisco.

— Mon bon Trappeur, dit le comte avec son meilleur sourire, tu es curieux comme une femme.

« Prends donc patience.

« Tu sauras un jour ce que sont au juste ces boîtes.

« Je me contenterai de t'apprendre aujourd'hui qu'elles renferment à la fois la vie et la mort de toute la caravane. »

Cette révélation énigmatique augmenta la curiosité de Grandmoreau.

Mais il ne questionna plus.

Certes son imagination se trouvait vivement surexcitée, et bien des suppositions lui traversèrent la cervelle en quelques secondes.

Il n'y avait pas à douter d'une affirmation donnée par M. de Lincourt : mais que penser de sa phrase?

Toutefois le Trappeur se tut, car il voyait le comte parfaitement déterminé à n'entrer dans aucun détail.

Tête-de-Bison réfléchissait encore quand, de nouveau, des bruits de dispute attirèrent son attention.

— Décidément il y a querelle dans la grande salle, fit-il.

— Encore une fois, qu'importe! dit le comte.

Grandmoreau, se grattant l'oreille, écouta encore.

Évidemment il était intrigué.

— Par la carabine, comme tu dis, et de par tous les diables, comme dit maître Burgh, fit le comte en riant, tu me parais bien distrait par cette dispute.

— C'est que la discussion a lieu dans une langue qui m'est inconnue! dit Grandmoreau.

« Écoutez donc... »

M. de Lincourt prêta l'oreille et on entendit quelques citations latines jetées à haute voix :

— *Asinus asinum fricat.* — *Nomina stultorum ubique jacent.* — *Non licet omnibus adire Corinthum.*

— *Asinus*, s'écria Tête-de-Bison, je sais ce que ça veut dire.

« Ils se traitent d'ânes.

« C'est du latin. »

Le digne Trappeur était triomphant d'avoir donné cette preuve d'érudition.

— Du latin? fit M. de Lincourt en tendant l'oreille.

« Ma foi! tu as raison.

« Qui diable peut se disputer en latin à Austin?

« Mais pensons d'abord à nos propres affaires, car celles des autres ne nous touchent pas. »

Le comte reprit donc la nomenclature des objets que le Trappeur s'était chargé de caser dans les wagons.

On en arriva à la question des munitions de guerre et de chasse.

M. de Lincourt insistait sur ce point. Ses questions multiples étaient précises et nettes.

Grandmoreau répondait à peine.

Il était visiblement préoccupé.

La dispute continuait plus bruyante à côté.

— Décidément, dit le comte, ces gens font trop de bruit. Je vais faire appeler Tomaho qui les jettera dehors.

Mais tout à coup la porte s'ouvrit.

Un garçon de l'hôtel fit un pas dans la chambre, et s'adressant au Trappeur, il lui dit en anglais :

— Deux Français demandent à vous parler, gentleman.

— A moi? demanda Grandmoreau.

— A vous, sir.

— Qu'ils attendent, dit le comte en congédiant d'un geste le garçon.

— Je pensais bien que de cette dispute il résulterait quelque chose pour moi! dit le Trappeur.

Et Tête-de-Bison aurait bien voulu recevoir immédiatement ses visiteurs inconnus; mais il n'aurait pas osé aller contre la volonté de M. de Lincourt.

Celui-ci reprit avec autorité.

— Voyons, Grandmoreau, un peu d'attention, je vous prie. Dans quelques instants vous recevrez ces individus.

— Monsieur le comte, je suis à vos ordres.

— Toutes les précautions contre une explosion sont prises? reprit le comte.

— Les deux chariots sont garnis de fer à l'extérieur et à l'intérieur, répondit le Trappeur.

— Et les fermetures?

— Sont doubles.

« Le colonel d'Éragny a une clef et vous une autre.

« Quant aux armes de rechange... »

En ce moment les bruits de dispute, qui n'avaient pas cessé, augmentèrent d'intensité.

L'éclat des voix permettait de supposer que les antagonistes en étaient arrivés au dernier degré de l'exaspération.

Les injures pleuvaient.

Les coups semblaient proches.

A plusieurs reprises le nom de Grandmoreau fut prononcé et il sembla même à celui-ci qu'on l'entremêlait à des qualifications insultantes.

La curiosité du Trappeur n'y tint plus.

— Monsieur le comte, dit-il, il faut savoir enfin ce que ces gens me veulent.

— Vois donc, et termine promptement cette affaire! dit M. de Lincourt.

Grandmoreau profita de la permission.

Il ouvrit la porte donnant dans la grande salle.

Deux hommes apparurent aussitôt.

Ils entrèrent, ou plutôt se précipitèrent,

continuant à se prodiguer mutuellement le sarcasme et l'invective.

C'était en réalité une façon étrange de se présenter.

— Il est ridicule et bête, disait l'un, de discuter une opinion officiellement admise.

— Avoir un parti pris dans une question scientifique, criait l'autre, est d'une brute.

« On contrôle une assertion avant de la prôner.

— Oh! des contrôleurs de votre espèce!...

— Et des savants de votre valeur!..

— J'ai fait mes preuves.

— Des preuves, si l'on veut.

« Je verrai bien ce qu'elles valent, vos preuves. »

Grandmoreau regardait avec stupeur les deux survenants. Le brave Trappeur ne comprenait rien à leur dispute, et il se demandait ce que pouvaient bien lui vouloir ces deux hommes aux allures de fous.

M. de Lincourt examinait froidement ces singuliers personnages.

Il prit une attitude effacée, afin de mieux juger.

Il se sentait en présence de quelque phénomène, de quelque originalité étrange; et il se recueillait pour étudier le problème lui apparaissant sous la figure de deux êtres humains.

Deux types, en effet, que ces nouveaux venus :

Le plus bruyant est un petit bonhomme haut d'un mètre et demi au plus et légèrement bossu.

Il est aussi maigre que court, aussi laid que maigre, aussi pétulant que laid.

Une grosse tête toute en crâne; et au-dessous quelque chose comme une face humaine aux découpures brutales, aux saillances riches et inattendues, face de singe, en un mot, où la ligne brisée zigzague triomphante.

Puis au-dessous un cou décharné et trop long par devant, trop court par derrière, la nuque fondue dans la bosse.

Et enfin, du buste, difforme et anguleux, partent des ramifications capricieusement coudées : ce sont les bras et les jambes de l'étrange individu.

Chose bizarre et difficile à expliquer, rien ne choque dans cet ensemble.

Il règne une vague harmonie dans cette difformité articulée; et le regard se repose avec une certaine complaisance sur le petit bossu au geste rapide et expressif, à la parole vive et facile.

L'autre disputeur est ce que l'on appelle vulgairement un très-bel homme.

Grand, solidement, correctement bâti, il a le pied petit et la main fine.

Ces avantages physiques sont relevés par une mise soignée qui contraste avec celle de son compagnon.

Son vêtement est entièrement noir, son col de chemise est maintenu de chaque côté du menton par une cravate blanche, et des manchettes fort propres couvrent au tiers sa main gantée.

Sur le revers gauche de sa redingote se trouve fixée la rosette rouge d'officier de la Légion d'honneur.

Le petit bossu à face de singe n'est pas autrement vêtu; mais ses habits sont râpés, son gilet n'a plus que trois boutons et son linge est fripé.

Le Trappeur, après avoir examiné nos deux personnages, coupa court à leur dispute en leur demandant presque brutalement :

— Qui êtes-vous?

« Que voulez-vous? »

L'officier de la Légion d'honneur prit un air grave et solennel.

— Je suis, dit-il, le docteur Hilaire du Bodet, membre de l'Institut de France, section des sciences.

« Quant à monsieur...

— Moi! s'écria le petit homme, vous me connaissez, je suis Simiol.

— Simiol? fit Grandmoreau surpris.

« Non, connais pas.

— Allons donc! reprit le petit bossu.

« Simiol.

« Le docteur Simiol, rédacteur scientifique du *Chant du Départ*.

— Je n'ai jamais entendu parler de ce journal-là! dit Grandmoreau.

— Comment! protesta Simiol.

« Comment! vous ignorez que le *Chant du Départ* bat l'Empire français en brèche avec un succès toujours croissant et finira par faire triompher l'idée républicaine ?

— Connais pas plus le *Chant du Départ* que Simiol et Simiol que le *Chant du Départ!* répéta le Trappeur au grand scandale du bossu qui s'écria :

— Inouï ! Renversant !

« O ignorance !

« Vous ne connaissez pas l'auteur de la brochure qui fait depuis deux ans le désespoir du monde savant !

« Vous ne savez rien de mon étude sur la molécule primordiale !...

— La molécule... la molécule... murmura le Trappeur avec embarras.

« Qu'est-ce que vous me chantez là ?

« Je ne sais pas le latin, moi.

« Parlez français, s'il vous plaît, et expliquez-vous clairement. »

Il y avait de la colère et de la menace dans les dernières paroles du brave Trappeur.

Le comte de Lincourt, souriant et narquois, fumait son cigare sans souffler mot.

Le docteur Hilaire du Bodet intervint entre Simiol et le Trappeur.

— Pardon, cher confrère, dit-il, monsieur a raison.

— Raison ! raison... gronda Simiol.

— Eh oui ! raison, dit Grandmoreau qui se montait.

« D'abord vous, monsieur de Carabosse-Simiol, vous m'embêtez.

« Je vous engage à ne me rien dire de désagréable ou je vous fais passer votre bosse du dos au ventre. »

Et comme Simiol faisait mine de le prendre de haut, le trappeur brandit son poing menaçant.

Simiol se dissimula prudemment derrière son collègue.

Alors le Trappeur, un peu ahuri de toute cette scène et soufflant comme un buffle, dit au docteur du Bodet :

— Je vous préviens franchement que je ne me laisse pas ennuyer.

« Par conséquent parlez net, clair et vite.

« Du reste vous avez l'air bon enfant, vous, et pas bête.

« Tandis que ce singe-là... »

Simiol, rageur, essaya encore d'une protestation.

Une démonstration offensive de Grandmoreau irrité arrêta net les dispositions belliqueuses du bossu.

Le docteur Hilaire du Bodet, avec une gravité qui lui était habituelle, donna les explications demandées.

— Nous avons appris, mon confrère et moi, dit-il, qu'un nommé Grandmoreau, connu comme tueur de jaguars, se trouvait en ce moment à Austin en compagnie de plusieurs chasseurs de ses amis.

« Nous arrivons tout exprès de New-York pour prendre auprès de lui et de ses compagnons certains renseignements sur un point encore obscur de nos connaissances zoologiques.

« En arrivant dans cette auberge, on nous a dit que la personne que nous cherchions, c'est-à-dire vous, monsieur, était bien réellement à même de nous renseigner.

« De là notre insistance pour vous voir. »

Grandmoreau tombait d'étonnement en étonnement.

Que signifiait au juste la démarche de ces deux originaux ?

Il jeta un coup d'œil à M. de Lincourt, comme pour lui demander avis.

Mais le comte continua son cigare sans paraître comprendre la muette interrogation.

Livré à sa propre inspiration, le Trappeur demanda brusquement :

— Que me voulez-vous avec votre zoologie ?

Simiol saisit l'occasion de reprendre la parole.

Pendant que du Bodet, compassé et méthodique, pesait sa réponse, le bossu, se glissant entre son confrère et le Trappeur, dit avec volubilité à celui-ci :

— Cher monsieur, veuillez m'écouter.

« Il s'agit d'une chose grave.

« Une importante question divise en ce moment le monde savant des deux hémisphères.

« Et il compte sur moi pour résoudre cette question.

— Pardon, cher confrère, interrompit le docteur du Bodet.

« Je serai certainement pour quelque chose dans la résolution du problème. »

L'irritable bossu trépigna de colère.

— Comment voulez-vous, s'écria-t-il, être pour quelque chose dans la solution de ce problème ?

« Vous êtes la routine.

« L'univers ne reçoit la lumière que de celui qui se laisse guider par la raison.

— Et la raison, c'est vous, sans doute ?

— C'est ma doctrine, en tout cas, et...

Voyant qu'une nouvelle discussion allait surgir, le Trappeur s'interposa ; il empoigna Simiol et le jeta sur un fauteuil.

Mais le bossu rebondit.

A peine ses fesses maigres et sèches eurent-elles touché le cuir du siège, que l'homme était sur pied, et, bravant le regard furieux du Trappeur, lui disait :

— Vous demandez des explications, monsieur, et je vous les donne.

« Par un emportement et un abus de la force indignes d'un homme fort, vous m'opprimez, moi chétif.

« C'est odieux.

— Sacrebleu ! dit Grandmoreau, il ne fallait pas m'agacer.

« Voyons, expliquez-vous.

— Je disais, reprit Simiol triomphant, que mon confrère est pour la tradition, moi pour la raison.

« Lui veut accepter comme acquis les faits et les théories de la science officielle.

« Moi, je tiens pour nul et non avenu tout ce qui n'a pas été vérifié et reconnu vrai après constatation.

« Car... »

Grandmoreau suait à force de tension d'esprit.

— Arrêtez ! dit-il.

« Je ne suis plus le fil de votre discours ; mille tonnerres ! vous embrouillez tout.

— Comment ! vous ne comprenez pas ! s'écria le petit Simiol.

« Vous ne savez donc rien?

— Ah çà! gronda Grandmoreau impatienté, vous n'allez pas m'humilier, j'espère?

« Et puis, au fait, vous me faites l'effet d'un mâtin trop insolent pour vivre vieux. »

« Filez ou je vous tords le cou. »

Simiol s'était déjà éclipsé.

— Allons, du calme! pria le grand docteur avec douceur.

Puis, la voix caressante :

— Je vais, sans tant de préambules, vous mettre au courant.

« Vous avez tué un grand nombre de jaguars?

— Oui, quelques centaines, dit Grandmoreau.

— Votre réputation nous est connue.

« Elle était arrivée jusqu'à nous avant que nous ayons touché le sol américain. »

Le Trappeur eut un mouvement d'orgueil.

Un naïf et joyeux sourire éclaira son mâle visage.

— Voici de quoi il s'agit, reprit le savant après avoir caressé la vanité du chasseur.

« Mon honorable confrère Simiol, ici présent, avec un entêtement et un aveuglement incroyables, prétend que les vertèbres de la queue du jaguar sont au nombre de vingt-trois, quand j'affirme, moi, que le chiffre de dix-huit est le seul exact.

« Et notez, je vous prie, que la grande majorité de nos collègues de l'Académie partagent ma manière de voir.

— Il est bien facile d'affirmer, s'écria le petit docteur.

— Pardon, cher confrère!

« Mon affirmation n'a rien d'hypothétique.

« Elle repose sur des écrits, sur des documents incontestables et incontestés jusqu'à ce jour.

« Tous nos savants donnent dix-huit vertèbres à la queue du jaguar.

— Et elle en a vingt-trois, s'écria l'irascible Simiol.

« Je le prouve.

« J'ai vu, moi, et j'ai compté les sections, d'abord sur un animal du Jardin des Plantes, puis sur un jaguar appartenant à une ménagerie particulière et foraine.

« Que me fait à moi l'opinion de mes prédécesseurs? déclama le petit homme en s'animant.

« S'ils se sont trompés, je les réfute.

« Je ne suis pas un savant officiel, moi.

« Je ne tiens pas à plaire à la cour et à la ville.

« Je me moque des honneurs et des traitements.

« En pouvez-vous dire autant, cher et honoré confrère? »

Celui qui venait d'être qualifié de « savant officiel » abaissa un regard dédaigneux sur son provocant adversaire.

Sentencieux et calme, il reprit :

— Idées et coutumes sacrilèges des libres-penseurs.

« Tout saper, tout démolir, tout anéantir pour le triomphe chimérique de vos détestables doctrines!

« Vous ne respectez pas les plus saines traditions, vous qui ne savez ni ne pouvez rien fonder!

« Parce qu'il est officiellement reconnu que le jaguar n'a que dix-huit vertèbres à la queue, vous niez ce chiffre.

« Vous n'avez opéré que sur des jaguars en captivité, des jaguars dégénérés.

« Plus les mœurs d'un animal changent par la domesticité, plus sa queue s'allonge.

« C'est un phénomène reconnu officiellement.

« Le niez-vous?

— Oui, je le nie, s'écria Simiol avec colère.

« Officiellement, dites-vous bêtement?

« Je ne veux pas d'officiel, moi.

« Je le contrôle, votre officiel idiot, et je nie tout ce qui n'est pas prouvé ou vrai en soi.

« Un ignorant, grassement payé, peut consentir à propager les erreurs officielles; mais elles sont démasquées tôt ou tard par le savant incorruptible...

— Que l'on a dédaigné d'acheter, interrompit du Bodet avec un ricanement de défi.

— Insolent!

— Littré de carton!
— Quémandeur de croix!
— Allons, vous voulez rire!

« Vous demandez et j'obtiens; c'est bien là où le bât vous blesse, maître *asinus*. »

Le petit docteur bondit à cette dernière insulte.

Grandmoreau s'interposa.

De son bras étendu, il contint l'élan de Simiol prêt à s'élancer sur son adversaire.

Le Trappeur renvoya le bossu retomber sur le fauteuil, mais il ne put l'empêcher d'adresser au savant officiel cette suprême apostrophe :

— Allez, maître du Bodet, vous n'êtes qu'une huître attachée au rocher officiel et vous étiez né pour être allopathe.

En entendant ce mot inconnu, Grandmoreau recula consterné de la violence de l'épithète.

— Allopathe! murmura-t-il.

« Si jamais quelqu'un se permettait de m'en dire autant... »

Les yeux lui en sortaient par avance de la tête, tant la qualification lui paraissait offensante.

Il pensa que l'autre docteur répondrait à cette injure.

Du Bodet avait déjà ses sympathies, et il le regardait, attendant une riposte de même force.

Il n'attendit pas longtemps.

Le savant officiel s'écria avec mépris :

— Vous n'êtes qu'un charlatan, le Mangin de la médecine, un sauteur, un intrigant, un homœopathe, cela dit tout!

— Bravo! s'écria le Trappeur en entendant le dernier mot, qui lui parut valoir celui d'allopathe.

— Monsieur! s'écria Simiol, tout ceci aura une fin.

— Espérons-le! dit, du haut de son dédain, le savant officiel.

— Ah! fit Tête-de-Bison, vous voulez en finir?

« Tiens! tiens! tiens!

« Ça sera drôle. »

Il tira de leur gaîne les deux revolvers pendus à sa ceinture et jeta un regard vers M. de Lincourt.

Le comte approuva du geste.

— Je sais qu'après avoir échangé de pareilles insultes, dit gravement le Trappeur, vous voulez, messieurs, vous en remettre aux chances d'un duel.

« Prenez ces revolvers et en ligne.

« Ici on se bat en chambre et le vainqueur paie la casse.

« Vous tirerez à mon signal.

« Mon compagnon et moi vous suffirons comme témoins. »

Les deux savants, subitement calmés, regardaient avec ébahissement Grandmoreau et ses revolvers.

M. de Lincourt riait sous cape.

— Ces messieurs, dit-il, ne sont peut-être pas familiarisés avec les armes à feu; ou bien ils les dédaignent par un sentiment chevaleresque fort honorable.

« L'épée est sans doute l'arme qu'ils préfèrent? »

Les deux savants paraissaient ne pas comprendre les propositions de combat qui leur étaient si clairement faites.

Pourtant le docteur du Bodet se décida à parler :

— Vous ne vous trompez pas, dit-il sentencieusement.

« Vous avez devant vous deux adversaires acharnés, deux lutteurs intrépides.

« Mon honorable confrère m'a provoqué à la face du monde entier, et j'ai accepté son défi.

« Mais notre terrain de combat s'appelle la Science.

« Nous avons pour armes les arguments...

— Et la logique des faits, ajouta le petit docteur Simiol.

— Soit, reprit du Bodet.

« Nous avons donc à vider une grande querelle sur un fait de haute importance dont l'Académie s'est occupée pendant trois séances et pour lequel tout le monde savant se passionne.

« Ces questions ne se règlent pas à coups de revolver.

« En définitive, il s'agit moins de nous battre que de connaître le nombre exact des vertèbres de la queue du jaguar.

« Veuillez donc remettre vos revolvers en place, et parlez-nous vertèbres.

— Vertèbres, vertèbres, répéta Tête-de-Bison en se grattant l'oreille.

« D'abord qu'est-ce que c'est que ça, des vertèbres? »

Puis, comme éclairé par une inspiration subite, il s'écria :

— J'y suis !

« Vous voulez parler de cette petite bête, de la chique, de cette vermine qui a tué autant de jaguars que tous les chasseurs de la prairie.

« Eh bien ! il n'y a pas de règles.

« Tantôt plus, tantôt moins.

« Du reste ces sales bêtes ne se logent pas dans la queue du jaguar; elles choisissent plutôt les oreilles et les pattes. »

Les savants écoutaient le Trappeur sans paraître le comprendre.

Ils faisaient de visibles efforts pour saisir le sens de ses paroles, mais sans y parvenir.

Enfin le petit Simiol reprit :

— Il ne s'agit pas de chiques, mais bien de vertèbres; de vertèbres, comprenez-vous?

— Je comprends bien, fit Grandmoreau de plus en plus embarrassé.

« Mais qu'est-ce que c'est que des vertèbres?

— Bon ! s'écria le petit savant en éclatant de rire.

« J'en étais sûr !

« Il ne comprend rien.

— Vous, espèce d'homœopathe que vous êtes, s'écria Grandmoreau qui avait admirablement retenu le nom pour s'en servir au besoin, je vous préviens que si vous m'insultez encore une fois, je vous crève la peau d'une balle.

« Et c'est dit... méchant... homœopathe. »

Du Bodet se mit à rire avec un plaisir peu dissimulé.

Et Tête-de-Bison jugea qu'il avait profondément humilié le bossu.

Alors il dit à du Bodet :

— Expliquez-moi la chose, vous !

« Je comprendrai peut-être. »

Le docteur du Bodet, toujours grave, prit le ton et le geste du pédagogue en face d'une démonstration.

— Des vertèbres, dit-il, sont ce qui constitue la partie osseuse de l'appendice codal. C'est ce chapelet aux grains mobiles et se prêtant à tout mouvement ondulatoire voulu par l'individu. Ce sont les anneaux de la queue, ces osselets...

— Les anneaux de la queue, s'écria le Trappeur.

« Il fallait le dire tout de suite.

— Ah ! vous comprenez, maintenant?

— Parbleu ! du moment que vous parlez français.

— Fort bien.

« Et que compte-t-on de ces anneaux dans la queue du jaguar?

— Moi, je suis pour le chiffre de vingt-trois, et c'est le vrai, s'écria Simiol.

— N'interrompez pas l'arbitre, cher confrère, reprit du Bodet.

« Le chiffre officiel est de dix-huit.

— La vérité dit vingt-trois.

« D'ailleurs, que le chasseur se prononce; je me rendrai à son opinion... après vérification, bien entendu.

— C'est convenu, nous vérifierons.

« Nous ne sommes venus que pour cela. »

Depuis un moment, Grandmoreau semblait extrêmement embarrassé.

Il se grattait le haut de l'oreille, indice de préoccupation.

Tout à coup son front rayonna de joie et ses yeux de malice.

Il venait d'entendre les docteurs parler de contrôler ses dires.

— Si vous tenez tant à vérifier, c'est que vous n'avez aucune confiance en moi ? s'écria-t-il.

« Je ne vois pas alors pourquoi je me prononcerais.

« Trouvez donc bon, messieurs les savants, que je me taise.

— Monsieur, supplia du Bodet (Hilaire), il s'agit d'un fait si important, cause de contestations si vives, que vous ne pouvez refuser de nous éclairer.

« Songez que votre nom figurerait avec honneur dans notre rapport à l'Académie.

— J'ajoute, fit Simiol, que le *Chant du Départ* vous ferait une très-belle réclame.

— Pensez que je suis envoyé par l'Académie en mission spéciale pour étudier les queues de jaguars.

Et moi je suis ici, au nom de mon journal, pour contrôler les assertions de mon adversaire.

— Parlez donc, cher monsieur Grandmoreau.

« Le monde savant vous écoute.

— Dire que nous sommes venus de Paris pour vous entendre.

Grandmoreau ne se laissa pas attendrir.

— Messieurs, dit-il, je ne suis pas un farceur, moi !

« Si je parle et que l'on doute de ma parole, je me tiens pour offensé.

« Vous ne vous en rapporteriez pas à moi, n'est-ce pas vrai ?

« Il vous faudrait des queues de jaguar quand même pour compter les ver... les anneaux.

« Par conséquent, ce que j'ai de mieux à faire, c'est de me taire. »

Cette détermination de Tête-de-Bison ne faisait pas le compte des deux docteurs.

Ils échangèrent un regard consterné.

M. de Lincourt crut le moment venu de placer son mot dans la discussion.

— Mon ami a raison, dit-il.

« J'approuve sa résolution de garder le silence.

« Mais puisque vous me paraissez déterminés à pousser jusqu'au bout vos investigations, je vous propose un moyen de tout arranger à votre satisfaction.

« Nous partons en expédition ; venez avec nous.

— De quelle sorte d'expédition s'agit-il ? questionna Simiol.

— Notre but est secret, répondit le comte.

— Combien de temps durera cette expédition ? demanda à son tour du Bodet.

— Nous l'ignorons.

Les deux savants se consultèrent du regard.

Ils se comprirent, car le petit Simiol dit avec assurance :

— Nous ne pouvons nous engager à vous suivre.

« Peu familiarisés avec les dangers d'un long séjour dans le désert américain, il y aurait imprudence de notre part.

« Non que nous craignions la mort. Loin de là ; mais ce serait un crime d'aller en ce moment au-devant d'elle.

« La science a besoin de nous.

— Mon honorable confrère a raison, ajouta du Bodet.

« Notre courage est à toute épreuve, mais nous ne nous appartenons pas. »

Cette résolution parut contrarier M. de Lincourt.

Évidemment il avait son idée en insistant.

— Vous n'êtes pas forcés de nous suivre jusqu'à la fin de notre voyage, dit-il.

« Il ne manque pas de jaguars dans les bois qui environnent Austin.

« Accompagnez-nous pendant une étape ou deux.

« Dès le premier ou le deuxième jour, on vous aura tué quelques animaux dont vous pourrez compter à votre aise toutes les vertèbres ; puis vous serez libres de rentrer en ville. »

Après quelques minutes de réflexion, les savants acceptèrent la proposition du comte ; deux jours de marche, ce n'était pas une affaire.

— Messieurs, soyez prêts avant le jour, dit Grandmoreau en les congédiant.

« Rendez-vous général sur la grande place.

Les deux docteurs se retirèrent en échangeant ces paroles :

— Vous serez donc vaincu avant quarante-huit heures, disait le petit Simiol.

— Vous allez enfin reconnaître votre sottise avant deux jours, répliquait du Bodet.

C'était le commencement d'une nouvelle dispute.

Elle se poursuivit dans les rues.

Dès qu'ils furent seuls, le comte et Grandmoreau firent leurs réflexions.

— Pourquoi diable nous embarrasser de ces originaux ? demanda le Trappeur avec un peu de colère.

« Monsieur le comte, voilà une drôle d'idée.

— Quoi ! tu n'as pas saisi mon plan dans ce qu'il a de pratique ?

« Voilà deux médecins au lieu d'un pour l'expédition !

Le Trappeur secoua sa grosse tête en riant.
— Bon! bon! dit-il.
« Je vous vois venir.
« Mais ne doivent-il pas nous quitter après avoir examiné leurs queues de jaguars? demanda-t-il.
— En effet, dit le comte avec un fin sourire.
« Seulement, si j'en crois mes pressentiments, ils ne nous quitteront pas si vite.
« Et nous avons deux médecins pour toute la campagne.
— Voulez-vous donc les emmener de force?
— Non certes.
« Je ne fais qu'une supposition. »
Grandmoreau ne chercha pas plus longtemps à pénétrer la pensée de M. de Lincourt qui ajouta :
— Nous serons bien aise de les avoir plus tard pour nos analyses chimiques.
« Ces deux hommes, pour avoir certains côtés ridicules, n'en sont pas moins de vrais savants.
« Leurs noms ne me sont pas inconnus.
« Et leur voyage pour connaître le nombre exact des vertèbres d'une queue de jaguar est une preuve de volonté et d'audace dont je ris, mais que j'admire en même temps.
« A propos, dis-moi, Tête-de-Bison, pourquoi ne leur as-tu pas donné le nombre de ces anneaux de queue? »
Grandmoreau, à cette question, eut un rire bruyant.
— La raison est bien simple, fit-il.
« Je n'ai jamais examiné de si près la queue d'un jaguar.
« Vous-même, avez-vous pensé à compter les nœuds de celle du jaguar qui a failli causer la mort de ce brave colonel d'Éragny?
— Je n'y ai pas songé, en effet, dit le comte.
« Les chasseurs n'ont pas de ces préoccupations.
« Mais c'est un tort.
« Aujourd'hui je voudrais savoir le nombre de ces vertèbres.
— Moi aussi.

« Je n'aurais pas eu besoin de ruser pour cacher mon ignorance à ces deux médecins. »
Comme on le voit, les deux aventuriers se laissaient entraîner à un sentiment de curiosité.
Eux aussi finissaient par s'intéresser à des queues de jaguars, et cela au milieu des préparatifs importants d'un départ qui les préoccupait depuis huit jours.

CHAPITRE XXVIII

DANS QUELLE TERRIBLE SITUATION SE TROUVÈRENT LES DOCTEURS HILAIRE DU BODET ET SIMÉOL, A DEUX JOURS DE MARCHE D'AUSTIN

Le matin même du départ, un peu avant l'aube, le comte et le colonel d'Éragny, tous deux chefs de l'expédition et associés (le colonel pour un demi-quart seulement, ce qui lui constituait encore un capital énorme), le colonel et le comte, disons-nous, se trouvaient réunis sur la grande place, inspectant les wagons et leurs hommes rangés en bataille.
La revue finie, le colonel dit à M. de Lincourt d'un air joyeux :
— Belles compagnies, n'est-ce pas?
— Ce sont des hommes de choix.
— Blanche aura sa dot.
« Nous réussirons.
— Pardien! en douteriez-vous?
— Plus maintenant.
— Vous savez, colonel, que s'il vous arrivait malheur, ce que j'ai juré hier à mademoiselle d'Éragny en lui faisant mes adieux serait fidèlement exécuté.
— Merci de cette promesse.
— J'ai insisté pour que l'adieu fût le dernier et je crois avoir eu raison.
« Ces séparations sont déchirantes.
— Comte, je me sens une furieuse envie d'aller une fois encore à ce couvent embrasser ma fille ; mais je sais me dominer.
— En marche, alors!
En ce moment, un cavalier indien accourut bride abattue.
Il arrêta son cheval en face du comte par

une volte prestigieuse, il lui tendit une lettre, puis il disparut comme l'éclair.

Le comte ouvrit le pli et lut ces mots écrits en espagnol :

« Comte,

« Ma vie, mon honneur et ma liberté dépendent de votre silence.

« Je vous aime.

« Je suis dominée aujourd'hui par un pouvoir plus puissant que le mien, et je me vois condamnée à vous faire une guerre que je voudrais à tout prix éviter.

« Je ne reste à la tête de mes tribus que dans la pensée de vous sauver.

« Serai-je longtemps libre?

« Un jour viendra où je vous demanderai asile.

« Recevrez-vous une femme proscrite à cause de vous?

« Je saurais mourir de vos dédains.

« Évahé. »

Le comte fut stupéfait de cette lettre.

Il la montra au colonel.

— Tenez, dit-il, tout doit être commun entre nous, et votre discrétion m'est connue.

« Lisez! »

Le colonel sembla moins surpris que M. de Lincourt.

— Je crois, dit-il, voir clair en cette singulière intrigue.

« Le Sauveur doit être pour beaucoup en tout ceci.

— Vous croyez donc à ce Sauveur[1]?

— Je crois au moins à un ambitieux jouant ce rôle.

— Peut-être avez-vous raison.

— Cet homme cherche sans doute à opprimer la reine.

« Peut-être veut-il l'épouser! »

A cette supposition, le comte pâlit légèrement; il éprouva comme un sentiment de jalousie.

Le colonel s'en aperçut et sourit discrètement.

— Je vous félicite, dit-il, d'avoir inspiré une passion à cette charmante femme.

« Tout cela finira par un mariage.

— Un mariage! fit le comte en bondissant.

« Moi, de Lincourt... le mari d'une sauvagesse!

« Colonel, vous voulez rire!

— Je ne voulais pas vous froisser! fit M. d'Éragny.

« D'autant plus que moi, jeune homme, j'aurais été enchanté d'épouser cette adorable créature.

« Mais chacun a ses idées.

« En marche, comte!

« Voulez-vous ? »

M. de Lincourt donna le signal du départ.

La caravane s'ébranla.

Elle était d'aspect imposant.

Jamais Austin n'en avait vu d'aussi considérable.

Toute la ville, s'éveillant, salua ce départ.

Quarante chariots solidement construits se mirent à rouler sur cette grande place où nous avons vu Tomaho vainqueur de toute une population;

Quatre bœufs sont attelés à chaque wagon ; un homme conduit deux voitures.

Deux cents cavaliers bien armés entourent le convoi.

Le colonel exécute un actif va-et-vient.

Il examine minutieusement les voitures.

Il a un coup d'œil pour chaque attelage.

Il passe enfin une inspection sévère de tout le convoi.

Le défilé a lieu devant le comte de Lincourt et les trappeurs, qui ont chacun le commandement d'une compagnie.

La foule entoure la caravane.

On profite des derniers moments pour échanger de bruyants adieux, pour faire une recommandation dernière, pour souhaiter bonne chance aux hardis aventuriers.

Bientôt un mouvement agite le rassemblement.

On s'écarte pour faire place au comte et à ses compagnons qui vont prendre la tête des colonnes.

---

1. Dans l'œuvre si remarquable de M. Taxile Delord (*Histoire du deuxième Empire*), on lit, à propos de l'expédition du Mexique, que la croyance en la venue d'un *Sauveur* était si enracinée dans l'esprit des Indiens que ceux de la Sonora et des autres provinces acclamèrent ce Sauveur attendu dans la personne de Maximilien. M. Delord cite les détails les plus curieux à ce sujet.

Les coureurs de prairie sont à cheval et armés jusqu'aux dents.

Les costumes des hommes sont neufs, les harnachements des chevaux sont solides; tout est soigné et au grand complet.

Il s'agit en effet de traverser d'immenses solitudes, où l'on ne trouvera rien qui puisse racheter un oubli, qui atténue l'effet d'une négligence.

Aussi tout a été prévu, et jamais caravane n'est entrée dans la prairie dans de meilleures conditions d'armement et d'équipement.

La foule suivit le convoi jusqu'aux dernières habitations du faubourg.

Un dernier hurrah fut lancé par dix mille poitrines... et la caravane s'enfonça dans la solitude du désert américain.....

Deux heures plus tard, on avait perdu Austin de vue.

Le convoi avançait lentement au pas lourd des bœufs.

Les deux compagnies qui fermaient la marche étaient celles de Grandmoreau et de Sans-Nez.

A la tête de cette arrière-garde chevauchaient tranquillement quatre cavaliers.

C'étaient les deux capitaines causant gravement avec les docteurs du Bodet et Simiol.

Les deux savants ne se disputaient pas pour le moment.

Du Bodet demandait avec une adresse diplomatique à Grandmoreau des explications sur le but de l'expédition; Simiol, de son côté, s'entrenait avec Sans-Nez.

Les deux docteurs, sans s'être consultés, s'informaient avec une vague inquiétude, de la marche suivie par la caravane.

Ils auraient évidemment désiré savoir où l'on allait et ce que l'on se proposait de faire; mais quand du Bodet formulait une question sur ce point, le Trappeur se hérissait et gardait un mystérieux silence.

Et si le petit Simiol interrogeait Sans-Nez, celui-ci riait de son rire effrayant et faisait cette réponse plus vraie que vraisemblable.

— Je ne sais pas où nous allons.

Quoi que les docteurs pussent tenter, ils n'apprirent pas davantage.

Grande halte, bivac, repas du soir à la table du comte, nuit et reprise de marche le lendemain, deux jours enfin se passèrent sans que les docteurs très-intrigués eussent rien deviné des intentions que pouvait avoir M. de Lincourt.

Et pas de jaguars!

Le soir du deuxième jour de marche, les batteurs d'estrade qui éclairaient le convoi n'avaient pas signalé encore la présence de la moindre bête fauve.

Toutefois Grandmoreau avait affirmé qu'il ne se passerait pas douze heures avant qu'il eût tué un de ces animaux.

Les savants se réjouissaient donc à l'idée de compter bientôt les fameuses vertèbres.

Le Trappeur, ne voulant pas se mentir à lui-même, s'éloigna du campement dès que la seconde halte de nuit se fut installée.

Tomaho l'accompagnait, car c'était, comme Nemrod, un grand chasseur devant Dieu et devant les hommes.

L'absence des deux trappeurs dura plusieurs heures.

Quand ils rentrèrent, le camp était silencieux.

Tout le monde dormait.

Ils durent échanger les mots de passe avec les sentinelles.

Sans réveiller personne, les deux chasseurs se glissèrent sous leur tente après avoir échangé rapidement quelques paroles à voix basse avec des hommes de leurs compagnies qui partirent sur le champ dans une direction indiquée par les chasseurs.

Tomaho riait... Grandmoreau se frottait les mains.

Quelque chose d'étrange et d'amusant se préparait sans doute.....

Trois heures plus tard, le ciel blanchissait du côté de l'orient.

Dans un quart d'heure il va faire jour.

Les deux compagnies de Sans-Nez et de Grandmoreau, au milieu desquelles bivouaquent les deux docteurs, ont levé le camp sans bruit et sont rangées avec leurs bagages dans un ravin.

Les deux savants du Bodet et Simiol, qui occupent la même tente, dorment encore profondément.

Grandmoreau logea une balle dans le corps d'un Apache qui espionnait la colonne.

Cette tente semble isolée au milieu de la prairie.

Les trois compagnies d'avant-garde ont filé déjà et, nous l'avons dit, celles d'arrière-garde se sont dissimulées.

Les docteurs ne se doutent de rien.

Ils rêvent peut-être queues de jaguars, quand des bruits de fusillade lointaine les réveillent en sursaut.

La toile de leur tente s'agite violemment.

Les deux docteurs bondissent sur les couvertures qui leur servent de matelats.

Le grand du Bodet s'élance le premier dehors afin de se rendre compte du bruit qui vient de l'arracher si brusquement au sommeil.

Simiol se préparait à suivre son confrère quand il le vit rentrer tout à coup.

Les traits du savant officiel avaient perdu leur expression ordinaire de morgue et de suffisance.

Ses yeux fixes et démesurément ouverts regardaient sans voir.

Les muscles de son visage étaient affreusement contractés.

Ses lèvres blêmies bordaient sa bouche entr'ouverte et agitée d'un tremblement nerveux.

Et les quelques mèches folles de sa rare chevelure se tenaient droites et raides comme de longues aiguilles.

24ᵉ LIVRAISON

A quoi donc attribuer ces étranges convulsions, tourmentant la face ordinairement calme et tranquille du pauvre docteur?

Évidemment c'était à la frayeur atteignant son paroxysme.

A la vue de son confrère épouvanté, le petit Simiol ne put retenir un cri de terreur.

En le voyant trembler, il trembla; en le voyant reculer dans un coin de la tente, il recula; en le voyant s'accroupir en silence sur ses couvertures, il se laissa tomber sur sa couche sans oser souffler mot.

Pendant plusieurs minutes les deux savants, assis à la turque en face l'un de l'autre, se regardèrent avec stupeur.

Enfin Simiol put desserrer les dents; il s'efforça de formuler une question.

Du Bodet le vit; il lui fit signe de parler bas.

Ce fut dans un souffle que cette interrogation arriva aux oreilles de du Bodet :

— Qu'avez-vous vu?

« Qu'y a-t-il?

— Il y a que les gens de la caravane nous ont abandonnés.

— Abandonnés!

— Hélas! oui.

« Et nous allons être attaqués et dévorés par des jaguars. »

Simiol tressauta.

— Que dites-vous?

— Je dis vrai.

« Trois de ces féroces carnassiers sont là, à deux pas de nous.

« Ils n'osent pas sans doute forcer l'entrée de notre tente; mais ils se tiennent à l'affût et guettent notre sortie. »

Le docteur Simiol était consterné.

— Ils nous ont abandonnés!

« Les lâches! » murmura-t-il avec indignation.

Puis, s'en prenant subitement à son confrère :

— C'est votre faute, dit-il.

« Voilà où conduit un entêtement ridicule :

— Parlez donc pour vous! répliqua aussitôt du Bodet.

« C'est bien votre rage de tout contester, d'aller à l'encontre de ce qui est reconnu vrai et raisonnable, qui nous a amenés ici.

— Ah! vous voilà bien, riposta aigrement Simiol qui oublia tout pour soutenir son opinion.

« Il faudrait, suivant votre système, se plier aveuglément devant des affirmations pures et simples.

« Pas de contrôle avec vous.

— On ne contrôle pas la vérité! dit du Bodet s'échauffant à son tour et ne pensant plus au péril.

« On ne démontre pas un axiome.

— Allons donc! glapit Simiol.

« Votre science appointée n'est que mensonge.

« Il faut des hommes indépendants pour dénoncer vos errements et signaler vos bêtises.

— Confrère, dit du Bodet oubliant ses terreurs et élevant la voix, vous insultez aux plus saines traditions.

« Prenez garde!

— Je vous tire de la routine, de ce chemin fangeux où vous laissez s'embourber le char de la science.

« N'est-ce pas une honte de venir contester en pleine chaire le dire d'un confrère qui n'affirme qu'après avoir contrôlé *de visu ?*

« Quand je prétends que la queue du jaguar se compose de vingt-trois vertèbres, je suis sûr de ce que j'avance.

« Je les ai comptées, ces vertèbres : et vous?

— D'autres plus autorisés les ont comptées avant nous, et leur opinion est pour moi l'expression même de la vérité; et je... »

En ce moment, des miaulements terribles retentirent au dehors.

Les deux savants tressautèrent de surprise.

Ils se risquèrent à l'entrée de la tente et jetèrent un regard effaré dans la plaine.

Trois jaguars étaient à l'affût devant la tente, couchés sur le ventre et le museau allongé sur leurs pattes.

Mais par derrière on entendait, sans les voir, d'autres jaguars miaulant terriblement.

Du Bodet et Simiol se replièrent sous la tente avec effroi.

En ce moment, on entendit de nouveau la fusillade au loin.

Les deux docteurs tremblaient de tous leurs membres.

— Que faire? disait du Bodet.

— Nous sommes perdus! murmurait Simiol.

En ce moment on entendit des bruits joyeux, des cris de victoire et des rires puissants.

Les docteurs se hasardèrent à regarder encore une fois dehors.

Beaucoup d'aventuriers en armes entouraient la tente et semblaient fort gais.

Les jaguars cependant étaient toujours là.

Mais, circonstance singulière et inexplicable, Tête-de-Bison, Tomaho et Sans-Nez se tenaient à deux pas des terribles bêtes sans paraître s'inquiéter de leur présence.

Les chasseurs riaient de la figure consternée des deux savants.

— Allons, messieurs, dit Grandmoreau en se tenant les côtes, venez compter vos anneaux.

« Vous avez trois queues à vérifier. »

Et comme les docteurs ne bougeaient pas :

— Est-ce que vous auriez peur? railla Sans-Nez en lançant un coup de pied à l'un des jaguars qui tomba sur le côté.

Comprenant enfin qu'ils avaient affaire à des animaux sans vie, les savants se précipitèrent dehors.

— Comment, disait Grandmoreau, des jaguars morts vous épouvantent!

— Nous les croyions vivants! dit du Bodet, et le camp nous semblait désert.

— Il l'était, dit Grandmoreau.

« Nous venons d'escarmoucher avec une troupe d'Apaches.

« On leur a donné une rude leçon.

— Hein! fit Simiol.

« Les Apaches!

« Déjà!... »

Du Bodet se récria :

— Si j'avais su!...

« Des sauvages!...

« Si près d'Austin !

« Je demande au moins cinquante hommes d'escorte pour y retourner. »

Grandmoreau eut un fin sourire.

— Avant de partir, dit-il, comptez les vertèbres, docteurs.

Les deux savants ne se le firent pas répéter.

S'emparant chacun d'une bête, ils se mirent à en palper la queue avec une attention empressée.

Étonnants, ces hommes !

Ils avaient soudainement oublié toutes leurs terreurs.

Accroupis auprès des animaux, ils comptaient et recomptaient avec une patience et une attention extrêmes.

Agenouillé sur son mouchoir déplié tout contre son jaguar, le savant officiel du Bodet tenait à deux mains 'a queue de la bête; il la maintenait dans une position verticale, comme un cierge, et la contemplait.

Le petit Simiol, de son côté, après avoir absorbé une énorme prise avec une précipitation inaccoutumée, s'était jeté à plat-ventre à côté de son jaguar. Il avait allongé à terre la queue de la bête, et il la caressait de l'œil et de la main. Il la tirait par instants comme pour la dresser, puis il la faisait onduler sur l'herbe courte et drue, et poussait de petits cris joyeux.

Les chasseurs considéraient nos deux savants avec surprise et ravissement.

Tant de passion les amusait.

Ils croyaient les docteurs un peu toqués.

— Ils sont en plein accès, dit tout bas Sans-Nez.

Par moments, leurs rires accompagnaient les exclamations et les étranges manières des savants.

Sans-Nez roulait rapidement ses yeux effrayants et montrait sa joie en se frottant vigoureusement les mains.

Grandmoreau, plus calme, promenait un regard franchement étonné sur l'un et l'autre docteur; parfois un sourire et un haussement d'épaules dénotaient chez lui un sentiment de compassion et de pitié.

Quant à Tomaho, il gardait le silence de la stupéfaction.

Le géant suivait les mouvements des deux

savants sans chercher à comprendre les mobiles qui les animaient ; la tâche était trop rude pour lui.

Mais persuadé, depuis le départ d'Austin, que les médecins à faces pâles n'étaient que des sorciers en possession de secrets et pratiques surnaturels, s'attendant à voir surgir tout à coup quelque diablerie, il se tenait sur ses gardes.

Il consultait du regard ses deux amis, prêt à agir vigoureusement au premier signal.

Le brave Cacique s'inquiétait à tort.

Du Bodet, ému, frémissant, promenait une main fiévreuse sur sa queue de jaguar, et comptait avec la certitude visible de ne s'être pas trompé dans ses prévisions.

Il conservait une belle prestance doctorale dans son attitude.

Simiol, lui, ne mettait ni coquetterie, ni élégance dans son maintien.

Applati auprès de sa bête, il palpait et comptait aussi ; mais ses mouvements n'avaient rien de l'ampleur étudiée et méthodique de son confrère qui malgré son ardeur se dominait assez pour garder le décorum. Les gestes du bossu étaient brusques, saccadés, imprévus.

Il relevait la tête pour la baisser aussitôt, et lançait un regard vif et brillant sous les verres miroitants de ses larges lunettes.

Enfin il releva la tête, aspira avec délices une forte prise, et, ressaisissant la queue du jaguar qu'il agita avec une sorte de frénésie, il couvrit son adversaire d'un regard méprisant.

— L'expérimentation triomphe encore une fois de la routine ! s'écria-t-il.

« Vingt-trois ! mon chiffre, cher confrère.

« Êtes-vous assez confondu, ignorant ? »

Du Bodet supporta l'épithète sans broncher. Son attitude resta digne et sévère.

Un sourire orgueilleux de satisfaction erra sur sa large face et il riposta, faisant ondoyer la queue de son jaguar comme un panache :

— Vous vous trompez, cher et honoré confrère.

« Je trouve dix-huit vertèbres.

— C'est de la mauvaise foi !

— Pas de propos insolents.

« Je vous affirme, pièce en main, que je viens de compter dix-huit vertèbres seulement.

— Et moi je viens d'en compter vingt-trois ; vous pouvez vérifier.

— C'est cela, vérifions-nous.

Les deux savants ayant changé de jaguar se remirent à compter.

Dix secondes après, ils échangeaient un regard consterné.

Les chiffres annoncés par l'un et l'autre étaient exacts.

Une queue était plus longue que l'autre.

Le troisième jaguar fut visité sur-le-champ. Sa queue avait vingt vertèbres [1].

M. de Lincourt, qui venait d'arriver, fut mis au courant de la situation.

Il riait dans sa moustache.

— Pas de solution possible pour le moment, messieurs, dit-il aux savants.

« Il ne vous reste qu'à expérimenter sur un grand nombre d'animaux et vous prendrez une moyenne.

— La science ne se contente pas d'à peu près, fit du Bodet.

« Quant à moi, je renonce à poursuivre des recherches inutiles.

— Pour cette fois, je me rallie à l'opinion de mon confrère, ajouta Simiol.

« Retournons à Austin. »

Le comte salua.

— Vous êtes libres, messieurs.

« Partez donc.

— Je regrette qu'il ne vous soit pas agréable de faire partie de notre expédition.

— Les regrets seront certainement partagés, répondit du Bodet en s'inclinant ; mais nous devons mettre fin aux incertitudes du monde savant en déposant sans retard notre rapport à l'Académie.

[1]. Ici le lecteur nous permettra d'élucider un peu la question des queues de jaguars, de couguars, de panthères et de lions.
La chose en vaut peut-être la peine.
Longtemps, en effet, les savants ont disputé à ce sujet, et Jules Gérard de même que d'autres chasseurs célèbres tant en Afrique qu'en Amérique et en Asie furent priés de compter les anneaux des queues des fauves de la race féline qu'ils tueraient.
Or, dans son livre sur la *Chasse au lion*, Jules Gérard raconte qu'à sa grande surprise il reconnut que le nombre des anneaux variait d'un animal à l'autre.
Et de partout pareilles déclarations furent envoyées à l'Institut.

« Rapport, hélas! qui constatera un jeu bien étrange de la nature.

« Veuillez donc nous donner une escorte pour regagner Austin.

— Une escorte? fit M. de Lincourt avec un mouvement de surprise.

« Que parlez-vous d'escorte?

— Ne nous avez-vous pas dit que nous serions libres de regagner la ville quand il nous conviendrait?

— Je l'ai dit.

— Eh bien?

— Vous ai-je donc promis une escorte?

— Non; mais...

— Mais?...

— Vous ne pouvez nous abandonner ainsi, sans secours, en pleine prairie.

— N'avez-vous pas vos carabines?

« N'êtes-vous pas hommes à vous défendre contre les fauves?

— Nous ne craignons rien, dit Simiol en se redressant.

« Mais il ne nous est pas permis de commettre une telle imprudence.

« Notre perte causerait au monde savant d'éternels regrets. »

M. de Lincourt prit le ton et l'attitude d'un homme dont les résolutions sont définitives et arrêtées.

— Je n'ai pas à examiner, dit-il, si vous avez commis une imprudence en suivant notre caravane, ou si vous en commettriez une en nous quittant.

« Je n'ai pris aucun engagement avec vous, sauf celui de faire tuer pour vous quelques jaguars.

« Cette promesse a été tenue.

« Quant à vous fournir une escorte pour votre retour, il ne pouvait en être question.

« Je ne puis retarder la marche du convoi, malgré tout mon désir de vous être agréable.

— Que faire? dirent en même temps les deux savants en échangeant un regard consterné.

— Vous avez deux partis à prendre, fit le comte.

— Lesquels?

— Retourner seuls à Austin...

— Mais il y a danger sérieux.

« Nous avons entendu ce matin une fusillade...

— Oh! une bande de quelques centaines de maraudeurs apaches! fit le comte.

« Avec de l'adresse et du courage, vous pouvez échapper à la griffe des fauves et au tomahawk des Peaux-Rouges. »

Les docteurs frémirent des pieds à la tête.

— Une centaine d'Apaches! se disait Simiol.

— L'autre moyen? murmura du Bodet d'une voix étranglée.

— Oui, l'autre moyen? appuya le petit Simiol non moins ému.

— Restez avec nous, dit simplement le comte.

Les deux hommes se regardèrent silencieux.

— Je réponds de votre sûreté, ajouta M. de Lincourt.

« De plus, je vous intéresse dans les bénéfices de mon expédition.

« Et enfin, je vous promets une découverte qui ajoutera mille fois plus à votre célébrité que toutes les queues de jaguar du monde. »

Du Bodet, en écoutant le comte, avait des hochements de tête significatifs.

Sa conviction n'était pas faite.

Simiol, assis sur un jaguar, les coudes sur les genoux et le menton dans les mains, réfléchissait.

M. de Lincourt reprit :

— En retour des avantages que je vous offre, je ne vous demande que peu de chose.

« Des soins pour mes hommes en cas de maladie pendant la route; puis quelques analyses chimiques à notre arrivée au terme du voyage.

« Décidez-vous, messieurs, l'heure du départ approche. »

Puis à l'arrière-garde :

— En route!

Et la colonne s'ébranla.

Il fallait prendre un parti.

Du Bodet se tourna vers Simiol.

— A quelle résolution s'arrête mon confrère?

« Partons-nous avec la caravane? »

Le petit docteur fit un signe affirmatif.

— Voilà qui est convenu, dit alors le savant officiel à M. de Lincourt.

« Nous acceptons vos offres avec plaisir. »

La voix du docteur tinta ce mot plaisir comme un glas.

— Avec enthousiasme, ajouta Simiol d'un ton lamentable.

Et les deux savants, la tête basse et l'air consterné, rentrèrent silencieusement sous la tente.

Le comte s'éloigna avec les chasseurs.

— Tu vois, Grandmoreau, comment on s'y prend pour engager des médecins dans une expédition ! dit le comte en riant.

— Bien joué ! dit le Trappeur.

« Ils ont cru aux Indiens. »

Tomaho seul ne paraissait pas satisfait.

Il grommelait tout bas :

— Les médecins portent le malheur avec eux.

« Le démon est dans leur esprit.

« Le grand Vacondah nous protége contre leurs médecines (sortiléges).

Dans cette étape, un seul incident. Grandmoreau logea une balle dans le corps d'un Apache qui espionnait la colonne.

Et il avertit le comte d'avoir à se tenir sur ses gardes, car l'espion annonce toujours une bande nombreuse à peu de distance.

CHAPITRE XXIX

COMMENT LA VILLE D'AUSTIN EUT QUATRE GOUVERNEURS POUR UN, ET DE CE QUI S'ENSUIVIT

Malgré ses huit mille habitants, la ville d'Austin, après le départ du comte de Lincourt, parut presque déserte.

Le traité conclu avec les Apaches avait eu pour effet de mettre en branle les nombreuses troupes de marchands qui attendaient l'heure du départ ; la dernière caravane qui quitta la ville fut celle du comte.

Ce fut alors que les habitants, fort désœuvrés et dépourvus de toute distraction, commencèrent à s'apercevoir que leur gouverneur leur manquait.

Don Lopez y Matapan était pour Austin l'idéal des gouverneurs.

Pas plus voleur que la moyenne des fonctionnaires, ivrogne, mais bon enfant, homme de sens, conciliateur, gai, plein de bonhomie et d'entrain, il savait amuser sa ville quand elle s'ennuyait.

Et Austin avait le spleen.

Et Austin réclamait don Lopez y Matapan.

Point de don Lopez.

On chercha.

On attendit.

Pas de nouvelles !

Grand émoi.

Une ville sans gouverneur est un navire sans pilote.

Austin voulait être administrée à tout prix.

Qui convoquerait la milice en cas de guerre ?

Qui ferait rentrer les impôts en pillant un peu le contribuable ?

Qui ferait de l'arbitraire pour le plus grand bien de la population ?

Et les ambitions s'agitaient, poussant la plèbe à réclamer un gouverneur.

Tant et si bien que les notables s'assemblèrent pour nommer un chef provisoire jusqu'au moment où don Lopez reviendrait.

Mais les notables ne s'entendirent pas et il y eut scission.

Deux partis se formèrent.

L'un tenait pour un aristocrate ; l'autre pour un bourgeois :

Faction des nobles ;

Faction des marchands.

La populace, de son côté, assemblée sur la grande place, nomma un gouverneur de son choix.

Trois gouverneurs, et tous trois provisoires, encore.

Par conséquent, querelles, rixes, émeutes, révolutions.

Le haut quartier se barricada et eut grand soin de chasser les soldats de ses rues.

Les bourgeois se retranchèrent au centre de la ville et prirent bien garde qu'il ne restât pas un troupier dans ses maisons.

Ils firent évacuer la caserne.

Ni bourgeois ni nobles ne voulaient de la troupe, la sachant capable de tout et propre à rien.

La populace, de son côté, avait horreur des militaires.

Elle les hua et les chassa à coups de pierre hors des faubourgs.

Ce que voyant les bons soldats d'Austin, ils firent comme tout le monde et nommèrent un gouverneur.

Quatre gouverneurs !.

La troupe s'établit hors la ville dont on l'avait renvoyée, et, pour tuer le temps, elle se mit à piller fort tranquillement et fort joyeusement les villas placées sous la protection des remparts.

Ce que voyant le peuple, il se mit à trouver les militaires très-intelligents et il sortit en masse pour leur prêter aide et assistance.

Ce que voyant nobles et bourgeois, ils coururent sus ensemble sur les pillards et il y eut bataille.

Résultats de la bataille :

Pertes : zéro.

Mais les conséquences tactiques furent la rentrée du peuple uni aux soldats dans les faubourgs ; des bourgeois unis aux nobles dans les quartiers.

Le lendemain grandes luttes intestines.

Bourgeois et nobles se tapèrent dessus ; soldats et populace se jetèrent sur les quartiers riches.

Puis les militaires tirèrent indistinctement sur tous les civils, qui s'accordèrent pour tomber sur l'armée.

Au soir, chacun rentra chez soi.

C'est-à-dire les Austinois dans leurs rues respectives ; les soldats chassés couchèrent dehors.

Mais il y avait eu trois morts !

Grave affaire !

On parlementa.

Les choses tournant au tragique il valait mieux s'entendre.

On s'entendit si bien qu'à la fin de la conférence les députés des partis se prirent aux cheveux et un combat furieux s'engagea.

Cette fois, il y eut dix hommes et deux femmes jetés bas par les balles.

Ce n'est pas qu'on visât mieux ; mais on tirait davantage.

Il se consommait une effroyable quantité de poudre.

Les choses lancées sur ce pied ne devaient pas s'arrêter de sitôt.

Depuis cinq jours Austin était dans cet état et l'on ne savait guère comment cela finirait, quand survint un incident.

Un beau matin, à l'aube, on vit une troupe de deux cents cavaliers en bel ordre arriver, avec drapeau parlementaire, en face des soldats qui s'étaient assemblés, crevant de faim, pour rentrer de force dans la place.

Le chef des cavaliers fit un speech aux militaires.

Ceux-ci poussèrent des acclamations retentissantes.

Dix cavaliers se précipitèrent alors vers l'une des portes malgré une fusillade enragée qui ne leur tua personne.

Les cavaliers mirent des pétards sous la porte.

Elle vola en éclats.

Alors les cavaliers et les soldats se ruèrent dans la ville.

Les trois gouverneurs et les trois partis ne songèrent pas à résister.

Deux mots coururent par les rues et les firent désertes.

— John Huggs ! criait-on.

« Les pirates de la savane ! »

Tous les gens d'Austin se réfugièrent dans leurs caves.

C'était en effet John Huggs et sa bande.

. . . .

Le célèbre bandit fit ranger soldats et brigands en bataille ; il confia à Basilic le soin de garder les postes sur les remparts et aux portes, puis il ordonna de dresser cent potences.

Ces soins pris, il commanda un excellent déjeuner, et, en attendant qu'il fut prêt, fit crier par les rues la proclamation suivante :

« Si dans une heure les cent notables les plus riches d'Austin ne sont pas livrés dans les mains de John Huggs, la ville sera réduite en cendres et tous les habitants seront égorgés. »

Chacun comprit.

On comprit même si bien, que l'on mit un zèle excessif à la recherche des notables, à ce point qu'on en amena cent soixante et onze devant le palais du gouverneur dans lequel maître John Huggs déjeunait.

A chaque instant l'on trouvait quelque commerçant aisé et on le fourrait dans la troupe des prisonniers.

John Huggs, ayant fini son repas en compagnie de ses lieutenants, parut au balcon du palais.

Nous avons dit ce qu'était ce palais; le balcon par conséquent était modeste.

Détail peu intéressant, mais véridique.

John Huggs parla tout en fumant son havane.

— Gens d'Austin!

« Vous êtes de la canaille et des poules mouillées

« Je vous ai promis de venir me venger de vous.

« Cette vengeance, je la tiens.

« Rien ne m'empêcherait de vous exterminer tous.

« Mais je suis commerçant avant tout, et je vous propose de vous vendre ma vengeance qui, pouvant être terrible, vaut cher par conséquent.

« J'estime que la ville possède en bijoux, numéraire, billets de banque, quelque chose comme six ou sept millions de piastres.

« J'en demande un million; mais je ne veux que de l'or.

« Les notables ici présents ont cinq minutes pour s'entendre.

« Si, dans cinq minutes, ils ne se sont pas arrangés pour me promettre que dans une heure l'or arrivera sur des mules toutes prêtes à partir, je les ferai pendre.

« Comme il faut que l'on sache bien que je suis homme de parole et capable d'égorger toute une ville, je vais vous donner un échantillon du sang-froid avec lequel je tue mon prochain. »

Il arma brusquement son revolver, visa le premier venu des notables et le tua.

Il y eut un grand cri de terreur, puis un silence lugubre.

John Huggs ralluma un autre cigare, s'assit sur un pliant, et dit aux notables épouvantés :

— Délibérez!

Il regarda sa montre.

Peu d'instants après, une courte et vive discussion entre les notables les mettait d'accord ; ils dressaient la liste de tous ceux qui pouvaient donner et la *quote-part* de chacun. Le plus âgé d'entre les prisonniers vint trouver maître Huggs.

— Gentleman, dit-il, la liste est prête : chacun est imposé.

« Mais comment voulez-vous que nous apportions l'or, si nous restons prisonniers?

— Nommez un comité d'exécution de dix personnes qui se feront remplacer ici par des otages.

— Leurs femmes? demanda le prisonnier.

— Non pas.

« Leurs enfants. »

John Huggs songeait que plus d'un mari aurait été ravi de se débarrasser de sa moitié.

Le comité fut nommé.

Il fonctionna sur-le-champ.

La ville était courbée sous la peur

CHAPITRE XXX

LA COULEUVRE

Huggs n'était pas seulement venu pour rançonner Austin.

Il avait un autre but.

Pendant que le comité chargeait d'or un convoi de mules, Huggs tenait conseil avec un certain lepero que nous avons déjà vu dans le cours de notre récit.

C'était ce garçon, si bien tourné et si adroit, qui coupait si gaillardement les bourses pendant que le gouverneur haranguait sa ville au début de cette histoire.

Ce garçon plein d'avenir se nommait Juan de son petit nom ; mais on l'appelait plus volontiers la Couleuvre.

Il semblait au mieux avec maître John Huggs.

Mais celui-ci fronçait le sourcil.

LE SECRET DU DOMPTEUR

Le soir, il y out orgie au camp des pirates.

— Voyez-vous, capitaine, disait la Couleuvre, ce que vous me demandez est impossible.

« Vous ne connaissez pas les gens d'Austin comme moi.

« Attaquer le couvent!

« J'aimerais mieux vous voir pendre vingt notables!

— Je tiens plus à enlever de ce monastère mademoiselle d'Éragny, dit résolûment John Huggs, qu'au million de piastres que je vais toucher.

« Et je crois, Juan, que personne ne bougera.

« Tout le monde crève de peur dans sa peau.

— C'est vrai! fit le lepero.

« Je vous avais bien prédit comment les choses se passeraient.

« Vous m'êtes témoin, senor capitaine, que je juge mes concitoyens ce qu'ils valent et que je ne me suis pas trompé dans mes prévisions.

— Mon cher Juan, tu es un sujet précieux et je regrette que tu ne prennes pas, dans ma bande, du service actif.

— Peuh! on m'appelle la Couleuvre, et je suis paresseux.

« Courir à cheval dans la *Prairie*, recevoir des coups, dormir sur la terre, avoir soif et faim, être pirate de savane, ce n'est pas mon affaire.

« J'aime mieux rêver de bonnes petites

25ᵉ Livraison

opérations à offrir aux braves capitaines comme vous qui me font ma remise.

« Celle-ci est un beau coup. »

John Huggs eut une réflexion :

— Dites donc, mon garçon, fit-il, un million de piastres, ce n'était pas assez.

« Ils ont cédé trop facilement.

— Capitaine, j'ai calculé toutes les fortunes, tous les capitaux disponibles, et si je vous ai prévenu qu'il fallait ne demander qu'un million de piastres, c'est que la somme pouvait être réunie en une heure.

« Une heure..

« Ce n'est pas le temps de la réflexion pour le peuple et les soldats.

« Car s'ils avaient un jour pour flairer l'or, s'entendre, s'exalter, vous et vos deux cents hommes vous seriez massacrés.

« Vous ne vous figurez pas comme ces lâches ont de l'audace quand leur cupidité ou leur fanatisme est éveillé. »

John Huggs grommela.

— Il ne s'agit pas de crier et de récriminer! dit avec fermeté Juan.

« Il faut prendre les hommes tels qu'ils sont et les exploiter en conséquence.

« Un million... c'est beau.

« Une heure de séjour en ville... c'est assez.

« Plus serait trop.

« Quant au couvent... impossible.

— En dix minutes je le fais piller! dit maître Huggs en frappant du poing sur la table.

— Un quart d'heure après vous serez égorgé.

Puis avec autorité :

— Vous ne savez pas, vous Yankee, vous protestant, ce que c'est que la foi chez les gens d'ici.

« Le dernier des coquins, le plus lâche des drôles, est du bois dont se font les martyrs.

« Touchez au couvent et vous verrez.

« D'abord il est gardé, ce couvent.

— Par qui?

— Par des pauvres.

« Il nourrit une trentaine de familles qui vivent chez lui, de lui, par lui.

« Il faut compter qu'une quarantaine d'hommes bien armés, disposés à tout, qui croient au paradis, sont derrière ces murs du couvent, prêts à le défendre.

« Les murailles sont solides

« Les portes sont épaisses.

— J'ai encore des pétards.

— Mais on n'arrivera pas à les portes.

— Parce que?...

— Parce que les religieuses savent choisir leur monde.

« Elles ont adopté pour le service du couvent des femmes dont les maris, ou les pères, ou les frères, sont des gaillards sachant manier une arme.

« C'est l'élite de la ville, et je jurerais bien que là-dedans, il y a plus d'un homme qui vaut les vôtres pour avoir fait le même métier.

— Diable! diable! faisait John Huggs en secouant la tête.

Le lepero continua :

— On tiendra bon contre vous, capitaine.

« Aussitôt les prêtres, les moines, les gens d'église sonneront le tocsin ; les femmes pousseront leurs maris dehors ; on vous cernera, on vous canardera, et si vous vous en tirez, vous aurez de la chance.

« Tel bourgeois, tel noble, tel lepero d'Anstin qui se laissera voler et battre par vous, se fera tuer pour la Vierge, les saints et le paradis.

« Maintenant, à votre aise, capitaine.

« Moi, je m'en lave les mains. »

John Huggs connaissait le tempérament des Mexicains.

Il hésitait.

Le lepero le regardait d'un air sournois. Quand il jugea que le capitaine s'était bien convaincu du très-grand danger d'attaquer le couvent, Juan lui demanda d'un air dégagé :

— Vous y tenez donc beaucoup, à cette fille?

— Tonnerre d'en haut et tremblement des enfers! s'écria Huggs.

« J'y tiens à donner cinquante mille piastres pour l'avoir.

— Oh! oh! fit Juan dont l'œil étincela. Jolie somme!

« Mais vous dites cela... en l'air.

— Je le dis et le redis! répéta le capitaine Huggs en tapant du pied.

— Mais alors, dit finement le lepero, c'est plus qu'un caprice.

« Il ne s'agit pas... d'amour?

— Au diable l'amour!

« C'est une affaire.

« Une très-riche affaire. »

Le lepero qui était debout s'assit.

John Huggs s'étonna.

Juan n'était pas le premier venu, et il avait, comme lepero, sa réputation fort bien établie.

Dans son genre, il valait Huggs.

Il était le roi de la plèbe dans Austin.

Roi fainéant, il est vrai; roi qui ne gouvernait point; mais il avait une très-grande autorité.

Il faisait des affaires comme nous venons de voir.

Aussi parfois apparaissait-il richement vêtu, élégant sous son costume princier comme sous ses haillons, généreux, beau joueur, semant l'or et menant un train luxueux.

Cela durait un mois, deux mois... puis il reprenait sa place sur une dalle à lui réservée devant le palais du gouverneur, dalle qu'aucun pouilleux ne se serait permis d'occuper en son absence.

On évitait même de marcher dessus.

On disait : c'est la dalle de la Couleuvre.

Rien n'égalait son faste dans la prospérité, sinon son insouciance dans la misère.

Cet homme avait une valeur.

John Huggs le savait de reste.

Toutefois, le voyant s'asseoir pour traiter d'égal à égal, il comprit que la situation allait changer.

Juan sourit.

— Oui, oui! dit-il.

« Vous me devinez, je le vois à votre nez qui s'allonge, capitaine.

« Il s'agit d'un marché.

« Je vois votre jeu.

— Aôh! fit Huggs.

— Il faudrait être bien niais pour ne pas deviner votre plan.

« Vous voulez la fille du colonel d'Éragny en votre possession pour pouvoir imposer à son père et au comte de Lincourt, qui paraît adorer cette petite, vos conditions à propos du fameux secret du Trappeur.

« Je vous propose une excellente opération, si vous voulez.

« Je vais vous donner le moyen d'avoir sur-le-champ cent mille piastres, et vous m'en compterez cinquante mille, moyennant quoi je vous livrerai, sous huit jours, mademoiselle d'Éragny.

« Alors vous me remettrez les cinquante mille autres piastres.

— Ça va! dit Huggs.

« Voyons ton moyen pour les cent mille piastres.

— Un instant!

« Vous savez, capitaine, que j'adore Austin.

« J'y veux vivre et mourir.

— Drôle d'idée!

« Avec tes talents, tu ferais florès à New-York.

— Je suis une couleuvre et j'aime avant tout mon trou et les pierres sur lesquelles je me chauffe au soleil.

« Pour rien au monde je ne voudrais quitter la ville.

« Je mourrai sur la dalle que vous savez, et les leperos, mes frères, m'enterreront dessous.

« Ceci vous explique pourquoi je refuse de me compromettre en rien.

« Je ne veux perdre ni ma liberté ni ma popularité.

« Parfois je coupe une bourse, mais c'est sans importance.

— Où veux-tu en venir?

— A ceci.

« Vous aurez soin de tenir votre langue à mon sujet.

« Que nul ne sache que je trempe dans l'affaire du couvent.

« Que personne ne se doute que je vous conseille au sujet des piastres.

— C'est juré.

— Oh! juré... je me soucie de votre serment comme d'une parole de fidélité donnée par une femme.

« Mais je tiens à vous dire que, si vous me trahissez jamais, vous êtes un homme mort. »

John Huggs eut un sourire.
— Ah! fit la Couleuvre
« Vous doutez?
« Appelez celui de vos bandits auquel vous tenez le moins.
— Pourquoi faire?
— Vous allez voir.
— Quoi encore?
— Eh! capitaine, il y a bien dans votre troupe un individu auquel vous ne faites pas l'honneur d'un coup de revolver, mais qui vous est, sinon désagréable, du moins indifférent?
— Au fait... il y a ce Jacopo qui servait l'ancien capitaine.
« Il ne doit pas m'aimer.
— Bien!
« Je vais vous en débarrasser.
— C'est facile de tuer un homme.
— Pas comme je vais m'y prendre.
John Huggs, curieux, héla Jacopo qui accourut obséquieux.
Il se savait surveillé et suspecté.
La Couleuvre regarda le nouveau venu, le salua cérémonieusement et lui dit d'un air étrange :
— Le capitaine, mon camarade, veut que je lise dans votre main si vous êtes loyal ou fourbe.
« Je suis lepero et nécroman.
« Je vais dire la vérité. »
Jacopo pâlit.
Il protesta que John Huggs n'avait pas de plus fidèle ami que lui, Jacopo.
Mais le capitaine, le revolver au poing, dit brutalement :
— Tais-toi et tends ta main.
Jacopo obéit.
La Couleuvre examina les lignes et, touchant un point du bout de son ongle, il dit froidement :
— Oh! inutile de continuer l'étude.
« Cet homme va mourir.
— Moi! dit Jacopo.
— Vous.
Et avec un accent indéfinissable :
— Mon garçon, vous en avez pour deux minutes.
Il lui montra le balcon.
Jacopo, terrifié et chancelant comme un homme ivre, alla s'asseoir sur le balcon, et murmura des mots sans suite, car déjà un trouble profond l'envahissait.
John Huggs était étonné.
— Diable! diable! faisait-il.
« Le coquin se pâme.
« Il écume...
« Il se débat...
« Il est mort... »
Et Jacopo en effet était mort, bien mort, absolument mort.
— Une attaque d'apoplexie à heure fixe! dit en souriant la Couleuvre.
« Vous voilà débarrassé d'un traître, et gratis, capitaine. »
John Huggs passa la main sur son front, toussa deux fois et dit :
— Joli moyen!
« Beau talent!
— Vous êtes bien bon, capitaine, fit modestement la Couleuvre.
« Mais ce n'est rien, ceci.
« Je sais, fût-il à cent lieues de moi, vous atteindre un homme.
« Je puis donner la mort sous mille formes diverses.
« J'ai vu un certain drôle qui m'avait cravaché mettre six mois à tomber en pourriture morceau par morceau...
— Pouah! fit le capitaine.
« Vilaine manière de passer de vie à trépas.
« Espérons que nous n'aurons pas de querelles, Juan.
— Soyons-en sûrs, capitaine.
« Pour cela, silence, fidélité aux engagements, probité entre nous.
— Dis donc, Juan, si je te demandais la mort de quelqu'un, me la vendrais-tu?
— Capitaine, cela dépendrait.
« Je suis un peu voleur; c'est mon état de lepero.
« Je ne suis pas assassin de profession et je répugne au crime.
— Comme tu dis cela!
— Comme je le pense.
— Sérieusement?
— Si sérieusement que vous me donneriez cent mille dollars pour tuer M. de Lincourt que je ne le ferais pas.

— Tu as tes raisons?

« Car enfin tu viens de tuer Jacopo.

— Un scélérat !

« Une immonde vermine !

« Tandis que M. de Lincourt, lui, est un très-galant homme. »

Huggs se gratta le front.

— Mais, dit-il, tu vas me livrer cependant mademoiselle d'Éragny?

La Couleuvre sourit.

— Capitaine, dit-il, j'ai peut-être pour cela des motifs.

« D'abord je vais vous en dire un.

« Prenez pour commencer que M. de Lincourt n'est pas mon ami, encore moins mon ennemi.

« Je ne le tuerais point, pas plus que je ne tuerais une de ces hirondelles que j'aime tant à voir voler, quand je suis couché sur ma dalle.

« Mais toute ma sympathie se borne à cela.

« Ensuite je vous ferai observer que j'ai mes idées sur les femmes.

« Qu'il perde ou non mademoiselle d'Éragny, que m'importe !

« Et, au fond, ça le débarrasserait d'une

« Car ou vous la garderez ou vous la rendrez.

« Rendue, la bourse de M. de Lincourt en sera à peine allégée.

« Il sera si riche !

« Perdue, il aura tout autant de consolatrices qu'il en souhaitera, et moins bégueules que cette petite mijaurée

« Car, avec quinze ou vingt milliards...

— Quinze ou vingt milliards ! fit John Huggs en se levant frémissant.

— Au moins.

— Qui te l'a dit ?

— Mes yeux.

— Tu sais le secret ?

— Aussi vrai que vous ne le savez pas, capitaine. »

John Huggs essaya de protester, mais le sourire railleur de la Couleuvre le démonta et il balbutia.

Puis reprenant de l'assurance :

— Puisque tu sais le secret, pourquoi n'en profites-tu pas ?

— Suis-je un homme à aller m'exposer à mille fatigues pour de l'or, quand chaque fois que j'en veux je trouve une idée qui m'en donne sans dérangement ?

« Le secret !...

« Mais ce n'est pas ce que vous pensez.

« Tenez, je vais vous en dire un, moi, de secret, maître Huggs, pour avoir une très-belle fortune.

« Il vous suffirait de vous emparer de l'empereur du Brésil et de le mettre à la rançon pour avoir de beaux millions de piastres.

« Eh bien ! capitaine, le secret du Trappeur, c'est quelque chose dans ce genre-là.

« Vous n'y avez donc pas réfléchi ?

« Tête-de-Bison thésaurisait pour atteindre au chiffre qui lui était nécessaire, afin de faire les frais de l'expédition qu'il entreprend aujourd'hui avec le comte et le colonel.

« Si le trésor n'était pas d'une certaine nature, évidemment si c'était de l'or, des pierreries, des objets facilement transportables, Tête-de-Bison n'aurait pas eu à gagner péniblement, douros à douros, la mise de fonds dont il avait besoin.

« Oui, j'ai le secret.

« Oui, je me tais.

« Non, je ne cherche pas à exploiter le trésor.

« Mais soyez sûr, capitaine, que j'en tirerai profit quand il sera temps. »

John Huggs était dominé par la Couleuvre.

Le forban resta muet.

Qu'eût-il dit ?

Le lepero grandissait démesurément aux yeux de Huggs.

Juan reprit :

— Assez causé.

« Revenons aux cent mille piastres.

« Vous voyez bien cette commère qui pérore là-bas ?

— Oui, parbleu !

« Elle paraît au mieux avec Basilic.

— C'est une vieille coquette.

« Vous allez la mander ici et lui donner dix minutes pour dire où le gouverneur tient cachées cent mille piastres.

« Car vous êtes ici chez don Matapan, le vrai gouverneur de la ville.

« Cette vieille, qui adore les beaux hommes... dans le genre de Basilic... un vieux bouc... chacun ses goûts... cette vieille n'en est pas moins capable de ne pas trahir le secret de don Lopez... à moins d'user d'un peu de torture.

« Je vous recommande les mèches soufrées, capitaine.

— Bien ! fit Huggs.

— Et maintenant, capitaine, ordonnez à deux de vos soldats de me faire jeter à la porte.

— Tiens, pourquoi ?

— Je dirai partout à mes amis que si j'étais venu ici, c'était pour vous demander une gratification au bénéfice des leperos, mes camarades.

« Vous me chassez maintenant.

« Mais quand vous aurez les cent mille piastres, vous me rappellerez.

« Les piastres sont en papiers sur New-York et San-Francisco.

« Vous me les remettrez.

« Je sortirai alors en criant : Vive John Huggs !

« Les mules chargées d'or seront arrivées à ce moment.

« Vous filerez, il ne sera que temps, et rondement.

« J'annoncerai la gratification et vous la donnerez.

« Votre arrière-garde jettera des poignées de piastres à la foule qui suivra et qui se battra pour ramasser cette aumône.

« Cela occupera les leperos, voire le bourgeois, pendant votre retraite.

« Hors la ville, vos deux cents cavaliers ne craignent plus rien.

« A tout à l'heure, capitaine.

— Juan, tu es un grand homme ! dit John Huggs avec une franche admiration.

— Par l'esprit ! oui, dit la Couleuvre.

« Mais je ne suis pas porté à l'action... sans cela.....

« Allons, faites-moi chasser ! »

Et Juan fut expulsé un peu violemment.

Un moment après il murmurait :

— Je croyais ce John Huggs plus fort.

« 1° Il ignore que M. de Lincourt n'aime pas d'amour cette petite d'Éragny.

« 2° Il ne sait rien, rien, rien du secret.

« 3° Je lui ai fait croire que je savais tout. »

Puis avec un sourire singulier :

— Cent mille piastres !

« Avec ce levier, beaucoup de diplomatie et de l'audace, c'est moi qui profiterai du secret du Trappeur. »

Il s'assit d'un air assez indifférent et conta à d'autres leperos comment on l'avait éconduit de chez le capitaine.

Bientôt on entendit dans le palais retentir des hurlements.

Maria, la gouvernante de don Lopez, poussait des cris affreux.

C'était Basilic lui-même qui avait allumé les mèches soufrées !

Quelles torches d'amour !

Les cris cessèrent.

Un instant après, un pirate vint appeler la Couleuvre.

— Le capitaine vous demande, camarade, dit-il.

« Il paraît disposé à vous écouter.

— A la bonne heure ! fit le jeune homme.

Et d'un pas indolent, il monta chez John Huggs.

— Voilà les valeurs, lui dit celui-ci quand ils furent seuls.

« Mais j'ai à te proposer un grand marché.

— Si c'est pour le secret, dit la Couleuvre, je demande huit ou dix jours de réflexion ; enlevons toujours la fille.

« En vous la remettant, je vous ferai, pour la grande affaire, mes conditions.

— Mon camarade, dit Huggs joyeux, je les accepte d'avance.

« Mais ne pourrais-tu aujourd'hui...

— Capitaine, voici les mules.

« Ne perdez plus une minute. »

Et sortant brusquement, il cria joyeusement aux leperos :

« Largesses, camarades !

« Largesses !

« Le capitaine va faire jeter de l'or par son arrière-garde.

« Vive John Huggs. »

Les acclamations les plus bruyantes retentirent sur la place.

Suivant le conseil du lupero, Huggs se tata.

Les yeux du peuple flambaient.

L'escorte des mules avait déjà, par les différents quartiers, été inquiétée timidement, il est vrai, mais inquiétée.

Les pirates de la savane, sabre au poing, entourèrent le convoi, et l'on se mit en marche.

Les prévisions de la Couleuvre devaient se réaliser avec une remarquable précision.

Décidément ce garçon était avisé et plein de sens.

La foule, au contact des douros jetés par l'arrière-garde, sentit s'allumer ardente et implacable sa convoitise surexcitée encore par la violence avec laquelle elle se disputait les poignées de monnaie jetées par les pirates.

Les cris frénétiques poussés par les leperos, cris de plus en plus sauvages, apprirent à maître Huggs que, sans de sages précautions, lui et les siens auraient en fort à faire.

En recevant les premières ondées de la pluie d'argent et d'or qu'on répandait sur elle, la multitude avait hurlé fiévreusement :

— Vive Huggs!

« Vive les pirates! »

Peu à peu ces vociférations avaient pris un autre caractère.

Çà et là, ici et ailleurs, partout, on se battait avec âpreté.

Bousculades d'abord, coups de couteau ensuite, bientôt combats acharnés, mais courts, poussée des retardataires, écrasement de beaucoup, résistance des plus avancés qui voulaient se donner le temps de ramasser les douros.

Et l'on criait aux pirates :

— Plus vite!

« Jetez plus vite!

« Vous avez la main avare.

« De l'or!

« Chiens de voleurs, de l'or!

« Canailles de pirates, de l'or! »

Puis on exigeait plus encore.

On criait :

— Une mule!

« Nous voulons une mule entière! »

Enfin un cri général fut proféré.

— Reprenons tout!

Et la foule se ruait de plus en plus déterminée, si bien que des pierres furent lancées aux pirates en échange de leurs libéralités ; si bien que Huggs, placé à l'arrière-garde et la commandant, jugea que la situation pouvait devenir critique et qu'il donna ordre de faire hâter le pas.

Il était temps que l'on parvînt à une porte et que l'on sortît de la ville; car à peine la troupe et le convoi eurent-ils passé les fossés qu'une formidable poussée de peuple jeta plus de quinze cents personnes hors des murs, tous gens armés et âpres à la curée, tous arrivés au dernier degré de l'audace que peut donner à des lâches la cupidité poussée à son paroxysme.

Maître Huggs attendait cette occasion de châtier ce peuple.

Il fit prendre le trot de chasse à son convoi de mules.

Celui-ci fut bientôt à quelques mille pas de la ville, et la troupe, dépassée par lui, le couvrit en un peloton très-serré.

— Gentlemen, dit froidement Huggs aux siens, faisons-nous petits et serrons-nous les uns contre les autres.

« Il faut encourager ces imbéciles. »

La troupe massée ne présentait pas un aspect redoutable.

En un carré épais, de vingt rangs de profondeur sur vingt de largeur, elle semblait un petit peloton.

Les gens d'Austin, bientôt au nombre de plusieurs milliers, se crurent assez forts pour écraser cette poignée de cavaliers.

La foule voyait le convoi filant toujours, mais remis au pas pour franchir une longue et raide montée.

En peu d'instants, formant deux grandes ailes, la population déborda à droite et à gauche la troupe des pirates.

C'était le moment attendu par John Huggs, qui commanda :

— Gentlemen ! les dix premiers rangs vont tourner à gauche avec Basilic.

« Les dix derniers tourneront à droite avec moi.

« Coupons cette canaille en deux tronçons et sabrons à outrance.

« Si les jolies femmes vous vont, gentlemen, enlevez, mais à la fin... »

« Sabrons d'abord. »

Un hurrah terrible de la bande lui répondit.

Ces deux cents compagnons, gens de sac et de corde, coquins intrépides, bandits de vieille souche, cette troupe faite de toutes les écumes et animée du souffle brûlant de tous les vices, ces brigands, enfin, indomptables, avides de sang et de plaisir, se ruèrent avec une fougue inouïe sur cette masse sans cohésion, au milieu de laquelle ils tracèrent de larges sillons.

En un instant, au milieu d'une affreuse mêlée, hommes, femmes, enfants tombèrent sous les sabres rougis et furent piétinés sous les fers des chevaux.

Des plaintes désespérées, des cris d'effroi, les grands bruits de la charge roulant sur le sol ébranlé, les coups de feu, les chocs retentissants, les appels désespérés et les clameurs stridentes des pirates vainqueurs montaient vers le ciel, remplissant l'air de vibrations chargées de terreur.

C'était une scène atroce.

La foule éparse s'enfuit éperdue.

Cinq cents cadavres jonchèrent le sol.

Les pirates disparurent en emportant des femmes, choisies au milieu des hasards d'une chasse à la mantille qui termina ce drame émouvant.

Austin, du haut de ses remparts, vit disparaître bientôt à l'horizon et les pirates de la savane, et le trésor et la fleur des belles filles que l'imprudente curiosité féminine avait poussées dehors.

Le soir, il y eut orgie au camp des pirates; des rixes, des combats s'engagèrent à propos des femmes enlevées, dont quelques-unes, les malheureuses, avaient leurs enfants.

Ce fut une scène affreuse de luxure et de querelles sanglantes.

Décidément John Huggs était un remarquable capitaine.

Mais un homme se dressait en face de lui, énigme indéchiffrée, diplomate rusé et redoutable, qui, lui aussi, voulait le secret du Trappeur, et qui comptait faire de maître Huggs un instrument destiné plus tard à être brisé.

Pendant que John Huggs massacrait Austin, la Couleuvre, tranquille sur sa dalle, méditait, seul, dans la ville, sur la meilleure façon d'enlever mademoiselle d'Éragny de la remettre à John Huggs...

CHAPITRE XXXI

D'UNE CONVERSATION QUI EUT LIEU ENTRE TOMAHO ET L'AIGLE-BLEU

C'était le soir de la deuxième journée de marche de la caravane.

Le bivac était établi.

Les aventuriers se répandaient de tous côtés autour du camp.

Tomaho, comme les autres, le rifle sur l'épaule, le revolver à la ceinture, était parti en quête de gibier ; c'était un excellent chasseur.

Il tirait surtout la petite bête.

Pourquoi ce géant, qui aurait étouffé un lion dans son étreinte, avait-il pris cette spécialité d'abattre les petits oiseaux et le menu fretin du gibier.

Effet des contrastes.

Tomaho aimait ce qui était gracieux, mièvre et minuscule.

Il adorait les brochettes d'ortolans et les grappes rôties de roitelets.

Ce qu'il en fallait pour ce grand corps, de ces babioles, était incroyable ; douze douzaines de mauviettes, une vingtaine de pigeons, de cailles et de perdrix, des sangliers de lait et quelques filets de grosses pièces, tel était son ordinaire quand la chasse était abondante.

Toutes viandes délicates.

Ce jour-là, le vent, l'état de l'atmosphère, l'heure, tout conspirait en faveur du chasseur.

Aussi déjà avait-il ample charge de gibier.

Du col du géant à sa ceinture descendaient en guirlandes, en écharpes, en tresses, en festons, en queues de renard, des enfilades de petites pièces, plumes et poils,

LE SECRET DU DOMPTEUR

On y dort le pistolet au poing.

formant des contrastes charmants de ton et de contours ; une trentaine de perroquets de diverses espèces tranchaient sur le fond par l'éclat de leur plumage ; le géant imprimait des ondulations aux chapelets appendus autour de lui et faisait jouer les couleurs resplendissantes des oiseaux, en opposition avec les gris chatoyants et les noirs soyeux des fourrures.

C'était un tableau digne du pinceau de quelque grand peintre de natures mortes.

Tomaho s'en allait, ne tirant plus ; il en avait assez.

Impossible de se baisser pour ramasser une pièce.

Il revenait au camp par le chemin des écoliers.

Pourquoi ?

Ce que nous allons dire de Tomaho pourra paraître singulier à certains lecteurs ; cependant rien n'est plus vrai [1].

Tomaho était souvent fatigué des hommes, qu'il trouvait petits, mesquins, incapables de comprendre sa grande, forte et simple nature.

[1]. Pierre Ferragut, dans ses voyages, a particulièrement connu Tomaho, qui lui sauva la vie le 5 janvier 1864. Le lecteur ne s'étonnera donc pas que, nous associant à la reconnaissance de notre collaborateur, nous consacrions parfois à Tomaho des pages émues.
Si Pierre Ferragut n'avait pas été sauvé par ce brave colosse, à cette heure, nous n'aurions pas à écrire ce livre.

Il aimait à se promener dans sa majesté et dans sa force, en pleine nature, courbant devant lui, doucement, sans efforts, les arbres qui gênaient sa marche.

Là il était roi et se pressentait demi-dieu par l'apothéose qui l'attendait à la fin de ses jours glorieux.

De temps à autre, un instinct secret l'avertissait qu'il ferait quelque chose de gigantesque, d'inouï, et qu'il serait immortalisé.

Il disait avec un vague sourire :

— J'ai dans l'idée que quelque jour on verra Tomaho étonner ses frères.

Mais, chez lui, c'était un pressentiment confus des grandes et mémorables destinées qui l'attendaient.

A cette heure, il allait paisiblement, regardant à droite, à gauche, flânant, souriant aux fleurs et caressant les jeunes arbres.

A tous il disait des choses charmantes.

Il était amoureux des petites clochettes bleues qui pendent le long de certaines ronces. Les grands calices rouges et les coupes blanches des cactus le ravissaient d'aise ; il s'extasiait devant un jeune et beau chêne, le flattant de la main, et lui disant : « Va, grandis, mon bon garçon ; tu seras comme moi un géant. »

Le cœur de Tomaho était plein de paternité, il en débordait.

Et... pas d'enfants !

Ce n'était pas impuissance ; au contraire. Tomaho était resplendissant de sève et de vigueur.

Malheureusement, jusqu'ici, il n'avait pas rencontré de femmes faites à sa taille et il s'amusait aux mièvreries de l'amour.

Son âme souvent éprouvait le besoin de s'épancher et il se livrait alors, grand poëte inconnu, aux jouissances infinies des promenades solitaires dans lesquelles la nature vous enlace de ses bras puissants, offre à vos lèvres d'innombrables mamelles et vous enivre par tous les pores de ses parfums et de son souffle.

Tomaho allait donc à travers la prairie et les bois, courant les clairières, respirant à pleins poumons, chantant d'étranges choses.

Il avait des refrains bizarres, improvisations de sauvage, naïves et touchantes.

A chaque évocation, il s'arrêtait, ouvrait ses grands bras, et criait :

— Terre, terre, pourquoi n'es-tu pas une femme ?

« Je voudrais t'enlacer et t'étreindre, broyer toutes tes fleurs sur ma poitrine, boire à toutes tes rivières et vider tes océans d'un trait ! »

Et le géant venait de lancer cet appel, quand tout à coup une main, posée sur son épaule, coupa court à son inspiration.

Il se retourna.

L'Aigle-Bleu était derrière lui...

L'Aigle-Bleu, c'est-à-dire un ennemi particulier.

La vue en fut d'autant plus désagréable au géant qu'il n'aimait pas à être dérangé quand il était en commerce de coquetterie avec la nature.

Tomaho, du reste, avait une forte haine contre l'Aigle-Bleu.

Il se souvenait de l'affaire de la chausse-trape de pierre où ses amis étaient tombés.

Comme il raisonnait rarement, car il jugeait la chose inutile, étant fort, il étendit le bras pour saisir l'Aigle-Bleu et l'étrangler sans autre forme de procès.

C'était simple et facile.

Mais...

Tomaho en recula de surprise...

Le chef apache apparut tout à coup rayonnant, éblouissant d'une auréole d'où s'échappaient des gerbes de lumière.

Tomaho était superstitieux, comme toutes les natures primitives.

Il fit six pas en arrière, ce qui le mit à douze mètres de l'apparition ; car, pour lui, ce n'était plus un homme, mais un fantôme qu'il venait de voir.

L'Aigle-Bleu ne fit pas un mouvement et parut attendre.

Tomaho, par un effort pénible de volonté, essaya de réfléchir un instant ; il cherchait à se rendre compte de ce qu'il voyait, mais il comprit qu'il n'y parviendrait pas.

C'était, du reste, une fort singulière aventure.

L'auréole grandissait, grandissait toujours ; si bien que Tomaho finit par reculer encore, et prit une détermination.

Il salua poliment l'apparition et dit d'une voix grave ;

— Si tu es l'Aigle-Bleu en personne, je trouve mal à un guerrier d'employer des sortilèges et des prodiges pour en intimider un autre.

« Si tu n'es qu'une ombre, un fantôme, une chose surnaturelle, dis-moi ce que tu veux et, si c'est possible, je le ferai : parce que, moi, j'aime mieux obéir tout de suite aux esprits que de discuter avec eux et m'exposer à des avanies de leur part.

« Seulement il était inutile de prendre la forme de l'Aigle-Bleu, parce qu'elle m'est désagréable. »

Cela dit avec fermeté, le géant attendit.

Cependant, peu à peu, lentement, insensiblement, de telle sorte que Tomaho pouvait en constater la décroissance, ce qu'il y avait de lumineux, d'extraordinaire de surnaturel dans l'apparition se dissipa et s'évanouit.

Il resta un homme de chair et d'os, l'Aigle-Bleu.

Tomaho, cependant, demeurait convaincu d'avoir vu l'auréole, bien vu, au point d'en être aveuglé.

Il en avait le rayonnement, il avait dû fermer les yeux devant l'éclat des rayons lumineux.

Tomaho ne douta pas qu'il ne fût en présence de l'Aigle-Bleu et que celui-ci ne fût un sorcier distingué.

Or le géant n'aimait pas avoir maille à partir avec les gens réputés dans la prairie pour posséder certains secrets de pratiques magiques.

Très superstitieux, les Indiens, et nombre de chasseurs croient aux évocations, aux esprits, aux farfadets, gnomes, fantômes, sorts, apparitions et autres balivernes de cette sorte.

Aussi Tomaho, plus simple dans son admirable naïveté qu'aucun autre, était-il plein de respect pour les prétendus sorciers

En conséquence, à cette heure, il regrettait fort de s'être mis au plus mal avec Aigle-Bleu.

Mais qu'y faire ?

Pouvait-il revenir sur le passé ?

Une fierté bien naturelle empêchait le bon géant de présenter des excuses au sachem apache.

Tomaho eut une magnifique contenance.

Il attendit fier et debout que l'Aigle-Bleu lui parlât.

Le sachem apache ne se pressait pas.

Debout aussi, calme, souriant d'un air que Tomaho jugea très affable, l'Aigle-Bleu semblait admirer le géant.

Ici peut-être, à cette heure où le colosse est campé sur le sol, intrépide, mais sans forfanterie, croyant braver un danger inconnu, mais redoutable, à cette heure, disons-nous, un portrait détaillé de Tomaho sera favorablement accueilli.

Les Araucaniens, dont il était, dit le savant Humboldt qui a contrôlé tant d'erreurs et avancé tant de vérités dans ses immenses voyages, les Araucaniens sont à coup sûr les hommes qui ont la plus haute taille de tous.

Chez eux, la bonne moyenne est de sept pieds environ.

« Mais, a dit le père Rançon qui a vécu longtemps au milieu d'eux, les hommes de huit pieds ne sont pas rares. »

Un mot encore sur cette race.

Humboldt constate qu'elle est la plus douce, la plus brave, la plus civilisée de toutes celles de l'Amérique.

Les Araucaniens ont des maisons, des villages, et cultivent.

On sait que M. Orélie de Touneins, un avocat français, eut l'audace de se rendre en Araucanie pour y fonder un royaume et qu'il y réussit en détruisant le pouvoir des sachems.

M. de Touneins nous a écrit pour protester, dit-il, contre nos assertions le représentant comme un « renard subtil, » comme « un lâche coyote. » Qu'il croie bien que nous ne pensons pas un mot des injures que ce bon Tomaho lui adresse.

Tomaho était chef suprême des sachems, et M. de Touneins, par un coup de politique adroite, l'a dépossédé ou soumis, comme on voudra.

C'est le jeu des révolutions.

Nous sommes au contraire très sympathiques à ce hardi compagnon qui est allé créer un royaume français en Araucanie et nous regrettons que le Chili ait détruit cet empire naissant.

Mais il nous est bien permis de peindre Tomaho tel que Pierre Ferragut l'a vu, et de répéter fidèlement ses imprécations contre celui qui l'a banni.

Ceci dit, nous espérons que M. de Touneins ne donnera pas suite au procès dont il nous menace, car, outre qu'il le perdrait, il ferait une telle réclame à notre œuvre que trente ou quarante mille lecteurs viendraient encore augmenter le succès qui l'a accueillie, et cela nous encouragerait peut-être à raconter plus au long l'histoire de M. de Touneins et de Tomaho.

Cette question vidée, revenons au géant et esquissons-le.

C'était certes un des plus splendides spécimens de la race humaine que cet hercule indien.

Puissant sans être massif, énorme mais harmonieux, de figure placide mais régulière, correcte, belle même quand l'amour ou la colère l'animait, Tomaho était de ces colosses que les hommes estiment sans les redouter, que les gredins fuient, que les enfants adorent et que les femmes trompent.

C'était une sorte de Samson indien.

On raconte que, dans sa tribu, il avait eu un harem de Dalilas.

Ces dames, paraît-il, avaient des amants, et quand on les accusait auprès de Tomaho, il disait bonnement :

— Que voulez-vous ?

« Je suis trop grand, on le sait, pour les aimer sérieusement ; il faut bien que le vœu de la nature soit complètement satisfait.

« C'est déjà très-aimable de leur part de se montrer bonnes filles avec moi dans la mesure du possible. »

Bon, excellent Tomaho !

Déjà tous les Patagons et Araucaniens se plaignaient de ce que leurs femmes n'étaient pas faites à leur taille.

(Les Arabes, constatons-le, en disent autant des leurs.)

Mais quand Tomaho eut grandi, on se demanda si jamais il trouverait à se marier et l'on déclara unanimement que la chose ne serait jamais possible.

Et pourtant... Mais n'anticipons pas..

Racontons plutôt la mémorable déconvenue de Tomaho.

Il était à San-Francisco.

On exhibait une géante.

On en disait merveilles.

Tomaho, le cœur plein d'espoir, se dit qu'il a peut-être enfin trouvé chaussure à son pied.

Il court, il vole au théâtre, il palpite, il nage dans la joie : la géante apparaît, étonnante, superbe, presque aussi grande que Tomaho.

Il est ravi.

Mais un instant après que la géante a disparu, un géant lui succède.

Un géant... d'aspect très-redoutable.

Tomaho s'inquiète.

Tomaho s'informe.

Catastrophe !

C'était le mari de la géante.

Tomaho prit un parti violent.

A cette époque, le contact des hommes civilisés ne lui avait pas encore fait perdre une certaine violence sauvage de caractère ; il résolut d'enlever la géante.

Il prit ses dispositions.

Avec une adresse de Peau-Rouge, à l'issue d'une représentation, il se glissa dans les coulisses du théâtre et il parvint à surprendre la géante qui se préparait à changer de costume dans sa loge.

L'envelopper dans un zarapé, la bâillonner, la charger sur un char qui attendait à la porte du théâtre, fuir avec elle, ce fut l'affaire d'un instant.

O amour !

Rien ne te résiste !

Oui... mais...

Pauvre... pauvre... Tomaho !

Il s'était fendu d'un luxe princier.

Il avait préparé dans la prairie un wigwam splendide.

Il avait loué des serviteurs et des servantes indiennes pour sa princesse.

Il comptait lui proposer de passer leur lune de miel dans un voyage charmant à

travers les plus beaux sites de la prairie.
Car, d'être aimé, il n'en doutait pas un
seul instant.

« Je suis beau, s'était-il dit avec la noble franchise des cœurs simples.
« L'autre est laid !
« Elle m'adorera. »
Malheureux Tomaho !
Arrivé au wigwam, en face du festin splendide préparé pour la dame de ses pensées, Tomaho s'aperçut...

Voilà ce qui s'était passé, et, si c'était drôle pour les autres, cela ne l'était pas pour lui.

Le Barnum qui exhibait le couple de la géante et du géant était un très-ingénieux compère.

On en jugera.

Il n'avait en réalité que le géant à montrer.

Mais, homme d'esprit et de cœur, il jugea qu'il fallait, pour frapper le public, une compagne à son colosse.

Les bonnes âmes sont ainsi faites qu'elles s'attendrissent à l'idée d'un couple intéressant, et le Barnum en question connaissait son monde.

Que fit-il ?

Il déguisa, grima, transforma son géant en géante, lui fit donner des leçons de grâce, de maintien, de pose féminine.

L'éducation faite, il lui dit :

— Je double tes appointements.

« Tu paraîtras en géante, puis en géant dans la même soirée. »

Voilà pourquoi on ne les voyait jamais ensemble.

Quelle déconvenue pour Tomaho !

. . . .

Le géant enlevé était bon enfant ; il rit beaucoup.

Tomaho finit par rire aussi.

Les deux compères s'assirent pour manger le repas préparé.

Tout à coup survint le Barnum, qui suivait les traces du ravisseur.

Il n'avait pas l'air trop courroucé.

Il salua Tomaho, lui fit un compliment railleur, accepta une invitation à prendre part au souper, et au dessert il dit à Tomaho .

— Gentleman et sachem, vous avez troublé ma représentation.

« La géante enlevée, je n'ai pu exhiber mon géant.

« J'ai droit à des dommages-intérêts considérables.

« Sans compter une action au criminel qui peut vous mener loin.

« Les gens de police, en nombre, bien armés, cernent votre petit campement.

« Voulez-vous transiger ?

— Si c'est possible, oui, dit Tomaho très-penaud, vexé, mais abattu.

— Je ne vous demande pas d'argent, je vous en propose, fit le Barnum.

« Je solderai tous les frais de cet enlèvement.

— Vous dites ?... fit Tomaho.

— Je dis que je vous donnerai de plus une bonne somme.

Tomaho était stupéfait.

Le Barnum continua :

— Cet enlèvement a fait un prodigieux effet ; il faut en profiter.

« Je vais congédier les hommes de police. »

Ces prétendus hommes de police étaient des gens de son cirque que le Barnum avait emmenés à la poursuite du ravisseur.

Il reprit :

— Vous n'aurez qu'à courir la prairie pendant quatre jours encore.

« Vous chasserez avec Malo (c'était le nom du géant).

« Dans quatre jours, Malo rentrera à San-Francisco avec vous.

« Mais... »

Ici le Barnum exhiba des billets de banque et dit :

— Vous voyez !

« Cette liasse est à vous, si vous voulez consentir à m'écouter.

« Malo sera costumé en géante, et vous... avec la fausse barbe de Malo quand il redevient géant, avec sa perruque, avec un maquillage, avec certains apprêts, vous serez grimé comme l'est Malo dans son rôle d'homme.

« Vous ferez ainsi votre entrée dans la ville, un soir, car affronter le plein jour serait un peu risqué.

« Vous serez, vous, sachem, censément avoir repris votre femme sur le farouche ravisseur Tomaho.

« Vous vous rendrez droit au théâtre au milieu d'un immense concours de peuple.

« Vous aurez derrière vous les mules chargées du wigwam où nous sommes.

« Je ferai aussitôt afficher et annoncer que je vais exhiber Malo, vainqueur de Tomaho, lui ayant repris sa femme et ayant enlevé le wigwam du séducteur.

« Vous paraîtrez avec Malo en géant, et vous jouant le rôle de Malo.

« J'aurai réalisé mon rêve et exhibé mes deux géants à la fois. »

Tomaho, la tête en feu, haletant, malheureux, suivait l'explication, mais ne comprenait que très-vaguement.

Ce n'était pas un sot que le digne géant, tant s'en faut.

Cependant les idées compliquées l'aburissaient toujours un peu.

Il saisissait bien que deux et deux font quatre; il lui aurait été difficile d'apprendre les logarithmes.

Lorsque le Barnum lui demanda :

— Acceptez-vous?

— Recommencez lentement à m'expliquer la chose, dit Tomaho.

« Je veux voir s'il n'y a pas d'embûches dans ce que vous dites.

« Les hommes comme vous, montreurs de phénomènes, ont la langue fourchue des serpents et leur astuce. »

Le Barnum qui était patient, ayant fait des éducations d'ours, recommença clairement, lentement, nettement l'exposition de son plan.

Tomaho en comprit l'ampleur, et l'étourdissante combinaison du Barnum lui inspira pour celui-ci une grande admiration.

Mais, ceci peut paraître inouï, il trouva moyen de rendre l'idée plus complète encore et d'exhiber trois géants...

Oui, Tomaho, l'homme simple, Tomaho si peu intrigant, Tomaho perfectionna encore la conception du Barnum.

— Écoutez, gentleman, dit-il, je serais très-humilié de ce que vous proclameriez, une chose fausse sur votre théâtre, en disant que Malo m'a vaincu.

« Cela serait très-déshonorant pour moi.

« Je vous propose d'annoncer que moi Tomaho, emporté par l'amour aux violences aveugles, j'ai, comme l'impétueux bison des savanes, donné tête basse dans les voies criminelles du rapt et de l'adultère. »

Le Barnum étonné murmura :

— C'est stupéfiant !

« Il trouve des phrases splendides pour mon annonce.

« Allez, sachem, allez ! »

Et le Barnum écrivit des notes.

Tomaho s'en choqua :

— Pourquoi écrivez-vous? dit-il.

— Pour me souvenir des phrases que vous venez de dire.

« Elles sont merveilleuses pour la circonstance.

— Alors vous trouvez que je parle bien ?

— Admirablement !

— Bon ! Inutile d'écrire...

— Mais... si vous alliez oublier... »

Tomaho eut un mouvement d'orgueil et dit majestueusement :

— Je n'ai pas besoin que l'on mette mes phrases sur le papier.

« Comme tous ceux de ma tribu, je suis assez éloquent naturellement pour inventer des comparaisons très-belles, et ça ne me coûte aucun effort.

— Cependant, sachem, il n'y a rien de choquant à inscrire quelques-unes de vos expressions sur ce carnet...

— Je ne le permets pas! dit Tomaho. Tu m'offenserais !

(Il en était revenu au tutoiement avec le Barnum.)

— Mais en quoi ?

— Imagine-toi un fleuve qui ne tarit jamais, dit fièrement Tomaho.

— Je me l'imagine ! fit le Barnum se demandant où le sachem voulait en arriver.

— Tu te promènes et tu voyages le long de ses rives.

— Je voyage... je voyage... je voyagerai tant que vous voudrez, sachem.

— Tu vois cette eau du fleuve immense, tu as soif, tu bois.

— Bon! sachem, je bois.

— Puis tu te dis : Je vais continuer à suivre le cours du fleuve.

« L'eau est très-bonne, le pays est très-giboyeux..

« Mais voilà que tu penses que le fleuve peut tarir et que tu fais la mesquinerie de mettre en réserve de l'eau dans des gourdes.

« Qu'as-tu fait ?

« Tu as offensé le fleuve, qui est inépuisable !

« Et ton eau s'échauffe dans tes gourdes ; elle n'est plus bonne à rien.

« Pour les belles paroles, les comparaisons et les discours, je suis le fleuve intarissable ; il est inutile par conséquent de mettre mes phrases en bouteille.

« As-tu compris ? »

Le Barnum se leva.

Il était réellement étonné, lui qui ne s'étonnait de rien.

Il salua gravement, solennellement Tomaho, puis se rassit.

C'était un hommage sincère.

Le Barnum trouvait Tomaho admirable en son genre.

— Reprenez, sachem, reprenez le fil de vos idées.

— Je reprends, dit Tomaho.

« Nous disions donc que tu annoncerais que le grand sachem Tomaho, brûlé de tous les feux de l'amour, se sentit poussé aux résolutions coupables par le souffle embrasé de la passion qui l'emportait au mal, comme le vent brûlant du désert emporte la sauterelle dévorante dans les plis de son manteau de flammes.

— « Bison impétueux » m'allait, dit le Barnum.

« Mais cette phrase-ci est peut-être plus académique que l'autre.

« Nous verrons à les utiliser toutes les deux, si c'est possible. »

Cependant Tomaho continuait :

« Tu ajouteras, dit-il, que, le rapt commis, Tomaho vit pleurer la belle géante, et que, de même que la rosée apaise la soif de la grande savane desséchée par le soleil d'été, de même ces larmes calmèrent l'incendie allumé dans la poitrine de Tomaho.

« Alors le sachem se mit en marche avec la géante pour la rendre à son mari, auquel il jura sur le grand Manitou que la vertu de sa femme était aussi pure que la neige éternelle des montagnes de l'Apacheria !

« Voilà !...

— Il y aura des tonnerres d'applaudissements, dit le Barnum.

« Le peuple voudra vous voir.

— Je me montrerai, dit Tomaho.

— Du moment où c'est pour être applaudi, je veux bien me faire voir.

— Sur la scène ?...

— Non, dit Tomaho.

« Je veux être dans cette belle petite salle dorée qui est la plus jolie de toutes celles où l'on met les spectateurs.

— La loge d'honneur !

« Vous l'aurez, sachem, vous l'aurez ! »

Et les conventions ainsi faites, la comédie se joua.

Elle eut un immense succès de larmes ; on pleura sur la générosité de Tomaho ; les femmes sensibles lui envoyèrent des bouquets et les gentlemen lui offrirent un lunch qui fut certes le plus beau déjeuner de la saison à San-Francisco.

Peut-être avons-nous eu tort de raconter cette anecdote ; mais nous faisons le portrait de notre héros et peut-être serait-il incomplet sans certains traits qui le peignent.

Ainsi nous dirons un mot de son armement, qui était typique.

Tomaho s'était acheté un de ces fusils de rempart qu'un tambour-major ne pourrait mettre en joue.

Arme terrible, espèce de canon portatif auquel on aurait mis une crosse de fusil, et qui lançait des biscaïens gros comme des œufs.

Il le maniait comme un autre manie une carabine.

Il avait en outre deux fusils ordinaires à deux coups.

Il les portait, comme de simples pistolets de chasse, à sa ceinture, et il s'en servait sans épauler, tirant d'une main la plupart du temps.

Sans-Nez prétendait alors que Tomaho était un poseur.

Il se trompait.

Le géant, surpris par le vol subit d'un oiseau, trouvait plus rapide et plus simple de se servir de son fusil comme d'un pistolet.

Mais Sans-Nez jalousait beaucoup Tomaho et le dénigrait.

Le digne géant s'était fait fabriquer une hache qui avait soixante-quinze centimètres de fer et qui était emmanchée dans un jeune tronc d'acacia durci au feu.

Cette hache formidable, au tranchant de fin acier, abattait les plus gros arbres en quelques coups.

Rien n'était plus saisissant que de voir un chêne séculaire tomber sous cette hache de Tomaho en un instant.

Le géant apparaissait alors, au milieu des abattis qu'il faisait autour de lui, comme le dieu des bûcherons.

Tomaho n'était pas homme à dédaigner les revolvers, ayant remarqué que ces petits instruments tuaient très-bien.

Il en avait donc une douzaine tout autour de sa ceinture.

Mais comme jamais il n'avait pu introduire son doigt dans les sous-gardes, il avait dû en faire fabriquer d'énormes.

Si bien que ses revolvers avaient un aspect tout à fait particulier (fait absolument vrai noté avec soin par M. Pierre Ferragut).

Enfin Tomaho avait un arc qui mesurait trois mètres.

Ses flèches auraient pu passer pour des lances.

Pourquoi l'arc?

Pourquoi les flèches?

« Parce que la balle chante un chant de guerre retentissant en sortant du fusil, disait Tomaho.

« Tandis que la flèche tue sans faire de bruit et à bonne distance. »

Parbleu!

Avec un arc pareil, avec sa force de poignet, Tomaho vous envoyait une flèche à plus de six cents mètres...

La portée des anciennes carabines.

Tel était l'homme.

On conçoit que l'Aigle-Bleu, si gran si beau guerrier qu'il fût, admirât Tomaho, plus grand et plus beau que lui, quoique sa beauté fût toute autre.

Il y avait d'ordinaire quelque chose de menaçant et de terrible dans l'expression des traits de l'Aigle-Bleu.

Tomaho, à première vue, paraissait bon, et, par la suite, on le jugeait excellent homme.

Le géant avait toujours remarqué sur le visage de l'Aigle-Bleu cette dureté que nous avons signalée; et c'était une des causes pour lesquelles il l'aimait peu.

Mais ce jour-là le sachem, par extraordinaire, avait un sourire affable sur les lèvres et de la bienveillance dans le regard.

Il s'avança lentement et salua courtoisement le géant.

— Je suis heureux de voir mon frère, lui dit-il d'un air franc.

« Mon frère n'est peut-être pas aussi charmé de me rencontrer?

— Pour être vrai, fit Tomaho, comme ma langue n'est pas fourchue et que mon cœur est un cristal, je t'avouerai, sachem, que j'aurais été heureux de ne point te trouver sur mon chemin.

« Je suis ton ennemi et je viens, à mon grand regret, de m'apercevoir que tu es sorcier.

« Dès ce moment, la lutte n'est plus loyale entre nous.

« C'est ce qui fait que je ne t'ai pas envoyé une balle. »

Le sachem apache prit un air étonné et demanda :

— Où donc as-tu reconnu que j'étais un sorcier?

— Et cette espèce de flamme qui t'environnait tout entier?

— J'observais autour de toi le même prodige! fit l'Aigle-Bleu.

« C'est pourquoi, au lieu de t'envoyer une flèche comme je me le proposais, je suis venu vers toi en ami.

— Comment! fit Tomaho, j'étais, moi aussi, rayonnant de lumière?

— Resplendissant! fit l'Aigle-Bleu.

En disant ces mots, le sachem apache passa sa main sur ses lèvres.

« lèvement ».

Peut-être était-ce pour dissimuler un sourire un peu railleur.

— Ah! reprit Tomaho, j'étais, comme toi, *vêtu de gloire embrasée?*

(Nous traduisons textuellement.)

— Oui, dit l'Aigle-Bleu.

— Alors je devais être très-beau! observa naïvement Tomaho.

« C'est sans doute pour cela que tu semblais m'admirer?

— J'étais frappé du magnifique aspect que tu offrais.

Tomaho jouit un instant de ce compliment, le savoura, puis il fit un assez long travail de réflexion qui aboutit à cette demande :

— Mon frère sait-il pourquoi nous étions tous les deux brillants comme des statues de diamants?

— Je le sais, fit l'Aigle-Bleu.

« C'est un signe.

— Ah! fit le géant.

« Un signe!

« Est-ce que par hasard je serais mêlé sans m'en douter à des affaires de sorcellerie et de conjuration des esprits?

« Je préviens l'Aigle-Bleu que je ne veux être en rien dans ces sortes de choses ; j'en

27ᵉ LIVRAISON

ai horreur, comme le chat-tigre a horreur de l'eau.

« On m'offrirait un talisman qui ferait de moi l'homme le plus puissant du monde que je le refuserais.

« Je ne veux rien devoir qu'à des luttes loyales.

— Mon frère est honnête et il est vaillant; ce n'est pas un jaguar traître et féroce; c'est un brave ours gris.

« Mais mon frère conviendra qu'il y a talisman et talisman.

« Le talisman qui vient du sorcier est une arme perfide.

« Le talisman qui vient du grand Manitou, du Vacondah, de l'Esprit suprême, celui-là n'est pas de ceux qu'il faut repousser, quand il vous est donné.

— Évidemment! fit le géant.

— Mon frère, reprit l'Aigle-Bleu, sait sans doute que le Sauveur est venu?

— On le dit.

« Des prodiges ont paru au ciel.

« Je les ai vus. »

L'Aigle-Bleu se tut...

Longtemps il parut réfléchir.

Enfin, levant la tête, il plongea un regard brûlant, acéré, dans les yeux du colosse, qui disait plus tard :

« Il me semblait que ce regard pénétrait ma prunelle, mon cœur, tout mon être, comme une large aiguille d'acier rougie au feu. »

— Sachem, déclara Tomaho, pourquoi me provoquez-vous ainsi?

« Vous semblez jouer avec moi le jeu du serpent et de la colombe.

« Mais je ne suis pas une colombe. »

L'Aigle-Bleu avait réussi à troubler le placide géant, dont la voix était altérée et dont toute la personne semblait en proie à un malaise impossible à dissimuler.

Le sachem apache profita dès lors de ses avantages.

Il dominait complétement le colosse.

— Mon frère, fit-il, n'a pas oublié les chants que sa mère a dû lui chanter à son berceau.

« Il a dû entendre prédire l'arrivée d'un Sauveur.

« Il sait que ce Sauveur doit chasser les blancs de notre terre d'Amérique.

— Je sais cela, dit Tomaho.

« Mais pourquoi me parler de ces choses sachem?

— Mon frère ne comprend donc pas qu'il est destiné à de grandes choses?

« Le Sauveur accomplira sa mission, disent nos légendes, avec l'aide d'hommes forts, au corps de fer, à l'âme de diamant, au cœur de feu.

« Ces hommes se reconnaîtront entre eux, dit encore la tradition, au resplendissement qui les entourera.

« Or j'ai vu resplendir le sachem araucanien.

« Par conséquent, il est, comme moi, l'un des élus qui doivent contribuer à la grande œuvre de notre Messie. »

Tomaho eut une exclamation naïve.

— Enfin! dit-il.

Et il parut enchanté.

— Pourquoi mon frère s'est-il écrié: enfin? demanda le sachem apache.

— Och! fit le géant.

« Je suis plus content que tu ne peux te l'imaginer, Aigle-Bleu.

« Je marchais dans la vie comme un oiseau qui a perdu les pistes de l'air et que le vent pousse çà et là.

« Aujourd'hui je vois un but devant moi et je sais pourquoi j'étais tourmenté par des voies secrètes. »

L'Aigle-Bleu écoutait anxieusement, presque fiévreusement.

— Des voies secrètes! dit-il.

« Que veut dire mon frère?

— J'avais là, dit Tomaho se frappant la poitrine, une voix qui me disait que quelque jour ma force servirait à quelque chose.

L'Aigle-Bleu sourit.

— Ami, dit-il, tu acceptes donc la mission qui t'est destinée?

« Tu seras des nôtres?

« Je craignais pourtant que ton amitié pour les blancs ne fût un obstacle et que tu ne refusasses de nous aider à les chasser d'Amérique. »

Pour la première fois le colosse réfléchit à ce que sa situation avait d'anormal.

Mais il prit son parti et dit avec beaucoup de bon sens :

— Il y a serpent et serpent.

« La couleuvre est inoffensive ; elle ne mange que les excréments de la terre et ne mord jamais personne.

« Le serpent à sonnettes tue.

« De même pour les Visages-Pâles.

« Les gens de leurs villes sont des coquins qui volent nos territoires de chasse et qui nous empêcheront un jour de vivre dans les prairies.

« Ce sont des hommes avides d'or et des êtres insatiables.

« Il faut les exterminer si nous le pouvons, Aigle-Bleu.

« Mais les trappeurs sont de très-braves gens en général.

« Ils vivent comme nous.

« Ce sont des chasseurs loyaux et francs que j'aime.

« Sans-Nez lui-même, qui est un chien hargneux, est au fond un excellent garçon qui ne me laisserait pas dans l'embarras.

« Je ne voudrais à aucun prix faire du mal à des trappeurs.

— Mais ces hommes sont des étrangers qui nous enlèvent notre gibier!

— Aigle-Bleu, il n'y a pas beaucoup de trappeurs, il n'y en aura jamais beaucoup, car peu de Visages-Pâles aiment à mener cette vie.

« J'imagine que ces chasseurs blancs sont des hommes qui ont nos instincts, nos idées, et qui s'ennuient dans ce qu'ils appellent la civilisation.

« Aussi devons-nous bien accueillir les trappeurs blancs.

« Voilà mon opinion.

— Et les aventuriers comme ce comte?

— Aigle-Bleu, le comte est un rude homme, un grand guerrier.

— Un voleur.

— L'Aigle-Bleu le croit?

— Le but de son expédition n'est-il pas de nous voler, nous, Apaches?

— Vraiment, Aigle-Bleu, ce serait là le plan du comte?

— Je l'affirme sur le grand Vacondah et il n'en faut pas douter.

Alors le secret?...

— ... Il s'agit d'enlever un trésor qui appartient à la tribu.

Tomaho se gratta une tempe, puis l'autre, puis l'oreille.

Évidemment il était très-perplexe.

— C'est incroyable, dit-il, combien l'on change en un instant !

« Il y a une heure à peine, je me serais peu préoccupé de cette idée qu'après tout c'est probablement un vol que nous allions commettre, un vol dont j'avais ma part si l'affaire réussissait.

« Aujourd'hui je me dis que ce n'est pas bien de prendre ce trésor.

« Car c'est d'un trésor qu'il s'agit?

— Et il est immense...

— Mais je suis capitaine, mais j'ai juré de prêter mon bras au comte.

Et Tomaho se regratta les tempes et l'oreille avec embarras.

L'Aigle-Bleu souriait toujours.

— Mon frère, dit-il, est très-inquiet, très-indécis.

« Une parole est une parole.

« Que le sachem Tomaho ne trahisse donc pas le comte.

« Qu'il reste son ami jusqu'à la fin de l'expédition.

« Mais qu'il serve, sans manquer en rien à la foi promise, les intérêts du Messie.

— Och ! fit le géant.

« Ceci me paraît impossible.

« Servir deux maîtres... c'est se parjurer deux fois.

— Pas toujours.

« Que le sachem en juge.

« Le Sauveur ne lui demande qu'une chose, c'est de préserver de tout malheur Rosée-du-Matin.

« Tomaho aime cette jeune fille comme son propre enfant.

— Je me ferais tuer pour elle, dit vivement le Cacique.

— Le Sauveur prie seulement Tomaho de se rendre à Austin où se trouve Rosée-du-Matin et de la protéger contre tout danger.

« Un homme très-fort, très-subtil, accompagnera le sachem.

« Cet homme éventera les piéges que l'on pourrait tendre; Tomaho assommera ceux qui les tendraient. »

Le Cacique allongea sa formidable main, en fit claquer les doigts, ferma le poing et exécuta un moulinet qui eût mis en fuite une armée.

— Frère, dit-il, pour Rosée-du-Matin j'exterminerais une ville.

« Cet homme subtil qui m'accompagnera, dis-tu, quel est-il?

— C'est un guerrier de ma tribu, nommé Sable-Avide.

— Peuh! un ivrogne.

— Qui n'est jamais ivre.

— Il y en a comme ça! fit Tomaho. Nous avons Bois-Rude.

Mais s'arrêtant tout à coup:

— Aigle-Bleu, dit-il, ta parole a le don de persuader.

« Je me laisse convaincre.

« J'ai peut-être tort. »

Il songea un instant.

— J'ai eu la bêtise un jour d'écouter un certain Orélie de Touneins, renard adroit et menteur, et...

L'Aigle-Bleu ne voulait probablement pas entendre la fameuse histoire de Tomaho; il y coupa court.

— Mon frère, dit-il, craint que je lui tende une embûche?

« Cependant il a vu le prodige.

« Mais cela ne suffit pas. »

L'Aigle-Bleu recula de quelques pas et dit avec une grande solennité dans le geste et dans la voix:

— Par les os de mes pères, par la mort et la vie, par le Vacondah, par ma hache et ma lance, par tout ce qu'il y a de plus sacré, je jure que je ne tends aucun piège au sachem Tomaho!

« Que rien dans ce que je lui demande ne peut nuire aux intérêts du comte de Lincourt, auquel il est associé à cette heure!

« Que ma langue soit paralysée, si je mens!

« Il ne s'agit que de protéger Rosée-du-Matin.

— Je te crois, frère, je te crois, dit vivement Tomaho.

« Mais tu as donc, toi aussi, de l'amitié pour la fille du colonel?

— Je l'aime, dit simplement l'Aigle-Bleu, et elle veut être ma femme...

Tomaho fut si bouleversé par cet aveu, que, s'il ne tomba pas à la renverse, son fusil lui en tomba des mains.

— L'Aigle-Bleu, dit-il en ramassant son arme, m'étonne.

« Il n'a vu qu'une fois ou deux Rosée-du-Matin.

— Ne doute pas! dit le chef apache.

« Regarde plutôt. »

Il tira de son manteau un petit étui et il montra à Tomaho de plus en plus stupéfait la photographie de mademoiselle d'Éragny avec un mot et sa signature.

— Qu'y a-t-il d'écrit? demanda Tomaho curieusement.

— A mon fiancé! lut l'Aigle-Bleu, ce qui veut dire en apache...

— Je sais le français, dit Tomaho; Sans-Nez me l'a enseigné.

Il regardait la photographie, le chef, puis murmurait des mots étranges, et il finit par tendre la main à l'Aigle-Bleu.

— Si tu es son fiancé, dit-il, comme dans ma pensée je l'ai adoptée comme fille, tu seras mon fils aussi.

Le géant était très-ému.

— C'est bien, très-bien de sa part! dit-il.

« Aimer un sauvage, cela honore notre race.

« Mais, Aigle-Bleu, pourquoi donc as-tu été mon ennemi? »

Le chef secoua la tête.

— Ami, dit-il, songe que depuis une heure tu es changé.

— C'est vrai.

— Autrefois, j'étais tout autre.

« Puis j'ignorais les desseins du Sauveur sur toi.

— Je voudrais bien savoir ce qu'il compte faire de moi.

— Tu étais cacique, tu es toujours sachem, mais tu seras empereur.

— Moi?...

— Oui...

— Cependant mes frères se sont révoltés contre mon autorité.

— Oui, mais cette fois tu n'auras qu'à ordonner pour être obéi.

« Tu possèderas le signe. »

Et le sachem, ouvrant son manteau, fit étinceler aux yeux du géant le fameux croissant de diamant qui représentait pour les sauvages l'arc de délivrance.

Tomaho se mit respectueusement à genoux.

Le croissant était pour les Indiens ce que l'arche fut pour les Juifs.

L'Aigle-Bleu tendit la main au géant et le releva.

Tomaho avait l'air confus.

— Si j'avais su, murmurait-il, que tu portais le signe, je t'aurais parlé moins familièrement.

— Mon frère, dit le sachem, l'homme n'est rien.

« Le signe est tout.

« Tu le verras un jour, quand l'heure de t'établir sur le trône sera venue.

Tomaho exultait d'espoir.

Mais l'Aigle-Bleu ayant sans doute obtenu tout l'effet qu'il voulait produire et ne tenant peut-être pas à répondre aux mille questions dont le géant semblait vouloir l'accabler, l'Aigle-Bleu, disons-nous, brusqua les choses.

— Frère, dit-il, l'heure de nous quitter est venue.

« En ce moment, le comte de Lincourt et le colonel d'Éragny ont reçu un message leur annonçant que la ville d'Austin n'est pas sûre.

« Va trouver le colonel.

« Dis-lui que tu as entendu parler dans le bivac de l'avis qu'ils ont reçu et que tu t'offres pour veiller sur mademoiselle d'Éragny.

« Ils savent que tu vaux mieux que cent nommes.

« Ils accepteront.

— Bon ! fit Tomaho.

« Je n'offenserai pas mon frère en lui rappelant que je suis un excellent homme et que me tromper serait une chose indigne d'un guerrier qui porte le signe du Sauveur.

— Va et sois en paix.

— Aigle-Bleu, ma vie est à toi et à notre Messie, sauf mes engagements, l'honneur et la loyauté, en réservant aussi mes amis les trappeurs.

— Cacique, sois sûr que ta conscience ne te reprochera jamais rien.

« Ton cœur est trop pur pour qu'on te demande une infamie.

« Tu es et tu resteras aussi honnête qu'un de ces braves ours gris qui vont droit au but sans détour.

« Veille sur Rosée-du-Matin.

« Le Vacondah te protége.

— Que l'Aigle-Bleu compte sur moi ! dit Tomaho.

Et les deux hommes se séparèrent.

Mais Tomaho s'étant retourné, s'aperçut qu'il laissait, lui, Tomaho, ainsi que l'Aigle-Bleu, une sorte de traînée lumineuse derrière lui.

Dès lors il ne douta plus de ses hautes destinées.

Il allait, joyeux, léger, murmurant de temps en temps :

— Quand je serai empereur... l'infâme Orélie... on verra...

Mais tout à coup il se frappa le front et s'écria :

— Tête d'oiseau !

« Je n'ai même pas songé à demander à l'Aigle-Bleu de prier le Messie de me rendre un service.

« Mais patience ! »

Il songeait, le géant, que le Sauveur indien pourrait lui donner, en même temps que l'empire, une impératrice à sa taille.

CHAPITRE XXXII

LE MESSAGE

Tomaho, en arrivant au camp, se rendit sur-le-champ à la tente du colonel, qu'il trouva en conférence avec le comte de Lincourt.

Le colonel avait reçu d'Austin le message suivant de son correspondant chargé par lui et le comte de veiller à leurs intérêts dans la ville après leur départ :

« Gentleman,

« J'ai l'honneur de vous avertir qu'il y a guerre civile à Austin depuis que le gouverneur don Lopez y Matapan a disparu si singulièrement.

« Le couvent où se trouve mademoiselle d'Éragny sera très-probablement respecté, comme tous les autres établissements religieux.

« Néanmoins j'imagine que si vous m'envoyiez un homme solide, le cacique Tomaho, par exemple, en certain cas sa présence pourrait être utile, ne serait-ce que pour se mettre à la tête de l'espèce de garnison de bravi que le couvent, comme de coutume, entretient à son service.

« Veuillez agréer, etc., etc.

« Jacques DAVIS. »

« P.-S. Ne vous alarmez point inutilement.

« Je vous demande un homme fort, brave, vigoureux, qui paie d'exemple et qui entraîne les autres.

« Le cacique me suffirait pour jouer ce rôle dans le cas, très-peu probable, où cela deviendrait nécessaire. »

Lorsque Tomaho parut, le colonel et le comte, après avoir mûrement pesé la lettre, allaient faire appeler le Cacique, quand il se présenta.

— Ah! Cacique, vous arrivez fort à propos! dit le colonel.

Et il lui lut le message.

Tomaho sourit et se déclara prêt à partir sur-le-champ.

— Nous vous recommandons, lui dit le comte, de suivre en tous points les avis de Jacques Davis.

Tomaho pensa que ce Jacques Davis, qui avait écrit cette lettre, devait être inspiré par le sachem apache, l'Aigle-Bleu ; qu'en conséquence Sable-Avide et ce Davis s'entendraient.

Donc, lui, Tomaho, n'aurait à s'inquiéter de rien, à décider de rien.

L'heure venue, il frapperait si cela était nécessaire.

Or, taper sur les ennemis de mademoiselle d'Eragny, et n'avoir pas à réfléchir, cela semblait très-agréable à Tomaho.

Il partit donc le lendemain matin pour Austin, le cœur léger.

CHAPITRE XXXIII

LES COUVENTS AU MEXIQUE

Les couvents du Mexique sont d'étranges couvents.

Ceux de femmes surtout.

En ce pays, comme ailleurs du reste, nombre de familles nobles sont ruinées.

Comment doter les filles ?

Il faut pourvoir à l'établissement des fils, qui ont déjà bien maigre part d'héritage.

L'aîné tient la maison paternelle, l'hacienda, la terre qui représente le peu de fortune de la famille.

Les cadets entrent dans l'armée, dans le clergé ou dans... une bande de brigands, qui, sous couleurs de pronunciamentos politiques, pillent les villes et détroussent les voyageurs.

Les filles, souvent nombreuses, ont des sorts divers.

Les unes se mésallient.

Les autres, grâce à leur beauté, trouvent un riche et noble établissement.

Mais celles qui ne sont recherchées en mariage ni par un gentilhomme ni par un bourgeois enrichi, celles-là se font religieuses.

Déplorable système, qui jette dans un cloître des filles dévorées de désirs, désespérées d'une virginité forcée, et dont le tempérament méridional est en ébullition.

Aussi, qu'arrive-t-il ?

C'est presque toujours une de ces nobles filles déclassées qui, à cause de son nom, devient mère-abbesse.

Et, presque toujours aussi, il se passe d'étranges choses au couvent.

Extérieurement, tout est parfait de convenance et de piété.

Intérieurement, pour les quelques sœurs qui ont la naïveté d'avoir une vocation sé-

rieuse, tout se passe avec décence et ferveur.
Mais en cellule...

Nombreux sont les cadets de bonne maison qui se sont faits prêtres, moines, gens d'église, sans l'ombre de conviction.

Ce sont les confesseurs de ces bonnes sœurs.

Puis la règle est très-souple.

Le jour, au parloir, on reçoit les jolis garçons qui viennent s'enquérir de la santé d'une demoiselle autrefois connue dans le monde.

Au parloir, on se donne des rendez-vous pour le soir.

Et la nuit venue, l'on se retrouve en cellule.

Pas un couvent dont les murs soient infranchissables pour un galant homme bien tourné de sa personne.

Pas un cloître de femmes qui n'ait souterrainement sa petite communication extérieure avec la ville.

Or la Couleuvre, qui savait toutes ces choses, avait basé ses projets sur la connaissance de certains détails.

Il connaissait un certain Mendès-Nunez, grand diable de jeune homme à poils noirs, à cheveux crépus, un peu maigre, comme tous les chats de gouttières, mauvais garnement s'il en fut jamais, hardi avec les femmes, coureur de ruelles, exploitant l'amour sans vergogne, tempérament de spadassin, viveur à outrance, bon enfant au fond, sans aucune moralité, capable de tout, incapable de rien, susceptible d'un bon mouvement, mais plus encore d'un mauvais, au demeurant le meilleur garçon du monde en face d'un camarade offrant à boire dans une taverne.

Et c'est ce que faisait la Couleuvre le lendemain même du jour où il prit l'engagement de livrer mademoiselle d'Éragny.

En effet, Mendès-Nunez fut éveillé par don Juan le lepero, dit la Couleuvre, au moment où lui, Nunez, le beau des beaux, le ruffian le mieux renté d'Austin, en était réduit à réaliser le proverbe :

Qui dort déjeune.

Et comment dormait-il ?

Fort mal.

Il était logé « sous la tente, » au prix de deux sous de notre monnaie. Des industriels ont eu l'idée à Austin, et dans certaines villes semblables, de racheter les vieilles tentes des caravanes, de les dresser dans des terrains vagues et d'en faire des dortoirs à bon marché.

Ce sont des repaires à voleurs, à filous, à mauvais drôles.

On y dort le pistolet au poing.

C'est là que la Couleuvre trouva Nunez.

Il l'éveilla brusquement, en homme qui sait qu'en fin de compte il sera bien accueilli.

— Eh là ! camarade, dit-il au dormeur qui s'étirait, par la corne du diable et la coiffe de la Vierge, je parie que vous n'avez pas déjeuné.

Mendès-Nunez toisa d'abord le lepero qui se permettait de l'éveiller ainsi, car lui, Nunez, était de race.

Mais il reconnut sous les haillons don Juan, noble fils aussi, quoique lepero; de plus, la Couleuvre était roi des siens, comme Nunez était prince des ruffians (*primus inter pares*).

— Cher camarade, dit gracieusement Nunez, quand on éveille aussi douloureusement les échos vides d'un estomac creux, quand on rappelle à un galant homme qui cherche à l'oublier que l'heure du repas est venue, c'est que l'on est disposé à satisfaire son appétit.

La Couleuvre fit tinter des piastres dans sa ceinture.

— Dieu, la Madone et les Saints, quels agréables sons ! fit Nunez.

« Soyez donc assez aimable, mon charmant ami, pour me faire entendre encore cette délicieuse musique. »

La Couleuvre, tirant de sa poche une bourse à travers les mailles de laquelle brillait de l'or, la mit dans la main de Nunez.

— Voilà l'instrument, dit-il. Jouez vous-même de cette guitare.

Mendès fit danser les pièces, qui rendirent leurs tintements clairs, puis il voulut rendre la bourse en soupirant à la Couleuvre qui refusa.

— Gardez donc! dit-il.

« C'est un prêt. »

Mendès-Nunez empocha prestement la bourse et, tendant la main à la Couleuvre, lui dit en souriant :

— Vous avez donc besoin d'un second pour quelque bonne affaire ?

La Couleuvre se contenta de sourire et de dire :

— Allons donc dîner, senor Nunez !

Et bras dessous, bras dessus, ils s'en étaient allés à la taverne.

La Couleuvre avait le respect de tous, étant une puissance.

C'était un très-gentil garçon.

Il n'aimait ni le bruit, ni les rires, ni les querelles.

Il ne répondait pas aux offenses.

Mais on savait qu'il ne se passait jamais huit jours sans que l'on enterrât qui l'avait offensé.

Tête-de-Bison, un jour, avait dit à ce sujet un mot remarquable :

— Il faut éviter la Couleuvre comme un serpent qu'il est, ou lui écraser la tête quand on le tient.

Et comme chacun pensait ce qu'avait si bien dit Tête-de-Bison, on saluait toujours la Couleuvre quand il entrait au cabaret.

On lui faisait place.

On se gardait de le heurter.

Du reste, il était de la politesse la plus raffinée.

Et un sourire...

Personne n'y résistait.

Tout caressait en lui; l'œil doux et profond, la lèvre gracieuse, le front rêveur, les cheveux admirables, le geste souple, la voix suave ; c'était une fascination irrésistible.

Mais on pense bien que doublé de Mendès-Nunez, il y eut pour lui recrudescence de respect et de déférence à la taverne du *Rendez-vous des trappeurs*.

Et Mendès-Nunez avait, lui aussi, sa réputation.

Il jouait du couteau, de l'épée et du pistolet comme pas un.

Sa force herculéenne lui permettait de vider par la fenêtre tout le contenu des salles de cabaret, hommes compris avec police, la garde, l'hôte et les garçons.

La femme restait toujours pour calmer Nunez.

Et quand elle était jolie, il se calmait.

Donc ils entrèrent.

La Couleuvre distribuait ses sourires, glissant au milieu des buveurs.

Mendez frisait sa moustache et lançait à la ronde ses regards provoquants qui firent baisser les yeux à ceux sur lesquels ils pesèrent.

Et les deux hommes s'assirent.

La Couleuvre fit signe au tavernier et lui dit :

— Donnez-nous à dîner et distinguez-vous, master Schaps.

Il fit un petit signe amical et ajouta :

— Du vin des grands jours, master !

Le maître tavernier connaissait son client; il s'éclipsa sans mot dire et fit mettre sa cuisine en l'air.

— Mon cher, dit la Couleuvre à Nunez, vous n'avez donc pas fait votre pelote hier, pendant l'affaire des pirates ?

— Au contraire. J'avais la ceinture garnie hier soir; mais j'ai joué et j'ai tout perdu.

— Tant mieux ! dit la Couleuvre.

— Comment, tant mieux !

— Eh oui !

« Cela ne me donne-t-il pas l'occasion de vous obliger?

« Et puis, malheureux au jeu, heureux en amour, cher ami.

« Vous allez avoir quelque bonne fortune. »

En ce moment une sorte de drôle, un Belge d'Anvers, arrivé depuis peu à Austin, aventurier de la pire espèce, sacripant de bas étage, matelot déserteur et en quête d'une sale besogne à faire, un goujat enfin, entra dans la taverne, suivi d'un autre déserteur, un gros Anglais lourd, trapu, espèce de dogue, déserteur aussi.

Le Belge avait l'air d'un roquet, l'autre d'un molosse.

C'était le roquet qui menait le molosse.

La table de la Couleuvre et de Nunez n'était occupée que par eux deux, et le Belge vint avec son compagnon pour s'y asseoir.

Une pirogue accostait la rive droite du Rio-Colorado.

Mendès-Nunez fit mine de s'y opposer, mais la Couleuvre lui donna du pied, par dessous la table, avis de se taire.

Puis le plus courtoisement du monde :

— Gentleman, dit-il aux nouveaux venus, je vous prierais de m'accorder une faveur dont je vous serais très-reconnaissant ; ayant à parler de choses sérieuses, nous souhaitons être seuls.

« Mille pardons de vous déranger.

— Hein ! de quoi ! fit le Belge.

« Dis donc, John, elle est encore drôle, la demande du lepero, sais-tu ?

« Nous déranger... savez-vous ?

« Pas si bêtes... ma foi !

« Thomas vous enverrait plutôt à une autre table.

Nunez se contenait difficilement.

— Gentleman, dit la Couleuvre au marin, vous avez tort de vous entêter à rester là ; cela vous portera malheur.

« Mais à votre aise. »

Et il ne s'occupa plus du Belge qui continua à gouailler, demandant à boire bruyamment et exigeant impérieusement de l'hôtelier d'être servi de suite.

Tout à coup il se leva, porta la main à sa fesse, regarda sous son siége et dit :

— J'ai été piqué, savez-vous ? il y a une paille qui m'a chtouillé le derrière.

Et il se rassit en riant parce qu'il accompagna sa réflexion de propos grivois qui amusèrent John.

Cependant, comme de coutume, le tavernier avait d'abord apporté les verres.

Il allait servir.

La Couleuvre dit :

— Reprenez les verres et préparez-vous à emporter ce garçon.

Il montrait le Belge.

Puis railleur, il annonça à celui-ci :

— Vous êtes mort, savez-vous?

Et c'était vrai.

L'autre poussa un râle, se leva et retomba sans vie.

Ce fut d'un effet terrible.

Mendès-Nunez en resta stupéfait et tous les consommateurs se levèrent épouvantés.

L'Anglais n'osait souffler mot.

La Couleuvre dit au tavernier, d'une voix harmonieuse, au milieu d'un silence de mort :

— Voyez donc à faire emporter cet homme, master Schaps.

« C'est une attaque d'apoplexie mortelle, et il n'en reviendra pas. »

Puis à la foule :

— Voilà les conséquences de la colère.

« Cette brute s'est mise en fureur contre moi pour une observation polie que je lui faisais.

« Le cerveau s'est congestionné et voilà un homme trépassé. »

Cependant le tavernier faisait enlever le cadavre.

L'Anglais restait debout comme foudroyé.

La Couleuvre l'observait.

Il le jugea inintelligent, brute, mais vigoureux.

— Gentleman, dit-il, vous étiez compagnon de ce drôle.

« Il est probable que, seul maintenant, vous voilà fort embarrassé dans une ville que vous connaissez peu.

« Aimez-vous le rosbif, gentleman, quand il est arrosé de bière?

— Oh! yes! dit l'Anglais.

— Allez donc vous asseoir là-bas, à cette autre table.

« On vous servira.

« Dans une heure, nous aurons à vous dire deux mots. »

L'Anglais, flairant une affaire, obéit assez joyeusement.

— Master Schaps, disait la Couleuvre au tavernier, ce gentleman anglais venait dîner, et la maladresse de son compagnon, qui s'est avisé de se laisser mourir, a tout dérangé.

« A titre de dédommagement, servez donc à ce brave marin tout ce qu'il vous demandera.

« Et ne nous oubliez pas. »

Master Schaps répondit que le repas de ces messieurs était prêt.

— Alors, servez! dit La Couleuvre.

Mendès-Nunez admira le sang-froid avec lequel la Couleuvre attaqua le premier service.

— Par le sang du Christ! dit-il à voix basse, vous êtes un compagnon bien étonnant.

« Vous tuez un homme avec une tranquillité inouïe.

— Ne confondons pas! fit négligemment la Couleuvre.

« L'homme s'est tué lui-même.

« Il s'est donné une attaque, à moins que ce ne soit un anévrisme rompu.

« Vous plaît-il de parler d'autre chose?

« Ce drôle mérite d'autant moins que l'on s'occupe de lui qu'à cette heure il n'insultera plus jamais personne.

« Senor Nunez, j'ai à vous poser une question, ou plutôt plusieurs questions.

« Je vous serais reconnaissant si vous poussiez l'obligeance jusqu'à y répondre franchement.

— Tout à votre disposition, mon cher. Parlez.

— Je désirerais savoir si vous avez des préjugés religieux.

— Hum! hum! fit Mendès.

« Qu'entendez-vous par là?

« Je suis catholique, assez bon catholique.

— Vous savez qu'il y a catholique et catholique, comme il y a fagots et fagots.

« Ainsi vous me paraissez fort tiède dans l'accomplissement de vos devoirs religieux. Je vais souvent à la messe pour voir de jolis minois, — car moi, je ne crois qu'à l'amour.

« Or jamais je ne vous vois à l'église.

— A dire vrai, j'aime mieux le cabaret; cependant...

— Voulez-vous que je précise?

— Je vous en saurais gré.

— Si une religieuse aimable et assez jolie encore vous remarquait dans la procession qui se fera demain, si elle vous aimait, seriez-vous homme à ne pas repousser cette tendresse sacrilège?

— Senor don Juan, on peut si facilement aimer en dehors d'un couvent qu'il faudrait que je fusse très-épris de cette sœur pour risquer le salut de mon âme.

« Il est peu avantageux, du reste, de s'adonner aux nonnes.

« Moi, je suis gueux par instants, et je vous avouerai que, par-ci, par-là, une bonne fille se souvenant de ma générosité quand je suis en fonds me vient en aide dans la misère.

« Les nonnes n'ont pas d'argent, cher senor, et elles laissent un amant dans l'embarras.

— Mais si quelqu'un avait intérêt à ce que vous fussiez l'amant d'une bonne sœur et vous offrait de puiser dans une bourse bien garnie?...

— Senor, je serais capable de me dévouer à faire la cour à la plus vieille tourière de la communauté.

— Je ne vous en demande pas tant, mon cher.

« Demain... procession.

« Après-demain, il faut que vous soyez introduit dans le couvent.

— Et la sœur?...

— Oh! celle que vous jugerez de la plus facile conquête.

— Mais, senor, oserai-je vous demander pourquoi vous, si bien tourné...

— Moi! fit la Couleuvre.

— Oui, vous; je suis sûr que vous n'avez qu'à vous présenter pour vaincre.

— Erreur, grande erreur.

« J'ai des succès auprès des femmes du monde, étant de nature délicate et mièvre.

« Mais les recluses, cher senor, aiment les hommes de votre sorte.

« Elles rêvent de beaux garçons, bien découplés.

« Il faut brusquer l'attaque, enlever l'affaire.

« Avec moi, ça traînerait en longueur.

— Mais, fit Nunez, vous avez sans doute un intérêt quelconque à me faire pénétrer dans le couvent?

— A dire vrai, il s'agit pour moi de faire ma cour à une certaine novice qui doit prendre le voile prochainement.

« Je voudrais bien l'en dissuader, et j'espère y arriver.

« Vous et votre maîtresse, vous parviendrez bien à me ménager des entrevues avec cette chère enfant. »

Mendès-Nunez vit bien au ton de la Couleuvre que celui-ci mentait; mais il se garda bien d'avoir l'air de le remarquer le moins du monde.

— Il a un plan, pensa-t-il.

« Il m'y associe.

« C'est de l'or à gagner.

« Jouons donc son jeu. »

Et il conclut haut:

— Senor, je ferai tout pour vous être agréable.

« Un mot seulement:

« Je pense que de vous à moi, il n'y a ni piège, ni trahison.

« J'agirai en ami.

« Vous me jurez de ne pas me fourrer dans un guêpier?

— Je vous l'affirme, Nunez.

Les deux hommes se serrèrent la main cordialement.

Le repas se prolongea joyeux et se termina chez une certaine dona Sol, qui était la Marion Delorme de la ville d'Austin.

Elle accueillit Nunez avec un peu de froideur, le croyant décavé; mais bientôt, détrompée, elle fut charmante.

Quant à la Couleuvre, il se savait adoré d'une des amies de dona Sol, à la tendresse de laquelle il n'avait pas répondu jusqu'à ce moment.

Il lui envoya un appel amoureux, auquel elle se rendit sur-le-champ, quittant pour cela un riche marchand de fourrures, lequel ne comprit jamais qu'on lui préférât un lepero en haillons...

CHAPITRE XXXIV

CONFIDENCES DE NONNE A NONNETTE

Elles sont deux sœurs, dans une cellule blanche et parfumée.

L'une est professe.

Elle a prononcé ses vœux.

L'autre est novice.

Elle entrera en religion avant six mois, la pauvrette.

Cette cellule a l'aspect monastique, et pourtant l'on y respire des senteurs mondaines.

Le Christ est couronné d'épines par la main du sculpteur, et de fleurs par les doigts roses des sœurs.

Doigts roses, car ils sont soignés aux pâtes d'amandes.

On est sous la bure, mais on fait toilette.

Pauvres femmes!

La coquetterie se révolte en elles contre la claustration.

Sœur Conception, la plus âgée, a trente ans, l'âge des passions.

C'est une personne grassouillette, courte de taille, ronde, assez bien faite, malgré l'embonpoint.

Elle a les mains potelées, la gorge dodue, des hanches pleines, soulevant la jupe sans artifices.

La chair est blanche, pétrie de lait, douce de peau, fine de graisse, bonne au baiser.

La figure est assez jolie, un peu langoureuse.

L'œil est bleu, tendre; le regard brille humide et doux.

Les traits seraient un peu vulgaires, s'ils n'étaient relevés par la tournure du nez, légèrement retroussé, qui donne du mordant à la physionomie.

Le sourire est peut-être banal; mais la lèvre est sensuelle.

Le front est petit, mais la chevelure abondante a de beaux reflets châtains; le menton est orné d'une fossette; d'autres fossettes trouent les joues.

Cette bonne grosse petite femme a l'âme aimante... trop aimante.

Sœur Conception soupire souvent depuis trois mois.

« Cœur qui soupire n'a pas ce qu'il désire. »

Sœur Nativité, elle, n'a guère que seize ans.

Elle est ravissante.

Blonde, d'un blond cendré admirable, elle a de beaux grands yeux noirs, pleins de malice et de feu.

Elle est svelte, souple, un peu grande, élancée.

Mais déjà la poitrine se dessine, hardie, sous la guimpe.

Toute cette jeune personne respire la pétulance, les ardeurs juvéniles, la gaieté mutine.

Fille charmante et peu faite pour le cloître, en somme.

Elle a, vers le monde qu'elle vient de quitter, des aspirations qu'elle contient difficilement.

Autrefois elle riait des compliments et se moquait des cavaliers.

Aujourd'hui, les soupirs de sœur Conception trouvent des échos dans l'âme de sœur Nativité.

Elles sont amies toutes deux; mais l'heure des grandes confidences, qui approche, n'était pas encore venue.

Une occasion vient de se produire: la procession.

On va tout se dire.

Les cœurs débordent.

Déjà ils sautent par-dessus les murs du couvent.

La procession!

Pour le monde, c'est la cérémonie pieuse.

Pour la recluse, c'est la sortie, la promenade à travers les rues jonchées de fleurs.

C'est une échappée sur le terrain défendu.

Aussi le couvent est-il en l'air.

On ajuste robes, guimpes, coiffes, voiles.

Toute prisonnière rêve l'évasion.

Toute fille à qui l'on défend l'amour souhaite d'être enlevée.

Si, quelquefois, malgré le voile... on allait inspirer une passion folle à quelque cavalier beau, jeune et riche?

On fuirait avec lui.

Sœur Nativité avait conservé quelques

souvenirs du temps où, mondaine, elle faisait toilette, non pour aller à la procession, mais pour se rendre au bal.

Elle appartenait à une de ces familles nobles et ruinées dans lesquelles on sacrifie les filles à l'avenir de l'aîné.

Les bijoux sont rares dans de pareilles maisons.

Nativité n'avait jamais porté que du faux.

Elle avait néanmoins, caprice d'enfant, tenu à garder au couvent une certaine parure en imitation de perles.

Ce jour-là, elle l'essaya.

Et sœur Conception en admirait l'étrange effet sur la bure que portait sa compagne.

— Mignonne, dit-elle, vous deviez être bien jolie quand vous aviez une robe blanche.

« C'est un crime d'ensevelir ainsi au couvent une belle fille comme vous; je vous plains, ma pauvre petite. »

Nativité soupira.

Un voile de tristesse se répandit sur son visage mutin.

— Il me semble, dit-elle, que l'on m'enterre vivante.

Puis, avec une certaine énergie :

— J'ai un espoir insensé.

« Je me dis que peut-être, d'ici à ce que je prononce mes vœux, il se passera des faits inattendus dans ma famille.

« Mais si je suis obligée définitivement de prendre le voile, vous verrez, Conception, que je me tuerai.

« Je sais un poison.

— Ma chère enfant, dit Conception effrayée sérieusement et émue par la sombre résolution de Nativité, ma chère enfant, ne vous laissez pas aller à ces idées noires.

Nativité avait longtemps, sans doute, caressé ce projet de suicide.

Elle reprit, souriant cette fois, mais d'un singulier sourire :

— Croyez-vous, ma chère, que j'aurais la patience de vivre comme vous vivez depuis seize ans?...

« Non... jamais !

« Je me sens une nature d'oiseau

« J'ai des ailes.

« J'ai des chansons plein le cœur et l'amour du grand air et du soleil radieux.

« Et je ne veux pas rester en cage.

« Je me briserais plutôt la tête aux barreaux.

« Mais j'ai mon plan.

« J'ai le moyen de me payer assez d'opium pour en finir avec l'ennui.

— Non, ne dites pas cela, s'écria Conception.

« Vous blasphémez ! »

Nativité regarda Conception en face et lui dit avec une fermeté froide :

— Parce que je suis gaie quelquefois dans ce sépulcre, parce que le naturel reprend le dessus, vous vous figurez peut-être que je dis en l'air que je me suiciderai.

« Eh bien ! Conception, tenez la chose pour certaine... »

Vraiment, il était désolant de voir cette belle créature parler ainsi de mourir.

Conception, qui avait bon cœur, en fut navrée.

Peut-être n'eût-elle jamais fait certaines révélations à cette âme trop jeune, pour entendre les choses qu'elle brûlait de lui dire; car les femmes, et à plus forte raison les femmes cloîtrées, ont l'invincible besoin des confidences.

Deux grosses larmes sur les joues de sœur Nativité décidèrent Conception à parler.

Elle prit la jeune fille maternellement sur ses genoux, l'embrassa et lui dit à voix basse :

— Ne pleurez plus. La vie du couvent n'est pas toujours aussi sombre que vous le croyez.

« On a des consolations. »

Et la sœur eut un drôle de sourire.

— Sans votre vilaine pensée de suicide, reprit-elle, je ne vous aurais rien dit.

« C'est assez de pécher soi-même, sans pousser les autres à mal faire; mais mieux vaut vivre coupable de quelques folies que de se tuer. »

Nativité regardait Conception avec ses grands yeux enflammés d'espoir; et la sœur dit en riant :

— Décidément, avec un pareil feu dans le regard, vous n'êtes pas faite pour ne regarder que des statues de saints.

« Tant pis !... je parle.

— Vous me direz bien tout, n'est-ce pas, Conception ?
— Oui, mon petit démon... tout !
— Il s'agit... d'amour ?
— Oui, oui... d'amour.
— Et... ici... on peut aimer ?...
— Certainement !
— Vous avez aimé... vous ?
— Souvent.
— Et vous, avez pu recevoir vos amoureux ?
— Toutes les fois qu'ils ont voulu venir.

Nativité fit un bond joyeux, battit des mains, poussa quelques cris d'oiseau en gaieté, puis revint s'asseoir sur les genoux de Conception, lui jeta ses bras autour du cou et lui dit avec une féline câlinerie :

— Je veux tout savoir ; ne me cache rien, ma bonne chérie.

— Je t'ai promis de tout te dire, mon ange.

Dans cet élan, elles s'étaient mises à se tutoyer.

De cet instant, elles étaient complices.

Si bien complices, que Nativité fit une remarque en riant :

— Dis-moi, Conception, c'est drôle ; nous serons placées l'une près de l'autre en enfer, et c'est le même diable qui nous rôtira !

Nativité ne riait qu'à demi ; elle avait un peu peur de l'enfer.

Conception ne rit pas du tout ; elle soupira.

— Ma belle, dit-elle, c'est un malheur de perdre son âme comme nous le faisons.

« Mais ceux qui nous mettent au couvent sont plus coupables que nous, et Dieu les punira plus que nous.

— Ce sera une consolation pour moi, dit Nativité, de voir brûler mon grand frère Joachim, à cause de qui je suis ici.

« Il est si bête et si méchant, que je lui souhaite la plus mauvaise place et le plus méchant diable. »

Conception se mit à rire.

— Raconte, raconte... dit précipitamment Nativité.

« J'ai hâte d'entendre. »

Conception fit sa confession.

Elle expliqua comment les relations s'établissaient à la procession, au parloir, au confessionnal même.

Elle expliqua que l'on passait tantôt par les murs, tantôt par certains souterrains.

Elle expliqua que les femmes en service dans le couvent se chargeaient des lettres.

Et Nativité ravie applaudissait, sautait de joie, reprenait sa place, écoutait encore, interrompait, pour redemander bien vite d'autres détails.

— Moi, dit-elle, je ne veux pas des abbés.

« Je veux être aimée par quelque beau cavalier.

« Et j'attendrai... »

Depuis que l'espoir s'ouvrait devant elle avec de larges perspectives, elle n'était plus pressée.

La coquette reparaissait en elle.

Mais, sachant tout en général, elle ne savait rien de Conception en particulier.

Elle la questionna.

— Et toi ?... Ton histoire... tes histoires ?

« Il y en a plusieurs ? »

Conception poussa un gros soupir.

— Moi, dit-elle, je n'ai eu qu'un amour vrai, et encore ce n'était pas mon idéal.

— Tiens !... Pourquoi ?...

Sœur Conception rougit un peu et dit :

— Voilà... j'aime les hommes grands, forts, très-grands, très-forts, des colosses.

— Drôle de goût ! fit Nativité. C'est le contraire de moi.

« Je ne serai jamais l'amie que d'un joli cavalier, gentil, de taille moyenne et finement prise, élégant, bien tourné et galant.

« Voilà mon rêve.

— Veux-tu que je te dise le mien ?

— Oui.

— Eh bien ! je voudrais être aimée d'un homme qui dominât tous les autres par la taille.

« Je le voudrais beau et bon.

« Je l'aimerais comme un dieu. »

Nativité ne rit pas trop de cet aveu fait avec une naïve passion.

Elle avait l'esprit plus fin, plus cultivé que sœur Conception.

— Je comprends, dit-elle traduisant élégamment les aspirations de la religieuse.

« Vous êtes une païenne, Conception !
— Moi !
— Oui, chère Conception.
« Vous aimez la forme humaine dans la majesté de sa puissance et de son plus ample développement.
« Vous auriez été l'Omphale d'un Hercule ou l'épouse d'un Milon de Crotone ; c'est une passion compréhensible, après tout.
« Moi, je préfère l'élégance d'Apollon à la force d'Hercule. »
Puis, ce qui prouve que les filles de seize ans ont souvent, pour ce qui est choses d'amour, une pénétration d'esprit surprenante, la jeune fille dit :
— Sais-tu ce que cela prouve, sœur Conception ?
« C'est que tu es plus vraiment femme que moi.
« Mariée, je voudrais être *le maître* et mener mon mari.
« Je me sens forte, courageuse, audacieuse et capable de grandes hardiesses.
« Par instants, je rêve de m'échapper, de prendre des habits d'homme et de courir le monde.
« Je me battrais en duel, j'aurais des aventures.
— Sainte Madone !
« Quel démon !
« Je n'ai plus de remords ; c'est du salpêtre qui coule dans les veines, ma mignonne, et tu aurais péché quand même avant peu.
— Pour cela, j'en jure !
« Allons, dis tout.
« Cet amant ?...
— Cet amant, c'était ce tambour-major de la milice qui est mort, hélas ! pour mon éternel regret.
— Un bien bel homme réellement, dit Nativité sans enthousiasme.
— N'est-ce pas ?
« Et très-bon.
« Je ne le remplacerai jamais.
« Une fois, j'ai eu un peu d'espoir.
« Du haut de nos terrasses, j'ai vu un chef indien, un géant superbe, un demi-dieu d'autrefois.
« Il jetait en l'air les gens d'Austin, comme d'autres lancent leurs bonnets par-dessus leur tête.
« C'était beau à voir.
« J'avais préparé un moyen de correspondre avec ce chef.
« Il est parti avant que j'aie pu lui envoyer une lettre.
« Il s'appelait Tomaho.
— Un ancien cacique !
« Une sorte de roi auracanien ! dit Nativité d'un air distrait.
» Et vous auriez aimé un Indien ?
— De tout mon cœur.
— Moi... jamais !...
— Parce que ?...
— Le cœur ne m'en dit pas.
Mais craignant d'avoir froissé son amie, Nativité l'embrassa avec câlinerie et changea le tour de la conversation.
— Tu ne m'as point dit, fit-elle, comment l'on correspondait avec ses amoureux.
— C'est bien simple, va ! dit Conception en riant.
« Les sœurs converses sont nos messagères.
— Et pour entrer ?...
— Nous avons le souterrain.
— Le souterrain !
— Oui, ma toute belle.
« Le couvent communique avec le dehors.
— Où est placée l'entrée de ce souterrain ?
— Dans la chapelle, sous la pierre d'un tombeau.
— Et la sortie ?
— Dans la maison de l'un de nos serviteurs.
— Qui se nomme ?...
— Jacopo.
— Et il ne dit rien ?
« Il garde le secret ?
— Comme s'il était muet.
— Dieu ! que je suis heureuse !
« Demain, je veux distinguer un cavalier.
« Le soir même, je lui écrirai pour lui donner rendez-vous. »
Puis, après un nouveau baiser à Conception :
— Et toi ?
— Moi, fit la sœur avec un soupir.

« Moi, j'attendrai.
— Qui?
— Mon beau géant.
— L'Indien?
— Oui, l'Indien.
« J'en suis folle.
« Je ne veux plus aimer que lui.
— Mais j'y pense! s'écria Nativité.
« Mademoiselle d'Eraguy, qui est ici, connaît ton Tomaho!
— C'est ce qui fait mon espérance de le revoir.
« Nous causons souvent de lui avec cette jeune fille, qui m'a cité des traits de bonté charmants de mon sauvage.
« Sais-tu quel nom ravissant il a donné à la petite Française?
« Il l'appelle Rosée-du-Matin!
— Ton colosse est un poëte!
— Je crois qu'il m'aimera comme je l'aime.
— Conception, je te le souhaite.
Et toutes deux causèrent encore longuement.

A cette heure, Tomaho entrait dans Austin.
Il allait, avec Sable-Avide, se mettre à la disposition du correspondant du comte.
Celui-ci rassura Tomaho:
— Nous avons eu des troubles, dit-il, mais ils sont apaisés.
« Le couvent est solide, bien gardé, de facile défense.
« Toutefois, dès demain, je prendrai des informations. »
Puis il ajouta :
— Cacique, au premier péril, je vous ferai mander.
Libre de son temps, Tomaho s'en fut à la taverne avec Sable-Avide.
A eux seuls, ils firent faire autant de recette au tavernier que tous les autres consommateurs réunis.
Tout se passa le mieux du monde, et Tomaho s'en fut dormir avec Sable-Avide dans une hôtellerie.

CHAPITRE XXXV

LA PROCESSION

Le lendemain, dans la ville, grande fête!
Le soleil se levait splendide.
Austin offrait un coup d'œil admirable
Qui n'a point vu une ville d'Espagne, d'Italie ou de l'Amérique méridionale, le jour de la Fête-Dieu, ne peut se faire une idée des magnificences d'une procession catholique en ces pays.
Les rues étaient jonchées de tapis et de fleurs.
Les maisons, enguirlandées, étalaient tout le long des murs les plus précieuses étoffes.
Les reposoirs étincelaient d'or et d'argent.
Pas une âme sous les toits; tout le monde dehors.
Partout une animation et une joie immenses.
Ce jour-là, moines, sœurs, prêtres, confréries, autorités civiles et militaires, population, en costumes de gala, se déroule en files majestueuses derrière le Saint-Sacrement.
Les bannières flottent au vent, l'encens fume, remplissant l'air de ses parfums, les chants, graves et purs, montent au ciel.
Des trésors s'étalent en pleine lumière, dévotement portés.
Ce sont les châsses des saints, les ornements précieux, les chasubles resplendissantes.
Les diamants, les perles, les topazes et les rubis étincellent.
C'est un éblouissement pour le regard.
Et les jeunes filles en blanc, la plupart merveilleusement belles; les femmes en robes magnifiques, étalant le luxe du Midi et la splendeur des types de la race latine; les hommes drapés dans leurs zarapés; tous unissent leurs voix dans une hymne d'un rhythme pompeux et solennel.
L'espace est rempli par les harmonieuses vibrations des cantiques sacrés, les sons argentins des cloches et les détonations du

Sabre au poing, il défendit le nègre.

caron qui salue l'hostie, chaque fois que, sur un reposoir, le prêtre l'offre à l'adoration des fidèles.

Mais ce peuple si ardent dans son fanatisme, si exagéré dans ses manifestations, ce peuple a-t-il la foi ?

Oui, peut-être.

Mais une foi païenne bien peu dans l'esprit de l'Évangile.

Au fond, cette race latine, surtout dans les colonies espagnoles, n'a fait que conserver, vif et à peine déguisé sous des apparences chrétiennes, le culte des Romains et des Grecs.

Les Espagnols sont des artistes qui adorent les beautés de la forme et qui ont tout simplement transformé l'antique mythologie.

Pour ce peuple passionné, dans ses anciennes colonies surtout, la religion se mêle aux ardentes aspirations des sens.

Les femmes adorent dans Jésus, blond et idéalement beau, l'Apollon chrétien, l'homme fait Dieu.

Les hommes voient dans la Vierge la mère admirable, la génératrice divine, la Vénus catholique.

Et l'amour de Dieu n'est dans ces âmes que l'amour charnel se manifestant par les mêmes élans que la passion la plus vibrante.

Les prières au Christ et à Marie sont semblables à des déclarations de tendresse et

29ᵉ Livraison.

frénée d'un amant à une maîtresse, ou d'une maîtresse à un amant.

C'est pour cela peut-être que cette race tient tant à son culte.

Mais c'est aussi pour cela que ces processions scandalisent les étrangers, tant elles paraissent profanes.

Les jeunes filles provoquent les jeunes gens par des œillades langoureuses ; on se presse la main furtivement, pendant qu'à genoux l'on a l'air de s'abîmer dans une extase sainte ; les femmes mariées glissent des billets à ceux pour qui elles trompent leurs maris jaloux ; on se trouve réciproquement si charmant, que l'on s'envoie des baisers à la dérobée.

Il y a comme une ivresse générale dans l'air.

Des intrigues se nouent ce jour-là plus que tout autre.

Austin exultait en quelque sorte, et il y avait dans la foule comme une électricité magnétique.

Tomaho, qui aimait les belles pompes, qui n'avait pas de préjugés contre les religions, qui adorait dans le Dieu des chrétiens le grand Manitou, et qui eût vénéré Mahomet comme un sorcier distingué, Tomaho s'était placé sur le passage de la procession.

Et, comme tout le monde, le bon Cacique s'était agenouillé.

Mais il était sous le coup de l'émotion générale.

Son cœur dansait dans sa large poitrine.

Il voyait tant de charmantes figures, de pieds adorables et de bas de jambes bien tournés !

Il avait dans l'œil toutes ces images radieuses.

Et il se disait, comme toujours :

— Ne trouverai-je donc point de femme ?

Et il y pensait quand le dais passa.

Il s'inclina dévotement pour ne choquer personne.

Mais Tomaho à genoux représentait encore la hauteur d'un homme de belle taille.

Si bien que l'évêque qui portait le saint ciboire crut voir au milieu de la foule un Indien assez audacieux pour se tenir debout.

Et comme cet évêque était par état et par tempérament quelque peu sectaire, par conséquent violent, il s'indigna.

Il dit un mot.

La procession s'arrêta.

Il fit un signe.

Dix hommes armés de la garde du dais, dix hommes autrement solides que ceux de la milice et qui étaient pris parmi les dévoués serviteurs des couvents dont nous avons parlé, dix soldats de l'Église enfin, la baïonnette au fusil, entourèrent l'évêque.

— Vous voyez cet impie ? dit le prélat d'une voix que la colère faisait trembler.

« Il brave ici même, dans nos murs, nos plus saintes croyances.

« Allez le faire agenouiller par force, sinon... »

L'évêque, homme de paix par profession, en avait dit assez pour faire clouer Tomaho au sol par les baïonnettes des sbires de l'évêché, si Tomaho eût été disposé à se laisser faire.

Il y eut un long murmure dans la foule.

Ceux qui étaient loin, croyant, comme l'évêque, Tomaho debout, vociférèrent :

— A genoux !

« A genoux ! »

Et Tomaho, regardant autour de lui et entendant crier, s'étonna.

Il vit les soldats s'approcher et se demanda ce que cela voulait dire ; mais il n'était pas fait pour deviner les énigmes, aussi attendit-il patiemment la fin de l'incident.

Le chef des sbires, cependant, arrivé devant le géant, fut surpris de voir qu'il était à genoux,

Il le contempla avec stupéfaction ; Tomaho n'était pas homme à s'en fâcher, au contraire.

Il était habitué à produire de l'effet.

Toujours poli, et supposant que ce soldat avait quelque chose à lui demander, il lui dit :

— Quand vous m'aurez assez regardé, militaire, je vous prierai de me dire ce que vous me voulez.

Ce à quoi le soldat répondit :

— Excellence (il flanquait de l'*Excellence* au géant parce qu'il pressentait une majesté

Paris — Typ. Collombon et Brûlé, rue de l'Abbaye, 22.

en lui, puis peut-être savait-il que Tomaho avait (un roi). D'ailleurs, fit-il, c'est Monseigneur qui m'envoie vers vous.

« Sa Grandeur vous croyait debout.
— Bon ! dit Tomaho.
Et il sourit.
— Allez dire à l'évêque, fit-il, que l'on m'a raconté la vie du Christ, et que je sais qu'il est fils d'un Dieu.

« Par conséquent, je me mets toujours à genoux quand son signe passe.

« Je respecte les prêtres et tous les sorciers. »

Le soldat salua et revint à son évêque auquel il rapporta presque textuellement les paroles du colosse.

L'évêque était trop avisé pour ne pas tirer parti de toute circonstance en faveur de la sainte Église.

Il renvoya le soldat dire à Tomaho qu'il était invité à se joindre au cortége de Monseigneur.

L'évêque avait parfaitement calculé qu'un Indien ne pouvait manquer d'être flatté d'un tel honneur.

Il ne se trompait pas.

Tomaho fut ravi.

Il pensait avec un naïf orgueil qu'il allait, lui grand chef déchu, se trouver réhabilité en quelque sorte par cette distinction.

Il allait se promener derrière le signe du grand Dieu des chrétiens, avec les plus hauts dignitaires.

Tomaho rayonnait.

Tomaho se leva.

Il fit quelques enjambées énormes par-dessus le peuple agenouillé et vint se placer devant l'évêque, qui lui donna son anneau à baiser.

Tomaho s'acquitta avec grâce de cet acte de dévotion.

On sait sa vénération pour les signes ; il mit ses lèvres respectueusement sur celui de l'évêque.

Ce dernier admira la taille du géant et se félicita de la lumineuse idée qui lui était venue de l'attacher au cortége.

Tout ce qui peut frapper les yeux de la foule est chose que jamais un bon évêque ne neglige.

Tomaho ne pouvait manquer de faire impression à côté des colonels chamarrés de la milice, des diacres, archidiacres et vicaires généraux, chanoines mitrés et pères abbés, grands juges et hauts fonctionnaires, tous couverts d'or et ruisselants de splendeur.

Puis l'évêque avait une arrière-pensée.

Il avait vu déjà Tomaho et se souvenait de la façon dont le colosse avait rossé les Austinois.

Le convertir, se l'attacher, en faire le chef de la milice des couvents et des églises, tel était le plan du rusé Monseigneur.

— Mon fils, dit-il à Tomaho, nous avons admiré ta réponse, qui est celle d'un sage.

« Nous t'estimons beaucoup, te sachant brave et bon, fort comme Samson, et prudent en même temps.

« Ta place est ici, parmi les plus illustres.

« Suis-nous. »

Tomaho s'inclina, mais il fit une observation à la fois juste, profonde et pleine de finesse.

Les étoles, les chapes, les mitres, les chasubles avec leurs broderies rutilantes, lui tiraient l'œil invinciblement ; il se sentait humilié, d'autre part, de paraître sans ornements au milieu de ce cortége chamarré.

— Mon père, dit-il, je te remercie et je suis ton respectueux et reconnaissant serviteur.

« Mais vraiment j'aurais honte et je serais confus de me trouver, vêtu comme je le suis, au milieu de tant d'illustres prêtres du Vacondah des chrétiens, de tant de guerriers et de sages de leur grand conseil.

« Si j'avais mon manteau de guerre en peau de jaguar et mes queues de renard, je serais moins mal à mon aise. »

Et il regardait, ébloui, les ornements qui miroitaient sur le dos des prêtres et des clercs.

L'évêque n'était pas homme à ne pas deviner la folle ambition qui dévorait le cœur de Tomaho.

— Mon fils, lui dit-il, ton désir sera satisfait.

Parmi le clergé se trouvent, on le sait, de nombreux chantres laïques, qui endossent des chapes, espèces de longs et larges burnous dorés.

Rien, dans la liturgie, ne s'opposait à ce que Tomaho fût assimilé à un chantre.

Donc l'évêque fit un appel du doigt à son cérémoniaire magistaire qui accourut et auquel il donna un ordre.

Le cérémoniaire revint bientôt avec la chape la plus ample et la plus belle qu'il trouva sur le dos des chantres.

— Mon fils, à genoux! dit l'évêque.

« Tu es de trop haute taille pour que l'on t'ajuste la chasuble étant debout. »

Le géant s'agenouilla devant Monseigneur sans penser à mal; ce que voyant, le peuple cria ses vivats et applaudit.

Pour la foule, et l'évêque le prévoyait, cette scène était quelque peu miraculeuse et l'on crut à une conversion de cet Indien géant par l'évêque.

C'était en petit, comme importance, en grand, à considérer le catéchumène, quelque chose dans le genre du baptême de Clovis, que l'apôtre des Francs dit à ce roi barbare :

— *Baisse la tête, fier Sicambre.*

« *Adore ce que tu as brûlé.*

« *Brûle ce que tu as adoré.* »

Chaque évêque est ambitieux d'enregistrer dans les actes de sa vie quelque théâtrale conversion de ce genre.

Tomaho se laissa passer la chasuble sur le dos avec une joie immense; il se laissa bénir sans protester, et, pour la foule, il fut évident que l'Indien se faisait chrétien.

Tomaho se releva aux acclamations de tout le peuple.

Enchanté, il crut que c'était sa seule prestance qui arrachait ces cris aux gens d'Austin et il eut un élan de vanité satisfaite.

Cette chape fut certainement, comme le sabre de M. Prudhomme, le plus beau jour de sa vie.

Mais la chape n'allait qu'à la ceinture de Tomaho.

Il avait l'air d'avoir un caraco doré.

N'importe !

Il était radieux.

Mais, complication! voilà qu'un autre Indien, fendant la foule, vint se planter devant l'évêque.

C'était *Sable-Avide*.

Jamais le chef n'était ivre, mais il était gris toujours.

Il avait bu du champagne (l'*eau de feu follet*) à flots, et il avait l'humeur joviale, ce jour-là, en même temps que de la fantaisie dans la cervelle.

Il avait vu ce qui advenait à Tomaho et il venait hardiment s'associer au triomphe de son ami.

— Mon père, fit-il en s'adressant au prélat, donne un beau manteau à mon ami Tomaho; j'en demande un aussi.

« Car je suis comme lui un très-grand chef.

— Ce qu'il dit est vrai! s'écria Tomaho incapable de se sentir jaloux et d'empêcher les autres de profiter d'une bonne aubaine

« Mon ami mérite aussi un manteau d'or et d'argent. »

L'évêque était enchanté.

Deux conversions au lieu d'une.

Il fit donner une chape à Sable-Avide, et celui-ci, de lui-même, fit tout ce qu'avait fait Tomaho.

Il jugea que c'était une cérémonie réglée d'avance.

Donc il se mit à genoux, baisa l'anneau et reçut la bénédiction.

Le peuple délirait d'enthousiasme.

C'étaient des hurrahs sans fin...

Cependant l'évêque indiqua une place dans le cortége pour les deux Indiens et la procession se remit en marche.

Tomaho avait l'air étrange avec son caraco doré.

Sable-Avide paraissait non moins singulier.

La tête pleine de folles idées, de la joie dans le cœur, du salpêtre dans le sang, débordant de champagne, ravi du vêtement qu'on lui avait donné, il ne parvenait pas à se mettre au pas.

Il sautillait, cabriolait, se jetait à genoux avec des manières de clown, et quand on chantait, il se mettait à hurler d'une voix de tonnerre des refrains apaches.

L'évêque entendait bien, il entendait trop; mais il ne se préoccupait pas de cette dissonnance.

Des milliers de voix couvraient celle du sauvage.

Monseigneur laissa donc aller les choses.

Cependant les intrigues allaient leur train.

Un train d'enfer, on peut le dire, sous tous les rapports.

Nunez avait un habit superbe, sa plus belle prestance, un air de matamore qui va tout pourfendre.

Il lorgna les nonnes.

L'une d'elles, grande fille sèche, laide, qui jamais n'avait eu le bonheur de nouer une amourette, sourit à tout hasard à ce grand sacripant; elle avait peu d'espoir de lui plaire..

Mais Nunez voulait réussir à coup sûr.

Il jugea que cette longue fille desséchée brûlait de tous les feux du désir inassouvi.

« C'est mon affaire, pensa-t-il; je pourrais trouver mieux, mais moins vite : avec celle-là, j'emporte le succès sur-le-champ. »

Il avait — homme d'habitude et de précaution — rédigé un billet doux où il donnait son adresse.

S'approcher, dans l'embarras d'un coude de rue, de la sœur, se maintenir à sa hauteur, attendre le moment d'une élévation de l'hostie, à genoux près d'elle, lui donner le billet, en recevoir un serrement de main, fut l'affaire de quelques minutes.

La première corvée était terminée.

Nunez, sûr d'être appelé le soir même ou le lendemain, s'en fut tranquillement à d'autres amours plus gaies, et il séduisit une jolie femme fort riche, point capital pour ce sacripant.

Aimer, pour lui, était une affaire; seulement, quand la femme était laide, l'affaire avait son côté désagréable; mais il en passait par là.

D'autre part, la jolie sœur Nativité regardait dans la foule, ici et là, si elle trouverait un joli garçon à son goût.

Mais, chose que comprendront ceux qui connaissent bien les très-jolies femmes, Nativité, sûre de pouvoir aimer quand elle le voudrait, redevenait coquette, difficile et ne montrait peu empressée.

Plus d'une main gantée de caballero essaya de trouver la sienne dans les hasards de la procession.

Plus de vingt billets doux furent glissés sous son voile.

Elle ne répondit à aucune tentative des galants.

Ces belles filles sont ainsi faites, et ainsi s'explique le succès de ceux qui semblent les dédaigner.

Habituées à triompher de tous, elles s'irritent de ne produire aucune impression sur un homme assez habile pour ne pas paraître les remarquer.

C'est ainsi que Nativité aperçut un jeune homme, vêtu à l'européenne, celui-là même que nous avons vu déjà sous la terrasse sur laquelle la reine des Apaches, pendant la nuit du bal, causait avec le Trappeur de sa passion pour le comte de Lincourt; celui-là même qui ressemblait à l'Aigle-Bleu.

Il était là, debout, fier, distingué, élégant, admirablement beau.

Il attendait.

Nativité le vit, l'admira et se dit que, comme sœur Conception, elle avait plus de goût qu'elle ne le supposait pour les hommes de haute taille.

Mais celui-là était svelte et si admirablement fait, que rien en lui ne donnait une idée de masse.

Tout au contraire.

Il était, comme l'Aigle-Bleu, un type d'Apollon.

Nativité remarqua surtout l'éclat de ses yeux, leur expression de douceur infinie par instants et de mâle orgueil dans d'autres moments, quand, par exemple, quelqu'un venait à le coudoyer.

On s'écartait de lui sur un de ces regards.

Nativité éprouva comme un choc, et elle ne put s'empêcher de désirer être vue.

Elle fit, en fille adroite, ce qu'il fallait pour cela.

Mais le bel étranger ne prit point garde à son jeu.

Alors Nativité remarqua que le gentleman manœuvrait pour se rapprocher de mademoiselle d'Éragny, et celle-ci échangeait avec lui des sourires.

Enfin, mordue au cœur par le dépit et la jalousie, Nativité se sentit éprise et dut se l'avouer, quand elle fut certaine que le jeune homme remettait une lettre à mademoiselle d'Éragny.

Nativité devint blanche comme son voile. Nativité aimait.

C'était un de ces coups de foudre de la passion qui frappent à l'improviste et ouvrent un cœur à l'amour.

Le gentleman enveloppa mademoiselle d'Éragny d'un long regard, puis il fendit la foule et disparut.

Nativité oublia, depuis ce moment, ses équipées de coquetterie ; elle jeta tous les billets doux glissés sous son voile et qu'elle avait collectionnés ; elle devint rêveuse et sombre.

Mais un incident la tira de sa rêverie.

Sœur Conception, à un certain moment d'encombrement, parvint jusqu'à son amie, et toute émue, lui dit :

— Ma bonne chérie, il est ici.

« Regarde ! »

Elle lui montrait Tomaho.

Puis, rapidement :

— Oh ! il saura que je l'aime.

« À tout prix, je veux qu'il le sache ! »

Malgré le ridicule du caraco doré, Conception trouvait toujours le géant à son goût.

Son goût est un mot bien faible pour peindre la folie de cette bonne personne.

Ce fut au tour de Nativité à soupirer.

Une reprise de marche de la procession sépara les deux amies.

Tout a une fin, même une procession interminable.

On arriva à l'église principale d'où l'on était parti.

Là, il y eut vêpres en musique et sermon de l'évêque.

Dans le chœur, on plaça le cortège : dans le cortège se trouvaient Tomaho et Sable-Avide, qui furent mis en évidence.

Les vêpres commencèrent.

Sable-Avide se sentait des démangeaisons de marcher, de se promener, de sortir de l'église.

Il voulait se montrer encore par la ville avec son costume.

On sait que si le champagne délie la langue, il donne des fourmillements dans les mollets.

On chanta le premier psaume, et Sable-Avide se tint à peu près tranquille ; mais après chaque psaume la musique de la milice jouait un air.

Quand elle entama un motif après le premier psaume terminé, Sable-Avide n'y tint plus.

Mille raisons, du reste, rendaient presque inévitable l'acte insensé qu'il allait commettre.

Comme tout bon sauvage Sable-Avide ne trouvait pas une grande cérémonie complète sans des danses de caractère à l'indienne.

Tous les sauvages dansent dans les cérémonies.

La danse est l'irrésistible besoin de leur nature.

La danse traduit leurs sentiments et leurs pensées.

La danse est traditionnelle dans leurs tribus.

Sable-Avide se leva et crut remplir un austère devoir de politesse envers les *signes* sacrés et les hauts personnages qui l'avaient accueilli d'une façon si distinguée.

Il se mit à entamer le pas du grand Manitou...

Tableau !

La musique cessa de jouer, les fidèles levèrent le nez en l'air, il y eut murmures, chuchotements, stupéfaction, scandale inouï.

Le cérémoniaire magistaire voulut forcer Sable-Avide à revenir s'asseoir sur sa stalle.

Mais Sable-Avide en était arrivé aux grandes figures chorégraphiques.

Il avait brandi son tomahawk et il l'agitait.

Le cérémoniaire magistaire crut à une menace et recula.

On voit le tableau.

L'évêque était navré.

Tomaho comprit que son ami faisait un impair.

Mieux que Sable-Avide, il connaissait les mœurs des blancs.

Il savait que si l'on chantait à l'église, l'on n'y dansait pas.

Il jugeait seulement que, vu la circonstance, Sable-Avide étant Apache, il avait bien le droit de manifester sa reconnaissance pour l'évêque et son respect pour les signes en exécutant le pas du grand Manitou : c'était d'une politesse sauvage, il est vrai, mais exquise et raffinée.

Tomaho voulut faire cesser un malentendu déplorable.

Il se leva.

L'évêque frémit.

Mais le géant, d'une voix forte, dit au peuple stupéfait :

— Visages-Pâles[1], vous vous étonnez, je le vois, de ce que mon ami danse.

« Sachez que c'est la manière d'un véritable Indien pour honorer ses hôtes dans les grandes fêtes de religion, de guerre ou de paix.

« Si Sable-Avide ne dansait pas, il croirait vous offenser.

« Moi qui suis un Indien, mais aussi un trappeur, je ne danse pas, parce que je sais vos usages.

« Cependant, si, après ce que je vous ai dit, vous jugez que ce sera un hommage rendu à votre Dieu, j'exécuterai, moi aussi, le pas du grand Manitou avec plaisir.

« Chacun a sa manière de montrer son sentiment.

« Sable-Avide exprime la sienne très-décemment et très-convenablement.

« J'ajoute même que je m'étonne que les Visages-Pâles ne dansent pas devant les signes sacrés.

« Dieu leur a donné la langue, et la langue chante la louange de Dieu.

« Dieu leur a donné les mains, et les mains se joignent pour prier Dieu.

« Serait-ce donc le diable qui leur aurait donné les jambes, qué les jambes ne dansent pas en l'honneur de Dieu !

1. Textuel. Recueilli dans l'église même par M. Ferragut. Nous avons même le texte en espagnol avec les quelques expressions indiennes que les Mexicains ont fait entrer dans la langue de la mère-patrie.

« Pour nous, Indiens, nous tenons nos pieds du grand Manitou et nous le reconnaissons par un pas qui lui est consacré.

« Soit dit pour la paix et pour empêcher de mauvaises interprétations.

« Et l'on peut en croire Tomaho, grand cacique des Araucaniens, renversé par le Renard-Subtil, Orélie de Touneins ; Tomaho, dont vos *feuilles qui parlent* (journaux) ont raconté l'histoire et qui n'a jamais menti.

« Ma langue n'est pas fourchue, et mon cœur est un cristal. »

Tomaho se rassit.

Le peuple était retourné comme on retourne un gant.

Gentlemen, caballeros, hommes, femmes, vieux et jeunes, prêtres et laïques, tous admiraient le bon géant, l'approuvaient et comprenaient Sable-Avide.

Tout s'éclairait, s'illuminait.

Plus de ténèbres !

L'évêque se disait que Tomaho n'était pas seulement un homme grand, mais un grand homme.

N'était l'auguste majesté du lieu, on eût porté Tomaho en triomphe.

Toutefois Sable-Avide, épuisé par ses contorsions, avait regagné sa stalle, tout en sueur ; il avait mêlé un cancan si effréné au pas du grand Manitou, qu'il était exténué.

L'évêque était un homme trop fin pour ne pas deviner que, quoique Tomaho eût dit vrai, Sable-Avide n'en était pas moins absolument gris.

Il fit donner, par le cérémoniaire magistraire, l'ordre de suspendre les vêpres, et il parut en chaire.

Là il fit un sermon habile et fait pour impressionner.

Il parla du miracle des deux conversions, dont lui, évêque d'Austin, avait été l'humble instrument.

Il cita David dansant devant l'arche, et il disserta sur les danses sacrées.

Bref, il fit flèche de tout bois, et ce qui eût été un scandale devint l'émouvante dévotion d'un sauvage, homme simple, pris d'enthousiasme pour les splendeurs du culte catholique.

Et mille autres déclamations du meilleur style.

Sur quoi, reprise des vêpres, expédiées, du reste, très-vite.

Suppression de la musique, dans la crainte que Sable-Avide ne recommençât à gambader, et quête...

La recette fut énorme.

Les cœurs étaient fortement remués.

Les vêpres finies, on passa dans la sacristie.

Là l'évêque adressa d'affectueuses paroles aux deux sauvages, et il rentra dans son palais épiscopal se promettant de dépêcher un émissaire à Tomaho qu'il voulait s'attacher.

Quant à Sable-Avide, il le jugeait une brute et un ivrogne.

Il se serait bien gardé de lui faire la même proposition.

L'évêque espérait faire de Tomaho le suisse de son église et le chef de ses sbires.

On verra quelle suite fut donnée à cette affaire.

Mais il y eut un incident final.

Tomaho et Sable-Avide virent arriver le cérémoniaire magistaire qui leur réclama les chapes.

Le colosse fronça le sourcil.

— L'évêque, dit-il, nous a donné ces manteaux.

« Nous, Indiens, quand nous recevons et honorons des hôtes, nous leur faisons don de nos plus belles fourrures.

« Nous ne les reprenons pas.

« Nous garderons les chapes, et tu me parais, toi, un homme très-mal avisé et qui se mêle désagréablement de toutes choses.

« C'est déjà toi qui as eu l'air de te mettre en colère, parce que Sable-Avide dansait.

« Tu es venu, pendant la cérémonie, me dire à chaque instant : « Fais ceci, fais cela ! » comme si moi, Tomaho, j'étais un imbécile et un homme mal élevé, incapable de se conduire.

« Maintenant tu viens encore mettre ton *ez dans ma main pleine de grains* (expression araucanienne); l'évêque, j'en suis sûr, ne t'a rien commandé.

« Va-t'en. »

Et comme le cérémoniaire magistaire insistait, Tomaho l'empoigna d'une main ; de l'autre main il empoigna un saint.

Il descendit le saint d'une niche située à une hauteur de plus de quatre mètres, et il assit le cérémoniaire à la place du saint.

Puis, ôtant sa chape, il la roula dans un surplis qui était accroché à une patère, et Sable-Avide en fit autant.

Tous deux, malgré les cris du cérémoniaire magistaire et l'ébahissement du clergé, s'en allèrent tranquillement, fort indignés qu'on eût voulu leur reprendre les chapes.

Tomaho tenait à son caraco doré.

— Je redeviendrai grand cacique; dit-il à Sable-Avide.

« Et le jour où je serai reconnu de nouveau grand chef d'Araucanie, je mettrai le manteau de l'évêque.

« Il me va très-bien ! »

Bon Tomaho !

Le caraco lui allait juste à la naissance des reins !

CHAPITRE XXXVI

ENTREVUE.

Le soir de ce jour, une pirogue accostait la rive droite du Rio-Colorado, non loin d'Austin.

Un homme sortait de la nacelle d'écorce et poussait trois fois le cri de la chouette.

A cet appel, un autre homme parut.

C'était la Couleuvre, armé et venant à un rendez-vous de John Huggs.

— Eh bien ? demanda le capitaine impatient.

« L'affaire est-elle en bonne voie ?

— Tout va bien ! dit la Couleuvre

« Nous avons des intelligences dans la place et nous enlevons demain ou après.

— Je vous attends ici, à cette place, chaque nuit, dit Huggs.

— Vous n'attendrez pas longtemps.

Les deux hommes causèrent pendant cinq minutes encore, convinrent de tous les détails

Mendès-Nunez avait été reçu par la sœur dont il était adoré.

du rapt à accomplir, et Huggs termina joyeusement la conférence en disant :

— Senor Juan, c'est affaire à vous.

« La fille est à nous. »

Il trouvait admirable le plan de la Couleuvre, et, à vrai dire, il l'était.

CHAPITRE XXXVII

LA LAGUNE DE LA MORT

Cette même nuit, deux heures avant le jour, un homme qu'à son costume et à ses allures on pouvait reconnaître pour un pirate de la savane, s'avançait à travers la prairie, suivi d'un nègre.

Ces deux hommes allaient silencieux.

Les ténèbres étaient épaisses, le vent soufflait avec rage.

A quelques mille pas, on entendait comme le clapotement de l'eau.

Le pirate s'arrêta :

— Nous sommes, dit-il, à peu de distance de la *lagune de la mort;* j'entends le bruit du flot.

Il hésitait.

C'est qu'aussi cette lagune justifiait son nom sinistre.

Seule nappe d'eau à vingt lieues à la ronde, elle était le refuge de monstrueux caïmans.

Chaque nuit tous les fauves de la savane

environnante y venaient boire et guetter leurs proies : buffles, antilopes ou autres fauves comme elles.

D'ours à jaguars, de caïmans à serpents, c'étaient des luttes terribles, acharnées.

Les vautours planaient sans cesse sur ce petit lac, extrêmement dangereux pour le voyageur.

Les rapaces de l'air disputaient les cadavres aux bêtes féroces, dès que le jour paraissait.

Et le repas de la nuit se prolongeant après l'aurore, le soleil éclairait des scènes affreuses de carnage.

Le pirate écouta, regarda le ciel et dit au nègre :

— Attendons !

Le nègre ne répondit rien.

Il tremblait, mais il semblait animé d'une résolution froide, d'une volonté inébranlable.

Le pirate lui demanda :

— Es-tu sûr, David, que le *Sauveur* a bien dit : la *lagune de la mort* ?

— C'est folie de redemander toujours la même chose ! dit le nègre.

« J'ignore qui vous êtes, mais je sais que vous connaissez le *Maître*.

« Vous savez s'il faut écouter quand il parle.

« Il s'agit bien de la lagune et je n'en suis que trop sûr.

— Pourquoi ne lui as-tu pas fait observer que nous courions à un péril certain ?

— A quoi bon ?

« Ne le sait-il pas ?

« Ce qu'il veut, il faut le faire ou mourir.

« Ne me parlez plus. »

Le pirate paraissait convaincu de cette vérité.

En ce moment, un concert effrayant de cris épouvantables retentit et répandit la terreur au loin dans les ténèbres.

Les deux hommes se regardèrent.

— Il faut attendre ! dit le nègre.

— Et, fit l'autre, demain, au jour, il faudra se trouver près du chêne brisé, à cent pas de l'eau.

« Et nous verrons, par centaines, des jaguars dévorant leurs proies, tuées dans le combat qui se livre.

« Et je crois que nous y passerons, David.

— J'aime mieux risquer de vivre en obéissant que mourir en refusant d'exécuter des ordres.

Les deux hommes, pendant une heure et demie, assis sur le sol, l'œil vers la lagune, sans mot dire, écoutèrent les bruits de lutte qui s'élevaient des bords de la lagune.

Ce fut une longue angoisse.

Enfin le soleil parut, presque subitement, comme toujours dans ces régions où il y a peu d'aurore.

Les hurlements retentissaient plus furieux encore.

Sur les cadavres, les jaguars se livraient entre eux à une bataille acharnée, chacun repoussant l'autre de la gueule et de la griffe.

— Debout, dit le nègre résolûment, mais avec des frissons qui ridaient son corps et l'agitaient.

Le pirate, pâle, chancelant, apprêta ses armes.

— Prends un pistolet ! dit-il au nègre.

— Non ! dit celui-ci.

« C'est inutile.

« Si le maître ne veut pas ma mort, je ne mourrai pas.

« Depuis dix ans, je le sens, j'ai foi en lui.

« Mon cœur tremble, mais ma tête me dit de dominer mon cœur.

« En avant !

— Moi aussi, j'ai confiance ! dit le pirate.

Et ils marchèrent rapidement vers la lagune.

Ayant gravi une petite colline, ils aperçurent le chêne brisé ; mais ils demeurèrent tous deux cloués sur le sol.

Près du chêne, à deux cents pas d'eux, il y avait une lutte effrayante entre des ours gris et une bande de jaguars.

Des caïmans, sortant de l'eau leurs têtes hideuses, épiaient le moment favorable pour s'élancer.

Le chêne était à trente pas du cadavre d'un ours, sur le corps duquel avait lieu le combat.

Des condors planaient au-dessus de cette scène.

Un instant le nègre sembla perdre contenance.

Il avait au front la sueur froide de la peur.

Mais il ferma les yeux, murmura quelques mots inintelligibles et s'avança délibérément.

Puis se retournant :

— Malheur à vous, dit-il, si vous ne venez pas !

Et tel était le prestige exercé par le Maître, que le pirate se remit en marche le fusil au poing.

A coup sûr le Christ, ordonnant à Pierre de marcher sur les flots, ne lui demandait pas plus de foi qu'il n'en fallut à ces deux hommes pour obéir aussi aveuglément.

Cependant le nègre, probablement parce qu'il défaillait, se mit à courir pour profiter du reste de volonté qui lui restait.

Des jaguars l'aperçurent et se retournèrent sur lui, menaçants.

Le pirate passa un instant sa main sur son front et murmura une phrase mystérieuse :

— Je le dois !

« C'est écrit de mon sang.

« Ma vie est à lui. »

Et il coucha en joue un jaguar, tira, et le revolver au poing, se jeta en avant.

Il déchargea son arme et, sabre au poing, défendit le nègre que la terreur avait abattu sur le sol, à bout de forces et de volonté.

Les jaguars, étonnés par les détonations, avaient reculé, mais ils revenaient furieux et enragés.

Derrière eux, les ours....

Les deux hommes allaient mourir.

Soudain une centaine de coups de feu éclatèrent.

Les fauves s'enfuirent devant une troupe d'Apaches débouchant de derrière la colline.

L'Aigle Bleu était à leur tête.

Il descendit de cheval, sourit aux deux hommes qu'il venait de sauver et leur dit en leur tendant la main :

— Frères, l'heure est venue.

« Vous êtes sortis victorieux de la suprême épreuve. »

Puis embrassant David :

— Toi, ce soir même, tu seras à la tête de trois cents nègres et tu iras apprendre la guerre, en vue de l'avenir prochain, dans les États-Unis, à l'armée du Nord.

Puis, embrassant aussi le pirate, il lui dit :

— Vous avez conquis la réhabilitation, don Eusebio.

« Vous êtes, dès ce jour, mon bras droit et mon ami.

« Je vous donnerai pour armée tous les pirates de la savane et vous utiliserez à notre œuvre de salut cette armée de bandits, force redoutable perdue pour les grandes causes. »

Les deux hommes eurent un mouvement de joie qui les transfigura.

— A cheval ! leur dit l'Aigle-Bleu.

Et ils montèrent sur des mustangs de pure race qu'on leur procura.

La troupe disparut au loin.

Si Tête-de-Bison avait vu cette scène, un pareil langage et des manières aussi singulières pour un Apache l'eussent bien étonné de la part de l'Aigle-Bleu.

CHAPITRE XXXVIII

LE MARCHÉ.

Le surlendemain, la Couleuvre et Mendès-Nunez se trouvaient de nouveau attablés, en face d'un excellent déjeuner, à la taverne où déjà ils s'étaient rencontrés devant un dîner remarquable par le choix des mets et qu'avait rendu mémorable l'incident dramatique que nous avons raconté.

Autour d'eux, plusieurs tables vides.

Personne ne se souciait de gêner la Couleuvre par un voisinage indiscret.

On se souvenait de la prétendue apoplexie qui avait si étrangement frappé l'Anversois.

Les deux amis causèrent au dessert en fumant et en dégustant le champagne frappé.

— Donc, cher Nunez, cette nonne est très-amoureuse?

— Une braise !

— Allumée ?

— Soufflée par le désir comme par un soufflet de forge.

« A peine la procession était-elle rentrée que je fus mandé au couvent pour le soir même.

— Et ?...

— Et je m'y rendis.

— Nunez, je vous plains.

« Votre nonne n'est pas jolie?

— Non, par tous les diables, non ; mais c'est une fille étonnante.

— Parce que ?...

— Mon cher, la passion arrivée à ce paroxysme vous poétise singulièrement les femmes laides.

— Cela les transfigure-t-elles ?

— Jusqu'à un certain point.

« De ma vie, je n'ai été aimé comme je le suis.

« Cette fille a une sorte d'adoration frénétique.

« Elle trouve des flatteries charmantes ; elle est de plus vraiment dévouée et gracieuse.

— ... Et puis ?... fit la Couleuvre qui connaissait son homme.

— Et puis ... voyez donc... comme elle est généreuse !

Mendès-Nunez tira de sa bourse une broche en diamants.

— Elle m'a donné ce bijou ! dit-il; elle l'a fait avec une grâce incomparable.

— Voilà la vraie poésie de cette fille ! dit Juan qui se mit à rire.

Puis il reprit :

— Depuis deux jours, vous devez connaître un peu les êtres, mœurs et façon du nouveau

« Par où entrez-vous ?

— Par un souterrain.

— Ah ! vous passez par le souterrain; c'est parfait.

« Mais, dites-moi, ce passage est-il fréquenté ? »

Nunez se prit à rire.

— Cher, dit-il, c'est une grande route entre le monde et le couvent.

» Ce qu'il y passe de gens est vraiment inouï.

« Il y trois cents sœurs, nonnes, converses, etc.

« Bref, trois cents jupes !

— Donc, trois cents amants !

— S'il n'y avait que cela !

— Je vous comprends.

« Mais n'exagérons pas ; y a-t-il vraiment beaucoup d'allées et venues dans le souterrain ?

— Beaucoup.

— On s'y rencontre?

— Parbleu !

— Diable ! fit la Couleuvre.

— Cela vous contrarie donc ? demanda Nunez.

— Un peu.

« J'espère au moins que l'on n'y voit pas clair.

— C'est un four.

— A la bonne heure!

« Dites-moi, Nunez vous auriez à enlever quelqu'un de ce couvent, comment vous y prendriez-vous ?

— Je ne veux pas enlever de nonne, moi, mon cher.

« C'est une chose que jamais je ne ferais.

— *Jamais* est un mot qu'il ne faut pas plus employer à la légère que *toujours*.

« Nunez, vous vous aventurez beaucoup, mon cher.

« Mais supposons qu'au lieu d'une nonne, il s'agisse du rapt de mademoiselle d'Éragny.

« C'est bien moins grave.

« Le clergé ne s'ameutera pas pour une pensionnaire.

« On dira que c'est la faute de la jeune fille ;

« Qu'elle voulait se faire enlever par un galant.

— Au point de vue des prêtres, vous avez raison.

« Il n'y a rien ou peu de chose à craindre.

« Mais le père ?...

— Nunez, mon fils, vous seriez masqué.

« Je ne vois pas qui aurait intérêt à dire votre nom au colonel d'Éragny.

« Ce n'est pas moi.

— Vous parlez très-gentiment, cher ami.

« Est-ce que cet enlèvement serait bien payé ?

— Très-bien.

— Le chiffre ?

— Fixez-le.

— Vous plaisantez !

— Pas du tout !

Nunez calcula, supputa, réfléchit beaucoup.

La Couleuvre souriait.

— Je parie, dit-il, que vous en êtes arrivé à penser que le chiffre énorme de cinq cents pistoles ne ferait pas trop crier.

— Juste !

« Vous êtes miraculeux pour lire dans l'âme des gens.

— Va donc pour mille ! fit Juan généreusement.

— Mille ! s'écria Nunez.

« Vous avez dit mille !

— Chut ! fit la Couleuvre,

« Voilà que vous parlez trop haut. »

Puis, pour donner le change à ceux qui auraient entendu l'exclamation de Nunez, Juan dit :

— Oui, je prétends qu'avec mille hommes le flibustier Walker ou tout autre aurait réussi.

(On parlait alors beaucoup de tentatives de flibustiers.)

Cette fausse voie donnée aux écouteurs, la Couleuvre reprit :

— Contez-moi donc maintenant comment vous vous y prendrez.

— Mais c'est donc marché fait ? demanda Nunez joyeux.

— Marché conclu !

— Eh ! dit Nunez, c'est bien simple, en somme.

« Je me rends au couvent.

— Quand ?

— Ce soir.

— A la bonne heure !

« Vous êtes de ces hommes expéditifs comme je les aime.

« Et... après ?

— Je trouverai le moyen de verser une drogue à ma maîtresse, qui dormira.

— Bon !

« Jusqu'ici tout va bien.

— J'irai jusqu'à la cellule de mademoiselle d'Éragny et je la garrotterai ; je la bâillonnerai et je l'emporterai par le souterrain.

— Et cette espèce de portier de la maison où aboutit la sortie dudit souterrain ?

— Cet homme est seul.

« On ne met pas d'autre que lui dans la confidence.

« Je le garrotterai lui aussi et je l'attacherai.

— Nunez, il faudrait commencer par là.

— Vous avez peut-être raison.

— Le portier garrotté, vous comprenez que tout va comme un wagon sur ses rails.

« Nous introduisons plusieurs de mes compagnons.

« Des hommes solides, dévoués, qui me craignent...

« Ils se tairont.

« Du reste, masqués, vous ne les connaîtrez pas.

« Ils ne vous connaîtront point.

« S'il survenait une complication vous auriez là des bras solides, dévoués, et d'excellents cœurs.

« Ils vous donneront un fort coup de main.

— Mon cher, vous pensez à tout.

— Même à donner des arrhes.

Et il tendit sa bourse à Mendès-Nunez.

Celui-ci la mit en poche sans compter.

Il n'aurait pas voulu faire injure à son généreux compagnon.

Une heure plus tard, tout était convenu, précisé, arrêté.

Cette nuit, mademoiselle d'Éragny allait être enlevée.

CHAPITRE XXXIX

LE RAPT

Il était deux heures du matin.

Tout dormait ou semblait dormir au couvent.

Le personnel qui veillait était trop occupé pour ne pas se désintéresser de ce qui pouvait se passer dans les cellules ou dans les couloirs.

．．．．．．．．．．．．．．．．．．

Mademoiselle d'Éragny rêvait.

Tout à coup elle fut arrachée à ses songes par une main brutale qui lui nouait sur les lèvres un mouchoir épais.

L'obscurité était complète.

Blanche ne vit pas l'agresseur.

Celui-ci jeta rapidement sur elle un vêtement de nonne qu'il avait apporté.

Un homme chargea la jeune fille sur son épaule.

Plusieurs autres suivaient le ravisseur.

On descendit dans la chapelle.

Le tombeau ouvert allait livrer passage.

Tout à coup une sœur apparut.

C'était Conception.

Elle n'eut pas le temps de jeter un cri.

Elle fut garrottée, bâillonnée, abandonnée sur les dalles.

Vingt minutes après, mademoiselle d'Éragny était emportée loin d'Austin par des cavaliers.

Mendès-Nunez avait été reçu à la porte de la maison du gardien de l'entrée du souterrain par la sœur dont il était adoré.

Derrière lui suivaient ses acolytes masqués.

Leur besogne n'avait pas été difficile : se glissant derrière leur chef, ils avaient pu saisir le portier du souterrain, pendant que Nunez se hâtait d'entraîner sa maîtresse dans le passage, en sorte qu'elle ne vit rien et ne pût mettre obstacle à l'exécution du complot.

．．．．．．．．．．．．．．．．．．

La Couleuvre avait tenu parole.

CHAPITRE XL

LE FEU

Nous avons à raconter un de ces drames où les événements se déroulent multiples et simultanés.

Nous sommes donc obligés d'interrompre le cours du récit d'un incident pour courir à un autre.

La caravane est en marche depuis plusieurs jours.

Jusqu'alors peu d'incidents.

Mais l'heure du péril est venue.

Il est midi.

Le soleil prodigue des flots de lumière aveuglante.

Une chaleur intense dilate et raréfie l'air de la prairie.

Sur les fonds sombres, de clairs scintillements fatiguent le regard.

L'atmosphère surchauffée laisse dégager des gaz légers qui montent en vibrations rutilantes.

Un calme lourd et profond règne sous le ciel d'un bleu d'acier.

Plus d'écho ! le silence est intense.

La crécelle du grillon ne rend aucun son, et les cymbales de la cigale ne vibrent plus.

La caravane commandée par le colonel d'Éragny est en marche. Les deux cents hommes qui la composent s'avancent en bon ordre dans la prairie.

Ils encouragent de la voix et du fouet les bêtes de traits attelées aux wagons.

Le convoi suit en droite ligne la direction indiquée par Grandmoreau.

Le colonel d'Éragny, à cheval, précède la colonne.

Il forme avec quelques émigrants une sorte d'avant-garde.

Il a revêtu le costume simple et rustique du chasseur de prairie.

Mais cette blouse de chasse ne dissimule pas l'élégance native et la tournure militaire de celui qui la porte.

Les compagnons de M. d'Éragny portent, sauf des modifications de détail, le même costume que leur chef. Mais aucun d'eux ne vise à l'élégance, et aucune recherche n'a présidé au choix de leur accoutrement.

Ce sont de solides gaillards, à en juger par leur mine.

Ils ont l'air martial et les allures déterminées.

Avec deux cents hommes de cette trempe, on pourrait résister à une armée de Peaux-Rouges.

Le colonel, sous l'inspiration du comte de Lincourt, a soigné tout particulièrement l'armement de sa troupe.

Tous ceux qui font partie de l'expédition portent des carabines doubles se chargeant par la culasse et ayant une portée moyenne de mille mètres.

Et par un surcroît de précautions, la confection de ces carabines avait été perfectionnée de telle sorte qu'à défaut de cartouches on pouvait les charger comme un fusil ordinaire (système Snyders).

Ces armes avaient été fabriquées chez un des meilleurs arquebusiers de Londres.

Le wagon-arsenal renfermait cent vingt carabines de rechange.

On le voit, l'armement avait été l'objet de soins tout particuliers.

En outre, les munitions de guerre abondaient.

Deux chariots en étaient remplis.

Ces chariots, revêtus d'un blindage en forte tôle, défiaient tout accident ou explosion. Ils fermaient hermétiquement, et le colonel faisait lui-même chaque jour les distributions de cartouches.

Pendant que le convoi avançait dans la prairie, suivant la direction indiquée par Grandmoreau, M. de Lincourt et ses chasseurs battaient l'estrade aux environs ; ce service d'éclaireurs était devenu indispensable dans la contrée accidentée que l'on traversait depuis la veille.

Les Peaux-Rouges pouvaient profiter de cette configuration d'un sol tourmenté pour dresser quelque dangereuse embuscade.

Les guerriers de la reine blanche auraient eu à faire, il est vrai, à forte partie, car les hommes du colonel paraissaient être des gens déterminés, et les compagnons de M. de Lincourt n'étaient pas de ceux qui se laissent surprendre facilement.

Mais, depuis deux jours, Grandmoreau manifestait des inquiétudes.

Le Trappeur avait découvert de nombreuses pistes d'Indiens.

— Forçons la marche, avait-il dit.

« Il faut nous hâter de franchir les défilés de la *Rose-des-Vents*, pour nous établir sur un plateau que je désignerai, et qui est le dernier de cette chaîne de collines.

« Une fois là, nous défierons toute surprise et nous repousserons facilement une attaque. »

Cependant le convoi avançait péniblement.

La chaleur devenait accablante, et on marchait depuis l'aube.

Il y avait longtemps que l'heure de la halte était sonnée.

Mais l'éclaireur chargé de trouver un lieu de bivac ne revenait pas.

Les gens placés en tête du convoi virent un homme à cheval se diriger au galop vers eux.

Ils ne tardèrent pas à reconnaître un des leurs.

C'était le chasseur Sans-Nez qui venait indiquer le lieu de campement, où M. de Lincourt, avec des éclaireurs, avait précédé son monde.

Envoyé par le comte, Sans-Nez devait guider la caravane et presser son arrivée à l'endroit désigné.

Le guide et tout le convoi s'engagèrent bientôt dans un défilé entaillé dans le flanc d'une colline aux pentes inaccessibles.

Le fond de cette gorge était peuplé d'une vigoureuse végétation.

L'herbe était haute et drue, et les bêtes de somme n'avançaient qu'à grand'peine au milieu d'un fouillis de plantes aux longues tiges, souples et résistantes comme des cordelettes.

Après dix minutes de marche pénible, la caravane déboucha dans une vallée du plus singulier aspect.

Le fond de cette vallée en entonnoir est une plaine unie et ronde d'une lieue de diamètre.

La montagne circulaire qui contourne cette plaine de toutes parts ne donne accès que par quelques défilés, ou *portes* en langue indienne.

Impossible de pénétrer autrement que par ces gorges.

Les pentes extérieures de cette montagne, qui, comme tant d'autres en ce pays, se développe en un cercle presque parfait, ces pentes. disons-nous, sont inaccessibles.

Était-ce un ancien cratère de volcan ?

Était-ce le lit d'un ancien lac desséché, dont les eaux se seraient ouvert des issues ?

Toujours est-il qu'il était, de l'extérieur, impossible d'atteindre aux crêtes.

Rien ne saurait donner idée du bouleversement, du chaos offert aux regards par les abîmes que se creusent au flanc de rampes absolument impraticables.

Pour atteindre les sommets, il fallait donc entrer dans la vallée par les défilés.

Les contreforts intérieurs permettaient l'escalade.

Les chasseurs et les trappeurs de la prairie ont donné à cette vallée un nom caractéristique.

Ils l'appellent « le camp de la Rose-des-Vents. »

Ce nom trouve son explication dans la disposition naturelle du lieu.

Huit larges échancrures entaillées dans la montagne circulaire donnent accès dans la vallée.

Quatre de ces ouvertures sont placées exactement aux points cardinaux, et les quatre autres correspondent presque régulièrement aux points intermédiaires, c'est-à-dire au nord-ouest, au nord-est, au sud-ouest et au sud-est.

Par suite de cette configuration naturelle du terrain, il règne constamment dans la vallée des courants atmosphériques périodiques et invariables, de quelque côté que souffle le vent.

Les effets produits par les masses d'air déplacées sont les mêmes en toute saison.

Le savant voyageur Humboldt a expliqué les causes de la régularité du phénomène.

Chaque matin, deux heures après le lever du soleil, il se forme dans chaque défilé des courants qui vont, tourbillonnant, s'entrechoquer au milieu même du vaste entonnoir, pour s'élever ensuite en colonne immense vers les régions hautes et froides.

C'est l'air déjà chauffé de la prairie qui trouve une issue conductrice, débouche avec violence dans la vallée circulaire et y forme autant de courants de chaleur qu'il existe d'ouvertures dans la montagne.

Pendant l'après-midi, le même phénomène a lieu, mais en sens contraire.

Un seul endroit du vaste entonnoir est toujours à l'abri de ces perturbations atmosphériques. C'est un plateau situé le long du versant nord, et complétement abrité par de hautes parois de rochers formant jetée.

La caravane pouvait facilement atteindre cet emplacement très-convenable pour camper : la pente intérieure venait mourir à rien au milieu même de la vallée.

En cet endroit, le convoi se trouvait à l'abri d'une surprise et d'un coup de main.

Il était accessible par la vallée, mais on pouvait facilement garder les espaces étroits et découverts qui conduisaient sur ce plateau élevé.

A l'extérieur comme à l'intérieur de l'immense cirque, de hautes herbes croissent en abondance.

Les sommets dentelés de la colline circulaire sont nus ; la végétation s'est arrêtée au pied des rochers et en face d'un sol durci et desséché.

C'est par les huit défilés que les semences de la prairie, qui couvrent le sol, semblent avoir pénétré dans la vallée de la Rose-des-Vents. Et la végétation est ici plus forte qu'au dehors. La nature du terrain est tellement favorable, que toutes les herbes de la savane sont collectionnées sur ce point et y poussent avec une vigueur extraordinaire.

Mais en ce moment elles sont desséchées et jaunies.

L'effet produit par cette nappe de grands foins sur pied est triste.

Nous disons *foins*, faute d'un autre mot.

Un homme au milieu de ces jungles était

LE SECRET DU DOMPTEUR

entièrement caché, tant ce fourrage était élevé.

C'était vers le plateau dont nous venons de parler que Sans-Nez dirigeait la caravane.

Sur la recommandation de Sans-Nez, un profond silence était observé.

Les chariots roulant sur l'herbe épaisse rendaient seuls de sourds grondements.

Sans-Nez marchait en avant.

Depuis son entrée dans la vallée, il semblait préoccupé.

Son regard se portait souvent dans la direction de l'est.

Le colonel et tout son monde observaient scrupuleusement les mesures de prudence prescrites par la situation; mais aucune marque de crainte ou d'appréhension ne pouvait se lire sur les figures des squatters. Chacun se montrait plein de sécurité et de confiance, et la présence signalée des guerriers de la reine blanche ne suscitait aucune crainte.

31ᵉ LIVRAISON.

Cependant, soudain, toute la caravane s'arrêtait au milieu même de la vallée.

Le moment de faire halte n'était pas venu, puisque l'on n'avait pas atteint encore le plateau dont les contours se dessinaient nettement à un demi-mille en avant.

Voici ce qui se passait.

Sans-Nez venait d'apercevoir sur le plateau même où l'on se dirigeait la silhouette d'un Indien.

Inquiétante découverte!

Évidemment les Peaux-Rouges avaient prévu l'intention des émigrants, et ils s'opposaient à la prise de possession d'une position facile à tenir pour des gens bien armés et excellente comme lieu de campement.

L'eau abondait sur ce point culminant.

Sans-Nez, sûr de ne pas se tromper, avait immédiatement rejoint M. d'Éragny.

Il lui fit part de sa découverte.

— Monsieur, dit-il, les guerriers apaches nous ont prévenus.

« Ils occupent le plateau désigné par le chef pour camper. »

A cette déclaration brutale et inattendue, le colonel répondit par un mouvement de doute.

— Je suis sûr de ce que je dis, affirma le chasseur.

— Que devons-nous faire ?

— Attendre ici le retour de nos amis qui, sans doute, sont déjà mieux informés que nous.

Puis, comme poussé par une subite inspiration, il donna cet ordre à deux cavaliers.

— Prenez dix hommes et veillez sur les derrières du convoi.

Ensuite, s'adressant au colonel :

— Faites dételer les wagons et préparer la défense.

« Moi, je vais explorer les abords des défilés.

— Mais quelles sont vos craintes? questionna M. d'Éragny.

« De quelle nature est le danger qui nous menace ? »

Le brave soldat ne s'expliquait pas bien les subites alarmes du chasseur.

— Écoutez, dit rapidement Sans-Nez.

« Nous nous sommes imprudemment engagés dans cette vallée qui, je le crains, est devenue une impasse malgré les huit défilés qui la mettent en communication avec la plaine.

« Les Indiens pourraient nous faire payer cher notre précipitation étourdie.

« Si je pense juste, nous sommes cernés.

« Et le blocus ne sera pas facile à rompre.

« Mais je vais m'assurer de la réalité du péril ; puis nous verrons à y parer de notre mieux.

Et le chasseur s'éloigna au galop en grommelant :

— Fichue situation !

« Et le comte, et les autres, où sont-ils ?

« Nous voilà dans un joli guêpier ! »

Cependant M. d'Éragny se trouvait suffisamment édifié sur la gravité du danger probable qui menaçait la caravane.

Il rassembla son monde.

Il pouvait compter sur le dévouement et la bravoure des hommes qu'il avait choisis avec le plus grand soin.

— Préparons-nous à combattre, dit-il simplement.

« Mettez le camp en état de défense. »

Aussitôt les animaux de trait furent dételés et parqués au milieu des chariots rangés en cercle.

Dès que tout fut en ordre, des hommes se mirent à couper les hautes herbes environnantes ; ils en formèrent d'énormes bottes avec lesquelles ils remplirent et bouchèrent hermétiquement les intervalles laissés entre chaque wagon.

Derrière un pareil rempart, on pouvait braver longtemps les balles et les flèches d'une armée de Peaux-Rouges.

Une demi-heure suffit pour terminer tous ces préparatifs de défense.

Rude besogne menée avec un entrain et un ensemble admirables.

Les hommes à pied étaient à leur poste de combat, derrière les meurtrières ménagées dans le rempart de chariots.

Les cavaliers exerçaient autour de la place, et à distance, une surveillance active.

La tête d'un Peau-Rouge n'aurait pu se montrer à un demi-mille sans être aussitôt signalée.

En ce moment, Sans-Nez revenait de son exploration.

Il prit M. d'Éragny à part et lui dit :

— J'ai visité les huit défilés qui donnent accès dans la vallée.

« Tous sont gardés par de nombreux guerriers apaches.

« Nous voilà donc absolument bloqués.

— Et M. de Lincourt? et ses braves compagnons ? demanda vivement le colonel.

— C'est justement leur absence qui m'inquiète.

« Outre qu'ils nous seraient d'un grand secours, je crains qu'il ne leur soit arrivé malheur.

« Et cela n'est, hélas ! que trop probable.

— Qui vous le fait croire ?

— Si le colonel et ses hommes avaient, comme c'était convenu, pénétré dans la vallée, s'ils avaient battu les pentes, ils auraient découvert ces sauvages

« Ils seraient revenus vous prévenir.

« Mais j'imagine que quelque incident, suscité par ces rusés coquins, les aura détournés de leur reconnaissance vers cette vallée.

« Ils sont peut-être pris.

— S'ils étaient libres, dit le colonel, il leur serait impossible maintenant de pénétrer dans la vallée, n'est-ce pas ? interrogea le colonel.

— Complétement impossible, affirma le chasseur.

« La montagne est à pic extérieurement ; il n'y a pas un point accessible, même pour un homme à pied.

« A moins pourtant qu'ils ne nous aient précédés dans cette maudite vallée....

— Ne serait-ce point possible ?

— Oui, mais peu probable.

— En effet, ils se seraient montrés déjà, comme vous le disiez ; ils seraient ici.

Sans-Nez eut une pensée qui contracta affreusement son visage mutilé :

— Tonnerre ! s'écria-t-il.

« Pourvu qu'ils ne soient pas tombés au pouvoir de ces faces de cuivre !

« Mille morts ! ce serait à en crever de rage ! »

Cette supposition agita profondément M. d'Éragny qui dit toutefois avec un calme apparent :

— Ne nous alarmons pas à l'avance.

« Il est possible que.....

— Tout est possible, je sais ça, interrompit le chasseur.

« Mais nous devons mettre les choses au pis ; c'est de la prudence.

« Nous agirons donc comme si nous ne devions pas compter sur le concours de nos amis. »

A la pensée que M. de Lincourt et ses hommes pouvaient être tombés aux mains des Apaches, le colonel demeura un moment consterné.

Il avait déjà pour le comte une véritable affection.

Puis il craignait que son inexpérience des choses de la Prairie ne lui permît pas d'assurer le salut de la caravane.

Le poids d'une grande responsabilité pesait tout entier en ce moment sur sa conscience.

Certes, ces émigrants enrôlés au service du comte étaient tous des hommes de courage et de dévouement.

Ces hardis squatters n'avaient pas entrepris l'expédition sans en envisager tous les dangers, et ils étaient disposés à braver la mauvaise fortune au désert, c'est-à-dire la mort, la mort obscure et affreuse.

Mais le colonel savait que ses hommes avaient mis toute leur confiance dans le comte de Lincourt et ses hardis coureurs de prairie.

Il n'était donc pas prudent de leur dévoiler les craintes de Sans-Nez.

Donc, sans plus d'explications, M. d'Éragny fit circuler cet ordre aussi bref que clair et précis :

« Chacun à son poste de combat.

« Il y va du salut de tous. »

Cependant Sans-Nez, tout en évolutionnant autour des wagons, ne cessait d'explorer du regard les défilés donnant dans la Prairie.

Les Indiens demeuraient invisibles.

Du moins ils dissimulaient leur présence avec le plus grand soin.

Ils ne pouvaient toutefois tromper l'œil exercé d'un coureur de prairie.

Sans-Nez devinait leur présence, et il devinait juste.

Il ne les voyait pas, mais il les savait là.

Certaines ondulations des grandes herbes, le vol d'un corbeau subitement inquiet et changeant de direction, un bruit vague, un froissement imperceptible pour des oreilles vulgaires, le moindre indice guidait le chasseur dans ses investigations et servait d'élément à ses calculs et supputations.

Il eut un subit mouvement de rage.

— Canailles ! gronda-t-il.

« Ils sont trop !

« Nous ne sortirons jamais d'ici ! »

Et il serrait convulsivement sa carabine placée en travers sur le cou de son cheval.

Tout à coup son regard se fixa, attentif, sur un point, en avant et en face du défilé nord.

D'insolites ondulations dans les herbes se

produisaient à la distance d'un demi-mille à peine.

Il put même voir par instant des formes humaines s'agiter en sens divers.

Le colonel, qui venait de donner un dernier coup d'œil aux ouvrages de défense, accostait en ce moment le chasseur.

Celui-ci étendit le bras dans la direction du défilé.

— Voyez-vous ? fit-il.
— Oui.
« Vont-ils enfin nous attaquer ? demanda le colonel.
— Non.

Le colonel le considérait sans comprendre.
— Que voyez-vous ? demanda-t-il.

Le coureur de prairies poussa une sorte de sifflement rauque et saccadé.

Il ricanait.

Et sa vilaine face couturée avait changé d'expression.

Elle avait pris la couleur et les rides de la joie.

Le danger était pressant, la lutte impossible, et la catastrophe inévitable, chacun en était persuadé. Malgré tout, on reprenait courage à la vue des trappeurs et de leur chef.

— Ces vermines, disait Sans-Nez, n'opèreront pas à découvert.

« Ce serait de leur part une grave imprudence.

« La portée et la précision de nos carabines auraient raison de toute tentative hostile.

« Ils le savent, les gredins !
— S'ils n'osent nous attaquer, remarqua le colonel, que pensent-ils donc faire ?

« Veulent-ils nous bloquer et nous affamer ?

— Possible ! fit Sans-Nez avec calme.
« Je les ai déjà vus user de ce moyen.
« D'ailleurs, vous l'avez vu aussi ; l'investissement d'Austin était complet.

— C'est vrai, dit le colonel dont le front se plissa.

Il y avait on ne sait quoi de morne et d'inquiet dans l'attitude du brave soldat.

Il pensait à sa fille.

Mais ce moment de tristesse et de découragement ne dura que deux secondes.

M. d'Éragny releva fixement la tête.

Sa figure expressive accusait le courage, la résolution, la volonté.

Son œil jeta des éclairs sous ses sourcils grisonnants.

— Nous prendrons l'offensive, s'écria-t-il avec colère.

« Nous bousculerons ces hordes de brigands, et nous nous frayerons passage.

« Ils verront, ces bêtes féroces, ce que vaut un vieil Africain de ma trempe ! »

Le colonel était superbe dans sa fureur.

Le soldat avait fait place au père.

M. d'Éragny n'avait pu songer sans douleur à la situation de son enfant après un combat malheureux.

Il ne pensait maintenant qu'à la lutte.

Et à l'idée de respirer l'odeur de la poudre, ses narines se dilataient.

Sans-Nez le considérait avec une visible satisfaction. Un sourire, un peu railleur pour qui connaissait la signification des grimaces de Sans-Nez, ridait affreusement sa face grimaçante.

— Vos paroles sont d'un rude soldat, dit-il.
« Les miennes seront d'un coureur de prairie.

« Le moment d'agir est peut-être encore éloigné.

— Pourquoi attendre ?
— Je vais vous le dire :
« D'abord nous ne sommes pas menacés d'une attaque de vive force, pour le moment du moins.

« Puis nous ne savons point si trop de précipitation de notre part ne nuirait pas aux tentatives que nos batteurs d'estrade feront certainement pour nous secourir ou nous rejoindre... si, bien entendu, ils sont encore libres.

— Ces considérations, dit le colonel, peuvent nous faire attendre quelques heures ; mais nous ne devons pas, il me semble, rester dans une inaction qui aurait pour résultat d'assurer et de consolider le blocus.

Sans-Nez secoua la tête d'un air peu convaincu.

— Il y a encore d'autres raisons, dit-il, qui nous commandent de rester tranquilles.

« Supposez que nous engagions le combat.

« Nous attaquons l'un des défilés, un seul, puisque nous ne sommes pas assez nombreux pour diviser nos forces.

« Nous culbutons les faces de cuivre aussi lestement que vous voudrez ; mais notre succès empêchera-t-il les autres vermines de tomber sur nos derrières?

« Nous serions pris entre deux feux dans une de ces gorges étroites, et...

— Vous avez raison, interrompit M. d'Éragny avec un geste de dépit.

« Mais que faire alors, selon vous? »

Sans-Nez, avec le calme d'un homme habitué à regarder le péril en face, répondit par ce seul mot :

— Attendre!

Et il se détourna pour jeter un regard investigateur sur cette pente où les herbes continuaient à s'agiter.

Par instants, une tête d'Indien émergeait au-dessus des tiges.

Alors Sans-Nez caressait la crosse de sa carabine qu'il venait d'armer, et dont il avait fixé la hausse à six cents mètres.

Tout à coup un guerrier peau-rouge se leva de toute sa hauteur.

On apercevait son buste entier dépassant les herbes.

En même temps, un petit flocon de fumée blanche s'éleva devant lui.

— Qu'est-ce que c'est? grommela Sans-Nez.

« Ils nous enverraient des balles à cette distance? »

Le chasseur tendit le cou et prêta l'oreille.

Ni le bruit de l'explosion ni le sifflement du projectile ne se firent entendre.

Sans-Nez ne souffla pas mot; et son silence prouvait assez son profond étonnement.

Il prit bientôt sa résolution.

Ayant épaulé sa carabine, il visa un quart de seconde et fit feu.

L'Indien disparut dans l'herbe.

Au bruit de la détonation répondirent des clameurs affaiblies par la distance.

M. d'Éragny et le chasseur comprirent la signification de ces clameurs.

Les Peaux-Rouges poussaient leur cri de guerre, et les éclats de leurs voix venaient de toutes les directions.

Il n'y avait pas à douter un seul instant de la réalité du blocus.

Cependant le petit nuage de fumée remarqué par Sans-Nez allait grandissant.

Bientôt d'autres nuages blancs s'élevèrent, grossirent et formèrent une ligne de fumée épaisse, dérobant au regard tout le flanc intérieur de la montagne du côté nord.

Depuis un instant le coureur des prairies paraissait en proie à une terrible appréhension.

Il se tenait immobile et silencieux sur sa selle, comme abattu et terrassé en face d'une catastrophe inévitable.

Les cicatrices de son visage avaient pris des teintes violacées, et ses traits convulsés dénotaient une invincible agitation mentale.

Ces symptômes n'échappèrent pas à M. d'Éragny.

Il s'écria avec l'inquiétude d'un homme ayant charge d'âmes :

— Pour Dieu ! qu'y a-t-il ?

« Que signifie cette fumée ? »

Sans-Nez tourna vers lui sa face mutilée, que l'émotion rendait effrayante.

— Ces canailles mettent le feu à la prairie.

« Ils veulent nous brûler vifs. »

L'annonce d'un tel péril eut raison pour un moment du sang-froid et de l'énergie du colonel.

Il bondit sur sa selle, pâlit affreusement et murmura quelques mots dictés par un sentiment de désespoir et de profond découragement.

Il jeta un douloureux regard dans la direction d'Austin où il croyait sa fille, puis se retourna, morne et silencieux, du côté du coureur de prairies.

Sans-Nez, toujours anxieux, mais calme en apparence, constatait à haute voix la réalité de ses prévisions et toute l'étendue du danger.

— Tenez, disait-il en désignant les défilés les uns après les autres, nous serons cernés par l'incendie avant un quart d'heure.

« Ces brigands agissent avec un ensemble surprenant ! »

Dans le moment même, en effet, d'épais nuages de fumée remplissaient les gorges étroites débouchant dans la prairie et gardées au dehors par les Peaux-Rouges.

Poussé par les courants concentriques dont nous avons signalé les singuliers effets, le feu allait s'étendant et gagnant rapidement le centre de la vallée, mais décrivant un cercle qui ne laisserait de libre que le plateau dénudé dont nous avons parlé, et qui était occupé par les Indiens en masse.

Le plan de l'ennemi se dessinait.

Il était habilement conçu, et sa réussite semblait inévitable.

Il espérait chasser par le feu les émigrants vers le plateau et, là, les massacrer ou les capturer.

Trois mille Apaches, on le vit plus tard, gardaient ce plateau. Ils étaient formidablement retranchés.

Depuis quelques instants, le camp était en rumeur.

Tout le monde avait aperçu la fumée,

Tout le monde avait compris l'infernal projet des Indiens.

Les cavaliers disséminés en éclaireurs aux environs du campement se rassemblèrent spontanément autour du colonel, et les autres émigrants, obéissant à un sentiment de terreur, quittèrent leur poste de combat et se joignirent au groupe.

Les femmes qui, aux approches du combat, n'avaient manifesté aucunement ces frayeurs bruyantes qui déconcertent l'homme et entravent la défense, poussaient maintenant des cris d'angoisse et de désespoir.

Ces malheureuses, affolées à la vue de l'incendie, portant et entraînant leurs enfants, couraient çà et là.

M. d'Éragny, s'adressant aux femmes, leur enjoignit de se taire et de se porter toutes au centre du camp.

Elles s'éloignèrent.

M. d'Éragny, avant de parler aux émigrants, jeta un regard significatif à Sans-Nez.

Le chasseur comprit l'embarras du colonel.

Il s'approcha et dit avec le calme d'un homme déterminé à mourir :

— Il n'y a absolument rien à faire pour le moment, si ce n'est d'entraver solidement nos bêtes de trait. La vue du feu les épouvanterait, et nous devons éviter tout désordre afin de pouvoir profiter . . . . .

Sans-Nez s'arrêta au beau milieu de sa phrase.

Son regard se fixa longuement sur un point de l'horizon.

Il étendit le bras dans la direction d'une chaîne de collines aux sommets profondément découpés.

Un groupe de cavaliers venait d'apparaître au haut de la montagne réputée inaccessible.

Tous les regards se portèrent dans la direction indiquée. Sans-Nez prononça :

— C'est le comte.

« Nos batteurs d'estrade sont avec lui. »

Un murmure joyeux accueillit ces paroles.

Au silence de la consternation succédèrent les joies de l'espoir.

Le comte de Lincourt inspirait à tous une confiance absolue.

S'il revenait au campement, on pouvait donc espérer le salut ; tel était le raisonnement borné et simple de chacun.

Cependant les cavaliers descendaient rapidement dans la vallée.

Ils devaient se hâter, car l'incendie se propageait rapidement et menaçait de former une barrière infranchissable entre eux et le camp.

Ils traversèrent au galop un étroit espace libre, non encore gagné par le feu, disparurent quelques instants au milieu de la fumée et arrivèrent enfin au milieu des squatters. Dans cette charge, quelques Indiens furent tués ou dispersés.

Le comte échangea une poignée de main avec le colonel d'Éragny et avec Sans-Nez.

Il était parfaitement calme et presque souriant.

Pas plus que lui, ses compagnons ne paraissaient se soucier du danger qui menaçait le campement.

On regardait ces coureurs de prairie avec autant d'étonnement que d'admiration.

Pouvait-on, en effet, s'expliquer leur sang-froid dans un pareil moment?

Cependant l'incendie se propageait avec une effrayante rapidité.

Alimenté par les débris desséchés d'une végétation vigoureuse, il prenait d'immenses et terribles proportions.

Le cercle de feu était maintenant sans solution de continuité.

L'élément destructeur avançait de toutes parts.

Le campement se trouvait au milieu d'une île basse, au rivage battu par les vagues brûlantes d'une marée ignée.

Tantôt les flammes s'élevaient en longues spirales, et projetaient en bouquet d'artifice des milliers d'étincelles.

Tantôt elles roulaient en volutes crépitantes, poussées par la violence du vent.

Une épaisse fumée interceptait la lumière du soleil et formait au-dessus du camp un cône vide à large base.

La chaleur devenait étouffante sous ce dôme de fumée.

Le comte étonnait profondément les émigrants par son sang-froid.

— Colonel, dit-il, veuillez faire atteler les chariots.

Puis regardant sa montre et le rideau de flammes qui s'avançait :

— Nous avons le temps.

« Pas de hâte inutile !

« Qu'on agisse comme pour la levée du bivac. »

Et les ordres s'exécutèrent.

Les émigrants, inquiets, mais pleins de résolution et de courage, exécutaient avec précision les ordres du comte.

Tout à coup une douzaine de cavaliers sortirent de l'enceinte des wagons.

Ils portaient chacun une longue perche au bout de laquelle était fixé un bottillon d'herbes sèches.

Ces lanciers d'un nouveau genre se disséminèrent dans toutes les directions, et prirent position comme autant de sentinelles avancées autour du campement.

M. d'Éragny ne s'expliquait pas les ordres donnés par le comte.

A plusieurs reprises, il fut tenté de questionner ; mais M. de Lincourt avait donné à son visage le masque de l'impassibilité, et son silence s'imposait dans l'imminence d'un grand péril.

Était-ce le calme voulu d'une affreuse anxiété?

Était-ce la quiétude d'une intelligence forte, sûre de la victoire?

Nul ne pouvait lire sur ce visage impassible, dans ce regard assuré.

Il n'y avait rien à deviner dans ces traits, si ce n'est toutefois la sombre expression d'une ferme et froide énergie.

Cependant un tourbillonnement étrange, imprévu, agita les lourds nuages de fumée suspendus au-dessus des têtes.

Et dans l'instant même un sourire vint errer sur les lèvres de M. de Lincourt.

En quelques minutes le campement se trouva couvert d'une épaisse fumée blanche : on ne se voyait plus à bout de bras.

Les femmes, qui, résignées jusque-là, avaient gardé le silence, se mettent à pousser des cris d'épouvante et de désespoir.

Quelques émigrants même ne peuvent surmonter leur terreur.

Ils s'appellent ; et la frayeur donne à leurs voix des accents lugubres et des notes étrangement tristes.

On doit crier ainsi sur un navire qui sombre !

Le colonel d'Éragny, anxieux, ne peut retenir une sourde exclamation de colère et d'effroi.

M. de Lincourt, toujours impassible et silencieux, avait laissé passer le tourbillon.

La fumée s'étant peu à peu dissipée, il arma sa carabine, en dirigea les canons en l'air et fit signe à Tomaho et à Sans-Nez de l'imiter.

Il commanda :

— Ensemble !

« Feu ! »

Les trois détonations n'en firent qu'une.

Aussitôt les cavaliers, disséminés autour du camp mirent le feu au bottillon attaché au bout de leur perche, et, au galop de leur monture, ils traînèrent ce brandon enflammé au milieu des herbes.

Trois minutes après, une nouvelle ceinture de feu enceignait le campement à une distance de moins de cent mètres.

Mais pas un flocon de fumée, pas une étincelle ne vint renouveler les craintes des émigrants.

Les vents poussèrent les flammes de cet autre incendie dans le sens opposé au bivac.

Bientôt il y eut feu s'éloignant du bivac et et feu venant sur lui.

Et le comte disait tranquillement :

— Entourez de chiffons les sabots des bœufs et des chevaux.

On le fit.

— Tous aux chars! ordonna-t-il.

On comprit.

La caravane suivit le feu qui s'éloignait et qui faisait place vide.

Et quand le feu qui marchait sur le bivac arriva au point où l'autre incendie avait été allumé, il s'éteignit faute d'aliments.

Manœuvre simple et qui n'était venue à l'idée de personne...

Il faut renoncer à peindre la fureur des Indiens, l'enthousiasme des trappeurs, la joie des femmes.

Au milieu des cris de colère de l'ennemi, des acclamations de ses gens, le comte dit fort tranquillement au colonel :

— Mon cher associé, ordonnez donc la halte et qu'on nous fasse dîner.

« Je meurs de faim! »

Et M. d'Éragny, imitant cette belle contenance de M. de Lincourt, donna ses ordres avec une tranquillité parfaite.

Si bien que la troupe prit de ce jour une foi absolue en ses chefs.

Le camp s'établit.

On n'aurait jamais supposé que le plus terrible des dangers avait menacé la caravane, si les cendres qui couvraient la plaine ne l'eussent révélé.

Cependant Sans-Nez s'était approché de Burgh pour avoir des explications.

— Par où diable êtes-vous passés pour rentrer dans la vallée? demanda-t-il.

— Tu es trop curieux, grogna Burgh avec mauvaise humeur.

— Allons, vieux singe, dit Sans-Nez, pas de mots, pas d'histoires ; quel chemin avez-vous trouvé?

— Va t'informer auprès de Tête-de-Bison ; c'est lui qui nous a guidés dans la nuit des cavernes et sur la pente des rochers! dit Burgh.

« Mais, parler quand je crève de faim, ça m'embête. »

Peu satisfait de l'explication, Sans-Nez put néanmoins reconnaître qu'il existait dans la chaîne de montagnes un passage dont il ne soupçonnait pas l'existence.

Rassuré désormais sur le sort de la caravane, M. de Lincourt était maintenant souriant et causeur.

Il expliqua à M. d'Éragny comment lui et ses compagnons avaient pu rentrer dans la vallée par un chemin que Tête-de-Bison connaissait seul.

Puis il assura que les coureurs de prairie lui ayant décrit les singuliers phénomènes et mouvements des vents dans la vallée, il n'avait jamais perdu l'espoir de sauver le campement.

Le colonel écoutait dans le silence de l'admiration les explications du comte.

L'habileté, la force de conception et les ressources intelligentes de cet homme extraordinaire le confondaient.

Mais la caravane restait bloquée et le colonel en fit l'observation.

— Nous penserons à cela plus tard! dit le comte.

Puis haussant les épaules, il montra du doigt un poste de Peaux-Rouges.

— MM. les Indiens, voilà une tentative qui vous coûtera cher, j'en ai idée, murmura-t-il.

L'attaque des Peaux-Rouges et ses suites préoccupaient néanmoins vivement le colonel.

M. de Lincourt, en réponse à quelques paroles de doute sur la force de la caravane, répondit avec une parfaite assurance :

— Tous les Indiens du monde ne me font pas peur.

« Et j'infligerai à ceux-ci une correction dont ils se souviendront. »

Tomaho emportant Conception.

CHAPITRE XLI

LE MESSAGE D'AMOUR

Tomaho, le soir même qui précéda la nuit du rapt de mademoiselle d'Éragny, se trouvait au cabaret, ou, pour parler le langage vrai, à la taverne.

Il dégustait du champagne, en compagnie de Sable-Avide.

Ce dernier, d'humeur toujours folâtre depuis qu'il abusait de l'eau de feu follet, s'amusait à chanter des refrains de sa composition qu'Hervé n'eût pas désavoués.

Tomaho faisait, d'une voix de basse-taille, des accompagnements sérieux qui formaient contraste par la gravité des sons et du rhythme avec la fantaisie et l'allure imprimées par Sable-Avide à ses mélodies.

C'était charmant.

Sable-Avide se livrait à des variations étonnantes; il exécutait des trilles impossibles; il faisait cabrioler sa voix dans des fugues insensées, montait des gammes inconnues dans des tonalités étranges, et descendait à des profondeurs incalculables, dans les troisièmes *dessous* de son gosier.

Tomaho, imperturbable, se préoccupait peu de toute cette fantasia.

On accompagne un ami, mais on n'est pas

forcé de le suivre au fond des ornières du chemin ou de grimper sur les talus. Tomaho tenait donc le milieu de la chaussée avec sa gravité habituelle.

Il pratiquait trois notes :

<blockquote>
Fa Sol La.
La Sol Fa.
</blockquote>

Et il n'en sortait pas.

Quand Sable-Avide accélérait le mouvement outre mesure, Tomaho, par condescendance, comme un ami qui veut bien hâter le pas, Tomaho, disons-nous, précipitait un peu la mesure.

Mais c'était sa seule concession.

Du reste, il était rare qu'ils terminassent ensemble une phrase musicale.

Sable-Avide, étant toujours en avance, avait fini le premier.

Tomaho, en retard de sept ou huit notes, ne se pressait pas trop; il avait un moyen de forcer Sable-Avide à l'attendre.

Étendant les mains, il rassemblait sous l'égide de ses doigts verres et bouteilles, sachant bien son ami incapable de recommencer un couplet sans boire.

Le colosse terminait son accompagnement, versait le champagne, trinquait, buvait, et l'on repartait sur un nouveau motif.

Cela durait depuis trois heures!...

Au milieu d'une roulade d'un risqué, d'un hasardeux dont rien ne saurait donner idée, alors que Tomaho soutenait *riforzando* cette équipée aventureuse de Sable-Avide, à travers les plus hautes notes, on vit entrer un individu, qui marcha droit vers la table occupée par les deux Indiens.

Ce personnage était habillé de noir : costume râpé, crasseux, mais répandant un parfum de sacristie.

Une odeur d'huile rance relevée par les senteurs de l'encens !

L'homme, debout près de Tomaho qui, assis, le dépassait encore de la tête, l'homme attendit la fin de la roulade.

Ce fut long... très-long.

Enfin Sable-Avide, à bout de souffle, brusqua la fin de son refrain et voulut se jeter sur le champagne; Tomaho, comme toujours, mit les mains sur les bouteilles.

<blockquote>
Fa Sol La!
La Sol Fa?
</blockquote>

Il se croyait en retard d'une trentaine de notes, car, cette fois, le mouvement de Sable-Avide avait été extraordinairement accéléré; il donna consciencieusement ce qu'il croyait devoir, puis il versa rasade, but, et arrêtant d'un geste Sable-Avide qui voulait se relancer dans un nouveau couplet :

— Frère, dit-il, cet homme semble vouloir nous parler.

— Fais-le boire! dit Sable-Avide. Il se mettra à chanter avec nous; cela vaudra mieux que de causer.

« Et puis, à vous deux, vous irez plus vite pour l'accompagnement.

« Tu es toujours en retard. »

Tomaho fut froissé de ce reproche.

— C'est mon frère, dit-il, qui est toujours en avance.

« Du reste, quand on suit quelqu'un, on est derrière lui.

« Je ne vois pas pourquoi, accompagnant Sable-Avide, je le devancerais. »

Et laissant le sachem écrasé par cette logique, Tomaho, plein de bonté, demanda à l'homme qui attendait planté sur ses deux pieds :

— Mon ami (mi amo) que me veux-tu? Je t'écoute.

L'homme s'inclina plein de respect et dit au géant :

— Excellence, je désire vous parler en particulier.

Tomaho n'aimait pas beaucoup à se déranger.

— Qu'appelles-tu *en particulier*? fit-il avec un peu d'humeur.

« Si je te comprends, tu ne veux être entendu que de moi?

— Oui, Excellence.

— Alors, parle bas.

« Les gens des tables voisines n'entendront rien. »

L'homme eut un coup d'œil éloquent en regardant Sable-Avide.

— Lui ou moi, dit Tomaho, c'est exactement la même chose.

Tomaho, qui parlait le langage des blancs

depuis longtemps, souligna le mot *exactement* avec intention.

— Oh! senor, fit l'homme, il y a certainement des cas où vous et... le senor... ce n'est pas la même chose.

Et plus bas :

— En amour, par exemple.

Tomaho rougit.

Une flamme passa sur ses yeux.

Puis tristement :

— Non, dit-il, non, tu as raison, mon ami.

« Sable-Avide et moi, en amour, ce n'est pas la même chose. Il peut aimer, lui!

« Il y a des femmes à sa taille.

«Moi, je ne puis être aimé sérieusement, je le sais. »

L'homme comprit. Il sourit.

— Excellence, dit-il, il ne faut pas se décourager avant d'essayer.

« Celle qui m'envoie adore les hommes de haute taille. »

Tomaho pâlit.

Il frappa du poing sur la table et dit avec animation :

— Serait-ce une géante?

Il était dans un trouble inexprimable et l'espoir rayonnait dans ses yeux.

Il ne s'était pas aperçu qu'il venait d'effondrer la table.

La scène était drôle en ce sens que Sable-Avide, voyant Tomaho en conversation, s'était remis à chanter.

Or le personnage, troublé par le bris de la table, ne répondait pas.

— Réponds donc ! dit le Cacique frémissant d'impatience.

« Est-ce une géante ?

— Pardon, senor, fit l'homme, je suis un peu désorienté.

— Bon ! dit Tomaho. Je comprends.

« C'est Sable-Avide avec son chant de cigale qui t'ennuie. Attends ! »

Tomaho savait qu'empêcher Sable-Avide de chanter serait chose impossible à moins de l'étouffer.

Et convaincu que le sachem, avec ses variations, troublait le messager, le colosse avisa un moyen de s'en débarrasser.

Le gaz n'a pas encore été installé à Austin.

En revanche, on y use du pétrole. La salle était éclairée par une immense lampe, haut placée sur un énorme plateau d'une suspension dorée.

Tomaho empoigna Sable-Avide d'une main ferme ; il ôta la lampe de l'autre main, posa son ami à la place et mit la lampe sur le comptoir.

Puis, comme Sable-Avide hurlait de colère en *la* mineur, Tomaho lui plaça une bouteille de champagne dans chaque main et lui dit :

— Mon frère me pardonnera ; mais je l'ai mis à sa belle place.

« Mon frère est digne d'être le grand soleil des buveurs.

« Il éclaire cette salle de la splendeur de sa renommée... »

Sable-Avide, flatté dans son amour-propre, muni de champagne, regardé, admiré, applaudi par tout le monde, Sable-Avide, grand soleil d'ivrognes, fut enchanté et se mit à défier toute la salle. Il disait :

— Je boirai tout, et encore quelque chose avec.

« Je suis le soleil qui pompe les liquides.

« Qu'on monte la cave et je la dessèche. »

Des Yankees relevèrent le défi.

Les Américains faisaient venir des paniers de vin, de rhum, des barils d'eau-de-vie.

Ils payaient. Sable-Avide buvait.

On ne savait qui se lasserait, lui de boire, eux de payer...

Cependant Tomaho, tout frissonnant d'espérance, était revenu vers le messager et lui disait haletant :

— Tu dis donc qu'une géante me fait savoir qu'elle m'aime?

Mais l'homme était comme déconfit; la table brisée, Sable-Avide sur sa suspension, les paris qui s'engageaient, le bruit, les clameurs faisaient perdre la tête à ce pauvre diable, accoutumé aux chants d'église.

— Excellence, dit-il, permettez-moi de me remettre un peu. Vraiment, je suis confondu.

Tomaho héla un garçon.

— Du champagne ! dit-il.

Et il fit boire le messager.

— Il parlera! se dit le géant. Ce vin délie la langue.

Et l'homme parla en effet.

Il vida son verre, clappa de la langue con-

tre son palais, regarda Tomaho avec admiration et dit :
— Votre Excellence a cru que je venais de la part d'une géante ?
« C'est une erreur.
« Je suis envoyé... »
Ici l'homme baissa la voix et reprit :
— Je suis envoyé par sœur Conception, qui est une femme charmante.
Tomaho prit l'air du monde le plus piteux.
— Mon ami, dit-il avec un soupir de baleine, tu viens de me causer une grande souffrance dans le cœur.
« Je me figurais...
« Enfin n'en parlons plus.
— Mais, Excellence...
— Oui, je comprends !
« Les femmes...
« Ça ne doute de rien !
« Ça voit un géant et ça se dit : Je vais l'aimer.
« On n'aime pas si facilement que cela les hommes comme moi !
— Mais, senor, permettez..
— Je te pardonne, mon garçon.
« N'aie pas peur.
« Tomaho souffre, mais Tomaho est bon et il sait se résigner.
« Ce n'est pas la première fois que cela m'arrive.
— Je ne vois pourtant pas pourquoi, fit l'homme encouragé par l'air doux et triste du colosse, je ne vois pas pourquoi vous n'aimeriez pas sœur Conception qui est très, très-gentille.
— Comment !... tu ne vois pas !... s'écria Tomaho.
« C'est que tu ne réfléchis pas qu'un buffle ne saurait s'unir avec une petite brebis.
« Il y a des mariages disproportionnés, mon ami.
« Je...
— Pardon, senor, dit l'homme en souriant, je n'ai qu'un mot à vous dire.
« Nous avons eu ici un très-bel homme, tambour-major de la milice, qui vous allait à peu près au creux de l'estomac.
« Une jolie taille, vous voyez.
— Och ! fit le géant.
« C'est un homme ordinaire de mon pays, dit orgueilleusement le colosse.

« Pourquoi m'en parles-tu?
— Senor, c'est que cet homme... qui est mort... a été aimé de sœur Conception et qu'il l'adorait.
« Remarquez qu'il me disait en confidence que c'était une des bien rares femmes capables de le comprendre.
« Elle me disait, elle, que c'était un amant adoré, mais...
— Mais quoi ? fit Tomaho frissonnant de nouveau d'espoir.
— Mais, reprit l'homme, elle m'avouait qu'elle l'eût désiré plus grand encore !
Tomaho se passa la main sur le front, regarda l'homme dans les yeux et lui dit :
— Je suis persuadé que nous nous comprenons.
— Certes, Excellence, je crois pouvoir assurer que j'ai parfaitement saisi vos craintes.
— Et je puis espérer...
— Espérez, Excellence, espérez.
Tomaho poussa un rugissement de joie.
— Grand Vacondah ! dit-il.
« Serait-il possible ?
« J'aurais enfin une femme à ma taille ! »
Puis à l'homme :
— Partons !
« Où est-elle ? »
L'homme parut enchanté de tant de hâte, mais il contint le géant et lui dit :
— Senor, un peu de patience.
« Sœur Conception est dans un couvent, et il faut prendre des précautions.
— C'est inutile ! dit Tomaho.
« J'irai au couvent et j'emmènerai cette femme si ce que j'espère se réalise.
« Rien au monde ne m'empêchera de l'enlever.
— Excellence, du calme.
« Je comprends votre impatience.
« Encore faut-il ne pas faire de scandale inutile.
« Venez dans une heure chez moi, à l'adresse que voici.
« Je vous ferai passer par un souterrain qui conduit au couvent.
« Là vous verrez sœur Conception.
— Dans une heure ? dit Tomaho.
— Oui, Excellence, mais soyez exact.
« Pas plus tôt, pas plus tard. »

Et l'homme allait partir.

— Attends, mon ami, attends! dit Tomaho avec effusion.

Et il versa rasade.

Puis il donna trente piastres à ce messager de bonheur, qui partit ravi de tant de générosité.

Il partit... un peu animé.

Ce qui explique comment Mendez et ses acolytes en vinrent si facilement à bout par la suite, dans la nuit.

Cependant la lutte continuait entre Sable-Avide et les Yankees.

Ceux-ci, voulant en finir d'un coup, avaient ordonné que l'on montât une tonne de bière.

La bière coûtait moins cher que le vin, et Sable-Avide avait déjà tant bu, que les Américains craignaient d'épuiser leur bourse sans épuiser sa soif.

Ils pensaient, comme on dit vulgairement, noyer leur homme avec cette boisson.

Et Sable-Avide protestait...

Il trouvait la bière détestable.

Les choses en étaient là quand le géant, fou de bonheur, se leva, éprouvant le besoin de marcher, d'aller et de venir.

Une heure !

Une heure à dépenser !

Une grande heure !

Quel amoureux n'a pas trouvé démesurément longue cette heure d'attente du premier rendez-vous.

Le géant se levait donc pour quitter la salle, quand il entendit le bruit de la discussion entre les Yankees et Sable-Avide.

— Il n'est plus le roi des buveurs ! disait-on autour de lui.

« Qu'il descende de la suspension.

« C'est une lampe fumeuse.

« Il renonce à boire. »

Mais Sable-Avide entêté disait :

— Je suis toujours le Grand-Soleil.

« Je boirai *tant qu'on voudra*, verre par verre, *tout ce qu'on voudra*, pourvu que ce soit une liqueur ou du vin.

« Mais je ne veux pas de bière.

« Boire de la bière, ce n'est pas boire ; il me semble que l'odeur de cette boisson me rappelle l'urine de ma jument.

« Du rhum !

— Non !

« Point de rhum !

« De la bière ! »

Tomaho vit ce dont il s'agissait.

Il était, comme les gens heureux en amour, plein d'indulgence et tout à la conciliation ce soir-là.

— Je vais, dit-il, vous mettre d'accord.

« Je bois de la bière, moi, parce que je m'y suis habitué.

« Mais Sable-Avide refuse à bon droit un liquide qu'il déteste.

« Puisque vous tenez à ce que cette tonne soit vidée, je vais vous faire le plaisir de vous en montrer le fond. »

Et saisissant le tonneau que l'on avait défoncé, le géant l'approcha de ses lèvres et but lentement...

Il y eut un sourire d'admiration dans la foule.

Tomaho avait soif !

La joie l'altérait singulièrement.

Il vida le tonneau et le reposa à terre.

Toutes les têtes curieuses se penchèrent au-dessus de la tonne et en virent le fond, comme Tomaho l'avait annoncé !...

La stupéfaction d'abord fit taire l'enthousiasme, qui déborda bientôt en bravos.

Mais Tomaho y mit un terme.

Il avait besoin d'air.

Il mit la porte entre lui et ses admirateurs et se dirigea vers la grande place, humant la brise du soir.

Il regardait tendrement les étoiles et murmurait :

— Enfin... ce soir.. peut-être !...

CHAPITRE XLII

IL NE FAUT PAS SE FIER A L'APPARENCE

. . . .
Il est minuit...

Tomaho est, depuis plus de trois heures, dans la cellule de Conception.

Le géant est dans l'enivrement.

Il promène dans ses grands bras sœur Conception, comme l'on ferait d'une enfant; il lui dit avec un ineffable attendrissement des choses charmantes.

La tête du géant touche presque au plafond.

Et les étages du couvent sont hauts, cependant.

Conception est ravie.

Elle donne cent baisers au colosse qui les lui rend.

Et il ne cesse de redire :

— Non, je ne l'aurais jamais cru... jamais !

« Une femme qui me vient à la ceinture et que j'ai pu prendre pour la mienne !

« C'est inouï ! »

Puis, c'étaient des prodigalités de caresses sans fin.

— Tu pourrais croire, ma chère antilope aux doux yeux, disait-il à Conception, que je préférerais une géante ?

« Eh bien ! non.

« J'aime mieux tout ce qui est petit, même à la chasse.

« Pourvu que je puisse me servir d'une chose, j'adore qu'elle soit mignonne et délicate.

« Je préfère, pour mon ami, Sans-Nez qui est grincheux à Tête-de-Bison, parce que Sans-Nez est moins grand que le vieux Trappeur et parce qu'il était autrefois un garçon fin et élégant.

« Je fais des arcs pour les enfants avec un grand plaisir.

« Je ne mange que des petits oiseaux, à condition qu'il y en ait assez pour apaiser ma faim.

« Tu peux rassasier mon amour et je suis enchanté, dès lors, que tu n'aies pas ma taille. »

Puis de temps à autre :

— Quelle nuit !

« Je ne suis homme que d'aujourd'hui ! »

Mais une idée lui vint.

— Il nous faut partir ! dit-il.

« Inutile de prolonger ici notre séjour.

« Viens !... »

Conception s'alarma.

— Que voulez-vous dire, mon ange aimé ? fit-elle.

« Je ne puis sortir du couvent. »

Tomaho sourit.

— Tu te figures donc, demanda-t-il, ma colombe azurée, que je vais te laisser ici en cage ?

« D'abord, j'étouffe.

« Puis le souterrain est très-bas pour moi.

« J'y marche plié en deux.

« Et puis, je te veux toujours et partout auprès de moi.

— Mais, mon ami, une sœur... c'est impossible !

« Quitter un couvent !...

« Cela ne s'est jamais vu.

— Ça se verra ! dit Tomaho.

— Mais cela ne se fait pas ?

— Ça se fera.

— Mais...

— ... Tu ne m'aimes donc pas ?

— Je n'aime que toi au monde.

— Alors, viens !

Conception n'avait jamais pensé à quitter le couvent.

— C'est un crime ! dit-elle.

« Dieu a des indulgences pour nos faiblesses.

« J'aurai l'absolution pour t'avoir aimé, mon ami.

« Jamais je ne l'aurais après avoir fui du monastère.

— L'absolution ? fit Tomaho.

« Qu'est-ce que c'est que ça ?

— C'est la purification de nos péchés, mon bon Tomaho.

— Och ! fit le géant.

« Je sais de très-pures fontaines qui sont consacrées par nos sorciers pour laver les crimes.

« Mais ce n'est pas crime qu'aimer Tomaho ?

— L'aimer, en effet, est une faute réparable : plus tard, quand on vieillit, on fait pénitence.

« Mais le suivre !

— Enfin c'est l'absolution qu'il te faut ?

— Oui.

— Tu l'auras.

« Je ne sais pas bien ce que c'est ; mais tu l'auras.

— Comment ?

— Je t'irai chercher un prêtre chaque fois que tu voudras cette absolution ; je lui dirai de la donner et je te jure qu'il te la donnera.

— De la violence !

« Mon ami, c'est sacrilége ! »

Tomaho avait peur des sorciers et des prêtres.

Il fit un effort néanmoins, et il dit résolûment :

— Je n'aime pas beaucoup me mettre sur les bras des affaires surnaturelles ; mais pour toi.....

— Mon ami, jamais je ne pourrai consentir à ce qu'un prêtre, l'oint du Seigneur, soit menacé à cause de moi.

— Alors, dit Tomaho, je m'y prendrai autrement.

« Je tuerai des bêtes rares et je ferai un marché.

« Je dirai à l'évêque...

— C'est vrai, interrompit Conception, tu connais l'évêque.

« Tout peut s'arranger.

« En payant cher, tu obtiendras que je sois déliée de mes vœux.

Et frappant dans ses mains :

— Quel bonheur !

« Aimer sans remords.

— Alors nous partons ?

— Mon ami... un instant...

« J'ai peur.

« Que ferons-nous dehors ¿

— Je suis trappeur.

« Tu verras quelle belle vie nous passerons dans la prairie ! »

Et Tomaho fit une peinture éloquente et poétique de l'existence des chasseurs.

Il fut tendre, insinuant, éloquent, entraînant.

Il convainquit Conception et emporta son consentement.

— Soit ! dit-elle enfin.

« Nous partirons.

« Mais il faut que tu sortes, que tu trouves un costume de femme ; je ne puis sortir vêtue en sœur.

« Et puis je veux dire adieu à l'une de mes amies.

« Attends ! »

Elle courut chercher Nativité.

Tomaho, resté seul, s'assit sur le lit de Conception.

La couche gémit sous le poids.

L'énorme géant nageait en pleine extase.

Il prit une jolie petite guimpe qui traînait sur le lit et, pour passer le temps, il admira l'objet, en flaira les parfums féminins qu'il dégageait et le baisa ardemment.

Conception le trouva ainsi.

Elle en fut touchée.

Nativité, qui entrait, en rit.

— Mon ami, dit Conception, voici ma compagne.

« Cette petite folle veut me suivre ; c'est insensé.

« Dis-lui que c'est impossible. »

Tomaho regarda la jeune fille, puis il hocha la tête.

— Je ne mens jamais ! fit-il.

« Je ne dirai pas à cette fauvette qu'il est mauvais qu'elle cherche à quitter la cage.

— Mais...

— Conception, Tomaho t'aime, il mourra pour toi.

« Demande-lui tout, excepté de mentir.

— Cependant...

— J'ai dit.

Au fond, Conception n'était pas fâchée d'avoir une complice.

Nativité cependant questionna le colosse.

— Cacique, dit-elle (Nativité savait que Tomaho avait été cacique), je vous prie de me dire si vous êtes au nombre des guerriers qui suivent le comte de Lincourt !

— Ma sœur a dit vrai, fit Tomaho.

— Où conduirez-vous Conception en sortant d'ici ?

— Dans la prairie.

« Elle sera gardée par Sable-Avide, mon ami.

— Et après?

— Après, je verrai quelqu'un qui me conseillera probablement de ne pas laisser ici mademoiselle d'Éragny que j'appelle Rosée-du-Matin.

« Il est probable, je devine cela, que je la conduirai à son père.

« Ce couvent... trop de monde y entre... à mon avis. »

Conception rougit.

Nativité se décida.

— Voulez-vous être bon? dit-elle.

« On vous dit généreux et plein de pitié.

« Emmenez-moi.

— Cela me fera plaisir d'être agréable à une petite fauvette, dit Tomaho.

Nativité lui tendit la main, et le géant y mit un baiser.

Conception fit quelques observations pour la forme.

Mais Nativité poussant le géant dehors en riant :

— Vite, vite! dit-elle.

« Deux costumes.

« Allez, bon Tomaho.

« Allez et revenez vite ! »

Le géant s'en fut par les couloirs, accompagné de Conception qui le conduisit jusqu'au souterrain.

CHAPITRE XLIII

POURSUITE

Lorsque Tomaho revint, il trouva le portier du souterrain garrotté dans sa maison.

Le fait lui parut singulier.

Il était sur le point de délier cet homme.

Mais il songea :

— Suis-je fou?

« Voilà une besogne faite et j'allais la défaire !

« D'autres enlèvent aussi, paraît-il ! »

Il pressa le pas.

L'idée ne lui vint pas que Conception ou mademoiselle d'Éragny fussent en péril ; il supposa que quelque sœur se faisait enlever.

Mais à la sortie du souterrain, il trouva Conception garrottée et bâillonnée, ce qui lui arracha une sourde exclamation de fureur.

Il rendit la sœur à la liberté et fut joyeux de la voir saine et sauve.

— Mon Dieu! dit celle-ci à voix basse, quelle aventure !

« J'étais venue ici pour t'attendre, mon bon ami.

« Et des hommes qui enlevaient une jeune fille m'ont saisie.... »

Ce mot *jeune fille* fit naître une inquiétude dans l'âme de Tomaho qui demanda vivement :

— Comment se nomme cette jeune fille? Dis vite.

— Mademoiselle d'Éragny !

Tomaho, à cette révélation, poussa un rugissement dont le monastère retentit des fondements au faîte.

Le géant déchira la robe de Conception lui en jeta une autre sur le dos, et emporta sa maîtresse.

Sorti du couvent, il se coucha sur le sol de la rue, et, aux clartés de la lune, il étudia la piste laissée dans la poussière par les ravisseurs.

Il vit la direction et la suivit rapidement.

Il portait Conception comme un fétu.

La pauvre femme terrifiée ne disait mot, s'étant évanouie.

Pour un sauvage, pour un trappeur comme Tomaho, la piste était facile à suivre.

Les rues d'Austin n'étaient pas pavées.

Le senor gouverneur, don Matapan, jugeait que moins il serait dépensé d'argent en frais d'édilité, plus il en garderait dans sa caisse.

Nous disons sa caisse, et pour cause, quoique ce fût celle du gouvernement.

Tomaho, se penchant parfois, suivit toujours la trace.

Il arriva à une porte gardée par un poste.....

— Qui vive? essaya de crier une sentinelle.

Arrivée de Nativité dans la tribu de Bable-Avide

Et elle croisa la baïonnette.

Tomaho n'était pas homme à s'embarrasser de pareilles plaisanteries.

Il arracha le fusil des mains du soldat tremblant et lui demanda :

— Qui est sorti par ici ?

— Personne, essaya de dire le malheureux factionnaire.

— Tu mens.

« Parle, ou tu meurs.

— Senor, ce sont des cavaliers.

— Combien étaient-ils ?

— Cinq ou six.

— Et avec eux ?

— Je ne sais, per Dio !....

« Je crois qu'il y avait quelque chose ou quelqu'un couché par le travers de la selle de l'un d'eux.

« Mais ils ont donné la *bonne main* généreusement.

« L'on n'a pas trop regardé. »

Tomaho se jugea en bonne voie et envoya dans la porte un coup de pied furieux.

Tout un panneau vola en éclats avec bruit.

Tomaho, avec son fardeau, passa sur les débris....

Le poste, réveillé, le vit s'enfoncer dans la nuit.

— Par le diable ! dit le capitaine, furieux

de ce que le géant passait sans *bonne main*, tout le monde sort donc d'Austin, cette nuit?

« C'est comme une rage. »

Le milicien ou garde national était un gros boucher.

Homme remarquablement fort, il passait pour assez crâne.

— Je ne comprends pas, lui dit le capitaine, que vous ayez laissé passer cet homme.

« Vous êtes lâche comme un coyote et bête comme un canard. »

Le boucher indigné montra la porte abattue.

— Allez donc mettre la main au collet d'un pareil colosse, qui vous jette bas une porte de ville d'un coup de pied!

« J'aurais voulu vous y voir, vous qui vous cachez dans les caves dès qu'il y a des coups de fusils.

— Misérable! fit le capitaine.

« Tu parles à ton chef, don Hidalgo y Xanaras y Andreo!

« Rétracte ton infâme calomnie, ou je te passe mon épée au travers du ventre.

— Moi, je vous envoie ma baïonnette dans l'estomac! fit le soldat.

« Et je maintiens ce que j'ai dit : vous n'êtes bon qu'à vous sauver dans les caves, capitaine. »

L'officier tira son épée.

La sentinelle croisa la baïonnette.

Le poste espéra vaguement que le sang coulerait.

Mais on entendit une voix avinée qui chantait à tue-tête, tout en examinant des traces sur le sol.

Cet ivrogne avait arrangé des paroles indiennes sur des airs de cachuchas mexicaines.

C'était Sable-Avide.

— Attention! dit le capitaine cessant la dispute.

« Celui-là a l'air de vouloir passer aussi.

« Il faut qu'il paie pour lui et pour l'autre. »

Ces bons miliciens établissaient ainsi un bon petit impôt absolument illégal sur ceux qui, la nuit, voulaient quitter Austin, ce qui était absolument défendu.

— Aux armes! avait commandé l'officier.

Et rassurés parce qu'ils se trouvaient une dizaine armés contre un Indien ivre, les miliciens barrèrent sur deux rangs la brèche faite dans la porte par Tomaho.

Cependant Sable-Avide s'approcha sans s'inquiéter de ces démonstrations hostiles.

Il était réellement ivre-mort.

A la fin, les Yankees avaient réussi à le soûler.

Mais à quel prix!

Il titubait et zigzaguait très-agréablement. En face des soldats, il s'arrêta et les salua militairement.

— Bonjour! dit-il.

« Vous voyez, amis, que je parle la langue des blancs.

« C'est moi qui commande :

« Portez armes!

« Présentez armes!

« J'apprendrai l'exercice des blancs à mes guerriers.

« Avez-vous vu Tomaho, mon ami Tomaho, le Cacique?

« Je viens de voir sa trace sur le sable.

« S'il est parti pour la prairie, je m'en vais aussi. »

Le capitaine jugea le moment venu de mettre un terme aux divagations de cet ivrogne.

— On ne passe pas! dit-il.

— Pourquoi ça? fit Sable-Avide.

— C'est défendu.

— Par qui?

— Par le gouverneur.

— Don Matapan?

« C'est mon ami. »

Le capitaine prit cette déclaration pour une facétie d'ivrogne.

— L'ordre est d'empêcher de passer la nuit, dit-il.

— Tomaho est dehors, pourtant, fit Sable-Avide.

Et il montrait la porte ouverte ou plutôt abattue.

— Et puis, reprit l'Indien, il fait jour.

« J'éclaire.

« Je suis le Grand-Soleil-des-Buveurs !

— Assez causé, dit le capitaine prenant des airs de matamore.

« Donnez la bonne main, si vous voulez passer. »

Sable-Avide tendit les mains et dit naïvement :

— Prenez celle que vous voudrez : ça m'est égal.

— Imbécile ! dit le capitaine.

« Il ne s'agit pas de ça.

« Il faut payer pour passer ! »

Sable-Avide se fâcha.

— Tu m'appelles imbécile, toi, un chef de soldats pour rire, et je suis, moi, un sachem de vrais guerriers. »

Il tira un revolver de dessous son manteau.

Comme une volée de perdreaux surpris par le chasseur, le poste s'enfuit...

Et Sable-Avide passa...

On l'entendit dans la plaine chanter ses refrains.

Un instant après, le boucher revenait le premier.

Il ramassait son fusil et appelait ses camarades.

— Il faut avouer, dit-il, que vous êtes de jolis soldats !

— Tu as eu peur aussi, dirent les autres, et tu t'es sauvé.

— Ça n'est pas vrai !

« Vous m'avez renversé en détalant ; sans ça je tuais l'homme.

« Où est le capitaine ? »

— Capitaine !

— Oh ! capitaine !

— Capitaine ! oh ! oh !

Une voix, dans la nuit, cria :

— A moi !

« Lâches !

« A moi ! »

Puis le capitaine rentra, l'épée à la main, en criant :

— Voilà comment vous m'abandonnez, malheureux !

« Vous êtes des poltrons ! »

Il s'essuya le front.

— J'ai couru après ce maudit Indien et j'ai failli l'attraper !

— Blagueur ! dit le boucher.

« Vous sortez du fond des fossés du rempart. »

Et il montra les bottes du capitaine couvertes de fange.

Le poste se mit à rire.

L'officier se fâcha.

Nouvelle dispute.

Survint une jeune fille.

— Par la Madone, dit le capitaine, celle-ci ne passera pas !

— Espérons-le ! dit le boucher.

— Ça me regarde ! dit le capitaine d'un air luron.

« Je sais quel prix je mettrai à ma complaisance. »

Et au poste :

— Rentrez tous.

— Bon ! fit le boucher.

« Il y a une agréable aubaine, et c'est pour le plus bête et le plus poltron de nous tous.

— Par tous les canons du fort et tous les tonnerres du ciel ! rentrez ! dit le capitaine furieux.

Le poste avait obéi.

Le boucher finit par céder.

— Bonne nuit, belle enfant ! dit le capitaine à la jeune fille.

— Bonne nuit, mon officier !

« Voulez-vous vous écarter, que je passe ?

— Volontiers, ma jolie fille, mais un baiser d'abord.

Et le capitaine allongea les lèvres, mais il reçut un maître soufflet.

On entendit rire dans le poste, et la voix du boucher cria :

— Attrape !

Et le capitaine outré appela ses hommes, leur criant :

— Arrêtez-moi cette rôdeuse de nuit, vous autres !

Mais la jeune fille dit d'une voix menaçante :

— Malheur à qui me touchera !

« Je suis la maîtresse de John Huggs, le pirate.

« Il est revenu cette nuit.

« La moitié de sa troupe occupe la porte du nord.

« Il est à cent pas d'ici avec le reste de sa troupe. »

Le capitaine se précipita vers le poste et cogna.

— Ouvrez! implora-t-il en proie à une terreur indicible.

« Je suis perdu!

« Ouvrez donc!

« Allez-vous me livrer aux pirates? »

Et le poste restait fermé.

La peur avait empoigné les miliciens.

Cependant la jeune fille avait franchi la porte de la ville.

Le bruit de ses pas, répercuté par les fossés, fit croire au capitaine que les pirates arrivaient.

Il cria :

— Je suis mort!

Puis il se tint coi.

Il attendit, faisant mine de cadavre et ne bougeant pas.

Personne ne vint.

Mais une voix de femme cria du dehors :

— Capitaine, votre petite sœur, qui se sauve du couvent, tient à vous dire que vous êtes le plus grand sot qui soit au monde.

Et le poste, rassuré, d'ouvrir, d'entourer le capitaine qui était le frère de Nativité, et de se moquer de lui à outrance.

Il voulut se précipiter à la poursuite de la jeune fille.

Mais le boucher observa :

— Il fait encore bien noir, capitaine, bien noir...

« Si, par une pareille nuit, vous alliez rencontrer le Grand-Soleil-des-Buveurs que vous avez appelé imbécile, il pourrait vous en cuire. »

Le capitaine n'osa sortir...

Et le poste en glosa.

Cependant Tomaho avait continué sa poursuite.

Une fois dehors, il avait pris le vent, et il s'était élancé.

Nous disons que le géant avait pris le vent.

Ceci demande explication.

La lune venait de disparaître.

Les ténèbres s'étaient faites.

Plus de traces!

En pareil cas, un Indien interroge l'atmosphère.

Il semble que, comme un chien de chasse, il hume l'air et se dirige au nez.

Tomaho suivit la vraie direction.

Un homme ordinaire fait des pas de quatre-vingt-dix centimètres.

Tomaho faisait le pas de deux mètres.

En temps ordinaire, sans se presser, il franchissait deux lieues et demie à l'heure, au minimum.

Quand il se hâtait un peu, il abattait plus de trois lieues à l'heure.

Lorsqu'il courait, il n'y avait pas de cheval capable de lutter avec lui.

Il se mit littéralement à voler à la poursuite des cavaliers.

Ceux-ci n'avaient que peu d'avance.

Tomaho, toujours portant Conception, entendit au bout d'une demi-heure le bruit du trot de la bande des ravisseurs.

Le digne géant tressaillit de joie et se jeta à gauche en murmurant :

— Il fait sombre.

« Je leur jouerai le tour du tronc d'arbre que le Trappeur m'a enseigné. »

Il fit une courbe, dépassa les chevaux, s'embusqua dans un petit défilé que le chemin traversait.

Il posa Conception, toujours évanouie, contre un arbre, il se coucha en travers du chemin et il attendit.

Il avait l'air d'un immense tronc d'arbre.

Jamais, dans la nuit, on ne se serait imaginé que cet obstacle fût un corps d'homme.

Bientôt la troupe arriva.

Mendez était en tête, portant la prisonnière.

— Caracho! dit-il.

« Voilà un arbre qui a mal pris son temps pour tomber là. »

Il poussa son cheval.

L'animal fit quelques difficultés et franchit l'obstacle.

Mais il avait reçu en plein ventre un coup de couteau qui lui avait fait une blessure énorme.

La bande passa derrière le chef, et comme le chef.

Les cavaliers faisaient sauter leur bête une à une.

Une à une, elles étaient éventrées par Tomaho.

Et les cavaliers ne s'en aperçurent pas d'abord.

Mais à cinquante pas de là, le cheval de Mendès s'abattit; puis peu à peu les autres tombèrent.

Et les cavaliers de s'effarer.

Mendès-Nunez en voyant les tripes de sa bête hors du ventre, s'écria avec terreur :

— Nous sommes trahis !

En ce moment, Tomaho qui s'était traîné à plat ventre hors du chemin tomba sur les ravisseurs.

Il assomma Nunez et un autre; le reste s'enfuit.

Et le bon géant débarrassa mademoiselle d'Éragny de ses liens.

Blanche, en reconnaissant le géant, l'embrassa avec une joie qui fit pleurer Tomaho.

Mais il pensa à Conception.

— Venez, dit-il à mademoiselle d'Éragny.

« J'ai peur pour ma femme.

— Votre femme ! dit Blanche.

« Vous êtes donc marié ?

— De cette nuit, dit naïvement le géant.

« Venez. »

Et il conduisit mademoiselle d'Éragny vers le défilé.

L'évanouissement de Conception s'était heureusement prolongé fort longtemps.

Le grand air qu'elle n'avait point respiré depuis bien longtemps, une profonde émotion, les joies de la passion, la terreur éprouvée, avaient plongé la religieuse dans une torpeur qui ressemblait presque à la catalepsie.

Tomaho, inquiet, prit un moyen énergique et tout à fait indien.

Il piqua la jeune femme avec la pointe de son poignard.

Elle revint à elle aussitôt que quelques gouttes de sang furent sorties de ses veines, et elle vit le colosse à genoux, entourant d'un mouchoir la légère blessure qu'il lui avait faite.

Mais en apercevant une femme, Conception poussa un cri de surprise : elle prit même mademoiselle d'Éragny pour Nativité. Blanche la détrompa.

Conception était confuse.

Mademoiselle d'Éragny était embarrassée.

Tomaho le comprit.

Le seul moyen d'éviter des explications gênantes était de brusquer le départ, et le géant dit aux deux femmes :

— Gagnons le Colorado.

« Je ferai un radeau.

« Nous arriverons sur le territoire des Apaches. »

Puis à Blanche :

— Pourrez-vous marcher ?

— Oui, dit-elle.

« Je me sens vaillante et forte auprès de vous.

— Je puis te porter ! dit Tomaho à Conception.

— Je marcherai, mon ami.

Le géant ramassa toutes les armes des cavaliers.

Puis il parut se livrer à une opération sur les morts, que Conception supposa être un examen attentif des corps.

C'était pourtant quelque chose de plus grave.

Tous trois se mirent en route.

— Pas de bruit ! avait recommandé Tomaho.

On marcha en silence.

Lorsque l'on fut à quelque mille pas du fleuve, toujours en suivant le chemin, Tomaho entendit des bruits de voix.

— Ce sont eux ! disait-on.

Une troupe s'avançait.

— Och ! dit tout bas le géant : il y avait des gens qui attendaient les ravisseurs.

« Nous allons rire, comme dit Sans-Nez. »

Et aux deux femmes :

— N'ayez pas peur.

« Pas un mot.

« Couchez-vous hors du chemin sur le sol.

« Ma colombe chérie, ne crie pas ; silence !

« Rosée-du-Matin, ne bougez pas. »

Il plaça lui-même les deux femmes derrière un gros tronc d'arbre et il s'embusqua un peu en avant de là, sans bruit.

Il attendit.

John Huggs et ses pirates, au nombre de

sept, s'avançaient rapidement ; le capitaine était impatient.

La Couleuvre n'était point là.

Il ne voulait point paraître en cette affaire.

Il savait que Blanche une fois remise aux mains du pirate par Nunez, Huggs ferait tenir la somme due.

Le rusé leprero se gardait donc de se compromettre.

Huggs, ne voyant plus rien, disait à ses hommes :

— C'est singulier !

« Vous avez entendu marcher ?

— Certainement.

— Et on distinguait un groupe.

— A coup sûr.

— Plus personne.

En ce moment un feu de file très-rapide éclata.

C'était Tomaho qui tirait avec les fusils des cavaliers et les pistolets.

Il envoya d'abord les balles des derniers, puis celles des premiers.

Quatre pirates furent couchés bas, et le reste s'enfuit.

Parmi eux, John Huggs !

Tomaho se leva et courut aux pirates blessés.

Il se contenta de mettre tour à tour le pied sur la poitrine de chacun d'eux et ils cessèrent de râler.

Ils étaient étouffés.

Ainsi le pouce de l'oiseleur brise le sternum de la mauviette.

Le géant recommença sur ces morts l'opération déjà faite sur les autres, il ramassa les armes et appela.

Les deux femmes accoururent.

Blanche était un peu effarée, mais elle faisait bonne contenance.

Conception tremblait.

— Nous marchons dans le sang, cette nuit, dit-elle.

— C'est du sang d'ennemis ! dit Tomaho.

« Ça n'est pas désagréable.

« En route.

« J'ai idée que nous allons trouver une barque là-bas.

« Ces gens devaient en avoir une.

— Mon Dieu ! dit Conception, que de meurtres !

— Och ! fit le géant.

« Je suis un grand guerrier.

« Je tue beaucoup.

« Les coyotes voulaient enlever Rosée-du-Matin et ils sont morts.

« Le Vacondah est juste. »

Conception refoula dans son cœur ses craintes et ses remords.

Elle en était arrivée presque à regretter le couvent.

Au bord du fleuve, on trouva une pirogue.

— Och ! fit le géant.

« Ne l'avais-je pas dit ?

« Voici la barque qui devait emmener Rosée-du-Matin. »

Et il fit embarquer les deux femmes, puis il poussa au large.

Il était tout joyeux.

— Les Apaches vont bien recevoir Tomaho ! dit-il.

« Il n'arrivera pas les mains vides, mais comme un grand cacique, avec beaucoup de trophées.

Il forma un faisceau à l'avant de la pirogue.

Le bon sauvage avait appris des trappeurs comment on dispose les armes pour les faire tenir ensemble et debout.

Cela fait, il coiffa chaque canon de fusil d'un objet que les deux femmes ne distinguèrent pas d'abord.

Mais le jour vint.

Conception ne pouvait en croire ses yeux.

Au bout des fusils pendaient des chevelures sanglantes.

— Quelle horreur ! dit-elle.

Et elle se cacha la tête dans ses mains pour pleurer.

Blanche détourna la tête.

— Quel chagrin ont donc les deux squaws (femmes) ? demanda le géant inquiet.

— Mon ami, dit Blanche, ces chevelures sont horribles.

« Cachez-les.

— Jetez-les, dit Conception.

Tomaho, à ce mot, sourit.

Il se leva, enleva les scalps, mais se garda bien de les lancer dans le fleuve.

Il les mit dans un coin.

Revenant vers Conception, il lui demanda :

— Aimes-tu les colliers de perles, les belles robes et les bracelets d'or?

Conception était femme.

De sa vie, elle n'avait porté de ces bijoux.

Elle regarda son amant, ou plutôt son mari, avec la joie que lui donnait l'espoir d'être bientôt splendidement parée.

Elle oublia les chevelures.

— Vous parlez de colliers de perles? dit-elle en riant.

« Auriez-vous la galanterie de m'en offrir un ?

— Un! fit Tomaho.

« Un, ce n'est pas assez.

« Conception en aura deux.

— Vous êtes donc bien riche, mon ami?

— Peut-être, dit-il.

Puis il redemanda :

— Conception n'a pas répondu?

« Aime-t-elle les perles?

— Mon cher Tomaho, pour vous plaire, je serai toujours heureuse de me parer.

Le géant sourit.

— Les femmes, fit-il, ne disent jamais franchement oui ni non.

« Je suppose que Conception, si j'avais une ceinture pleine d'or pour lui acheter des parures, serait désolée de me la faire jeter dans le fleuve.

— Certainement, mon ami.

« Pourquoi me dites-vous ça?

— Parce que, à Austin, on paie cher les scalps.

« On donne ce que les blancs appellent une prime pour chaque chevelure.

— Vraiment? dit Conception.

Tomaho reprit :

— Je teindrai ces scalps et je leur donnerai l'aspect de chevelures d'Indiens : puis j'enverrai toucher les primes.

« Et Conception aura perles et bracelets, étoffes et rubans.

« Mais si Conception préfère que je jette les scalps à l'eau...

— Mon ami, dit Conception, à ce sujet, je n'ai pas de conseils à vous donner, je suis votre servante dévouée.

« Faites à votre volonté. »

Tomaho sourit encore et dit de nouveau placidement :

— Les femmes ne disent jamais franchement oui ni non.

Et il se mit à pagayer en pensant qu'il venait de faire de la politique conjugale très-adroite.

Le soleil était levé.

La journée s'annonçait splendide.

La barque filait rapidement sur le Colorado.

Les brises matinales embaumaient les airs et les oiseaux lançaient leurs chansons joyeuses du haut des grands arbres séculaires qui ombrageaient les rives.

La prairie s'étendait immense et riante à l'horizon.

Au loin, les monts Apaches se dressaient étincelants sous la lumière.

Le site était splendide.

Ce réveil de la nature était un merveilleux spectacle.

Les antilopes venaient boire l'eau du fleuve et fuyaient légères à la vue de la pirogue.

Conception respirait l'air de la liberté...

Elle sentait sa poitrine se dilater, son cœur se gonfler ; la vie s'infiltrait dans ses veines.

Elle oublia les scènes de la nuit, les scalps, ses craintes, ses regrets et elle se laissa bercer par la marche rapide de la pirogue.

Mademoiselle d'Éragny s'était rapprochée du géant.

Penchée vers lui, elle demanda :

— Où allons-nous?

— Le voir, dit-il.

Elle rougit.

— Vous savez donc? demanda-t-elle.

— Tout! dit-il.

La jeune fille reprit sa place auprès de Conception.

Elle se prit à rêver aussi.

Et c'était un tableau charmant que celui-là.

Un paysage admirable, un ciel pur et profond, un fleuve immense, une pirogue de formes pittoresques, deux jeunes femmes songeuses, et ce colosse lançant l'embarcation sur les eaux avec un rapidité vertigineuse...

Un homme vit cette scène de la rive.

C'était la Couleuvre caché dans un massif...

— Ah! dit-il, ce Tomaho a sauvé la petite!

« Ce géant me gêne.

« Il mourra. »

On sait combien facilement la Couleuvre se débarrassait d'un homme.

CHAPITRE XLIV

COMMENT SABLE-AVIDE ET NATIVITÉ SE RENCONTRÈRENT ET CE QU'IL EN ADVINT

Nativité attendait le retour de Tomaho au couvent avec non moins d'impatience que Conception; elle faisait des paquets de quelques effets à emporter, pendant que son amie guettait l'arrivée de Tomaho.

Inquiète de ne voir remonter ni l'un ni l'autre, elle descendit vers la chapelle...

Tomaho venait d'enlever Conception.

Nativité trouva le second costume apporté par Tomaho et jeté sur les dalles par lui; elle le mit.

Sa fuite en fut retardée d'autant.

Elle sortit.

Tomaho était loin.

Toutefois elle courut dans la direction prise par le géant.

Nous avons vu comment elle parvint à franchir la porte.

Une fois dans la plaine, après avoir lancé à son frère sa railleuse épigramme, elle courut le long du chemin.

Elle appelait Conception.

Elle pensait être entendue.

Une voix, mais non celle de Conception, répondit à la sienne.

C'était Sable-Avide qui fredonnait toujours.

Elle courut de ce côté.

Sable-Avide entrevit cette forme blanche dans la nuit.

Il s'arrêta.

— Tomaho!

« Conception! » criait Nativité.

Et Sable-Avide, entendant que l'on appelait son ami, accourut :

— Och! fit-il.

« Qui appelle mon frère Tomaho? »

A ce mot de frère, Nativité prit confiance et répondit :

— C'est moi qui appelle le Cacique. Est-il là?

— Och! fit Sable-Avide.

« Nous cherchons le géant tous les deux!

« Je crois qu'il a pris par ce chemin-ci.

— Et Conception?

Sable-Avide se gratta le front, essaya de rassembler ses idées, n'y parvint pas et dit à Nativité :

— J'ai envie de danser.

« Veux-tu danser? »

Elle s'effraya.

— Vous n'êtes donc pas le frère de Thomaho? fit-elle en reculant.

— Je le suis! dit Sable-Avide.

« De plus je suis le Grand-Soleil-des-Buveurs!

— Malheureux!

« Me proposer de danser dans un moment pareil!

— Si tu ne veux pas danser, tu es Mexicaine, tu dois avoir des castagnettes, ma petite brebis blanche!

« Joue des castagnettes.

— Je n'en ai pas!

— Alors, chante.

Elle se mit à pleurer...

Elle avait peur de cet Indien ivre et elle appela Tomaho.

Mais Sable-Avide se mit à crier comme un sourd :

— Tomaho!

« Où es-tu, grand Cacique?

« Une petite brebis blanche bêle après toi.

« Tomaho! »

Il était si drôle ainsi, ce vieux sauvage, il avait des intonations de voix si comiques, il imitait si bien le bêlement des brebis, que Nativité se dit qu'elle n'avait rien à craindre de cet ivrogne facétieux.

— Tomaho ne nous entend pas! dit-elle.

« Tâchons de le rejoindre.

LE SECRET DU DOMPTEUR

Le comte lui-même alla reconnaître la grotte.

« Il emporte une femme... deux peut-être... Le savez-vous?

— Je sais que je suis le Grand-Soleil des buveurs et que je suis ivre; voilà ce que je sais.

« Mais si Tomaho emporte des femmes sans moi, ce n'est pas d'un bon camarade.

« Je me plaindrai au Sauveur.

— Qui est ce Sauveur? demanda la jeune fille espérant obtenir quelque renseignement qui lui permettrait de prendre une résolution.

— Le Sauveur! dit Sable-Avide.

« Och! le Sauveur, c'est un Indien venu d'Europe.

« Il va chasser tous les blancs et il épousera une blanche.

« C'est prédit. »

Nativité fut frappée d'une idée subite.

— Le Sauveur! dit-elle; l'avez-vous vu déjà?

— Non!

— Et la femme blanche?

— La femme blanche, je ne l'ai pas vue non plus.

« Nous épouserons tous des femmes blanches.

« J'en ai une, moi.

« Elle est laide; c'est la fille de mon ami Matapan.

— Je t'assure, ma petite brebis, que c'est une femme bien ennuyeuse.

« L'Aigle-Bleu veut épouser la petite Rosée-du-Matin.

« Je...»

Nativité s'écria :

— Il y a un chef appelé l'Aigle-Bleu qui veut épouser mademoiselle d'Éragny?

— Oui, dit Sable-Avide.

« Nous surveillons le couvent, à Austin, à cause de Rosée-du-Matin.

— Comment est ce chef?

— Est-il grand?

— Très-grand!

— Est-il beau?

34ᵉ LIVRAISON

— Très-beau.

« Comme moi! » fit Sable-Avide.

Nativité précisa ses questions et resta convaincue que le beau jeune homme qu'elle avait vu donnant une lettre à mademoiselle d'Éragny à la procession était l'Aigle-Bleu vêtu à l'européenne.

Elle se dit que cet homme et le Sauveur des Indiens ne faisaient qu'un.

Un monde d'idées l'envahit.

— Sachem, dit-elle, voulez-vous me conduire dans votre tribu?

— Je veux retrouver Tomaho.

— Tomaho est parti sauvant, je crois, Rosée-du-Matin des mains des ravisseurs.

Sable-Avide bondit.

— Och! fit-il.

« On avait enlevé Rosée-du-Matin?

— Oui, dit Nativité.

« Tout me porte à le croire.

— Alors Tomaho l'a délivrée?

— Je le suppose.

Le sauvage se dégrisait.

— Le Cacique emporte la jeune fille vers l'Aigle-Bleu, dit-il.

« Allons donc vers ma tribu! »

Puis, comme la raison lui revenait, il demanda :

— Pourquoi veux-tu venir chez les Indiens?

— Je veux y retrouver une amie.

— Ma femme? dit Sable-Avide.

Nativité pensait à Conception; mais elle ne crut pas devoir détromper le sauvage.

— Oui, votre femme.

— Viens! dit le sachem.

« Tu tâcheras de la rendre moins méchante, si tu le peux. »

Et ils se dirigèrent vers le Colorado sans rencontrer personne.

Les pirates avaient trop peur, à la suite de la leçon que leur avait donnée Tomaho, pour demeurer dans les environs.

Sur la rive, Sable-Avide fabriqua un radeau de jonc.

Bientôt le Grand-Soleil et Nativité furent emportés par le courant.

Le soir même, le radeau abordait sur une rive au bord de laquelle était établi le camp des Apaches de la tribu de Sable-Avide.

Le village comptait deux cents tentes environ.

Le quart au plus des guerriers y était resté.

Le reste faisait partie de la troupe qui bloquait les chasseurs.

En arrivant, Nativité remarqua une pirogue amarrée à un pieu.

C'était celle qui avait amené Tomaho et Blanche.

Sable-Avide était dégrisé.

Il s'inquiétait.

— Que s'est-il passé? demandait-il à Nativité.

« Je devais veiller sur Rosée-du-Matin qu'aime l'Aigle-Bleu.

« Tomaho l'a-t-il délivrée? »

Et quand un guerrier annonça au sachem que Blanche était en sûreté, Sable-Avide fut ravi.

Il ne pensa plus qu'à présenter Nativité à sa femme, Belle-Plume, fille de don Matapan.

Celle-ci avait reçu son surnom en arrivant dans la tribu.

Elle portait un chapeau d'amazone orné d'une plume si remarquable, que les Indiens avaient sur-le-champ désigné la jeune fille comme nous venons de le dire.

Comment se trouvait-elle mariée à Sable-Avide?

Tout naturellement, selon la logique des sauvages.

Le sachem avait enlevé le père et il jugea que don Matapan ne voudrait pas se séparer de sa fille.

Donc il avait aussi enlevé celle-ci pendant la fête.

C'était la première fois qu'une pareille aventure arrivait à Belle-Plume.

Laide à faire peur, ronde comme son père, boule de chair, pelote de graisse, acariâtre, aussi peu faite pour inspirer l'amour que prompte à l'éprouver, Belle-Plume, au camp des sauvages, fut fêtée, choyée par tout le monde.

On lui donna, pour la servir, deux des femmes délivrées des mains des négriers; on lui épargna toute peine et tout ennui.

Elle jouit d'une liberté complète et elle

trouva des charmes à la vie que menaient les Apaches.

Quelle avait été celle de Belle-Plume jusqu'ici?

Manger, dormir et s'ennuyer.

Elle dormit, mangea, mais ne s'ennuya plus.

Elle ne s'ennuya plus parce que Sable-Avide lui fit la cour.

Celui-ci ne trouvait point Belle-Plume jolie. Mais c'était une blanche, la fille d'un gouverneur.

L'épouser flattait la vanité du sachem.

De plus, ce mariage resserrerait les liens qui l'unissaient à don Matapan.

Et Belle-Plume, qui n'avait jamais reçu d'hommages, remarqua que, comme hommes, les Indiens, admirablement faits, mâles, beaux et fiers, valaient bien les petits jeunes gens d'Austin.

De plus, Sable-Avide était un grand chef, un guerrier obéi et très-aimé de sa tribu.

Lorsqu'il commandait, à cheval, une centaine de cavaliers, les faisant parader, caracoler et défiler à la sauvage devant lui, il avait belle mine.

Aucun capitaine d'Austin ne lui était comparable.

En outre, Sable-Avide était un fantaisiste, un boute-en-train, un singulier type; les femmes aiment les mauvais sujets.

Le mariage se fit en grande pompe!

Et Belle-Plume se prit à adorer son mari.

Elle en fut jalouse comme une tigresse, et lui fit des scènes.

Don Matapan dut intervenir souvent.

Ce digne senor était loin d'avoir abandonné l'idée de fuir et de gagner la ville d'Austin.

L'entreprise était difficile.

Sable-Avide faisait surveiller son beau-père avec soin.

Et s'il faut tout dire, le gouverneur s'accoutumait à sa position.

Nous l'avons dit, c'était un homme de bon sens.

Il ne manquait pas d'une certaine finesse.

La pratique du gouvernement à Austin lui avait donné cet esprit d'expédients qui est fort apprécié chez les Indiens.

Au conseil, don Matapan était religieusement écouté.

On l'entourait de prévenances et d'égards flatteurs.

La tribu lui était reconnaissante de grands services rendus.

Don Matapan, entre autres choses, avait sauvé les Indiens d'une épidémie.

La petite vérole faisait des ravages effroyables chez les Indiens.

Une tribu voisine était infectée de cette maladie.

On en redoutait l'invasion.

Don Matapan envoya des émissaires à Austin chercher du vaccin et il l'inocula à presque tout le village.

Quelques vieux Indiens refusèrent de se laisser faire.

Ils moururent de la petite-vérole et les autres n'en furent pas atteints.

La tribu proclama don Matapan un grand sorcier.

Mais cet excellent homme avait délivré ses amis d'un autre fléau.

Il avait fait rapporter par les émissaires du pyrèthre du Caucase et de l'onguent mercuriel.

On sait que les peuplades nomades sont dévorées par les uces et les vermines de toute espèce.

C'est insupportable.

Don Matapan avait ordonné des frictions générales d'onguent et des insufflations de poudre dans les tentes.

Puces et vermines avaient disparu comme par enchantement.

Les dames apaches surtout avaient été ravies du résultat, n'ayant plus à relever leurs jupes en public pour se gratter.

Rien ne se décidait plus sans que don Matapan fût consulté et, très-honoré de cette confiance, il disait souvent à Sable-Avide :

— Ton peuple a du bon.

« Il est plus reconnaissant que celui d'Austin et plus gouvernable. »

L'eau-de-feu, le vin, les liqueurs ne manquaient pas.

Don Matapan, tout en se disant qu'il s'évaderait, ne s'ennuyait pas trop et ne maigrissait point.

Sa fille seule lui donnait des tourments.

Sable-Avide avait trois autres femmes, et Belle-Plume entendait qu'elles ne fussent que des servantes..... mais pas à tout faire.

Quand le chef faisait attention à l'une de ses épouses indiennes, Belle-Plume poussait des cris de Mélusine.

Sable-Avide laissait à son beau-père le soin de la calmer.

Les choses allaient de ce train, quand Sable-Avide reparut au camp.

Belle-Plume vint à la rencontre de son époux.

Elle avait adopté les modes indiennes, pour plaire à Sable-Avide : mais elle n'en était pas plus jolie.

Elle accourait empressée...

Elle s'était fort ennuyée en l'absence de son ivrogne de mari, très-galant quand il avait la tête montée.

De fait, il fallait y voir un peu trouble pour trouver des charmes à ce laideron ; Belle-Plume poussait volontiers son mari à vider bouteille, sachant qu'il serait aimable après boire.

Elle se précipitait donc, songeant que le retour serait fêté par un repas qui aurait des suites.

Mais Belle-Plume aperçut Nativité assise sur un rocher.

Une blanche !

Ramenée par Sable-Avide !

Une jolie fille !

Horreur !....

Belle-Plume se précipita, les doigts crochus, pour arracher les yeux à sa rivale ; Nativité se mit à rire.

Cette fille lui parut grotesque.

Mais Belle-Plume était rageuse, et sans don Matapan, qui intervint, Nativité eût été griffée.

— Qu'avez-vous? demanda don Matapan à Belle-Plume.

« Est-ce ainsi que vous entendez l'hospitalité envers une amie ?

« Car la senorita est votre amie, m'a dit le sachem.

— C'est faux ! s'écria Belle-Plume ; cette fille a menti.

« Moi ! l'amie d'une pécore qui court la prairie avec des hommes !

« Où prenez-vous, papa, que j'ai connu cette péronnelle ?

« Je veux qu'on la chasse sur-le-champ !

— Senor gouverneur, dit Nativité, mon frère est capitaine de la milice à Austin.

« Il se nomme don Antonio.

« Je suis fille..... »

Don Matapan reconnut Nativité et s'écria :

— Quoi !

« Vous, mon enfant !

« Vous ici !

« Et le couvent ?

— Je me suis enfuie ! dit Nativité.

— Vous voyez bien ! s'écria Belle-Plume.

— Je me suis enfuie, dit Nativité, parce que j'ai eu peur.

« Dans la même nuit, on a enlevé mademoiselle d'Éragny, Conception, mon amie, d'autres encore peut-être !

« Des hommes armés ont pénétré dans le couvent.

« Je me suis sauvée !

« J'ai été rencontrée par le sachem qui m'a amenée ici.

« Je puis jurer à madame que je n'aime pas et n'aimerai jamais son mari, ayant au cœur une autre passion. »

Et Nativité fit mine de pleurer, ce qui attendrit don Matapan et apaisa Belle-Plume.

Du moment où l'on ne lui disputait point Sable-Avide, elle était capable d'entendre raison.

Sable-Avide, pendant cette scène, s'était gardé d'approcher.

Il connaissait le caractère grincheux de son épouse.

Mais quand il vit que les choses tournaient à bien, il se risqua.

— Belle-Plume, dit-il, va se montrer douce et bonne.

« Elle préparera un repas d'honneur pour son amie.

« Il ne faut pas que l'on accuse les Apaches de manquer aux lois de l'hospitalité. »

Belle-Plume avait encore des soupçons ; elle allait probablement faire une aigre réponse, quand un bruit de galop retentit.

L'Aigle-Bleu parut.

Le jeune chef, escorté par dix cavaliers, s'avançait au galop.

Il sembla étonné de voir Nativité, qui tressaillit en apercevant le sachem et qui rougit.

Ce mouvement n'échappa pas à Belle-Plume et elle en conclut, avec une sagacité toute féminine, que Nativité aimait l'Aigle-Bleu, et que c'était lui qu'elle venait chercher parmi les Apaches.

Cependant le jeune sachem interrogeait Sable-Avide.

— J'ai vu, dit-il, les feux d'appel, et j'ai deviné que quelque chose d'extraordinaire s'était passé à Austin.

« Qu'y a-t-il ?

— On a voulu enlever Rosée-du-Matin, répondit Sable-Avide.

« Tomaho l'a sauvée.

« Le chef était ici, il y a quelques heures, avec la jeune fille.

« Il est parti pour le camp avec une forte escorte.

« Moi, j'arrive à l'instant avec cette femme blanche.

« Je suis étonné que l'Aigle-Bleu n'ait pas rencontré Tomaho.

— Nous avons franchi, pour arriver plus vite, le chemin des précipices. »

Nativité avait observé le guerrier pendant qu'on lui annonçait le danger couru par Blanche.

Il semblait n'avoir rien éprouvé.

Sachant regarder entre ses cils, comme toutes les femmes, Nativité sentit le regard du chef se reposer sur elle.

Il lui parut que l'œil du sachem s'allumait.

Et Belle-Plume, qui avait tout intérêt à ne pas se tromper, fit les mêmes observations et dit à son père :

— Voilà qui est étrange !

« L'Aigle-Bleu passe pour aimer Rosée-du-Matin...

— Allez-vous faire des cancans ? dit don Matapan.

« Je n'aime pas ces causeries et ces intrigues qui troublent le repos des gens.

— Mais, papa, de quoi voulez-vous que je m'occupe ?

« Du reste, je vais vous faire une remarque dont vous serez frappé.

— Laissez-moi aller jusqu'au bout.

— Langue infernale !

— Vous allez voir.

« L'Aigle-Bleu n'a pas paru s'émouvoir que Rosée-du-Matin eût été enlevée ; il n'a pas même pâli.

— Flegme sauvage !

— Oh ! quand on aime... On voit que vous n'avez pas aimé, papa !

— J'ai beaucoup aimé... la senora votre mère, pécore que vous êtes !

— Soit, papa !

« Mais remarquez que le chef regarde Nativité avec des yeux flamboyants d'amour, et je jure qu'il la trouve belle.

— Peu m'importe !

— Je vous jure que parfois l'Aigle-Bleu me semble plus grand et d'autres fois plus petit que d'habitude.

— Quelle bavarde !

« En dites-vous, des bêtises, quand vous vous y mettez, ma mie !

— Je ne suis pas si sotte que vous vous le figurez, senor.

« Tenez, le chef en ce moment monte son cheval à l'indienne.

— C'est assez naturel.

— Il a l'air dur.

— Tout à l'heure il avait l'air tendre pour cette petite.

— Je n'ai pas dit tendre ; j'ai dit que son regard étincelait.

« Enfin, papa, il a la parole sèche, gutturale, et un accent particulier.

« L'autre a l'œil doux, il se tient sur son cheval comme font les Français, il est plus petit et n'a pas cet accent.

— L'autre ? fit don Matapan.

« Qui, l'autre ?

« Quel autre ?

« Vous me paraissez folle.

— L'autre Aigle-Bleu.

« Je jurerais qu'il y en a deux !

— Tenez, dit don Matapan, si je m'écoutais, et si je ne vous avais mise en puissance de mari, je vous ferais conduire dans une maison d'aliénés.

Et le bonhomme haussa les épaules.

Pendant que Belle-Plume tourmentait ainsi son père par des suppositions aussi étranges, l'Aigle-Bleu demandait à Nativité, en espagnol :

— Pourquoi êtes-vous ici, senorita?

« Pourquoi êtes-vous venue avec Sable-Avide ?»

Et ses sourcils se contractaient.

Et il jeta un regard sombre sur Sable-Avide.

Ce qui fit dire à Belle-Plume :

— Je ne me trompais pas!

« L'Aigle-Bleu est jaloux. »

Ce dernier répondit en racontant son aventure très-laconiquement.

L'Aigle-Bleu écoutait avec une attention extrême.

Quand le sachem eut terminé son récit, le frère de la reine demanda à Nativité :

— Désirerais-tu retourner à ton couvent ? N'aimes-tu pas mieux la liberté?

— Je souhaite, dit Nativité, être réunie à Conception.

— Soit! dit l'Aigle-Bleu.

« Nous retournons au camp.

« Tu nous y suivras. »

Et il ordonna :

— Que l'on amène une cavale, et que cette jeune fille soit désormais considérée avec un profond respect par tous.

« Je me déclare son cousin. »

Pareille adoption était chose importante chez les Indiens.

On en tira des conclusions.

— Il l'aime! se dit-on.

Et Nativité qui n'avait pas compris, l'ordre étant donné en indien, Nativité se vit sur le champ entourée, fêtée, conduite à une tente, couverte de vêtements indiens fort riches et placée devant une collation improvisée par la tribu.

Les femmes lui disaient :

— Ma sœur est heureuse!

« La voilà parente d'un grand chef, du plus beau guerrier de la tribu, du frère de notre reine. »

Et Nativité espéra se faire aimer.

Une heure plus tard, l'on partait.

Pendant la route, l'Aigle-Bleu se montra attentif à ce que Nativité ne supportât aucune fatigue, aucun ennui; mais il fut avare de paroles et ne dit que quelques mots.

On arriva au camp.

La foule des Indiens parut surprise de voir encore une femme blanche.

Déjà mademoiselle d'Éragny et Conception étaient arrivées, et les Peaux-Rouges s'étonnaient de voir trois filles au visage pâle chez eux.

Par ordre de l'Aigle-Bleu, Nativité fut conduite auprès de Conception et de Blanche, sous une tente à elles réservée.

Mademoiselle d'Éragny reçut Nativité avec froideur.

Elle tenait Conception à une certaine distance, marquant entre elle et la sœur une délimitation dont cette dernière se sentait humiliée.

Cependant Blanche affectait de se montrer extrêmement polie.

Tomaho, avec la permission de l'Aigle-Bleu, était descendu vers la caravane.

Il emportait un message.

CHAPITRE XLV

POURPARLERS

A son arrivée, le géant fut reçu par le comte et le colonel.

Ce dernier pâlit à la vue du colosse.

— Nous apportez-vous de bonnes ou de mauvaises nouvelles? demanda-t-il.

« Comment avez-vous pu passer?

— Colonel, dit Tomaho, la lettre que voilà vous dira tout.

Et il tendit cette lettre.

Le colonel la lut à haute voix.

Elle était écrite en espagnol.

« Aux chefs des Visages-Pâles.

« Vous avez voulu, malgré ma défense, pénétrer sur le territoire apache.

« Je vous tiens enfermés.

« La famine vous forcera bientôt à vous rendre à moi.

« Nous traiterons alors.

« En attendant cette heure prochaine, sachez que le guerrier Tomaho est venu me demander le passage pour lui.

« Il voulait conférer avec vous.

« Il tenait cachée une femme, de celles qui vivent dans les maisons consacrées à votre Dieu, et une autre, votre fille.

« J'ai juré qu'il pouvait les amener à mon campement.

« Elles y sont et restent libres d'agir à leur volonté et à la vôtre. »

Ici le colonel s'arrêta.

— Comment, demanda-t-il, avez-vous pu commettre cette imprudence, Tomaho?

M. d'Éragny était mortellement inquiet en posant cette question.

Le géant le rassura :

— Colonel, dit-i, il est un serment qu'un Indien tient toujours.

« La reine a juré de laisser libres les trois jeunes filles.

— Il y en a trois?

— Oui.

« Je vous donnerai des détails plus tard.

« Mais sachez que la reine a fait son serment sur le Vacondah.

« L'Aigle-Bleu aussi a juré.

— Alors, dit le comte, ils tiendront leur promesse.

« Continuez, colonel. »

M. d'Éragny lut encore :

« Les Apaches font la guerre aux hommes et non pas aux femmes.

« Du reste, Rosée-du-Matin a été charmante pour eux et ils ont conservé d'elle, dans les deux fêtes, bon souvenir.

« Ils la traiteront toujours en amie.

« Si le colonel veut que sa fille descende auprès de lui, qu'il ordonne.

« On la lui enverra.

« S'il veut lui épargner la faim, qu'il la laisse auprès des Indiens.

« Quoi qu'il arrive, elle sera respectée et en liberté.

« Si le chef blanc veut qu'on la reconduise à Austin, Tomaho l'y mènera. »

Et la reine avait signé.

— Expliquez-nous donc, Cacique, demanda le colonel, ce qui s'est passé.

Tomaho raconta tout avec une grande simplicité, y compris l'enlèvement de Conception.

— Voilà, ma foi, un couvent bien gardé! s'écria le colonel furieux.

« Mais comment, Cacique, osiez-vous faire scandale dans ce cloître?

« Mademoiselle d'Éragny s'y trouvait.

— Si Conception ne m'avait pas aimé, dit le chef, Rosée-du-Matin était prisonnière de John Huggs, le chef des pirates.

— C'est vrai! dit le comte.

Et au colonel :

— Il est des raffinements de délicatesse que Tomaho ne peut saisir.

« Ne lui reprochez rien.

« Tout est bien qui finit bien.

— Mais rien n'est fini! s'écria le colonel.

— Tout finira! affirma le comte, et finira bien, je vous jure!

Le colonel cependant ne trouvait pas parfaitement droite la conduite du géant.

— Quelle étrange idée avez-vous eue d'aller trouver la reine? fit-il.

« Espériez-vous donc qu'elle serait généreuse à l'égard de Rosée-du-Matin?

— J'en étais sûr.

— Et quelle raison avait-elle de ne pas vous retenir prisonnier?

— Je ne suis pas allé en ennemi vers elle, mais en parlementaire, comme vous dites, vous autres Visages-Pâles.

Puis lassé et froissé de cet interrogatoire :

— J'ai sauvé Rosée-du-Matin, dit-il.

« Je ne pouvais, avec elle, errer dans la prairie.

« Il fallait vous voir.

« Je vous vois.

« Qu'avez-vous à me reprocher? »

Le comte avait pleine foi en Tomaho; il appuya le chef.

— Le Cacique, dit-il, a sans doute remarqué que la reine et l'Aigle-Bleu avaient de l'amitié pour Rosée-du-Matin...

— J'étais sûr de cela, dit Tomaho.

« Un Indien sait ce que pense un autre Indien

— Tomaho, reprit le comte, est allé au camp ennemi pour négocier.

« Il a réussi.

« Je l'en félicite. »

Le colonel, convaincu, tendit sa main au géant qui la serra si vigoureusement que M. d'Éragny se jura de ne lui confier désormais qu'un doigt.

— Merci, Tomaho ! dit-il.

« Vous avez agi avec discernement et avec un zèle dont je vous suis reconnaissant.

« Mais que faire?

— Moi, dit le comte, je conseille de réclamer mademoiselle d'Éragny.

— Et la famine?

« Et les dangers?

— Il n'y aura, dit M. de Lincourt, ni famine ni grands dangers.

— Que Tomaho retourne donc réclamer Blanche.

Le géant se leva placidement et sortit suivi de M. de Lincourt.

Celui-ci lui dit, une fois dehors :

— Je parie, Tomaho, que l'Aigle-Bleu aime mademoiselle d'Éragny.

« C'est ce que vous aviez deviné?

— C'est vrai, dit Tomaho.

« Il m'a paru que le chef regardait avec tendresse Rosée-du-Matin.

— Et il compte, nous tenant bientôt par la famine, traiter avec nous.

« Et il espère que mademoiselle d'Éragny, pour nous sauver, consentira à devenir sa femme.

— Cela doit être son plan, dit le géant en souriant.

— Je vous fais compliment, Cacique, pour votre perspicacité.

« Ramenez-nous mademoiselle Blanche, et, croyez-moi, ramenez aussi la femme que vous aimez.

— Je comptais le faire! dit le géant.

— Est-ce que vous vous douteriez de mes intentions? demanda le comte.

— Non, mais je vous sais très-fin et capable de jouer un mauvais tour aux Apaches.

Le comte se mit à rire et pria Tomaho de se hâter.

Le géant retourna au camp indien.

— Le colonel, dit-il à l'Aigle-Bleu, mande sa fille.

« Moi, je désire emmener Conception.

— Cacique, dit le sachem, vous êtes libre, et les deux femmes blanches sont libres aussi.

— Et l'autre?

— L'autre, dit l'Aigle-Bleu avec un mouvement railleur, l'autre préfère rester.

Tomaho trouva que l'Aigle-Bleu avait changé de manières.

Celui-ci, en effet, ne semblait plus affable et bienveillant comme dans cette entrevue où il était apparu muni du signe.

Tomaho se dit en le quittant :

— Voilà qui est singulier!

« L'Aigle-Bleu semble dur et cassant aujourd'hui comme un morceau de verre.

« Il n'est plus le même.

« Lorsque je suis parti pour le camp, il m'a paru bien disposé.

« Il m'a fait des recommandations afin que je ne me compromette pas.

« C'est lui qui m'a empêché, par ses conseils habiles, d'être gêné lorsque le colonel m'a demandé des explications.

« Je reviens, et il ne me souhaite même pas bonne chance en le quittant. »

Tomaho en fut triste.

Il se dirigea vers la tente de mademoiselle d'Éragny et de Conception.

Prévenues sans doute, elles étaient prêtes toutes deux.

Tomaho remarqua que Conception et Blanche semblaient être devenues meilleures amies.

Mais Nativité, au contraire, paraissait être, de leur part, l'objet d'une certaine curiosité.

— Il paraît, dit le géant à cette dernière, que vous ne venez pas avec nous ?

— Non! dit Nativité.

« Je reste. »

Et regardant mademoiselle d'Éragny :

— Je reste parce que quelqu'un, que connaît mademoiselle, m'a priée de rester.

— Et qui donc? demanda mademoiselle d'Éragny pâlissant tout à coup.

« Je ne connais personne ici. »

Nativité voulait se venger du dédain dont elle était l'objet.

Les explosions

Elle fut impitoyable.

— Je parle, dit-elle, de ce beau cavalier qui vous a remis une lettre le jour de la procession, lettre que vous avez glissée dans votre corsage.

— Vous mentez ! dit avec éclat mademoiselle d'Éragny.

— J'affirme, moi, que j'ai vu la lettre glisser de la main du cavalier dont je parle dans votre main à vous.

— Je ne nie pas cela.

« Je n'ai pas à en rougir.

« J'étais inquiète pour les miens, **et ce cavalier** venait me rassurer.

« Mais quand vous assurez qu'il vous prie de rester, vous cessez de dire vrai.

— Veuillez donc m'expliquer alors, **dit** Nativité en riant, pourquoi l'on vous renvoie à votre père, mademoiselle?

« Pensez-vous que ce soit parce que l'on tient à vous, par hasard ? »

Il parut à Tomaho qu'un doute cruel mordait au cœur mademoiselle d'Éragny.

Rapprochées de l'attitude de l'Aigle-Bleu, ces railleries de Nativité firent supposer au bon géant que le sachem n'aimait plus Blanche, et que Nativité la supplantait dans le cœur du chef.

Il fronça le sourcil.

Tomaho n'était pas homme à souffrir qu'on le jouât.

Il dit à Blanche :

— Je suis obligé de voir l'Aigle-Bleu, et je vous prie de m'attendre.

Il quitta la tente.

Mademoiselle d'Éragny, en l'absence de Tomaho, dit fièrement à Nativité :

— Vous semblez, senorita, me mettre au même rang que vous.

« Quelque jour vous apprendrez toute la vérité, et vous serez forcée de reconnaître que, de moi à vous, il y a quelque différence.

« J'ignore si ce que vous avez dit est vrai ; mais j'affirme que je n'ai manqué à aucun devoir, à aucune convenance, quoique placée dans la plus étrange situation.

« Je vous souhaite de pouvoir vous rendre à vous-même le même témoignage. »

Et comme Nativité voulait parler, mademoiselle d'Éragny l'arrêta d'un mot :

— C'est assez !

« Votre sourire insultant sera probablement payé par bien des larmes. »

Et elle attendit le retour de Tomaho avec calme et dignité.

Le colosse, cependant, était revenu vers la tente de l'Aigle-Bleu.

Il trouva le sachem debout et prêt à partir.

— Salut, frère ! dit l'Aigle-Bleu.

« Que veux-tu de moi ?

« Je serai toujours heureux de te rendre un service. »

Tomaho fut interloqué par tant d'amabilité.

— Je voulais, dit-il, m'expliquer avec mon frère au sujet de Rosée-du-Matin.

L'Aigle-Bleu sourit.

— Je lis en toi ta pensée ! dit-il.

« Je t'ai affirmé que j'aimais Rosée-du-Matin.

« Tu as supposé que mon cœur avait changé depuis ?

« Tu te figures que j'ai donné ma tendresse à Nativité ?

— Je le crains, dit Tomaho.

— Que mon frère se rassure.

Et le sachem étendant la main :

— Je jure à Tomaho, mon frère et mon ami, dit-il, que je ne lui tends aucune embûche.

« J'aime Rosée-du-Matin, je n'aime qu'elle, et je prie Tomaho de m'obéir chaque fois que je lui commanderai quelque chose.

« Il s'agira du salut de Rosée-du-Matin. »

Le géant joyeux tendit la main à l'européenne vers le sachem :

— Je m'en vais content ! dit-il.

« Je rassurerai Rosée-du-Matin.

— Était-elle donc inquiète ? fit vivement l'Aigle-Bleu.

— Je le crois.

— Alors, reprit le sachem, que mon frère lui répète mon serment.

Le géant, en quelques enjambées, regagna la tente de mademoiselle d'Éragny et dit sans préambule à Nativité :

— L'oiseau chante légèrement.

« Tout ce que dit l'oiseau n'est pas vrai, et mentir, c'est se préparer des souffrances pour l'heure qui suit celle où l'on a parlé.

Puis, ayant l'air de s'adresser à Conception, il ajouta :

— J'ai vu l'Aigle-Bleu.

« Il m'a fait un serment.

« Ceux qu'il a aimés une fois, il les aimera toujours.

« Partons ! »

Mademoiselle d'Éragny écrasa d'un regard Nativité confuse et sortit.

CHAPITRE XLI

MONSIEUR ET MADAME TOMAHO

Tomaho quitta la tente avec Conception.

Le bon géant avait appris la galanterie européenne chez les trappeurs.

Il offrit son bras aux deux dames ; mais mademoiselle d'Éragny refusa.

Elle dit avec un gracieux sourire à Tomaho qu'il était réellement trop grand pour qu'elle atteignît à son coude.

Conception, d'une taille un peu plus élevée que Blanche, plaça sa main avec joie sur l'avant-bras de Tomaho et s'y suspendit légèrement.

Ainsi vont par les rues un tambour-major et la très-petite femme qui l'adore. Les Indiens, rangés sur le passage du géant, lui enviaient Conception, et les Indiennes rêvaient un homme comme Tomaho.

Cependant la caravane, voyant un groupe descendre à elle, vint à sa rencontre.

Mademoiselle d'Éragny courut le long des pentes au-devant de son père et se jeta à son cou, pleurant de joie en le revoyant.

Le comte se tint discrètement à distance; du reste, il était curieux de voir la femme de Tomaho.

Et avec ses trappeurs il marchait au-devant d'elle et du géant :

— Comment, disait Sans-Nez, il ramène une femme, monsieur le comte?

— Il paraît!

« Une femme qui... une femme que... enfin une femme capable d'être la sienne !

« La chose semble authentique.

— Par le diable, le cœur de cette femme doit être vaste pour aimer ce colosse !

Et tous riaient.

Sans-Nez en ce moment s'arrêta, se considéra, fit claquer ses doigts, et dit comme toujours :

— Du galbe !

« Du chic !

« Un chic exquis !

« Mais pas de figure !

« Quel dommage !

— Pourquoi, Sans-Nez? demanda-t-on.

— Parce que j'aurais eu un certain plaisir à me promener, la canne à la main, dans le vaste cœur de madame Tomaho : c'eût été drôle !

On se tenait les côtes.

Et les plaisanteries jaillirent des lèvres des chasseurs comme un feu roulant.

Néanmoins Tomaho et madame Tomaho s'approchaient lentement.

Le géant faisait forcément des petits pas, Conception ne pouvant le suivre.

Il avait ces dandinements du tambour-major qui raccourcit ses enjambées pour que les tambours puissent le suivre.

Conception, rouge comme une tomate, baissait les yeux.

De loin, le bon géant entendit rire ; mais il voulait qu'on prît madame Tomaho au sérieux.

Il dit à Conception :

— Ma chère antilope, reste là un instant je te prie.

« Il faut que je prépare mes amis à ton arrivée.

« Il faut qu'ils sachent qui tu es. »

Et il prit les devants.

Quand on vit Tomaho s'avancer seul, on comprit qu'il n'était pas content.

En effet, il avait le sourcil froncé et tout le monde se tut :

Le seul Sans-Nez conservait un air goguenard.

— Bonjour, Tomaho ! dit-il.

« Il paraît... »

Il n'acheva pas.

Tomaho l'empoigna, le mit dans ses bras et serra.

C'était fini.

Sans-Nez était hors d'état de prononcer un seul mot.

Mais Tomaho parla.

— Gentlemen, fit-il, je suis venu vous annoncer que j'amène ma femme.

« Je pense qu'on lui témoignera tous les égards possibles, attendu que j'ai toujours été poli pour tout le monde. »

Et il s'en alla avec Sans-Nez sous le bras gauche.

Le malheureux agitait désespérément les jambes.

— Tomaho ! cria le comte, desserrez un peu votre bras.

« Sans-Nez étouffe. »

Le géant, tout en marchant, laissa un peu respirer le Parisien ; mais il lui dit très-énergiquement :

— Je suis ton ami.

« Tu es le mien.

« Tu as souvent ri de moi : ça m'était indifférent.

« Je n'étais pas marié.

« Je le suis aujourd'hui, et je suis devenu susceptible.

« Si tu cries, si tu dis un mot, si tu ne te tiens pas tranquille, et si tu recommences à me mordre, — Sans-Nez l'avait mordu, — je t'étouffe. »

Et Sans-Nez se le tint pour dit.

Tomaho, nous l'avons affirmé déjà, connaissait la civilité puérile et honnête depuis qu'il chassait avec des Européens :

Il savait présentuer quelqu'n.

Donc, arrivant près de Conception, surprise au plus haut point, il retira Sans-Nez de dessous son bras, l'assit sur une de ses mains, le maintint de l'autre par la nuque et dit :

— Ma chère amie (il employait les termes dont il avait entendu qu'on se servait), ma chère amie, je te présente mon meilleur camarade, M. Sans-Nez...

La caravane, qui avait suivi le géant, riait... mais plus de lui.

Tomaho avait fait basculer légèrement et gracieusement Sans-Nez pour qu'il saluât Conception.

La cérémonie faite, le géant replaça d'un geste Sans-Nez où il l'avait pris, et il se baissa légèrement en offrant à Conception son bras droit.

Tous trois reprirent ainsi le chemin du bivac, au milieu de la joie générale.

Tomaho était superbe, sa femme à son bras droit, son ami à son bras gauche.

Conception cependant hasarda une timide observation.

— Mon ami, dit elle, M. Sans-Nez aimerait peut-être mieux marcher.

Tomaho secoua rudement Sans-Nez pour l'avertir qu'il fallait être de son avis à lui, Tomaho.

Puis, perfidement, il lui dit :

— N'est-ce pas, Sans-Nez, que tu aimes mieux que je te porte ?

— Oui, dit Sans-Nez d'une voix étouffée par la colère.

Et le géant de dire triomphant à Conception stupéfaite :

— Il est très-paresseux, Sans-Nez. Il n'aime pas à marcher, et je lui en évite la peine.

« Oh ! je suis très-bon pour lui ! »

Sans-Nez ne put retenir un cri de protestation.

— Qu'a-t-il ? demanda Conception.

— Il a vu un lézard par terre ! dit Tomaho. Il a horreur de ces bêtes-là !

Et, pressé par un serrement de coude, Sans-Nez entendit le géant lui insinuer :

— N'est-ce pas que tu as peur des lézards ?

Le malheureux avoua qu'i éprouvait pour les reptiles une invincible répulsion.

Ce fut ainsi que l'on entra dans le bivac.

Alors seulement Tomaho rendit Sans-Nez à la liberté.

Il le lâcha dans la poussière.

Sans-Nez resta étendu sur le chemin.

— Mais, dit Conception de plus en plus troublée, votre ami est à terre, vous l'avez laissé tomber.

« Il ne bouge pas.

— Je t'ai déjà dit qu'il était très-paresseux.

« Entends-tu les autres rire et lui faire honte de sa fainéantise ?... »

Conception trouva que Sans-Nez poussait la fainéantise jusqu'à ses dernières limites.

Tomaho conduisit sa femme au colonel qui causait avec sa fille.

— Colonel, dit-il, aussitôt que l'on trouvera un prêtre, je me marierai avec la femme que voilà et qui est ma femme dès maintenant.

« Je crois donc que Rosée-du-Matin peut la considérer comme telle.

— Mon bon Cacique, dit le colonel, nous allons laisser ma fille et madame ici : elles seront amies bien vite, j'en suis sûr.

« Venez !

« Nous nous ferons dresser deux autres tentes. »

Le colonel sortit avec Tomaho qui dit :

— Pourquoi une tente pour moi, et pourquoi ma femme ne serait-elle pas avec moi ?

— Parce que ça ne se fait pas ! dit simplement le colonel.

Tomaho se gratta l'oreille.

Ça ne se fait pas !

Cette locution sonnait désagréablement à son oreille.

Qui de nous ne s'est trouvé tout à coup frappé par cette phrase toujours dite d'un ton péremptoire ?

Qui de nous n'avait bonne envie de faire une chose qui lui semblait naturelle et s'est senti arrêté net par un *Ça ne se fait pas* tyrannique ?

On proteste à part soi.

On se révolte dans le for intime de la conscience.

Mais on n'ose pas secouer le joug du *Ça ne se fait pas !*

Moi, *Pierre Ferragut*, qui écris ces lignes, je me moque du *Ça ne se fait pas*, je le dédaigne, je le brave.

Mais j'ai subi sa loi.

Ce n'est qu'après avoir parcouru le monde que j'en ai pris mon parti.

Ce qui ne se faisait pas en France se faisait en Amérique, et réciproquement : si bien que j'ai trouvé toutes ces lois de convention stupides.

Et je m'en suis affranchi.

Louis Noir croit encore au *Ça ne se fait pas.*

Pour un vieux soldat d'Afrique, un zouave, c'est une faiblesse.

A chaque instant, il me dit : *Ça ne s'écrit pas !*

Au diable !

J'abuse de mes droits de collaborateur et j'écris.

C'est ainsi que j'ai pu raconter l'histoire de Tomaho.

Et si l'on savait, quand on fait carrément, hardiment *Ce qui ne se fait pas*, comme tous ceux qui sont autour de vous s'empressent de vous imiter !

Il faut oser....

Et Tomaho se résignait.

Tomaho n'osait pas.

Cependant le colonel se dirigeait vers un grand rassemblement qui s'était formé et le géant suivait sans regarder, tout songeur.

Il se demandait comment il s'y prendrait pour voir Conception en tête-à-tête, sans être arrêté par le terrible *Ça ne se fait pas.*

Mais tout à coup il fut tiré de sa rêverie par un soufflet....

On avait atteint le groupe qui se trouvait être formé autour de maître Sans-Nez tenant sur pied.

Le Parisien était dans une fureur inouïe.

Depuis cinq minutes, il déclamait contre Tomaho et vociférait des injures.

— Il me faut du sang ! disait-il.

« Je l'abattrai, ce grand brutal, ce sauvage, cet idiot.

« Je le coucherai d'une balle à mes pieds, et je mettrai le pied sur son grand corps étendu.

« Du galbe, du chic, du savoir-vivre, des plaisanteries aimables, de la gaudriole permise en société, et se trouver humilié par une brute de trois mètres de haut !

« En voilà assez ! »

S'adressant à Tête-de-Bison :

— Trappeur, vous êtes mon témoin !

« Main-de-Fer, vous m'assisterez ! »

Mais Tête-de-Bison secoua négativement la tête et dit :

— Je ne puis pas vous servir en cette circonstance.

— Pourquoi ? s'écria rageusement le Parisien. Ne suis-je pas franc chasseur et homme d'honneur ?

— Sans doute, mais vous blaguez Tomaho, et il s'en venge à sa manière.

— Ah ! vous tenez pour lui !

— Ni pour lui ni pour vous.

— Bon, on trouvera un autre témoin !

— Pas moi ! dit Burgh.

« Je partage, au sujet de votre querelle, l'opinion sensée de Tête-de-Bison. »

Et Sans-Nez s'adressa en vain aux autres chasseurs.

Bois-Rude lui dit :

— Tomaho est mon meilleur compagnon, le verre en main.

« Jamais il ne cherche querelle à personne, et vous avez eu tort, Sans-Nez, de le blaguer. »

Bref, le Parisien était outré, quand il vit le géant.

A sa vue, Sans-Nez fit un bond furieux, se lança à la hauteur du visage du colosse et y plaça son soufflet.

Cette fois, le duel semblait inévitable entre eux.

Mais Tomaho n'en jugea pas ainsi.

Il prit Sans-Nez par la taille, le déculotta avec un flegme imperturbable, et sur chaque fesse du chasseur, il plaça une claque sonore.

Ce qui fit énormément rire toute la galerie.

Le soufflet ainsi rendu avec usure, Tomaho remit son adversaire sur ses pieds et lui laissa le soin de se reculotter.

Mais, railleur, il prit la pose ordinaire de Sans-Nez, fit claquer ses doigts comme des castagnettes et dit en imitant la voix et l'accent du Parisien :

— Du chic !

« Du galbe !

« Tout pour plaire !

« Et... le fouet... parce que petit Sans-Nez embête papa Tomaho ! »

Ce fut alors une explosion de rires et de bravos qui couvrit le Parisien de confusion ; il se réfugia sous sa tente.

Et Tomaho s'en alla boire à la cantine avec ses amis.

Là il conta ses misères.

Le *Ça ne se fait pas* lui tenait au cœur et il confia à Bois-Rude, à Burgh et à Tête-de-Bison que le colonel n'entendait pas que Conception vécût avec son mari si le mariage n'était pas consacré.

Burgh rit beaucoup en dedans.

Tête-de-Bison secoua la tête et frisa sa moustache.

Il abritait ainsi ses sourires.

Bois-Rude but deux coups d'eau-de-vie l'un sur l'autre et dit :

— Je vous trouverai un prêtre.

Comme Bois-Rude n'abusait pas de la parole et qu'il passait pour un garçon très-sérieux, Tomaho écouta attentivement.

— Quand trouveras-tu le prêtre ? demanda-t-il.

— Sur-le-champ !

— Il y en a donc un au bivac ?

— Oui.

Et Bois-Rude ajouta :

— C'est le vieux ! »

On appelait ainsi un chasseur à barbe blanche, à chevelure argentée, qui passait pour avoir près et même plus de cent ans.

C'était un vieillard d'aspect rude et sévère.

Il parlait peu, toujours avec une certaine distinction et sur un ton d'autorité.

Droit comme un vieux peuplier, souple encore, il fournissait ses étapes sans faiblir un instant.

La vue avait baissé et la main quelque peu aussi.

Il visait moins sûrement que jadis.

Mais il avait une expérience incroyable de la prairie.

Il en savait admirablement toutes les traditions.

Gardien fidèle des usages, il décidait des contestations et il rendait des jugements sans appel.

Si, entre chasseurs, il se passait des faits répréhensibles, il les signalait et les faisait réprimer sur-le-champ.

Lorsque quelque chasseur était blessé à mort, il venait toujours à lui.

On le voyait se pencher sur le moribond, lui parler gravement, l'écouter pendant quelques moments et lui imposer les mains.

Il savait par cœur l'office catholique des morts.

Il le récitait sur les tombes de ses camarades enterrés et les bénissait.

Jamais un juron.

Jamais un acte contraire à la décence ou à la sobriété.

Il menait une vie d'anachorète.

On l'appelait quelquefois le curé, mais il n'était venu à l'idée de personne qu'il fût ordonné prêtre.

L'assertion de Bois-Rude fut mise en doute.

— Il n'est pas sérieusement prêtre ! dit Tête-de-Bison.

— Je dis qu'il l'est ! affirma Bois-Rude.

Et ouvrant sa blouse, il montra sa poitrine.

— Vous voyez cette cicatrice ? dit-il.

« Quand je reçus cette blessure là, on me crut perdu.

« Le vieux vint à moi et me dit : « Tu vas mourir. »

« Je le savais.

« Il reprit : « Confesse-toi. »

« A quoi bon ? » lui dis-je.

« Il me répondit :

« — Je suis prêtre ! Tu es un ivrogne fieffé Te repens-tu d'avoir tant bu ? »

« Et il me dit des choses désagréables sur l'enfer.

« Je me confessai, il me donna l'absolution et je guéris.

— Que Tomaho aille voir le vieux ! dit Burgh.

— Non, fit Tête-de-Bison.

« Qu'il prie le colonel d'arranger cette affaire-là.

— Vous avez raison ! dit Burgh.

« Va voir le colonel, Tomaho. »

Le géant suivit ce conseil.

Quelques instants plus tard le *vieux* entrait chez M. d'Éragny et il était reçu par le colonel et le comte.

— Monsieur, dit ce dernier, avant de savoir que vous étiez prêtre...

A cette déclaration, le vieillard tressaillit et murmura :

— C'est ce malheureux ivrogne de Bois-Rude qui a parlé !

— Ne lui en voulez pas, monsieur, dit le comte.

« Bois-Rude a bien fait, est-il s'agit d'exercer au profit de la morale votre saint ministère.

« Voudriez-vous marier Tomaho avec la personne qu'il a ramenée ici ?

Le vieillard sourit.

— Vous me croyez prêtre, dit-il, et vous me demandez une chose impossible à un prêtre régulier.

« La personne dont vous parlez est une religieuse.

« Ayant fait des vœux, elle est liée à Dieu.

— Diable ! fit le comte...

— Ne mettez pas le diable en cette affaire, dit le vieillard.

« J'y mettrai, moi, la saine morale.

« Ce qu'aucun prêtre ne ferait peut-être, je le ferai.

Et il reprit :

— Voici mon histoire.

« J'étais missionnaire.

« Prêtre croyant, convaincu, catholique, e, trouvais pourtant que pour en revenir au culte de la primitive église et à ses règles, il fallait des réformes.

« Deux points surtout me paraissaient devoir être l'objet d'un retour aux lois posées par le Christ.

« La première est une question de discipline ecclésiastique.

« Je veux parler du mariage des prêtres, qui se pratiquait autrefois et qui était plus moral que le célibat.

« L'autre point est une question de dogme.

« Je n'admets pas l'infaillibilité du pape et son autorité.

« Tout prêtre est pontife.

« Jésus n'a donné la suprématie à aucun de ses apôtres.

« Je représente Dieu sur terre tout autant que le pape de Rome.

« Je suis schismatique aux yeux de beaucoup de catholiques.

« Je crois être fidèle aux lois du Christ.

« Persécuté au milieu de mon pénible appostolat parmi les Indiens, j'abandonnai forcément ma mission, et, pour vivre, je me fis chasseur.

« Ma vie de missionnaire m'avait fait aimer cette existence des trappeurs qui sont de très-braves gens.

« Telle est ma situation.

« Si vous désirez que je marie Tomaho à cette personne, je le puis et je le ferai très-volontiers.

« A vous de voir si vous jugerez cette union sanctifiée.

— Pour mon compte, oui, dit le colonel.

— Et pour le mien aussi ! dit M. de Lincourt qui était sceptique.

— Faites donc dresser un autel au milieu du bivac ! dit le vieillard, et je célèbrerai la cérémonie.

Tomaho, qui attendait une décision, apprit avec une joie extrême qu'il allait être débarrassé du veto, du stupide *Ça ne se fait pas* qui mettait obstacle à son bonheur.

Cependant la nouvelle s'était répandue dans le camp que l'on allait célébrer un mariage et qu'il fallait dresser un autel.

Les trappeurs, gens de mœurs simples, d'idées larges, de cœurs vastes, se font tous de Dieu une haute idée.

Une religion ou une autre, peu leur importe.

Tel système plutôt que tel autre, cela leur est indifférent.

Mais ils sont convaincus, même ceux qui ne croient pas à une divinité personnelle, que quelque chose de puissant, d'immuable, de grand, d'infini, être ou simple loi générale, Dieu ou Providence, un principe enfin, préside à l'admirable harmonie de la nature et des mondes.

Ils puisent, au milieu des forêts vierges, un sentiment religieux profond et noble, et ils le manifestent parfois d'une façon touchante.

Ce jour-là, ils résolurent de dresser un autel qui fût majestueux et d'un grand style.

Il leur sembla que le mariage de Tomaho devait prendre des proportions épiques.

Ils allèrent, sous la protection d'un détachement, couper des arbres séculaires dans des futaies, au flanc des monts, et ils les firent traîner par les bœufs.

Quatre chênes, de cent pieds de haut, furent dressés en forme de colonnes et entourés de mousse.

Ils soutenaient un dôme de guirlandes faites de lianes aux larges feuilles.

L'autel fut un immense bloc de porphyre de forme imposante, auquel on arrivait par des gradins *en rustique*.

Des pins, allumés par la cime, figuraient des cierges gigantesques et brûlaient enduits de goudron, jetant des lueurs rougeâtres d'un effet pittoresque.

Des baies parfumées, répandues sur des réchauds de granit, embaumaient les airs.

C'était imposant et pittoresque.

Pendant que ces préparatifs étaient poursuivis avec ardeur, on négociait pour satisfaire un désir de Tomaho.

Le géant voulait se réconcilier avec Sans-Nez, son ancien ami.

Il tenait à ce qu'il fût l'un de ses témoins.

Il y eut beaucoup d'allées et de venues ;

—Nez disait toujours qu'il n'oublierait jamais les claques qu'il avait reçues... on sait où.

Tomaho eut un mot charmant qui désarma le Parisien.

— Allez lui dire, fit-il, qu'on verra toujours mon visage qu'il a souffleté, tandis que lui n'a qu'à garder ses culottes pour qu'on ne voie pas les... joues sur lesquelles je l'ai frappé.

Sur cette remarque du géant, on s'embrassa, et Sans-Nez fut témoin avec les trois autres trappeurs.

Toute la caravane, en armes, formidablement rangée en bataille, assista à la cérémonie nuptiale.

Le vieux prêtre schismatique avait tiré une étole usée de son bagage ; c'était celle du temps de ses missions.

Il officia avec une dignité qui produisit un effet de recueillement grave.

Au moment où le cortége des mariés se présentait devant l'autel, le canon tonna par ordre de M. d'Éragny et toute la troupe déchargea les armes.

Mais, malgré tout... on rit.

Le géant ne s'était-il pas avisé de se flanquer sur le corps la fameuse chape que l'évêque lui avait... prêtée ; l'effet du caraco fut irrésistible et nuisit un peu à la gravité des assistants.

Mais il avait été impossible d'empêcher Tomaho d'endosser ce qu'il appelait son manteau d'honneur.

On passa sur ce détail et on s'accoutuma à cette originalité.

Quand le vieux prêtre prononça d'une voix lente et solennelle le *Conjungo vos*, l'on oublia la chape du marié pour ne songer qu'à la grandeur simple de la cérémonie.

Et après le mariage, grand bal.

On dansa.

Tomaho, toujours vêtu du caraco, fit des vis-à-vis fantastiques à Sans-Nez qui riposta.

Ce fut très-gai, malgré le blocus.

Au soir, illumination *à giorno*, galop infernal.

Dans un tourbillonnement final, Tomaho disparut enlevant son épouse...

Personne ne lui vint dire :

Ça ne se fait pas !

Tomaho quitta l'embuscade.

CHAPITRE XLVII

UN ENGIN INFERNAL

Cependant le comte avait convoqué en conseil de guerre pour cette soirée même, à dix heures, le colonel, les officiers de chaque compagnie et quelques vieux trappeurs.

La réunion fut au complet, moins Tomaho, à l'heure dite.

Le comte exposa la situation.

— Messieurs, dit-il, nous sommes bloqués par les Apaches.

« Ils occupent les défilés.

« Croyez-vous qu'on puisse les débusquer de leurs positions ?

— Avec du canon, dit le colonel, on préparerait un assaut.

— Mon colonel, dit Tête-de-Bison, ces gredins-là sont à l'abri des obus.

« Ils ont placé leurs postes derrière des tranchées, comme le feraient des soldats européens ou yankees.

« De plus, ils ont couvert ces tranchées par des rocs.

« Personne ne roule mieux qu'eux les blocs de pierre.

« J'ai idée que le canon ne nous servirait à rien.

— On les attaquera à la baïonnette! dit M. d'Éragny.

John Burgh, à son tour, n'approuva pas cette idée.

— Les soldats, dit-il, parlent toujours de la baïonnette.

« C'est bon quand c'est possible : j'ai vu les hommes du Sud du général Lee culbuter, dans une belle charge, les hommes du Nord de Burnside.

« Mais si les hommes du Nord avaient été des trappeurs ou des Indiens, pas un Sudiste ne serait arrivé à eux.

— Pourquoi donc? fit M. d'Éragny un peu froissé.

— Colonel, je vous ferai observer, avec la déférence que je vous dois, que les soldats, comme tireurs, sont de pauvres garçons qui perdent leur poudre.

« J'ai vu, des deux yeux que ma mère m'a donnés, j'ai vu une compagnie de fantassins devant une cible.

« C'était pitoyable.

« Trente balles sur cent, à deux cents mètres, et un but énorme.

« J'en ris encore.

« Au feu, c'est encore bien pire, colonel.

« Je me suis laissé dire que, sur cent balles, une touche.

— Sur mille, dit M. de Lincourt avec autorité [1].

« Je suis sûr de ce que j'avance ; j'ai étudié la question.

— Je n'osais pas dire une sur mille, dans la crainte de ne pas être cru ! dit maître Burgh.

« Je remercie Votre Honneur, monsieur le comte, de m'appuyer.

« Je conclus que des soldats qui tirent si mal ne peuvent pas toujours arrêter une charge à la baïonnette.

« Mais ces Apaches visent bien et nous jetteraient bas notre monde avant que nous atteignions au quart du chemin.

« Voilà mon avis ! »

Le colonel, quoique les remarques de Burgh sur l'inhabileté des soldats l'eussent quelque peu irrité, fut forcé de convenir que les trappeurs avaient raison.

M. de Lincourt, souriant, constata donc l'impossibilité de forcer les défilés.

Restaient les pentes.

Mais la seule qui fût accessible, celle par où M. de Lincourt avait gagné le camp, se trouvait maintenant dominée par un bivac indien et des retranchements formidables.

De ce côté donc, rien à faire non plus !

En développant toutes ces impossibilités de sortir du vallon, le comte paraissait enchanté.

[1]. Nous garantissons la vérité de cette proportion.

On eût dit qu'il était ravi d'être si bien bloqué.

Lorsqu'il eut recueilli tous les avis et que tous eurent paru impraticables, M. de Lincourt alluma un cigare, prit ses aises sur un pliant et dit avec une désinvolture étrange en pareille situation :

— Messieurs, je vous prie de ne pas trop rire du ridicule que je vais me donner, car, moi, gentilhomme oisif, n'ayant derrière moi aucun passé militaire, je vais vous faire une conférence sur l'art de la guerre contre les peuples sauvages, qu'il s'agisse d'Apaches, d'Arabes ou de nègres.

« Le colonel d'Éragny voudra me pardonner, si je lui dis que la tactique et la stratégie actuelles sont très-arriérées; on y suit de vieux errements.

« Faire la guerre, c'est détruire l'ennemi avec tous les engins les plus capables de lui infliger des pertes.

« Où en est-on comme engins?

« Des canons rayés, des fusils rayés (c'était encore malheureusement trop vrai à l'époque où le comte prononçait ces paroles), voilà ce que la plupart des puissances possèdent comme armes.

« Les plus avancées, la Prusse notamment, ont des pièces se chargeant par la culasse et des fusils à tir rapide.

« Nul doute que l'Allemagne, ainsi armée, ne batte en un temps donné la France qui vit sur la victoire de Solferino et se laisse distancer par son ennemie. »

Le colonel d'Éragny protesta.

Le comte lui dit gravement :

— Colonel, vous verrez la guerre entre la France et l'Allemagne.

« Vous la verrez avant peu.

« La France sera envahie ; l'Empire croulera; nous perdrons l'Alsace !

— Jamais! dit le colonel.

— Paris capitulera.

— Cela, dit Sans-Nez, me paraît peu probable.

— Les Prussiens entreront dans Paris, reprit imperturbablement le comte.

Sans-Nez se leva et il dit au comte :

— Connaissez-vous bien tout Paris?

« Vous dites peut-être vrai jusqu'à un certain point.

« Vous vous trompez de moitié, à coup sûr, et j'en réponds.

« Paris sera armé, n'est-ce pas, si on l'assiége?

« Comme en 1814 et en 1815, les gens qui seront à la tête des affaires trahiront les Parisiens, et les armeront le moins bien possible.

« Les malins préféreront comme toujours un Paris conquis à un Paris révolutionnaire et vainqueur.

« Je connais la politique et j'ai vu 1848.

« Mon père a vu 1830 et 1832.

« Mon grand-père a vu 1814 et 89.

« Nous sommes renseignés de père en fils, monsieur le comte.

« Mais moi, Sans-Nez, qui penses comme vous que l'Empire aboutira à pourrir la France et que la gangrène amènera l'amputation, je vous assure que Paris, ayant des murs, résistera mieux qu'en 1814 et plus longtemps.

« Le peuple se fera armer.

« On ne voudra ni le diriger ni le mener à l'ennemi; mais il gardera les remparts et empêchera les Prussiens d'entrer.

« On attendra qu'il n'y ait plus de pain et on dira qu'il faut capituler.

« Savez-vous ce qui se passera alors, monsieur le comte?

« Les gentilshommes de cœur comme vous, les ouvriers de courage comme moi, tout ce qu'il y a de bon dans Paris, en haut et en bas, s'unira et sera si menaçant, que les Prussiens craindront un massacre.

« Ils se promèneront dans les Champs-Élysées, c'est possible.

« Ils traverseront peut-être la rue de Rivoli.

« Mais jamais ils n'entreront dans le vrai Paris, à moins d'une bataille de rues dans laquelle Paris sera brûlé.

« Et brûler Paris, ce n'est pas le moyen d'entrer dedans.

« On entrerait non pas dans Paris mais dans les murs de Paris.

« Voilà ce que je dis, moi, Sans-Nez, qui connais la ville et qui en réponds. »

Le comte fut frappé de l'attitude de Sans-Nez; il ne connaissait pas le faubourien de Paris.

— Peut-être, dit-il, avez-vous raison, Sans-Nez, quant à la restriction que vous faites; mais je maintiens ce fait, que les engins dont nos armées sont pourvues ne répondent point aux progrès accomplis par la science.

« Il existe des forces nouvelles qui ne sont pas employées.

« J'ai étudié plusieurs de ces forces, et j'en dispose.

« Je vais, demain à l'aube, vous donner le spectacle grandiose de l'anéantissement d'une montagne.

« Les passages seront ouverts comme par l'éruption d'un volcan soulevant une cime et fondant par sa lave les blocs de granit.

« Je prie les trappeurs de m'indiquer des grottes, des excavations.

« Nous ferons nos préparatifs, et demain les routes seront libres. »

Se tournant vers M. d'Éragny:

— Vous verrez, mon cher colonel, ajouta le comte, que c'est peu de chose qu'une mine ordinaire comparée à celles que je ferai sauter à l'aurore.

Le colonel était décidément froissé.

— Je vous souhaite de réussir, dit-il un peu ironiquement.

« Je constate seulement que les Russes, dans la nuit qui suivit la prise de Malakoff, firent sauter le Petit-Redan avec la poudre que vous dédaignez.

« La brigade de Lamothe-Rouge fut à peu près anéantie!

— Ce qui restera de l'armée indienne sera bien peu de chose! dit le comte.

Puis il leva la séance en disant aux trappeurs:

— Dans une heure, que chacun de vous vienne me faire un rapport sur les creux de rochers qu'il aura découverts.

« Et que l'on m'envoie les deux docteurs!»

Quelques minutes plus tard, les deux savants entraient sous la tente.

CHAPITRE XLVIII

POUR LA SCIENCE

Depuis vingt-quatre heures, les deux docteurs avait plusieurs fois voulu aborder le comte.

Celui-ci avait toujours écarté les deux savants.

Qu'avaient-ils à lui dire?

Des choses désagréables.

Le tenant enfin, leur colère, contenue depuis longtemps, éclata.

— Enfin, dit rageusement Simiol, on vous voit, monsieur!

« On peut vous dire ce que l'on pense du guet-apens que vous nous avez tendu et de la conduite que vous avez tenue!

Le comte, qui fumait, ne sourcilla pas.

— Je ne vous ai pas fait venir, dit-il, pour écouter vos récriminations, dont je m'inquiète comme du bourdonnement d'une mouche.

— Les mouches piquent, monsieur! dit Simiol.

— Et on les écrase, riposta le comte; mais parlez.

— Monsieur, dit du Bodet à son tour, sans parler de guet-apens, je vous dirai, moi qui suis un homme grave, sérieux, officiellement posé, que vous nous avez jetés dans une aventure insensée...

— Dites plutôt que votre folle dispute, à propos de queues de jaguar, est la véritable cause de vos déboires.

« Et faut-il appeler déboires les quelques désagréments que vous éprouvez?

« Docteur du Bodet, au retour de l'étonnante expédition que nous tentons et que nous accomplirons, vous ferez un mémoire sur les montagnes apaches et sur les régions inconnues que nous allons traverser.

« Vous serez officier de la Légion d'honneur.

« Vous, monsieur Simiol, vous contredirez les assertions de votre confrère, et vous vous ferez une popularité immense.

— Mais nous allons périr! s'écria Simiol avec pétulance.

« Nous sommes dans un guêpier dont nous ne sortirons pas.

« Nous y laisserons nos os, à moins que vous n'ayez la justice de demander un armistice aux Apaches pour traiter de notre liberté.

« Nous venons vous demander instamment, vous sommer même d'envoyer des parlementaires à la reine.

« On lui représentera que nous sommes ici malgré nous.

« Que c'est contraints et forcés que nous expéditionnons sur ses territoires.

« On dit cette femme intelligente.

« Elle comprendra.

« Du reste, le consul de France paierait pour nous au besoin une rançon...

— Et vous croyez, docteurs, qu'il serait très-honorable à vous de nous abandonner à notre sort?

— Sommes-nous des soldats? s'écria Simiol.

« Avons-nous mission de nous battre?

« Non.

« Notre devise est : *Tout pour la science;* pour elle nous donnerions notre vie sans regrets!

— Et sans hésitation! appuya du Bodet en prenant une prise.

« Ah! s'il s'agissait d'une expérience dangereuse sur quelque matière peu connue, nous braverions le danger.

« Nous n'en sommes pas à faire nos preuves sur ce point.

« Vingt fois nous avons manipulé des poisons, des poudres explosibles.

« Nous ne reculons jamais devant les périls du laboratoire.

— Question d'état! fit Simiol.

« Chaque profession a son point d'honneur, monsieur.

« Le nôtre ne consiste pas à périr dans une escarmouche contre des sauvages ».

Le comte jeta son cigare et héla son planton.

— Dix hommes armés! dit-il.

A cet ordre, Simiol pâlit et du Bodet rougit. Tous deux crurent que le comte allait les faire fusiller.

— Je proteste! s'écria Simiol.

« Prenez-y garde !

« Mon journal est une puissance ; l'opinion vous demandera compte de vos violences sanguinaires.

— Monsieur, fit du Bodet, vous oubliez que je représente la science officielle et que le gouvernement français saura punir tout acte d'arbitraire tenté contre moi.

Le comte se mit à rire.

— Vous êtes fort savants, messieurs, dit-il.

« Cependant vous me faites l'effet de deux ânes qui se mettent à braire avant qu'on les écorche. »

Et il sortit en invitant les savants à le suivre.

Ils étaient consternés.

Un feu de bivac éclairait les abords de la tente.

Un piquet de garde, en armes, attendait une bataille.

Le comte plaça les deux savants devant le piquet.

Puis se tournant vers du Bodet, il lui dit :

— Je me moque de vos menaces comme d'un chant de cri-cri, docteur !

« La loi est pour moi. »

Et à Simiol :

— Je ne crains guère les révélations de votre journal.

« Je répondrai que, faisant partie d'une troupe menacée de mort, vous avez refusé de faire votre devoir et que je vous ai fait fusiller, selon la coutume de la prairie.

« Et l'opinion publique sera pour moi. »

Du Bodet vit que le comte parlait très-sérieusement.

Il en frémit.

— Monsieur, dit-il, jusqu'ici nous n'avons pas refusé le faible concours que nous pouvons apporter.

— Cependant... fit le comte, vous sembliez tout à l'heure...

— Nous présentions des observations.

— Néanmoins le docteur Simiol... dit le comte.

— Moi ! s'écria Simiol ; j'ai cru pouvoir vous adresser une prière.

Le comte se mit à rire.

— Voyons ! fit-il, on peut s'entendre.

« Je comprends vos répugnances à vous servir du fusil.

« Je ne vous obligerai pas à vous battre.

« Vous avez raison.

« Des savants, comme vous le disiez, n'exposent leur vie que pour les expériences difficiles, dangereuses, auxquelles la science est intéressée.

— C'est cela ! dit Simiol.

« Donnez-nous à étudier les plantes les plus vénéneuses et nous nous mettrons à l'œuvre avec courage.

— Nous avons soigné des cholériques, dit du Bodet.

« Avons-nous eu peur ?

« Pas du tout !

« Le chevet des malades, voilà notre terrain de lutte.

— Et, dit le comte, le laboratoire du chimiste aussi.

— Certes !

« C'est là que nous triomphons.

— Parfait ! messieurs.

Se tournant vers le piquet :

— Vous avez entendu ces messieurs, et vous retiendrez leurs paroles.

« Si donc ils refusent d'expérimenter avec moi, cette nuit même, le picrate de potasse avec lequel je veux faire sauter les rocs qui nous entourent, vous fusillerez ces messieurs, qui seront condamnés par une cour martiale. »

Au mot de picrate de potasse, du Bodet, défaillant, voulut s'appuyer sur Simiol.

Mais Simiol s'affaissant aussi, ils chancelèrent tous deux.

Si bien que le comte, les saisissant chacun par un bras, les soutint et leur dit railleusement :

— Je vois, messieurs, que je vous ai causé une telle joie que vous en êtes suffoqués.

« La joie fait peur, dit-on.

« Remettez-vous et suivez-moi.

« J'ai un fourgon plein de picrate de potasse.

— Monsieur, dit du Bodet, le picrate est effroyablement dangereux.

— Je le sais.

— Un gramme suffit pour faire éclater un obus.

— Parbleu! je l'ai vu, ayant vérifié la chose.

— Dix grammes font sauter une maison, monsieur!

— Je n'en doute pas.

— Un kilogramme de picrate de potasse anéantit une ville [1]!

— Puisque je vous dis que j'en ai un fourgon chargé.

« Vous voyez bien que nous aurons facilement raison des Apaches!

— Mais nous pourrions sauter aussi!

---

1. Le picrate de potasse, qui effrayait à si bon droit les savants, est la substance la plus redoutable qui soit au monde.

On se souvient de la catastrophe qui se produisit chez un pharmacien, à Paris.

Sept grammes de picrate de potasse firent crouler trois maisons.....

Une seule torpille de cette substance engloutit le *Vauban*, frégate de premier rang.

Avec quelques livres de cette substance distribuées dans chaque quartier de Paris, on l'anéantirait.

Telle était la substance qui terrifiait les deux savants.

Au sujet du picrate de potasse, nous lisons dans le livre : *la Houille*, du savant M. Taillandier, le passage suivant :

« Les gaz qui se dégagent pendant la combustion instantanée du picrate de potasse à l'air libre sont : l'azote, l'acide carbonique, la vapeur d'eau, et le bioxyde d'azote; ces gaz occupent un volume considérable, qu'accroît encore singulièrement la haute température qui se développe : ils se dilatent avec une violence irrésistible, et ont facilement raison de tous les obstacles qui opposent une barrière à leur expansion. Plus cet obstacle est puissant, plus l'explosion est formidable, car rien ne résiste à l'écartement brusque des molécules gazeuses qui se dilatent, et ici la force des atomes est supérieure à celle des parois de fer les plus tenaces. Ce fait a trouvé, hélas! une triste preuve dans l'explosion du laboratoire de M. Fontaine.

« Le mardi 16 mars 1869, à trois heures cinquante minutes de l'après-midi, le quartier si calme et si paisible de la Sorbonne était mis en émoi par une détonation formidable qui s'était fait entendre tout à coup. On se précipite de toutes parts, on accourt à la hâte, et de nombreux témoins assistent, place de la Sorbonne, à un spectacle épouvantable : le magasin de produits chimiques de M. Fontaine vole en éclats; la maison qu'il habite est une poudrière, son laboratoire un dangereux arsenal d'où jaillissent la mort et la flamme; on voit voler dans l'espace, avec la violence des matières vomies par un volcan, des charpentes et des matériaux brisés, des débris de toute nature, des cadavres mutilés et des lambeaux informes de chair arrachés à de malheureuses victimes. Une fumée épaisse s'élève d'une manière sinistre dans l'air, dont elle trouble la clarté; le feu se déclare, des membres déchiquetés, du sang, des lambeaux humains jonchent le sol, et plus de cinq victimes gisent inertes sur les pavés! Après l'émotion causée par un tel drame, on pense au sauvetage des nombreux habitants de la maison qui vient d'être si terriblement éprouvée; des pompiers accourent; des passants, des âmes dévouées, se précipitent sur le lieu du sinistre; des échelles sont précipitamment accrochées aux fenêtres, et on en voit descendre des femmes effarées et des enfants... On retire des décombres des blessés, des hommes évanouis.

« Jamais sauvetage n'a offert scène aussi émouvante, spectacle aussi palpitant. »

— Mort glorieuse! docteur.

Simiol gémit.

— C'est d'une imprudence, d'une témérité qui font frissonner!

— Ne demandiez-vous pas tout à l'heure ce genre de danger?

Les deux docteurs se consultèrent du regard, et du Bodet dit :

— Monsieur, dans l'intérêt même de la caravane, nous refusons... Un faux pas, la moindre distraction...

— Ah!... fit le comte, vous refusez!...

Et à un homme de planton :

— Que les membres permanents de la cour martiale et du conseil de justice des chasseurs s'assemblent sur-le-champ.

— Monsieur!... Monsieur!...

En ce moment, les trappeurs venaient faire leur rapport sur les excavations qu'ils avaient découvertes.

Les savants crurent que c'étaient les juges de la cour martiale.

— Puisqu'il le faut, dit du Bodet, je me résigne.

— Et moi aussi! dit Simiol; mais...

— Assez, docteurs!

« Je vous fais grâce des *si* et des *mais*.

« *Tout pour la science!* »

Et le comte, tournant le dos aux deux savants, reçut le rapport de ses trappeurs.

Pendant qu'il les écoutait, les deux docteurs, s'éloignant, firent une retraite prudente; mais ils étaient surveillés.

Deux hommes les engagèrent à ne pas s'écarter...

Il n'y avait pas à reculer devant leur terrible mission...

Le comte cependant avait reçu tous les rapports.

Il rappela les deux docteurs qui causaient tristement à distance.

— Messieurs, dit alors M. de Lincourt, voici les instructions.

« Quatre excavations me paraissent convenir à mes projets.

« Je porterai moi-même, avec Sans-Nez et deux hommes de choix, les boîtes de picrate de potasse dans la grotte qui se trouve située près du col du levant.

« Le docteur du Bodet se chargera de

l'excavation découverte par Grandmoreau, qui l'accompagnera avec deux hommes aussi.

« Le docteur Simiol s'occupera d'une autre mine avec Burgh.

« Enfin le colonel et Bois-Rude auront à faire sauter la quatrième.

« Si par hasard quelqu'un reculait... ses compagnons le fusilleraient.

« On attendra le jour, et le signal sera donné par un coup de canon.

— Mais, s'écria du Bodet, le picrate ne saute pas comme ça !

« Il faut des préparatifs.

« Monsieur, dit le comte, en vue de la conquête du *Secret du Trappeur*, qui n'est pas du tout ce que l'on pense, en prévision de rochers immenses à anéantir, j'ai pris mes précautions.

« Le wagon chargé de picrate...

— Un wagon... entier... soupira du Bodet.

— Oui, un wagon ! fit le comte.

« Mais rassurez-vous.

« Le picrate est enfermé dans des boîtes merveilleusement soignées, je vous jure, au point de vue de la fabrication.

« Enveloppées, cotonnées, protégées par un empaquetage qui ne laisse rien à désirer, essayées *toutes*, vous entendez, *toutes*, ces boîtes peuvent tomber sans éclater.

« Le danger ne commencera que dans les excavations.

« Là, vous aurez à dépaqueter les appareils et vous prendrez des précautions.

— Je le crois ! fit Simiol. Aucune précaution ne sera superflue.

« Du picrate !... »

Et il essaya d'insinuer :

— Ne pensez-vous pas qu'une bonne petite mine ordinaire...

— Ce serait insuffisant.

« Du reste, il s'agit de produire un cataclysme.

« Ce prétendu *Sauveur* des Indiens me paraît très fort en pyrotechnie, à en juger d'après les signes et les prodiges dont il a ébloui les Indiens.

« Je veux, moi, lui prouver que nous savons faire aussi appel à la chimie pour produire des miracles.

« Venez, messieurs ! »

Et le comte emmena tout son monde hors du camp.

Là se trouvait le wagon, laissé toujours à distance du bivac et bien gardé par des hommes sûrs.

M. de Lincourt ouvrit lui-même cette espèce de voiture.

Tous les trappeurs faisaient bonne contenance ; mais les docteurs tremblaient.

— Allons, messieurs, leur dit le comte, rappelez-vous votre devise :

« *Tout pour la science.* »

Et il leur tendit à chacun une boîte à picrate.

Une sueur froide perlait au front de chaque savant.

Du Bodet ne dit mot.

Il n'avait plus la force d'articuler une syllabe.

Simiol ne put s'empêcher de murmurer :

— Mon journal saura tout, dira tout et je serai vengé par l'opinion publique qui... que... enfin...

— Docteur, dit le comte, il faut faire contre mauvaise fortune bon cœur.

« Songez au contraire à écrire dans votre journal que j'ai réussi, grâce à votre concours, dans la première épreuve tentée en grand avec le picrate de potasse.

« Il en résultera pour vous honneur et profit. »

Et le comte distribuait à chacun sa boîte.

Cela fait, on s'éloigna encore, et, à la clarté des torches, le comte dépaqueta lui-même un appareil.

Il manœuvrait l'engin avec un calme, une dextérité incroyables.

Du Bodet conseillait :

— Pas de précipitation !

« En grâce, prenez garde ! »

Et Simiol renchérissait encore :

— Vous tenez notre existence entre vos mains, monsieur.

« C'est d'une témérité... »

Mais le comte avait terminé sa démonstration.

Il avait repaqueté le picrate.

Alors, d'un air dégagé, il dit aux docteurs :

— A vous, messieurs !

— A vous... quoi ? fit du Bodet.

— Essayez de dépaqueter la boîte.

— Monsieur, je ne me sens pas la dextérité nécessaire et...

— Monsieur, vous vous sentirez une balle dans le crâne, si vous hésitez.

« Docteur Simiol!..

— Mon journal fera...

Le comte se mit à jouer avec son revolver et dit :

— Dépêchons!

Les deux docteurs s'exécutèrent, mais leur chemise en fut trempée.

Ils réussirent.

— Vous voyez bien! dit le comte.

« *Tout pour la science.*

« Messieurs, vous aurez chacun quatre boîtes pareilles à préparer.

« Chacun des appareils est muni d'une ficelle de soie.

« Vous la déviderez à distance, distance calculée pour vous mettre à peu près à l'abri de l'explosion.

— Comment, à peu près! se récria Simiol.

— Eh! croyez-vous qu'avec la force de projection du picrate, je puis garantir que des éclats de roc ne tueront personne.

« J'ai calculé les effets de l'appareil pour que la projection ait lieu autant que possible en avant.

« Mais je ne puis répondre qu'il n'y ait pas mort d'homme.

— Et vous osez nous dire, sur l'air du persiflage, de pareilles énormités, monsieur! fit du Bodet.

« Il y aura peut-être mort d'hommes !

— Songez, dit le comte, que :

A vaincre sans péril, on triomphe sans gloire.

« Du reste, par votre généreux dévouement, vous épargnerez le sang de bien des braves qui seraient morts dans le combat qu'il eût fallu livrer pour sortir d'ici.

« En admettant que cette explosion nous coûte une vingtaine d'hommes, qu'est-ce que cela comparé au deux tiers de nous, peut-être aux trois quarts, qui périraient dans l'assaut des positions?

— Et vous nous sacrifiez pour sauver vos soldats!

— Puisqu'il s'agit de faire œuvre de savants.

« *Tout pour la science.* »

Les deux docteurs étaient indignés et consternés.

— Non, murmura du Bodet, décidément...

— Bien! dit le comte.

Et il arma son revolver.

— Marchons, mon ami, marchons au trépas, dit Simiol.

« Nous protesterons dans nos âmes et consciences.

« Et mon journal...

— Au wagon, messieurs! dit le comte en remettant son arme à sa ceinture.

Ce qui indigna le plus les docteurs, c'est que les chasseurs riaient.

Quelle bravade de mauvais goût en un pareil moment!...

Par excavation, il y avait quatre hommes, quatre boîtes, par conséquent.

Les quatre groupes se mirent en marche dans quatre directions.

Ce départ n'eut rien de la solennité que semblaient comporter la gravité de la situation et la grandeur de la catastrophe qui se préparait.

Les chasseurs causaient et plaisantaient en portant leurs engins.

— Quel saut demain ! disait l'un.

« Les Apaches vont faire dans l'air un voyage d'agrément.

— Et gratis ! disait l'autre.

— J'imagine que si un rocher tombait sur Tomaho et le coupait en deux, ça ferait encore la matière à deux grenadiers!

— Docteur, si j'ai la tête broyée, est-ce que vous m'en remettrez une autre ?

— Docteur, vous avez une belle montre.

« Léguez-la-moi si un bloc vous envoie *ad patres* sans détériorer la toquante ; je penserai à vous chaque fois que je regarderai l'heure.

— Docteur, vous êtes muet comme une une carpe.

(C'était à Simiol que ces plaisanteries s'adressaient.)

— Vous êtes des **misérables**! finit-il par crier.

« Taisez-vous!

Une barque passa comme une flèche, portant un homme vêtu à la mexicaine et deux pagayeurs indiens.

— Quel animal désagréable qu'un homœopathe !

« Voilà un bipède qui n'entend pas la plaisanterie ! »

Et ce fut un feu roulant jusqu'à l'excavation.

Et pendant le travail, même déluge de railleries impitoyables.

Du Bodet fut moins harassé par les plaisanteries.

— Docteur, avait demandé un chasseur, avez-vous écrit à vos parents?

— Docteur, avait fait l'autre, quand vous reviendrez à Paris après un pareil exploit, on ne vous demandera pas :

« Ah! dis-moi, mon frère Jean-Pierre,
« Où diable as-tu gagné la croix? »

— Docteur...

Dubodet s'était retourné.

— Messieurs, répondit-il, vous avez tort de me prendre pour cible.

« Si l'un de vous est blessé demain et que je sois debout, je vous assure que celui-là ne rira pas qui me verra le bistouri à la main.

« Je remplis une mission peu agréable, dans une aventure où l'on m'a fourré malgré moi.

« Vous autres, vous êtes ici volontairement, et la situation n'est pas la même.

37ᵉ Livraison

37

peu plus d'indulgence, je vous prie. » chasseurs trouvèrent que du Bodet ne quait pas au fond d'un certain courage e traitèrent moins dédaigneusement.

Seulement Grandmoreau lui dit en riant :
— Si l'on vous proposait en ce moment de vous déclarer homœopathe comme votre confrère Simiol, en vous dispensant de la corvée, je parie que vous accepteriez.
— Mon ami, dit fièrement du Bodet, la science a ses martyrs.

« Je mourrai allopathe.
— Heu! heu! fit Grandmoreau.
« Si je vous disais, là, sérieusement : Docteur, soyez homœopathe, je porterai votre boîte, et vous pourrez rester là?...
— Essayez! fit du Bodet.
— Je n'en aurai pas le démenti! s'écria Grandmoreau.

Et consultant ses compagnons :
— Ça va-t-il?
— Oui, dirent les autres.
— Docteur, foi de trappeur! faites-vous homœopathe (je sais que c'est dur et c'est une fichue chose que de ressembler au petit Simiol en quoi que ce soit) ; je ne sais pas trop bien ce que c'est que ces injures que vous vous dites ; mais enfin déclarez que vous êtes homœopathe, et vous resterez là.
— Jamais!... jamais!... exclama du Bodet avec horreur.

« Marchons ! »
A cette déclaration, Grandmoreau s'écria joyeusement :
— Quand je disais : « Du Bodet est plus homme que l'autre ! » N'avais-je pas raison?
« Du Bodet, vous m'allez !
« A l'avenir, comptez sur Grandmoreau à l'occasion.
— Merci, mon ami! fit du Bodet touché par ce mouvement.

Et il remplit son œuvre avec bien moins de simagrées que le petit Simiol qui fit tant de manières que Burgh lui allongea, par façon d'avant-goût d'une fusillade imminente, un coup de pied au derrière.

Ce Burgh était brutal.

Simiol, qui, ayant mis la boîte à terre, ne voulait plus s'en approcher, fut bien forcé de s'exécuter.

La grande difficulté était de dérouler les cordons.

Mais le comte avait calculé toute chose fort bien.

Il fallait tirer avec une grande force sur ces cordons pour que la détente du marteau, que contenait l'appareil, fût mise en mouvement.

Aussi, en fin de compte, ne se produisit-il aucun accident fâcheux.

L'aube parut.
Tout était prêt.
Chacun à son poste.

CHAPITRE XLIX

L'EXPLOSION

Une heure avant le jour, le comte était revenu vers le bivac.

Il avait fait éveiller le *Vieux* et lui avait donné ses instructions.

— Vous ferez, dit-il, un peu avant le jour, lever tout le monde.

« Vous annoncerez qu'une catastrophe menace les Indiens et que les montagnes vont sauter de toutes parts.

« Vous ferez cacher toute la caravane sous les charriots.

« Lorsque tout sera terminé, l'ordre mis dans la troupe, chacun bien abrité, vous mettrez vous-même le feu à un canon.

« Ce coup nous avertira que nous pouvons agir.

« L'explosion terminée, tous les débris de roc étant retombés, vous ferez ranger toute la troupe en bataille, prête à marcher.

« Cinquante hommes avec pics, leviers, pioches et pelles, se tiendront prêts à faire service de pionniers au besoin. »

Le *Vieux* exécuta ces ordres à la lettre, et le comte, retourné à son poste, se tint prêt à obéir au signal.

Au bivac, la caravane, éveillée avant le jour, recevait avec étonnement les ordres du *Vieux*.

On obéissait, non sans inquiétude.

Le vieux prêtre expliquait vaguement que c'en était fait des Indiens.

On aurait voulu savoir ce qui allait se passer.

Mademoiselle d'Éragny demanda avec une angoisse visible des explications au vieux trappeur.

Celui-ci ne put que lui répéter textuellement les paroles du comte.

Blanche chercha précipitamment Tomaho.

Le géant, de son côté, cherchait mademoiselle d'Éragny.

— Mon ami, dit la jeune fille entraînant le Cacique à l'écart, partez sur-le-champ, partez vite!

« Allez trouver l'Aigle-Bleu, et, de ma part, dites-lui qu'un grand danger le menace et qu'il prenne ses précautions. »

Tomaho balança sa tête de droite à gauche, secoua la rosée qui perlait sur les plumes de sa coiffure de guerre, et dit résolûment :

— Je ne ferai pas cela.

— Mais, mon ami, dit mademoiselle d'Éragny suppliante, vous êtes dévoué à l'Aigle-Bleu ; il sera le Sauveur des Indiens.

« Il...

— Je ne puis! dit le Cacique.

« L'Aigle-Bleu lui-même me blâmerait et me mépriserait.

« Je trahirais mes devoirs.

— Mais, Tomaho, vous allez laisser périr l'homme qui a conçu le plus grand projet civilisateur de ce siècle.

« C'est l'avenir, c'est le salut de toute une race immense que vous compromettez !

« C'est le génie de votre nation qui va périr avec le libérateur !

« Pour moi que vous aimez, Tomaho, pour votre nation, pour tous ceux de votre couleur et de votre sang, sauvez-le et prévenez-le ! »

Tomaho était profondément ému.

Mademoiselle d'Éragny avait dans la voix l'accent du désespoir.

Mais le Cacique avait au plus haut point le sentiment de la loyauté.

Il dit lentement, tristement :

— Vous avez des paroles qui déchirent mon cœur, Rosée-du-Matin.

« A cette heure, je voudrais être dans le camp de l'Aigle-Bleu, libre de mon pacte avec le comte.

« Mais le serment juré doit être tenu et je le tiendrai. »

En vain Blanche essaya-t-elle d'ébranler cette inébranlable résolution.

Tout fut inutile.

Alors elle prit une résolution suprême et dit :

— Puisque vous n'y allez point, j'irai, moi, Tomaho.

Et elle partit résolûment, se dirigeant vers les feux du camp indien.

Mais Tomaho courut vers elle, et comme elle refusait de revenir au bivac, il agit de vigueur.

Il la prit dans ses bras et l'emporta.

Blanche se mit à fondre en larmes.

Le géant, ayant entendu le *Vieux* parler d'une explosion et de débris de rocs à craindre, avait roulé près d'un gros bloc de granit quatre autres pierres.

Il avait disposé celles-ci en piliers ; ensuite, par des prodiges d'adresse et de puissance musculaire, il avait placé le bloc en forme de dôme sur les quatre pierres.

— Voilà, dit-il à Conception qu'il avait d'abord amenée là, voilà un abri qui vaut mieux qu'un wagon.

Et il avait placé sa femme sous le dôme.

C'est alors qu'il était retourné à la recherche de Blanche.

Il la fit asseoir à côté de Conception, et fit jurer à celle-ci qu'elle retiendrait la jeune fille.

Mais Blanche était à bout de forces ; la crise nerveuse qui l'avait soutenue était tombée ; un abattement profond avait suivi, comme toujours, la surexcitation extrême.

Le géant s'en fut à la découverte du *Vieux*, qu'il aimait beaucoup depuis qu'il avait été marié par lui ; il voulait l'abriter sous le dôme.

Il y avait encore une place.

Il trouva le vieillard debout près d'un canon chargé.

Il attendait le lever du soleil.

— Mon père, lui dit Tomaho, que fais-tu là ?

— Je vais donner au comte le signal qu'il attend.
— Je venais te chercher.
— Pourquoi faire?
— Pour t'abriter.
— J'ai près d'ici un wagon.
— Et moi, un peu plus loin, j'ai un dôme de pierre.
« Tu y viendras.
— Soit! dit le *Vieux*.
« La prudence est notre loi.
« Un bon abri vaut mieux qu'un mauvais.
« J'irai, Tomaho.
— Je t'attends.

Cependant la caravane était couchée dans les wagons, et elle attendait avec une inquiétude inexprimable ce qui allait se passer.

De temps à autre, des voix interpellaient le *Vieux*.

— Dites-nous donc ce qui va arriver? lui criait-on.

Et il répondait :

— Je vous jure que je n'ai pas de détails.

« Faites silence. »

L'émotion générale fut à son comble lorsqu'une bande rose, à l'orient, annonça le prochain lever du jour.

En ces régions, pas d'aurore.

On passe brusquement de l'ombre à la lumière.

— Voici l'heure! dit le *Vieux*.

Et le soleil parut resplendissant.

Il éclairait l'immense panorama de la vallée et des monts.

Sur ceux-ci, les camps des Indiens où l'on s'agitait déjà.

Le *Vieux* tira, et la voix mâle du canon retentit, répercutée par les échos au fond des abîmes creusés au flanc des gorges.

Tomaho entraîna le vieillard et le plaça sous le dôme.

Le vieux prêtre protesta.

— Et toi! dit-il.

« Où t'abriteras-tu? »

Tomaho n'avait pas pensé à lui-même : il n'y avait d'abri que pour trois sous le dôme...

Le *Vieux* voulut sortir.

Tomaho l'arrêta.

— Attends! dit-il en souriant.

Et il s'empara d'une pierre plate, large de deux mètres et longue d'autant environ.

Il fit un grand effort, l'arracha du sol, la souleva, et de ses deux bras tendus, la tint comme un bouclier au-dessus de sa tête.

Et il se mit à tourner autour du dôme de pierre, regardant ce qui se passait.

Le spectacle était solennel !

Sur toutes les crêtes, par milliers, des groupes d'Apaches.

Sur le fond bleu de l'horizon, on distinguait nettement les silhouettes des guerriers et l'on voyait que cette armée, formant le vaste cordon du blocus, regardait à ses pieds la caravane enfermée.

Tout à coup mademoiselle d'Éragny se leva frémissante, et désigna un parti indien, placé sur la cime arrondie d'une colline d'où l'on dominait tout le paysage.

En avant de tous, un chef, à cheval, semblait lorgner la caravane ; du moins, de la position de ses bras, on pouvait conclure qu'il tenait une lunette braquée sur le vallon.

— Le voilà ! dit la jeune fille en pleurant.

« C'est lui ! »

En ce moment, une explosion de mine, se confondant avec trois autres, retentit, bouleversant le sol et produisant l'effet d'un puissant tremblement de terre.

La secousse fut si terrible et si violente que Tomaho et son bouclier furent couchés bas.

Le dôme fut renversé, jeté bas, dispersé.

On n'entendit pas le bruit des quatre détonations.

On peut tirer un coup de pistolet à côté d'une fourmi sans l'émouvoir; son oreille ne perçoit pas le son, qui est en disproportion trop grande avec la taille de l'insecte.

Au milieu d'un bombardement, dans une batterie de siège, nous avons vu des oiseaux sauter, non loin des canons, sur les branches des gabionnades.

Le moineau n'entend pas le bruit d'une pièce de vingt-quatre ; son oreille n'est pas faite pour cela.

Au siége de Sébastopol, tous ceux qui étaient debout dans les tranchées de droite furent abattus par l'explosion de la grande mine, mais on n'entendit pas le coup.

De même, personne dans la vallée ne put dire dans la suite qu'il eût entendu le bruit des mines de picrate.

Mais à Austin la ville fut en alarme et crut à une éruption volcanique.

Les montagnes, soulevées en quatre endroits différents, furent arrachées à leurs bases, fendues, divisées, soulevées, projetées à des hauteurs prodigieuses.

L'air s'emplit de flammes immenses, le ciel fut embrasé par des éclairs de teinte sinistre que sillonnaient des traits noirs, des masses sombres, pans de montagnes projetés dans l'espace.

Par milliards, les pierres sifflaient en montant à travers la poussière et la fumée blafarde ; chacune d'elle donnait le cri strident d'un éclat d'obus.

Ce bruit, formé de mille bruits, on l'entendait, il déchirait l'oreille. Mais un immense cri d'effroi, parti de milliers de poitrines, formait une clameur d'angoisse prolongée et saisissante.

C'était l'armée indienne qui, lancée vers le ciel, disait son adieu à la terre.

Pendant plusieurs minutes, au dire des témoins de cette scène, on éprouva comme une sensation d'arrachement ; c'était l'effet des profondes déchirures du sol se répercutant dans l'être humain.

Cet effet dura tant que les projectiles montèrent.

L'air étant violemment chassé par l'incalculable expansion des gaz qui s'étaient produits, il en résulta comme la vaste aspiration d'un siphon et chacun se sentit en quelque sorte attiré vers les régions supérieures.

Mais lorsque la force ascensionnelle se ralentit, on éprouva, au contraire, comme un écrasement.

L'équilibre atmosphérique rompu se rétablit avec une violence incomparable, et un ouragan d'une intensité inouïe se déchaîna sur la vallée.

Le vent balaya furieusement tous les obstacles.

Les projectiles tombèrent.

Ce fut comme une grêle dont les grêlons eussent été des blocs de grès, de porphyre et de granit.

Pour donner une idée de ce que fut cette pluie, cette avalanche de rochers, si l'on veut, un trappeur paria qu'il marcherait de débris en débris, sans mettre les pieds sur le sol, tout autour de la vallée.

Il gagna cette gageure.

Heureusement pour la caravane, les projections avaient eu lieu toutes quatre dans le sens des montagnes.

Les projectiles retombaient sur les crêtes et les plateaux.

Mais tous les charriots avaient été renversés.

Ceux qui se trouvaient dessous avaient été plus ou moins contusionnés ou blessés et le désordre était inexprimable.

Les bêtes de somme avaient rompu leurs liens et couraient çà et là, beuglant et foulant aux pieds ce qu'elles rencontraient.

Les blessés appelaient à l'aide.

Nombre d'entre eux était pris sous le poids des wagons.

Le premier debout fut Tomaho.

Il se releva indigné.

C'était la première fois que le géant était couché bas contre sa volonté ; il se redressait pareil à un Titan.

A côté de lui, le *Vieux!*

Tomaho le releva.

Puis il aperçut Conception et Blanche qui fuyaient éperdues.

Il courut à elles, les rassura, les ramena, les fit s'asseoir sur le dôme renversé et s'assura qu'elles n'étaient point blessées.

Sentant le sol chanceler, les deux femmes avaient fui avant l'écroulement du dôme, et le *Vieux* les avait imitées.

— Tomaho ! dit celui-ci, à moi ! et exécutons les ordres.

« Il faut former les compagnies et se mettre en colonne de départ. »

Tous deux parcoururent le camp, et leur énergique intervention raffermit les esprits et ramena le calme.

Le *Vieux* fit rattraper les bêtes de somme et relever les wagons.

Tomaho, seul, avait déjà dégagé ceux qui

étaient pris sous les plus lourds et il avait ainsi délivré une vingtaine de ses camarades.

Beaucoup de contusions, peu de blessures sérieuses, trois morts.

C'est par ce faible chiffre de pertes que se soldait la catastrophe pour la caravane.

Les bœufs furent attelés tout renaclants, suants et frissonnants qu'ils fussent; les wagons déchargés furent réorganisés; on remit des roues de rechange à ceux qui avaient subi des avaries.

Or, Tomaho aidant, l'énergique *Vieux* fit des prodiges de célérité.

Quand le comte parut, tout était en ordre.

Les blessés étaient chargés sur le wagon-ambulance.

La caravane était prête à défiler !

Les compagnies alignées, mais au repos, riaient des scènes burlesques qui s'étaient mêlées au tragique événement : mais quand M. de Lincourt, calme comme toujours, élégant, souriant, un peu dédaigneux, se montra à cheval, la cravache à la main, lorsque, d'un geste, il désigna les montagnes, lorsqu'il dit :

— Messieurs, comme je vous l'avais promis, les chemins sont ouverts!

Toute la troupe l'acclama avec enthousiasme.

Tout à coup, au milieu de ce triomphe, mademoiselle d'Éragny vint, dans une exaltation extrême, le geste menaçant, l'œil en feu, se placer devant le comte.

— Soyez maudit, dit-elle, vous qui avez tué le Sauveur d'un monde !

Le comte fut étonné au plus haut point; cependant il ne perdit pas ce sang-froid imperturbable qui ne l'abandonnait jamais.

— Mademoiselle, dit-il, votre père, qui est blessé et que l'on ramène, attend vos soins. Tomaho va vous conduire près de lui.

Le comte avait touché juste.

Mademoiselle d'Éragny, en apprenant que son père était blessé, se prit encore une fois à pleurer; tombant dans une prostration profonde, elle murmura défaillante ;

— Grand Dieu! que de malheurs !

Puis, tendant les mains au géant, elle lui dit :

— Vite! conduisez-moi !

Mais le colonel était déjà dans le bivac, debout quoique fort pâle.

— Mon père ! s'écria Blanche en sautant à son cou.

« Sauvé! vous êtes sauvé!

— Ce n'était qu'une contusion, mon enfant, dit le colonel.

« Je suis entièrement remis.

« Mais vite, monte dans ton wagon ou sur ta jument.

« Il faut profiter de la brèche que nous venons de faire et de l'effarement de nos adversaires ! »

Mais Blanche s'était évanouie.

— Sacrebleu! gronda le colonel qui n'aimait pas les sensibleries, je n'aurais pas cru ma fille si nerveuse et je l'ai vue plus brave.

« Tomaho, mon ami, ne vous troublez pas; ce n'est rien.

« Portez l'enfant dans un wagon auprès de votre femme.

« Quelques gouttes d'eau suffiront à la faire revenir à elle. »

Un léger tremblement dans la voix attestait que, dans la poitrine du capitaine, le cœur du père protestait contre la rudesse du soldat; mais ce fut d'un ton assuré que le colonel donna ses ordres aux deux compagnies d'avant-garde et aux pionniers, dont il était convenu avec le comte qu'il prendrait le commandement.

Lorsque mademoiselle d'Éragny avait couru vers son père, le comte dit assez haut d'un air de pitié profonde :

— Pauvre enfant !

« Cette explosion l'a rendue folle.

« Pourvu que ce ne soit qu'un trouble momentané !»

Il expliqua ainsi cette scène douloureuse pour qu'elle ne laissât aucune impression fâcheuse dans l'esprit de ceux qui en avaient été surpris.

Puis, rassemblant ses cavaliers, il prit avec eux les devants.

Il se dirigeait vers la brèche qu'il avait faite lui-même.

C'était celle par où la caravane devait sortir.

Jusqu'au pied des crêtes, la troupe courut au galop.

Là un spectacle grandiose s'offrit à sa vue.

Sur un espace de cinq cents mètres, une profonde crevasse, ravin creusé par la mine, était ouverte.

C'était l'image du chaos.

Le picrate de potasse avait agi avec une force comparable aux éruptions du feu souterrain.

Une pente abrupte était pratiquée.

Le comte fit mettre pied à terre à une dizaine d'hommes qui escaladèrent ce chemin hérissé de quartiers de rocs et semé de pierres.

Derrière ces éclaireurs, le peloton de cavaliers monta lentement, tournant les obstacles.

On atteignit le plateau.

Plus un seul Indien vivant !

Partout des morts !

C'était lugubre !

De tous côtés des cadavres mutilés, défigurés, découpés, écrasés, brûlés, calcinés, à demi ensevelis sous les débris.

M. de Lincourt, toujours impassible, groupa ses cavaliers.

— Vite, dit-il, retranchons-nous.

« L'ennemi pourrait revenir. »

Et il fit entasser en cercle pierres sur pierres.

On improvisa un fortin.

Il défendait le sommet de la pente.

Bientôt le colonel parut avec une compagnie d'avant-garde et les pionniers qui se mirent à l'œuvre.

Un grand retranchement assura le débouché sur les plateaux.

Alors les pionniers redescendirent la pente pour y tracer un chemin, qui en moins de deux heures fut terminé.

Avant midi, toute la caravane, wagons et canons compris, campait sur les crêtes.

Des éclaireurs, envoyés de tous côtés, annoncèrent que l'on n'avait aperçu aucun vestige d'Indiens survivants.

Le comte, alors, avec une compagnie et les cavaliers, fit le tour des crêtes et il vit quels ravages effroyables la mine avait faits.

La plus modérée des évaluations portait à plus d'un millier le nombre des victimes.

Tout en parcourant le terrain, le comte causait avec Sans-Nez, capitaine de la compagnie d'escorte.

— Il m'a semblé, lui dit-il, que je vous voyais parler à mademoiselle d'Éragny au moment du départ?

— Oui, monsieur le comte, dit Sans-Nez, ou plutôt elle me parlait.

— La croyez-vous remise de son trouble?

— Ma foi ! monsieur le comte, elle avait l'air hagard.

« Et puis elle me disait de bien observer et de voir si l'Aigle-Bleu ne serait pas parmi les morts. »

Le comte changea de conversation; mais, seul un instant et allumant un cigare, il murmura entre ses dents :

— Voilà qui est plus que singulier, vraiment !

« Aimerait-elle cet Indien? »

Et il fronçait le sourcil.

Lorsqu'il revint, à la tête de la reconnaissance, il vit encore mademoiselle d'Éragny s'approcher de Sans-Nez et le questionner.

— Décidément, pensa-t-il, il y a quelque chose.

« Elle porte un intérêt très-vif à cet Apache. »

Le comte se rappela dès lors certains détails qui l'avaient peu frappé.

Il se souvint du bal dans lequel la jeune fille avait dansé avec l'Aigle-Bleu ; il se rappela plusieurs circonstances où mademoiselle d'Éragny avait énergiquement protesté contre les préjugés qui séparaient les Indiens des blancs.

— Oui, se dit-il, au fond de tout cela, il y a quelque mystère que je saurai percer.

Et il appela Sans-Nez.

Celui-ci accourut.

Le comte lui offrit un cigare et l'emmena dans sa tente.

— Mon cher, lui dit-il après avoir fait servir des rafraîchissements, nous avons à causer à cœur ouvert !

« Vous êtes Parisien, moi aussi, et nous nous comprendrons. »

En fait, que l'un soit comte et du faubourg Saint-Honoré, que l'autre soit ouvrier et du faubourg Saint-Martin, deux Parisiens seront toujours en certains points et en certaines choses sur le pied de l'égalité.

Il y aura entre eux communion d'idées et de sentiments.

Tous deux jugent les femmes de la même façon.

Tous deux jugeront du point d'honneur de la même manière.

Ni l'un ni l'autre, ils ne consentiront à être ridicules.

Le comte et Sans-Nez éprouvaient contre mademoiselle d'Éragny la même indignation.

— Monsieur le comte, dit Sans-Nez, je devine ce que vous voulez dire, et je suis de votre avis.

« D'après moi, cette petite demoiselle à qui vous avez sauvé la vie se conduit fort mal, et c'est vexant.

— Ne vous y trompez pas! dit vivement le comte.

« Entre moi et mademoiselle d'Éragny, il n'y a jamais eu que de l'amitié.

— Je le sais! fit Sans-Nez.

« Raison de plus pour que sa conduite ne soit pas délicate.

« Tromper un amant, changer de fiancé, c'est dans les droits d'une femme.

« Mais devoir la vie à quelqu'un, être simplement son ami, le trahir... voilà ce que je n'admets pas.

— Vous croyez, Sans-Nez, que la chose irait jusqu'à la trahison ?

— Je le crains.

— A dire vrai, je le redoute aussi.

Sans-Nez secouait la tête.

— Si vous saviez, fit-il, de quel ton, de quel air elle m'a demandé si j'avais vu le cadavre!

« Si vous aviez vu rayonner ses yeux, quand je lui ai annoncé que l'Aigle-Bleu n'était pas parmi les morts !

« Une fille qui aime comme ça est capable de tout.

— Il y a du louche, dit le comte, dans toute l'histoire du couvent.

— L'arrivée au camp de mademoiselle d'Éragny, reprit Sans-Nez, le respect des Apaches pour elle, m'ont semblé suspects.

— Et Tomaho? fit le comte.

« Quel rôle joue-t-il ?

— Oh! celui-là, dit Sans-Nez, c'est une dupe, j'en réponds.

Il se mit à rire.

— Tomaho, voyez-vous, reprit-il, est loyal, honnête, franc.

« Il ne trahira pas, s'il a conscience qu'il trahit.

« Cependant son amitié pour Rosée-du-Matin, comme il l'appelle, l'entraînera à faire quelque sottise.

« Quant à nous vendre, à livrer nos secrets, jamais !

— Vous en êtes sûr, Sans-Nez?

— Monsieur le comte, je connais l'homme comme moi-même.

— En résumé, le seul intermédiaire entre l'Aigle-Bleu et mademoiselle d'Éragny ne peut être que Tomaho.

« Et il faudrait le surveiller.

— Je m'en charge, dit Sans-Nez.

« D'autant plus que j'ai une revanche à prendre sur lui.

« Il faut que je me venge un peu de ce que cette grande brute m'a fait ; je lui jouerai quelques bons tours.

— Prenez garde, car tout ceci est sérieux, Sans-Nez !

— Sans doute, monsieur le comte ; mais c'est précisément quand une affaire est sérieuse qu'il faut mettre les rieurs de son côté.

Le comte, cependant, n'avait pas encore pu en prendre son parti.

— C'est inouï ! fit-il.

« Cette enfant est bien élevée ; elle semble animée de sentiments délicats ; elle est fort distinguée ; et la voilà qui, en un tour de valse, devient amoureuse d'un sauvage empanaché !

— Les femmes sont comme ça ! dit philosophiquement Sans-Nez en se levant.

Et debout, campé, cambré, les bras levés et arrondis, les doigts jouant des castagnettes, il s'écria :

— Trouvez-moi, monsieur le comte, un gaillard qui ait plus de galbe, plus de chic, plus de chien que moi!

LE SECRET DU DOMPTEUR

« J'avais alors ma figure, une très-jolie figure.

« J'avais des yeux qu'on appelait des miroirs à belles filles.

« J'avais des façons de costumes épatantes et des manières de vous enjôler une fille étonnantes.

« J'étais esbrouffant, quoi !

« Toutes les ninas étaient toquées de moi.

« Je me suis laissé aimer souvent ; j'ai aimé rarement.

« Chaque fois que cela m'est arrivé, j'ai été trompé.

« Et pour qui ?

« Une fois pour un lepero pouilleux qui louchait ; mais c'était un ruffian qui avait des trucs dont les femelles raffolent.

« Une autre fois, c'est un acteur qui a donné dans l'œil à la donzelle dont je m'étais coiffé.

« Quel acteur, monsieur le comte!

« Un cabotin qui aurait été sifflé à Landerneau.

« Pour me venger, je lui ai allongé une si forte raclée à la savate, qu'il n'a pu jouer de quinze jours.

« Alors j'ai pris ses rôles !

« Si vous aviez vu ces succès!... C'était à s'en monter un harem.

« Et ma mâtine de revenir à quatre pattes demander pardon.

« Ce qu'elle *aimait*, ce n'était pas l'homme, mais l'acteur.

« Enfin, monsieur le comte, la dernière fois que j'ai été lâché par une femme, c'est pour un pirate de la prairie.

« Aimer un coquin, un drôle, un bon à tout faire, ça séduisait cette fille.

« Je me bats avec ce gredin-là ; je le tue. La bande me nomme chef par acclamation, et je fais semblant d'accepter pour voir.

« Ma maîtresse s'est remise à m'adorer comme un saint-sacrement.

38ᵉ LIVRAISON

38

« D'où je conclus que pour être vraiment aimé par les femmes, il faut être ruffian, comédien, ou voleur.

« L'homme qui réunit les trois qualités est sûr de ne pas manquer de maîtresses. »

Sans-Nez, épuisé par ce long monologue, salua et partit en murmurant :

— Du chic, du galbe... les femmes, c'est de la drôle de marchandise... Mêlez et coupez... toujours de la tricherie... Qui ne vole pas, en amour, est volé...

Le comte riait, mais il résuma les idées de Sans-Nez sur le beau sexe en se disant :

— Ce garçon ne se doute pas que l'histoire lui donne raison.

« Une reine a aimé Fra-Diavolo, et de bandit l'a fait colonel.

« Mandrin a eu des marquises pour maîtresses.

« Pas un acteur en vue, à Paris, qui n'ait une bonne fortune par semaine.

« Léotard a été adoré par des femmes du monde.

« Si l'Aigle-Bleu s'exhibait au cirque, on se l'arracherait. »

Le comte, on le voit, ne croyait pas beaucoup à l'honneur et à la fidélité des femmes.

Peut-être avait-il ses raisons pour les juger ainsi.

Cependant Blanche, inquiète, avait fait demander Tomaho.

Le géant se présenta bientôt.

Il semblait triste et préoccupé.

— Qu'avez-vous donc, mon bon Tomaho? demanda mademoiselle d'Éragny.

— Je suis très-malheureux ! dit le géant; mon cœur est déchiré.

— Pourquoi ?

— Parce que Rosée-du-Matin est très-imprudente.

« Elle a chargé Sans-Nez de voir si l'Aigle-Bleu était parmi les morts.

« Sans-Nez est un oiseau moqueur.

« Sans-Nez rit toujours des autres.

« La réputation de Rosée-du-Matin se ternira.

— Mon ami, dit Blanche, vous avez raison... Mais si vous saviez...

« Du reste, tôt ou tard, il faudra qu'on apprenne...

« Cette situation doit se détendre.

« Mon bon Tomaho, consolez-vous.

« Je ne dois compte de mes actes qu'à celui qui sera mon mari ; et celui-là sait que mon cœur est pur.

— C'est vrai ! se dit Tomaho.

« C'est le mari qui est le juge. »

Et il reprit sa sérénité.

Mademoiselle d'Éragny lui tendit ses deux petites mains que le géant serra doucement, tant il craignait de les briser.

— Mon bon Tomaho, dit la jeune fille, vous vous doutez, n'est-ce pas, que je suis dévorée d'inquiétudes?

« Il faut avoir des nouvelles !

« Pour cela, je m'en rapporte à vous. »

— Je ferai ce que je pourrai, dit le géant.

— Le plus tôt possible.

— Cette nuit, s'il y a moyen.

« L'autre nuit, si je ne réussis pas du premier coup. »

Et Tomaho s'en retourna vers sa tente pour retrouver Conception.

Le géant était tourmenté par une idée qui avait surgi fort naturellement dans sa tête après tant d'événements.

On sait de quel désir tenace il était tourmenté au sujet de son histoire et de ses relations avec M. de Touneins.

Tous les peuples enfants sont grands amateurs de récits.

En écouter ou en faire les charme.

Les Grecs aux temps homériques, les Gaulois nos pères, nos paysans d'aujourd'hui, sont grands amateurs d'histoires.

Chez les Indiens, c'est une véritable passion.

Prolixes, beaux diseurs, ils font d'interminables et minutieuses descriptions, remontant volontiers au déluge, à propos d'un arc qui se brise ou d'un coup de feu extraordinaire ; plus ils font de hors-d'œuvre et de dissertations en dehors du sujet, plus l'auditoire indien trouve de talent au narrateur.

Et Tomaho s'indignait, lui, si expert en fait de digressions à perte de vue, Tomaho qui avait tenu sept heures la tribu des Comanches sous le charme de son récit; Tomaho s'indignait de ce que les trappeurs ne voulaient pas entendre son histoire.

Il avait soif et faim de la dire et de la redire.

Ainsi sont les poëtes qui ont eu des succès avec leurs vers.

Il faut qu'ils les récitent.

Et personne, personne pour écouter Tomaho.

Mais il était marié; il avait une femme; cette femme l'adorait.

Tomaho jugea que sa légitime épouse devait apprendre comment il n'était plus grand Cacique d'Araucanie, comment l'infâme Orélie de Tounens l'avait détrôné.

Jusqu'alors la précipitation des événements, les occupations d'une nuit de noces, l'explosion, tout enfin s'était opposé à ce que le géant entreprît son long récit.

Mais il avait sept heures devant lui, après le repas du soir : de six heures à une heure du matin !

C'était juste le temps qu'il lui fallait pour tout dire.

Il devait entreprendre une ronde depuis une heure du matin jusqu'au jour, et il comptait consacrer la veillée à mettre Conception au courant de son passé.

Il s'en allait, se frottant les mains avec joie.

Quel succès !

Quel triomphe !

Qui n'a rêvé de dire sa vie à une femme aimante qui vous écoute la tête sur vos genoux; qui vous donne cent baisers; qui applaudit, qui encourage, qui approuve !

Tomaho allait ressentir ces joies...

Entre la coupe et les lèvres se glisse parfois le serpent.

Quittant le comte, Sans-Nez s'était rendu dans la tente de Tomaho.

Il y avait trouvé Conception seule.

Comme Sans-Nez s'était montré charmant pour elle au bal, comme le Parisien savait pratiquer les compliments et les attentions aimables, il était très-bien avec Conception.

— Madame Tomaho, dit Sans-Nez saluant avec des gestes arrondis et s'inclinant comme il l'avait vu faire à Mélingue devant les duchesses, — madame Tomaho, je dépose à vos pieds mes respectueux hommages et cette fleurette qui signifie dans le langage des fleurs : J'admire votre beauté !

« D'un ami, c'est sans conséquence pour les mœurs, mais c'est sincère : le cœur y est en plein et des deux mains.

« Tomaho est un heureux mortel... Mais suffit !... je ne veux pas vous faire rougir; vous êtes assez rose sans que des compliments trop vifs fassent monter le fard à vos joues.

« J'ai vu beaucoup de femmes, jamais je n'en ai rencontré une qui ait autant de charmes que vous.

« Ce Tomaho !

« Quelle veine !

« Où est-il donc, le Cacique ?

« Qu'est-ce qu'il fait ?

« Il n'est pas de service et il n'est pas là, à vos pieds, comme Hercule aux pieds d'Omphale, comme Samson aux pieds de Dalila !

« En voilà un mari sans gêne !

« Dites donc, madame Tomaho, vous ne doutez pas de mon amitié pour vous, n'est-ce pas, en tout bien tout honneur ?

« C'est pour vous dire que Sans-Nez va vous rendre un grand service et vous sauver d'un péril dont vous n'avez pas idée.

— Sainte Vierge ! s'écria Conception; vous m'effrayez, monsieur Sans-Nez !

— Il y a de quoi !

« Vous épousez un géant, un ogre, une espèce de Barbe-Bleue.

« Ma foi ! ça se paie, ces hommes-là ; ça se paie cher !

— Tomaho qui a l'air si bon !

— Eh ! eh ! un descendant des Caraïbes !

« Son père mangeait encore de la chair humaine, et je ne jurerais pas que dans son enfance il n'en ait pas mangé...

— Monsieur Sans-Nez... c'est épouvantable !... J'en suis plus morte que vive !

— Chut ! fit Sans-Nez.

« C'est grave, ce que j'ai à vous dire, très-grave !

« Mais il faut me jurer sur les sacrements,

LE SECRET DU DOMPTEUR

les saintes huiles, tout le tremblement de la sacristie auquel vous croyez, la Vierge, les saints, Jésus-Christ et saint Jean-Baptiste, que jamais un mot d'indiscrétion ne sortira de vos lèvres.

« Je joue ma vie, voyez-vous!

« Si vous parliez, Tomaho me tuerait, comme un sauvage qu'il est.

— Ah! vous me faites peur! s'écria Conception sérieusement épouvantée.

« Il a l'air si bon!

— Lui!

« Quand il scalpe un ennemi, il faut voir ça.

— Horreur! Je l'ai vu! exclama Conception qui se souvint de la scène de la pirogue.

« Ce n'est que trop vrai!

« Monsieur Sans-Nez, je vois que j'ai été bien imprudente!

« Il avait l'air si doux!

— Il le sera toujours pour vous, si vous le voulez.

— Vraiment!

— Cela dépend de vous.

« Mais si vous manquez de fermeté, vous êtes perdue, chère madame Tomaho.

— Monsieur Sans-Nez, expliquez-vous!

Le malin trappeur baissa la voix, prit une pose tragique et dit :

— Madame Tomaho!... madame Tomaho!... souvenez-vous de Barbe-Bleue.

« C'est une terrible histoire!

« La vôtre sera plus terrible encore, si vous faites une imprudence.

— Mais, monsieur Sans-Nez, éclairez-moi vite, je vous en prie!

Sans-Nez, tout à coup, s'écria d'un air lugubre :

— Et si le mal était fait!

« Je suis en rage rien que d'y penser! Pauvre femme!

— Vous me faites mourir!

« Parlez donc!

— Voyons, madame Tomaho, vous a-t-il raconté son histoire?

— Non, monsieur Sans-Nez; mais je la lui demanderai...

— Malheureuse! gardez-vous-en bien! Vous seriez perdue!

« Figurez-vous que l'histoire de Tomaho est un tissu de meurtres, d'actes sanguinaires et de crimes atroces : il y a du cannibalisme là-dedans.

« Tomaho, voyez-vous, c'est un garçon que nous avons civilisé.

« Si vous l'aviez vu dans les commencements qu'il était avec nous!...

« Rien que d'y penser, j'en ai des frissons dans le dos.

« Aujourd'hui, il sait combien son passé est épouvantable.

« Il a des remords qui le tourmentent, des voix secrètes qui le poussent à raconter ses forfaits : c'est la conscience qui crie.

« Il n'en est plus maître.

« Il veut à tout prix raconter sa vie de cannibale pour se soulager.

« Malheur à qui l'écoute!

« Il n'a pas plutôt terminé qu'il se repent, et qu'il craint qu'on n'aille répéter sa confession; il prend son confident en horreur.

« Il est exalté, du reste, par le récit de ses crimes; il est redevenu sauvage; il ne se connaît plus; et ça se termine par...

— Monsieur Sans-Nez, je vous devine : il tue le malheureux ou la malheureuse qui a eu la faiblesse de l'écouter!

— Il se repent aussitôt! s'écria vivement Sans-Nez.

« Il a bon cœur!

« Si le sauvage ne reparaissait pas de temps en temps...

— Monsieur Sans-Nez, jamais Tomaho ne me racontera son histoire.

— Ça vous regarde.

— Oh! jamais... jamais!...

— Après ça... peut-être qu'étant sa femme légitime... Mais pourtant l'on raconte qu'il a étranglé sept ou huit de ses maîtresses.

— Monsieur Sans-Nez, je me boucherais les oreilles avec des fers à repasser rougis plutôt que d'écouter.

— Ce que je vous en ai dit, madame Tomaho, c'est à cause de l'intérêt que je vous porte.

— Monsieur Sans-Nez, je vous en serai toute ma vie reconnaissante.

— Vous me prouverez votre gratitude, madame Tomaho, en vous taisant sur le conseil que je vous ai donné.

— Je n'en dirai pas un mot.
— Au revoir, madame Tomaho!
— Monsieur Sans-Nez, au revoir et merci !

Quand Tomaho rentra, il embrassa sa femme qui lui fit une mine singulière et qui lui jeta des regards furtifs.

Tomaho n'y prit garde.

Il pria Conception de lui servir son dîner, composé, ce jour-là, faute de petit gibier, d'un sanglier entier.

Il dévora.

Et Conception songea à ce mot d'ogre prononcé par Sans-Nez.

Le géant resta silencieux jusqu'au moment de prendre le café.

Il ruminait son histoire dans sa tête, la divisait par chapitres en quelque sorte, se remémorait les faits.

Le café servi, il regarda tendrement Conception, et lui dit :

— Ma petite antilope chérie, il faut que tu saches la vie passée de ton époux, et je vais...

Conception se leva et se jeta aux pieds du géant :

— Tomaho, lui dit-elle les mains jointes, que jamais il ne soit question de votre histoire entre nous.

« Je vous aime... quoique votre père et vous-même... mais c'est passé, et vous êtes civilisé maintenant.

« Mais j'aimerais mieux n'importe quelle torture que de vous entendre me faire le récit de votre existence d'autrefois. »

Tomaho resta stupéfait de cette sortie et il secoua ses plumes comme il faisait toujours quand il était embarrassé.

— Elle aussi! murmura-t-il.

« Aucun de ces blancs, — ni les hommes, ni les femmes, — ne sait écouter une histoire, une très-belle histoire !

« C'est bien, madame Tomaho, je garderai mon récit pour moi, et je le dirai à moi-même, et aux oiseaux, et aux arbres des forêts, comme je fais quelquefois. »

Sur ce, le géant vexé s'enveloppa dans son manteau, au lieu de se coucher, et se mit à fumer sa pipe avec rage.

Madame Tomaho s'étendit sans souffler mot sur les couvertures et n'osa dormir jusqu'à ce que Tomaho fût parti pour sa ronde, tant le géant avait l'air sombre et menaçant en mordillant son calumet dans un coin de la tente.

Sans-Nez s'était vengé.

Il avait fait perdre à Tomaho une belle occasion de raconter son histoire.

CHAPITRE L

OU TOMAHO ET SANS-NEZ DONNENT DES LEÇONS DE TACTIQUE AU COLONEL

Le géant était commandé pour faire une ronde dans la nuit.

L'heure venue, il quitta sa tente de fort méchante humeur.

Il jeta un regard furieux sur Conception qui faisait mine de dormir et qui trembla de frayeur.

Il sortit en murmurant des récriminations que Conception ne comprit point, Tomaho parlant en araucanien.

Pauvre Conception !

Elle se leva, une fois son mari dehors, et elle se promena avec agitation.

— Je l'ai échappé belle! se disait la pauvre femme.

« Sans l'avis de ce pauvre M. Sans-Nez, auquel je suis bien reconnaissante, vraiment j'étais perdue.

« De quelle façon il m'a regardée en me quittant ! »

Et Conception se jura que jamais le géant ne lui conterait cette terrible histoire du passé.

Tomaho, sans se douter du tour que Sans-Nez lui avait joué, se rendit aux extrêmes avant-postes.

A la dernière grand'garde, il trouva le colonel.

— Mon cher Cacique, lui dit celui-ci, nous avons eu cette idée, qu'à deux mille pas d'ici, sur la rivière qui court vers le sud, les Apaches doivent détacher des bandes qui descendent ou qui remontent le fleuve.

« Nous avons établi une forte embusc au-dessous.

« Si une troupe descend, ou si elle remonte, il faut qu'elle s'arrête en aval ou en amont de la cascade.

« Notre embuscade, bien cachée, fortement retranchée, tient le cours de la rivière à l'abri de rochers imprenables.

« Nous espérons surprendre ainsi des postes indiens.

« Si ces partis sont très-forts, notre embuscade, qui a deux canons, tirera un signal d'alarme.

« Nous irons à son secours.

« Avez-vous compris, Cacique ?

— Oui, colonel, dit Tomaho en grattant ses plumes.

C'était un signe certain d'embarras et le géant était en effet inquiet de savoir pourquoi le colonel lui disait tout cela.

— Qu'avez-vous, Tomaho ? demanda M. d'Éragny.

— Je ne vois pas bien, fit le géant, pour quel motif vous me parlez de cette embuscade, colonel.

— Mais, Tomaho, c'est afin que vous n'alliez pas, en faisant votre ronde, donner au milieu de nos gens.

Tomaho se mit à rire :

— Colonel, dit-il, un guerrier comme moi ne serait pas assez sot pour ne pas s'apercevoir qu'une troupe est embusquée quelque part.

— Cependant, Cacique, la nuit...

— Un Indien voit les pistes la nuit aussi bien que le jour.

— Ainsi, Tomaho, à votre avis, les Apaches ne tomberont pas dans le piège que je leur ai tendu ?

« Il l'éventeront.

— C'est certain.

« Une embuscade d'hommes blancs ne prend jamais les hommes rouges.

« Ceux-ci sont trop fins et ils lisent trop bien le livre du désert.

« Est-ce que jamais un Indien avance sans avoir étudié les pistes ?

« Je suis sûr qu'aucun trappeur n'a conseillé cette embuscade au colonel et qu'aucun n'en fait partie. »

C'était vrai.

Le colonel avait envoyé là une section formée par des émigrants de ceux qu'il avait engagés lui-même.

Ce fut à son tour de se gratter l'oreille et de paraître embarrassé.

M. d'Éragny n'était pas envieux; il ne jalousait pas le comte de Lincourt; il ne cherchait point à se couvrir, lui, d'Éragny, de gloire et d'honneur.

Et pourtant il était dévoré du désir de remporter un succès.

Pourquoi ?

Comment expliquer cet ardent désir de triompher chez un homme modeste ?

C'est que le colonel, chez M. d'Éragny, était en opposition avec l'homme.

M. de Lincourt aurait été soldat, n'eût-il porté que l'épaulette de sous-lieutenant, il eût dès lors fait partie de la grande famille militaire.

M. d'Éragny, quoique supérieur en grade, eût été enchanté des succès et de l'étonnante supériorité de son associé.

Mais voir réussir dans cette petite campagne, réussir par des moyens nouveaux, étranges, un homme jusqu'alors étranger au métier des armes, cela bouleversait M. d'Éragny.

L'emploi du picrate de potasse l'indignait presque.

Il se laissait aller jusqu'à dire avec dédain :

— Avec ce beau sytème, il n'y a plus de tactique.

« On broie une armée, on l'écrase d'un seul coup.

« Plus de bravoure, plus de manœuvres, plus rien.

« Un millier de kilogrammes de picrate de potasse et c'en est fait de cent mille hommes ! »

Le comte de Lincourt riait et répondait au colonel :

— Vous éprouvez contre les engins nouveaux la colère des preux chevaliers contre la poudre.

« On s'est battu pourtant depuis l'invention des fusils et des canons, on a été brave on a eu de bons et de mauvais généraux, on a bien ou mal manœuvré.

« Mais les chefs de l'armée française,

de routine, ne voudront pas étudier les forces nouvelles, les perfectionnements à introduire dans l'armement.

« Aussi serons-nous battus.

— Jamais ! s'écria le colonel.

— Vous verrez ! disait le comte.

Ces petites querelles expliquent comment le colonel en était venu à prendre sur lui de tendre un petit piége aux Apaches.

Il voulait se montrer capable, lui aussi, d'obtenir un succès.

Et voilà que Tomaho lui prouvait bonnement que son piége était fait de ficelles grossières et ne réussirait pas.

Tomaho, sans malice, crut rendre un service au colonel en lui disant :

— Si vous voulez, je dirai à l'embuscade de se retirer.

« Elle rejoindra le camp.

— Non pas ! dit le colonel froissé.

« Cette embuscade éventée par vos damnés Peaux-Rouges n'en coupera pas moins le cours de la rivière. »

Et M. d'Éragny, enchanté d'avoir trouvé cette belle raison pour justifier son idée, se frisa la moustache.

Mais Tomaho fit observer avec un grand sang-froid :

— Le cours de la rivière est tout intercepté par la cascade.

Réflexion qui démonta le colonel, et dont il fut très-vexé.

— Cacique, dit-il, qui donc commande ici, je vous prie ?

— Le comte de Lincourt ! dit Tomaho avec un grand flegme.

— Et moi, son associé, ne suis-je donc rien ?

— Il ne peut y avoir deux chefs, dit Tomaho flegmatiquement.

— Enfin, je vous suis supérieur !

Le colonel devenait cassant ; il cherchait querelle à cet excellent Cacique, qui, lui, se demandait quelle mouche piquait M. d'Éragny.

Cessant donc tout à coup de lui donner du vous, redevenant Indien, homme des prairies, le Cacique dit lentement, nettement, laconiquement :

— Nous autres, Indiens et trappeurs, nous avons des chefs pour conduire les bandes ; mais nous tenons conseil pour éclairer les chefs, qui écoutent toujours un bon avis.

« Tu n'es pas sage en refusant celui que je te donne.

« Ton embuscade ne sert à rien.

« On n'empêche pas, dans la prairie, les Indiens d'aller où ils veulent autour d'une caravane.

« Tout ce qui est envoyé loin du camp affaiblit le camp et risque la mort.

« Ton embuscade peut être attaquée et il faudra marcher vers elle pour la sauver des Apaches.

« Il vaudrait mieux, si nos ennemis attaquent, être tous ensemble.

« Lorsque les jaguars cernent un troupeau de bisons, les mâles et les femelles forment un grand cercle, cornes dehors, et les jaguars ne peuvent tomber sur un bison sans que le voisin n'encorne celui qui est sur le dos de son camarade.

« Les bisons sont fins.

« Toi, tu crois être plus fin que les bêtes, et tu t'en repentiras. »

Sur ce, Tomaho s'en alla majestueusement et méprisant fort le colonel.

Celui-ci mâchonnait son cigare avec une colère mal contenue.

— Quels soldats ! disait-il.

« Pas de discipline !

« Commandez donc quelque chose de sérieux à ces gens-là ! »

Il sacrait, jurait ; mais il était très-inquiet au fond.

Malgré l'orgueil de métier, les arguments du Cacique l'avaient frappé, et une voix intérieure lui criait que Tomaho avait raison.

Mais l'amour-propre l'emporta.

Il ne fit point rappeler cette embuscade.

Tomaho s'enfonça dans la prairie.

Le colonel vit pendant quelque temps la haute silhouette du colosse se dresser dans l'ombre ; tout à coup elle disparut.

M. d'Éragny cependant résolut de se rendre à l'embuscade.

Malgré lui, il éprouvait une anxiété contre laquelle il luttait en vain.

Il pensa qu'en cas d'attaque, lui présent, l'embuscade ne pourrait être forcée par les Indiens.

Il résolut d'aller en prendre le commandement.

Mais il fallait traverser un espace de deux kilomètres.

Le colonel n'était pas homme à ramper dans les broussailles.

C'était indigne de lui.

Mais, d'autre part, il y avait danger de rencontrer un parti de Peaux-Rouges.

Le colonel aurait dû s'adresser à quelque trappeur.

Celui-ci aurait servi de guide et eût conduit son chef à l'embuscade en passant à travers les bandes indiennes dont il eût reconnu la présence et la position.

Mais le colonel avait pris en grippe les chasseurs.

Ceux-ci, qui étaient fort disciplinés en ce sens qu'ils exécutaient avec un merveilleux ensemble les résolutions prises, qu'ils obéissaient au chef choisi par eux, semblaient au contraire à M. d'Éragny des hommes dont on ne pouvait rien obtenir.

Il ne leur demandait que très-rarement des choses raisonnables.

Lorsqu'il donnait une consigne à un trappeur, celui-ci ne manquait pas d'en démontrer les absurdités.

Et le colonel d'Éragny avait fini par s'adresser, de parti-pris, aux émigrants, plus dociles et moins expérimentés.

En cette circonstance, il ne manqua pas à ses habitudes.

— Une escouade pour m'accompagner! demanda-t-il à un sous-lieutenant.

« Donnez-moi de mes hommes à moi. »

L'officier obéit.

M. d'Éragny avec une douzaine de ses émigrants, bien armés, quittait le camp et s'enfonçait dans la *prairie*, quand Sans-Nez parut soudain.

— Colonel, dit-il résolûment, vous m'avez pris une section que vous avez envoyée je ne sais où avec deux canons.

« Voilà que vous me prenez une escouade pour vous en aller quelque part encore.

« Ma compagnie se trouve très-affaiblie et réduite à rien. »

C'était en effet dans la compagnie de Sans-Nez que M. d'Éragny avait pris la section d'embuscade et l'escouade d'escorte.

— Capitaine, dit sévèrement M. d'Éragny, vous prenez un ton d'autorité que je ne saurais supporter.

— Et vous faites des choses insensées, colonel, c'est moi qui vous le dis, moi Sans-Nez, qui sans me vanter connais la guerre indienne.

« A mille pas d'ici, vous et vos dix hommes serez enlevés.

— Il faudrait pour cela une centaine d'Indiens... et encore! fit le colonel d'un air de mépris.

« Rentrez au camp, capitaine.

« A mon retour, j'aviserai sur la façon dont il convient que je punisse vos impertinences; allez, monsieur! »

Sans-Nez haussa les épaules.

Un moment il eut la pensée d'aller prévenir le comte.

Mais Sans-Nez était vindicatif.

— Ces émigrants, dit-il, jalousent les trappeurs.

« De plus, ils ont l'air de n'avoir confiance qu'en cette vieille culotte de peau.

« Que ces Indiens scalpent ces b......-là, je m'en f... »

Puis, faisant des grâces, jouant des castagnettes, il dit gaiement :

— Avant vingt minutes, le colonel verra que pour un capitaine chic et galbé, je suis galbé et chiqué.

« Ah! il veut régler mon compte! Les Indiens vont régler le sien.

« Et dire que ça commandait un régiment de cavalerie!

« Un sachem apache, à la tête de cent guerriers à cheval, vous aurait brossé ce régiment-là haut la patte. »

Cependant le colonel, à distance, dit à l'escouade :

— Vous avez entendu, mes enfants! L'on nous met au défi.

« Il faut arriver à l'embuscade.

« De la prudence et du calme!

Combat à l'embuscade.

« La main à la détente, marchons avec défiance. »

Et le colonel s'avança à pas lents en tête de sa troupe.

Rien dans la nuit.

Silence complet!

Pas de lune.

Les brins d'herbes sèches et les cailloux criaient sous les pas de l'escorte, et les faibles bruits retentissaient au loin en raison du calme absolu.

Le colonel aurait dû trouver étrange, comme le lui dit plus tard Tomaho, de n'entendre aucun cri de hulotte, aucun hurlement de fauves.

Cela devait prouver que des bandes indiennes assez fortes circulaient entre le camp et l'embuscade.

Les bêtes fauves fuyaient l'homme.

Après un millier de pas, dans un certain endroit couvert de broussailles, le colonel qui marchait en tête sentit une corde tomber rudement sur son cou, s'enrouler et le suffoquer.

C'était un lasso qui l'étranglait.

Il eut le temps de crier : Feu!

Deux hommes seulement purent tirer.

Tous les autres avaient été lacés avant d'avoir pu décharger leurs armes.

Le colonel vit bondir une troupe de vingt Indiens environ.

Que faire?

Toute l'escorte s'étranglait à chaque mouvement de dégagement.

Mais à peine les Apaches avaient-ils surgi qu'une ombre géante se dressa au milieu d'eux et l'on vit tomber autour de cette forme colossale une dizaine d'Indiens.

C'était Tomaho qui venait au secours du colonel.

Cependant les Apaches, remis de leur surprise, jouèrent du fusil.

Ils tirèrent sur le Cacique qui les assommait à coups de crosse de son énorme fusil de rempart.

Mais Tomaho riposta au feu des Apaches avec ses armes.

On sait qu'il portait autour de sa ceinture un arsenal de revolvers; il en déchargea quatre et les Indiens s'enfuirent, lâchant pied devant ce colosse.

Tomaho avait cinq blessures, mais ce n'étaient pour lui que des égratignures, les balles étant, dans ses muscles énormes, de simples grains de plomb.

Le géant, voyant les Apaches en fuite, se mit à rire.

— Och! dit-il, les coyotes ont fui devant le lion.

Et il rechargea ses armes.

Le colonel et ses hommes se relevaient un à un et se débarrassaient des lassos ; M. d'Éragny aurait souhaité être mort après cette scène humiliante.

Il s'attendait à ce que Tomaho triompherait insolemment.

Le géant avait simplement étendu le doigt dans la direction du camp et il avait dit au colonel :

— Il vous vient du renfort!

Puis, ses armes rechargées, sans s'inquiéter des cinq plaies qui trouaient ses chairs, Tomaho était reparti.

Le colonel fut encore plus humilié de cette attitude que de celle qu'il s'attendait à voir prendre au Cacique.

Mais avant qu'il eût réfléchi, une troupe était sur lui.

C'était le reste de la compagnie de Sans-Nez amenée par lui.

Le Parisien, goguenard, vit le dernier homme coupant son lasso et il se prit à rire :

— Ah! ah! dit-il, il paraît que j'avais raison.

« On vous a lacés! »

Et il se tapait sur les cuisses sans aucune dignité, riant de tout cœur et à plein gosier.

Le colonel s'en indigna.

— Monsieur, dit-il, on ne se sent pas d'ordinaire si joyeux du péril encouru par des compagnons d'armes.

Mais Sans-Nez ne pouvait répondre, étant dans un accès d'hilarité dont on n'est pas maître.

Le colonel se demandait s'il n'allait pas casser la tête à cet insolent ; M. d'Éragny en était arrivé à ce degré de colère où l'on commet sottises et injustices.

Mais un trappeur parla bas à l'oreille de Sans-Nez.

Celui-ci se tut et se coucha sur-le-champ.

La tête contre terre, il écouta.

Se relevant aussitôt :

— Colonel, dit-il, à voix basse, nous sommes une trentaine d'hommes.

« Entre nous et l'embuscade, il y a plus de trois cents Apaches.

« Entre nous et le camp, il y en a plus de mille, j'en suis certain.

« Les deux troupes marchent sur nous.

« Où voulez-vous aller?

« Est-ce à l'embuscade?

« Est-ce au camp?

— A l'embuscade, mordieu! dit le colonel les dents serrées.

« Marchons!

« Quand nous serons à portée, nous ferons une trouée à la baïonnette.

— Et si moi, Sans-Nez, qui vous fais l'effet d'un polisson de capitaine, je vous conduisais à l'embuscade sans tirer un coup de feu, sans perdre un homme !

« Cela ne vaudrait-il pas mieux que de charger bêtement?...

— Capitaine !...

— Colonel, dix secondes de retard et il ne sera plus temps.

Puis, se tournant vers ses hommes, Sans-Nez leur dit :

— Attention !

« Tous, faites comme moi. »

Il planta sa baguette de fusil à terre, ôta sa blouse de chasse et la plaça sur la baguette qu'il couronna de sa coiffure.

Et il dit encore :

— Tonnerre de Dieu! dépêchez-vous! Tous comme moi, tous !

On se hâta.

Alors Sans-Nez se mit à ramper, et on le suivit.

On allait à la file.

De temps à autre Sans-Nez écoutait, puis reprenait sa marche.

Il entendait distinctement, lui, chasseur, le bruit de la marche des deux troupes d'Apaches.

L'une venait de l'ouest, l'autre de l'est, et elles se rapprochaient, marchant l'une vers l'autre.

Elles comptaient envelopper le détachement qui avait failli être lacé et que Tomaho avait délivré.

Prévenus par les fugitifs de la position de ce détachement, les sachems apaches avaient improvisé avec une grande habileté le plan qui s'exécutait.

Le colonel, qui fermait la marche et qui maugréait d'être obligé de ramper, se retournait de temps en temps.

A trente mètres du trompe-l'œil imaginé par Sans-Nez, il fut frappé de l'effet qu'il produisait.

— On dirait d'un détachement, pensa-t-il ; mais c'est un tour d'enfant, indigné de vrais soldats.

Et il conclut :

— Ce n'est pas la guerre, cela !

Guerre ou non, le détachement n'en fit pas moins sans encombre un millier de pas dans le sens du sud ; ce qui le mit hors d'atteinte de l'étreinte des deux troupes marchant d'est à ouest, l'une vers l'autre.

Sans-Nez qui étudiait tous les bruits, se releva.

Derrière lui, tout le monde.

— A l'embuscade ! dit-il.

« L'Ours-Gris, pris les devants.

« S'il y a péril, grogne.

« Je reconnaîtrai ton cri. »

Le trappeur que l'on appelait l'Ours-Gris chargea un camarade de son fusil, et ne prenant que son revolver et son couteau, il se mit à ramper avec une rapidité extraordinaire qui frappa les émigrants d'étonnement.

Sans-Nez leur dit à voix basse :

— Voilà ce que vous devriez savoir faire tous comme nous autres.

« Nous venons de marcher comme des tortues, et c'est du retard.

« Enfin, on rattrapera le temps perdu.

Il jugea que l'Ours-Gris avait assez d'avance, et il se mit en route au pas relevé, emmenant son monde.

Le colonel se trouvait, par la force des choses, démonté de son commandement, et faisait piètre figure.

Il ne lui venait cependant pas l'idée de protester en ce moment.

Tout à coup l'on vit quatre cadavres d'Apaches.

Sans-Nez les regarda et dit sans s'être arrêté :

— Bon ! Tomaho est devant nous.

« C'est un poste qu'il a assommé. »

Un peu plus loin, dix hommes jonchaient le sol.

Cette fois Sans-Nez s'arrêta et dit encore à voix basse :

— L'Ours-Gris et Tomaho sont ensemble ; ils ont supris ce détachement !

« Voilà le poing de Tomaho et le couteau de l'Ours-Gris.

Il repartit.

Mais, à quelque distance, un grognement d'ours l'arrêta.

Sur un signe, tout le monde se coucha, et l'Ours-Gris avec Tomaho vinrent en rampant tenir conseil.

— Qu'y a-t-il ? demanda Sans-Nez.

— Entre nous et l'embuscade, les Indiens ont laissé deux cents hommes qui veillent pour empêcher la section de quitter les rochers pendant que le gros des Indiens attaquera notre camp.

— Le camp va donc être attaqué ? demanda le colonel avec anxiété.

— Oui, dit Sans-Nez.

« De ce côté, il sera assailli par un millier d'hommes.

« Qui sait combien d'Apaches sont sur les autres faces du bivac ! »

Le colonel comprit la faute qu'il avait commise.

Il privait le camp d'une compagnie entière.

Chose étrange !

Du petit au grand, les officiers français étaient pris de la manie du détachement.

Ce que le colonel avait fait, on le refit sur une grande échelle à l'armée du Rhin en 1870.

Nous fûmes battus par fractions.

Quand la décadence s'empare d'une nation, elle souffle partout un esprit d'aveuglement qui égare les plus élevés comme les moindres.

Cependant on entendait le bruit d'une fusillade.

Sans-Nez se frotta les mains et se mit à rire.

— Ils tirent sur nos chapeaux! dit-il. Ça va bien.

« Ils n'osent pas avancer, craignant quelque piége.

« Cette fusillade avertira le camp et le comte prendra ses mesures. »

Le colonel se rassura quelque peu sur les conséquences de sa faute.

Mais il se préoccupait de l'embuscade.

Sans-Nez qui, nous l'avons dit, avait la réputation d'être le plus roué des chasseurs de la prairie, dit tout à coup en se frappant le front :

— J'ai mon idée.

Et il donna des ordres à Tomaho et à l'Ours-Gris.

Ceux-ci partirent.

En leur absence, le colonel, qui entendait toujours la fusillade, dit à Sans-Nez qui jouait joyeusement des castagnettes :

— Le feu continue !

— Parbleu! fit Sans-Nez.

« Vous ne connaissez donc pas les Indiens, surtout les Apaches.

« Ces gens-là sont, en ce moment, convaincus que nos chapeaux couvrent des têtes rusées de trappeurs qui leur tendent une embûche, et qui ne répondent pas à la fusillade pour les encourager à avancer.

— Alors le comte saura se mettre en garde, dit le colonel.

— Le comte, dit Sans-Nez, c'est un malin.

« Il en sait plus long que moi et que vous, colonel. »

M. d'Éragny sentit l'épigramme et ne la releva pas.

Mais il souffrait cruellement.

Cependant Tomaho et l'Ours-Gris revinrent avec des paquets volumineux ; c'étaient les manteaux de guerre et les armes des Indiens morts.

Les trappeurs et quelques émigrants, sur l'ordre de Sans-Nez, se déguisèrent en Peaux-Rouges ; puis le capitaine fit placer le reste de sa troupe sur une file et les faux Indiens formèrent une haie comme s'il se fût agi de prisonniers à conduire.

Dans cet ordre, avec injonction aux faux prisonniers de tenir leurs mains croisées derrière le dos, on avança.

Tomaho se dissimula à cause de sa stature.

Le colonel, qui avait un costume plus voyant et plus riche que les autres chasseurs, fut mis en tête des prisonniers, quelque répugnance qu'il en eût.

— Les sauvages, dit Sans-Nez, ont l'œil très-fin, très-subtil.

« Croyez que tous vous connaissent et que votre chapeau à plumes d'aigle vous fera distinguer, même la nuit.

« Ils vont concevoir de votre prise une joie folle.

— Soit ! dit le colonel.

Et il se résigna.

On fit sept ou huit cents pas et l'on entrevit les Indiens, au nombre de deux cents environ, barrant le chemin de la rivière et regardant du côté où venait la troupe.

Mais ce qu'avait prévu Sans-Nez arriva.

Un cri d'oiseau-huppe ayant retenti, l'Ours-Gris y répondit en houhoulant comme un hibou.

Puis il cria en apache :

— Que les cœurs de mes frères soient en grande joie !

« Nous amenons quinze prisonniers et avec eux le chef à la plume d'aigle ! »

Alors la troupe poussa un hurrah et s'élança joyeusement pour voir les captifs.

C'est ce que Sans-Nez attendait.

— Attention ! dit-il.

« Du revolver, rien que du revolver !

« Ensuite au couteau et passons ! »

On se tint prêt.

Quand la bande fut compacte, s'exclamant autour des captifs, les uns criant avec enthousiasme :

— Le grand chef est pris!
Les autres demandant :
— Le camp est-il à nos frères?
Tous brandissant leurs fusils...
Quand les poitrines enfin furent à portée, Sans-Nez dit :
— Feu!
Aussitôt chacun saisit ses revolvers et tira dans le tas.
Cinq balles par homme, sur une masse! Pareil tir fit une trouée sanglante et large.
Le détachement se jeta tête basse à travers la brèche.
En un clin d'œil il gagna les rochers et la cascade en criant :
— Ne tirez pas!
« Nous sommes trappeurs! »
Et Sans-Nez dominait les voix, même celle de Tomaho, en criant sur un ton aigu
— C'est moi, Sans-Nez!
« Pas de blagues! s... n... de D...! »
« Ne tirez pas! »
Si bien que la section d'embuscade reconnut le Parisien, comprit que ce n'était pas un piège et cessa le feu qu'elle avait commencé.
Les Apaches firent deux décharges inutiles, quand ils revinrent de leur surprise.
Le détachement était provisoirement sauvé.
Pas un homme n'était blessé, comme l'avait dit Sans-Nez.
Le colonel ne pouvait s'empêcher de constater l'habileté du capitaine.
Celui-ci lui dit en riant :
— Eh bien! colonel...
« Pour un capitaine chic et galbé, suis-je galbé et ai-je du chic?
— Tout ce que vous voudrez, Sans-Nez, dit M. d'Éragny.
« Mais ce n'est pas la guerre.
« Si vous aviez affaire à des troupes régulières, mon ami...
— ... Je leur en ferais voir de plus drôles que ça! dit Sans-Nez.
« Toutes les nuits j'enlèverais un poste, et les dimanches un camp. »
Et sans plus s'occuper de M. d'Éragny, Sans-Nez disposa sa compagnie.
C'en était fait.

Le colonel se sentait enlever le commandement.
Les trappeurs, cependant, après avoir ri du tour joué à l'ennemi, écoutaient les bruits d'attaque contre le camp.
La lutte semblait acharnée.
Elle cessa à l'aube.
En ce moment, on vit Tomaho quitter l'embuscade.
Il allait, disait-il, en avant, pour avoir des nouvelles.
Quelques instants après le départ du Cacique, on aperçut une pirogue descendant la rivière.
Sur cette barque était un homme vêtu à la mexicaine.
Deux Indiens pagayaient et conduisaient l'esquif, qui disparut descendant la rivière avec rapidité.
Les trappeurs remarquèrent que cet homme avait l'air profondément sombre et abattu.
(Voir nos deux gravures : l'une représentant l'embuscade ; l'autre la pirogue.)

CHAPITRE LI

LES DEUX FRÈRES

Les événements que nous avons à raconter sont multiples et simultanés.
Aussi, pour raconter ce qui se passa chez les Apaches, faut-il revenir sur nos pas et parler de la panique qui les saisit après l'explosion du picrate de potasse.
Pour qui connaît le caractère indien, cette catastrophe devait produire sur les *Peaux-Rouges* un effet désastreux.
La tribu fut frappée de terreur.
Partout postes, bivacs, détachements prirent la fuite.
La déroute fut complète...
Cependant, n'étant point poursuivis, les détachements s'arrêtèrent et l'armée se rallia.
On fit le dénombrement.
Deux mille hommes avaient perdu la vie...
Trois heures plus tard, deux hommes se

rencontraient dans une forêt sombre à quelques milles du camp apache.

Tous deux étaient entrés dans le bois à pied par un point différent; tous deux avaient laissé un cheval à l'entrée des massifs épais.

Les deux mustangs étaient noirs et ils avaient au front une étoile blanche.

Les deux hommes se ressemblaient au point qu'à l'aspect de l'un ou de l'autre on se fût cru en présence de l'Aigle-Bleu.

Deux jumeaux ne se ressemblent pas plus complétement

A côté l'un de l'autre, à peine pouvait-on constater quelques différences de taille et de regard.

Celui qui était arrivé le dernier dit en tendant la main à l'autre :

— Frère, tu es triste.

« Frère, ton cœur a-t-il du fiel contre moi?

— Mon cœur t'aime! dit le premier des Indiens

« Mais l'Aigle-Bleu sera maudit par tous les siens. »

Celui qui venait de parler était donc bien le farouche guerrier que nous avons vu au début de notre œuvre combattre contre M. de Lincourt.

Quel était l'autre?

Le Sauveur.

— Je donnerai, dit celui-ci, une éclatante victoire à mon frère.

« Son nom sera béni. »

L'Aigle-Bleu leva la main en signe de protestation et dit :

— Je n'ai plus confiance.

« Je sens que notre ennemi est plus fort que toi.

« Il sait des forces mystérieuses et terribles auxquelles rien ne résiste.

— Je les sais aussi.

— Pourquoi mon frère ne les emploie-t-il donc pas?

— L'heure n'est pas venue.

— Elle ne viendra jamais.

« Et moi, l'Aigle-Bleu, je veux mourir cette nuit.

« J'assemblerai les guerriers, je leur dirai que si nous avons été vaincus c'est parce que le sacrifice humain n'a pas été fait et je le ferai faire.

« La tribu reprendra confiance.

« Je lui ferai croire que les flammes qui nous ont dévorés n'étaient point allumées par les trappeurs;

« Que le Grand-Esprit lui-même les avait fait sortir de terre contre nous, parce que nous n'étions pas purs, parce que nous avions besoin d'un châtiment, parce que les anciens autels n'ont pas été arrosés du sang des vierges et des jeunes hommes.

« On me croira.

« Quand les *hommes-médecine* disent de ces choses, on les croit.

« Alors, cette nuit, j'attaquerai le camp de notre ennemi.

— Malheureux, dit le Sauveur, tu seras vaincu!

— Je le sais.

— Tu feras exterminer les guerriers.

— Je le sais.

— C'est odieux!

— Non, c'est beau, c'est grand, c'est bien.

« Je sens que les hommes blancs nous vaincront toujours.

« Je sens que toi, qui es allé étudier leurs secrets, tu ne les connais pas.

« Je sens que la race est perdue, condamnée pour toujours.

« Ils viendront bientôt, les hommes blancs, nombreux comme les bisons qui émigrent et couvrent la terre.

« Ils auront des poudres inconnues, des canons mystérieux.

« Ils feront ce qu'ils ont fait du nord au sud de l'Amérique.

« Ils nous asserviront ou ils nous extermineront.

« Nous ne serons plus un peuple, une race, des hommes...

« Mes yeux ne verront pas cela.

« Mes yeux se fermeront cette nuit.

— Tu as le droit, si tu n'as plus la foi, de chercher la mort.

« Tu n'as pas celui de conduire les guerriers à un nouveau désastre.

— Je voudrais que toute ma nation pérît d'un seul coup, cette nuit, avec moi! s'écria l'Aigle-Bleu.

« Ceux qui survivront seront avilis. »

Rien ne saurait rendre l'indomptable énergie avec laquelle l'Aigle-Bleu prononça ces mots.

Cet orgueil immense était blessé à jamais.

Les hommes de cette trempe ne survivent pas à la honte.

Il reprit :

— J'étais déjà vaincu, vaincu par ce Français.

« Il m'avait blessé et épargné.

« Si, à ce moment, je ne t'avais pas attendu, espérant de toi des victoires éclatantes, je ne vivrais plus depuis longtemps.

« Mais vaincu dans ma personne, vaincu dans ma tribu, vaincu dans toi, c'est trop et c'est fini. »

Puis, avec un geste de suprême et irrévocable résolution :

— Je le jure! dit-il.

Le Sauveur aurait voulu arrêter ces paroles sur les lèvres de son frère, mais il n'y réussit point.

Alors, avec non moins d'énergie que lui, il s'écria :

— Le combat n'aura pas lieu ; moi aussi, je le jure.

Un éclair sinistre passa dans les yeux de l'Aigle-Bleu.

Mais ce ne fut qu'une lueur fulgurante dans un ciel sombre.

— Frère, dit-il, tu devrais mourir en frère avec moi.

— Mais, insensé, j'ai la victoire en mes mains.

« Nous aurons un triomphe.

— Ouvre donc ces mains qui tiennent le succès.

« Dis-moi ce que tu espères.

« Jamais tu ne m'as confié tes secrets.

« Je sais que tu as fait par des moyens extraordinaires briller les signes et les prodiges aux yeux d'un million d'Indiens.

« Mais connais-tu ces poudres qui font sauter les montagnes?

— Je les connais.

— Peux-tu exterminer les chasseurs?

— Je le pourrais.

— Le pouvais-tu hier, avant-hier, dès le début?

— Je le pouvais!

Les interrogations de l'Aigle-Bleu devenues pressantes.

Sa voix haletait.

La sueur perlait à son front.

Il y avait une tempête dans cette poitrine.

L'Aigle-Bleu avait toutes les impétuosités irrésistibles des natures primitives, tous les élans sauvages d'un Apache.

Il haïssait mortellement les blancs et il était l'ennemi implacable de tout ce qui venait d'eux.

Il avait horreur de la civilisation.

Pour lui, civiliser les Indiens, c'était les abâtardir.

De plus, il avait une rigidité de principes et de logique inflexible.

Cent fois il avait dit :

— J'aurais un fils, il vivrait la vie des blancs, je le tuerais.

En Amérique, on a surnommé l'Aigle-Bleu le *Dernier des Apaches*.

Il incarnait la race.

Aucun lien de parenté, d'amitié ne pouvait arrêter un pareil homme dans une résolution prise.

Toutefois, malgré la colère violente, terrible qui l'animait, il demanda encore à son frère :

— Tu vas peser tes paroles au poids lourd de la conscience.

« Ne me trompe pas.

« Tout ce que tu viens de me dire est-il la vérité?

— Oui, dit le Sauveur.

A cette affirmation, avant qu'il eût pu se mettre en défense, le Sauveur fut lacé par une foudroyante attaque de son frère, qui avait préparé son lasso.

Ce fut si prompt, si rapide, que l'éclair seul donne l'idée de cette prodigieuse impétuosité.

Maître de son frère, l'Aigle-Bleu le garrotta et le bâillonna.

Après avoir pris ces précautions, il le chargea sur ses épaules et le porta sous bois, vers une grotte.

Cette espèce de repaire, creusé au flanc d'un rocher, avait une entrée assez spacieuse dominée par un bloc qui surplombait; l'Aigle-

Bleu, se courbant, entra portant son fardeau qu'il posa sur le sable.

Calme alors, déterminé, mais les dents serrées et s'entre-choquant à chaque mot, la voix rauque et gutturale, il dit :

— Je t'ai bâillonné, parce que je ne veux pas t'entendre.

« Tu me tromperais.

« Ta parole est charmante, elle tinte comme ne pluie d'acier.

« Je l'ai trop écoutée.

« Je sais tes secrets.

« Tu aimes la fille du colonel, Rosée-du-Matin.

« Au lieu que cette femme soit ton esclave soumise, comme il convient, tu es le sien, toi, guerrier apache.

« Tu épargnes les chasseurs pour ne pas causer une larme à cette fille maudite qui t'a perdu.

« Les blancs nous tuent et tu ne veux pas les tuer.

« Tu es criminel.

« Le sang de deux mille des nôtres appelle le tien.

« Leurs chairs palpiteront toute cette nuit sous la dent des coyotes.

« Chaque lambeau demande vengeance ; je te le dis, tu mourras.

« Si tu avais compris ton crime, tu serais venu là tomber près de moi et mon cœur fraternel t'aurait pardonné.

« Mais je devine que tu veux vivre pour cette fille.

« Cela ne sera pas.

« Cette lâcheté ne sera jamais reprochée à mon frère.

« La vie va se fermer pour toi. »

L'Aigle-Bleu s'arrêta, puis reprit avec plus de puissance encore :

— J'ai cherché à pénétrer tes pensées.

« Toi comme la reine, vous êtes envahis par ce que les blancs appellent la civilisation, ce que je nomme, moi, la lèpre.

« C'est fini.

« Qu'elle vive ! c'est une femme, rien, moins que rien.

« La femme reçoit la vie, la rend, mais communique pas le sang de la race à l'enfant ; des chiens qui naîtront d'elle, je n'ai nul souci ; ils ne seront pas à nous.

« Mais, comme toi, elle est pervertie.

« Ton idée, je l'ai vue dans ton cerveau et je la sais.

« Tu voulais, non pas vaincre les blancs, mais nous faire blancs.

« Tu parlais d'empires à fonder.

« J'ai vu qu'il ne s'agissait pas de nous rendre nos territoires de chasse, après l'extermination des blancs.

« Tu voulais que nos nations eussent, comme les Visages-Pâles, des villes, des navires, des armées de soldats.

« Ce n'est pas le salut de la race rouge, cela ; c'est son esclavage.

« Ce n'est pas ce que veut l'homme rouge ; c'est ce qu'il repousse.

« L'espace sur de grandes terres, la vie des chasseurs, ses plaines qu'on lui a volées, la ruine des villes fondées sur son sol, l'anéantissement des blancs, les prairies de ses pères, voilà ce que veut l'Indien, ce qu'il te demandait.

« Mais recevoir la civilisation de tes mains, c'est ce que nous ne voulons pas.

« C'est pire que la mort.

« C'est la servitude, c'est la dégradation.

« Que les blancs vivent ainsi, c'est dans leur sang pâle, dans leur race, dans leur peau blanche, dans leur veines bleues, dans leurs os tendres.

« Ils prospèrent ainsi.

« Mais nos frères, soumis à cette vie par eux, meurent peu à peu.

« Et la race recevrait de tes mains ce que son instinct lui fait repousser quand les blancs le lui offrent !

« Non, jamais !

« Nous allons mourir.

« Tu mourras.

« Il le faut.

« Ma main ne te frappera pas ; mais tu vas rester ici, garrotté, bâillonné ; la pierre se fermera sur toi comme une porte de tombeau chrétien.

« Moi, je vais à mes funérailles et à celles de ma nation. »

Une sorte de sanglot étouffa la voix de l'Aigle-Bleu

Attaque du camp.

Mais sa résolution ne chancela pas un seul instant.

Il avait tout dit.

Juge, il avait jugé.

Bourreau, il exécuta.

Le fratricide ne l'arrêtait point.

Il sortit sans hésiter.

Une fois hors de la grotte, il monta sur le sommet, toucha le bloc surplombant à un certain endroit, fit une forte pesée et, par un de ces prodiges de la statique des pierres, prodiges dont les sauvages ont le secret, dont nos ancêtres connaissaient le mystère, le roc roula et ferma l'entrée de la caverne.

Il est étrange que des peuples enfants aient ces moyens de mettre en mouvement des masses pareilles.

Dans la forêt de Fontainebleau, comme dans toutes les vieilles forêts françaises, on trouve des pierres qui branlent.

Un doigt d'enfant, les touchant en un point, leur imprime une oscillation et aucun calcul d'ingénieur ne parvient à produire les mêmes effets.

La grotte était close à jamais.

Le Sauveur, ce héros d'une rénovation qui fut un rêve sublime, allait mourir de faim et de soif.

CHAPITRE LII

LE SACRIFICE

L'Aigle-Bleu, en quittant la grotte, retourna vers la tribu.

Il la trouva dans la prostration de la déroute.

La reine avait profité de cette défaite pour essayer de ressaisir son pouvoir effacé par celui de l'Aigle-Bleu.

Déjà une fermentation très-vive animait les guerriers.

L'Aigle-Bleu ne s'en émut pas.

Il monta sur un tertre et il fit appeler les guerriers par les crieurs de chaque village.

Les Indiens se rendirent à cet appel du chef; mais ils montraient des dispositions hostiles.

L'Aigle-Bleu leva la main, fit un geste solennel, montra le ciel et dit :

— Le Vacondah est irrité contre moi ; je dois mourir cette nuit.

Il y eut un murmure d'étonnement.

Le sachem reprit :

— Il faut du sang pour le grand Dieu du monde.

« Vous vous souvenez que les prêtres de Mexico, les hommes-médecine du grand peuple, qui savaient les destins, avaient coutume d'offrir au Vacondah des sacrifices humains.

« Cela seul pouvait rendre le dieu favorable.

« Que les vieillards se souviennent! »

Les plus âgés parmi les guerriers firent entendre des approbations.

Leurs pères leur avaient raconté qu'au temps des Aztèques, sous les grands empereurs de Mexico, on faisait des hécatombes humaines.

Un peu avant la conquête de Fernand Cortez, Montezuma fit immoler plus de vingt mille hommes.

Ces souvenirs vivaient dans les tribus.

L'Aigle-Bleu reprit :

— Lorsque le Sauveur m'a donné le *signe*, il m'a commandé de faire reprendre les anciens usages.

« Je n'ai pas compris qu'il parlait des sacrifices de vierges et de jeunes hommes, et je suis coupable.

« Voici l'arrêt du *Sauveur :*

« Tu périras, m'a-t-il dit, cette nuit, dans un combat où je donnerai la victoire aux miens, s'ils immolent une victime.

« Je veux une vierge.

« Qu'ils sachent tous que c'est le Vacondah qui a suscité le feu du fond des abîmes pour les purifier... »

L'Aigle-Bleu acheva son discours en développant son idée, en revenant sur elle sans cesse, en la tournant sur toutes ses faces, selon la coutume indienne.

Et quand il eut fini de l'exposer, tous les Apaches lui crièrent : Och !

Ce qui est une approbation unanime et enthousiaste.

Mais il fallait choisir la victime.

Un vieillard monta sur le tertre à la place de l'Aigle-Bleu.

— Frères ! dit-il, il faut une jeune fille à notre Dieu.

« Qui lui donner ?

« Celle qui est la plus chère à quelque grand guerrier.

« Nous ne pouvons donner une humble fille d'un homme méprisé parmi nous ; ce serait offenser le Sauveur.

— Och ! och ! cria-t-on.

— Qui est notre plus grand guerrier ? demanda le vieillard.

— L'Aigle-Bleu ! répondit la tribu.

« Qui aime-t-il ?

« Qui est sa cousine d'adoption ?

— Cette jeune fille qui est venue de si loin, attirée vers lui.

— Qui envoyait cette enfant ?

— Le Vacondah !

En ce moment tous les yeux cherchèrent l'Aigle-Bleu.

Il avait disparu.

Mais le vieillard n'en continua pas moins son discours.

Comme tout bon Indien qui fait un speach, il développa son plan à perte de vue.

Tomaho eût trouvé une très-belle éloquence à ce vieux guerrier.

Mais tout a une fin, même l'interminable oraison d'un Nestor indien.

Si bien que l'on finit par adopter les conclusions du vieux guerrier.

Par acclamation, il fut décidé que Nativité périrait.

On se précipita, on la chercha partout dans le camp.

Tout à coup on vit la tente de l'Aigle-Bleu s'ouvrir.

Il parut avec Nativité au bras.

Lorsque les Indiens virent paraître l'Aigle-Bleu et Nativité, ils furent frappés de l'aspect menaçant du jeune chef.

Celui-ci s'avança au-devant des guerriers et, d'une voix sévère, leur demanda :

— Que désirent les fils de l'Apacheria, et pourquoi viennent-ils à moi ?

Les sachems se consultèrent, puis le vieillard qui avait fait décider la mort de Nativité s'avança et dit :

— Nous avons décidé, en conseil de toute la tribu réunie, que la victime la plus agréable au Vacondah devrait être et serait la cousine du plus grand guerrier.

« Mon frère se résignera.

— Je ne me résignerai pas ! fit d'un ton hautain l'Aigle-Bleu.

« Je vais mourir cette nuit et j'ai fait le sacrifice de ma vie.

« La tribu devrait être reconnaissante et fière.

« La tribu devrait me donner des témoignages d'affection.

« Mon nom sera célébré par les guerriers d'un autre âge.

« Mais je vois que ni aujourd'hui ni demain mes frères ne comprendront ce que je vaux.

— Nous t'admirons ! balbutièrent les sachems.

L'Aigle-Bleu protesta d'un geste :

— Vous êtes des hommes sans loyauté, dont les cœurs ne sont pas ouverts aux regards du Vacondah.

« Vous voulez le bien pour vous et le mal pour les autres.

« Vous auriez dû, pour preuve de votre affection, épargner à ma tristesse cette peine de désigner pour le supplice la femme que j'aime.

« Mais vous n'avez rien de grand dans vos poitrines de coyotes.

« J'avais prévu ce qui arrive à cette heure. »

Puis riant d'un rire amer :

— Fils de l'Apacheria, mes frères, vous ne pouvez sacrifier cette jeune fille ; le Vacondah veut une vierge.

« A cette heure, celle-ci que voilà (*textuel*) est ma femme. »

A cette déclaration, la tribu fut consternée et il se fit un silence de mort : chaque père trembla pour son enfant.

L'Aigle-Bleu jeta sur les guerriers un regard dédaigneux et rentra dans sa tente avec Nativité, qui n'avait rien compris à cette scène étrange.

La jeune fille ne comprenait point la langue indienne.

. . . .

CHAPITRE LIII

LES FIANCÉS DE LA MORT

L'Aigle-Bleu cependant, assis sur une peau de bison, contemplait en silence la jeune fille que les allures du chef étonnaient et effrayaient.

Jusqu'alors l'Aigle-Bleu n'avait vu que rarement Nativité.

On crut qu'il l'évitait.

Mais chaque fois cependant qu'il était en face d'elle, le regard brûlant du jeune sachem parlait d'amour.

Nativité, emportée par une passion irrésistible pour ce magnifique soldat de l'indépendance indienne, Nativité, qui s'était imaginé qu'elle aimerait un joli jeune homme, éprouvait un amour profond pour le sachem.

Lorsqu'il l'avait prise parmi les femmes de la reine quelques instants auparavant, lorsqu'il l'avait conduite sous sa tente, elle avait pensé que l'heure des aveux était enfin venue.

Mais le chef silencieux avait attendu que la tribu vînt demander la mort de Nativité.

Et voilà qu'il se taisait encore.

La jeune fille attendait craintive.

Enfin le chef se leva, prit les deux mains de Nativité et lui demanda :

— Fille de Visages-Pâles, enfant des villes, blanche antilope, m'aimes-tu ?

« Parle sans détour ! »

Nativité se jeta avec un cri de joie dans les bras de l'Aigle-Bleu, dont l'âme se déchira dans un long soupir, mais dont les yeux exprimèrent l'orgueil triomphant de l'homme de la prairie qui a vaincu le préjugé des blancs dans une fille de sang européen.

Une descendante des conquérants espagnols se donnait à un Indien...

L'Aigle-Bleu cependant reçut sans le rendre le baiser de Nativité, et l'écartant doucement, il lui dit :

— Je vais mourir...

Elle poussa un cri désespéré.

— Silence ! dit-il.

« Je viens de mentir à mes guerriers et je leur ai dit que tu étais ma femme ; il faut qu'ils le croient.

« Cette nuit tu fuiras.

« Sable-Avide te conduira vers Austin avec mes présents.

« Tu seras libre, heureuse et riche, et tu songeras quelquefois à celui qui ne regrettera de la vie que tes yeux d'antilope. »

Nativité prit les deux mains du jeune homme et lui demanda suppliante :

— Pourquoi mourir?

— Parce que, dit l'Aigle-Bleu, les Visages-Pâles nous ont vaincus et nous vaincront toujours.

« Parce que nous leur cédons l'espace sur la terre.

« Parce que nous n'avons de refuge que les prairies du ciel, dans l'azur infini desquelles nos esprits libres erreront éternellement. »

Nativité regarda le sachem avec admiration.

— Mon cœur ne m'avait pas trompé, dit-elle triste et fière.

« J'aime un héros. »

Il sourit, embrassa longuement et fraternellement la jeune fille, puis il lui dit :

— Tu rentreras à Austin pure et vierge ; je tomberai, moi, content d'avoir eu le premier élan de ton cœur.

« Tu rediras, quand notre race sera détruite, tu rediras à tes enfants que les Indiens méritaient mieux que la servitude.

— Je ne redirai rien, dit-elle se levant frémissante, à nul autre qu'à toi ; car je serai ta femme aujourd'hui et la mort me frappera cette nuit près de toi.

— Non ! dit-il.

« Tu es jeune.

« Tu verras de nombreux soleils et les printemps te donneront leurs fleurs.

— Sachem, dit la jeune fille avec exaltation, je t'ai vu à Austin ; mon âme a volé vers la tienne et je suis venue, attirée par une irrésistible fascination.

« Je veux la récompense de cet abandon que j'ai fait de mon honneur et de ma nation.

« Si tu me repousses, je croirai que tu me préfères l'autre.

— De quelle femme parles-tu?

— De celle que tu es venue visiter à Austin.

« De celle qui devrait être ici, si vraiment elle t'aimait. »

Un nuage passa sur le front du jeune homme.

— Femme, dit-il, ne t'a-t-il point semblé qu'à certains jours je n'étais plus le même? Ne t'a-t-il point paru que parfois je parlais le langage des Visages-Pâles?

— Oui, dit-elle, et lorsque tu passais, à ces heures de transformation étrange, tu me regardais à peine.

« Moi, je t'aimais moins. »

Le sachem sourit.

— C'est bien *moi*, non *lui*, qu'elle aime ! murmura-t-il.

— Et toi? fit-elle haletante.

« Est-ce moi, est-ce elle que tu préfères?

— Il est deux Aigle-Bleu, Nativité, dit-il ; tous deux se ressemblent.

« Et ce n'est pas moi qui jamais ai passé devant toi indifférent.

— Si tu dis vrai, s'écria-t-elle, jure-moi que je ne te survivrai pas !

Il hésitait.

Alors elle lui prit les deux mains, plongea son regard dans les yeux du sachem le pénétrant jusqu'à l'âme de deux rayons de flamme, et lui dit en l'enivrant d'amour :

— Je jure de ne pas te survivre.

« Veux-tu donc me faire la mort triste et sombre !

« Moi, j'ai rêvé de quitter la terre avec toi, accueillant tous deux le trépas avec joie...

« Ne regrettant rien au monde ! »

Le sachem vaincu poussa un long cri de joie...

Nativité tomba dans ses bras.

. . . .

Lorsque, le soir, ils sortirent de la tente, un rayon de soleil couchant éclairait un bûcher embrasé.

La tribu silencieuse voyait la flamme monter au ciel.

Une jeune fille attendait impassible que la flamme montât jusqu'à elle.

La vierge, avec un stoïcisme admirable, supporta le supplice.

Nativité, terrifiée, restait clouée au sol par l'horreur.

En peu d'instants, le feu clair, intense, ardent eut calciné ce corps plein de fraîcheur et de vie ; il ne resta bientôt que des cendres.

Enfin Nativité eut un cri :
— C'est horrible ! dit-elle.
— Il le fallait ! répondit froidement l'Aigle-Bleu.

« Je veux signaler les derniers jours d'indépendance des Apaches par un combat digne de nos pères.

« La tribu, après ce sacrifice, va croire à la victoire.

« La lutte sera terrible.

« Nous aurons de splendides funérailles. »

Nativité fut frappée de cette prompte destruction des Apaches dont le sachem semblait persuadé.

— Pourquoi, demanda-t-elle, prévois-tu la ruine rapide de ta race ?

— Parce que les blancs marchent à la conquête du *secret*.

« Parce qu'ils triompheront.

« Un homme, Tête-de-Bison, a surpris le mystère de nos montagnes.

« Avec lui marche le génie des blancs. »

Puis, la tribu s'étant tournée vers le sachem, signalé par le crieur public, l'Aigle-Bleu s'avança :

— Frères, dit-il, vous demandiez la mort de celle qui est ma femme ; elle partagera mon sort cette nuit.

« Le Vacondah ne peut nous refuser la victoire. »

Cette déclaration, et la grande impression d'espoir laissée par le supplice, donnèrent un enthousiasme effréné aux guerriers.

L'Aigle-Bleu, en face d'une longue et imposante manifestation de la tribu, put se convaincre que la bataille serait désespérée.

Et il souriait à Nativité en lui disant :
— Tout ce qui est brave mourra cette nuit.

« Dans vingt générations, on redira que nous nous sommes illustrés en périssant.

« Nous n'aurons pas lâchement et lentement péri peu à peu, presque sans lutte, comme tant d'autres tribus... »

Et l'Aigle-Bleu se laissait aller à une exaltation qui gagna Nativité.

CHAPITRE LIV

BATAILLE ET COMBAT

Le comte avait appris, sans protester, que M. d'Éragny établissait une embuscade : Tête-de-Bison lui en avait donné la nouvelle.

M. de Lincourt [1] avait hoché la tête.
— Mon cher, dit-il à Tête-de-Bison, vous semblez désapprouver l'idée du colonel ?
— Oui, certes, dit le trappeur.
« C'est une bêtise.
— Bon ! voilà que vous appelez la chose par son nom, mon vieux camarade.
« Moi, je dis : C'est une imprudence.
— Faut-il prier le colonel de faire rentrer son monde ?

---

[1] Un de nos lecteurs, qui semble beaucoup s'intéresser à notre œuvre, ce dont nous le remercions, nous fait une observation.

Il nous reproche d'avoir donné à certains personnages des noms qui ne sonnent pas suffisamment et qui manquent de relief.

Si nous écrivions un roman sans base réelle, une œuvre de fantaisie, nous serions libres de créer des noms à notre guise.

Mais pouvons-nous changer ceux de MM. de Lincourt et d'Éragny, aussi connus peut-être en Amérique que ceux de Raousset de Boulbon et de Pindray ?

Tête-de-Bison, ou pour être plus exact, Tête-de-Buffalo ne vit-il pas encore ?

Sans-Nez n'a-t-il point un renom toujours grandissant dans la prairie ?

Nous avons cru bien faire en restant dans le réel.

Autre critique.

On nous a écrit d'Austin qui, à cette heure, est en proie à l'anarchie, soit dit entre parenthèses, pour nous rappeler certains détails scandaleux que nous connaissons et que cependant nous ne publierons point.

Nous avons écrit ce qui peut s'écrire et, sur le reste, nous nous tairons.

C'est une question de convenances.

— Non point.

Le comte secoua la cendre de son cigare, et il reprit :

— N'avez-vous point remarqué, Grandmoreau, que le colonel, depuis quelques jours, semble très-mécontent ?

— Je me demande pourquoi ?

— Vous ne le devinez pas ?

— Il semble jaloux.

« C'est une petitesse.

— Mon cher, elle ne vient pas de l'homme, mais du militaire.

« Le colonel, en tant que colonel, est furieux de voir toute sa tactique, ses vieux canons, ses vieux fusils distancés.

— Il est de fait que le picrate de potasse lui a prouvé que dans l'avenir la poudre à canon sera regardée comme une plaisanterie.

— Je lui réserve d'autres surprises, s'il n'est pas tué cette nuit.

— Vous pensez donc...

— ... Je pense qu'il court grands risques avec sa section.

— Si cependant je le prévenais...

Le comte haussa les épaules.

— Mon cher, répliqua-t-il, le colonel nous saurait très-mauvais gré d'un bon avis.

« Il m'accuserait de manquer d'égards et de convenance.

« S'il paie de sa vie une imprudence, tant pis !

— ... Mais sa fille ?

— ... Tête-de-Bison, mon ami, sa fille ne m'intéresse guère.

« Il paraît que le père est pris d'admiration pour les Peaux-Rouges, et que sa fille, de son côté, en aime un...

— ... Vous croyez, monsieur le comte ?

— Trappeur, ne jouons pas au plus fin ; vous savez la vérité.

— Passons.

— Monsieur le comte, les hommes qui sont avec le colonel ne sont pas cause de tout cela.

— Heu ! heu !

« Ce sont des émigrants.

« Je crois qu'ils sont jaloux des préférences un peu marquées que j'ai pour les gens de prairie, **vos camarades.**

« Si ces émigrants recevaient une petite leçon, je n'y verrais pas grand mal. »

Tête-de-Bison se prit à rire.

— Au fait, dit-il, vous avez raison : un peu de sang tiré, cela fait du bien au cerveau, et une leçon, comme vous dites, leur servira.

— Trappeur, vous veillerez.

« Nous serons attaqués cette nuit, j'en ai le pressentiment.

« A propos...

— Monsieur le comte !

— Vous savez que le wagon de picrate de potasse est blindé.

« Il n'a rien à craindre.

« Toutefois, faites-le couvrir de peaux de bœufs mouillées.

« C'est un surcroît de précaution.

« En outre, vous préviendrez le capitaine canonnier de me venir trouver sur-le-champ.

— J'y cours.

— Un instant encore !

« Je vous recommande de laisser faire au colonel ce qu'il voudra.

« Vous me tiendrez seulement au courant de ce qui se passera.

« Allez, Trappeur. »

Grandmoreau se retira.

Le comte vit bientôt arriver master Jackson.

C'était un ancien quartier-maître de la marine anglaise.

Déserteur, pris de la fièvre de l'or en 1848, il avait été mineur, puis trappeur, puis, canonnier au service du Mexique, et enfin il s'était refait chasseur jusqu'au moment où il s'était engagé dans la troupe du comte.

C'était un vrai matelot anglais, gai d'une façon brutale, jovial avec bruit, mauvais sujet et loyal, ayant déserté par coup de tête après une bordée dans laquelle il s'était laissé enfiévrer par les récits des chercheurs d'or.

Il avait cependant le respect des supérieurs, une pratique précieuse de son état d'artilleur de marine, **et l'envie de bien faire.**

Il aimait le gin !

Mais qui n'aime point le gin en Angleterre?

Du reste, fier d'être capitaine, honoré au delà de toute expression par la confiance du comte, il avait juré à celui-ci de ne se soûler qu'avec sa permission.

Chaque soir, l'ordonnance de master Jackson venait demander, de la part de son chef, au comte, « s'il lui serait désagréable que le capitaine offrît un punch à ses amis. »

Et le comte accordait gracieusement cette permission de boire, chaque fois qu'il n'y voyait pas d'inconvénients.

Master Jakson adorait Son Excellence.

Et il buvait à force avec Burgh dit *Main-de-Fer*.

Jamais, au grand jamais, les deux Anglais ne commençaient l'orgie sans porter un toast solennel à Son Honneur le comte de Lincourt, colonel-commandant la colonne d'expédition de l'Apacheria.

Braves et bons ivrognes!

Sanglé, bouclé, propre comme un sou, le ventre petant dans la ceinture, le gros, gras, dodu, rubicond, robuste capitaine Jackson, la face rougeaude, le poil coupé en brosse, la tenue raide, l'œil franc, salua militairement le comte et dit:

— Au service de Votre Honneur!

Capitaine, soit, mais roturier, et sachant ce que l'on doit à un colonel d'abord, mais surtout à un gentilhomme, ce que ce va-nu-pieds de faubourien de Sans-Nez semblait ignorer complètement, preuve d'un manque absolu de savoir-vivre et d'éducation.

Pourtant le comte, au fond, préférait de beaucoup Sans-Nez à Burgh et à Jackson.

Bref, le capitaine était à l'ordre, impassible et attendant.

Le comte indiqua un siége et dit:

— Asseyez-vous, capitaine, et causons.

« Nous avons à parler service un peu longuement.

Le gros Anglais prit un pliant qui gémit sous son poids.

M. de Lincourt offrit un cigare à Jackson qui rougit de plaisir, l'honneur étant grand.

Le comte ensuite entama ainsi le dialogue:

— En fait d'obus de campagne, capitaine, à votre avis, quel est le meilleur au point de vue de la quantité de fragments produits par l'explosion?

— Monsieur le comte, les meilleurs obus donnent (balles comprises) une trentaine de fragments.

— Vous êtes dans le vrai, capitaine.

« Mais nous avons ici, je vous en ai prévenu, un projectile qui est étonnant comme subdivision des fragments.

« Il coûte extrêmement cher.

« Je n'en ai qu'un seul wagon.

— Le wagon B D, couleur rouge?

— Précisément, capitaine.

« On ne l'emploiera qu'à la dernière extrémité et sur mon ordre exprès.

— C'est chose dite, mon colonel.

— Or je crois que demain, à l'aube du jour, le moment sera venu de se servir de nos obus.

Le capitaine eut un large sourire de satisfaction.

Le comte reprit:

— J'ai cru devoir vous donner quelques explications à ce sujet.

« Nous avons fait très-proprement sauter les Apaches.

— Avec le picrate, oui, Votre Honneur; très-proprement, extraordinairement proprement! fit master Jackson.

— Nous allons les écraser non moins proprement.

— Tant mieux, Votre Honneur, tant mieux! je m'en frotte les mains.

« Ce sera toujours pour moi un spectacle agréable que l'écrasement de ces vermines d'Apaches.

— Vous verrez alors quelque chose de réjouissant, capitaine.

— Je vous en rends grâce, mon colonel, mille grâces, mille et mille grâces!

Le gros Anglais suait de plaisir.

— Figurez-vous, capitaine, que chaque obus est fabriqué de telle sorte qu'il se brise, en tant qu'enveloppe, en dix fragments au moins.

« Prenez votre carnet, capitaine.

« Inscrivez dix fragments.

— Colonel, c'est fait!

— Chaque obus contient en outre seize balles.

— Soit seize autres...
— Non, non, pas si vite!
« Attendez.
« Chaque balle a la forme d'un cube hérissé de pointes.
« Et chaque projectile est creux.
— Aoh! fit Jackson.
« Que voilà des balles qui promettent!
— Vous allez voir!
« La balle tombe inévitablement sur une pointe.
« Elle éclate...
« Elle donne de dix à douze fragments environ.
— Petits, Votre Honneur, petits.
— Mais, capitaine, pour être petits, ils n'en sont pas moins dangereux.
« La violence de projection est incroyable, et j'ajoute que le fragment vrillonne dans les chairs.
« Le trou d'entrée est petit, mais celui de sortie est énorme.
« C'est celui-là qu'il faut voir.
« Imaginez qu'un mouton (j'ai fait expérience sur un troupeau de moutons) touché sous le ventre avait l'épaule emportée par le projectile qui avait dévié pour sortir et qui avait enlevé l'omoplate.
— C'est un obus étonnant, très-étonnant, mon colonel!
« Nous disons, avec votre permission, dix gros fragments.
« Soit   10
« Nous disons seize balles à douze divisions   192
          « Soit : total   202
« By God! sauf votre respect, voilà un coup de canon respectable, un maître coup de canon, qui peut anéantir une compagnie.
« C'est le lord des coups de canon.
« Je crois que c'est fini, et que...
— Capitaine, on inventera mieux.
— Vraiment?...
— Un progrès chasse l'autre.
— Pardon, mon colonel, avec excuse; dites-moi, je vous prie, combien pourrons-nous tirer de ces coups?
— Le moment venu, vous pourrez disposer de cinquante obus.
— Cela fera dix mille fragments.

— Et je m'arrangerai pour que vous ayez des *tas* à viser.
— Ce sera un massacre très, très-réussi, colonel.
« Jackson pourra se vanter d'avoir usé, le premier, d'un obus surprenant, je le répète, très-surprenant.
« Votre Honneur me cause une satisfaction immense.
— Allons, tant mieux!
« Préparez-vous, capitaine.
« La façon de charger est la même.
— Je ne vais pas dormir, tant je suis impatient, colonel.
— Vous pouvez rassurer vos hommes quant au danger du chargement.
« A moins de laisser sottement tomber le projectile sur son sommet, il est impossible qu'il éclate.
« Les balles sont agencées de telle sorte qu'elles font percussion, après éclatement de l'obus et projection, pour les faire éclater à leur tour.
« Vous n'oubliez pas que nos canons-revolvers envoient cinq obus en cinq secondes... Ce sera donc, comme je vous le disais, un écrasement.
« En dirigeant le feu de notre batterie en une salve bien ordonnée, nous aurons cinq mille projectiles en cinq secondes; après trente secondes de rechargement, nouvelle salve.
« En un mot, les Indiens en quarante secondes auront reçu dix mille projectiles, le feu d'une division d'infanterie...
— Goddam! s'écria master Jackson, colonel!
« Votre Honneur..., par tous les canons de la flotte, monsieur le comte... je suis tellement joyeux... si Votre Grâce le permettait... à mes officiers... un seul verre... à peine... je connais mes devoirs... un punch très-trempé... un grog, pour mieux dire.
— Soit, capitaine.
« Mais songez que si vous aviez le malheur de manquer de coup d'œil... mon devoir serait de vous punir.
« Je n'ai jamais aimé les arrêts pour mes officiers.
« C'est humiliant!

La guerre civile recommence à Austin.

« A un capitaine, au feu, je ne vois qu'une punition...

« Lui brûler la cervelle.

— Votre Honneur a raison, mille fois raison... un punch très-léger... à peine un grog... Je salue Votre Grâce.

Et Jackson se retira dans une joie inénarrable.

Vers onze heures du soir, Tête-de-Bison vint prévenir le comte de ce qui se passait.

— Le colonel, dit-il, après une longue dispute avec Sans-Nez, est parti pour l'embuscade emmenant une escorte insignifiante.

— On le scalpera lui et les siens, mon cher Grandmoreau.

« Il verra ce que valent ses bons amis les sauvages. »

Et le comte, fort indifférent, continua comme toujours à boire du champagne, sa liqueur favorite.

Il le buvait frappé, à la grande surprise de Tomaho, qui avait vu la chose. On fabriquait, dans un appareil, la glace nécessaire.

Le bon géant, qui s'expliquait tout par des interventions mystérieuses, avait cru à la première bourde que Sans-Nez lui avait racontée sur ce procédé de fabrication.

Il faisait la joie des chasseurs quand il la leur racontait.

Mais on ne riait que sous cape.

Cependant Tête-de-Bison revenait bientôt, annonçant le départ de Sans-Nez, et le comte alors se levait.

Il prit dans chacune des trois compagnies restantes une demi-section et fit garder la face du camp que l'imprudence du colonel laissait à découvert.

Cela fait, il massa tour à tour chaque compagnie et expliqua ce qu'il attendait de ses hommes.

— Gentlemen, dit-il, avec nos fusils à tir rapide, nos canons, nos revolvers, d'abondantes munitions et la façon dont le camp est disposé, nous n'avons rien à craindre des Apaches.

« Je pourrais donc aller me coucher fort tranquillement.

« Les grand'gardes seules parviendraient à contenir l'ennemi.

« Mais voici ce que je désire : massacrer ce qui reste de cette armée !

« Pour cela, il faut entretenir la lutte jusqu'au jour.

« Nous allons former, en avant même des grand'gardes, un cordon de tirailleurs.

« Vers une heure, nous serons attaqués et les tirailleurs tiendront autant qu'ils le pourront.

« Quand la situation deviendra critique, ils se replieront.

« Chaque grand'garde est une petite redoute suffisante contre les balles.

« On contiendra l'ennemi dans ces grand'gardes jusque vers une heure avant l'aube environ.

« J'enverrai les ordres d'évacuation ; chaque officier connaît sa ligne de retraite et la suivra exactement.

« Je soutiendrai chaque mouvement en arrière.

« Si l'on tire peu, juste ce qu'il faut pour contenir l'ennemi, celui-ci se croira vainqueur.

« Il occupera les grand'gardes et on l'y amusera jusqu'à l'aube.

« Alors seulement commencera la vraie bataille.

« Je connais les Indiens.

« Ils se sentiront forts dans les redoutes des grand'gardes.

« Ils y resteront.

« Ils voudront nous tenir enfermés.

« Alors, à mon heure, à mon choix, je les écraserai du feu de mes canons et vous verrez cependant des mines de picrate.

« Ce sera fort récréatif et très-pittoresque.

« Je crois avoir été compris... »

Et chaque compagnie accueillait le discours avec joie.

On entendait la fusillade, en ce moment, contre les chapeaux laissés sur les baguettes de fusil par Sans-Nez.

— Gentlemen, dit le comte, chacun à son poste !

Le succès couronna l'attaque.

Les chasseurs se replièrent sur le camp en tirailleurs.

L'Aigle-Bleu et Nativité entrèrent les premiers dans le retranchement.

Derrière eux, avec des cris sauvages, se précipitèrent les Indiens.

Ce succès inespéré donna tout à coup à cette armée l'espoir de vaincre et d'anéantir la caravane.

Après avoir installé ses guerriers dans la grand'garde, l'Aigle-Bleu parcourut le champ de bataille, faisant semer par ses crieurs la nouvelle de la prise d'une des grand'gardes.

L'élan des Peaux-Rouges fut d'autant plus terrible que, par ordre, la résistance des chasseurs fut plus molle.

La prise de la dernière grand'garde fut même signalée par un incident que représente notre gravure (Attaque du camp).

Les Indiens mirent une telle furie dans l'assaut, qu'ils abordèrent, sur ce point, les chasseurs et engagèrent la lutte corps à corps.

Burgh, qui commandait de ce côté, fut entouré, et il eût péri sans Tête-de-Bison qui le délivra.

Mais la retraite s'effectua en fin de compte sans désordre, grâce aux excellentes mesures prises par le comte.

Cependant un enthousiasme puissant s'était emparé des Apaches.

Ils se sentaient forts dans ces quatre enceintes de grand'gardes entourant le camp à distance de quinze cents pas et permettant de le bloquer.

L'Aigle-Bleu était transformé.

Lui aussi, il s'était pris à espérer : il ne s'agissait plus de mourir, mais de triompher et de vivre.

Le sachem fit donner de toutes parts le signal d'attaquer le camp.

Jamais, peut-être, tribu indienne ne livra combat plus pittoresque.

Qu'on s'imagine ce camp de trappeurs et de squatters, formé de chariots disposés on carré et dont les ballots bouchaient les vides, de façon à composer une vaste redoute fermée de toutes parts.

Derrière les wagons, les blancs silencieux et attendant l'assaut.

En cercle, autour du camp, près de cinq mille Apaches.

Sur toute cette scène, les ombres de la nuit.

L'odeur âcre et forte que dégage une tribu indienne montait dans l'air et prenait à la gorge.

Les rauques cris d'appel des groupes qui se formaient déchiraient l'oreille.

Il y avait quelque chose de sauvage et de puissant à la fois dans cette armée de guerriers peaux-rouges qui allait heurter sa masse à une poignée d'hommes civilisés.

Aux cris des sachems, tous les groupes s'élancèrent à la fois.

Rien de plus étrange que la marche rampante de ces cinq mille hommes; on eût dit une armée de reptiles, à la voir couchée, se traînant ondoyante et rapide sur le sol.

Mais, cette fois, les chasseurs étaient décidés à tenir énergiquement.

Ils laissèrent les Indiens arriver jusqu'à cent pas et le feu commença, ardent, effroyable, meurtrier, hachant sous la grêle des balles.

Les éclairs de cette fusillade firent, presque en un clin d'œil, le tour du camp, qui parut formidable, ainsi couronné de feux.

Pourtant les Indiens, décimés, firent entendre des clameurs stridentes en se repliant sur les grand' gardes.

L'Aigle-Bleu lui-même se convainquit que cet orage de projectiles ne permettrait pas d'enlever le camp.

Il ne fit pas renouveler une attaque qui coûtait un millier d'hommes aux Indiens.

D'autant plus que, maître des grand' gardes, il bloquait les trappeurs et les tenait enfermés.

Il attendit le jour, qui parut bientôt.

Au camp, Tête-de-Bison se frottait les mains.

— Ça va! disait-il à Burgh; les Peaux-de-Cuivre en ont assez.

« Quelle jolie fusillade! M'ont-ils pas, maître Burgh?

— Belle arme que ces remingtons, mon camarade! disait Burgh.

— Jolie invention!

« Avec ça, un tireur en vaut dix, mon vieux Burgh.

— Quelle leçon à ces gaillards-là!

Le comte, qui faisait sa ronde, posa la main sur l'épaule de Burgh et lui dit familièrement :

— C'est tout à l'heure, maître Burgh, qu'il faudra voir ça.

— Et pour le moment, monsieur le comte, que fait-on ?

— Rien, maître Burgh, rien !

« Nous attendons le jour. »

A cent pas de là, sur une autre face, Bois-Rude qui avait fait exécuter un très-joli feux à ses hommes, Bois-Rude qui crevait de soif, avalait avec sa gravité ordinaire le contenu d'une gourde, souvent vidée, toujours remplie, quand il entendit un soupir.

Il se retourna et vit derrière lui le capitaine-canonnier.

Peu communicatif, mais affable de manières, Bois-Rude tendit au gros matelot sa gourde à mi-vide.

L'Anglais la refusa.

— Merci! non... merci!... pas possible... c'est bien fâcheux.

« Il fait soif, la poudre me prend à la gorge, foi de matelot! je veux dire : foi de capitaine.

« Mais j'ai juré de ne boire qu'un verre de punch, un petit verre, du grog à peine. J'ai juré, Bois-Rude, juré en bon Anglais, et je tiendrai.

« Mais c'est dur, by God ! c'est très-dur, je vous le dis.

« Enfin le jour va venir.

« Goddam! quelle boucherie nous allons voir et quelle belle soûlerie après !...

« Bois-Rude, si vous voulez, nous boirons ensemble après l'affaire. »

Bois-Rude serrait silencieusement la main du gros Anglais en signe d'acceptation, quand le comte parut.

— Capitaine, dit-il à l'Anglais, avez-vous fait vos préparatifs ?

— Oui, Votre Honneur.

— Chaque grand'garde est tenue sous la gueule d'un canon ?

— Excellence, les chiens d'acier ne demandent qu'à aboyer.

— Tenez-vous attentif.

« Ce peut être dans une heure, ou dans quelques minutes.

— Excellence, le plus tôt sera le meilleur pour moi.

Le comte continua son inspection et revint vers Tête-de-Bison.

— Mon cher Grandmoreau, lui dit-il à part, vous connaissez la position du colonel, n'est-ce pas ?

« Vous savez où il est ?

— Oui, monsieur le comte.

— Croyez-vous que les Indiens puissent le mettre dans une situation critique ?

— Je le crains, monsieur le comte.

— Combien peut-il tenir de temps sans trop de péril ?

— Une heure au plus.

— Grandmoreau, merci.

— Vous avez l'air singulier, monsieur le comte ?

— Mon ami, si Sans-Nez, auquel je tiens beaucoup, n'était pas avec le colonel, je laisserais M. d'Éragny s'arranger comme bon lui semblerait avec ses amis les sauvages.

— Vous croyez, monsieur le comte, que la chose peut aller jusqu'à être amis ?

— Du côté de la fille, il y a certainement trahison.

— Mais le père ?...

— Grandmoreau, je vous le dis en confidence et pour que vous veilliez ; je trouve la conduite du colonel étrange... je crains d'être obligé de le faire fusiller.

— Diable ! diable ! fusiller !

— S'il trahit ?...

— Dame ! s'il trahit...

— Sans-Nez va nous dire quelle conduite le colonel aura tenue.

— Monsieur le comte, tout ceci est bien fâcheux.

— C'est plus étrange encore.

« Savez-vous ce qui m'est arrivé cette nuit, Grandmoreau ?

— Monsieur le comte, je l'ignore.

— Mademoiselle d'Éragny, sans l'ombre d'une appréhension pour elle ou pour son père, se promenait dans le camp au moment où les Indiens préparaient leur dernière attaque ; elle semblait joyeuse.

« Elle s'approcha de moi et me demanda si je ne craignais pas que le camp ne fût emporté par les Apaches.

« Je lui répondis que nous avions déjà perdu les grand'gardes.

« — Eh bien ! me dit-elle, monsieur le comte, je tiens à vous rassurer en cas de défaite ; je suis certaine de vous sauver la vie.

— Oh ! oh ! fit Tête-de-Bison.

— Je lui ai répondu, continua le comte, que je n'étais pas certain, moi, de lui sauver l'honneur.

— Décidément les femmes sont des êtres sans cœur qui trahiraient père et mère pour un amant.

— Vous devinez, Tête-de-Bison, que mademoiselle d'Éragny souhaitait la défaite pour nous, mais qu'elle était assez généreuse pour consentir à me faire épargner.

« Nous allons tout à l'heure tenter une épreuve.

« Je veux la prendre en flagrant délit.

« Vous verrez ! »

Et le comte s'éloigna en mâchonnant son cigare.

Quant à Tête-de-Bison, il se dit :

— Il est dans dans le vrai plus qu'il ne croit.

Ainsi dans le camp tout se préparait pour un grand orage.

Un drame terrible se tramait.

Le jour se leva.

L'Aigle-Bleu avait assemblé le conseil des sachems hors de portée des projectiles.

La réunion des chefs fut complète au moment où le soleil paraissait à l'horizon, éclairant la situation.

Selon la coutume, le calumet sacré circula de bouche en bouche, offert par un guerrier que ses blessures rendaient impropre au combat et qui était chargé de préparer et de conserver le tabac des délibérations.

Les cérémonies préparatoires terminées, l'Aigle-Bleu prit la parole :

— Frères, dit-il en montrant l'astre du jour, l'œil du Vacondah est sur nous et nous échauffe de ses regards.

« L'heure des tristesses est passée.

« Nous tenons enfermés les blancs de la caravane.

« Ils périront tous, et avec eux périra la connaissance du *secret*.

« Nous n'avons pas pris le camp ; mais nous l'environnons, et la faim nous livrera nos ennemis.

« Je crois que le Vacondah ne nous a pas accordé une pleine victoire, parce qu'il désire encore un sacrifice humain : offrons-le lui.

« Nous triompherons.

« J'ai dit et je crois avoir bien parlé. »

L'Aigle-Bleu se rassit.

Le père de la jeune fille immolée se leva.

— Aigle-Bleu, dit-il, je pense comme toi.

« Tout nous réussissait.

« Mais voilà que la dernière attaque a échoué.

« Je sens, et mes frères sentent comme moi, que le Vacondah s'irrite de nouveau contre ses fils.

« Une parole donnée n'a pas été tenue ; tu es vivant ! »

Tous les guerriers se levèrent tumultueusement et s'écrièrent :

— La parole de vérité vient d'être dite ; l'Aigle-Bleu l'a entendue.

« Tu devais mourir, sachem. »

Le sachem, qui s'était assis, redressa sa haute taille et dit aux siens d'un air méprisant :

— Qui donc courait au-devant de l'ennemi, quand tous reculaient ?

« N'avez-vous pas vu un jaguar et sa femelle se jeter sur les ours blancs, pendant qu'un troupeau de coyotes tremblait et ne suivait pas son chef, le jaguar ?

« J'ai cherché la mort et vous cherchiez la vie ; si je suis debout, c'est que le Grand-Esprit l'a voulu. »

En ce moment, Sable-Avide accourait à cheval.

Sachem influent, il n'avait pas dit son avis.

Il commandait le poste qui observait le colonel d'Éragny ; il avait à parler et il demanda le silence.

On l'écouta.

— Frères, dit-il, je vois le camp des Visages-Pâles bloqué.

« En laissant la moitié des nôtres dans les enceintes prises, on peut enfermer les chasseurs dans leurs chariots.

« Avec le reste de nos guerriers et ceux qui déjà sont sous mon commandement, nous pourrions prendre le détachement qui se trouve auprès des rapides.

« Nous aurions alors les fusils des blancs, et nous serions forts contre ceux qui resteraient à massacrer.

« J'ai dit. »

Un murmure favorable accueillit les paroles de Sable-Avide.

L'Aigle-Bleu qui était resté debout étendit la main.

— Mes frères, dit-il, m'ont accusé de n'être pas mort.

« Je vais conduire mes frères à l'attaque de l'embuscade.

« Sable-Avide a bien parlé.

« Mais que mes frères le sachent ; le soleil éclairera la honte de ceux qui resteraient en arrière.

« Je serai toujours le jaguar intrépide ; ne soyez plus les lâches coyotes.

« Je marcherai jusqu'à ce que je tombe sous les balles. »

Les sachems brandirent leurs armes sous les défis du jeune chef, mais sautant sur son cheval, il leur dit :

— Crier n'est pas agir.

« Nous allons voir les braves. »

Il imposa silence d'un geste superbe et il donna ses ordres.

Bientôt l'armée indienne s'ébranla, laissant la moitié de ses guerriers en observation devant le camp.

CHAPITRE LV

LES GRANDS-BRAVES

Le comte, cependant, du haut des wagons que tous les chasseurs couronnaient, assistait au départ d'une partie des Peaux-Rouges.

Une sorte de trêve semblait conclue entre assiégeants et assiégés.

A quinze cents pas de distance, les deux partis jugeaient inutile de tirer.

— Voilà les Apaches qui vont attaquer le colonel, dit le comte.

« Préparons-nous, messieurs. »

Et il donna des ordres pour que ses foudroyantes combinaisons pussent réussir.

Tout le camp s'agita bientôt en silence.

Bientôt aussi l'on entendit le bruit d'un combat.

L'on ne pouvait voir les péripéties de la lutte qui s'engageait entre l'Aigle-Bleu et le colonel, mais on entendait le bruit des deux canons de ce dernier.

Mademoiselle d'Éragny et Conception étaient sorties de leur tente.

Blanche semblait posséder un calme extraordinaire.

Le comte s'approcha et la salua.

— Mademoiselle, dit-il, vous entendez le bruit du combat?

« Le colonel est aux prises avec les Apaches.

« Avant une heure, l'embuscade sera au pouvoir des Indiens.

« Avant deux jours, faute de vivres, nous serons obligés de nous rendre.

« Je crois devoir vous prévenir de ces faits.

— Monsieur, dit Blanche doucement, cette nuit je vous ai voulu rassurer et vous m'avez fort rudement répondu.

« Ce matin encore, je viens vous répéter que je ne crains rien ni pour mon père, ni pour vous, monsieur.

« J'ajoute que, si vous le permettiez, j'irais annoncer aux Indiens que vous renoncez à votre entreprise, qui est à la fois impie et folle.

« Aussitôt les hostilités cesseraient.

— Vous qualifiez d'impie une tentative à laquelle votre père s'associe?

— Je regrette que vous l'ayez entraîné dans cette voie.

— Et vous croyez que le colonel, au milieu de la rude bataille qui se livre, n'a rien à craindre?

— Monsieur, les balles des Indiens ne se dirigeront jamais sur lui.

— Je commençais à m'en douter depuis quelque temps.

« J'ai pour associé un homme qui pactise avec mes ennemis.

— Monsieur, le colonel n'a aucune relation avec les Indiens.

« Il ignore qu'on l'épargnera.

« Moi seule, vous entendez, moi seule connais le secret de cette affaire !

— Et vous nous souhaitez la défaite?

— Je souhaite que vous ne couriez pas à votre perte définitive.

— Jusqu'ici ce sont les Indiens, vos amis, qui ont été vaincus

— Monsieur, croyez que celui qu'ils appellent leur Sauveur vous a ménagé, et que vous ne devez qu'à certaines considérations de ne pas avoir été massacré.

— Et ces considérations, pourrait-on les connaître, mademoiselle?

— Ce sont mes prières qui font que l'on veut vous ménager et ménager mon père.

— Vraiment? je vous remercie et j'en viens à me féliciter de vous voir tant d'influence sur nos ennemis.

« Mais que diriez-vous si j'exterminais, sous vos yeux, toute cette vermine, leur chef, l'Aigle-Bleu compris?

— Je dirais, monsieur, que le plus généreux des hommes aurait péri, et que la plus grande œuvre du siècle avorterait par votre faute.

Mademoiselle d'Éragny prononça si singulièrement ces étranges paroles, que le comte fut frappé d'étonnement.

— Votre bras, mademoiselle! demanda-t-il avec autorité.

— Pourquoi donc, monsieur?

— J'ai à vous parler sans témoins! fit le comte à voix basse.

Il entraîna Blanche à vingt pas et lui dit alors :

— Je vous avais voué mon amitié, mademoiselle, et à votre père mon estime.

« Nous sommes à une heure grave, solennelle.

« Je vais prendre des résolutions terribles.

« Pouvez-vous m'expliquer la bizarrerie de votre conduite ?

« Tout ce camp vous soupçonne d'aimer l'Aigle-Bleu.

« On croit que votre père l'ignore.

« Cependant la conduite du colonel prête au soupçon...

— Monsieur, s'écria vivement Blanche, pas un mot de plus !

« L'honneur du colonel est intact : il ignore tout.

« Quant à moi, monsieur, certaine de votre perte, je suis ici pour la conjurer et je fais mes efforts pour cela.

« Je souhaite que votre grand cœur et votre grand esprit soient bientôt sympathiques à l'esprit non moins élevé, au cœur non moins généreux d'un homme qui vous vaut et que vous admirerez, quoique je sois sûre qu'il vous vaincra.

« La disproportion de la lutte étant énorme, il n'y aura point d'humiliation pour vous à reconnaître votre défaite.

« Je garde une neutralité absolue entre mon père, mon sauveur et...

— Et ? fit le comte.

— Et celui que je vénère comme un dieu ! dit mademoiselle d'Éragny.

« Je vous demanderais sa vie à genoux si vous le menaciez.

« Je lui ai déjà demandé la vôtre.

« Regardez-moi en face, monsieur ; voyez bien dans mes yeux que je ne trahirai jamais l'un de vous.

« Je déplore cette lutte et n'interviens que pour vous protéger. »

Le comte sentit que Blanche disait la vérité.

Toutefois il était froissé dans son immense orgueil.

— Mademoiselle, dit-il, cette explication a cela d'heureux qu'elle dissipe mes soupçons et que je vais sauver votre père.

— Mon père n'est pas menacé.

— Tant mieux !

« Toutefois ce Sauveur, cet Aigle-Bleu, ce Peau-Rouge que vous admirez...

— Monsieur, il ne faut pas croire que la personne dont je parle soit la même que vous avez combattue dans le camp des Apaches.

« Tout est mystère, et je dois étouffer encore la vérité dans mon cœur.

« Cependant...

« Mais non, il faut me taire.

« Monsieur le comte, mon cœur est déchiré par les atrocités de cette lutte qui, je l'espère, va finir.

— Pas comme vous le croyez.

— Que dites-vous là, monsieur ?

— Vous allez voir.

Le comte fit un salut railleur et s'éloigna.

Un instant après, il était à cheval.

Toutes les sections se tenaient près de la porte qui devait, sur chaque face du camp, leur livrer passage.

Les caissons d'artillerie étaient attelés, les attelages des pièces étaient prêts.

Les portes du camp étaient des chariots légers que deux hommes pouvaient déplacer facilement.

M. de Lincourt appela le capitaine-canonnier.

— Tout est-il disposé, mon maître ? lui demanda-t-il gaiement.

— Tout, Votre Honneur, tout.

« Je n'ai qu'une peur, c'est que, si nous tardons encore un peu, les canons ne partent tout seuls.

— Quand mon trompette sonnera, commencez le feu ; — vous enverrez les premiers coups, capitaine.

« Cinq décharges sur les grand'gardes suffiront amplement.

« Après quoi, vous ferez atteler et toute la batterie, escortée par les cavaliers, se portera sur ce tertre.

« Vous le voyez ?

— Oui ! Votre Honneur.

— De là on domine l'embuscade : **vous** dégagerez le colonel.

« Il doit avoir besoin de nous en ce moment.

— Je le crois, Votre Honneur, je le crois.

Et le capitaine retourna à son poste ; mais, en passant près de Bois-Rude, il lui dit :

— Vous n'oublierez pas... dans une heure... après l'affaire... quelque chose de mémorable...

Et le gros matelot continua au galop le tour du camp, criant à chaque chef de pièce les ordres donnés.

Puis tout à coup la trompette sonna.

Quatre détonations formidables retentirent.

Les obus sifflèrent dans l'espace et tombèrent sur les Indiens avec un fracas assourdissant, bientôt suivis d'autres projectiles.

Les Peaux-Rouges, entassés, accroupis les uns contre les autres, reçurent cette effroyable averse de plomb avant d'avoir pu se reconnaître.

Ils furent écrasés comme le comte l'avait prédit.

Le plus grand nombre fut couché bas, le reste s'enfuit en hurlant.

Mais les sections s'étaient élancées et appuyaient une chasse furieuse aux malheureux Indiens.

L'artillerie, s'ébranlant au galop, occupa le tertre désigné et tonna sur l'armée de l'Aigle-Bleu qui assaillait l'embuscade.

Il était temps.

L'Aigle-Bleu avait fait engager le combat, selon la coutume des Apaches, par un mouvement qui consistait à environner l'ennemi.

Cette évolution avait pris près d'une heure.

Peu à peu, le cercle des Apaches s'était rétréci et les cinquante hommes du colonel s'étaient vus serrés de près par plusieurs milliers d'ennemis.

Malgré d'excellentes mesures, Sans-Nez ne doutait pas de la défaite.

— Voilà, dit-il au colonel, le résultat de votre fameuse tactique militaire, colonel.

« Pour avoir un drôle de chic, vous en avez un.

« Vous aurez un joli galbe, quand vous serez scalpé.

— Défendons-nous, sacrebleu! répondit le colonel, et mourons sans phrases ; vos reproches ne servent à rien.

« Tenez, voulez-vous m'en croire, finissons-en bravement.

« Rassemblons nos hommes et chargeons cette canaille.

— Des bêtises !

« Toujours des bêtises !

« Le comte peut venir...

— Si nous sommes attaqués, c'est qu'ils en ont fini avec le camp.

— Je ne vois pas de scalps aux selles des chefs.

« Les nôtres tiennent toujours.

« Ah ! du nouveau ! »

Le nouveau qu'annonçait Sans-Nez, c'est que l'Aigle-Bleu, à la tête des *Grands-Braves*, s'apprêtait à charger.

Les Indiens ont, dans chaque tribu, une élite de guerriers qu'ils appellent les *Gaands-Braves*.

De même que chez nous on décore un soldat, chez eux on donne aux plus vaillants une distinction.

C'est la queue de renard.

Pour en porter une à son manteau, il faut avoir tué un ennemi ; autant de queues, autant d'ennemis massacrés.

Ceux qui portent des queues de renards sont appelés les *Grands-Braves*; ils exercent sur les autres guerriers une réelle autorité.

Dans une tribu, les guerriers s'attachent selon leurs sympathies à l'un ou à l'autre des *Grands-Braves*; et c'est ainsi que s'explique l'espèce de discipline et d'organisation quasi-militaire que l'on remarque chez les Indiens.

Le grand sachem, nous l'avons vu déjà dans la nuit, avait fait appel à cette élite et, de nouveau, il s'en était entouré.

C'est alors que Sans-Nez l'avait aperçu.

— Colonel, dit-il, c'est le moment de tirer le canon.

« Chargez-vous de cela. »

Et M. d'Éragny avait fait pointer les pièces sur le groupe qui chargeait.

LE SECRET DU DOMPTEUR

Le mort vivant.

Les deux premiers coups portèrent en plein.

Les Indiens, qui ne connaissaient pas les effets du canon, se dispersèrent d'abord, effrayés d'être atteints à si longue distance.

Mais l'Aigle-Bleu et Nativité restèrent à cheval, entourés par les crieurs des tribus, gens d'une bravoure inouïe.

Et ces clairons vivants firent entendre les appels du sachem.

Ils traitaient les guerriers de femmes, de chiens des prairies, d'hommes ayant des vessies à la place de cœur.

Tant d'invectives ramenèrent les *Grands-Braves*.

L'Aigle-Bleu s'était porté en avant dans un pli de terrain.

Là se reforma une sorte de colonne d'assaut.

42ᵉ LIVRAISON.

Les obus ne pouvaient rien sur elle tant qu'elle ne sortirait pas de cette dépression.

L'Aigle-Bleu eut en ce moment une inspiration digne d'un bon capitaine ; il envoya ses crieurs ordonner aux groupes de charger partout, pendant que les canons tireraient sur les *Grands-Braves*.

Et il expliqua son plan à sa troupe d'élite.

— Il faut nous offrir avec des cœurs de fer à ces *fusils roulants* (canons), dit-il aux siens.

« Si nous nous élançons courageusement sans regarder derrière nous, nous atteindrons le but, car tous les guerriers, voyant les *Grands-Braves* supporter le feu des fusils roulants, se précipiteront sans crainte de tous les côtés.

« Ceux de nous qui survivront verront leur gloire aussi haute que les plus grandes montagnes de l'Apacheria. »

42

Puis montrant Nativité :

— Voyez, dit-il, cette squaw blanche qui brave la mort.

« Voulez-vous que l'on dise des Apaches ce qui est vrai pour cette nuit : « Ils ont plus peur qu'une femme n'a eu peur ? » Que ce jour soit la vengeance de votre fuite pendant les ténèbres.

« Si vous n'avez pas pris le camp, c'est par lâcheté.

« Prenons l'embuscade.

« Je ne veux plus reculer. »

Et tendant la main à Nativité qui lui sourit, il échangea avec elle un regard d'amour et d'orgueil ; puis, tous deux, ils sortirent de la dépression, suivis des *Grands-Braves*.

Ceux-ci voulaient ramper.

— Debout ! leur cria le sachem d'une voix tonnante.

« Vous n'êtes pas des vers de terre, mais des hommes. »

Et il frappa ses guerriers de son lasso.

Tous se levèrent et s'élancèrent au pas de course.

Ce fut comme une avalanche qui roula vers l'embuscade, remontant les pentes du terrain.

Sans-Nez n'en revenait pas, et, tout en tirant, il disait :

— Sacrebleu ! on croirait qu'ils ont le feu dans le ventre.

« Tiens ! les obus même ne les arrêtent pas.

« Nous sommes flambés !... »

Les pièces envoyaient des obus ordinaires.

A chaque coup, une dizaine d'hommes étaient abattus : le reste continuait à courir.

— Jamais je n'aurais cru cela ! dit Sans-Nez en préparant son couteau de chasse.

« Ils vont comme des grenadiers.

« Et ils ne crient pas. »

En effet, les *Grands-Braves* chargeaient en silence.

C'était un beau spectacle que celui de ces hommes, domptant tous les instincts de race pour attaquer ainsi résolûment à l'européenne.

Cet exemple des *Grands-Braves* entraîna toute l'armée.

Quand les autres guerriers virent que l'Aigle-Bleu, arrivé à quelques cents pas des batteries, continuait à avancer, un cri de victoire, de fureur et de joie s'éleva, immense et saisissant. Tous les Indiens bondirent, et l'immense cercle, qui entourait l'embuscade, s'ébranla, roulant sur elle.

Quelques minutes encore, c'en était fait.

Les *Grands-Braves* avaient presque atteint les pièces...

Sans-Nez, massant tout son monde un peu en avant et au-dessous des canons, avait dit à M. d'Éragny et aux canonniers :

— Tirez par-dessus nos têtes et, quand ils seront sur nous, tirez dans le tas, s... n... de D...!

« En nous tuant, vous en tuerez encore.

« Du galbe, du chic et du chien jusqu'au dernier moment ! »

Et le brave garçon, électrisant ses hommes, leur dit :

— Flambés pour flambés, morts pour morts, il vaut mieux crever ensemble, tous en tas.

« On se défendra plus longtemps ! »

La compagnie, rangée sous un rocher, ayant les canons au-dessus de sa tête, fit un feu terrible.

Les pièces envoyèrent trois coups de mitraille : mais les *Grands-Braves* soutenus par l'élan de toute l'armée, entraînés par le sachem et Nativité, surmontèrent un moment d'indécision.

Ils marchèrent contre la mitraille et la fusillade...

Encore un effort et tout était fini.

Tout à coup la batterie du comte tonna, semant ses engins terribles ; les pièces jouèrent avec une précision et une rapidité inouïes.

L'effet fut ce qu'il devait être, instantané et prodigieux.

Les *Grands-Braves* furent anéantis ; les autres groupes de l'armée furent dispersés et chassés en un clin d'œil.

Ce fut, comme le disait le capitaine-canonnier, un des plus beaux coups de balais du monde.

Et Sans-Nez, de son côté, nous disait :

— Figurez-vous, monsieur Ferragut, que la cataracte du Niagara soit retenue par une écluse et qu'une armée soit dessous.

« L'écluse crève... Vous voyez l'armée, n'est-ce pas ?

« Emportée...

« Les canons-revolvers, avec obus à balles, ont fait un pareil effet sur ces faces de cuivre.

« Jolis canons, pleins de chic, de galbe et de chien ! »

Après cette phrase de Sans-Nez, ce qu'il fallait entendre, c'était le bruit de ses doigts jouant triomphalement des castagnettes ; ce qu'il fallait voir, c'était sa tête et sa pose !

L'armée indienne, cette fois encore, venait de subir un grand désastre, si grand, qu'il était peu probable qu'elle osât rien tenter à l'avenir contre la caravane.

Au camp, comme autour de l'embuscade, les cadavres jonchaient le sol par tas énormes; on voyait l'effet de chaque coup d'obus.

Les chasseurs, acharnés, parcouraient le terrain et achevaient impitoyablement les blessés.

C'était une scène d'horreur !

Partout l'on voyait des Peaux-Rouges se relever, essayer de fuir et retomber sous une balle ou sous un coup de couteau.

Au loin, les débris de l'armée vaincue...

Mais auprès de l'embuscade se passait une scène très-vive.

Sans-Nez avait reconnu l'Aigle-Bleu et il l'avait vu tomber.

Il le cherchait parmi les morts pour s'assurer qu'il était bien tué.

Il le trouva après de longues perquisitions.

Près de lui, Nativité.

La jeune fille était étendue, immobile, auprès du sachem ; elle avait une large blessure au flanc.

L'Aigle-Bleu était couvert de plaies vives.

Sans-Nez regarda avec satisfaction le chef étendu.

— Du galbe, se disait le trappeur, il en avait, cet animal-là !

« Et un chic !

« Enfin, le voilà crevé, et je suis extrêmement satisfait, lui en voulant particulièrement.

« C'est lui qui m'a coupé le nez de sa main. »

En ce moment, le colonel et sa fille accouraient.

En voyant le sachem étendu, mademoiselle d'Éragny poussa un cri d'effroi.

— Mort ! s'écria-t-elle.

Et, s'agenouillant, elle se mit à fondre en larmes et à prier.

Si bien que Sans-Nez s'indigna.

Au comte qui venait d'accourir, le Parisien dit avec l'inévitable bruit de castagnettes dont il accompagnait ses phrases :

— Quand je disais !...

« Mademoiselle d'Éragny aimait M. l'Aigle-Bleu, seigneur de l'Apacheria et autres lieux, baron de la Montagne-Bleue, duc du Colorado.

« Et voilà ces dames !

« Fiez-vous-y. »

Le comte, d'un geste, imposa silence à Sans-Nez.

Le colonel approchait.

Quand il aperçut sa fille penchée sur le corps du sachem, il pâlit légèrement, regarda le comte et Sans-Nez, fronça le sourcil, puis, touchant du doigt l'épaule de Blanche, il lui dit froidement :

— Je conçois, Blanche, que cette jeune fille morte, près de ce guerrier, puisse offrir le tableau attendrissant qui vous fait pleurer.

« Mais nous avons des hommes blessés, de braves gens.

« Votre place est à l'ambulance. »

Mademoiselle d'Éragny releva lentement la tête, parut sortir d'un égarement profond, reconnut son père et s'écria :

— C'est lui !

« Ne le reconnaissez-vous pas ? »

M. d'Éragny regarda plus attentivement l'Aigle-Bleu, parut fixer ses souvenirs et murmura :

— C'est impossible !

« Cependant... cette ressemblance... »

Il parut un instant désolé, mais il surmonta bientôt son émotion.

— Monsieur, dit-il au comte, celui que vous voyez ici, mort à vos pieds, est un Indien que j'ai beaucoup connu et j'ajoute beaucoup aimé.

« Il était souvent mon hôte à Paris et je ne comprends pas comment je le retrouve ici parmi mes ennemis.

— Mon père, dit mademoiselle d'Éragny, il avait deux devoirs à remplir :

« Sa patrie à défendre ;

« Vous et moi à protéger !

« N'osant vous écrire qu'il vous ménagerait, il me l'avait fait savoir.

« Il est tombé en cherchant probablement à s'emparer de vous vivant.

« Je n'ai qu'à vous rappeler comment il me protégea jadis, en un jour de grand péril, pour que vous compreniez ma douleur et mon désespoir.

— Monsieur le comte, dit le colonel, imaginez-vous que les hasards de la guerre vous jettent un jour sanglant aux pieds de mademoiselle d'Éragny tel que voilà celui auquel elle a dû la vie comme à vous.

« Ne pensez-vous pas que l'on aurait tort de trouver mauvais qu'elle pleurât votre mort ?

— Monsieur, dit le comte, bien des mystères commencent à s'éclaircir pour moi.

« Les situations nettes sont les meilleures.

« Si j'avais su ce que mademoiselle d'Éragny vient de nous révéler, personne ici n'aurait conçu de regrettables soupçons.

« Mais il me reste à deviner certaines choses qui me troublent fort. »

Tête-de-Bison venait d'arriver.

— Grandmoreau, lui dit le comte, voilà l'homme étrange dont je vous ai parlé et avec lequel je me suis battu.

— Mais, monsieur le comte, je connais très-bien l'Aigle-Bleu, et...

— Mon cher, l'Aigle-Bleu est le même personnage qui, à Paris, m'a provoqué en duel.

Le Trappeur se mit à rire en regardant Sans-Nez.

La bouche de ce dernier était fendue jusqu'aux oreilles.

Cette hilarité troubla M. d'Éragny qui, près de là, cherchait à calmer Blanche et en recevait une déchirante confession.

— Non, tout est fini, disait-elle à voix basse, mais avec une tristesse sombre, un désespoir immense.

« Je l'aimais...

— Malheureuse enfant !... murmurait le colonel atterré.

— Je l'aimais !

« Il devait un jour, libérateur de son peuple, honoré, puissant, glorieux, acclamé du monde entier, il devait venir respectueusement vous demander ma main...

— Mais, interrompit le colonel, je ne m'explique pas, Blanche, qu'il soit tombé tenant dans sa main la main d'une jeune fille.

Dans son abattement profond, Blanche n'avait vu que lui.

— Une jeune fille, dites-vous ?

Se levant tout à coup, elle vit Nativité...

— Trahie... murmura-t-elle écrasée par l'évidence.

Et elle s'évanouit.

Cependant, contraste pénible ! Sans-Nez et Tête-de-Bison riaient...

Le comte s'impatienta.

— Sacrebleu ! dit-il, riez si vous voulez, mais expliquez-vous.

— Monsieur... le... le.. comte... dit Tête-de-Bison bégayant par suite d'un hoquet convulsif, c'est une drôle de chose que de se représenter le sachem se battant en duel avec vous à Paris.

— Je le reconnais, vous dis-je.

« Voilà une cicatrice que je tiens de sa main.

— Mais nous l'avons toujours vu à la tête de sa tribu.

— Vous en êtes sûrs ?

— Très-certains.

— Au fait, dit le comte, quand je me suis battu avec l'Aigle-Bleu, si c'eût été mon adversaire de Paris, je ne l'aurais pas si facilement vaincu.

« Vous avez raison.

« Il y a deux Aigle-Bleu.

« Lequel est celui-ci ? »

Sans-Nez visita ce corps.

— Voici une cicatrice à la cuisse ! dit le Parisien.

« C'est bien le sachem.

— L'autre, dit le comte rêveur, l'autre doit être le *Sauveur !*

Les trois hommes se regardèrent surpris de la découverte que, de déductions en déductions, ils venaient de faire.

— Messieurs, dit le comte, nous aurons une intrigue bien embrouillée à démêler ; mais nous en tenons le fil.

Puis, emporté par un sentiment généreux, il dit à Sans-Nez :

— Nous ne pouvons en vouloir à mademoiselle d'Éragny de sa reconnaissance pour un homme qui l'a sauvée.

— Mais ce n'est pas cet Aigle-Bleu-ci qui a droit à sa reconnaissance ! fit observer Tête-de-Bison.

— C'est vrai !

« Allez donc détromper M. d'Éragny, mon cher Grandmoreau. »

Pendant que le Trappeur courait au colonel, Sans-Nez disait :

— Oh !

Ce oh ! fut si singulièrement prononcé que le comte, qui s'éloignait, revint sur ses pas et demanda :

— Qu'y a-t-il ?

— Il vit encore ! fit Sans-Nez.

Et dégaînant :

— Je vais lui traverser le cœur, dit-il ; cette fois il en crèvera.

— Mon cher, dit le comte, n'achevez pas cet homme.

« Je veux le garder prisonnier s'il survit.

« J'ai à apprendre le secret de bien des choses qu'il doit connaître.

«. Veuillez appeler le docteur du Bodet.

— Monsieur le comte, vous me faites manquer une belle occasion.

« C'est ce gaillard-là qui m'a coupé le nez.

— Baste ! fit le comte.

« Qui sait ?

« Vous serez peut-être un jour les meilleurs amis du monde.

— Pour cela, il faudrait me rendre mon nez.

— Mon cher, je vous en promets un, et superbe encore.

Sans-Nez crut à une plaisanterie et s'en alla en riant [1].

Le comte avait examiné avec attention les blessures de l'Aigle-Bleu.

Elles étaient très-graves.

Mais en visitant la poitrine du sachem le comte vit le signe.

L'Aigle-Bleu l'avait enlevé à son frère, en l'enfermant dans la grotte.

M. de Lincourt examina curieusement ce

[1]. En 1872, le paquebot *la Ville-de-Paris* amenait en France un voyageur horriblement laid qui venait de San-Francisco par New-York.

Ce voyageur raconta aux autres passagers qu'il était trappeur de profession autrefois et trappeur amateur depuis qu'il avait fait fortune.

Il se rendait à Paris, disait-il, pour se faire mettre un nez par le docteur du Bodet, savant célèbre surtout par d'admirables opérations rhinoplastiques.

Ce personnage racontait qu'il avait eu le nez coupé par l'Aigle-Bleu, dont les Américains présents à bord avaient tous entendu parler.

Six mois plus tard, également à bord de *la Ville-de-Paris*, l'état-major du paquebot voyait arriver un monsieur vêtu de façon un peu trop voyante, mais porteur d'un nez aquilin remarquable, ayant la figure légèrement cicatrisée par places, mais fort agréable.

Ce monsieur serra la main du capitaine un peu étonné des familiarités de cet inconnu qui lui dit :

— Comment !

« Vous ne me reconnaissez pas !

« Alors c'est que j'ai un chic, un galbe étonnants.

« Je suis Sans-Nez !... »

Et c'était lui.

Le docteur du Bodet l'avait littéralement travaillé pendant deux mois et il avait obtenu de merveilleux résultats.

Nos lecteurs savent qu'une science chirurgicale nouvelle a été créée depuis peu, science qui consiste à prendre de la chair sur un point pour la greffer sur un autre.

C'est ainsi que l'on refait, sans ossature d'or ou d'argent, les nez coupés ou écrasés, par greffe de chair prise sur la cuisse, et en rabattant sur cette greffe la peau du front.

On arrive, en plaquant de la peau garnie de poils, à conserver à cette peau la puissance de nourrir ces poils.

Ainsi s'explique comment Sans-Nez eut des cils et des sourcils.

Présenté par du Bodet à la Faculté de médecine, Sans-Nez fut l'objet d'un rapport très-curieux publié par les journaux médicaux, vers la fin de 1872.

Il y eut même, à ce sujet, une polémique violente entre les docteurs du Bodet et Simiol ; mais les événements politiques dominèrent à ce point la situation que l'affaire n'eut pas de retentissement en dehors du monde savant.

Aujourd'hui le nez aquilin de Sans-Nez, nez mémorable, du Bodet ayant fait bonne mesure, ce nez merveilleux enfin est cause que le trappeur a changé de surnom.

On l'appelle maintenant dans la prairie :

Trompe-d'Éléphant.

Et quand monsieur *Trompe-d'Éléphant* se présente à Austin, comme il a un nez, du chic, du galbe et de l'or, les niñas accourent en foule au bal qu'il honore de sa présence.

bijou et supposa que c'était quelque talisman précieux.

Il craignit qu'on ne l'enlevât au sachem et il le prit.

Il comptait le rendre plus tard à l'Aigle-Bleu.

En ce moment, Nativité fit à son tour un mouvement.

— Elle aussi ! dit le comte en souriant avec intérêt.

« Elle survit !

« Voilà deux amoureux qui, s'ils en réchappent, auront de la chance. »

Cependant mademoiselle d'Éragny, ramenée par le colonel et Tête-de-Bison, revenait près du sachem.

Elle le regarda longtemps, puis elle se convainquit de son erreur.

— Pourquoi, murmura-t-elle, m'a-t-il laissé ignorer cette étrange ressemblance?

Mais du Bodet survenait accompagné de Simiol.

Les docteurs disputaient déjà.

— Permettez, disait Simiol, permettez, cher confrère !

« M. de Lincourt vous demande, c'est parfait.

« Il veut vous confier un blessé, c'est très bien..

« Mais je tiens à contrôler votre traitement, moi.

— Allez au diable, avec votre contrôle, s'écria du Bodet impatienté.

« Je ne veux pas vous avoir éternellement sur le dos.

— Je vous gêne.

— Eh! oui, parbleu !

— Je le conçois.

« Je constate vos erreurs.

— Vous n'en faites pas, vous?

— Ce n'est pas vous qui m'avez jamais trouvé en flagrant délit de routine et d'ineptie.

— Monsieur !

— Tandis que moi...

— Oh ! vous, vous !

« Quelles expériences célèbres avez-vous faites?

« J'ai traité des hommes célèbres, moi.

— Un docteur officiel !

« Ce n'est pas étonnant !

« Mais que de patients sont morts entre vos mains !

— Mais vous cherchez vainement les clients, vous !

Le comte arrêta la dispute d'un geste.

— Messieurs, dit-il, examinez ce sachem blessé.

« En reviendra-t-il ? »

Le docteur du Bodet voulut procéder, mais Simiol se précipita sur le blessé, si bien que le comte indigné le fit relever très-vivement.

— Monsieur, lui dit-il, vous avez un caractère déplorable.

« D'abord j'ai mandé le docteur du Bodet.

— Monsieur, dit Simiol piqué au vif, le patient seul aurait le droit de faire un choix.

— Comme il est hors d'état de se prononcer, je le remplace.

— De quel droit? fit Simiol perdant toute mesure.

« Cet homme est un Indien; il n'est pas sous vos ordres.

« C'est un prisonnier qui a des droits sacrés, monsieur.

— Puisqu'il ne peut les exercer, ses droits !

« Qui vous dit qu'il vous choisirait plutôt que votre confrère ?

— Il y a présomption en ma faveur.

— Drôle d'idée !

« Sur quoi vous basez-vous? »

— Je lui expliquerais combien mon système est supérieur à celui de mon rival; combien...

— Docteur Simiol, dit en riant le comte, vous êtes amusant, parole d'honneur ! votre confiance en vous-même me renverse.

« Je veux être juste, toutefois, et surtout impartial.

« Quand le docteur du Bodet aura terminé, vous ferez, à votre tour, votre examen.

« Vous me direz tous deux votre opinion.

« Je me déciderai pour l'un ou pour l'autre, selon l'opinion que vous formulerez. »

Pendant ce débat, du Bodet avait procédé.

Il se releva.

— Monsieur le comte, il y a espoir, dit-il.

« Espoir vague, mais espoir. »

Simiol se jeta en quelque sorte sur le corps, procéda rapidement et se releva dédaigneux :

— Comment osez-vous dire qu'il y a de l'espérance ! s'écria-t-il.

« C'est un homme mort.

« Nous avons perforation de...

— Pardon ! dit le comte coupant court à toute discussion.

« Je vais prendre une décision que Salomon ne désavouerait pas.

« Le docteur du Bodet soignera le sachem.

— Pourquoi ? hurla Simiol.

« Je veux que l'on me dise pourquoi ; je l'exige !

— Vous venez de dire que le sachem était mort ! fit le comte.

« Votre confrère a de l'espoir ; naturellement je lui confie le blessé ! »

Tout le monde se mit à rire.

Simiol, confus, baissa la tête.

— Tenez, lui dit le comte, chargez-vous de cette jeune fille.

« Ce sera une très-belle cure aussi, si vous réussissez.

« Messieurs, bonne chance ! »

Et le comte laissa les deux docteurs à leurs patients.

Il avait hâte de rassembler son monde dispersé.

Sans-Nez, cependant, vint le retenir un instant encore.

— Je crois devoir vous prévenir, dit-il au comte, qu'un certain lepero, connu sous le nom de *la Couleuvre*, a été vu descendant le fleuve sur une pirogue conduite par deux Indiens (voir la gravure).

— Décidément, fit le comte, toute cette aventure est très-compliquée.

« Vous êtes un garçon de bon conseil, Sans-Nez, nous en recauserons.

« Mais rassemblez votre compagnie et que tout le monde revienne au camp. »

Le même ordre fut donné à tous les capitaines.

Une heure après, la caravane était à son bivac [1].

[1]. En l'absence de MM. Louis Noir et P. Ferragut, qui sont actuellement aux bains de mer, nous croyons devoir prendre sur nous d'insérer la note suivante, qui sans doute intéressera le lecteur.

Il s'agit de l'arrestation toute récente de M. de Tounens, de cet Orélie 1ᵉʳ qui a détrôné Tomaho et dont ce dernier, on s'en souvient, était l'implacable ennemi.

C'est Tomaho qui a dû être content en apprenant cette nouvelle !!!

L'Éditeur.

« Antoine-Orélie 1ᵉʳ, roi d'Araucanie et de Patagonie, ayant depuis plusieurs années quitté son royaume et ses sujets, par suite d'événements bien connus, cherchait à se procurer les moyens pécuniaires nécessaires pour regagner les plaines fertiles de son royaume et remonter sur le trône que son étoile lui avait donné.

« Après avoir en vain frappé à toutes les portes, écœuré, désillusionné, il allait se résoudre à abandonner le rêve qu'il avait si longtemps caressé, lorsque le hasard le mit en présence d'un capitaliste, amateur d'aventures autant qu'ambitieux, qui mit Sa Majesté araucanienne en mesure d'exécuter son projet de retour.

« Orélie 1ᵉʳ, accompagné de quatre personnes, fit voile pour Buenos-Ayres, vers la fin d'avril dernier. Il emportait une collection complète d'armes, fusils, revolvers, sabres, poignards et munitions de toute espèce.

« Ils arrivèrent à Buenos-Ayres un mois environ après leur départ. Là nos aventuriers affrétèrent un bateau pêcheur d'assez fort tonnage pour les conduire à Bahia-Blanca, sur la côte de la Patagonie.

« De ce point, il leur eût été facile de gagner l'intérieur du pays, à cheval ou à dos de mulet.

« Il ne devait pas en être malheureusement ainsi pour eux.

« La présence d'Orélie 1ᵉʳ à Buenos-Ayres ne put être longtemps tenue secrète, pas plus que ses projets.

« Cependant il réussit à déjouer la surveillance du ministre chilien à Buenos-Ayres, qui avait reçu l'ordre de son gouvernement de le faire arrêter.

« La goëlette *Sociedad*, de la marine de la Confédération argentine, fut immédiatement lancée à sa poursuite, le joignit à Patagones et l'arrêta.

« Il arriva donc à Buenos-Ayres en qualité de prisonnier, le dimanche 10 juillet.

« Il était conduit par le lieutenant Palacios, de la marine argentine.

« Il était accompagné d'un jeune Chilien qui avait été son gardien au Chili, à l'époque où il était prisonnier, et qui, se trouvant à Patagones au moment de son arrestation, le reconnut et servit à établir son identité.

« Cependant le prisonnier niait être non-seulement le roi d'Araucanie, mais encore M. de Tounens. On trouva sur lui divers documents qui prouvèrent que c'était bien lui.

« Les objets saisis consistent en diverses cartes géographiques de toute la Patagonie et Araucanie, un livre avec une dédicace à S. M. Orélie 1ᵉʳ, un sceau royal et un autre petit cachet à ses initiales de famille.

« A neuf heures et demie du matin, il débarquait au Môle, les fers aux pieds et aux mains.

« On put le voir dans le cours trajet qu'il fit jusqu'à la voiture qui l'attendait sur la promenade de « Jolio » pour le conduire à la prison.

« Il ne manifesta pas la moindre impression en voyant les nombreux curieux qui s'étaient amassés sur le Môle pour le voir. Il les regardait sans crainte et sans honte.

« Il était vêtu d'un pantalon et d'un pardessus clairs, d'un chapeau noir, d'une chemise de couleur avec col droit, et portait des lunettes bleues.

« Notre homme a donc été arrêté à Patagonès par les

CHAPITRE LVI

AVENTURE EXTRAORDINAIRE ARRIVÉE A DON MATAPAN

Nous l'avons dit, don Matapan, qui ne s'ennuyait point démesurément parmi les sauvages, avait néanmoins formé le plan de regagner Austin.

Il résolut de profiter de l'absence de Sable-Avide et des guerriers pour réaliser sa combinaison.

Donc, un soir, il manda Belle-Plume, sa fille.

— Ma chère enfant, dit-il, victimes d'une trahison de Sable-Avide, nous sommes retenus prisonniers ici.

« Tu dois souffrir horriblement de ton sort?

— Oh! oui, papa.

« Sable-Avide se conduit avec moi on ne peut plus mal.

« Croiriez-vous qu'il a des attentions pour toutes les jolies filles de la tribu, et qu'il me rend très-malheureuse?

— Mon enfant, cette vie va finir... nous partons.

— Où cela?

— Pour Austin.

— Avec Sable-Avide?

— Jamais de la vie!

— Vous voulez que j'abandonne mon mari, papa?

« Y pensez-vous!

— Si j'y pense!

« Vais-je te laisser aux mains d'un affreux sauvage?

— Papa!

— Ah! je te comprends!

« Tu éprouves des scrupules.

« Rassure-toi.

« Ce mariage n'est pas sérieux!

— Que dites-vous là?

« Mais c'est très-sérieusement que j'ai épousé mon mari.

— Quelle délicatesse!

— Tu te crois liée à cet ivrogne?

— Ivrogne!

« Vous l'insultez, vous qui buvez avec lui!

— Tu le défends!

« Mais, ma fille, on ne pousse pas la naïveté jusque-là.

« C'est qu'elle se croit de bonne foi la femme de ce débauché, de ce misérable qui la bat.

— Il ne me bat pas toujours!

« Quelle mouche vous pique?

« Voilà bien les beaux-pères!

« Toujours injustes pour les gendres et mettant martel en tête à leurs filles.

« J'aime Sable-Avide et je reste ici, moi.

— Malheureuse!

— Il n'y a pas de malheureuse qui tienne.

« Je reste!

« D'abord Sable-Avide m'a donné un gage de son amour.

— Déjà!

« Voilà ce que je redoutais.

« Ainsi moi, don Matapan, je vais être grand-père d'un petit sauvage ou d'une sauvagesse.

« Quelle position pour un gouverneur de province!

— Écoutez, papa, vous dites du mal de mon mari, vous insultez mon enfant à venir, vous troublez mon ménage.

« Le mieux est de vous en aller; je consens à votre départ, et j'y aiderai.

« Mais vous suivre, non!

— Soit! dit don Matapan.

« Reste, fille dénaturée!

« Reste et reçois ma malédiction paternelle!

« A propos, veille à ce que mon cheval soit pourvu d'une bonne gourde bien pleine.

— Soyez tranquille.

---

autorités de la ville, sur l'ordre du lieutenant Palacios, au moment où il prétendait entrer sur les territoires indiens, accompagné d'un individu se faisant appeler « le baron de Keunk, » sujet russe, son premier ministre, qui doit arriver à Buenos-Ayres dans quelques jours, également prisonnier.

« Outre les personnes qui l'ont parfaitement reconnu, son identité a pu être établie d'une manière irréfragable, au moyen de deux signes ou verrues qu'il a sur la lèvre supérieure, du côté gauche, au-dessous de la moustache, et que le jeune Chilien dont nous avons parlé plus haut a présentés comme une preuve indiscutable.

« Il était accompagné de trois autres personnes bien connues ici, MM.-Péchot, ancien commissionnaire des Messageries, Bolard et Henri Laboulaye, qui n'ont eu la suprême chance de ne pas être arrêtées.

« Orélie-Antoine Ier est enfermé à la prison de Cabildo, où il réfléchit sur la fragilité des choses humaines. »

LE SECRET DU DOMPTEUR

Le jour, on se tenait caché sous bois.

— Tu vas m'aider dans mes préparatifs de fuite ?
— De tout mon cœur.
— Comme tu dis cela !
« Il semblerait que tu es enchantée de te séparer de moi.
— Mon père, je suis votre très-humble servante.
« Je dois vous obéir en tout.
— Je te commande de me suivre.
— Je ne dois pas quitter mon mari.
« La Bible le dit.
— Tu n'es qu'une pécore.
— Bonsoir, papa !
« Bon voyage !

— Tu t'en vas ?
— Vous m'insultez.
— A tous les diables, les filles de ta sorte !
« Voyons, demeure.
« Veille bien à tout.
— Soit !
« Seulement, papa, ne me traitez plus de pécore.
— Tu ne t'informes seulement pas de la façon dont je ferai le voyage au milieu des bêtes fauves.
— Je suppose, papa, que vous y avez pourvu.
— Vit-on jamais fille plus indifférente ! s'écria don Matapan.

43ᵉ Livraison.

— J'ai confiance dans votre sagesse, et vous me le reprochez!

« J'ai pensé que vous aviez une escorte, mon père.

— Oui, j'en ai une.

« Puis-je compter sur ta discrétion, au moins?

— Mon père, je suis incapable de vous trahir.

— Sache donc que l'on me regrette à Austin.

— Ah!

— Ce ah! annonce de l'étonnement, ma fille.

— Je suis étonnée, en effet, que vos administrés soient reconnaissants de vos bons services.

— J'avais interprété ton ah! d'une autre façon.

« Figure-toi donc que la ville est partagée en deux partis.

« L'un, le parti clérical, est pour les Français qui, en ce moment, sont maîtres de Mexico.

« L'autre est pour Juarez.

— Si vous saviez comme cela m'intéresse peu!...

— Encore faut-il que je t'explique...

— J'écoute, papa.

— Le parti clérical et français est vainqueur.

« Il y a eu bataille, et les soldats, ralliés aux gens des couvents et des églises, ont tout massacré.

« L'affaire a été affreuse.

« Il y a eu près de cinquante morts, ce qui ne s'était jamais vu dans les troubles civils.

« Le parti vainqueur a su que j'étais ici avec toi.

« Il m'a envoyé un émissaire.

« C'est un coureur de bois très-adroit et très-habile.

« Il est à la tête d'une troupe de six hommes résolus.

« Il m'attend en forêt.

« Toute la ville désire mon retour, pour me rendre mon gouvernement; j'aurai une ovation.

« Ne veux-tu pas la partager?

— Je n'ambitionne que l'amour de mon mari.

« Mais prenez garde, papa.

« Si Juarez envoyait des troupes contre les cléricaux...

— Tu te mêles de politique maintenant, et tu veux en remontrer à ton père sur le gouvernement!

— J'ai tort.

« Papa, toutes vos hardes sont prêtes.

— Vois donc dehors.

« Il fait nuit.

« Tout le monde doit être dans les tentes. »

Belle-Plume sortit et rentra, donnant à son père l'assurance que l'on n'apercevait rien de suspect.

Du reste, il n'y avait plus dans le village que les femmes, les enfants et les vieillards.

On commençait à avoir pleine confiance en don Matapan.

Il n'était plus surveillé.

Le digne gouverneur donna un froid baiser à sa fille, qui lui en rendit un plus froid encore, et il sortit.

Belle-Plume tint la bride d'un bon cheval, harnaché en guerre et muni de tout le bagage nécessaire.

— Au revoir, mon enfant! dit don Matapan.

« Tu me feras prévenir quand tu m'auras donné un petit-fils.

— Adieu, papa!

Le père et la fille se quittèrent enchantés.

Jamais don Matapan, excellent homme, mais un peu personnel, n'avait eu grande tendresse pour le laideron grincheux que son épouse lui avait donné comme gage de leur amour moins que tiède.

Quand à Belle-Plume, qui dès l'âge de treize ans soupirait après le mariage, elle n'avait pas un grand fonds de tendresse filiale.

Tout ce qu'avait dit don Matapan était réel.

Il trouva en forêt, à l'endroit convenu, Jarry, un guide connu pour se charger des plus difficiles missions.

Il avait accepté de l'évêque celle de venir

chercher don Lopez y Matapan au milieu des Apaches.

La ville était au pouvoir de la faction cléricale, avait tout intérêt à s'assurer le concours de don Matapan.

Homme habile, presque populaire, sachant son monde, expert en politique, le digne homme était pour le parti une acquisition sérieuse.

— En route! dit Jarry à sa troupe en voyant débusquer le gouverneur; filons grand train !

Et voyant trembler don Matapan :

— Qu'avez-vous, senor?

— Mon ami, j'ai entendu un rugissement en venant ici.

« Si je n'avais pas été plus près de vous que du camp de la tribu, j'aurais rebroussé chemin.

— Baste! fit Jarry.

« Un jaguar! la belle affaire!

« Mais vous voilà parmi nous; ne craignez plus rien. »

Et l'on partit.

Le voyage dura trois nuits.

Le jour, on se tenait caché sous bois.

Au matin de la troisième nuit, on arriva à Austin.

Don Matapan, tant fatigué qu'il fût, méditait son discours de rentrée.

— Quelle surprise et quelle joie pour mes braves Austinois, dit-il, quand ils vont me revoir!

— Je le crois, senor, je le crois! disait Jarry de l'air ennuyé d'un homme qui s'en moque absolument.

— J'irai droit au palais du gouvernement! s'écria le gouverneur.

« Je ferai mon discours.

« Je dirai... »

Et le gouverneur prépara son improvisation.

Jarry bâillait.

Heureusement l'on arriva.

Don Matapan, hors du village, avait repris, parmi ses hardes, son costume mexicain; il était en tenue de gouverneur.

Le pont-levis était baissé.

Le cœur battait à se rompre dans la poitrine de don Matapan en mettant le pied dans sa bonne ville.

A la porte se tenait un poste.

Dans ce poste, le gros boucher que nous connaissons.

— Caracho ! cria le milicien.

« Don Matapan !

— Moi-même, mon enfant; moi-même, mes enfants.

Tout le poste accourut serrer joyeusement la main du jovial gouverneur.

Il était tout ému.

Il eût bien placé son discours, mais il n'y avait pas assez de monde, et puis il voulait arriver au palais du gouvernement.

Il s'arracha aux attendrissements par un coup d'éperon à son cheval et il se remit en route.

Tout le monde, sur les portes, s'écriait en le voyant :

— Tiens, don Matapan !

Et on le suivait.

Jarry, dont la mission était finie et qui n'était pas homme à s'amuser à des bagatelles, Jarry avec sa troupe était entré dans une taverne pour y déjeuner.

Là il apprit les nouvelles.

— Vous savez, Jarry, lui dit-on, que depuis votre départ il y a eu révolution.

— Ah! fit Jarry indifférent et dévorant une tranche de jambon.

— Ce sont les libéraux qui ont triomphé.

— Tiens! fit Jarry, don Matapan qui était rappelé par les cléricaux.

« Il va se trouver dans une fausse position.

— Démonio ! Le pauvre homme !

« On l'écharpera, si l'on sait qu'il tenait pour le parti noir.

— D'autant plus qu'il va lui-même se dénoncer.

— Comment cela?

— Il fera un discours.

« Il me l'a récité.

« J'ai retenu cette phrase : *Bénie soit la main de Dieu qui nous suscite dans les Français des alliés et des vengeurs.*

— On va massacrer ce malheureux; prévenez-le, Jarry.

— Moi, me déranger !

— Jarry, vous étiez guide.
— Je ne le suis plus.

« Ma mission se termine à la porte d'Austin.

« Du reste, prévenez vous-même ce brave homme.
— Je suis tavernier.

« Je ne veux pas me compromettre.
— Et moi, guide, je ne me mêle pas aux troubles civils.

« A boire ! »

Jarry était certainement l'homme le plus attentif à préserver un client du danger tant que ce client était sous sa garde.

Mais le terme du marché arrivé, Jarry n'aurait pas fait un geste, levé un doigt afin de sauver la vie d'un homme pour lequel il venait de s'exposer cent fois dans le voyage.

Il en résulta que don Matapan arriva sur la grande place au milieu d'un grand concours de peuple.

Le digne gouverneur ignorait toujours les faits.

La foule se montrait empressée, mais plutôt curieuse qu'enthousiaste ; cependant il y avait en faveur du bonhomme un courant sympathique.

On lui souriait.

Il aurait voulu être acclamé.

— Cette petite fête manque de chaleur ; ce n'est pas l'entrée triomphale que l'on m'avait promise, pensait don Matapan.

« Je comprends que, n'étant pas prévenu, le clergé ne soit pas venu au-devant de moi.

« Mais l'évêque doit savoir maintenant mon arrivée.

« Il devrait être là. »

Don Matapan, pour soulever les bravos, s'arrêta devant la fontaine que nous connaissons sur la grande place ; il salua la foule et agita son mouchoir.

On salua autour de lui, mais on ne cria point.

— Je vois ce que c'est, pensa-t-il ; on se souvient que j'avais des sympathies pour Juarez.

« On me tient un peu rigueur.

« Je ne vais pas plus loin et je lâche mon grand discours ici.

« Je veux entrer au palais porté dans les bras de mon peuple. »

Sur cette belle résolution, don Matapan fit un grand geste avec son petit bras et l'on vit qu'il voulait parler.

L'on pensa qu'il allait faire un speech pour raconter son aventure et l'on écouta curieusement.

Le digne homme commença carrément par la phrase citée par Jarry.

« Habitants d'Austin,

« Loué soit Dieu, louée soit la Vierge, loués soient les saints !

« Une faction odieuse est écrasée !

« La religion triomphe.

« Bénie soit la main du Très-Haut qui nous suscite dans les Français des alliés et des vengeurs !... »

Un tonnerre d'imprécations coupa la parole au pauvre gouverneur.

La foule s'emporta furieusement et les pierres plurent sur don Matapan.

Jamais on ne vit d'homme plus décontenancé.

Il vit en même temps déboucher sur la place le nouveau gouverneur qu'avait envoyé Juarez.

Celui-ci accourait.

Prévenu de l'arrivée de don Matapan, un rival, il avait rassemblé un piquet de soldats et il venait pour arrêter le pauvre senor.

Mais la foule s'était jetée sur le pauvre homme qui venait de descendre de cheval et s'était réfugié dans la fontaine, dont le jet d'eau ne fonctionnait pas à cette heure matinale.

Don Matapan, dans la vasque, sèche à ce moment, haranguait, suppliait, criait : Vive Juarez !

A la vue de son successeur, il se mit à hurler :

— Vive le gouverneur !

La foule se prit à rire.

De la tragédie, l'affaire tournait brusquement au comique.

Un incident burlesque acheva de calmer la colère du peuple, déjà désarmé par les cris de don Matapan.

Cette grosse figure de citrouille ne pouvait être prise au sérieux.

Un farceur s'imagina de jouer un bon tour.

Don Matapan était toujours dans la vasque.

Le lepero facétieux dont nous parlons lâcha les robinets.

Le jet d'eau fonctionna.

Voilà don Lopez y Matapan inondé, noyé, gesticulant toujours et demandant sa grâce.

Cette farce mit en goût les leperos qui crièrent :

— Un charivari à don Matapan !

Et vite un âne, vite de la poix, vite de la plume !

C'était le cérémonial d'usage pour les charivaris.

En un clin d'œil, au milieu d'un hourvari effrayant, d'une explosion de gaieté folle, don Matapan fut déshabillé, roulé dans la poix, puis dans la plume.

Dire l'aspect étrange qu'il offrait est impossible.

Qu'on s'imagine cette boule humaine ainsi hérissée de plumes !

C'était grotesque !

On hissa don Matapan sur l'âne, la figure vers la croupe, la queue de l'âne en main.

Et lié, ficelé, offrant le plus drôle d'aspect du monde, le gouverneur fut conduit par les rues.

Houp ! là ! là !

Chacun cherchait de grandes plumes d'oie, de dindon, d'outardes, ou quelque queue de bête.

Chacun se procurait de la poix, et fixait plume ou queue sur don Matapán.

D'aucuns collaient sur l'ex-gouverneur des grelots, d'autres de petites sonnettes.

Un riche négociant, puni d'une amende, quelques mois auparavant, par don Matapan, eut l'idée d'acheter un chapeau chinois.

On sait quel bruyant instrument de musique c'est.

Le chapeau chinois fut donné à des leperos avec quelques pièces de menue monnaie pour les encourager à suivre les indications données par le négociant, et l'idée de celui-ci était drôle.

Le manche du chapeau chinois fut dévissé, et il forma dès lors une sorte de casque conique du plus étrange aspect et d'une sonorité inouïe.

Les bords en furent enduits de glue, et on appliqua cette coiffure sur la tête de l'ex-gouverneur.

Désormais le déguisement était complet.

Des bandes de gamins précédaient le cortége jouant des castagnettes, mais le peuple réclama une musique plus sérieuse, et le gouverneur en titre envoya chercher la fanfare de la milice.

Celle-ci était plus nombreuse et plus bruyante qu'elle ne l'avait jamais été, ayant reçu un renfort d'instruments.

Au point de vue des orchestres militaires, le Mexique est un pays très-extraordinaire.

Nous ne parlons que pour mémoire des violons et des contre-basses qui font leur partie et produisent un certain étonnement sur les Européens.

Mais ce qui frappe de stupeur les nouveaux venus, c'est de voir, derrière la grosse caisse, des joueurs de vielle et d'orgue de barbarie.

L'orgue de barbarie est le fond de l'orchestre.

Il règle tout.

Les musiciens apprennent les airs que peut jouer ce maître instrument ; celui qui tourne la manivelle est le **vrai chef d'orchestre**.

Selon qu'il accélère ou retarde le mouvement, les autres vont piano ou andante.

Quand un orchestre militaire peut avoir deux, trois orgues de barbarie jouant les mêmes morceaux, il est réputé l'un des plus beaux du Mexique.

Entendons-nous.

Il y a Mexique et Mexique.

Le Mexique de Mexico est très-civilisé.

Mais le Mexique des provinces, c'est autre chose.

Or le nouveau gouverneur avait amené des soldats ; les soldats avaient une fanfare ; cette fanfare avait un orgue, et aussi celle de la milice.

Les deux musiques avaient fusionné ; donc deux orgues, donc une musique splendide.

Particularité :

La grosse caisse est à cheval et l'orgue aussi.

Jamais un Mexicain ne pourrait porter de pareils instruments sur son dos.

On voit d'ici ce que tous ces éléments peuvent donner.

Bientôt la fanfare arriva, prit la tête du cortége et joua avec fureur.

Mais dans les charivaris mexicains chaque instrument va son train, sans préoccupation du voisin.

C'est assourdissant et effrayant.

Un orgue jouait la *Muette de Portici*, l'autre la *Dame blanche*.

La grosse caisse résonnait furieusement, et les tambours roulaient sans relâche ; l'ophicléide nazillait des accompagnements insensés et le trombone éternuait des notes impossibles.

Les chantres d'église avaient été quérir leurs serpents.

Ils chantaient à tue-tête dedans et les conques jetaient dans l'air des bruits fêlés.

Enfin à chaque carrefour on faisait ruer l'âne.

Le gouverneur tintait et clochetait alors du bas en haut.

C'était à en réveiller le cimetière juif, où les morts ont cependant l'oreille dure.

Don Matapan, suant, soufflant, ahuri, gémissait en vain.

On lui fit parcourir toutes les rues, on le fit stationner dans tous les carrefours.

Enfin, après cinq heures de supplice, on le conduisit hors la ville, lui et son âne.

Alors parut le nouveau gouverneur qui avait laissé passer la justice du peuple, mais qui avait à rendre la sienne.

Il annonça très-cavalièrement et très-préremptoirement à don Matapan :

1° Que tous ses biens seraient confisqués au profit de l'État ;

2° Qu'il était déchu de tous ses titres et honneurs ;

3° Qu'il était à jamais banni du territoire.

Tout bon Mexicain avait le droit de le tuer comme un chien, s'il reparaissait aux environs d'Austin.

Don Matapan, après lecture, demanda deux grâces :

— Je ne désire, dit-il, que mon cheval et à boire.

— Le cheval, dit durement le gouverneur, est confisqué.

« A boire, il y en a dans le Colorado. »

Et il rentra en ville.

Comme c'était l'heure de la sieste, que le soleil dardait ses rayons ardents sur la campagne, comme tout le monde avait faim, soif, et s'était suffisamment éreinté, comme, selon l'habitude, les portes allaient être fermées, les ponts-levis relevés, la sieste étant considérée comme nuit pour le service de place, la population rentra à son tour.

Il ne resta dehors que don Matapan et l'homme qui avait prêté son âne pour le charivari.

L'homme voulait son âne.

Don Matapan n'aurait pas mieux demandé que de descendre, mais c'était impossible, il était collé par la glue au dos de sa monture.

Le propriétaire jurait, don Matapan geignait, l'âne brayait.

Enfin, las d'accabler d'invectives la malheureuse victime du charivari, le maître de l'âne voulut arracher le cavalier de dessus sa monture.

Mais l'âne se mit à se cabrer, à ruer et, finalement, d'un coup de pied se débarrassa de son maître qui resta gisant sur le sol.

Quant à don Matapan, il fut emporté à travers la prairie.

Étrange situation pour cet excellent homme,

Avoir si chaud, pas une goutte d'eau à boire, et se trouver englué, emplumé et les fesses collées sur le dos d'un âne.

Pas une arme !

Et des jaguars plein les massifs !

Don Matapan regrettait Sable-Avide et maudissait Austin.

Il ruminait une vengeance.

— Si jamais, pensait-il, je puis regagner la tribu de Sable-Avide, je déciderai le chef à attaquer la ville.

« Et... et... je me battrai !

« Oui... je me battrai ! »

Ce faisant, le gouverneur dirigea son âne vers un ruisseau qu'il connaissait.

L'âne, flairant l'eau et très-échauffé, prit volontiers la direction qu'on lui imprimait.

La chose était difficile, attendu que don Matapan avait la face tournée vers la queue de l'animal.

Il se donnait le torticolis à regarder par derrière soi.

Il se démanchait les bras pour frapper le col de l'âne, tantôt à droite, tantôt à gauche.

On arriva.

L'âne but...

Mais don Matapan ne pouvait atteindre à l'eau.

Il éprouva le supplice de Tantale.

L'âne, désaltéré, jugea que tout était pour le mieux ; cet âne était comme le roi Auguste de Saxe, qui, quand il avait bu, croyait que toute la Pologne était ivre.

En vain don Matapan essaya-t-il de faire entrer l'âne dans l'eau jusqu'au poitrail, espérant ainsi parvenir à boire.

Impossible de vaincre l'obstination du baudet.

Alors don Matapan comprit qu'il fallait se séparer de sa monture.

L'homme qui a prétendu que l'on trouvait dans la Bible tout et encore quelque chose, n'a pas surfait la réputation de ce livre.

Absalon, suspendu par les cheveux, donna une idée à don Matapan.

De ses deux mains, courtes et fortes, il saisit la branche d'un arbre sous lequel il passait, et il arrêta net la marche du baudet.

Ce n'était pas le compte de don Matapan.

La soif étant le pire des supplices, le digne homme préféra souffrir pour arriver à boire que de rester collé sur son âne.

Il éperonna sa monture (car il avait conservé ses éperons de cavalier) ; l'âne s'élança...

Don Matapan poussa un cri ; la séparation s'était faite aux dépens de sa peau.

Il se laissa choir et tomba par terre.

L'âne courait, joyeux d'être débarrassé.

Le gouverneur se releva et la soif lui donna des ailes.

Il se précipita vers le ruisseau et il but à longs traits.

Puis, ayant bu, il se releva, s'assit et réfléchit.

La position n'était pas gaie.

Que faire ?

Regagner la tribu de Sable-Avide, obtenir le pardon de cet excellent ami, le gouverneur l'eût bien voulu.

Mais il ignorait les chemins.

Mais il avait peur des fauves.

Et voilà que précisément il aperçut sur un arbre, presque au-dessus de sa tête, un jaguar.

La bête était énorme ; elle semblait des plus féroces.

Les yeux, ronds, jaunes comme l'or en fusion, fixaient le malheureux don Matapan, qui frissonna de tout son être.

Ce frémissement fit tinter grelots et clochettes.

Le jaguar parut étonné et à coup sûr il était déjà surpris, n'ayant jamais vu animal de la forme de celui qui se trouvait sous ses yeux.

De là son hésitation à s'élancer.

Au bruit, il fit un mouvement de retraite.

Don Matapan, cependant, quand il vit onduler l'échine du jaguar, crut qu'il allait s'élancer.

L'ex-gouverneur se leva pour fuir.

Alors le chapeau chinois et les grelots firent un tel tintamarre, que la bête fauve épouvantée se réfugia au sommet de l'arbre.

Don Matapan fut stupéfait et ne s'en sauva pas moins.

Tout en courant, il vit un autre jaguar se lever à son approche et déguerpir.

Le digne senor s'arrêta et il comprit que le vacarme de sa course effrayait les fauves.

A quelque chose malheur est bon !

Don Matapan se rassit pour arrêter un plan.

Pendant son séjour chez les Indiens, il avait appris à connaître des baies et des fruits de toutes sortes

Il pensa que, pour être mal nourri, il ne mourrait pas de faim en se contentant de cette frugale subsistance.

En marchant huit ou dix nuits, il pourrait arriver au camp.

Il se rappela que le Colorado y menait.

— Je suivrai le cours du fleuve ! se dit-il.

A prétendre qu'il était rassuré, l'on mentirait.

Toutefois il avait l'espérance, et il se mit en route du plus grand pas que lui permirent ses petites jambes.

CHAPITRE LVII

OU TOMAHO SE TROUVE OBLIGÉ DE RÉFLÉCHIR LONGUEMENT

Tomaho avait promis à mademoiselle d'Éragny de prendre des nouvelles de l'Aigle-Bleu, et il savait où en aller chercher sans doute, car, en quittant l'embuscade avant le combat qui commença une heure après son départ, le géant se mit en marcher en ligne droite.

Il allait, de ses immenses enjambées, vers un but.

Ce but était la grotte où le Messie des Indiens était enfermé.

Il arriva devant l'excavation, poussa un cri d'étonnement en la voyant bouchée, et parut fort embarrassé.

Il n'aimait pas à réfléchir, le bon colosse; mais quand il réfléchissait, c'était à haute voix.

Tous les simples d'esprit, les natures primitives aiment à entendre leur voix formulant leur pensée.

Le paysan calcule tout haut, pense tout haut et lit tout haut.

Tomaho se posa sur la roche et songea :

— L'Aigle-Bleu m'a expliqué qu'il désirait envoyer pendant l'expédition des messagers à Rosée-du-Matin, et en recevoir.

« A chaque journée de marche, il doit déposer un papier parlant (une lettre) quelque part.

« Il m'a indiqué, pour cette étape, la grotte que voici.

« Pour la suivante, si nous allions plus oin, — il ne le pensait pas, — pour la suivante, c'était la pierre branlante.

« Là, je devais trouver pour la suite d'autres indications. »

Après ce grand effort de mémoire, Tomaho se reposa.

Mais cette grotte bouchée l'irritait beaucoup.

— Pourquoi fermée, disait-il, pourquoi?

« Que faut-il faire? »

Mais comme nos simples soldats, qui, ruminant une consigne difficile, finissent toujours par prendre leurs instructions à la lettre, Tomaho se répéta à lui-même :

— Il a dit que le papier parlant serait dans la grotte.

« J'y chercherai. »

Et, fort de cette résolution, Tomaho se mit à l'œuvre.

Il avisa un chêne, l'abattit avec sa hache, le façonna en levier et revint à l'énorme bloc.

Il fit jouer le chêne avec la force d'un Titan... la roche roula sous l'effort...

La grotte était ouverte.

— Je vais voir maintenant, dit le géant, si je trouve le papier parlant.

« Mais pourquoi avoir fermé la grotte?... »

Tomaho redoutait peu de chose dans le monde.

Mais il avait une invincible répulsion pour ce qui est surnaturel.

Les sorciers l'intimidaient.

Toute cette affaire du Sauveur ne lui semblait pas claire et il craignait des maléfices.

La grotte fermée lui avait inspiré de la défiance.

Donc il entra avec une certaine prudence.

A la vue d'un Indien garrotté, il éprouva une impression désagréable et sortit sur-le-champ.

L'obscurité ne lui avait pas permis de distinguer à qui il avait affaire ; mais il se dit que toute cette aventure était fort extraordinaire.

Une lumière un peu obscure se fit en son esprit.

— Je comprends, dit-il, pourquoi la grotte était fermée.

Il était enchanté, le bon géant, d'avoir compris cela.

Mais décider de quelque chose et **se décider** à quelque chose lui semblait **très difficile**.

Fallait-il rentrer?

LE SECRET DU DOMPTEUR

Il galopait autour du camp.

Pourquoi cet homme garrotté?
Par qui garrotté?
Tomaho, comme d'habitude, se gratta les plumes, étant fort embarrassé; mais il se décida à pénétrer en faisant certaines réserves.
Il s'approcha de la grotte et dit d'une voix convaincue :
— S'il y a des esprits ici, des sorciers et des sortiléges, je tiens à constater que leurs affaires ne me regardent pas.
« Je suis chargé par le *Sauveur* de prendre un message, et si cela contrarie quelqu'un de me voir entrer, l'on n'a qu'à m'apporter le papier parlant.
« Je vais attendre. »

Il pensait que quelque génie, sous forme monstrueuse, allait sortir portant une lettre dans ses griffes.
Les charlatans indiens ont coutume de se déguiser en fauves.
Avec des fourrures d'ours ou de jaguars, ils parcourent les tribus, admirablement grimés.
Ils font leurs tours, leurs parades, leurs simagrées, se disent des esprits habitant des corps de bêtes : les dons pleuvent.
Tomaho, grand enfant, plus crédule encore qu'aucun de ceux de sa race, éprouvait toujours une vague inquiétude à la vue d'un sorcier.

44ᵉ Livraison

Mais cette fois il en fut quitte pour la peur.

Il se hasarda, voyant que personne ne venait à lui; mais en pénétrant il dit:

— Je vais chercher le message, le prendre et m'en aller.

Après tant de précautions et de ménagements, il crut que le sorcier le plus susceptible ne pouvait se formaliser.

Il chercha, évitant de s'approcher de l'homme garrotté; mais ses yeux s'habituant à l'obscurité, il lui sembla reconnaître l'Aigle-Bleu.

Tomaho fut intrigué et troublé outre mesure.

Regrattant les plumes de sa coiffure, il fit lourdement des réflexions très-pénibles; puis il se décida à interpeller celui qu'il prenait pour le sachem.

— Aigle-Bleu, dit-il, vous êtes dans une mauvaise situation.

« Je ne puis vous laisser ainsi, mais je ne vous cache pas qu'il m'est très-désagréable de me mettre une affaire sur les bras. »

Et cet homme qui eût lutté seul contre vingt enleva en tremblant le lambeau d'étoffe qui bâillonnait le *Sauveur*.

— Parlez maintenant ! dit-il.

« Je me compromets beaucoup en faisant ce que je fais; mais je le devais.

« Je vous engage à m'indiquer le moyen de vous tirer d'affaire sans me mettre dans les transes et dans les ennuis. »

Le Messie indien comprit quelles étaient les craintes de Tomaho.

Il jugea qu'il fallait rassurer le géant.

— Frère, dit-il, délie-moi.

« Ne crains rien.

« Sur mon tomahawk, je jure qu'il ne t'arrivera rien de fâcheux pour ce bon service. »

Le géant se mit en devoir de couper les ns.

— Je ne pense pas, dit-il, qu'un guerrier comme vous, Aigle-Bleu, voulût mentir après avoir attesté son tomahawk.

— Frère, tu as raison.

« Voici ce qui m'est arrivé.

« Choisi par le *Sauveur* comme devant être un de ses bras dans la grande œuvre de délivrance, j'ai les secrets des grands talismans.

« Mais, pour se servir de ces talismans, il faut répéter des mots sacrés et ne pas se tromper.

— Och ! fit Tomaho d'un air capable et en hochant la tête, och ! mon frère n'a pas eu bonne mémoire.

« Je devine la chose.

« On m'a dit souvent que, faute d'un mot ou d'un signe, les évocations se tournent contre celui qui les fait, et mon frère a été pris comme dans un piège.

— Oui, mon frère, oui.

— Quand je serai le bras du Sauveur pour les Araucaniens, quand il s'agira de chasser l'infâme Orélie de Tounens, je prierai le Sauveur de ne pas me confier les talismans paroles sacrées et autres sorcelleries.

« C'est trop dangereux.

« J'agirai avec les moyens naturels. »

Le *Sauveur*, délivré, jugea utile de continuer cette comédie.

— Cacique, dit-il, il faut des sortiléges.

« Orélie est subtil.

— Je le sais, fit Tomaho en soupirant.

— Cependant, reprit le *Sauveur*, il y a un moyen de n'être jamais pris par un défaut de mémoire.

« On peut chercher et trouver un homme dévoué qui consente à prononcer les évocations pour vous.

— C'est une bonne idée ! dit Tomaho joyeux.

« J'ai mon affaire.

« Sans-Nez qui est mon ami, qui est un homme d'honneur, un fidèle compagnon, un chasseur loyal, jurera le pacte au Sauveur.

« C'est à lui qu'on dira les mots et formules sacrés.

— Mon frère pense donc que ce trappeur se dévouerait à la cause des Indiens et à leur délivrance?

— En lui promettant de lui rendre sa figure, le Sauveur en fera un de ses serviteurs dévoués.

« C'est un excellent garçon, qui a du galbe, du chic et qui joue des castagnettes avec ses doigts.

« Il est quelquefois un peu farceur, mais

quand il devient méchant, je le mets sous mon bras et même je le bats un peu; alors il se tient tranquille.

— Nous reparlerons plus tard de ce chasseur, Cacique.

« Pour le moment, je remercie mon frère de son secours.

— Och! ce n'est rien. Du moment où l'affaire n'aura pas de suites fâcheuses pour moi...

— Aucune.

« Maintenant j'engage Tomaho à retourner au camp.

« Il verra Rosée-du-Matin et il lui dira que je vis, que mon cœur bat pour elle.

— Et quand faudra-t-il venir chercher un *papier parlant?*

— Je le ferai savoir à mon frère avant peu.

— Que le Vacondah protége l'Aigle-Bleu! dit Tomaho.

« Sa commission sera faite.

— Que mon frère croie à la reconnaissance de mon cœur.

Les deux guerriers se saluèrent à la mode indienne, et ils sortirent de la grotte.

Tomaho reprit le chemin du camp d'un pas lent en apparence, mais qui lui faisait faire trois mètres à la seconde, trois lieues à l'heure...

Celui qui s'était intitulé le *Sauveur* des Indiens regarda le colosse s'éloigner; une larme furtive perla dans ses yeux et son noble visage prit une expression émue.

— Va, dit-il, âme naïve et pure dans un corps de Titan!

« Va, je te rendrai ton royaume et tu le garderas! »

Puis à son tour le *Sauveur* disparut dans la forêt.

Quand Tomaho arriva au camp, le combat était fini.

La disposition du terrain et la direction du vent n'avaient pas permis au géant d'entendre le canon.

Il fut étrangement stupéfait à la vue du champ de bataille.

Mais il vit venir à lui Sans-Nez, qui lui demanda d'un air narquois :

— Eh! Tomaho, d'où venez-vous, mon camarade?

« Auriez-vous les oreilles bouchées?

« On se bat et vous courez la prairie!

— Quand j'ai quitté l'embuscade, dit Tomaho, c'était pour remplir une mission pressée.

— Bon! je sais ce que c'est.

« Il s'agissait de la petite demoiselle Blanche. »

Tomaho devint un peu pâle; il était deviné.

— Sans-Nez, dit-il, je suis un homme loyal.

« Vous me comprenez?...

— Mais, grand serin de géant que vous êtes, vous croyez donc que l'on ne devine pas où vous allez dans vos prétendues rondes de nuit?

« Jurez donc voir que vous n'alliez pas à la recherche de l'Aigle-Bleu; voyons, jurez-le, grand Nicodème!

— Sachez, Sans-Nez, que quand même j'irais à la recherche de l'Aigle-Bleu, je ne trahirais pas le comte pour cela.

« Parlez plus bas, Sans-Nez.

« Vous ne doutez pas de ma loyauté, n'est-ce pas?

— Je sais que vous êtes aussi honnête que bête.

— Sans-Nez, je ne suis pas bête.

— Si bête, au contraire, que je vous prédis, moi, qu'on vous tirera les vers du nez, chez les Peaux-Rouges, et que vous ne vous en douterez pas.

Jamais Tomaho ne s'était trouvé dans une position si scabreuse.

Signe certain d'embarras, il se gratta avec une sorte de fureur les plumes de sa coiffure, et il finit par murmurer :

— Tout cela est ennuyeux, très-ennuyeux; me voilà soupçonné et je n'ai trahi personne, cependant.

« L'Aigle-Bleu... Rosée-du-Matin... enfin... Sans-Nez, je voudrais tout vous dire et je ne le peux pas.

— Mais, niais à triple étage, sot à triple encolure, âne à triple bride, je sais tout.

— Vous... Sans-Nez?

— D'abord la petite Blanche aime l'Aigle-Bleu, ou pour mieux dire un Aigle-Bleu.

« C'est vous qui êtes le Mercure galant; joli rôle !
— Je...
— Jurez que je me trompe... Le pouvez-vous, Tomaho ?

Le géant suait à grosses gouttes, et il s'arracha une plume à force de gratter sa coiffure.

Sans-Nez jouissait de l'embarras du colosse.

Il reprit :
— Et savez-vous seulement, vous, Cacique, que le comte m'a chargé de surveiller vos démarches suspectes ?

« Que j'ai pris parti pour vous et que j'ai assuré que si vous nous trahissiez, ce serait par stupidité ?

« Du reste, l'armée indienne est détruite. L'Aigle-Bleu est entre nos mains.

— L'Aigle-Bleu... ici ?...
— Oui... ici... blessé...
— C'est impossible !
— Venez donc, énorme Bazilas.
« Vous allez le voir.
— Je vais voir l'Aigle-Bleu ?
— Venez.

Sans-Nez conduisit le géant à l'ambulance, et Tomaho faillit tomber à la renverse.

Le géant, effaré à la vue de l'Aigle-Bleu, sortit tenant sa tête à deux mains.

Sans-Nez lui dit alors :
— Hein ! vous ne vous attendiez pas que l'Aigle-Bleu pouvait être dans deux endroits à la fois ?
— Och ! fit Tomaho.
« C'est une sorcellerie.
« J'ai cru en effet, tout à l'heure, parler à l'Aigle-Bleu.
« Je me suis trouvé en face d'un esprit qui s'est moqué de moi.
— Et comment cela s'est-il passé ?
— Sans-Nez, on me couperait en deux que je ne dirais rien.
— Tu en as dit assez, imbécile !

Et Sans-Nez, laissant Tomaho indigné, mais confus, alla trouver le comte.
— Je puis, monsieur le comte, dit-il, vous assurer que nous ne nous trompions pas.
« Il y a deux Aigles-Bleus. »

Et il raconta ce qui venait de se passer.
— Allons, dit le comte en riant, l'intrigue s'éclaircit un peu.
« Si je faisais appeler Tomaho, j'en tirerais peut-être des aveux ?
— Monsieur le comte, dit Sans-Nez, Tomaho est bête, mais loyal.
« Il ne nous trahit pas et ne trahira point le *Sauveur*, car le second Aigle-Bleu doit être le Messie des Indiens.
« Je me charge par la ruse de faire parler le géant.
« Ne lui donnons pas l'éveil.
« Un peu de patience, et nous saurons tout.
— Soit ! dit le comte.
« Mais cette affaire est étrange.
— Et mademoiselle d'Éragny qui sait tout !
— Sans doute, elle sait tout ; mais elle ne dira rien de plus que ce qu'elle a dit.
« Placée entre des devoirs rigoureux, elle voudrait ou nous faire renoncer à notre entreprise, ou amener ce singulier *Sauveur* à nous laisser le passage libre.
« Quant à nous trahir, ni elle ni Tomaho n'en sont capables.
— Que pense de tout ceci le colonel ?
— Il est dans la plus fâcheuse position pour un galant homme.
« Il ne se doute pas que sa fille aime l'Apache.
« Il la croit simplement reconnaissante.
— Voilà bien les pères ! fit Sans-Nez.
— Il se croit, reprit le comte, coupable d'ingratitude envers l'Indien qui a sauvé la vie de mademoiselle d'Éragny.
« D'autre part, il ne veut manquer ni à son pacte d'alliance avec moi, ni à aucun de ses devoirs envers ses hommes.
« Il est décidé à marcher jusqu'au bout avec nous.
— Très-bien ! dit Sans-Nez.
« Tout ce monde-là paraît vouloir marcher droit et se montrer sincère ; mais la situation me paraît compliquée.
« Je me permettrai de dire que, si je ne redoute pas une véritable trahison, je crains fort les indiscrétions, et qu'il serait bien difficile à mademoiselle d'Éragny de ne pas en-

voyer un avis de salut au fameux *Sauveur*, s'il était trop menacé.

— Ceci est possible.

« Mais à l'avenir, Sans-Nez, nul ne saura ma pensée.

« J'agirai comme si j'avais des espions dans mon camp.

— Alors, je suis tranquille.

Le comte reprit :

— Du reste, pour le moment, les Indiens sont consternés.

« L'Aigle-Bleu, leur grand guerrier, est prisonnier.

« Le *Sauveur* est probablement maudit par eux.

« La reine, qui a vécu loin de sa tribu, réduite à l'impuissance, va reprendre son autorité.

— Et cette petite reine ne vous veut pas de mal, monsieur le comte !

M. de Lincourt sourit sans répondre directement.

Il alluma un cigare et dit en manière de conclusion :

— Je crois, Sans-Nez, que nous allons jouir d'une certaine tranquillité.

« N'était la question des vivres qui devient grave, nous n'aurions pas grand embarras à redouter maintenant.

« Organisez donc une battue de découverte.

« Enfermés dans le vallon, retenus ici, nous avons fortement entamé notre provision de réserve.

« Nous avons huit jours de désert devant nous.

« On m'affirme qu'il n'y a point de gibier dans les environs.

« Dans nos wagons, il n'y a pas cinq jours de viande salée.

« Entendez-vous, je vous prie, avec les autres trappeurs.

« Peut-être faudra-t-il rétrograder de deux marches pour retrouver des terrains giboyeux.

« Mais les Indiens pourraient attribuer cette retraite à la peur, reprendre courage et fermer la vallée de la Rose-des-Vents. »

Sans-Nez hocha la tête.

— Monsieur le comte, dit-il, nous chercherons ; mais j'ai bien peur que vous ne soyez obligé de reculer.

Et le Parisien sortit pour se mettre à la tête de la battue.

CHAPITRE LVIII

COMMENT TOMAHO VIT UN MONSTRE EXTRAORDINAIRE ET DE CE QUI S'ENSUIVIT

Les vivres manquaient en effet.

Des sommets où se trouvait la caravane, à sa sortie de la vallée de la Rose-des-Vents, on voyait s'étendre, au pied des pentes, d'immenses marais, au delà desquels se déroulait un désert de sables.

Le Rio Colorado, sortant des marécages sans fin qui s'étendaient sur les plateaux, formait des rapides le long des contreforts de la montagne et retombait aussitôt dans d'autres marécages putrides.

Les étroites bandes de terre ferme qui serpentaient capricieusement dans les lagunes n'étaient peuplées que de serpents d'eau, de crapauds énormes et autres bêtes immondes, hôtes ordinaires des eaux saumâtres et croupissantes de la savane.

On voyait encore de nombreux caïmans se vautrer au soleil sur les bords fangeux des bayous ; ces affreux reptiles fuyaient lentement à l'aspect de l'homme ; ils gagnaient les eaux profondes où ils plongeaient, laissant derrière eux un sillon creux tracé dans la boue par leur queue massive.

Manger du caïman ! il n'y fallait pas songer.

La chair de cet amphibie, imprégnée d'une forte odeur de musc, est détestable, et elle est, de plus, très-indigeste ; nul estomac humain ne saurait la supporter.

La pêche était impossible, faute de poissons mangeables.

L'eau était si verdâtre, si bourbeuse, qu'elle ne nourrissait que certaines espèces imprégnées d'un goût de vase nauséabond.

Sans-Nez rassembla tous les trappeurs qui, sous la présidence de Tête-de-Bison, tinrent un grand conseil.

Ils décidèrent que tous les hommes des

Prairies appartenant à la caravane partiraient deux par deux et se mettraient en quête.

Peut-être trouverait-on des troupeaux de bisons.

C'était du reste un faible espoir.

Les trappeurs quittèrent donc tous le camp par couples.

Tomaho s'en alla seul, fort mélancoliquement, et salué au départ par les railleries de Sans-Nez.

Tête-de-Bison resta au camp, y attendant les rapports.

Cependant Tomaho, seul peut-être parmi les chasseurs, avait de l'espérance.

Il s'en allait, suivant le cours d'un bayou, marchant vers un but, car sa direction était constante et parfaitement accusée.

Il avait l'allure de quelqu'un qui sait où il va.

Toutefois le géant était triste.

Il monologuait.

— Me voilà, murmurait-il, dans la route des embarras, des terreurs et des mystères ; je suis mêlé aux sorcelleries.

« Ma tête se perd.

« Sans-Nez se moque de moi et dit qu'il y a deux Aigles-Bleus.

« C'est comme si l'on me disait qu'il y a deux Tomaho.

« Tout cela est de la médecine subtile[1].

« J'ai vu la roche fermant la grotte, j'ai vu l'Aigle-Bleu garrotté, je le revois blessé.

« Pourquoi y aurait-il deux Aigles-Bleus.

« C'est inconcevable.

« Le comte aussi est sorcier.

« Il n'est pas naturel que les petites boîtes aient produit un feu de volcan : la poudre de ces boîtes est une poudre-médecine.

« Et la glace! ô Vacondah! la glace !

« Ils mettent de l'eau dans une sorte de marmite, ils font des pratiques bizarres, le soleil luit, l'air est chaud, et la glace se fait...

« Rien de tout cela n'est naturel.

« Sans-Nez m'a expliqué que l'on chassait l'esprit de la chaleur en mettant dans l'eau des ingrédients désagréables pour lui, et qu'on agitait ce qu'ils appellent l'appareil ;

[1]. Tout ce qui est religion, mystère, sorcellerie, s'appelle *médecine* chez les Indiens, parce que leurs jongleurs prétendent savoir guérir et, en même temps que prêtres, se donnent comme médecins.

qu'alors l'esprit de la chaleur s'en allait et que l'esprit du froid entrait dans l'eau.

« Je comprends ça sans comprendre.

« Ils disent toujours l'appareil, quand ils font leurs sorcelleries, et c'est l'appareil qui fait tout.

« Mais un jour l'appareil a une forme, un autre jour une autre.

« C'est très-compliqué, très-compliqué. »

Et le géant suait à toutes ces réflexions, qu'il continua en cheminant :

— Ce que je ne comprends pas, murmurait-il, c'est que le comte sache des choses étonnantes et en ignore de très-simples.

« Par exemple, moi, Tomaho, homme qui jamais n'a passé pour rusé, je vais trouver probablement ce qu'ils cherchent tous.

« Il est vrai que c'est le subtil Orélie de Touncins qui m'a enseigné le *truc*.

« Le *truc* !

« Encore un mot extraordinaire, comme *l'appareil*.

« De Touncins, ce coyote infect, disait qu'il avait le *truc*.

« Il l'avait, oui, il l'avait.

« Mais qu'est-ce que le *truc* ?

« Il m'a dit qu'il y avait un *tas de trucs* et il ne m'en a appris qu'un : celui des canards sauvages.

« Puis, je m'en souviens comme d'hier, quand je lui ai demandé à connaître les autres *trucs*, il m'a ri au nez en disant que celui qui avait le *truc* pour une chose l'avait pour toutes les autres.

« Et moi je n'ai qu'un truc : celui des canards sauvages ; et encore ce n'est pas un *truc*, il n'y a pas de mystère, tout s'explique ; donc il n'y a pas de *truc*.

« Il s'est encore moqué de moi. »

Et le bon géant avançait toujours.

Il arriva ainsi sur le bord d'un lac très-vaste, formé de vase liquéfiée ; à son approche, il fit lever des bandes de canards et de macreuses.

Il sourit.

— Och ! fit-il.

« Il y en a.

« Nous aurons des vivres. »

Et il avança toujours.

Tout à coup, par milliers, les canards s'envolèrent.

Tomaho ne tenta ni d'en tuer, ni d'en surprendre un seul.

Il savait la chose impossible.

Les *teps* (macreuses américaines), plus sauvages encore que nos canards d'étang, ne se laissent jamais approcher à portée de fusil.

Tomaho se frotta les mains et dit :

— J'ai parlé, avant de partir, aux trappeurs de tuer des teps.

« Ils se sont moqués de moi.

« Ils ont dit que tuer des teps était impossible : ils n'ont pas le truc.

« Je l'ai, moi... sans l'avoir !

« Enfin ce serpent venimeux d'Orélie me l'a montré : c'est le truc de la chasse aux rayons, qu'aucun trappeur ne sait.

« Nous allons voir ce qu'ils diront quand Tomaho leur fera tuer des macreuses. »

Cette fois Tomaho jubilait, oubliant ses ennuis à propos de la sorcellerie.

Il s'était arrêté sur une sorte de plage et monologuait, quand tout à coup il entendit au loin comme un bruit de clochettes, de grelots et de sonnettes.

Cela lui sembla très-extraordinaire.

Il se gratta l'oreille, le front, les plumes de la coiffure, puis il écouta encore et se retira prudemment à l'écart au milieu des roseaux.

Le bruit augmenta bientôt, devint puissant et distinct.

Tomaho se dit :

— C'est encore de la sorcellerie.

De fait, comment le spectacle qui s'offrit aux yeux de Tomaho ne l'eût-il pas étonné ?

Il vit, errant sur les bords du lac, un oiseau géant, portant une tête éclatante comme un cuivre doré, marchant à deux pattes, dépourvu d'ailes et sonnant des centaines de grelots et clochettes.

Cet animal inconnu avait en outre des queues de bêtes pendues à son plumage, il portait une longue gaule et il abattait des baies et des fruits poussant sur certains arbres ; il les ramassait ensuite et les mangeait avidement.

Tomaho frissonna de tous ses membres à cette apparition.

— Och ! murmura-t-il.

« Encore des histoires, des conjurations, des trucs et des appareils.

« Quand on est dans la sorcellerie, on y est jusqu'au cou.

« Maudit soit l'Aigle-Bleu !

« Voilà un sorcier comme jamais personne n'en a vu.

« C'est un homme changé en oiseau. »

Tomaho s'étonnait surtout de la façon dont la tête du monstre était faite.

Il observait, non sans un inexprimable trouble.

— Pourquoi donc ce sorcier semble-t-il réduit à manger avidement des baies et les fruits amers du chêne ?

« Ce n'est pas bon !

« Si j'étais sorcier, je voudrais mieux dîner ; mais celui-là n'a peut-être pas le truc de la nourriture.

« Pourvu qu'il ne m'aperçoive pas ! »

Mais Tomaho vit progressivement s'avancer le monstre.

— O Vacondah ! dit-il, il sait que je suis là ; il vient à moi !

« On ne cache rien à ces gens-là.

« Mieux vaut aller à lui.

« Mais prenons nos précautions. »

Et Tomaho introduisit quatre pièces d'argent dans son fusil de rempart.

Les trappeurs croient tous que les balles d'argent peuvent tuer les sorciers.

Le bon géant hésita encore un peu, mais le monstre lui paraissait, à dix pas, venir décidément sur lui ; il écarta les joncs pour en sortir.

Au bruit des touffes agitées, le monstre s'arrêta et dit tout haut :

— Ah ! un caïman !

« Attends, canaille, tu vas déguerpir. »

Et don senor Matapan, que nos lecteurs ont reconnu sans doute, se mit à s'agiter et à se trémousser furieusement.

Les grelots tintèrent, les clochettes firent tintamarre, le chapeau chinois fit charivari et les timbales résonnèrent formidablement.

Nul caïman au monde n'aurait tenu devant ce vacarme.

Un tigre aurait fui, un éléphant en fureur aurait été terrifié.

Don senor Matapan en était arrivé après

expérience à ne plus rien craindre en fait de bêtes fauves.

Depuis qu'il errait dans le désert, il avait acquis la certitude de mettre en déroute tous les animaux féroces, même les jaguars et les ours gris.

De là une assurance étonnante.

Tomaho avait entendu l'épithète de *caïman* et de *canaille*; il trouva le sorcier très-incivil et la colère lui pinça les narines.

Sortant brusquement des joncs, il s'écria menaçant :

— Je ne suis ni un caïman ni une canaille, jongleur que vous êtes!

« J'ai dans mon fusil des balles d'argent et malgré vos appareils, trucs et maléfices, prenez garde à vous! »

Mais le senor don Matapan, reconnaissant le géant, s'écria :

— Sauvé, Vierge sainte !

« C'est ce bon, cet excellent Tomaho. »

Et tout aussitôt, étendant ses petits bras emplumés, il courut vers Tomaho, désireux d'embrasser le géant.

Mais celui-ci n'aimait pas les familiarités des sorciers.

— Qui es-tu? demanda-t-il en mettant son fusil en garde.

« Pourquoi m'as-tu injurié ?

« Pourquoi me fais-tu maintenant des compliments?

— Je suis le senor don Lopez y Matapan, dit l'ex-gouverneur.

« Une cruelle mésaventure, comme vous pouvez le voir, Tomaho, m'a changé en oiseau.

« Je meurs de faim, d'ennui et de fatigue.

« Par pitié, secourez-moi ! »

Et le digne senor joignit les mains.

Le géant reconnut la voix de don Matapan et se sentit attendri par cette infortune.

« Il pourrait m'en arriver autant, » se dit-il.

— Senor, fit-il, je suis prêt à vous venir en aide.

Que voulez-vous ?

— Manger, mon bon Tomaho, manger et boire un coup d'eau-de-vie.

Le colosse, tout en regardant curieusement Matapan, lui tendit sa gourde et lui offrit du biscuit de mer, précieuse ressource dont les caravanes se munissent comme les navires.

Don Matapan but d'abord avidement et mangea avec une avidité dévorante ; les baies, les racines et les fruits ne l'avaient pas suffisamment substanté.

Selon la coutume indienne, qui est aussi celle des trappeurs, Tomaho se garda d'interroger le senor devenu son hôte.

La politesse lui faisait un devoir d'attendre ses confidences.

Mais don Matapan avait si faim et si soif, que ses confidences se firent attendre longtemps.

Il dévorait.

Il buvait à longs traits.

Entre deux bouchées, il s'écriait :

— Dix nuits dans le désert !

« Sans ces clochettes, j'étais perdu !

« Heureusement... les jaguars avaient peur.

Puis encore :

« J'ai suivi le cours du fleuve, toujours, toujours... sans m'écarter.

— Mais plus de villages, plus d'Indiens, plus de tribus.

« Si je pouvais seulement retrouver Sable-Avide ! »

Et enfin il vociférait contre les gens d'Austin.

Tomaho écoutait, ne comprenait pas trop et attendait patiemment.

Mais il advint ce qui devait arriver : le senor but tant qu'il perdit la raison ; il finit par dire mille folies, divagua, délira et s'endormit.

Tomaho n'en fut guère embarrassé.

— Le pauvre diable, dit-il, avait l'estomac creusé par le jeûne.

L'eau-de-feu l'a soûlé.

« Je ne peux le laisser là.

« Sans doute c'est imprudent, à cause du sorcier qui lui a jeté un sort, de lui venir en aide.

« Mais il faut que je fasse mon devoir de guerrier. »

Il ramassa le gouverneur, le mit sous son bras comme un paquet et partit, retourna vers le camp.

L'Aigle-Bleu, Nativité, John Burgh et le comte de Lincourt (bivac des Serpents).

Mais, au bout d'une demi-heure, il entendit le sifflement du congo et il s'arrêta.

C'était entre lui et Sable-Avide, son ami, le signal de présence.

Les hommes de prairie qui ont fait pacte d'amitié conviennent ainsi d'un moyen d'avertissement et de reconnaissance entre eux.

Sable-Avide, qui avait vu sous le bras de Tomaho quelque chose d'extraordinaire, se tenait coi, ne sachant s'il fallait paraître ou se cacher.

Le géant siffla à son tour et le sachem se montra.

— Salut, frère! dit-il.

« Je rôdais pour te voir et te parler.

« J'ai cherché tes traces aux alentours, pensant que tu irais chasser.

« Me voici.

« Je sais que tu es fidèle aux Visages-Pâles, mais, sans les trahir, tu peux nous dire si l'Aigle-Bleu est mort.

« Nos guerriers désirent le savoir.

— Il vit, dit Tomaho.

Sable-Avide secoua la tête et dit :

— Je comprends notre défaite.

« Le grand sachem devait mourir; il survit et le Vacondah est contre nous; les vœux n'ont pas été tenus.

— Et c'est pour cela que mon frère est triste? dit Tomaho.

— Pour cela et pour autre chose : j'ai perdu mon ami don Matapan qui a fui mon wigwam comme un ingrat

Tomaho sourit.

Cependant Sable-Avide regardait curieusement ce que Tomaho portait sous le bras, mais l'étiquette indienne lui défendait les questions.

Le géant jouissait de l'étonnement de son ami.

— Mon frère, demanda-t-il, a-t-il près d'ici un cheval ?

— J'en ai un ! dit Sable-Avide.

— Que mon frère l'appelle.

Sable-Avide mit deux doigts dans sa bouche et siffla

Son mustang accourut en hennissant joyeusement.

— Que mon frère monte à cheval ! dit Tomaho doucement.

Le sachem obéit, très-intrigué, mais ne le laissant pas voir.

Tomaho alors prit à deux mains don Matapan et dit en le présentant au sachem :

— Mon frère voit cet oiseau bizarre ?

— Je le vois ! dit le sachem qui ouvrait des yeux démesurés

— Och !...

« Mon frère voit don Matapan.

— Tomaho se moque de moi.

En ce moment, le digne gouverneur, secoué et à demi réveillé, demanda :

— A boire !

Sable-Avide, à ce cri du cœur, à l'accent, au timbre, reconnut son ami.

— Vacondah ! s'écria-t-il, grand-père de tous les hommes !

« Mes oreilles ont-elles entendu ?

— Oui, dit Tomaho, et elles ne se trompent pas ; c'est lui !

« Il est changé en oiseau par un sorcier d'Austin. »

Sable-Avide était ravi de retrouver son ami, même sous cette forme ; il le saisit et le coucha sur sa selle.

— Merci, ô Vacondah ! dit-il.

Puis à part lui :

— Le Sauveur, qui sait la grande médecine des sorciers, lui rendra sa figure d'autrefois.

— Frère, dit Tomaho enchanté d'être débarrassé du senor, que les bons génies te protègent.

— Et que les bons esprits te guident ! répondit Sable-Avide.

« Mon cœur te remercie. »

Il piqua des deux.

Tomaho retourna au camp ; mais il y arriva à la nuit tombée.

CHAPITRE LIX

LE « TRUC » AUX MACHEUSES

Tous les chasseurs étaient revenus avant Tomaho, annonçant avoir fait de vains efforts pour trouver du gibier.

John Burgh avait découvert des pistes d'ours gris ; mais cela ne pouvait suffire à ravitailler une caravane.

Et Tête-de-Bison avait en conséquence annoncé au comte qu'il fallait se décider à partir et à revenir en arrière.

L'ordre du départ fut donné pour le lendemain.

Tête-de-Bison attendait cependant encore un trappeur : c'était le géant.

Et Tête-de-Bison maugréait sur la porte de la tente du comte, qui s'était endormi en recommandant qu'on l'éveillât si par hasard le colosse apportait de bonnes nouvelles.

Le devoir de Tête-de-Bison était de ne pas se coucher avant que Tomaho fît son rapport, et le Cacique ne paraissait point.

— Où diable est-il allé ? se demandait Grandmoreau avec colère.

« Ce grand diable d'Indien devrait être ici, ayant les plus longues jambes. »

Une forme gigantesque se dessina dans le lointain.

Bientôt, à la lueur vacillante du feu à demi consumé, le Trappeur reconnut Tomaho.

— Ah ! vous voilà, ami Cacique ? fit-il à voix basse.

« Vous avez bien tardé.

— Que mon frère vienne, dit tout bas le Patagon devinant que le comte dormait.

« J'ai une proposition à lui faire.

Grandmoreau sortit sans réveiller M. de Lincourt et suivit le géant.

Quand les deux hommes furent à quelques pas de la tente :

— Me diras-tu maintenant ce que tu veux? questionna le Trappeur avec une certaine impatience.

« As-tu vu des buffalos? »

Sans s'émouvoir, Tomaho répondit par cette question :

— Nous manquons de vivres?

— Par tous les diables! oui, nous en manquons.

« Et il nous en faut pour dix jours au moins.

« As-tu trouvé une mine de buffle salé? »

Le Patagon ne s'arrêta pas à la plaisanterie du Trappeur, que d'ailleurs il ne pouvait comprendre.

— J'ai découvert un lac, dit-il.

« Voilà ce que j'ai découvert; c'est une bonne trouvaille.

« Je savais qu'il y avait un lac près d'ici, je l'ai cherché.

« Pourquoi cette colère, Trappeur?

— Parce que ce lac ou rien, c'est la même chose.

« Est-il plein de poissons, par hasard?

— Non.

— Alors, mauvaise découverte!

« Bonsoir, Tomaho!

« Tu n'avais qu'à dire quatre mots, grand animal d'Indien.

— Bonne découverte, frère! fit gravement le Patagon.

« Pour un trappeur, tu parles trop précipitamment.

« D'immenses troupes de *teps* fréquentent le lac.

— Des *teps!* répéta Grandmoreau en réfléchissant.

Une espèce de canard sauvage, n'est-ce pas?

— Oui, répondit Tomaho.

« Le traître Touneins disait « macreuses. »

— Bien, je connais ce gibier! fit dédaigneusement le Trappeur.

« Tomaho, vous abusez de mes instants.

« Il est on ne peut plus difficile de l'approcher, pour ne pas dire impossible.

« On passerait quinze jours pour tuer une douzaine de ces sacrés oiseaux.

— J'en veux faire abattre plus de trois cents au comte et à vous, Trappeur, fit le Cacique.

« Je crois être véridique.

« J'ai déjà employé le truc aux canards; il est bon. »

Tête-de-Bison savait combien Tomaho était sérieux.

Il s'étonnait pourtant.

— Comment donc entends-tu chasser de pareilles volailles avec succès? fit-il.

— Nous ferons la chasse *au rayon!* dit d'un air triomphant le géant.

— Comprends pas!

— Mon frère a-t-il confiance en Tomaho, si Tomaho lui jure avoir réussi souvent cette chasse?

— Confiance entière, si tu jures, mon camarade.

« Il y aurait donc une chasse inconnue de moi, Tête-de-Bison?

— Il y en a une!

— Tomaho, vous m'étonnez!

— Je jure par mon père que j'ai dit vrai.

— Bon! je te crois, grand guerrier, Cacique de mon cœur! fit joyeusement Tête-de-Bison.

— Que mon frère éveille le comte, dit Tomaho.

« Nous mangerons, nous boirons, et nous partirons. »

Tête-de-Bison rentra dans la tente, héla le comte qui se mit debout et qui écouta le récit du vieux Trappeur.

— Eh pardieu! dit le comte, la chasse *au rayon* est connue en France.

« Je ne l'ai pas faite, mais j'en ai souvent entendu parler.

« Rien d'étonnant à ce que M. de Touneins, grand chasseur quoique avocat, l'ait apprise à ce pauvre Tomaho.

« Dites-moi, Grandmoreau, vous connaissez le Patagon, n'est-ce pas?

— Comme moi-même, monsieur le comte.

— Avons-nous quelque chose à craindre de lui? quelque embûche à redouter?

— Je réponds de lui.

— Alors, qu'il entre, et soupons.

« J'ai fait maigre chère à dîner ; mais si nous devons avoir du gibier, inutile de ménager nos conserves.

« Holà! qu'on serve! »

Et vingt minutes après l'on était à table. Une heure plus tard, les trois chasseurs artaient ensemble, suivant Tomaho.

A trois cents pas du campement, le Rio San-Saba, affluent du Colorado, recevait les eaux d'un gros ruisseau alimenté lui-même par le trop-plein du lac qu'avait reconnu Tomaho.

Ce lac, sans nom quoique d'une grande étendue, mais perdu au milieu de la savane inexplorée, était entouré de bourbiers mouvants qui en rendaient les abords difficiles.

D'immenses touffes de roseaux géants, des joncs énormes et quantité de plantes aquatiques formaient une véritable forêt autour de ces eaux dont jamais barque n'avait sillonné la surface tranquille.

Grandmoreau, M. de Lincourt et Tomaho sortirent du camp.

Le fusil sur l'épaule, les trois hommes se mirent aussitôt en marche sans proférer un seul mot.

Ils arrivèrent bientôt au confluent du ruisseau dont il vient d'être parlé.

Une barque était à sec, couchée sur le flanc au bord du cours d'eau.

Elle avait été envoyée là par ordre de Tomaho à qui elle appartenait et qui avait obtenu facilement du comte qu'on la transportât à la suite de la caravane.

Cette barque mérite une courte description, car c'est une merveille de légèreté et de simplicité.

Elle a environ trois mètres de longueur sur soixante-dix à quatre-vingt centimètres de largeur.

La carcasse se compose d'osiers admirablement reliés ensemble et de quelques roseaux forts et résistants formant la charpente solide de la légère construction.

Ce travail de vannier est recouvert au moyen de peaux d'élan corroyées, taillées et cousues à l'avance de telle manière que l'on peut utiliser cette enveloppe portative chaque fois que la construction d'une pirogue devient nécessaire.

Une large plaque de cuir durci au feu est adaptée à chaque bout d'une forte tige de roseau : c'est à l'aide de cette pagaie que l'on doit manœuvrer le léger esquif.

— Embarquons! dit Tomaho.

Et prenant la pagaie quand les deux autres chasseurs furent installés, il lança la nacelle, remontant le courant pour arriver au lac. On y arriva un peu avant le lever du soleil.

Le géant avait recommandé le silence.

Personne ne soufflait mot.

Et lui-même n'avançait qu'avec les plus grandes précautions.

On arriva enfin sur le bord du lac.

Tomaho, ayant tiré la barque du courant du ruisseau, fit signe à M. de Lincourt d'y rester et à Tête-de-Bison d'en sortir.

Le comte ne bougea point.

— Et moi? demanda tout bas Grandmoreau.

« Que vais-je faire?

— Que mon frère reste ici, dit le Patagon.

« Qu'il charge son fusil d'autant de poudre et de plomb qu'il pourra.

« Quand nos carabines auront parlé, ils regardera dans la direction du soleil, et il agira comme il voudra.

« Je crois qu'il sera content.

— Compris! répondit le Trappeur en décrochant son sac à munitions et en le plaçant devant lui.

Le comte se tenait immobile à l'avant de la pirogue.

Tomaho le rejoignit; accroupi à l'arrière, le fusil à portée de sa main, il se mit à pagayer avec autant d'habileté que de prudence.

Les larges palettes de ses courtes rames ne froissaient pas un jonc, ne touchaient pas une herbe, ne faisaient pas jaillir une goutte d'eau.

La petite barque, côtoyant les bords du lac, filait rapidement entre de nombreuses touffes de plantes aquatiques nageant à la surface des eaux.

Tout à coup la pirogue s'arrêta.

— Attendons! fit Tomaho à voix basse.

Les eaux du lac, en même temps que le

ciel à l'horizon, prenaient une teinte pourprée.

Le soleil allait paraître.

Un épais brouillard s'était levé presque subitement; il planait en épaisses couches au-dessus de la nappe d'eau.

Enfin l'astre radieux se lève.

Un long sillon se profile sur les eaux, sillon de flamme colorant de ses chauds rayonnements la surface calme et blanche du lac.

C'est une bande de lumière dans le brouillard, qu'elle coupe régulièrement; phénomène produit par les premières brises et qui se manifeste chaque matin sur tous les étangs et les lacs, quand la journée doit être chaude.

Le vent semble couper le brouillard en deux et forme ainsi ce que l'on appelle le *rayon* lumineux.

Dans l'instant, la légère pirogue reprend sa course; Tomaho la dirige en pleine lumière.

Le comte, placé à l'avant, est complétement ébloui.

— Sacrebleu! dit-il à voix basse, je n'y vois rien.

— Patience! fit Tomaho.

« Vous allez vous y reconnaître.

« Mais les canards, eux, ne nous verront pas, parce que nous sommes noyés dans une lumière éblouissante. »

Le comte comprit alors ce que c'était que la chasse au rayon.

D'abord il ne distingue pas à trois longueurs de carabines.

Mais ses yeux s'habituent insensiblement à ce rayonnement éclatant, et ils perçoivent bientôt les objets à bonne distance.

Des individus appartenant à toutes les variétés du genre canard s'ébattent de tous côtés; mais ils ne se présentent pas encore en troupe serrée, et Tomaho ne donne pas le signal.

Bientôt un bruit singulier attire l'attention de M. de Lincourt qui lance un regard interrogatif à son silencieux compagnon.

Celui-ci eut un sourire, mais ne répondit pas.

Toutefois il rapprocha son fusil placé en travers sur la pirogue et le tint bien à portée de sa main.

Le comte l'imita d'instinct et sans trop comprendre.

Le bruit allait croissant.

C'était un brouhaha sourd et continu.

On eût dit le vague bourdonnement produit par le rassemblement d'un grand nombre d'hommes.

Des cris aigus dominaient cette espèce de grondement.

Cependant la pirogue glisse silencieusement dans le rayon qui la rendait complétement invisible. Et M. de Lincourt, le cou tendu, les yeux interrogateurs, cherche vainement la cause de tous ces bruits.

Le Patagon vient à son aide; il lui montre du doigt une immense tache noire s'étendant à droite et à gauche du rayon.

La nacelle avance toujours, sous l'impulsion des pagaies qui entrent dans l'eau et en sortent sans le moindre clapotement.

Enfin le comte put distinguer, à la distance de cent pas au plus, des milliers de canards, d'une espèce particulière, s'ébattant en masse serrée sur l'eau calme du lac.

C'étaient les teps (les macreuses).

Toute cette troupe compacte ne paraissait avoir aucune inquiétude.

Chaque individu se livrait en toute sécurité à ses joyeux ébats : l'un plongeait à la recherche de quelque proie; l'autre, soigneux de sa toilette, lissait ses plumes aux brillantes couleurs; celui-ci, une patte hors de l'eau, restait immobile, tandis que celui-là nageait vigoureusement à la poursuite d'une cane coquette et volage...

Enfin le Cacique a déposé sa pagaie et saisi sa longue canardière à double canon.

Il fait un signe.

Deux détonations, presque simultanées, retentissent aussitôt.

Elles sont suivies d'un bruit formidable, pouvant se comparer à un violent coup de vent courbant et brisant les grands arbres d'une haute futaie.

Vingt mille coups d'aile ont frappé l'air dans la même seconde.

Un véritable nuage d'oiseaux se forme au-dessus des chasseurs : nuage d'immense étendue et aux couches profondes.

C'est alors seulement que Tomaho épaule son fusil de rempart, bourré d'une mitraille de plomb.

Il fait feu, et une pluie de canards tombent à l'eau.

Le comte avait tiré aussi avec un succès inouï ; étonné, ravi, émerveillé à la vue du grand nombre de victimes qui flottaient et se débattaient autour de la barque, il gardait le silence.

Le bruit de deux coups de feu, tirés à peu de distance, le fit tressaillir.

— C'est le Trappeur, dit le géant.

« Il est sur le passage des fuyards. »

Puis, avec la plus grande adresse, il manœuvra la pirogue de façon à procurer à son compagnon une pêche d'un nouveau genre.

Il s'agissait de recueillir les victimes.

La pêche fut longue.

Les blessés plongeaient vigoureusement, et il n'était pas facile de les atteindre.

Enfin deux cent dix-sept macreuses furent recueillies, attachées par paquets, et remorquées jusqu'au ruisseau.

Là on trouva Grandmoreau paresseusement couché auprès de trente victimes.

Au total, le nombre des pièces abattues se trouvait être de trois cent cinquante-deux ; résultat obtenu avec cinq charges de plomb !

Il est vrai que le fusil de rempart de Tomaho pouvait compter pour un canon.

M. de Lincourt, dans l'enchantement de ce succès inespéré, fit ses compliments au Patagon.

— Cette chasse est parfaitement imaginée, lui dit-il, et elle a, de plus, le mérite de nous sauver d'un très-mauvais pas, car demain nous reviendrons avec des radeaux de jonc et tous les chasseurs ; nous ferons un abattage inouï.

Le Cacique reçut l'éloge avec une dédaigneuse fierté.

— Je voudrais ne pas connaître la chasse « au rayon, » dit-il avec humeur.

— Et pourquoi cela ?

— Parce qu'elle a été enseignée à Tomaho par le traître Touneins.

— C'est humiliant pour moi, trappeur, de n'avoir pas connu cette chasse, fit Grandmoreau.

« Mais, Cacique, l'apprendre de votre ennemi, c'est plus humiliant encore. »

Le bon Cacique répondit à Tête-de-Bison par cette sentence profonde :

— Je serai vengé.

« Le Vacondah punira le subtil Orélie en le faisant détrôner par plus subtil que lui ; l'homme le plus fort et le plus fin trouve toujours son maître. »

Et, de fait, la prédiction du Cacique est en train de se réaliser.

Orélie de Touneins est prisonnier aux mains des Chiliens.

On revint au camp en devisant de la chasse au rayon.

Tête-de-Bison n'avait pas été dans le rayon ; de l'obscurité relative où il se trouvait, au milieu du brouillard couvrant les rives, il avait constaté qu'il ne voyait point la barque au milieu des scintillements de la lumière.

Et il s'émerveillait.

La rentrée au camp fut un triomphe.

Tomaho succombait sous le faix.

Les acclamations retentirent.

John Burgh, désespéré du régime peu agréable des salaisons, fut le premier à saluer avec enthousiasme Tomaho et ses macreuses.

On alluma les feux, on mit les marmites au foyer et le camp nagea dans l'abondance.

En même temps circulait la grande nouvelle d'une chasse qui, le lendemain, devait produire plusieurs milliers de macreuses.

Par ordre du comte, on dut fabriquer dix radeaux dont il dessina le plan.

Ils devaient être prêts le soir même.

Nous les décrirons quand ils seront terminés ; car nous avons à raconter quel drame se passa entre John Burgh et un ours gris dans cette journée.

CHAPITRE LX

L'OURS ET JOHN BURGH

Lorsque le comte et ses amis étaient rentrés au camp, John Burgh avait le fusil sur l'épaule, se disposant à partir; mais la vue des canards l'avait retenu.

Le repas fait, il en revint à sa première idée et il résolut d'emmener avec lui le comte, Tomaho et le Trappeur, ayant pour plan de relever des pistes d'ours gris et de préparer une grande chasse pour le lendemain.

Il s'en fut trouver le comte.

On annonça le capitaine John Burgh, et M. de Lincourt, qui finissait de déjeuner avec ses compagnons de chasse, fut ravi d'offrir du champagne au trappeur anglais.

John Burgh vida une coupe, après avoir porté le toast traditionnel, puis il se passa la langue sur les lèvres et dit d'un air connaisseur :

— Votre Honneur a d'excellent champagne; mais j'imagine qu'un rôti de pattes d'ours pour demain ne serait pas désagréable.

« Il faut varier nos mets.

— Autrement, master Burg, vous nous proposez une chasse à l'ours?

— Oui, Votre Honneur.

— Et vous espérez nous en faire tuer?

— Votre Honneur me croira sans peine, si je lui dis que les ours gris vont par bandes de dix à douze quand ils sont jeunes encore.

« De plus, non loin d'une bande, il y a toujours quelques gros vieux ours solitaires qui vivent à part, qui ne s'écartent jamais bien loin.

« Ces ours ont, dans les jeunes bandes, des odalisques qu'ils regardent comme leur appartenant et ils ne perdent pas de vue leur sérail, dont ils se rapprochent dans la saison du rut. »

Les deux autres trappeurs approuvèrent de la tête les dires de Burgh qui reprit :

— Hier, monsieur le comte, j'ai relevé les traces de trois bandes.

— C'est extraordinaire ! dit Grandmoreau. Mais du moment où Burgh le dit, c'est vrai.

— Qui diable peut attirer tant d'ours dans une région déserte?

— Le miel ! dit Burgh.

Et il reprit :

— Avez-vous remarqué à cinq lieues d'ici, dans l'est, au milieu des escarpements nus de la montagne, un bouquet d'arbres.

— Oui, dit-on.

— Inutile de vous avertir que ce bouquet d'arbres devient, à mesure qu'on s'en rapproche, une petite forêt qui peut avoir dix mille pas de circuit.

« Ce n'est pas gros, comme vous voyez, mais enfin, c'est quelque chose.

« Dans la grande exploration d'hier, c'est moi que l'on a chargé de reconnaître ce bois et, comme je l'ai dit au rapport, je n'y ai trouvé que des traces d'ours.

« Or, en admettant qu'il y ait trente ou quarante ours et qu'on les tue, cela ne ferait pas vivre la caravane pendant dix ou douze jours.

« En conséquence, il fallait renoncer à cette chasse; mais, grâce aux macreuses, les vivres étant assurés, on grossira les provisions avec les ours.

« De plus, il y aura le miel.

« Cette petite forêt, la seule à vingt lieues à la ronde, sert de refuge à une grande quantité d'abeilles qui n'ont que les arbres de ce bois pour établir leurs ruches.

« Et voilà ce qui attire tous ces ours gourmands de miel et fins preneurs de ruches.

— Bravo, Burgh ! dit le comte.

— Je propose, dit l'Anglais, de retourner aujourd'hui à la forêt et d'y étudier avec soin les pistes des ours.

« Demain, au retour de la chasse aux macreuses, nous irons cerner le bois avec tout notre monde et l'on fera une battue pour chasser les grizlys hors de leurs retraites.

« Ce sera une très-belle chasse !

— Adopté, Burgh ! fit le comte.

« Encore un verre de champagne, et nous partons.

« A votre santé, Burgh !

— Mille grâces, Votre Honneur !

— Grandmoreau, dit le comte, nous vous laissons à la surveillance des radeaux.

— Alors je vous souhaite bonne chance ! t le Trappeur.

Et John Burgh, sur cet adieu, emmena le comte et Tomaho, se dirigeant vers le petit bois.

Cette forêt, formant îlot au milieu du plateau aride, couvrait une superficie de quelques lieues seulement.

Il s'agissait de fouiller ce bois.

L'expédition présentait des difficultés, eu égard à la configuration du sol et à l'abondance du peuplement forestier qui le couvrait.

D'énormes rochers, bizarrement superposés, formaient des groupements semblant défier toutes les lois de l'équilibre. Ces masses de grès rouge s'étageaient le long des pentes de la colline et donnaient au bois environnant un aspect sauvage et désolé.

A peine cette âpreté était-elle corrigée par les verdoyances d'une végétation forte et vigoureuse.

Des chênes gigantesques et des pins au feuillage sombre entremêlaient leurs branchages et interceptaient à demi la lumière du soleil.

Les racines de ces arbres superbes d'altitude s'enfonçaient vigoureusement dans le sol vierge, contournant la roche, pénétrant dans ses fissures humides, et paraissant la retenir collée au flanc de la colline.

Des lianes, des lierres et autres parasites grimpants enguirlandaient les épais troncs d'arbres, les reliaient entre eux et ajoutaient encore à l'étrangeté du sombre paysage.

M. de Lincourt, en compagnie de John Burgh et de Tomaho, arrivèrent à la forêt.

Il fallait en faire le tour pour visiter les pistes (entrées et sorties).

Les trois chasseurs allaient « faire le bois, » comme on dit en vénerie.

C'est-à-dire qu'ils allaient constater combien de pas d'ours marquaient les rentrées sous bois, après les tournées nocturnes faites hors de la forêt pour aller boire à l'eau du fleuve.

Bientôt le comte et ses compagnons s'enfoncèrent dans les profondeurs silencieuses de la forêt.

John Burgh racontait au comte quelles étaient les habitudes des ours.

— Ces gentlemen, disait-il, ont souvent les entrailles brûlées par la bile, et ils éprouvent alors grand besoin de les rafraîchir.

« Le miel est un délicieux remède et fait la base du traitement, complété par les herbes purgatives.

« Les ours connaissent des forêts à miel comme celles-ci, et de temps à autre ils vont s'y établir pour huit ou dix jours.

« Au bout de ce temps, le traitement est terminé et le miel est mangé.

« Frais et dispos, les braves gentlemen retournent en chasse.

— Que d'abeilles ! disait le comte entendant des bourdonnements tout autour de lui.

— Nous ne faisons que pénétrer ! dit Burgh.

« Vous allez bientôt être assourdi par les bruits d'ailes.

— Mais l'abeille n'est-elle pas dangereuse? demanda le comte.

— Très-dangereuse.

« Mais nous ne nous aventurons pas sans avoir de quoi écarter ces dames et leurs aiguillons. »

Et il montrait au comte un bouquet fait de certaine fleur ayant l'odeur de l'assafœtida.

— Avec cela, rien à craindre.

« L'abeille fuit en flairant à distance ces fleurs-là.

« Tenez, monsieur le comte, il va falloir bientôt se séparer pour mieux fouiller le bois.

« Prenez votre part de mon bouquet.

« Tomaho a le sien. »

Le comte se para des fleurs qui empestaient.

— Quel parfum ! dit-il en riant.

— By God ! ça pue, c'est vrai ; mais ça nous sauve la vie, Votre Honneur.

« Sans ces fleurs, des milliers d'abeilles seraient déjà sur nous et nous piqueraient jusqu'à la mort.

LE SECRET DU DOMPTEUR

Un seul trappeur était mort.

— Vous croyez qu'elles pourraient tuer un homme malgré ses vêtements ?

— J'en suis sûr ; elles feraient périr un cheval.

— Mais les ours entrent dans ce bois.

— Les ours sont fins, Votre Honneur.

« Ce sont eux qui ont montré aux Indiens à se servir de ces fleurs d'araquitas.

« Les chasseurs d'ours ont remarqué que les peaux d'ours tués à la sortie des bois à miel sentaient toutes l'odeur puante de l'araquitas, et, de fait, ces intelligents gentlemen à fourrure grise se roulent sur les araquitas avant d'aller à la conquête du miel.

« Pas une abeille n'ose les attaquer et défendre sa ruche. »

Après avoir marché pendant dix minutes à peine sur un sol accidenté, ils se trouvèrent arrêtés par un amas de roches dont l'escalade paraissait difficile.

— Il faut pourtant passer, dit le comte.

« Tomaho et moi, nous allons grimper comme nous pourrons.

« Vous, John Burgh, tournez la difficulté et prenez votre temps.

« Nous vous attendrons de l'autre côté de la crête.

« De cette façon, nous aurons étudié tout ce coin de la forêt.

— Bon ! fit l'Anglais.

Et il disparut derrière un épais rideau de lianes feuillues.

On pouvait compter sur l'intelligence de John Burgh et sur ses connaissances spéciales de coureur de bois.

Il avait fait ses preuves, au dire de Grandmoreau qui le connaissait de longue date et l'appréciait à sa valeur.

De leur côté, le comte et Tomaho se mirent à gravir les pentes rapides, obstruées et rocheuses.

L'ascension devait être pénible, sinon dangereuse.

Ils se mirent en marche.

Par moments, ils se traînaient sur les genoux, s'accrochant à toutes les aspérités, et saisissant les racines et les plantes qui pouvaient leur offrir des points d'appui.

Ils étaient parvenus à franchir la moitié du chemin, quand le bruit d'un coup de feu retentit à peu de distance.

— C'est John Burgh, dit le comte.

« Il court peut-être un danger.

« Hâtons-nous. »

Tomaho répondit par un grognement significatif.

Les deux hommes, que l'inquiétude stimulait, escaladèrent les rochers avec une rapidité et une adresse inouïes.

Ils approchèrent enfin du sommet à atteindre.

Une immense roche, d'un accès facile, était le dernier obstacle à franchir.

Arrivés au sommet de cette roche, l'horizon devait vraisemblablement s'élargir devant les deux chasseurs.

Le comte se mit à grimper avec vigueur et adresse ; le Patagon le suivait de près.

Tout à coup un ricanement sonore retentit, troublant le profond silence qui régnait dans cette solitude.

Les deux hommes s'arrêtèrent aussitôt, échangeant un regard de surprise. Puis, d'un commun accord, ils recommencèrent à grimper, évitant avec soin de faire le moindre bruit.

M. de Lincourt atteignit le premier le sommet de la roche.

Il se coucha après avoir fait un énergique signe d'appel à Tomaho qui le rejoignit bientôt.

Un spectacle aussi étrange qu'inattendu s'offrait aux regards étonnés des deux chasseurs.

Au milieu d'une clairière, où la roche recouverte de terre végétale formait plateforme, s'élevait, comme un grand mât, le tronc droit et lisse d'un magnifique mélèze.

Au pied de l'arbre, un énorme grizly se livrait à une gymnastique impossible.

La bête féroce avait des mouvements, des contorsions, des convulsions inexplicables.

Elle exécutait par moments les pas d'un cancan plus que risqué.

Puis elle s'arrêtait soudain, se dressant de toute sa hauteur, et mimant quelque monologue incompréhensible.

Et tout à coup cet ours extravagant se roulait à terre en soufflant bruyamment et en agitant ses pattes de devant autour de son mufle comme s'il cherchait à se retirer quelque chose de la gueule.

Dans l'arbre se tenait un homme, solidement campé sur une maîtresse branche.

Cet homme, le bras tendu, tenait en main l'extrémité d'une longue ficelle, et l'autre bout de la corde se trouvait fixé dans la gueule de l'ours.

Soudain, le grizly cessa de s'agiter.

Il demeura un instant immobile, assis sur son derrière, et fixant ses petits yeux fauves sur l'homme qui, lentement, tirait à lui la ficelle.

Le féroce animal ne demeura pas longtemps dans une inactive contemplation.

Il retomba sur ses quatre pattes, passa sa langue sanglante sur son mufle noir, et fit le tour du mélèze, l'égratignant furieusement de sa griffe puissante et acérée.

M. de Lincourt et le Patagon n'avaient pas été éventés par le grizly : ils se trouvaient sous le vent.

Les deux chasseurs pouvaient donc observer en toute sécurité, et sans crainte d'en faire manquer un effet, le singulier spectacle qu'il leur était donné de contempler.

Mais comme l'ours se dressait contre l'arbre où se trouvait réfugié son ennemi, le comte se prépara à mettre fin à la scène, si attachante qu'elle lui parût.

— Il va grimper, murmura-t-il en armant sans bruit sa carabine.

« Tuons-le. »

Tomaho lui fit signe de ne pas bouger et dit à voix basse :

— Le comte a tort de craindre.

« Je reconnais l'homme caché au milieu du feuillage.

« C'est notre ami John Burgh.

— C'est lui, en effet, fit le comte.

« Mais il est sans armes.

« Je vois son fusil à terre, au pied du mélèze. »

Le Patagon, ne répondant pas à la remarque de M. de Lincourt, se contenta d'affirmer :

— Notre frère l'Anglais ne court aucun danger.

« Si Tomaho se trompe, son rifle est là pour racheter son erreur. »

Et comme le comte ne paraissait pas convaincu, le géant ajouta :

— Jamais Tomaho n'a manqué son coup.

M. de Lincourt se rendit à cette affirmation et demeura calme spectateur de la singulière comédie dont il ne comprenait pas un mot.

Bientôt les deux chasseurs virent John Burgh dérouler de nouveau sa cordelette, au bout de laquelle il avait attaché un foulard rouge noué en tampon.

L'ours, dressé contre le tronc du mélèze, examinait l'objet avec autant de curiosité que de défiance. Il le laissa arriver jusqu'à terre, puis, s'approchant avec circonspection, il le flaira longuement.

Enfin, paraissant obéir à un brusque mouvement de colère, il couvrit brutalement de sa large patte le tampon rouge.

La corde se tendit aussitôt, et le foulard remonta lentement le long du tronc de l'arbre.

Le grizly allongea un nouveau coup de griffe... et poussa en même temps un sourd grognement. Il retomba à terre et se roula avec une nouvelle furie ; il mordait le foulard, qui semblait s'être fixé à sa patte.

Un joyeux éclat de rire répondit du haut de l'arbre aux cris de rage de la bête féroce.

Et à ce rire succédèrent ces mots, prononcés sur le ton grave :

— C'est assez de plaisanterie !

« Gentleman, je vais loger dans votre fourrure une balle de calibre. »

C'était Burgh qui avertissait poliment son adversaire.

— Comment diable va-t-il faire pour reprendre son fusil ? fit le comte à voix basse.

— Och ! dit Tomaho.

« Burgh est très-fin. »

Dans l'instant la corde se tendit : un morceau de foulard resta dans les griffes de l'ours rugissant, tandis qu'un autre lambeau remontait vers l'habitant du mélèze.

Bientôt la ficelle redescendit flottante et allégée de tout poids.

John Burgh la balança un moment au-dessus de son fusil dont la ficelle se tendit, fixée qu'elle était au crochet qui terminait la corde.

Le crochet était fait d'une branche coudée.

Avec patience, lenteur, et mille précautions, l'Anglais finit par atteindre la bretelle du fusil avec le crochet.

L'ours parut vouloir s'opposer à cette manœuvre, mais Burgh lui envoya deux rameaux sur les reins, et l'animal furieux se jeta sur les projectiles.

Cette diversion permit à Burgh d'agir ; il tira à lui la carabine convoitée.

Une fois en possession de son arme, il la chargea avec soin ; puis, ayant assuré son équilibre, il ajusta le grizly toujours en sentinelle au pied du mélèze.

Un hurlement d'agonie répondit au coup de feu du chasseur.

L'ours se tordit trois minutes dans les dernières convulsions et ne donna plus signe de vie.

L'Anglais, immobile sur son perchoir, avait regardé mourir l'animal, tout en rechargeant.

Quand il le vit sans mouvement, il épaula de nouveau son rifle et lui envoya une seconde balle.

L'ours reçut ce deuxième coup sans faire un mouvement.

Il était bien mort.

Du haut de son rocher, Tomaho avait fait cette remarque :

— Mon frère l'Anglais est prudent.

« Il a pensé que le rusé grizly pouvait faire le mort. »

Cependant John Burgh était vivement descendu de son refuge.

Il se plaça devant sa victime et la contempla avec une certaine complaisance.

Un « *bravo!* » vigoureusement lancé lui fit lever la tête.

Il aperçut alors ses deux compagnons qui se laissaient glisser le long du rocher pour arriver jusqu'à lui.

— Un beau coup de fusil, Excellence, dit-il avec une évidente satisfaction.

— Magnifique, répondit le comte.

« Mes compliments !

« Votre manière de chasser l'ours est au moins singulière, mais elle réussit admirablement.

« Pourtant je ne m'explique pas certains détails.

« Nous vous avons vu procéder ; mais nous étions assez éloignés pour ne pas comprendre toutes les finesses, tous les détails de votre étrange manière d'opérer. »

L'Anglais eut un sourire de satisfaction et de naïf orgueil.

— Voici l'explication, Excellence, dit-il.

« Je tire un magnifique écureuil gris, excellent manger ; je le blesse ; il grimpe au plus haut de ce mélèze et s'aplatit sur une fourche ; il était perdu pour moi, et j'avais gaspillé une charge de poudre.

« Je laisse alors mon fusil à terre et je grimpe pour aller chercher mon gibier.

« Je descendais tranquillement quand je vis ce gredin de grizly au pied de mon arbre.

« Je n'avais pas de fusil !... la position était difficile.

« Vous appeler, c'était humiliant, et je voulais agir seul.

« Et l'ours avait envie de monter.

« Mais je sais que ces gentlemen sont prudents et que les inquiéter est facile.

« Je déroulai donc mon lasso mexicain qui ne me quitte jamais ; je fixai à l'un des bouts mon foulard.

« L'ours ne se serait pas avisé de grimper sans avoir flairé et mis en pièces cet objet que je faisais danser.

« Pendant que je l'amusais, je fabriquais un crochet.

« A l'aide de ce crochet, je voulais pêcher mon rifle resté au pied de l'arbre.

— Nous savons le reste, mon ami, dit le comte, et je vous en félicite.

« Je n'ai jamais vu, mon cher Burgh, un homme montrer plus de sang-froid dans le péril. »

Burgh sourit.

— Votre Honneur me comble ! dit-il.

« Cependant je me permettrai de dire à Votre Excellence que le fait n'a rien de surprenant.

— Qu'entendez-vous par là, Burgh ?

— J'avouerai en confidence à Votre Seigneurie que je ne suis pas ce que l'on pense.

— Seriez-vous donc gentilhomme, Burgh ?

— Je le suis... sans l'être... étant bâtard d'un baronnet qui séduisit ma mère et l'abandonna.

« Voilà pourquoi, Votre Honneur a pu le constater, je me conduis toujours correctement en toute circonstance et pourquoi je suis brave autrement que les autres, c'est-à-dire tout naturellement.

« Voyez les autres.

« Sans-Nez est audacieux, mais blagueur et vantard.

« Tête-de-Bison est vaillant, mais il a parfois des emportements et des chaleurs de tête.

« Bois-Rude est un ivrogne.

« Huggs, le pirate, ne se bat que par intérêt et quand il le faut absolument.

« Bref, tout ce monde n'a pas la bravoure correcte de l'homme de race. Celui-là reste toujours, même dans le plus grand péril, ce qu'il doit être.

« Le colonel d'Éragny, Tomaho qui est de sang noble, moi, et par-dessus tous, vous, Excellence, voilà ce que j'appelle des gens de vrai courage. »

Burgh dit cela avec une certaine solennité.

Le comte réprima un sourire et salua le trappeur cérémonieusement.

Tomaho fit de même, en disant :

— Och! je connais Burg.

« J'avais deviné qu'il était de ceux qui savent mourir dignement, sans cris, comme Tête-de-Bison, animal souvent furieux dans la mêlée, sans plaisanteries, comme le Parisien. »

Main-de-Fer rendit ces deux saluts avec une courtoisie un peu raide et il rechargea son arme.

Cette petite scène aidait le comte à juger l'Anglais.

Il mit à l'avenir une nuance d'estime dans ses rapports avec lui, et Burgh disait :

— Ce que c'est que de tuer proprement un ours dans une circonstance critique où un homme de rien eût perdu son sang-froid.

« Le comte ne m'appelle plus que master Burgh. »

Et le digne Anglais était ravi.

Cependant Tomaho avait pris l'ours, qui pesait six cents, et l'avait jeté sur son épaule comme un autre eût fait d'un chevreuil de quarante livres.

On se remit en marche.

Dans la forêt, point d'incident.

Toutes les pistes furent relevées et Burgh conclut que les ours se trouvaient au nombre de trente-sept.

— Je puis promettre pour demain bonne chasse à Votre Honneur.

« Nous pouvons les tuer tous.

— Et moi, mon cher, dit le comte, je puis vous affirmer que vous serez stupéfait de ma manière d'entendre la chasse au rayon.

Sur ce, l'on revint au camp.

Il est inutile de dire que l'ours fut bien accueilli.

Dépecé, il fit faire un repas remarquable à la caravane.

Mais les ours de six cents livres sont rares.

— Avec trente-sept ours, dit le comte en voyant ce que donnait de chair un pareil animal, nous aurions pu traverser le désert.

— Ne calculez pas sur ce solitaire énorme, dit Burgh.

« Dans nos trente-sept ours, il y a de très-jeunes bêtes.

« Mais j'ai relevé une patte de *bravo* qui annonce vraiment quelque chose d'extraordinaire, huit cents livres peut-être.

« Et, entre nous, ce pourrait bien être un certain ours qui est connu de bien des chasseurs. »

Tomaho écoutait.

— Mon frère, dit-il, veut parler du *grand-père* des ours?

— Oui ! dit Burgh.

— Si c'est lui, dit Tomaho, il tuera du monde et on ne le tuera pas.

« Toute la prairie sait qu'*il* est sorcier. »

Le comte sourit.

Mais Burgh dit sérieusement :

— Je puis affirmer à Son Honneur que cette bête est très-extraordinaire, et tous les trappeurs en savent l'histoire.

— Comment se fait-il, Burgh, que vous ayez attendu notre retour au camp pour me parler de cela?

« J'aurais voulu au moins voir la griffe de la bête sur le sol.

— Excellence, si vous trouvez demain l'animal au bout de votre fusil, il vous étouffera très-probablement; mais un gentilhomme ne se préoccupe pas de ça.

« Tant pis pour ceux que le *grand-père* rencontre.

« Bon pour le Parisien de faire du bruit, parcequ'il a trouvé la piste du vieux sorcier.

« Mais je me suis demandé s'il était correct de vous en parler et s'il n'y avait pas jactance ou puérilité à le faire.

« Sans l'occasion, je n'aurais rien dit.

— Vous êtes d'une convenance parfaite! dit le comte.

« A ce soir!

« Je vous retiens à dîner, Burgh. »

Tomaho, pendant ce dialogue, avait paru plongé dans des réflexions profondes.

Il n'entendit même pas l'adieu amical du comte.

Sans-Nez vint le troubler dans ses méditations.

— Eh! Tomaho, dit-il, on te prendrait pour une statue.

Le géant releva la tête.

— Tu sauras, dit-il à Sans-Nez, une grande nouvelle.

— Laquelle?

— Mon plus grand ennemi après l'infâme coyote de Touncins est près d'ici, dans la petite forêt.

« Je n'ai pas vu sa trace, mais Burgh l'a relevée.

« Je sais que le *grand-père* aux ours est sorcier, je le sais; mais, par le Vacondah! je veux me venger de lui.

« Les balles ne peuvent rien sur lui, ni les couteaux, je le sais! je le sais! répéta le géant avec une irritation croissante.

« Mais, j'en jure par les pierres sacrées et la Grande Médecine, demain l'un de nous deux sera mort, s'il m'attend! »

Et le géant s'en alla dans sa tente d'un pas furieux.

— Bon! dit Sans-Nez, voilà la première fois que je vois Tomaho dans une pareille colère.

« Il est vrai que l'ours lui a joué un de ces tours..... »

Et Sans-Nez s'en alla en riant.

A tous les chasseurs qu'il rencontrait, il disait :

— Vous savez, le *grand-père* est au bois.

« Demain, on l'attaque. »

Et ces figures devenaient sérieuses; ce terrible ours étant connu.

Mais Sans-Nez ajoutait :

— Tomaho se battra avec lui et il a juré de le tuer.

Et ces visages se rasséréneient.

Un combat du colosse avec le *grand-père* promettait d'être une scène émouvante.

En ce moment, un chasseur accourut des grand'gardes.

Il allait trouver Tête-de-Bison qui était en quelque sorte le chef d'état-major du comte.

— Ohé! Grandmoreau! appela le chasseur.

— Qu'y a-t-il? dit le Trappeur.

— Veux-tu courir aux avant-postes, tu reverras l'homme?

— Bon! dit Grandmoreau.

Il sauta sur un cheval et gagna les grand'-gardes.

Il vit un cavalier qui galopait à distance des balles et qui tournait autour du camp.

Il portait un costume mexicain.

— Et vous dites, demanda le Trappeur, que cet animal-là fait ce manège depuis ce matin?

— Oui, dit Bois-Rude qui commandait là.

« Sans-Nez, qui est venu l'observer, prétend que c'est le même qui a été vu dans une barque avec deux Indiens, sur le Colorado. »

— Sans-Nez a de bons yeux et il est sagace! fit observer le Trappeur.

« Que peut nous vouloir ce rascal? »

Et, braquant une lorgnette que lui avait donnée le comte, Tête-de-Bison examina le cavalier.

— Diable! dit-il gravement.

— Qui est-ce, Trappeur?

— Camarades, c'est... *la Couleuvre!*

— Oh! oh! fit-on. Mauvais signe! il y a une catastrophe dans l'air.

— Voyez-vous, Bois-Rude, dit Tête-de-Bison, je n'aime pas cette vermine-là.

« Chaque fois qu'en expédition une caravane l'a vu, de près ou de loin, il est arrivé malheur. »

Et les chasseurs de hocher la tête en signe d'assentiment [1].

CHAPITRE LXI

DES GRIEFS QU'AVAIT TOMAHO CONTRE LE « GRAND-PÈRE » DES OURS

Au dîner, Burgh, confortablement attablé, suffisamment monté par le champagne, appuyé par Grandmoreau, invité à fumer un cigare, Burgh, disons-nous, donna les plus étranges détails sur le *grand-père* aux ours au comte et au colonel d'Éragny.

— J'en appelle à Grandmoreau, disait Main-de-Fer.

« Jamais on n'a vu pareille bête **et aussi fine.**

« D'abord elle est vieille, **excessivement vieille.**

« J'ai vu un trappeur qui avait **quatre-vingt-onze ans**, et j'étais jeune.

« Ce vieux chasseur, homme de foi **et**

[1] Voir deux gravures : l'une représentant *la Couleuvre* dans le canot, l'autre le montrant à cheval.

d'honneur, aussi sérieux que Sans-Nez est blagueur, racontait que, dès son début dans la carrière, il avait entendu parler du *grand-père* aux ours.

« Vous avez connu l'homme, Grandmoreau ; parlez-en.

— C'était un vrai trappeur, incapable de mentir ! dit Tête-de-Bison. Et il avait vu le *grand-père*, vu de ses yeux.

— Rien d'étonnant jusqu'ici, dit le comte. « Je m'expliquerais facilement cette longévité.

— Un ours de trois cents ans et plus ! fit Tête-de-Bison.

Le comte sourit.

Grandmoreau, nous l'avons dit au début, était d'un tempérament qui rappelait celui du buffle.

Au repos, tranquille, lourd, massif, il avait l'œil calme et il roulait des regards paisibles sur les choses et sur les êtres.

Mais la contradiction l'irritait ; un rien le choquait.

Il était d'une susceptibilité étrange, difficilement définissable ; on le heurtait sans s'en douter.

On pouvait lui dire qu'il était brutal, grossier, mal élevé ; on l'appelait sauvage et brute.

Ces sortes d'insultes ne l'offensaient nullement.

Mais venait-on à toucher une certaine corde, la colère vibrait aussitôt.

Le Trappeur avait pour le comte une admiration profonde, sans bornes ; mais M. de Lincourt venait de mettre un doigt sur l'un des endroits sensibles de Tête-de-Bison, qui se leva très-pâle.

— Vous riez, monsieur le comte ! dit-il d'une voix sourde et contenue.

« Vous avez l'air de croire que je suis un blagueur. »

Il y avait déjà de la menace dans l'œil de Grandmoreau.

Le comte connaissait son homme et le maniait à merveille.

— Mon cher, dit-il, blaguer, c'est bon pour Sans-Nez.

« Vous êtes incapable de mentir ou d'exagérer, Grandmoreau.

— Cependant... fit le Trappeur, votre sourire...

— Mon cher, je riais de votre ignorance et de votre crédulité. »

C'était dire clairement : « Vous êtes un sot, mon garçon. »

M. d'Éragny s'attendait à voir Grandmoreau bondir.

Le Trappeur s'assit en disant d'un air satisfait :

— A la bonne heure !

« Je ne suis pas savant, je le sais bien.

« On peut me le dire.

« Mais si quelqu'un me donnait un démenti...

— Pardieu ! fit le comte, ce serait un homme mort.

« Nous le savons. »

Et à l'Anglais :

— Mon cher Burgh, il est donc bien établi maintenant :

« 1° Qu'il existe un ours extraordinaire et capable de tout ;

« 2° Que cet ours est très-vieux ;

« 3° Que Tomaho a eu maille à partir avec lui.

« Voilà surtout ce qui nous intéresse ; contez-nous cela.

— L'histoire est comique ! dit Burgh.

« Figurez-vous, gentlemen, que nous chassions tous.

« Nous voulions tuer des ours pour en saler les pattes et les envoyer à New-York, où l'on nous avait commandé trente caisses de cette viande boucanée.

« Moi, Sans-Nez, le Trappeur ici présent, Bois-Rude, le Vieux, quelques autres, enfin Tomaho, nous faisions battue.

« Nous avions trouvé une piste large, énorme, annonçant un ours colossal et nous suivions la trace.

« Mais vous connaissez les jambes de Tomaho ; il nous devançait.

« Nous traversions une vallée qui aboutissait à un cul-de-sac de ravin au fond duquel s'élevait jusqu'à pic une muraille de gros rochers.

« Tomaho était à environ six cents pas de nous environ.

« Il gagnait toujours.

« La piste était fraîche et l'ours n'était pas loin.

« Le Cacique arriva au pied de la muraille et nous le vîmes lever en l'air l'une des plumes de sa coiffure.

« L'ours était là.

« Tomaho nous appelait.

« Nous courûmes.

« Le Cacique, voulant escalader la montagne, entassait des pierres les unes sur les autres pour atteindre à une petite plate-forme d'où il pourrait monter jusqu'au sommet.

« Soit que la vue du géant roulant des rocs eût donné une idée de l'ours, soit que le *Grand-Père*, car c'était lui, ait des idées naturellement, nous vîmes très-distinctement sur la plate-forme un animal monstrueux assembler, lui aussi, pierres sur pierres, comme s'il se retranchait.

« Tomaho ne pouvait, étant en contre-bas, voir son adversaire.

« Voilà mon géant qui, ayant terminé son échafaudage, grimpe dessus.

« Savez-vous ce que fit l'ours?

— Je m'en doute, dit le comte.

— Pas possible! fit Burgh.

« Comment! Votre Honneur...

— Burgh, j'ai lu de bien curieuses histoires sur les ours.

« Je sais entre autres choses que ces animaux aiment beaucoup les femmes [1].

« Vous concevez que, de la part d'une bête capable de galanterie, on peut s'attendre à bien des choses.

— Que fit l'ours? demanda M. d'Éragny impatient de savoir la fin de cette lutte mémorable.

— Ce qu'il fit, reprit Burgh, nous étonna tous, mon colonel.

« J'ajoute qu'il y avait de quoi!

« Nous savions que les ours sont capables de lancer une pierre; mais celui-là fit une chose qui annonçait une raison d'homme et d'homme malin.

« Il se tint blotti derrière son mur et, quand Tomaho apparut, il le fit crouler sur le Cacique.

[1]. Le fait n'est que trop certain. Tous les ans les Pyrénées sont le théâtre d'enlèvements de jeunes filles par les ours.

« Voilà ce que fit l'ours, le *grand-père* aux ours.

— C'est incroyable! fit le colonel.

— Attendez! dit Tête-de-Bison.

« Vous n'êtes pas au bout.

— Non, colonel, non, ce n'est pas tout, reprit Burgh.

« Vous allez voir.

« Mon Tomaho était à terre, écrasé, étourdi.

« Nous le crûmes mort.

« Vous dire si nous courions!...

« Mais l'ours était venu à son ennemi et l'avait flairé.

« En ce moment, Tête-de-Bison que voici s'était arrêté.

« Vous savez comme il tire!

« Il envoya une balle à l'ours, à la distance de trois cents pas; il fallait sauver Tomaho.

« Pendant que Tête-de-Bison tirait, savez-vous gentlemen, ce que faisait l'ours?

« Non, vous ne le savez pas?

« Votre Honneur ne devine pas, cette fois?

« Colonel, vous ne vous en doutez point, je le parie?

« L'ours, en signe de mépris pour Tomaho qu'il jugeait mort, levait la patte et inondait d'urine le visage du géant!

« Puis il détalait sous une grêle de balles.

« Pas une ne le blessa.

— Voilà qui est renversant! fit le colonel.

Le comte riait :

— Le Cacique, dit-il, doit garder une haine terrible contre cet ours.

— Monsieur le comte, dit Tête-de-Bison, demain nous verrons quelque chose de beau entre lui et l'ours.

— A moins que l'un de nous ne jette bas l'animal.

Le Trappeur secoua la tête.

— Personne, dit-il, ne fera pénétrer une balle dans le corps de l'ours.

« Personne ne lui donnera du couteau dans l'estomac.

— Parce que?... fit le comte.

— Parce que c'est impossible

« J'avais tiré... moi... le Trappeur, qui suis sûr de mon coup.

« Et pas de sang!

« Nous avons cherché ma balle...

« Aplatie comme une pièce de cent sous,

Entrevue de la reine des Apaches et de Tête-de-Bison.

voilà comment nous l'avons ramassée, et je l'ai conservée longtemps.

« C'est un Américain qui me l'a achetée cent dollars, avec une histoire détaillée du *grand-père* écrite par Sans-Nez sur parchemin.

« Nous avons tous signé.

« C'était pour Barnun.

— Et le couteau ?... demanda le comte.

« A-t-on essayé du couteau ?

— Le *Vieux* a vu un Indien sous la patte du *grand-père*.

« C'était un Comanche, un rude homme.

« Il a cassé son tomahawk sur la tête de l'ours.

« On cite d'autres faits.

— Messieurs, dit le comte, je crois à tout ce que vous avez vu.

« Je ne crois pas qu'il y ait rien de merveilleux en cette affaire, et je me fais fort de vous donner demain l'explication de tout ce que nous verrons.

« Mais encore une question.

« Il peut y avoir plusieurs ours énormes, n'est-ce pas ?

« A quoi donc pourriez-vous certifier que nous sommes en face du *grand-père*, comme vous l'appelez.

— Il a un signe ! dit Burgh.

— Tout le monde a des signes dans ce pays ! dit le comte en riant.

« Le Messie des sauvages a mis les signes à la mode.

« Et quel est le signe du *grand-père?*
— D'abord il a des lunettes.
— Des lunettes !
— Oui, des lunettes de poils noirs autour des yeux.

« Aucun ours n'en a.
« Ensuite il a une grande croix noire sur le dos.
« Raie de la nuque à la queue et autre raie sur les épaules.
« Enfin, et voilà le vrai signe, il a une mèche de poils blancs sur le front... blancs, tout blancs.
« Cette mèche semble faite de fils d'argent.

— Alors cet ours est cousin germain de la reine des Apaches ! dit le colonel en riant.
— Et il descend de Sylla ! ajouta le comte.

« Tous les Sylla avaient la mèche d'argent au front dès l'enfance.

— Vous verrez demain !... peut-être ne rira-t-on plus ! dit l'irascible Tête-de-Bison.
— Baste ! fit le colonel.

« Je connais toutes ces histoires de bêtes extraordinaires.

« En Algérie, on en contait de vraiment singulières sur les lions.

« Chaque fois que nous avons pu vérifier les choses de près, le surnaturel s'évanouissait.

— On verra demain.
— Messieurs, dit le comte, la nuit est venue.

« Dormons pendant quelques heures, puis nous partirons pour la chasse aux rayons,
« Les radeaux sont-ils construits, Grand-moreau ?
— Oui, monsieur le comte.
— Tout est prêt ?
— Tout.
— Alors, messieurs, bon sommeil et à bientôt.

Sur ce, l'on se sépara.

CHAPITRE LXII

DE L'IDÉE QU'AVAIT EUE LE COMTE DE LINCOURT POUR UNE DESTRUCTION DE MACREUSES

Ce qui caractérise les hommes vraiment intelligents, c'est que, leur donne-t-on une idée, ils la perfectionnent aussitôt.

M. de Lincourt avait en outre ce caractère particulier, qu'il agrandissait tout ce à quoi il touchait.

Il avait, immédiatement après sa partie de pêche avec Tomaho, conçu un plan gigantesque en tant que chasse.

Jamais on n'avait tenté de tuer les macreuses avec de la mitraille, et il le fit.

Depuis, on a renouvelé plusieurs fois l'expérience ; et même en Europe, pays de routine, nous connaissons un chasseur qui, ayant acheté un petit canon de montagne mis au rebut, s'en sert dans la chasse au rayon sur son étang.

Nous l'avons vu à l'œuvre.

Le résultat est incroyable.

Mais la première fois que cette chasse fut ainsi faite, elle eut lieu comme nous allons le dire.

Du reste, en racontant une chasse aux canards avec deux canons, par l'amiral Ferragut [1], pendant la guerre de sécession, les journaux américains ont presque tous cité M. de Lincourt comme l'inventeur de cette *destruction* originale.

Vers une heure du matin, le réveil sonna dans le camp.

Le comte fit assembler tout le monde et il ordonna à tous les chasseurs désignés de sortir des rangs.

Puis il laissa à Tête-de-Bison le commandement du camp et de ceux qui restaient à sa défense.

— Il n'y a presque rien à craindre, dit-il ; mais veillez.

Et il appela le capitaine canonnier.

Celui-ci avait légèrement, très-légèrement,

[1]. Le même qui vint en France à la tête d'un escadre cuirassée, et qui a laissé des souvenirs de son originalité et de son humour.

à peine *punché* ; un grog, un léger grog, de l'eau à peine teintée de rhum,

Recommandation lui avait été faite de se préparer à un grand coup par une demi-abstinence.

— Capitaine, ordonna le comte, nous emportons quatre canons.

— A la chasse, Excellence? demanda le digne Anglais.

— A la chasse.

« J'ai donné des ordres, en votre absence, à l'artificier.

« Il a préparé douze boîtes à mitraille chargées de plomb.

« On emportera ces projectiles.

— Bien, Votre Honneur.

« Et nous tirerons sur les macreuses avec les canons ?

— Oui, master.

— Je remercie Votre Honneur de me donner tant d'occasions de tirer des coups extraordinaires.

« La chasse au canon, vraiment oui, vraiment, c'est singulier, très-singulier, en vérité. »

Et le digne Anglais s'en alla plein de joie.

Les apprêts terminés, on se mit en marche.

On atteignit les radeaux.

Ceux-ci étaient fort bien fabriqués et aménagés.

Ils était légers, maniables.

On pouvait les conduire à la perche et à la godille.

On pouvait aussi hâler sur eux avec des cordes.

De cette façon, le voyage devait se faire rapidement.

Le comte fit placer sur chaque radeau une pièce et ses artilleurs de service ; plus, des chasseurs.

Il recommanda qu'en route on coupât des joncs pour en faire une sorte de ceinture à chaque radeau et pour cacher ainsi les canons et les hommes.

Il donna le commandement de chaque radeau à quelque homme, ancien matelot ou marinier, capable de conduire, et l'on se mit en marche.

En route, grande animation.

Cette chasse souriait à tous.

On discutait, on plaisantait.

A un mille de distance du lac, le silence.

On attendit l'aube.

Le comte, sur le premier radeau avec Tomaho et le capitaine canonnier, ouvrait la marche ; les autres canots suivaient.

On avança lentement à la godille à travers la brume.

Le soleil parut.

Le rayon se creusa dans le brouillard et l'on s'y engagea.

Les canons étaient chargés, chacun à son poste.

Les chasseurs avaient l'arme à l'épaule, prêts à tirer.

On avança...

Tous retenaient leur souffle.

Bientôt on entendit des cris et des bruits assourdissants ; l'on approchait ; les macreuses s'éveillaient en troupes épaisses, et plus de vingt mille oiseaux de marais couvraient le lac.

On était à portée...

Les canots s'arrêtèrent et ce fut un moment solennel.

Le comte, debout, jugea l'instant propice.

— Feu ! dit-il.

Quatre coups de canon, cinquante coups de fusil tonnèrent et l'eau du lac se creusa de larges ondulations.

La mitraille siffla avec fureur et déchira les airs.

Une clameur effroyable s'éleva ; des flaquements d'ailes battant l'espace, des hurrahs enthousiastes, des crépitements de plomb dans l'eau, des clapotements de corps sur les flots, un coup de vent qui déchira les brumes, deux salves de coups qui suivirent la première, tout enfin, heure, aspect pittoresque de la nappe d'eau, singularité de la chasse, tout, nous le répétons, produisait un tableau des plus animés, des plus réjouissants et des plus bizarres.

Près des trois quarts des macreuses furent foudroyées.

Peu de blessées.

Les plombs de mitraille **tuaient**.

Les chasseurs ramassèrent en hâte le gibier, il fut entassé par monceaux et, après deux heures de travail, l'on revint au camp. Là, les pièces furent comptées.

Il y avait dix-sept mille macreuses ou autres espèces de gibier d'eau...

Ce fut une joie immense dans la caravane !

M. de Lincourt fit appel à tous ceux qui étaient réputés cuisiniers émérites et il leur enjoignit :

1° De préparer avec toutes les cervelles de macreuse une friture gigantesque pour toute la caravane ;

2° De se mettre ensuite à plumer ce gibier ;

3° De le cuire en partie et de le placer empilé dans des tonneaux pour être conservé.

Le plat de cervelles fut trouvé exquis, d'autant plus que les chasseurs y trouvèrent cette saveur, qu'ils dégustaient un plat que Lucullus eût payé bien cher.

A midi, le déjeuner pris, le café bu, du rhum au ventre, de la gaieté dans la poitrine, le rire aux lèvres, l'ardeur aux yeux, cent cinquante hommes partaient pour la chasse à l'ours.

Le reste gardait le camp en plumant les macreuses.

CHAPITRE LXIII

TOMAHO ET LE GRAND-PÈRE DES OURS; LUTTE MÉMORABLE ET TERRIBLE; PÉRIPÉTIES

Au milieu de la joie générale, les trappeurs restaient sérieux.

Ils redoutaient pour Tomaho les suites du duel que le géant avait la ferme détermination de livrer au *grand-père* des ours.

On arriva à quelque distance du bois.

Le comte et M. d'Éragny avaient annoncé que, comme il s'agissait d'une battue, ils laissaient aux trappeurs le soin de l'organiser.

Ils avaient trop de bon goût pour ne pas reconnaître la supériorité des chasseurs de la prairie.

Tête-de-Bison était naturellement désigné comme grand-veneur ; Burgh et les autres prirent des commandements de groupes, et l'on s'apprêtait à cerner le bois, quand Tomaho s'avança.

Bientôt les profondeurs du bois retentirent du bruit que faisaient les traqueurs.

La battue, bien menée, ne laissa pas un coin de la forêt inexploré, et, au bout d'une demi-heure, les premiers ours sortirent et se montrèrent.

Les tireurs embusqués firent feu avec cette justesse de coup d'œil qui rend les gens de la prairie si redoutables ; deux, quatre, dix ours furent bientôt à terre ; mais deux ou trois autres seulement mirent le mufle hors de la forêt.

Renâclant le sang, tombant sous les balles, reconnaissant l'impossibilité de rompre le cordon des tireurs, le reste de la *compagnie* ne s'aventurait plus dehors.

Les bêtes les plus jeunes, les plus difficiles à effaroucher avaient seules commis cette imprudence de sortir, et elles en étaient punies.

Mais les bêtes plus âgées, plus expérimentées, s'étaient retranchées dans ce que les chasseurs appellent des forts.

Tantôt c'est un taillis impénétrable où les lianes entrelacées forment un obstacle presque invincible ; d'autres fois, c'est un creux de rocher.

Souvent encore c'est un bouquet d'arbres au milieu duquel l'ours, à peu près à couvert des balles, ne peut être débusqué qu'à l'arme blanche.

Alors commence la lutte, le péril ; alors aussi le chasseur s'amuse, se passionne.

Les traqueurs avaient battu la forêt sur les trois quarts de son étendue ; ils étaient arrivés à concentrer les ours dans un espace assez restreint, mais très-accidenté.

Que l'on s'imagine un entassement de roches, de vieux arbres tombés ; des trous, des excavations ; des mousses couvrant les ravines et dissimulant les creux ; des lianes formant d'épais rideaux, et la végétation des arbres épineux qui poussent dans les terrains pierreux et tourmentés.

Qu'on se représente cet espace de deux kilomètres, presque impénétrable, et l'on aura une idée des périls qu'allaient affronter les chasseurs.

Les traqueurs s'étaient arrêtés, car il fallait changer de tactique et former le *cercle d'attaque*.

Les ours couraient à travers les blocs, cherchaient en hurlant des retraites pour s'y retrancher.

Ils allaient devenir terribles.

Un grizly à peine adulte étouffe dans son étreinte l'homme le plus puissant, lui brisant les côtes et faisant jaillir les poumons par la bouche.

La force d'un *bravo*, c'est-à-dire d'une vieille bête, est colossale à ce point, qu'un seul ours tient tête à une bande de jaguars.

Et l'animal est rusé.

Il s'embusque, se dissimule, attend son homme.

On est à portée de la bête et on ne la soupçonne pas si près ; on marche prudemment néanmoins.

Mais pendant que l'on fouille un buisson, l'ours sort d'un fourré voisin et se jette sur le chasseur, qu'il saisit et qu'il lâche ensuite, broyé comme par les ressorts d'acier d'une machine toute-puissante.

Bientôt cependant les hurlements épouvantables qui retentissaient sous bois s'apaisèrent.

Les ours étaient blottis.

Les chasseurs avaient opéré la manœuvre accoutumée.

Les tireurs émérites, les vieux routiers, n'ayant plus de raison pour se tenir ensemble, à l'affût, hors du bois, y avaient pénétré, déployés en tirailleurs.

Une chaîne d'attaque s'était formée, entourant tout le massif de refuge, et les gens expérimentés s'étaient distribués çà et là.

Le cercle s'espaçait, d'homme à homme, d'environ quarante pas d'abord ; il devait aller en se rétrécissant.

Recommandation était faite de marcher lentement.

Tous les chasseurs avaient passé leurs fusils en bandoulière après les avoir déchargés.

Dans l'épaisseur des fourrés, les seules armes possibles étaient les revolvers et les couteaux.

On avait dit et redit aux novices que les haches ne devaient servir qu'à ouvrir des passages ; car le crâne de l'ours, couvert d'une peau épaisse, d'une fourrure touffue de poils durs, est impossible à entamer ; et une hache ne peut frapper d'aplomb que sur la tête.

Un coup de biais partout ailleurs aurait glissé sur les poils.

Le couteau pénétrait au contraire, s'il était poussé par une main vigoureuse.

Tous les préparatifs avaient été faits avec une sorte de solennité par les chefs de groupe, vieux trappeurs émérites qui, connaissant l'ennemi, le respectaient et prenaient toutes les précautions possibles.

Plus d'un, qui n'aurait pas tremblé devant les Apaches, avait peur à cette heure et pâlissait.

Le fauve exerce sur les natures les plus énergiques une action d'épouvante toute spéciale.

L'odeur se sent de fort loin, de bien plus loin que l'on ne pense ; une odeur âcre, fétide, qui vous saisit au nez, s'épand dans tout l'être et y porte dans tout le système nerveux des semences de terreur.

C'est une impression toute nouvelle, inconnue, qui trouble, et qui s'empare de tout l'être par des voies inaccoutumées.

On est ému profondément, sans avoir l'habitude de lutter contre cette peur qui agit par l'odorat.

La vue, si nous pouvons employer cette expression, est en quelque sorte exercée ; car tout le monde se figure les fauves, en a l'image en tête, s'exagère même la taille et l'apparence des bêtes féroces.

Il n'y a point de surprise pour l'œil en face d'elles.

Mais l'odorat est pris au dépourvu et l'impression est très-désagréable.

Les senteurs d'une ménagerie ne donnent pas idée de celles qui se dégagent des bêtes en liberté, surtout lorsque la poursuite les a fait suer.

Aussi les trappeurs eux-mêmes se montraient-il inquiets, et tout le monde gardait-il le silence.

Les clairons, par trois notes, donnèrent le signal d'avancer.

Le cercle se mit en marche.

Au bout de vingt minutes, on entendit un premier coup de revolver, puis un grondement furieux.

C'était Bois-Rude qui avait affaire à un bravo.

Le combat fut court et terrible.

L'ours blessé chargea.

Le trappeur reçut un coup de griffe qui lui déchira la poitrine et mit deux côtes à nu; mais l'ours tomba percé d'un coup de couteau qui lui traversa le cœur.

Bois-Rude, vers lequel on accourait, but un large coup, montra l'ours en souriant et dit :

— Il est mort !

Et comme on voulait le conduire aux docteurs, il commanda : En avant ! ajoutant en manière de conseil à ses hommes :

— Voilà comme ça se fait.

Puis, comme s'il ne lui fût rien arrivé, il continua à pousser à travers les massifs.

Mais de tous côtés on entendit vibrer les coups de feu.

Les cris retentissaient :

— A l'aide !

A moi !

— Deux par ici !

— Garde à vous autres, sur la gauche ! le taillis s'agite.

— Feu ! sacrebleu ! feu !

Et les grondements des fauves formaient une basse sinistre à ce concert de clameurs.

On se jetait des nouvelles.

— Avez-vous vu le *grand-père?*

— Pas encore.

— Bois-Rude est blessé.

— Gravement ?

— Non ; il marche.

— Ce n'est pas une raison.

« Tant qu'il aura une goutte de sang dans les veines et une larme de rhum dans sa gourde, il ira.

— Cependant on dit qu'il n'est qu'égratigné.

« Deux côtes à découvert.

— Alors ce n'est rien.

— Le comte a tué un ours.

— Ah !

— Il tire si bien le revolver !

— Mais c'est au couteau.

« Il a abordé la bête crânement, sans tirer.

— Bravo !

— Oui, c'était un bravo !

— Imbécile !

« Je dis bravo, vivat !

— Aïe ! Au secours !

— Tiens bon !

. . . .

Et, sur d'autres points, d'autres nouvelles.

— Le colonel est tombé dans une fosse.

— Pauvre colonel d'Éragny !

« Toujours des aventures désagréables.

— Il y avait deux ours dans le trou.

— Alors le colonel est mort ?

— Non pas.

— Il a tué un ours, et Burgh a abattu l'autre de deux coups de revolver, mais le colonel est blessé.

— Ce vieux a du nerf.

— Il paraît qu'il est tombé à califourchon sur l'une des bêtes, et qu'il lui a planté son couteau entre les deux épaules.

« C'est crâne.

— On appelle.

— Diable !

« Voilà Sans-Nez sous un ours.

— L'ours se relève et retombe. Hurrah !

— Tiens, Sans-Nez n'a rien !

— En voilà un farceur qui a de la chance.

Et la chasse continuait, et les ours tombaient.

Mais point de traces du *grand-père.*

Et la forêt retentissait plus que jamais des coups de feu.

Mais grand bruit aussi en plaine.

Les deux docteurs avaient suivi la chasse, comme c'était leur devoir ; mais ils s'étaient bien gardés d'entrer dans le bois ; la science, cette science à laquelle leurs personnes étaient si chères, la science les retenait à la lisière de la dangereuse forêt.

Quand nous disons la lisière, nous nous trompons encore, car ils étaient loin, le plus loin possible de la portée des balles du *grand-père*.

On connaît la devise des deux savants :
— Tout pour la science... mais sauvons notre peau.

Et ils avaient établi une espèce d'ambulance au pied de ce tertre en haut duquel Tomaho, le géant, attendait un coup de clairon d'appel pour se précipiter dans l'arène.

Chaque docteur avait son infirmier portant la boîte aux instruments et aux médicaments.

A l'encontre des deux maîtres, les deux serviteurs s'entendaient admirablement ensemble,

Du Bodet et Simiol faisaient ménage ensemble.

La même tente abritait les deux savants.

La même table aurait dû les réunir ; mais en réalité elle les divisait, car c'était à l'heure des repas que les disputes étaient vives.

Les infirmiers se gardaient bien d'avoir des querelles.

Ces deux hommes étaient gens d'humeur pacifique, de ceux que l'on s'étonne souvent de voir dans des expéditions aventureuses.

On se demande comment des natures aussi tranquilles se fourrent dans de pareilles échauffourées.

Ils sont là comme le brin de paille dans le tourbillon.

Sans volonté, sans but, ils vont où le vent les pousse ; un souffle les porte ici ou là.

Les deux infirmiers se trouvaient à Austin, sans emploi, lors de l'expédition.

On recrutait ; ils se laissèrent recruter par M. d'Éragny.

L'un était un cuisinier, Français, cela va sans dire : tous les cuisiniers sont de France.

Bon tempérament de Tourangeau réjoui, gai, tranquille, amateur de bonne chère et de bonnes bouteilles. Excellente pâte.

L'autre était un Suisse, horloger de son état, partant de mœurs douces et sédentaires.

Comment tous deux avaient-ils quitté leur patrie ?

Le Suisse, gros blond, nature plantureuse, face large et placide, était incapable de se livrer à de profondes combinaisons pour trouver de l'ouvrage.

Il en manquait à Paris, où tous les ouvriers suisses viennent chercher du travail ; il entendit parler des compagnies d'émigration et il alla y signer un engagement.

Il vint débarquer à San-Francisco, y fut mêlé à des aventures singulières et une bourrasque d'événements le conduisit jusqu'à Austin.

Cet homme, au milieu de péripéties vraiment émouvantes, avait toujours conservé un flegme étonnant.

Il laissait aller les choses et se laissait aller avec elles.

En sa qualité d'horloger, il était armurier fort habile et M. d'Éragny l'avait engagé comme tel et aussi comme mécanicien.

Ce garçon avait une douce manie ; il cherchait le mouvement perpétuel ; c'est la folie de presque tous les horlogers.

Peut-être cette constante préoccupation contribuait-elle à lui donner un sang-froid inouï.

Un jour il expliquait à un ingénieur américain une idée de mouvement perpétuel.

C'était absurde, mais il y avait quelque chose dans les combinaisons du Suisse.

Le Yankee prétendait qu'il pourrait tirer une application nouvelle d'un principe mécanique : aussi était-il tout oreilles.

Le vapeur filait à toute vitesse sur le Mississipi.

Tout à coup, il heurta un amas de troncs d'arbres retenus au fond de l'eau par la vase et des amoncellements d'herbes ; accident fréquent aux États-Unis dans la navigation fluviale.

Le choc fut violent : le vapeur s'entrouvrit et sombra.

Le Suisse, nageur hors ligne, et l'Américain, plongeur de profession en même temps qu'ingénieur hydrographe, gagnèrent la rive.

Le premier mot du Suisse en touchant terre fut :
— Je vous disais donc que, grâce à un pignon, la transmission...

Et il continua sa démonstration, que le

Yankee écouta avec un soin, une attention extrêmes.

Ce garçon extraordinaire avait horreur de la lutte.

Raccommoder des fusils, très-bien ; s'en servir, jamais.

Et il s'était fait infirmier.

Lâche, il ne l'était guère.

Il ne se serait pas dérangé pour éviter une balle.

Quant au cuisinier, son histoire était tout aussi singulière.

Il était de ces paysans qui ont une répulsion invincible pour le service militaire.

Ne pouvant se faire remplacer, il avait quitté la France.

Un musicien trouve toujours le moyen de fricoter.

Notre homme obtint passage à bord d'un paquebot en partance pour l'Amérique, à la condition qu'il aiderait au chef pendant la traversée.

A San-Francisco, l'on fait peu de cuisine ; pour dire mieux, on faisait... car aujourd'hui tout est changé en cette ville.

Mais une caravane partait et Jean-Louis y trouve un emploi de *marmitier*.

L'état lui plut.

Le marmitier a un fourgon sur lequel il est transporté en même temps que ses marmites et autres ustensiles culinaires.

On voyage ainsi assez agréablement.

Point d'autre peine que de surveiller en arrivant la cuisson des mets, et l'on fait travailler les sous-marmitiers, qui d'ordinaire sont des nègres.

Jean-Louis avait donc pris goût à cet état.

Courir la *prairie* avec les roues d'un bon wagon et les jambes nerveuses de deux paires de bœufs, cela plaisait fort au Tourangeau.

Non qu'il fût poltron.

Se battre lui allait moins.

On l'avait vu faire le coup de feu avec une gaieté de bon aloi dans une circonstance critique.

Mais il était paresseux, comme tout bon Tourangeau.

Ce qui l'ennuyait dans la lutte, c'était le mal qu'il fallait se donner pour tuer et se défendre.

Donc il avait demandé au colonel la place de marmitier.

Elle était prise.

Jean-Louis se résigna à s'engager comme squatter, mais il souhaitait fortement le trépas du *marmitier*, aspirant à le remplacer.

Il était dans ces disposition quand les docteurs demandèrent chacun un infirmier.

Jean-Louis se présenta.

Il se chargea naturellement de la cuisine des deux savants, qui n'eurent qu'à se louer de ses sauces.

Une douce sympathie s'était établie entre Jean-Louis et Kruchmayer, le Suisse; ces deux hommes étaient faits pour se comprendre.

Donc, en partant pour cette expédition, Jean-Louis avait songé qu'une petite collation sur l'herbe, pendant la chasse, ne serait point mal accueillie ; et il avait emporté à cet effet du jambon de sanglier, précieux morceau, ménagé jusqu'alors.

Il avait accompagné le dit jambon de menues choses fort agréables, et il avait servi.

Pendant que l'on se battait contre les ours dans le fourré, les deux docteurs et les infirmiers mangeaient.

Et nécessairement les deux savants se disputaient.

Le *grand-père* était le sujet de la querelle très-vive, du reste.

— Mon cher confrère, disait Simiol, vous avez une manie singulière et bizarre : vous niez tout ce qui n'est pas officiellement reconnu.

« Parce que tel auteur, accepté par l'Académie, avance un fait, vous concluez à son authenticité.

« Dès lors, c'est fini.

« Qu'un voyageur raconte ce qu'il a vu, du moment où il n'est point correspondant de l'Institut, il ne mérite aucune créance.

» C'est absurde.

« Vous ne croyez pas à cet ours.

= Je crois que l'on exagère ! fit du Bodet. Il n'est ni si vieux, ni si grand, ni si fin qu'on l'affirme.

« Dans les animaux, les espèces se développent normalement.

« On ne voit point parmi eux des géants

LE SECRET DU DOMPTEUR

par rapport aux individus de même genre.

« Et, si j'en croyais Tomaho, le grand-père aux ours serait presque aussi long que Tomaho est haut.

« Absurde exagération !

« Cela nous reporterait au grand ours des cavernes des temps préhistoriques.

— Et quand cela nous y reporterait ! s'écria Simiol.

« Où serait le mal ?

« Ne peut-il se faire qu'ici, en pleine sauvagerie, la race des grands ours de cavernes se soit perpétuée ?

« M. Burgh, le capitaine, un Anglais solide, point porté à mentir, un homme sérieux enfin...

— Heu ! fit du Bodet.

48ᵉ LIVRAISON

— Allez-vous attaquer l'honneur de M. John Burgh ! s'écria le petit Simiol enchanté de faire une mauvaise affaire à son confrère.

— Permettez, dit du Bodet, je n'attaque en rien ce gentleman.

« Je dis seulement que scientifiqueme son témoignage est sans poids.

— Sur la taille d'un ours ?

— Sur tout.

— Alors il a mauvaise vue ?

— Ce n'est pas un savant.

— Mais il a vu l'ours !

« Mais il a l'habitude des choses !

« Mais il prétend que l'ours a près de trois mètres.

— Trois mètres ! fit du Bodet en riant ; il

48

faudra en rabattre d'un tiers, mon cher confrère.

« On verra cela tout à l'heure, si l'on voit quelque chose.

— Alors vous en venez à nier même l'existence de cet ours?

— Je ne nie rien.

« J'attends.

— Vous savez que l'ours des cavernes atteignait quatre mètres et plus ; celui-ci serait dégénéré à trois mètres.

— Quelle rage de vouloir retrouver vivants des animaux dont on n'a jamais vu que les squelettes!

— Quoi d'étonnant à ce que, dans certains cas et dans certaines conditions exceptionnelles, une espèce perdue, disparue, se reforme?

« Darwin a établi une théorie qui permet...

— Darwin, un révolutionnaire infâme en fait de science, un cerveau brûlé, un fou, un saltimbanque !

— Monsieur, je ne vous permets pas de parler ainsi d'un homme...

Et la conversation dégénéra en menaces de voies de fait.

Pendant que les deux docteurs se menaçaient, allant jusqu'à s'armer de leurs bistouris, leurs infirmiers dévoraient le jambon auquel les deux savants avaient à peine touché.

La dispute devint de plus en plus ardente entre les deux savants pendant que leurs domestiques faisaient bombance.

La chasse cependant avait continué ardente et se poussait à fond ; mais, à la grande stupéfaction des trappeurs, pas de grand-père aux ours.

Les batteurs se rejoignirent de toutes parts, se touchèrent enfin.

Point, décidément, point de grand-père.

S'était-on trompé?

Avait-on vu de fausses pistes ?

Non.

Des hommes comme Bois-Rude, Sans-Nez, Burgh, Tête-de-Bison ne pouvaient errer en matière de chasse.

Sûrement, certainement, indubitablement, d'après le pied, les laissées, les foulées, d'après les indices les plus sûrs, il y avait un ours énorme en forêt et il s'était dissimulé.

Le comte en plaisantait.

Il regarda tous les chasseurs qui, appuyés sur leurs carabines, fatigués, haletants, se montraient étonnés et dépités.

Il se mit à rire.

— Holà! gentlemen, dit-il, pas de *grand-père!* c'était une fable.

Et le colonel en riait.

Et un certain nombre de squatters de M. d'Éragny en riaient aussi.

Et les chasseurs étaient furieux.

Tête-de-Bison, dont on connaît les susceptibilités brutales, ne put se contenir.

S'avançant brusquement, il brandit sa carabine, en frappa le sol brusquement et s'écria :

— Par tous les diables! je vois des hommes qui ont deux mois de prairie se gausser de nous, vieux trappeurs qui courons la plaine depuis vingt ans.

« C'est insensé, et il faut être fou ou idiot pour nier la présence de l'ours !

« N'avons-nous pas mesuré l'empreinte fraîche ?

« Un seul des ours tués a-t-il une patte à remplir cette empreinte?

« Il y a donc un grand ours, un père, un *grand-père*, un vrai *grand-père*, sous bois

« Seulement il est caché.

« Je souhaite que ceux qui ont l'air de se moquer de nous tombent sous sa griffe, et j'ajoute que si quelqu'un, quel qu'il soit, me rit au nez, je lui envoie un coup de tête en pleine figure.

— Et moi, dit Burgh (Main-de-Fer), j'aplatis à coups de poing les mufles des moqueurs.

Le Vieux s'avança, car le comte pâlissait de colère ; car M. d'Éragny caressait ses pistolets ; car les squatters devenaient menaçants et les trappeurs furieux.

Le Vieux était toujours écouté, plus que jamais même, depuis qu'on le savait prêtre.

Il étendit le bras et dit solennellement :

— Tête-de-Bison, tu es par instants comme un buffalo que la vue d'un chiffon rouge met en fureur.

« Ne pouvais-tu attendre?
« Tout à l'heure, quand le grand-père mangera quelqu'un, ceux qui ont ri pâliront. »
Puis aux squatters :
— Vous êtes jeunes dans la prairie, vous ne devriez pas rire.
« Tout le monde a tort. »
C'était vrai : chacun le sentit.
— Que ce soit fini! dit le Vieux; recommençons la battue avec soin.
Mais, comme il disait cela, on entendit en plaine des cris terribles.
On se précipita.

Voici ce qui s'était passé.
L'ours *bravo*, le *grand-père*, un vrai *grand-père*, mesurant de deux mètres soixante à deux mètres quatre-vingts, un ours monstrueux, avec mèche blanche au front, était réellement en forêt.
Mais l'animal rusé s'était admirablement caché.
Il avait trouvé une excavation, s'y était enfermé, l'avait bouchée avec des pierres moussues, et personne ne s'était douté de sa présence.
La battue avait passé...
Une fois qu'il avait jugé les chasseurs à bonne distance, le *grand-père* s'était glissé vers la plaine.
Il avait aperçu les deux docteurs et leurs infirmiers; avec la rouerie qui fait le fond du caractère des vieux ours, il avait songé à surprendre ces ennemis qu'il flairait peut-être peu redoutables.
Ces sortes d'ours ont toujours donné des preuves d'une intelligence extraordinaire, et ils se sont montrés à la hauteur des plus fins chasseurs.
L'animal s'était donc sournoisement glissé vers les disputeurs, rampant et se dissimulant.
Il était donc à cinq cents pas des docteurs environ.
Et, chose étrange! chacun des dignes savants appelait l'animal.
— Oui, disait Simiol, oui, je vous démontrerai qu'il doit avoir, qu'il a tous les caractères du grand ours des cavernes.
— Et moi aussi, disait du Bodet avec l'impatience d'un homme qui désire une chose ardemment; moi aussi, je voudrais qu'il fût là.
« Vous seriez convaincu de votre absurdité. »
En ce moment, une voix puissante cria à pleins poumons :
— Garde à vous !
« L'ours est sur vous ! »
Et la même voix faisait trois appels vibrants, aussitôt entendus en forêt, car bientôt les chasseurs débouchèrent en courant dans la prairie.

Mais, à l'avertissement donné, les docteurs et leurs infirmiers s'étaient levés avec effroi.
Le *grand-père*, appelé par les deux savants, se précipitait et il allait d'un maître trot qui promettait des merveilles de célérité.
Étrange animal qu'un savant!
Les deux docteurs demandaient un ours; il se montrait, il poussait même la complaisance jusqu'à accourir, et on reconnaissait tant d'à-propos et de courtoisie par une fuite précipitée.
Mais le *grand-père* gagnait, gagnait d'une façon prodigieuse.
Les quatre fuyards ressemblaient à des gens qui font joûte sur un terrain de courses : c'était à qui dépasserait l'autre.
D'instinct, ils pressentaient que l'ours ne saisirait que le dernier et n'aurait le temps de tuer que celui-là.
Dès lors chacun voulait laisser le voisin en arrière.
Dans ce steeple-chase, du Bodet prit l'avance, puis Simiol qui, tout petit qu'il fût, semblait avoir des ailes aux pieds.
Il détalait comme un lièvre.
Mais le Tourangeau et le Suisse n'allaient pas de ce train.
Bientôt même la distance entre eux et l'ours se raccourcit considérablement, et il fut évident qu'ils seraient atteints avant cinq minutes.
En regardant derrière eux, ils purent le constater.
Le Suisse n'était pas poltron; le Tourangeau n'était point lâche; ni l'un ni l'autre n'aimait à tant courir.

— Camarade, fit le Tourangeau, ça m'ennuie de jouer des jambes, d'autant plus que la bête nous attrapera.

— C'est ce que je pensais ! dit le Suisse.

Et ils s'arrêtèrent bravement et firent volteface.

Tous deux saisirent leurs fusils.

C'était crâne.

Aussitôt, de loin malheureusement, des cris d'encouragement arrivèrent à ces deux braves gens.

La troupe des chasseurs, tout en courant, applaudissait.

Les deux infirmiers mirent leurs revolvers rapidement en état et préparèrent leurs couteaux de chasse; puis ils armèrent leur carabine.

Le Suisse soufflait et le Tourangeau haletait; mais c'était une question de fatigue, non de peur.

Vraiment ces deux hommes montrèrent un certain calme.

— Je tire mieux que vous, camarade, dit le Suisse; je lâcherai mon coup le premier et j'épuiserai les balles de mon fusil [1].

« Ensuite ce sera votre tour.

— Ça va ! dit le Tourangeau.

Mais il ajouta :

— On dit que les balles ne font rien sur cette bête.

— Essayons toujours ! fit le Suisse un peu pâle, mais déterminé.

Le *grand-père* s'avançait, mais plus lentement.

Deux ennemis arrêtés lui donnaient une prudence relative.

Toutefois il allait d'un pas encore très-accéléré.

C'était en somme une bête immense, effroyable, un de ces monstres comme il en fut sur terre avant le déluge.

Il s'avançait, soufflant, empestant, et enveloppé d'une sorte de buée causée par la sueur fumant sur son corps, et formant un nuage empourpré.

Les grondements de l'animal étaient terribles ; la terre sonnait sous sa marche pesante.

Il faisait des enjambées qui semblaient démesurées aux chasseurs venant de la forêt et se désespérant de ne pouvoir secourir à temps les deux hommes attaqués.

Ceux-ci ne faisaient pas trop mauvaise contenance ; mais on les jugeait perdus.

On trouvait ignoble la conduite des deux savants.

— Monsieur, disait le colonel au comte d'Éragny, il faudra faire fusiller ces deux docteurs.

« Leur lâcheté est infâme.

— Si je n'avais pas besoin d'eux, dit le comte, je suivrais votre conseil; tant de couardise soulève le cœur !

Et l'on se précipitait.

Mais l'ours allait si grand train !...

Un incident survint.

Le docteur du Bodet, en courant, se remit peu à peu.

Il regarda derrière lui et vit les deux infirmiers qui faisaient tête contre la bête ; il s'arrêta et arrêta net Simiol qui, saisi par le bras, se débattit vivement en disant :

— Voulez-vous bien me lâcher !

« Êtes-vous fou?

« Fuyons !

— Mais, dit du Bodet, vous ne voyez donc pas ?

— Je vois l'ours.

« Détalons.

— Et nos infirmiers !

— Au diable !

« Qu'ils s'arrangent.

« Lâchez-moi donc !

— Mais ils tiennent, eux !

« Ils font face à l'ours.

— Ils se sacrifient pour nous !

« C'est leur devoir !

« L'intérêt de la science les excite.

« Me lâchez-vous, à la fin?

— Fuir maintenant et abandonner nos gens est une honte ! insista du Bodet avec bel élan.

« Je vais à eux.

— Et moi, je me sauve.

— Non, monsieur.

---

1. On sait que les chasseurs avaient des fusils à répétition qui contiennent dans la crosse seize balles, lesquelles peuvent être tirées successivement.

« Je vais m'exposer, mais vous me suivrez.

« Je ne veux pas que, moi mort, vous recueilliez tous les fruits de ce voyage sans vous être exposé. »

Et du Bodet traînait Simiol.

— Je proteste ! hurlait le petit homme avec colère.

« Vous voulez vous débarrasser de moi en me jetant sous les griffes de l'ours ; c'est un assassinat. »

Du Bodet, livide, il est vrai, très-ému, mais déterminé, jeta son petit rival sur son dos et l'emporta avec lui au secours des infirmiers.

C'était beau, c'était grand, c'était noble et touchant.

Le colonel dit du fond du cœur :

— Voilà un brave homme !

Et les chasseurs, qui avaient vu et compris, poussaient des hurrahs.

— Mes enfants, dit du Bodet en jetant à terre, près des infirmiers, maître Simiol, nous venons combattre avec vous.

Et il tira froidement de sa ceinture un revolver.

L'ours n'était qu'à cinquante pas environ.

Simiol poussa un cri d'horreur en le voyant si près et voulut filer ; mais du Bodet lui dit :

— Monsieur, un pas en arrière et vous êtes mort !

Simiol gémissant, affaissé, demeura en place.

Cependant les chasseurs criaient à tue-tête :

— Tomaho !

« Où est le Cacique ?

« Ohé ! Tomaho ! »

Et les clairons sonnaient à s'époumonner le *rappel* et la *vue*.

Tomaho ne se montrait pas.

Grande surprise pour tout le monde.

Les docteurs et leurs infirmiers avaient à leur gauche un bouquet d'arbres que l'ours longeait.

Le Suisse jugea le moment de commencer le feu.

— Je tire, dit-il.

« A la grâce de Dieu. »

Il avait de l'eau sur le front, mais ne tremblait pas.

Il visa et épuisa quinze balles en trente secondes.

L'ours ne tomba point.

Il précipita sa marche en hurlant de tous ses poumons.

A quinze pas, le Tourangeau tira.

Le Suisse et le docteur déchargeaient en même temps leurs revolvers ; c'était un feu roulant.

Cette scène se passa avec une rapidité inouïe.

La fumée enveloppait les combattants; on ne vit bientôt plus rien.

Et les chasseurs, courant toujours, criaient plus que jamais :

— Tomaho, à l'ours!

Et Tomaho parut.

Au moment où, selon sa coutume, l'ours allait se lever pour se jeter debout, bras ouverts, sur ses adversaires débusquant du bois, Tomaho parut à dix pas à peine derrière la bête.

Et l'on vit la tête du géant dominant le nuage de fumée au milieu duquel se voilaient les péripéties de la lutte.

Le feu venait de cesser faute de munitions.

Du Bodet avait saisi son bistouri et les infirmiers leurs couteaux ; les armes déchargées étaient à terre.

L'ours se jetait en avant, gigantesque sur ses pattes de derrière, velu et écumant.

La fumée se leva rapidement, n'étant plus nourrie par la fusillade; les chasseurs avaient enfin gagné du terrain, et ils virent...

Ils virent d'abord Simiol à plat ventre et faisant le mort ; puis du Bodet une main sur sa croix, l'autre tendue et armée de son ridicule bistouri.

Le docteur avait une attitude tragico-comique ; il se drapait dans sa dignité pour mourir en héros classique et officiel.

C'était bête, mais sublime.

Sans-Nez s'en arrêta pour rire.

Le Suisse se ramassait sur lui-même et ne fléchissait point ; il s'était enfin irrité et grondait comme l'ours.

Le Tourangeau aussi était en colère, exaspéré d'être obligé à tant d'efforts.

Il jetait des insultes à l'animal qui, hésitant entre ses trois piètres adversaires, se balançait avec un dandinement grotesque, mais néanmoins menaçant.

Le déplacement de cette masse énorme à droite et à gauche attestait une force inouïe.

Et Tomaho marchait sans armes à son adversaire.

Il faisait signe aux chasseurs de ne pas bouger.

Au moment où l'ours, passant par-dessus Simiol, s'apprêtait à tomber sur le Suisse, le géant, qui était arrivé à portée de l'animal, prit bien ses mesures et lui envoya avec une évidente satisfaction un coup de pied au derrière qui fut si rudement appliqué, avec un tel bonheur, par une telle détente de jarret, par le brave Cacique, que l'ours fut presque soulevé de terre et qu'il tomba sur ses pattes de devant.

Ce coup inattendu changea en un clin d'œil l'aspect de la scène, qui devint extrêmement comique.

Tomaho se retourna enchanté et dit aux chasseurs :

— Que personne ne bouge !

Il avait l'air ravi et il se frottait les mains.

Le *bravo* se retourna en soufflant avec une colère dont rien ne peut donner idée.

Et Tomaho jeta au Suisse, qui voulait faire diversion, cette défense :

— Laissez-le !

« C'est de moi à lui.

« Du reste, j'ai à lui parler. »

Alors se passa une série d'incidents qui désopilèrent la rate des chasseurs.

L'ours combat debout ; mais alors il ne peut pas marcher aussi vite qu'à quatre pattes.

De plus, le bravo était inquiet pour son derrière.

Le Suisse, du Boêet, le Tourangeau ne laissaient pas que de le préoccuper assez vivement.

Puis Tomaho, qui le dépassait des épaules et de la tête, lui apparaissait comme un adversaire à craindre.

Peut-être aussi le *grand-père* se souvenait-il de sa polissonnerie et sentait-il que Tomaho serait impitoyable.

Toujours est-il que, dressé, il ne chargeait pas le géant et retournait souvent la tête derrière lui.

Tomaho profita de cette indécision pour adresser un speech à son ennemi.

— Père des ours, lui dit-il, tu as de l'âge et tu t'es conduit avec moi comme un polisson (muchacho).

« Je n'aurais jamais cru qu'un vieillard comme toi, à poils blancs, offenserait un guerrier.

« Tu pouvais me frapper, mais lever la patte et souiller ma figure, ce n'était pas se conduire en guerrier.

« Tu ne t'étonneras donc pas que je t'insulte à mon tour. »

Et le géant envoya en pleine gueule à l'ours un jet de salive qui déshonora la face de l'animal et se mêla à sa bave.

On eût dit que le *grand-père* sentait l'offense.

Les rires des chasseurs, leurs moqueries, l'excitaient.

Il prit son parti et fit deux enjambées sur Tomaho.

Le géant avait encore quelque chose à dire ; aussi, retardant la suprême étreinte, allongea-t-il à son adversaire un maître coup de poing en pleine poitrine.

L'ours joignit ses deux pattes de devant par un geste semblable à celui d'une personne qui veut saisir une balle au bond ; mais il ne prit que le vide et, chancelant, recula d'un pas.

Ce furent alors des trépignements de joie parmi les chasseurs et un concert assourdissant de bravos frénétiques.

Tomaho profita d'un court répit pour dire encore au *bravo* :

— Tu es un sorcier et jusqu'ici tu as lâchement, par maléfices, paroles secrètes, trucs et appareils cachés, vaincu tous tes ennemis.

« Ce n'est pas brave.

« La balle ne pouvait rien sur toi et ta victoire était facile.

« Mais c'est fini, vil et déloyal vieillard, qui abuses depuis si longtemps de tes maléfices !

« Je te prédis **que tu vas mourir dans** mes bras.

« Je ne regrette qu'une chose, c'est d'être obligé de toucher à une bête immonde comme toi. »

Et, sur cette belle péroraison, le géant s'assura sur le sol, car l'ours venait à lui.

Cette fois, les rires cessèrent et une poignante émotion s'empara de tous.

On savait combien est redoutable l'étreinte de l'ours.

Le *bravo*, poussant un dernier grondement, tomba les bras ouverts sur Tomaho, et les deux adversaires s'enlacèrent comme des lutteurs.

Ce fut une courte lutte.

On entendit la chair du géant claquer sous les soufflets qu'appliquèrent les griffes du *bravo* en se plaquant sur les flancs du colosse avec une force de projection énorme.

Mais déjà Tomaho avait fait de ses bras une ceinture autour de la poitrine du monstre.

On entendit comme un bruit d'os brisés ; les os de l'ours craquaient.

On l'entendit râler, on le vit essayer d'un suprême effort, puis lever le museau vers le ciel et détacher ses griffes.

On remarqua que ses bras, plus courts que ceux du géant, avaient le désavantage de ne pas ceindre la taille de celui-ci.

De là déperdition des forces.

Tomaho, par une secousse violente, acheva de comprimer les poumons de la bête dans les côtes défoncées, puis il lâcha le *bravo* qui tomba mort.

Des cris tumultueux saluèrent cette chute.

On se précipita.

Mais Tomaho fit un geste qui arrêta tout le monde.

Gravement, le brave géant vint se placer au-dessus de la tête de l'ours et il appela Sans-Nez qui accourut.

On s'étonnait.

— Siffle ! dit Tomaho à son ami.

— Pourquoi ça ? fit Sans-Nez.

— Siffle comme pour un cheval quand on veut le faire uriner.

— Oh ! fit Sans-Nez, elle est bien bonne, cette farce-là !

Et il siffla *comme pour les chevaux*.

Alors le géant, au milieu de l'hilarité de tous les chasseurs, rendit avec usure à son ennemi mort l'outrage liquide qu'il en avait reçu quelques années auparavant.

Simiol, couché à deux pas de là, évanoui de peur, se releva en se sentant baigné par une mare qui se forma sous lui.

— Que de sang ! dit-il d'abord.

Mais au flair il reconnut qu'il se trompait.

On le hua beaucoup et on le bouscula un peu ; il se retira en jurant de protester dans un journal, ce à quoi personne ne prit garde.

Quant à Tomaho, il se remettait aux mains de du Bodet ; car sous les griffes du *grand-père* deux ecchymoses énormes (plaies contuses) s'étaient formées.

Du Bodet eut l'honneur de panser le géant.

Et Tomaho lui fit cette confidence :

— Vous ne pouvez pas vous figurer, lui dit-il, combien cet animal pue de la gueule.

« Il cherchait à me faire perdre la respiration en me soufflant son haleine dans le nez. »

Et, de fait, les ours ne sentent pas la rose.

La chasse était finie.

Les ours furent chargés sur des wagons ; mais Sans-Nez eut une idée facétieuse.

Il fit placer le *grand-père* sur un chariot qu'on orna de branchages et de fleurs ; on assit l'ours comme un cocher.

Il fut couronné de feuillage, on lui mit des guides aux pattes et il eut l'air de conduire les bœufs.

Tomaho fut placé à côté de son adversaire et on se mit en marche vers le camp en chantant et en tirant des salves.

Par ordre du comte, l'arrivée au bivac fut saluée à coups de canon, et Tomaho eut, dans sa vanité naïve, les enivrements d'un triomphe solennel.

Conception fut plus fière que jamais de son mari.

Grande fête le soir.

Festin de pattes d'ours.

Danses et chansons.

Mais les chasseurs firent de telles réflexions sur le ménage Tomaho (et ils pouvaient parler en connaissance de cause pour le géant), que nous nous abstiendrons de toute description.

CHAPITRE LXIV

LES SAUTS PÉRILLEUX

Le lendemain de la grande chasse à l'ours, le comte ordonnait qu'une partie des chasseurs retournerait à la forêt pour prendre des provisions de miel, et que le reste de la troupe préparerait la viande des animaux tués la veille.

Puis, ces soins pris, il tint conseil avec les principaux chefs sur le prochain départ.

— Gentlemen, dit-il à ses officiers, voici notre situation :

« Les Apaches sont dans une telle démoralisation, que leur prétendu Messie n'obtiendra plus d'eux de s'opposer à notre passage.

« Je crois que de ce côté nous n'avons que peu de chose à redouter. »

En ce moment, l'on annonça un messager. Le comte ordonna qu'il fût reçu par les avant-postes et conduit auprès de lui.

Et il reprit :

— Ou je me trompe fort, ou cet Indien vient nous proposer la paix.

En effet, le cavalier apache venait de la part de la reine.

Celle-ci envoyait une lettre à M. de Lincourt.

Le comte en donna connaissance au conseil.

— Ce que j'avais prévu, dit-il, se réalise.

« La reine a repris le commandement de la nation depuis que tant de mésaventures sont arrivées aux Indiens.

« Elle m'annonce qu'éclairée par les leçons que nous avons infligées aux siens, elle ne s'oppose plus à notre marche.

« Elle nous prie d'oublier le passé.

— Alors, dit M. d'Éragny, je bénis le ciel.

« Mon cœur saignait d'avoir pour adversaire l'homme auquel ma fille doit la vie.

— Cet homme, dit M. de Lincourt, a perdu tout prestige à cette heure, et il n'obtiendra plus l'obéissance des Apaches.

Il se mit à écrire une lettre à la reine pour lui proposer une entrevue au delà du désert et y traiter définitivement de la paix.

Pendant qu'il rédigeait sa missive, les trappeurs se félicitaient de la tournure que les choses avaient prise.

Mais, la lettre expédiée, le comte reprit :

— Nous allons traverser le désert avec une sécurité relative quant aux Indiens ; mais plusieurs d'entre vous ont attiré mon attention sur un fait : la présence d'un certain drôle, nommé la Couleuvre, qui nous observe depuis un certain temps et que l'on a vu caracoler autour de notre camp.

(Voir notre gravure.)

— Chaque fois, dit Tête-de-Bison, que la Couleuvre s'est montré autour d'une caravane, elle a été pillée par les pirates de la savane.

— Je ne comprends point, dit le comte, que l'on n'ait pas encore fusillé ce coquin.

— Monsieur le comte, dit le *Vieux*, qui assistait au conseil, je crois devoir vous faire observer que tous les soupçons ne valent pas une bonne preuve.

« La preuve manque contre la Couleuvre.

« Or, nous autres trappeurs, pour rien au monde nous ne voudrions exécuter un homme sans une certitude absolue de sa culpabilité.

— Et vous ne le surveillez pas ?

— C'est une couleuvre qui glisse sous l'herbe.

« Personne ne sait mieux se dérober.

« Espérons, dit M. de Lincourt, que cette fois il laissera trace de ses intrigues. »

Les trappeurs parurent douter que la Couleuvre se fît jamais prendre.

Le comte reprit la parole.

— J'ai, dit-il, à résumer la situation, et, selon moi, la voici :

« Nous n'avons plus à craindre que les pirates de savane.

« Or nous sommes gens solides et bien armés.

« Je crois que, si nous savons nous tenir sur nos gardes, jamais un troupeau de bandits pareils ne nous vaincra.

— C'est notre opinion à tous ! dit Tête-de-Bison, si nous sommes assez fins pour éviter les embûches.

« Mais la Couleuvre sait combiner des plans très-habiles. »

Le comte sourit incrédule.

— Messieurs, dit-il, nous avons des vivres pour quatorze jours, et je crois que nous dépisterons fort nos adversaires si nous suivons la marche que je vais vous indiquer.

« Au lieu de traverser le désert en huit jours de part en part, je propose d'allonger la route.

« Le Rio-Colorado tourne les sables pendant un assez long parcours, et je vous propose de longer les bords du fleuve pendant dix jours; puis nous ferons un crochet à droite et nous n'aurons plus que trois journées de marche pour franchir le désert, dont nous aurons contourné la circonférence.

« J'ajoute que sur les bords du fleuve nous avons chance de trouver du gibier.

— Et les rapides ! fit quelqu'un des trappeurs.

— Il y a des rapides, monsieur le comte ! dit Tête-de-Bison au nom de tous.

« Les bords du fleuve, à peu de distance du camp, se resserrent et il coule entre des murs à pic.

« Point d'autres passages que le fleuve même.

« Les montagnes sont inaccessibles aux bœufs et aux chariots; les contourner, cela demanderait bien des jours.

— Mais, les rapides franchis, dit le comte, vous ne voyez pas d'obstacles à notre voyage ?

— Non!... mais!
— Eh bien! messieurs, les rapides ne sont pas infranchissables.

Et, au milieu de la surprise générale, le comte reprit :

— Depuis le jour du combat, j'ai adopté l'idée que m'ont proposée deux squatters, gens du Canada, où les habitants des rives du Saint-Laurent se font un jeu des rapides, qui n'arrêtent jamais la marche de leurs canots.

« Comme je me promenais dans le camp, j'entendis un des squatters disant aux autres: « Si j'étais le comte, je prendrais par le Rio-Colorado et j'éviterais quatre jours sur huit dans la traversée des sables. »

« J'ai engagé ce squatter à m'expliquer son plan et, après vérification, il est praticable.

« Veuillez me suivre, messieurs ; vous en jugerez. »

Les officiers, sur l'ordre du comte, firent prendre les armes à une compagnie ; l'on se mit en marche vers les rapides.

Un fourgon accompagnait.

L'on atteignit la suite de chutes que formait le Colorado à quelque distance du camp de la caravane.

Le fleuve offrait là un majestueux spectacle.

Ses flots, resserrés entre les murs à pic d'une montagne de roche, se précipitaient tumultueusement sur des récifs qui sortaient les uns à fleur d'eau, les autres à une certaine hauteur, et qui entravaient la course du flot.

Autour d'eux, les eaux torrentueuses bouillonnaient avec violence et les couvraient d'écume.

La pente était si rapide que le fleuve se ruait sur les obstacles avec l'apparence d'une masse d'eau qui vient de renverser une digue.

Çà et là, tout le cours était fermé par une seule ligne d'obstacles au-dessous desquels l'eau jaillissait comme par un effort voulu ; le fleuve semblait prendre vie et volonté, tant il se ruait avec une sorte de fureur qui en faisait comme un être animé.

C'est en ces endroits qu'il formait chute.

C'est là qu'il semblait impossible qu'un canot ne sombrât point.

Qu'on s'imagine une barque passant pardessus un barrage d'écluse, et l'on aura une faible idée du danger apparent de la navigation dans ces rapides [1].

Il y avait environ trois cents pas de chutes.

Le comte laissa les trappeurs à leur contemplation devant ce spectacle, et il ordonna à une vingtaine de squatters qui l'avaient suivi de commencer les expériences.

Les squatters tirèrent des fourgons des bottes de jonc, ils les lièrent sous le ventre d'un vieux bœuf malade et condamné qui avait été amené sur le chariot ; ils poussèrent l'animal au courant.

On vit le fleuve s'emparer du bœuf, maîtriser le peu de mouvements que pouvait faire l'animal et le pousser avec une violence telle que l'œil le suivait à peine.

Le bœuf était projeté avec force dans les chutes ; il disparaissait quelquefois, revenait ensuite à la surface, et redisparaissait encore.

— Il passera, dit Tête-de-Bison, mais il sera en morceaux en arrivant dans l'eau tranquille.

Tous croyaient à cette prophétie.

Mais on vit le bœuf, au-dessous des rapides, nager vers la rive et prendre pied ; il était sauf et point endommagé, car tout vieux et épuisé qu'il fût, il se mit à brouter. Le bain parut lui avoir redonné de la vigueur.

— Êtes-vous convaincus, messieurs? demanda le comte.

Les trappeurs étaient stupéfaits.

— Camarades, dit un squatter, nous autres gens du Canada, nous nous faisons un jeu des rapides.

« Jamais une de nos caravanes ne se laisse arrêter par les chutes de cette sorte.

« Vous ignorez cela, ici, dans les prairies du Mexique ; mais fiez-vous à nous

---

[1]. Les canotiers parisiens, nous devons le dire à leur honneur, osent souvent s'aventurer à lancer leurs embarcations sur les barrages de la Seine et de la Marne, et ils réussissent presque toujours dans ces prouesses téméraires.

comme nous nous fions à vous pour ce qui est des choses que vous nous bien ou dans lesquelles vous êtes expérimentés.

« Nous répondons de tout.

— Je crois, Dieu me damne, que le voyage est possible, dit le Trappeur.

« Mais comment fera-t-on passer le matériel ?

— Comme pour le bœuf, dirent les squatters ?

« Tout sera empaqueté de jonc, même les voitures.

« Nous savons comment nous y prendre, et rien ne sera mouillé, nous l'affirmons. »

Sur cette assurance, on retourna au camp en devisant fort gaiement sur les étranges choses que tout le monde serait obligé de faire le lendemain.

CHAPITRE LXV

LE GOUFFRE

La troupe du comte venait de disparaître au loin.

Sur le bord du fleuve, un homme parut : c'était la Couleuvre.

Il souriait.

Bientôt un autre homme se montra : c'était John Huggs.

— Vous avez tout vu, capitaine ? dit la Couleuvre.

« Ma perspicacité n'était pas en défaut, et c'était bien la voie du fleuve que devait prendre la caravane.

— C'est vrai ! dit John Huggs.

« Vous êtes un maître homme.

— Avez-vous donné rendez-vous à vos deux compagnons ?

— Oui... je les attends.

— Ce sont deux forts nageurs et des gaillards résolus.

« Vous connaissez le souterrain, son issue ; vous n'avez rien à craindre puisqu'hier nous avons fait au fond du gouffre la répétition générale.

« Je vous quitte.

— Si vous restiez ?

— Mon cher, vous savez ce que je vous ai dit :

« J'adore la tranquillité.

« J'ai des idées, je les vends, mais je ne les exécute point.

« Bonne chance !

— Bonne nuit, caballero. »

La Couleuvre siffla, un mustang accourut ; le jeune lepero le monta et disparut bientôt à l'horizon.

John Huggs demeura seul aux bords du fleuve.

Il songeait en contemplant les rapides...

L'heure passe vite quand on rêve.

Les dernières lueurs du soleil couchant se sont éteintes subitement.

Pas de lune ; et un épais manteau de nuages dérobe à la terre la fugitive et scintillante lumière des étoiles.

Tout est sombre ! tout est noir !

Sous ces latitudes, les nuits sont admirablement belles, ou effroyablement tristes.

L'air est pesant et chargé d'électricité.

On respire difficilement, et les nerfs semblent autant de fils conducteurs qu'un fluide fait vibrer à contre-temps.

L'épaisseur des ténèbres inquiète.

L'âme la plus forte éprouve des sensations d'indicible émoi.

Qu'y a-t-il, se demande-t-on, dans ces solitudes lourdes, opaques, insondables pour tout œil humain ?

L'immensité du désert, bornée par la nuit, se fait plus vaste dans l'esprit.

Mais bientôt l'imagination s'arrête effrayée dans ses téméraires élans.

Petit, chétif, infime, l'homme redevient homme ; dominé par la nature, il s'incline ; vaincu par les ténèbres, il tremble, s'il n'est point bronzé à ces émotions.

Tout contribue à semer dans l'âme une vague terreur.

Le Colorado roule ses eaux tumultueuses dans un lit semé de rochers, et sa voix est pleine de plaintes menaçantes et de gémissements lugubres.

L'effet de nuit des rapides est encore plus imposant que celui de jour.

Et pour que le lecteur comprenne les scènes étranges qui vont suivre, nous devons décrire en détail les abîmes que forme le Colorado.

Les deux rives du fleuve, nous l'avons dit, sont formées de rocs aux parois verticales et à la base rongée par les eaux. D'énormes blocs surplombants menacent de se détacher, tandis que d'autres forment de hautes murailles aux pentes visqueuses et luisantes dans l'ombre.

Entre ces rives bizarrement accidentées et formées d'éboulements, le fleuve grandit et tourbillonne.

Ses eaux se brisent avec violence sur les rochers; l'écume jaillit et retombe en neige éblouissante malgré la sombreur de la nuit.

Des courants, des tourbillons, des remous se forment, se mêlent, se choquent dans un désordre grandiose auquel les ténèbres prêtent un aspect sinistre.

Puis les rochers deviennent plus nombreux.

Leur masse semble vouloir défier les efforts du fleuve.

Mais les flots, obéissant à la pente qui les dirige, roulent, se précipitent, franchissent l'obstacle, retombent en nappes écumantes pour s'élancer de nouveau.

Bientôt la rapidité des eaux se ralentit quelque peu.

Le banc de rochers, que nous avons signalé précédemment, tient presque toute la longueur du fleuve et forme barrage.

Sur un point, la barrière de granit est ouverte; en cet endroit, une barque habilement dirigée peut franchir le rapide : la force du courant y pousse du reste invinciblement tout objet abandonné. C'est là que le bœuf avait été entraîné, qu'il avait passé.

Mais cet étroit espace ne suffit pas à l'écoulement de l'énorme volume d'eau du Colorado; la masse liquide passe par-dessus les rochers qui lui font obstacle et tombe, avec un bruit de tonnerre, dans un immense gouffre situé à plus de vingt mètres au-dessous.

L'effet produit par la chute d'eau est terrifiant.

Mille bruits divers se réunissent et se confondent pour former un unique et épouvantable grondement.

Le sol est incessamment agité.

C'est un éternel tremblement de terre auquel résistent les amoncellements de rochers qui semblent soudés entre eux.

Le grondement formidable produit par la cataracte est tel qu'on l'entend distinctement à la distance de trois lieues.

Et la puissance d'ébranlement due à la chute d'une telle masse d'eau produit une trépidation sensible dans un rayon de quelques kilomètres.

Que l'on juge des impressions d'êtres humains égarés dans ces solitudes par une nuit sombre et orageuse.

A quelque cinquante mètres du pied de la cataracte, le remous des eaux cesse tout à coup pour reprendre un peu plus loin.

En cet endroit, le fleuve ne paraît plus couler.

L'eau calme et noire ne subit aucunement l'agitation environnante.

Elle semble solide, tant son état stagnant contraste avec les tourbillonnements voisins.

Cette eau d'une tranquillité qui fait peur cache un abîme sans fond !

Des Peaux-Rouges et des coureurs de prairie y ont jeté la sonde sans succès.

Tous les poids sont devenus trop légers.

Toutes les cordes restent trop courtes.

Le gouffre a gardé son secret.

Et les Indiens, dans leur langage imagé, lui ont donné le nom de « Puits sans fin. »

Cet abîme n'occupe pas toute la largeur de la rivière; il est situé en face de l'éboulement qui divise la cataracte en deux parties presque égales.

Des bords du fleuve, on n'aperçoit pas cette section dans le barrage formé par les rochers; on ne voit qu'une seule et immense nappe d'eau tombant avec fracas au milieu d'un nuage d'écume et de brouillard dû à la force du jaillissement des eaux.

De l'étroit espace laissé libre par l'éboulement s'échappe un courant très-rapide et très-encaissé.

Mais il n'y a pas chute.

C'est ce courant qui avait porté le bœuf hors de tout danger.

Le courant longe en quelque sorte le Puits sans fin. »

Puits qui épouvante quand, le jour, on essaie de jeter un regard dans ces profondeurs insondables.

Gouffre qui met de l'effroi au cœur, quand, le soleil ayant disparu, la nuit plane sur ses sublimes horreurs :

La nuit d'un noir d'encre ;

La nuit pleine de rafales et de bruits sinistres ;

La nuit pesant sur la solitude qui se plaint et gémit.

Sur le rocher qu'il a choisi, rocher surplombant au-dessus du « Puits sans fin, » au milieu même de la cataracte, se tient John Huggs.

Deux hommes l'ont rejoint.

Enveloppés par l'ombre, tous trois sont à peine visibles et semblent, dans leur immobilité, faire corps avec la roche qui les porte.

Par instants, leurs pieds trempent dans l'écume blanche des eaux tourmentées. Des jaillissements phosphorescents les environnent ; de vagues lueurs bleuâtres brillent d'un funèbre éclat pour s'éteindre aussitôt, étouffées par l'obscurité.

Huggs tient un bras étendu dans la direction du gouffre dont les eaux calmes se détachent en noir.

John Huggs, d'un geste impératif, fait avancer ses deux compagnons sur le bord du rocher.

Et leur désignant le gouffre :

— Regardez ! dit-il.

« Distinguez-vous ce cercle blanchâtre ?

« C'est la ligne d'écume qui borde le Puits sans fin. »

Les deux hommes reculent.

Ces grands bruits, cette immense agitation et par-dessus tout le vide, l'inconnu au milieu du chaos, tout les terrifie.

— C'est effrayant, murmura Basilic le lieutenant.

Le troisième pirate ne souffla mot, mais il recula de trois pas.

La figure de cet homme, aux lignes anguleuses, sa petite tête pointue, justifiaient complètement son nom de la Fouine.

Petit de taille, mince, souple, ses allures tortueuses rappelaient encore celles d'une fouine.

Avec cela, circonspect, prudent, il marchait au danger en seconde ligne, savait profiter d'un bon coup sans rien risquer, se montrait cruel en toute occasion, et savait se faire pardonner ses défauts par ses camarades de rapine en achetant leur reconnaissance au moyen d'un service rendu à propos.

Ce portrait n'est pas flatté, mais exact.

Les dents de la Fouine claquaient ; il se tenait courbé sous le poids d'un indicible effroi.

John Huggs le toisa d'un regard de mépris.

— Tu as peur, la Fouine ! dit-il.

« Ce n'est pourtant pas le moment ! »

Et avec une précipitation qui prévenait toute tentative de défense, il tira un revolver de sa ceinture et l'élevant à hauteur de poitrine, il commanda :

— Allons ! débarrasse-toi de tes armes.

Puis s'adressant à son lieutenant :

— Toi, le revolver au poing et sois prêt à tirer.

La Fouine avait reculé de nouveau devant cette injonction brutale et inattendue.

Il redoutait de comprendre l'ordre qui venait de lui être si subitement donné.

— Un mouvement de plus, et tu es mort, menaça John Huggs en ajustant.

Le malheureux pirate tremblait de tous ses membres.

— Que me voulez-vous donc ? demanda-t-il d'une voix étranglée.

Le lieutenant, flairant quelqu'une de ces plaisanteries dont John Huggs avait l'habitude quand il s'agissait de châtier un homme ou de le forcer malgré lui à quelque acte audacieux, le lieutenant, disons-nous, jeta brutalement quelques notes d'une gaieté lugubre dans la conversation.

— Va donc, la Fouine, dit-il, ce doit être pour ton bien.

— Bas les armes ! cria de nouveau John Huggs.

— Vous voulez donc ma mort ?

« Mais je n'ai pas trahi !...

— Bas les armes, te dis-je ! continua John avec une irritation croissante.

— On dirait que tu trembles !... As-tu froid ! interrompit encore Basilic.

« Prends garde de t'enrhumer !

« Il y a des courants d'air par ici !

— Capitaine !... voulut supplier le malheureux.

— Je t'accorde trois secondes pour te décider, reprit John Huggs.

« Attention ! je fais feu... »

La Fouine connaissait son chef.

L'exécution suivait de près la menace.

Il laissa tomber ses armes.

— Bien, fit le capitaine.

« Avance, maintenant.

« Ici, plus près.

« Basilic, passe-lui ce sac.

« Qu'il le fixe sur ses épaules. »

C'était un sac de cuir, hermétiquement fermé, et qui devait contenir des objets précieux, à en juger par le soin avec lequel on avait cherché à les préserver du contact de l'eau.

Le pirate obéit machinalement.

— Avance encore sur la pointe du rocher.

« Marche donc !

« Là, bon ! »

L'homme se trouvait à deux pas du terrible rapide.

La terreur le rendait hideux.

Ses dents claquaient.

De violents hoquets coupaient par instants sa respiration sifflante.

Au moment où John Huggs abaissait son revolver, la Fouine ébauchait un nouveau mouvement de retraite.

Mais il avait compté sans le lieutenant Basile qui, toujours ricanant, s'était placé auprès de ses armes et lui barrait le passage.

— Tu es dans le piége, bête puante ! s'écria le capitaine, il faut marcher bon gré mal gré.

« Écoute attentivement mes instructions.

« Tu es un nageur excellent ? »

— Non, voulut protester le malheureux.

— Tu mens, je le sais.

« Jette-toi résolûment à l'eau et laisse-toi emporter par le courant. »

La Fouine fixa un regard hébété sur son chef.

— A l'eau ?... fit-il en frissonnant de tous ses membres.

« Impossible, capitaine

« Mais c'est la mort !

— Tais-toi donc ! dit Basilic toujours goguenard.

« Un bain, un simple bain.

« Va donc, tu me diras si l'eau est chaude. »

La Fouine lança un regard haineux à son lieutenant.

John Huggs continua imperturbablement.

— Quand tu arriveras au remous qui contourne l'abîme, allonge deux ou trois vigoureux coups de jarret, et le temps d'en parler tu auras dévié dans les eaux tourbillonnantes du Puits sans fin. Ne cherche pas à te tenir à la surface, tes efforts seraient inutiles.

« Laisse-toi couler.

« Quand tes pieds auront touché le rocher... je te promets une jolie surprise.

« Et je te garantis que tu verras des choses... comme on n'en voit pas. »

Le pirate ne paraissait pas entendre

Il se tenait là stupide, tressaillant à chaque mot.

Impatienté, le capitaine termina :

— C'est compris ?

« Si oui, en route !

« Si non, embarque tout de même.

— Non, cria la Fouine avec l'énergie furieuse du désespoir.

« Tuez-moi !

« Une balle dans la tête plutôt que de mourir noyé !

« J'aime mieux ça !

« Tuez !... Tuez-moi donc ! »

Le malheureux était fou d'épouvante.

— Mais je te répète, imbécile, insista le capitaine, que je ne veux pas ta mort !

« Ta présence m'est nécessaire au fond du Puits sans fin.

« Est-ce que je te donnerais toutes ces explications si je voulais te tuer ?

« Courage donc trembleur ! saute !

— Jamais !

— Saute donc, ma vieille ! fit Basilic avec un rire et une joie de démon.

« Tu vas manquer un magnifique voyage de découvertes.

« Tu ne sais donc pas que le Puits sans fin communique directement avec la mer des Indes !

« On ne manque pas ces occasions-là !

« Tiens, j'ai laissé là-bas, à Calcutta, une Indienne superbe... qui m'adorait.

« Va la voir de ma part ; mais tu sais, pas de bêtises.

« Du reste, je suis tranquille, elle m'a juré fidélité. »

Le lieutenant se tenait les côtes ; il trouvait la situation extrêmement amusante.

— Assez de plaisanteries, dit John Huggs à Basilic, et écoute-moi, farceur.

— Voilà, capitaine !

— Lève le canon de ton revolver à la hauteur de la cervelle de cet idiot.

Le lieutenant, toujours enchanté de ces sortes de besognes, s'empressa d'exécuter l'ordre.

— Bien, approuva le capitaine.

« Je vais compter trois !

« Si, au mot trois, ce trembleur ne s'est pas précipité, tire !

— Allez-y, capitaine !

« J'ai le doigt sur la détente ! »

John Huggs prononça :

— Un !...

Ce seul mot fit sur la Fouine l'effet d'une décharge électrique.

Il tressaillit de la tête aux pieds.

Ses jarrets plièrent.

Basilic risqua une nouvelle plaisanterie.

— Ne te presse pas ! tu as encore une demi-seconde.

— Deux ! fit John Huggs.

Au moment où il ouvrait la bouche pour dire trois, la Fouine s'élançait.

— Ça y est ! dit Basilic.

— Pas sans peine ! fit John Huggs.

Et tous deux se penchèrent, interrogeant du regard les eaux bouillonnantes où venait de s'engloutir leur compagnon.

Ils purent suivre tous ses mouvements dans la passe entre les deux grandes chutes.

Le courant le portait avec la rapidité d'une flèche dans la direction du gouffre, distant de moins de trente mètres.

Le malheureux, ballotté par les eaux, faisait des efforts inouïs pour s'accrocher aux pointes de rochers qui bordaient la passe torrentueuse.

Peines perdues, efforts inutiles.

Toujours il était rejeté au milieu du courant.

Il roulait sur lui-même, paraissant et disparaissant comme une épave.

Bientôt il fut englouti dans le remous ; puis on le vit surgir tout à coup au milieu même du cercle formé par la surface tranquille et légèrement concave de l'abîme.

Son corps sortit presque complétement de l'eau.

Alors un cri retentit, dominant le bruit de la cataracte.

Cri terrifiant et suprême appel au secours.

Cri d'agonisant.

Cri d'épouvante à la vue d'une mort inévitable.

Puis l'homme disparut lentement.

Droit, immobile, il s'enfonça comme attiré par une force mystérieuse.

Quand sa tête disparut, il se forma une ride circulaire sur l'eau sombre du gouffre.

Le cercle s'élargit peu à peu, la ride s'effaça et ce fut tout.

Une minute, deux minutes s'écoulèrent.

L'homme ne reparut pas.

Cinq minutes se passèrent... les deux spectateurs de cette scène ne virent rien reparaître.

Ils avaient suivi avec attention tous les mouvements de la Fouine.

Basilic surtout avait été vivement impressionné par ce terrible drame.

Il n'avait plus dit un mot.

Mais aucune péripétie n'avait échappé à son regard.

Il ne recouvra la parole que quand la Fouine eut complétement disparu.

Il voulut alors chasser l'impression de la peur par un sarcasme.

— Capitaine, dit-il, c'est un homme fichu !

« Mais des pertes comme ça enrichissent.

— Erreur, mon vieux ! dit John Huggs, moitié plaisant, moitié sérieux. Il est arrivé à destination.

« La route est sûre.

— Quand on envoie les gens dans ces parages-là, dit Basilic, on a un motif.

« Si vous vouliez vous débarasser de cette canaille, pourquoi ne lui avoir pas brûlé la cervelle tout simplement?

— Comment! toi aussi! fit John Huggs.

« Tu doutes?

— Parbleu!

« Vous ne ferez pas croire à un vieux loup de prairie comme moi...

— Je te ferai croire, je te prouverai même que je n'en veux aucunement à la vie de notre camarade.

« Je te répète que son voyage au fond de l'abime fait partie d'un plan que j'entends exécuter jusqu'à la fin.

— Le diable m'emporte si je comprends le premier mot d'un pareil plan, qui consiste à noyer nos hommes.

— Mais, brute entêtée, on ne prend pas tant de précautions pour tuer un la Fouine.

— C'est ce que je me disais, et ce que je me dis encore.

« Alors, pourquoi tant de cérémonies?

« Un cadavre ça se fait si vite!

« Nous l'avons tué vingt fois en cinq minutes, ce pauvre la Fouine. »

Et, se souvenant des mines épouvantées du pirate, le lieutenant eut un nouvel accès de gaieté.

— Au moins, dit-il, vous lui avez fait de belles promesses.

« C'est à croire que vous avez déjà navigué dans l'autre monde.

« Quand je serai pour faire le grand voyage, vous ne manquerez pas de m'indiquer la route à suivre, n'est-ce pas?

— Compte sur moi, Basilic!

« Je te signerai un passeport, dit le capitaine d'un air étrange. »

Puis changeant brusquement de ton, il se pencha à l'oreille de son second.

— Vieux carcan, lui dit-il amicalement, tu ne devines donc pas qu'il y a un secret au fond de cet abime du Puits sans fin!

« Tu ne vois pas que je possède ce secret!

« Que si la Fouine a suivi mes instructions, il est maintenant en sûreté!

« Que ce tout secret est exploitable, et que j'exploite celui-ci!

— Comprends pas bien! fit Basilic à demi ébranlé.

« Mais ce secret?...!

« Peut-on savoir?

— Dans un instant.

« D'abord as-tu bien compris et retenu toutes les instructions que je viens de donner à ce canard de la Fouine?

— Tout compris, tout retenu, mais...

— Tant mieux!

« Ça te servira. »

Et, d'une vigoureuse poussée, le capitaine précipita son lieutenant à l'eau en lui criant :

— Va tout savoir, vieux curieux!

John Huggs se frotta les mains en poussant un soupir de satisfaction.

— C'est incroyable, dit-il, combien certains hommes sont niais!

« Avec des brutes comme celles là, il faut toujours employer la ruse ou la force, tandis que deux gaillards intelligents m'auraient si bien compris... »

Pendant ce monologue, Basilic disparut un moment, puis remonta à la surface.

John Huggs guettait sa réapparition.

Il lui cria avec un air de réel intérêt :

— N'oublie pas mes instructions.

« Passe le remous.

« Laisse-toi sombrer.»

Basilic s'éloignait avec une vitesse incroyable, emporté par le rapide.

Comme la Fouine, il traversa le remous et ne s'arrêta que dans le cercle du gouffre.

Il se débattait pour ne pas sombrer.

John Huggs le vit.

Il se fit un porte-voix de ses deux mains réunies et cria de toutes ses forces :

— Laisse-toi couler, vieille carcasse!

« Coule!

« Coule!

« Je vais te rejoindre. »

Basilic disparut dans les profondeurs du Puits sans fin.

Ce n'était pas un adieu suprême qu'envoyait, dans une raillerie, John Huggs à son compagnon, car aussitôt il assujettit les bretelles d'un sac de cuir fixé sur ses épaules, serra de deux crans sa ceinture où pendait un couteau de chasse, et se précipita résolument dans le rapide.

Il fut englouti à son tour...

Le lendemain, au point du jour, la caravane toute entière faisait halte sur la rive du Colorado.

On avait marché une partie de la nuit.

Le soleil se levait resplendissant.

Son chaud rayonnement rehaussait de jaunes reflets le vert foncé de la savane.

Sa brillante lumière se jouait capricieusement dans les eaux tourmentées du fleuve.

L'écume des brisants se colorait de mille feux, et les couleurs de l'arc-en-ciel se dessinaient nettement sur le brouillard d'eau pulvérisé s'élevant au-dessus de la cataracte.

Le personnel entier de la caravane s'était rassemblé sur la rive.

Tous les regards exprimaient l'admiration en même temps qu'un vague sentiment de crainte.

Le spectacle de la cataracte était splendidement beau; mais le passage du fleuve était-il possible?

Tout le monde le savait, ce passage allait être tenté.

Et tous, quelques-uns sombres, d'autres souriants, mesuraient l'étendue du péril.

Une lutte audacieuse allait être engagée par ces hommes intrépides avec l'une des plus grandes puissances que puisse affronter l'énergie humaine.

Ce fut d'abord le silence du recueillement, puis la fièvre qui précède l'action.

Les chefs prenaient leurs mesures.

Le comte de Lincourt, ne voulant pas s'aventurer, au risque de compromettre l'existence de tant de monde, et de perdre irréparablement un précieux matériel, voulut expérimenter une dernière fois le système de navigation inventé par les squatters.

Il fit part de cette résolution au colonel d'Éragny, qui s'empressa de l'approuver.

Le brave colonel était devenu prudent depuis l'affaire de l'embuscade.

Le comte envoya donc chercher immédiatement Bouléreau, celui d'entre eux que les squatters, suivant leur habitude, avaient choisi pour chef.

Bouléreau se rendit avec empressement à l'appel qui lui était fait.

Un type que ce squatter.

Grand, bien et solidement bâti, carré des épaules, il accuse une force physique exceptionnelle.

Il est né au Canada, mais du sang français coule dans ses veines.

Ses pareils faisaient partie de ce groupe d'intrépides matelots normands qui fonda notre ancienne colonie canadienne.

Bouléreau n'a conservé du Normand que le physique et les qualités.

Sa bonne grosse figure, aux traits un peu rudes, à la peau brune et tannée par l'air vif et le soleil de la savane, exprime, à première vue, la franchise et la bonne humeur.

Après plus sérieux examen, on y découvre le côté rusé, intelligent et fin du Normand.

En fait, le caractère du squatter est bien conforme à l'expression de sa physionomie.

Toujours gai, d'une constante bonne humeur, d'une jovialité persistante, le rire quitte rarement ses lèvres.

Dans l'imminence du péril, et au milieu des circonstances les plus graves, Bouléreau rit et plaisante.

Plus farceur qu'un Parisien, il s'ingénie à inventer les mystifications les plus insensées, les plaisanteries les plus amusantes.

Ce qui le différencie du Parisien, c'est qu'aux facéties qu'il imagine il imprime un caractère de bonhomie qui les rend faciles à supporter, même par ceux qui en sont l'objet.

Il est plaisant, non gouailleur.

Il lance une apostrophe, non une raillerie.

Il ne blague pas, il plaisante.

Il a une verve, un entrain, une rondeur, un naturel si entraînant qu'il semble semer la joie sur ses pas.

Il n'a jamais blessé personne; il n'a que des amis, tandis que Sans-Nez a récolté plus d'une haine.

En somme, Bouléreau est ce que l'on appelle une bonne nature.

Incapable d'une mauvaise action, il pratique sans efforts l'oubli des injures, et c'est toujours en riant de son bon rire qu'il rend le bien pour le mal.

Que l'on ajoute à ces qualités une bravoure à toute épreuve et la plus stricte loyauté, et l'on conviendra que les squatters avaient fait choix d'un excellent chef.

Toutefois Bouléreau a un travers et une passion.

Il fume *toujours*.

Et il a horreur des Anglais.

Jamais, nous disons *jamais*, la pipe ne quitte sa bouche que pour manger ou boire.

Quand il s'endort, la pipe s'éteint, mais le tuyau lui reste entre les dents.

Cette pipe est une véritable greffe; elle fait partie de l'individu.

Bouléreau fume constamment et en tous lieux.

Il se moque des convenances et des formes.

On l'enfouirait dans un tonneau de poudre jusqu'au cou qu'il fumerait encore.

Sa femme fait partie du convoi.

Elle a pris son parti de cette éternelle piperie.

Mais elle raconte que son mari avait caché sa pipe dans la poche de son habit de noce, et que, la bénédiction nuptiale reçue, en pleine église, pendant que le curé prononçait son allocution, Bouléreau avait battu le briquet et s'était mis à fumer au nez de la mariée, du prêtre, des invités et de la statue du grand saint Michel.

Sommé de cesser un pareil scandale, il s'y était refusé en disant que l'on brûlait assez d'encens sous le nez du bon Dieu pour qu'il fût habitué à la fumée.

Et il prétendit que le Christ adorait le

tabac, et qu'on en avait la preuve dans l'Évangile.

Le curé mort énergiquement,

— Pourquoi donc, alors, dit Bouléreau avec une conviction profonde, disait-il si souvent à ses disciples:

« — Mes enfants, quand on n'a pas de tabac, on n'a pas besoin de pipe¹? »

Et il termina en disant triomphalement :

— Vous n'allez pas me faire accroire que saint Pierre, qui était pêcheur et matelot sur la mer Morte, ne fumait pas un brin!

Et, là-dessus, il emmena la noce.

Enfin madame Bouléreau affirmait en rougissant qu'elle avait craint que son premier né ne vînt au monde avec une pipe toute allumée, puisque Bouléreau fumait en remplissant les devoirs les plus importants du mariage.

C'était, on le voit, plus que de la passion, c'était plus qu'une rage, c'était une habitude incarnée, une seconde nature, la nature elle-même.

Le travers du squatter, c'est sa haine profonde pour tout ce qui est Anglais.

Cette haine a son explication naturelle.

Bouléreau est Canadien-Français.

Il n'a jamais pardonné aux Anglais la conquête de son pays, et il les considère toujours comme des oppresseurs.

Vingt fois tracassé ou même arbitrairement dépossédé par l'administration anglaise dans ses tentatives de défrichement, il ne pouvait que prendre en horreur ses persécuteurs.

A la fin, le squatter perdit patience. Il abandonna ses travaux et vint s'établir au Mexique. De nombreux amis le suivirent. Ces émigrants arrivèrent à Austin au moment où M. d'Éragny cherchait des hommes pour l'exploitation du sucre d'érable, qu'il voulait tenter ; il les engagea. Quand le colonel changea d'idée et devint l'associé de M. de Lincourt, les squatters n'hésitèrent pas à le suivre dans l'expédition nouvelle.

Excellentes recrues que ces hommes vivant toujours dans les vastes forêts d'Amérique, habitués aux rudes travaux des défrichements, luttant à chaque heure contre les mille dangers du désert inexploré.

Le comte appréciait singulièrement la valeur et les qualités spéciales de ces hardis défricheurs, de ces pionniers derrière lesquels marchaient la civilisation, l'industrie et le commerce.

Bouléreau arriva près de M. de Lincourt et du colonel.

— A votre disposition, leur dit-il.

— Mon cher Bouléreau, répondit le comte, votre moyen de franchir les rapides me paraît excellent ; mais avant de rien entreprendre de sérieux, je voudrais expérimenter définitivement et en grand.

« Nous allons d'abord lancer à l'eau un bœuf, puis un wagon.

« Si le tout passe sans accident, nous procèderons au lancement de tout le convoi.

— Tout passera, affirma le chef des squatters avec assurance.

« Il n'y a aucun danger.

« Dans quelques minutes, vous en jugerez. »

Il appela une dizaine de ses hommes, et leur ayant désigné un bœuf et un wagon en mauvais état :

— Habillez-moi l'animal et la voiture ! commanda-t-il.

« Il s'agit de leur faire franchir les rapides sans qu'ils aient à subir d'avaries. »

Les squatters se mirent immédiatement à l'ouvrage.

En peu de temps, ils eurent coupé sur les rives du fleuve une assez grande quantité de roseaux et de joncs.

Réunissant le tout en bottes solidement reliées entre elles, ils en garnirent d'abord le bœuf.

L'animal se trouvait posé sur un épais radeau percé de quatre trous dans lesquels s'enfonçaient les pieds jusqu'au ventre.

Pour plus de sûreté, des cordes en jonc tressé, solidement fixées à chaque bout du radeau, passaient sur l'échine du bœuf, lui interdisant toute tentative de révolte.

Les trappeurs et la plupart des **gens de la caravane entouraient les squatters.**

---

* Les naïves traditions de la vieille Normandie attribuaient à N.-S. Jésus-Christ une foule de proverbes et de sentences dans le genre de celle-ci, qui est une des plus populaires, malgré l'anachronisme.

Tout le monde les regardait procéder avec le plus grand intérêt.

Personne n'ignorait de quoi il s'agissait.

Personne ne se faisait d'illusion sur les dangers qu'offrait le passage de la cataracte.

Aussi suivait-on avec une attentive sollicitude le travail des squatters.

Chacun donnait son avis, exprimant ses craintes ou ses espérances.

Les trappeurs formaient un groupe à part, et ils discutaient avec une certaine animation.

— J'ai bon espoir, disait Tête-de-Bison.

« Ces roseaux ne peuvent supporter un grand poids, et les courants les porteront naturellement au delà du Puits sans fin, à l'endroit même où nous devons atterrir. »

John Burgh ne partageait pas la confiance de son camarade.

— Mon avis, fit-il avec un haussement d'épaules, est que tout cela va se broyer contre le premier rocher venu.

« Mauvais système !

« Et si ce bœuf-là ne sert pas de nourriture aux caïmans des basses eaux, je consens à faire le voyage à la nage. »

Bouléreau, quoique occupé à surveiller ses hommes, avait entendu la critique de l'Anglais.

Sa figure, si calme d'ordinaire, prit tout à coup une singulière expression de colère.

— Si je vous prenais au mot, dit-il, vous seriez rudement embarrassé, monsieur l'Anglais.

« Non-seulement ce bœuf passera sans accident, mais le chariot aussi, la caravane aussi, et vous aussi, monsieur.

« Et pour vous prouver que je n'ai pas de rancune, je vous ferai confectionner le plus solide radeau, afin que vous ne conserviez aucune crainte. »

John Burgh allait répondre, mais Grandmoreau ne lui en laissa pas le temps.

— Le squatter a raison, lui dit-il.

« Nous passerons ensemble, et nous arriverons, sois-en sûr.

« D'abord j'ai mes raisons pour croire au succès de la tentative.

« J'ai déjà franchi la cataracte avec une simple pirogue.

« Ç'a été dur, je ne dis pas, mais j'ai réussi.

« De plus, j'ai remarqué que la violence des rapides est telle, que l'on risque rarement de toucher contre les rochers.

« L'eau vous maintient constamment au milieu du courant.

« Il n'y a qu'un danger : une barque peut chavirer.

« Mais comment veux-tu que des radeaux confectionnés de la sorte chavirent jamais ?

— Nous verrons bien, grommela John Burgh.

Bois-Rude intervint dans la conversation.

— Moi, je n'aime pas l'eau, c'est connu.

« Pas plus celle du Colorado que les autres.

« S'il faut risquer d'en boire, je ne suis plus de la partie.

« Voilà pourquoi j'aurais préféré un voyage par terre.

— Tais-toi donc, vieil ivrogne ! répliqua Tête-de-Bison caressant son camarade d'un fort coup de poing sur l'épaule.

« Si tu as peur de boire de l'eau, attache-toi une gourde de rhum au cou ; tu suceras le goulot pendant la traversée.

— Fameuse idée ! s'écria Bois-Rude en se passant la langue sur les lèvres.

« Si je sombre, j'aurai avalé la gourde avant de boire une goutte d'eau.

« Mais c'est égal, j'aurais préféré voyager à travers la savane.

— C'est ça ! fit Grandmoreau en renouvelant sa rude caresse ; quatorze jours de marches en plus pour éviter un désagrément à monsieur.

« Mais lève donc le nez, vieil entêté !

« Regarde cette chaîne de montagnes qui nous barre le passage et qui s'étend à perte de vue.

— Impossible de la franchir, cette chaîne ? interrogea Bois-Rude.

— Eh ! non, vieux biberon !

« Il fallait la tourner, perdre beaucoup de temps, et lutter contre des dangers certainement plus grands que celui que nous pouvons courir en franchissant la cataracte.

— Tu as raison, Tête-de-Bison, fit Bois-Rude convaincu.

« Je me résigne.

« Je vais penser au moyen d'embarquer ma provision de rhum pour le voyage. »

Cependant le radeau de jonc se trouvait confectionné.

Il se composait de deux pièces que l'on devait rapprocher et attacher au dernier moment.

Les squatters firent avancer le bœuf dans le fleuve jusqu'à ce qu'il eut de l'eau au-dessus des jarrets.

Alors, avec beaucoup d'adresse, ils réunirent les deux moitié de radeau au moyen de longues perches de bois léger boulonnées à l'indienne, c'est-à-dire avec des paquets d'herbe fixés à chaque bout.

Puis, ayant passé les cordes de jonc tressé sur le dos de l'animal, ils les fixèrent par le même moyen.

On pouvait procéder au lancement. L'appareil nautique était complet.

Le comte de Lincourt et le colonel d'Éragny avaient suivi avec le plus grand intérê le travail des squatters.

Ils ordonnèrent de lancer le bœuf à l'eau.

L'opération eut lieu sans difficulté, et bientôt la bête se trouvait en plein rapide.

Toute la caravane réunie sur le bord du fleuve suivait d'un regard anxieux la marche du radeau.

Le bœuf, effrayé au départ, avait poussé des mugissements de terreur.

Maintenant, il relevait la tête assez gaillardement, la secouait de temps en temps et pointait ses larges oreilles en avant ; les bruits de la cataracte l'inquiétaient plus que sa situation de navigateur.

— Ça va très-bien, s'écria Sans-Nez.

« Il arrivera, le ruminant. »

Et s'adressant à Bois-Rude :

— Dis donc, Trompe-la-soif, tu n'as pas besoin de prendre ta gourde des grands jours.

« Tu n'aurais jamais le temps d'absorber les cinq bouteilles qu'elle contient.

« Le voyage sera trop court.

« Vois donc, la moitié du chemin est déjà faite.

— Tu as raison, Sans-Nez, répondit gravement Bois-Rude.

« Je ne prendrai que ma gourde de trois bouteilles.

« Il ne faut pas se surcharger en pareil cas. »

Répondant à Sans-Nez, John Burgh observa avec une mauvaise humeur évidente :

— Le Puits sans fin n'est pas encore dépassé.

« Attendez avant de crier victoire.

— Allons, allons, fit Tête-de-Bison en se frottant les mains.

« Voilà ce que j'appelle se raccrocher aux branches.

« Tu as eu tort de douter de la réussite, avoue-le.

— J'en doute encore, répliqua l'Anglais.

« Le Puits...

— Tais-toi donc, interrompit Grandmoreau, que la joie rendait un peu gouailleur.

« Tu vois bien qu'en partant de ce point de la rive, un radeau ne peut donner dans l'abîme.

« Il le contourne forcément.

« Pour tomber dans ce remous qui entoure le puits et le traverse, il faudrait partir de cette espèce de cap que tu vois là-bas en aval, et qui se termine par un énorme rocher suspendu au-dessus de l'un des rapides.

En ce moment le bœuf, flottant toujours sur son radeau, dépassait le gouffre.

Le raisonnement de Tête-de-Bison triomphait.

— Tu le vois, ami Burgh, s'écria le Trappeur rayonnant.

« Il n'y a pas d'entêtement et de parti pris qui tiennent.

Qu'est-ce que tu as à dire maintenant?

— J'ai à dire que votre bœuf n'est pas encore à terre.

— Il y arrivera, sois tranquille, répliqua Grandmoreau avec la plus entière confiance.

« Je connais les courants qui l'y porteront naturellement.

« Et nous y arriverons tous de la même manière en passant entre le Puits sans fin et ce rocher en forme de tour que tu aperçois à droite, juste en face de l'abîme.

— Tiens, c'est vrai, remarqua Sans-Nez, en examinant l'énorme masse de pierre que venait de désigner Tête-de-Bison.

« On dirait le dôme des Invalides dédoré.

« C'est que ça y est!

« La ressemblance est complète!
« Il y a même des lucarnes.
— Tu ne te trompes pas, Sans-Nez, fit Grandmoreau !
« Les lucarnes y sont !
« Car la roche est creuse.
« Du moins on me l'a affirmé.
— Qui ça ? interrogea Sans-Nez.
— Des Indiens, répondit le trappeur.
« Ils ont appelé ce rocher le *Wacondawoo*, c'est-à-dire le *Sorcier des Eaux*.

Tomaho qui jusque là était resté indifférent à la conversation releva vivement la tête.

Ce mot de *Wacondawoo* venait de frapper son oreille distraite.

Il demanda des explications.

On lui répéta ce qui venait d'être dit.

— Des Indiens amis m'ont déjà parlé du Sorcier des Eaux, fit-il gravement.

« Il pensent qu'un mauvais Esprit habite ce rocher.

« Je le pense comme eux.

« Ils croient que cet Esprit attire les âmes dans sa sombre demeure, et que le Puits sans fin est le piège terrible qu'il tend aux voyageurs imprudents.

« Je partage la croyance des Indiens mes frères.

— Tais toi donc ! grand serin, s'écria Sans-Nez, en se tenant à distance respectueuse du Cacique.

« Tu me fais rire avec tes sorciers et tes esprits. »

Le géant, baissant la tête, couvrit d'un regard méprisant celui qui l'apostrophait avec tant de sans-gêne.

— Tomaho est gracieux, dit-il avec le plus grand calme.

« Les injures que lui adresse son ami Sans-Nez ne l'atteignent pas.

« Mais que le blasphémateur étourdi prenne garde.

« Les sorciers ne pardonnent pas.

— Je t'ai déjà dit que je n'y croyais pas à tes sorciers répliqua Sans-Nez.

Et, avec son esprit de taquinerie habituel, il ajouta :

— Ton Touneins, est-ce qu'il y croyait, lui, aux sorciers ?...

« Ça ne l'a pas empêché de te dégommer.

— Dégommé, répéta le Cacique qui ne comprenait pas,

« Dégommé !...

— Oui ! dégommé ! reprit Sans-Nez

« C'est-à-dire, fichu à la porte, détrôné, renversé, chassé comme un vil esclave.

Le géant eut un mouvement de colère.

Il fit un pas vers Sans-Nez et allongea le bras comme pour saisir l'insolent.

Mais il se contint, et reprenant sa gravité habituelle :

— Enfant bavard ! dit-il.

« Femme à langue fourchue !

« Ignore-tu que, si Touneins le Renard-Subtil m'a détrôné, c'est par un stratagème ?...

— Oui, je la connais ! railla Sans-Nez avec l'inimitable accent du gavroche parisien.

« Assez causé !

« N'empêche que ton Vacondah, ton Manitou, ton Grand-Esprit et tes sorciers ne t'ont point sauvé la mise.

« Tiens, voilà ce que je lui fais à ton sorcier des eaux ! »

Et se tournant dans la direction du rocher en question, il lui adressa le plus insolent pied de nez.

— Ça ne compte pas, observa Bois-Rude avec beaucoup d'à-propos.

« Pour faire un pied, il faut d'abord avoir un nez ! »

Un rire général accueillit cette remarque judicieuse.

Le farceur s'était joué une farce à lui-même.

Tomaho ne comprenait pas bien ; mais il rit de confiance, prit la pose superbe d'un homme qui vient de trouver un argument, et dit avec un accent de dédaigneuse pitié :

— Tu prétends que Touneins ne croyait pas aux sorciers !

« Et moi, je t'ai déjà dit que s'il m'avait vaincu, c'est qu'il était sorcier lui-même, puisqu'il avait: *le truc!*

« Voilà !... »

Ces paroles de Tomaho provoquèrent naturellement un nouvel accès de gaieté parmi les trappeurs.

Mais soudainement les rires cessèrent.

Une immense clameur s'éleva.

C'était un cri de joie et d'espoir sorti de toutes les bouches.

Le bœuf venait de prendre pied sur l'autre rive du Colorado.

Il avait franchi la cataracte sans le moindre accident.

— J'en étais sûr, s'écria Tête-de-Bison, en se tournant du côté de John Burgh.

« Tenez, le voilà dans les roseaux.

« Il monte la berge facilement.

« Mieux que ça, le bain lui a donné de l'appétit, car il pâture, je crois.

« N'est-ce pas, Tomaho? »

Le géant avait un véritable regard d'aigle. Il distinguait les plus petits objets à des distances considérables.

— Le bœuf mange, affirma-t-il.

« Il n'a pas souffert. »

Une salve d'applaudissements accueillit ce premier succès.

M. de Lincourt, visiblement enchanté, dit au chef des squatters.

— La réussite est complète; merci!

— Le procédé est aussi simple qu'admirable, ajouta le colonel d'Éragny.

« Mais reste l'expérience du wagon.

— Mes hommes sont à l'ouvrage, répondit Bouléreau dont un sourire de satisfaction épanouissait la bonne figure.

« Dans un moment, tout sera prêt. »

Les squatters achevaient en effet d'assembler les paquets de joncs qui devaient faire flotter un chariot en mauvais état et que l'on sacrifiait.

En quelques minutes, les préparatifs furent terminés.

Il ne s'agissait plus que de procéder au lancement.

Le chariot fut solidement enchâssé jusqu'aux essieux dans une large ceinture de joncs.

Quatre vides furent ménagés pour permettre le fonctionnement des roues.

M. de Lincourt suivait avec attention le travail des squatters.

— Je n'avais qu'une crainte, dit-il à Bouléreau.

« La mise à flot me paraissait devoir présenter de sérieuses difficultés.

« Mais je vois que vous avez tout prévu.

— En effet, répondit simplement Bouléreau.

« Du moment que les roues fonctionnent, nous n'avons qu'à pousser le wagon à l'eau.

« Vous allez d'ailleurs juger de l'effet. »

Et le chef des squatters, se tournant vers ses hommes, commanda :

— Ensemble !

« Ho !... hop !...

« Laissez aller. »

Le lourd véhicule descendit rapidement vingt mètres de berge et se trouva à flot.

Il demeura un instant immobile, puis, obéissant à l'impulsion violente du courant, il fila rapidement, suivant exactement la même direction que le bœuf.

— Bravo! s'écria le comte de Lincourt.

— Bravo! répétèrent d'une seule voix tous les gens de la caravane.

Et les regards suivaient curieusement le wagon descendant les rapides.

— Il ne dévie pas d'une ligne, remarqua Tête-de-Bison, en s'adressant à John Burgh.

Main-de-Fer ne répondit pas.

Il entrevoyait la réussite complète d'un procédé qu'il avait condamné, et il était furieux de s'être si bien trompé.

— Les roches les plus dangereuses sont dépassées, continua Grandmoreau.

— Il n'est pas encore arrivé à la tour du Sorcier des Eaux, fit Tomaho.

— Ça ne tardera pas, géant de mon cœur, plaisanta Sans-Nez.

« Il file plus raide qu'un cheval au galop.

« Gare au Puits sans fin...

« ... Allez-y!

« Passez muscade!

« Le tour est joué.

« Enfoncé ton sorcier, Cacique. »

Le wagon venait en effet de franchir sans encombre la passe difficile, à côté du gouffre et du fameux rocher creux.

Quelques minutes après, il échouait doucement sur la rive opposée à quelques pas de l'endroit où le bœuf avait pris pied.

— Le succès ne pouvait être plus complet, prononça le comte de Lincourt en serrant la main du chef des squatters. »

Puis, s'adressant aux trappeurs et aux

chefs d'escouades qui l'entouraient, il ajouta :
— Gentlemen, veuillez faire couper et mettre en bottes la quantité de joncs et de roseaux nécessaires pour assurer le flottage de tout le convoi.

« Les squatters vous aideront, quand il s'agira de garnir et d'ajuster les radeaux. »

Aussitôt on se dispersa et l'on se mit à l'ouvrage avec ardeur.

Les femmes, elles-mêmes, coupaient, liaient avec entrain.

Tous étaient ravis.

Le péril était vaincu.

Le fleuve était dompté.

L'admirable génie de l'homme dominait la force aveugle de la nature.

C'était une scène admirable que celle qu'offrait cette troupe intrépide, tentant l'impossible et le réalisant au milieu du grand spectacle de ces rapides mugissants et à travers les grands bruit des eaux courroucées.

On était certain maintenant de franchir, sans danger sérieux, rapides, brisants, cataractes, gouffres béants et mystères effrayants des abîmes.

L'enthousiasme était général.

Heureusement les joncs et les roseaux croissaient en abondance sur la rive et aux environs du fleuve.

Des débordements inondaient fréquemment les plaines environnantes. Il se formait des mares sans profondeur et bientôt desséchées ; mais dans le sol toujours fangeux et humide poussaient drus et serrés d'immenses arondeaux aux tiges creuses et très-appropriées à l'usage que l'on en voulait faire.

La récolte promettait d'être non-seulement très-abondante, mais facile et prompte.

Cependant M. de Lincourt avait retenu auprès de lui Tête-de-Bison.

— Grandmoreau, lui dit-il, je t'ai entendu affirmer tout à l'heure que l'on pouvait descendre la cataracte en pirogue.

— C'est vrai, répondit le Trappeur.

« Je l'ai vu descendre une fois.

— Si je pouvais douter de ta parole, je te croirais, après ce que je viens de voir, dit le comte.

« Et, à ce propos, il m'est venu une idée que je veux te soumettre.

« Tu n'as pas oublié que nous avons trois wagons de bateaux démontés?

— En effet, répondit Grandmoreau.

« Et toutes les pièces sont en bon état ; je les ai visitées, il n'y a pas trois jours.

« Rien n'y manque.

— Parfait ! fit le comte.

« Avec ces barques, il me semble que nous pouvons nous risquer sur les rapides ?

« Qu'en penses-tu ?

— Je trouve, dit Grandmoreau, qu'elles offrent autant de sécurité qu'une pirogue indienne.

« D'ailleurs, elles sont insubmersibles vous me l'avez dit, lors de notre départ d'Austin.

— Et je le répète, affirma le comte.

— De plus, reprit le Trappeur, comme il n'entre que du fer dans leur construction, nous n'avons pas à craindre d'être brisés.

« Si, par hasard, nous touchons sur une roche, nous en serons quittes pour une avarie facile à réparer.

— Tu as raison, approuva M. de Lincourt.

« Combien pouvons-nous transporter de monde dans ces bateaux ? »

Tête-de-Bison réfléchit une demi-minute :

— Il y a dix barques, fit-il.

— Bien ! reprit le comte.

« Va au plus pressé.

« Fais monter ces barques immédiatement.

« Nous avons parmi nos hommes quelques mécaniciens qui n'ont pas oublié leur métier, charge-les de cette besogne et exige les plus grands soins.

— Je réponds de tout, dit Grandmoreau en s'éloignant.

Le comte, de son côté, alla rejoindre M. d'Éragny qui surveillait la récolte des roseaux.

Et ils firent appeler Bouléreau.

— Mon cher colonel et vous Bouléreau, dit M. de Lincourt, maintenant que nous voilà à peu près sûrs de franchir le Rapide, il nous reste à régler les détails du départ

« Je pense qu'il est bon de diviser le convoi en trois détachements.

— Avec avant-garde et arrière-garde, proposa le colonel devenu plus prudent que jamais.
— Bien entendu! fit le comte.
« L'avant-garde se composera donc de dix de mes trappeurs ayant à leur tête Grandmoreau et Bois-Rude.
« Puis viendra le premier détachement qui se composera de la moitié de votre troupe, d'une partie de notre matériel de guerre et de quelques chariots de vivres.
« Voulez-vous, colonel, commander ce premier détachement?
— Volontiers, répondit celui-ci.
« Mais il me faudrait deux canons pour assurer notre débarquement en cas d'attaque.
— J'applaudis à votre prudence, dit en souriant M. de Lincourt.

« On n'en a jamais trop, dans la situation où nous sommes surtout.
« Qui prendrez-vous comme second? »
— John Burgh, si vous voulez.
— Soit! approuva le comte.
« Je vous donnerai deux barques pour vos pièces d'artillerie, car on monte en ce moment dix embarcations.
— Voilà qui va bien, dit Bouléreau.
« Je n'avais pas pensé à ces barques, lesquelles offriront beaucoup de sécurité à ceux qui les monteront.
— Je propose, reprit le comte, de consacrer plusieurs de ces canots au transport des femmes et des objets les plus précieux.
« Et comme nous avons deux yoles des plus faciles à manœuvrer, il serait bon de placer dans l'une d'elles mademoiselle d'É-

ragny avec certain chargement auquel j'attache une grande importance.

« Dans l'autre, on installera la femme du Cacique et un autre chargement non moins précieux.

— Alors, dit Bouléreau, deux de mes meilleurs squatters conduiront la barque de madame Tomaho, et je donnerai pour mariniers les deux Hurons Canadiens qui ont émigré avec nous.

« Je réponds de ces braves Indiens, qui savent mieux que nous encore piloter un canot sur des rapides.

— Parfait! approuva le comte.

— Messieurs, dit le colonel, votre sollicitude pour mademoiselle d'Éragny me touche profondément.

Et il tendit ses deux mains à ses interlocuteurs.

Le comte reprit :

— Le second détachement se composera des femmes, de tout le gros des wagons de vivres et de notre plus lourd bagage.

« Les squatters et leur chef veilleront à la sûreté de ce deuxième convoi. »

Le colonel approuva.

M. de Lincourt continua :

— Je me réserve de conduire le troisième détachement.

« Il comprendra tout notre matériel de guerre, ainsi que nos outils et instruments les plus précieux.

— Je vous approuve en tous points, mon cher comte, répliqua d'Éragny.

« Votre ordre de marche me paraît irréprochable.

« Et qui comptez-vous laisser à l'arrière-garde ?

— Cinquante hommes montés avec les canons, qui resteront dans les dernières barques, sauf une. Celle-ci transportera un dernier détachement formé des meilleurs tireurs commandés par Tomaho et Sans-Nez, l'un complétant l'autre. Si par hasard un attaque avait lieu, les tireurs, avec leurs carabines *à répétition* contenant quinze balles dans la crosse, fourniraient un feu de cent cinquante coups qui contiendrait l'ennemi pendant le court espace de temps nécessaire pour prendre le fil de l'eau et être entraîné par le rapide.

— Alors tout est pour le mieux, dit Bouléreau.

Pendant l'entretien du comte et de M. d'Éragny, la plus grande activité régnait dans le camp et aux environs.

Les bottes de roseaux s'amoncelaient en tas énormes.

Les squatters, après avoir fait atteler tous les wagons, garnissaient bêtes et voitures d'une triple ceinture de roseaux solidement fixés.

Et Grandmoreau, de son côté, procédait activement au montage de ses dix barques.

Enfin, après une demi-journée de travail, tout était prêt pour le départ.

M. de Lincourt donna ses instructions à Tête-de-Bison, à Bois-Rude et aux dix hommes qui avec eux formaient l'avant-garde.

Après avoir échangé quelques poignées de main, les douze hommes entrèrent résolûment dans le rapide.

Ils furent immédiatement entraînés par le courant.

Enfouis jusqu'à mi-corps dans leurs touffes de roseaux, les braves trappeurs partirent le rire aux lèvres, tout en échangeant force plaisanteries plus ou moins grivoises.

Maintenus debout, ils pouvaient sans peine préserver du contact de l'eau leurs carabines, leurs revolvers et leurs munitions.

C'était un spectacle étrange que de voir ces bustes d'hommes, filant à la dérive, au milieu de leurs bottes de joncs ressemblant assez à de vastes nids flottants.

Bois-Rude à lui seul mimait la scène la plus amusante.

L'intrépide buveur n'avait pas oublié le conseil de Tête-de-Bison.

Il était entré dans l'eau avec une répugnance marquée, ses armes sur le dos et une gourde en main.

Maintenant il buvait.

Il buvait avec acharnement.

L'orifice de sa gourde ne se décollait de ses lèvres que pour lui permettre de respirer.

Il excita à plusieurs reprises le rire de toute la caravane.

Les quolibets et les apostrophes joyeuses l'accompagnèrent longtemps dans son voyage.

Cependant les douze trappeurs arrivèrent

bientôt entre le Puits sans fin et la Tour du Sorcier-des-Eaux.

Ils franchirent le passage sans toucher le rocher et à une distance rassurante du gouffre.

Trois minutes après, ils prenaient terre à côté du chariot échoué.

Alors on aperçut du campement un léger flocon de fumée.

— C'est Bois-Rude qui vient de tirer un coup de carabine en signe de réjouissance, dit Tomaho dont le regard perçant portait si loin.

« Nous n'entendons pas le bruit à cause de la cataracte.

« Je vais lui répondre. »

Le géant, se saisissant alors de cette espèce de canon portatif qui lui servait de fusil, le déchargea sur une roche émergeant au-dessus des eaux.

Le recul d'une pareille arme aurait estropié ou renversé un homme ordinaire.

Tomaho, lui, ne broncha pas plus que le rocher sur lequel alla s'aplatir le petit boulet qu'il appelait une balle.

Une exclamation enthousiaste succéda au coup de feu du Cacique.

La caravane tout entière applaudissait à l'heureuse traversée des trappeurs.

Ce fut pendant quelques minutes un bruit et une confusion extraordinaires.

Tout le monde faisait ses préparatifs.

Les femmes elles-mêmes montraient un empressement inaccoutumé.

Une manière si nouvelle de voyager les séduisait.

Toutefois les plus sérieuses difficultés n'étaient pas vaincues.

Il s'agissait maintenant de mettre à l'eau le premier détachement, composé d'une centaine d'hommes et de plusieurs wagons.

Les squatters, perfectionnant leur œuvre, prirent leurs dispositions pour lancer dans le rapide un chariot et son attelage de quatre ou six bœufs.

Les animaux, revêtus de leurs roseaux, devaient traîner jusque dans l'eau chaque voiture également transformée en radeau sur roues libres.

La tentative réussit à merveille.

Les bœufs, aiguillonnés par leurs conducteurs, qui les montaient, entraient dans le rapide; ils ne tardaient pas à perdre pied et à être entraînés par le courant; le wagon suivait le mouvement, et le tout s'en allait avec rapidité au fil de l'eau.

Plusieurs voitures furent lancées avec le même succès.

Les hommes, à leur tour, se mirent à l'eau.

Le colonel d'Éragny partit le dernier.

Il montait avec John Burgh un radeau spécial.

Deux squatters dirigeaient ce radeau, ou plutôt le maintenaient dans une bonne direction, à la suite de la plus étrange flottille que l'on vit jamais.

En passant devant la Tour du Sorcier-des-Eaux, Burgh et le colonel l'observèrent curieusement.

— Elle a réellement des fenêtres, dit Main-de-Fer.

« Et certainement elle est creuse à l'intérieur.

« Cet imbécile de Tomaho prétend qu'un esprit habite là-dedans.

— Peuh! fit le colonel, il ne faut pas prendre garde aux rêveries superstitieuses d'un Indien.

« Tous les sites étrangers ont leur légende.

« En Algérie, les Arabes font des contes à dormir debout sur tous les abîmes de l'Atlas que leur imagination peuple de *Djenouns* (génies). »

Mais déjà la *Tour* était loin derrière eux.

Comme l'avant-garde, la troupe et les chariots du colonel abordèrent sans accident la rive droite du Colorado.

Pas un homme ne manquait à l'appel, pas un wagon n'avait été endommagé.

L'habileté et l'expérience des squatters triomphaient.

M. de Lincourt, avec une satisfaction qui se traduisait par une consommation exagérée de cigares, faisait préparer à la hâte le second départ, celui qui comprenait les femmes et la plus grande partie des wagons.

Chaque attelage fut lancé à l'eau sans difficulté, et les deux voyageuses parvinrent à se caser dans les barques mises à leur disposition.

Dans chaque canot se tenaient deux rameurs.

C'étaient des hommes de choix, et jouissant de la confiance générale.

Mademoiselle d'Éragny et Conception prirent place dans les deux yoles qui leur étaient réservées.

Diverses caisses d'une certaine dimension et précieusement doublées, triplées de plomb, furent rangées dans le fond des embarcations par M. de Lincourt lui-même.

Les Hurons désignés par le comte, la pagaie sur les genoux, se tenaient immobiles et attentifs sur leur banc de rameurs.

Tomaho vint saluer mademoiselle d'Éragny et prendre congé de sa femme.

— Rosée-du-Matin, dit-il solennellement, le Cacique votre ami souhaite que le grand guerrier pâle, votre père, embrasse bientôt son enfant.

« Le Vacondah vous protége et écarte le péril devant vous ! »

En réponse à la politesse du géant, mademoiselle d'Éragny lui adressa son plus gracieux sourire en même temps qu'un amical geste d'adieu.

Tomaho se retourna alors du côté de la barque occupée par sa femme.

La yole était à flot ; il entra dans l'eau jusqu'à mi-jambes, prit Conception dans ses bras, l'éleva à la hauteur de son visage, et, sans se préoccuper de ce fait un peu risqué, qu'il montrait les mollets de son épouse, il plaça un gros, un énorme baiser sur chacune de ses joues.

Conception rougit de confusion.

Les témoignages d'amour, naïfs et simples, que lui prodiguait son mari, réveillaient en elle ce sentiment combiné à inégales doses de pudeur et de pruderie plus ou moins développé chez toutes les femmes.

Madame Tomaho eut un tortillement de hanches qui voulait dire :

« Je veux descendre. »

Le géant comprit que la position de Conception était désagréable ; il l'assit sur son bras comme fait une nourrice d'un enfant et lui tint un speech fleuri.

— Rêve bleu de mon âme inquiète, dit-il dans son langage imagé, marche avec assurance sur le flot écumant.

« Mon frère le Huron veillera sur toi avec sollicitude ; il dirigera avec adresse la frêle pirogue qui porte le bonheur de son ami Tomaho.

« Va, fleur aimée !

« Je prie le grand Vacondah de te préserver du souffle mortel des génies malfaisants.

« Toi, pendant la route, adresse au Dieu des chrétiens un de ces beaux chants que j'aime tant.

« Ce Dieu, heureux d'entendre ta douce voix, veillera sur tes années. »

Son speech achevé, Tomaho embrassa de nouveau sa femme et la reposa délicatement dans la yole.

Le signal du départ était donné depuis longtemps ; les légères embarcations prirent le fil de l'eau et s'éloignèrent rapidement.

Tomaho revint à terre.

Sans-Nez, qui était incorrigible, avait une plaisanterie à placer ; il attendait le géant.

— Dis donc, Tomaho ! fit-il avec son air gouailleur.

« Tu me fais l'effet de l'aimer joliment, ton épouse. »

Le géant jeta un regard défiant sur son interlocuteur.

Il pressentait une mauvaise plaisanterie.

— A te voir tout à l'heure lui faire tes adieux, je pensais qu'Othello était bon enfant auprès de toi sur le chapitre des coups de canif dans le contrat.

Instinctivement, Tomaho dressa l'oreille.

Il ne comprenait pas la signification exacte du mot qui venait d'être prononcé.

— Je ne connais pas Othello ! dit le géant.

« Quant aux coup de canif, je n'en donne pas.

« J'ai un couteau.

« Que veux-tu dire ?

— Je veux dire, fit Sans-Nez, que si, par exemple, ta Conception permettait à un autre homme de l'embrasser, tu...

Sans-Nez n'acheva pas.

L'attitude du géant lui coupa net la parole.

La figure placide de Tomaho avait pris instantanément une effroyable expression de férocité.

Ses yeux s'injectaient de sang.

Ses lèvres s'agitaient convulsivement.

Les veines de son cou se gonflaient.

Il serrait les poings avec une force à broyer des cailloux.

Le Parisien vit qu'il avait touché une mauvaise corde.

Il était loin d'être rassuré quand il vit le géant faire un pas vers lui, et il redouta une nouvelle correction.

Mais Tomaho était si fort en colère qu'il ne s'agissait plus du fouet ; il lança une menace effrayante, articulée avec la netteté que donne une conviction profonde.

— Sans-Nez, dit-il, une femme t'a fait couper les oreilles, les paupières, le nez et les lèvres.

« Rappelle-toi, vomisseur de paroles venimeuses, que si tu te permets jamais de pareilles réflexions sur la femme de Tomaho, je t'infligerai le plus terrible supplice.

« Je le jure par le grand Vacondah, je te couperai la langue et je te mettrai en outre pareil au bœuf qui ne gémit plus à l'approche des génisses. »

Ayant proféré cette menace, le Cacique se retourna calme et digne.

Sans-Nez prit l'attitude déconfite d'un mauvais plaisant qui n'a plus les rieurs de son côté.

Tomaho, lui, fixait un regard inquiet sur le canot qui emportait sa femme.

De même, le comte de Lincourt et la plupart des hommes restés avec lui sur la rive suivaient avec intérêt la marche du deuxième convoi.

Un certain nombre d'émigrants étaient mariés et ils n'avaient pas vu sans crainte embarquer leurs femmes et leurs enfants.

Les wagons tout attelés flottaient à merveille.

Ils dansaient légèrement sur l'écume des brisants, contournant les roches, et se maintenant dans le courant par la violence même de celui-ci.

Sur l'autre rive, le colonel d'Éragny et tous ceux qui étaient passés avant lui ou avec lui n'étaient pas moins attentifs.

Ils attendaient l'arrivée du convoi, faisant tous les préparatifs nécessaires pour faciliter le débarquement.

Tous les wagons avaient déjà dépassé le Puits sans fin, et les barques des femmes suivaient sans encombre.

Seules, les yoles occupées par mademoiselle d'Éragny et Conception restaient en arrière.

Les adieux de Tomaho aux deux femmes avaient retardé leur départ de quelques minutes.

Toutefois, les deux légères embarcations, filant avec rapidité, arrivèrent au Puits sans fin.

Entraînées par le courant, elles contournaient l'abîme.

Bientôt celle de mademoiselle d'Éragny se trouva près de la Tour du Sorcier-des-Eaux, en rasant presque le roc.

Tout à coup deux immenses clameurs, partant d'amont et d'aval, vinrent se joindre au bruit de la cataracte.

La troupe de M. de Lincourt et celle du colonel d'Éragny venaient d'être témoins de la catastrophe la plus étrange et la plus inattendue.

La barque de mademoiselle d'Éragny s'était brusquement arrêtée, elle avait piqué de l'avant dans le remous contournant le gouffre, puis chaviré et disparu.

Mademoiselle d'Éragny et les deux Hurons furent engloutis aussitôt dans les eaux tourbillonnantes du Puits sans fin.

Cette scène avait duré quelques secondes à peine, et déjà elle se renouvelait terrifiante.

La barque portant Conception suivait de près.

On vit les deux pilotes lever soudain leurs avirons, se jeter en avant, essayer de parer à un danger qu'ils entrevoyaient, mais que les flots d'écume masquaient aux spectateurs.

Dans le nuage de vapeur, on aperçut Conception levant les bras avec désespoir, puis la barque chavira comme la précédente. Le Puits sans fin reçut trois nouvelles victimes.

L'étrangeté, l'imprévu de ce double naufrage frappaient de stupeur la caravane entière qui, sur les deux rives, avait vu sans comprendre.

Le colonel d'Éragny, fou de désespoir, s'était jeté dans la première barque qui avait abordé la rive, et, à force de rames, il essayait de remonter le rapide.

Tentative insensée.

Le colonel parvint néanmoins jusqu'au pied d'une des chutes ; il fut saisi par un remous, la barque se retourna, et il vint, meurtri, échouer sur la rive, où il fut recueilli.

En aval donc, grande émotion.

En amont, même émoi, avec de l'inquiétude en plus.

M. de Lincourt, quoique vivement impressionné par le malheur qui venait de frapper son associé et son ami, faisait avec sang-froid son devoir et ordonnait que le troisième départ eût lieu.

Mais il remarqua de l'hésitation parmi ses hommes.

Il les assembla, et leur dit résolûment :

— Gentlemen, deux accidents ne sauraient entraver notre marche.

« Je jure, foi de gentilhomme ! que j'aurais donné un bras pour éviter ces deux malheurs ; mais devons-nous rester en haut des rapides quand nos camarades nous attendent en bas ?

— Le chef a raison, dit le Vieux.

« Il faut passer.

« Et pour vous donner l'exemple, je me risque. »

Le comte serra vigoureusement la main au vaillant et vénérable prêtre.

— Allons, dit ce dernier, un wagon à l'eau, cinq braves avec moi ; je parie qu'il ne nous arrivera rien et que les femmes ayant eu peur et s'étant penchées de côté ont causé ces malheurs.

L'explication paraissait plausible.

Le wagon fut conduit dans le fleuve.

Le Vieux et des hommes de bonne volonté le montaient...

Ils firent la traversée sans encombre, et plus d'une poitrine laissa échapper un sourire de satisfaction.

— Vous voyez, dit le comte, que la peur seule des femmes a causé leur mort.

« A l'œuvre ! »

Et il organisa le troisième départ.

Il fit prendre toutes les mesures de précaution et de sûreté que lui suggéra une excessive prudence.

Les canots portant les canons furent munis, pour plus de sécurité, d'une ceinture de roseaux, et l'on hissa les wagons chargés de munitions sur des amas immenses de joncs secs.

Tous les préparatifs terminés, tous les chariots lancés, le comte se mit à l'eau avec son détachement.

Il ne laissa à terre que cinquante hommes prêts à partir, plus l'extrême arrière-garde de dix hommes commandée par Tomaho et Sans-Nez.

Le troisième convoi se trouva bientôt engagé au milieu des rapides dans les meilleures conditions.

Canons, wagons et hommes suivaient une excellente direction.

Le Puits sans fin fut dépassé sans aucun accident nouveau.

Le comte et le chef des squatters, qui montaient une barque et étaient partis des derniers, arrivèrent devant la Tour du Sorcier-des-Eaux.

Les deux hommes examinèrent curieusement le rocher.

— Il est creux en effet, remarqua M. de Lincourt.

« Ces ouvertures, à trois mètres au-dessus de l'eau, ressemblent à des meurtrières.

— C'est une grotte, tout simplement, dit Bouléreau.

« Elles ne sont pas rares dans ces parages.

— Une grotte sans issue, ajouta le comte.

— Peut-être !.. fit le squatter.

« Ce rocher creux pourrait bien n'être qu'un recoin dans un grand souterrain. »

Cette supposition de Bouléreau fit réfléchir M. de Lincourt qui, silencieux, continuait à examiner la Tour, tout en s'en éloignant, emporté par le courant.

Se parlant en lui-même, il murmura :

— Impossible !...

« La pauvre enfant est perdue..... noyée... »

Cependant on approchait de la rive droite du fleuve.

Plusieurs wagons avaient déjà été tirés de l'eau, et les barques portant les canons étaient solidement amarrées le long de la berge.

M. de Lincourt aborda à son tour.

Le colonel d'Éragny ensanglanté, déchiré, désespéré, était là frémissant d'impatience et de douleur.

— Je vous attendais, comte, dit-il, pour tenter encore de retrouver mon enfant.

« Votre avis, je vous en prie !

« Vos bons conseils, et agissons sans plus de retard.

— Hélas ! que faire ? répondit tristement le comte.

— Il faut retourner au gouffre ! s'écria le colonel.

« Il faut plonger !

« Il faut s'acharner dans toutes les recherches possibles !

— Revenez à la réalité, reprit M. de Lincourt.

« S'il avait été possible d'explorer le Puits sans fin, je l'aurais fait moi-même, vous n'en doutez pas.

« De l'avis unanime de mes trappeurs et de tous les Indiens, plonger dans le gouffre, c'est la mort inévitable, et je partage cette opinion.

« Croyez-moi, colonel, j'ai examiné en passant le tourbillon, et je n'affirme rien à la légère. »

Le malheureux père demeura silencieux.

Le froid raisonnement de M. de Lincourt et ses affirmations nettes lui enlevaient ses dernières espérances.

Il s'éloigna tristement, laissant au comte le soin de veiller au débarquement du matériel des wagons et de l'artillerie.

En ce moment, les cinquante hommes laissés en arrière descendaient la cataracte.

Il n'en manquait pas un à l'arrivée.

Tomaho, Sans-Nez, et dix trappeurs restaient les derniers sur la rive gauche du fleuve.

Le géant avait vu disparaître les deux jeunes femmes dans les eaux de l'abîme.

Il aimait Rosée-du-Matin, et il adorait Conception.

Pourtant aucune émotion apparente ne trahit ses angoisses.

Sa large face bronzée resta calme malgré la poignante douleur qui lui serrait le cœur.

Il dit seulement à Sans-Nez :

— Écureuil étourdi !

« Crois-tu maintenant au Wacondawoo ?

« Crois-tu au Sorcier des Eaux ?

« Crois-tu au malin génie de la cataracte ?

— Je ne crois à rien du tout, fit Sans-Nez avec un haussement d'épaules.

« Quand je l'aurai vu, ton sorcier, nous en recauserons.

« Et s'il lui prend la fantaisie de se montrer, il n'a qu'à bien se tenir.

« Je lui réserve, à ce farceur, une de ces tripotées qui marquent dans la vie même d'un être surnaturel.

« Et si je ne suis pas le plus fort, mon ami Cacique, je le mettrai à même de juger de la portée de ma carabine.

— Les sorciers, reprit gravement Tomaho, ne craignent point mon frère, et les balles ne les percent pas.

« Les médecines qu'ils portent les protégent comme le plus fort bouclier.

— Il n'y a pas de boucliers ni de médecines qui tiennent ! s'écria Sans-Nez en s'animant.

« Si je vise juste, et que ton homme surnaturel ne soit pas en acier fondu, tu peux le dire refroidi d'avance. »

Puis se reprenant :

— Enfin, je te le répète pour la centième fois au moins :

« Il n'y a plus de sorciers depuis qu'on ne les brûle plus. »

Tomaho avait écouté Sans-Nez avec sa patience et son flegme ordinaires.

Il reprit :

— Mon frère croit-il que les pirogues de Rosée-du-Matin et de Conception ont chaviré par suite d'un accident ordinaire ?

— Certainement, répondit Sans-Nez.

« Les Hurons et les squatters ont sans aucun doute exécuté une fausse manœuvre qui les a précipités dans le remous du gouffre.

« Je suppose qu'ils ont alors perdu la tête et se sont laissés chavirer comme des imbéciles.

« Voilà mon opinion, et c'est la seule que l'on puisse raisonnablement admettre.

— Mon frère se trompe, fit gravement le géant.

« Il juge avec trop de hâte.

« Et son jugement est faux.

— Soit, répliqua Sans-Nez avec une nuance de raillerie.

« Mettons que je ne sois qu'un crétin, et que toi, Cacique, tu sois profondément perspicace.

« Trouve une explication plus plausible que celle que je te donne.

« Quelle est la véritable cause de la catastrophe?

— C'est le Sorcier des Eaux qui a fait chavirer les deux pirogues, répondit Tomaho avec une singulière assurance.

— Encore! s'écria Sans-Nez avec impatience.

— C'est le Sorcier des Eaux qui a attiré les deux femmes dans le Puits sans fin, continua le géant.

« Elles sont maintenant ses prisonnières.

« Et, tu le sais, le Puits sans fin ne rend pas ce qu'il engloutit. »

Sans-Nez perdait de plus en plus patience. La persistance de Tomaho l'agaçait.

Il rageait de le voir si simple et si crédule.

— Mais, Cacique, mon ami, fit-il en trépignant, où le prends-tu, ton diable de sorcier?

« Où est-il?

« Où perche-t-il?

« Est-ce de la chair ou du poisson, cet animal-là?

« A-t-il du poil, des plumes ou des écailles?

« Vit-il sur terre, sous l'eau ou dans l'air?

« Serait-ce enfin un amphibie?

« Une manière de phoque qui dit papa, maman, comme celui que j'ai vu boulevard du Temple?

« Ou bien le roi des caïmans, qui ne se nourrit que de chair humaine?

« Parle donc, grand naïf.

« Dis-moi un peu quelle tournure il a, si tu l'as vu, ton Sorcier des Eaux? »

Tomaho avait laissé passer sans broncher ce flux de paroles.

Il ne répondit qu'à la dernière question.

— Je l'ai vu, dit-il avec le plus pur accent de sincérité et de conviction.

Mais Sans-Nez était d'une incrédulité absolue.

— Est-ce que la plaisanterie va continuer longtemps? demanda-t-il d'un air goguenard.

Le géant prit une pose solennelle.

— Que mon frère écoute ma voix, prononça-t-il avec l'emphase indienne.

« Le mensonge n'a jamais souillé la bouche de Tomaho.

« La vérité pure va sortir de ses lèvres. »

Et, après une légère pause, il ajouta :

— Ami trappeur, mon regard est perçant comme celui de l'aigle.

« Je le jure par le Grand Vacondah, au moment où les pirogues chaviraient, j'ai vu le Sorcier des Eaux. »

L'attitude, le ton, le serment du géant jetèrent tout à coup Sans-Nez dans une grande perplexité.

Il n'y avait certes pas à douter de la parole de Tomaho.

Mais d'un autre côté l'existence du moindre sorcier ne pouvait être admise un seul instant.

Que penser?

Que supposer?

Sans-Nez, pour la première fois peut-être, subissait un aussi profond ahurissement.

Mentalement il se posa ces trois questions :

« La mort de Conception a-t-elle si vivement frappé Tomaho qu'il soit devenu fou?

« Ses yeux l'ont-ils abusé?

« A-t-il un intérêt à me tromper moi-même? »

Sans-Nez ne pouvant trouver réponse à ces questions qu'en interrogeant le Cacique, il se composa un air aussi sérieux et aussi convaincu que possible.

— Je ne doute plus de ta parole, dit-il.

« Tu m'affirmes avoir vu le Sorcier des Eaux; je te crois.

« Mais je voudrais savoir comment il est bâti, ce sorcier.

Poursuite dans la savane.

« Est-ce un homme?
— C'est un homme *double*, répondit Tomaho le plus sérieusement du monde.
— Double? fit Sans-Nez.
— Il a deux têtes, continua le géant avec une gravité imperturbable.
— Décidément, il est fou ! pensa Sans-Nez.

Et, sans affectation, il posa la main sur la crosse du revolver qui pendait à sa ceinture.

Le Cacique reprit :
— Je suppose qu'il a plusieurs bras, mais je ne lui en ai vu qu'un.

« Ce bras, il l'allonge selon sa volonté.
— Fou ! archi-fou ! se dit Sans-Nez.
« Ayons l'œil. »

Et il recula d'un pas.

Tomaho n'y prit pas garde.

Il continua :
— Au moment où la barque de Rosée-du-Matin passait devant le Puits sans fin, le Sorcier des Eaux allongea son bras par-dessus l'abîme.

« Il attira la pirogue dans les eaux perfides du Puits et la renversa. »

Ici le géant fit une pose.

Sans-Nez le considérait avec un commencement d'effarement.

Il jeta les yeux autour de lui, comme un homme cherchant de quel côté il va fuir.

Les dix trappeurs formaient groupe à quelques pas.

Il se tint prêt à les rejoindre à la première alerte.

Tomaho ne s'apercevait pas de la préoccupation du Parisien.

Après avoir poussé un soupir que l'on pouvait bien prendre pour un sanglot étouffé, il continua :
— Le Sorcier des Eaux a deux têtes,
« Il lui fallait deux femmes.

« Quand la pirogue de Conception parut, son grand bras s'allongea encore.

« Et ma femme alla rejoindre Rosée-du-Matin dans la demeure profonde du Génie. »

Le Cacique se tut.

— C'est une folie triste et douce, pensa Sans-Nez.

« Tant mieux !

« Je commençais à avoir une fameuse venette.

« Je ne le dirais à personne, mais je me l'avoue à moi-même. »

Il leva les yeux sur le géant demeuré silencieux.

Une véritable émotion lui serra la poitrine.

Tomaho pleurait !

Sans-Nez, dans un généreux élan de sympathie et d'affection, tendit ses deux mains au Cacique.

Le géant, souriant au milieu de ses larmes, l'enleva de terre comme un enfant et l'embrassa.

— Ami, dit Sans-Nez d'un ton sérieux qui lui était peu habituel, et entrant complaisamment dans les idées de Tomaho, tout n'est peut-être pas perdu.

« Si Rosée-du-Matin et Conception sont victimes d'une persécution, on peut les sauver.

— Tu le crois ? fit le géant, dont une lueur d'espérance vint dilater le cœur.

— Rien n'est impossible, ajouta Sans-Nez.

— Tu as raison, dit Tomaho.

« Je dois me mettre à la recherche de ma femme.

« Je pénétrerai dans la Tour du Sorcier.

« Tu viendras avec moi.

« Ne crains rien : je possède un talisman qui nous protégera.

— Plus souvent ! pensa Sans-Nez.

« Je me soucie peu de faire connaissance avec ce Puits sans fin qui n'a rien de sorcier, mais qui me paraît des plus dangereux.

« Après tout, ne le contrarions pas. »

Et il dit à haute voix :

— Tu peux compter sur moi.

« Mais je ne vois pas qu'il soit possible de pénétrer dans le rocher.

« Les ouvertures qui donnent sur le fleuve sont à plus de trois mètres de hauteur, à ce qu'il me semble.

— Rien n'est impossible, tu l'as dit, fit le géant.

Sans-Nez ne jugea pas à propos d'entamer une discussion sur ce point.

Il garda le silence, ce qui pouvait passer pour une adhésion.

Mais il était parfaitement décidé à ne pas tenter une entreprise qu'il considérait comme une folie.

Quant à Tomaho, il paraissait avoir pris définitivement sa résolution.

Ses larmes avaient disparu.

Un feu sombre animait son regard d'ordinaire si doux.

Une contraction nerveuse donnait à son visage une singulière expression de rudesse et de dureté.

— Sans-Nez, dit-il avec une brusquerie qui ne lui était pas habituelle, je te demande de faire mettre nos trappeurs à l'eau.

« Moi, je vais porter notre pirogue sur la rive et la mettre à flot.

« Quand tu seras prêt, viens. »

Dix minutes après, les trappeurs, enfoncés dans leurs grosses touffes de roseaux, descendaient le rapide.

La carabine haute, le sac aux cartouches fixé au cou, ils se laissaient entraîner, sondant du regard les rochers et les pentes des deux rives.

Ils se tenaient prêts à répondre à toute tentative d'hostilité.

Armés de fusils à *répétition*, habiles tireurs, ils pouvaient tenir en respect une troupe de deux cents hommes.

De plus, ils avaient une réserve de dix-huit cartouches dans la crosse de leur arme, et ils pouvaient, par un simple mouvement de bascule, recharger après chaque coup tiré.

Ce fusil était un terrible engin entre les mains de pareils hommes, car ils le maniaient avec dextérité.

Quand le dernier trappeur fut entraîné dans le rapide, Sans-Nez alla rejoindre Tomaho, qui, son énorme carabine en bandoulière et les rames en main, l'attendait patiemment.

La barque, vigoureusement poussée, entra dans le courant; elle fut entraînée avec une vitesse qui s'accéléra peu à peu.

Tomaho la guidait d'une façon qui sembla étrange à Sans-Nez, si étrange que celui-ci, alarmé précédemment déjà sur l'état de la raison du géant, commença à concevoir des doutes sérieux.

Tomaho, l'œil hagard, les lèvres crispées, manœuvrait ses pagaies de la plus singulière façon.

Ses mouvements étaient désordonnés, fébriles, incohérents.

Il articulait, en langue indienne, des mots sans liaison, des phrases coupées et sans suite.

A chaque instant, il fixait un regard ardent et plein de menaces sur la Tour du Sorcier.

Il parut à Sans-Nez, autant du moins qu'il put le comprendre, que Tomaho parlait de sauter dans la tour, d'y joindre le sorcier et de le tuer.

Et le Parisien était vivement alarmé.

Tout à coup, comme pour justifier les craintes de Sans-Nez, Tomaho imprima une direction nouvelle à la barque.

Il sortit du milieu du courant et se rapprocha de la rive formée de rochers verticalement dressés, et dont l'eau tourmentée caressait les pentes lisses et glissantes.

Il était impossible que, pilotée de la sorte, la barque ne vînt pas donner en plein contre la tour.

Sans-Nez, sérieusement effrayé, bondit sur son banc et s'écria :

— Ah çà! décidément, tu es fou, Cacique.

« Tu nous mènes en plein sur les brisants.

« Pas une barque, pas un chariot n'ont pris cette direction.

« Nous allons chavirer! »

Le géant jeta sur Sans-Nez un singulier regard.

La prunelle dilatée avait des phosphorescences que la lumière du jour changeait en pâles reflets d'étain.

Les paupières démesurément ouvertes découvraient entièrement le globe de l'œil, et sur ce fond blanc sillonné de petites veines rouges se détachait l'iris brun qui brillait d'un humide éclat.

— C'est bien là l'œil d'un fou, pensa Sans-Nez.

Tomaho accompagna son regard d'un bizarre sourire et se remit à pagayer avec fureur.

Le bateau dansait sur les brisants comme un fétu de paille.

Sans-Nez était glacé d'épouvante.

Debout à l'arrière, il criait :

— Dans le courant, misérable!

« Dans le courant, malheureux!

« Tu vas nous faire périr tous deux. »

Mais Tomaho souriait toujours de son triste et singulier sourire.

Sans-Nez, voyant que décidément le péril grandissait et devenait presque imminent, se mit à s'attacher sous les bras ces botillons de roseaux dont le comte avait recommandé que tout chasseur fût muni, alors même qu'il monterait une barque.

Tout en prenant ces précautions, le Parisien ne quittait pas Tomaho du regard.

Le géant, l'œil attaché sur la tour, insensible aux fureurs du Parisien, murmurait :

— Oui, la tour est creuse et le sorcier l'habite.

« Oui, Conception est captive!

« Mais Tomaho la délivrera. »

Plus de doutes!

Le géant voulait entrer dans la tour!

Sans-Nez avait espéré que son ami n'aurait qu'un moment d'aberration, mais la folie avait certainement repris son cours.

Alors le Parisien essaya de la persuasion.

— Tomaho, dit-il mettant la main sur l'épaule du géant, Tomaho, mon vieux camarade, pas de bêtises!

« Veux-tu m'écouter? »

Le géant se retourna et fixa sur Sans-Nez un long regard.

Le vague et triste sourire qui errait sur ses lèvres se transforma en une expression de dédain.

— Mon frère a peur? dit-il.

« Qu'il se rassure!

« Notre barque ne peut sombrer; le comte l'a dit!

« Tomaho, au pied de la tour, repoussera le canot en plein courant.

— Tu veux donc simplement voir de près la tour? dit Sans-Nez avec quelque espérance.

— Je veux entrer dans la demeure du sorcier! dit Tomaho avec une sorte d'exaltation farouche.

« Mais Sans-Nez a tort de croire que je lui impose le devoir de m'accompagner.

« Je me mettrai seul à la recherche de Rosée-du-Matin et de Conception.

— Tu es fou, malheureux! dit le Parisien avec une conviction profonde.

— Je vois, fit Tomaho doucement, que mon frère m'a supposé visité par l'esprit qui dérange les cerveaux des hommes.

« Que mon frère se rassure!

« Je jouis de ma raison. »

Le ton dont parlait Tomaho convainquit Sans-Nez que le géant n'avait point perdu la tête.

Il reprit espoir de le dissuader et, pour être plus convaincant, il ne lui ménagea point les épithètes.

— Tu n'es qu'un grand imbécile, lui dit-il.

« On ne meurt pas pour une femme!

« Je comprends qu'on la sauve, mais on ne se f... pas à l'eau de désespoir.

« Je te croyais une certaine dose de bon sens.

« Je me suis trompé!

« Tu es une bête brute, un idiot, un crétin incurable... »

Tomaho laissa passer le flot d'injures sans daigner répondre un seul mot.

Mais comme bientôt l'on fut arrivé à l'instant décisif, le géant imposa silence à son compagnon par un geste impérieux.

— Nous arrivons! dit-il.

« Regarde ! »

Il montrait l'une des meurtrières dont la tour était percée à trois mètres au-dessus des flots.

— Regarde ! répéta-t-il.

« En passant sous la tour, je saisirai le rebord de cet œil du sorcier.

« Je donnerai un coup de pied vigoureux à la pirogue, qui s'éloignera dans le courant.

« Tu éviteras le Puits sans fin et tu rejoindras nos amis.

« Le Vacondah te protége!

— Le diable t'emporte! dit Sans-Nez.

« Je vais te casser la tête, grand animal. »

Tomaho se souciait peu de cette menace.

La rapidité de la course imprimée à la barque par le courant était telle, que Sans-Nez vit la tour, selon l'effet d'optique ordinaire, arriver sur lui sans qu'il eût le temps de protester davantage.

Il se leva pâle, prêt à mourir.

— Assis! ordonna Tomaho.

« Assis, ou tu rouleras à l'eau quand je pousserai le canot! »

Mais Sans-Nez, troublé, n'entendait plus rien.

Une seconde d'hésitation et il était perdu.

Tomaho l'empoigna d'une main par le cou et, jetant sa pagaie, de l'autre main s'accrocha au rebord de la meurtrière avec une adresse, une habileté inouïes, au moment où la barque, courant droit sur la tour, avait donné presque de l'avant contre ce roc.

Malgré la surcharge, le géant renvoya le canot au milieu du courant par un coup de jarret formidable.

Il se trouva avec Sans-Nez suspendu sur les flots.

Sa manœuvre avait été favorisée par un phénomène que Tomaho avait dû remarquer sans doute dans de précédentes aventures sur les fleuves américains.

Comme tout Indien araucanien, Tomaho était un nautonier expérimenté.

Il savait que, quand un courant porte à plein sur un obstacle, il se produit au pied même de l'obstacle une lutte entre le flot repoussé par le choc et le flot qui le suit.

De là un remous dont la contre-action produit une neutralisation des deux forces opposées.

Aussi voit-on une épave, poussée contre une pile de pont, arriver violemment droit sur elle, mais perdre de sa vitesse aussitôt qu'à quelques mètres de la pile le remous se fait sentir ; l'épave arrive sans force au pied de l'obstacle, tournoie, dévie sans le toucher et rentre dans le courant qui l'entraîne.

Tomaho avait calculé tout cela et réussi sa manœuvre.

Suspendu d'une main au dessous de l'abîme, il dit à Sans-Nez d'une voix calme :
— Prends ton couteau !

« Mets-toi en défense ! »

Et il l'éleva jusqu'à la meurtrière, par le trou de laquelle il le fit passer.

Puis, derrière lui, il se hissa!

Tous deux disparurent dans la Tour du Sorcier.

CHAPITRE LXVI

OU M. D'ÉRAGNY ET BOULÉREAU SE SÉPARENT DE LA CARAVANE

On juge de la stupéfaction de la caravane, à la vue de ce qui se passait.

Les dix hommes d'arrière-garde étaient plus étonnés que personne.

On les attendait impatiemment sur la rive.

Le comte, M. d'Éragny, Bouléreau, tous se précipitèrent pour les questionner.

— Que s'est-il passé? demanda le comte.

« Comment vos deux chefs ont-ils disparu?

— Monsieur le comte, dit un trappeur, je crois avoir compris la chose, et c'est assez extraordinaire.

« Tomaho m'a paru vouloir entrer dans la tour et, si je ne me trompe, Sans-Nez ne voulait pas le suivre.

« Alors le Cacique l'a empoigné d'une main, s'est accroché de l'autre à la meurtrière et ils sont dans la tour à cette heure.

— Brave garçon que ce Tomaho ! dit le comte.

« Voilà un coup d'audace et d'adresse qui dénote plus d'intelligence que je n'en supposais à ce bon géant.

— Ainsi, s'écria M. d'Éragny, cette tour est creuse !

« Ainsi l'on peut y pénétrer !

« Comte, le mari montre au père le chemin du devoir.

« Ce que Tomaho vient de faire, je le ferai.

— Monsieur, dit le comte, si nous étions en haut des chutes, je vous conseillerais de tenter la chose.

« Mais impossible de remonter les rapides!

— Je tournerai les montagnes, dit M. d'Éragny.

— Pardon, dit une voix, celle de Tête-de-Bison qui semblait singulièrement ému.

« Monsieur le comte, ajouta-t-il, il est vrai que les lignes de montagnes que le cours du fleuve coupe par ses rapides sont sur une longue étendue infranchissables pour une caravane et ses wagons.

« Mais, à deux jours de marche d'ici, je sais un sentier qui permet à une file d'hommes de passer.

« J'aime Tomaho, j'aime beaucoup Tomaho. »

Le Trappeur semblait en effet très-chagrin de sentir le géant exposé à de grands dangers.

Il reprit :

— J'aime aussi mademoiselle Blanche; et si vous, chef, si le reste de la caravane y consent, je guiderai M. d'Éragny à la recherche de sa fille.

— Et moi, dit une autre voix, je me charge de conduire une barque au pied de cette satanée tour.

« Cré mille tonnerres! vive la joie! J'ai de l'espoir! »

Un franc rire, sonnant comme une gaie fanfare de cor, accompagna cette déclaration, faite par Bouléreau son éternelle pipe à la bouche.

— Si l'on veut, reprit-il, avec quelques amis, nous passerons par le sentier que le Trappeur connaît, et nous irons à la recherche de la petite demoiselle.

« J'ai idée qu'elle est vivante, moi ! »

M. d'Éragny tendit en silence et les larmes aux yeux ses mains à ce brave squatter et à Grandmoreau.

Le colonel sentait renaître en son âme une faible lueur d'espoir.

— Mille noms de noms d'une pipe! colonel, ne pâlissez pas et ne pleurnichez pas, sauf votre respect! s'écria Bouléreau.

« J'ai le pressentiment que nous retrouverons votre petite demoiselle, la femme du géant, Sans-Nez et ce grand bon garçon de Tomaho que j'aime de tout mon cœur.

« Allons, colonel, demandez sept volontaires ; avec nous et vous, ça fera dix hommes.

« M. le comte ne s'y oppose pas ?

— Non, dit M. de Lincourt ; mais les caravanes sont régies par des lois que nul ne doit enfreindre sous peine de mort.

« Entre autres traditions et règlements, le plus grave de tous est la défense d'abandonner son poste, ou la troupe dont on fait partie, en vue d'un intérêt personnel et sans le consentement de la majorité.

« Je dois donc, avant de vous encourager plus longtemps à persévérer dans votre généreux projet, consulter nos hommes et demander leur approbation.

— Je me soumets d'avance à la décision de tous.

« Mais faites que cette décision soit prise sans retard.

— Dans quelques instants, répondit M. de Lincourt.

Et il réunit aussitôt les différents chefs de compagnies.

— Faites assembler tout le monde, ordonna-t-il.

« Il s'agit d'une importante communication.

« J'ai besoin d'un vote général. »

Dix minutes après, le personnel entier de la caravane était rangé en demi-cercle, écoutant en silence les explications du comte de Lincourt et du colonel d'Éragny.

Un vote eut lieu immédiatement.

Il autorisait le colonel à se mettre à la recherche de sa fille et à se faire accompagner par Bouléreau, Tête-de-Bison et sept squatters de bonne volonté.

En vertu de cette autorisation, les absents participaient de droit à tous les bénéfices et avantages réalisés en leur absence.

M. d'Éragny, profondément touché, prononça quelques mots de remerciement.

Deux heures après, il quittait le campement.

La petite troupe s'engagea résolûment dans la montagne...

Bientôt elle disparut aux regards de tous...

Cependant Tomaho et Sans-Nez avaient pénétré dans la Tour du Sorcier-des-Eaux.

— Épatant ! s'était écrié le Parisien au premier coup d'œil jeté dans l'intérieur de l'excavation.

Cette grotte présentait en effet des singularités étranges, qui frappèrent Sans-Nez à ce point qu'il oublia périls et récriminations.

Que l'on se figure un vaste souterrain de trente mètres de rayon et de plus de cent pieds de hauteur.

Les parois sont lisses et brillantes.

La voûte, également lisse et sans aucune fissure, est régulièrement arrondie. D'innombrables lignes brisées de couleur verdâtre s'entre-croisent sur un fond blanc et jouent fidèlement le marbre.

Çà et là de pures gouttes d'eau brillent comme des diamants ; une se détache de temps en temps et tombe comme d'une parure égrenant ses brillants.

Quatre larges meurtrières s'ouvrent dans les parois de la grotte.

Elles donnent sur la cataracte du Colorado et sur le Puits sans fin.

Un demi-jour pénètre par ces ouvertures ; il se reflète sur le blanc des murailles et produit une clarté mate que l'œil supporte sans fatigue.

Le sol de la grotte est composé de sable jaune mélangé de paillettes cristallisées et brillantes comme de la poudre d'or.

On ne remarque pas trace d'humidité sur ce terrain, malgré le voisinage du Colorado.

Sur quelques points seulement on aperçoit une tache d'un jaune plus foncé ; ce sont les gouttes d'eau tombant de la voûte qui l'ont produite.

Au milieu de la grotte s'ouvre un large trou, assez semblable à l'entrée découverte d'une carrière.

Une sorte de chemin en pente douce y conduit[1].

Ce chemin descend en spirale et paraît s'enfoncer à une immense profondeur.

Tomaho ne s'arrêta pas longtemps à admirer les splendeurs du souterrain

---

1. Dans la tour de Copenhague existe un escalier sans marche, aux vastes proportions, et dont la pente est assez douce pour permettre à une voiture de le gravir.

Par un étrange jeu de la nature, le travail des ingénieurs du Danemark se trouvait être la copie de l'intérieur de la Tour du Sorcier-des-Eaux.

Il avait une vive préoccupation.

Il enleva brusquement Sans-Nez à la hauteur de l'une des ouvertures donnant sur le Colorado, et lui montra la barque s'éloignant du rocher.

— Ami, lui dit-il, tu m'as accusé de te mener à la mort.

« Je dois me justifier.

« Tu pouvais ne pas me suivre, je te l'ai dit.

« Si tu étais resté tranquillement assis dans le canot, je te lançais avec lui dans le courant, et sans danger tu rejoignais la caravane.

« Vois : notre barque descend au milieu du rapide, et, sans avoir été gouvernée, elle touchera bientôt la rive où ont abordé nos amis. »

Et Tomaho poussa un large soupir de satisfaction.

— Mon vieux Cacique, répondit Sans-Nez avec une insouciance vraiment française et surtout parisienne, je n'en suis pas à regretter de t'avoir empoigné le talon, et de me trouver ici en ta compagnie.

« Je n'étais guère disposé à tenter l'aventure, mais, à vrai dire, je ne suis pas fâché de la manière dont les choses ont tourné.

« Après tout, mon bon Tomaho, je me dis que tes espérances ne sont pas aussi folles que je me l'étais figuré.

« Maintenant j'espère que nous retrouverons Conception et Rosée-du-Matin.

« Je les aime bien, moi, ces deux créatures.

« Et puis, vois-tu, j'aurais commis une lâcheté en t'abandonnant.

« Tu me l'aurais pardonnée peut-être, mais moi, jamais !

« Aussi, pas de récriminations.

« Tout est pour le mieux.

« Si nous avons la veine de réussir, nous **partagerons la gloire**.

« Si la mort **nous barre le chemin**, eh bien ! nous ferons le saut ensemble.

« On meurt gaiement en bonne compagnie. »

Tomaho avait écouté Sans-Nez avec un plaisir qui se traduisait par un bon sourire tout plein de satisfaction.

— Mon frère, dit-il, a le ramage de l'oiseau moqueur.

« Mais il a le cœur généreux d'un brave trappeur.

« Tomaho, lui aussi, est généreux.

« Et il donnera sa vie avec joie pour sauver celle de son frère Sans-Nez. »

En prononçant ces derniers mots, le géant tendit sa large main.

— Allons donc ! s'écria Sans-Nez ; une poignée de main ne me suffit pas.

« Il faut que je t'embrasse. »

Et il sauta au cou du géant.

Les deux hommes échangèrent une fraternelle étreinte.

— A la vie à la mort ! s'était écrié Sans-Nez dans un joyeux et sincère élan.

— Och ! répondit simplement le géant en reposant le Parisien à terre.

Une fois sur ses pieds, Sans-Nez s'écria avec un joyeux entrain :

— Maintenant, allons-y gaiement.

« Et avant tout, il s'agit d'inspecter cette grotte et de voir.... »

Il fut interrompu par une soudaine exclamation de Tomaho :

— Le bras du sorcier ! s'écriait le géant.

Et il montrait du geste une sorte de grosse et longue perche appuyée contre la paroi de la grotte.

Sans-Nez, inaccessible à la moindre crainte superstitieuse, s'avança dans la direction indiquée, et laissa échapper un de ces éclats de rire à lui, c'est-à-dire une succession de petits cris secs et stridents suivant une progression ascendante.

— Voici l'objet, ami Cacique, dit-il en saisissant la perche.

— Si c'est là un bras, je veux que le diable me croque !

« Tiens ! voilà un crampon de fer qui ne parle pas, mais qui dit bien des choses.

« Ton bras de sorcier est tout bêtement une gaffe de marinier.

« Et si tu m'en crois, tenons-nous sur nos gardes.

« C'est à l'aide de cet instrument que l'on a fait chavirer les yoles, et ceux à qui il a servi ne sont probablement pas loin. »

Tout en faisant cette judicieuse observation, Sans-Nez visitait sa carabine et l'armait.

Tomaho ne jugea pas utile d'imiter la prudence de son compagnon.

Calme et sentencieux, il dit :

— Le fusil est impuissant contre les sorciers.

« Leurs *médecines* les protégent contre les balles mieux que le meilleur des boucliers. »

Sans-Nez ne put réprimer un nouvel éclat de rire.

Les croyances aveugles du Patagon ne l'effrayaient plus, elles l'amusaient depuis qu'il était bien sûr que son compagnon n'était pas fou.

— On n'a pas idée d'un entêtement pareil! s'écria-t-il sur le ton railleur qui lui était habituel.

« On parle des mules, mais les géants peuvent se vanter de leur rendre des points. »

Tout en parlant, le Parisien inspectait du regard l'intérieur de la grotte.

L'escalier souterrain surtout lui paraissait suspect.

Et c'est le doigt sur la détente qu'il se dirigeait de ce côté, en examinant le sol avec une minutieuse attention.

Tout à coup il s'arrêta.

— J'en étais sûr! s'écria-t-il.

« Une, deux, trois pistes très-fraîches.

« Viens donc un peu voir ça, Cacique.

« Tu vas me dire si ce sont là des pas de sorcier. »

Et en même temps il jetait sur le trou béant un regard de défiance, et il mettait le doigt sur la détente de son arme.

Tomaho s'approcha, se courba jusqu'à terre et examina les pistes.

— Il y en a bien trois, n'est-ce pas? fit Sans-Nez.

— Mon frère ne se trompe pas, répondit le géant.

— Ça fait donc trois sorciers pour un! remarqua le Parisien toujours moqueur.

« Mais, si j'en crois mes yeux, ces trois sorciers ne seraient-ils pas tout simplement des pirates de prairie?

« Eh! mille millions de blagues à tabac toutes pleines! j'en jurerais.

« C'est cette canaille de John-Huggs avec deux de ses bandits.

— Je crois que mon frère a raison, approuva Tomaho.

« Ces hommes portent des mocassins de forme indienne, mais fabriqués par des Visages-Pâles.

« Ils ont beau faire, ils ne peuvent tromper l'œil d'un Araucanien.

— Juste! fit Sans-Nez.

« Nous sommes en plein dans le vrai.

« John Huggs a inventé ce *truc* depuis longtemps pour que l'on confonde ses pistes avec celles des Peaux-Rouges.

« Mais un pirate ne monte pas le coup à des trappeurs comme nous autres.

« On ne se contente pas d'avoir du chic, du galbe et du torse, on a de l'œil.

« N'est-ce pas, Tomaho? »

Et le Parisien exécuta avec ses doigts un joyeux roulement de castagnettes.

Puis il reprit :

— Eh bien! ami Cacique, tu peux en faire ton deuil, du sorcier.

« Il n'y en a pas plus que sur ma main, comme tu vois.

— Mon frère se trompe, fit sérieusement le géant.

« John Huggs est sorcier, puisqu'il a le *truc*.

Sans-Nez eut un soubresaut.

— Le truc! s'écria-t-il.

« Qu'est-ce que tu me chantes avec ton truc?

« S'il a le truc, ça ne prouve pas qu'il soit sorcier.

« C'est un truqueur, voilà tout. »

Tomaho secoua la tête en signe de doute. Quand une idée s'était logée dans son cerveau, il n'était pas facile de l'en faire sortir.

— John Huggs est sorcier, répéta-t-il avec conviction.

Et saisissant la gaffe après avoir prononcé quelques mots indiens qui devaient sans doute conjurer tout danger, il ajouta :

— Voici son talisman.

— Puisque je te dis que c'est une gaffe! insista Sans-Nez.

— Le chef des pirates est sorcier et voici son talisman, répéta le crédule Cacique.

Ils allaient atteindre la rive.

« Et le comte de Lincourt, notre chef, n'est-il pas sorcier?

« Lui aussi a le *truc*.

« Lui aussi a des talismans enfermés dans des petites boîtes et qui font sauter les montagnes. »

Sans-Nez tenta un nouvel effort pour dissuader le géant; mais celui-ci tint bon.

— La preuve, dit-il, que je tiens le talisman de John Huggs, c'est que ce long bras lui a servi pour fasciner les yoles et les chavirer.

— Es-tu bête! reprit Sans-Nez, avec un haussement d'épaules

« Ne vois-tu pas, grand niais, que les pirates ont attendu les barques au passage; qu'ils les ont crochées à l'aide de cette gaffe, et les ont entraînées dans le tourbillon du Puits sans fin où elles ont disparu?

« Est-ce assez clair?

« Comprends-tu, à la fin?

— Mon frère peut avoir raison, fit Tomaho.

« Mais je connais les légendes de la magie indienne, et j'affirme qu'un sorcier seul pouvait, par ses puissantes médecines, attirer les squaws dans l'abîme.

« Si John Huggs est le ravisseur, il est sorcier, et par son pouvoir magique il a déjà mis une grande distance entre lui et nous; sans cela, nous nous serions déjà précipités sur ses traces.

« Mais, grâce à mon talisman, j'arriverai, et sans me presser. »

Une exclamation de Sans-Nez interrompit le monologue du Cacique.

Le Parisien, que toutes ces divagations finissaient par ennuyer, s'était approché de l'une des meurtrières donnant sur le Puits sans fin, pour continuer les investigations patientes et minutieuses par lesquelles un trappeur débute toujours sans aucune hâte dans une poursuite.

Son regard cherchait à percer le nuage de vapeurs qui s'élevait sur les eaux.

Ce qu'il vit lui arracha un cri de surprise.

— Tonnerre! dit-il en s'éloignant de l'ouverture.

« Les brigands ne sont pas si loin que tu le penses.

« Regarde!

« Vois-tu là-bas, au delà du gouffre? »

Tomaho fixa un regard anxieux dans la direction indiquée.

Sur la berge que baignaient les eaux du Puits sans fin, du côté des montagnes, on apercevait trois formes humaines s'agiter dans le brouillard assez intense toujours formé au-dessus de l'abîme.

Un autre que Tomaho eût hésité avant de se prononcer sur l'identité des trois personnages noyés dans la brume; mais l'œil exercé du géant avait une incroyable puissance de perception.

Les poings serrés et la face contractée par la colère, il dit d'une voix sourde:

— John Huggs, son lieutenant et un de ses pirates!

— J'en étais sûr! s'écria Sans-Nez.

« Mais par où diable sont-ils passés pour sortir d'ici?

— Nous le saurons, fit Tomaho tout en continuant à observer les trois pirates.

Le brouillard tourbillonnait au-dessus du gouffre, et, obéissant au vent, il se déroulait en larges bandes qui allaient s'étageant et se prolongeant contre les flancs de la montagne.

Par moments, une éclaircie se produisait, et l'on pouvait découvrir quelques points d'un paysage du plus pittoresque et du plus imposant aspect.

Une de ces trouées lumineuses permit à Tomaho et à Sans-Nez de voir, presque distinctement, pendant une seconde, la berge où se trouvaient le capitaine des pirates et ses deux acolytes.

Ils distinguèrent en même temps cinq corps inanimés étendus sur la roche plate qui formait berge.

— Conception!... Rosée-du-Matin! s'écria Tomaho.

— Les pilotes hurons! le squatter! dit Sans-Nez.

Un pirate, le couteau à la main, venait de s'approcher des trois corps d'hommes étendus sur le rocher.

John Huggs et son lieutenant se tenaient penchés auprès des deux femmes.

— Canailles!

« Brigands! s'écria tout à coup Sans-Nez.

« Ils poignardent trois hommes sans défense. »

L'un des pirates venait en effet d'égorger les deux Hurons et le squatter.

Et cette horrible exécution faite, il avait repoussé du pied les cadavres dans une sorte de torrent alimenté par les eaux du gouffre et qui allait se perdre dans les flancs de la montagne.

Tomaho, lui, ne quittait pas des yeux sa femme et Blanche d'Éragny.

Et, le doigt sur la détente de son énorme fusil, il suivait tous les mouvements de John Huggs et de son lieutenant.

Le brouillard, qui s'élevait peu à peu, lui permettait maintenant de distinguer avec sûreté le moindre geste des pirates.

John Huggs avait défait une fine écharpe de soie qui lui faisait dix fois le tour des reins, et il l'enroulait autour du corps de mademoiselle d'Éragny.

Basilic avait ôté son puncho mexicain; il en enveloppa Conception.

Tomaho était haletant.

De ses lèvres, agitées d'un tremblement convulsif, s'échappaient des paroles de colère et de menace.

— Ils vont emporter les squaws! dit-il.

Et il épaula sa lourde carabine.

John Huggs et son lieutenant venaient en effet de charger les deux femmes sur leurs épaules, et ils se dirigeaient du côté d'un trou noir situé entre deux roches et qui paraissait être l'entrée d'une galerie souterraine.

Sans-Nez, en voyant le géant épauler son fusil, l'avait imité.

Mais une réflexion subite lui vint, et il releva l'arme de Tomaho en disant :

— Ce n'est pas en révélant notre présence ici que nous surprendrons ce brigand de Huggs, dont la bande n'est certainement pas éloignée.

« Donc, pas de bruit !

« Moins ces gredins seront défiants, plus nous les rattraperons facilement.

— Mon frère a raison, répondit le Cacique.

« Mon bras tremble, et mon œil est troublé.

« Ma balle pourrait manquer le but.

— Ou frapper les femmes au lieu de ces vermines de pirates, fit Sans-Nez.

« Et puis on voit trouble dans ce satané brouillard. Il est encore assez épais, par moments, pour fourrer dedans le meilleur tireur.

« Crois-moi, Cacique, rejoignons John Huggs le plus tôt possible.

« Quand nous l'aurons à portée, alors bataille ! bataille à mort !

— A mort ! répéta le géant avec une sombre énergie.

Et il se prépara à escalader l'ouverture donnant dans le Puits sans fin.

— Que fais-tu donc ? interrogea Sans-Nez.

« Où vas-tu ?

— Je vais poursuivre John Huggs, répondit Tomaho déjà assis sur le rebord de la meurtrière.

— Par quel chemin ? fit Sans-Nez.

« Est-ce que tu espères qu'il va te pousser des ailes, et que tu voleras jusque là-bas ?

— Je vais traverser le Puits sans fin, dit le Cacique.

« Rien ne m'arrêtera.

« Je veux sauver les squaws.

« Je veux les venger.

« Le chef des pirates doit mourir.

— D'accord ! fit Sans-Nez.

« Mais ta manière de poursuivre notre ennemi est dangereuse, folle et impraticable.

« Je veux bien convenir que le Puits sans fin, comme tous les tourbillons, ne garde pas ses victimes, et qu'il nous rejetterait vivants sur la plage.

« Si nous nous jetons à l'eau, nous mouillerons nos fusils et nos cartouches, nous perdrons les unes et nous endommagerons les autres, et quand nous serons en présence de l'ennemi, nous aurons nos poings pour nous défendre.

« Je te déclare que ces armes-là ne me suffisent pas, et qu'il en faut de meilleures pour attaquer des pirates.

— Mon frère peut ne pas me suivre, répondit Tomaho en se préparant à sauter.

— Un instant ! s'écria Sans-Nez.

« Tu vas commettre un acte contraire aux lois de la prairie. »

Le géant fixa un œil inquiet sur le Parisien. Il ne pouvait supporter le moindre soupçon quant à sa loyauté de chasseur et de trappeur.

— Que veut dire mon frère ? demanda-t-il.

— Tu me comprendras d'un mot, reprit Sans-Nez.

« Nous avons trouvé une piste ennemie, nous devons la suivre.

« C'est non-seulement la prudence qui nous le commande, mais encore ce sont les traditions de la savane que notre honneur nous oblige d'observer.

« De plus, continua Sans-Nez devenu sérieux, si l'on peut quelquefois abandonner une piste dangereuse, il n'est jamais admis qu'on la suive le nez au vent comme un chien couchant.

« C'est pas à pas, l'œil à terre et l'oreille tendue que nous devons poursuivre l'ennemi et le forcer au combat.

« Telle est la loi de la prairie, et le trappeur Tomaho n'a pas le droit de la violer, sous peine de passer pour un chasseur imprudent et d'être méprisé par ses frères.

« Procédons méthodiquement, lentement et sûrement.

« Pas un chien bon limier ne quitterait bêtement une voie pour raccourcir le chemin et chasser à vue. »

Ces paroles du Parisien avaient été écoutées avec une religieuse attention.

Elles convainquirent le Cacique parce qu'elles étaient un appel à sa science et à son expérience de trappeur.

Il descendit de la meurtrière, après avoir jeté un dernier regard dans la direction du souterrain où il avait vu disparaître les pirates emportant Conception mademoiselle d'Éragny.

Quand il eut pris pied sur le sable de la grotte :

— Frère, dit-il, je me rends à ton appel.

« Nous suivrons la piste. C'est notre devoir.

« Partons sans tarder.

« Nous devons délivrer les squaws avant que le crime les ait souillées. »

Remis en belle humeur par la docilité du géant, et peut-être par un sentiment de malice qui amenait le sourire sur ses lèvres absentes, à l'idée des fureurs jalouses de Tomaho, Sans-Nez lui dit :

— Je te comprends.

« John Huggs est capable de tout.

« Et je crains que nous n'arrivions pas avant le petit accident que tu redoutes comme mari.

« Mais c'est un si petit malheur!... »

A cette appréciation qui lui parut monstrueuse, Tomaho poussa un cri de rage.

— Frère, dit-il, je donnerais tout mon sang pour que Conception ne subît pas d'insulte, et ce que tu appelles un petit malheur est ce que je redoute le plus au monde.

« Si cela arrivait, après avoir tué le pirate, mon couteau de chasse trouerait la poitrine de Conception et la mienne après.

— Tu n'es qu'un imbécile! dit Sans-Nez en riant.

« J'avais du galbe, du chic et du chien, et j'ai été trompé, et mes maîtresses n'avaient pas l'excuse qu'aura à t'opposer Conception quand nous la retrouverons mariée de force en secondes noces à cette canaille de John Huggs.

— Partons! dit Tomaho en poussant un rugissement, et en chasse!

— En route! dit Sans-Nez d'un air narquois.

« Tu hurles aujourd'hui parce que c'est la première fois, mais tu t'y habitueras. »

En prononçant ces derniers mots, Sans-Nez se mit à examiner les pistes avec une minutieuse attention ; il fit ses réflexions :

— Voilà bien nos trois empreintes distinctes.

« Nos gredins ne sont pas restés ici plus de quatre ou cinq heures.

« Ils n'ont même pas parcouru toute la grotte.

« C'est bien ça.

« Ils se sont presque toujours tenus aux environs de cette grande ouverture qui donne sur le Colorado.

« C'est évidemment de cet endroit qu'ils ont croché les yoles.

« Bon! deux pistes!

« L'une sort de ce trou qui me paraît s'enfoncer à des profondeurs impossibles, l'autre qui y entre.

« Celle qui sort est la moins fraîche.

« Donc mes gaillards sont arrivés et partis par le même chemin.

« Donc il y a communication souterraine avec cette plage sur laquelle nous venons de voir ces brigands.

« Ça ne fait aucun doute, et nous allons descendre. »

Sa conviction établie, Sans-Nez releva la tête pour en faire part à Tomaho.

Celui-ci s'était éloigné de quelques pas, et il revenait muni de la fameuse gaffe.

— Qu'est-ce que tu veux faire de cette gaule? demanda le Parisien.

— Je conserve et j'emporte le talisman de John Huggs, répondit Tomaho le plus sérieusement du monde.

Sans-Nez haussa les épaules à se les désarticuler.

— Quelle rage de sorciers! grommela-t-il.

« Quel entêtement stupide!

« Tu es donc incorrigible, Cacique?

« Je te répète que cette gaule...

— J'emporte le talisman du sorcier, interrompit le géant avec résolution.

— Pas de remède! fit Sans-Nez.

« Allons-y donc gaiement!

« Et que sainte Gaffe nous protège! »

Les deux hommes disparurent dans cette espèce de chemin en spirale creusé par un caprice de la nature dans le sol de la Tour du Sorcier-des-Eaux.

Il descendirent pendant plusieurs minutes.

Le chemin, décrivant toujours une courbe régulière, paraissait se prolonger fort loin sous terre, et l'ombre se faisait de plus en plus épaisse.

Les deux intrépides voyageurs s'arrêtèrent;

ils étaient depuis longtemps plongés dans un obscurité complète.

« Du diable si je sais où nous voici ! dit Sans-Nez à voix basse.

« Si ça continue, nous sommes sûrs d'arriver aux antipodes avant six mois.

« Je crois que nous sommes dans le vrai Puits sans fin.

« Nous devons nous trouver à une profondeur de plus de cent pieds.

« Si nous examinions un peu le paysage ? »

Tout en faisant ses réflexions, Sans-Nez tira de sa poche une boîte à moitié pleine d'allumettes chimiques.

Il en prit une et dit à Tomaho :

— Prépare ton fusil.

Et il alluma.

Les parois du chemin souterrain étaient en cet endroit sèches, blanches et sans aucune humidité.

La voûte, également en pierres blanches et crayeuses, était régulièrement arrondie, sauf quelques fissures çà et là.

On eût dit d'un travail exécuté par la main des hommes.

A terre brillait le même sable fin mélangé de paillettes que celui de la tour.

Sans-Nez jeta un regard en avant.

— Fichue promenade ! dit-il.

« J'aimerais mieux faire un tour dans le grand collecteur de Paris.

« Ça n'y sent pas le patchouli, mais c'est plus sûr.

« Mais baste ! en avant... arche ! »

« Au bout le bout. »

Tomaho avait examiné silencieusement le couloir souterrain, laissant à Sans-Nez tout le temps de faire ses insouciantes réflexions.

Quand l'allumette s'éteignit, il parla à son tour.

— Nous suivons dit-il, un chemin que, par une *médecine*, John Huggs peut prolonger à l'infini.

« Je vais demander au grand Vacondah de détourner le maléfice. »

Et le crédule Cacique, plaçant sa main sur le *signe* que lui avait remis le Sauveur, prononça quelques paroles en langue indienne.

— Nous voilà maintenant certains de trouver le fond, railla Sans-Nez.

« Crois-tu donc bonnement que ce brigand de John Huggs peut d'un mot creuser des montagnes ?

« Ça ferait un fameux terrassier.

« Il n'aurait pas besoin de se mettre voleur sur terre et sur mer pour se procurer de l'or.

« Il n'aurait qu'à prendre un brevet pour le percement des tunnels de chemins de fer. »

Le géant, qui ne comprenait pas la moitié des plaisanteries du Parisien, répondit du ton le plus convaincu :

— Que mon frère se garde d'insulter les puissants génies de la *grande médecine*.

« Ils peuvent le conduire à la mort.

— On leur dit *zut*, à tes génies ! répliqua Sans-Nez en se remettant à descendre.

Tomaho, traînant sa gaffe, le suivit et murmurant une nouvelle invocation en indien.

Une minute, deux, trois, quatre, cinq minutes s'écoulèrent.

Les deux hommes descendaient toujours, et le couloir décrivant sa courbe en spirale se prolongeait interminable devant leurs pas.

Sans-Nez s'arrêta de nouveau.

— Faut-il encore brûler une allumette ? demanda-t-il.

« Je viens, tout en marchant, de compter ma provision.

« Il ne m'en reste que six.

— Que mon frère ménage ses petits feux magiques, dit Tomaho.

« Marchons encore. »

Ils se remirent à descendre.

Tout à coup le Parisien poussa un cri de joie.

— Je crois que nous sommes au fond, dit-il.

« Je ne sens plus la muraille ; il me semble que je marche sur un terrain plat.

« J'y vais de mon petit feu magique, comme tu dis, Cacique. »

Et il fit flamber une allumette, à la faible lueur de laquelle les deux voyageurs examinèrent l'endroit où ils se trouvaient.

— C'est bien le bout, dit Sans-Nez.

« Et voici une grotte qui ne manque pas d'agrément.

« Cinquante cavaliers y manœuvreraient à l'aise.

« Tiens! la roche est d'une drôle de couleur : toute rouge! »

Sans-Nez approcha son allumette des parois de pierre.

— On dirait du porphyre, fit-il.

« Plus que ça de luxe! »

Puis, changeant brusquement de ton, et avec une certaine inquiétude, il ajouta :

— Je n'aperçois aucune galerie.

« Est-ce que nous serions dans un cul-de-sac?

« Je la trouverais dure.

— Mon frère n'a pas le regard rapide et sûr, dit Tomaho.

Il étendit le bras et indiqua une large fissure dans le roc.

C'était en effet l'entrée d'un couloir.

Les deux hommes s'y engagèrent résolûment.

Ils marchèrent pendant environ cinq minutes, n'avançant qu'à tâtons et avec des précautions infinies.

Tout à coup Sans-Nez s'arrêta brusquement et laissa échapper d'une voix sourde un furieux *tonnerre de D...*!

Il venait de se heurter violemment contre l'angle d'un rocher.

— Est-ce que nous serions dans une autre grotte? fit-il.

« Ou bien y aurait-il bifurcation de deux galeries ? »

Le géant s'approcha, promena sa gaffe dans toutes les directions et dit avec assurance :

— Il y a deux chemins.

— Jolie situation! grommela Sans-Nez.

« Nous n'avons que l'embarras du choix, possible ; mais j'aimerais mieux ne pas avoir à choisir.

« Allons, sacrifions encore une allumette.

« Il faut relever les pistes. »

L'allumette flamba.

Tomaho se coucha à terre, **examinant le sol** avec une scrupuleuse attention.

— Par ici ! dit-il en se relevant.

Et il s'engagea dans l'une des galeries.

Sans-Nez le suivit.

Les deux intrépides voyageurs parcoururent ainsi à tâtons une série de longs couloirs tantôt larges, tantôt étroits, souvent d'une prodigieuse hauteur, quelquefois bas au point d'obliger Tomaho à ramper sur les genoux et les mains.

Il fallait marcher au hasard dans une obscurité profonde, tendre les bras en avant pour éviter de se heurter contre les roches, poser le pied avec précaution pour parer aux chutes et ne pas tomber dans quelque précipice.

Sans-Nez ménageait ses allumettes avec le plus grand soin.

Quand il ne lui en resta plus qu'une, il ne se décida à l'allumer qu'après une longue marche; mais avec une vive inquiétude il s'aperçut que toute trace avait disparu.

Le Parisien était fort alarmé.

— Nous voilà propres! dit-il.

« Je croyais qu'en marchant devant nous le souterrain, se relevant peu à peu, nous mènerait à la plage ; mais nous aurons, dans l'ombre, passé devant l'embranchement de galerie qui bifurque sans doute et conduit dans la bonne direction.

« Retournons sur nos pas. »

Tomaho poussa un long soupir.

— Voilà, dit-il, les enchantements qui commencent.

« Sans-Nez a irrité les esprits souterrains.

« Qui sait quand nous sortirons d'ici !

— Imbécile ! dit Sans-Nez.

« Ce qui me vexe, c'est d'avoir l'air de donner raison à un pareil animal. »

Et il se remit à ramper pour revenir sur le chemin parcouru.

— Tâte à droite, dit Tomaho ; je sonderai à gauche.

« Nous finirons bien par trouver la bifurcation devant laquelle nous **sommes** passés sans nous en apercevoir. »

Mais les recherches se prolongèrent longtemps, bien longtemps, sans amener de résultat.

Enfin Tomaho annonça une ouverture.

— Faisons un peu de clarté avec de la poudre, dit Sans-Nez, et voyons si c'est par cette galerie qu'ils sont passés.

Mais la fugitive lumière produite par une

traînée allumée avec une capsule ne montra aux chasseurs que l'absence absolue de toute trace des ravisseurs.

Dix fois ils renouvelèrent, à l'entrée de couloirs ainsi trouvés, à tâtons, l'expérience qu'ils venaient de faire, et rien n'apparut ressemblant à une piste.

Enfin, après plus de trois heures de marches et de contre-marches dans un dédale inextricable de galeries et de grottes; après avoir monté, descendu, tourné à droite, à gauche, dans toutes les directions, Sans-Nez, qui n'avait cessé de jurer, de protester, de maudire les pirates, Dieu, le diable et les saints, Sans-Nez, littéralement épuisé, s'arrêta.

— Nous sommes absolument égarés, dit-il.

« Nous avons perdu depuis longtemps la piste des pirates, et ce n'est pas dans une obscurité pareille que nous la retrouverons.

« Je crève de fatigue, j'ai les genoux et les mains en sang et je m'arrête ici. »

Tomaho qui s'était tu, qui n'avait proféré aucune plainte, surexcité par l'espérance de sauver Conception par le désir de se venger, avait conservé toute son énergie.

— Mon frère se décourage vite, dit-il.

« Sa volonté est un feu d'herbes sèches qui donne une grande flamme, et s'éteint aussitôt.

« Que le cœur de mon frère se remplisse d'espoir.

« Nous sommes victimes d'une puissante *médecine* de John Huggs.

« Mais elle se dissipera.

« Mon talisman nous protége, et j'ai celui du pirate.

— Si ton talisman pouvait seulement me dire par quel chemin il faut passer pour revenir à la tour, je me déclarerais son très-humble serviteur.

« Mais comme je me moque de tous les sorciers du monde et de tous leurs talismans, je ne compte que sur moi-même pour me tirer d'affaire.

« Je suis éreinté, je me repose.

« Tout à l'heure nous reprendrons notre promenade sentimentale. »

Malgré son impatience, Tomaho dut se résigner à attendre le bon plaisir de son compagnon.

Après une halte de vingt minutes, les deux hommes reprirent leur marche dans l'immense souterrain.

Sans-Nez ne trouvait plus une plaisanterie.

Sombre et colère, il manifestait sa mauvaise humeur par une foule d'imprécations plus violentes que jamais.

Tomaho, traînant toujours sa gaffe, marchait silencieux et calme.

Si l'on eût pu voir son visage, on y aurait remarqué une énergique et ferme expression de volonté.

Le géant ne désespérait pas encore.

Cependant les galeries et couloirs souterrains se succédaient à l'infini.

C'était un labyrinthe aux mille détours.

Tantôt une impasse doublait la distance à parcourir et faisait perdre un temps précieux.

Tantôt dans un carrefour s'ouvraient dix galeries rayonnant dans toutes les directions.

Et par-dessus tout les obstacles, les ténèbres les plus épaisses, la nuit la plus noire, l'obscurité dense, opaque, pesante.

Obscurité sépulcrale à laquelle l'œil ne s'habitue pas.

Ténèbres profondes que ne saurait percer le regard du hibou.

Nuit d'enfer aux feux éteints, et abandonné des âmes.

Sans-Nez ne s'intimidait pas facilement.

Pourtant le silence, la solitude, l'ombre finissaient par agir fortement sur son être.

Il commençait à désespérer de revoir jamais le jour.

Fatigué, épuisé, il s'arrêta de nouveau.

— Je n'irai pas plus loin! dit-il.

« C'est absolument inutile.

« J'en crèverai de fureur.

« Nous ne sortirons plus de cet infernal souterrain. »

Tomaho, toujours ferme et résolu, tenta de ramener l'espérance chez son compagnon.

— Les *médecines* perdront leur puissance, dit-il.

« Et le grand Vacondah protégera le Cacique Tomaho et son ami Sans-Nez, à la condition que celui-ci fasse des excuses aux puissances ténébreuses qu'il ne cesse d'insulter.

— Jamais ! dit le Parisien.

« Ce serait une platitude.

— Alors, dit Tomaho, Sans-Nez a raison vouloir attendre la mort ici.

« Je vais me coucher auprès de lui, et s'il ne change pas de résolution, nous sommes perdus, car voilà sept heures que nous marchons, et sans le secours des génies il est impossible de retrouver la voie.

— Nous verrons ! dit Sans-Nez.

« Une heure de repos, et nous nous remettons en marche. »

Tomaho et son compagnon s'étendirent sur le sable et tous deux réfléchirent non sans angoisses au sort épouvantable qui les attendait s'ils ne pouvaient sortir de ce labyrinthe inextricable.

CHAPITRE LXVII [1]

AVAIT OPÉRÉ LE TALISMAN DU SORCIER JOHN HUGGS.

Nous laisserons Tomaho et Sans-Nez dans les souterrains pour revenir sur nos pas.

La clarté du récit exige que nous contrôlions les suppositions des trappeurs, quant à la façon dont les pirates avaient enlevé mademoiselle d'Éragny et Conception.

Revenons donc au moment où les pirogues portant les jeunes femmes sont repoussées par les rapides vers la Tour du Sorcier.

Dans l'intérieur de celle-ci sont les trois pirates que nous avons vus se jeter dans le fleuve.

Ils ont, la veille, été poussés sur cette plage qui borde le roc placé en face de la Tour du Sorcier-des-Eaux.

De ce roc, par une galerie souterraine, ils ont pu revenir se placer dans la tour, en passant au-dessous du Puits sans fin, à l'aide de la communication dont Sans-Nez avait deviné l'existence.

Ils attendent.

La caravane n'a pas encore tenté le passage.

John Huggs et Basilic, hissés sur le rebord de celle des meurtrières qui donne sur le Colorado, promenaient un regard observateur sur la rive gauche du fleuve ; de temps à autre, ils se retournaient pour répondre à la Fouine, resté sur le parterre intérieur de la grotte.

— C'est égal, venait de dire ce dernier, la descente est rude, et l'on me paierait cher pour la recommencer.

— Tais-toi, trembleur ! grommela John Huggs, et souviens-toi qu'il est plus dangereux de me désobéir que de marcher avec moi au danger.

Cette phrase du capitaine semblait annoncer d'autres péripéties dans lesquelles il faudrait affronter de nouveaux périls.

Une telle perspective fut loin d'être goûtée par la Fouine, qui prit un air renfrogné, ce dont Basilic s'amusa beaucoup, malgré le bain forcé que lui avait faire prendre son chef.

Le brave lieutenant laissa échapper une

---

[1]. Lorsque l'on entreprend d'écrire un drame vrai comme celui-ci, l'on est souvent épouvanté, au point de vue de l'effet produit sur le lecteur, par l'invraisemblance de certaines réalités.

L'immensité et les merveilles des grottes du Rio-Colorado pourraient paraître des exagérations de romancier, si les nombreux *Guides* des voyageurs en Amérique et toutes les relations de voyages ne donnaient sur les nombreuses grottes qui existent sur ce continent des renseignements authentiques.

Le lecteur peut consulter le premier ouvrage venu sur les États-Unis ; il verra que plusieurs souterrains fameux, entre autres ceux du Colorado, sont depuis longtemps reconnus, étudiés, décrits, peuplés. (Voir entre autres Oscar Comettant, *l'Amérique telle qu'elle est*.)

L'un de ces souterrains se visite en *seize* journées d'étape ; et, à la fin de chaque *marche*, on rencontre un hôtel pouvant contenir de deux à trois cents visiteurs !...

Les grottes du Colorado, non encore exploitées commercialement jusqu'ici, viennent d'être concédées à une compagnie qui publie ses annonces dans tous les journaux américains.

Nous y lisons ce détail curieux, que, le jour de l'inauguration, les guides des visiteurs seront *tous* des trappeurs ayant pris part à l'expédition des comtes de Lincourt et d'Éragny.

Et nous relevons ici cette erreur.

M. d'Éragny n'avait point le titre de comte.

Si cette inauguration, qui paraît prochaine, a lieu pendant le cours de la publication de cette œuvre, nous tiendrons le lecteur au courant.

Les pirates de savane luttant contre les serpents.

sorte de sifflement guttural et étrangement saccadé.

C'était sa manière de rire.

Puis, dardant son regard vif et brillant comme celui d'un reptile, il lui décocha cette plaisanterie :

— Avoue-le, vieux chat-tigre.

« Tu nages comme un poisson, mais tu n'aimes pas l'eau.

« Et surtout ce n'est pas le courage qui t'étouffe.

« As-tu remarqué comme le bout de mon revolver a la prunelle noire? »

La Fouine n'était pas d'humeur à supporter les railleries du lieutenant.

Il était las de les subir, et la rancune lui donna l'énergie de menacer.

— En voilà assez! dit-il.

« Je ne suis pas forcé de te servir de cible, et tes gros rires bêtes me dégoûtent à la fin.

« Tais-toi donc, ou sinon...

— Farceur! fit Basilic en riant plus insolemment que jamais.

« Quand on a peur du feu et de l'eau comme toi, on ne se donne pas des airs de menacer un lieutenant de mon poil!

« Du reste, si j'étais à la place de John Huggs, il y a longtemps que tu serais chassé de notre bande.

« Quand on n'a pas plus de cœur au ventre que toi, on ne court pas la prairie : on se fait marguillier et on rince tranquillement les burettes de son padre. »

Ce dernier trait exaspéra la Fouine.

— Prends garde, Basilic! s'écria-t-il.

Et il tira son couteau de chasse.

— Hein?

« Des manières!... fit Basilic en sautant sur le sable de la grotte et en se mettant sur la défensive.

« Tu ne pouvais choisir un meilleur terrain de combat.

« Il n'y a pas de place pour la fuite et je vais te clouer aux murailles.

« Allons, avance un peu, que je voie ton vilain museau! »

« Tiens, tu me fais l'effet d'un lézard qui se donnerait des airs de caïman.

« Fais attention ! l'on n'a pas le pied solide dans ce sable... »

Tout en raillant, le lieutenant avait pris une attitude réellement menaçante.

Un étrange combat allait se livrer.

Pour la première fois peut-être, le sang allait couler dans cette Tour du Sorcier-des-Eaux.

Mais le capitaine Huggs jugea qu'il était temps de s'interposer.

— La paix ! dit-il avec autorité.

« Vous vous battrez après la réussite du coup que nous allons tenter.

« Les affaires de la troupe doivent passer avant les vôtres. »

Basilic hésitait à obéir.

Ce duel paraissait lui tenir au cœur.

Il leva les yeux sur son chef dont il connaissait la sauvage brutalité.

La face de John Huggs commençait à se crisper sous l'action de la colère.

Il avait déjà la main posée sur la crosse de son revolver.

Ce n'était pas le moment de la résistance.

Basilic le comprit.

Il remit le couteau dans sa gaîne et revint subitement au calme.

Cet homme savait commander à ses colères et à ses instincts sanguinaires.

La Fouine imita son lieutenant.

Il ne demandait peut-être pas mieux, la réflexion lui étant venue à la vue des couteaux, et la peur ayant repris son empire avec la réflexion.

— C'est bien ! fit John Huggs voyant qu'on rengaînait.

« Maintenant, parlons d'affaires.

« Il est temps.

« Je sais que cet imbécile de Lincourt va tenter aujourd'hui de descendre la cataracte avec toute sa troupe.

— Voilà ce qui s'appelle être bien informé, remarqua Basilic.

« Comment diable avez-vous manœuvré pour être ainsi au courant des affaires de cette caravane ?

— Quand on fait la guerre, répondit le capitaine, on emploie des espions pour se renseigner sur les forces, les marches et les projets de l'ennemi.

« Eh bien ! un espion m'a admirablement servi.

— Et c'est ?... interrogea Basilic.

— C'est la Couleuvre ! dit John Huggs.

« Un joli garçon, aimé des femmes et détesté des maris ! observa la Fouine.

— Un gaillard habile, fin et rusé, fit le lieutenant avec une nuance d'envie.

— Redoutable, dangereux, terrible ! continua le capitaine avec conviction.

« J'ai su le mettre dans nos intérêts, et il m'a appris des choses extraordinaires ; il m'a donné les plus précieux renseignements.

« Il a suivi la caravane de Lincourt avec une résolution et un courage inouïs.

« Rien ne lui a échappé !

« Il a su se tenir au courant de tous les projets du comte, et c'est lui qui m'a donné les précieux renseignements que je vais mettre à profit [1].

« C'est lui qui m'a révélé le secret du Puits sans fin, qui m'a fait connaître que ce tourbillon ne conserve pas ses victimes, et les rejette sur cette plage rocheuse où nous avons échoué nous-mêmes.

« C'est lui qui m'a signalé ce rocher creux et enseigné le chemin qui y conduit.

— Une fameuse connaissance que vous avez là ! remarqua Basilic dont le ton révélait un sentiment de jalousie.

— Une riche acquisition ! appuya John Huggs.

« Ce garçon est l'intelligence en chair et en os.

« Il a deviné tous les projets du comte en voyant les préparatifs des gens de la caravane et en observant la marche du convoi.

— Pourquoi n'est-il pas avec nous, ce joli jeune homme ? demanda Basilic.

— Il est d'une excessive prudence, et il m'a nettement refusé de paraître dans aucune affaire, fit John Huggs.

« De plus, c'est un paresseux !

« Il ne manque pas de bravoure ; mais il

---

1. C'était bien la Couleuvre espionnant la caravane qui avait été vu à cheval et en canot avec deux Indiens, tel que le montrent nos deux gravures.

craint la fatigue et ne veut pas se battre. »

Ces derniers mots du capitaine amenèrent un sourire dédaigneux sur les lèvres minces de Basilic.

— Votre La Couleuvre me fait l'effet d'un lâche et d'un traître, dont je me défierais ! dit le lieutenant.

— Ni lâche, ni traître ! fit John Huggs.

« Je l'ai vu à l'œuvre.

« Mais peu importe pour le moment.

« Revenons à notre affaire.

« Si mes calculs ne me trompent pas, avant dix minutes nous devrons veiller attentivement et nous tenir prêts.

— Prêts à quoi ? demanda Basilic.

« Car enfin la Fouine et moi nous ne savons pas encore au juste pourquoi nous sommes ici.

— Je vais vous le dire.

« Écoutez-moi attentivement et n'oubliez aucune de mes recommandations.

« Il s'agit d'enlever la fille de ce colonel d'Éragny, l'associé de *monsieur le comte*.

« Le comte marche à la conquête du *secret du Trappeur* et nous voulons notre part de ce butin, qui promet d'être énorme.

« N'étant pas de force à imposer nos conditions, nous agissons de ruse.

« Le vieux d'Éragny nous paiera une belle rançon pour sa fille.

— Approuvé ! fit Basilic en se frottant les mains.

« Fameux, le tour !

« J'adore ça, moi, d'enlever des femmes.

« A combien la rançon ?

— Tu es trop pressé, vieux caïman vorace, dit John Huggs.

« Quand le piége sera tendu et que le gibier aura donné dedans, nous discuterons le prix de la peau.

« Écoute d'abord mes instructions.

« Il s'agit de ne pas rater le coup.

« Mais, avant tout, je vais vous montrer l'instrument du crime, inventé par cet animal de la Couleuvre. »

John Huggs descendit de la meurtrière et se glissa le long des parois de la grotte.

Il s'arrêta devant une anfractuosité, y introduisit le bras et en tira une longue perche de bois à la fois solide et léger.

Au bout de cette perche était fixé un double croc en fer.

— Voilà ce qui s'appelle une gaffe soignée, dit Basilic.

« Ces crochets courbés en hameçon accrocheraient une baleine.

— C'est ce qu'il faut, dit John Huggs.

« Tu vas comprendre.

« Tous les wagons et tout le personnel de la caravane franchiront les rapides enfouis dans des radeaux de joncs qui ont été inventés par les squatters de la troupe.

« Je suis parfaitement renseigné sur ce point.

« Je sais encore que le Lincourt dispose de quelques barques qu'il a fait construire lors de son départ d'Austin.

« Tu comprends que les femmes ne feront pas le voyage sur des paquets de roseaux avec de l'eau jusqu'à la taille.

« Elles seront favorisées, et on les placera sur ces barques.

« Il faut remarquer que tout le convoi passera tout près du Puits sans fin dont les eaux tourbillonnent au pied de ce rocher creux.

« Toutes les barques passeront donc à portée de gaffe.

« Il s'agira de distinguer celle qui portera la fille du colonel, de la crocher en passant, de l'attirer sur le gouffre et de la faire chavirer.

— Chavirer ! répéta Basilic.

« Bon !

« Le Puits les rendra vivantes.

« Elles feront le même voyage que nous sous les eaux.

« J'y suis en plein, capitaine.

« Nous irons, reprit Huggs, attendre sur la plage, là-bas, que le Puits nous rende la jeune fille. »

Il préparait un joyeux frottement de mains, quand une réflexion l'arrêta soudain.

— Mais, capitaine, dit-il, la petite ne sera pas seule dans le bateau ?

— Probablement, fit John Huggs.

— Eh bien ! que comptez-vous faire de ceux qui chavireront avec elle ?

— Nous verrons ça plus tard.

« En tous cas, nous n'en ferons pas des prisonniers. »

Cette plaisanterie fut accompagnée d'un geste significatif.

Les malheureux devaient être poignardés.

Basilic dit en riant :

— Bonne aubaine pour la Fouine ! Il jouera du couteau sans danger.

« Ces commissions-là lui plaisent ! »

La Fouine, d'un mouvement de tête d'ours blanc, riant tout bas et montrant une double rangée de dents longues, jaunes et pointues, approuva l'horrible résolution de son capitaine.

— Maintenant, à notre poste! dit John Huggs.

« Le moment approche.

« Suis-moi, Basilic.

« Et toi, la Fouine, la gaffe en main, et sois prêt à nous la passer. »

Le chef de pirates, posant le pied sur un éclat de roche et s'accrochant des pieds et des mains aux crevasses de la grotte, se hissa jusqu'à l'une des quatre ouvertures pratiquées dans la tour et donnant en plein sur la cataracte.

Basilic en fit autant.

Bientôt les deux pirates, commodément installés, purent observer à l'aise les allées et venues de la caravane.

Ils virent défiler devant eux la moitié du convoi, non sans admirer le système de flottage inventé par les squatters.

Se tenant cachés, mais inspectant du regard les chariots et les hommes qui passaient devant eux, les deux pirates commençaient à s'impatienter.

John Huggs grimaçait de temps en temps un méchant sourire, et Basilic avait déjà murmuré :

— Nous sommes refaits, s'ils se sont imaginé d'enfermer la belle dans un wagon !

Mais tout à coup John Huggs poussa une joyeuse exclamation.

— Tout va bien ! s'écria-t-il.

« Regarde, Basilic.

« On lance des barques où il y a des femmes.

« Attention !

« Du calme, ne nous trompons pas et jouons de la gaffe à propos. »

Bientôt les yoles de mademoiselle d'Éragny et de Conception approchèrent, suivant à bonne distance les barques occupées par les autres femmes.

L'heure décisive était venue.

Les pirates guettaient leur proie.

A cent mètres l'une de l'autre, les pirogues se suivaient.

Celle de mademoiselle d'Éragny arriva rapidement à portée.

La longue gaffe sortit de la Tour du Sorcier-des-Eaux.

Habilement dirigée par John Huggs et Basilic, elle se fixa à la proue de la yole, qui fut aussitôt attirée dans les eaux tourbillonnantes du gouffre et chavirée. Mademoiselle d'Éragny se débattit pendant quelques secondes et sombra.

Les deux Hurons qui l'accompagnaient se maintinrent plus longtemps sur l'eau ; mais entraînés par la force irrésistible du tourbillon, ils disparurent à leur tour.

— Enfoncé, *monsieur le comte !* s'écria joyeusement John Huggs.

Puis, s'adressant à l'intérieur de la grotte, il cria à ses compagnons :

— Suivez-moi ! vite à la plage.

Une exclamation arrêta le capitaine.

John Huggs se retourna vers Basilic qui venait de pousser le cri de surprise.

— Une deuxième yole, avec une autre ingénue ! disait le lieutenant.

« Si nous recommencions l'opération ? » proposa-t-il.

— A quoi bon ? fit le chef des pirates.

L'œil de Basilic étincela.

— J'aurais une femme aussi, dit-il.

— Tu y tiens ?

— Pourquoi pas ?

— Comme tu voudras, dit John Huggs.

Alors la gaffe s'allongea de nouveau.

Le canot de Conception fut entraîné et chaviré.

La femme de Tomaho disparut dans les profondeurs du Puits sans fin avec son pilote le squatter.

— En as-tu assez, vieux sultan ? demanda John Huggs à son lieutenant.

— Ça me suffit, répondit Basilic en riant.

« Descendons. »

CHAPITRE LXVIII

OÙ LE CAPITAINE JOHN HUGGS SE SÉPARE DE
SES DEUX LIEUTENANTS.

Déjà la Fouine avait disparu dans le conduit souterrain.

Ses compagnons le suivirent.

Si rapide que fût leur course, le tourbillon rendit plus rapidement encore les corps qu'il avait engloutis.

Les deux pirates rejoignirent la Fouine qui venait de déposer mademoiselle d'Éragny sur une roche à sec.

Cependant deux autres corps venaient de surgir à la surface de l'eau.

C'étaient ceux de Conception et du squatter qui guidait la barque.

La jeune femme allait être jetée violemment contre le rocher.

Basilic se précipita et parvint à recueillir Conception sans aucun accident.

Aidé de la Fouine, il la transporta à côté de la fille du colonel.

Puis la Fouine tira son couteau et égorgea consciencieusement les deux Hurons et le squatter.

Ce fut à ce moment-là que Tomaho et Sans-Nez aperçurent les bandits.

Quand le pirate eut accompli son œuvre de sang, il poussa les cadavres du pied et les fit rouler dans l'un des torrents.

John Huggs et Basilic, aidés de la Fouine, transportèrent les malheureuses femmes dans une grotte voisine.

Elles paraissaient avoir subi une complète asphyxie.

La Fouine en fit la remarque.

— Elles sont mortes! dit-il.

— Plus vivantes que toi, mort dans le dos! dit John Huggs.

« Elles ne sont pas restées vingt secondes sous l'eau.

« Tu vas les voir ressusciter dans cinq minutes. »

Tout en parlant, le chef des pirates avait ouvert un sac de caoutchouc fixé sur ses épaules.

Il en tira une large bande de flanelle et deux flacons; l'un contenait des sels et l'autre un liquide incolore dont il imprégna le morceau de lainage.

Les narines de Basilic se dilatèrent.

— Ça sent rudement bon! fit-il.

Et se passant la langue sur les lèvres, il ajouta :

— Voilà un parfum qui annonce un fier liquide!

« N'usez pas toute la bouteille.

« J'en retiens un *glou-glou*.

— Tais-toi, soiffard! répondit John Huggs.

Et il murmura en manière de réflexion :

— Il boirait de l'alcool, cet animal-là!

« Allons! pressons-nous!

« Une bonne friction et du sel sous le nez, la belle va revenir à la vie comme par enchantement.

« Tu vas voir.

« Commençons par la déshabiller.

« Tiens, voici un couteau.

« Coupe, tranche, arrache les étoffes et vivement. »

Le lieutenant s'empressa d'obéir.

En un tour de main, il eut débarrassé la jeune fille de ses vêtements mouillés.

Quelle brutalité!

On eût dit d'un boucher dépouillant un agneau.

— Ça y est, capitaine, dit-il quand il eut terminé.

« Passez-moi votre loque, je vais frotter dur.

« Eh bien! quoi?... »

Cette exclamation était motivée par l'attitude de John Huggs.

Le pirate, l'œil fixé sur le corps nu de la jeune fille, demeurait immobile et comme pétrifié.

Ses grosses lèvres frémissaient.

La peau velue de sa large face subissait d'étranges tiraillements.

Ses narines s'étaient dilatées démesurément, et ses épais sourcils, brusquement agités de bas en haut, de gauche à droite, et *vice versa*, imprimaient à son visage une mobilité extraordinaire.

Il était affreux ainsi.

Sa flanelle d'une main, son flacon de sels de l'autre, il restait là, à genoux, comme un bonze en adoration devant le soleil.

— Quelle est belle ! murmura-t-il.

Et machinalement il tendit la bande d'étoffe à son compagnon.

Celui-ci se mit à frictionner vigoureusement.

— Doucement !

« Pas si fort, brute ! disait John Huggs toujours absorbé, et tout en promenant maladroitement son flacon sous le nez de la jeune fille.

Après quelques minutes, Blanche d'Éragny poussait un faible soupir et ouvrait les yeux.

Mais ce ne fut qu'un éclair de vie.

Elle retomba presque aussitôt sans connaissance.

— Ça ne va pas ! dit Basilic.

« La voilà remorte !

« Pas de chance !

« Hein, capitaine ? j'espère qu'en voilà un joli morceau !

« On dirait de la cire... et de première qualité encore ! »

Et tout en faisant ces réflexions, le bandit se permit un geste.

A cette vue, le visage de John Huggs prit une indéfinissable expression de férocité.

— Bas les pattes ! s'écria-t-il avec un subit emportement.

Puis, rassemblant vivement les vêtements de la jeune fille, il l'en couvrit le mieux qu'il put.

A quelle idée obéissait ce gredin absolument incapable d'un bon sentiment ?

Éprouvait-il de la jalousie ?

Peut-être.

Était-ce pure convoitise ?

Peut-être encore.

Natures insondables que ces êtres de rapine, vivant continuellement au milieu des dangers, habitués à une lutte de chaque jour contre tout ce qui peut faire obstacle à leurs criminels attentats, mais commerçants avant tout...

Basilic s'était relevé sans répliquer, mais il pensait :

— Le capitaine est amoureux sérieusement !

« C'est drôle !

« Il se tient comme s'il avait vingt ans et voulait épouser !

« La bonne farce ! »

Mais Basilic attribuait à John Huggs une passion profonde dont il était incapable.

Que mademoiselle d'Éragny eût fait sur lui une vive impression, point de doute.

Mais que le pirate fût homme à filer le parfait amour, jamais !

Il combattait en lui-même d'ardents désirs et les réprimait chez les autres, parce qu'il avait un plan commercial et qu'il pratiquait l'axiome mercantile :

« Les affaires avant tout. »

Basilic le comprit bientôt.

Les deux jeunes femmes ouvrirent les yeux et furent saisies d'épouvante et de désespoir.

Mademoiselle d'Éragny se leva et poussa un cri de terreur.

John Huggs lui prit la main avec bonhomie, la fit s'asseoir sur une roche et lui dit d'un air paisible et convaincu :

— Miss, ne vous alarmez pas sans raison.

« Causons froidement.

« Vous ne courez aucun danger immédiat ni pour la vie ni pour l'honneur ; j'y engage ma parole, et comme la réputation d'exactitude dans ses engagements se cote cher sur le marché de la *prairie*, croyez que je ne voudrais rien affirmer à la légère.

Et précisant la situation :

— Votre enlèvement, dit-il, n'est pas une question d'amourette, mais une affaire d'argent.

— Mon père, monsieur, dit vivement mademoiselle d'Éragny, consentira à tous les sacrifices.

— J'y compte bien ! dit John Huggs.

— Et Tomaho, fit Conception, payera fort cher ma rançon.

— Je n'en doute pas ! dit le capitaine.

Puis, offrant un cordial aux jeunes femmes :

— Vous tremblez de froid, dit-il ; j'espère, pour la confiance que je mérite, que ce n'est point de peur.

« Avant de continuer cette intéressante conférence, veuillez donc, je vous prie, vous résigner à prendre chacune une gorgée de cet excellent rhum.

« C'est une vieille et douce liqueur qui remettra vos esprits et raffermira vos courages.

— Merci, monsieur.

— En vérité, j'insiste dans votre intérêt et dans le mien, mesdames.

« Vous représentez pour moi un gros capital de rançon, et la fièvre ou la fluxion de poitrine compromettrait vos précieuses santés. »

Il fallut obéir.

Les deux prisonnières trempèrent leurs lèvres dans la coupe de cuir que tendait le capitaine.

— Délicieux, n'est-ce pas? dit-il.

« Je continue à vous exposer la situation.

« Mon but est de vous rassurer absolument.

« Mesdames, vous êtes charmantes... »

Mademoiselle d'Éragny tressaillit, Conception rougit.

— Ne vous alarmez point, dit John Huggs.

« Je constate que vous êtes ravissantes, et que vraiment c'est sacrifier énormément à ses intérêts et à sa fortune que vous rendre à vos familles.

« Mais mon but étant de gagner de fortes sommes pour me constituer un honnête capital et vivre tranquille dans l'opulence, je vous réitère que je me garderai bien de céder aux sentiments que vous m'inspirez.

« J'ai calculé que, restituées pures de toutes violences, la rançon serait beaucoup plus forte.

« Aussi serez-vous respectées comme si vous étiez dans un couvent.

« Vous m'avez compris.

« Mon intérêt est le garant de votre honneur. »

Il n'y avait pas à douter de la sincérité de John Huggs, et les prisonnières en conçurent un certain espoir qui se refléta sur leur physionomie.

— Vous souriez, mesdames, dit John Huggs, et je vous ai persuadées.

« J'en suis heureux.

« Pouvez-vous nous suivre ? »

Les deux femmes se levèrent.

— Basilic?.. dit John Huggs à son lieutenant.

— Capitaine?

— Le bras à madame Tomaho, mon cher ami.

— Oui, capitaine.

« Madame, daignez accepter...

— Tu sais, Basilic, de la courtoisie, une galanterie discrète, pas trop d'empressement !...

« A la moindre plainte de madame, je te casse la tête.

— Je ne suis point un sot, capitaine; j'ai compris vos calculs, que j'approuve, y étant intéressé.

« Comment appelez-vous le général africain qui était si retenu auprès de ses prisonnières?

— C'est de Scipion que tu veux parler, mon cher?

— C'est cela, Scipion l'*Africain*.

— Mon ami, il était Romain.

— Cependant, capitaine, avec tout le respect dû à un homme plus savant que moi, on dit toujours Scipion l'Africain!...

« Mais n'importe !

« Je peux vous assurer que Scipion passerait pour un séducteur auprès de moi, quand l'intérêt veut que je sois sage.

« Non pas que les charmes de madame Tomaho ne m'aient pas séduit, au contraire, et sans la question d'argent...

« Mais je serai d'une retenue dont on n'a pas idée.

— Très-bien, Basilic.

« J'ai quelque honte, mesdames, de l'ignorance de mon lieutenant, qui ne connaît pas, vous l'avez vu, l'histoire ancienne; mais si l'instruction est à refaire, l'éducation est parfaite.

« Il obéit avec un rare empressement au canon de mon revolver, et c'est l'essentiel.

« Veuillez accepter mon bras, miss, et marchons.

« La Fouine?

— Capitaine !

— Allume une des torches qui sont dans ton sac.

« Tu nous précèderas !
— Je ne sais pas le chemin, capitaine.
— Je te l'indiquerai, garçon.
« Mesdames, la Fouine n'est ni beau, ni bon, ni brave.
« Mais lui aussi a reçu une éducation soignée.
« Mon revolver est le professeur le plus distingué que je connaisse.
« La Fouine !...
« Droit devant toi ! »

La Fouine n'aimait point trop s'aventurer dans les souterrains inconnus, seul, en avant des autres.

Il flairait des dangers.

Les poltrons ont une seconde vue.

Mais le damné revolver du capitaine ne permettait point d'hésitation, et la Fouine obéit.

On avança.

John Huggs avait sans doute étudié à fond les sinuosités des galeries avec la Couleuvre, car il n'hésitait jamais dans ses indications.

Il ordonnait :
— A gauche !
« A droite !
« Oblique un peu !
« Va de l'avant ! »
Et il était sûr de ses ordres.

Mademoiselle d'Éragny et Conception, sans être complétement rassurées, éprouvaient (ce qui arrive toujours en pareil cas) une sorte de réaction contre la peur.

Elles s'étaient crues noyées et voilà qu'elles vivaient !

Elles avaient redouté le déshonneur et tout semblait indiquer qu'on les respecterait en vue de la rançon.

Elles étaient prisonnières, mais contre argent elles seraient rendues.

Et toutes deux oubliaient leurs terreurs pour s'émerveiller des étrangetés qui s'offraient à leurs regards dans la longue succession des galeries.

Mais il y eut tout à coup comme un choc subit qui vint secouer les prisonnières et leurs guides.

Ce choc fut un mot de la Fouine, prononcé avec effroi.
— Capitaine ! dit soudain le pirate en s'arrêtant.
Et il tremblait !
Et ses dents claquaient !
Et ses deux genoux s'entrechoquaient !
Dans l'accent, il y avait une indicible angoisse.
— Eh ! fit John Huggs en tirant son revolver, qu'y a-t-il, poltron ?
— Capitaine..... ca....... a..... pitaine, ça sent le serpent ! fit la Fouine qui n'articulait ces mots qu'avec difficulté, car sa gorge étranglait les sons au passage.

John Huggs n'était pas homme à se démonter facilement.

Toutefois il pâlit.

Basilic devint vert.
— C'est un boa ! dit-il.
« Je reconnais l'odeur. »

La Fouine battait en retraite.
— Toi, dit John Huggs, si tu bouges, je te casse la tête !
« Reste à ton poste.
— Capi...i...i...capitaine... je le vois...
« Il vi...i...ent !
— Un pas, et tu es mort !

John Huggs armait son revolver.

Il avait repris son sang-froid et il souriait.

Cependant le serpent était proche ; l'atmosphère s'imprégnait de cette senteur de musc que dégagent si fortement les reptiles de cette taille.

Une buée épaisse, visible à la lueur de la torche de la Fouine, s'avançait dans la galerie.

C'était l'humide vapeur qui enveloppait le boa, dont on entrevit les ondulations.

Il était à trente pas et s'approchait lentement, rampant et démesuré, commençant à siffler avec colère.

Deux points, deux énormes diamants noirs, ses yeux, brillaient d'un incomparable éclat.

Frissonnantes, éperdues, les deux jeunes femmes, pour ne pas tomber, car elles défaillaient, se tenaient adossées aux paroi du souterrain.

Basilic était fort ému.

— Imbécile!... dit Huggs avec un mépris profond

« Tu vas voir. »

Et tout ceci se passait très-rapidement.

— La Fouine, dit la voix de Huggs impérieusement, je te surveille : tu veux te retourner et tirer sur nous.,.

« Prends-y garde.

« Un geste suspect et tu es mort.

« Couche-toi à terre, tiens la torche d'une main.

« De l'autre, vise la bête.

« Quand elle sera à bonne portée, fais feu de ton revolver et nous tirerons avec les nôtres.

« Le boa sera criblé. »

La Fouine était terrifié.

Il tourna la tête et vit le menaçant revolver de Huggs; pas moyen de reculer.

Le mieux était donc d'obéir et de tenir ferme.

Le boa immense, mesurant plus de onze

55ᵉ LIVRAISON

pas, capable de broyer un éléphant dans ses anneaux, s'avançait de plus en plus redoutable, et ses sifflements devenaient stridents.

Tout à coup il se replia en spirale, sa tête hideuse s'agita au-dessus de ses anneaux.

Basilic allait tirer.

Huggs le devança.

Il fit feu.

Mais la balle, au lieu d'atteindre le serpent, troua la poitrine de la Fouine.

L'homme tomba raide mort.

La torche s'éteignit.

Et John Huggs ricana.

— Capitaine, disait Basilic, en retraite, en retraite !

« Pas un instant à perdre !

« C'est la Fouine que vous avez abattu.

— Je le sais bien, triple brute ! fit John Huggs.

« Tu vas voir !

55

« Reculons lentement. »

Et Huggs, entraînant les prisonnières, fit une trentaine de pas en arrière, puis s'arrêta.

Le serpent sifflait terriblement.

— As-tu compris? fit Huggs.

— Non, capitaine.

— Le boa était arrêté pour quelques instants par la lumière des torches ; il avait peur du feu.

— Mais... cependant...

— Cependant il se serait élancé quand même.

— Il s'élancera, capitaine.

« Reculons, et vite, vite !

— Mais non, inutile.

« Tu ne vois donc pas?

« La torche de la Fouine est éteinte, la bête n'a pas trop d'inquiétude de nos feux.

« Nous sommes à bonne distance et elle va manger ce la Fouine que j'ai tué exprès.

— Entre nous, capitaine, le drôle ne valait pas cher.

— Et il nous sauve.

— Bien malgré lui, capitaine !

— Entends-tu ses os craquer ?

En effet des bruits sinistres de chairs broyées et d'os disloqués arrivaient jusqu'aux pirates.

Le boa s'était jeté sur sa proie, et, poussé par la faim, l'enlaçait de ses anneaux, le pétrissait de bave, l'allongeait démesurément sous son étreinte.

Le reptile, sous la toute-puissante attraction de ses appétits, était tout entier à ce repas épouvantable.

Les préparatifs en durèrent plus d'une demi-heure.

Et John Huggs fut vraiment magnifique de sang-froid.

Il alluma un cigare et en offrit un à Basilic.

— Nous avons le temps ! disait-il. La bête va mettre plus de vingt minutes à engluer la Fouine de salive et elle l'avalera lentement.

« Mesdames, c'est un beau spectacle et qui vaut de l'or.

« Jamais vous n'avez vu pareille chose.

« **On paierait sa stalle cent dollars si** Barnum offrait une pareille représentation.

« Le difficile serait de trouver l'homme qui voudrait se faire dévorer par le boa.

— Monsieur, dit mademoiselle d'Éraguy, vous auriez pu sauver ce malheureux en tirant sur le serpent.

— Erreur ! erreur !

« Vous êtes jeune et pitoyable, ma jolie petite miss.

« C'est bien, très-bien !

« J'adore le bon cœur chez les jeunes femmes.

« C'est leur rôle.

« Mais un chef ne connaît qu'une loi : l'intérêt général.

« J'aurais tiré, que le serpent blessé et furieux aurait voulu se venger de nous tous.

« Il nous aurait poursuivis après avoir assommé la Fouine d'un coup de sa queue.

« Au lieu de cela, il le mange avec un excellent appétit.

— Et puis il ne faut pas regretter ce gaillard-là ! dit Basilic.

« Il ne pouvait vivre vieux dans notre bande.

« On s'en défiait, n'est-ce pas, capitaine ?

— Il était condamné dans mon esprit ! fit Huggs.

« Madame Tomaho, vous êtes Mexicaine et vous devez fumer.

« Un cigare très-doux vous plairait-il ?

— Merci, monsieur.

— Mesdames, ne perdez pas un détail de cette scène.

« Qui sait si vous reverrez jamais la pareille ?

« Basilic, élève doucement la torche, mon cher.

« Là... là !... Isole-moi la lumière sur cette saillie.

« Superbe !...

« La tête de la Fouine est dans la gueule du boa.

— Je n'aurais jamais cru que ce la Fouine deviendrait si long en une demi-heure ! dit Basilic toujours facétieux.

« Madame Tomaho, il a maintenant la taille de votre mari. »

Les deux femmes fermaient les yeux devant ce spectacle affreux.

Le corps méconnaissable de la victime n'était qu'une pâte d'os et de chair en lambeaux, agglutinés par le sang et la salive muqueuse du reptile.

Les pieds de l'homme entrant dans le corps du serpent gonflaient le cou, et l'aspiration puissante du boa attirait le corps lentement.

Les deux jeunes femmes demeuraient muettes d'horreur.

Mais John Huggs et Basilic étudiaient les phénomènes de dislocation que présentait le corps du boa en se dilatant étonnamment.

Et ces deux chenapans fumaient ; l'un, Basilic, avec un peu de forfanterie ; l'autre, John Huggs, avec un beau flegme yankee.

Le deuxième cigare fini, Huggs dit en riant :

— On ne voit plus que la tête de notre infortuné camarade.

« Voici le moment de se venger !

« Le serpent est incapable de faire un mouvement.

« Tu sauras, Basilic, qu'un serpent commence toujours son repas par les pieds de la victime.

« Note ça en passant.

« Je vais lui casser la tête, au boa.

« Mais rien d'endommagé, ne crains pas.

« Je tirerai la balle dans l'œil ; on lui en mettra un autre en verre. »

Et le capitaine s'avança délibérément.

La situation avait des côtés si étranges par suite de la combinaison commerciale de Huggs, que Blanche en était venue à regarder la vie du corsaire comme précieuse pour elle.

— Prenez garde ! dit-elle.

— Ah ! fit Huggs flatté, voilà un bon mouvement.

« Je vois que vous me reconnaissez comme franc dans le jeu et comme sérieux en affaires.

« Vous sentez que je suis votre protecteur.

« Vous avez, pour une Française, un rare instinct des affaires, et je vous en félicite.

« Si plus tard vous voulez m'épouser, vous m'aiderez dans les hautes opérations que je compte faire.

« Mais rassurez-vous.

« Il n'y a rien à craindre, absolument rien. »

John Huggs s'avança sur lui résolûment et l'on vit les yeux noirs du boa suivre les mouvements de l'agresseur, mais la tête du reptile restait immobile.

Cependant le regard avait une telle intensité de menace que Basilic ne put s'empêcher de crier :

— Gare à vous, capitaine !

« Il va se lever (bondir).

— Erreur, vieux poltron ! dit le capitaine.

« Le boa sait très-bien que je viens le tuer ; mais il lui est impossible de bouger. »

Et John Huggs, d'un coup de revolver à bout portant, cassa hardiment la tête au reptile, qui ne se débattit même pas.

Blanche admirait le calme et le sang-froid du bandit, qui eût mérité d'être un héros, si l'audace, l'esprit d'à-propos et le flegme suffisaient pour constituer l'héroïsme.

Mais déjà le marchand reparaissait dans John Huggs.

— Ohé ! fit-il.

« A moi, Basilic !

« Tu vas m'aider à dépouiller la bête.

« Nous l'empaillerons.

— A quoi bon, capitaine ?

— Tu n'est pas fort et tu le montres par cette question idiote, Basilic.

« En embaumant, avec des herbes aromatiques et autres ingrédients que je connais, un boa de cette taille, en l'envoyant à Barnum mon ami avec un certificat signé de moi, je suis certain que l'on fera de splendides recettes.

« Exhibition du grand serpent tué par le célèbre John Huggs, pirate de prairie, avec relation du combat terrible livré par lui dans les souterrains du Colorado. Zim, boum !... boum !... *Great attraction!* — Authentique signature! — Mille témoins notables connaissent l'audace de John Huggs. Son papier circule. Et zim, et boum !... Tragala, tragala, tragala!... Pan ra ta pan pan pan ! On verra les bottes du malheureux la Fouine et une partie de sa culotte!... Terelin tin tin! Patazimbe tringue zizizi tan plan ! »

Et John Huggs imitait la musique enragée des montreurs de prodiges.

Basilic se tenait les côtes de rire.

— En voilà pour quelques milliers de dollars à dix pour cent sur la recette brute, ajouta John Huggs.

— Et vous croyez, capitaine, que Barnum sera honnête?

— Triple imbécile!

« Est-ce que je ne suis pas honnête, moi, commercialement parlant?...

« Est-ce que l'honnêteté n'est pas la base de la fortune?...

« J'ai pris une espèce de pieuvre de vingt-trois mètres que j'ai envoyée à Barnum et il m'a compté mes huit pour cent avec une loyauté inévitable.

« Ménage un peu la Fouine.

« Ce n'est plus qu'un hachis, mais si on trouvait quelque chose d'intéressant!...

« Tiens! son revolver encore chargé qui a été avalé.....

« Mets ça de côté.

« Bon, sa montre!

« Elle a le verre cassé et s'est arrêtée.

« Quel effet!

« Vide les intestins.

« Pouah! que ça pue!

« Mesdames, mille et mille excuses ; c'est nécessaire.

« La bête est vidée.

« N'oublie pas la coiffure de la Fouine et ses bottes.

« Quelle belle peau!

« Savez-vous, mesdames, que, dans ma vie d'aventures c'est le vingt-troisième serpent de grande taille que j'écorche ?

« Et je m'y connais...

« Vous avez vu que je l'ai retourné comme un gant.

« Il y a un tour de main ; Basilic, retiens bien le procédé.

« A l'occasion, ça sert.

« Tu traîneras la peau, mon fils ; ce n'est pas excessivement lourd et j'en porterais trois au besoin.

« La main, mesdames!

« Quel cloaque!

« Ne vous salissez pas les pieds.

« Encore une fois, mes respectueuses excuses!... »

Et le bandit fit passer les deux femmes à travers les débris du boa et de la Fouine.

Blanche et Conception étaient terriblement impressionnées.

Basilic sifflait dans ses dents, ravi d'avoir un capitaine doué de si belles qualités, si expéditif en tout et si bien avisé !

Basilic ne siffla pas longtemps parce qu'un sifflement répondit au sien.

John Huggs se tourna brusquement vers son lieutenant :

— Tu entends! dit-il.

— Oui! dit Basilic reprenant cette couleur verte qui marquait chez lui les brusques transitions de l'insouciance à la terreur.

— C'est la femelle du boa! dit Huggs avec une tranquillité étonnante.

Et très-bas :

— Sacrifions la femme du géant Tomaho, veux-tu?

— Oui, pardieu!

Et comme le serpent n'était pas trop rapproché, que d'autre part maître Basilic avait tout lieu de supposer que, Conception jouant le rôle si brillamment rempli précédemment par la Fouine, tout se passerait au mieux, le digne lieutenant reprit immédiatement sa gaieté.

— Capitaine, dit-il sur un ton bas, mais avec un accent joyeux, ça fera deux peaux de boas.

« Les huit pour cent de la recette compenseront la perte de la rançon de madame Tomaho.

« Aïe! aïe! Je suis... mort! »

Et il l'était.

John Huggs venait de lui planter son poignard dans la gorge, lui coupant l'artère carotide.

Et le misérable tomba.

— Vite! dit John Huggs aux deux femmes que cette succession de meurtres jetait dans des émotions si terribles, qu'elles n'agissaient plus que comme des automates.

Et le capitaine emporta la torche que tenait encore Basilic inanimé.

Le second boa se comporta exactement comme le premier.

Et John Huggs, à trente pas comme la première fois, la torche posée sur une saillie de roc, le cigare aux lèvres, disait :

— Mesdames, vous êtes dans un état d'agitation qui me peine, et je vous engage dans votre intérêt à dominer ces peurs inutiles.

« Je connais à fond les serpents et leurs mœurs.

« Celui-ci imitera l'autre et un autre imiterait celui-ci.

— Grand Dieu ! dit Conception.

« S'il en venait un troisième !

— Oh ! madame, c'est à peu près impossible.

« Les boas vont par couple, mâle et femelle ; mais ils ne supporteraient pas des voisins. »

Et longuement, doctement, John Huggs déduisit d'excellentes raisons pour rassurer les jeunes femmes.

Et le boa dévorait Basilic.

— Voyez, disait Huggs après avoir exposé toutes les chances que l'on avait de ne plus rencontrer de boas, voyez comme le commerce est une belle chose !...

« Quoique Basilic fût un homme de rien, très-vulgaire, et que je rougisse un peu de cette faiblesse, j'avoue que j'avais un certain faible pour lui.

« Je me suis trouvé dans la nécessité de le sacrifier à l'intérêt général, et j'en suis navré comme ami.

« Mais il est mon associé et mon ami.

« D'après nos lois, j'hérite de son butin en cette affaire, ce qui n'est pas à dédaigner.

« Il a de plus un fort capital placé chez un banquier avec testament en règle au nom de John Huggs.

« Et voilà qui calme ma douleur.

« Quel coup si je n'étais pas son héritier !

« Je serais très-ému.

« Mais le gain me console.

« Oui, le commerce, décidément, est une belle chose.

« Mesdames, c'est fini.

« Je vais expédier le boa. »

Et John Huggs imperturbable se mit à la besogne ; il tua et dépeça l'animal.

Il disait mille choses pratiques et intéressantes en opérant.

Nulle conversation n'était plus originale que la sienne, et plus d'une fois, malgré les dangers courus, malgré la hideur de ces scènes qui venaient de se dérouler, les deux prisonnières s'entre-regardèrent, frappées d'une phrase, d'une pensée étrange ou d'un mot de ce bandit.

— Oserai-je vous demander, fit-il s'adressant à Blanche, de porter la montre, les bottes et la coiffure de l'infortuné la Fouine ?

« Vous m'obligeriez plus que je ne saurais dire.

« Je reconnaîtrais ce service par un redoublement d'égards. »

Et à Conception :

— Madame Tomaho, la ceinture de Basilic est intacte ; voici également ses souliers et son mouchoir de poche.

« Vous serez très-bonne et charmante de porter cela.

« Faites un paquet avec le mouchoir qui est très-propre.

« Basilic en avait un pour la forme et pour m'être agréable ; mais il se mouchait dans ses doigts.

« Moi, je me charge des deux peaux et de la torche.

« Suivez-moi, mesdames ! »

Il prit les devants.

Quelles aventures et quelle position pour deux femmes !

Blanche et Conception, martelées en quelque sorte par tant d'événements inouïs, étaient sous le coup d'une sorte de stupeur.

Stupeur telle que, sans prendre garde à leurs pieds, elles marchèrent sur le sang, la chair et les os, passant au milieu de ce carnage, et trempant leurs jupes d'une boue rougeâtre.

— Nous arrivons ! dit Huggs après vingt minutes de marche.

« Encore un peu de courage !

« Un quart d'heure d'énergie et nous y sommes.

— Dites-vous vrai, monsieur ? demanda Blanche sortant comme d'un songe.

« Je crains toujours d'être perdue dans ces galeries.

— Oh! nul danger...

« Je puis vous rassurer.

« Comme d'ici à peu, pour assurer ma retraite, je ferai à deux mille pas d'ici sauter plus de six mille pieds cubes de roc inattaquable au pic, et que quiconque voudrait venir par le Puits sans fin ne le pourrait plus, je ne vois nul inconvénient à vous révéler une particularité bizarre de ces galeries.

« En partant du Puits sans fin, on arrive nécessairement, par la disposition des souterrains, quelque bifurcation que l'on prenne, on arrive, dis-je, à mon repaire.

« C'est une excavation immense, débouchant sur la prairie de l'autre côté des montagnes que vous avez traversées par les rapides, et que nous retraversons sous terre en ce moment.

« D'autre part, en partant de mon repaire, on arrive inévitablement au Puits sans fin.

« Cependant il y a six carrefours ; mais les routes sont parallèles et arrivent au même point.

« C'est joli, n'est-ce pas, cette petite combinaison naturelle due au hasard ou à la conformation des rocs ébranlés par le feu souterrain qui a formé ce labyrinthe ?...

« J'ai fait acheter un livre de géologie, tant je suis curieux maintenant de connaître la façon dont procèdent les volcans pour créer de pareilles galeries.

« Je vous montrerai ce livre.

« C'est très-intéressant !

« Oh! oh!

« Du nouveau!

« Encore ! »

Et le bandit jeta à terre son fardeau.

— Mademoiselle d'Éragny, dit-il, ne craignez rien.

« Madame Tomaho, vous valez moins cher que mademoiselle, et je vais vous sacrifier avec un regret sincère puisque je perdrai la rançon.

« Il retourne encore du serpent, et ça siffle rude ! »

Il leva la torche.

— Sacré diable ! dit-il.

« C'est un nid de ces damnées bêtes ; il y en a plus de mille. »

Et il parut embarrassé.

Vraiment il y avait de quoi.

Que l'on s'imagine plus de cinq ou six cents reptiles variant de un à deux mètres, grouillant, rampant, s'enroulant, se déroulant, et tous la tête vers la lumière.

Que l'on se figure ces douze cents yeux dardés sur le même point et reflétant avec une splendeur incomparable l'éclat de la torche !

C'était saisissant et merveilleux.

C'était aussi effroyable et monstrueux.

Mais John Huggs avait réfléchi.

Il posa sa torche à terre et dit, toujours avec le même flegme :

— On va s'en tirer tout de même.

« Ne bougeons pas ! »

Il répandit toute la poire à poudre de maître Basilic devant lui ; car il avait eu soin de recueillir les munitions des morts.

Cela fait, il se releva.

— Mesdames, dit-il, vous voyez à deux cents pas cette protubérance ayant forme de boule?

« C'est la porte de mon repaire sur les souterrains.

« C'est une roche énorme que les capitaines, mes prédécesseurs, ont fait fabriquer pour boucher du côté des galeries la communication sur la grotte qui abrite la bande depuis bien des années.

« Il faudrait une force colossale pour déranger cette roche, et j'ai dû y employer des leviers puissants quand un ami m'a proposé de me faire connaître les secrets du Puits sans fin. »

Le capitaine faisait allusion à la Couleuvre.

Il reprit :

— Ne vous alarmez donc point.

« Ces bêtes-là ont peur du feu et n'avancent pas encore.

« Je vais donner le signal à mes compagnons.

« Ils m'attendent et ils écoutent depuis de longues heures.

« En tirant deux coups de revolver, ils sauront que je suis là et ouvriront la communication; ils viendront à nous.

— Ils seront piqués par ces reptiles ! ne put s'empêcher de dire Blanche.

— Oh! je perdrais une dizaine d'hommes que le mal ne serait pas grand, dit John Huggs en souriant.

— Et si ces reptiles se jettent sur nous?

— J'allume ma traînée de poudre! dit Huggs.

« Mademoiselle, vous êtes plus brave que madame Tomaho.

« Éclairez-moi!

« Levez bien la torche, que je surveille les reptiles.

« Attention! »

Il fit feu deux fois.

Aussitôt des voix affaiblies firent entendre de joyeux hurrahs.

On entendit le bruit de grands efforts, et la roche, formant porte, roula et livra passage à une foule d'hommes qui piétinèrent sur les reptiles et qui se mirent à pousser des cris féroces en se sentant mordus.

Mais la masse des serpents se précipita vers John Huggs, qui répandit la poudre de la Fouine, plus la sienne, en reculant rapidement avec les deux prisonnières et en faisant une très-longue traînée.

Ayant terminé, il se retourna, saisit la torche des mains de mademoiselle d'Éragny et attendit une minute environ.

Les serpents rampaient et ils se trouvèrent bientôt sur la poudre.

John Huggs mit le feu.

Ce fut une flambée splendide, un éclair immense, une vision infernale.

On aperçut des centaines de serpents se tordant et mourant calcinés en poussant des sifflements épouvantables.

Plus loin, quelques hommes piqués chancelaient et tombaient foudroyés par le venin.

Le reste de la bande riait... et acclamait le capitaine...

Et lui, impassible, disait :

— Mesdames, c'est fini!

« Nous sommes arrivés! »

Puis il donna des ordres à ses pirates.

CHAPITRE LXIX

LE REPAIRE

Les serpents étaient écrasés, brûlés, anéantis.

Après cette terrible succession d'aventures, John Huggs donna l'exemple du sang-froid, du calme et de l'empire sur soi-même après le danger.

Il fit ramasser et visiter les blessés.

Puis il ordonna de cautériser, au moyen de l'alcali volatil, toutes les plaies et blessures dues à la dent des reptiles venimeux.

L'opération fut rapidement exécutée, grâce à l'habitude qu'avaient quelques pirates de soigner les morsures de serpents.

Cependant tout n'était pas dit.

Il y avait des morts.

De plus, une grande quantité de reptiles avaient été tués; mais il en restait certainement un plus grand nombre encore qui avaient déserté le terrain de combat et s'étaient réfugiés en masse dans les cavités, fissures et anfractuosités de l'immense grotte.

Il s'agissait de parer à d'autres attaques.

Il fallait éviter une nouvelle lutte à la fois dangereuse et inutile.

Il était enfin nécessaire d'éloigner le plus promptement possible ceux des serpents qui, cachés sous les mousses ou sous les éclats de roches, pouvaient encore surprendre, blesser et tuer inopinément.

John Huggs trouva sans peine un moyen expéditif et pratique.

Il désigna cinquante hommes pour battre avec soin le sol environnant et fouiller tous les trous.

Ces hommes, armés de leurs baguettes de fusil auxquelles était fixée une mèche soufrée, promenaient leur torche improvisée dans tous les recoins et sous chaque pierre.

Si, touché par la flamme bleue ou indisposé par l'odeur âcre et nauséabonde du soufre brûlant, un serpent se montrait, il était aussitôt coupé en deux d'un coup de baguette.

Pour assurer définitivement la sécurité de sa troupe et effrayer les serpents survivants, John Huggs usa en outre du moyen qui lui avait si bien réussi.

Il fit répandre des traînées de poudre humide entre sa troupe et les endroits où s'étaient réfugiés les reptiles.

On mit le feu, et la poudre, fusant et brûlant lentement, produisit de longues traînées de flammes.

Des myriades d'étincelles s'élevèrent en crépitant au milieu de la fumée colorée en rouge.

Un pareil feu d'artifice était bien fait pour paralyser de terreur tous les serpents du monde.

Aux crépitements de la poudre qui brûlait venaient se mêler le grincement du crotale, le sifflement de la vipère-aspic, et par-dessus tout les cris stridents, aigus, métalliques de milliers de couleuvres roulant en énormes boules sur le sol et s'entassant comme une boue vivante dans toutes les fissures, dans toutes les crevasses.

De cet amas visqueux et immonde se dégageait une odeur âcre, fétide, pénétrante, insupportable.

Si un organe humain avait pu décomposer ces senteurs étranges, il y eût trouvé les exhalaisons combinées de toutes les corruptions.

C'étaient, par moments, des bouffées d'air chaud comparables aux gaz méphitiques planant lourdement sur les vases noires des marais.

C'était l'affreuse odeur du charnier, réceptacle de pourritures animales.

C'était encore cette chaleur répugnante que dégagent les végétaux en décomposition.

C'était enfin un composé d'exhalaisons au milieu desquelles l'odorat dérouté, noyé, perdait toute faculté d'analyse et d'appréciation.

Il ne distinguait plus qu'une âcre et rebutante senteur de musc.

La fumée du soufre et de la poudre vinrent à temps corriger cette atmosphère viciée.

John Huggs atteignit un double but.

Il rendit l'air respirable et se débarrassa des serpents.

Libres d'agir, les pirates, sur l'ordre de leur chef, emportèrent les blessés, se dirigèrent en double file vers un point désigné et enterrèrent leurs morts.

Le capitaine, avec les deux prisonnières, marchait en arrière, suivi seulement de quelques-uns de ses hommes sur lesquels il comptait le plus.

On arriva dans une sorte d'accul assez spacieux terminant une large galerie dont une roche, nous l'avons dit, formait porte.

Cette roche était plate et admirablement disposée pour dissimuler l'entrée qui venait d'être ouverte.

Tout le monde pénétra dans une grande salle carrée.

C'était la chambre du capitaine des pirates.

Quand la troupe eut pénétré, John Huggs commanda de nouveau :

— Fermez !

Avec une habileté et une sûreté de mouvements qui décelaient une grande habitude, les pirates se mirent en devoir de replacer la porte de pierre dans sa première position.

Ils étaient outillés pour cela.

Deux crics et des leviers garnis de fer se trouvaient dans la grotte où toute la troupe venait de pénétrer.

A l'aide des crics, la roche fut soulevée, et, au moyen des leviers, on la maintint et on la fixa contre l'ouverture.

John Huggs était chez lui.

Les brigands de prairie étaient dans leur repaire.

Certes la retraite était sûre et admirablement choisie.

Les pirates pouvaient défier une attaque subite et imprévue.

Ils disposaient d'une caverne à double issue, dont une, habilement dissimulée, ne devait jamais être gardée.

Qui se serait imaginé de sonder les profondeurs de la montagne ? à qui d'ailleurs serait venue cette pensée, qu'il existait dans les entrailles de la terre, sous le Colorado même, les vastes souterrains que nous avons fait connaître au lecteur ?

LE SECRET DU DOMPTEUR

Vraisemblablement, jamais d'autres hommes n'avaient pénétré dans ces profondeurs pour en connaître les mystérieuses solitudes.

En homme avisé, John Huggs avait apprécié la valeur du refuge, et il en avait immédiatement perfectionné l'installation.

A la vérité, les pirates n'avaient pas exploré sérieusement les galeries et grottes

Nota. Nous ne mettrons plus désormais de légendes au-dessous des gravures représentant les principales scènes de notre roman. Mais nous prenons l'engagement, quand notre livre sera terminé, de donner une table des gravures.

Le lecteur comprendra facilement qu'il est impossible de faire concorder exactement un si grand nombre de portraits, vignettes, etc., avec les livraisons auxquelles ils se rapportent.

souterraines avant les révélations de la Couleuvre.

Ils craignaient de s'égarer dans l'inextricable enchevêtrement des couloirs ou de tomber dans quelque abîme.

Mais quand la Couleuvre eut parlé, quand il eut démontré et prouvé que toutes les galeries, par leur disposition même, après avoir décrit maints circuits, aboutissaient toujours et fatalement à cette espèce d'impasse où s'ouvrait la porte de pierre donnant accès dans leur repaire : après, disons-nous, avoir obtenu les assurances les plus positives et les expériences les plus décisives, les bandits ne craignirent plus de s'aventurer dans le souterrain.

Ils se savaient en sûreté.

56ᵉ LIVRAISON

Et si John Huggs avait pris le chemin du Puits sans fin pour pénétrer dans la grotte du Sorcier-des-Eaux, ce n'était pas par pure nécessité, c'était surtout dans le but de vérifier lui-même la possibilité de franchir sans danger le tourbillon.

Il avait bien, au préalable, tenté l'expérience sur plusieurs animaux qui avaient été rejetés vivants sur la berge ; mais il lui fallait l'assurance positive de ne pas noyer celle qu'il voulait faire prisonnière.

En homme déterminé, il n'avait rien trouvé de mieux que de tenter le passage en personne.

Moyen décisif, résolution énergique, bien naturels chez un homme capable de tout pour mener une affaire à bonne fin.

Les pirates, disions-nous, refermèrent l'entrée de la grotte.

Puis, sans qu'aucun ordre leur eût été donné, ils disparurent un à un par une autre ouverture pratiquée dans les parois de la *chambre du capitaine*, et qui se trouvait masquée par une tapisserie.

Dès que le dernier pirate se fut éloigné, John Huggs, saisissant un petit sifflet d'ébène attaché à sa blouse de chasse par une chaîne d'argent, en tira des sons à deux reprises différentes.

Presque aussitôt deux femmes parurent.

— Paméla, et toi, la Rousse, dit le capitaine, je vous confie ces belles filles.

« Elles sont mes prisonnières.

« Mais traitez-les comme des princesses.

« Des soins, des attentions, sinon vos reins feront connaissance avec la boucle de mon ceinturon. »

Sur cette menace, Huggs adressa de la main un adieu amical à ses prisonnières et disparut.

Il fit quelques pas dans un étroit couloir que masquait la tapisserie, passa dans l'encadrement d'une porte barrée de fer et se trouva dans une immense salle au milieu de la foule des pirates.

Il était immense, grandiose, extraordinaire, l'endroit où se trouvaient réunis plus de deux cents bandits.

C'était un vaste souterrain où se trouvaient agglomérées des richesses inouïes.

Toutes les nationalités étaient représentées dans la troupe de John Huggs : l'aspect du repaire des brigands le démontrait clairement.

La race anglo-saxonne avait donné la mesure de son amour extrême du confortable, du bien boire et du bien manger.

La race latine, représentée par les Mexicains d'origine espagnole et par quelques Italiens, avait fait preuve de son goût exagéré pour le luxe, le brillant, le clinquant.

Et par-dessus tout ce qui pouvait donner satisfaction à ces hommes aux passions vives, aux appétits effrénés, surgissaient le goût, la fantaisie, l'élégance des rares Français, déserteurs de l'armée expéditionnaire du Mexique, échappés de prisons, qui se trouvaient engagés dans les bandes de John Huggs.

Un brillant et splendide éclairage créait un jour factice dans la vaste salle.

Vingt lustres aux pendeloques de cristal pendaient de la voûte, attachés à de longues cordes de soie.

De nombreuses lampes alimentées avec du pétrole projetaient jusque dans les recoins les plus retirés les flots abondants d'une éblouissante lumière.

On eût dit d'un temple chrétien dix fois agrandi et splendidement illuminé pour quelque cérémonie nocturne et solennelle.

Mais toute idée de fête religieuse disparaissait vite pour faire place à l'étonnement, à la stupéfaction.

Une singulière atmosphère emplissait l'espace de senteurs imprévues, d'odeurs à la fois âcres et pénétrantes.

Atmosphère de café et de salle de restaurant, s'épandant et se raréfiant sous un plafond de cent pieds de hauteur.

L'immense salle présentait le plus étrange aspect.

Divisée en un grand nombre de compartiments, elle se pouvait comparer à une exposition de tous les genres de cabarets connus dans le monde entier.

Les différents établissements, séparés les uns des autres par des allées bordées de grilles dorées ou de panneaux de bois rehaussés de peinture, avaient un cachet d'élégance et de propreté très-attrayant.

Ils offraient un composé de luxe et de confort admirablement entendu.

Les cafés français, avec leurs glaces, leurs divans et leurs tables de marbre blanc, rappelaient ceux de Paris, et les mieux tenus.

Les tavernes anglaises et américaines se distinguaient par la richesse de l'ameublement, l'abondance des cristaux et de l'argenterie.

Dans les cafés, des garçons sémillants et empressés, vêtus de la petite veste noire et les jambes emprisonnées dans le tablier blanc, servaient les clients pirates et circulaient activement au milieu des tables.

Dans les tavernes, les garçons portaient l'habit noir traditionnel et les gants blancs. Graves, compassés, ils écoutaient, et, comme autant de machines bien montées, servaient en silence leurs silencieux consommateurs.

Les Allemands avaient également leurs brasseries enfumées...

Les Italiens, leurs Tivolis...

Les Espagnols, leurs Tertulias...

Les Flamands, leurs caves...

C'était enfin, nous l'avons dit, une véritable exposition de tous les cabarets possibles.

Et, chose étrange ! ces nombreux établissements étaient admirablement approvisionnés.

Phénomène inexplicable en apparence.

Comment admettre, en effet, qu'au milieu de la savane, dans des contrées continuellement sillonnées par des partis indiens hostiles à tout ce qui est *visage pâle*, il soit possible de se procurer des approvisionnements aussi divers ?

Le fait est pourtant de la plus grande simplicité et facile à expliquer.

Les chefs de brigands, prédécesseurs de Huggs, et Huggs lui-même, étaient des commerçants, et des commerçants habiles.

Ils avaient trouvé le moyen pratique de donner toutes leurs fournitures à l'entreprise.

Et cela leur réussit à merveille.

O commerce américain, où t'arrêteras-tu ?

Bien aventuré serait celui qui tenterait d'assigner des bornes à ton audace !

Où ton génie trouvera-t-il des limites ?

Séduits par l'appât du gain, d'honnêtes industriels vivent parmi les bandits de la savane; ils les servent, les font servir et les exploitent le plus souvent qu'ils peuvent.

Et cela sans vergogne ni crainte.

Ils sont d'abord spéculateurs.

Et ensuite la parole du capitaine Huggs leur sert de sauvegarde.

Appelés par lui, il répond de leur liberté de commerçants, et jamais le capitaine, en pareille circonstance, n'a manqué à la foi jurée.

Donc, quand les provisions manquent, John Huggs fait ses commandes à Austin, où il a des représentants sérieux et payant toujours à bureau ouvert, car la signature Huggs a une valeur sur la place.

Les caisses pleines, les fûts de vins, d'eau-de-vie, de rhum, etc., consolidés, et toute la commande prête, il ne s'agit plus que de la faire parvenir en pleine prairie.

Là encore se présente une difficulté, insurmontable pour un brigand vulgaire, mais nulle pour un homme de la valeur de John Huggs.

L'ingénieux pirate attendait le départ d'une caravane et lui faisait adresser cette proposition :

— Vous me transporterez à tel endroit qui vous sera désigné tant de tonnes de marchandises.

« Ce transport se fera gratis, bien entendu, et mes colis devront m'arriver intacts.

« Moyennant quoi, je m'engage à ne pas vous piller, à ne vous inquiéter en aucune façon, et même à vous protéger contre les Peaux-Rouges ou ceux des miens qui iraient contre ma volonté. »

Dix-neuf fois sur vingt ces propositions étaient acceptées avec empressement.

Les voyageurs étaient enchantés de n'avoir pas à combattre les pirates et d'obtenir un laissez-passer qui leur assurait une complète sécurité.

Les marchandises de John Huggs étaient donc fidèlement déposées sur un point du désert américain désigné par lui. Les pirates prenaient livraison avec d'intelligentes précautions; et l'abondance, au moyen de cette ingénieuse combinaison, régnait constamment dans leur *palais*.

De son côté, John Huggs, qui se targuait de probité commerciale, ne manquait jamais à ses engagements.

Une caravane qui l'avait servi pouvait se reposer avec pleine et entière confiance sur la parole donnée.

Il était même arrivé plusieurs fois aux pirates de combattre avec acharnement leurs confrères en rapines pour soustraire au pillage un de *leurs* convois.

Et souvent John Huggs fournissait une escorte aux voyageurs en cas d'hostilités de la part des Indiens.

On n'est pas plus consciencieux.

Commerce américain, que tu es bien... américain !

CHAPITRE LXX

UN CAFÉ A CENT PIEDS SOUS TERRE

C'est par son ingénieux et économique moyen de transport que le chef des pirates, dans un jour de belle humeur, procura à son intéressant personnel un puissant élément de distraction.

Il fit acheter à Austin trois superbes billards de fabrication française, et les fit monter, aux applaudissements frénétiques des amateurs du carambolage.

Ces billards furent placés dans un café dont l'enseigne dorée tirait atrocement l'œil.

On lisait sur la façade, en lettres de deux pieds de longueur :

Café du XIX° Siècle.

Chose presque incroyable, cet invraisemblable écriteau ne mentait pas.

C'était bien un véritable café, parfaitement agencé, qui occupait la plus large place dans le vaste palais des pirates.

Les trois billards, disposés avec goût, tenaient le milieu de l'établissement.

Une double suspension soutenant deux belles lampes en porcelaine dorée éclairait chaque tapis vert, et tout l'attirail de queues, de billes, de tableaux de marque, de paniers à poule, de quilles, se trouvait là à portée des joueurs.

Les tables de marbre blanc étaient fixées sur des pieds de fonte peints en vert foncé et rehaussés de filets d'or.

Les divans et les banquettes étaient garnis en velours grenat, ainsi que les chaises de bois noir.

Un grillage de fer, aux courbes gracieuses, léger et fin comme une dentelle, était fixé à hauteur d'appui sur le mur qui servait de clôture à l'établissement.

Si en vérité un Parisien se trouvait transporté, sans avoir conscience de son déplacement, devant le *café du XIX° Siècle* des pirates, il n'hésiterait pas à y entrer prendre un bock et à faire sa poule avec les paisibles habitués de la maison.

Ce café est parfaitement tenu par deux individus associés.

Ces limonadiers de la savane portent deux noms ou mieux deux sobriquets étonnants.

On les appelle *Grand Seize* et *Petit Dix-huit*.

Ces noms impossibles trouvaient leur justification dans la profession que leurs propriétaires avaient exercée autrefois à Paris.

Ces deux honorables commerçants étaient d'anciens garçons de restaurant, et ils avaient débuté dans l'établissement bien connu qui porte cette vieille enseigne : *Aux vendanges de Bourgogne*.

Celui que l'on désignait par le nom de Grand Seize avait eu une de ces aventures assez communes, mais toujours retentissantes, avec une femme mariée. Il avait été surpris avec sa maîtresse par le mari outragé dans le cabinet de société portant le n° 16, et il n'avait dû la vie qu'à son costume de garçon de restaurant et à sa présence d'esprit. Il prétendit audacieusement que la dame était seule et qu'il ne la connaissait aucunement. Le brave homme de mari fut bien obligé d'avaler la couleuvre : son amour-propre ne lui permettait pas d'admettre qu'il fût trompé par un valet de restaurant. — Toutefois il ne s'expliqua jamais d'une manière satisfaisante la présence de sa femme, seule, dans le cabinet n° 16.

Le Petit Dix-huit ne devait pas son nom, lui, à une pareille aventure.

Il portait le numéro du cabinet où il trouva

un collier de diamants qu'il oublia de restituer.

De là une condamnation à la prison, et, dans la suite, un sobriquet que le président du tribunal avait lui-même inventé.

Le Grand Seize et le Petit Dix-huit étaient des types très-réussis de garçons de restaurant de barrière :

Teint blafard, figure pleine, bouffie, malsaine, bourrée de mauvaise graisse, soufflée de mauvais air, avec favoris et côtelettes au cresson, accroche-cœurs naissants aux tempes, œil éteint des gens qui veillent, et sourire plat.

Ils avaient ces traits de famille des gens de même profession ; mais Grand Seize était doué d'un nez de corbeau bon à flairer toutes les affaires véreuses et Petit Dix-huit avait la camardise de narines, la sensualité de lèvres qui annoncent l'instinct de la débauche.

Tous deux, du reste, exploitaient la femme ; ils avaient fait la traite des blanches à la barrière et la faisaient encore dans la prairie.

Grand Seize et Petit Dix-huit possédaient chacun une femme qui les aidait de plusieurs façons dans l'exploitation de leur café.

Et quand nous disons *femme*, c'est qu'il nous répugne d'employer le mot *femelle*.

Ces femmes, en effet, n'avaient de la femme que les organes naturels, ainsi que les vices.

Tout sens moral était banni de leur esprit.

Elles ne savaient rien des mille charmes dont la vraie femme agrémente ses défauts et ses imperfections.

Elles ignoraient jusqu'aux mots dont on se sert pour énumérer des qualités absentes : vertu, pudeur, réserve.

Que pouvaient savoir de tout cela ces filles vouées depuis l'enfance aux criminelles pratiques des amours malsaines ?

Sorties du cloaque, elles dissimulent sous les grossiers parfums du patchouli des senteurs de boue.

De pareilles créatures convenaient parfaitement au Grand Seize et au Petit Dix-huit.

Elles remplissaient on ne peut mieux leur rôle de *dames de comptoir*.

Aimables, plus qu'aimables avec le client, elles ajoutaient à la valeur de l'établissement, sachant distribuer à propos des faveurs que les pirates se disputaient à prix d'argent et parfois à coups de couteau.

Ces femmes jouissaient d'ailleurs de toute liberté, par le contrat même qu'elles avaient passé avec leurs *patrons*.

John Huggs, en commerçant intelligent, avait réglé leur situation et celle des autres femmes faisant partie de sa bande.

Engagées pour un temps limité, elles étaient amenées, les yeux bandés, dans le palais des pirates.

Une large rémunération payait leurs services, et on les renvoyait le plus souvent riches à l'expiration de leur engagement.

Cet honnête procédé rendait le recrutement facile, et jamais les drôlesses de cette sorte ne manquaient aux pirates.

Grand Seize et Petit Dix-huit, dont l'intelligence commerciale était appréciée par John Huggs, avaient obtenu l'autorisation d'apporter un perfectionnement dans l'exploitation de leur établissement.

Plusieurs salons de société formaient une annexe à leur café.

Et les dames de comptoir pouvaient à leur gré tenir compagnie à ceux des bandits qui se payaient la fantaisie de dîner en cabinet particulier.

Grand Seize et Petit Dix-huit, loin de se montrer jaloux (fi donc !), encourageaient de tout leur pouvoir cette branche lucrative de leur commerce.

Disons encore que l'idée avait pris de l'extension dans le palais des pirates.

Les brasseries, les tavernes et autres cabarets avaient leurs demoiselles de comptoir.

La grosse Allemande laissait admirer les richesses de sa plantureuse nature en servant la bière à ses épais compatriotes.

Ange aussi déchu que bouffi, elle nageait sans éternuer dans les nuages de fumée âcre sortant du fourneau des longues pipes de porcelaine.

Peu soucieuse d'éviter le contact d'une main chercheuse et téméraire, elle répondait aux plus lourdes comme aux plus significatives plaisanteries par un gros rire ou par une caressante taloche.

L'Anglaise, à son comptoir, n'abandonnait pas ses airs de prude guindée.

Mais plus pervertie, plus ignoble d'instinct, plus dégradée que toute femme tombée, si elle provoquait avec une réserve de convention, elle se livrait plus vile et plus corrompue aux ignobles pratiques de la débauche et du vice.

Partout enfin même système d'organisation dû à l'intelligence de John Huggs.

L'habile capitaine avait su rassembler au milieu du désert américain toutes les jouissances que pouvaient souhaiter ses compagnons de rapines, gens de toutes nations.

Les femmes, le jeu, le luxe et la profusion dans le boire et le manger, tout se trouvait réuni dans le palais des pirates.

Avec de pareils procédés, pas un déserteur, et les dévouements les plus solides, basés sur le désir des jouissances et le bien-être après les dangers de la lutte.

Et puis, aux grands jours de butin, quand le pillage d'une caravane se compliquait d'un enlèvement de femmes, c'était alors une orgie épouvantable, une débauche inouïe, infernale, que venaient compliquer des disputes auxquelles succédaient invariablement les coups de couteau et de revolver.

Car si John Huggs avait trouvé le moyen de donner satisfaction aux passions de ses pirates, il n'avait jamais essayé d'obtenir de ces natures rebelles à toute discipline le calme et la modération dans la satisfaction de leurs instincts et de leurs brutales convoitises.

L'intelligent capitaine se souciait peu de la vie d'un homme, et il n'avait jamais songé à supprimer le duel dans sa troupe.

De fait, les pirates usaient et abusaient de ce moyen de se faire soi-même justice.

A propos de tout et à tout propos, on se battait.

Duel au couteau pour les Espagnols.

Duel au stylet lancé à vingt pas pour les Italiens.

Duel au revolver et à la carabine pour les Américains.

Duel à la française, au fleuret, pour les raffinés et les fines lames de l'escrime.

Duel à coups de poing pour les Anglais.

Et ce n'était pas ce dernier genre de combat qui présentait le moins de dangers, la boxe entraînant le plus souvent la mort des deux combattants.

Seuls les Allemands se battaient rarement.

Le point d'honneur n'existe pas chez ces gens à défauts positifs et à qualités négatives.

Ces explications données, nous reprenons notre récit.

John Huggs avait laissé ses prisonnières aux mains de Paméla et de la Rousse, les femmes de Grand Seize et de Petit Dix-huit.

Il avait fermé la solide porte ferrée qui séparait *sa chambre* de la grande salle commune, et il se présentait devant sa troupe au grand complet.

En l'absence de leur chef, les pirates causaient, discutaient, jouaient, buvaient, faisaient grand bruit.

A l'aspect de John Huggs, le silence s'établit aussitôt.

Silence interrompu par des murmures de satisfaction, par des exclamations joyeuses, par des félicitations vivement exprimées.

Les bandits considéraient leur chef, non avec cette déférence et cette craintive admiration qu'inspire la bravoure et le courage, mais ils voyaient en lui un homme supérieur et des mieux doués pour les conduire à la fortune.

Il était pour eux un associé, en même temps qu'un directeur habile des affaires de la bande.

En lui, rien du capitaine d'aventures, du chevalier de grande route.

John Huggs, en effet, ne ressemblait en aucune façon à ces brigands renommés des Apennins et de la Calabre.

Rien de théâtral dans ses allures; rien de gonflé dans son attitude, aucune morgue dans ses rapports avec ses hommes.

Son air de bonhomie, sa simplicité apparente, son calme imperturbable et non affecté, pouvaient le faire prendre pour le premier commerçant yankee venu.

En le débarrassant de ses armes et de son accoutrement de bandit, en le plaçant dans un comptoir de New-York, on en faisait un négociant.

Mais quel négociant !

Cette face si calme dissimulait une finesse, une intelligence, une sûreté de vues vraiment admirables.

Que de volonté et d'audace sous ce crâne aux bosses proéminentes, au front bombé et saillant !

Les pirates avaient pour capitaine non pas un chef de brigand, un Fra-Diavolo, mais un habile administrateur, aux conceptions hardies, aux coups de main admirablement conçus et audacieusement exécutés.

Ils comptaient sur lui comme des associés comptent sur un chef d'exploitation de leur choix.

Ils ne subissaient pas le joug sous lequel se courbe la sottise et la peur; ils aimaient et admiraient leur patron jusque dans ses actes de brutale férocité.

John Huggs pouvait casser la tête d'un pirate sans craindre une révolte : il agissait dans l'intérêt de tous, chacun en était persuadé.

CHAPITRE LXXI

OÙ JOHN HUGGS SOUMET A SA TROUPE DE SUPERBES COMBINAISONS

Le chef de pirates, avec son flegme habituel, écouta les propos admiratifs de son personnel.

Puis, montant sur un billard, il fit un geste qui commandait le silence.

On se tut.

— Messieurs et gentlemen, dit le capitaine, les communications que j'ai à vous faire sont de la dernière importance.

« Veuillez donc m'écouter avec attention.

« Les moments sont précieux, et comme il s'agit d'intérêts immenses, je ne veux engager ma responsabilité que muni de votre approbation. »

Cet exorde fut accueilli par des murmures approbateurs.

Les : « Chut !... Silence !... Écoutez !... » circulèrent par toute la salle, et le calme se fit, profond et solennel.

John Huggs reprit :

— Grâce aux révélations d'un ami, je suis arrivé à m'emparer de deux femmes dont la possession représente un énorme capital.

« Pour racheter la liberté de sa fille, le colonel d'Éragny, l'associé de ce comte de Lincourt que vous connaissez tous, paiera la somme qu'il nous plaira de fixer.

« Et le géant Tomaho, pour revoir sa femme, se saignera aux quatre veines.

« Vous voyez, gentlemen, que je n'ai pas perdu mon temps, et que ma capture a son importance.

« Mais je ne m'arrête pas à cette idée de rançon dont la valeur ne me satisfait pas complétement.

« Vous savez tous à quelle conquête marchent de Lincourt et sa troupe?

— Oui, oui ! répondirent les pirates.

« Le secret!...

« Le secret du Trappeur!..

— Silence ! cria John Huggs.

« Écoutez !

« Voici l'idée qui m'est venue.

« Je vais aller trouver le père de ma prisonnière et lui ferai cette proposition :

« — Si vous voulez revoir votre enfant, partageons le secret du Trappeur.

« Consentez à ce que ma troupe se joigne à la vôtre et entre dans les bénéfices à réaliser. »

Le projet de John Huggs souleva un tonnerre d'applaudissements.

Chacun savait que la connaissance du fameux secret comportait la fortune pour tous, la fortune immense, incalculable, inappréciable.

— Bravo ! bravo ! criait-on de toutes parts.

« Vive le capitaine !

« A nous le secret !

— Vous avez raison, gentlemen, reprit John Huggs.

« A nous le secret !

« Car, vous le devinez, dès que nous ferons partie de la caravane de Lincourt, nous serons assez habiles pour éviter tout partage.

« Nous supprimerons tous ceux qui prétendraient nous gêner. »

De nouvelles acclamations accueillirent ces paroles du capitaine.

Les pirates trépignèrent de joie à la pensée de conquérir un pareil butin et de massacrer les trappeurs et la caravane entière.

John Huggs attendit la fin de cette joyeuse manifestation.

Quand le silence le lui permit, il continua.

— Je vais, dit-il, me mettre à la recherche de la caravane avec vingt cavaliers.

« Je sais où la rejoindre.

« Mon absence sera de cinq jours au plus.

« Si elle se prolonge au delà de ce terme, c'est qu'il me sera arrivé malheur.

« Toutefois, je vous recommande la patience.

« Ne précipitez rien.

« Ne prenez aucune détermination à la légère.

« Attendez paisiblement mon retour, et ne vous lancez pas dans des aventures qui pourraient faire manquer mes combinaisons. »

Des protestations amicales et empressées accueillirent les prudents conseils du capitaine qui ajouta, après un moment de réflexion :

— Il me reste une dernière et capitale recommandation à vous adresser.

« La fille du colonel d'Éragny aussi bien que la femme du cacique Tomaho ne conserveront leur valeur qu'autant qu'elles seront respectées de vous tous.

« Vous devez comprendre que la moindre tentative amoureuse d'un des nôtres à l'égard de nos prisonnières constituerait un véritable vol au préjudice de tous.

« Nous ne pouvons, à moins d'être imbéciles, détériorer ou amoindrir le capital représenté par ces deux femmes.

« Vous aurez donc, pour cette fois seulement, à vous montrer continents et sages.

« Je me place, sachez-le bien, au point de vue de la spéculation, et aucune autre considération ne me détermine à vous imposer une retenue que je n'aurais pas observée si de grands intérêts ne me l'avaient commandée. »

Il y eut des sourires dans l'assemblée.

Des allusions aux mœurs, de la part d'un homme comme John Huggs, amusaient les bandits.

Le capitaine ne parut pas remarquer les muettes observations de ses pirates.

Mais, prenant un ton ironique, il reprit :

— Vous m'inspirez tous une confiance sans borne, et je suis sûr de votre réserve.

« Néanmoins, je ne veux partir qu'en emportant votre serment de ne pas enfreindre mes ordres et de respecter nos prisonnières.

— Nous jurons !

« Nous jurons ! firent plusieurs voix partant de divers points de la salle.

— Vous jurez, c'est très-bien ! dit John Huggs.

« Mais sur quoi jurez-vous ?

« Il n'y a ni Dieu ni diable pour vous.

« Vous respectez quoi ?

« Rien, personne, pas même moi.

« Avez-vous un culte ?

— Non ! fit une voix dans la foule.

— Erreur ! reprit le capitaine.

« Vous en avez un.

— Lequel ? fit-on.

— Celui de l'or, répondit Huggs.

— Bravo ! bravo ! crièrent les pirates avec une profonde conviction.

« Vive le veau d'or !

« Vive le lingot !

« Vive le dieu Dollar ! »

Et un enthousiasme sincère, résultat d'une foi ardente, éclata parmi ces bandits.

L'or était sacré ! *Auri sacra fames!*

Et pour l'or ils avaient tous la fièvre d'adoration.

Du geste, John Huggs réclama le silence.

— Ici, dit-il, nul n'oserait manquer au respect dû à l'or, pour lequel nous vivons et nous mourons.

« Vous allez jurer, par le dieu Dollar, que vous respecterez nos prisonnières jusqu'à mon retour, que vous aurez pour elles tout le soin dont on peut entourer le coffre-fort le mieux garni. »

Une approbation unanime ayant accueilli cette proposition originale et très-pratique, basée sur une étude approfondie du caractère de ses hommes, John Huggs fit prendre immédiatement les dispositions nécessaires

pour recueillir le serment solennel de chaque pirate.

Ce fut une scène étrange, saisissante et extraordinaire dans sa simplicité.

Une table ronde recouverte d'un tapis vert fut apportée au centre de l'immense salle, et un dollar d'or, tout neuf, fut placé au milieu du tapis.

Tous les yeux étincelaient, reflétant les fauves éclats du métal.

On y lisait le fanatisme capable d'aller jusqu'au sacrifice de la dernière goutte de sang pour la posssesion du dieu.

John Huggs, debout, le front calme, l'œil sévère, l'attitude imposante, John Huggs prêtre et pontife, fit l'appel de ses hommes.

Chose digne de remarque!

Pas un sourire sur ces lèvres impies!
Pas un geste suspect!
C'étaient bien là des dévots convaincus et fervents.

Les pirates défilèrent un à un devant leur chef.

Ils s'arrêtaient devant le tapis vert, étendaient la main sur l'or et prononçaient cette étrange formule de serment :

— Par le dieu Dollar, je jure !

Le défilé fut long. Plus de deux cents pirates se trouvaient réunis dans le souterrain.

Les femmes, ainsi que les hommes qui, comme Grand Seize et Petit Dix-huit, n'étaient que des industriels, et ne se trouvaient pas réellement engagés dans la troupe, furent dispensés du solennel serment.

57ᵉ Livraison

Êtres nuls et sans autorité, ils ne comptaient pas.

Mais tout homme portant une carabine et prenant part aux expéditions devait jurer.

Quel défilé étonnant de têtes sinistres et remarquables!

Quels types variés et admirables d'adorateurs du dieu Dollar!

On ne saurait se faire une idée de ce rassemblement hétérogène, de ce groupement d'individualités dissemblables, qu'aucun lien ne rattachait entre elles, et qu'au contraire leurs diverses nationalités tendaint à séparer.

Voici un chrétien espagnol ou italien qui ajoute un nom à la liste des béatifiés : il invoque saint Dollar.

Puis c'est un mahométan, turco déserteur des colonnes françaises expéditionnant au Mexique, et qui ne manque pas, mais seulement par habitude, de se tourner du côté de Médine à chaque acte sérieux de sa vie : Mahomet est son prophète, Dollar est son dieu.

Un Indou s'avance ; il est né dans le culte de Brahma. Après tant d'incarnations, le dieu a pris une dernière forme : il s'est fait Dollar.

Un Parisien sceptique arrive ; il n'a ni foi ni loi, ne croit à rien, et ne veut rien croire.

Pourtant son œil brillant de cupidité et de convoitise se fixe sur la pièce d'or, et il jure par le dieu universel, il jure par le dieu Dollar.

Toutes les nations, toutes les religions furent représentées dans ce défilé des pirates.

Et chacun, avec bonne foi, fit le serment exigé par John Huggs.

Cependant le capitaine avait donné l'ordre à vingt hommes de se préparer à le suivre.

Il s'agissait de rejoindre au plus vite la caravane conduite par le comte de Lincourt et le colonel d'Iragny, de traiter de la rançon des deux prisonnières aussitôt et aussi avantageusement que possible.

Chez John Huggs, l'acte suivait de près la décision.

Il prit à peine le temps de donner quelques ordres, de faire une visite à ses prisonnières et de les recommander une dernière dernière fois aux deux femmes, Paméla et la Rousse, qui devaient les servir et prendre soin d'elles.

Puis il partit à la tête de ses cavaliers très-bien montés.

Ces hommes représentaient l'élite de la troupe.

John Huggs pouvait compter sur leur courage et leur dévouement.

Dès que leur chef eut quitté la grotte, les pirates, selon leur invariable habitude en temps d'inaction, se remirent à boire, à jouer et à roucouler auprès de ces ignobles créatures qu'ils appelaient des femmes.

En vue sans doute des succès que leur avait fait entrevoir leur capitaine, les bandits se montraient plus joyeux et plus bruyants que d'habitude.

On jouait un jeu d'enfer.

Les punchs flambaient haut.

Les filles étaient plus aimables.

Le *café du XIX° Siècle* regorgeait.

Grand Seize et Petit Dix-huit n'arrivaient pas à servir leurs nombreux clients.

Pourtant, dans un moment de calme, ils purent faire un bout de conversation.

— Qu'est-ce que tu penses de toute cette histoire d'enlèvement, de rançon et du reste? demanda Grand Seize à son digne associé.

— Peuh! fit celui-ci avec une moue dédaigneuse.

« Je vois là-dedans une bonne affaire pour cette canaille de capitaine et les autres:

« Mais je ne vois pas le profit que nous pourrons en tirer pour nous.

— Bah! fit Grand Seize.

« La dépense monte en même temps que les bénéfices.

« Nous empocherons toujours.

— D'accord, ma vieille, dit Petit Dix-huit.

« Mais si le capitaine se faisait pincer!...

« S'il finissait par trouver plus malin que lui, ou qu'une balle de calibre lui crevât la peau à l'endroit sensible, que pourrait-il bien arriver?

« Voilà ce que je me demande.

— Ton idée m'a traversé la boule tout à l'heure, dit en riant Grand Seize.

« Vois comme ça se trouve.

« Moi aussi, je pensais que le chef pourrait ne pas revenir. »

Les deux hommes échangèrent un singulier regard.

Ils devaient se comprendre.

Une commune pensée avait germé dans leur cerveau.

— Je parie cent sous que je t'ai deviné! fit Grand Seize.

— Et moi, je suis sûr de t'avoir compris depuis une heure.

« On te connaît, vilain masque !

— *Chouette!* alors, s'écria Grand Seize.

« Je vas m'expliquer tout de même.

« Seulement pour la forme.

« Commençons par le commencement.

« Si d'abord le capitaine ne revient pas, que se passera-t-il ?

— Parbleu! fit Petit Dix-huit.

« On nommera un autre chef.

— C'est clair ! dit Grand Seize.

« Et après ?

— Après? répéta Petit Dix-huit.

— Eh bien! après, on ne s'occupera plus des prisonnières.

« Et nous pourrons nous en occuper, nous, tout à notre aise.

— Nous sommes faits pour nous comprendre, dit Grand Seize.

« Je pense, comme toi, qu'il y a là une très-belle opération à faire.

« Avec du gibier aussi fin, aussi délicat, nous ne pouvons manquer d'augmenter nos revenus.

« D'autant plus que la Paméla, mon engagée pour le quart d'heure, se dégomme et devient grincheuse avec le client.

— C'est toujours comme ça à la fin de chaque bail avec ces grues, remarqua Petit Dix-huit.

« Nous leur abandonnons de trop grands bénéfices.

« L'argent les gâte.

« C'est comme la Rousse ; j'en suis mécontent depuis quelque temps.

« Quand ces filles se sentent la bourse garnie, impossible de les maintenir dans le devoir.

« Il leur faut des amants de cœur à tout prix. »

Grand Seize, distrait, avait à peine écouté les observations de son associé.

Caressant et lissant l'accroche-cœur qui s'arrondissait au-dessus de son oreille gauche, il réfléchissait.

— Quand pouvons-nous renvoyer nos femmes? demanda-t-il tout d'un coup.

— Notre contrat expire dans quelques jours, répondit Petit Dix-huit.

« Nous n'avons qu'à ne pas le renouveler.

— Ça va bien ! fit Grand Seize.

« Si tu veux, nous renvoyons Paméla et la Rousse, et nous les remplaçons par les deux petites.

« Tu les as vues comme moi à l'arrivée du capitaine.

« J'ai idée que nous ne devons pas laisser échapper une si belle occasion.

« Du reste, je te l'avoue, j'ai un fort béguin pour Conception.

« Pour une femme de géant, elle est mignonne, et si elle me plaît, elle ne peut manquer de plaire à nos clients.

— On connaît ton goût ! dit Petit Dix-huit.

« Ton choix me botte comme un gant, puisque je ne l'aurais pas fait et que nous n'aurons pas de querelles.

« J'ai pensé à la petite Blanche d'Éragny.

« Quelle fraîcheur, ma vieille!...

« En voilà une qui ne sait pas ce que c'est qu'un géant.

— Enfin, conclut Grand Seize, voici qui est parfaitement convenu.

« A moi Conception, à toi la belle Blanche.

— Archi-convenu! s'écria Petit Dix-huit.

« Je vais guetter le moment favorable. »

CHAPITRE LXXII

LA SOURICIÈRE

John Huggs, à la tête de ses vingt cavaliers, avait regagné la rive du Colorado.

Il s'engageait dans la montagne, au-dessus même des grottes et souterrains qu'il avait traversés avec ses prisonniers.

C'était suivre un chemin dangereux, et risquer de trouver la mort dans l'un des nombreux précipices de la montagne.

Mais c'était aussi la route la plus courte pour rejoindre la caravane du comte de Lincourt.

D'ailleurs le chef de pirates et ses hommes connaissaient depuis longtemps un terrain qui souvent avait été pour eux un lieu de refuge et un moyen de fuite.

De son côté, le colonel d'Éragny et sa petite troupe s'étaient bravement engagés dans la montagne, cherchant à contourner les points élevés pour se rapprocher de la Tour du Sorcier et en explorer les environs.

Les pirates et les squatters suivaient le même chemin.

Les uns partant de l'ouest, les autres de l'est, ils devaient fatalement se rencontrer.

Les deux troupes avaient déjà fourni trois grands jours de marche, sans toutefois avoir parcouru de longues distances.

Elles avançaient difficilement au milieu des rochers, et mille précautions prudentes devaient être prises.

Tête-de-Bison, en sa qualité de trappeur émérite, s'était constitué l'avant-garde de la troupe de M. d'Éragny.

Seul, il éclairait la marche avec une habileté et une sûreté de vues extrêmes.

Toujours de trois heures en avance, on pouvait le suivre avec la plus entière confiance.

Il observait pour tous.

On n'avait à voir que par lui.

Sa propre piste indiquait le chemin à suivre.

Sur son ordre, le colonel d'Éragny avait fait prendre au détachement la file indienne.

Chaque homme plaçait ses pieds dans les pas de Grandmoreau, évitant ainsi de laisser deviner à ceux qui pouvaient suivre ou épier le nombre de personnes composant la troupe.

Pour plus de précaution, et afin d'éviter toutes recherches à ses compagnons, Grandmoreau, quand il devait faire des contre-marches, plaçait des *brisées* à l'endroit de ses bifurcations.

Ces brisées ou branchettes cassées devenaient autant de flèches indicatrices marquant exactement la direction qu'il avait prise.

Le plus mauvais veneur, au moyen de ces brisées, ne pouvait se tromper sur la route à suivre.

Guidé enfin par un esprit d'excessive prudence, Bouléreau, qui marchait le dernier, appliquait le moyen d'effacer toute trace de passage qu'ont inventé les trappeurs.

Il avait confectionné avec des têtes de chardons une sorte de buisson en forme de râteau qu'il traînait derrière lui.

Toutes les empreintes se trouvaient ainsi balayées, et l'œil exercé d'un Peau-Rouge se serait fixé sur la traînée produite par les chardons sans soupçonner un instant que cette traînée dissimulait la piste de dix Visages-Pâles.

Encore eût-il fallu que l'Indien passât immédiatement après la troupe. Le moindre coup de vent égalisait le terrain.

Cependant au troisième jour de marche allait succéder la nuit, et aucune découverte n'était venue apporter le moindre espoir aux intrépides voyageurs.

On était arrivé à une sorte de défilé creusé dans la montagne.

Le lit d'un torrent desséché occupait le fond de l'étroite vallée.

Les pas de Tête-de-Bison se pouvaient distinguer facilement.

La petite troupe descendit la pente rapide avec les précautions ordinaires.

Au fond du défilé, dans le lit même du torrent, on trouva deux petites branches fraîchement cassées et posées en croix.

C'était une dépêche de Grandmoreau, et cela signifiait :

— Nous camperons là cette nuit.

« Attendez-moi. »

Selon l'intention du trappeur, M. d'Éragny ordonna de faire halte et de tout disposer pour le repas du soir.

Par mesure de précaution, deux sentinelles furent posées sur deux points d'où l'on découvrait le terrain à bonne distance.

Puis les préparatifs du souper commencèrent.

Du bois très-sec fut recueilli et allumé entre deux énormes rochers, dans une cavité que dissimulait le feuillage épais de deux touffes de chêne-yeuse.

Ce feu ne produisait aucune fumée, et il était impossible d'en distinguer la clarté à vingt pas.

Les squatters, dans le courant de la journée, avaient trouvé le moyen de tuer plusieurs bartavelles et un superbe bouquetin.

Les perdrix furent plumées en quelques minutes, et le bouquetin écorché avec une dextérité qui accusait une longue pratique et une grande habitude.

Bientôt les rôtis, pendus à des ficelles fixées à trois pieux réunis par le sommet, tournoyaient au-dessus d'un rouge lit de braise.

Une demi-heure se passa.

Les squatters attendaient patiemment que le souper fût cuit à point.

Ils s'occupaient à casser du biscuit et à nettoyer des pierres plates qui devaient leur servir d'assiettes.

Tout à coup, le *qui vive?* d'une sentinelle fit relever toutes les têtes.

Les carabines restèrent muettes.

— C'est Grandmoreau, dit le colonel.

« Puisse-t-il enfin avoir découvert quelque indice! »

C'était en effet le Trappeur qui rentrait au bivac pour y passer la nuit.

Il échangea une poignée de main avec M. d'Éragny et avec Bouléreau, fit un bonsoir amical aux squatters, et, sombre, pensif, préoccupé, il alla s'asseoir en silence auprès du feu.

Pendant un long quart d'heure, il ne desserra les dents que pour faire honneur au souper.

On ne savait que penser de ce mutisme.

Enfin, ayant avalé sa dernière bouchée, ayant donné un dernier baiser à sa gourde, Tête-de-Bison ferma la large lame de son couteau, bourra sa pipe, l'alluma et se décida à parler.

— Il y a du nouveau! dit-il sans plus de précautions oratoires.

À ce début, qui promettait, toutes les oreilles se dressèrent, tous les yeux se fixèrent sur le visage calme du Trappeur.

M. d'Éragny ne put réprimer une exclamation interrogative.

Et Bouléreau laissa échapper un : —Ah! ah! qui décelait un vif mouvement de curiosité.

Grandmoreau ne parut pas s'apercevoir de l'inquiétude qu'il avait fait naître avec intention peut-être.

Il tira méthodiquement quatre ou cinq bouffées de fumée de son énorme pipe de terre rouge, ancien calumet, trophée pris à un Huron, et il continua gravement :

— J'ai découvert le campement de John Huggs, le chef des pirates.

— Bon! fit Bouléreau avec une parfaite insouciance.

« On les évitera, ces pirates, s'ils sont trop, ou nous nettoierons la prairie de ces vermines, si la chose est possible.

« Combien sont-ils?

— Vingt, répondit Grandmoreau.

« Mais il n'est pas la question, et il ne s'agit pas d'une rencontre ordinaire avec ces brigands de la savane.

« J'ai pu, en rampant comme une couleuvre, m'approcher du lieu où ils bivaquent.

« Et j'ai surpris une conversation qui va simplifier nos recherches.

— Que voulez-vous dire? questionna le colonel avec vivacité.

— Laissez-moi vous raconter les choses comme elles se sont passées.

« Le moment d'agir est venu, et il ne faut rien précipiter.

« Je vous dirai donc qu'après avoir fait le reptile pendant plus de dix minutes, je suis arrivé à surprendre le capitaine des pirates en conversation intime avec vingt hommes de sa bande.

« Ces imbéciles causaient à haute voix; j'ai donc entendu tout ce qu'ils disaient.

« Vous saurez d'abord que mademoiselle d'Éragny et la femme de Tomaho sont prisonnières de ce brigand de John Huggs.

— Il faut les délivrer! s'écria le colonel avec une impétuosité bien naturelle.

— Du calme! fit Grandmoreau avec son inaltérable sang-froid.

« Nous allons étudier l'affaire.

« D'abord les prisonnières ne se trouvent pas en ce moment entre les mains de leurs ravisseurs, qui, sans aucun doute, les ont laissées sous bonne garde dans quelque repaire connu d'eux seuls.

— Est-il donc impossible de découvrir la prison de ma fille? demanda le colonel.

— Impossible, peut-être que non, répondit le trappeur.

« Mais facile, je ne crois pas.

— Si nous évitions les pirates? proposa M. d'Éragny.

« En prenant leur *contre-pied*, nous arriverions sûrement à leur point de départ.

— De pareilles entreprises réussissent une fois sur cent, répondit Grandmoreau, et nous ne devons rien laisser au hasard.

« Il nous faut agir avec la certitude absolue de toucher le but à atteindre.

« Or, quel est notre but?

— Délivrer ma fille! s'écria le colonel.

— D'accord! fit Tête-de-Bison.

« Mais par quel moyen?

« Voilà la difficulté.

« Eh bien! moi, je vous proposerai de tourner l'obstacle au lieu de l'attaquer en face.

« John Huggs a plus de deux cents pirates à sa disposition.

« Nous ne pouvons, à dix que nous sommes, penser à engager le combat avec une troupe aussi nombreuse.

— Mais vous parliez de vingt hommes, interrompit le colonel.

— Qui accompagnent leur chef, je les ai vus, répliqua Grandmoreau.

« Mais Conception et mademoiselle Blanche sont évidemment restées sous la garde du plus grand nombre, et nous agirions comme des fous en attaquant le gros de la troupe des pirates, si toutefois nous parvenions à rejoindre ces brigands.

« Nous n'avons qu'une seule chance à courir, qu'un succès à espérer.

« Il nous faudrait ruser avec John Huggs et le prendre vivant.

« Alors seulement nous pourrions le contraindre à nous restituer les prisonnières. »

En prononçant ces derniers mots, Grandmoreau jeta un regard interrogatif sur le colonel et Bouléreau.

« Êtes-vous de mon avis? » semblait-il demander.

Le chef des squatters avait écouté en silence les observations du trappeur.

Tout à coup il releva la tête.

Un fin sourire éclairait sa bonne figure réjouie.

Sans retirer de sa bouche son éternelle pipe, il lança habilement un jet de salive sur un charbon qu'il visait et prit la parole.

— Mon vieux Trappeur, dit-il, votre idée a du bon.

« Je crois comme vous qu'il faut pincer ce loup de prairie que l'on appelle John Huggs.

« Avez-vous un moyen de lui mettre la main dessus?

— Pas encore, répondit Tête-de-Bison.

« Je cherche.

— Pas la peine! fit Bouléreau.

« Moi, j'ai trouvé sans chercher.

« Ne disiez-vous pas que le pirate et sa troupe cherchent à traverser la montagne, et que, sans s'en douter ils marchent à notre rencontre?

— Ils campent à trois heures de marche, répondit Grandmoreau.

— Bonne affaire! s'écria Bouléreau en aspirant coup sur coup cinq ou six bouffées de fumée.

« Si vous voulez me laisser faire, je vais leur jouer un tour, à ces pirates... oh! mais un tour...

« Je ne vous dis que ça.

— Mais encore, mon cher Bouléreau, fit M. d'Éragny, faudrait-il savoir si l'on peut sérieusement compter sur un résultat.

— Sérieusement, dit le squatter en riant, comptez sur le résultat le plus complet et le plus inattendu.

— N'oubliez pas que les circonstances sont graves, que notre temps est précieux, observa M. d'Éragny à qui l'air jovial de Bouléreau inspirait peu de confiance.

Celui-ci, sans s'inquiéter de l'observation, reprit sur le ton dégagé qui lui était habituel :

— Vous habitez une maison où de nombreuses souris ont élu domicile.

« Vous avez horreur de ces locataires incommodes.

« Que faites-vous ?

« Vous vous procurez un chat qui prend plaisir à débarrasser la maison de ces affreux petits rongeurs qui vous incommodent.

« Mais le chat, tout en travaillant pour vous, chasse pour son propre compte.

« Il tue et croque tout ce qu'il peut.

« Êtes-vous complétement satisfait ?

« Non ; vous voudriez prendre des souris vivantes afin de compléter votre vengeance en les faisant souffrir un peu.

« Vous achetez alors une souricière, vous tendez le piége, vous prenez des victimes, et vous les empoisonnez lentement en ne leur donnant pour toute nourriture que de vieux journaux anglais. »

Grandmoreau avait plus d'une fois haussé les épaules en écoutant l'histoire parabolique de Bouléreau.

— Qu'est-ce que vous nous chantez, avec vos histoires de souris ?

« Il s'agit de John Huggs et des vingt hommes qui l'accompagnent.

« Est-ce que vous pourriez vous procurer une souricière à pirates ?

— Juste ! fit Bouléreau.

« Vous souvenez-vous de cette gorge étroite que nous avons traversée ce matin ?

— Oui ; après ?

— Voulez-vous me confier le soin de tendre mon piége ? demanda le squatter.

— Certainement, répondit le colonel.

— Vous avez confiance en moi ? interrogea encore Bouléreau.

— Confiance entière, dirent en même temps ses deux interlocuteurs.

— Laissez-moi faire.

« D'abord, levons le camp et partons tout de suite.

— Où allons-nous ? demanda le trappeur.

— Nous retournons à ce défilé.

— Allons, conclut Tête-de-Bison.

Les trois hommes se levèrent.

Dix minutes après, la petite troupe était prête à partir.

Toute trace de passage et de campement fut soigneusement effacée ; Grandmoreau prit les devants, les autres suivirent.

Bouléreau venait le dernier, effaçant les pistes au moyen de son râteau de chardons qu'il traînait derrière lui.

John Huggs en était à son quatrième jour de marche.

Il n'avançait que difficilement dans les chemins, ou plutôt dans les sentiers étroits et dangereux qui serpentaient dans la montagne.

Il fallait rechercher des voies praticables pour les chevaux et faire souvent de longs détours.

Les pirates marchaient depuis le lever du soleil.

Ils avaient traversé depuis longtemps le lit du torrent desséché où les squatters s'étaient arrêtés la veille au soir.

Ils se trouvaient maintenant engagés dans une gorge qui allait en se rétrécissant, et qui s'ouvrait entre deux hautes murailles de rochers à pic et inaccessibles.

Bientôt le défilé se resserra extrêmement.

Il y avait à peine passage pour un cavalier.

Les pirates prirent la file.

Le capitaine marchait en tête.

La carabine en travers sur ses cuisses, l'œil et l'oreille au guet, il n'avançait qu'avec une prudente lenteur.

Tout à coup il sentit son cheval frissonner entre ses jambes, et il le vit pointer les oreilles en avant.

John Huggs arrêta sa monture.

Un danger surgissait-il ?

Probablement, car des pirates ne pouvaient rencontrer que des ennemis.

En voyant l'attitude de leur chef, les bandits préparèrent leurs armes.

Précaution inutile.

Soudain une détonation sourde ébranla le sol.

Une immense roche se détacha de l'une des parois du canon, roula avec un bruit de tonnerre le long de la pente rapide et vint se souder entre les deux murailles de pierre comme un coin dans une bûche à demi fendue.

Le passage était impossible.

L'énorme rocher qui fermait le canon avait plus de vingt pieds de haut.

Le premier mouvement de John Huggs et de ses hommes fut de chercher l'ennemi.

Mais rien ne parut.

Pas une voix ne se fit entendre.

C'était à n'y rien comprendre.

Il n'y avait pourtant pas à s'y tromper.

L'explosion qui venait d'éclater était bien celle d'une mine.

Mais à quel genre d'ennemis avait-il affaire?

John Huggs était plus intrigué qu'effrayé.

Il perdit une minute à réfléchir.

Temps précieux qui ne devait pas se racheter.

Il cria enfin :

— Alerte !

« Demi-tour, et vivement !

« A tout prix, sortons de l'impasse. »

Une seconde explosion répondit au commandement du capitaine.

Un second rocher roulait de la montagne et bouchait le canon à son autre extrémité.

— Mille tonnerres de D...! jura John Huggs.

« Nous sommes en cage comme des serins.

« Quelles sont donc les canailles qui m'ont tendu ce piège à coyotes?

« Montrez-vous donc, tas de lâches ! »

A cet appel, une tête surgit au-dessus d'une roche.

John Huggs reconnut le mâle et énergique visage de Tête-de-Bison.

Et il épaula vivement sa carabine.

Mais il ne trouva rien en face de son point de mire.

Grandmoreau avait disparu subitement.

Une voix s'éleva de derrière le rocher.

— Ne faites donc pas les malins! disait cette voix, qui ressemblait beaucoup à celle de Bouléreau.

» Vous êtes pincés et bien pincés.

» On vous permet de passer au travers des barreaux de la souricière.

» Ils sont solides.

« Mais n'essayez pas d'escalader : une entorse est si vite attrapée... et une balle aussi !.. »

John Huggs ne répondit pas aux plaisanteries de ses vainqueurs.

Il fit descendre de cheval tous ses hommes et relégua les animaux à chaque bout de la gorge.

Les pirates se réunirent au centre et tinrent conseil.

John Huggs prit la parole :

— Il n'y a pas à nous faire d'illusions, dit-il.

« Nous sommes pris et bien pris.

« J'ai parfaitement reconnu Tête-de-Bison tout à l'heure, et la voix que nous venons d'entendre est, si je ne me trompe, celle d'un certain Bouléreau, le chef des squatters de la caravane Lincourt.

« Je ne sais pas comment on a pu me supposer l'auteur de l'enlèvement de la fille du colonel d'Éragny ; mais que ce soit pour cette cause ou pour une autre, on s'est mis à notre recherche, et nous sommes prisonniers d'un détachement de la caravane.

« Il s'agit maintenant de nous tirer d'affaire.

« Un de vous a-t-il une idée?

« Moi, je m'avoue musclé.

— Tentons l'escalade, proposa un pirate.

« La nuit, nous avons des chances de passer.

« Et, crever pour crever, j'aime mieux me battre.

« Ils ne sont peut-être pas nombreux.

— Le combat est impossible, dit John Huggs.

« Nous ne pouvons escalader que difficilement, d'abord, et ensuite sortir un à un du défilé.

« Dix gamins bien embusqués nous barreraient le passage.

« Vous n'avez pas d'autres moyens à proposer? »

Pas une voix ne répondit à l'interrogatoire du capitaine.

Les bandits étaient mornes et silencieux.

Un sombre désespoir se lisait sur leurs visages hâlés par l'air vif de la savane.

Ils se sentaient perdus.

Ils étaient entre les mains de Tête-de-Bison.

Ils devaient s'attendre à mourir.

Jamais un trappeur ne fait grâce de la vie à un pirate, ils le savaient.

Et Grandmoreau n'en était pas à sa première exécution.

Il était redouté comme on redoute un implacable justicier, à la fois juge et bourreau.

John Huggs seul conservait toute sa sérénité, tout son flegme, tout son calme.

— Il s'agit avant tout, dit-il, de sauver notre peau.

« Pris au trébuchet comme nous voilà, vous reconnaissez que la résistance est impossible.

« La fuite, il n'y faut pas penser une minute.

« Nous n'avons donc plus qu'une ressource, celle de nous rendre. »

Une pareille détermination de la part de John Huggs était bien faite pour stupéfier ses bandits.

De toutes les poitrines un cri s'échappa, cri de surprise et de terreur.

L'indomptable et redouté capitaine parlait de se rendre sans combattre, sans essayer même d'une ruse pour tromper l'ennemi.

C'était inouï !

— Autant nous proposer la fusillade tout de suite ! dit un pirate.

— C'est bien ça ! ajouta un autre.

« Des balles dans la tête ou la corde au cou, voilà ce qui nous attend.

— Vous êtes encore fameusement bêtes ! dit John Huggs.

« Je ne croyais pas avoir de pareils imbéciles sous mes ordres.

« Vous oubliez donc que nous avons deux prisonnières qui répondent de notre peau ?

« Si l'on s'avise de toucher à un seul de nous, je menace de tuer les deux femmes.

« Me comprenez-vous maintenant ?

« La combinaison est-elle si folle? »

A mesure que le capitaine parlait, les figures des bandits se rassérénaient.

On entrevoyait le salut.

La mort, implacable tout à l'heure, s'éloignait domptée.

— Du moment que nous sommes cuirassés, s'écria un pirate, rendons-nous !

« La partie n'est pas perdue tant qu'il nous reste un atout.

— Oui, oui, capitulons ! appuyèrent les autres bandits.

« Vive le capitaine !

— C'est bon, c'est bon ! fit John Huggs.

« Vous avez l'intelligence peu ouverte ; mais quand quelque chose y entre, ça y est bien.

« Voyons maintenant à entamer les négociations. »

Il tira un mouchoir blanc de sa poche, ajoutant :

— Prenez autant de baguettes de fusil qu'il en faut pour atteindre le haut de la roche qui nous barre le passage de ce côté.

« Vous attacherez ce chiffon au bout, et vous le ferez flotter.

« C'est notre drapeau de parlementaire. »

L'ordre fut immédiatement exécuté et bientôt le mouchoir blanc s'agitait au-dessus du rocher.

Les pirates avaient tous les yeux fixés du côté où s'était montré Tête-de-Bison.

Ils s'attendaient à voir réapparaître le Trappeur ou quelque autre de leurs ennemis.

Ils attendirent cinq longues minutes.

Attente vaine !

Patience inutile !

L'ennemi ne se montrait pas.

De plus, il gardait un inexplicable silence.

— Est-ce qu'ils seraient partis ? dit le pirate qui agitait le petit drapeau blanc.

— Nous allons bien voir, fit John Huggs.

Et s'étant saisi de la gaule de baguettes de fusils, il enleva le mouchoir et le remplaça par sa casquette de chasse qu'il éleva lentement jusqu'à ce qu'elle eût dépassé un peu le sommet de la roche.

Aussitôt un coup de feu retentit, et une balle traversa la casquette.

— Ils sont toujours à l'affût, dit John Huggs.

Et replaçant le mouchoir, il se demanda avec un commencement d'inquiétude qu'il se garda de laisser paraître :

— Pourquoi refuseraient-ils de nous faire prisonniers ?

« Pourquoi perdraient-ils leur temps à nous bloquer ? »

Questions embarrassantes auxquelles il était difficile d'adapter une réponse sérieuse.

— Il faut pourtant que je sache à quoi m'en tenir, se dit le pirate.

Et, se faisant un porte-voix de ses mains, il appela :

— Ohé ! ohé !

« Tête-de-Bison ! »

Il attendit.

Pas de réponse.

Il renouvela son appel et ajouta :

— Vos conditions ?

« Je me rends. »

Silence complet !

L'écho lui-même resta muet.

Il semblait que la voix du capitaine ne sortît pas de l'étroit et profond défilé transformé en chausse-trappe.

Les pirates échangèrent des regards consternés.

Ils ne comprenaient pas ce silence obstiné opposé à une proposition de capitulation.

John Huggs lui-même ne pouvait se défendre d'une certaine appréhension.

Il commençait à se départir de son calme.

La colère lui montait au cerveau.

Des signes d'inquiétude et de préoccupation apparaissaient sur son mâle visage.

Ses épais sourcils s'étaient rapprochés sous l'empire de la préoccupation et de la réflexion.

Il ne prit pas garde à l'attitude mécontente de ses hommes.

Et sans répondre à deux ou trois questions qui lui furent adressées, il s'assit, pensif, sur un quartier de rocher.

Cependant le colonel d'Éragny et sa petite troupe veillaient avec une attention soutenue sur les deux côtés du canon par où les pirates pouvaient tenter l'escalade et s'échapper.

Le trappeur et cinq hommes se tenaient à une extrémité.

Le colonel, Bouléreau et quatre squatters formaient un second poste.

Quand M. d'Éragny aperçut le drapeau blanc de John Huggs, il fit appeler Grandmoreau et le chef des squatters.

— Mon cher Trappeur, dit-il joyeusement, ils se rendent.

« Nous allons enfin savoir ce qu'est devenue ma pauvre enfant.

« Hâtons-nous !

« Désarmons ces gredins !

« Ils me rendront ma fille ou ils mourront. »

Le trappeur sourit à la joie et à l'espoir du colonel.

Mais il réprima son empressement avec sa franchise habituelle et un peu goguenarde.

— Du calme, du calme ! fit-il d'un air bonhomme.

« N'oublions pas que nous avons affaire aux hommes les plus dangereux de la prairie.

« Ces brigands sont sans parole et capables des ruses les plus infâmes.

« Donc, défiance et prudence !

« Nous allons les laisser venir un à un, sans armes, et nous les pendrons après...

— Les pendre ! s'écria le brave colonel avec indignation.

« Nous n'en avons pas le droit.

« Ils se rendent. »

Tête-de-Bison fixa ses petits yeux gris, ronds et brillants sur M. d'Éragny.

Les poils grisonnants de sa moustache se dressèrent en s'écartant comme les piquants d'un hérisson en colère.

Le mouvement loyal et généreux du colonel faisait rire le vieux Trappeur.

— Nous pouvons vous faire une concession, dit ce dernier après avoir donné satisfaction à son envie de rire.

« Au lieu de vingt bouts de corde, nous dépenserons vingt balles et autant de charges de poudre.

« Frais inutiles, car les cordes pourraient resservir, tandis que nos cartouches seront bien perdues.

— Mais vous n'y pensez pas ! insista le colonel.

« On n'assassine pas des prisonniers.

« Je ne permettrai jamais une pareille infamie.

— Pardon, monsieur ! dit Grandmoreau redevenu très-sérieux.

« Vous ne connaissez, je le vois, aucune de nos lois de la prairie, aucun des usages du désert.

« Je vais vous éclairer en quelques mots.

« Les pirates sont, comme vous le savez, des brigands de la pire espèce.

« Leur audace les rend très-redoutables.

« Ils vivent de vols et de rapines.

« Leurs crimes épouvantent et terrifient.

« Ces bandits ne tuent pas pour vaincre en attaquant ou en se défendant.

« Ils tuent pour tuer.

« Ils versent le sang pour le voir couler.

« Ils poignardent un homme pour le plaisir de le voir palpiter et se débattre dans les convulsions de l'agonie.

« Ces misérables sont des monstres dont il faut purger la prairie.

« Un jaguar repu et inoffensif passerait à portée de ma carabine, et je ne le tuerais pas sous prétexte qu'il ne m'attaque pas !

« J'écarterais le talon de ma botte de la tête d'un reptile endormi, parce qu'il ne me menace pas !

« Colonel, si nous évitons souvent le danger, c'est grâce à notre esprit d'observation et à notre prudence.

« Eh bien ! il serait de la dernière sottise et de la dernière imprudence de donner vie à ces animaux dangereux et immondes que l'on appelle des pirates. »

Tout en parlant, le brave Trappeur s'était animé.

Sa voix vibrante avait la chaleur de conviction.

Ses yeux grands ouverts et un peu sortis de l'orbite brillaient d'un éclat extraordinaire.

Son attitude, d'une majesté sauvage, avait on ne sait quoi d'imposant et de digne.

Il était admirable de colère et de mépris.

M. d'Éragny ne trouvait rien à répondre

Il se contenta de dire :

— Vous avez une façon inqualifiable de comprendre les lois de la guerre.

Le trappeur fronça les sourcils et répliqua d'un ton bourru :

— Nous n'avons qu'une façon de comprendre et de punir le vol et l'assassinat.

« Nous tuons les voleurs, nous tuons les assassins.

« C'est la loi de la prairie.

« Pas un trappeur, pas un honnête homme n'a le droit de se refuser à l'appliquer rigoureusement.

« Si aujourd'hui vous faites grâce de la vie à un pirate, demain il frappera votre frère ou votre ami.

« Il faut tuer ces vermines, et celles qui sont enfermées là mourront. »

En prononçant ces derniers mots, Tête-de-Bison avait étendu le bras dans la direction du défilé.

Il n'y avait pas à lutter contre la volonté de cette nature de fer.

Le colonel le comprit.

Pourtant il risqua une dernière observation.

— Mais, dit-il, si pour sauver la vie de ma fille et celle de Conception, il fallait faire grâce à ces pirates ?

— Leur supplice ne serait que retardé, répondit brutalement Grandmoreau.

Bouléreau avait écouté cette conversation sans souffler mot.

Tout à sa pipe, il aspirait méthodiquement d'énormes bouffées de fumée, et ne paraissait pas s'intéresser au delà d'une certaine mesure à la discussion.

De temps en temps, il se contentait de manifester son approbation ou son improbation.

Quand il approuvait, c'était un hochement de tête de haut en bas, et *vice versa*.

Quand il désapprouvait, il disait *non* comme les muets le disent dans toutes les langues.

Voyant à la fin que les deux interlocuteurs ne pouvaient s'entendre, faute de concessions réciproques, il crut le moment venu de prendre la parole.

— Si je vous disais, insinua-t-il d'un air goguenard, que j'ai trouvé le moyen de vous mettre d'accord, ça vous surprendrait, j'en suis certain.

« Eh bien ! voici mon moyen, vous allez voir qu'il a du bon.

« D'abord, j'ai certains droits sur nos prisonniers, attendu que c'est moi qui les ai mis en cage.

— On ne conteste rien, dit Grandmoreau.

« Voyons ce moyen de conserver la vie à des pendus. »

Avant de répondre, le squatter se donna le temps de la réflexion en passant le tuyau de sa pipe du côté droit au côté gauche de sa bouche.

Il établit l'équilibre de manière à ne pas trop se fatiguer la mâchoire, lança un jet de salive sur un insecte qui dut croire à quelque inondation, et il commença :

CHAPITRE LXXIII

OU BOULÉREAU FAIT PREUVE DE MANSUÉTUDE

— Il me semble utile de résumer les débats avant de prononcer le jugement en appel porté devant mon suprême tribunal.

« D'un côté Tête-de-Bison veut avoir la peau des vilains animaux que nous avons pris au piège.

« Je comprends son désir et je le trouve juste. »

Bouléreau changea de nouveau sa pipe de côté et reprit :

— D'autre part, le colonel, par un sentiment de loyauté et de générosité que j'apprécie, ne veut pas tuer des hommes sans défense.

« Je partage cette manière de voir et je m'y associe presque complètement.

« Vous me direz que l'on ne peut avoir deux opinions en même temps et sur un même objet.

« Erreur complète !

« Erreur absolue, capitale, impardonnable !

« J'ai horreur de répandre le sang, même celui d'un ennemi.

« Mais, de par la loi qui doit être fidèlement observée par tous les honnêtes gens de la savane, je suis forcé de souhaiter et même de demander la mort du pêcheur.

« Eh bien! vous me croyez embarrassé pour mettre en parfait accord mon cœur et ma conscience?

« Vous vous trompez.

« J'invente un moyen terme.

« Je ne songe pas à prendre de brevet, et, dans ma bonne foi, je vous fais part de ma découverte.

« L'invention est des plus heureuses :

« Elle a cet avantage, de faire taire tous les scrupules et de rapprocher les manières de voir qui ont deux bouts.

« Vous conviendrez que celui qui trouvera le mouvement perpétuel n'aura pas plus de mérite que moi.

« Mais assez causé.

« Écoutez et jugez.

« J'ai le regret de faire cette supposition, que les pirates ont des vivres en quantité suffisante pour soutenir un assez long siége.

« Outre ce qu'ils devaient avoir en provisions, ils peuvent manger leurs chevaux.

« La question des vivres ne saurait donc me préoccuper.

« Je ne m'y arrête pas.

« Mais il y a une autre question tout aussi importante pour des assiégés.

« C'est celle de boire.

« Or la réserve des gentlemen pirates ne saurait être abondante, et je suis certain qu'il n'y a pas une goutte d'eau dans le défilé.

— Je commence à comprendre, interrompit Tête-de-Bison.

— Bon! fit Bouléreau.

« Alors je ne dissimule pas plus longtemps.

« Soignons le blocus, et laissons l'ennemi crever de soif.

« Nous n'aurons pas à nous reprocher d'avoir égorgé des prisonniers. »

Le chef des squatters accompagna ces derniers mots d'un éclat de rire sonore et triomphant.

M. d'Éragny avait patiemment écouté cette folle proposition.

Ses sentiments d'humanité se révoltaient à l'idée de commettre un pareil acte, d'infliger, même à des bandits, un pareil supplice.

Toutefois il vit dans le projet de Bouléreau un moyen de gagner du temps, d'entrer en pourparlers avec John Huggs, et par suite d'obtenir des renseignements exacts et précis sur la situation de sa fille.

Il interrogea de l'œil la physionomie de Tête-de-Bison.

Celui-ci comprit la question muette du colonel.

— Adoptons l'idée de Bouléreau, dit-il.

« Nous ne risquons rien; au contraire.

« Quand ces canailles auront soif, nous ne craindrons plus le piége que peut encore cacher cette capitulation qui, à mon sens, ne s'est pas fait attendre assez longtemps.

— J'étais sûr que mon projet vous séduirait! s'écria Bouléreau.

« Moi, je suis pour les procédés doux et humains...

« Si je savais même que ces pauvres gens vinssent à manquer de tabac, je leur enverrais... »

Le squatter s'interrompit tout à coup.

Il venait d'apercevoir la casquette que John Huggs élevait au haut du rocher à la place de son drapeau blanc.

Indiquant du geste la direction, Bouléreau dit à Tête-de-Bison :

— Voici un couvre-chef qui a des allures bizarres !

— Est-ce qu'ils tenteraient d'escalader cette roche? demanda M. d'Éragny.

— Non, fit Grandmoreau après une minute d'examen.

« L'escalade est très difficile, et les canailles savent bien que, forcés de passer un à un dans le défilé, ils seraient massacrés.

« Ils sont étonnés que l'on n'ait pas répondu à leurs appels, et ils espèrent peut-être que nous avons abandonné le terrain.

« Je vais leur faire voir que, s'il y avait une tête dans cette casquette, elle courrait grand risque d'être trouée. »

Tout en parlant, le Trappeur avait armé sa carabine.

Il ajusta deux secondes et fit feu.

La casquette vacilla sur son support, disparut, mais non pas comme si elle eût été posée sur la tête d'un homme.

— J'en étais sûr ! dit Grandmoreau en rechargeant son arme.

« Notre silence les inquiète.

— Ça manque de patience, des pirates, observa Bouléreau.

« Je les comprendrais après trois ou quatre jours de prison.

« Mais comme ça, tout de suite... »

Grandmoreau interrompit le squatter.

— Puisque nous maintenons le blocus, dit-il, nous devons l'assurer.

« En plein jour, rien à craindre ; mais la surveillance de nuit m'inquiète.

« Ce John Huggs est un rusé gredin et un dangereux adversaire.

« Il est capable d'inventer quelque ruse, et de déjouer nos projets en s'échappant.

« Je ne me pardonnerais jamais d'être joué après avoir si bien réussi.

— Ma vieille Tête-de-Bison, vous pouvez être tranquille, répliqua Bouléreau.

« Dormez sur vos deux oreilles.

« Quand j'ai décidé de mettre une idée en pratique, il m'en vient au moins trente-six autres qui la complètent et la rendent réalisable.

« Voici le moyen bien simple de rendre notre surveillance de nuit aussi facile qu'en plein midi.

« Nous allons récolter des herbes et du bois secs, et nous disposerons des feux de manière à éclairer tout le défilé, et principalement les deux extrémités obstruées, par lesquelles on pourrait tenter de s'évader.

— Beau moyen ! fit le Trappeur.

« Nous nous cachons avec toutes les précautions imaginables à cause de la faiblesse de notre troupe.

« Nous effaçons nos traces.

« Et nous allumerions des feux qui révéleraient notre présence à un aveugle !

« Elle est jolie, l'idée !

— Trappeur, répliqua Bouléreau, on sait que vous êtes la prudence en personne.

« Vous vous égayez sur mon compte en supposant que je n'ai pas prévu votre juste observation.

« Mais remarquez que nous sommes encaissés dans une vallée excessivement étroite et tortueuse ;

« Que nos feux seront allumés de façon à projeter la lumière sur les points que nous voulons éclairer ;

« Que j'ai déjà choisi mes emplacements et les roches qui feront abat-jour ;

« Qu'enfin je défie le plus malin de les découvrir à la distance de cent mètres.

« Êtes-vous rassuré ?

— On ne doute pas d'un squatter de votre trempe, dit Grandmoreau.

« Allumez donc vos feux, puisque vous pouvez les cacher. »

Et le Trappeur reprit le chemin de son embuscade, où veillaient les quatre hommes sous ses ordres.

Le colonel d'Éragny le suivit.

Il avait fait ses réflexions sur la nécessité de tuer les pirates expliquée par Tête-de-Bison.

— Grandmoreau, dit-il, je comprends cette guerre d'extermination déclarée aux terribles malfaiteurs de la prairie.

« Je n'irai pas contre un acte de justice qui me répugne, mais que je ne puis blâmer.

« Je vous ferai pourtant une dernière observation :

« Si nous laissons mourir John Huggs et sa bande, comment obtiendrons-nous des renseignements positifs sur l'enlèvement de ma fille et de Conception ?

« Que deviendront nos chances de les retrouver et de leur rendre la liberté ? »

L'observation du colonel avait son importance, mais Grandmoreau l'avait prévue.

— Ne vous inquiétez pas, répondit-il avec assurance.

« Si j'ai laissé agir Bouléreau, c'est par prudence.

« Ma détermination est prise depuis longtemps.

« Patience donc, colonel ! Laissez-moi jouir des souffrances de ces brigands.

— Vous êtes affreusement cruels ! fit M. d'Éragny qui ne pouvait s'habituer aux mœurs sauvages de la prairie.

— Nous sommes justement cruels, dit Grandmoreau.

« Et nous ne répandons jamais une goutte de sang humain sans y être contraints par une absolue nécessité. »

Sur ces paroles, le Trappeur s'éloigna, laissant M. d'Éragny abîmé dans ses réflexions.

Comme l'avait affirmé Bouléreau, la surveillance de nuit fut rendue facile par ses feux qu'il disposa très-habilement.

Chaque foyer pouvait être comparé au rayonnement d'une lanterne sourde.

Il envoyait un jet de lumière parfaitement circonscrit dans la direction choisie, éclairant en plein les assiégés dans le défilé et laissant dans l'ombre les assiégeants.

Et le brillant éclat de quatre feux ne pouvait s'apercevoir que de très-près dans l'obscurité.

Pendant trois jours et deux nuits, les pirates restèrent bloqués.

Ils se sentaient observés et voyaient clairement que toute tentative d'évasion était devenue impossible.

Les prévisions de Bouléreau s'étaient d'ailleurs réalisées; les pirates subissaient le terrible tourment de la soif.

Depuis trente-six heures, ils n'avaient pas absorbé une seule goutte d'eau.

Plusieurs fois ils avaient tenté d'entrer en négociations avec leurs ennemis, qui gardaient toujours un silence obstiné et incompréhensible.

Toute énergie avait abandonné les bandits; la soif les étreignait et leur enlevait jusqu'à la faculté de penser.

Étendus pêle-mêle au fond du défilé, les malheureux, la poitrine en feu, la gorge sèche, n'avaient même plus la force de se plaindre.

La souffrance leur arrachait des gémissements qui n'avaient plus rien d'humain.

C'étaient des sifflements étranges, des susurrements bizarres comme ceux que l'on obtient en soufflant sur la lame d'un couteau.

Les sentiments d'humanité de Bouléreau avaient, on le voit, des conséquences singulières et imprévues.

John Huggs, seul, conservait quelque volonté et un reste de force physique.

Il souffrait horriblement, mais son indomptable énergie avait jusqu'alors eu raison de la douleur.

Les agissements de Grandmoreau l'avaient d'abord surpris et inquiété.

Ils l'effrayaient maintenant.

Il ne pouvait s'expliquer l'étrange procédé du Trappeur.

Pourquoi ce temps perdu dans un blocus inutile?

Pourquoi refuser une capitulation?

Le doute, la perplexité, l'inconnu agissaient peut-être plus fortement que la crainte de mourir sur l'intelligence du chef des pirates.

D'autre part, il avait quitté le gros de sa bande depuis six jours, après avoir annoncé une absence de cinq jours seulement.

Qu'allaient devenir ses prisonnières aux mains de ceux dont il connaissait les instincts et la brutalité?

Quelle dépréciation allait subir le précieux capital sur lequel il basait ses vastes espérances, et de l'existence duquel dépendait peut-être sa vie?

Les appréhensions du pirate prenaient une terrible intensité.

Il voyait tous ses calculs déjoués, ses projets anéantis, ses combinaisons annulées.

Enfin vingt de ses meilleurs compagnons allaient mourir misérablement, tués par la soif.

Et lui-même se sentait succomber sous le poids de la plus horrible torture.

Par moments, le vide se faisait dans son cerveau.

Il ne pensait plus; devant ses yeux passaient les lueurs rougeâtres d'un brouillard sanglant.

Le soleil rayonnait dans un ciel sans nuage, et pourtant il lui arrivait de sentir comme des gouttes de pluie lui inonder le visage.

C'était un commencement de vertige et d'hallucination.

Il était temps de prendre une suprême résolution.

Il fallait encore une fois tenter d'entrer en négociations avec l'ennemi.

John Huggs fit appel à tout son courage

Il parvint à se hisser, de fissure en fissure, de pierre en pierre, à la hauteur du rocher fermant l'un des côtés du défilé.

De ce point, il fut aperçu de Bouléreau et de M. d'Éragny qui gardaient cette extrémité du canon.

Il reconnut lui-même le colonel et le chef des squatters.

Aussitôt il tira de la poche de sa blouse de laine un carnet dont il déchira une page.

Il agita la feuille blanche comme pour fixer l'attention de ses gardiens.

Puis, ayant tracé quelques mots au crayon sur le papier, il enveloppa une pierre et mit le tout dans un coin de son mouchoir qu'il lança dans la direction de M. d'Éragny.

Épuisé par ce suprême effort, John Huggs ne put se maintenir plus longtemps sur la pente où il se trouvait accroché.

Il dut se laisser glisser le long du rocher qu'il avait si péniblement escaladé.

Il roula jusqu'à terre, où il demeura immobile et comme mort.

Cependant le colonel et Bouléreau avaient suivi avec intérêt tous les gestes du pirate.

Ils n'étaient pas à une assez grande distance pour ne point comprendre son intention.

Quand ils virent la pierre tomber, ils dépêchèrent un homme qui alla la ramasser, non sans prendre la précaution de se dissimuler le plus possible, et pendant que ses camarades surveillaient attentivement le défilé.

Précautions inutiles.

Le squatter revint sans encombre.

— Décidément ces vermines sont crevées de soif, murmura Bouléreau.

« La victoire est complète. »

Cependant M. d'Éragny développait la missive de John Huggs.

Il la lut.

Et soudain une violente émotion s'empara de lui.

De ses lèvres, agitées d'un tremblement convulsif, s'échappèrent des sons inarticulés.

Il tendit le papier à Bouléreau et se laissa tomber plutôt qu'il ne s'assit sur un quartier de roche.

La lettre du pirate était terrible de concision et de clarté.

Elle disait :

« Pendant que vous perdez votre temps à nous faire endurer les tourments de la soif, votre fille et Conception sont entre les mains de mes hommes.

« Elles courent les plus grands dangers, car j'avais annoncé une absence de cinq jours, et je suis parti depuis six.

« Hâtez-vous de me délivrer, si vous voulez revoir votre enfant pure et vivante. »

Bouléreau bondit à la lecture de ces derniers mots.

— Mille millions de pipes cassées ! grommela-t-il

« Mon idée n'était bonne qu'à moitié !

« Avec cette sale engeance de piraterie, on n'est jamais sûr de réussir.

« Mais patience !...

« Nous allons d'abord voir un peu si tout ça est bien vrai... »

En même temps le squatter s'était approché de l'un de ses hommes.

— Va me chercher Grandmoreau à l'autre embuscade, ordonna-t-il.

L'ordre fut lestement exécuté.

Quelques minutes après, le Trappeur rejoignait le colonel et Bouléreau.

Il prit connaissance de la dépêche de John Huggs.

M. d'Éragny, dont l'énergie avait eu raison de l'émotion du premier moment, le questionna.

— Que décidons-nous ? demanda-t-il.

« Il faut agir sans retard.

« Faisons ces pirates prisonniers.

« Nous les garrotterons avec soin. »

Le Trappeur réfléchit une minute.

— Ne précipitons rien, dit-il.

« Il faut avant tout mettre la main sur le capitaine.

« Nous allons manœuvrer dans ce but.

— Soit, dit M. d'Éragny ; mais, pour Dieu ! hâtons-nous !

— Attendez-moi, fit Bouléreau, je vais aller observer de près MM. les pirates.

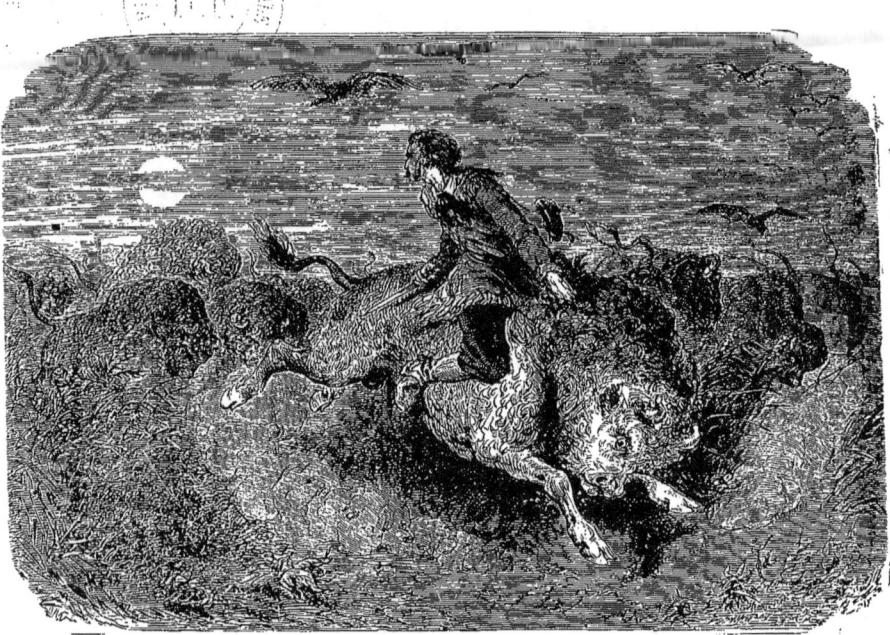

« Je parlerai à leur chef des conditions que nous faisons.

— Que nous imposons! accentua Tête-de-Bison.

« Ne prenez, ajouta-t-il sur un ton singulier, que les engagements possibles.

« Et surtout désarmez.

— Comptez sur moi, répondit Bouléreau l'un air d'intelligence.

Et il se mit à descendre dans la direction du défilé.

Bientôt il arriva à la roche qui le fermait. Il se hissa sur le sommet et disparut dans l'intérieur du canon.

— Imprudent! fit Grandmoreau en le voyant s'aventurer seul parmi les pirates.

Cinq minutes après, Bouléreau revenait, mais par une autre route; il avait découvert un étroit passage que le rocher, en glissant dans le canon, avait laissé libre.

Le squatter dégagea et agrandit ce passage, qui d'ailleurs n'aurait pu servir aux pirates, s'ils l'eussent trouvé.

Précédé de John Huggs désarmé, il se dirigea vers ses amis, après avoir tiré à l'extérieur les fusils et autres armes enlevées aux pirates.

Grandmoreau remarqua qu'il n'avait pas pris la peine de reboucher le passage, et qu'il ne regardait même pas derrière lui.

— S'ils ne sont pas morts, ils n'en valent guère mieux, se dit le Trappeur en voyant John Huggs grimper péniblement la pente rapide et hérissée du rocher.

Quand le chef des pirates arriva sur une sorte de plate-forme où l'attendaient M. d'Éragny et Tête-de-Bison, il était haletant et brisé de fatigue.

— Encore un coup! dit Bouléreau en lui tendant sa gourde contenant un mélange d'eau et de rhum.

Sans répondre, John Huggs tendit la main et but avidement.

Après quelques secondes, le squatter, toujours jovial, reprit sa gourde en disant :

— Assez, assez, mon ami!

« Vous allez mettre votre petit estomac dans l'embarras.

— Pas de bêtises!

« Nous tenons à conserver votre précieuse existence. »

M. d'Éragny, voyant enfin John Huggs en état de lui répondre, mit fin aux plaisanteries de Bouléreau.

— Où est ma fille? demanda-t-il d'une voix que l'émotion faisait trembler.

— Elle est entre les mains de deux cents de mes hommes, répondit John Huggs.

— Voulez-vous et pouvez-vous nous la rendre, ainsi que Conception? questionna le colonel.

— Je le veux et le peux, dit le pirate avec assurance.

— Vos conditions? demanda encore M. d'Éragny.

John Huggs allait répondre.

Grandmoreau s'interposa.

— Peux-tu affirmer, dit-il, que les femmes n'ont eu à subir aucune violence, aucun attentat?

— Elles n'avaient rien à craindre pendant les cinq jours que je devais être absent, répondit le pirate.

« A partir d'aujourd'hui, elles ont tout à redouter.

— Marchons! s'écria le colonel vivement surexcité par ces dernières paroles du capitaine.

— Un instant! dit gravement le Trappeur.

« Le colonel te demandait à l'instant tes conditions.

« Tu n'en as pas à nous faire.

« Et je vais te dicter les miennes.

« Ta vie est entre nos mains.

« Tu nous rendras les prisonnières, et nous te conserverons la vie et te mettrons en liberté quand nous le jugerons utile.

« Si tes brigands se sont conduits en brutes féroces avec les deux femmes, tu seras pendu.

— Parfaitement raisonné, conclut Bouléreau.

« Voilà comme je comprends les traités.

« Et vu que le citoyen capitaine tient à l'enveloppe de coquin qui lui sert de peau; nous sommes à peu près sûrs qu'il va nous conduire par le plus court chemin. »

John Huggs jeta un regard haineux sur Bouléreau.

Celui-ci surprit le coup d'œil.

Il se composa la plus drôle de physionomie et s'écria :

— Ah! ah! je t'y prends, capitaine!...

« Tu n'entends pas la plaisanterie, et tu ne me gardes pas la moindre reconnaissance.

« Je viens pourtant de te sauver la vie.

« Tiens, faisons la paix!

« J'ai encore dans ma gourde de quoi te rendre gentil et caressant.

« En veux-tu? »

Tout en parlant, Bouléreau offrit à boire au pirate.

Celui-ci accepta sans répondre.

Quand il eut satisfait sa soif, le squatter reprit sa gourde aux trois quarts vide, la reboucha soigneusement et ajoutant :

— Maintenant, vieux soiffard, je connais ton faible.

« Si tu n'es pas sage, je te prive de mon biberon pendant huit jours. »

M. d'Éragny et Grandmoreau ne s'étaient pas arrêtés à écouter le bavardage du squatter.

Ils avaient rassemblé leurs hommes à la hâte et chacun se préparait au départ.

Quand tout fut disposé, le Trappeur consulta John Huggs sur la marche à suivre, et la petite troupe se mit en marche.

— Et mes hommes? avait demandé le pirate.

— Je vais m'en occuper, répondit Tête-de-Bison.

« En tout cas, ceux qui nous suivent décideront de leur sort. »

Par ces paroles, le Trappeur laissait supposer au chef de pirates que les dix hommes qui l'entouraient ne formaient qu'une sorte d'avant-garde précédant un nombreux détachement.

Cependant Grandmoreau prit Bouléreau à part.

— Dans une heure je vous rejoins, lui dit-il.

— Où allez-vous? demanda le squatter.

— Accomplir un acte de justice, répondit Tête-de-Bison avec une sombre énergie.

« J'emmène un de nos hommes.

« Faites bonne garde.

« Je serai expéditif.

— Moi, dit Bouléreau en secouant les cendres de sa pipe d'une main et en tirant sa blague de l'autre, je suis pour la clémence et la douceur.

« Vous autres trappeurs, vous ne pardonnez jamais et vous aimez mieux tuer une canaille que d'être tué par elle; c'est affaire de sentiment.

« En somme, comme j'ai pour principe de ne jamais contrarier un ami, allez et revenez vite.

« J'aurais voulu laisser à mon moyen le temps d'agir complétement, mais... »

Grandmoreau s'éloigna sans plus écouter le prolixe Bouléreau.

Un squatter suivait le Trappeur.

CHAPITRE LXXIV

LA LOI DE LYNCH

Les deux hommes arrivèrent bientôt au défilé.

Ils y pénétrèrent par le trou qu'avait élargi Bouléreau.

Un spectacle de désolation s'offrit à leurs yeux.

Les chevaux, à demi morts de soif, erraient çà et là, léchant les pierres que n'échauffaient pas les rayons du soleil; d'autres s'étaient couchés, complétement épuisés.

Les pirates vivaient tous; mais pouvait-on appeler vie le reste de souffle qui les animait encore?

Les uns, couchés, allongés, étendus dans différentes situations, battaient le sol de leurs mains, égratignaient la roche dans des crispations nerveuses et poussaient de rauques gémissements.

Les autres, accroupis contre quelque grosse pierre, étaient dans un état de complète prostration: anéantis, brisés par la souffrance, ils paraissaient insensibles à la douleur même qui les tuait.

Grandmoreau jeta un rapide coup d'œil sur cette épouvantable scène.

Aucun muscle de son visage ne tressaillit.

Son attitude ne révéla aucune trace d'émotion intérieure.

Nature de fer que celle de cet homme bravant depuis vingt ans les dangers du désert américain.

Tête-de-Bison tira froidement un paquet de corde de sa gibecière.

Et le tendant à son compagnon le squatter:

— Tiens! dit-il.

« Coupe cette corde en autant de longueurs que tu vois de pirates.

« Et à chaque bout, un nœud coulant. »

Le squatter se mit aussitôt à la besogne.

En quelques minutes, il eut terminé.

Cependant Tête-de-Bison s'était approché de l'un des pirates.

Il lui fit avaler un peu de rhum additionné d'eau qu'il versa dans une sorte de petite calotte de cuir.

Le bienfaisant cordial remit l'homme sur pied.

— Ah çà! dit le squatter, vous voulez donc l'épargner, celui-là, que vous le *ravigotez*?

— L'épargner!... dit le Trappeur.

« Jamais!

« Je le ressuscite pour qu'il se sente mourir. »

Et il donna encore à boire au bandit, auquel cette seconde dose rendit toute sa connaissance.

Quand Grandmoreau vit le pirate en état de l'entendre et de le comprendre, il lui adressa cette courte, mais terrifiante allocution:

— Je suis Tête-de-Bison le Trappeur.

« Tu es mon prisonnier.

« Prépare-toi à mourir. »

A cette menace, le pirate eut un geste d'épouvante et de protestation.

Il recula de quelques pas, comme pour fuir ou chercher du secours.

Il vit tous ses compagnons mourants et incapables de faire un geste.

Il se sentit perdu.
Un cri de désespoir s'échappa de sa poitrine.
Puis, jetant un regard dans toutes les directions, il chercha une issue.
La fuite était impossible.
Le brigand tomba à genoux.
Les mains jointes et tremblant de tous ses membres, il supplia :
— Grâce ! grâce !
« Ne me tuez pas !
« Je m'enrôle avec vous.
« Je me battrai pour vous.
« Je serai brave...
« Ne me tuez pas ! »
Et tout en priant, le malheureux grelottait et claquait des dents, comme saisi déjà d'un froid mortel.
Tête-de-Bison jeta un regard de mépris sur le bandit.
Et un indéfinissable sourire erra sur son visage.
Il ne répondit pas aux supplications du pirate.
Celui-ci eut un moment d'espoir.
Le silence du Trappeur lui paraissait de bon augure.
Il croyait à un mouvement de clémence.
Tête-de-Bison haussa les épaules.
Il regarda le squatter.
Un seul mot s'échappa de ses lèvres :
— Lâche !
Puis, ayant fait signe à son compagnon de l'imiter, il saisit un bras du pirate pour le relever et le faire marcher.
Au contact, celui-ci eut un dernier tressaillement.
Un cri suprême, rauque et strident, s'échappa de sa gorge serrée par l'épouvante.
Il s'évanouit.
— Lâche ! dit encore une fois Tête-de-Bison.
« Ces brutes n'ont pas le courage de regarder la mort en face ! »
Et s'adressant au squatter :
— Tu vois, continua-t-il, ce mélèze, au milieu du défilé ?
— Je le vois.
— Remarque ces cinq grosses branches horizontales qui forment autant de potences naturelles.
« Ces branches sont à une hauteur convenable, et elles peuvent porter chacune quatre bandits.
« Attache donc tes cordes solidement à ces rameaux, et dispose les nœuds coulants aussi bien que possible.
« Dépêchons !
« J'ai hâte d'en finir avec ces vermines. »
Le squatter eut terminé ses lugubres préparatifs en peu de temps.
Il travaillait avec l'habileté d'un bourreau anglais.
Quand il eut achevé, il revint aider Grandmoreau à transporter le pirate toujours évanoui.
Le bandit fut hissé à hauteur convenable, le nœud coulant lui enserra le col, et bientôt son corps se balança à deux pieds au-dessus du sol.
Les membres du supplicié s'agitèrent trois ou quatre minutes dans les dernières convulsions, puis s'immobilisèrent.
— Et d'un ! fit le Trappeur.
« Aux autres maintenant ! »
Et il s'approcha d'un second pirate, lui rendit la raison en ce le faisant boire, lui tint ensuite le bref discours que nous savons et enfin finalement le pendit.
Un troisième, un quatrième, et jusqu'au dix-neuvième, les pirates furent successivement accrochés aux branches du mélèze.
Il y eut encore des prières, des supplications de la part des lâches.
Quelques-uns, fous de désespoir ou réellement braves, tentèrent de résister.
D'autres moururent sans demander grâce et sans se plaindre.
Ce fut le petit nombre.
Enfin Grandmoreau et son compagnon étaient depuis une heure dans le canon, et dix-neuf cadavres se balançaient aux cinq branches du mélèze.
Le Trappeur avait promis d'être expéditif.
Il tenait sa promesse.
Cependant un vingtième pirate restait vivant.
Tête-de-Bison le rappela à la vie et pro-

nonça son vingtième speech, qu'il agrémenta d'une variante.

Variante capitale pour un condamné à mort.

— Je suis Tête-de-Bison le Trappeur, dit-il.

« Tu es mon prisonnier.

« Ta vie m'appartient.

« Je te la laisse provisoirement, parce qu'elle m'est utile. »

Et Grandmoreau, montrant les pendus, ajouta :

— Vois tes dix-neuf compagnons, voleurs et assassins comme toi !

« Ils ont expié leurs crimes. »

Le pirate fixait un regard hébété sur les corps, auxquels le vent, agitant les branches de l'arbre, imprimait un léger balancement.

Rien de saisissant comme ces corps inanimés que la brise berçait dans l'éternel sommeil.

Pour qui passa par là, Indien, bandit ou trappeur, ce spectacle dut laisser une terrible et salutaire impression.

La justice des hommes atteignait donc le crime au fond du désert !

Six ans plus tard, Pierre Ferragut revit ce défilé sinistre.

Les squelettes jonchaient le sol et des bouts de cordes pendaient encore aux arbres.

On sentait planer au-dessus de cette sombre scène la loi vengeresse du Lynch !

Aussi la consternation et la terreur se lisaient-elles sur les traits bouleversés du pirate.

Il trouva pourtant la force d'articuler une question :

— Et... et le... le capitaine ? dit-il péniblement.

— John Huggs s'est rendu, répondit Grandmoreau.

« Il est notre prisonnier.

— Prisonnier !...

« Vivant !.. murmura le pirate en faisant mille efforts pour rassembler ses idées.

Puis, comme inspiré par une subite réflexion, il demanda avec un accent de soupçonneuse et intense curiosité :

— Il s'est rendu ?... seul ?

« Il nous a donc abandonnés ? »

A cette question le visage barbu du Trappeur prit son aspect de hérisson en colère.

Grandmoreau riait.

— Imbécile !... dit-il avec une intonation de voix qui contenait autant de mépris que de pitié, plus de dédain que de commisération.

« Imbécile ! répéta-t-il.

« Tu as donc cru que ton fameux John Huggs était homme à se sacrifier pour un tas de chenapans comme vous autres ?

« Il a pensé à racheter sa vie.

« Mais, en vrai chef de brigands, il a oublié ses compagnons. »

Pendant que le Trappeur parlait, le pirate ne le quittait pas du regard.

Il cherchait à deviner si les paroles qu'il entendait étaient bien l'expression de la vérité, si elles ne dissimulaient pas quelque interrogation adroite.

Mais Grandmoreau avait un air de franchise qui s'imposait, et d'ailleurs il ne posa aucune question.

Le pirate jeta de nouveau ses regards du côté de ses compagnons pendus.

On vit alors sa face blêmir affreusement, ses nerfs se tendre, ses poings se crisper, ses dents se serrer, ses lèvres se pincer, ses narines frémir, ses yeux s'injecter de sang.

— Misérable lâche ! murmura-t-il.

« Nous abandonner !... »

Tête-de-Bison observait le pirate.

Il l'entendit, le comprit et se frotta joyeusement les mains.

— Bonne besogne ! se dit-il.

« J'ai une fameuse chance, et je suis tombé sur une canaille de premier choix.

« John Huggs a un ennemi de plus, un ennemi *intime*, comme disait ce farceur de Sans-Nez.

« Ça va bien !

« Ce coquin nous débarrassera de son chef, si je ne trouve pas le moyen de le pendre après avoir retrouvé celles que nous cherchons. »

Ces agréables réflexions faites, Tête-de-Bison dit au squatter :

— Va détacher du mélèze la vingtième corde qui reste inoccupée.

« Elle va nous servir. »

Le squatter détacha la corde et l'apporta.

— Tes mains croisées derrière le dos! commanda Tête-de-Bison au pirate.

Celui-ci obéit.

Ses deux poignets furent solidement attachés.

— Maintenant, fit le trappeur, en route !

Les trois hommes se dirigèrent du côté du défilé où le passage était possible.

Tout à coup, pris d'une réflexion subite, il commanda :

— Halte !

« Nous devons compléter notre besogne, » dit-il au squatter.

Celui-ci répondit par un geste interrogatif.

— Je ne vois pas, reprit Grandmoreau, pourquoi nous nous montrerions assez bêtes et assez cruels pour laisser mourir de soif ces pauvres chevaux.

« Ce serait bêtise, parce que, remis sur pieds, ils peuvent nous rendre des services.

« Ce serait cruauté, parce qu'ils ont un seul tort que nous ne pouvons leur reprocher sérieusement : celui d'avoir servi de montures à des brigands. »

Le squatter approuva d'un geste et d'un sourire.

— Nous avons de l'eau à deux pas, continua le Trappeur, allons emplir nos peaux de bouc et ne laissons pas périr ces malheureuses bêtes.

— Mais comment faire sortir ces chevaux du défilé ? demanda le squatter.

Cette question n'embarrassa pas le Trappeur.

— Nous ferons sauter l'une des roches qui le bouchent, dit-il.

« J'ai encore de cette fameuse poudre que le comte m'a donnée et qui ferait éclater du fer.

« Du reste, nous allons commencer par essayer de déblayer le passage, afin de ne pas faire une besogne inutile. »

Cette résolution de Tête-de-Bison fut rapidement exécutée.

La mine fut pratiquée ; la roche, brisée, émiettée, se dispersa de toutes parts.

Le passage était libre.

Les chevaux furent abreuvés et pour ainsi dire ressuscités.

Grandmoreau choisit les douze qui lui parurent les plus vigoureux et laissa les autres en liberté.

Puis, en ayant attaché six en file, il fit monter le pirate prisonnier sur le premier et se mit en selle sur le second, remorquant les autres derrière lui.

Le squatter imita Tête-de-Bison, et les trois hommes avec leur remonte de douze mustangs superbes se mirent en marche pour rejoindre leurs compagnons.

Tout en descendant les pentes rapides et en longeant les sentiers étroits le long des précipices, Grandmoreau se réjouissait à l'idée de faire une surprise agréable au colonel d'Éragny et à Bouléreau.

— On ne dira pas que j'ai perdu mon temps, murmura-t-il avec satisfaction.

« Nous avons mené notre expédition tambour battant.

« En moins de trois heures, nous avons jugé et pendu dix-neuf pirates ;

« Fait sauter des rochers ;

« Capturé vingt chevaux.

« Voilà ce que j'appelle du temps bien employé ! »

Et le brave Trappeur se frottait vigoureusement les mains, signe évident d'une intime et profonde satisfaction.

Après une marche forcée de près de cinq heures, nos deux hardis compagnons et le prisonnier rejoignirent leurs amis.

A la vue des chevaux, M. d'Éragny ne put retenir un cri de joie.

Il s'élança à la rencontre du Trappeur et lui prit la main en s'écriant :

— Enfin ! des chevaux !...

« Mon cher Trappeur, vous pensez à tout.

« Nous allons pouvoir gagner un temps précieux peut-être. »

Bouléreau, de son côté, vint féliciter Grandmoreau.

Mais à ses compliments se mêlaient de nombreuses questions

— Comment diable, demanda-t-il, avez-vous pu sortir ces chevaux ?

— C'est bien simple, répondit Tête-de-

« Nous avons fait sauter une des roches qui fermaient le défilé.
— Bon ! fit Bouléreau.
« J'y suis.
« J'ai entendu le coup de mine, et je ne vous cache pas que cette détonation m'inquiétait.
« Et quel est l'escogriffe que vous ramenez là ? demanda-t-il encore en désignant le pirate.
— C'est un des hommes de John Huggs à qui j'ai fait grâce, répondit le Trappeur.
— Grâce ? fit Bouléreau avec un étonnement naïf.
« Pourquoi grâce ?
« Est-ce que vous prétendez conserver cet oiseau comme échantillon ?
« Beau type de brigand, j'en conviens, mais bagage embarrassant.
— Bagage utile, répliqua Grandmoreau.
« D'abord j'en ai fait un ennemi de son chef.
« Ensuite, si nous avons à envoyer un ambassadeur, nous emploierons ce pirate pour ne pas nous dessaisir de John Huggs.
— Pleins d'astuce, ces trappeurs ! remarqua Bouléreau avec son plus joyeux éclat de rire.
En ce moment, le colonel d'Éragny, qui s'était éloigné pour distribuer les chevaux à chaque homme, revint, et prit part à la conversation en adressant une nouvelle question à Grandmoreau :
— Et les prisonniers, dit-il, que sont-ils devenus ?
Tête-de-Bison répondit avec cette précision et cette netteté qui interdisent toute réplique, toute récrimination :
— Justice est faite !
Une expression de pénible surprise se peignit d'abord sur le visage du colonel.
Puis, après quelques instants :
— Il est de dures nécessités, dit-il en tendant la main au Trappeur.
« Ce que vous avez fait est bien fait. »
Cependant Bouléreau, fumant son éternelle pipe, secouait la tête de l'air d'un homme qui n'est pas entièrement satisfait.
Le brave squatter était de race normande, donc un peu chicanier, têtu en ses idées, acharné à prouver qu'il avait raison quand il émettait un avis, peu soucieux de se mettre une mauvaise affaire sur le dos quand il pouvait tourner la difficulté, et il n'approuvait pas absolument le procédé de Tête-de-Bison.
De son côté, celui-ci était susceptible et il n'aimait guère à ce qu'on trouvât mauvais ce qu'il faisait.
Il s'aperçut de la contenance du squatter et lui dit brusquement :
— Vous avez l'air, vous, de me reprocher la mort des pirates !
« Pour un homme de prairie, c'est bête et je vous le dis net. »
Le squatter fut intérieurement ravi de la brutalité du Trappeur.
Un homme qui se fâche se donne déjà des torts.
— Vieux chasseur, dit-il, vous n'avez pas raison de me prêter des intentions que je n'ai pas précisément.
« J'approuve sans approuver.
« Je blâme sans blâmer.
« Pour mourir, ils devaient mourir, ces coquins-là.
— A la bonne heure ! fit Tête-de-Bison rasséréné.
— Cependant...
Le Trappeur fronça le sourcil : ces finesses et ces réticences normandes l'agaçaient.
— Cependant... quoi ?... dit-il avec mauvaise humeur.
— Assez causé ! dit le Normand.
« Vous vous emportez et je n'aime pas les querelles.
« Si vous étiez un homme calme, raisonnable, bon enfant, je vous exposerais quelques réflexions et un petit calcul.
— Mais, mille milliards de millions de tonnerres, je suis d'un calme comme on n'en a jamais vu ! s'écria le Trappeur.
« Voyons, causez. »
Il était rouge de fureur.
— Du moment où vous m'affirmez que vous n'êtes pas en colère, dit Bouléreau, que vous promettez de ne pas vous y mettre (il souligna le mot avec une intention jésuitique), je vais vous expliquer pourquoi vous avez eu tort.

— Tort! s'écria Tête-de-Bison en bondissant de rage.
« Tenez! squatter... »
Bouléreau se mit à rire.
— Voilà un drôle de calme! fit-il.
« Je vous croyais plus maître de vous que ça.
« Vous ne pouvez donc pas tenir votre promesse!
— C'est bon! dit Tête-de-Bison rageant, mais forcé de se contenir.
« Causez; on se dominera.
— Alors, dit Bouléreau, écoutez bien mon raisonnement.
« Vous vous souvenez que j'avais conseillé de laisser crever ces coquins de soif.
— Et moi, je les ai pendus!
— Ce qui me paraît une inutilité et une bêtise.
— Bêtise, squatter, bêtise, avez-vous dit! s'écria Tête-de-Bison les yeux rouges et la face pourpre.
« Ne répétez pas le mot!
— Trappeur, je vous rends ce que vous m'avez donné tout à l'heure.
« Vous m'avez dit que j'étais bête sans le prouver, je vous le redis en le prouvant.
« Suivez bien mes calculs.
« Combien de mètres de corde avez-vous employés?
— Est-ce que je sais? fit Tête-de-Bison surpris par la singularité de cette question.
— A peu près? insista Bouléreau.
— Deux mètres par homme! dit le Trappeur.
— Dix-neuf et dix-neuf trente-huit, calcula le squatter.
« Trente-huit mètres de bonne ficelle pour des chenapans pareils, c'est de la prodigalité.
« Mon moyen était aussi sûr, moins coûteux, et par conséquent vous avez fait une bêtise en lui préférant le vôtre! »
Et satisfait de sa plaisanterie, Bouléreau bourra sa pipe encore brûlante, l'alluma tranquillement, et se mit à fumer avec une béatitude d'illuminé en pleine syncope.
Mais le Trappeur, dans son irritation, trouva enfin la justification d'un acte qu'il avait accompli d'instinct, sans raisonner, inspiré par le sentiment inné du devoir.

— Squatter, dit-il, mourir de soif dans une embuscade, c'est ce qui peut arriver à vous comme à moi.
« Mais mourir pendus par d'honnêtes gens, voilà ce qui ne nous arrivera point.
« Et les pirates de prairie, en voyant leurs camarades au bout des branches, auront plus peur du vieux juge Lynch que s'ils trouvaient des corps au cou desquels on n'aurait point passé la corde.
« Cet exemple vaut bien trente-huit mètres de ficelle! »
Et Tête-de-Bison satisfait tourna les talons.

CHAPITRE LXXV

COLOMBES ET VAUTOURS

Après deux grands jours de marche, M. d'Éragny et sa petite troupe arrivaient en vue de la masse rocheuse sous laquelle se trouvait le *palais des pirates*.

John Huggs, qui avait fidèlement guidé ses vainqueurs, venait de donner le signal de faire halte.

Le pirate épargné par Grandmoreau fut amené devant son chef, et celui-ci le chargea de transmettre à ses lieutenants l'ordre formel de lui amener mademoiselle d'Éragny et Conception.

Il allait partir, quand on entendit le bruit crépitant d'une fusillade.

Ce bruit partait de l'endroit même que John Huggs avait désigné comme étant l'entrée de sa grotte.

Nous ramènerons le lecteur dans le brillant repaire des pirates.

Au dehors, l'obscurité d'une nuit sombre couvre la savane et enveloppe la montagne.

Le soleil a quitté l'horizon depuis trois heures.

Il y a cinq jours pleins que John Huggs est parti.

La parole donnée sur le dieu Dollar a été tenue religieusement; mais voilà les bandits délivrés de leur serment.

Et les deux cents sont réunis dans leur souterrain.

Ils ont dîné ; ils boivent maintenant, ils jouent, se disputent et se battent, comme toujours.

Mais au-dessus de ce désordre ordinaire plane une agitation inaccoutumée.

On se dispute plus fort et on se bat moins. On joue peu et on boit beaucoup.

Il semble qu'une sorte de fièvre règne dans les groupes, les agite, les secoue, les anime et les transporte.

On se croirait dans un *public house* de New-York, la veille d'une élection politique.

Il se forme dix, vingt groupes où s'agite la même, l'unique question à l'ordre du jour.

De même, en ce moment, les pirates paraissent n'avoir qu'un seul motif donnant matière à disputes et à querelles.

Il s'agissait des prisonnières.
Qu'allait-on faire ?
Qui les aurait ?

Qu'un seul les voulût et les autres se réunissaient contre lui !

Chacun sentait la difficulté de s'approprier les deux femmes, chacun cherchait le moyen de s'en emparer au détriment des autres.

On discutait chaudement.

On proposait mille choses qui n'étaient bonnes que pour celui qui avait fait la proposition et qui étaient proclamées absurdes par les autres.

On voyait au bout de toute proposition les femmes tombant aux mains de celui qui venait de parler.

Mais deux hommes travaillaient activement à imprimer une direction à cette agitation.

Grand Seize et Petit Dix-huit, les directeurs du *café du XIXᵉ Siècle*, abandonnaient à tour de rôle leur établissement pour circuler dans toutes les parties du souterrain.

Ils allaient de groupe en groupe, parlant bas aux uns, discutant à haute voix avec d'autres, paraissant enfin se livrer à une active propagande.

De temps en temps, ces deux personnages

se rencontraient, échangeaient un signe d'intelligence ou quelques mots dits à l'oreille, et reprenaient leurs allures.

Aux uns, ils disaient :

— C'est chez nous que l'affaire se décidera. Venez donc de ce côté.

« Il paraît qu'il y a un coup monté.

A d'autres, ils insinuaient :

— Ne vous laissez pas *refaire*.

« On conspire chez nous.

« Allez donc y voir.

« Nous ne voulons pas que vous soyez surpris et trompés. »

Et ainsi partout.

Un mouvement se fit dans la foule des pirates.

Toutes les brasseries, les tavernes, les comptoirs se vidèrent.

Un unique courant s'établit.

Sans se désagréger, les groupes se dirigèrent vers un même point.

Tous semblaient vouloir se réunir et se confondre devant le *café du XIXᵉ Siècle*.

Après quelques minutes, en effet, les deux cents pirates se trouvaient assemblés devant cet établissement.

Les menées de Grand Seize et de Petit Dix-huit commençaient donc à réussir.

Mais il s'agissait de lancer certaine proposition sur laquelle ils comptaient pour qu'une bataille eût lieu entre les bandits, lutte nécessaire à la réalisation de leur plan.

Or, s'ils pouvaient semer çà et là un mot d'ordre, exciter un soupçon, faire naître un désir, ils auraient risqué beaucoup en lançant eux-mêmes, dans un speech, l'idée qu'ils voulaient faire adopter.

Aussi avaient-ils mis dans leurs intérêts un tiers capable de faire ledit speech.

On vit en effet un pirate monter sur une table.

C'était un grand gaillard au visage rouge et animé par l'ivresse, à la carrure herculéenne, à la voix de stentor.

Il prit la parole.

— Assez de disputes comme ça ! dit-il.

« Tout le monde veut ou va vouloir les petites.

« J'ai un moyen de tout arranger.

« Et personne n'aura un mot à dire.

« Nous allons jouer les prisonnières. »

Cette proposition séduisit les pirates.

Un tonnerre d'applaudissements éclata.

Les bravos se succédèrent sans interruption pendant trois minutes.

L'orateur fit signe qu'il avait encore à parler.

Le silence se rétablit.

Il continua :

— Comme il ne faut pas de tricheries, il est indispensable de bien s'entendre avant de commencer le jeu.

« Voici ce que je propose :

« Nous allons nous diviser par nationalités.

« Anglais, Américains, Français, Espagnols, en un mot, les hommes de chaque nation représentée ici joueront entre eux.

« Les gagnants joueront alors *la belle*, et les femmes appartiendront aux deux derniers vainqueurs.

« Ça vous va-t-il ?

— Oui ! oui ! s'écria-t-on de toutes parts.

« Adopté !

« Bravo !

— Aux cartes !

— Aux dés !

— Aux dominos !

— Au billard !

Pendant cinq minutes, ce fut un tumulte et une agitation indescriptibles.

Soudain le silence se fit de nouveau.

L'orateur était remonté sur sa table et faisait force signes pour être écouté.

Il put parler :

— Un dernier mot ! dit-il.

« Les premiers gagnants feront la belle au billard...

« A la poule. »

Une nouvelle approbation accueillit cette dernière condition, et les jeux s'établirent.

Les pirates se disséminèrent dans leurs établissements de prédilection et se mirent à jouer avec fureur.

Chaque pays adopta son jeu de hasard favori.

Quelle diversité dans ces préférences et ces goûts particuliers à chaque nation !

Quelles étrangetés !

Quelles capricieuses manières de tenter

la chance, de fixer le sort, de chercher la bonne veine !

Que de combinaisons folles, de tentatives ridicules, de précautions outrées !

Et quels types de joueurs !

Et quels jeux !

Tout ce qu'a pu inventer le démon du jeu dans tous les temps et tous les pays est mis en œuvre par les pirates.

L'excentricité est poussée à son comble, et la fantaisie va son train.

Un groupe de Français n'a rien trouvé de mieux que d'organiser une partie de bouchon.

Les Anglais jouent aux cartes.

Les Allemands ont donné la préférence aux dominos.

Les Italiens comptent combien il y a de doigts avec une vitesse incroyable, et avec un acharnement qui les fait ressembler à des fous furieux.

Enfin chaque pays, chaque jeu ; mais partout même animation folle, même passion effrénée.

Dans tous les groupes s'élèvent à chaque instant de bruyantes disputes.

Les injures pleuvent.

Les menaces s'échangent avec accompagnement de furieux et ignobles blasphèmes.

Souvent les coups interrompent la partie.

Les couteaux sont tirés, les revolvers armés.

Le sang coule.

Un homme tombe ; on l'emporte s'il n'est que blessé ; mort, on le pousse sous une banquette...

Et la partie continue plus acharnée, plus enragée.

Pendant que les pirates jouent beaucoup et se tuent un peu, Grand Seize et Petit Dix-huit causent à voix basse dans le comptoir de leur café.

Ils ne sont pas pirates, ils ne peuvent donc prendre part à la lutte.

Ils sont commerçants, et s'ils n'ont jamais à entrer dans le partage du butin, ils n'ont pas en revanche à risquer de se faire tuer dans les combats.

Nos deux personnages causaient donc, et ils paraissaient discuter sur un sujet fort intéressant.

— Tu conviendras, disait Grand Seize, que j'ai habilement emmanché l'affaire.

— C'est vrai, répondit Petit Dix-huit, mais une fois le premier mot lancé, je t'ai secondé on ne peut mieux.

« Et nous avons mille chances pour une de réussir.

« Tous les lieutenants et chefs d'escouades sont convaincus comme nous que le capitaine est tué ou prisonnier ; ils ne craignent donc rien en sacrifiant les petites que tout le monde veut avoir.

— Tout ça est on ne peut mieux, fit Grand Seize ; mais il ne faut pas risquer de faire rater toutes nos combinaisons au dernier moment.

« Inventer de jouer les prisonnières, c'était de l'enfantillage.

« Il ne s'agit plus maintenant de fournir des motifs de disputes, de querelles et de coups de couteaux ; tout marche déjà bien.

« Il y a au moins dix hommes de tués ou d'éclopés depuis un quart d'heure.

« Mais c'est au moment de jouer la belle qu'il faudra ouvrir l'œil et le bon.

— Entendu ! dit Petit Dix-huit.

« On abandonnera les gagnants, et l'on poussera les perdants à terminer la partie en se jetant sur leurs heureux adversaires.

— Juste ! approuva Grand Seize.

« J'espère du reste que nous n'aurons pas de peine à exciter les perdants.

« Nous allons verser dur, et à crédit.

« Après boire, ces canailles se battront comme plâtre.

« Allons, à l'ouvrage !

— Un moment ! fit Petit Dix-huit.

« Et la porte de fer de la grotte du capitaine ?

« Comment la forcer ?

— Farceur ! répliqua Grand Seize en frisant un de ses accroche-cœurs.

« Paméla et la Rousse ne sont-elles pas chargées de soigner les donzelles ?

— Oui ! mais pas moyen d'en approcher...

« Ces deux guenons-là sont jalouses et menacent de nous dénoncer aux pirates chaque fois que nous faisons mine de vouloir nous glisser auprès des petites.

— Je sais ! je sais !

« Mais j'ai un moyen d'obtenir de Paméla tout ce que je veux.

« Je l'ai priée gentiment de me donner la clef de la chambre du capitaine.

— Elle te l'a donnée ? demanda Petit Dix-huit.

— Non.

— Alors ton moyen n'est pas fameux !

— T'es bête ! fit Grand Seize avec un rire qui découvrit une double rangée de dents gâtées.

« Les prières, c'était pour la forme.

« Paméla n'a pas voulu entendre mes douceurs, alors j'ai employé les grands procédés. »

Et l'ignoble voyou, feignant de cracher dans ses mains, se les frotta, fit le geste de donner un double soufflet, et continua :

— Je l'ai calottée, et lui ai subtilisé la clef du Paradis.

« Elle sait de plus que, si elle dit un mot, je la roue de coups.

« Tiens, voici l'objet ! »

Il tira une clef de sa poche et la montra à son digne camarade qui répondit avec un joyeux transport :

— Nous les tenons, les colombes !

— Pas encore ! observa prudemment Grand Seize.

« Ça viendra.

« Mais il faut de l'œil et du toupet. »

Sur ces mots, les deux associés se séparèrent et se mirent à circuler de groupe en groupe.

Les parties entre gens de même nation étaient terminées depuis longtemps.

On en était à la grande poule décisive.

Comme on peut se l'imaginer, les joueurs étaient entourés.

Jamais amateurs de billard n'avaient eu une galerie aussi nombreuse et surtout de pareille composition.

A chaque coup, c'étaient des cris, des vociférations assourdissantes, des blâmes ou des bravos à faire sauver un sourd.

Enfin la victoire se décida en faveur des deux champions américains.

Cette victoire fut le signal d'un nouvel et immense tumulte.

Au lieu d'acclamer loyalement les vainqueurs, on les huait.

Au lieu de les porter en triomphe, on semblait disposé à les fouler aux pieds.

C'était un indescriptible désordre.

De furieuses vociférations, de violentes clameurs, des cris perçants partaient de tous les côtés à la fois.

Le souterrain était devenu un véritable enfer.

Les pirates ressemblaient à une légion de démons s'agitant dans une infernale orgie.

Cependant Grand Seize et Petit Dix-huit se démenaient avec plus d'activité que jamais.

Ils versaient à boire à profusion, encourageaient les sentiments d'envie des mécontents, soufflaient la discorde par tous les moyens, poussaient à la lutte avec une fiévreuse activité, avec une habileté extraordinaire.

Les vœux de ces deux gredins allaient être comblés.

Les pirates s'étaient divisés en deux camps.

Les uns soutenaient les droits des vainqueurs.

Les autres contestaient déloyalement ces droits.

Le tumulte s'apaisait lentement.

Le bruit allait s'amoindrissant.

Les propos injurieux et les clameurs cessaient peu à peu.

On parut se recueillir.

La lutte était proche.

Tout à coup un coup de revolver partit.

Ce fut comme un signal auquel les pirates obéirent sans hésiter.

Les deux partis se précipitèrent avec fureur l'un contre l'autre.

La bataille était sérieusement engagée.

En ce moment, Grand Seize et Petit Dix-huit, partis de deux points différents, se trouvaient réunis à la porte de la *chambre* de John Huggs.

— Crois-tu que mon coup de pistolet a réussi !... dit Grand Seize en introduisant sa clef dans la serrure de la porte bardée de fer.

— J'en ai idée, répondit Petit Dix-huit.

« Ils se sont jetés les uns sur les autres comme des bêtes féroces.

« Du reste, ajouta-t-il philosophiquement, c'est toujours comme ça.

« J'ai vu des émeutes à Paris.

« Et bien! un imbécile laisse partir son fusil par maladresse, tout le monde prend la mouche et la fusillade commence.

« Et voilà la guerre civile qui commence. »

Grand Seize n'écoutait guère les réflexions intempestives de son compagnon.

La porte venait de céder.

Il se faufila dans l'entre-bâillement.

Petit Dix-huit le suivit.

Puis la porte fut soigneusement refermée.

Les deux gredins traversèrent une sorte de couloir sombre formant antichambre, écartèrent une tapisserie et se trouvèrent dans la *chambre*.

CHAPITRE LXXVI

OÙ GRAND SEIZE ET PETIT DIX-HUIT SONGENT A CÉLÉBRER DE NOUVELLES NOCES

Blanche d'Éragny et Conception, assises sur un divan de velours rouge fixé contre l'une des parois de la grotte, échangeaient leurs tristes réflexions.

Conception avait revêtu des vêtements appartenant à Paméla; les siens étant trempés et déchirés, on n'avait trouvé pour mademoiselle d'Éragny qu'un costume d'Indienne.

A l'aspect des deux hommes, elles se levèrent vivement.

— Que voulez-vous? demanda mademoiselle d'Éragny avec fierté.

Grand Seize s'avança de deux pas et recommanda le silence par un geste de la main droite, tandis qu'il caressait un de ses accroche-cœur de la main gauche.

— Calmez-vous, mademoiselle! dit-il d'un air galant.

« Nous allons vous expliquer notre présence ici.

— Nous n'avons que d'excellentes intentions, ajouta Petit Dix-huit en s'approchant à son tour.

« Écoutez-nous, et vous en jugerez.

— Parlez, dit la fille du colonel.

— D'abord, commença Grand Seize, il faut vous dire que le capitaine a disparu depuis six jours.

« Il est certainement mort, ou il a été pris dans quelque combat, ce qui ne vaut guère mieux pour lui.

— Il serait possible! s'écria Conception avec un mouvement de joie.

— Vous ne nous abusez pas? dit à son tour mademoiselle d'Éragny.

— Pourquoi mentirions-nous? fit Petit Dix-huit.

« Du reste, nous ne serions pas ici si le capitaine existait, puisqu'il a donné l'ordre en partant de n'y laisser pénétrer personne que les deux femmes qui vous servent. »

Cette raison parut sérieuse aux prisonnières.

Elles firent signe qu'elles écoutaient.

— D'ailleurs, nous n'avons aucun intérêt à vous tromper, continua Petit Dix-huit, bien au contraire ; vous allez voir.

— Que voulez-vous dire? demanda Conception.

— Voici, ma belle enfant, reprit Grand Seize en se rapprochant de la femme du Cacique et en donnant une courbe plus accentuée à ses accroche-cœur.

« John Huggs mort, les pirates vont nommer un nouveau capitaine qui ne s'occupera pas de vous, si vous consentez à entrer dans mes vues et dans celles de mon camarade. »

Les jeunes femmes écoutaient avec une surprise mêlée de crainte et d'espoir.

Que voulaient ces deux hommes?

Quel genre de proposition allaient-ils faire?

— Nous devons avons tout, dit à son tour Petit Dix-huit, vous faire connaître notre situation exacte.

« Nous ne sommes pas des pirates, nous ne sommes que de simples commerçants.

« John Huggs nous a engagés pour exploiter un café qu'il a monté et agencé, dans une immense caverne qui touche à celle-ci et qui est habitée par la troupe entière des pirates.

« Nous exerçons notre commerce régulièrement et honnêtement.

« On ne peut donc pas dire que nous sommes des bandits. »

Mademoiselle d'Éragny et Conception écoutaient ces détails avec un étonnement qui tenait de la stupeur.

— Mais enfin, que voulez-vous? questionna la fille du colonel avec impatience.

« Nous vous demandons la liberté.

« Pouvez-vous nous la donner?

— Oui et non, répondit Grand Seize avec un sourire énigmatique.

« Nous avons deux femmes qui nous secondent dans notre commerce.

« Vous les connaissez, ce sont celles qui vous servent depuis cinq jours que vous êtes ici.

« Ces femmes sont nos maîtresses... »

Cette confidence amena un geste de dédain et de fierté de la part de mademoiselle d'Éragny.

— C'est-à-dire, reprit Grand Seize, que nous ne sommes pas mariés avec elles.

« Nous sommes liés par un contrat, et ce contrat prend fin demain.

« Nous ne voulons pas le renouveler.

— Que nous importe tout cela? fit mademoiselle d'Éragny.

— C'est très-intéressant pour vous, dit Petit Dix-huit.

Vous êtes jeunes, jolies, intelligentes, et nous avons eu un bon mouvement.

« Nous avons pensé à vous associer à notre petit commerce et à vous faire part de bénéfices séduisants, vraiment séduisants. »

Les deux femmes protestèrent du geste et firent entendre des exclamations de dédain.

— Un instant! continua Petit Dix-huit.

« Ne vous figurez pas que ce soit une mauvaise affaire, étant donnée votre situation.

« Ne refusez pas le commencement de liberté que nous pouvons vous offrir.

« On ne meurt pas pour tenir un comptoir, et les pirates ne sont pas de si mauvais diables que l'on veut bien le dire.

« Ils payent bien !

« Et je connais plus d'un joli garçon qui...

« Mais, sous ce rapport, liberté entière.

« Nous ne sommes pas jaloux !

« Que la caisse s'emplisse, c'est tout ce que nous exigeons. »

Mademoiselle d'Éragny, que l'étonnement stupéfiait, paraissait ne rien comprendre à toutes ces explications.

Conception, elle, sans saisir le sens exact des paroles des deux hommes, devinait à peu près leur portée.

Elle se tenait sur une prudente réserve, craignant d'exciter la colère des misérables et de les pousser à quelque acte de violence.

— Enfin, mes belles chéries, conclut Grand Seize pressé d'en finir, vous remplacerez Paméla et la Rousse que nous allons renvoyer.

« Vous ne serez pas méchantes avec vos petits maris, et vous ferez risette à MM. les pirates quand la fantaisie vous en prendra. »

Pour le coup, mademoiselle d'Éragny comprit les projets des deux gredins.

Elle bondit sous l'injure, et elle accompagna d'un geste impérieux et hautain ce seul mot prononcé d'une voix ferme :

— Sortez!

Grand Seize et Petit Dix-huit se mirent à ricaner.

Au lieu d'obéir, ils se rapprochèrent des deux femmes.

— Vous vous croyez donc chez papa ou chez ce bon Tomaho! dit Petit Dix-huit.

« Comme elle a bien dit : *Sortez!* cette charmante petite demoiselle !

— Pas d'enfantillages! dit à son tour Grand Seize.

« Avec nous, vous serez choyées, dorlotées, heureuses.

« Sans nous, vous êtes perdues et vous serez poignardées.

« Aimez-vous mieux devenir le jouet de deux cents hommes qui se disputeront le plaisir de vous violenter, de vous battre et peut-être de vous assassiner, à un bon établissement?

— Plutôt mourir que d'écouter vos ignobles propos! s'écria Blanche.

« Arrière!

« Sortez ou je tire! »

En proférant cette menace, la courageuse jeune fille sortait de sous ses vêtements sa main armée d'un revolver et en menaçait Grand Seize.

Conception, un second revolver au poing, visait Petit Dix-huit.

Les deux femmes avaient trouvé ces armes au milieu de beaucoup d'autres, dans un meuble de la chambre de John Huggs, et s'en étaient munies à tout hasard.

On n'avait pas pensé avoir à craindre d'elles qu'elles se défendissent, et ce dédain de leur courage les sauvait, du moins momentanément.

Les deux gredins, visiblement effrayés, firent un mouvement de retraite précipitée.

Tout à coup ils s'arrêtèrent.

On entendit distinctement des cris furieux dans la direction de la grande caverne.

Les pirates avaient sans doute cessé de se battre.

Des coups sourds retentissaient de seconde en seconde.

— Ils vont forcer la porte! dit Grand Seize.

— C'était le moment de faire notre speech! dit Petit Dix-huit.

« On les aurait tous mis d'accord en leur annonçant que ces demoiselles remplaçaient nos demoiselles de comptoir, et que...

« Mais puisque les deux infantes refusent, qu'elles s'arrangent...

— Avant cinq minutes, observa Grand Seize, elles verront qu'elles ont refusé leur bonheur.

La porte menaçait de céder.

Les deux drôles se réfugièrent derrière une tenture. . . . .

. . . .

CHAPITRE LXXVII

SUITE DES AVENTURES DE TOMAHO ET DE SANS-NEZ A CENT PIEDS SOUS TERRE

Tomaho et Sans-Nez errent depuis cinq grands jours dans les profondeurs du souterrain où ils se sont égarés.

Le sixième jour est presque écoulé, et ils n'ont trouvé aucune issue.

Allant et venant dans une obscurité profonde, ils ont parcouru toutes les galeries souterraines sans pouvoir sortir de ce vaste tombeau où ils se trouvaient enfermés vivants.

Exténués, à demi morts de soif et de faim, nos deux braves aventuriers ont perdu tout espoir de revoir jamais la lumière du soleil, le grand jour et l'espace de la savane.

Nous les retrouvons accroupis sur le sable d'une large galerie, le dos appuyé contre une grosse roche saillante et de forme bizarre.

Ils échangent péniblement leurs pensées... les dernières peut-être...

Leur voix manque d'éclat.

Leurs gestes sont lents et fatigués.

— Toujours cette roche! dit Tomaho.

« Toujours cette même galerie.

« Les sorciers nous poursuivent de leurs enchantements.

« Ils veulent notre mort!

« Nous ne pouvons plus nous défendre.

— Tes sorciers sont de fameux lâches! observa Sans-Nez luttant toujours contre les idées superstitieuses du Cacique.

« S'ils veulent nous tuer, qu'ils se montrent, et nous verrons à en découdre.

« Mais sois tranquille, nous n'en verrons pas un, par la bonne raison qu'il n'y a pas ici ni ailleurs plus de sorciers que sur ma main.

— Mon frère se trompe, comme toujours, reprit Tomaho avec cette gravité solennelle qu'il affectait en parlant des choses surnaturelles.

« Les sorciers m'ont révélé leur présence par une médecine qui a fait gonfler mon cœur et m'a donné la fièvre.

— Folie douce, mais énervante! grommela Sans-Nez en comprimant un bâillement produit par l'épuisement.

Tomaho ne prit pas garde à la réflexion désobligeante de son compagnon.

Il continua :

— Quand, par leur volonté, les sorciers conduisirent nos pas dans ce couloir sans issue, ils me firent entendre une voix dont mon cœur connaît la douceur et le charmant murmure.

« C'était la voix aimée de Conception.

« Les oreilles de Tomaho entendent un

chat-tigre marcher sur le sable; elles ne peuvent se tromper.

— Veux-tu que je te dise?... fit Sans-Nez avec un reste d'énergie.

« Tu me fais mal avec ta manie de voir du surnaturel dans tout.

« Tu tournes à l'idiot.

« Tu deviens complétement imbécile.

« Comment! les privations que nous subissons depuis six jours t'enlèvent tes forces!

« Nous sommes épuisés!

« Nous crevons de soif, et nous ne pouvons même pas manger les dernières miettes de notre biscuit par suite du manque d'eau!

« Nos jambes refusent le service!

« Nous ne tenons plus debout!

« Et tu trouves extraordinaire de rêver tout éveillé?

Tes oreilles ont tinté, mon pauvre vieux...

« Tu as entendu la voix de ta femme dans un accès de délire.

« La fièvre... voilà le sorcier qui t'a fait entendre cette voix si douce qui te gonfle le cœur. »

Le Cacique avait écouté Sans-Nez avec une attention soutenue, comme s'il ne voulait pas perdre le sens d'une seule parole de son ami.

Il ne désespérait peut-être pas de faire partager ses croyances à l'intraitable sceptique.

— Mon frère, dit-il, est la cause de tous nos malheurs.

« Son esprit subtil est entré dans le sentier de guerre contre les sorciers.

« Que mon frère ne l'ignore pas, ce sentier conduit aux supplices et à la mort.

« La lutte contre la grande magie est au-dessus des forces de l'homme.

« Si le combat est mortel, l'homme seul succombe.

« Les sorciers ne meurent pas, ils se transforment.

— Eh bien! qu'il en vienne un! gronda Sans-Nez.

« Je me charge de le transformer en chien crevé.

« Tu verras que ça ne sera pas long.

— Mon frère s'égare, reprit Tomaho avec une ténacité toute indienne.

« Il brave les puissances de la magie.

« Il refuse la vie.

« Il est cause que nous mourrons sans avoir retrouvé Conception et Rosée-du-Matin. »

Cette persistance du géant commençait à agacer fortement Sans-Nez.

La colère lui montait au cerveau quand il répondit d'une voix saccadée :

— Tu vas m'accuser maintenant d'être la cause de nos misères!...

« Est-ce que je te reproche, moi, d'avoir voulu te mettre à la recherche des femmes sans prendre plus de précautions?

« Voudrais-tu, par hasard, que je me mette à genoux pour implorer tes saltimbanques à pouvoirs surnaturels?

« Il n'est pas encore cette heure-là, mon brave Cacique.

« Je voudrais les voir en face, tes charlatans, je leur cracherais au visage et je leur dirais que j'ai connu un certain Robert Houdin qui leur damerait le pion à tous.

« Non, mille fois non! je n'y crois pas, à leurs sorcelleries, à leur magie, à leurs médecines.

« Et je les tiens pour des fourbes habiles qui montent le coup à un tas d'imbéciles.

« Voilà ma manière de voir, Cacique, et ni Dieu ni diable ne m'en fera démordre. »

Épuisé par cette virulente sortie, Sans-Nez se laissa tomber sur le sable de la galerie, et le coude en terre, la tête appuyée sur la paume de sa main, il s'abandonna à ce demi-sommeil, premier symptôme du mal causé par la faim et la soif.

Tomaho, de son côté, se résigna au silence.

Il n'espérait plus vaincre l'entêtement et l'obstination de l'incrédule Parisien.

Il n'avait donc plus à répondre à des paroles qu'il considérait comme des injures, comme des imprécations et des blasphèmes.

Morne et sombre d'attitude, le géant s'adossa contre le rocher.

Pendant plusieurs minutes il garda une immobilité de statue.

Puis, machinalement, il ouvrit son sac de chasse et en tira un biscuit de mer, en cassa un morceau et le porta à sa bouche.

Au moyen du formidable appareil de mastication que la nature lui avait donné, il parvint à broyer la pâte dure comme de la pierre.

Il la réduisit en poussière sans pouvoir l'avaler :

Pas une goutte de salive pour l'humecter.

Les miettes pulvérisées du biscuit parurent autant de grains de sable brûlant à son palais et à sa langue desséchés.

Le géant ne put retenir un soupir ou plutôt un râle que lui arracha la douleur.

La faim et la soif avaient raison de cette puissante et robuste nature.

Tomaho, succombant de besoin, se laissa glisser sur les genoux, et appuya son visage brûlant de fièvre contre le rocher dont la fraîcheur le soulageait.

Il promena sa langue sur la pierre ; il y colla ses lèvres arides comme pour en aspirer tout le froid.

Soudain il poussa une sorte de grognement sourd.

A ce bruit, Sans-Nez sortit de sa somnolente attitude.

Il se releva sur les genoux.

Anxieux, il demanda :

— Qu'y a-t-il, Cacique ?

« Est-ce ton dernier râle ? »

Tomaho ne répondit pas.

Immobile, la face collée contre la roche, il ne parut pas avoir entendu.

Sans-Nez renouvela sa question.

Même silence inexplicable de la part du géant.

Une inquiétude terrible traversa l'esprit du Parisien.

— Il est évanoui !

« Il va mourir ! se dit-il.

Et il étendit les bras, cherchant son ami dans l'obscurité.

Sans-Nez se trompait.

Le silence de Tomaho n'était nullement motivé par une syncope.

Un tout autre motif l'expliquait.

Le géant, en promenant sa langue desséchée sur les parties unies et froides du rocher, avait tout à coup rencontré une place humide.

Il avait aussitôt aspiré fortement, et la force de succion fut si grande, qu'elle produisit ce bruit sourd que Sans-Nez avait pris pour une plainte.

Tomaho continua à aspirer et à sucer, changeant de place à mesure qu'il tarissait la précieuse source d'humidité.

Tout à coup il appela :

— Sans-Nez !

« Viens !

« Viens par ici !

« De l'eau !

« Je bois !... »

A cette nouvelle, le Parisien retrouva instantanément toute son énergie et même une partie de sa gaieté.

Il bondit du côté de la voix qui l'appelait et se trouva en deux sauts aux côtés du géant.

— Ah ! tu bois sans moi, affreux Cacique !

« Tu bois tout seul, ivrogne.

« Garde-m'en un peu, hein ?

— Approche ! dit Tomaho.

« Ta bouche contre le rocher.

« Tiens, là.

— Où ça ? demanda Sans-Nez qui cherchait avidement.

« Je ne trouve rien.

— Ici, plus près de moi, fit le géant.

« Sens-tu l'humidité ?

— Je tiens le biberon, s'écria Sans-Nez en aspirant de toutes ses forces les gouttes d'eau qui coulaient lentement par une mince fissure.

Pendant près d'une heure nos deux compagnons ne quittèrent pas la bienheureuse fissure.

A tour de rôle ils buvaient, échangeant mille propos joyeux et faisant autant de projets.

Une goutte d'eau peut donc faire oublier tant de souffrances et enfanter tant de bonheur !

Tomaho tira de nouveau de son sac de chasse le biscuit qu'il n'avait pas mangé et le partagea avec son ami.

Tout en savourant son repas plus que frugal, le Parisien babillait.

— Cré matin ! disait-il, quelle bonne eau ! quelle eau excellente !

« Il y a à Paris des eaux de Vichy, de Seltz, de Saint-Galmier, de Vals, et une kyrielle d'autres qui coûtent des prix fous ; mais pas une ne vaut celle que je viens de pomper.

« C'est un vrai nectar, comme on disait du temps de Jupiter.

« J'ai bu des vins de toutes espèces, même du vin doux de Suresnes et du *macadam* de mastroquet.

« Eh bien ! mon vieux Cacique, tout ça c'est de la piquette comparé à cette eau excellente que nous envoie sans doute le Sorcier-des-Eaux. »

Et l'incorrigible farceur accompagna d'un éclat de rire cette plaisanterie faisant allusion aux croyances du géant.

Mais celui-ci ne laissa pas échapper l'occasion de justifier ses crédulités aveugles.

— Mon frère, dit-il sérieusement, a tort de se moquer.

« Le Sorcier-des-Eaux nous envoie, nous donne peut-être à boire pour prolonger notre supplice.

« Nous venons de manger notre dernier biscuit. »

Cette importante constatation de Tomaho mit bien une sourdine à la gaieté de Sans-Nez, mais l'insouciance naturelle du Parisien surmonta vite un commencement d'inquiétude pour l'avenir.

— Baste ! fit-il d'un air dégagé.

« Nous avons dîné comme des princes.

« Au diable la faim !

« Nous pouvons encore souffrir pendant deux ou trois jours.

« D'ici là nous aurons peut-être trouvé un excellent restaurant.

« Je ne doute de rien, moi.

« J'en ai vu de si drôles !

« As-tu entendu parler du grand Véfour de Paris, toi, Cacique ?

« Non ?

« Eh bien ! j'y suis allé une fois, moi qui te parle.

« Je vais te dire ce que c'est.

« Ce sera notre dessert... »

Depuis un moment, Tomaho n'écoutait pas les folies de Sans-Nez.

Son attention avait été attirée par un éclat de voix qu'il crut reconnaître.

— Conception! dit-il.

« Elle vient de parler.

« Je l'ai entendue.

— Pas possible! fit Sans-Nez.

— Tais-toi! commanda le géant.

Et se couchant sur le sable, il appuya son oreille contre terre.

Il écouta pendant une minute.

Puis il se rapprocha de la base de ce rocher en saillie contre lequel il s'était couché si longtemps.

Tout à coup il se releva d'un bond.

— C'est Conception et Rosée-du-Matin! dit-il.

« On se bat.

« Elles sont en danger, derrière cette roche. »

L'agitation du géant était extrême, sa voix tremblait et rendait d'étranges sons.

Sans-Nez crut encore à un accès de folie. Mais, cette fois, c'était de la folie furieuse.

Soudain Tomaho se baissa jusqu'à terre, ramassa la gaffe trouvée dans la tour, et qu'il n'avait pas voulu abandonner.

Il en introduisit le bout le plus solide dans une sorte de fente qu'il avait rencontrée sous ses doigts, et fit une pesée.

Le rocher parut céder.

Nouvelle expérience :

Nouvel ébranlement.

Le géant multiplia ses efforts.

Le bloc se déplaça enfin.

Il tourna sur lui-même, découvrant une large ouverture.

Quatre cris épouvantables retentirent quand le rocher tomba dans la grotte dont il masquait l'ouverture.

— Je les ai tuées, s'écria Tomaho en se précipitant.

Sans-Nez le suivit.

Il jeta un regard autour de lui.

Il aperçut Conception et Blanche d'Éragny, pâles de terreur, serrées l'une contre l'autre dans un coin de la grotte.

Il les montra au géant.

— Elles vivent! dit-il.

« Regarde! »

Tomaho, ivre de joie, allait s'élancer vers sa femme quand un formidable hurrah suivi de cris et de vociférations le cloua sur place.

La porte de la chambre du capitaine Huggs venait de tomber brisée sous les coups des pirates, et les bandits se précipitaient en masse pour se saisir des deux prisonnières.

Sans-Nez comprit qu'ils étaient tombés en plein repaire des pirates.

— Alerte! dit-il, à Tomaho.

« Tue!

« Assomme!

« Je veille au grain. »

Le géant n'avait pas besoin d'être stimulé.

Il venait de retrouver sa femme.

Et il s'agissait de la défendre.

S'armant de son énorme gaffe, et s'en faisant une formidable massue, il coucha d'un seul coup les trois ou quatre bandits qui avaient déjà pénétré dans la grotte; il les faucha, pour ainsi dire.

L'action de Sans-Nez, pour être moins effective, n'était pas sans utilité.

Le rusé Parisien se mit à crier de toutes ses forces :

— A nous, les trappeurs!

« Par ici!

« Tête-de-Bison, Bois-Rude, Main-de-Fer, arrivez!

« Nous les tenons.

« En avant, les squatters!

« Pas de quartier!

« Sus aux brigand de la prairie! »

Les assommades du géant, et ces appels de Sans-Nez, firent une terrible impression sur les pirates.

Ils se retirèrent avec précipitation dans la grande grotte.

Ils y furent témérairement poursuivis par nos deux braves compagnons.

Le géant jouait de son assommoir avec une force prodigieuse et une incroyable habileté.

Et Sans-Nez, chaque fois qu'il voyait un fusil s'abaisser ou un revolver se lever dans la direction de son ami ou contre lui-même, réprimait d'une balle ces mouvements belliqueux

Plus de cinquante coups de feu furent tirés par les pirates : pas un ne porta.

La peur troublait tous les regards et faisait trembler tous les bras.

Pendant plus de dix minutes, le Cacique assomma sans désemparer.

Il cassait des têtes, il brisait bras et épaules avec une sûreté de main incroyable.

Les pirates terrifiés résistaient à peine.

Ils reculaient aussi vite que possible, et cherchaient à gagner la sortie de la grotte donnant dans la savane.

Bientôt ils se mirent à fuir en désordre et disparurent.

A peine Tomaho put-il en atteindre trois ou quatre avant d'arriver à l'étroite crevasse par laquelle ils ne pouvaient s'échapper qu'un à un.

— Pour de la bonne besogne, voilà de la bonne besogne, s'écria Sans-Nez quand il eut vu disparaître le dernier pirate.

« C'est dommage que nous ne soyons que deux et qu'il fasse nuit, je continuerais la chasse avec un bonheur... »

Et se reprenant tout à coup :

— Mais j'y pense, dit-il.

« S'ils allaient reprendre courage et revenir !...

— Je les tuerais! répondit gravement le géant en brandissant sa gaffe.

— Je n'en doute pas, fit Sans-Nez.

« Mais une balle est bientôt attrapée.

« Nous n'aurons pas toujours la chance de mettre deux cents hommes en fuite au prix de quelques égratignures. »

Sans-Nez s'approcha de la crevasse.

— Il n'y a pas à chercher midi à quatorze heures, ajouta-t-il en se grattant une oreille absente.

« Nous sommes forcés de faire sentinelle au moins jusqu'au jour.

« S'il y avait au moins une porte, on pourrait la barricader; mais rien... *Entrée libre*, comme dans un bazar.

— On peut fermer, dit Tomaho.

— Ah bah !

« Comment ça? demanda Sans-Nez.

« Tu as trouvé une porte?

— Oui, fit le géant.

— Montre un peu? railla le Parisien en jetant un regard autour de lui.

— Avec ces rochers, dit Tomaho en désignant plusieurs pierres énormes éparses à l'entrée du souterrain.

Sans-Nez regarda le géant avec admiration.

— C'est vrai ! s'écria-t-il.

« Je ne pense jamais que tu es fort comme une quarantaine de Turcs et autant de pirates.

« Alors, à l'ouvrage! et enfermons-nous. »

Tomaho, malgré la fatigue qui résultait de la bataille gigantesque qu'il venait de livrer, se mit immédiatement à la besogne.

Et, à l'aide de la gaffe qui lui servait de pince, il soulevait des roches d'un poids énorme, les roulait contre la crevasse et les y amoncelait.

En moins d'un quart d'heure, l'entrée était parfaitement obstruée par plus de vingt rochers formant un triple mur de maçonnerie sèche dont chaque pierre pesait mille kilogrammes.

Véritable travail de Titan que cent hommes ne pouvaient démolir sans de puissants appareils.

— Enfin! s'écria Sans-Nez quand il vit la dernière roche en place.

« Nous voilà chez nous !

« Maintenant, nous pouvons prendre un peu de repos.

« Nous l'avons bien gagné. »

Et frappé d'une idée subite, il ajouta :

— D'abord, allons rassurer les femmes.

« Viens-tu voir Conception, Tomaho?

— Allons! répondit le géant avec empressement.

— Nous voici, dirent deux voix bien connues.

CHAPITRE LXXVIII

PARIS EN AMÉRIQUE

Les deux hommes se retournèrent.

Conception et Rosée-du-Matin étaient là, l'une attendant une caresse de son mari, l'autre les deux mains étendues demandant à presser celles de ses sauveurs.

Tomaho, sans mot dire, prit sa femme dans ses deux mains, l'éleva à la hauteur de son visage, et déposa deux puissants baiser sur chacune de ses joues.

Puis, répondant avec précaution à l'étreinte de mademoiselle d'Éragny, il dit simplement :

— Que le grand Vacondah soit loué, puisqu'il a permis que je sauve Rosée-du-Matin.

Sans-Nez était naturellement plus démonstratif.

— Nous commençions à désespérer, dit-il.

« C'est ce diable de Tomaho qui a entendu la voix de sa femme et qui a bousculé le rocher...

« Ah ! vous lui devez une belle chandelle, comme on dit !

« Mais au moins, ajouta le Parisien avec une réelle inquiétude, et en s'adressant particulièrement à mademoiselle d'Éragny, vous n'avez pas été maltraitées ?

— Non, répondit Blanche.

« Mais si vous aviez tardé de quelques minutes, vous nous auriez trouvées mortes.

— Je comprends, fit Sans-Nez ; ces brigands vous auraient massacrées ?

— Sans doute ! répondit Blanche.

« Mais avant leur entrée dans la caverne séparée que nous occupions, nous étions déjà menacées par deux hommes qui ont pu pénétrer jusqu'à nous en se procurant la clef de la porte séparant les deux souterrains.

— Deux hommes !

« Des pirates ? demanda Sans-Nez.

— Je ne sais, répondit la jeune fille.

« Ils nous ont affirmé au contraire qu'ils n'étaient pas pirates, mais c'est bien invraisemblable.

« Ils prétendaient faire ici un commerce avec les bandits.

— Mais que sont devenus ces hommes ? interrogea Sans-Nez.

— Ils sont morts.

— Ils se trouvaient donc dans la mêlée ?

— Non.

« La pierre renversée par Tomaho les a écrasés.

— Bon ! s'écria Sans-Nez.

« Je m'explique maintenant les quatre cris que j'ai entendus en pénétrant dans la grotte.

« Les gredins n'ont que ce qu'ils méritent.

« Que le diable ait leur âme ! »

Et s'adressant à Tomaho, le Parisien continua en jetant des regards émerveillés sur l'aménagement splendide du palais des pirates :

— Dis donc, Cacique !

« Qu'est-ce que tu dis de ce logement ?

« Est-ce assez galbeux ?

« On se dirait sur le boulevard Montparnasse.

« Des lustres !

« Du marbre !

« Des peintures !

« J'en suis bleu. »

Tout à coup Sans-Nez jeta un cri de surprise.

— Tiens ! fit-il.

« Le *XIXe Siècle* !

« Mon café de prédilection !

« Dis donc, Cacique, entrons donc ; je paye un bock.

« Moi j'entre ; suivez-moi. »

Sans-Nez pénétra dans l'établissement désert de feux Grand Seize et Petit Dix-huit, suivi du géant et des deux jeunes femmes.

On prit place autour d'une table de marbre blanc, et Sans-Nez, pour pousser la plaisanterie jusqu'au bout, cria :

— Ohé ! garçon !

« Deux perroquets panachés et quelque chose de doux pour ces dames ! »

À la stupéfaction générale, une voix répondit :

— Voilà !

« On vous sert. »

La voix partait du fond de la salle où se dressait sur une petite estrade un magnifique comptoir en bois noir comme l'ébène.

Les regards de nos quatre consommateurs se fixèrent avec curiosité dans cette direction.

On s'attendait à une singulière apparition.

L'attente ne fut pas de longue durée.

Une femme, sortant de dessous le comptoir où elle se tenait cachée, se dressa tout à coup, descendit de l'estrade et s'approcha des clients la serviette sous le bras.

— C'est une des femmes que John Huggs nous donna pour servantes, dit mademoiselle d'Éragny.

En ce moment, la femme du comptoir arrivait près de la table.

Sans-Nez la toisa d'un coup d'œil.

Soudain il fit un geste de surprise, et une profonde stupéfaction se put lire sur sa face couturée.

Un cri d'étonnement lui échappa, et il se mit à rire comme il riait, c'est-à-dire laissant échapper de sa gorge une succession de notes saccadées et sifflantes.

— En voilà une bien bonne! s'écria-t-il quand il put parler.

« Ces choses-là n'arrivent pas, ou n'arrivent qu'à moi.

« Voyons, je ne me trompe pas?

« C'est bien toi, Paméla?

— Je suis Paméla, en effet, répondit la femme qui examinait curieusement la face défigurée de Sans-Nez.

— N'as-tu pas été demoiselle de comptoir au café du XIX° Siècle, boulevard Montparnasse, à Paris?

— Oui.

« Vous me connaissez donc?

— Si je te connais! s'écria le Parisien avec un élan de joie que la situation rendait comique.

« Mais, ma chère, je ne connais que toi.

« Comment! tu ne te souviens pas?

« Tu ne te rappelles pas ce joli garçon qui avait tant de chic, de galbe et de chien!

« Un habitué qui te payait un bouquet tous les dimanches? »

Et Sans-Nez imita, comme toujours, le bruit des castagnettes.

— Quoi! c'est vous! fit Paméla au comble de la surprise.

« Mais comment me souvenir?

« Vous êtes méconnaissable!

— On me l'a déjà dit plus d'une fois, répondit le Parisien tristement.

« Maintenant, ma chère, je suis trappeur, et on m'appelle Sans-Nez à cause de l'accident dont tu vois les traces.

— Qui donc vous a défiguré ainsi? demanda Paméla avec intérêt.

— Oh! c'est toute une histoire, répondit négligemment Sans-Nez.

« Ce serait trop long à raconter.

« Mais comme tu vois, ajouta-t-il en se levant et en faisant claquer ses doigts, si l'on n'a plus de figure, on possède encore un certain galbe et un de ces chics comme on en voit peu. »

Et le Parisien, après s'être complaisamment examiné, changea de ton tout à coup.

— Ah çà! ma belle, demanda-t-il, cette grotte doit contenir des vivres en quantité?

« Un gaillard aussi avisé que John Huggs n'a pas manqué de faire d'excellentes et considérables provisions?

« Que peux-tu nous donner pour souper?

« Mon ami Tomaho et moi, nous étranglons de faim et de soif.

— Tout ce que vous voudrez, répondit Paméla avec empressement.

— Tant que ça! fit Sans-Nez.

« Eh bien! je demande de tout.

« Ce n'est pas de trop après un jeûne de cinq jours.

« Et surtout du vin de derrière les fagots! »

Paméla s'éloigna aussitôt et se mit avec activité à préparer le repas commandé.

Un quart d'heure après, Tomaho et Sans-Nez, ainsi que Blanche et Conception, faisaient honneur aux vins généreux et aux excellentes provisions des pirates.

Sans-Nez poussait des exclamations à l'arrivée de chaque mets nouveau, de chaque bouteille poussiéreuse.

Tomaho s'extasiait devant les monceaux de viande froide posés devant lui.

Il mangeait avec un appétit de géant, buvait une bouteille d'un seul coup, tout cela en s'occupant de sa femme, en lui servant les morceaux délicats, en la comblant de petits soins et d'attentions qui eussent fait honneur à l'éducation d'un homme du meilleur monde.

De son côté, Sans-Nez se montrait prévenant et empressé auprès de mademoiselle d'Éragny; plusieurs fois, par ses plaisanteries et sa gaieté naturelle, il amena le rire sur les lèvres de la jeune fille toujours inquiète ou attristée.

Enfin le souper s'achevait.

Le dessert était servi depuis longtemps.

Ce fut le moment que choisit Sans-Nez pour appeler Paméla, l'interroger, savoir ce qui s'était passé dans le souterrain, et si elle-même avait favorisé les criminelles intentions des pirates.

Cette femme fut appelée.

— Raconte-nous, lui dit Sans-Nez, dans quelles circonstances les bandits ont résolu de pénétrer dans la chambre du capitaine, où se trouvaient enfermées ses prisonnières.

« Comment deux hommes ont-ils pu s'introduire dans cette chambre de John Huggs sans en forcer l'entrée ?

« Ils avaient une clef...

« Comment se l'étaient-ils procurée ?

« Parle !

« Et surtout pas de mensonge : je m'en apercevrais. »

Paméla, sans embarras ni réticences d'aucune sorte, raconta fidèlement tout ce qui s'était passé.

Elle fit connaître l'intention des pirates de s'emparer des prisonnières.

Elle décrivit les scènes de jeu, les duels, et enfin le dernier combat où les partisans des Américains gagnants avaient vaincu.

Elle avoua que seule elle possédait la clef de la porte de fer, mais que Grand Seize, après l'avoir battue, la lui avait volée.

Quand son récit fut terminé, Paméla le compléta par cette demande :

— Et maintenant que vais-je devenir ?

— Nous reparlerons de ça, répondit Sans-Nez.

« Pour le quart d'heure, reste avec nous. »

Cependant Tomaho s'était levé de table, laissant sa femme et Blanche écouter la fin du récit de Paméla.

Le géant paraissait soucieux et préoccupé.

Sans-Nez s'en aperçut.

Il s'approcha et frappa sur le bras du géant.

— Ça ne va donc pas ? fit-il.

« Tu as le vin triste !

« Est-ce que la digestion est mauvaise ?

— Tomaho n'est pas malade, répondit le Cacique.

« Et le vin le rend joyeux d'ordinaire.

— On ne le dirait guère ! fit Sans-Nez.

« Tu ressembles à un enterrement de septième classe.

« Tu retrouves ta femme après avoir bravé mille dangers, et te voilà d'une gaieté à donner le mal de mer.

— Mon frère plaisante, dit gravement Tomaho.

« Qu'il sache qu'une grande tristesse est en moi, parce qu'un grand soupçon agite mon cœur.

— Un soupçon ?... interrogea Sans-Nez.

« Quel soupçon ?

— Écoute, fit le géant en se penchant et parlant à voix basse.

« Conception est restée six jours au pouvoir de John Huggs, et...

— Et, fit Sans-Nez l'interrompant, tu crains que ta femme... Eh ! oh ! c'est scabreux !...

— J'éprouve la peur que donnent le doute et le soupçon ! continua Tomaho.

Sans-Nez, voyant l'attitude contristée du Cacique et en connaissant la cause, avait en peine à contenir une furieuse envie de rire.

Mais la présence des deux femmes le gênait.

Il écoutait.

Toutefois, obéissant à cet esprit de taquinerie qui l'animait en toute occasion, il résolut de développer encore le sentiment de jalousie qui agitait le géant.

Il jeta ostensiblement un long regard sur Conception et parut l'examiner avec attention.

Puis, se tournant vers le Cacique, il lui dit à voix basse :

— Je la trouve un peu fatiguée.

« Tu as peut-être raison.

« Elle est, comme on dit à Paris, légèrement chiffonnée. »

Tomaho ne répondit que par un énorme soupir.

La remarque du Parisien venait de donner naissance à un doute qui devait singulièrement troubler l'existence du géant amoureux.

Sans-Nez vit le malheureux Cacique jeter

sur son épouse un regard que la jalousie faisait terrible.

Il craignit pour la jeune femme et tenta d'atténuer les effets de sa plaisanterie.

— Après tout, je n'affirme rien, insinua-t-il.

« Je puis me tromper.

« Tout est possible, car ce John Huggs est un affreux chenapan.

« Mais rien ne prouve qu'il se soit permis ce que tu redoutes. »

Au nom de John Huggs, le géant avait tressailli.

Les veines de son cou s'étaient gonflées.

Il avait grincé des dents, et il tenait ses énormes poings serrés avec une violence extrême.

Sans-Nez s'aperçut qu'il avait fait fausse route.

Le ressentiment de Tomaho ne menaçait pas Conception.

Il s'adressait certainement et exclusivement au capitaine des pirates.

Ainsi rassuré, le Parisien s'offrit le plaisir de revenir à la charge et de donner plus de corps à la jalousie du Cacique.

— Ce John Huggs, dit-il, n'est que trop amateur du beau sexe.

« Il a une réputation faite à cet égard.

« C'est pourquoi je n'ose me fier à sa retenue.

« Mais, après tout, il n'y aurait pas grand mal... »

Un sourd grondement du géant interrompit Sans-Nez dans ses appréciations.

Tomaho roulait des yeux effrayants.

Sa face bronzée était convulsée.

Des coins de ses lèvres sortaient deux petits flocons d'écume.

Il était au comble de la fureur et de l'exaspération.

— John Huggs! dit-il avec des grincements dans la voix, John Huggs le pirate mourra!

« Seul, je l'attacherai au poteau de la torture.

« Seul, je le brûlerai lentement.

« Il souffrira longtemps.

« Il mourra cent fois.

« Je le jure par le grand Vacondah! »

Sans-Nez considérait le géant avec plaisir.

Il savourait les effets de sa plaisanterie.

Mais il riait en silence, pour ne pas ajouter encore à la colère du Cacique et s'attirer une correction.

L'admiration de Sans-Nez s'expliquait d'ailleurs.

Tomaho était superbe de fureur et d'exaltation.

Mais soudain le colosse, se dominant, revint à son calme habituel.

Blanche et Conception venaient de se lever de table et s'approchaient.

— Amis, dit la fille du colonel avec une inquiétude qu'elle ne cherchait pas à dissimuler, maintenant que vous nous avez délivrés des pirates, qu'allons-nous devenir?

« Nous ne pouvons rester dans cette grotte.

« Les bandits peuvent se réunir en grand nombre, nous assiéger et nous reprendre.

« Que pensez-vous faire?

— Mademoiselle, dit Sans-Nez, je comprends votre désir de quitter au plus tôt ce maudit repaire de brigands.

« Je conçois vos inquiétudes, et votre empressement à retrouver le colonel.

« Mais je dois vous avouer que nous n'avons aucun projet d'arrêté.

« Nous sommes en sûreté ici, et je suis d'avis d'y demeurer jusqu'à ce que, après sérieuses réflexions, nous ayons trouvé le moyen de sortir sans danger.

« Si les pirates nous attaquent de vive force, nous sommes en mesure de les tenir longtemps en échec :

« Les armes ne manquent pas ici, et les munitions sont abondantes.

« Prenez donc patience, et n'ayez aucune crainte. »

Et s'adressant à Tomaho, Sans-Nez lui demanda :

— Es-tu de mon avis, Cacique?

— Mon frère est prudent, et je l'approuve, répondit le géant.

— Alors, reprit Sans-Nez, que mademoiselle et madame aillent prendre un repos qui leur est nécessaire.

« Nous, nous allons veiller et nous tenir prêts à combattre. »

« Si MM. les pirates se ravisent et nous attaquent, ils trouveront à qui parler.

— Je m'en remets à votre sagesse et à votre courage éprouvé, dit la jeune fille en s'éloignant dans la direction de la caverne réservée de John Huggs.

Conception la suivit après avoir adressé le plus tendre regard à Tomaho, regard dont l'éloquence fit tressaillir l'impressionnable géant.

Quand les deux femmes eurent disparu, Sans-Nez dit à Tomaho :

— Si tu veux m'en croire, tu vas dormir et te reposer pendant quelques heures.

« Moi, je vais monter la garde à l'entrée du souterrain.

« Je me sens dispos, après l'excellent dîner que nous venons de faire, et j'ai complètement oublié la fatigue.

— Mon frère veut rester seul? fit Tomaho.

« Il ne craint pas d'être surpris par le sommeil?

— Pas de danger, dit Sans-Nez d'un air dégagé.

« Je prierai Paméla de me tenir compagnie.

« J'ai encore bien des choses à lui demander... une foule de renseignements...

— Je comprends, fit Tomaho.

« Mon frère a retrouvé sa femme

« Que la joie ne trouble pas son esprit.

« Que ses yeux regardent et que ses oreilles écoutent.

« Les pirates ne sont peut-être pas loin.
— Sois tranquille, dit Sans-Nez.
» Paméla ne me laissera pas dormir.
— Och! fit le géant.
« Moi, je vais rejoindre Conception. »
Et il allait s'éloigner.
Sans-Nez se précipita pour l'arrêter.
— Y penses-tu! s'écria-t-il.
« Ta femme est en compagnie de mademoiselle d'Éragny.
« Il ne t'est pas permis d'entrer dans la chambre de la jeune fille. »
La réflexion et l'observation de Sans-Nez clouèrent le géant sur place.
Son air déconfit et désappointé excita la verve gouailleuse du Parisien, qui ne manqua pas cette occasion de s'égayer aux dépens du Cacique.
Celui-ci, morne, attristé, visiblement contrarié, prêta peu d'attention aux plaisanteries dont il était l'objet.
Il se retira, silencieux et ennuyé, dans un coin sombre où il ne tarda pas à s'endormir.
Sans-Nez, aidé de Paméla, éteignit les lustres et ne laissa brûler que quelques lampes de distance en distance.
Une demi-obscurité succéda à la brillante clarté qui d'ordinaire éclairait la grotte.
Un profond silence régna dans le vaste palais des pirates.

CHAPITRE LXXIX

OU L'ON VOIT UN BANDIT DE LA CALABRE DEVENIR CHEF
DE BRIGANDS DANS LES SAVANES DU MEXIQUE

Quand, au sortir de leur souterrain, les pirates s'aperçurent qu'ils n'étaient pas poursuivis, ils pensèrent à se rallier.

La chose n'était pas facile, car ils avaient fui en désordre, et se trouvaient éparpillés dans les rochers avoisinant l'entrée de la grotte.

Pourtant quelques-uns, plus énergiques et moins épouvantés que le gros de la bande, formèrent un noyau que vinrent bientôt grossir une centaine d'hommes.

Des appels furent lancés dans toutes les directions; quelques bandits se détachèrent pour rechercher leurs compagnons égarés ou trop éloignés pour entendre les cris de ralliement.

Après trois heures de courses, d'agitation et de va-et-vient, tous les pirates survivants se trouvaient réunis sur une colline, à quelques centaines de mètres de l'entrée de la grotte.

Le jour commençait à poindre.

Une ligne blanche éclairait l'horizon à l'est, du côté de la prairie.

Le soleil allait apparaître.

Dès que la lumière le leur permit, les chefs d'escouade appelèrent leurs hommes et les reconnurent.

De deux cents pirates qui se trouvaient dans le souterrain, cent cinquante en étaient sortis.

Les duels, le grand combat qu'ils s'étaient livrés entre eux, les exploits de Tomaho et de Sans-Nez avaient donc eu pour conséquence la mort de cinquante hommes.

Il y eut un frémissement de terreur dans les rangs des bandits quand ils constatèrent la disparition d'un si grand nombre des leurs.

Cependant les lieutenants s'étaient réunis.

Ils agitaient la question d'élire un nouveau capitaine en remplacement de John Huggs.

Après bien des hésitations et des pourparlers, un nom fut prononcé :

— Galloni! Galloni! crièrent plusieurs chefs d'escouade qui ne briguaient pas l'honneur de commander les pirates et qui voulaient en finir.

Quelques voix protestèrent en lançant d'autres noms; mais la presque unanimité proclama Galloni, l'un des lieutenants de John Huggs.

Un drôle de personnage que ce Galloni!

Comme son nom l'indique, il était Italien.

Bandit dans son pays, la Calabre, il commandait une troupe qui, un beau jour, fut décimée ou capturée en grande partie.

Galloni parvint à s'échapper avec quelques hommes; mais sa tête fut mise à prix; son métier offrit dès lors trop de dangers; il ne se sentit pas le courage de continuer à l'exercer sous le beau ciel de l'Italie.

Il émigra et vint se fixer en Amérique.

Il espérait trouver dans le Nouveau-Monde, non-seulement la sécurité, mais encore les moyens de vivre de son état de bandit.

Il rencontra John Huggs.

Les deux hommes, avec un flair remarquable, se reconnurent sans s'être jamais vus.

Ils burent ensemble et firent marché; huit jours plus tard, Galloni se trouvait en pleine savane.

Il était resté bandit calabrais tout en prenant le nom de pirate.

Cet homme n'a pas de l'Italien que le nom; il en possède tous les défauts.

Se croyant beau parleur, il est bavard et affreusement prétentieux; il fait l'orateur en toutes circonstances.

Auprès d'une femme, en plein combat, dans les actes les plus ordinaires de la vie comme dans les circonstances les plus graves, il parle, il parle haut, et surtout il parle beaucoup.

Il vise à l'élégance et ne réussit qu'à être grotesque.

Hâbleur, il ne manque jamais de raconter des histoires extraordinaires dans lesquelles il a joué le premier rôle.

Menteur, il invente des invraisemblances à faire frémir un Gascon; et si les auditeurs lui manquent, il se ment à lui-même, comme tout menteur convaincu.

Hypocrite et faux, on ne peut deviner ses pensées intimes, perdues au milieu d'un amas de paroles vides, creuses, et passant toujours à côté des questions à discuter.

En définitive, Galloni est un gredin de la pire espèce, car il possède ce que l'on pourrait appeler l'intelligence du mal.

Toutefois les aptitudes commerciales de John Huggs lui font complétement défaut.

Il a conservé les étroitesses de vues du brigand italien, et n'est pas capable de trouver les habiles combinaisons auxquelles son prédécesseur devait son prestige et sa force.

Galloni n'est même pas brave; c'est pourquoi il est difficile de concevoir pourquoi les pirates le choisirent comme capitaine.

Grand, beau garçon et encore jeune, Galloni a pour sa personne des soins de jolie femme.

Il a les mains blanches, les cheveux longs, bien peignés, et la barbe parfumée.

Plein de vanité et se croyant superbe et irrésistible dans ses vêtements de brigand calabrais, il les a conservés et ornés.

Tel est le nouveau chef, l'indigne successeur de John Huggs.

Singulier choix de la part des pirates!

Mais ces bandits indisciplinés de la savane obéissaient sans s'en douter à cette loi immuable qui régit toute société, toute association, toute réunion d'hommes.

Ces natures tombées, ne pouvant subir la discipline légale de toute société organisée, rebelles à toute autorité, se cabrant sous le joug de la raison et se riant du simple bon sens, ces gens avaient besoin d'un chef.

Incapables de se conduire et se faisant troupeau, il leur fallait un berger, un maître.

De même les nations qui s'étiolent dans les jouissances que donne une prospérité fictive, qui s'épuisent dans des discussions oiseuses, qui sacrifient l'intérêt général aux appétits personnels, qui font litière des mots sublimes : Patrie, Honneur, Liberté, ces nations tombent infailliblement aux mains d'un dictateur.

Égoïsme, scepticisme, licence...

De ces trois mots découle toujours et infailliblement un quatrième : Dictature!

Les pirates, indisciplinés et corrompus, subissaient la loi naturelle et inévitable.

Ils choisissaient pour chef, pour dictateur, le plus ridicule et le plus infatué d'entre eux, et aussi le plus capable de les conduire à une catastrophe.

Dès qu'il fut assuré de la validité de son élection, Galloni rassembla les chefs d'escouade, c'est-à-dire ses lieutenants, et tint une sorte de conseil de guerre.

C'était une belle occasion de pérorer.

Il s'empressa d'en profiter, et sans songer un instant à questionner et à recueillir l'avis de chacun, il donna le sien avec assurance.

— Nous avons succombé sous le nombre,

dit-il sans plus de précautions oratoires.

« Nous avons été assaillis par les plus redoutables trappeurs de la prairie, et la surprise est sans doute cause de notre retraite.

« Mais nous ne devons pas rester sous le coup d'une défaite.

« Je suis d'avis de forcer l'entrée de la grotte, et de reconquérir notre palais souterrain.

« Que pensez-vous de ce projet, gentlemen?

— Bravo! approuvé! répondirent en chœur les pirates.

Un des lieutenants fit pourtant une objection.

— L'idée me va, dit-il.

« Mais il y a des précautions à prendre avant de la mettre en pratique.

— Lesquelles? demanda Galloni.

— Il faudrait d'abord aller reconnaître l'entrée, reprit le lieutenant.

« Les trappeurs ont dû se barricader puisqu'ils ne nous ont pas poursuivis.

« Peut-on forcer ces barricades?

« Doit-on se jeter en masse serrée à l'assaut?

« Faut-il n'approcher qu'avec précaution?

« Nous ne pouvons agir sans être exactement renseignés.

— C'est parfaitement raisonné, dit Galloni.

« Holà! cria-t-il.

« Deux hommes de bonne volonté! »

Plusieurs pirates se présentèrent.

Le capitaine choisit les deux qui lui inspiraient le plus de confiance.

— Vous allez, leur dit-il, reconnaître dans quel état se trouve l'entrée du souterrain.

« Approchez-vous le plus possible.

« Examinez tout minutieusement et revenez nous rendre compte de votre expédition.

« Montrez-vous imprudents et audacieux.

« Il me faut des renseignement exacts et sans retard.

« Si vous avez peur ou si vous vous trompez, je vous montrerai comment je punis la lâcheté ou la bêtise.

« Allez! »

Galloni donna ces instructions sur un ton emphatique parfaitement ridicule, et il prononça son dernier mot : *Allez!* en prenant une pose théâtrale qui aurait été du plus joli effet sur une scène d'opéra-comique.

Les deux éclaireurs partis, la discussion cessa.

Seul le capitaine parla.

Il régala son auditoire d'un long monologue dans lequel il se plut à énumérer ses projets.

Les pirates l'écoutaient avec une indifférence narquoise.

Galloni avait la prétention de connaître et de parler toutes les langues, lui qui ne savait même pas l'italien, car il s'exprimait dans cette espèce de patois napolitain qui n'a rien de commun avec le pur et harmonieux dialecte toscan.

Il possédait à la vérité un certain nombre de mots français, anglais, espagnols et même indiens; mais il faisait du tout un mélange à dérouter le plus habile linguiste.

C'était à se demander si lui-même se comprenait bien.

Un Auvergnat seul pouvait s'accommoder d'un pareil charabia.

Cependant le nouveau capitaine parla longtemps et s'écouta avec complaisance.

Tout à coup il fut interrompu par des cris et des exclamations.

L'un des deux hommes envoyés en reconnaissance revenait.

Et il revenait seul.

Qu'était devenu son compagnon?

Il avait été victime d'une singulière aventure.

On sait que Tomaho et Sans-Nez, barricadés dans la caverne, s'étaient promis de passer une nuit tranquille.

Ils avaient supposé impossible un retour offensif immédiat de la part des pirates, et leurs prévisions ne furent pas trompées.

Sans-Nez ne s'était pas ennuyé une seconde pendant la longue faction qu'il monta à l'entrée de la grotte.

Paméla lui avait tenu fidèle compagnie.

Cette fille voulait bien oublier la hideuse laideur de son ancien client du boulevard Montparnasse, et se montrer avenante.

Elle consentait à ne voir dans le trappeur

défiguré que le jeune et beau Léon d'autrefois.

D'ailleurs presque toutes les lumières étaient éteintes, et on y voyait si peu...

Tomaho, lui, s'était roulé dans une couverture et couché dans un coin.

Triste, sombre, préoccupé, il dormit mal.

Les soupçons lui agitaient le cerveau.

La jalousie lui étreignait le cœur.

Il était plongé dans un sommeil fiévreux et agité quand il se sentit brusquement secoué et tiraillé.

C'était Sans-Nez qui l'éveillait.

— Debout, Cacique ! disait le Parisien.

« Il fait grand jour au dehors.

« Et j'ai aperçu, à travers notre barricade, quelque chose que je veux te faire voir. »

Le géant se leva.

La mauvaise humeur et l'ennui se lisaient sur sa figure cuivrée.

— Mon frère a bien fait de m'éveiller, dit-il.

« Je voyais dans un rêve John Huggs et Conception.

« Je voulais tuer le pirate ; mais ma carabine ne partait pas.

« Je voulais courir, le saisir et l'étrangler ; mais je ne pouvais marcher, et je le voyais s'éloigner entraînant Conception.

— C'était enrageant, j'en conviens ! dit Sans-Nez en riant de la figure piteuse du géant.

« Heureusement tu rêvais.

« Mais il ne s'agit plus de penser à la jalousie.

« Il faudrait un peu voir à ne pas nous laisser surprendre comme des renards dans leur terrier. »

Tout en parlant, les deux hommes se dirigeaient du côté de l'entrée du souterrain.

Ils arrivèrent à la barricade de rochers improvisée par le géant.

— Qu'y a-t-il, frère ? demanda Tomaho.

— Regarde par cette fissure, dit Sans-Nez.

« Que vois-tu ?

— Je vois deux hommes, répondit le Cacique.

« Ils rampent et se cachent derrière les roches.

« Ce sont des pirates.

— Tout ça me paraît exact, fit Sans-Nez.

« Mais que peuvent bien vouloir ces bandits ?

« Ce sont en tous cas des imprudents ou des imbéciles, et ils vont payer cher leur sottise. »

En prononçant cette menace, le Parisien arma sa carabine et en passa le canon entre deux pierres.

— Mon frère se hâte trop, dit Tomaho.

« Qu'il laisse avancer les deux hommes.

« Nous surprendrons leur projet en les voyant agir.

— Tu as raison, répondit Sans-Nez.

« Voyons-les venir. »

Et il attendit, sans toutefois ôter le canon de son embrasure.

Cependant les pirates avançaient avec toutes les précautions imaginables.

Ils étaient loin de se douter que pas un de leurs gestes n'échappait aux trappeurs.

Ils examinaient attentivement les environs, et toujours leurs regards se reportaient sur la crevasse dont ils ne pouvaient encore apercevoir la barricade intérieure.

— Ce sont des éclaireurs envoyés en reconnaissance, dit Sans-Nez.

« Voilà me paraît clair.

« C'est dommage que nous ayons une porte si difficile à ouvrir, je les laisserais entrer.

— Que mon frère se tienne caché, tranquille et silencieux, dit Tomaho.

« Je vais le rendre joyeux. »

En faisant cette promesse, le visage du géant prit une expression d'orgueil et de satisfaction.

Évidemment, il venait de lui pousser une idée qui l'enchantait.

Sans-Nez ne pensa pas cette fois à contrarier son compagnon.

Il se dissimula derrière une énorme pierre et attendit, suivant tous les gestes du Cacique.

Il le vit s'éloigner un instant, puis reparaître muni de la fameuse gaffe trouvée dans la Tour du Sorcier-des-Eaux, et qui avait si bien fait l'office de massue.

Le géant introduisit le bout ferré de l'instrument entre deux roches assez écartées pour permettre une manœuvre suffisante.

Puis il regarda dehors et suivit attentivement tous les mouvements des pirates qui n'approchaient que très-lentement.

Bientôt ils ne furent plus qu'à quelques pas.

Rassurés par le silence, ils se levèrent, et avançant encore, ils se mirent à examiner la barricade.

Enfin l'un des bandits s'avisa de se pencher pour jeter un regard dans la grotte, par des jours laissés entre les pierres.

Tomaho joua aussitôt de la gaffe.

Et il en joua si habilement qu'il crocha le pirate au cou et le maintint vigoureusement quoiqu'il se débattît comme un furieux.

Sans-Nez comprit alors l'idée de Tomaho.

Il s'empressa de venir tirer sur la gaffe pendant que le géant déplaçait vivement une roche, et frayait un passage au bandit harponné.

Le trou fait, Tomaho allongea le bras, empoigna son prisonnier, l'attira à lui comme on eût fait d'un paquet, et le jeta dans l'intérieur de la grotte.

Puis, ayant rebouché la brèche, il dit à Sans-Nez.

— Que mon frère le garrotte.

En un tour de main, le Parisien eut ficelé les poignets du pirate avec une bretelle de fusil.

— C'est fait, dit-il.

« Et l'autre?

— L'autre est en fuite.

— Il faut lui envoyer une balle, dit vivement Sans-Nez.

— Impossible! répondit le Cacique.

« Il s'est engagé dans les rochers.

« Nous ne pouvons l'apercevoir.

— C'est dommage! murmura Sans-Nez.

« Un prisonnier et un mort, c'était presque une victoire dans notre situation.

« En tous cas, tu as eu une idée superbe qui ne me serait pas venue.

« Cacique, je te proclame un homme épatant.

« Tu es au-dessus de ta réputation.

« Maintenant il s'agit d'interroger cet animal ou de lui brûler la cervelle s'il s'avise de mentir ou de ne pas répondre. »

En prononçant ces derniers mots, le Parisien s'était tourné du côté du pirate; il avait tiré un revolver de sa ceinture et l'armait.

Le prisonnier eut un frisson de terreur.

Il connaissait les trappeurs et n'ignorait pas que la menace dans leur bouche a toujours la valeur du fait accompli.

— Que venais-tu faire à l'entrée de la grotte? lui demanda Sans-Nez.

— Je venais avec mon camarade voir si elle était barricadée et défendue, répondit le pirate sans hésiter.

— Parfait! fit Sans-Nez.

« Alors tes chenapans de compagnons pensent à prendre une revanche?

— Ils veulent vous attaquer, affirma le bandit.

— Très-bien! reprit Sans-Nez.

« Dis-nous maintenant comment ils comptent nous attaquer.

— Il n'y avait rien de décidé quand nous sommes partis en reconnaissance, répondit le pirate en toute sincérité.

« On devait attendre les résultats de notre exploration avant d'arrêter un plan.

— Ton explication me semble vraisemblable, fit Sans-Nez.

Et caressant la crosse de son revolver, il ajouta :

— Ça m'embête de faire le juge d'instruction.

« Si tu as quelque chose à dire qui puisse faciliter notre défense, dis-le.

« Pas de cachotteries, je te préviens.

« Si tu veux pousser la discrétion jusqu'à te sacrifier pour la bande de gredins dont tu fais partie, je te laisse libre.

« Mais rappelle-toi que si tu ne me dis pas tout ce que tu sais, la première balle de ce pistolet te crèvera le crâne.

« Maintenant, parle si tu veux. »

Cette nouvelle menace ne parut pas faire grande impression sur le bandit.

— Je ne vous cache rien, car je ne sais que ce que je viens de vous dire, affirma-t-il.

« Vous serez attaqués aujourd'hui, mais je ne sais comment. »

Ces quelques mots furent prononcés avec un accent de sincérité qui convainquit Sans-Nez et le fit renoncer à prolonger un inutile interrogatoire.

En ce moment Tomaho s'approcha et dit au Parisien :

— Mon frère n'a plus rien à demander à ce vautour de la savane?

— Non.

« Pourquoi?

— Parce que, moi aussi, je veux le questionner.

— Vas-y! fit Sans-Nez.

« Mais je doute qu'il t'en dise plus qu'à moi.

— Un poids plus lourd que ces rochers m'écrase le cœur, dit gravement le géant, et je ne pense pas à la guerre.

« Un doute m'oppresse et je veux le dissiper.

« Regarde-moi, vautour pâle! dit-il au pirate.

« Écoute mes paroles.

« Que la vérité passe par tes lèvres.

« Ne crains rien que le mensonge. »

Après cet exorde, le brave géant fit une légère pause.

Il y avait de l'émotion dans sa voix quand il reprit :

— Quelle a été la conduite du capitaine Huggs avec ses prisonnières?

« Les squaws ont-elles été respectées jusqu'au moment où nous les avons délivrées?

— Les femmes n'ont rien à reprocher à notre chef, répondit le pirate avec assurance.

« Et s'il ne s'était pas absenté, aucun de nous n'aurait songé à faire violence aux prisonnières, que vous avez sauvées à temps. »

Le bandit raconta alors en quelques mots le serment du Dollar, et les événements qui furent la conséquence de l'absence prolongée du capitaine.

A mesure que le pirate parlait, la bonne figure de Tomaho s'éclairait de joie et de bonheur.

Quand il eut terminé, le géant transporté d'aise et délivré de ses soupçons jaloux se mit à pousser des exclamations et des cris insensés.

Une joie folle succédait soudainement aux plus sombres préoccupations, à un véritable désespoir.

Avec tout l'élan d'une nature franche et primitive, le brave géant s'abandonna à ses nouvelles impressions.

Il éprouvait un besoin subit d'épanchement: il cria comme un fou, ou comme un enfant.

Et la parole ne lui suffisant pas pour exprimer et manifester ce qu'il sentait, il y joignit le geste.

Il se mit à danser, à sauter comme un possédé, comme un homme piqué de la tarentule.

C'étaient des bonds désordonnés et capricieux.

C'étaient des déhanchements étranges et imprévus, des poses bizarres, des gestes impossibles.

C'était enfin un cancan d'une saisissante originalité et que le plus hardi Clodoche ne saurait même rêver.

Sans-Nez riait à se tordre en voyant le bon Cacique faire toutes ses contorsions.

— As-tu bientôt fini? s'écriait-il entre deux accès de son rire.

« Tu vas te démancher quelque chose.

« J'ai mal à la rate.

« J'étouffe.

« Laisse-moi un peu respirer.

« Tu recommenceras quand je te le dirai. »

Le pirate prisonnier lui-même ne pouvait résister à l'envie de rire en voyant le géant cancaner avec un tel entrain.

Enfin Tomaho s'arrêta de danser et de pousser ses cris joyeux.

— Ce n'est pas malheureux! s'écria Sans-Nez.

« Tu peux te vanter, Cacique, d'avoir un fameux jarret.

« Si jamais nous allons à Paris ensemble, je te promets des entrées de faveur à Mabille... et surtout un succès renversant. »

Tomaho ne répondit pas aux plaisanteries du Parisien.

Il était redevenu calme; mais sa figure reflétait toujours l'immense joie qui lui gonflait le cœur.

— Maintenant que te voilà disposé à m'écouter, reprit Sans-Nez, il s'agit de nous débarrasser de notre prisonnier.

« Il ne peut nous être d'aucune utilité, au contraire.

« C'est un pirate.

« Tu sais la règle :

« Pris, fusillé. »

Et il se tourna vers le bandit pâle de terreur en entendant cette subite résolution.

— Allons! dit-il.

« A genoux!

« Et meurs en homme! »

Le malheureux répondit par un gémissement, et il adressa un regard suppliant à Tomaho.

— Que mon frère se calme, dit le géant à Sans-Nez.

« Nous pouvons encore avoir besoin du vautour pâle.

« Il a été pour Tomaho un messager de bonheur ; que son supplice soit retardé.

— Tu le veux? fit Sans-Nez avec insouciance.

« Soit! mais méfions-nous.

« Ce gredin serait capable de chercher à nous livrer pour nous remercier de lui laisser la vie.

« Visite ses liens.

— Mon frère a raison de ne pas se hâter de verser le sang, répondit Tomaho.

Et s'approchant du prisonnier, il visita la courroie qui le garrottait et en consolida les nœuds.

En voyant son compagnon disparaître dans l'intérieur du souterrain, le second pirate avait pris la fuite en toute hâte.

Il rejoignit bientôt le gros de la troupe et raconta au nouveau capitaine ce qui venait de se passer.

Celui-ci, animé d'une belle ardeur, s'écria dans son jargon impossible :

— Nous délivrerons notre camarade.

« Nous prendrons la grotte d'assaut. »

Puis, s'adressant à l'éclaireur, il demanda :

— Tu dis que la barricade est composée de rochers, qu'elle est solide ?

— Très-forte, capitaine.

— Peu importe !

« Les difficultés me plaisent.

« Et crois-tu que les trappeurs sont nombreux ?

— Je le suppose, répondit le pirate, car il a fallu beaucoup de bras, et de solides, pour rouler les rochers et les entasser dans la crevasse.

— Tant mieux! dit Galloni d'un air fanfaron.

« La victoire n'en sera que plus belle. »

Puis, s'adressant aux chefs d'escouade, il commanda :

— Faites ranger vos hommes !

« Je vais vous montrer comment on organise une attaque et comment on s'assure de la victoire. »

L'ordre s'exécuta non sans peine.

Les bandits n'avaient pas l'habitude de jouer au soldat, et ils ne comprenaient pas les commandements que leur adressaient le nouveau capitaine et ses lieutenants.

A la fin, les pirates, divisés en cinq pelotons, se trouvèrent alignés sur une double file.

Galloni, le poing sur la hanche et l'air superbe, passa et repassa devant sa troupe, adressant des compliments aux uns, gourmandant les autres de l'air convaincu d'un général inspecteur.

Ayant ensuite fait former le cercle, il prit le ton solennel d'un chef d'armée commandant à cent mille hommes.

— Nous allons, dit-il, nous engager dans une lutte sérieuse.

« Le péril sera grand peut-être ; mais votre courage ne faiblira pas.

« Pourtant la valeur doit se compléter par la prudence et une savante tactique militaire.

« Je suis sûr de vaincre, mais à la condition de paralyser la défense de l'ennemi en déjouant ses combinaisons.

« Il me faut trente hommes de bonne volonté pour assurer l'exécution de mes plans.

« Que ces volontaires sortent des rangs. »

Aussitôt un grand nombre de pirates répondirent à l'appel de leur chef.

Celui-ci choisit ceux qui lui convenaient et s'écria avec emphase :

— Vous serez mes sapeurs !

LE SECRET DU DOMPTEUR

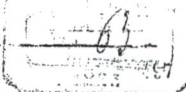

« C'est à vous que reviendra la plus grande part de notre triomphe. »

Les pirates écoutaient leur nouveau chef sans trop comprendre.

Ils lui obéirent toutefois.

On rechercha et on coupa les plus fortes tiges d'arbustes que l'on put trouver, et l'on en fit des leviers.

Puis les sapeurs improvisés reçurent les plus fortes haches que l'on put réunir.

Quand cet armement se trouva complet, Galloni donna ses dernières instructions.

Il expliqua comment il fallait agir pour s'approcher de la barricade à démolir et à enlever, et dans quel ordre on devait avancer.

Enfin, après maintes démonstrations et beaucoup de paroles inutiles, on se mit en marche.

Les sapeurs étaient précédés par une ligne de tirailleurs qui devaient les protéger en attirant l'attention de l'ennemi et en l'inquiétant par un feu nourri.

Ce fut dans un bel ordre que la horde de bandits prit le chemin de la grotte.

Ce fut avec un véritable entrain que l'attaque commença.

Aux premiers coups de feu tirés par les pirates, mademoiselle d'Éragny, Conception et Paméla étaient accourues à l'entrée du souterrain.

Blanche interrogea Sans-Nez.

— Que se passe-t-il donc? demanda-t-elle toute tremblante d'anxiété.

— Il n'y a rien d'extraordinaire, mademoiselle, répondit le Parisien de l'air le plus tranquille.

« Il y a seulement que les pirates se ravisent et prétendent rentrer de vive force dans leur domicile.

— Ils n'y rentreront pas! s'écria la jeune fille avec une subite impétuosité.

« Il faut combattre!

« Je me défendrai jusqu'à la mort plutôt que de retomber entre les mains de pareils misérables. »

L'énergie et l'élan de la jeune fille firent plaisir à Sans-Nez.

Il ne s'attendait pas à autant de résolution de la part d'une enfant si peu habituée aux dangers du désert américain.

— Je vous jure que nous nous défendrons! dit-il.

« Et si, comme je l'espère maintenant, vous êtes femme à nous aider, nous leur donnerons du fil à retordre, à messieurs les pirates.

— Comptez sur ma volonté, fit résolûment mademoiselle d'Éragny en tendant les mains à Sans-Nez et à Tomaho.

Puis, comme les coups de fusil redoublaient au dehors et que les balles venaient s'aplatir ou ricocher sur les roches de la barricade, elle ajouta :

— Préparons-nous.

« Ils approchent. »

Enchantés de voir la fille du colonel d'Éragny dans des dispositions aussi belliqueuses, Tomaho et Sans-Nez se préparèrent activement à la défense.

Ils rassemblèrent les fusils et les munitions abandonnés par les pirates au moment de leur déroute.

Toutes les armes furent chargées et disposées à portée de la main de chaque tireur.

Le géant, muni de son canon portatif, se plaça à une meurtrière.

Sans-Nez se posta à une autre.

Et mademoiselle d'Éragny, les imitant, se saisit d'une carabine et choisit sa place de combat.

Conception, quelque peu effrayée, se rapprocha de Tomaho et se mit en mesure de faire le coup de feu.

Quant à Paméla, elle était depuis longtemps auprès de Sans-Nez, le fusil à la main, lui demandant des conseils et parfaitement déterminée à faire tout son possible pour tuer ses anciens clients.

Bientôt le moment de riposter au feu des pirates arriva.

Les éclaireurs de Galloni n'était pas à plus de cent mètres, et de temps en temps on pouvait apercevoir quelques imprudents qui négligeaient de se cacher.

Ce fut Tomaho qui fit feu le premier sur deux pirates qui eurent l'imprudence de se montrer entre deux roches.

La détonation ébranla toute la caverne.

Les deux hommes tombèrent.

Le géant avait mis une douzaine de balles de calibre ordinaire dans son énorme canardière.

Il tirait à mitraille.

Les pirates durent penser que les assiégés avaient du canon.

Sans-Nez, muni de sa carabine à répétition, avec dix-huit balles dans la crosse, ne tarda pas à imiter Tomaho.

Il tira trois fois et trois bandits tombèrent pour ne plus se relever.

Mademoiselle d'Éragny, l'œil enflammé et transportée d'une fiévreuse ardeur, faisait le coup de fusil avec une merveilleuse assurance.

Plusieurs de ses balles portèrent.

Sans-Nez était enchanté.

Il lui prodiguait les compliments et les encouragements.

— Vous êtes un vrai trappeur! disait-il dans son enthousiasme.

« Le coup d'œil est sûr.

« Quand le sang-froid sera venu, vous ferez mouche à cent pas. »

De son côté, Paméla usait beaucoup de cartouches, mais elle ne réussissait qu'à faire du bruit et de la fumée.

Sans-Nez, qui la surveillait, sacrait et jurait à chaque balle perdue.

— Tonnerre du Vacondah! disait-il moitié riant moitié colère.

« On ne tire pas comme ça

« Appuie le bout de ton fusil sur la roche.
« Vise longtemps.
« Ne te presse pas.
« Là!... bien!... tu le tiens.
« Feu! »

La pauvre fille tirait, mais le pirate ne tombait pas.

Alors Sans-Nez, complétant la démonstration par l'exemple, ajustait et tirait à son tour.

— Tu l'as vu faire la cabriole? ajoutait-il tranquillement.

« On dirait que c'est difficile, ma parole! »

Quant à madame Tomaho, elle avait déjà brûlé cinq cartouches sans succès.

Le géant lui prodiguait les conseils et les démonstrations, mais inutilement.

Enfin la sixième balle atteignit un pirate qui tomba foudroyé.

Tomaho poussa une exclamation de triomphe.

Ce premier succès l'enthousiasma.

Il prit sa femme dans ses bras et l'embrassa avec des élans de joie folle.

Puis il la reposa à terre en disant :

— Squaw pâle, tu es digne de l'amour d'un grand chef comme Tomaho.

La pauvre Conception ne pouvait répondre.

Elle était à demi pâmée.

Sans s'en douter, dans sa joie, le géant avait failli étouffer son épouse.

Mais le commencement de pâmoison dura peu, et l'inquiétude qui agita un instant Tomaho disparut quand il vit Conception reprendre son fusil et se remettre à son poste.

Nos assiégés continuèrent à riposter vigoureusement au feu des pirates.

Ils y mettaient un tel entrain, qu'on pouvait les supposer beaucoup plus nombreux.

Ils ne couraient pas d'ailleurs de danger sérieux.

Une balle pouvait les atteindre par ricochet; mais, abrités comme ils se trouvaient derrière un triple mur de roches, ils avaient bien des chances d'éviter un hasard malheureux.

CHAPITRE LXXX

OÙ GALLONI DÉPLOIE, COMME GÉNÉRAL, LES PLUS BRILLANTES QUALITÉS

Au dehors, les pirates commençaient à reculer.

Ils avaient vu tomber plusieurs tirailleurs, et ils voyaient clairement qu'ils ne forceraient pas facilement l'entrée de la grotte.

Galloni, voyant ses éclaireurs se replier à la hâte, poussait d'inutiles : *En avant!*

C'était à reculons que l'on marchait.

Monté sur une éminence, hors de la portée des balles, le bouillant capitaine ne trouvait pas assez d'invectives pour qualifier la lâcheté de ses guerriers.

Il tenta, aussi inutilement, de les encourager par des flatteries.

Rien ne put décider les pirates à faire un pas de plus.

Galloni voyait son plan d'attaque échouer misérablement.

Lui qui se croyait des talents militaires, lui qui parlait tactique et stratégie avec l'autorité d'un vieux général, il ne pouvait, avec ses trente sapeurs, démolir une barrière de quelques rochers.

Quelle honte!

Quelle blessure à son amour-propre!

Il voyait avec rage ses pirates lâcher pied dans un désordre complet.

Les tirailleurs rampaient pour éviter les balles de l'ennemi et ne songeaient guère à riposter.

Certains d'entre eux, à l'abri derrière un arbre, n'osaient plus bouger.

Les sapeurs avaient abandonné leviers et haches pour se sauver plus facilement et gagner un abri sûr aussi vite que possible.

Quant au gros de la bande, qui devait former la vraie colonne d'assaut, les pirates qui la composaient se tenaient prudemment dans un pli de terrain, refusant énergiquement de faire un pas en avant.

Galloni, dans sa fureur, insulta ses bandits.

— Vous avez des peurs de femmes malades, dit-il.

« Vous êtes un tas de lâches !
— Lâche toi-même ! répondit une voix.
« Quand on n'a pas peur, on marche le premier.
— Permettez ! dit Galloni.
« Vous ne m'avez pas compris.
— Allons donc ! fit une autre voix.
« Tu as peur des balles, capitaine.
« Ça se voit.
« Tu te tiens à distance.
— Oui, je me tiens à l'abri des balles, s'écria Galloni avec une indignation très-bien simulée.
« J'ai mes raisons pour ça.
« Est-ce qu'un chef doit s'exposer comme un simple guerrier?
« Si je meurs dans le combat, qui dirigera la lutte? qui assurera le succès définitif?
« Où en seriez-vous si je m'étais fait tuer comme le premier venu? »

Des rires dédaigneux et des exclamations narquoises répondirent à cette question.
— Vous vous moquez, reprit Galloni.
« Moi, je ris de votre bêtise.
« Si je n'étais plus là, vous renonceriez à l'attaque de la grotte.
« Vous manqueriez l'occasion de remporter une victoire complète, je vous le dis.
« Écoutez, et vous conviendrez que je suis de ceux dont on doit conserver la précieuse existence.
« Vous ne vous sentez ni le courage ni la force d'enlever la barricade d'assaut ?
« Eh bien ! moi, j'ai trouvé le moyen de nous venger des trappeurs sans risquer la vie d'un seul homme. »

Cette déclaration émise avec assurance fit dresser l'oreille aux pirates.
Ils n'osaient pas y croire ; mais la curiosité était vivement excitée.
— S'il pouvait dire vrai ! pensaient-ils tous.
— Voici mon projet, reprit Galloni.
« Nous allons creuser cinq mines sur la croûte de roche et de terre qui forme dôme au-dessus de la grotte.
« Nous ferons facilement sauter cette voûte qui paraît si solide.
« Elle s'effondrera et les trappeurs seront infailliblement engloutis sous ses débris. »

Cette nouvelle idée eut un plein succès.
Elle fut immédiatement adoptée.
Et cela se comprend.
Il valait mieux faire un peu de terrassement que d'affronter le feu de ceux que l'on venait d'attaquer si inutilement.
Les balles des trappeurs ne pouvaient atteindre les travailleurs, et les trous de mines seraient creusés facilement et en toute sécurité.
Sans plus tarder, les pirates se mirent à la besogne.
Tous piochèrent avec ardeur.
Ils tenaient un sûr moyen de vengeance.
Ils voulaient en user au plus vite, craignant sans doute qu'il ne leur échappât.

Galloni est alors au milieu de ses hommes.
Il n'y a plus de balles à redouter ; pourquoi ne serait-il pas à son poste ?
Il a d'ailleurs repris tout son empire sur les pirates.
Ses commandements sont lancés avec une parfaite assurance, et on lui obéit, pour le moment, avec une entière soumission.
Tous les bandits creusent et minent avec un admirable entrain.
Galloni va et vient avec une activité sans pareille.
Il est partout, surveille tout, pense à tout.
Il n'a commis qu'une négligence, un simple oubli.
Il n'a pas pensé à faire surveiller et garder l'entrée de la grotte.
Pour un si habile capitaine, c'est une faute impardonnable.
Quand on a des trappeurs à combattre, il ne faut rien oublier.
Tomaho et Sans-Nez ne tardèrent pas à s'apercevoir qu'ils n'étaient pas surveillés, et ils ne surent à quoi attribuer la brusque et complète disparition des pirates.
Était-ce peur ou ruse ?
Sans-Nez voulait s'en assurer en risquant une reconnaissance.
Tomaho préférait attendre les événements.
Il y eut commencement de discussion.

Mais au moment où le raisonnement du Parisien allait triompher, le géant commanda le silence d'un geste.

Il prêta l'oreille.

On entendit alors très-distinctement des coups sourds paraissant venir d'en haut.

Tomaho écouta avec plus d'attention.

— Les vautours pâles creusent dans la voûte, dit-il.

— Bon ! s'écria Sans-Nez.

« Ils ont le temps de piocher pour percer un toit aussi solide.

« J'ai bien envie de les voir travailler.

« Je comprends maintenant.

« Ils ont abandonné l'attaque de notre barricade qui leur a paru trop bien défendue ; il leur est venu une autre idée et ils s'empressent de la mettre en pratique sans songer à nous garder.

« Quels imbéciles que ces pirates !

« Allons les voir un peu.

« Viens-tu, Cacique ?

— Je ne veux pas contrarier mon frère, dit Tomaho.

Et il déplaça une roche énorme aussi facilement qu'un maçon eût manié un moellon.

Sans-Nez se faufila le premier par l'ouverture.

Tomaho le suivit après avoir recommandé aux femmes de ne pas se laisser surprendre.

Avec toutes les précautions possibles, rampant et se dissimulant derrière les rochers et les touffes d'arbustes, nos deux braves compagnons arrivèrent à cinquante pas d'un point où une trentaine de pirates travaillaient activement à creuser une mine.

Ils suivirent l'opération pendant quelques minutes, cherchant à en deviner le but.

Ils s'aperçurent que le même travail s'exécutait sur cinq points différents.

Sans-Nez s'approcha de Tomaho qui se baissa et tendit l'oreille.

— Je crois les comprendre, dit tout bas le Parisien.

« Ils veulent faire effondrer la voûte du souterrain et nous écraser sous les décombres.

« Mais nous verrons bien.

« En attendant, choisissons le moment favorable et envoyons quelques balles à ces brigands en manière d'adieu.

« Quand je serai prêt, je parlerai. »

En ce moment une voix lança divers commandements sur un ton singulièrement élevé.

Un homme circulait parmi les pirates, s'agitant et gesticulant avec une animation que rien ne paraissait motiver.

C'était Galloni qui faisait le bravache et le fanfaron.

— Vous voyez, criait-il, que je ne mérite pas vos reproches.

« Ne suis-je pas au milieu de vous, sur le terrain de la lutte ?

« Quand il s'agit de diriger des travaux de mine, ma place est à côté de mes sapeurs ; quand il faut commander dans une bataille, le chef doit choisir une position qui lui permette de suivre la lutte dans ses détails et de la diriger dans son ensemble.

« Voyez ce que vaut la science militaire de votre capitaine.

« Avant une heure, les trappeurs seront écrasés ou prisonniers. »

Soudain Galloni fut interrompu.

Une voix cria :

— Tais-toi donc, imbécile !

« Ils sont plus près de toi que tu ne penses.

« Gare la bombe ! »

C'était la voix de Sans-Nez qui n'avait pu s'empêcher de répondre aux fanfaronnades de l'Italien hâbleur.

Et l'action succédant immédiatement à l'avertissement, le Parisien envoya dans le groupe des pirates les dix-huit balles de son fusil à répétition.

Tomaho, qui avait chargé son canon à mitraille, suivit fidèlement l'exemple.

L'effet de ces détonations fit un effet terrible sur les pirates.

Plusieurs tombèrent.

Les autres se dispersèrent en désordre.

Quant à Galloni, il s'était jeté à plat ventre à la première détonation.

La face à moitié enfoncée dans la terre fraîchement remuée, il ne faisait pas un mouvement.

Pourtant il n'était pas tué, ni même blessé.

Il craignait, en se relevant, de servir de cible à une nouvelle décharge.

Cependant les pirates couraient çà et là, poussant des cris de terreur.

Ils ne savaient trop par où fuir, n'ayant point vu de quel côté venait le danger.

Les plus avisés s'abritèrent derrière les rochers, tandis que les autres tournaient sur eux-mêmes sans prendre de détermination.

Quelques-uns, se précipitant sur leurs fusils, firent feu au hasard. Alors le reste de la bande s'imagina que les trappeurs continuaient l'attaque.

Ils étaient dans une complète erreur.

Tomaho et Sans-Nez ne pensaient même pas à une seconde décharge.

Ils ne songeaient qu'à regagner la grotte, et ils détalèrent au plus vite, n'étant pas assez fous pour engager un combat disproportionné.

L'un des pirates les aperçut fuyant.

Il cria :

— Ils ne sont que deux.

« C'est le géant et un autre trappeur.

« Ils se sauvent du côté du souterrain. »

Ces paroles eurent le don de rendre la vie à Galloni.

Il se leva vivement et prit un air courroucé, indigné.

— Encore des lâchetés ! dit-il avec un merveilleux aplomb.

« Manquer de sang-froid et d'énergie dans de telles circonstances est impardonnable.

« Vous n'aurez jamais de solidité au feu.

« Allons !

« Cinquante hommes avec leurs carabines.

« Que l'on poursuive les trappeurs et que l'on garde l'entrée de la grotte. »

Les cinquante hommes furent réunis et dirigés vers le souterrain.

Galloni leur adressa une dernière recommandation :

— Exécutez un feu nourri sur la barricade, dit-il.

« Vous occuperez l'ennemi et détournerez son attention pendant que nous achèverons les fourneaux de mines. »

Cet ordre donné, Galloni rassembla ses travailleurs et voulut les envoyer continuer leurs terrassements.

— Venez avec nous, dit un des pirates.

Le capitaine ne parut pas goûter cette invitation.

Il craignait sans doute une nouvelle fusillade, assurément impossible.

— Ma présence est inutile maintenant, dit-il.

« Vous savez ce qu'il reste à faire.

« Allez !

— Venez avec nous, répétèrent plusieurs voix, ou nous ne travaillons pas.

Les pirates paraissaient résolus.

Il fallait se rendre à leur désir.

Galloni le comprit et il ne résista pas.

Il s'avança lentement, et bien à regret sans doute.

Sa pâleur témoignait de ses terreurs.

Toutefois il se détermina à reprendre la direction des travaux, et les pirates se remirent à la besogne avec entrain.

Au bout d'une heure, tout se trouva prêt.

Les mines étaient fortement chargées.

Une mèche très-courte communiquait avec l'un des fourneaux, qui, lui-même, se reliait aux autres par des traînées de poudre.

Cette disposition devait déterminer l'explosion de toutes les mines en même temps.

Galloni, au dernier moment, trouva la mèche trop longue.

Il la fit couper.

Et comme les pirates parlaient d'imprudence, il leur dit :

— Les explosions doivent avoir lieu sans aucun retard.

« Le géant Tomaho est renommé pour sa bravoure, et je le crois capable de venir couper la mèche si elle était trop longue.

« Cet homme est d'une force extraordinaire, et son audace dépasse toute croyance. »

Évidemment la peur troublait les idées du capitaine.

Il signalait un danger impossible, et rien ne pouvait justifier ses craintes ridicules.

Il devait bientôt avoir à se repentir de ses folles terreurs.

Ayant désigné un homme pour mettre le feu à la mèche :

— Je la trouve trop courte, dit le pirate.

« Allumez vous-même. »

Galloni s'adressa à un second, à un troisième, et la même réponse lui fut faite.

Pas un homme ne voulut se charger d'une mission qu'il considérait comme extrêmement dangereuse.

La situation devenait impossible.

Une voix cria :

— Que le capitaine mette le feu lui-même !

« C'est lui qui a voulu une mèche trop courte. »

A cette proposition, Galloni pâlit et recula.

Mais les bandits, pris d'une résolution subite, se jetèrent sur leur chef, lui arrachèrent ses armes, et vingt carabines le menacèrent.

— Si tu bouges, nous tirons ! crièrent les pirates.

Et l'un d'eux, plus déterminé que les autres, ajouta :

— Nous allons nous reculer à bonne distance.

« Quand nous serons en sûreté, nous te crierons :

« *Feu !*

« Si tu fais un pas pour t'enfuir, si tu n'obéis pas, nous te fusillons ! »

Atterré et tremblant, le vaillant capitaine fut bien forcé de se conformer à une volonté aussi énergiquement exprimée.

Les pirates s'éloignèrent lentement.

Quand ils se crurent à une assez grande distance, ils commandèrent :

— Feu !

Galloni hésitait encore.

L'oreille basse et les mains pendantes, il restait là immobile et consterné.

— Feu !

« Feu donc ! répétèrent les pirates tout d'une voix. »

Et comme ils n'obtenaient aucun résultat, ils s'imaginèrent d'ajouter :

— Allume !

« Vite !

« Voici Tomaho !...

« Les trappeurs !...

« Alerte ! »

Cet avertissement produisit sur Galloni l'effet d'une décharge électrique.

Il tressauta, regarda vivement derrière lui,
mit le feu à la mèche et se sauva à toutes jambes.

Il ne s'était pas éloigné de quarante pas quand plusieurs détonations sourdes firent trembler le sol sous ses pieds.

La secousse le renversa.

Des débris de rochers et une quantité de terre s'élevèrent à de grandes hauteurs, pour retomber avec des bruits terrifiants.

Les mines avaient complètement réussi.

La voûte du souterrain était effondrée de toutes parts.

Le sol de la colline avait baissé et formait un vaste entonnoir assez semblable à un cratère de volcan éteint.

D'énormes masses de rochers brusquement déplacées roulaient avec fracas le long des pentes nouvellement formées, s'amoncelaient sur certains points, ou étaient précipitées jusqu'au centre de l'effondrement.

Le palais des pirates était anéanti.

Dès qu'il n'entendit plus tomber aucun débris, Galloni se releva étonné de se trouver encore vivant.

La chance l'avait favorisé.

Pas une blessure.

Pas une contusion.

Après s'être tâté avec inquiétude, il courut vers ses bandits en criant :

— Victoire !

« Ils sont tous écrasés ! »

Mais ces cris de joie furent brusquement interrompus.

Le brave capitaine était à dix pas de ses hommes, quand il s'arrêta tout à coup et se jeta à plat ventre.

Il était grand temps.

Vingt détonations retentirent et une volée de balles siffla au-dessus de lui.

Quelques pirates tombèrent.

CHAPITRE LXXXI

TROP TARD

Cette décharge était faite par le colonel d'Éragny et sa troupe, parvenus à portée de fusil des pirates quelques secondes après l'explosion des mines.

Arrvés dans le voisinage de la grotte des bandits, les squatters s'étaient postés en observation sur une éminence voisine.

La vue des pirates s'agitant hors de leur repaire inquiétait Tête-de-Bison et Bouléreau.

Il fallait, avant de s'aventurer, prendre toutes les précautions et ne rien laisser au hasard.

On devait attendre.

C'est ce qui désespérait M. d'Éragny.

— Des retards!

« Toujours des retards! s'écriait-il avec désespoir.

« C'est la perte de mon enfant que ces éternelles hésitations. »

Tout en observant les agissements des pirates, le Trappeur et Bouléreau tâchaient de faire entendre raison au colonel.

Mais les explications les plus plausibles ne pouvaient qu'arracher ce seul cri au malheureux père :

— Sauvons ma fille!

Les coups de feu échangés entre les pirates et un ennemi invisible avaient bien été entendus par les squatters ; mais comment supposer que nombre de ces coups de feu étaient tirés par Sans-Nez et Tomaho, par mademoiselle d'Éragny et Conception?

Grandmoreau avait d'ailleurs exigé que l'on se tînt à bonne distance, et il n'était pas facile de juger de ce qui se passait chez les pirates.

Se battaient-ils entre eux?

Luttaient-ils contre des Indiens?

On ne pouvait que faire des suppositions très-hasardées.

Ce ne fut qu'au dernier moment, et trop tard, que Bouléreau s'avisa d'envoyer deux squatters en reconnaissance.

Au moment où ces hommes revenaient, les pins éclataient.

Chacun comprit l'effrayante et irréparable catastrophe.

La terrible réalité apparut dans toute son horreur.

Le colonel d'Éragny, fou de douleur et de désespoir, sauta à cheval et s'élança dans la direction des pirates en criant :

— En avant!

« A mort!

« A mort les bandits! »

Les squatters obéirent à l'impulsion.

Ils sautèrent sur leurs chevaux tout sellés et suivirent le colonel.

Tête-de-Bison et Bouléreau échangèrent un regard significatif.

— C'est de la folie! dit Grandmoreau.

« Nous allons nous faire tuer inutilement. »

Un sourire de parfaite résignation éclaira la bonne figure de Bouléreau.

Et, circonstance grave, l'éternel fumeur ôta de sa bouche sa pipe toute allumée.

Il allait donc prononcer quelque solennelle parole.

— Ma vieille Tête-de-Bison, lui dit-il, vous êtes dans le vrai.

« Nous sommes parfaitement sûrs de notre affaire.

« Et je ne donnerais pas une pipe vide de ma propre peau.

« Mais nous ne pouvons abandonner nos amis.

« Marchons!

« On ne meurt qu'une fois. »

Ces réflexions faites avec sa bonhomie habituelle, Bouléreau se remit à sucer précipitamment le tuyau de sa pipe, comme s'il voulait regagner le temps perdu.

Grandmoreau répondit au squatter par un seul mot :

— Marchons!

Mais il prononça ce mot avec un accent de rage furieuse et concentrée.

Il ne pouvait admettre, lui, vieux trappeur, que l'on commît une imprudence aussi ridicule.

Il se moquait de la mort.

Mais il ne voulait pas se faire fusiller bêtement par une bande de brigands.

Bouléreau devina les pensées qui agitaient le Trappeur.

— Pas de colère, lui dit-il.

« Conservons tout notre sang-froid.

« Nous trouverons peut-être le moyen de leur jouer un de ces tours qui me plaisent tant. »

Cet espoir du squatter fit sourire Grandmoreau.

— Fou ! dit-il.

Les deux hommes échangèrent silencieusement une poignée de main.

Puis ils s'élancèrent en selle et rejoignirent leurs amis.

On ne trouve qu'au désert, dans la vie sauvage, cette froide bravoure, ce calme inaltérable en face du danger, cette belle et touchante résignation devant la mort.

CHAPITRE LXXXII

OÙ GALLONI EST FRAPPÉ... D'ÉTONNEMENT

Comme on l'a vu, M. d'Éragny et sa petite troupe arrivèrent en face des pirates quelques instants après les explosions.

Les chevaux avaient, sous l'éperon, fourni une course extraordinairement rapide.

Surpris au milieu du trouble causé par l'effondrement de la grotte, les pirates ne songèrent pas à riposter à la fusillade des squatters.

Ils se replièrent dans la direction de cet entonnoir formé par le souterrain anéanti.

Une fois dans les roches, ils parvinrent à se rallier et commencèrent une fusillade nourrie.

Mais ils manquaient de sang-froid, et leurs balles ne portaient pas.

Le feu des squatters était au contraire parfaitement dirigé.

Les pirates, voyant tomber plusieurs des

leurs, continuèrent à battre en retraite dans toutes les directions.

Ils allaient de roche en roche, se montrant le moins possible et envoyant leurs coups de fusil à toute volée.

Soit hasard, soit calcul, ils manœuvrèrent de telle sorte que la petite troupe de M. d'Éragny se trouva engagée au milieu des décombres, et qu'elle dut se retrancher dans l'amas de rochers qui se trouvait au centre même de la grotte écroulée.

Les squatters s'installèrent du mieux qu'ils purent dans ce fond, et se dissimulèrent le plus possible derrière les énormes blocs de pierre amoncelés en désordre.

La position était des plus mauvaises, mais il fallait s'y maintenir à tout prix.

Les pirates s'étaient disséminés tout autour de cet effondrement qui avait été leur palais, et ils formaient une ligne de blocus que dix hommes ne pouvaient songer à forcer sous le feu concentrique de cent cinquante carabines.

M. d'Éragny, le fusil à la main, errait dans les décombres.

Il fouillait chaque trou, pénétrait dans les crevasses, sous les rochers.

Le malheureux père cherchait sa fille.

Il n'avait plus l'espoir de la retrouver vivante, mais il voulait en acquérir la preuve tout en redoutant une certitude à cet égard.

Enfin, brisé par la fatigue et l'émotion, il rejoignit Grandmoreau et Bouléreau.

Ses recherches avaient été inutiles.

— Rien !... dit-il avec accablement.

« Je n'aurai même pas la triste satisfaction de retrouver le corps de mon enfant.

— Je comprends vos douleurs, fit Grandmoreau.

« Et vous savez que je me serais volontiers sacrifié pour sauver mademoiselle Blanche.

« Mais puisque la fatalité est contre nous, nous devons nous résigner ; il nous faut surtout songer à tirer nos compagnons et nous-mêmes du péril dans lequel nous a mis votre imprudence.

— Que voulez-vous dire? fit le colonel en relevant la tête et en fronçant le sourcil.

— Je veux dire, reprit Grandmoreau, que votre bravoure irréfléchie va sans doute nous coûter la vie ; que nous sommes bloqués par de nombreux pirates ; que la résistance me paraît impossible, et que nous aurons sacrifié de braves gens sans aucune nécessité.

— Qu'auriez-vous donc fait à ma place? demanda M. d'Éragny avec une certaine hauteur.

Tête-de-Bison, parfaitement calme, répondit :

— J'aurais d'abord pensé que, les mines ayant produit leur effet, nous ne pouvions rien empêcher.

« J'aurais ensuite hésité à lancer dix hommes contre cent cinquante.

« Enfin, colonel, je vous le déclare en toute sincérité :

« Avant l'explosion, votre attaque était un acte de folie utile ; après, c'était un acte de folie, mais inutile. »

M. d'Éragny avait écouté sans impatience apparente les terribles critiques de Grandmoreau.

Ce fut avec dignité et assurance qu'il répondit :

— Trappeur, vous oubliez qu'un père ne raisonne pas quand il s'agit de secourir son enfant.

« Vous ne comprenez donc pas que si vous ne m'aviez pas suivi, je serais allé seul venger ma fille?

« Vous ne voyez pas que le désespoir me rendait fou, et qu'il me tue ?

— Vous pouviez aller à la mort seul, dit gravement Grandmoreau ; mais il n'était pas juste de sacrifier les hommes placés sous vos ordres.

Tête-de-Bison raisonnait avec une effrayante logique.

Le colonel fut obligé de le reconnaître.

Il tendit la main au Trappeur, ainsi qu'à Bouléreau qui fumait silencieusement.

— Pardon! dit-il.

« J'ai commis une faute grave, je le vois.

« Mais n'ajoutez pas à mon désespoir en me disant que nos braves squatters mourront à cause de moi.

« La défense est-elle donc impossible?

— A peu près, dit Bouléreau.

— Nous serions donc obligés de nous rendre ?

— A des pirates ?...

« Jamais ! s'écria Tête-de-Bison.

— Mais alors... ? fit le colonel dans un cruel embarras.

— Alors, c'est bien simple, dit Bouléreau.

« Nous allons nous battre.

« Nous nous ferons probablement tuer jusqu'au dernier, mais nous ne nous rendrons pas.

— Bouléreau a raison, approuva Tête-de-Bison.

« Battons-nous.

« Tuons le plus possible de ces vermines.

« Et que pas un pirate ne puisse se vanter de nous avoir forcés à nous rendre. »

En disant ces mots, Grandmoreau fit un geste d'adieu à M. d'Éragny et se faufila dans les rochers pour faire le coup de feu contre les bandits.

Bouléreau s'éloigna d'un autre côté dans la même intention.

Resté seul, M. d'Éragny envisagea par la pensée la terrible situation dans laquelle il avait si inutilement mis sa troupe.

Il eut un geste de colère et de désespoir.

Puis songeant à l'énergique résolution de Bouléreau et du Trappeur :

— Quels hommes ! dit-il.

« Moi aussi, je veux mourir ! »

Et, saisissant sa carabine, il disparut à son tour dans les rochers et rejoignit sa petite troupe.

Les squatters, s'abritant le mieux possible derrière les amas de terre et de pierres, répondent en habiles tireurs au feu des pirates.

Mais leur position est dangereuse, et ils sont parfois obligés de se découvrir.

Deux sont déjà blessés.

Cependant, avec un courage et une ténacité intrépides, ils continuent à tirer.

Grandmoreau, calme et plein de sang-froid, surveille le tir des hommes les moins expérimentés.

Il donne un conseil à l'un, indique une bonne place à l'autre.

Il a l'œil à tout, et grâce à lui les munitions ne sont pas prodiguées sans utilité.

Seul, Bouléreau n'est pas avec la troupe.

Tête-de-Bison s'était déjà aperçu de l'absence du chef des squatters, et il ne savait à quelle cause l'attribuer.

Tout à coup, dans un moment de calme, on entendit un bruit sourd comme un coup de fusil tiré sous terre.

Puis ce fut un éclat de rire suivi de ce mot :

— Touché !

Chacun leva la tête dans la direction d'un amas de terre et de rochers haut d'une vingtaine de pieds et dominant le fond dans lequel se trouvaient enfermés les squatters.

On avait reconnu le rire et la voix de Bouléreau.

Ce malin renard avait trouvé un terrier, il s'y était fourré, et, de son trou, il tirait sur les pirates sans être vu.

Il n'y avait que Bouléreau pour faire une pareille trouvaille et l'utiliser.

Assis confortablement sur une pierre, il pouvait de son terrier voir et tirer dans toutes les directions.

Une roche plate qui en couvrait l'orifice laissait de petits jours qui devenaient autant de meurtrières.

Bouléreau se trouvait dans le lit d'un ruisseau dont les mines avaient dérangé le cours. Par endroits, la terre avait comblé ce ruisseau profondément encaissé ; en d'autres places, des roches s'étaient amoncelées et formaient les voûtes d'une quantité de petites grottes se communiquant.

En homme avisé, le chef des squatters s'était dit que de ce point il pouvait faire le plus grand mal sans trop risquer d'être aperçu.

Et l'expérience lui prouvait la justesse de son raisonnement.

Pas une balle ne fut tirée dans sa direction.

De son observatoire, il put même voir avec satisfaction que l'attaque des pirates était très mal dirigée ou même ne l'était pas du tout.

Il lui sembla que l'action des bandits manquait d'ensemble.

Il supposa enfin que l'autorité d'un chef unique manquait.

Or, voici ce qui s'était passé chez les bandits. Le terrible Galloni, que nous avons laissé à plat ventre lors de la première décharge de la troupe de M. d'Éragny, s'était relevé à la fin.

Très-effaré, il avait rejoint le gros de ses hommes.

Il fut accueilli par des huées et des rires moqueurs.

Il voulut donner des ordres, on le traita de lâche.

Il essaya de parler, mille cris de protestation et des sifflets couvrirent sa voix.

— Tu as peur! lui criait-on.

« Tu n'es qu'un bavard!

« A bas le lâche!

« A bas le capitaine!

« Nommons-en un autre. »

Et une voix plus forte domina les autres.

— Tu ne vaux pas un poil de John Huggs, et tu veux le remplacer!

« Il ne voudrait pas de toi pour graisser ses bottes. »

Pâle de rage, Galloni essayait de répondre.

Mais ses paroles se perdaient dans le bruit et le tumulte.

Un moment de calme se produisit enfin.

Il en profita pour crier à ceux qui l'avaient acclamé et qui l'insultaient maintenant :

— Vous m'appelez lâche, moi qui ai mis le feu aux mines!

« En est-il un d'entre vous qui l'aurait fait? »

Un tonnerre d'applaudissements accueillit ces paroles.

On ne pouvait montrer plus d'aplomb.

— Qu'auriez-vous fait sans moi? reprit Galloni.

« Vous n'avez ni imagination ni science.

« Vous ne savez rien des grandes choses de la guerre.

« Est-ce que je ne viens pas de vous donner un beau succès?

« Je puis vous en promettre d'autres.

« Vous parlez de John Huggs!

« C'est un rien du tout incapable de faire la guerre avec méthode.

« Il se dit commerçant habile.

« Il n'est même pas assez fort pour vendre proprement de la mélasse.

« Et quand on naît pour l'épicerie, on ne se fait pas chef de pirates.

« Nous sommes les soldats irréguliers de la savane, et votre John Huggs pourrait-il conduire une action militaire?... »

Galloni s'interrompit soudain et poussa un cri de douleur.

Il venait de recevoir un formidable coup de pied au cul.

Il trébucha et faillit tomber.

Quand il eut repris son équilibre, il se retourna.

Sa figure blêmit affreusement, ses traits se contractèrent, il trembla de tous ses membres.

C'était John Huggs en personne qui venait de le frapper.

Les pirates accueillirent par des hurrahs et des cris de joie l'apparition si inattendue de leur ancien capitaine.

Galloni, consterné, essaya de s'excuser.

— Capitaine, murmura-t-il, je ne pensais pas un mot de ce que je disais.

« Je vous croyais loin, et il fallait vous faire oublier pour assurer mon autorité et ne pas compromettre le succès du combat.

— Assez, imbécile! fit John Huggs.

« Va raconter tes sottises à d'autres. »

Et s'adressant aux pirates, il leur dit rapidement :

— J'étais prisonnier du colonel d'Éragny, qui, pressé de vous attaquer, a négligé de me faire garder.

« J'ai pu rompre mes liens et m'échapper.

« Me voici.

« Je veux me venger.

« Je veux qu'à son tour, et avant deux heures, le colonel soit mon prisonnier.

— Bravo!

« Vive John Huggs! » s'écrièrent les bandits.

Alors la véritable attaque commença.

Bien dirigés, les pirates se disséminèrent de tous côtés et entourèrent l'ennemi.

Ils avancèrent avec prudence, tirant à propos et se montrant le moins possible.

C'était une lutte presque souterraine, une guerre de taupes.

La tactique des combattants se bornait en effet à la simple prudence : ils devaient

La lutte dure depuis trois heures.
Les pirates ont tantôt avancé, tantôt reculé.
Ils finissent pourtant par gagner du terrain.
Le feu des assiégés s'est considérablement ralenti.
Les squatters de M. d'Éragny commencent en effet à manquer de cartouches.
Leur position est désespérée.
Ils ne sont plus d'ailleurs, par le nombre, en état de résister.
Trois sont morts, et deux ont reçu de graves blessures.
Grandmoreau est étendu, immobile, entre deux rochers.
Une balle contuse est venue le frapper à la poitrine.
Il ne peut plus respirer.
M. d'Éragny, blessé à l'épaule, perd beaucoup de sang.
Il tire toujours.
La douleur et le désespoir ne peuvent abattre son courage.
A la fin pourtant la faiblesse a raison de son énergie.
Il tombe évanoui après avoir tiré une dernière balle.
Trois squatters restent seuls.
Ils continuent bravement la résistance.
Ils ont enfin brûlé toutes leurs cartouches.
— Aux couteaux ! s'écrièrent-ils ensemble.
Et dégaînant les larges lames de leurs couteaux à dépecer le gibier, ils attendirent l'attaque des pirates.
Ceux-ci, guidés par John Huggs, avaient prudemment attendu que le feu des squatters eût complétement cessé.
Le silence s'étant fait, ils s'élancèrent.
La lutte fut courte.
Les trois squatters succombèrent après s'être bravement défendus.
Deux furent tués à coup de revolver.
Le troisième tomba percé sous le poignard d'un bandit.
Les pirates étaient vainqueurs.
Ils proclamèrent leur victoire par un long cri de triomphe.

Mais soudain les acclamations cessent.
Une sourde détonation vient de se faire entendre, et un homme tombe mort.
De nouveaux coups de feu partent, et de nouvelles victimes sont frappées.
Les pirates se regardent avec stupeur.
Où est le danger ?
D'où partent les coups ?
A quel ennemi faut-il faire face ?
Où se cache-t-il ?
Telles sont les questions que chacun s'adresse avec terreur.
Déjà plusieurs pirates se sont prudemment esquivés.
Une panique est à redouter.
John Huggs le prévoit.
Il s'écrie :
— Pas de lâchetés !
« Nous n'avons qu'un seul homme à combattre.
« J'en suis sûr !
« Il se tient caché dans quelque crevasse profonde.
« Cherchons-le. »
Les bandits, non sans crainte, se mettent en devoir d'exécuter l'ordre de leur chef.
Ils s'éparpillent dans toutes les directions, sondant de l'œil et de l'oreille tous les trous, toutes les fissures.
Tout à coup une voix cria :
— Par ici !
« Un trou !...
« C'est là !... »
John Huggs s'élança.
La plupart des pirates le suivirent.
— Où est-il ? demanda le capitaine au bandit qui venait de crier.
— Ici.
« Dans cette crevasse noire.
« J'ai vu la fumée. »
Le terrier de Bouléreau était découvert.
Le renard dans son refuge courait de grands dangers.
John Huggs se retourna avec l'intention de désigner un ou plusieurs de ses hommes pour forcer l'entrée de la crevasse.
— Je sais à qui nous avons à faire, dit-il.
« J'ai compté et reconnu les squatters tués ou hors de combat.
« Leur chef Bouléreau n'est pas parmi eux.

...ui qui est ici.

« Il faut le déloger. »

Et avisant Galloni qui se tenait à distance, le capitaine ajouta :

— C'est à mon successeur que revient l'honneur de capturer le chef des squatters.

« Allons, avance, Galloni!

« C'est le moment de montrer ta bravoure. »

Le malheureux Italien ne se hâtait pas de répondre à l'appel.

Il n'osa pas toutefois obéir au désir violent qu'il avait de prendre la fuite.

Il s'avança tremblant.

— Capitaine, dit-il d'un ton suppliant, c'est moi qui ai mis le feu aux mines.

« J'ai servi plusieurs fois de cible à l'ennemi.

« Vous voulez encore que je risque ma vie pour déloger ce chef des squatters que l'on dit si redoutable?

« C'est de l'injustice !

« Ma vie est plus précieuse...

— Marche! interrompit John Huggs en saisissant un revolver que lui tendait un pirate.

« Marche donc!

« Quand on veut jouer au capitaine, il faut montrer que l'on a du cœur. »

Galloni dut obéir.

Terriblement agité par la frayeur, il s'avança chancelant dans la direction du terrier de Bouléreau.

Les pirates suivaient ses mouvements avec curiosité.

Mais ils avaient l'œil ironique, et plus d'une grossière plaisanterie s'échappa de leurs lèvres.

Galloni entendit les sarcasmes.

Il reprit un peu de courage.

Il se trouvait à vingt pas de la crevasse; pas un coup de fusil ne fut tiré à son intention.

Cette inaction du chef des squatters aurait dû l'inquiéter

Il se rassura au contraire de plus en plus.

Il arriva à quelques mètres du trou sans être aucunement menacé.

Enfin on le vit disparaître un instant sous terre, puis ressortir et appeler.

— Il n'y a personne! cria-t-il.

« Je sens la poudre, mais je ne vois pas le squatter. »

Et, prenant une pose théâtrale, il ajouta :

— Vous pouvez venir.

« Il n'y a rien à craindre. »

John Huggs, sans ajouter grande foi aux assurances du fanfaron, s'avança, suivi d'une douzaine de pirates la carabine armée.

Il pénétra dans le terrier de Bouléreau, fit une vingtaine de pas et s'arrêta tout à coup en criant :

— En retraite!

« Un éboulement! »

Une grosse pierre venait en effet de se détacher de la voûte inégale de l'étroit couloir, entraînant d'autres rochers et d'énormes quantités de terre.

La galerie qui, vraisemblablement, devait être une impasse, se trouvait complètement obstruée.

— Au diable le Bouléreau! dit John Huggs en se retirant précipitamment.

« S'il n'est pas écrasé, il n'en vaut guère mieux.

« En tous cas, il ne sortira pas vivant de trente pieds de terre. »

CHAPITRE LXXXIII

COMMENT JOHN HUGGS SE VENGE QUAND LE COMMERCE NE VA PAS

A peu près certain que Bouléreau venait d'être enterré tout vif, John Huggs, suivi de ses bandits, retourna à l'endroit où il avait laissé ses ennemis morts ou blessés.

Il avait donné mission à quelques hommes de panser les blessures des survivants

L'ordre se trouva avoir été fidèlement exécuté.

Tous les squatters avaient succombé à leurs blessures.

Un seul vivait.

Atteint de deux balles à l'épaule et au bras gauche, il ne courait pas de danger sérieux.

Grandmoreau commençait à respirer librement, grâce aux soins qui lui furent donnés.

La balle morte qui avait produit un étouffement momentané s'était arrêtée sur la bretelle du sac à munitions du trappeur.

Quant au colonel, il avait repris connaissance le premier et dès que l'on fut parvenu à arrêter le sang qui coulait abondamment de deux blessures peu profondes

Lorsque John Huggs parut, calme et presque souriant, le revolver à la ceinture et la carabine sous le bras, M. d'Éragny fit un effort pour se lever, passa la main sur ses yeux, essayant d'échapper à une terrifiante vision, et il murmura faiblement :

— Il est libre.

« Mes braves compagnons sont tués.

« Que je sois puni de mon imprudence !

« Je vais donc mourir !... »

Grandmoreau, lui, en voyant approcher le capitaine des pirates, ne put réprimer un mouvement de fureur.

Il chercha un revolver à sa ceinture et, n'en trouvant pas, il se précipita sur un pirate pour lui arracher son fusil.

Mais l'effort fut comprimé.

Vingt bras s'étendirent et vingt mains se fermèrent, l'étreignirent et lui imposèrent brutalement la tranquillité.

Quant au squatter blessé, il ne parut pas prendre garde à ce qui se passait.

La souffrance le rendait-elle insensible ? Avait-il la volonté et le courage d'affecter l'indifférence ?

Ces deux suppositions sont les seules que l'on puisse faire ; mais la seconde est la plus vraisemblable, eu égard au caractère énergique des hommes de cette trempe.

Après avoir considéré ses prisonniers avec une visible satisfaction, John Huggs s'adressa au colonel d'Éragny :

— Monsieur, dit-il avec un étrange sourire, vous êtes le plus brave, le plus vaillant soldat que j'aie jamais vu.

« Je le proclame avec d'autant plus de plaisir que vous voilà mon prisonnier.

« Mais j'ajoute que vous avez commis la plus grande sottise en m'abandonnant pieds et poings liés, pour attaquer ma bande.

« Vous auriez dû vous douter qu'un homme comme moi n'est jamais embarrassé pour se dégager d'une corde.

« Mais je n'insiste pas.

« Vous m'avez rendu à la liberté, je ne vous en veux pas.

« Mais où vous avez montré que vous n'entendez rien aux affaires, c'est en vous entêtant à ne pas me laisser agir à ma guise quand je vous promettais de vous rendre votre fille.

« Voyez où conduit un manque de confiance. »

Le colonel avait d'abord écouté John Huggs avec étonnement et même avec un vague espoir.

Il s'indigna bientôt.

— Votre persiflage et vos ironies ne m'atteignent pas, dit-il d'une voix affaiblie mais encore pleine de fermeté.

« Je vous entendrai, puisque vous m'y forcez.

« Mais je ne vous écouterai pas ; mon honneur et ma dignité me le défendent. »

John Huggs ne sourcilla pas.

Il se souciait peu des nobles élans de son prisonnier.

Une idée avait germé dans son cerveau, elle devait en sortir.

— Vous allez changer d'avis, dit-il.

« En affaires, les questions d'honneur et de dignité n'existent pas ; vous allez en convenir.

« Voici ce que je vous propose.

« Votre existence est bien entre mes mains, et j'en puis disposer à mon gré.

« Vous n'en doutez pas ?

« Eh bien ! ceci posé, je vous offre la vie et la liberté. »

Le colonel ne put se défendre d'un mouvement qui décelait autant de curiosité que de défiance.

— Il est bien entendu que je ne donne rien pour rien, reprit le pirate.

« Voici ce que j'exige :

« Vous me signerez un traité en règle, que je me charge de rendre légal.

« Par ce traité, vous m'abandonnerez et me transporterez tous vos droits comme associé du comte de Lincourt. »

John Huggs s'attendait à voir sa proposition parfaitement accueillie.

Son espérance fut déçue.

M. d'Éragny, se soulevant avec peine, parvint à se tenir debout.

Il s'adossa contre un rocher, et, relevant fièrement la tête, il promena un regard assuré sur les pirates qui l'entouraient.

Son visage aux traits réguliers, pâli sous la double action de la douleur physique et des souffrances morales, reflétait ce calme de conscience de l'honnête homme, qui se laisse insulter sans colère et ne répond à l'injure que mépris.

Les bandits ne purent se défendre d'un vague sentiment d'admiration.

Le colonel abaissa son regard sur le capitaine des pirates.

— John Huggs, lui dit-il, je m'attendais à la proposition que vous me faites.

« L'idée devait vous en venir.

« Et je la trouve naturelle.

— Vous acceptez ma proposition, colonel! s'écria John Huggs sans prendre la peine de dissimuler sa joie.

— Je refuse, répondit le colonel.

— Pourquoi?

« Vous voulez donc mourir? fit le capitaine d'une voix légèrement altérée.

— J'aurais souscrit à une pareille demande pour sauver la vie de mon enfant, reprit M. d'Éragny.

« J'aurais sacrifié fortune et honneur pour ma fille.

« Pour moi, je ne donnerai rien.

« Mon enfant n'est plus, je puis mourir.

— Réfléchissez, colonel, insista John Huggs.

« Un supplice terrible vous attend. »

M. d'Éragny eut un triste sourire.

— Les supplices ne m'effraient pas, dit-il.

— Vous me menacez inutilement.

« Moi mort, ma part du *Secret* reviendra au comte de Lincourt, mon associé.

« Je ne vous céderai rien.

« Ma fille est morte, vous pouvez me tuer. »

Ces nobles paroles du colonel, sa fière attitude, son admirable résignation firent une grande impression sur les pirates.

Ces hommes avilis par la débauche, endurcis par le crime, pouvaient encore comprendre les élans sublimes d'un beau caractère, d'un cœur haut placé!

Singularités de la race humaine !

On prêche le bien, mais on fait le mal.

On admire le beau tout en pratiquant le laid.

On aime l'harmonie et l'on se plaît dans le désordre.

Étranges effets de l'éternelle lutte entre la sentimentalité et la raison, entre le cœur et l'esprit, entre la passion et la logique

John Huggs vit que la résolution de M. d'Éragny était inébranlable

Il n'insista plus.

Mais, la face contractée par un sinistre rire, il renouvela sa menace :

— Colonel, vous êtes un homme mort.

M. d'Éragny ne répondit pas.

Malgré la souffrance que lui causait sa blessure, il eut le courage de se maintenir debout.

Il se serait laissé abattre par la douleur, s'il n'eût craint de donner à de méprisables bandits la satisfaction de le voir faible en face du supplice.

John Huggs ne pouvait dissimuler la colère et le désappointement que lui causait la détermination du colonel.

Seulement il n'était pas homme à abandonner une idée qui lui paraissait bonne.

Il se tourna vers Grandmoreau et lui demanda brutalement :

— Combien as-tu de parts dans les bénéfices de l'expédition Lincourt?

Le Trappeur souffrait encore de la longue suffocation qui avait failli le tuer.

Étendu sur le sable, un coude en terre et la tête appuyée contre une roche, il ne parut pas avoir entendu la question qui lui était adressée.

— Veux-tu répondre, Tête-de-Bison? fit John Huggs.

Le Trappeur, parfaitement calme, tourna un peu la tête et fixa un instant ses petits yeux gris et brillants sur le capitaine.

Puis, reprenant sa position première, il dit avec un intraduisible accent de mépris :

— Tu me parles, pirate?

— Je te parle, fit John Huggs en s'approchant et en caressant la crosse d'un **revolver** fixé à sa ceinture.

LE SECRET DU DOMPTEUR

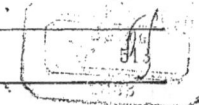

« Je te demande combien tu as de parts dans l'affaire Lincourt. »

Sans prendre garde à l'attitude menaçante du capitaine, qu'il ne daignait même plus regarder, Grandmoreau répondit :

— Il paraît que tu prends beaucoup d'intérêt à mes affaires?

« Je n'en suis pas flatté.

« Mais comme je puis te donner sans inconvénient les renseignements que tu demandes, je vais te satisfaire.

« J'ai six parts. Es-tu content?

— C'est peu, dit John Huggs.

« Un homme de ton poil vaut mieux que ça.

« Mais je suis accommodant.

« Veux-tu faire un marché avec moi? »

A cette proposition, le Trappeur se souleva à demi et se tourna vers le capitaine des pirates.

— Un marché avec un bandit de ton espèce !... dit-il. N'y compte pas.

Et se laissant retomber, il parut se refuser à entrer dans de plus longs pourparlers.

Cette attitude et ces paroles de Tête-de-Bison irritaient John Huggs.

— Prends garde ! dit-il avec une colère contenue. Pas d'insultes !

« N'oublie pas que je puis te forcer à te taire en te faisant sauter le crâne.

— Il y a longtemps que cela serait fait si tu étais à ma place, riposta Grandmoreau avec une parfaite tranquillité.

65ᵉ LIVRAISON

65

John Huggs ne répondit pas à cette provocation.

A force de volonté, il maîtrisa sa fureur.

Il reprit avec une légère altération dans la voix :

— Tu as entendu la proposition que j'ai faite au colonel?

« C'est la même que je te fais.

« C'est la vie et la liberté que je te donne en échange de tes six parts dans l'expédition du comte.

— Pirate, répondit Grandmoreau, j'ai aussi entendu et compris autre chose :

« Le colonel a refusé le marché, n'est-ce pas?

« Eh bien! je refuse également.

— Tu n'y penses pas, insista le capitaine.

« Pourquoi cet entêtement ridicule?

Tu n'as pas, toi, de fille à pleurer.

« Tu n'a pas de chagrin qui te fasse désirer la mort.

Réfléchis.

— Pour un commerçant de grands chemins, répondit Grandmoreau, tu manques de flair.

« Tu devrais mieux me connaître.

« Tu t'imagines bêtement que j'aurais tenté une pareille expédition pour me laisser rançonner de mes parts de bénéfices par un bandit de prairie!...

« Tu crois qu'après avoir risqué ma peau cent fois j'ai peur de tes menaces, de tes supplices, de ta mort à toi!...

« Rappelle-toi que sauver ma vie par le moyen que tu me proposes, c'est un déshonneur, et que Grandmoreau restera toujours digne du nom de trappeur. »

Tête-de-Bison, en prononçant ces derniers mots, fixait un fier regard sur John Huggs.

Son attitude était superbe d'orgueilleuse audace.

Elle défiait.

Elle provoquait.

Elle insultait.

John Huggs ne comprit pas, ou mieux ne voulut pas comprendre les sublimes élans d'indignation du brave Trappeur.

Il tenta de les attribuer à un commencement de frayeur.

— Tu parles trop haut pour un homme qui va mourir, dit-il avec son plus mauvais sourire.

« Tu as peur, et tu cries pour ne pas trembler.

« Crois-moi.

« Profite de ma patience.

« Je suis prêt encore à te donner la vie pour tes parts. »

Grandmoreau eut un mouvement de dédaigneuse pitié.

Il se recoucha sur le sable, s'allongea dans une position commode et finit par répondre :

— Je ne te crains pas, pirate!

« Je te méprise!

« Je ne ferai aucun marché avec toi.

« Tu peux me tuer. »

Ce calme imperturbable, cet inaltérable sang-froid du Trappeur exaspérait John Huggs.

Plusieurs fois il saisit son revolver déterminé à en finir.

Mais il parvint à se contenir.

Quand Grandmoreau eut cessé de parler, il se contenta de proférer cette menace :

— Oui, je te tuerai!

« Mais je veux prendre le temps de te préparer une mort digne de toi.

« Tu paieras cher tes insultes et ces pendaisons que toi et les tiens appellez des actes de justice. »

Grandmoreau ne répondit pas à cette menaçante sortie.

Il paraissait même ne pas entendre.

Cette indifférence surprenait, irritait et charmait à la fois les pirates.

Ils avaient écouté en silence la conversation de leur chef avec le Trappeur.

Maintenant ils échangeaient bruyamment leurs impressions.

Ils ne pouvaient s'empêcher d'admirer la froide énergie de celui qui passait, à bon droit, pour leur plus dangereux ennemi.

Cependant John Huggs s'était approché du squatter blessé.

— Et toi, lui dit-il, veux-tu me donner ta part dans l'expédition du *Secret*, en échange de la vie?

— Moi? répondit le squatter

« Je vais vous dire.

LE SECRET DU DOMPTEUR

« Si j'étais tombé seul entre vos mains, je tâcherais de me tirer d'affaire en vous vendant tout ce que je possède.

« Mais je ne suis pas seul.

« J'adore le colonel, qui est un rude soldat.

« J'admire Tête-de-Bison, qui est le plus grand trappeur de la savane.

« Je reste avec eux.

— Tu refuses? fit John Huggs surpris.

— Je refuse, répondit simplement le squatter.

« J'aime mieux mourir en bonne compagnie que de passer pour un lâche! »

En entendant exprimer cette résolution qui leur paraissait si peu motivée, les pirates ne purent retenir des cris de surprise et d'admiration.

John Huggs fut obligé de leur imposer silence.

Et il le fit avec mauvaise humeur et colère.

Les refus successifs qui venaient de contrarier ses vues le faisaient sortir du calme qu'il affectait en toute circonstance.

Ce fut le moment que choisit Galloni pour élever la voix :

— Capitaine, dit-il en s'approchant, j'ai un moyen de faire consentir les prisonniers à traiter avec vous.

John Huggs toisa l'Italien d'un regard dédaigneux et peu encourageant.

— Voyons ce moyen? fit-il.

— Il est bien simple, dit Galloni avec assurance.

« Je l'ai toujours employé avec succès dans les montagnes de la Calabre pour faire parler mes prisonniers.

« Il s'agirait d'allumer un feu doux et d'y faire rôtir lentement les pieds de ces trois messieurs qui ne veulent pas traiter avec vous.

« Je vous assure qu'ils changeront d'avis dès que leur peau commencera à prendre la belle couleur jaune du veau rôti.

— La torture? fit John Huggs en haussant les épaules.

« Est-ce qu'un homme comme moi, un commerçant, emploie de pareils moyens pour amener des clients à conclure une affaire? »

« Je vois que tu ne sais rien en fait de commerce.

« Un marché passé dans les conditions que tu indiques ne serait pas sérieux.

« Des signatures obtenues par la torture n'auraient aucune valeur.

« Rappelle-toi qu'un marché n'est réputé authentique et définitif qu'autant que les parties contractantes agissent de leur plein gré et sans aucune pression exercée par violence. »

Cette explication donnée, John Huggs s'adressa de nouveau à ses prisonniers :

— Gentlemen, dit-il, si j'étais moins maître de moi, si j'obéissais à mon désir de vengeance, je vous ferais mourir sur l'heure.

« Mais les intérêts de ma troupe et les miens m'imposent de patienter.

« J'espère encore que vous accepterez les propositions très-raisonnables que je vous ai faites.

« Je vous donne cinq jours pour réfléchir et prendre une détermination.

« Si, passé ce délai, vous persistez dans vos résolutions, je vous ferai payer alors votre obstination. »

Ce menaçant ultimatum ne provoqua pas un mot de réponse de la part de ceux à qui il était adressé.

Le fier silence des prisonniers annonçait un parti pris immuable.

Galloni en fit la remarque.

— Ils ne céderont pas, dit-il.

« Il n'y a que mon moyen qui puisse les rendre raisonnables.

— Tu te trompes, affirma John Huggs.

« Certaines natures, certains tempéraments peuvent lutter victorieusement contre les tortures les plus terribles.

« On s'entête avec une rage incroyable.

« On défie les douleurs les plus atroces.

« On ne pense même plus à la mort qui vient vous surprendre dans l'évanouissement.

« Je crois, au contraire, que cinq jours de réflexion et d'agonie peuvent avoir raison de toutes les énergies, de tous les courages.

« Mon système vaut mieux que le tien, sois-en convaincu.

« Je l'ai déjà appliqué plus d'une fois, et il m'a toujours réussi. »

Ce raisonnement parut convaincre Galloni, qui saisit l'occasion pour rentrer dans les bonnes grâces du chef en le flattant.

— Capitaine, dit-il, je vous admire.

« Vous connaissez le cœur humain mieux que personne, et votre sûreté de jugement est extraordinaire.

« Vous êtes né pour le commandement et pour les grandes entreprises. »

John Huggs jeta un coup d'œil significatif sur l'Italien flagorneur et haussa légèrement les épaules.

Puis, sans daigner répondre, il fit approcher ses lieutenants pour leur donner des instructions.

— Nous allons nous mettre en marche dans deux heures, dit-il.

« Que tout soit disposé sans retard.

« Vous prendrez vingt chevaux pour transporter les blessés jusqu'à la taverne du Torrent ; ils resteront là, sous la garde de dix hommes, et y seront soignés.

« Il faudra aussi trois chevaux pour nos prisonniers. »

Ces ordres reçus, les lieutenants s'empressèrent de les faire exécuter.

Ce ne fut bientôt qu'agitation, bruits, allées et venues dans tous les sens.

Quelques cavaliers se détachèrent pour aller chercher des chevaux parqués aux environs de la grotte effondrée.

D'autres pirates improvisèrent des cacolets pour les blessés.

Les munitions de bouche et de guerre furent partagées entre tous les hommes valides.

Enfin les bandits préparaient activement une nouvelle entrée en campagne.

Ils sentaient que John Huggs voulait entamer une partie sérieuse avec ceux qui prétendaient exploiter seuls le *Secret du Trappeur*.

Quand tous les préparatifs furent terminés, John Huggs donna ses dernières instructions à tous les pirates groupés autour de lui.

— Nous allons marcher, dit-il, sur les traces de la caravane du comte de Lincourt.

‹ Soyez prudents !

‹ De l'obéissance et de la discipline, c'est tout ce que je vous demande pour le moment.

« Je vous promets en retour plus d'or que n'en contiennent les caves de la banque des États-Unis. »

Des bravos enthousiastes répondirent à cette courte allocution.

— Vive John Huggs

« Vive le capitaine !

« En avant ! »

Ce fut au milieu de ces vivats et de mille autres cris de joie que les pirates se mirent en marche.

Depuis cinq jours, John Huggs et ses bandits suivent les traces de la caravane du comte de Lincourt.

Ils ont fait diligence, car ils ne se trouvent plus qu'à douze heures de marche du convoi.

Le soleil baisse rapidement.

Son disque rougit, s'élargit et semble s'éteindre.

Il va disparaître derrière le rideau vert sombre d'une forêt bordant au loin l'immensité de la savane.

John Huggs a donné le signal de la halte de nuit.

Les préparatifs de campement sont rapidement exécutés.

Les pirates allument des feux, et les tranches de venaison ne tardent pas à griller en crépitant sur les charbons ardents.

La nuit s'est faite, sombre et sans transparences lumineuses.

Il n'y a pas de lune.

Aucune étoile ne scintille dans l'espace.

Une épaisse couche de nuages sombres arrive de l'ouest, et s'étend sur la prairie comme un immense voile noir.

L'obscurité s'épaissit sous l'ombre.

La nuit se fait plus noire sous la masse floconneuse et terne des vapeurs qui planent lourdement dans une chaude et calme atmosphère.

Les pirates ont soupé.

Ils digèrent, fumant, causant, riant comme d'honnêtes bandits qu'ils sont.

Tout à coup les conversations cessent, les rires s'éteignent et le silence s'établit.

La voix du capitaine a dominé le tumulte.

Le capitaine a donné un ordre.
— Que tout le monde fasse cercle, a-t-il dit.
« Amenez les prisonniers. »
Les pirates se rassemblèrent autour de leur chef.
Et aussitôt M. d'Éragny, Grandmoreau et le squatter furent amenés devant le capitaine.
L'attitude de ces trois hommes était digne et ferme.
Le colonel, quoique un peu pâle, ne paraissait pas avoir beaucoup souffert.
Le Trappeur, lui, avait repris toute sa vigueur; la contusion, et l'étouffement qui en avait été la conséquence, ne pouvaient occasionner le moindre danger sérieux.
Quant au squatter, il avait un bras en écharpe; mais son air crâne et déterminé prouvait clairement que ses blessures étaient sans gravité.
John Huggs jeta un rapide coup d'œil sur chaque prisonnier.
Il y avait dans son regard une sorte de curiosité inquiète en même temps qu'une terrible expression de haine.
— Pour la dernière fois, leur dit-il, je vous demande si vous voulez la vie sauve en échange de vos parts et de tous vos droits dans l'expédition Lincourt?
Les prisonniers ne daignèrent pas répondre.
— Vous persistez dans votre résolution de ne pas vouloir traiter avec moi? insista John Huggs.
« Songez-y!
« Il est temps encore de renoncer à cette sotte idée.
Dans une heure, il sera trop tard.
« Vous allez mourir. »
M. d'Éragny et le squatter gardèrent le silence, mais Grandmoreau ne put contenir son envie de lancer une suprême invective au chef des pirates.
— Tu n'es qu'un bandit d'occasion, sans flair ni intelligence, dit-il avec mépris.
« Tu n'as qu'à nous regarder en face pour t'assurer que nous préférons la mort au déshonorant marché que tu nous proposes.
« Et si j'ai un conseil à te donner, hâte-toi de nous faire égorger, car je te promets que, moi vivant, un bon nœud coulant te fera tirer la langue un jour ou l'autre.
— Nous verrons tout à l'heure si tu parleras si haut, grommela John Huggs.
Et, s'adressant à ses hommes, il cria :
— Que l'on prépare les bûchers.
Aussitôt un grand nombre de pirates s'éparpillèrent de tous côtés pour récolter du bois.
Un bouquet de pins et de bouleaux rabougris croissait sur un monticule à peu de distance : ils y coururent.
En moins d'une demi-heure, ils eurent coupé et transporté une quantité considérable de fagots et de jeunes troncs d'arbres.
Trois énormes bûchers figurant les trois angles d'un rectangle ne tardèrent pas à s'élever.
Pendant que les pirates exécutaient joyeusement leur sinistre besogne, John Huggs tenta encore une fois de fléchir la détermination de ses prisonniers.
Mais il obtint un refus plus net et plus catégorique que jamais.
Il prit alors cet air ennuyé et déconfit d'un spéculateur qui manque une belle affaire.
— J'en suis pour mes frais! murmura-t-il avec aigreur.
« Mais je m'en console.
« Je ne suis heureusement pas à bout de ressources.
« Et je tiens une vengeance qui fera du bruit. »
Puis, se frottant joyeusement les mains, il ajouta mentalement :
— Qui sait?...
« Ce Lincourt, se voyant seul...
« Décidément, cette exécution est nécessaire. »
Et le forban, ayant jeté un regard haineux et féroce sur ses prisonniers, se dirigea du côté des bûchers.
Tous ces airs de commerçant qu'il se plaisait à afficher avaient disparu pour faire place aux instincts sanguinaires et cruels du bandit et de l'assassin.
Les allures calmes et tranquilles de l'homme de commerce firent subitement place aux manières sauvages et brutales de l'homme de sang.

Guidé par la haine et un ardent désir de vengeance, John Huggs inspecta soigneusement les bûchers.

Il les fit démolir en partie et gourmanda ses pirates.

— Vous n'avez donc jamais brûlé un homme? dit-il avec un affreux ricanement. « On ne construit pas un bûcher avec autant de maladresse et de bêtise.

« Il faut que nos prisonniers se sentent mourir.

« Il faut qu'ils meurent longtemps.

« Je veux les voir cuire dans leur jus.

« C'est une vengeance mijotée que je me suis promise.

« Allons! du menu bois dessous.

« Des rondins dessus, bien serrés, pour que la flamme ne monte pas trop vite.

« Un large trou au milieu.

« Il faut de l'air au supplicié pour qu'il vive plus longtemps.

« Quatre bûches en arc-boutant pour maintenir le poteau.

« Plus de hauteur par ici... »

John Huggs multipliait les ordres et les conseils.

Il semblait savourer déjà sa vengeance.

Il veillait à tout avec une activité furieuse.

Pas un détail ne lui échappait.

C'était avec un incroyable raffinement de cruauté qu'il prescrivait telle ou telle mesure devant prolonger de quelques secondes l'agonie des suppliciés ou augmenter leurs souffrances.

Tout enfin se trouva prêt et disposé au gré du terrible capitaine.

Les prisonniers furent amenés.

On les hissa sur les bûchers.

Puis, à l'aide de chaînes de fer, on les attacha solidement par le buste à un fort poteau fixé au centre de chaque amas de bois.

John Huggs voulut que les bras et les jambes restassent libres.

— Vous les verrez danser sur place au bon moment, disait-il.

« Et vous reconnaîtrez que les pantins les mieux articulés ne fonctionnent pas mieux. »

Cette sinistre plaisanterie fut accueillie par des rires et des bravos.

Mais bientôt le silence se fit.

John Huggs venait de donner l'ordre d'allumer.

Les pirates se rangèrent en cercle et du mieux qu'ils purent, afin de ne pas perdre une seul péripétie du supplice.

Tous les regards allaient d'une victime à l'autre, cherchant à surprendre le premier signe de frayeur et de faiblesse.

Mais l'attitude des suppliciés ne pouvait qu'inspirer l'admiration à leurs meurtriers.

Calmes, impassibles, la tête haute et le regard assuré, on sent qu'ils braveront la mort prête à les saisir.

Le colonel d'Éragny, dont le visage pâli par la douleur se détache dans la nuit sombre, paraît être un martyr mourant pour son dieu. Il semble qu'une auréole entoure son front. Une sublime espérance anime ses traits : il est chrétien ; il pense au ciel ; il espère y retrouver son enfant!...

Grandmoreau et le squatter ne sont pas moins admirables de calme et d'énergique résolution.

Les deux intrépides coureurs de prairie possèdent ce froid courage du Peau-Rouge, qui supporte sans faire un geste, sans pousser une plainte les plus cruels supplices.

Comme les Indiens, ils ont ce point d'honneur qui consiste à mourir sans donner aux bourreaux le cruel plaisir de savourer les souffrances de leurs victimes.

Cependant les minutes s'écoulaient et les bûchers commençaient à flamber par la base.

Par moments, la fumée s'élevait en spirale et enveloppait complètement les suppliciés qui, pris d'une subite suffocation, toussaient et éternuaient.

C'était alors de la part des bandits le signal de joyeux accès de gaieté.

— Pourvu qu'ils ne soient pas étouffés avant de se sentir griller! disait l'un.

— Pas de danger! répondait un autre.

« Le capitaine a dit qu'il fallait toujours fumer un rôti pour lui donner meilleur goût. »

Cet ignoble propos était vrai.

John Huggs n'avait rien oublié pour rendre plus terrible sa vengeance.

Il voulait non-seulement voir mourir ses victimes dans les plus atroces souffrances, mais désirait surtout faire durer le supplice aussi longtemps que possible.

— Il ne suffit pas, disait-il, de voir mourir un ennemi, il faut qu'il se sente mourir, il faut qu'il se voie souffrir, et que ses douleurs deviennent intolérables parce qu'il s'aperçoit que ses grimaces d'agonisant font la joie de ceux qui le regardent.

Ces sauvages paroles se trouvaient démontrées par les faits.

Les bûchers étaient allumés depuis vingt minutes, et la flamme n'avait pas encore touché les pieds des suppliciés.

Le bois brûlait lentement, produisant une fumée chargée de senteurs âcres et irritantes.

La chaleur n'augmentait d'intensité que peu à peu.

John Huggs avait promis que le supplice durerait plus d'une heure.

Grâce à ses savantes et épouvantables combinaisons, cette promesse devait, selon toute apparence, se réaliser.

Selon le mot infâme du sinistre bandit, il avait préparé avec une infernale habileté une vengeance *mijotée*.

Expression du dernier trivial sans doute, mais effroyable de réalisme !

CHAPITRE LXXXIV

SOUS TERRE ET DANS L'EAU

Que s'était-il passé dans le palais des pirates où nous avons laissé Tomaho et Sans-Nez, Conception et mademoiselle d'Éragny, Paméla et le prisonnier si adroitement accroché par le géant ?

Nous savons à quel moment Tomaho avait entendu le travail extérieur des pirates.

Nous avons vu le brave géant et Sans-Nez s'aventurer crânement hors du souterrain pour se renseigner sur le danger qui pouvait les menacer.

Quand les deux hardis compagnons furent rentrés dans la grotte, ils racontèrent aux femmes ce qu'ils venaient de voir.

— Le feu puissant de la poudre brisera la voûte de rochers, dit tristement Tomaho.

« Et avant que le soleil soit parvenu au midi, nous serons étouffés vivant dans un profond tombeau. »

En prononçant ces mots, le géant jeta sur sa femme un long et douloureux regard.

Puis, s'étant assis sur un quartier de roc, il l'attira sur ses genoux.

— Conception, ajouta-t-il, demande à ton Dieu qu'il nous réunisse dans le pays des joies éternelles.

« Je vais prier le Grand Vacondah d'arrêter aux portes de son royaume la puissance de la magie.

« Femme, préparons-nous à mourir !

Mademoiselle d'Éragny et Sans-Nez entendaient non sans une extrême surprise les paroles de découragement et de résignation du Cacique.

Ils échangèrent un regard.

Sans-Nez haussa légèrement les épaules et dit tout bas :

— N'y prenez pas garde.

« Il a la folle manie d'attribuer aux puissances surnaturelles des sorciers tous les malheurs qui le frappent. »

La jeune fille eut un geste indéfinissable de douce pitié et d'amicale commisération.

Puis s'adressant au géant :

— Vous n'y pensez pas, Tomaho ! dit-elle.

« Nous demander de demeurer dans cette grotte qui va s'effondrer, c'est nous proposer le suicide.

« Fuyons !

« Le chemin par lequel nous sommes entrés ici reste libre.

— C'est mon avis, approuva Sans-Nez.

« Retournons à la Tour du Sorcier-des-Eaux.

— Mon frère oublie que l'on entre dans les cavernes des sorciers, mais que l'on n'en sort pas.

« Que mon frère, que Rosée-du-Matin me disent qu'ils connaissent le chemin qui conduit à l'abîme, et je les suivrai.

— Tu nous assommes avec tes contes, s'écria Sans-Nez impatienté.

« Je ne te fournirai certainement pas l'itinéraire exact de la route à suivre ; mais ce n'est pas une raison pour nous laisser aplatir ici.

— J'ai connu les souffrances que donnent la faim et la soif, répondit le géant.

« J'aime mieux mourir étouffé sous ces décombres que de retourner à une mort certaine que précéderaient les plus affreux supplices.

— Je vous en prie, Tomaho, insista mademoiselle d'Éragny.

« Ici, c'est la mort certaine et inévitable qui nous attend.

« La fuite par les souterrains, c'est peut-être le salut. »

Le géant jeta sur la jeune fille un doux et triste regard.

— Rosée-du-Matin, dit-il avec une grave assurance.

Je connnais la puissance magique des grandes médecines.

« Les esprits noirs qui habitent les cavernes nous feront mourir dans les tortures d'une cruelle agonie. »

Cette assurance pleine de bonne foi du géant confondait la jeune fille et l'agaçait.

Elle ne dissimula pas un geste de mauvaise humeur.

Et, s'adressant à Conception, elle lui demanda :

— Vous partagez les idées superstitieuses de votre mari ?

— Non ! s'écria la jeune femme avec empressement.

« Je veux fuir avec vous. »

Et s'emparant d'une main du géant, elle essaya de l'entraîner en disant :

— Viens !

« Partons !

« Nous retrouverons le chemin de l'abîme. »

Tomaho se laissait tirer sans répondre.

Sa résolution paraissait inébranlable.

Tout à coup le pirate prisonnier sortit du silence qu'il avait obstinément gardé jusqu'alors, craignant, non sans raison peut-être, de hâter la vengeance dont Sans-Nez l'avait formellement menacé.

Ses vainqueurs se trouvaient dans le péril.

Le moment était bien choisi pour tenter un rapprochement, pour mettre en œuvre un suprême moyen de conciliation.

— J'ai une proposition à vous faire, dit le bandit.

« Si elle vous convient, si vous l'acceptez, promettez-moi la vie sauve.

— Parle ! fit Sans-Nez.

— Je connais les souterrains du Colorado, reprit le pirate.

« Je les ai traversés et parcourus cent fois avec notre capitaine.

« Je puis vous servir de guide.

— Comment nous prouver que tu n'as pas de mauvaises intentions ? observa Sans-Nez avec méfiance.

« Tu pourrais penser à te venger.

« Tu serais capable de nous conduire dans quelque fondrière.

« Qui nous répond de ta bonne foi ?

— J'engage ma vie, dit le pirate.

« Déliez-moi.

« Je me charge de vous conduire sans accident possible jusqu'à la Tour du Sorcier-des-Eaux.

« Je n'ai pas d'arme et je marcherai en avant.

« Si je ne tiens pas fidèlement mon engagement, tuez-moi.

« Si je le tiens, donnez-moi la liberté.

— Pour mon compte, fit Sans-Nez, c'est marché conclu.

« Je devrai la vie à une canaille qui me devra la sienne, et la proportion n'est pas juste ; mais je rattraperai mon dû un jour ou l'autre. »

Puis, s'adressant à Tomaho, il lui demanda :

— Et toi, Cacique l'entêté, que penses-tu de la proposition ?

Le géant se leva et s'approcha du prisonnier en disant :

— Je consens à prendre le pirate pour guide.

« Et je fais remarquer à mon frère que je l'ai empêché de tirer celui qui peut conjurer les médecines de la magie, car il est l'homme de John Huggs, le sorcier-pirate. »

Cette observation faite, le géant se mit gravement à débarrasser le prisonnier de ses liens.

Aussitôt libre, le bandit, marchant le premier, se dirigea du côté de la chambre de John Huggs.

Sans-Nez, le revolver au poing, venait immédiatement derrière le guide.

Puis les trois femmes.

Et enfin le géant, traînant la fameuse gaffe, ce talisman dont il ne voulait plus se séparer.

En passant dans le domicile de son capitaine, le pirate se munit d'une provision de bougies dont il trouva une pleine caisse, et en distribua à tout le monde.

Enfin la petite troupe s'engagea dans les galeries souterraines après avoir franchi l'ouverture que Tomaho avait pratiquée en déplaçant un énorme rocher.

Sans-Nez et le Cacique ne traversèrent pas sans une certaine émotion ces grottes nombreuses, ces longs couloirs où ils avaient failli périr.

Le Parisien essaya de plaisanter en passant devant le bienheureux rocher d'où suintait goutte à goutte cette eau découvert si à propos par le Cacique.

— J'en veux boire encore une fois, dit-il en s'approchant de la fissure.

Et il promena sa langue sur la pierre humide.

Il ricanait.

Mais son cœur battait certainement plus vite que d'ordinaire, au souvenir récent du danger de mort miraculeusement écarté par la découverte de la précieuse infiltration.

La petite troupe marchait depuis environ dix minutes, quand tout à coup une détonation sourde ébranla la montagne.

C'étaient les mines qui éclataient.

Un grondement effroyable succéda à la détonation produite par la poudre :

C'était le palais des pirates qui s'abîmait dans un immense écroulement.

Le mouvement de trépidation fut tellement fort, le déplacement d'air si violent, que nos fuyards furent renversés, que toutes les lumières furent soufflées.

Tomaho lui-même tomba.

Il se releva furieux.

Il n'admettait pas que la seule force de l'air eût eu si facilement raison de sa solidité.

Sans-Nez, lui, reprit pied sans mauvaise humeur.

— Quel coup de vent! s'écria-t-il.

« Et quelle secousse!

« Nous saurons ce que c'est qu'un tremblement de terre. »

Et comme toutes les lumières avaient été soufflées, il appela, non sans une certaine inquiétude :

— Ohé! pirate!

« Où es-tu?

— Ici, répondit une voix.

Contrairement aux craintes du Parisien, le bandit n'avait pas cherché à fuir.

Il venait de battre tranquillement le briquet, et rallumait sa bougie.

— Il n'y a personne de blessé? demanda-t-il en s'approchant et en élevant la lumière au-dessus de sa tête.

— Non, répondirent plusieurs voix.

L'on aperçut mademoiselle d'Éragny, Conception et Paméla, immobilisées par la terreur, accroupies sur le sable de la galerie, mais sauvées.

Pas une pierre ne s'était détachée de la voûte sur ce point.

— Vive la joie! cria Sans-Nez en voyant tout le monde vivant.

« Les canailles en sont pour leurs frais encore une fois.

« Détruire une grotte si richement agencée, pour nous écraser, et nous rater, c'est jouer de malheur!

« Je les plains, ces pauvres pirates, et je leur promets de mieux réussir avec eux s'ils tombent jamais sous ma coupe. »

Tout en parlant, le Parisien avait rallumé les bougies.

Il ajouta :

— Maintenant, en avant!

« Mais pas de précipitation inutile.

« Le danger est passé.

« Mesdames, regardez à vos pieds ou voyez comment je saute.

« Je vous dis ça parce que nous pourrions très-bien rencontrer des pierres provenant d'éboulements partiels. »

Sans-Nez donnait ces conseils en marchant d'un pas allègre.

Les femmes suivaient, silencieuses et encore sous le coup de l'épouvante que leur avait causée la terrible explosion.

Après plus de trois heures de marche, le pirate s'arrêta.

On était au pied de l'immense puits en spirale qui conduisait dans la Tour du Sorcier-des-Eaux.

On fit une longue halte qui permit aux femmes de prendre un peu de repos, puis l'ascension commença.

Elle fut longue et pénible.

La petite troupe arriva enfin dans la tour.

— Maintenant, dit Sans-Nez en s'adressant aux femmes, nous avons, vous le pensez bien, un moyen de gagner la rive droite du Colorado, au delà du Puits-sans-fin, mais ce moyen, sans être dangereux, présente des inconvénients.

« Il s'agit tout simplement de nous jeter à l'eau et de nous laisser porter par le remous jusqu'à terre.

« Ce n'est pas difficile, mais il faut de la volonté et du courage.

— Je voudrais voir l'abîme avant de m'y jeter, demanda mademoiselle d'Éragny.

Pour satisfaire au désir de la jeune fille, Tomaho la prit dans ses bras et la hissa jusqu'à l'une des ouvertures ; puis il la reposa à terre.

— C'est effrayant! murmura-t-elle en frissonnant.

— Rien à craindre! affirma Sans-Nez.

Et il expliqua en quelques mots les mouvements réguliers et immuables des courants, des tourbillons, des remous.

— Je vous crois, dit la pauvre jeune fille après avoir écouté avec attention.

« Mais j'ai peur, » ajouta-t-elle franchement.

De son côté Conception, en voyant l'hésitation de mademoiselle d'Éragny, tremblait de frayeur.

Tomaho jugea que le moment d'intervenir était venu.

— Que Rosée-du-Matin et Conception se rassurent, dit-il simplement.

« Je les porterai jusqu'à la rive.

« Je les aime, elles peuvent avoir confiance en ma parole. »

Il n'y avait plus d'objection à faire, et d'ailleurs, comme l'avait dit Sans-Nez, il n'y avait que ce moyen de sortir de la tour.

Mademoiselle d'Éragny tendit la main en signe de remerciement, et Conception se serra contre son mari avec un reste d'effroi.

— Voilà qui est entendu, fit joyeusement le Parisien.

« Tomaho nage comme une bande de canards.

« Vous pouvez être tranquilles.

« Moi, je saute le premier. »

Et se tournant vers Paméla qui, fort peu rassurée, tremblait à l'écart :

« Viens, lui dit-il.

« N'aie pas peur.

« Je te soutiendrai. »

La malheureuse fille s'approcha ; Tomaho l'enleva et la posa dans une des larges meurtrières.

Sans-Nez la rejoignit lestement, après avoir assuré son fusil sur ses épaules et mis ses munitions dans le double sac de caoutchouc qui lui servait de gibecière.

Une fois dans l'embrasure, le Parisien se retourna, et s'adressant au pirate :

— Viens-tu avec nous ? lui demanda-t-il.

« Tu n'es pas un traître.

« Je te crois brave.

« On pourra faire quelque chose de toi.

« Suis-moi si tu veux. »

Le brave trappeur, saisissant alors Paméla, la lança dans l'abîme en lui criant :

— Pas de danger !

« Un simple bain !

« Houp ! »

Et il disparut à son tour.

Le pirate se hissa alors jusqu'à l'ouverture, et se jeta à l'eau sans la moindre hésitation.

Tomaho suivit du regard les nageurs.

Après quelques minutes, il poussa une joyeuse exclamation :

— Ils ont abordé, dit-il.

« A notre tour ! »

Il saisit les femmes et les précipita.

Et se munissant vivement de la fameuse gaffe qu'il n'avait pas abandonnée, il sauta lui-même.

Une fois à l'eau, il se hâta de rejoindre les deux nageuses peu expérimentées et dont la terreur paralysait les moyens.

Il les fit s'accrocher l'une et l'autre à chaque bout de la gaffe, et il se mit à nager vigoureusement vers la rive en poussant devant lui son double fardeau.

La tâche était rude et difficile.

Le géant ne faiblit pas toutefois.

Après des efforts inouïs, il aborda sans accident.

Sans-Nez, qui l'attendait avec une inquiétude bien naturelle, ne put s'empêcher de rire en revoyant la fameuse gaffe.

— Voilà un talisman qui nous aura rendu de fameux services ! s'écria-t-il.

« Mon vieux Cacique, tes sorciers ont de précieux outils, et tu t'en sers admirablement.

« Il faut conserver celui-là.

— Je le garderai jusqu'à ce que nous ayons perdu de vue la Tour du Sorcier-des-Eaux, répondit sérieusement le géant.

— Comme tu voudras, fit Sans-Nez.

« Pour le moment, nous avons autre chose à faire que de parler sorcellerie.

« Gagnons vivement les arbres que j'aperçois là-bas.

« Une fois en sûreté, nous allumerons du feu sans crainte d'être découverts ; nous pourrons alors nous sécher et nous reposer tranquillement. »

Cette proposition reçut immédiatement son exécution.

CHAPITRE LXXXV

OÙ BOULÉREAU ET SA PIPE REVOIENT LA LUMIÈRE DU JOUR.

Une demi-heure après, la petite troupe avait gagné un endroit convenable.

Un feu de bois sec, brûlant sans fumée, fut allumé, et chacun s'empressa de se sécher au plus vite.

Trois coups de fusil heureux de Tomaho devaient fournir le dîner qui rôtissait grand train, quand une voix cria :

— Place au feu et à la chandelle!

« J'ai droit au lit et au sel; mais on peut y ajouter une aile de n'importe quoi accompagnée d'une cuisse de quelque chose.

« Je vous salue, mes bourgeois.

« Voilà mon billet de logement; je suis squatter au service du comte de Lincourt. »

Et, au milieu d'un nuage de fumée produit par son éternelle pipe, on aperçut Bouléreau.

— Trempé comme une soupe! dit-il.

« Mais j'ai conservé mon brûle-gueule; ma blague est intacte, et vive la joie! »

Tout le monde regardait Bouléreau avec étonnement.

— Ah! ah! dit le squatter.

« Vos six paires d'yeux braqués sur moi comme des pistolets semblent me demander des explications ou la mort.

« En attendant que le rôti soit prêt, je vais vous conter ça. »

Et Bouléreau fit le récit des événements.

Il termina en disant :

— Je me trouvais bloqué dans mon espèce de trou à renard qui était le canal souterrain d'un filet d'eau descendant des flancs de la montagne dans l'intérieur,

« Les coups de mine avaient dérangé le cours du ruisseau.

« J'étais à sec... sans l'être.

« De l'humidité, quoi! mais pas gênante.

« Quand tout fut fini, n'est-ce pas? plus de balles, plus rien, j'ai cherché à me terrer, et je me suis enfoncé le plus possible dans mon trou... un sacré trou qui n'en finissait pas, et qui m'a conduit dans un tas de souterrains au bout desquels j'ai trouvé la Tour du Sorcier... et me voilà! »

Mademoiselle d'Éragny avait ressenti le plus violent désespoir en apprenant que son père se trouvait aux mains des pirates.

Elle jugea que tout était perdu; car comment tenter maintenant de sauver le colonel?

Mais Bouléreau dit joyeusement :

— Mademoiselle, quand on a des yeux comme vous, on ne les use pas à pleurer.

« Quand on a des diamants pareils, il faut les conserver avec soin.

« Je ne crois pas, moi, que votre père mourra.

« John Huggs, voyez-vous, est un Yankee.

« Un Yankee sait ce que c'est qu'un capital.

« Votre père représente une somme ronde, pas vrai?

« John Huggs trafiquera là-dessus comme sur des balles de coton, sauf votre respect, sur un lot de nègres ou sur n'importe quoi valant ou ayant l'air de valoir quelque chose.

« Nous allons boire, parce que, humectés à l'extérieur, il ne faut pas que l'intérieur soit jaloux.

« Nous allons manger, parce que le rôti est l'ami de l'homme, et qui s'aime s'assemble.

« Nous allons dormir, parce que... nous avons sommeil.

« Et puis, bien vite, bien vite, prenez votre mouchoir, essuyez les perles qui sont sur vos joues, et vive l'espoir!

« A table! »

Mademoiselle d'Éragny reprit bon courage.

Hélas! elle ignorait que le colonel devait refuser une transaction qu'il jugeait déshonorante.

Deux heures plus tard, le petit bivouac était endormi.

Tous les trappeurs avaient avoué qu'ils tombaient de sommeil.

Ils dormirent comme des sourds.

De faction à tour de rôle, celui qui terminait sa veille avait toutes les peines du monde à réveiller son camarade.

Point d'accident, si ce n'est que Tomaho ronflait avec la puissance d'un orgue, ce qui scandalisa Sans-Nez.

— On l'entend à une demi-lieue, cet animal-là! murmurait-il pendant qu'il était en sentinelle.

Et il essaya dix fois de trouver remède à ce danger.

Danger réel.

L'écho lointain répétait les formidables sons qui, passant par le nez du géant, allaient se répercuter contre les cimes des monts et dans les profondeurs des ravins avec des bruits de tonnerre.

Sans-Nez pinça le géant au petit doigt, remède de vieille portière parisienne ; il lui joua en sifflant des airs aigus aux oreilles, il s'assit sur son ventre, il s'ingénia de toutes les façons ; mais rien n'y fit.

Tomaho ronflait toujours.

En désespoir de cause, quoique le sommeil d'un ami dût être sacré pour un trappeur, Sans-Nez éveilla le Cacique en lui bouchant le nez et la bouche :

— Pardieu ! se dit le Parisien, si cet animal ne s'aperçoit pas que j'ai triché pour ma faction et que l'heure n'est pas venue de me relever, ce sera tant mieux.

« Il veillera et il ne ronflera plus ! »

Mais le géant savait Sans-Nez capable de lui jouer des tours de cette sorte, et il avait eu maintes fois à se plaindre de semblables plaisanteries.

Il était en défiance.

Ouvrant un œil, puis deux, il examina les étoiles et dit d'un air placide mais narquois :

— Sans-Nez a une montre, et elle marque sans doute qu'il est temps de m'éveiller.

« Il va me montrer le doigt d'acier sur le *visage* de la montre, et il me dira qu'il est minuit et que mon tour est arrivé.

« Mais Sans-Nez est subtil et pousse le doigt d'acier avec son pouce.

« J'avertis Sans-Nez que, s'il me dérange encore, je lui infligerai une correction désagréable.

— Grand imbécile, dit Sans-Nez furieux, je ne veux pas tricher le moins du monde. (Il mentait sans pudeur.)

« Je t'éveille parce que tu ronfles à couvrir le bruit de la cataracte ; c'est insuppportable et dangereux.

— Mon frère veut rire de moi ! fit le Cacique.

« Si je faisais tant de vacarme, je m'éveillerais moi-même, comme cela m'est arrivé souvent.

« Dès que je ronfle, le sommeil fuit comme un élan devant un coup de fusil. »

Et le géant, fort de ce raisonnement, referma béatement les yeux.

Sans-Nez connaissait trop son ami et ses formidables emportements pour essayer de discuter.

Il reprit sa faction en maugréant.

Tomaho se remit à jouer de la cornemuse par le nez.

Quelle cornemuse, justes dieux !

Il y avait de quoi faire danser toute la Bretagne réunie au grand pardon de Notre-Dame d'Auray.

Bouléreau, quand vint son tour de veiller, craignit comme Sans-Nez les conséquences de ce ronflement, auprès duquel le rugissement du tigre n'était que bruit de mirliton.

Il éveilla, lui aussi, le géant, qui, toujours calme, mais têtu, s'enferma dans le raisonnement qu'il avait déjà tenu et n'en voulut point sortir.

Bouléreau n'était pas sans avoir remarqué que le Cacique était incapable de démordre d'une idée.

Il ne poussa pas loin la discussion ; mais il avisa.

C'était un homme de ressource, il cueillit une mince baguette et quand Tomaho fut profondément endormi, le Canadien introduisit la baguette dans une narine du Cacique et lui chatouilla les bronches.

Aussitôt le géant poussa un épouvantable éternuement.

Bouléreau avait prestement retiré la baguette et il s'était remis en faction, le dos tourné à Tomaho.

Celui-ci, éveillé, se frotta les yeux, se leva et vint à Bouléreau :

— Mon frère, dit-il, je viens vous faire des excuses.

« Je vous ai donné un démenti tout à l'heure et je le regrette, car j'avais tort.

« Je ronflais réellement, puisque je viens de m'éveiller.

— Une autre fois, vous me croirez, Cacique ?

— Oui, Canadien !

« Mais je vous ai soupçonné de vouloir, comme Sans-Nez, me faire ce qu'il appelle une blague, parce que vous avez l'habitude de toujours rire.

« Mauvaise habitude, très-mauvaise, puisque, vous le voyez, ça fait tort dans l'esprit des camarades.

« Allez-vous coucher, Bouléreau.

« Je prends la faction.

« Quand je suis en train de ronfler, j'en ai pour toute la nuit; je m'éveillerais à chaque instant, donc je ne dormirais point.

« Autant veiller! »

Bouléreau se garda bien de trouver un mot à redire dans ce raisonnement qu'il goûtait fort.

— Bonsoir, Cacique! dit-il.

Et il se plongea délicieusement dans son lit d'herbes.

Cependant Tomaho réfléchit... très-lentement, bien entendu.

Après une demi-heure de rêveries, il arriva à une conclusion.

— Oui, murmura-t-il, j'ai mal agi et il faut que je le lui avoue; un Araucanien est toujours franc, loyal.

« Agir autrement, ce serait mal. »

Il se dirigea vers Sans-Nez et lui mit sa large main sur la poitrine.

Le Parisien crut sentir tomber sur ses poumons un pan de la chaîne des Andes.

Il jura et se débattit pour échapper au cauchemar.

Tomaho lui dit en le maintenant :

« Que mon frère ne s'agite pas et ne se lève point.

« C'est inutile!

« Je l'ai éveillé pour lui avouer que tout à l'heure je ronflais et que je venais de m'en apercevoir, puisque le bruit m'a fait sortir du sommeil.

« Mon frère n'aura plus son repos troublé par l'injustice que j'ai commise envers lui.

— Comment! triple brute, s'écria Sans-Nez, tu m'éveilles pour me conter de pareilles bêtises!

« Va-t'en au diable! »

Et le Parisien furieux se rendormit à poings fermés.

Tomaho confus reprit sa faction en murmurant :

— J'ai fait une bêtise.

Pourquoi?

« Quelle bêtise?

« C'était honnête cependant, et digne d'un guerrier loyal, de reconnaître son erreur. »

Tout à coup le géant se frappa le front d'une claque qui eût abasourdi un bœuf, et il s'écria joyeux :

— J'ai trouvé!...

« Compris!... »

Il courut à Sans-Nez et l'éveilla de nouveau précipitamment.

— Encore?... fit celui-ci.

— Mon frère qui me croit stupide, dit gaiement le géant, mon frère qui crie à tout le monde que je n'ai pas de cervelle, mon ami Sans-Nez, au flair subtil, va être bien étonné.

— Je ne demande pas à être étonné, dit Sans-Nez, mais à dormir.

« Enfin, qu'est-ce qu'il y a?

« Quand tu l'auras dit, j'espère que ce sera fini.

« Parle donc, animal!

— J'ai trouvé!... dit le géant avec emphase.

— Quoi? fit Sans-Nez.

— Je sais pourquoi, malgré ma bonne intention, j'ai fait une bêtise en éveillant mon frère.

« C'est parce que j'aurais pu attendre à demain pour avouer mes torts! »

Sans-Nez, indigné d'une pareille stupidité, bondit, leva les bras vers la lune pour la prendre à témoin que ce Calino indien dépassait tous les Calinos de l'Europe; puis, sans mot dire, il prit ses armes, sa légère tente, sa mince couverture de laine, et s'éloigna du bivac.

— Je serai peut-être déchiré par un jaguar, dit-il, ou scalpé par un Peau-Rouge; mais je préfère ça.

Et il disparut, à la grande stupéfaction de Tomaho et à sa profonde douleur, car il pensa bien qu'il venait de commettre une forte bévue.

Le lendemain, Sans-Nez reparut à l'aube, sain et sauf.

Tomaho le salua d'un cri joyeux et courut à lui.

— J'ai encore compris! dit-il.

« La seconde fois que j'ai réveillé mon frère, j'étais encore plus bête que la première.

« J'aurais pu attendre.

« Que Sans-Nez cependant ne croie pas que j'ai agi par étourderie.

« J'avais beaucoup réfléchi.

« Je ne fais rien sans y penser d'avance.

— Sais-tu ce que ça prouve, triple essence de crétin?

— Non! dit Tomaho.

— Eh bien! ça prouve que quand tu assassines les gens à force de stupidité il y a guet-apens, puisqu'il y a préméditation!

— Mon frère me tient rancune! fit piteusement le géant.

— Pas plus qu'à une outarde d'être une volaille stupide! fit Sans-Nez.

« Prenons le café... »

CHAPITRE LXXXVI

NOUVELLE ALERTE

Bouléreau, pipe aux dents, avait tout préparé pour le repas du matin.

Le café fumait, répandant ses parfums délicats.

Le soleil levant séchait la rosée; la prairie s'éveillait joyeusement.

Au loin, les fauves rentraient dans leurs repaires, jetant leurs dernières menaces à la brise qui apportait de l'est des chants d'oiseaux et des bruits vagues encore mais singuliers, auxquels Sans-Nez prêta, tout en buvant goutte à goutte, une oreille attentive.

Conception et Rosée-du-Matin, charmantes toutes deux, servaient les trappeurs en leur prodiguant des remerciements pour leur bonne garde.

Tout à coup Sans-Nez se coucha à terre en disant :

— Vite!

« Finissez le déjeuner.

« Silence! »

Il écouta l'oreille au sol, puis il se releva.

— Étrange! dit-il.

Bouléreau, le géant, le pirate lui-même se mirent à leur tour à interroger la terre.

Ils ne purent se rendre compte de ce qui se passait à distance, eux, si accoutumés à définir tous les bruits de la prairie.

— Eh bien? fit Sans-Nez.

« Vos avis?

— C'est une musique! dit Tomaho; une très-grande musique...

— ... Enragée! ajouta Bouléreau. On dirait que tous les instruments connus et inconnus résonnent à deux milles des environs.

— C'est une armée!

— Quelle armée?

— La troupe d'Austin, peut-être.

— Impossible!

« Il y a peut-être un millier de musiciens.

— Et puis la milice d'Austin ne se risquerait pas en plaine.

— C'est vrai.

Sans-Nez jeta un regard sur le pirate prisonnier.

— Toi! lui dit-il brutalement, tu me gênes beaucoup.

« Si l'on te donne la clef des champs, tu vas avertir l'ennemi.

— Qui sait, dit le pirate, si cet ennemi n'est pas le mien?

— Te pendre est sûr! dit Sans-Nez; te laisser vivre est incertain.

— Mon ami, dit mademoiselle d'Éragny, cet homme n'a pas l'air méchant; le tuer nous porterait malheur.

— Baste! fit Sans-Nez.

« Un pendu est au bout d'une corde qui porte bonheur.

« Nous découperons la cravate de chanvre et nous en prendrons chacun un morceau pour avoir bonne chance.

— Mademoiselle, dit le pirate, intercédez pour moi.

« Vous ne vous en repentirez pas; je vaux mieux que mon état.

« Un malheur m'a jeté dans la prairie.

« Une mauvaise rencontre m'a entraîné à être brigand.

« Mais j'en ai assez.

« Si je pouvais devenir un honnête trappeur, je serais au comble de mes vœux, et je souhaite mourir dans la peau d'un honnête homme. »

La figure du pirate prévenait en sa faveur. Son accent était plein de vérité.

— Cet homme ne me déplaît pas trop, fit Bouléreau.

— Je me chargerai de veiller sur lui, ajouta Tomaho que Conception avait engagé à faire grâce.

— Croyez-vous, messieurs, dit le pirate, que je n'aimerais pas mieux vivre avec vous ou mourir en votre compagnie que crever comme un chien galeux?

— Soit ! dit Sans-Nez.

« Tomaho répond de toi.

« Tu vas demeurer avec lui.

« Tous deux, vous ferez disparaître les traces du bivac.

« Puis vous nous suivrez de loin, dans la direction du bruit.

« Moi et Bouléreau, nous allons voir de quoi il retourne.

— Mesdames, dit le pirate, je me nomme Pierson.

« Je suis un bon garçon et pas lâche !

« Ma vie est à vous.

— En route ! dit Sans-Nez.

« Veille au grain, Tomaho ! »

Le Parisien et Bouléreau se mirent en marche.

Ils avancèrent rapidement, non sans précaution.

Ils atteignirent au bout d'une demi-heure le sommet d'une colline qui leur barrait la vue, ils se cachèrent et gagnèrent en rampant une sorte de belvédère naturel.

Le bruit qu'ils avaient entendu s'était peu à peu transformé en un vacarme assourdissant.

Ils étaient extrêmement curieux d'en connaître la cause.

CHAPITRE LXXXVII

UNE SINGULIÈRE ARMÉE

Tout à coup l'autre versant de la colline leur apparut ; dans la prairie, à deux ou trois mille pas, ils aperçurent une armée en marche.

Cette armée était forte de six ou huit cents hommes, divisés en trois bataillons, et chaque bataillon de huit compagnies.

Et, tout en marchant, elle exécutait des évolutions.

Tantôt elle avançait en colonne, tantôt en ligne.

Elle avait des tirailleurs en flancs, une avant-garde et une arrière-garde de cavalerie.

Les mouvements n'étaient point parfaits.

Toutefois Sans-Nez n'avait jamais vu les milices mexicaines capables de pareilles manœuvres.

Premier et grand étonnement.

Mais ce qui était bizarre, inouï, invraisemblable, c'est que ces soldats devaient être des musiciens.

Comment s'expliquer autrement l'effrayant tintamarre de tant d'instruments qui retentissaient?

De leurs yeux perçants, les trappeurs distinguaient nettement un chef à cheval qui commandait avec un porte-voix et qui faisait force gestes, se donnant beaucoup de mouvement.

Marchait-on, les instruments jouaient.

S'arrêtait-on, le calme était profond.

On ne pouvait encore deviner à qui l'on avait affaire.

Sans-Nez était dans une stupéfaction profonde et littéralement abasourdi.

Bouléreau inquiet ne s'apercevait même pas que sa pipe venait de s'éteindre.

Il fumait... du vent.

Enfin nos deux compagnons, après réflexion, se regardèrent en hochant la tête.

Sans-Nez manifesta le premier son étonnement :

— En voilà une forte, une salée, une des plus épatantes qu'il soit possible de rêver!

« Pour être ahuri, je le suis.

« A-t-on jamais entendu pareil bruit dans la savane?

« C'est à s'en arracher les cheveux... quand on n'a pas été scalpé...

— Qu'est-ce que ça peut être ? fit à son tour Bouléreau.

« Je n'en ai aucune idée

LE SECRET DU DOMPTEUR

C'est à croire que nous sommes devenus fous, que nous avons la fièvre chaude.

— En tous cas, dit Sans-Nez, montons sur ce chêne là-bas, sur le *dos* même du *couteau de prairie* (sorte de colline basse aux pentes rapides et formant lame de couteau.

« Nous pourrions voir le défilé sans grand danger d'être découverts.

« Tomaho avisera de son côté, pour mettre les femmes en sûreté.

« On peut s'en rapporter à lui quant aux mesures de prudence à prendre.

— Grimpons dit Bouléreau.

Ils s'installèrent aussitôt, le plus commodément possible, sur l'arbre dont l'épais feuillage les cachait complètement.

Il aurait fallu avoir le flair subtil pour les découvrir.

De leur observatoire, ils purent voir à l'aise le corps d'armée prendre ses dispositions pour franchir le *couteau de prairie*.

Particularité étrange, il y a dans ces dispositions une certaine connaissance des choses militaires au point de vue de la marche stratégique des troupes en campagne.

Un assez grand nombre de cavaliers marchent en avant.

Ils opèrent une reconnaissance.

Ils fouillent le terrain avec soin.

Ils piquent des pointes en tous sens avec autant de prudence que d'audace.

Ils passent rapidement, gagnent la crête de la colline, puis font volte-face pour se remettre en ligne.

Sans-Nez et Bouléreau observaient curieusement tout ce manège du haut de leur perchoir.

67ᵉ LIVRAISON 67

— C'est inouï! disait Sans-Nez.

« Si je n'étais pas absolument sûr d'être éveillé, je croirais à un rêve fantastique.

« Ces cavaliers sont admirables d'adresse et d'habileté.

« Ils manient un cheval comme des écuyers consommés.

« Mais quels drôles de costumes!

— Mirobolants, les uniformes! fit Bouléreau.

« Vois donc ceux-ci :

« Des tuniques à la grecque ; le peplum et le casque romain avec ;

« Des cuirasses et des cottes de mailles du temps de saint Louis.

« On dirait que tout ça est en fer-blanc.

« Tiens! en voilà un qui s'est fabriqué un bouclier avec un fond de bassinoire.

« Ah! regarde donc!

« En voici deux qui ont des tabliers de sapeurs... sur le dos.

« Qu'est-ce que c'est que ça?

— Oh! là! là! s'écria Sans-Nez en s'agitant sur sa branche au risque de se laisser découvrir.

« C'est trop fort!

« Bouléreau, j'en crèverai de rire!

« Tourne-toi donc.

« Vois-tu?

« Des avocats en robe!

« Des juges avec leur bonnet carré... et des plumes en panache!

« Un tribunal à cheval!

« Ça ne s'est jamais vu!

« Et de fameux cavaliers, s'il vous plaît!

« Des écuyers de Franconi, quoi!

« Je n'y comprends rien du tout.

« Dis-moi, squatter, me crois-tu fou?

— J'allais te faire la même demande, dit Bouléreau qui ouvrit la bouche toute grande et laissa tomber sa pipe.

Jamais pareille chose n'était arrivée à ce fumeur émérite.

Il se pencha sur sa branche, jeta un regard anxieux sur la touffe d'herbe où avait disparu le précieux brûle-gueule et reprit :

— Je puis la retrouver.

« Mais du diable si je comprends quelque chose à ce carnaval !

« C'est à douter de la réalité.

« Mille millions de blagues! je vois pourtant clair !

— Et moi, donc? fit Sans-Nez.

« Je n'ai pas la berlue, et en tout cas nous ne verrions pas trouble tous les deux en même temps.

« Tiens, vois-tu cet animal qui paraît être le chef de ces cavaliers?

— Je l'aperçois, dit Bouléreau.

« Il porte un costume que j'ai vu au grand théâtre de Rio-Janeiro.

— Tu y es, fit le Parisien.

« C'est le costume du Postillon de Longjumeau.

« Tout y est, sauf les bottes.

« Mais il a le bouquet enrubané, cet animal-là.

— Et celui qui le suit pas à pas, remarqua encore le squatter, quelle tête!.

« On le dirait coiffé d'un chapeau chinois.

« Et je ne me trompe pas, les clochettes et les grelots y sont.

— C'est exact, dit Sans-Nez.

« Mais je me demande ce que peut bien être cette espèce de rouleau qu'il porte sur son épaule. »

Le hasard voulut que la curiosité du Parisien fût immédiatement satisfaite.

Le cavalier au chapeau chinois saisit son rouleau à deux mains et en porta un bout à sa bouche.

Trois ou quatre notes stridentes retentirent.

Aussitôt les cavaliers épars se réunirent en pelotons, qui rejoignirent au petit trot l'avant-garde de fantassins qui précédait le gros de l'armée.

Ils allaient évidemment rendre compte de leur mission d'éclaireurs et faire connaître qu'aucun danger ne menaçait la colonne.

Telle fut la supposition de Bouléreau et de Sans-Nez.

— C'est incroyable ! fit ce dernier.

« Ces gens me paraissent se conduire très-sérieusement.

« Ces cavaliers se sont ralliés avec un ensemble admirable!

« Mais ces costumes !...

« Décidément, plus je cherche, moins je comprends!

— C'est surtout ce bruit étrange, ce vacarme épouvantable que je ne m'explique pas, observa Bouléreau.

« Si on pouvait saisir le moindre fragment d'un air quelconque, on supposerait à la rigueur que nous avons devant nous une armée de musiciens ; mais que penser de cet ouragan de sons étranges et discordants ?

— Nous allons bien voir, dit Sans-Nez.

«Laissons-les avancer.

« D'après ce que nous avons vu, je crois que toutes les suppositions possibles ne peuvent servir qu'à nous dérouter de plus en plus.

« Tiens, l'armée se forme en colonne et se met en marche.

« Tous les mouvements sont exécutés avec un ensemble qui ferait honneur à plus d'une milice mexicaine.

« C'est renversant !

— C'est stupéfiant ! ajouta Bouléreau.

« Vois donc cet ordre de marche :

« Cavaliers en tirailleurs pour protéger les flancs de la colonne ;

« Avant-garde et arrière-garde.

« Tout y est.

— C'est-à-dire, fit Sans-Nez en riant, que l'on se croirait à une fenêtre de l'École militaire, à Paris, en face le Champ-de-Mars.

« Mais des costumes pareils !...

« Ce tapage infernal !...

« Voilà ce qui me déroute complètement. »

Cependant la petite armée avançait assez rapidement.

Bientôt l'avant-garde ne fut plus qu'à une centaine de pas du chêne où se tenaient cachés nos deux observateurs, dont la stupéfaction allait croissant.

— Pour le coup, dit Sans-Nez, je rêve tout éveillé !

« Je jurerais que nous sommes en carnaval, et qu'un génie puissant m'a transporté au beau milieu du faubourg du Temple.

« Nous assistons vraiment à la plus mirobolante descente de Courtille que l'on puisse imaginer.

« Positivement, ce sont des masques.

— On pourrait le croire tout de même, reprit Bouléreau.

« Tous ces gens sont tatoués et peints comme des Peaux-Rouges.

« Mais pourquoi cet appareil guerrier ?

« Ils sont tous armés jusqu'aux dents.

« Oh ! les bons costumes !

« En voilà un qui a une tunique de fantaisie avec une culotte de zouave.

« Et cet autre avec sa culotte blanche et sa veste rouge de soldat anglais !

« Ah ! voilà qui est mieux, un lancier en bas de soie !

« C'est à en mourir !

« Un pompier !... avec son casque en sautoir ! »

Bouléreau s'arrêta dans son énumération.

Une furieuse envie de rire le possédait, et il avait toutes les peines du monde pour s'empêcher d'éclater.

— Mais tu ne vois pas le plus drôle, reprit à son tour Sans-Nez.

« Lorgne-moi un peu ces coiffures.

« C'est de la peau de lapin, si je ne me trompe.

« Mais quelles formes !

« Et quels plumets !

« Un chapelier de Ménilmontant n'en voudrait pas pour enseigne.

« Ça ne ressemble ni à un chapeau ni à une casquette, ni à une calotte, ni à un cascamèche, ni même à aucun couvre-chef connu !

« Eh ! quand je le disais, que c'étaient des masques !

« Un pierrot et un arlequin !...

« Il ne manque plus que Polichinelle.

« Ah ! mais voici le plus drôle !

« Un cor de chasse en drap rouge sur chaque coiffure.

« Nous avons décidément devant nous de la troupe régulière.

« Cette avant-garde nous représente assurément des chasseurs ou des voltigeurs, à notre choix. »

Tout à coup Bouléreau laissa échapper un éclat de rire contenu, et s'agita sur sa branche.

— Un trombone ! dit-il.

« Un, deux, trois tambours !

« Un violon !... »

— C'est pourtant vrai ! interrompit Sans-Nez.

« Ils ont tous un instrument quelconque.

« Voilà qui devient de plus en plus fort. »

Le Parisien ne se trompait pas.

Chacun de ces singuliers soldats était muni d'un instrument de musique à corde, à vent ou autre, connu et inconnu.

Mais pas un homme ne jouait dans le moment.

Enfin cette étrange avant-garde passa et disparut derrière l'arête de la colline.

Le gros de la troupe s'avançait en bon ordre.

— Voilà le grand défilé ! s'écria Sans-Nez.

« Attention !

« Nous allons peut-être faire de nouvelles et intéressantes découvertes.

« Si je n'avais pas peur d'être devenu complétement fou, je m'amuserais comme un insensé.

« Ah ! malheur !

« Vois-moi donc ça, Bouléreau !

« Deux bonnes têtes !

« Ce sont probablement les chefs, les généraux.

« Quelles tournures ! »

— Mais il me semble que l'un des deux est Indien, observa Bouléreau.

— C'est vrai ! fit Sans-Nez.

« Mais il n'a pas les allures d'un Peau-Rouge.

« Tout ça est bien singulier !

« Et quand je pense que plus je lorgne ces deux binettes-là, plus je m'imagine que les ai rencontrées quelque part !

« Qu'est-ce que cela veut dire ? »

Les deux personnages signalés étaient bien faits pour exciter la curiosité.

Ils se tenaient à quelque distance en avant de la colonne et paraissaient causer.

Quatre cavaliers les escortaient.

L'un portait le grand costume de guerre des Indiens :

Plumes d'aigle sur la tête ;

Tatouages et peintures multicolores sur le visage, sur les bras et la poitrine ;

Manteau en peau d'élan sur les épaules ;

Queues de renards aux mocassins.

Tout l'attirail se trouvait au grand complet.

Ce guerrier était formidablement armé.

Quatre pistolets et deux larges coutelas pendaient autour de lui.

Une carabine à canon double était accrochée à l'arçon de sa selle, et une longue lance se balançait à son bras gauche.

Sur sa poitrine, très-bas, presque sur son ventre, brillait un objet auquel Sans-Nez et Bouléreau ne purent attribuer un nom.

Enfin cet étrange Peau-Rouge serrait sous le bras droit un immense porte-voix.

Et à côté de lui se tenait constamment un cavalier portant une espèce de tube en fer blanc assez semblable à un gros tuyau de gouttière.

La tournure et l'accoutrement du second personnage n'étaient ni moins extraordinaires ni moins bizarres.

Il portait un costume Louis XIV complet :

L'habit était en drap bleu de ciel ;

Le gilet de couleur chair, ainsi que la culotte ;

Un chapeau à larges bords légèrement relevés était placé en arrière sur sa tête ;

Deux grandes plumes d'un rouge éclatant complétaient la coiffure.

Le tout était doré, galonné, brodé à profusion.

Cela étincelait, miroitait, tirait l'œil affreusement.

Les armes n'étaient aucunement en rapport avec le costume.

En guise d'épée, l'étrange personnage portait un tomahawk indien et une paire de magnifiques revolvers d'arçon.

Une carabine anglaise était placée en travers sur sa selle.

Un petit arc en bois noir lui pendait derrière le dos, ainsi qu'un carquois de peau de buffle rempli de flèches.

De plus (singularité bizarre), il tenait à la main une guitare !

Et, de temps en temps, il chantait et s'accompagnait en faisant des grâces et des contorsions de clown.

Sans-Nez et Bouléreau remarquèrent avec surprise que cet individu était admirablement tatoué à l'indienne.

Bientôt le gros de l'armée défila à peu de distance de l'observatoire des deux compagnons de plus en plus intrigués.

CHAPITRE LXXXVIII

OÙ BOULÉREAU VOIT DES CHOSES SI ÉTRANGES QU'IL EN LAISSE TOMBER SA PIPE

Cette armée est au moins aussi étrangement affublée que les chefs qui la commandent.

Les premiers pelotons sont composés d'hommes de haute taille.

Ils ont tous des bonnets en poil d'ours.

Mais quels bonnets !

Des ruches à abeilles !

Il a certainement fallu la peau entière d'un ours pour chaque coiffure.

Quant aux habits, c'est une fantaisie, un bariolage, une arlequinade impossibles.

Toutes les couleurs, toutes les coupes sont réunies et forment l'ensemble le plus criard et le plus discordant que l'on puisse imaginer.

Jamais pareille excentricité carnavalesque n'a été rêvée.

En avant de ce premier peloton se distingue un grand gaillard que suivent une quinzaine d'hommes tapant à tour de bras sur les tambours.

Cette espèce de tambour-major est peut-être le seul qui soit correctement vêtu.

Mais l'uniforme qu'il porte ne peut qu'exciter, comme tout le reste, l'étonnement et la stupéfaction.

Il a endossé le costume complet d'un suisse de cathédrale :

L'habit rouge soutaché et galonné sur les coutures ;

Les bas blancs et la culotte écarlate ;

Le baudrier et l'épée pendante sur les jarrets ;

Le chapeau à plumes posé en bataille ;

Les épaulettes à grosses torsades dorées ;

L'énorme canne à pomme argentée, ainsi que la hallebarde.

Rien ne manque.

Et l'étrange suisse, la démarche assurée, l'air imposant, marche fièrement à la tête de ses tambours, qui se distinguent particulièrement des autres soldats par leurs coiffures.

Ils portent une espèce de calotte très-longue qui leur tombe dans le dos.

Cela ressemble assez aux bonnets, très-allongés, des gondoliers de Venise.

Le reste de cette armée impossible est tout aussi étrangement affublé que les premiers pelotons.

C'est un amalgame indescriptible, qui fait mal aux yeux, qui énerve, qui déconcerte tout effort tendant à rechercher une apparence de goût et d'harmonie.

Chose bizarre ! chaque homme porte un sac de cuir, un vrai sac de soldat, avec couvertures, toiles et bâtons à tente.

Cette seule partie de l'équipement est uniformément portée par tous, quel que soit le costume.

Enfin une vingtaine de chariots traînés par des mulets et escortés par des cavaliers suivent la colonne.

Sans-Nez et Bouléreau allaient de surprise en surprise, d'étonnement en étonnement.

Leur stupéfaction prenait les proportions d'un véritable malaise.

Il y avait de la consternation, de la fièvre dans le ton et la manière dont ils échangeaient leurs réflexions et impressions.

Ils pouvaient d'ailleurs parler haut sans danger, car l'épouvantable tintamarre qui les avait tant étonnés continuait plus acharné que jamais.

C'était un bruit capable de couvrir les grondements du tonnerre.

— Ils sont tous armés, disait Sans-Nez.

« Il n'ont pourtant rien à craindre ; on ne les attaquera pas, ni hommes ni bêtes.

« Ils feraient fuir toutes les oreilles de la création, ces enragés.

« Il n'y a pas à dire, je n'en aperçois pas un qui n'ait son instrument.

— Si on peut appeler ça des instruments, remarqua Bouléreau.

« Regarde-moi un peu ce mélange.

« Des clairons, des cors de chasse, des cuivres de toutes sortes.

— Il ne manque pas d'instruments à cordes, observa Sans-Nez.

« Je vois pas mal de violons.

« Mieux que ça, voici une contre-basse qu'un homme porte à dos ; un autre frotte dessus comme s'il sciait une bûche.

« Drôles de troupiers !

« Mais ce qui domine, c'est le tambour, un instrument qui n'exige pas de hautes connaissances musicales.

— Tu appelles ça des tambours ? fit Bouléreau.

« J'en vois à peine vingt qui méritent ce nom.

« Le reste n'a ni forme ni figure.

— Tu es bien difficile.

« Moi, j'aime assez ces tambours primitifs.

« Une peau sur une écorce d'arbre.

« C'est économique et ça fait autant de tapage.

« Et puis chacun peut en confectionner un à sa fantaisie.

« C'est plus drôle...

« Oh ! bada ! boum ! zimm !

« La grosse caisse et les cymbales.

« Ça se complète.

« Bon ! de mieux en mieux !

« Des trompettes en cornes de taureaux, de buffles.

« Des fifres en roseaux ! »

Tout à coup Bouléreau et le Parisien jetèrent en même temps un cri de surprise.

— C'est le bouquet ! fit Sans-Nez en éclatant de rire.

— Je ne m'attendais pas à celle-là, dit à son tour le squatter.

« Je n'avais jamais vu jouer de la seringue.

« Il faut venir dans la savane pour avoir de ces surprises-là.

— Mais c'est qu'ils en jouent sérieusement, remarqua le Parisien qui se tordait sur son perchoir et se cramponnait pour ne pas tomber.

« Ils se servent très bien du piston, comme des coulisses d'un trombone.

« Décidément, nous sommes en plein carnaval et nous assistons à une cavalcade de masques.

« Pour moi, j'en suis de plus en plus convaincu.

— Ma foi ! ajouta Bouléreau, la mascarade est complète.

« Mais je trouve cette musique infernale.

« Je ne t'entends plus.

« Je deviens sourd.

— Et moi je me crois fou ! cria Sans-Nez.

« Heureusement que voici les derniers rangs.

« Attendons que l'arrière-garde soit passée, et nous descendrons.

« Il est temps, car je me sens défaillir

« Ce bruit, ce vacarme, ces costumes..

« Je suis détraqué à m'en laisser tomber. »

Bientôt les derniers soldats de l'étrange armée eurent dépassé le sommet de la colline.

Sans-Nez et Bouléreau s'empressèrent de dégringoler de leur arbre.

Ce dernier chercha sa pipe et parvint, non sans peine, à la découvrir dans les herbes hautes et épaisses.

Quand il releva la tête et regarda où se trouvait le Parisien, il le vit marchant sur les genoux et les mains, dans l'endroit qu'avait foulé la troupe.

Il flairait le terrain à la manière d'un chien qui rencontre une voie chaude.

— Qu'est-ce que tu fais donc ? lui demanda-t-il.

Sans-Nez se releva tout à coup et accourut vivement.

— Je viens de faire une découverte, dit-il.

« Mais je n'en suis pas beaucoup plus avancé, à vrai dire.

— Laquelle ?

— Eh bien ! mon vieux, les masques que nous venons de voir défiler en musique sont tout simplement des Peaux-Rouges.

« Leurs tatouages, que nous croyions faux, sont absolument authentiques. »

Bouléreau fut un instant sans répondre.

Il allumait sa pipe.

Quand il eut aspiré avec délices une demi-douzaine de bouffées, il répondit, après avoir reniflé plusieurs fois :

— Tu as raison.

« Ça sent l'Indien à plein nez.

« Mais alors, qu'est-ce que ça veut dire, cette histoire-là ?

— La belle question ! s'écria le Parisien

« J'en demanderais bien autant.
« Il y a là dedans un *hic* que je ne m'explique pas.
« J'ai beau chercher, je m'y perds.
« Mais nous verrons bien...
« Je ferai plutôt... »
Tout à coup Sans-Nez se frappa le front, et sa face couturée se rida affreusement, exprimant la plus grande satisfaction.
Il exécuta un joyeux roulement de castagnettes avec ses doigts et fit une triomphante pirouette.
— J'ai trouvé! s'écria-t-il.
« J'y suis en plein!
« Le gros, habillé en Peau-Rouge, c'est don Matapan, l'ex-gouverneur d'Austin.
« L'autre, en costume Louis XIV, c'est son ami Sable-Avide, le sachem le plus ivrogne de la savane.
« Je me disais aussi que j'avais vu ces binettes-là quelque part.
— Mais, questionna Bouléreau, comment expliques-tu cette mascarade?
— Je ne l'explique pas pour l'instant, dit Sans-Nez.
« Mais je suis sûr de ce que j'avance.
« Nous en saurons plus long avant peu, si tu veux m'en croire.
— En tout cas, penses-tu que nous ayons quelque chose à redouter de cette légion de fous?
— Je ne le crois pas.
« Nous sommes en paix avec les Indiens depuis la dernière affaire.
« Mais comme, après tout, je puis me tromper, nous devons tenter d'éclaircir la chose.
— Soit, dit Bouléreau; mais agissons avec prudence.
« D'abord, il nous faut attendre l'arrivée de Tomaho qui, je le vois, a su se dissimuler habilement.
— Approuvé! dit Sans-Nez.
« Allons au-devant de lui.
« Il ne doit pas être loin. »

Le Cacique, en effet, ne tarda pas à paraître, accompagné du pirate et des trois femmes.
Sans-Nez et Bouléreau racontèrent ce qu'ils venaient de voir, et annoncèrent leur intention de mettre fin à leur perplexité en rejoignant la bizarre armée commandée par Sable-Avide et don Matapan.
Mademoiselle d'Éragny n'encouragea pas d'abord cette tentative.
Une semblable détermination lui paraissait comporter des dangers, et elle manifesta ses craintes :
— Pensez-vous, dit-elle, que des femmes, au milieu de ces Peaux-Rouges, soient en sûreté?
« Ces Indiens à demi sauvages peuvent garder rancune au comte et aux siens.
« S'ils allaient penser à se venger, comment nous défendre? comment fuir?
— Il n'y a rien à craindre, affirma Sans-Nez.
« D'ailleurs, je m'en rapporte au Cacique. »
Tomaho avait écouté attentivement le récit des éclaireurs, et la description de l'armée indienne l'avait fortement impressionné.
Entendant la question indirecte qui lui était posée, il prit un air grave et solennel.
— Je partage les craintes de Rosée-du-Matin, dit-il.
« Des dangers et des embûches sont encore devant nos pas.
« Nous en sommes avertis par la volonté du grand Vacondah.
— Qu'est-ce que tu nous chantes, Cacique? fit Sans-Nez qui flairait encore des histoires de sorcellerie.
« Si la folie te reprend, tu peux te taire. »
Le géant ne parut pas avoir entendu.
Il reprit avec le plus grand sérieux :
— Sable-Avide et don Matapan ont mécontenté un génie du désert, et leurs guerriers ne sont plus des hommes!
« Frères, ne continuons pas à braver les puissances de la grande magie!
« Les sorciers de la savane feraient alliance avec l'Esprit de la Tour, et notre perte deviendrait inévitable!
« J'ai dit.
— Tu as fini de nous débiter tes sottises? s'écria Sans-Nez.
« Tu ne veux pas nous suivre?

« Eh bien! reste.

« Nous agirons sans toi.

— Je suivrai mon frère comme il m'a suivi, reprit Tomaho.

« Je ne crains pas la mort.

— On sait ça.

— Mais tu deviens bassinant, à la fin, avec tes sorciers.

« Tu en vois partout.

« Un jour, tu en trouveras dans ta soupe. »

Cette sortie amena un sourire sur les lèvres de mademoiselle d'Éragny.

— Je ne prends pas au sérieux les croyances de ce bon Tomaho, dit-elle.

« Mais je n'en suis pas moins inquiète.

— Croyez-moi, dit à son tour Bouléreau, il n'y a rien à redouter des Peaux-Rouges.

« Ces gens-là sont de parole.

« Ils ont juré la paix, ils ne nous inquiéteront nullement.

« Du reste, pour vous rassurer complétement, nous userons de précautions.

« Sans-Nez et moi, nous allons rejoindre les Indiens, et nous arrangerons les choses pour le mieux avant de révéler votre présence.

« Tomaho et Pierson le pirate demeureront avec vous pendant que durera notre ambassade.

— Vous croyez agir pour le mieux? dit la jeune fille.

« Allez donc; je ne puis que vous approuver. »

Satisfaits de cette adhésion, les deux amis partirent aussitôt.

CHAPITRE LXXXIX

LES FINESSES DE DON MATAPAN

Ils ne tardèrent pas à découvrir les Peaux-Rouges, qui avaient descendu la colline et se trouvaient maintenant en pleine prairie.

— Forçons la marche, dit Bouléreau en allongeant le pas.

« Dans vingt minutes, nous les aurons rejoints. »

Les deux compagnons se hâtèrent.

Ils ne prenaient aucune précaution pour se cacher, au contraire.

Ils arrivèrent enfin à une centaine de pas de l'arrière-garde.

Ils furent aperçus.

Quelques guerriers se détachèrent et vinrent à leur rencontre.

Dès que l'on fut à portée de la voix, Bouléreau et Sans-Nez n'entendirent pas sans stupéfaction un Peau-Rouge crier en français :

— Qui vive?

— Ami! répondit le squatter qui, ainsi que Sans-Nez, avait le fusil sur le dos.

Et ils continuèrent d'avancer tranquillement, sans manifester ni crainte ni intention hostile.

Ils furent placés au milieu du petit détachement et conduits devant le senor don Matapan, car Sans-Nez ne s'était pas trompé : c'était bien lui qui commandait en chef l'armée indienne.

Le Parisien avait une figure que l'on n'oublie jamais quand on l'a vue une fois.

L'ex-gouverneur le reconnut à trente pas.

— Eh! morbleu! s'écria-t-il, c'est le trappeur Sans-Nez!

« La rencontre, pour être imprévue, n'en est pas plus agréable. »

Et tendant la main, il ajouta en désignant Bouléreau :

— Un ami?

— Bouléreau, de la caravane Lincourt.

— Très-bien!

« Je le reconnais maintenant. »

Et le gros homme tendit son autre main au squatter.

La double étreinte échangée, l'ex-gouverneur fit un signe au soldat qui se tenait à ses côtés portant cette espèce de tuyau de gouttière dont Sans-Nez et Bouléreau ne s'étaient pas expliqué l'usage.

Aussitôt le soldat porta un bout du tuyau à ses lèvres, et une note vibra, stridente, grave et prolongée.

En appuyant du même coup sur les claviers d'un grand orgue, on eût obtenu à peu près le même son.

A ce signal, toute l'armée cessa son infernal concert.

On pouvait alors parler avec chance de s'entendre.

Don Matapan renoua la conversation.

Naturellement, il fit cette question que tout bon ivrogne ne manque jamais d'adresser à des hôtes :

— Avez-vous soif ?

— Voilà une prévenance qui me va joliment, répondit Sans-Nez.

« Un verre de rhum sera le bienvenu. »

Sur l'ordre de don Matapan, un Indien apporta une bouteille pleine et des gobelets de cuir.

On but, et la conversation reprit.

— Iriez-vous par hasard à Austin ? demanda l'ex-gouverneur.

Sans-Nez n'entendait pas faire connaître sa situation et celle de ses amis avant d'être parfaitement rassuré sur les dispositions de don Matapan et des Indiens.

Il se contenta de répondre :

— Pas positivement.

« Nous sommes en exploration.

« Mais les circonstances pourraient nous déterminer à pousser jusque-là. »

Puis questionnant à son tour :

— Et vous, senor ? dit-il.

« Vous y allez, à Austin ?

— Mais oui, mon ami ! mais oui ! fit le gros homme en hochant la tête d'un air de suffisance.

« Je vais faire une visite à mes anciens administrés.

« Et vous le voyez, j'emmène avec moi

une armée qui, je peux m'en vanter, a un singulier cachet. »

Le bonhomme accompagna ces mots d'un fin sourire.

Sans-Nez et Bouléreau comprirent que don Matapan trouvait lui-même que ses soldats étaient ridiculement accoutrés.

Cependant l'ex-gouverneur, tout en causant, avait fait signe aux Indiens qui formaient son escorte de ne plus le suivre; il gagnait tout doucement de l'avance sur ses troupes, et bientôt il se trouva placé, avec ses interlocuteurs, entre l'avant-garde et le corps de bataille.

De ce point, aucune oreille indiscrète ne pouvait l'entendre.

Il crut pourtant devoir, par excès de prudence, jeter un dernier regard autour de lui pour bien s'assurer qu'il se trouvait à une assez grande distance.

Alors il laissa échapper un éclat de rire qui devait le gêner depuis longtemps, car il se prolongea outre mesure.

Sa grosse bedaine tressautait, il avait des larmes plein les yeux et sa large face prenait des teintes lie de vin.

Enfin l'accès passa.

Et l'ex-gouverneur parvint à prononcer quelques mots entrecoupés de *hé! hé!* et de soupirs à souffler une chandelle à trente mètres.

— Drôles, mes soldats... n'est-ce pas ?

« Impayables... hein ?

— Épatants! fit Sans-Nez avec conviction.

— Extrêmement extraordinaires, ajouta Bouléreau non moins convaincu.

— Je vais vous raconter tout, reprit don Matapan.

« Vous allez juger de mes embarras et des difficultés que j'ai eu à surmonter.

« Vous n'ignorez pas que les Austinois, mes anciens administrés, m'ont joué la plus terrible farce que l'on puisse imaginer.

— Nous connaissons l'affaire, dit Sans-Nez.

« Ces canailles vous ont couvert de goudron et de plumes, puis vous ont abandonné dans le désert.

« C'est une atroce infamie !

— Une infamie qui leur coûtera cher! reprit l'ex-gouverneur en relevant la tête d'un air crâne.

« Je me vengerai !

« Je mettrai la ville à feu et à sang!

« Ils verront si l'on se moque impunément d'un homme comme moi.

— Belle résolution ! fit Bouléreau avec une légère teinte d'ironie qui passa inaperçue.

« Mais se venger de toute la population d'une ville n'est pas chose facile.

— Certes, fit don Matapan, je ne pouvais penser à châtier de mes mains six à huit mille coupables.

« Heureusement, j'ai trouvé le moyen d'arriver à mes fins ; je vais vous raconter toute l'affaire.

« Pour prendre la ville, il me fallait des soldats, une armée, n'est-ce pas?

— Sans doute, dit Sans-Nez.

— Eh bien! reprit l'ex-gouverneur, je suis lié d'amitié avec le sachem Sable-Avide.

« Alors je me suis dit : Consultons mon ami et réclamons de lui aide et assistance.

« Mes espérances n'ont pas été trompées.

« Sable-Avide a mis non-seulement ses guerriers à ma disposition, mais de plus il a recruté des volontaires dans toutes les tribus voisines.

« Je me trouvais, au bout de trois semaines, à la tête d'une armée de six cents hommes.

« C'était plus qu'il n'en fallait pour rentrer en vainqueur dans ma ville d'Austin.

— Nous sommes de cet avis-là, approuva Bouléreau, car les Austinois n'ont pas inventé la bravoure.

— Mais, continua don Matapan, je comptais sans un obstacle presque insurmontable qui surgit tout à coup et menaça de ruiner toutes mes espérances.

« Les Peaux-Rouges, apprenant le but de mon expédition, refusèrent positivement de marcher.

— Voilà qui est surprenant, dit Sans-Nez.

« Ils ne sont pourtant pas hommes à reculer devant le danger.

— Eh bien! vous vous trompez, reprit l'ex-gouverneur.

« Depuis la dernière défaite que leur a infligée le comte de Lincourt, ils s'imaginent que le costume européen a des vertus surnaturelles, qu'il protège contre les balles et projectiles, qu'enfin il rend fort et invincible.

« J'ai essayé de combattre ces idées ridicules par les raisonnements les plus habiles.

« J'ai misérablement échoué devant un entêtement que rien ne peut fléchir.

« J'arrivai bien à persuader mon ami Sable-Avide, mais lui-même ne parvint pas à changer les croyances superstitieuses de ses guerriers.

— Pas de chance! fit Sans-Nez.

« C'était jouer de malheur.

— J'étais désespéré, reprit don Matapan.

« Mais le désir de me venger me tenait au cœur, et je n'abandonnai pas mes projets.

« Bien m'en prit.

« Une idée que je peux, sans me vanter, qualifier de sublime, me vint.

« Je me dis: Si j'habille mes Indiens à l'européenne, ils se croiront tout aussi invulnérables que les adversaires qu'ils auront à combattre.

« Ils trouveront les chances égales et se battront sans qu'aucune crainte superstitieuse vienne affaiblir leur courage.

— Bien raisonné! s'écria Bouléreau.

« Je commence à comprendre.

— Attendez! continua le gouverneur.

« Je n'en avais pas fini avec les obstacles.

« Je fis part de mon idée à Sable-Avide, après un certain souper au rhum qui l'avait mis en belle humeur.

« Il m'approuva sans réserve.

« Il ne s'agissait donc plus que de trouver des uniformes pour nos troupes.

« C'était le difficile.

« Mais il n'y avait pas à reculer.

« Le lendemain, Sable-Avide et moi, nous nous embarquions sur le Colorado, et quinze jours plus tard nous avions visité tous les magasins d'habillements des deux villes du littoral les plus rapprochées, et que vous connaissez.

« Il nous fallait à tout prix huit cents uniformes: nous les avions trouvés en partie après des recherches et des peines infinies, mais il nous en manquait encore.

« Nous avions acheté tout ce qui ressemblait de près ou de loin à un costume militaire.

« Dans l'origine, je cherchais à mettre un peu d'harmonie dans mes achats; mais il me fut impossible de persister.

« Sable-Avide trouvait tout bon, beau, superbe.

« Plus la diversité était grande, plus le bariolage était ridicule, plus le sachem trouvait les choses admirables.

« Pour vous donner une idée de ses préférences, il tomba en extase devant ce costume Louis XIV dont vous le voyez affublé, et je dus l'acheter.

« Enfin, ne trouvant plus rien, j'appris qu'un directeur de théâtre était dans de très-mauvaises affaires.

« J'allai le trouver, et je lui achetai tous ses costumes, y compris les instruments de son orchestre.

— Bon! s'écria Sans-Nez.

« Je m'explique alors cette fureur de musique dont vos guerriers sont possédés.

— Ne m'en parlez pas, fit don Matapan avec un nouvel éclat de rire.

« La question de musique a failli compromettre la réussite de tous mes projets.

« J'eus d'abord l'intention d'organiser une sorte d'orchestre qui devait simplement marquer la cadence en accompagnant les tambours.

« Je commettais une faute énorme.

« Quand mes guerriers virent quelques-uns d'entre eux en possession de tambours et d'instruments de toute espèce, ils voulurent tous être dans la musique.

— Ah! la bonne blague! s'écria Bouléreau en éclatant de rire.

« Il n'y a que ces satanés Peaux-Rouges pour avoir de ces idées-là.

— J'aurais dû me méfier, reprit don Matapan.

« Mais la bêtise était faite: il fallait en subir les conséquences.

« Je distribuai donc tous les instruments que j'avais rapportés, et comme il n'y en avait pas pour tout le monde, je dus m'ingénier à en faire fabriquer.

« Je fis faire des tambours avec l'écorce de certains arbres et des peaux tannées, des violons avec des vessies, des archets avec des cordes, des cymbales avec des plaques de tôle qui garnissaient plusieurs caisses.

« Je me mis enfin l'esprit à la torture pour satisfaire mes enragés musiciens.

— La réussite est complète, observa Sans-Nez.

« Vous avez un orchestre unique.

« Pour mon compte, je n'en ai jamais entendu un faisant autant de tapage.

— Je crois bien! dit le gouverneur.

« J'en deviens sourd.

« Il n'y a pas jusqu'à mon ami Sable-Avide qui n'ait voulu avoir son instrument.

« Vous le voyez, sa guitare ne le quitte plus.

« Il en pince comme un buffle, ce qui ne l'empêche pas de chanter et de râcler toute la journée.

— Mais, senor, fit Bouléreau, vous avez oublié un instrument dont nous n'avions jamais vu jouer jusqu'à présent.

« Du moins on n'en joue pas d'ordinaire à la façon de vos guerriers.

— J'y suis! s'écria don Matapan toujours riant.

« Vous voulez parler des seringues?

— Précisément.

— C'est toute une histoire.

« Je vais vous la dire.

« J'avais acheté un lot de havresacs, de toiles à tentes, couvertures, etc.; le tout était enfermé dans des caisses qui ne furent ouvertes qu'arrivées à destination.

« Imaginez-vous que deux de ces caisses contenaient cent cinquante seringues de tous calibres.

« Mes damnés musiciens virent dans ces instruments une précieuse ressource.

« Ils s'en emparèrent.

« Je voulus les détromper.

« Je leur expliquai clairement l'usage auquel était destiné ce qu'ils prenaient pour des instruments de musique.

« Ils ne me comprirent qu'à moitié.

« Et ce fut avec une stupéfaction inouïe que je les vis chercher une certaine embouchure à leurs instruments.

« Comme vous le pensez, leurs tentatives furent vaines.

« Ils avaient beau faire fonctionner le piston, ils n'obtenaient par hasard que des notes ternes et sans sonorité. »

Sans-Nez et Bouléreau n'écoutaient plus le gouverneur.

Ils s'abandonnaient à un fou rire.

Ils se calmèrent enfin, et don Matapan continua :

— Mes soldats, voyant qu'ils ne réussissaient pas en suivant mes conseils, commencèrent à murmurer.

« Je pus enfin les apaiser en leur montrant à arranger l'embouchure de leurs seringues de manière à en tirer des sons en soufflant dedans; à modifier ces sons en perçant des trous dans le tube et en déplaçant le piston.

« Ils furent ravis du résultat, et je gagnai considérablement dans leur estime.

— Senor, dit Sans-Nez, j'admire votre persévérance et les ingénieuses ressources de votre esprit.

« On m'aurait raconté cette histoire-là que j'aurais énergiquement refusé d'y croire.

— Ma foi! ajouta Bouléreau, c'est vraiment incroyable.

« Mais si j'ai jamais à organiser une troupe composée d'Indiens, je saurai à quoi m'en tenir sur leurs folies et leurs caprices.

— Tout ceci n'est rien, reprit l'ex-gouverneur.

« Il fallait voir mes soldats à la distribution des uniformes.

« Je donnais un pantalon, ils voulaient s'en faire une veste en emmanchant les jambes; et j'avais toutes les peines du monde à ne pas leur laisser passer les jambes dans les manches des habits.

« J'avais formé une compagnie de grenadiers : je leur fis confectionner à la hâte des bonnets à poil. Ils ne les trouvèrent pas assez hauts : de deux ils en firent un.

« Il en fut de même pour toutes les parties de l'habillement.

« Mes fantaisistes soldats modifièrent à l'envi leur costume.

« Enfin, que dire et que faire?

« Je laissai aller les choses, bien heureux d'avoir fait renaître un esprit belliqueux sans lequel mes projets de vengeance se trouvaient annulés.

— J'admire votre patience et votre volonté, dit Bouléreau.

« Mais je ne m'explique pas pourquoi, ayant fait tous vos efforts pour habiller votre troupe à l'européenne, vous avez pris, vous, le costume des Peaux-Rouges.

— C'est encore une concession que j'ai faite aux idées superstitieuses de mes guerriers, répondit don Matapan.

« Ils ont prétendu que je devais leur montrer que je ne craignais pas les balles étant revêtu de leur costume, puisque j'avais affirmé, dans l'origine, que les habits des européens ne les protégeaient aucunement.

« Je me suis rendu à ce caprice comme aux autres, craignant de me créer de nouveaux embarras et de rencontrer de nouvelles résistances.

— Décidément, vous me renversez, senor gouverneur! s'écria Sans-Nez que gagnait un sentiment d'admiration.

« On n'a pas plus de patience.

« Mais ce qui m'étonne le plus, c'est la manière vraiment passable dont je vois marcher et manœuvrer vos troupes. »

Cette remarque amena un fier sourire sur les lèvres de don Matapan.

— Je les ai instruites et dressées, dit-il.

— Vous avez donc des connaissances militaires?

— Peu, mais je suis néanmoins arrivé à mon but.

« Quand mes miliciens d'Austin manœuvraient, j'étais presque toujours là.

J'observais, j'écoutais, et je finissais par comprendre les manœuvres.

« Vous avez dû remarquer que l'on vous a crié *qui vive* en français?

— En effet.

— C'est moi qui l'ai voulu ainsi.

« Je me suis conformé à un usage que je sais généralement répandu.

« Je fais tous mes commandements en français.

« Je suis, comme vous le voyez, à hauteur avec les meilleurs instructeurs.

— Compliments, senor! 'sécrièrent Bouléreau et Sans-Nez.

— J'ai même complété mon œuvre par une institution qui va vous étonner.

« Vous avez comme moi entendu parler des armées du fameux Soulouque?

« Eh bien! je me suis souvenu de certaines innovations qui firent adorer de ses troupes.

« En faisant mes acquisitions de costumes, j'avais trouvé chez un marchand fripier un lot de plaques de la compagnie d'assurances américaine *le Soleil*, qui fit faillite il y quelque temps.

« J'achetai les plaques, devenues inutiles puisque la compagnie n'avait plus rien à assurer, et j'en fis une décoration que je distribuerai à ceux de mes guerriers qui se distingueront par des actes de courage et de bravoure.

— Et comment s'appellera votre décoration? demanda Sans-Nez.

— Je ne lui ai pas encore trouvé de nom, répondit en riant l'ex-gouverneur.

« Mais ça ne fait absolument rien.

« Il suffit que je porte une de ces plaques pour que tous mes Peaux-Rouges désirent en avoir une pareille. »

Et le gros homme tapa sur son ventre orné d'un magnifique soleil en cuivre, et, laissant échapper un large éclat de rire :

— Vous le voyez, dit-il.

« J'ai ma plaque.

« Je me suis décoré le premier. »

Sans-Nez et Bouléreau riaient avec don Matapan, tout en admirant sa finesse doublée de tant de bonhomie.

Le Parisien vit que l'ex-gouverneur avait à peu près épuisé le chapitre des confidences; il jugea que le moment était venu de parler à son tour.

Il jeta un coup d'œil interrogatif au squatter qui comprit sa pensée et approuva d'un signe.

— Senor, commença le Parisien, je ne vous ai pas tout dit sur notre propre situation.

— Permettez, observa don Matapan, vous ne m'avez rien dit, absolument rien; mais j'avoue que je ne vous ai rien demandé.

— C'est précisément votre discrétion qui

me détermine à parler avec confiance, reprit Sans-Nez.

« Sachez donc, senor, que nous ne sommes pas seuls dans ces parages.

« Tomaho le Cacique est avec nous, ainsi que mademoiselle d'Éragny, un pirate que nous avons fait prisonnier et converti, plus la femme du géant et une autre fille que j'ai recueillie dans des circonstances extrêmement singulières.

— Où sont-ils? demanda don Matapan avec intérêt.

« Je ne voudrais à aucun prix laisser la fille du colonel dans le péril, et j'estime trop votre ami Tomaho pour ne pas le voir avec grand plaisir.

« Mais, dites-moi, comment se fait-il que vous ayez quitté le convoi du comte de Lincourt?

— Je vais tout vous expliquer, répondit Sans-Nez.

Et il fit le récit sommaire des événements dont le lecteur connaît les émouvants détails.

L'ex-gouverneur l'écouta avec attention, et quand il eut terminé, il demanda à Bouléreau :

— Vous croyez alors que M. d'Éragny et le trappeur Grandmoreau sont aux mains de ce brigand de John Huggs?

— Ils sont prisonniers ou tués, affirma nettement le squatter.

— Mais s'ils sont prisonniers, ne pourrait-on pas tenter de les sauver?

— C'est ce que j'allais vous proposer, s'empressa de dire Sans-Nez.

« Avec une troupe nombreuse comme celle dont vous disposez, la délivrance de nos amis est la chose la plus facile du monde.

— Je n'en doute pas, fit don Matapan.

« Mais êtes-vous bien sûrs de pouvoir rejoindre à temps les pirates?

— Ils sont à trente-six heures de marche, dit Bouléreau.

« Nous pouvons en nous hâtant les rejoindre dans quatre ou cinq jours au plus. »

Don Matapan ne répondit pas.

Il réfléchissait.

Enfin il sortit de son silence.

— Je consens, dit-il, à vous prêter assistance pour sauver vos amis; mais à une condition et sous une réserve que je vais vous faire connaître.

« D'abord, si je tire le Trappeur et le colonel des mains de John Huggs, ils se joindront à moi, ainsi que vous, pour m'aider à m'emparer d'Austin.

« Vous pouvez, je pense, prendre cet engagement en leur nom?

— Nous vous donnons notre parole, répondirent les deux compagnons avec empressement.

— Voici donc un point réglé, approuva l'ex-gouverneur.

« Mais il en reste un second beaucoup plus important.

« Je ne puis disposer de mon armée sans le consentement de mon ami Sable-Avide.

« Or, s'il ne consentait pas à entrer dans mes vues, je me trouverais dans l'obligation d'agir contre mes propres inspirations en négligeant de secourir vos amis qui sont d'ailleurs les miens.

— Senor, dit Sans-Nez, nous comprenons vos scrupules, mais laissez-nous espérer que vous trouverez le moyen de faire consentir Sable-Avide.

— Je tenterai l'impossible pour y arriver, croyez-le bien.

— En attendant, je vais vous faire donner des chevaux, et vous irez chercher ceux que vous avez laissés en arrière.

« Je profiterai de votre absence pour parler au sachem de nos projets. »

Sur cette assurance, don Matapan donna l'ordre d'amener six chevaux tout harnachés.

— Cinq nous suffisent, senor, lui fit observer Bouléreau.

« Tomaho ne monte pas à cheval, d'abord parce qu'il écraserait sa monture, et ensuite parce que, au pas ordinaire, il fait autant de chemin que le meilleur mustang au trot.

— C'est vrai, dit l'ex-gouverneur, j'oubliais; allez donc et revenez vite!

« Vous nous retrouverez campés à un mille d'ici, sur le bord d'un ruisseau que vous connaissez certainement. »

Bouléreau et Sans-Nez échangèrent une

chaude poignée de main avec l'ex-gouverneur, sautèrent en selle et s'éloignèrent rapidement, emmenant les chevaux qui leur étaient si gracieusement offerts.

CHAPITRE XC

LE REPAS DU GÉANT

Du plus loin qu'il aperçut Tomaho, Sans-Nez lui cria :

— J'ai fait connaissance avec tes Peaux-Rouges ensorcelés.

« Je les proclame les plus drôles et les plus amusants du monde.

« Cacique, je t'engage fortement à faire connaissance avec eux si tu as des dispositions pour la musique. »

Ce tribu payé à la plaisanterie, le Parisien raconta à mademoiselle d'Éragny son entrevue avec don Matapan.

Et Bouléreau compléta le récit en disant :

— Bon espoir, mademoiselle!

« Nous sauverons le colonel, je vous l'avais bien dit. »

La jeune fille remercia le squatter d'un geste et monta à cheval.

Deux heures plus tard, Tomaho qui marchait en avant de la petite troupe signala le bivouac de l'armée de don Matapan.

Les Peaux-Rouges avaient choisi pour camper un emplacement superbe.

C'était un plateau peu élevé, où poussait une herbe courte, abondante et formant un épais et magnifique tapis vert.

Un ruisseau contournait capricieusement ce plateau, qui se trouvait abrité des vents du nord et de l'ouest par un bois de mélèzes.

— Voilà des gaillards qui connaissent les bons endroits! s'écria Bouléreau en apercevant le campement.

— D'accord, fit Sans-Nez en éclatant de rire, mais les soldats du senor Matapan n'ont aucune idée du confortable.

« Vois donc : tous ont dressé leur tente, mais tous sont couchés à côté.

« Si on donnait des parapluies à ces animaux-là, ils ne s'en serviraient que par le beau temps. »

Sans-Nez s'arrêta dans ses réflexions.

Don Matapan arrivait au-devant de ses hôtes.

Il salua les femmes, échangea à la manière indienne les signes de bienvenue avec Tomaho et dit à mademoiselle d'Éragny avec un geste plein de fierté et d'assurance :

— Vous voyez mon armée?

« Je vous promets son puissant concours.

« Nous délivrerons le colonel.

« Je vous rendrai votre père avant de songer à ma vengeance. »

La jeune fille voulut remercier.

Don Matapan l'interrompit.

— Vous ne me devez rien, dit-il.

« J'obéis à mes instincts guerriers en livrant combat aux pirates.

« Vous me verrez à la tête de mes soldats. »

L'emphase avec laquelle l'ex-gouverneur s'exprimait avait un côté comique qui excita la verve railleuse de Sans-Nez.

— Voilà qui est parler, senor! dit-il.

« Un vrai général ne dirait ni plus ni mieux.

— Comment, un vrai général! fit le bonhomme en se redressant.

« Vous me prenez donc pour un soldat d'occasion?

— Je vous trouve extraordinaire, dit Sans-Nez.

« Et ça se comprend, car vous n'avez jamais affiché une humeur si belliqueuse.

« Vous êtes d'un crâne!...

« Je ne vous savais pas si brave.

— Bravo! s'écria don Matapan.

« Vous allez voir. »

Et il prit deux revolvers à sa ceinture, un de chaque main; puis, les élevant à la hauteur de ses oreilles, il tira plusieurs coups.

— Hein? dit-il d'un air triomphant.

« M'avez-vous vu broncher?

« Ai-je seulement cligné de l'œil?

« Tenez, mon pouls est calme; pas une pulsation de plus.

« Je m'y suis habitué aux coups de feu.

« Je connais ça.

« Je tue mon jaguar comme vous, maintenant.

« Demandez à Sable-Avide. »

Et gesticulant avec des airs de provocation, l'ex-gouverneur semblait défier toutes les puissances de la création.

Sans-Nez et Bouléreau ne purent que complimenter ce brave qu'ils avaient connu si poltron ; mais ils se demandaient avec une certaine inquiétude comment ils parviendraient bien à faire la part du grotesque et du sérieux dans l'attitude si nouvelle de don Matapan.

C'était une tâche difficile à laquelle ils durent provisoirement renoncer.

Cependant, tout en courant, l'ex-gouverneur avait conduit la petite troupe au centre du bivouac où étaient dressées trois tentes plus spacieuses que les autres.

Il salua de nouveau les femmes, fit un signe amical aux hommes et s'éloigna en disant :

— Je vais surveiller la pose des sentinelles.

« C'est un point important que ne doit jamais négliger un vrai soldat. »

L'ex-gouverneur parti, Sans-Nez, Bouléreau, Tomaho et mademoiselle d'Éragny échangèrent leurs impressions.

Il résulta de leur entretien que l'on devait s'arrêter au parti de rester avec l'armée, et de tout mettre en œuvre pour faire aboutir la promesse généreuse de don Matapan.

Cependant la nuit était venue.

Les feux s'allumaient.

Les Indiens préparaient le repas du soir, composé du gibier que venait de rapporter une escouade de chasseurs envoyés à la découverte.

Bientôt don Matapan reparut devant ses hôtes, accompagné de son ami Sable-Avide.

Il leur fit servir des viandes de choix et des vins sortant de sa propre réserve.

Puis il demanda galamment aux dames la permission de prendre part au festin.

Sur l'invitation qui lui en fut faite, il se laissa tomber sur l'herbe entre mademoiselle d'Éragny et madame Tomaho.

Le repas commença comme commencent tous les repas.

Tout le monde avait l'appétit excité par l'air vif de la prairie ; chacun se mit à dévorer en silence, n'écoutant que les pressantes sollicitations de son estomac.

Tomaho surtout se distinguait par une incroyable facilité d'absorption.

Des morceaux énormes disparaissaient à chaque instant dans les profondeurs de son vaste gosier, et sa faim ne paraissait pas s'apaiser.

On servit deux douzaines de bécasses.

Don Matapan en offrit une au géant.

Celui-ci jeta un regard défiant sur l'ex-gouverneur.

Il pensait évidemment que l'on se moquait en lui servant un si petit morceau à la fois.

Mais voyant qu'il se trompait, il se saisit de la bécasse rôtie à point et l'avala comme un homme ordinaire ferait d'un becfigue.

Les Peaux-Rouges qui environnaient le groupe des chefs, et qui virent le géant escamoter une pareille bouchée, poussèrent des exclamations de surprise et d'admiration.

Tomaho entendait les cris sans les écouter.

Il mangeait consciencieusement, sans s'occuper de ce qui se passait autour de lui.

Don Matapan et tous les convives avaient fort bien remarqué l'étonnement des Indiens.

L'ex-gouverneur tenta d'augmenter cet étonnement.

Il offrit au géant une broche de six bécasses.

Celui-ci accepta sans sourciller, et tirant de la baguette de bois qui les réunissait les oiseaux les uns après les autres, il en fit autant de bouchées.

Les Peaux Rouges étaient stupéfaits.

Sans-Nez, qui avait tout observé, fit un signe d'intelligence à don Matapan.

Une nouvelle brochette fut passée au géant avec assez de naturel pour ne pas éveiller sa susceptibilité.

Les six bécasses furent encore dévorées.

Une autre demi-douzaine, et puis une autre encore y passèrent...

Les vingt-quatre volatiles étaient absorbés...

Le Cacique se mit alors à attaquer un quartier de daim placé à sa portée.

Pour le coup, les témoins de ce repas de

Pantagruel poussèrent des cris d'admiration qui éveillèrent enfin l'attention du géant.

La bouche pleine, il promena un regard étonné autour de lui et demanda :

— Pourquoi mes frères poussent-ils ces cris?

— Ils t'admirent, mon vieux Cacique, répondit Sans-Nez.

« Tu manges comme dix hommes, et ils se demandent où tu peux bien fourrer tant de nourriture.

— Quand Tomaho a faim, sa poitrine est vaste comme le désert, répondit sérieusement le géant.

« Quand il a soif, son ventre est profond comme l'abîme. »

Et sans plus se préoccuper de l'étonnement qu'il causait, le brave Cacique continua à manger comme plusieurs qui mangeraient comme quatre.

Don Matapan et Sable-Avide, tout en admirant l'incroyable appétit du géant, n'oubliaient pas de se tenir en rapports fréquents avec les outres pleines de vin que servait à profusion une escouade de Peaux-Rouges.

Les deux ivrognes s'abandonnaient sans réserve à leur penchant, et déjà ce feu dans le regard, cette volubilité dans le parler, cet abandon dans le geste dénotaient chez eux un fort commencement d'ivresse.

L'ex-gouverneur ne voyait pas Tomaho

manger sans une certaine jalousie; il eût désiré pouvoir en faire autant, car il prétendait que, malgré la différence de taille, son ventre n'était pas de moindre capacité que celui du géant.

Don Matapan avait en outre cette toquade commune à tous les buveurs qui consiste à porter des défis à ceux qu'ils croient pouvoir vaincre la bouteille à la main.

Il était certain que Tomaho pouvait boire beaucoup plus que lui : aussi inventa-t-il un moyen de défier le géant sans le froisser.

— Cacique, dit-il, vous mangez avec un entrain qui fait plaisir à voir.

« Vingt hommes ne pourraient lutter avec vous.

« Mais je pense que vous ne boiriez pas avec autant de facilité.

« Je crois même que vous ne pourriez rivaliser contre moi et mon ami Sable-Avide réunis. »

Tomaho avait écouté l'ex-gouverneur sans paraître comprendre le défi qui lui était porté.

L'ex-gouverneur pensait déjà avec regret qu'il allait triompher sans boire.

Mais il fut bientôt détrompé.

Le géant avala le dernier morceau de son quartier de daim et mit la main sur une peau de bouc contenant une dizaine de litres.

Il en dévissa le goulot, et renversant l'outre, il en absorba le contenu à la régalade et sans reprendre haleine.

Don Matapan et Sable-Avide le regardaient émerveillés.

— Och! fit ce dernier.

« Mon frère est un grand buveur. »

Et s'emparant d'une peau de bouc pleine, il essaya d'imiter le géant.

Mais ses moyens trahirent sa bonne volonté.

Il s'arrêta à moitié de la tâche, non sans avoir repris sa respiration plusieurs fois, et passa ce qui restait de liquide à don Matapan.

Celui-ci parvint à tarir l'outre; il s'écria triomphant :

— Vide!

« Et j'ai encore soif!

« Allons, Cacique, recommençons. »

Tomaho renouvela l'expérience avec un plaisir visible.

Le repas monstre qu'il venait de faire l'avait fort altéré.

Sable-Avide et don Matapan vidèrent à leur tour une seconde outre, mais ce ne fut pas sans efforts.

Toutefois ils continuèrent bravement la lutte, malgré un désavantage marqué.

Les Peaux-Rouges assistaient en grand nombre à ce tournoi d'un nouveau genre, et ils manifestaient leur admiration par des cris et des gestes joyeux.

Soudain Sans-Nez s'approcha de l'ex-gouverneur.

Il venait de lui passer une idée folle par la tête.

— Senor, dit-il, la façon aimable dont vous nous recevez est vraiment touchante.

« Ces dames me chargent de vous adresser leurs remerciements, de vous témoigner leur reconnaissance.

« Mais elles vous demanderaient de compléter la fête.

— Je suis à leur disposition, répondit don Matapan en envoyant son plus aimable sourire du côté des femmes.

« De quoi s'agit-il ?

— C'est bien simple, fit Sans-Nez.

« Vous avez de nombreux musiciens.

« Donnez-nous un concert, avec danses indiennes, chants de guerre et tout le tremblement.

— Fameuse idée! s'écria le bonhomme.

Et il fit un signe à l'Indien qui se tenait derrière lui, et qui portait cette espèce de gros tuyau de gouttière que l'on connaît.

Le Peau-Rouge tira de son instrument trois notes étrangement sonores.

Aussitôt une agitation extraordinaire régna dans le camp.

Ce fut pendant quelques minutes un brouhaha, un tumulte indescriptibles.

Enfin les guerriers arrivèrent à former un large cercle dont le centre se trouvait à une certaine distance des chefs.

Tous étaient munis de leurs instruments.

A un signal sorti du fameux tuyau de fer-blanc, le concert commença.

Quelle épouvantable cacophonie!

Quel tapage infernal!
Quel mélange discordant de roulements, de battements, de sifflets, de grincements, de déchirements!
Chacun joue son air.
Chacun torture son instrument avec une sorte de fureur démoniaque.
On souffle à perdre haleine.
On frotte à tour de bras.
On tape avec rage.
Mademoiselle d'Éragny était tentée de se boucher les oreilles pour échapper au vacarme, mais elle ne le pouvait, craignant de faire une insulte aux Indiens et de les indisposer.
Elle se résigna donc à souffrir.
Bientôt la danse vint s'ajouter à la musique.
Une vingtaine de Peaux-Rouges se groupèrent au milieu du cercle et se mirent à exécuter leur danse de guerre.
Tous étaient munis d'instruments à cordes ou de tambours, et ils râclaient et tapaient à qui mieux mieux.
Sans cesser de danser et de faire les plus bizarres contorsions, ils entonnèrent le chant de guerre, et toutes les voix de ceux qui formaient le cercle les accompagnèrent.

CHAPITRE XCI

OU TOMAHO EST BIEN PRÈS... D'AVOIR TORT

Cependant Tomaho avait facilement vaincu don Malapan et Sable-Avide.
Quantité de peaux de boucs et de bouteilles vides gisaient autour de lui.
Ses adversaires refusaient de boire.
La victoire était éclatante, complète.
Mais le brave géant ne pouvait nécessairement avoir absorbé une aussi énorme quantité de vin sans éprouver dans une certaine mesure les effets de l'ivresse.
Il n'était pas soûl, seulement comme aurait dit Sans-Nez, il avait un léger plumet.
Or Tomaho, dans cet état, se montrait gai et plein de sensibilité.
Les bruits du concert l'agitèrent singulièrement.

La danse des Indiens lui donna des frémissements dans les jambes.
Et le chant de guerre l'anima d'un soudain enthousiasme.
Il se leva et se dirigea du côté du groupe des danseurs en ébauchant un pas de cancan qui lui avait été enseigné par Sans-Nez.
Tous les regards se fixèrent sur le géant, et le bruit du concert diminua d'intensité, puis cessa tout à coup.
Surpris par le silence, Tomaho cessa de danser.
Il se mêla au groupe des Peaux-Rouges et il vit l'un d'eux frotter sur les cordes d'une contre-basse qui se trouvait fixée par des courroies sur le dos d'un autre Indien.
Le géant écarta le Peau-Rouge et lui prit son archet.
Puis, s'emparant de la contre-basse, il se mit à en jouer comme il avait vu jouer du violon.
Il ne s'aperçut pas que le malheureux Indien qui portait l'instrument était resté attaché dessous par ses courroies.
Le Cacique se remit à danser en râclant vigoureusement les cordes de ce violon à sa taille.
Les sons qu'il obtenait étaient d'une étrange sonorité.
On l'écoutait et on le regardait avec un mélange de stupeur et d'admiration.
Cependant Sable-Avide aperçut son guerrier s'agitant désespérément sous la contre-basse.
Il s'approcha de Tomaho.
— Que mon frère reste joyeux, lui dit-il.
« Qu'il danse avec nous, mais qu'il rende la liberté au guerrier qu'il tient attaché sous sa musique. »
Le géant ne comprit pas d'abord la réclamation qui lui était adressée
Mais, sur l'insistance du sachem, il retourna son violon.
— Je n'avais pas vu mon frère, dit-il au malheureux qui cherchait vainement à se dépêtrer.
« Mais il ne me gêne pas.
« S'il veut rester... »
L'Indien protesta énergiquement.

Alors le brave Cacique le posa à terre et l'aida à se délier.

Puis, se remettant à jouer de l'archet, il reprit son cancan interrompu.

Ce fut le signal d'un nouveau charivari.

Les Peaux-Rouges recommencèrent leur tintamarre et leurs danses.

Sable-Avide, avec son costume Louis XIV, râclant de la guitare, se mit de la partie.

Il était avec Tomaho le plus bel ornement de ce bal sauvage qui ne devait prendre fin, comme de coutume, qu'après le complet épuisement des danseurs et des musiciens.

Cependant Bouléreau et Sans-Nez tenaient fidèle compagnie aux femmes.

Le squatter donnait des explications et des renseignements à mademoiselle d'Éragny sur les mœurs des Indiens.

Sans-Nez s'était rapproché de Conception qui regardait tristement son mari jouer du violon avec sa contre-basse et dansée le cancan le plus risqué.

La jeune femme était rouge de dépit et de honte.

— Eh bien! madame Tomaho, lui disait Sans-Nez avec perfidie, comment trouvez-vous votre époux?

« N'est-ce pas qu'il danse à ravir?

« Sans compter qu'il a de fameuses dispositions pour la musique! »

La jeune femme ne répondit pas d'abord à ces questions railleuses.

Sans-Nez continua :

— Et dire qu'un homme comme ça est adoré par une charmante petite femme !

« Ça me met en rage.

« Il ne mérite pas son bonheur, cet animal-là.

— Il est bon, observa doucement Conception.

— Bon tant que vous voudrez! s'écria le Parisien.

Mais on ne quitte pas sa femme comme ça pour aller se trémousser comme un fou avec des sauvages.

— Il est grand, dit encore la jeune femme.

— Ah! pour être grand, il est grand, répliqua Sans-Nez.

« Mais il ne se conduit pas moins comme un polisson en vous plantant là pour aller s'amuser tout seul.

« Je vous le dis sincèrement, il a le plus grand tort.

— Il est fort, observa de nouveau Conception en baissant les yeux.

— Je comprends, fit Sans-Nez.

« On ne se décide pas facilement à détester un mari de la force de Tomaho; mais pourtant une femme négligée a le droit de se venger en cherchant des attentions, des prévenances, des soins qu'on lui refuse.

— Vous avez raison, sans doute, dit Conception entre deux soupirs.

« Mais peut-on manquer à ses devoirs sans que la conscience se révolte?

— La conscience! répliqua le Parisien; il s'agit bien de la conscience !

« Un mari doit rendre sa femme heureuse : je ne connais que ça, moi.

« S'il la néglige, il a tous les torts, quoi qu'il arrive.

« Eh! tenez, je ne sais ce qui me retient de vous proposer de punir tout de suite cet infâme Tomaho. »

Conception ne répondit pas.

Mais elle ne repoussa pas la main du Parisien qui s'appuya doucement sur son bras.

— Tenez, dit Sans-Nez, mademoiselle d'Éragny se dirige vers sa tente, Bouléreau lui dit adieu.

« Permettez-moi de vous accompagner jusqu'à la vôtre. »

Et il offrit son bras.

Madame Tomaho l'accepta.

Tous deux arrivèrent bientôt devant l'entrée de la tente destinée au Cacique et à sa femme.

Ils allaient pénétrer...

Une femme sortit.

C'était Paméla.

— J'ai préparé nos chambres tandis que vous couriez, dit-elle en lançant un regard significatif à Sans-Nez.

« Madame Tomaho, vous serez admirablement couchée sur les deux peaux d'ours que l'on m'a données pour vous.

« Si vous voulez que je vous tienne compagnie en attendant le retour de votre mari?...

— C'est inutile, interrompit Conception en disparaissant brusquement dans l'intérieur de la tente.

Paméla laissa échapper un léger éclat de rire, et se tournant vers Sans-Nez :

— Toujours le même, lui dit-elle.

« Toujours coureur.

« Pas moyen de rester fidèle vingt-quatre heures en plein désert.

« Oh! les hommes !

— Ma chère, voulut répondre le Parisien, tu te trompes.

« Je venais simplement conduire madame Tomaho jusqu'à son domicile conjugal.

— Tais-toi donc, menteur! répliqua aigrement Paméla en s'emparant du bras de Sans-Nez.

« Tu ne vas pas me conter des histoires, à moi.

« Je connais tout ça.

« On ne prend pas la taille d'une femme quand on ne pense pas à...

— Je n'ai rien pris! s'écria Sans-Nez.

« Tu mens !

— Je te dis que tu lui as pris la taille.

« Je l'ai vu.

— Non !

— Si !

Tout en se disputant, les deux amants arrivèrent à leur tente dans laquelle ils disparurent.

Les Peaux-Rouges continuèrent leurs danses pendant une grande partie de la nuit.

Ils ne s'arrêtèrent que quand les forces leur manquèrent complétement.

Alors le silence se fit peu à peu.

Le grand calme du désert succéda au bruit et à l'agitation.

La nuit étendit ses ombres sur les feux éteints.

Le camp tout entier s'assoupit dans un lourd et profond sommeil.

CHAPITRE XCII

DE L'INFLUENCE DE LA MUSIQUE SUR DES PIRATES DE PRAIRIE

John Huggs et sa bande s'apprêtent à jouir du supplice de leurs prisonniers.

Les bûchers brûlent par la base depuis vingt minutes, et les victimes ne sont pas encore atteintes par les flammes.

Mais peu à peu les rondins qui surmontent le menu bois s'affaissent; ils reposent déjà sur un lit de braise ardente, et tout à l'heure ils prendront feu.

Tout à l'heure des jets de flamme bleuâtre s'échapperont des crevasses de l'écorce fendillée du bois vert, et des chairs humaines brûleront en grésillant à leur terrible contact.

Le capitaine des pirates se tient avec ses lieutenants au milieu du triangle dont chaque bûcher forme un sommet.

Son visage aux traits rudes et brutalement découpés exprime des sensations de joie féroce et cruelle.

Ses lèvres, amincies et pâlies par cette fièvre qui précède le plaisir longuement attendu, sont légèrement entr'ouvertes; elles laissent apercevoir les dents blanches et serrées par une violente contraction nerveuse.

Les mains derrière le dos, la tête haute, John Huggs promenait un regard chargé de haine d'un bûcher à l'autre.

Soudain il éleva la voix :

— Une dernière fois, dit-il, je vous propose de me vendre vos parts dans l'expédition Lincourt contre la vie et la liberté.

« Il est grand temps de vous décider.

« Prononcez une seule parole et vous êtes sauvés. »

M. d'Éragny et le squatter, immobiles contre leur poteau de torture, jetèrent un regard dédaigneux au chef des pirates.

Ces hommes de cœur et de courage avaient conservé toute leur volonté, toute leur énergie, malgré un grand affaiblissement causé par leurs blessures à peine cicatrisées.

Grandmoreau seul répondit à John Huggs.

— Pirate, cria-t-il, je t'ai déjà dit que tu ne me faisais pas peur !

« Si j'avais voulu faire marché avec toi, je n'aurais pas attendu jusqu'à présent.

« Tu peux souffler le feu, il ne brûlera pas assez vite pour que tu aies le plaisir de me voir rôtir. »

Le Trappeur avait lancé ces derniers mots d'une voix vibrante et avec un singulier accent de conviction.

John Huggs fut étonné de tant d'assurance dans un moment aussi critique.

Il ne voulut pas toutefois laisser paraître sa surprise.

— Pas tant de fanfaronnade, Tête-de-Bison ! s'écria-t-il.

« Tu fais le crâne ; c'est que tu commences à avoir trop chaud, et la peur te donne la fièvre.

« Tu divagues. »

Grandmoreau éleva de nouveau la voix.

— Prends garde ! dit-il.

« La corde qui te pendra est plus près de ton cou que ne le sont de mes pieds les flammes qui doivent me consumer.

« Souviens-toi, pirate, qu'un trappeur ne ment jamais.

« Attise ton feu et hâte-toi, si tu ne veux pas me laisser le plaisir de te pendre tout à l'heure. »

Grandmoreau articulait ses menaces avec une assurance extraordinaire.

John Huggs se sentait pris d'une vague inquiétude en présence de cette attitude du Trappeur.

Le malheureux perdait-il la tête ?

La crainte de la mort le rendait-elle fou ? Son agonie commençait-elle déjà ?

Le chef des pirates ne savait trop à quelle supposition s'arrêter.

Il se demandait même si sa victime ne disposait pas de quelque moyen de s'échapper.

Éventualité absurde à laquelle on ne pouvait s'arrêter.

Pourtant l'attitude du Trappeur était motivée.

L'oreille exercée du vieux coureur de prairie avait perçu des sons affaiblis par la distance, qui lui parurent être causés par le galop de plusieurs chevaux.

De plus, il se trouvait élevé d'environ trois mètres au-dessus du sol, et son œil perçant avait distingué dans le lointain, et malgré les ombres de la nuit, une large tache noire sur le fond vert sombre de la savane.

— Des cavaliers, des hommes en marche ! s'était dit le Trappeur. Le comte vient à notre secours.

C'était dans ce suprême espoir qu'il avait puisé la volonté et l'audace de lancer l'insulte et l'invective à la face de son bourreau.

Bientôt il lui sembla que le bruit devenait plus distinct et que la tache noire se rapprochait rapidement.

Il tourna la tête du côté de John Huggs et lui adressa une dernière menace :

— Pirate, dit-il, tu es à notre discrétion.

« Je vois d'ici le nœud coulant que je vais tout à l'heure te passer au cou.

« Je ne te proposerai pas de marché, moi.

« Pris, pendu !... »

Tout à coup un infernal tintamarre couvrit la voix du Trappeur.

En même temps une trentaine de cavaliers, la lance en avant, firent irruption sur le plateau où se trouvaient les bûchers.

Les pirates épouvantés par cette attaque imprévue ne firent aucune résistance.

Ils s'enfuirent en désordre, poussant des cris de terreur.

John Huggs, moins effrayé que ses bandits, mais tout aussi surpris, disparut avec eux.

Huit pirates qui ne s'étaient pas sauvés assez vite furent tués à coup de lances.

Cependant un homme d'une taille gigantesque s'était approché des bûchers.

Il avait posé le pied sur chaque amas de bois dont le dessus n'était pas encore enflammé, et il avait arraché l'un après l'autre les trois poteaux où se trouvaient attachés les suppliciés.

Puis, ayant brisé les chaînes de fer qui liaient les victimes, il s'écria :

— Mes frères sont vivants.

« Je rends grâce au grand Vacondah qui m'a permis de les délivrer. »

On a reconnu Tomaho.

M. d'Éragny, vivement ému, serra silencieusement la main du brave géant.

Le squatter en fit autant et Grandmoreau lui dit :

— Il était temps, Cacique.

« Une demi-heure plus tard, tu nous trouvais rôtis à point.

« Mais dis-nous un peu d'où sortent ces cavaliers si drôlement costumés?...

« Et ce bruit... »

Le Trappeur n'acheva pas sa question.

L'infanterie de don Matapan, massée en colonne, arrivait sur le plateau exécutant son plus diabolique concert.

Dès que l'ex-gouverneur aperçut M. d'Éragny, il s'élança vers lui les bras ouverts et l'embrassa avec effusion.

— Sauvés! s'écria-t-il.

« Nous sommes arrivés à temps, Dieu merci !

« Je suis don Matapan. »

Puis, sans laisser au colonel le temps de répondre, et se retournant vers ses soldats :

— Grenadiers! s'écria-t-il, je suis content de vous!

« Vous avez des jarrets d'acier... et l'ennemi est en fuite.

« Je vous décore tous!

« Qu'on m'apporte des plaques ! »

Deux hommes parurent bientôt avec une caisse soigneusement fermée à clef.

L'ex-gouverneur l'ouvrit avec des précautions outrées et commença la distribution de ses plaques d'assurance.

Cependant Sans-Nez et Bouléreau apparurent.

M. d'Éragny échangea avec eux une chaleureuse étreinte, ainsi que Grandmoreau et le squatter.

Puis le colonel, s'adressant à Sans-Nez, lui demanda avec anxiété :

— Ma fille?

— Elle vit, répondit le Parisien sans plus de précaution.

« Dans peu, vous la verrez. »

A cette nouvelle, le colonel ne put maîtriser son émotion.

Il trembla de tous ses membres et chancela comme un homme ivre.

Il faillit tomber.

Ma pauvre Blanche! murmura-t-il d'une voix affaiblie.

« Et j'allais mourir!... »

Pendant que se passait cette scène touchante, don Matapan continuait à décorer ses grenadiers.

Quand il eut terminé, il s'aperçut qu'il lui restait des plaques.

Il s'adressa à ses cavaliers :

— Vous êtes des braves aussi, tous.

« Je vous décore également. »

Et une nouvelle distribution recommença.

Le colonel d'Éragny regardait toute cette comédie avec l'air effaré d'un homme en proie à un mauvais rêve.

Quant à Grandmoreau et au squatter, ils se tâtaient pour s'assurer qu'ils étaient bien éveillés, et Tête-de-Bison alla même jusqu'à demander une explication à Sans-Nez.

Mais celui-ci répondit à peine, voulant jouir de la stupéfaction du Trappeur, dont il excita la curiosité par ces mots :

— Nous en verrons bien d'autres.

Le colonel, de son côté, questionna Bouléreau.

Le squatter répondait, mais obéissant au même sentiment qui animait Sans-Nez, il prenait plaisir à mettre dans ses réponses des ambiguïtés et des réticences propres à irriter l'imagination de son interlocuteur.

Don Matapan avait cependant terminé sa distribution de plaques.

Il rejoignit M. d'Éragny au moment où celui-ci disait à Bouléreau :

— Je ne puis croire que de pareilles troupes manœuvrent.

— Si elles manœuvrent! s'écria l'ex-gouverneur d'un air indigné.

« Vous allez en juger.

« Et vous avouerez que je suis un instructeur hors ligne. »

Ayant donné cette assurance avec une évidente conviction, don Matapan emboucha son porte-voix et lança de toute la force de ses poumons un solennel *garde à vous!*

A son commandement, la petite armée se forma en bataille, puis exécuta différents mouvements avec un certain ensemble.

Certes, ces manœuvres laissaient à désirer, mais le résultat pouvait passer pour surprenant.

L'ex-gouverneur se retourna triomphant.

— Eh bien ! dit-il.

« Qu'en dites-vous, de mes soldats ?

« J'espère que je n'ai avancé rien de trop ?

— En effet, fit le colonel.

« Je vous fais mes compliments.

« Je suis vraiment étonné que des Indiens se soient mis si facilement et si vite aux exercices militaires.

— Vous les verrez au feu, fit don Matapan avec assurance.

« Je réponds de leur solidité. »

Puis, embouchant de nouveau son porte-voix, il cria :

— Grande fête !

« Danse et chant de victoire !

« Rompez les rangs ! »

Les Peaux-Rouges obéirent avec un ensemble parfait à ce dernier commandement.

Ils s'éparpillèrent de tous côtés, cherchant du bois pour faire cuire le repas du soir.

Les uns préparèrent les viandes.

D'autres dressèrent les tentes.

Pendant quelques minutes, ce ne fut que désordre et que bruit.

Tout s'organisa enfin.

Une heure après, tout le monde faisait honneur au plantureux festin improvisé par les Peaux-Rouges.

M. d'Éragny, avec sa fille et ses amis, soupait en compagnie de don Matapan et de Sable-Avide.

Les vins que l'ex-gouverneur faisait circuler en abondance échauffèrent bientôt les têtes ; les danses et les chants ne tardèrent pas à commencer.

Sable-Avide, muni de sa guitare, et Tomaho avec son *violon*, firent leur partie dans l'horripilant concert qui éclata comme un coup de tonnerre au commandement de don Matapan.

M. d'Éragny, qui n'avait jamais assisté à pareille fête, était littéralement abasourdi.

Il subissait coup sur coup les mêmes effarements que Sans-Nez et Bouléreau.

Comme eux, il se demandait par moment s'il n'était pas devenu fou.

Peu à peu les danses s'animèrent.

Les Indiens se trémoussaient avec des contorsions à faire envie aux meilleurs clowns.

C'était un délire, une furie indicible.

Les chants et les cris se mêlaient aux sons discordants d'une cacophonie épouvantable.

L'effet était saisissant, terrifiant.

La fatigue eut enfin raison des plus enragés danseurs, des musiciens les plus acharnés.

Le bruit s'apaisa graduellement.

Le calme se fit.

Le camp s'endormit.

CHAPITRE XCIII

EN ROUTE POUR AUSTIN

Malgré les fatigues d'une nuit d'orgie et de folie, les Peaux-Rouges, le lendemain matin, étaient debout quand le soleil perça de ses premiers rayons les vapeurs qui s'étendaient comme des bandes de tulle au-dessus de la prairie.

L'activité régnait dans tout le camp.

Les tentes étaient enlevées et pliées.

Les feux presque éteints étaient ravivés.

On se disposait à faire un repas matinal avant de se mettre en marche.

On donnait à manger aux chevaux.

On se préparait enfin à un départ prochain.

M. d'Éragny était encore sous sa tente quand on vint lui annoncer que don Matapan et Sable-Avide désiraient le voir.

Le colonel s'empressa de sortir.

Les deux chefs l'attendaient dans leur tente.

Don Matapan, affectant une rondeur militaire que son physique rendait quelque peu grotesque, entama brusquement la conversation.

— Vous savez, mon cher colonel, dit-il,

que j'ai l'intention de tirer une vengeance éclatante des Austinois.

« Ces gredins m'ont joué une farce qui aurait pu me coûter la vie, et je veux les punir d'une façon exemplaire.

— Je sais cela, répondit M. d'Éragny.

« Bouléreau et Sans-Nez m'ont mis au courant de vos projets.

— Alors ils ont dû vous dire aussi que mon ami Sable-Avide et moi nous n'avons consenti à vous tirer des mains des pirates qu'à la condition que vous nous aideriez, vous et vos amis, à nous emparer d'Austin.

— Ils m'ont dit, en effet, qu'ils avaient engagé ma parole et celle de Grandmoreau.

— Bon ! fit don Matapan.

« Alors vous venez avec nous ?

— Je ne puis rien refuser à ceux qui ont recueilli ma fille et qui se sont généreusement dévoués pour me sauver la vie.

— Bravo, colonel ! s'écria l'ex-gouverneur en tendant la main à M. d'Éragny.

« Avec des hommes comme vous à leur tête, mes Peaux-Rouges feront des prodiges.

« Ayez donc l'obligeance de faire appeler vos amis ; nous allons tout de suite nous entendre sur certaines propositions que j'ai à leur faire. »

Et sans attendre l'adhésion du colonel, l'ex-gouverneur ordonna à un de ses guerriers d'aller chercher les trappeurs.

Cinq minutes après, ceux-ci se rendaient à l'invitation.

— Gentlemen, dit alors don Matapan en s'adressant plus particulièrement à Sans-Nez et à Bouléreau, le colonel, comme il avait été convenu consent à me prêter son concours pour faire le siège d'Austin.

« Vous reconnaissez, j'en suis sûr,

loyauté du procédé, et je pense que vous agirez de même.

— Nous ne vous marchanderons pas plus nos services que vous ne nous avez marchandé votre secours, dit Grandmoreau.

« Vous pourriez compter sur nous quand même nos amis n'auraient pas engagé notre parole en même temps que la leur.

— Voilà qui est parler, reprit don Matapan avec un large sourire de satisfaction.

« Je n'ai plus qu'une chose à vous demander.

« Voulez-vous prendre le commandement de nos troupes ?

« Vous serez sous les ordres de M. d'Éragny, qui s'entendra très-bien avec moi. »

Cette proposition ne parut pas sourire aux trappeurs, qui gardèrent le silence.

M. d'Éragny comprit ce que cette réserve avait de significatif.

— Mon cher gouverneur, dit-il, nous ne saurions accepter votre proposition, si flatteuse qu'elle soit.

« Mes compagnons vous rendront tous les services qu'ils pourront, je vous le certifie, mais ils ne veulent pas avoir à répondre de la valeur militaire de gens qu'ils ne connaissent que pour les avoir combattus. »

Des signes approbatifs accueillirent ces paroles du colonel.

Don Matapan parut contrarié ; mais il se décida vite.

— Je comprends vos objections et vos scrupules, dit-il.

« Et le sentiment qui vous guide est parfaitement honorable.

« Mais vous ne pouvez me refuser vos conseils, puisque vous me donnez l'assurance que vous combattrez pour ma cause.

« Vous formerez donc, si vous voulez, mon état-major.

« J'ai encore des uniformes militaires très-brillants et très-riches, et vous choisirez.

— Voilà une proposition que je comprends, fit Grandmoreau.

« Comptez sur nous : mais laissez-nous notre liberté d'action.

— Adopté ! s'écria Sans-Nez.

« Je me fais officier d'état-major.

— Moi aussi, dit à son tour Bouléreau.

« Je n'avais pas d'ambition, mais puisque les honneurs viennent me trouver, je ne recule pas.

« Senor, faites-nous apporter des uniformes : nous allons choisir.

« Du reste, votre idée de nous déguiser en n'importe quoi vient à propos, car nous ne sommes pas des mieux nippés pour le moment.

« Pour mon compte, je ne serais pas fâché de changer mes guenilles contre des vêtements qui n'auront pas de ces airs de vieilles dentelles pleines d'accrocs. »

Le chef des squatters n'exagérait pas en comparant ses habits à de la dentelle. Ils étaient véritablement en lambeaux.

Ceux de ses compagnons ne se trouvaient pas d'ailleurs en meilleur état.

Les étoffes les plus solides ne supportent pas longtemps les mille accidents de la vie au désert ; le cuir même, outre qu'il manque de souplesse, n'offre pas toujours une ressource indispensable.

Sur l'ordre de don Matapan, un wagon fut amené, et l'on en tira une quantité de costumes très-variés.

C'était une véritable boutique de fripier que ce wagon.

Sans-Nez fut le premier qui se prononça dans le choix d'un habillement.

Il s'empara d'une défroque complète et à peu près propre de capitaine de hussards.

Veste bleu de ciel outrageusement couverte de passementeries et de galons.

Pelisse fourrée à nombreux brandebourgs et aux mille boutons.

Pantalon à double bande et garni de basane jusqu'aux genoux.

Colback d'agneau avec plumet et autres accessoires...

Tout y était, même la sabretache, que le trappeur dédaigna, prétendant que cet objet de luxe ne lui serait pas absolument indispensable.

Ce choix d'un uniforme de hussard excita l'humeur goguenarde de Bouléreau.

— Mon cher, dit-il au Parisien, ça te va on ne peut mieux, j'en conviens.

« Tu aurais un succès fou un jour de carnaval, dans un bal masqué.

« Mais je me demande pourquoi tu choisis un costume si peu en rapport avec notre métier de coureurs de prairie.

— Il ne s'agit pas de métier, répliqua Sans-Nez en jetant des regards complaisants sur sa personne.

« On a du torse, du galbe, du chic, ou on n'en a pas.

« Eh bien ! comme j'ai de tout ça à en revendre, et que l'uniforme de hussard fait admirablement ressortir tous mes avantages, je fais choix de cet uniforme.

« Qu'est-ce que tu prétends trouver de si bête dans mes préférences ? »

Et sans attendre une réponse à sa question, le Parisien fit deux pirouettes sur la pointe du pied, exécuta avec ses doigts un brillant roulement de castagnettes et prit une pose de danseur s'immobilisant en même temps que se fait entendre la dernière note d'une ritournelle.

— Bravo ! s'écria Bouléreau.

« Ton entrée à Austin sera un triomphe.

« Tu manques un peu de nez, d'oreilles et autres accessoires ; mais je te prédis quand même des succès renversants auprès des senoras. »

Paméla entendit cette prédiction du chef des squatters.

Elle appela Sans-Nez qui s'empressa de la rejoindre...

Cependant M. d'Éragny et Grandmoreau visitaient, eux aussi, le magasin d'habillements.

Ils trouvèrent enfin ce qui leur convenait :

Des blouses de chasse en drap, des pantalons recouverts de basane imperméable, des chapeaux de feutre, tel fut le costume simple qu'ils échangèrent contre leurs habits usés et déchirés.

Pierson le pirate et le squatter blessé firent le même choix.

Bouléreau seul tardait à se décider.

Il défiçelait les ballots, visitait tout, mais rien ne paraissait lui plaire.

Tout à coup il laissa échapper une joyeuse exclamation.

— Nom d'une pipe ! voilà mon affaire ! s'écria-t-il.

Et s'emparant d'un uniforme de gendarme, il l'emporta et disparut derrière un wagon.

Tomaho seul se trouvait sans *déguisement*.

Sa taille ne lui permettait pas d'endosser un vêtement européen, eût-il été confectionné pour le plus grand des tambours-majors ; et le brave géant devait se résigner à garder son costume indien.

Don Matapan l'avait bien invité à faire des recherches minutieuses et à visiter avec soin tout son magasin de défroques ; mais le géant s'était obstiné dans un refus formel.

— Que le chef gouverneur soit sans inquiétude, avait-il dit.

« Quand nous entrerons à Austin, Tomaho sera lumineux comme le soleil. »

Don Matapan voulut avoir l'explication de ces paroles énigmatiques, mais ses questions restèrent sans réponse.

Il n'y avait pas plus muet et plus entêté que Tomaho quand il s'était imposé de se taire.

Un incident vint d'ailleurs fixer l'attention de tous.

Sans-Nez, pimpant et élégant qu'il se trouvait dans son uniforme de hussard, ne supportait pas sans ennui les recommandations et les remontrances prématurées de son ancienne connaissance du boulevard Montparnasse.

Paméla n'avait pas entendu sans inquiétude la prédiction de Bouléreau ; elle redoutait de se voir supplantée dans le cœur de son trappeur par quelque belle fille d'Austin, et d'avance elle faisait une scène de jalousie à Sans-Nez qui se défendait avec une mollesse et une suffisance bien faites pour augmenter les appréhensions de sa maîtresse.

Paméla, exaspérée par les airs vainqueurs de son amant, en était déjà à l'invective.

Sans-Nez, de son côté, prenait une attitude menaçante, et la dispute allait s'envenimer sérieusement, quand une voix se fit entendre, grave, impérative, solennelle :

— Au nom de la loi, je vous somme de vous taire !

« Pas de chicanes, pas de cris, pas de batteries, ou je vous arrête comme perturbateurs. »

Sans-Nez, entendant cette menace, ne put se défendre d'un mouvement de crainte.

Il croyait, le Parisien, sentir se poser sur son épaule la main d'un municipal préposé à la surveillance d'un bal de barrière.

Et de son côté Paméla, éprouvant la même impression, avait exécuté un rapide mouvement de retraite.

De fait, le couple venait d'être interrompu dans son altercation intime par un gendarme!

Un vrai gendarme avec chapeau en bataille et harnachement complet.

Mais l'émotion des deux amants fut de courte durée.

Ils reconnurent Bouléreau qui, ne voulant plus abandonner son rôle, reprit :

— Je vais dresser procès-verbal.

« Il y a eu des torts du côté de la femme, qui a invectivé son homme sans raisons itérativement suffisantes.

« Il est prouvé d'autre part et en sus que l'époux n'est qu'un dangereux entrepreneur de beau sexe et capable de causer les plus grandes vexations à son épouse à l'endroit des déportements que nous pourrons avoir à lui reprocher.

« De tout quoi, il est conséquemment entendu que, si les conjoints continuent à donner aux populations sages et honnêtes le spectacle gratis et scandaleux de leurs divisions intestinales, l'autorité paternelle des lois et règlements dans les questions de *conjungo* se verra dans la nécessité de prononcer la séparation capitale de ces deux ennemis du foyer et de la famille. »

Cette courte allocution du gendarme improvisé provoqua de la part de ceux des assistants qui pouvaient la comprendre un accès de gaieté que Sans-Nez ne goûta pas absolument.

— Gendarme, s'écria-t-il, tu m'embêtes!

« Je devine et j'évente les intentions perfides et accapareuses qui t'ont déterminé à revêtir ce costume de soldat de la maréchaussée.

« Tu me fais l'effet d'un habit neuf : tu me gênes dans les entournures.

« Je ne veux pas te crever comme une emmanchure trop étroite; mais je te déclare que je signalerai aux senoras d'Austin les charmes odoriférants de la gendarmerie.

« Ce sera ma vengeance.

« Et comme la calomnie, avec bottes à l'appui, a mille chances de trouver crédit auprès des femmes, j'aurai le plaisir de te voir dédaigné par les belles préférant le galbe, le chic et l'élégance du hussard à l'épaisseur, à la pesanteur, aux parfums du gendarme. »

Cette verte réplique du Parisien ne démonta aucunement Bouléreau, qui se contenta de répondre :

— On vous verra à l'œuvre, beau séducteur.

« Il faut de la légèreté avec le beau sexe, j'en conviens.

« Mais la solidité d'un représentant de l'autorité ne peut faire tort. »

Un formidable coup de cette trompette de don Matapan, laquelle ressemblait à s'y méprendre à un immense tuyau de gouttière, résonna soudain :

C'était la cloche du déjeuner.

L'altercation de Bouléreau et du Parisien cessa avec la perspective d'un repas dont l'odeur se répandait dans l'air, agaçant agréablement l'odorat et faisant mille promesses au goût.

Le repas ne dura pas longtemps.

Don Matapan avait hâte de reprendre le chemin d'Austin.

Il donna le signal du départ.

Et la petite armée se mit en marche au bruit de son infernale musique.

L'ex-gouverneur, fier et convaincu de son importance, se carrait au milieu de ses nouveaux alliés qui lui formaient un état-major valant la moitié de l'armée.

Sans-Nez seul ne suivait pas la colonne.

Il avait disparu sans même prendre la peine de prévenir Paméla.

Ce ne fut qu'à la deuxième halte, vers le milieu du jour, que le Parisien reparut.

Tomaho le questionna.

— Mon frère est imprudent, lui dit-il.

« S'il veut chasser, je l'accompagnerai.

— Je ne chasse pas, répondit Sans-Nez. Et montrant un bâton qu'il tenait sous son bras, il ajouta en riant :
— Je suis allé me couper une canne.
Puis il se mit comme les autres à manger et à boire.
Quand il eut terminé sa collation, il se saisit de son bâton et réclama le silence.
Étonnement général !...
Le bâton était une sorte de hautbois.
Et Sans-Nez en jouait admirablement.
Pendant longtemps, on écouta les airs dont le Parisien pouvait se souvenir.
Il exécuta fort bien valses, polkas, danses de toutes sortes, et quand la mémoire lui faisait défaut, il improvisait avec une incroyable facilité.
Peu à peu les Peaux-Rouges firent cercle autour du musicien
Ils l'écoutaient avec un plaisir, une attention, un respect que prouvait un profond silence.
Tous ces visages tatoués aux traits rudes et énergiques avaient pris une expression de joie béate.
Toutes les oreilles tendues aspiraient en quelque sorte les mélodies que Sans-Nez tirait de son instrument primitif avec un véritable talent.
Tomaho surtout ne perdait pas une note. Accroupi auprès du musicien, il écoutait avec une attention soutenue.
Le Parisien se fatigua enfin.
Il cessa de jouer.
Aussitôt le Cacique, se saisissant de sa contre-basse, se mit à frotter vigoureusement sur les cordes.
Il donnait l'exemple aux Indiens qui s'empressèrent de jouer de tous leurs instruments.
Nouvelle manière d'applaudir qui dans un théâtre aurait eu pour infaillible conséquence de faire crouler la salle.
Heureusement on était en plein air, et le Parisien put savourer son triomphe tout à son aise et sans danger.
Les félicitations pleuvaient, et il les recevait en artiste parfaitement convaincu de son mérite.

Toutefois il remarqua l'absence de Bouléreau.
Seul, le chef des squatters ne vint pas joindre ses compliments à ceux de tout le monde.
Cette négligence froissait l'amour-propre d'artiste de Sans-Nez, qui tenait à connaître l'opinion de Bouléreau.
Mais celui-ci n'était pas loin sans doute, car il rejoignit ses amis quelques minutes à peine après que le Parisien eut cessé de se faire entendre.
Particularité remarquable, le squatter ne fumait pas.
Grave et solennel dans son uniforme de gendarme, il écarta les Indiens qui formaient encore cercle autour de Sans-Nez, et, se plaçant devant celui-ci, il tira de sa poche une pipe.
Mais quelle drôle de pipe !
Une douzaine de roseaux de différentes longueurs s'ajustaient sur un long tuyau bizarrement contourné. Et au bout de ce tube était fixé le fourneau en terre rouge contenant le tabac.
Bouléreau fit un geste qui commandait le silence.
Puis, battant gravement le briquet, il alluma sa pipe.
Aussitôt une mélodie singulièrement douce et voilée se fit entendre.
Le silence devint profond.
C'étaient les sons atténués du flageolet en même temps que les vibrations sonores de la flûte.
Mais rien des notes stridentes et aiguës de la flûte, rien des tons traînards du flageolet.
La pipe du squatter, transformée en instrument de musique, avait des sonorités d'une pénétrante douceur.
Tous les auditeurs étaient émerveillés
Le succès de Sans-Nez disparaissait éclipsé devant celui de Bouléreau.
Don Matapan fut lui-même charmé
Il s'arrêta au beau milieu d'une libation pour écouter.
Il fallait donc que l'effet produit fût bien grand !

M. d'Éragny et sa fille voulurent examiner de près la pipe du squatter.

Le cercle des assistants se rétrécit pour ne rien perdre des airs joués avec un art infini par l'ingénieux musicien.

Tomaho, qui avait manifesté tant d'admiration en écoutant Sans-Nez, demeurait stupéfait.

Il comprenait l'instrument inventé par le Parisien, mais la pipe à musique du squatter frappa vivement son imagination.

Il ne comprenait pas que l'on pût tirer des sons d'un pareil instrument ; toujours disposé à trouver du surnaturel dans les choses les plus simples, il s'approcha de Sans-Nez et lui fit part de ses impressions.

— Notre frère le squatter est un grand sorcier, dit-il à voix basse.

« Il connaît les grandes médecines de la musique, et sa science n'est pas celle d'un homme ordinaire. »

Sans-Nez, que le succès de Bouléreau indisposait visiblement, jeta un regard dédaigneux sur le géant, et pour toute réponse il se contenta de hausser les épaules avec un grognement de mauvaise humeur.

Tomaho continua sans se déconcerter :

— Un homme qui a la puissance d'enfermer des génies musiciens dans son calumet est un grand sorcier.

« Mon frère peut me croire :

« Le Vacondah m'a donné la vue de l'esprit qui me permet de reconnaître les enfants de la grande magie. »

Les crédulités du bon Tomaho, outre qu'elles s'adressaient à un sceptique, ne pouvaient qu'augmenter la mauvaise humeur du musicien vexé de rencontrer une incontestable supériorité.

Aussi bien ce fut avec une fureur à grand'peine contenue que Sans-Nez répondit au Cacique :

— Tu n'es qu'un imbécile avec tes sorciers.

« Et si tu ne me fiches pas la paix, je te crève ta contre-basse. »

Tomaho, s'il eût été méchant, aurait puni sévèrement cette injuste menace.

Mais il se contenta de dissimuler son violon derrière son dos en disant :

— Mon frère continue à braver les puissances de la grande magie, et il me menace

« L'esprit du mal le possède

« Je lui pardonne.

« Mais qu'il prenne garde !

« Quand ses yeux s'ouvriront, il sera peut-être trop tard. »

Comme le brave géant prononçait ces mots, Bouléreau achevait un dernier air.

— Ma pipe est éteinte, dit-il.

Aussitôt les Peaux-Rouges enthousiasmés embouchèrent leurs instruments, râclèrent leurs violons à vessies et autres, tapèrent sur leurs tambours et leurs cymbales, firent le plus de tapage possible pour manifester leur satisfaction.

Tomaho seul ne parut pas partager la joie bruyante de tous : son archet passé dans sa ceinture et son énorme violon sur le dos, il garda une attitude neutre.

Ayant savouré les applaudissements, Bouléreau s'approcha de Sans-Nez.

— Camarade, dit-il, si nous jouions un duo ?

« Je crois que nous obtiendrions un joli succès.

« Ça te va-t-il ? »

Sans-Nez avait éprouvé un sentiment de jalousie en voyant ses talents éclipsés par ceux du chef des squatters ; mais il était sans rancune, et il accepta la proposition sans aucune hésitation.

— Ça me va, dit-il en saisissant sa flûte d'écorce.

— Attends que je bourre ma pipe, fit Bouléreau.

« Tu comprends que c'est indispensable pour un fumeur comme moi.

« Avec mon système, d'une pierre je fais deux coups, comme on dit.

« En même temps que j'aspire de la fumée, mon instrument marche, et je n'ai plus qu'à faire aller les doigts pour obtenir les plus mirobolantes variations.

« Allons-y, j'y suis ! » termina le squatter en allumant sa pipe.

Et le duo commença au milieu d'un silence profond.

Les deux virtuoses jouèrent avec un entrain et un ensemble surprenants un joyeux quadrille.

Leur succès fut immense.

Les acclamations et les applaudissements des Indiens ne prirent fin que quand don Matapan donna l'ordre de se remettre en marche.

CHAPITRE XCIV

CONSEIL DE GUERRE AVANT LA BATAILLE

Dix jours plus tard, don Matapan et sa petite armée campaient dans une forêt très-accidentée, à deux heures de marche de la ville d'Austin.

Fidèles à leur engagement, M. d'Éragny et les trappeurs n'avaient pas abandonné l'ex-gouverneur.

Ils avaient promis leur concours : des hommes de leur valeur ne pouvaient avoir qu'une parole.

Dès que le camp fut installé et que la sécurité de tous fut assurée par la pose de nombreuses sentinelles, don Matapan réunit les principaux chefs indiens, et il fit demander à ses alliés les trappeurs de bien vouloir l'assister dans le grand conseil de guerre qui allait être tenu.

Quand le messager qui vint lui apporter cette convocation fut parti, le colonel d'Éragny s'empressa de prendre l'avis de ses amis avant de s'arrêter à aucune résolution.

Pour son propre compte, il était peu disposé à se rendre à l'invitation.

— Je ne vois pas, dit-il, que tout cela soit bien sérieux.

« J'ai promis à don Matapan de le suivre dans son expédition, et je ferai tous mes efforts pour le tirer d'un mauvais pas à l'occasion.

« Mais je n'entends aucunement me donner le ridicule de discuter guerre et tactique militaire avec cet excellent gouverneur et son armée de musiciens.

« Outre que je suis peu disposé à faire le farceur, je ne veux pas qu'il soit dit que j'ai dirigé cette attaque d'Austin.

« Maintenant que vous connaissez ma manière de voir, vous demeurez pourtant libres d'agir à votre guise.

Grandmoreau prit la parole à son tour.

— Je me range de l'avis du colonel, dit-il.

« S'il arrivait malheur à don Matapan et à son armée, je ne lui marchanderais pas mes services, et je veux même l'aider à se rendre maître d'Austin ; mais toutes ses histoires avec les Peaux-Rouges ne nous regardent pas.

« Qu'il s'entende avec eux. »

Cette détermination du colonel et de Grandmoreau n'eut pas le don de convaincre Sans-Nez.

Le Parisien flairait une bonne occasion de s'amuser et de blaguer : il n'eut garde de la laisser échapper.

— Moi, dit-il, je me rends à l'invitation de don Matapan.

« Je n'ai pas l'intention de faire un cours de stratégie à MM. les Indiens, attendu que je ne suis pas de première force sur ce chapitre-là ; mais je veux assister à ce fameux conseil.

« J'ai dans l'idée que ce sera drôle.

— Tu as raison ! s'écria Bouléreau qui achevait de bourrer sa pipe.

« Don Matapan président un conseil de guerre, ça ne se voit pas tous les jours, et bien des gens paieraient cher pour y avoir leur place.

« Sans-Nez, je t'accompagne.

« Quand il y a de quoi rire pour un, il y a de quoi pouffer à deux. »

Et nos joyeux compagnons se disposaient à s'éloigner, quand Tomaho les interpella.

— Mes frères, dit le géant, ont le rire sur les lèvres et les cris du moqueur dans la gorge.

« Ils ont tort.

« Quand les hommes parlent de la guerre, ils doivent être écoutés avec respect. »

A cette recommandation faite par le Cacique avec sa gravité ordinaire, Sans-Nez adapta aussitôt une réponse.

— Ne t'inquiète pas, Tomaho, dit-il.

« Nous serons sages comme des rasoirs, et nous rirons à la muette comme des poissons. »

Cette assurance parut satisfaire le géant qui répondit :

— Och

« Que mes frères m'accompagnent. »
Et il s'éloigna gravement, suivi de près par Sans-Nez et Bouléreau qui, goguenardants et bavards, se donnaient le bras.

C'était sous la tente de don Matapan que le conseil devait se tenir.

Et pour cette solennité, l'ex-gouverneur avait, autant que possible, donné à son domicile de toile l'aspect d'un wigwam indien.

Des peaux de buffle étaient tendues de haut en bas.

Des fourrures d'ours et de jaguars étaient rangées en cercle, à terre, autour d'un feu de bois sec occupant le milieu de la tente.

Des trophées composés d'arcs, de flèches, de tomahawks, de fusils, etc., pendaient accrochés çà et là.

Quand nos trois personnages pénétrèrent sous la tente, le conseil se trouvait déjà au complet.

Il se composait de douze chefs Peaux-Rouges, plus Sable-Avide.

Les Indiens se tenaient gravement accroupis sur les tapis de peaux.

Sable-Avide, en sa qualité de sachem, était assis sur un billot de chêne recouvert d'une triple couche de fourrures.

Don Matapan, placé sur un siége spécial, présidait avec une imperturbable gravité.

Tomaho entra le premier sous la tente du conseil, et il prit place, modestement, sur le tapis de peaux, au rang des chefs ordinaires.

Bouléreau et Sans-Nez imitèrent le géant.

Comme lui, ils fumèrent le traditionnel calumet.

Comme lui, ils se conformèrent aux pratiques et cérémonies qui précèdent toujours les conseils de guerre des Peaux-Rouges.

Quand enfin toute satisfaction eut été donnée aux coutumes et usages indiens, quand Sans-Nez eut expliqué adroitement pourquoi M. d'Éragny et Grandmoreau refusaient de prendre part aux délibérations du conseil, l'ex-gouverneur don Lopez y Matapan, se donnant la parole, commença ainsi :

— Guerriers, mes frères, dit-il avec un sérieux qui contrastait comiquement avec sa grosse face réjouie, il est des hommes que le hasard se plaît à tromper, que les circonstances abusent étrangement.

« Eh bien ! tel que vous me voyez, je suis un de ceux-là.

« Jeté par la fatalité dans les affaires diplomatiques et administratives, j'ai été appelé au gouvernement de plusieurs villes : mes aptitudes, je le reconnais aujourd'hui, ne sont pas celles que peut envier un vulgaire fonctionnaire.

« On s'est trompé sur mon compte.

« Moi-même j'ai méconnu ma valeur, j'ai ignoré ma véritable vocation.

« Guerriers ! j'étais né pour la carrière des armes.

« J'ai été gravement insulté.

« Toute une population s'est lâchement coalisée contre moi.

« Elle a méconnu mon autorité.

« Elle m'a fait subir des outrages qu'un homme de cœur n'oublie pas.

« Seul, abandonné de tous, j'ai dû fuir devant la masse de mes persécuteurs.

« Ma bonne étoile m'a conduit au milieu de vous.

« A votre contact, ma haine a grandi, mon désir de vengeance s'est développé, et d'homme de paix et de conciliation que j'étais, je suis devenu homme de guerre.

« Oui, je me sens possédé de l'instinct de la bataille et du commandement !

« Je brûle de cette ardeur qui anime les braves dans les combats.

« Et cependant mon cerveau pense froidement, librement, comme celui des grands capitaines au plus fort de la bataille. »

Don Matapan fit ici une légère pause.

Il promena un regard interrogateur sur son auditoire, cherchant à pénétrer l'impression produite par ses paroles.

Les Peaux-Rouges se tenaient immobiles et silencieux.

Cette attitude était significative :

Elle dénotait l'attention en même temps qu'un approbatif encouragement.

L'ex-gouverneur reprit :

— Mais si le goût de la guerre s'est brusquement déclaré chez moi, la science et la valeur qui distinguent les grands capitaines me faisaient pourtant défaut.

« Ma volonté a eu raison de mon inexpérience.

« Pour vous instruire et vous guider dans l'art de la guerre; pour vous mettre à même de combattre avec succès des troupes européennes, j'ai étudié les moyens scientifiques pratiqués par les généraux les plus célèbres.

« Or, vous le savez, guerriers mes frères, les plus grands généraux sont en France.

« C'est cette nation qui, de tout temps, a marché à la tête du progrès dans les sciences militaires.

« C'était donc là, à cette source de lumière, qu'il me fallait puiser les grands principes de la tactique et de la stratégie.

« La tâche était aride; mais elle me fut rendue facile par deux causes différentes :

« D'abord la nature m'a doué d'une excellente mémoire;

« Ensuite les Français impriment de nombreux livres sur toutes choses et principalement sur celles de la guerre.

« Ils poussent même la noble passion du métier des armes jusqu'à faire de leurs théâtres de véritables écoles militaires.

« A Paris et dans d'autres grandes villes, les populations accueillent toujours avec un légitime enthousiasme l'apparition d'une de ces grandes pièces militaires où le comique se trouve habilement mêlé aux plus arides démonstrations scientifiques.

« Les plus grands généraux, dans ce pays du progrès, ne dédaignent pas de monter sur les planches du théâtre; et ils savent y briller par le développement de leurs vastes connaissances.

« Les plus grands capitaines français de l'école actuelle se sont tous formés au théâtre.

« Tous ont étudié leur art dans ces

grandes pièces militaires, au milieu des applaudissements d'une multitude de spectateurs émerveillés.

« Combien de fois même n'a-t-on pas vu des généraux étrangers, des princes, des rois et des empereurs joindre leurs bravos à ceux de la grande population parisienne ! »

A cet endroit de son discours, don Matapan s'interrompit encore une fois pendant quelques instants.

Les Peaux-Rouges, toujours silencieux et attentionnés, écoutaient gravement toutes ces paroles dont ils ne saisissaient peut-être pas exactement le sens.

Bouléreau et Sans-Nez n'étaient pas moins attentifs.

Le Parisien surtout ne perdait pas un mot du speech de l'ex-gouverneur, et sur sa face couturée se pouvait lire la claire expression d'un profond étonnement.

Il ne put s'empêcher de dire tout bas à Bouléreau qui fumait tranquillement :

— Squatter, je commence à être épaté.

« Les idées de don Matapan sur l'armée française sont plus qu'étonnantes.

« Elles me renversent et me confondent, ni plus ni moins.

« Des généraux au théâtre !... »

Sans-Nez ne continua pas.

L'ex-gouverneur reprenait son discours. Le Parisien redevint tout oreilles.

— J'ai beaucoup voyagé, dit le gros bonhomme toujours sérieux et plein de dignité.

« J'ai donc beaucoup vu et beaucoup retenu.

« Une parole, qui est tout un enseignement, m'a surtout frappé.

« Cette parole est du grand Napoléon, et elle m'a été répétée par un général fameux :

« *La tactique doit changer tous les dix ans.* »

« Ce sont donc les généraux contemporains que nous devons prendre pour modèles.

« Nous ne pouvons, sans danger, nous écarter de leurs principes.

« Il ne nous est pas permis de rester dans l'ornière de la routine, quand la science nous tend la main pour nous guider dans le chemin lumineux du progrès.

« Guerriers ! je vous l'annonce avec satisfaction, j'ai fait choix, comme modèle, du plus célèbre général connu.

« Je ne vous cacherai pas que mes hésitations durèrent longtemps.

« Mais en présence d'une incontestable supériorité, j'ai dû arrêter mon choix, fixer mes préférences.

« Guerriers ! le général Boum est le chef d'une nouvelle école, et je suis l'émule passionné de ce grand homme.

« Les journaux français, que je lisais régulièrement, ont proclamé sa valeur incontestable, son immense talent, ses incroyables succès.

« Ce général fameux a déployé sa science, ses connaissances militaires sur les plus grands théâtres de l'Europe, et partout il a été accueilli avec la distinction et les honneurs qui lui étaient dus.

« C'est une comédie intitulée *la Grande Duchesse* qui servait de cadre à ses démonstrations, à ses grands problèmes de stratégie.

« Je n'ai jamais vu jouer cette comédie, il est vrai ; mais je connais pourtant la base solide sur laquelle s'appuie la tactique du général Boum.

« J'ai puisé de précieux renseignements dans les nombreux journaux français et autres qui ont tous parlé de cet homme étonnant.... »

Le brave Matapan fut brusquement interrompu en cet endroit de son discours.

Sans-Nez se leva, s'agita, se courba, se tordit dans les convulsions d'un fou rire et finit par s'écrier :

— Je demande la parole !

« Bons renseignements...

« Mais pas complets....

« Attendez !... Ah !... ah !...

« Je vais vous dire... des affaires bien plus drôles....

« Ah ! ah ! ah ! »

Le Parisien, succombant à une terrible envie de rire, ne pouvait continuer.

Ce subit accès de gaieté indisposa Tomaho.

Le brave géant posa sa main sur l'épaule du rieur qui retomba assis sous le poids.

— Mon frère oublie, dit gravement le Cacique, qu'il assiste à un grand conseil de guerre.

« Il manque aux lois de l'hospitalité en interrompant un guerrier qui parle.

« Il méconnaît les usages sacrés, lui qui a fumé avec ses frères le calumet de l'amitié.

« Je recommande à mon frère de fermer la bouche quand un guerrier parle.

« Si le rire moqueur vient encore interrompre le discours du chef, mon avertissement sera celui d'un homme irrité. »

Sans-Nez n'eut garde de mépriser la recommandation pressante du géant.

Il se tut, sachant par expérience que Tomaho n'était pas toujours disposé à plaisanter, surtout quand on le taquinait au sujet de certaines pratiques, de ce cérémonial dont les Indiens accompagnent toujours les grands actes de leur vie aventureuse.

Le Parisien se tint donc silencieux sur son tapis de fourrure.

Mais la contraction de certaines parties de son visage couturé prouvait que son accès de gaieté n'était pas passé.

Il riait tout bas.

Quand le silence fut rétabli, don Matapan reprit son discours :

— Braves guerriers! dit-il, j'ai longtemps hésité avant de faire le choix du chef d'école dont je viens de vous dévoiler les brillantes qualités.

« Certains journaux ont beaucoup vanté un autre homme de guerre qu'ils désignaient sous le nom de maréchal Rrrrran.

« Je me suis renseigné sur les hauts faits militaires qui désignaient ce Rrrrran à l'attention publique.

« Rien de saillant ne m'a frappé.

« Un seul fait d'armes méritait mon attention :

« Il s'agissait de répression d'émeute, et comme les troubles sont fréquents à Austin, je pensais trouver dans la tactique de ce militaire les moyens de contenir mes administrés en toute occasion.

« Mais je ne vis rien de bien neuf dans les pratiques du maréchal Rrrrran, si ce n'est l'emploi du canon dans les boutiques et magasins...

« Enfin cet homme m'a paru bon pour l'émeute... tout au plus.

« Mais où je me suis trouvé le plus embarrassé, c'est quand il m'a fallu étudier la tactique et les procédés militaires d'un marin célèbre que tous les écrivains spécialistes désignent sous ce nom : *l'Amiral suisse.*

« J'ai bien surpris quelques données vagues, çà et là, sur les grands succès de ce marin ; mais impossible de me procurer une biographie.

« Les documents me font complètement défaut... »

Ici don Matapan fut encore une fois interrompu par Sans-Nez qui s'écria :

— Je puis vous donner des renseignements exacts, moi.

« Je le connais.

« Voulez-vous savoir son vrai nom?

« Il s'appelle Gil-Pérez. »

Tomaho leva un bras menaçant sur l'interrupteur.

Un signe de don Matapan épargna à Sans-Nez une forte correction.

Le géant se remit gravement à sa place, et le président du conseil lança au Parisien cette verte admonestation :

— Vous vous moquez de moi avec aussi peu d'intelligence que d'à-propos.

« Je vous parle d'un amiral suisse, et vous avez la bêtise de lui attribuer un nom espagnol.

« Votre plaisanterie est grossière, et vous me supposez bien sot.

« Croyez-moi : respectez les orateurs qui prendront la parole dans ce conseil où vont être prises des résolutions de la plus haute importance.

« Taisez-vous, et ne me forcez pas à vous faire expulser de mon wigwam. »

Ayant terminé cette courte et menaçante allocution, l'ex-gouverneur reprit son discours :

— Braves et intrépides guerriers! comme je vous l'ai annoncé, je donne mes préférences, dans les choses de la guerre, à l'excellente méthode du fameux général Boum.

« Je me résume tout en précisant :

« Écoutez avec attention.

« Toute la science de la nouvelle école

militaire est renfermée dans ce que je vais dire :

« Je divise mon armée en trois corps...
« Je coupe... et j'enveloppe.
« Est-ce clair?
« Quelle simplicité!
« Quel admirable trait de génie! »

Après avoir lancé cette double exclamation sur le ton du plus sincère enthousiasme, don Matapan prit un air persuasif, doucereux, finaud, et continua :

— J'ai, comme vous le pensez bien, développé la grande idée du fameux capitaine Boum.

« Je l'ai divisée, sectionnée, complétée.

« Ainsi, après avoir partagé mon armée en trois corps, j'enserre la ville sur trois points différents.

« C'est un commencement d'investissement qui pourrait dégénérer en blocus.

« Mais ne vous y trompez pas :
« Aucun siége avec moi.
« Donc, pas d'investissement sérieux.
« Pas de blocus qui traîne en longueur et fatigue plus les assiégeants que les assiégés.

« Comprenez moi bien :
« Je menace sur trois points en même temps.

« Puis je coupe la force de résistance par une attaque au centre...

« Et je prends la ville... »

Cette démonstration savante de don Matapan fut brusquement interrompue par une voix enrouée qui cria :

— Ah! mon Dieu! c'est bien simple!

On reconnut la voix de Sans-Nez.

L'incorrigible blagueur n'avait pu s'empêcher de placer en son temps une facétieuse approbation.

Et sans plus s'occuper de l'indignation qu'il venait de soulever dans l'auditoire, il s'abandonna à un fou rire.

Il se roula sur son tapis de peaux, se tordant et comprimant son ventre avec ses mains croisées.

Tout à coup il fut rappelé à lui-même par une violente secousse.

La main de Tomaho venait de se poser et de se fermer sur son dos un peu au-dessous du cou.

Le géant se dressa de toute sa hauteur.

Il éleva et maintint le Parisien à bout de bras, au niveau de son visage.

Le rieur ne riait plus.

La position était gênante.

Il étranglait.

Tomaho, impassible, lui fit une courte remontrance :

— Mon frère, dit-il, a déjà oublié mes sages paroles d'avertissement.

« Il est indigne de s'asseoir au grand conseil des chefs.

« Qu'il s'éloigne prudemment.

« Qu'il craigne ma colère s'il trouble encore les braves guerriers qui aiguisent en ce moment la hache de combat. »

En prononçant ces derniers mots, le géant fit trois pas, sortit de la tente, déposa Sans-Nez à terre et revint prendre sa place.

Le Parisien, à demi suffoqué, n'éprouvait aucunement l'envie d'affronter la colère de Tomaho en pénétrant dans le wigwam.

Mais l'envie de rire lui revint avec le souffle, et ce fut non sans grand' peine qu'il raconta au colonel et à Grandmoreau ce qui venait de se passer.

Cependant don Matapan achevait son discours qui fit une grande impression sur ses auditeurs.

Puis, pour assurer l'exécution de ses plans, il attribua un rôle à chaque chef.

Il les prit à part les uns après les autres, leur donna mille explications fort difficiles à retenir, leur assigna des postes de combat, des itinéraires de marches et de contre-marches...

Il fit si bien, il embrouilla tellement les explications, il entassa tant de démonstrations, que les malheureux Peaux-Rouges finirent par se regarder, comme pour s'avouer silencieusement qu'ils n'y comprenaient absolument rien.

Néanmoins l'ex-gouverneur se tint pour satisfait, et il fit mine de lever la séance.

Mais un Indien étendit gravement la main au-dessus du feu devenu brasier, et y laissa tomber un morceau de bois sec qui s'enflamma aussitôt.

Le guerrier demandait la parole.

Don Matapan, déjà au courant des coutumes indiennes, comprit parfaitement.

Toutefois il ne parut pas disposé à prolonger la séance.

Un second Peau-Rouge laissa tomber une seconde branchette dans le foyer.

Il n'était plus permis au *président* de faire la sourde oreille.

Pourtant don Matapan, prenant ce ton rogue et cet air rébarbatif des vieux généraux qui, systématiquement, ne souffrent pas qu'un inférieur donne jamais son avis, s'écria :

— Qu'est-ce que c'est?

« Des observations?

« Je n'en veux pas.

« Vous connaissez mes plans.

« Je vous ai dévoilé les admirables secrets de la tactique nouvelle.

« Que voulez-vous de plus?

« Pas de bavardages! c'est du temps perdu.

« Pas de récriminations! c'est de l'indiscipline. »

L'attitude de l'ex-gouverneur était superbe de dignité.

S'il jouait la comédie, il s'acquittait admirablement d'un rôle difficile.

Sable-Avide tenta d'intervenir dans la discussion.

— Mon frère oublie, dit-il en promenant distraitement ses doigts sur les cordes de sa guitare, que l'usage veut...

— Il ne s'agit pas d'usage, interrompit don Matapan.

« Que me veux-tu?

« Tu demandes la parole, toi aussi?

« Eh bien! parle.

— Mon frère a parlé comme un grand guerrier.

« Mais...

— Il n'y a pas de mais.

« Tais-toi!

« Tu veux donner des explications?

« Donne-les.

« Parle.

— Puisque mon frère consent à m'écouter, qu'il retienne les paroles d'un sachem redouté...

— Que parles-tu de sachem? interrompit encore une fois don Matapan.

« Il n'y a ici que deux généraux :

« Un général en chef qui est moi;

« Et un autre pas en chef qui est toi.

« Qu'est-ce que tu as à répondre?

« Hein?

« Voyons, réponds.

« Tu ne dis rien?

« J'avais donc raison de ne pas écouter des paroles en l'air et sans signification. »

Et promenant un fier regard sur les chefs indiens étonnés, il fit un geste impératif et commanda en enflant le plus possible sa voix de clarinette :

— Rompez les rangs!

Les Peaux-Rouges obéirent en silence à ce commandement dont ils comprenaient la signification depuis qu'on les faisait manœuvrer à l'européenne.

Ils se retirèrent, précédés de Bouléreau qui avait hâte de s'esquiver.

Le squatter était parvenu à se contenir à force de volonté; mais dès qu'il fut libre, il courut rejoindre Sans-Nez, et les deux amis s'en donnèrent à cœur joie, même devant Tomaho qui n'avait plus alors le droit de se fâcher.

CHAPITRE XCV

UN SIÉGE MÉMORABLE

Le lendemain, au point du jour, l'armée de don Matapan se mettait en mouvement.

Les Indiens ne faisaient pas de *musique*.

Le général en chef avait recommandé le silence.

Après trois ou quatre heures de marche, on arriva sous les murs de la ville d'Austin.

Les tentes furent dressées immédiatement, et les troupes établirent une sorte de camp retranché sur une forte position désignée par don Matapan... d'après le conseil de Grandmoreau.

Puis des détachements de cavalerie et d'infanterie contournèrent la ville, paraissant rechercher les points faibles des remparts.

Les Austinois, mis en éveil par ces manifestations belliqueuses, s'étaient réunis en foule sur les murailles.

Ils considéraient avec une terreur évidente ces reconnaissances de troupes aux costumes étranges, aux allures singulières.

Ils se demandaient avec autant de stupéfaction que d'effroi quel pouvait être l'ennemi.

D'où venait-il?

Quelles étaient ses prétentions?

A quelle nationalité pouvait-il bien appartenir?

Aucun parlementaire ne s'était présenté pour demander la reddition de la place, pour faire connaître les conditions d'une capitulation possible.

Une anxiété parfaitement concevable s'était donc emparée des esprits dans la ville menacée.

La milice elle-même partageait l'appréhension générale, et l'on pouvait distinguer de nombreux uniformes militaires circuler parmi la foule effarée.

Cependant don Matapan, ayant réuni plusieurs chefs, résolut d'opérer lui-même une grande reconnaissance.

Escorté par un peloton de cavalerie et accompagné de son état-major de trappeurs, il fit le tour de la ville.

Cet étonnant *général en chef* était superbe d'aplomb, d'imperturbable assurance.

Il discutait, pérorait, tranchait avec la décision, la netteté, l'autorité d'un soldat consommé.

Mais où il montra un sang-froid, un calme et une bravoure extraordinaires, ce fut quand il s'avança à une demi-portée de canon d'un point des remparts garni d'un triple rang de pièces d'artillerie du plus gros calibre.

Il se montrait, dans la circonstance, d'une imprudence, d'une témérité folles.

M. d'Éragny, lui-même, crut devoir lui faire remarquer que trois ou quatre coups de mitraille pouvaient le broyer, lui et toute son escorte.

Don Matapan accueillit l'observation avec un singulier sourire.

Puis, s'approchant du colonel, il lui dit tout bas :

— Il n'y a aucun danger.

« C'est moi qui, autrefois, ai fait placer ces canons sur le point le plus faible des remparts.

« Ils ne sont pas dangereux.

« C'est de l'artillerie postiche de mon invention.

« Avec ce système, j'assurais la défense en épouvantant l'ennemi, et je réalisais des économies énormes sur mon budget de la guerre. »

M. d'Éragny ne crut pas devoir répondre à cette explication que l'ex-gouverneur lui donna de l'air satisfait d'un homme sûr d'avoir rempli ses devoirs en conscience.

Il s'éloigna, rejoignit Grandmoreau et les autres trappeurs, qui ne purent retenir leurs rires en apprenant les causes déterminantes de la bravoure de don Matapan.

Pendant toute cette première journée, les patrouilles et les reconnaissances se succédèrent sans interruption.

Et, même quand la nuit fut venue, des détachements de cavalerie et de nombreuses escouades d'infanterie continuèrent à explorer les environs de la ville.

C'était un va-et-vient continuel dans le camp retranché.

C'était aussi un bruit constant.

Car don Matapan, sur le conseil de Sable-Avide, avait voulu qu'une grande fête précédât la bataille qu'il comptait livrer dès le lendemain.

Une large distribution de vin et d'eau-de-vie mettait les Indiens en belle humeur.

Les danses de guerre s'exécutaient avec fureur autour des immenses brasiers qui avaient rôti les viandes du festin.

Et une musique aux terrifiants accords accompagnait les contorsions épileptiques des Peaux-Rouges surexcités par de trop nombreuses libations.

Sable-Avide, subissant l'influence du vin et de l'*eau-de-feu*, se montrait plein d'entrain.

Animé d'une verve endiablée, il chantait et dansait, tirant en même temps de sa guitare des discordances à faire frémir un professeur de piano.

Pourtant un puissant élément de gaieté manquait aux réjouissances des Peaux-Rouges.

Tomaho et sa contre-basse n'étaient pas là.

Sans-Nez et Bouléreau, qui circulaient de groupe en groupe, l'un blaguant, l'autre fumant, s'aperçurent de l'absence du géant.

— Où diable est-il donc passé ? se demanda Sans-Nez.

« Des danses de guerre et un charivari sans Tomaho, ça n'est pas naturel.

« Il faut que je sache ce que ce grand animal est devenu. »

Et guidé par la curiosité, le Parisien se mit à la recherche du géant.

Dix minutes après, il rejoignait Bouléreau.

— Eh bien ! as-tu trouvé ? lui demanda le squatter.

— Oui, j'ai trouvé, répondit Sans-Nez.

« Mais je n'en suis pas beaucoup plus avancé.

— Comment ça ?

— C'est bien simple et pas compliqué du tout.

« J'ai surpris le Cacique en grande conversation avec un Peau-Rouge.

« On eût dit deux conspirateurs.

« Ils se tiennent à l'écart comme s'ils avaient de graves confidences à échanger.

— Quoi ! fit Bouléreau, tu n'as pas pu t'approcher en sournois et écouter ?

— J'ai essayé, mais le Cacique a l'oreille fine : il m'a découvert.

— Alors ?...

— Alors il a fait deux pas dans ma direction et m'a invité à déguerpir.

« Tu comprends que je ne me le suis pas fait répéter.

« L'animal me paraissait plutôt disposé à m'étrangler qu'à plaisanter.

— Alors tu n'as rien entendu ? demanda le squatter.

— J'ai surpris quelques mots seulement.

« D'abord j'ai remarqué que le Peau-Rouge est celui qui porte si fièrement ce costume complet de suisse d'église.

« Ensuite j'ai entendu Tomaho qui lui disait :

« — Mon frère marchera le premier.

« Il se souviendra des mots que je lui ai appris ?

« — J'ai la mémoire bonne, répondit l'Indien.

« Et Tomaho ajouta :

« — Il parlera quand je lui dirai de parler.

« Il marchera, il s'arrêtera quand je lui dirai de marcher ou de s'arrêter. »

« A cet endroit de la conversation, fit Sans-Nez, mon pied glissa sur une branche humide et le Cacique m'aperçut.

« Je m'empressai de détaler, comme tu penses. »

Et, se grattant à la place qu'occupait son oreille droite, le Parisien ajouta :

— Je voudrais bien savoir ce que cet animal de géant manigance avec son suisse.

— Ma foi ! dit Bouléreau, je ne devine pas plus que toi.

« Tes renseignements ne sont pas assez complets.

« Attendons : nous aurons sans doute une surprise amusante. »

La conversation des deux amis en resta là.

Le lendemain, dès l'aube, le camp était en rumeur.

Don Matapan venait de faire annoncer que l'attaque était décidée et qu'elle aurait lieu sans aucun retard.

Bientôt les compagnies se formèrent, et, sortant du camp, vinrent se ranger en bataille sous les yeux du *général en chef*.

L'ordre et la discipline étaient admirables.

Don Matapan couvait d'un regard complaisant et satisfait cette troupe qu'il avait pour ainsi dire créée, qu'il avait formée aux manœuvres, aux exercices européens.

Avec son escorte de cavaliers et le petit groupe de trappeurs qui le suivait à courte distance, l'ex-gouverneur pouvait sans trop de ridicule prendre des airs de général.

Il était obéi, après tout, et ses soldats malgré leurs costumes excentriques, étaient de braves et intrépides guerriers.

Satisfait de la belle tenue de son armée,

don Matapan allait donner l'ordre de marcher en avant, quand il s'aperçut de l'absence de Tomaho.

Le géant ne se trouvait ni parmi ses amis les trappeurs ni au milieu des Indiens.

Cette absence étonnait et inquiétait don Matapan, car il comptait beaucoup sur la force et le courage du brave et redouté Cacique.

Il se disposait à aller prendre des informations auprès de M. d'Éragny, quand une sourde rumeur dominée par quelques éclats de rire attira son attention.

Il vit toutes les têtes se tourner d'un même côté.

Que se passait-il donc?

Il jeta ses regards dans la direction que lui indiquait un mouvement de curiosité générale...

Un large sourire s'étala sur sa bonne grosse figure...

Tomaho apparaissait grave, superbe, majestueux.

Le Peau-Rouge au brillant costume de suisse marchait devant lui à dix pas.

Le géant a endossé, pour la circonstance, son caraco doré, cette chape qui lui avait été donnée dans une procession par l'évêque d'Austin, à l'occasion de sa conversion supposée au catholicisme.

Le brave Cacique s'avance à pas comptés. Son attitude est digne, son maintien solennel.

Son magnifique caraco est étincelant; il reflète les rayons du soleil levant, il aveugle. Il simule fidèlement les ailes brillantes d'un gigantesque scarabée.

Tomaho est en outre formidablement armé.

Il tient sous son bras cette espèce de canon portatif qu'il appelle sa carabine.

Deux fusils *à répétition*, qui lui servent de revolvers, sont fixés à sa ceinture, ainsi qu'un tomahawk indien, sorte d'assommoir à double tranchant qu'un homme ordinaire eût soulevé avec peine.

De plus, le géant porte sur son dos, en bandoulière, la contrebasse dont il s'est fait un violon.

Le suisse qui le précèd marche avec une gravité vraiment comique, et tous les trois pas il frappe le sol de sa longue canne à pomme argentée.

De temps en temps il prononce quelques mots que la distance empêche de comprendre.

Cependant le cortége s'avance à la rencontre de don Matapan.

(Cortége composé de deux personnages, mais véritable cortége néanmoins.)

Quand le suisse fut à dix pas du général en chef, il s'arrêta, et plantant gravement sa canne en terre, il dit en espagnol :

— Pour l'entretien de l'église, s'il vous plaît?...

Des éclats de rire partis du groupe des trappeurs accueillirent cette phrase si peu en situation; et Sans-Nez dit à Bouléreau :

— Je comprends toute l'affaire, maintenant.

« Tomaho instruisait son suisse hier soir.

« C'était son répétiteur.

« Voici la comédie.

« Il n'y a que le Cacique pour inventer de ces choses-là... »

Le Parisien n'alla pas plus loin dans ses réflexions; comme tout le monde, il suivit d'un œil curieux les faits et gestes du géant.

Celui-ci s'était approché de don Matapan et lui avait dit :

— Frère gouverneur, je vais bénir ton armée.

« J'ai appris que les armées de Visages-Pâles ne se mettent jamais en guerre sans avoir reçu la bénédiction de leurs prêtres.

« Nos guerriers sont devenus des soldats pâles : ils ne peuvent marcher que sous la protection du grand Vacondah des chrétiens.

« Je porte l'habit sacré qui permet de donner la bénédiction; que mon frère me permette de bénir ses guerriers.

« Je sais comment l'évêque mon ami pratique cette cérémonie. »

Alors, sans plus attendre, le géant étendit les mains dans la direction des troupes, grommelant à voix basse quelques paroles inintelligibles.

Quand il laissa retomber ses bras, le suisse frappa le sol de sa canne et répéta :

— Pour l'entretien de l'église, s'il vous plaît?

Les Indiens virent et écoutèrent sans sourciller les extravagances de Tomaho et de son suisse.

Ils ne comprenaient certainement pas.

Il est d'ailleurs probable que le géant et le Peau-Rouge agissaient avec une entière bonne foi, avec une parfaite conviction.

Mais les trappeurs, eux, ne purent se contenir.

Ils accueillirent par de nombreux accès de fou rire les singulières pratiques religieuses du Cacique.

Don Matapan lui-même ne put garder son sérieux, et ce fut en riant qu'il ordonna de marcher en avant.

L'armée s'ébranla au bruit de son infernale musique.

Un ordre parfait régnait dans les rangs.

Les grenadiers avec leurs immenses bonnets, les voltigeurs avec leurs toques en peau de lapin, les cavaliers habillés en juges et en avocats, tout cela marchait avec un ensemble surprenant.

Bientôt on arriva à une demi-portée de canon des remparts.

Le point d'attaque avait été choisi par l'ex-gouverneur, qui connaissait les endroits faibles.

Sur ce point, les murailles étaient fort basses et percées d'une porte trop large, formant une véritable brèche difficile à défendre.

Jusque-là les assiégés n'avaient pas donné signe de vie.

C'était à se demander s'ils pensaient à se défendre.

Bientôt le doute ne fut plus permis.

Plusieurs coups de canon retentirent, et

des projectiles vinrent éclater au milieu des assiégeants.

La plupart des Indiens connaissaient les effets de l'obus.

Ils manifestèrent quelque crainte.

Mais don Matapan ne paraissait nullement effrayé.

Il éclata de rire, au contraire, quand il eut constaté que les explosions n'avaient blessé personne.

— Il n'y a aucun danger ! s'écria-t-il.

« Je connais ces bombes-là.

« C'est moi qui les ai fait fabriquer pour tirer sans remords sur mes administrés, en cas de révolte.

« Ce sont des bombes de pyrotechnie.

« Du carton, du simple carton. »

Le gros homme riait de tout son cœur en donnant ces explications, et son ventre tressautait lourdement à chaque accès de gaieté.

Tomaho, en voyant les bombes, s'était écrié de son côté :

— Les *signes* commencent.

« Ils nous annoncent la prise d'Austin.

« Ma bénédiction a réussi.

« Le Vacondah de l'évêque est avec nous. »

Alors, tout joyeux, le géant se mit à jouer de sa contre-basse.

Puis, ayant fait un signe à son suisse, celui-ci prit le devant, et nos deux personnages s'acheminèrent lentement dans la direction de la ville.

Le suisse marchait gravement, frappant automatiquement la terre de sa canne et prononçant de temps en temps son :

— Pour l'entretien de l'église, s'il vous plaît ?

Tomaho suivait gravement, râclant en conscience sur les cordes de son immense violon.

Don Matapan jugea que le moment d'attaquer était venu.

Il fit former sa troupe en colonnes d'assaut, et se lança à leur tête dans la direction de la porte dont il fallait forcer l'entrée.

Bientôt l'ex-gouverneur vit avec satisfaction les murailles se dégarnir de la foule des défenseurs qui les couvrait un instant auparavant.

— Toujours les mêmes, mes administrés, se dit-il.

« Tant mieux, la lutte sera moins longue et moins sanglante.

Cependant les colonnes d'attaque avançaient rapidement.

Pas un guerrier n'avait abandonné son instrument.

Tous soufflaient, tapaient, râclaient à qui mieux mieux.

Le concert prenait des proportions monstrueuses.

C'était un bruit effroyable, assourdissant.

On pouvait tirer le canon, et les bombes pouvaient éclater sans que l'on entendît une seule détonation.

La première colonne, qui suivait de près Tomaho et son suisse, arriva enfin à cent cinquante pas des murailles.

Pas un coup de fusil tiré par les Austinois.

Tous avaient déserté leur poste de combat, ainsi que pouvaient facilement le constater les assiégeants.

Pourtant les défenseurs de la ville jouaient un rôle singulièrement habile pour des gens de leur valeur.

Justement effrayés à la vue de l'étrange armée qui venait les attaquer, ils ne pensèrent pas un instant à combattre.

Ils ne se faisaient aucune illusion sur leur bravoure militaire, et d'ailleurs ils manquaient d'armes et de munitions.

D'un autre côté, se rendre sans combattre, sans rien tenter pour se tirer d'affaire, c'était un acte de sottise.

L'ennemi, après tout, n'était pas en très-grand nombre.

Les Austinois s'avisèrent d'un expédient qui devait, d'un coup, les débarrasser de leurs adversaires et leur offrir en même temps l'inappréciable satisfaction de vaincre sans combattre.

Plusieurs officiers de la milice savaient que des fougasses et des torpilles étaient emmagasinées dans l'arsenal.

Ils firent d'actives recherches.

Les engins furent découverts.

Pris alors d'enthousiasme et de joie, les assiégés travaillèrent activement à préparer, dans les remparts, aux endroits faibles qui vraisemblablement seraient attaqués, des mines dont les effets devaient être terribles.

Tous les préparatifs terminés, il fut convenu que l'on n'opposerait aucune résistance, qu'on laisserait approcher l'ennemi jusque sur les murs, que les mines, fougasses et torpilles seraient alors allumées, et qu'enfin les fossés des remparts serviraient de tombeau aux assaillants.

Les guerriers de don Matapan étaient à cent lieues de soupçonner le danger qui les menaçait.

Ils s'avançaient tranquillement, au pas ordinaire, continuant à irriter les échos de leur satanée musique.

... Soudain la terre tremble, une épouvantable détonation ébranle les airs, des milliers de pierres de toutes dimensions sont projetées à de grandes hauteurs au milieu d'un épais nuage de fumée.

Les deux premières colonnes d'assaut de l'armée indienne sont renversées par la seule force de la détonation.

Mais les pierres et quartiers de roches n'ont pas été projetés assez loin par les mines.

Tout retombe avec des bruits sourds à peu de distance des remparts.

Pas un des Peaux-Rouges n'est atteint.

Les Austinois, poussés par la peur, se sont trop hâtés.

Ils ont allumé leurs engins trois minutes trop tôt.

Au lieu de pulvériser leurs ennemis, comme ils l'espéraient, ils n'ont réussi qu'à pratiquer une large brèche dans les murailles et à combler le fossé de fortification.

Tomaho et son suisse, qui marchaient en avant, avaient naturellement été terrassés les premiers par le violent déplacement d'air qui s'était produit lors de l'explosion.

Ils se relevèrent les premiers.

Tomaho poussa son plus formidable cri de guerre en brandissant sa contre-basse.

Le suisse, l'imitant, leva sa canne au-dessus de sa tête, exécuta un furieux moulinet et cria de toutes ses forces :

— Pour l'entretien de l'église, s'il vous plaît?

Et d'un commun accord les deux intrépides guerriers s'élancèrent en avant.

Les Peaux-Rouges, eux aussi, ne tardèrent pas à se relever.

Comme le géant, ils poussèrent leur cri de guerre.

Comme lui, ils s'élancèrent au milieu des décombres, après s'être débarrassés des parties de leur uniforme qui les gênaient, après avoir jeté au vent leurs instruments de musique.

En quelques minutes, ils eurent escaladé la brèche et grimpé sur les remparts.

Le reste de l'infanterie les rejoignit bientôt par le même chemin, tandis que la cavalerie faisait son entrée par le pont-levis dont le géant avait brisé les chaînes à coup de tomahawk.

Toute l'armée de don Matapan est dans Austin.

Pourtant la ville n'est pas prise encore.

Les habitants, au désespoir, se sont barricadés dans plusieurs rues.

Ils paraissent déterminés maintenant à opposer aux envahisseurs une suprême et énergique défense.

Mais les Peaux-Rouges sont enragés.

Rien ne les arrête dans leur élan.

Tomaho et son suisse s'élancent dans une direction, suivis de nombreux guerriers.

Tout fuit devant eux.

Le géant renverse tous les obstacles.

Son lourd tomahawk frappe, brise, broie, pulvérise.

Le suisse joue de la hallebarde avec fureur.

Il enfile, perfore et défonce en conscience.

Dans une rue, quelques miliciens tentent de faire résistance.

Tomaho couche deux hommes à terre d'un coup de sa contre-basse qu'il fracasse.

Furieux de cet accident, il continue à taper avec le manche, casse quelques têtes et fait le vide devant lui.

Pendant que le brave Cacique s'escrime avec tant de succès, le reste de l'armée ne perd pas son temps.

Don Matapan a formé une douzaine d'escouades qui parcourent la ville en tous sens, compriment toute velléité de résistance et forcent les Austinois à demander grâce.

Enfin, après deux heures de combat dans les rues, ou mieux de patrouilles, car la résistance ne fut pas sérieuse, don Matapan se vit maître d'Austin.

Il se rendit alors sur la grande place, fit battre le rappel, rassembla la plupart de ses soldats et leur adressa cette courte allocution :

— Braves guerriers !

« Je suis content de vous.

« Vous avez pris la ville, elle est à vous.

« Je permets le pillage, mais à deux conditions :

« Pas de meurtre inutile.

« Respect aux femmes.

« Allez maintenant, et saccagez à votre aise. »

Et enflant sa voix le plus possible, l'ex-gouverneur cria :

— Rompez les rangs !

Aussitôt les Peaux-Rouges s'éparpillèrent de tous les côtés, frappant à toutes les portes et enfonçant celles que l'on n'ouvrait pas assez vite.

Les Austinois étaient dans la consternation.

Toutefois ils ne tardèrent pas à se rassurer.

Ils firent avec joie deux remarques importantes :

D'abord les Indiens ne paraissaient aucunement penser à tuer.

Ensuite ils ne défonçaient guère que des portes de caves, et s'ils commettaient une erreur ils se retiraient sans colère, ne menaçaient personne et continuaient leurs perquisitions.

On aurait pu prendre tous ces Peaux-Rouges pour une bande de dégustateurs.

Ils entraient dans une cave, goûtaient tous les vins, les eaux-de-vie, les liqueurs, puis ils changeaient de maison, recommençaient la même visite, regoûtaient encore et passaient à une autre cave.

Ils semblaient obéir à un mot d'ordre, car toutes les bandes agissaient de la même manière, avec la même réserve discrète.

Cependant, à force de déguster et de goûter, les têtes s'échauffèrent.

Alors, comme toujours, les Indiens manifestèrent leur joie, leur plaisir, par des danses et des chants.

Ils se réunirent par groupes dans les rues, sur les places, dans les carrefours, et se mirent à danser et à chanter avec la même insouciance, la même gaieté que s'ils se trouvaient en pleine savane.

Les habitants d'Austin contemplaient leurs vainqueurs avec stupéfaction.

Puis peu à peu ils se rapprochèrent des danseurs, leur parlèrent, leur offrirent du vin et des liqueurs, et finirent par boire avec eux.

Le colonel d'Éragny, qui avait mis sa fille et Conception en sûreté dans sa propre maison, sous la garde de Pierson le pirate, du squatter blessé et de Bouléreau, parcourait les rues de la ville en compagnie de Grandmoreau.

— Mon cher Trappeur, disait le colonel en remarquant la réserve des Peaux-Rouges, je m'attendais à d'autres scènes que celles-ci.

« Je redoutais un massacre, une tuerie générale.

« Je croyais à un sac, à un pillage terribles.

« Je voyais déjà la ville en cendres.

« Mais rien !...

— Je suis moins étonné, fit Tête-de-Bison.

« Et si vous connaissiez mieux les Indiens, vous ne seriez pas plus surpris que moi.

« Les Peaux-Rouges n'ont pour le moment aucun motif de haine contre les gens d'Austin.

« Ils n'ont pas de vengeance personnelle à en tirer.

« Ils ne se montreront ni pillards ni féroces.

« Ces malheureux n'ont qu'une passion, qu'un vice terrible : ils adorent l'eau-de-vie.

« Pourvu qu'on leur permette de se soûler, de chanter, de danser et de dormir après, ils se montreront doux et inoffensifs.

— Mais ne craignez-vous pas que, dans leur ivresse, ils pensent aux femmes? demanda M. d'Éragny.

— L'Indien méprise la femme, répondit le Trappeur.

« Elle est pour lui, non pas une compagne, mais un instrument de travail et de reproduction.

— Étrange peuple! murmura le colonel pensif.

— Brave et bon peuple, affirma Tête-de-Bison.

— Enfin, ajouta M. d'Éragny, je suis à peu près rassuré sur les suites de l'expédition de don Matapan.

« Allons donc retrouver ma fille et Bouléreau.

« Nous dînerons et prendrons du repos en attendant la fin de cette comédie. »

Les deux hommes prirent le chemin de la maison du colonel.

Un repas excellent les attendait.

En se mettant à table, Bouléreau fit remarquer que Sans-Nez et Tomaho seuls manquaient à la réunion.

— Le Cacique ne quittera pas les Indiens, dit Grandmoreau.

« Il se trouve à l'aise dans leur compagnie.

« Quant à Sans-Nez, je ne m'en inquiète pas.

« Il est sans doute occupé à jouer quelque farce à ces pauvres Austinois. »

Le Trappeur se trompait à demi sur le compte de Sans-Nez.

Le Parisien pensait bien à faire des farces (il y pensait certainement); mais il avait conçu un grave projet.

Il trouvait, lui, que le pillage n'était pas sérieux.

Boire et toujours boire ne lui suffisait pas.

Grand amateur du beau sexe, il se disait que, dans l'ordre des choses, le sac d'une ville comporte pour les vainqueurs de se montrer de la dernière galanterie avec les femmes.

Plein de cette idée, il rassembla une douzaine d'Indiens et leur expliqua que tout pillage et toute orgie qui en est la conséquence doit se compléter de la présence des femmes.

Il n'eut pas grand mal à persuader des hommes aux trois quarts ivres.

Suivi de son escouade, il se dirigea vers ce couvent d'où Tomaho avait tiré sa chère Conception.

Il trouva porte close.

Il sonna.

La sœur tourière vint ouvrir.

— Que demandez-vous, capitaine? demanda-t-elle en rougissant.

— Ma belle enfant, dit Sans-Nez en faisant l'aimable, nous désirons visiter votre établissement.

Et prenant familièrement le menton de la sœur, il ajouta :

— Ne craignez rien.

« Nous sommes d'aimables guerriers.

« Vous pouvez dire à vos compagnes qu'elles n'auront point à se plaindre de notre présence.

— Capitaine, fit la tourière, notre mère abbesse vous attendait.

« Elle m'a chargée de vous demander quand vous pensiez commencer le pillage du couvent et combien de temps il durera?

— Ma belle charmante, fit le Parisien, dis à ton abbesse que nous sommes prêts, et que nous pensons faire durer le pillage le plus longtemps possible.

— C'est bien, dit la sœur.

« Je vais prévenir notre mère.

« Il faut qu'elle fasse mettre toutes ces dames en prière.

— C'est inutile.

— Pardon, capitaine !

« C'est l'usage.

« Notre couvent a déjà été violé et saccagé plusieurs fois, mais toujours il a été permis aux religieuses de chercher un dernier refuge dans la chapelle.

« Du moins, en agissant ainsi, il ne peut pas être dit que nous recevons les vainqueurs sans protestation. »

Sans-Nez avait écouté jusqu'au bout l'explication de la tourière.

Quand il l'eut comprise, il s'écria en exécutant avec ses doigts un joyeux roulement de castagnettes :

— J'y suis en plein.

« Manière espagnole de mettre sa conscience à l'abri du remords.

« Parfait !

« Vos scrupules me vont très-bien.

« Je les conçois... »

Le Parisien allait dépêcher la sœur à son abbesse, quand une voix attira son attention.

Cette voix disait :

— Matapan m'a toujours dit que l'on trouvait beaucoup d'*eau de feu follet* (vin de champagne) dans les couvents et dans les monastères.

« Je veux voir si le mensonge n'a pas souillé sa bouche.

« J'entre ici.

« Guerriers ! suivez-moi !... »

Sans-Nez reconnut Sable-Avide.

Le sachem avait dû boire beaucoup, car il était plus gris que d'habitude.

A son tour, il aperçut Sans-Nez.

— Ami trappeur, dit-il, mon cœur est joyeux quand je te vois.

« Viens avec moi.

« Tu diras aux squaws pâles que Sable-Avide les aime depuis qu'il connaît la fille de Matapan.

— Allons ! fit Sans-Nez.

« Je dirai à ces dames tout ce que tu voudras. »

Nos deux gaillards allaient pénétrer dans l'intérieur du couvent avec leur bande.

Ils en furent brusquement empêchés par l'arrivée de deux femmes.

Paméla, écartant à coups de coudes les Peaux-Rouges qui se pressaient derrière leurs chefs, se planta devant Sans-Nez.

— Tu n'as pas honte ! lui dit-elle avec fureur.

« Tu quittes tes amis parce que tu les sais incapables de partager tes déportements.

« Tu ne diras pas que tu viens ici pour désarmer des ennemis.

« Tiens, je te méprise.

« Tu n'es qu'un ingrat.

« Viens... »

Sans-Nez se trouvait pris.

Expliquer sa présence à la porte d'un couvent dans un pareil moment était chose difficile.

Il aurait pu prendre le parti de se fâcher. Mais il tenait à cette maîtresse qu'il connaissait depuis si longtemps, qu'il avait retrouvée dans des circonstances si étranges.

Il ne se fâcha pas.

Il tenta même de se justifier.

— Je t'assure, dit-il, que ta jalousie est sans motif.

« Je n'avais aucunement l'intention de te faire des infidélités.

« Sable-Avide et moi, nous prenions ce couvent pour une caserne...

« Et nous craignions que des miliciens ne s'y fussent réfugiés...

« Alors... tu comprends !

« — Oui, oui.

« Je ne donne pas dans ces histoires-là, répliqua Paméla.

« Viens ! »

Et s'emparant du bras de son amant, elle l'entraîna.

Quant à Sable-Avide, il avait disparu depuis longtemps en compagnie de son épouse.

En femme énergique, la fille de don Matapan s'était posée devant le sachem comme un maître devant son esclave pris en faute, puis elle lui avait administré une paire de gifles en disant :

— Il paraît que je ne te suffis plus.

« Il te faut un harem, maintenant...

« Arabe !... Turc !... sauvage !...

« Je t'en donnerai, moi, du couvent !

« Allons ! marche devant. »

Et, sans répliquer, Sable-Avide avait obéi docilement.

Il s'en était allé, n'osant même pas se retourner de peur de rencontrer le regard furieux de son épouse irascible.

Malgré le départ de leurs chefs, les Indiens ne se disposaient pas moins à pénétrer dans le couvent.

Mais fort heureusement le colonel d'Éragny et Grandmoreau, prévenus à temps, s'interposèrent.

Ils n'eurent pas grand'peine à dissuader les Peaux-Rouges.

Ils leur affirmèrent qu'il n'y avait pas de

vin dans la maison, et leur rappelèrent que de grands guerriers ne doivent pas se déshonorer en s'attaquant à des femmes sans défense.

Les Indiens avaient une grande admiration pour Tête-de-Bison; ils respectaient le colonel.

Ils écoutèrent le conseil qu'on leur donnait.

Ils se dispersèrent, allant rejoindre ceux qui se contentaient de se soûler, de danser et de chanter.

Pendant que se passait cette scène, don Matapan ne restait pas inactif.

Il se remuait et s'agitait au contraire avec beaucoup d'ardeur.

En homme pratique, en ivrogne de précaution, il se dit qu'il y avait mieux à faire que de gaspiller les vins ou autres liquides, et que, s'il est bon de boire beaucoup, il est meilleur de boire longtemps.

Plein de ces excellentes idées, l'ex-gouverneur fit réquisitionner par la ville tout ce que l'on put trouver de voitures, wagons, charrettes et autres véhicules en état de résister à de fortes charges et à des chemins difficiles.

Il eut bientôt réuni une soixantaine d'excellents chariots couverts et parfaitement attelés de bœufs et de mulets.

Alors commença le vrai pillage des caves. Pillage sérieux, cette fois.

Il ne s'agissait plus seulement de goûter et de déguster; c'était par tonneaux et par paniers que les enlèvements avaient lieu.

Don Matapan, avec quelques Peaux-Rouges en armes, entrait dans chaque cave.

Avec une attention méticuleuse, il choisissait les meilleurs vins, les liqueurs et les champagnes secs, et désignait chaque fût, chaque panier à enlever.

Et, pour éviter les erreurs, il marquait d'un signe à la craie tout ce qu'il choisissait.

Alors les deux cents Indiens qui le suivaient opéraient aussitôt le déménagement avec une adresse, une habileté, une dextérité que pourraient leur envier plus d'un tonnelier parisien.

Tomaho s'était chargé de mettre les tonneaux sur les voitures.

Et il fallait voir le géant, saisissant un fût aussi délicatement que possible afin de ne pas le disloquer, l'élever à bras tendus et le poser doucement sur un fourgon.

Les Peaux-Rouges savaient à quoi s'en tenir sur la force extraordinaire du Cacique: cependant ils ne pouvaient s'empêcher de l'admirer en le voyant manier avec tant de facilité des poids aussi lourds.

Les perquisitions de don Matapan durèrent trois heures.

Il avait, pendant ce temps, fait charger ses soixante wagons.

Ces mesures de prévoyance prises, l'ex-gouverneur poussa la prudence jusqu'à l'excès, fit ranger ses fourgons dans une large rue à peu de distance de l'une des portes de la ville.

Les bêtes de somme, bœufs et mulets, tout garnis et harnachés, furent parqués dans un enclos voisin.

Enfin un poste de cinquante Indiens s'installa sur ce point pour garder le butin.

Toutes choses ainsi réglées, ses dernières instructions données à ses lieutenants, don Matapan alla rejoindre sa fille et Sable-Avide.

On soupa en famille.

De leur côté, les Indiens faisaient grande chère et buvaient plus que jamais.

Pendant les perquisitions de l'ex-gouverneur, ils avaient fait d'heureuses découvertes en vins et en liqueurs, et ils en abusaient.

Les Austinois regrettaient à coup sûr de voir se tarir leurs caves, mais ils ne pouvaient s'empêcher de considérer avec une sorte d'admiration ces buveurs insatiables qui absorbaient avec une si étrange facilité et en aussi peu de temps d'immenses quantités de liquides.

Rendus confiants par la douceur des envahisseurs, nombre d'habitants se mêlèrent à plusieurs groupes d'Indiens.

Ils furent parfaitement accueillis.

On ne leur demanda que trois choses: boire, danser et chanter.

Ce que voyant, le reste de la population

ne tarda pas à se joindre tout entière à l'armée de don Matapan.

Bientôt, grâce aux joies expansives que procure l'ivresse, amis et ennemis étaient au mieux; vainqueurs et vaincus s'entendaient admirablement.

Les Peaux-Rouges fêtaient leur victoire, les Austinois chantaient leur défaite.

Accord charmant, entente parfaite, heureuse réconciliation.

Gaietés de pochards!
Félicités d'hommes soûls!
Joies d'ivrognes!...

L'immense orgie se prolongea fort avant dans la nuit.

CHAPITRE XCVI

EXPIATION

Le lendemain, la ville se réveilla tard.

Les Indiens avaient déjà puisé à plus d'un tonneau, quand ils firent entendre ces premiers bruits vagues qui, dans une ville de province, se produisent dès l'aube, et qui résument sans doute les bâillements et les soupirs de milliers de dormeurs s'étirant et se retournant sur leur couche.

Austin s'éveillait donc lentement, péniblement et comme à regret.

C'est que la nuit avait été à la fois trop longue et trop courte.

On avait donné trop de temps au plaisir, pas assez au repos.

Et le sommeil, frustré d'une partie de ses droits, s'en allait en rechignant comme un créancier que l'on remet à huitaine.

Peu à peu, cependant, les rues s'animèrent.

Le va-et-vient s'établit.
Le bruit grandit.

Comme la veille, les Austinois, bourgeois et bas peuple, tentèrent de se réunir aux Peaux-Rouges et de recommencer leurs libations interrompues par la fatigue et le malaise, conséquences de l'excès.

Comme la veille, ils se montrèrent disposés à fraterniser avec les vainqueurs.

Mais ils remarquèrent avec inquiétude que les Indiens ne paraissaient aucunement disposés à persévérer dans leur attitude douce et pacifique.

Ils constatèrent, non sans un certain effroi, que tous étaient en armes et prêts à combattre.

De plus, il fut reconnu que les Peaux-Rouges, disséminés par escouades aux portes et sur divers points stratégiques des plus grandes voies, gardaient les habitants d'Austin comme un troupeau parqué.

Que signifiaient ces mesures non justifiées?

Pourquoi ces manifestations hostiles, pourquoi des défiances que les scènes de buverie de la veille devaient vraisemblablement écarter?

Mais ce qui mit le comble à la surprise, à l'étonnement, à la consternation générale, ce fut la présence de l'ex-gouverneur don Matapan dans les rues, escorté de son état-major de trappeurs et d'un fort peloton de cavaliers. Tout ce monde était formidablement armé; et don Matapan visitait chaque poste, donnant ou renouvelant une consigne, distribuant des ordres d'autant plus inquiétants que l'on ne pouvait en deviner la portée, en soupçonner les conséquences.

Sa ronde achevée, l'ex-gouverneur et sa suite prirent le chemin de la grande place située au centre de la ville, et au milieu de laquelle s'élevait une fontaine monumentale.

Pendant sa longue tournée, don Matapan avait été l'objet d'une grande curiosité de la part des habitants.

Tous les regards étaient fixés sur lui, car tout le monde savait que c'était lui qui commandait en chef l'armée indienne.

Comme on le pense, les conversations et les suppositions allaient grand train.

Que voulait l'ancien gouverneur?
Quel était son but en s'emparant d'Austin?
Méditait-il quelque terrible vengeance?
Telles étaient les questions que chacun s'adressait avec anxiété!

Bientôt la foule, voyant que l'escorte de

cavaliers ne prenait pas garde à elle et n'affectait aucune intention hostile, s'approcha et forma un véritable cortége.

Don Matapan, suivi de cette foule qui allait toujours grossissant, longea un moment l'une des rues contournant la place et s'arrêta devant une maison d'assez laide apparence.

C'était l'unique imprimerie de la ville.

— Que l'on m'amène l'imprimeur, commanda l'ex-gouverneur avec autorité.

Une voix répondit :
— L'imprimeur?
« C'est moi, Juan Pedro. »

Alors on vit s'avancer un homme aux longs cheveux noirs, gras et mal peignés, à la barbe de même couleur, sale et hérissée, aux vêtements reluisants d'encre et de taches.

Cet individu avait plutôt la mine d'un mendiant, d'un lepero, que celle d'un honnête industriel.

73ᵉ Livraison.

Aussi don Matapan, qui le connaissait, crut un moment se tromper.

— C'est bien toi, Juan Pedro?
« Dans cet état? »
— Moi-même, senor, pour vous servir, répondit l'homme avec la politesse obséquieuse du commerçant mitigée par la fierté espagnole.

— Te voilà, mon cher, dans un pauvre équipage, fit don Matapan.

Puis se reprenant :
— Mais il ne s'agit pas de cela, ajouta-t-il.
« Combien de temps me demandes-tu pour imprimer un *bando* (proclamation) et le tirer à dix mille exemplaires? »

— Hélas! senor, répondit Juan Pedro, j'ai le regret de vous dire que je ne puis me charger de cette affaire pour le moment.

— Et pourquoi ce refus? demanda sévèrement l'ex-gouverneur.

— Je ne refuse pas, répondit l'imprimeur.

« Je dis qu'il m'est impossible d'accepter votre commande.

« Mes presses ont été brisées par les cléricaux dans les derniers troubles.

« Je n'ai plus une machine, plus rien.

« Tout est anéanti.

« Je suis ruiné.

— Je comprends maintenant ta misère et ces dehors minables, fit le gouverneur avec un commencement d'attendrissement.

Mais il comprima vite ce premier mouvement et s'écria :

— Il m'importe peu que ton imprimerie ne fonctionne pas.

« Je ne connais qu'une chose.

« Il me faut dix mille exemplaires d'un *bando* dont voici le texte. »

L'ex-gouverneur, tirant alors un papier de sa poche, le tendit à l'imprimeur, et ajouta :

— Si dans deux heures mon ordre n'est pas exécuté, tu sauras ce qu'il en coûte de me désobéir.

Juan Pedro ne répondit pas à cet ultimatum de don Matapan.

Il s'éloigna sans prendre le papier qu'on lui tendait.

L'ex-gouverneur, vexé, allait faire arrêter l'imprimeur récalcitrant par ses Indiens, quand une voix, dominant les bruits qui se dégageaient de la foule, cria :

— Un imprimeur ? voilà !

« Une imprimerie ? en voici une ! »

On vit alors un homme s'agiter au milieu de la masse populaire, cherchant à se faire jour pour arriver jusqu'à don Matapan.

Cet homme, dont le physique accusait à peine trente ans, était un fort beau garçon, aux allures libres, à l'air franc et ouvert.

Élégamment vêtu à la française, il se distinguait par sa bonne mine, ses manières avenantes, sa politesse à laquelle s'ajoutait ce sans-gêne parisien dont on ne saurait se choquer.

Ce jeune homme fendit la foule avec une étonnante facilité.

Il distribuait des coups de coudes à droite et à gauche, des coups de pieds dans tous les sens, demandant pardon très-gracieusement aux uns et aux autres, mais tout en se frayant rapidement un chemin.

Il arriva bientôt auprès de don Matapan, et avant que celui-ci eût songé à l'interroger, il lui débita d'un ton dégagé ce court monologue :

— Senor, vous désirez faire imprimer une proclamation aux habitants de cette ville.

« Vous ne le pouvez, puisque l'imprimerie ne fonctionne plus.

« Mais vous le pouvez pourtant, grâce à la merveilleuse invention dont je me suis fait le propagateur dans ces contrées de l'Amérique.

« Tel que vous ne voyez, senor, je puis, au moyen de l'appareil contenu dans cette boîte que je porte sous mon bras, imprimer en moins de deux heures les dix mille exemplaires que vous demandez. »

L'ex-gouverneur, quelque peu interloqué par la proposition invraisemblable qui lui était faite si inopinément, se montra méfiant.

— Vous voulez vous moquer de moi, sans doute, dit-il en fronçant les sourcils.

« Prenez garde !

« Je pourrais facilement vous faire regretter une mauvaise plaisanterie. »

L'imprimeur ambulant ne fut aucunement démonté par ce menaçant avertissement.

Il reprit, sans s'y arrêter, avec la même volubilité :

— Dans le commerce, senor, je ne plaisante jamais.

« La proposition que j'ai l'honneur de vous faire est sérieuse.

« Vous allez en juger.

« Voici d'abord ma carte.

« Je suis, comme vous le voyez, voyageur de commerce.

« Je me nomme Arthur Boisgonthier, et je représente la maison Ragueneau de Paris.

« Entendez bien :

« Je suis chargé de faire connaître et de vendre la nouvelle presse inventée par M. Ragueneau, et je considère ma mission comme sérieuse, non-seulement au point de vue des bénéfices à réaliser, mais encore et surtout au point de vue des services à rendre au commerce et à l'industrie.

« Et pour vous prouver, senor, que je n'avance rien dont je ne puisse faire la preuve immédiatement, veuillez, je vous prie, transcrire votre proclamation sur ce papier préparé avec cette encre spéciale.

« Dans un instant vous rendrez hommage à l'intelligent inventeur de cette presse portative qu'un sentiment de défiance vous porte à dédaigner. »

A demi convaincu par l'assurance du commis-voyageur, don Matapan prit la feuille de papier et la plume que celui-ci lui tendait, et se mit à écrire son *bando*.

Pendant que l'ex-gouverneur rédigeait, Arthur Boisgonthier s'installa commodément sur un pliant et se mit tranquillement à déplier sur ses genoux la presse Raguenau.

Ses préparatifs ne furent pas longs ; ils étaient terminés quand don Matapan lui tendit la feuille de papier dont il s'agissait de reproduire le contenu.

En trois minutes, Arthur Boisgonthier, à l'aide d'un procédé fort simple, eut gravé l'autographe sur une plaque de métal.

Puis, faisant ausssitôt fonctionner son appareil, il tira un premier exemplaire qu'il présenta à don Matapan.

L'ex-gouverneur prit le papier et y jeta un regard curieux.

Soudain, sa grosse face s'épanouit, et un large sourire lui agrandit la bouche de moitié.

— C'est admirable ! s'écria-t-il.

« Mon écriture exacte !

« Ma signature !

« Tout est fidèlement reproduit. »

Don Matapan était enchanté.

Cependant Arthur Boisgonthier continuait sa besogne.

Il tira en quelques minutes une centaine d'exemplaires, en fit passer quelques-uns à don Matapan qui, enthousiasmé, lui dit :

— Senor imprimeur, votre invention est merveilleuse.

« Je vous achète dix appareils.

« Veuillez m'accompagner jusqu'à cette fontaine, au milieu de la place.

« Vous continuerez votre travail.

« Puis, au fur et à mesure du tirage, vous livrerez des exemplaires à des guerriers que je vous désignerai et qui afficheront et distribueront mon *bando* par toute la ville ! »

Deux heures plus tard, les intentions de l'ex-gouverneur étaient remplies, et les Austinois pouvaient prendre connaissance de la singulière proclamation dont voici le texte :

« Habitants d'Austin,

« Vous vous êtes conduits envers moi
« comme des lâches.
« Vous m'avez goudronné, emplumé et
« chassé de la ville.
« Je prétends vous faire subir le même
« supplice.
« Qui tentera de sortir de la ville, homme,
« femme ou enfant, sera impitoyablement
« massacré.
« Avant midi, que toute la population soit
« rassemblée sur la grande place et dans
« les deuxième et troisième avenues ; et
« que l'on s'en souvienne : la désobéis-
« sance, c'est la mort !

« *Signé* : don MATAPAN, sachem. »

Pendant que les Austinois prenaient connaissance de sa terrible proclamation, don Matapan songea à mettre à profit le délai qui reportait à l'heure de midi le commencement des exécutions.

Il détacha un certain nombre de guerriers auxquels il donna mission de recueillir par la ville les goudrons, colles, et toutes matières gluantes liquides.

Un autre détachement fut chargé de faire main basse sur les lits de plumes, oreillers, traversins ; de visiter les établissements de commerce pouvant contenir de la plume, et de s'en emparer.

Le tout devait être apporté sur la grande place.

Les Indiens s'empressèrent d'exécuter ces ordres.

Ils fouillèrent partout avec une bonne volonté et un empressement extrêmes.

1. Les personnes qui douteraient de la réalité de cette aventure, dont un voyageur de la maison Ragueneau fut le héros, peuvent se renseigner chez M. Ragueneau lui-même, l'inventeur de la presse qui porte son nom, et dont les magasins sont à Paris, 5, rue Joquelet.

À les voir, on eût pu croire qu'il s'agissait d'un nouveau pillage des caves.

Bientôt les tonneaux de goudron et de colle de toute espèce et de toute provenance s'entassèrent au milieu de la place, sur un point désigné par don Matapan.

En même temps, les plumes arrivaient en quantité.

Quand un chargement paraissait, les toiles des oreillers et des traversins ainsi que celles des ballots étaient aussitôt crevées, et les plumes étaient répandues sur le sol même.

En moins de deux heures, la grande place se trouva complétement couverte d'une épaisse couche de duvet et de plumes de toutes grandeurs, de toutes couleurs.

C'était un amas, un fouillis dans lequel on enfonçait jusqu'au ventre.

Les Peaux-Rouges avaient perquisitionné en conscience.

Pendant tous ces préparatifs, don Matapan avait fait arrêter la grande fontaine qui s'élevait au milieu de la place.

Puis, un tuyau ayant été ouvert, l'eau contenue dans le bassin de chute, très-large, mais à peine profond d'un mètre, s'écoula par des conduits souterrains.

Cette opération préliminaire terminée, l'ex-gouverneur fit vider des colles et du goudron dans le bassin.

Au bout d'une heure, l'immense vasque se trouva remplie jusqu'aux bords.

Don Matapan, qui avait surveillé tous ces apprêts avec une persévérante sollicitude, donna de nouveaux ordres à ses guerriers présents, et envoya des instructions aux différents postes veillant aux portes de la ville.

Alors un grand mouvement s'opéra.

Toute la population, poussée par les Indiens, abandonna les quartiers situés au sud, et se réfugia en foule dans les rues et avenues du nord.

Puis, toujours refoulés par les Peaux-Rouges, les malheureux Austinois se trouvèrent enfermés dans quatre grandes voies débouchant d'un même côté de la grande place.

Ils se trouvaient parqués comme un troupeau; et toute fuite était impossible, car des pelotons de cavaliers gardaient toutes les issues.

Don Matapan fit alors former la haie à ses troupes d'infanterie, depuis la fontaine jusqu'à la principale avenue du quartier où se trouvaient enfermés les malheureux Austinois.

Les Peaux-Rouges sous les armes étaient toujours ces étranges soldats qui avaient causé de si grands étonnements à Bouléreau et à Sans-Nez.

Ceux qui s'étaient débarrassés de leurs uniformes pour se précipiter à l'assaut n'avaient pas manqué de retourner chercher ces défroques, ainsi que les précieux instruments de musique auxquels ils tenaient tant.

Mais un bon nombre ne retrouva pas ce qu'il avait perdu; plus d'un échange se fit, volontaire ou non, et les uniformes, déjà si peu uniformes, se trouvèrent singulièrement modifiés.

De plus, certains guerriers avaient trouvé, dans le pillage des caves et des plumes, des vêtements et des étoffes dont les couleurs éclatantes leur tirèrent l'œil; sans penser à mal, ils s'étaient affublés de tout ce qui, dans leur pensée, pouvait compléter leur habillement ou ajouter à la splendeur de leur toilette.

Or les Peaux-Rouges, toujours fantaisistes, avaient fait des choix, avaient montré des goûts dont on ne saurait se faire une idée.

Du simple ridicule ils étaient tombés dans le grotesque le plus drôle, le plus fou que l'on puisse imaginer.

Que l'on ajoute à l'étrangeté, au fantasque dans la tenue, ce calme impassible toujours observé par l'Indien, même dans ses démonstrations joyeuses, on aura une faible idée du bizarre aspect que présentait l'armée de don Matapan.

Tout se trouva enfin disposé au gré de l'ex-gouverneur, qui s'écria :

— Que le défilé commence !

On vit alors s'avancer un premier groupe d'Austinois jusqu'au bord du réservoir plein de goudron et de matière gluantes.

Don Matapan, digne et superbe, se tenait

à proximité du bassin avec une escouade de guerriers ayant à leur tête le géant Tomaho.

L'ex-gouverneur ordonna aux malheureux habitants de se jeter dans la vasque.

La plupart obéirent, quelques-uns hésitèrent.

Mais Tomaho était là pour faire cesser toute indécision.

Il prit les récalcitrants les uns après les autres et les jeta dans le bassin...

Quand chaque individu était bien imprégné de colle et de goudron mélangé, il sortait du *bain* avec un empressement qui excitait la gaieté des spectateurs, puis il devait traverser en courant l'immense amas de plumes pour regagner les quartiers sud de la ville.

Hommes, femmes, enfants, par familles, par groupes plus ou moins nombreux, tous les habitants défilèrent devant don Matapan, s'engluèrent et s'emplumèrent les uns après les autres.

Il n'y avait pas de résistance à opposer. Il n'y avait qu'un choix pour tous :

Mourir ou se soumettre.

Pendant le défilé, don Matapan se donna le plaisir d'assourdir ses nombreuses victimes en faisant exécuter à ses troupes un interminable et charivarique concert.

Les engluements et les emplumages durèrent pendant plusieurs heures.

A diverses reprises, on dut remplir la vasque de la fontaine.

Enfin les derniers suppliciés passèrent, et don Matapan s'écria :

— Ils ont expié leur crime.

« Je n'ai aucune raison pour occuper la ville plus longtemps.

» Dès aujourd'hui, nous nous remettrons en marche pour regagner nos tribus. »

Et l'ex-gouverneur, satisfait de la vengeance qu'il venait d'exercer, donna des ordres pour que l'évacuation de la ville eût lieu sans retard.

M. d'Éragny, Grandmoreau et leurs amis avaient assisté en simples spectateurs à toutes ces scènes de représailles imaginées par don Matapan.

Le colonel ne pouvait approuver sans réserve un acte de vengeance qui s'était étendu jusqu'aux femmes et aux enfants ; mais il reconnut toutefois que le procédé ne manquait pas d'originalité, et qu'il valait mieux avoir à regretter certaines exagérations ou excès réparables qu'à déplorer le meurtre, le viol, l'incendie et les exactions de toutes sortes que doit redouter toute ville prise d'assaut.

Les trappeurs partageaient cette manière de voir du colonel, mais ils s'étonnaient de la lâcheté des Austinois, assez nombreux pour résister victorieusement à la petite armée des Indiens.

Sans-Nez seul ne donna pas son avis.

Son équipée du couvent était connue, et s'il éprouvait un regret, c'était ou de n'avoir pas réussi, ou de s'être laissé surprendre par Paméla.

Tout en échangeant leurs impressions, le colonel et ses amis se préparaient à partir en même temps que les Peaux-Rouges ; car ils pouvaient craindre la vengeance des Austinois en demeurant seuls dans la ville.

Don Matapan, de son côté, se hâtait le plus possible dans ses préparatifs de départ.

Il n'avait d'ailleurs qu'à organiser son convoi de vins et à faire mettre en état ses propres wagons chargés de vivres et de munitions de guerre.

En fort peu de temps, tout se trouva prêt, et les Peaux-Rouges se mirent en marche.

Ils sortirent de la ville dans un ordre parfait, aux sons de leur infernale musique.

M. d'Éragny et les trappeurs formaient une respectable arrière-garde que Tomaho et son Suisse suivaient à distance.

Le géant, toujours grave et solennel, était revêtu de son caraco doré.

Il sortit d'Austin le dernier ; quand il eut passé les murs, il fit un signe au suisse.

On vit alors celui-ci prendre une contenance en rapport avec ses fonctions ; il frappa le sol de sa canne et cria une dernière fois :

— Pour l'entretien de l'église, s'il vous plaît ?

L'armée indienne exécuta une marche rapide.

Quand la nuit vint, on se trouvait à plus de cinq lieues d'Austin.

Les trappeurs avaient suivi les Peaux-Rouges ; ils campèrent avec eux.

Dans la soirée, le colonel d'Éragny et Grandmoreau eurent une entrevue avec don Matapan.

Ils lui annoncèrent leur intention de se séparer de sa troupe dès le lendemain matin.

Cette nouvelle parut attrister l'ex-gouverneur.

— Il m'en coûte de me séparer de vous, dit-il.

« J'aime beaucoup mes braves Indiens, mais je sais que votre absence sera pour moi une grande cause d'ennui et de regret.

— Je voudrais vous donner satisfaction en prolongeant notre séjour auprès de vous, répondit le colonel avec empressement ; mais, vous le savez, je suis engagé avec le comte de Lincourt, et je dois rejoindre notre caravane aussitôt que possible.

— Si vous vouliez patienter quelques jours, proposa don Matapan, je parviendrais peut-être à décider mon ami Sable-Avide à vous fournir une forte escorte de nos meilleurs guerriers.

« J'aurais alors le plaisir de vous accompagner.

— La proposition est de celles que l'on accepte souvent avec plaisir, fit Grandmoreau.

« Mais dans les circonstances présentes une escorte nous est inutile.

« Je crois même qu'elle ne servirait qu'à entraver et à prolonger notre marche.

— Qu'il soit donc fait comme vous le désirez, répondit tristement le brave gouverneur.

« Mais laissez-moi vous adresser une dernière offre que, j'espère, vous accepterez.

« J'ai des provisions de toute sorte dans mes wagons.

« Avant de vous mettre en route, munissez-vous largement de tout ce qui pourra vous être utile.

« Poudre, plomb, balles, cartouches, vivres et boissons, tout est à votre disposition. »

Don Matapan offrit tout cela avec sa bonhomie ordinaire, et il semblait craindre un refus.

Le colonel lui tendit la main et lui dit avec l'accent de la reconnaissance :

— Vous êtes prévoyant pour vos amis, merci.

« Nous avons bien garni nos sacs de chasse avant de quitter la ville, mais il sera pourtant nécessaire, je pense, de profiter de vos offres. »

Les trois hommes échangèrent encore quelques paroles d'adieu et se séparèrent.

CHAPITRE XCVII

LES CAÏMANS

Le lendemain, dès l'aube, les trappeurs tenaient conseil.

Mademoiselle d'Éragny, Conception et Paméla étaient présentes.

Il s'agissait de prendre une décision sur une question d'importance capitale :

Quelle était la meilleure route à suivre pour rejoindre la caravane ?

Grandmoreau prit le premier la parole.

— J'ai la conviction, dit-il, que nous ne nous trouvons pas à une grande distance de nos compagnons.

« Je vais vous dire les raisons qui me font croire que dix jours de marche à peine nous séparent d'eux.

« D'abord nos luttes avec les Peaux-Rouges nous ont obligés à faire des contre-marches qui ont modifié l'itinéraire que nous nous étions tracé.

« Ensuite M. de Lincourt n'a pas dû avancer beaucoup après notre départ pour rechercher mademoiselle d'Éragny et madame Tomaho, car j'ai entendu dire par les pirates, la veille de notre supplice, qu'ils se trouvaient à une très-courte distance de la caravane.

« Si, comme j'ai tout lieu de le croire, mes suppositions sont exactes, voici ce que je propose :

« Au lieu de nous engager dans la prairie

solide, de faire de grands détours dans une contrée infestée de pirates blancs et indiens, nous pouvons couper au court en traversant les grands marécages de la rive gauche du Colorado.

« Je ne vous dis pas que la route est absolument sûre. Mais nous n'aurons du moins à éviter que des dangers naturels. »

Tout le monde avait écouté le Trappeur avec attention.

Quand il eut terminé, M. d'Éragny demanda :

— De quelle nature sont ces dangers naturels que vous signalez?

— Ils sont nombreux, mais peu redoutables quand on les connaît, répondit Tête-de-Bison.

« Les principaux sont les sables mouvants dans certains cours d'eau; les gouffres de boue dissimulés sous les herbes; les caïmans des bayous et lagunes; quelques reptiles sont également dangereux.

« Mais, je le répète, ces périls ne sont réellement sérieux que pour ceux qui ne les connaissent pas.

— Alors, fit le colonel, vous pensez que nous devons de préférence passer par ces marécages?

— Je le pense, répondit Grandmoreau.

« Nous gagnerons cinq jours au moins. »

Bouléreau appuya la proposition du Trappeur.

— Je ne connais pas cette partie de la savane, dit-il.

« Mais j'ai traversé bien d'autres marais sans accident.

« Je suis d'avis de prendre le plus court chemin.

— Mon frère a raison, approuva Tomaho.

« Je connais les lagunes, car j'y ai chassé le caïman.

« Nous pouvons les traverser en très peu de temps. »

Sans-Nez donna également son avis :

— Moi, dit-il, je suis mon grand frère le Cacique.

« En avant pour les marais! »

Voyant que la proposition de Grandmoreau était unanimement accueillie, M. d'Éragny n'hésita pas à l'approuver lui-même.

Il fit toutefois une dernière objection :

Mais, dit-il, si nous avons des bayous et des lagunes à traverser, comment nous procurerons-nous une barque, un radeau?

« Avez-vous pensé à cette difficulté?

— J'y pense, colonel, répondit Bouléreau.

« Je me charge de vous confectionner tout ce que vous voudrez. »

Il n'y avait rien à répondre à une aussi formelle assurance.

Les trappeurs firent aussitôt leurs préparatifs de départ.

Ils négligèrent toutefois de se surcharger de vivres, comptant sur le produit de leur chasse.

Profitant de l'invitation de don Matapan, ils fouillèrent les wagons et se munirent de toutes les provisions qui pouvaient leur être utiles.

Deux heures plus tard, ils se trouvaient en pleine savane.

Pendant quatre grandes journées, la marche fut pénible et lente.

Le sol était rocailleux et accidenté

La terre était desséchée, de couleur grisâtre et assez semblable à de la cendre.

Tantôt on enfonçait jusqu'aux chevilles dans des parties mouvantes.

Tantôt on luttait contre des pierres noircies, plates, anguleuses, et paraissant provenir de roches éclatées et désagrégées sous l'action du feu.

Les femmes marchaient avec beaucoup de peine sur ce terrain difficile.

Et Sans-Nez faisait des réflexions plus ou moins drôles, tout en aidant Paméla à passer les fondrières ou les amas de pierres.

— Je les trouve rudement extraordinaires, vos marécages, disait-il sur ce ton goguenard et gouailleur du faubourien de Paris.

« Des marais sans eau, ça ne s'est jamais vu.

« On parlait de confectionner un bateau; on s'est trompé.

« Moi, je trouve qu'un ballon vaudrait mieux pour naviguer dans un pareil pays.

« De la cendre et des pierres calcinées!... en voilà un terrain!

« Le maraîcher qui y ferait pousser des radis pourrait envoyer ses produits à l'Exposition d'horticulture de Pantin; il serait sûr d'obtenir une médaille de première catégorie, à cause de la difficulté vaincue. »

Il n'y avait rien d'exagéré dans les plaisantes réflexions du Parisien.

Ce terrain sur lequel on marchait depuis quatre jours offrait l'aspect de la plus complète, de la plus affreuse, de la plus accablante désolation.

Une succession de monticules pierreux, des plaines et des vallées sablonneuses, tel était le paysage uniforme, monotone, fatigant.

Le regard, lassé, devenait terne, atone, stupide à force d'égarement et de recherches dans cette morne uniformité.

Dans ces parages, aucune végétation.

Pas un arbre, pas un buisson, pas un brin d'herbe.

De loin en loin on découvrait par hasard un maigre chardon faiblement enraciné dans le sol poudreux.

Quelquefois encore on apercevait des mousses fines et courtes, ou plutôt de simples moisissures végétant misérablement entre deux pierres.

Le silence, dans cette vaste solitude, était profond.

Le cri des animaux sauvages ne s'y faisait point entendre.

Les oiseaux eux-mêmes, rapides et muets, passaient à tire-d'ailes au-dessus de ces plaines arides et désertes.

Les trappeurs, connaissant peu ces parages, se trouvèrent, dès le troisième jour, dans un cruel embarras.

Ils avaient fait des provisions abondantes en munitions de guerre, en rhum, avant de quitter l'armée de don Matapan; mais, se fiant à leur adresse et comptant sur leur chasse, ils avaient négligé de s'approvisionner de vivres.

Ils se trouvèrent bientôt réduits à se contenter pour toute nourriture de quelques biscuits de mer trouvés par hasard au fond de la vaste gibecière de Tomaho.

« Cette ressource était insuffisante pour des hommes supportant de grandes fatigues; et les femmes ne pouvaient guère s'en contenter.

D'ailleurs la provision du Cacique se trouva bientôt épuisée; et à la fin du quatrième jour il ne restait pas une miette des précieux biscuits.

A la fin d'une longue journée de fatigue, la petite troupe dut se coucher sans souper.

Les femmes seules prirent quelque nourriture, grâce à Bouléreau.

Pendant la route, l'intelligent squatter avait récolté une certaine quantité de tiges de chardons.

Arrivé à l'endroit où l'on établit le bivouac de nuit, il recueillit la moelle de ces tiges, et il dépouilla les têtes du foin qui les entourait.

Puis il alluma un feu avec les tiges, fit griller sa récolte et la distribua aux femmes.

C'était là un maigre souper, mais il fut pourtant accepté avec empressement et reconnaissance.

Ces cœurs et cette moelle de chardons n'avaient d'ailleurs aucun goût désagréable, et il s'agissait plutôt de tromper la faim que de la satisfaire.

Les trappeurs, eux, ne mangèrent pas ce soir-là.

Ils durent se contenter d'absorber quelques gorgées de rhum mélangé à de l'eau croupie trouvée dans le creux d'une roche.

Cependant, malgré d'affreux tiraillements d'estomac, malgré les tristes pensées qui les accablaient, les trappeurs ne tardèrent pas à s'endormir.

La fatigue commanda au sommeil qui eut raison, pendant quelques heures, de toutes les souffrances.

Le lendemain matin, tout le monde était éveillé avant le lever du soleil.

Les douleurs occasionnées par la faim avaient augmenté d'intensité.

Les chances d'arriver bientôt dans une contrée moins aride n'étaient pas plus favorables.

Pourtant les trappeurs ne montraient aucun découragement.

Ils se rechargèrent bravement de leurs sacs de chasse, de leurs armes, n'abandonnant aucun objet, malgré leur lassitude et leur épuisement.

LE SECRET DU DOMPTEUR

Avant de se remettre en marche, Grand-moreau adressa quelques recommandations à ses compagnons :

— Je ne croyais pas, dit-il, avoir à traverser une si grande étendue de plaine déserte.

« Mais, si je me suis trompé sur la distance, je suis sûr de marcher dans une bonne direction.

« Ne perdons pas courage.

« Les marécages ne sont plus éloignés maintenant, j'en répondrais.

« Je vais prendre les devants avec Tomaho.

« Suivez-nous en ligne droite, autant que possible, et sans vous préoccuper des circuits que nous devrons faire.

« Marchez lentement et d'un pas égal.

« C'est le moyen de ménager vos forces. »

Ces paroles du Trappeur furent écoutées en silence, et la petite troupe se mit aussitôt en route.

Comme il venait de l'annoncer, Tête-de-Bison, forçant son pas, partit en avant.

Tomaho l'accompagnait.

On marcha pendant deux heures sans qu'aucune découverte vînt faire renaître l'espoir dans les esprits.

La souffrance assombrissait les visages.

Sans-Nez ne plaisantait plus.

Bouléreau ne fumait plus, il chiquait; et sa bonne figure, si gaie d'ordinaire, accusait une tristesse profonde.

Les femmes se plaignaient.

Il était à craindre que bientôt elles refusassent de marcher.

Soudain une forte détonation retentit.

Il sembla que ce bruit animait la solitude du désert.

Tout le monde releva la tête, dressa l'oreille, écarquilla les yeux.

On ne vit rien, absolument rien.

Tomaho et Tête-de-Bison avaient disparu depuis quelques minutes derrière une petite éminence coupant la plaine de l'est à l'ouest et bornant l'horizon.

— C'est le Cacique qui vient de tirer, s'écria Sans-Nez.

« Je reconnais la belle voix de sa pièce de quatre.

— Hâtons-nous, dit Bouléreau.

« Il se passe par là quelque chose d'extraordinaire.

« En avant! »

Les deux hommes s'élancèrent.

Le squatter, guéri de sa blessure, et Pierson le pirate les suivaient de près.

M. d'Éragny venait derrière avec les femmes.

Une agréable surprise allait faire renaître la joie et l'espérance dans tous les cœurs.

Le versant sud de la colline s'étendait en pente douce, presque insensiblement, à une assez grande distance, jusqu'à un cours d'eau qui serpentait dans une grande vallée et formait çà et là de larges bayous.

De ce côté, l'herbe croissait en abondance jusqu'au ruisseau.

Au delà, l'œil se reposait avec de joyeuses dilatations sur une immense plaine couverte d'une sombre et luxuriante végétation.

Dans cette plaine, de nombreux étangs, de vastes lacs (lagunes ou bayous) reflétaient l'éclatant rayonnement du soleil.

Que l'on s'imagine un gigantesque miroir brisé par quelque Titan, et dont les morceaux auraient été jetés au hasard sur un vaste tapis de verdure.

Çà et là surgissaient, du milieu des grandes herbes, des joncs et des roseaux, des bouquets d'arbres et d'arbustes, surchargés d'un épais feuillage dont les bruissement légers se mêlaient aux doux clapotements des eaux.

Ces hautes touffes, d'un vert tantôt plus foncé, tantôt plus clair, formaient une oasis dans l'oasis.

C'étaient autant de bosquets capricieusement disséminés dans une vaste plaine.

C'étaient autant d'îlots émergeant d'un océan de verdure aux flots calmes et à peine ondoyants.

Au loin, à l'horizon, se détachaient dans l'azur du ciel les hautes montagnes au bas desquelles coulait le Colorado.

Les trappeurs ne demeurèrent pas longtemps en admiration devant le magique panorama qui se déroulait à leurs yeux.

Ils avaient faim.

Ils cherchaient des yeux Tomaho afin de savoir si son coup de fusil avait porté et de quelle nature était le gibier abattu.

Tous les regards fouillaient les pentes de la colline avec anxiété.

Personne!

Tomaho et Tête-de-Bison restaient invisibles.

Tout à coup Sans-Nez poussa une joyeuse exclamation.

Il étendit le bras dans la direction d'un bayou alimenté par les eaux du ruisseau et s'écria :

— J'aperçois le Cacique!

« Il vient par ici.

« On dirait qu'il traîne quelque chose à côté de lui.

« Vive la joie!

« Nous allons donc manger!

— Je crois que tu as raison, dit Bouléreau en regardant attentivement le géant.

« Décidément, cet excellent Cacique est un précieux compagnon.

« Il nous rapporte une pièce de gibier qui me paraît assez grosse pour nous rassasier tous. »

Pendant que le squatter et Sans-Nez échangeaient leurs réflexions, M. d'Éragny tirait une lorgnette marine de son étui et la braquait sur Tomaho.

Presque aussitôt le colonel laissa échapper un éclat de rire.

Tout le monde le regarda avec surprise.

Cet accès de gaieté ne paraissait aucunement motivé.

— Vous riez sans doute à l'idée de vous mettre une tranche de venaison sous la dent? demanda Sans-Nez.

— Précisément, répondit le colonel.

Et, toujours riant, il ajouta :
Il n'y a que Tomaho pour faire une découverte pareille.

« C'est décidément un chasseur hors ligne.

« Je vous promets un régal du plus haut goût. »

Et tendant sa lorgnette à Bouléreau :
— Regardez un peu, dit-il.

« Je crains de ne pas me tromper. »

Le squatter lorgna une demi-minute.

— Mille milliards de pipes cassées ! s'écria-t-il.

« Un caïman !...

« Gros comme un hippopotame !...

« Que le diable enlève le gibier et le chasseur !

« La chair de cette sale bête n'est pas mangeable ! ».

Sans-Nez releva aussitôt cette appréciation de Bouléreau :

— Pas mangeable? fit-il.

« Je mangerais Lucifer en personne, moi, en ce moment.

« Du caïman pour des affamés comme nous !

« Mais c'est la vie, monsieur le dégoûté!

« Nous verrons bien si tu n'en mangeras pas, tout à l'heure, du lézard de bayou.

« Quant à moi, mon vieux, je vais tout simplement m'en donner une indigestion. »

Et sans attendre la réplique de Bouléreau, le Parisien courut à la rencontre de Tomaho qui avançait rapidement.

Tout le monde le suivit.

Bientôt la troupe entière se trouva en présence du brave Cacique et du produit de sa chasse.

Répondant aux questions qu'on lui adressait, le géant raconta comment il avait découvert et tué son caïman.

— Quand je fus arrivé au sommet de la colline, dit-il, le vent des marais m'apporta une odeur de musc qui me dénonça la présence des caïmans dans les environs.

« Je descendis alors vers ces bayous que vous voyez dans la vallée.

« Mes recherches ne durèrent pas longtemps.

« Je n'avais pas fait dix pas sur le bord de l'eau que j'aperçus cette bête endormie au milieu de la vase.

« Je lui ai brisé la tête d'un coup de fusil, et je vous l'apporte parce que vous avez faim.

— Bravo, Cacique! s'écria Sans-Nez.

« Je te proclame le chasseur des chasseurs.

« Si don Matapan était là, je te ferais décorer avec une plaque d'assurance.

« Bouléreau, dépouille et découpe la bête.

« Moi, je vais chercher du bois.

« Sois tranquille, je vais te faire une cuisine !... Tu t'en lècheras les doigts jusqu'aux genoux. »

L'insouciant et joyeux Parisien s'éloigna.

Le squatter se décida à tirer son couteau et il se mit à dépecer le hideux reptile.

Il opérait avec une répugnance visible, mais la faim lui faisait toutefois surmonter ses dégoûts.

— Après tout, se disait-il, si cette viande-là m'a répugné une fois, ça ne prouve pas que je la trouverai aussi détestable aujourd'hui.

« Tiens! celui-ci ne sent pas trop le musc.

« Une fois bien cuit, je crois que ce sera mangeable. »

Cependant M. d'Éragny interrogeait Tomaho au sujet de l'absence prolongée de Grandmoreau.

— Quelle direction a-t-il prise? demandait-il.

— Il est parti du côté du grand lac, là-bas, entouré de ces arbres gigantesques.

— Il serait allé si loin?

— Non.

« Il chasse peut-être.

« Ou il cherche un passage.

— Vous ne pensez pas qu'il coure quelque danger?

— Je ne le crois pas.

« Mon frère le Trappeur est prudent et fort.

— Attendons son retour avec patience, conclut le colonel.

Et il se mit à aider Bouléreau dans son travail de dépècement.

Une demi heure plus tard, tout le monde déchirait à belles dents et de grand appétit de magnifiques biftecks de caïman cuits à point.

Les femmes elles-mêmes ne se firent pas prier pour goûter à cette viande, si répugnante qu'elle leur parût.

A force de sel et de poivre, dont chacun portait une provision, l'odeur de musc dont est imprégnée la chair de l'alligator était supportable.

Le repas s'achevait quand Grandmoreau revint de sa longue excursion.

On lui avait mis sa part de côté.

Il mangea, tout en répondant aux nombreuses questions qui lui étaient adressées.

— Quand j'arrivai aux premières flaques d'eau que vous apercevez d'ici, dit-il, je fis une découverte qui m'arracha un cri de joie.

« Je vis distinctement, dans la boue un peu durcie, l'empreinte d'un pied de daim.

« Immédiatement, je me mis en garde afin d'être prêt à envoyer une balle au premier animal que je pourrais rencontrer.

« Mais malheureusement ma précaution était inutile.

« Je n'aperçus pas l'ombre d'un daim.

« Cependant je m'avançai dans la direction du sud, afin de savoir s'il existe un passage nous permettant de gagner la grande terre ferme qui occupe le centre des marécages.

« Je n'ai découvert aucun passage assez sûr.

« Nous devrons construire une embarcation sans aucun retard, si nous ne voulons pas perdre un temps précieux.

— Avec tout ça, observa Sans-Nez, je ne vois pas que la question des vivres prenne une bonne tournure.

« Moi, je déclare que l'alligator peut paraître excellent une fois par hasard, tous les cinq ou six ans, par exemple; mais manger de ça tous les jours... ça me semblerait dur et même coriace.

« Et puis cette odeur de musc...

« J'ai connu beaucoup de femmes qui se parfumaient avec cette puanteur-là... et il m'a semblé tout à l'heure que je dévorais une ancienne connaissance. »

Sans-Nez était disposé à continuer ses mauvaises plaisanteries; mais un coup d'œil de Paméla le rappela aux convenances.

Il se tut.

— J'attendais que ce bavard fasse silence, reprit Tête-de-Bison, pour vous parler justement des vivres.

— Une piste de daim... pour dix personnes! railla Sans-Nez.

« Nous n'aurons pas d'indigestion. »

Tomaho, qui écoutait le Trappeur avec intérêt, fut indisposé par cette nouvelle interruption du Parisien.

— Que mon frère se taise, dit-il sévèrement, ou qu'il craigne la colère de son ami Tomaho.

Et, s'adressant à Grandmoreau, le géant ajouta :

— Que mon frère parle, nos oreilles sont ouvertes.

— Je vous disais à l'instant, reprit Tête-de-Bison, qu'il fallait construire une barque au plus tôt.

« Eh bien! je vous répète que, dès que cette barque sera prête, nous tuerons du gibier tant que nous en voudrons.

« C'est tout ce que j'ai à dire pour le moment. »

Et le Trappeur, ayant formulé cette assurance, se renferma dans un silence significatif.

Personne ne tenta d'ailleurs de le faire parler de nouveau.

On savait qu'il ne fallait pas importuner Grandmoreau de questions quand il avait pris la résolution de ne pas répondre.

Ce jour même, Bouléreau, que son expérience désignait naturellement comme constructeur de bateaux, se mit à la besogne.

Tout le monde l'aida avec empressement; le concours de Tomaho surtout lui fut précieux.

Le géant s'entendait merveilleusement à tresser les roseaux et à assembler les pièces d'une carcasse de pirogue.

Après deux jours d'un travail acharné, la construction se trouva prête.

C'était un chef-d'œuvre de forme et de solidité.

Longue de trente pieds et large de six, cette embarcation en osier, recouverte d'écorce, pouvait facilement contenir les dix personnes composant la petite troupe.

Elle était solide, maniable et capable de résister à des chocs violents mieux qu'un bateau en planches.

Le tissu d'osier et les plaques d'écorce verte garnissant l'intérieur et l'extérieur présentaient en effet une élasticité préférable à la résistance du bois.

Nourris de viande de caïman depuis quarante-huit heures, nos trappeurs s'empressèrent de s'embarquer sur un point des lagunes désigné par Grandmoreau.

Il s'agissait de gagner au plus tôt les eaux profondes aux rives couvertes de bois et peuplées de gibier.

La navigation fut pénible et lente pour commencer.

Pendant un jour entier, il fallut se servir de longues perches en guise de gaffes pour pousser l'embarcation et la dégager des herbes qui encombraient les bayous.

Le soleil baissait rapidement à l'horizon quand la pirogue flotta enfin sur des eaux libres et profondes.

On se trouva bientôt dans une sorte de canal assez large, dont les deux rives étaient bordées de bois.

D'un côté, les aulnes et les saules croissaient en fouillis inextricable dans un sol noirâtre et fangeux.

De l'autre, un bois de pins couvrait de ses sombres verdeurs un terrain élevé et par conséquent moins humide.

Grandmoreau invita les rameurs à aborder de ce dernier côté.

Il fit récolter, sous les arbres résineux, une grande quantité de cônes de pin que l'on transporta dans la pirogue.

Pendant que s'opérait rapidement cette récolte, lui-même se mit à faire certaine recherche dont il laissa ignorer le but.

Sans-Nez et Bouléreau tentèrent bien de surprendre les intentions que Tête-de-Bison paraissait vouloir tenir secrètes; mais leur surveillance et leur espionnage ne leur serviront absolument de rien.

Ils virent le Trappeur longer la rive, s'arrêter souvent, examiner attentivement le sol, et même prendre une poignée de terre dans sa main, l'effriter dans ses doigts, la sentir, puis la rejeter et continuer son chemin.

Enfin Grandmoreau leur parut avoir trouvé ce qu'il cherchait, car il s'arrêta et posa sa carabine contre un arbre.

Puis, s'agenouillant, il gratta le sol avec son couteau de chasse, rejeta les végétations et pierrailles qui le gênaient et se mit à pétrir avec activité une certaine quantité d'argile qu'il humectait d'eau.

Ce manège ne dura pas longtemps.

Bientôt Tête-de-Bison creusa un large trou dans la terre et y alluma un grand feu.

Puis, ayant débarrassé ce four primitif des cendres et braises qui le comblaient, il y plaça une sorte de grand plateau en argile, aux bords relevé comme ceux d'un moule à flan.

Il rassembla ensuite les charbons épars, remit du bois dessus, et son feu flamba de nouveau.

Après dix minutes d'attente, le Trappeur retira du four son moule à flan, large comme le fond d'un tonneau, et le laissa refroidir lentement, en même temps qu'une couche de cendres chaudes dans laquelle il l'enfouit.

Cette opération terminée, notre potier improvisé jeta autour de lui ce regard d'un homme qui cherche quelque chose.

Il trouva vite sans doute, car il se dirigea sans hésiter sur un point de la rive où croissaient en abondance des aulnes à écorce épaisse et lisse.

Le Trappeur tira de son sac de chasse un couteau-scie, et se mit à entamer un de ces arbres aussi consciencieusement que s'il voulait l'abattre.

Mais il n'avait pas cette intention folle sans doute, car il se contenta d'attaquer l'écorce, et ses efforts s'arrêtèrent à l'aubier.

En moins de dix minutes, il eut fait le tour du tronc, qui ne mesurait pas moins de deux pieds de diamètre.

Ce travail exécuté au ras du sol, il le renouvela à la hauteur de quatre pieds.

Puis, à l'aide de son couteau de chasse et d'un morceau de bois dur taillé en biseau, il dépouilla l'arbre de son écorce entre les deux traits de scie.

Grandmoreau chargea alors son rouleau d'écorce sur son épaule, alla chercher son plateau d'argile cuit à point et refroidi, puis revint au bateau.

La récolte de pommes de pin était déjà depuis longtemps terminée.

Tout le monde attendait avec impatience le Trappeur.

Il arriva enfin, déposa ses ustensiles dans la pirogue, fit pousser au large et réclama le silence.

— Camarades, dit-il, je vous ai promis de vous procurer du gibier aujourd'hui.

« Il ne me sera pas difficile de tenir ma promesse, car j'ai remarqué plusieurs pistes qui me font espérer un beau succès.

« Je n'ai pas à douter de ce que tu dis, Trappeur interrompit Sans-Nez.

« Mais toutes les pistes du monde et rien, c'est la même chose, à mon avis, dans des parages comme ceux-ci.

« Nous ne pouvons nous aventurer dans ces marécages sans risquer à chaque pas de nous embourber dans une fondrière.

— Rassure-toi, Sans-Nez, répliqua Grandmoreau en haussant les épaules.

« C'est une chasse au feu que je propose de faire.

— Une chasse au feu! s'écria Bouléreau.

« Fameuse idée!

« J'en ai réussi plus d'une dans les forêts du Kentucky.

« Mais nous n'avons ni flambeaux ni porteurs de flambeaux ; et les dangers dont parle Sans-Nez seront encore plus grands la nuit que le jour.

— Si vous m'écoutiez avec plus de patience, reprit le Trappeur, vous verriez que les difficultés et les dangers n'existent que dans votre imagination.

« Voici ma proposition :

« Le soleil baisse rapidement ; il aura disparu avant deux heures.

« Nous allons donc, pendant que nous voyons clair, organiser un foyer de lumière à l'avant de notre pirogue.

« Il ne s'agit pour cela que de fixer solidement ce grand plat de terre que je viens de confectionner, et d'y faire brûler, quand le moment sera venu, les pommes de pin que vous avez récoltées.

« De plus, avec le rouleau d'écorce que j'ai recueilli, nous allons faire une espèce de réflecteur qui concentrera le rayonnement de notre feu en avant du bateau, et nous permettra de nous tenir cachés dans l'ombre.

« Nous ferons alors une promenade le long de cette rive couverte de bois, et si vos carabines restent muettes, c'est que la viande de daim ne vous tentera pas. »

Ce programme de chasse au feu du Trappeur fut écouté avec attention, et une acclamation contenue en accueillit la conclusion.

On se mit activement à organiser le foyer dont le rayonnement devait attirer l'attention du gibier, ainsi que le morceau d'écorce dont l'intérieur blanc et reluisant avait une puissante force de réflexion.

Ces préparatifs en apparence fort simples n'étaient pourtant pas complètement achevés quand le soleil se coucha.

Nos chasseurs mangèrent à la hâte une tranche de caïman, et prirent leurs dernières dispositions.

Il s'agissait, ainsi que l'avait dit Tête-de-Bison, de gagner à force de rames les parties boisées de la grande terre située au centre des marécages.

La route était longue et difficile.

Il fallait contourner des bancs de vase et de sable, ou traverser des endroits encombrés de bois en décomposition et de végétations aquatiques.

Pendant le premier quart d'heure de navigation, un silence profond régna dans les marécages : pas le moindre bruit sur ces eaux troubles, saumâtres, lourdes ; pas un froissement dans ces broussailles épaisses ; pas un souffle d'air faisant courber un roseau ou agitant une feuille ; pas un cri de fauve, rien qu'un calme pesant dans une morne solitude.

À ce moment d'accalmie, qui semble marquer le point intermédiaire entre la vie diurne et nocturne, succédèrent ces mille bruits inquiétants auxquels l'homme ne s'habitue jamais.

CHAPITRE XCVIII

LA CHASSE AUX CAÏMANS

La pirogue des chasseurs glissait lentement sur les eaux tranquilles de la lagune.

Elle longeait le rivage aussi près de terre que possible.

Le colonel d'Éragny se tenait à l'arrière avec les femmes ; il dirigeait la barque au moyen d'un gouvernail improvisé.

Pierson le pirate et Bouléreau ramaient.

Tomaho, Sans-Nez et Grandmoreau étaient à l'avant.

Après avoir navigué pendant une grande partie de la nuit, on arriva enfin en face des bois où se tenait le gibier, et que l'on supposait fréquentés surtout par des hardes de daims.

Le Trappeur fit alors allumer le feu de cônes de pin.

Aussitôt un blanc rayon de lumière se profila sur les eaux et alla fouiller les noirs massifs d'arbres et d'arbustes couvrant la rive.

A trente pas, sous bois, le rayonnement avait encore assez de puissance pour permettre à un tireur habile de viser comme en plein jour.

Tout était calme et silencieux.

Par instants, toutefois, un petit cri sec, strident, métallique, vibrait dans l'espace.

C'était une chauve-souris lançant un appel inquiet, puis venant, dans son vol capricieux, tracer de fugitifs zigzags au milieu du faisceau lumineux projeté par le réflecteur d'écorce.

Les chasseurs observaient le plus profond silence.

La carabine armée, le doigt sur la détente, ils se tenaient immobiles dans l'ombre.

Leurs regards cherchaient avidement dans les massifs de verdure.

L'oreille tendue, ils s'efforçaient de percevoir le moindre bruit de branchette cassée, le plus léger froissement dans le feuillage pouvant déceler la présence d'un animal.

Dix minutes s'écoulèrent.

La pirogue continuait à glisser silencieusement sur les eaux de la lagune, projetant un éclatant rayon de lumière sur la rive.

Bientôt, dans différents endroits, au delà des parties éclairées, sur la limite extrême de la pénombre, des points lumineux s'agitèrent dans un va-et-vient singulier.

Tantôt ils s'immobilisaient en même temps, formant des constellations bizarres, aux lueurs phosphorescentes, sur les noires profondeurs du bois.

Puis tout à coup ils s'entremêlaient dans une sorte de danse étrange : on eût dit alors des feux follets accouplés, flottant indécis avant de se jeter dans le flot de lumière qui les devait absorber.

Soudain deux des feux follets s'éteignirent.

On vit alors s'avancer en pleine lumière, fier et superbe, un daim magnifique, le guide naturel de la harde.

C'était un vieux dix-cors, à la tête fine surmontée d'une belle et forte ramure.

Fatalement attiré par l'éclat du feu, le noble animal fit quelques pas vers la rive, pointant les oreilles en avant, tendant ses naseaux humides et aspirant fortement l'air.

Il s'arrêta...

Un coup de fusil retentit.

La bête fit un bond prodigieux, et retomba foudroyée.

Une balle sortie de la carabine de Grandmoreau lui avait perforé le crâne.

Un grand bruit de branches froissées et brisées succéda au coup de feu, puis un sourd piétinement ébranla le sol :

La harde de daims, privée de son chef, fuyait épouvantée.

Ce premier résultat obtenu, nos chasseurs après avoir avivé leur feu de pommes de pin, tentèrent une seconde expérience sur un autre point des lagunes.

La réussite fut la même.

Quatre fois leur feu attira les daims à portée de carabine, et chaque fois une victime tomba.

Le dernier coup de fusil tiré, et le dernier animal tué, chacun se mit à dépecer le gibier avec un empressement joyeux.

On allait enfin manger de la viande sans répugnance et tant que l'on voudrait.

Les animaux furent vidés, découpés avec soin et placés dans la pirogue.

Puis on poussa au large afin de gagner au plus tôt un courant connu du Trappeur.

Une fois dans ce courant, la fatigue des rameurs devenait insignifiante, et l'on atteignait en deux jours un point de débarquement sur la terre ferme.

Cependant nos chasseurs, se relayant au banc des rameurs, ne tardèrent pas à attaquer vigoureusement le produit de leur expédition nocturne.

Ils firent griller à la hâte de nombreux biftecks dans le plat aux pommes de pin, sur les charbons provenant du réflecteur d'écorce devenu inutile, et, sans plus de préparatifs et de soins culinaires, ils trouvèrent leur repas succulent.

Cependant à l'obscurité de la nuit succédait une faible lueur, qui allait grandissant de minute en minute.

Le soleil devait répandre déjà ses premières clartés dans la prairie.

Sur les lagunes ne régnait encore qu'un demi-jour blafard, pénétrant à grand'peine les épaisses couches du brouillard dense, opaque, qui couvrait les marécages.

De la proue à la poupe de la pirogue, on ne se voyait qu'au travers d'un épais rideau de brume.

Grandmoreau, qui se tenait au gouvernail, ne remplissait plus que d'instinct ses fonctions de pilote.

Tout le monde digérait silencieusement, béatement, en attendant que les vapeurs se dissipassent et qu'il devînt possible de s'orienter.

Mais soudain cette sieste générale fut interrompue par une exclamation de Sans-Nez.

— Que le diable confonde cet empesté brouillard! s'écria-t-il.

« Il sent le musc à pleines narines.

« C'est dégoûtant!

« Et dire que j'ai aimé cette odeur-là autrefois, quand je fréquentais les boudoirs du faubourg du Temple!

— Mon frère a raison, dit à son tour Tomaho.

« Je sens aussi l'odeur du caïman. »

Cette réflexion du Cacique inquiéta M. d'Éragny.

Il interrogea le géant.

— Croyez-vous donc, dit-il, qu'il y ait un assez grand nombre de ces animaux dans ces parages pour dégager des senteurs aussi pénétrantes?

— Je pense qu'il y a beaucoup de caïmans dans les lagunes, répondit Tomaho.

En ce moment, des bruits étranges attirèrent l'attention de tous.

C'était une succession de mugissements plaintifs assez semblables aux cris d'appel d'un jeune veau.

Mais ces cris paraissaient être extraordinairement nombreux. Ils venaient de tous les côtés à la fois et formaient un ensemble que dominaient par instants des voix plus rapprochées, plus fortes, plus claires.

Rien ne saurait donner une idée de ce singulier concert dont le brouillard empêchait de voir les exécutants.

Que l'on s'imagine les musiciens de don Matapan jouant en sourdine de tous leurs baroques instruments.

Tomaho, après avoir écouté deux minutes, dit à M. d'Éragny :

— Les caïmans se réveillent.

« Ils sont nombreux. »

Le colonel, fort peu rassuré par ces paroles, s'adressa à Grandmoreau.

— Ces animaux sont dangereux, dit-il.

« On me l'a affirmé.

« Cette odeur devient de plus en plus forte et pénétrante, et ces cris paraissent se rapprocher.

« Avons-nous une attaque à redouter?

— Je ne le pense pas, dit Grandmoreau.

« J'ai traversé ces marais sans jamais avoir été attaqué.

— Attaqués par ces sales bêtes! fit Sans-Nez.

« Elles auraient un fier toupet!

« Des trappeurs assiégés par des lézards, ça ne se serait jamais vu. »

Tomaho, depuis quelques instants, paraissait préoccupé.

Il reniflait avec une vague inquiétude l'air surchargé d'âcres émanations.

Le ton dédaigneux de Sans-Nez lui déplut.

— Mon frère n'a jamais chassé les alligators, dit-il.

« Il ne les connaît pas.

« Ces animaux sont dangereux.

« Isolément, ils ne combattent l'homme que pour se défendre.

« Mais quand ils ont faim et qu'ils sont en troupe, ils attaquent les chasseurs.

« Je conseille à mon frère de retenir la parole de Tomaho qui a tué plus de mille caïmans. »

Sans-Nez se préparait à répondre par une plaisanterie aux sages observations du Cacique, quand une violente secousse imprimée à la pirogue faillit la faire chavirer.

Un énorme caïman montrait sa hideuse tête au-dessus de l'eau, et, l'œil ardent, la mâchoire ouverte, il venait de poser une patte sur le bord de l'embarcation.

Cette brusque apparition, ce choc inattendu épouvanta les femmes qui poussèrent des cris terribles.

Les hommes restèrent un moment stupéfaits.

Tomaho seul ne montra aucune émotion.

Il saisit son tomahawk, et d'un coup bien appliqué il fracassa la tête de l'alligator qui sombra aussitôt.

Débarrassée du poids qui la faisait pencher d'un côté, la pirogue se redressa.

Revenu de son étonnement, Sans-Nez s'écria :

— J'ai déjà rencontré plus d'un caïman, mais je n'en avais jamais vu de ce poil-là.

« Qu'il en revienne un, je me charge de lui régler son affaire.

« Je lui fais avaler une balle ; nous verrons bien s'il la digère facilement... »

Le Parisien s'interrompit.

La tête d'un second caïman apparaissait au-dessus de l'eau, à trois pieds de la pirogue.

Sans-Nez était prêt.

Il épaula son fusil et fit feu.

L'animal battit l'eau de sa queue et de ses pattes, puis disparut.

— Ah ! mes gaillards ! s'écria le Parisien enchanté de son succès, vous voulez manger du trappeur ; il vous en cuira, mes chéris musqués.

« C'est déjà bien beau que j'aie été forcé de goûter à un de vos frères...

« Bon ! encore un !

« A toi, Cacique ! »

Le géant leva son tomahawk.

Un troisième alligator fut assommé.

Grandmoreau, qui ne voyait pas sans inquiétude ces attaques des redoutables reptiles, songea à organiser sérieusement la défense.

Il se souvenait d'avoir entendu raconter les luttes terribles que des trappeurs avaient soutenues contre des alligators réunis en troupe, luttes dans lesquelles l'homme n'avait pas souvent triomphé.

Fort de son courage et du prestige qu'il exerçait sur ses compagnons ; irrésistiblement poussé d'ailleurs par la gravité et l'imminence du péril, il prit le ton du commandement et s'écria d'une voix forte :

— Camarades, nous sommes dans une position terriblement dangereuse.

« Les alligators, quand ils sont en nombre, attaquent l'homme avec une ardeur et une ténacité incroyables.

« Nous ne voulons pas périr misérablement ici ; nous allons donc engager une lutte épouvantable.

« De l'adresse, du courage et du calme ! »

Et, s'adressant à M. d'Éragny, le trappeur ajouta :

— Colonel, prenez les rames.

« Les femmes à l'arrière... et pas un mouvement !

« Tomaho, reste à l'avant.

« Nous autres, veillons à bâbord et à tribord.

« Ayons nos cartouches sous la main.

« La hache à portée !...

« Ne tirons qu'à coup sûr. »

Ces instructions nettement et rapidement formulées, on y obéit avec d'autant plus d'empressement.

Chacun prit sa place de combat, fixant attentivement son regard sur la surface des eaux.

Plusieurs caïmans furent tués à coups de fusil ou de hache.

Mais, chose étrange ! il semblait que la mort d'un animal en attirât deux autres.

C'était la sinistre réalisation des craintes de Tête-de-Bison.

Dix, vingt eurent le crâne brisé ou les pattes coupées.

Les cadavres s'amoncelaient, l'eau se teignait en sang autour du bateau ; et toujours et à chaque instant de nouvelles têtes se montraient, avides et menaçantes, de nouvelles pattes s'allongeaient, tentant de s'accrocher au bordage de la pirogue...

En ce moment, le soleil triompha dans sa lutte avec l'intense brouillard qui couvrait les marécages.

Sa chaleur échauffa les lourdes vapeurs, que la dilatation fit légères et qui s'élevèrent rapidement vers le ciel.

Le phénomène dura à peine quelques minutes.

Il semblait qu'une force invisible soulevait la brume et l'étalait blanchie sur l'azur céleste.

Alors les trappeurs purent envisager dans toute son horrible réalité l'immense péril qui les menaçait.

Ils se trouvaient au milieu d'une sorte de canal large de plus d'une demi-lieue.

De tous côtés, les eaux peu profondes étaient singulièrement troublées et agitées.

La boue mêlée à l'écume donnait à la lagune un ton général gris terne. Sur ce fond morne, une infinité de vagues, soulevées par des remous puissants, prenaient sous la réverbération du soleil des reflets scintillants.

Le concert de lamentables mugissements augmentait d'intensité, et quand il se produisait de courts intervalles de silence, ils étaient remplis par le bruyant clapotis des eaux tourmentées.

De toutes parts, des caïmans!...

A perte de vue, des caïmans!...

Dans l'eau et sur l'eau, des caïmans!...

Ce n'était pas un troupeau, c'était une armée aux rangs serrés, épais, profonds.

Il n'y avait pas foule, il y avait multitude, multitude innombrable.

Et, chose inouïe, les terribles sauriens, paraissant obéir à une commune impulsion, se dirigeaient tous vers la barque.

Si quelques-uns contrariaient le mouvement général par leur lenteur ou leur indifférence, ils étaient roulés par la masse, culbutés et coulés à fond.

En présence de cet épouvantable spectacle, les femmes ne purent dominer leur terreur.

Elles se mirent à gémir, à se lamenter, à pousser des cris d'effroi.

Affolées, elles s'agitèrent sur leur banc, au risque de faire chavirer l'embarcation.

Les trappeurs eux-mêmes subirent une courte, mais violente émotion.

Ces hardis coureurs de prairie demeurèrent un instant écrasés sous le poids d'une profonde stupeur.

L'immensité du péril était faite pour déconcerter, pour consterner les plus braves, les plus intrépides.

Mais quand la nécessité est là, inexorable et pressante, les natures vaillantes se relèvent dans le moment même où d'autres s'affaissent et tombent.

En hommes de cœur et de courage, les trappeurs se remirent bientôt, et la lutte continua, furieuse, acharnée.

D'un geste énergique, M. d'Éragny avait imposé à sa fille le silence et l'immobilité.

Et Conception, qui invoquait à grands cris Jésus, Marie et tous les saints du paradis, dut se calmer à cette injonction du Trappeur :

— Taisez-vous, nom de D... !

« Ne bougez pas, ou je vous f... à l'eau. »

Tomaho, lui aussi, avait jeté sur sa femme un regard chargé de menace ; il s'était levé, et déjà il étendait le bras comme pour exécuter lui-même la menace de Tête-de-Bison.

La pauvre femme, terrifiée, s'était serrée en tremblant contre mademoiselle d'Éragny, tout en continuant à voix basse ses invocations.

Paméla seule ne voulait pas se taire.

Elle invectivait Sans-Nez, lui reprochant de l'avoir entraînée malgré elle dans des aventures où l'on ne pouvait trouver que la misère et la mort.

C'était le côté comique de cette terrible scène.

Car l'humanité est ainsi faite :

Réunissez la femme à l'homme, et dans les circonstances les plus graves il se produira toujours du ridicule et par conséquent du comique.

Tout en tuant, tout en coupant des pattes, Sans-Nez répondait à sa maîtresse avec emportement, mais toujours sur ce ton goguenard du faubourien de Paris.

— Tu n'arrêteras pas ta musique ! criait-il avec fureur.

« Tu veux donc servir de pâture à ces goinfres d'alligators?

« Tu le veux, n'est-ce pas ?

« Attends un peu ! »

Le Parisien, qui n'avait pas l'air de plaisanter, dirigea le canon de sa carabine du côté de sa maîtresse.

Celle-ci eut peur.

Elle se tut.

— Il n'était pas trop tôt, fit Sans-Nez.

« Avec les femmes, il faut toujours se montrer doux et conciliant.

« Ces damnées femelles ne se rendront jamais à un raisonnement simple.

« Avec elles, il faut prier, persuader, prouver... à coups de bottes. »

Sans-Nez était exaspéré.

Mais comme Paméla ne soufflait plus mot, il ne pouvait passer sa colère sur elle.

Il retomba avec fureur sur les caïmans.

Il se mit à taper sur eux en les invectivant.

— Tas de brigands! disait-il.

« Vous êtes aussi voraces que stupides.

« Vous êtes des millions.

« Quand vous nous aurez dévorés, ça vous aura procuré un fichu repas.

« Vous voyez bien qu'il n'y en aurait pas pour tout le monde.

« Mangez donc vos morts, canailles! pirates! cannibales!

« Vous avez déjà de quoi vous régaler.

« C'est donc parce que nous avons mangé un de vos amis que vous nous en voulez?

« Tiens, toi, grand chenapan, va chercher ta patte; elle est au fond. »

Bouléreau, de son côté, faisait nombre de victimes, et de temps en temps il joignait des réflexions aux invectives de Sans-Nez.

— Nous sommes dans un nid, dans une fourmilière à caïmans! disait-il.

« Il en vient tout le temps.

« C'est à croire que tous les alligators du marais se sont donné rendez-vous ici.

« Nous n'en sortirons pas.

« Le diable m'enlève! il y a plus de ces sales bêtes que d'eau.

« Mille tonnerres! quelle besogne!

« Allons, bon!

« Ma pipe éteinte!

« Ça n'arrive qu'à moi, ces malheurs-là!

« Ces enragés ne me laisseront pas une minute pour battre le briquet!

« Tas de crapules! si j'en réchappe, je vous ferai une guerre dont on parlera. »

Le colonel d'Éragny, assis sur son banc et les rames en main, se montrait calme et impassible.

Il faisait en conscience tous ses efforts pour avancer; mais le plus souvent le bout de ses avirons, au lieu de frapper l'eau, heurtait la tête ou l'échine d'un alligator.

Cependant la lutte continuait, plus terrible, plus furieuse que jamais.

Tout à coup Grandmoreau eut une idée.

— Ces affamés sont peut-être attirés par l'odeur de la viande fraîche, dit-il.

« Jetez-leur nos quartiers de daim.

« Lancez-les aussi loin que possible. »

L'inspiration paraissait bonne.

Tout le monde comprit que, si l'on pouvait fixer l'attention des reptiles voraces sur une proie, on parviendrait sinon à se dégager complétement, du moins à gagner du temps et à se rapprocher du rivage.

Les morceaux de viande furent lancés en pâture à l'ennemi.

Hélas! c'étaient vingt ou trente grains de blé pour un vol de ramiers.

C'étaient autant de roitelets pour une bande de loups dévorants.

C'était un brin d'herbe pour un éléphant, c'était une alouette pour Tomaho.

Tout fut absorbé, avalé, humé en moins d'une seconde.

Il aurait fallu mille hardes de daims entiers pour fixer un seul moment l'attention de cette multitude affamée.

Après ce sacrifice de leur provision de viande, la situation des trappeurs ne se trouvait aucunement changée.

— Il n'y a qu'un moyen, dit Grandmoreau.

« Il faut tuer.

« Tuons donc tant que nous pourrons.

— Tuons! répétèrent les pirates avec une sombre énergie.

Et la bataille continua.

Lutte acharnée, lutte terrible.

La pirogue, par moments, ne reposait plus sur l'eau.

Elle se trouvait comme enchâssée dans la masse des cadavres formant radeau.

Mais bientôt les corps flottants étaient dispersés ou coulés à fond par les nouveaux arrivants, toujours plus nombreux.

Et, circonstance grave, plus la lutte se prolongeait, plus la rage des caïmans paraissait augmenter.

L'odeur du sang, le bruit des coups de fusil semblaient les exciter et ajouter à leur fureur.

Leurs agressions se multipliaient, et c'était avec une aveugle férocité qu'ils tentaient de joindre la barque, et que, sans hésiter, ils se jetaient au-devant des coups.

. . . .

L'épouvantable combat dure depuis deux heures.

Les trappeurs commencent à se fatiguer.

Ils sont noirs de poudre et couverts de sueur.

Leurs mouvements deviennent plus lents.

Les visages sont contractés.
Ils expriment la douleur et l'épuisement.
Les haches ne s'abattent plus avec autant de force sur le crâne d'un caïman.
Il faut maintenant deux coups pour briser une tête.
Les hommes s'épuisent, tandis que s'accroît disproportionnément le nombre de leurs ennemis.
La défense faiblit alors que l'attaque s'efforce et redouble de vigueur.
L'innombrable armée d'alligators grossit, grossit toujours.
De tous les points de l'horizon débouchent de véritables bancs de sauriens.
Ce sont autant de masses vivantes venant s'ajouter à la multitude envahissante, augmenter sa force d'impulsion, la pousser à l'attaque, au carnage, à la curée.
Les eaux montaient visiblement, en même temps que s'approchait, grossissait et se concentrait dans un affreux désordre, dans de noirs remous, l'épouvantable marée grouillante et hurlante.
Et la lagune débordait, car le rivage semblait s'éloigner à mesure que le flot montait.
Cependant les trappeurs, malgré leur épuisement, tuaient et assommaient toujours.
Ils n'espéraient plus.
Ils sentaient que leurs forces allaient bientôt trahir leur courage.
Le sombre désespoir apparaissait, les menaçant déjà de son implacable étreinte.
Mais ces hommes, avec une incroyable puissance de volonté, secouèrent énergiquement les terreurs et les affolements auxquels auraient succombé des natures moins solidement trempées.
Puisant une nouvelle énergie dans l'imminence même du péril, ils redoublèrent d'efforts.
Ils brisaient, coupaient, hachaient... ils tuaient enfin, avec fureur, avec rage... avec volupté.
Lutte disproportionnée, grandiose, gigantesque!
Nos héros n'ont plus rien de l'homme.
Ce sont autant d'hercules, de demi-dieux combattant tout un peuple de monstres...
. . . .

La pirogue ne flottait plus.
Le colonel avait abandonné depuis longtemps ses rames devenues inutiles.
Les caïmans, d'un de ces coups de dent qui couperait net la jambe d'un éléphant avaient broyé les palettes des avirons comme des fétus de paille.
M. d'Éragny s'était alors armé, et comme les autres il combattait avec courage.
La légère embarcation se trouvait donc complètement à sec sur un amoncellement de cadavres formant îlot.
De temps en temps, un déplacement se produisait.
Alors la pirogue penchait tantôt d'un côté, tantôt de l'autre, menaçant de s'abîmer dans la masse vivante qui la supportait.
Les caïmans, de plus en plus acharnés et féroces, grimpaient sur les corps amoncelés, pour arriver jusqu'à la barque.
Ils se poussaient, beuglant avec fureur, retombant, et faisant à peine jaillir quelques gouttes rouges : du sang et de la boue ; puis ils revenaient à la charge, portés par la multitude des nouveaux arrivants.
Cependant la position des trappeurs devenait de plus en plus critique.
Depuis quelques instants, les coups de feu se succédaient moins rapidement.
Terrible réalité !
Les cartouches allaient manquer.
Il n'en restait pas dix par homme...
Cette suprême et dernière ressource fut vite épuisée.
Bientôt il n'y eut plus pour la défense que les haches et les couteaux de chasse.
Armes insuffisantes entre les mains de gens harassés par trois heures de combat.
Chacun sentit qu'il faudrait avant peu se résigner à mourir.
Les caïmans, plus nombreux, plus audacieux que jamais, faisaient mille tentatives pour atteindre la pirogue.
Leur masse mugissante se concentrait, se serrait autour de l'îlot de cadavres...
La mort s'approchait...
Mort affreuse précédée du plus épouvantable supplice !...

CHAPITRE XCIX

OU L'ON REVOIT LA REINE AUX CHEVEUX D'ARGENT

Avant de raconter quelle fut la fin dramatique de l'étrange aventure au milieu de laquelle nous laissons le colonel d'Éragny et ses compagnons, nous devons dire ce qui advint aux gens de la caravane, leur sort se trouvant relié à celui du colonel par un de ces hasards si fréquents au désert.

Il est neuf heures du matin.

La caravane, sortie enfin de la savane, est campée sur le penchant d'une vallée peu profonde, au bas d'un coteau boisé.

Au loin, du côté ouest, on découvre encore la prairie aux vastes horizons.

Au sud et à l'est, des bois couvrent de leur sombre verdeur un sol légèrement accidenté, agréablement mamelonné, rocheux sur quelques points.

Le soleil, déjà haut, a séché la rosée, dissipé les brumes matinales; il répand maintenant à profusion sa blanche lumière et sa vivifiante chaleur.

Les herbes de la prairie et les feuilles de la forêt reflètent son rayonnement en l'adoucissant; les fleurs, pétales ouverts, tournent leur pur calice vers l'astre radieux qui leur donne les brillantes couleurs et les doux parfums.

Tout ce qui vit s'agite joyeusement et semble fêter une belle journée qui commence.

De l'autre côté de la vallée où est campée la caravane, sur le sommet d'une colline, bivouaquent des Peaux-Rouges.

Ils sont peu nombreux :

Cinq à six cents au plus.

Leurs tentes de peaux sont dressées avec une certaine régularité.

Elles forment un large cercle sur le plateau qui domine la colline.

En dehors du cercle, les chevaux entravés font fête à l'herbe courte et drue qui pousse en abondance sur le sol vierge.

Au milieu de l'enceinte s'élève une tente plus grande, mieux construite et plus ornée que les autres.

C'est l'habitation de la reine blanche, la reine aux cheveux d'argent.

La souveraine indienne et ses guerriers sont en marche depuis dix jours.

Ils ont suivi les traces de la caravane, et l'ont rejointe la veille.

Mais dans quel but?

Songent-ils à recommencer une guerre qui leur a été si fatale?

Rien dans leurs allures ne décèle leurs intentions, hostiles ou pacifiques.

Ils portent leur costume de guerre, mais sans peintures. Suivent-ils le sentier de paix ou de guerre?

La reine, on s'en souvient, a promis formellement à M. de Lincourt de ne pas l'inquiéter dans sa marche; mais un pareil engagement de la part d'une telle femme devait-il être scrupuleusement tenu?

Cependant le comte de Lincourt n'était nullement convaincu de la bonne foi des Indiens.

Ses éclaireurs l'avaient prévenu dès l'avant-veille de la présence des Peaux-Rouges.

Il s'était alors contenté de les faire observer, tout en continuant sa marche.

Mais quand il les vit si près de la caravane, il prit ses dispositions pour repousser vigoureusement toute tentative hostile.

Il fit ranger les wagons comme s'il avait un siège à soutenir, plaça des sentinelles de tous côtés et attendit tranquillement que les Indiens voulussent bien faire connaître leurs intentions.

Malgré l'absence du colonel d'Éragny et des trappeurs qui sont avec lui, le convoi présente un superbe aspect.

L'effectif, dont l'état de santé est excellent, s'est aguerri, et les moins décidés lors du départ sont devenus de véritables coureurs de prairie.

Grâce à l'énergie du comte, la discipline règne dans sa troupe.

Les lois et usages de la savane y sont scrupuleusement observés, tout le monde fait son devoir, et jamais un murmure, jamais un mouvement de révolte n'est venu diviser et amoindrir la force de la caravane.

Tout le monde, sous les armes et en ordre de bataille, attendait donc que les Peaux-Rouges fissent connaître leurs intentions par une manifestation quelconque.

M. de Lincourt, en compagnie de l'Anglais John Burgh, surveillait les derniers préparatifs de défense.

— Je sais, disait le comte, qu'ils ne sont pas très-nombreux; mais je ne vois pas dans quel but ils nous suivent.

« Je suis inquiet.

« Je n'aime guère voyager dans ces contrées avec une pareille escorte.

« Ton avis, Burgh? »

L'Anglais, visiblement flatté d'être interrogé par le comte, répondit avec empressement :

— Excellence, je ne crois jamais par principe à l'amitié des Indiens; ceux que nous voyons occupés là-bas pensent à nous attaquer ou à nous jouer quelque mauvais tour.

« Je suis allé les espionner cette nuit avec un de nos squatters.

— Eh bien? fit le comte.

— Excellence, les Peaux-Rouges ont une attitude très-réservée et même sournoise.

« Ils ne font pas assez de bruit pour des gens qui se laissent voir.

« J'ai pénétré jusque dans le camp, malgré leurs sentinelles qui ne m'ont pas aperçu, et je n'ai remarqué aucuns préparatifs de guerre.

« Et c'est justement ce qui m'étonne.

— Bon! fit le comte.

« Mettons qu'ils veuillent engager une nouvelle lutte avec nous.

« Mais alors, pourquoi se montrer comme ils le font?

« Vois-tu pourquoi?

— Mon idée, Excellence, répondit gravement Burgh, est que, si on ne nous envoie pas d'ambassadeurs d'ici à deux heures, il faut aller demander des explications à Sa Majesté indienne.

« Je me charge de la commission.

« Et vous pouvez être certain que je ne reviendrai pas sans des renseignements complets.

— Il est évident que, ce voisinage devenant gênant, il faut aviser, et le plus tôt possible; mais...

— Pardon, sir, interrompit l'Anglais en étendant la main dans la direction du camp indien.

« Je pense que je n'aurai pas besoin de me déranger.

« On s'agite là-bas. »

Le comte tira une lorgnette marine de son sac à munitions, et la braqua du côté de l'endroit indiqué.

— En effet, dit-il.

« Un groupe assez nombreux se dirige par ici.

« Il me semble même que la reine en personne est au milieu de ses guerriers.

« Oui, c'est bien elle. »

Et, tendant sa lorgnette à John Burgh, le comte ajouta :

— Voyez donc!

« Il y a cortège, ce me semble!

« Ceci nous annonce quelque cérémonie, quelque grosse affaire...

— Dont il faut se méfier, acheva John Burgh.

« Et je me permettrai même de dire à Votre Excellence qu'elle ne saurait montrer assez de réserve et de prudence avec MM. les Peaux-Rouges. »

Pendant que le comte de Lincourt et John Burgh échangeaient leurs impressions, la reine aux cheveux d'argent et son escorte descendaient la colline.

Le cortège ne se trouvait plus qu'à une centaine de pas.

Le comte, accompagné de Main-de-Fer et de quelques hommes, sortit de ses retranchements pour aller à la rencontre de ses visiteurs.

La reine précédait de dix pas les vingt sachems qui formaient sa suite.

Vêtue à l'indienne, la tête couverte d'une sorte de résille espagnole, elle tenait de la main gauche un long et flexible rameau d'aulne, symbole de paix.

Elle marchait non avec rapidité, mais avec un certain empressement.

Comme elle, les sachems portaient le rameau de la paix.

Ils n'avaient pour arme que leur couteau à scalper pendu à la ceinture dans son fourreau de cuir brodé ou de bois sculpté.

L'attitude de tous était calme et digne.

Selon toute apparence, les négociations, qui allaient s'entamer étaient d'importance capitale.

Les deux groupes s'arrêtèrent à vingt pas l'un de l'autre.

La reine et le comte se détachèrent d'un commun accord.

Quand ils furent en présence, ils échangèrent un cérémonieux salut.

M. de Lincourt se découvrit et s'inclina profondément, comme s'il se trouvait dans le salon le plus distingué du faubourg Saint-Germain.

La reine releva les plis de sa résille qui lui cachaient en partie le visage; elle salua à l'indienne en jetant à ses pieds son rameau d'aulne ; puis elle plaça la main droite ouverte sur son front, et la main gauche sur le manche garni de velours rouge d'un élégant tomahawk pendu à sa ceinture.

Un long silence suivit cet échange de politesses.

Le comte en profita pour couvrir d'un regard rapide et curieux celle qui venait à lui si inopinément et non sans motifs sérieux, selon toute apparence.

Il ne put se défendre d'un mouvement de surprise.

Il faillit même, lui dédaigneux et blasé, laisser échapper un cri d'admiration.

La reine était toujours cette femme superbement belle qu'il connaissait.

Mais, particularité étrange ! la grâce, le charme complétaient maintenant cette mystérieuse beauté, et la corrigeaient pour ainsi dire dans ce qu'elle avait de trop solennel.

M. de Lincourt cherchait en vain à se rendre compte du changement qu'il voyait, mais qu'il ne comprenait pas.

Il trouva enfin.

Les cheveux de la reine, autrefois d'un blanc pur aux reflets d'argent, étaient maintenant du plus beau blond cendré.

« Pourquoi cette coquetterie ? » se dit le comte.

Puis se répondant à lui-même :

« C'est en tous cas une heureuse inspiration.

« Elle est adorable ainsi. »

Pendant qu'il faisait ces réflexions, la reine gardait un silence embarrassé.

Elle était visiblement émue.

Sa poitrine, se révoltant contre l'oppression qui semblait la comprimer, avait des soulèvements fréquents, inégaux et charmants.

Surmontant enfin son indécision, elle parla la première.

— Senor, dit-elle en espagnol, je vous apporte des paroles de réconciliation, de paix et d'amitié.

— Soyez donc la bienvenue, répondit le comte avec un empressement poli.

« Parlez, je vous écoute. »

La reine reprit :

— Le Sauveur vous a, malgré ma volonté, fait une guerre injuste.

« Il a fanatisé mes guerriers.

« Il les a menacés des grandes puissances de la magie : ils ont craint les forces surnaturelles de ses médecines.

« Il a fait briller à leurs yeux l'espérance de chasser les Visages-Pâles de nos territoires de chasse.

« Ils ont cru à ses folles promesses.

« Ils sont allés au combat.

« La volonté du grand Vacondah était contre eux : ils furent trompés dans leur espoir.

« Malgré leur courage, vous les avez vaincus.

« Vous étiez moins nombreux et pourtant vous avez triomphé.

« J'avais prédit à mes guerriers leur défaite ; je leur avais dénoncé les artificieuses menées du Sauveur.

« Après avoir méprisé mes avis, ils sont revenus à moi vaincus, repentants et soumis.

« Les sachems réunis m'ont juré fidélité : ils m'obéiront maintenant, eux et les guerriers. »

La reine fit ici une légère pause.

Elle attendait peut-être une parole, un geste d'approbation.

Le comte se borna à répondre :

— Continuez.

« Un ami vous écoute. »

La reine reprit :

— Une grande lumière s'est faite dans mes esprits.

« Je connais vos projets.

« Je sais que vous vous proposez de conquérir d'immenses richesses, dont Tête-de-Bison et vous connaissez seuls l'existence.

« Je n'ai jamais pensé à vous disputer ces richesses.

« Moi et mes guerriers, nous les dédaignons.

« Il nous faut les grandes forêts et la vaste prairie pour chasser et vivre libres au soleil du Vacondah : nous ne voulons rien de plus.

« Recherchez l'or et les richesses : nous les méprisons !

« Comte, mes paroles sont celles de vingt chefs redoutés qui m'accompagnent.

« Elles les engagent, comme elles me lient...

« Voici la proposition que je vous fais au nom de mes braves guerriers.

« Votre troupe peut encore être inquiétée avant d'arriver à son but.

« Je vous offre mon alliance. »

La reine s'arrêta à ces mots, et leva un regard interrogateur sur le comte.

Celui-ci, guidé par un sentiment de prudente réserve, répondit :

— J'accepterais volontiers; mais je doute que mes hommes consentent à voir leurs parts diminuées au profit de vos guerriers.

— Je répète, fit la reine, que mes guerriers sont désintéressés.

« Ils vous prêteront leur appui, et ne vous demanderont en échange que votre amitié.

« De plus, il a été décidé, au grand conseil des sachems, que nous vous céderions la propriété du territoire où vous voulez vous établir. »

Et, pour donner plus de valeur à ses généreuses propositions, la reine ajouta :

— Comte de Lincourt, n'oubliez pas que je méprise l'artifice et que le mensonge n'a jamais souillé mes lèvres.

Il n'y avait pas à douter de la bonne foi de la souveraine des Indiens.

Le comte le savait fort bien.

Toutefois il fut quelques instants sans répondre.

Il réfléchissait.

Il comparait dans son esprit les avantages et les inconvénients d'une semblable alliance.

Il se décida enfin.

Et, fixant un clair regard sur la reine, il dit à haute voix, solennellement :

— J'accepte votre alliance !

« Mes guerriers seront les frères de vos guerriers. »

En entendant ces paroles, la reine ne put se défendre d'un léger tressaillement.

Le comte le remarqua.

Un vague sourire vint errer sur ses lèvres.

Sourire de satisfaction, de triomphe même.

Pensait-il à la reine ?

Pensait-il à la femme ?

Cependant, sur un signe de leur souveraine, les sachems s'étaient approchés.

Les hommes qui formaient l'escorte du comte s'avancèrent également.

Alors commença, dans un profond silence, la cérémonie de l'alliance.

D'abord la reine tira d'une gaîne de cuir ouvragé un couteau à scalper, au manche d'ivoire incrusté d'or, et elle le présenta au comte.

Celui-ci donna en échange un élégant poignard italien qu'il détacha de sa ceinture.

Cette première partie du cérémonial accomplie, les sachems et les gens du comte échangèrent à leur tour couteaux et poignards, puis les Peaux-Rouges entonnèrent une sorte de chant bizarre, en brandissant les couteaux qu'ils tenaient de leurs nouveaux alliés.

Quand ils eurent terminé, l'escorte du comte leur répondit par trois bruyantes acclamations.

En ce moment, le comte fit un signe à John Burgh.

Celui-ci jeta un long cri d'appel direction du camp.

Les sachems demeurèrent étonnés.

La reine adressa du regard une muette interrogation à M. de Lincourt.

Il sourit et se rapprocha d'elle.

— Vous ne m'avez pas parlé de votre frère l'Aigle-Bleu ? lui demanda-t-il.

A ces paroles, le visage de la reine prit une singulière expression de tristesse et de pitié.

— Mon frère, dit-elle, a dédaigné mes sages conseils ; il a méprisé les oracles, il a étouffé le feu du sacrifice sous le poids de son orgueil : je le plains.

« Mais il a combattu vaillamment, son sang a coulé par mille blessures, il est mort comme un grand guerrier : que son nom reste à jamais dans le cœur et dans l'esprit des braves de sa tribu ! »

Le comte avait écouté jusqu'au bout cette oraison funèbre, prononcée d'un ton grave et solennel par la reine profondément attristée.

— Cessez, lui dit-il, de regretter la mort de votre frère.

« Cet intrépide guerrier vit.

« Mes médecins l'ont guéri de ses nombreuses blessures.

« Il est mon prisonnier.

« Tout à l'heure il sera devant vous.

« C'est lui que je viens de faire appeler. »

A cette nouvelle, la reine eut un tressaillement de joie.

Son visage s'éclaira d'un sourire de bonheur.

Puis à ce premier mouvement succéda soudain une vague tristesse qui surprit le comte.

— Vous êtes généreux, dit la reine.

« J'espère que mon frère a oublié sa haine contre les Visages-Pâles. »

Ces derniers mots expliquaient sans doute cet air soucieux qui avait succédé à un premier élan joyeux.

La reine craignait de voir son traité d'alliance compromis par la présence de son frère.

Les sachems, eux, en apprenant que

l'Aigle-Bleu vivait, avaient manifesté leur satisfaction en jetant trois grands cris et en agitant au vent les queues de renard qui ornaient leurs manteaux de peaux.

Bientôt un murmure général se fit entendre.

L'Aigle-Bleu, escorté de quatre trappeurs, sortait de l'enceinte du camp et s'approchait d'un pas lent et solennel.

Il était sans armes, mais revêtu de son grand costume de guerre.

Quand il se trouva en présence de la reine sa sœur, il échangea avec elle le salut indien; puis, s'adressant au comte, il lui dit avec autant d'emphase que de fierté :

— Le chef pâle a fait venir son prisonnier.

« L'Aigle-Bleu attend qu'il parle.

« Ses oreilles sont ouvertes.

— Sachem, fit le comte avec une imperceptible nuance d'ironie, vous êtes un grand guerrier; vous êtes brave, intrépide et vaillant.

« Malgré votre courage et votre valeur, vous avez succombé dans la lutte que vous et vos guerriers aviez engagée contre moi.

« Couvert de blessures, vous êtes tombé en mon pouvoir.

« Je vous ai fait soigner et guérir; puis, selon les lois de la guerre, je vous ai gardé comme prisonnier, comme otage.

« Ajourd'hui, je viens de faire alliance avec la reine; ses guerriers et les miens sont frères maintenant.

« Devenez vous-même mon allié et mon frère si vous le voulez.

« Pour moi, je le souhaite.

« Vous n'êtes plus mon prisonnier.

« Je vous donne la liberté.

« Et, de plus, je vous laisse libre de me traiter en ami ou en ennemi. »

L'Aigle-Bleu, pendant que le comte parlait, ne l'avait pas quitté un instant du regard.

Sa physionomie respirait la défiance et l'animosité.

Sombre, irrité, haineux, il répondit :

— Le chef pâle me demande d'enterrer la hache de guerre.

« Par ses paroles artificieuses, il a enchaîné la volonté des sachems mes frères.

« Par des promesses et des mensonges, il a obtenu l'alliance de nos guerriers.

« Par les paroles de générosité qu'il vient de prononcer, il pense sans doute, avec cette eau glacée du dédain, éteindre l'ardent foyer de vengeance qui me brûle le cœur.

« Le chef pâle se trompe.

« L'Aigle-Bleu trempera encore dans le sang des guerriers pâles sa hache de combat.

« Il réunira une nombreuse armée pour les combattre et les éloigner de nos territoires de chasse.

« Il se vengera; car le sang de ses frères sacrifiés rougit encore la terre, là-bas... au loin, dans la prairie. »

Cette violente sortie fut mal accueillie par les sachems.

Ils y répondirent par de violents murmures, et plusieurs, prenant la parole, déclarèrent qu'ils désiraient la paix, qu'ils avaient fait alliance avec les Visages-Pâles, et que leur résolution ne changerait pas.

La reine elle-même adressa quelques mots de reproche à son frère, et tenta de lui faire sentir combien il se montrait injuste et ingrat.

L'Aigle-Bleu écouta tout avec un calme et une impassibilité absolus.

Puis, prenant de nouveau la parole, il s'écria d'une voix tremblante de colère :

— Sachems, en présence même du grand Vacondah, je vous aurais proclamé les plus braves et les plus loyaux guerriers de la savane !

« Je me serais trompé.

« J'aurais menti.

« Je vous croyais mes frères.

« Mais je le vois :

« Le sang rouge qui coulait dans vos veines a pâli.

« Il était bouillant, il est glacé maintenant.

« Vous n'êtes plus qu'un troupeau de lâches coyotes derrière le jaguar superbe, suivant sa piste sanglante et vivant des débris qu'il vous abandonne. »

De nombreuses protestations parties du groupe des sachems accueillirent cette violente et insultante sortie.

L'Aigle-Bleu, sans paraître y prêter attention, écarta la peau de buffle qui formait son principal vêtement, et montrant sa poitrine nue et couverte de nombreuses cicatrices à peine fermées :

— Que mes frères regardent! reprit-il avec une exaltation croissante.

« Et que leur courage renaisse.

« Que leur sang coule!

« Que leurs chairs soient déchirées!

« Que leurs os soient broyés!

« Mais qu'ils soient libres! »

Après avoir prononcé ces derniers mots avec un fanatique enthousiasme, le frère de la reine demeura silencieux et parut attendre l'adhésion des sachems.

Ceux-ci, trompant son espoir, ne répondirent que par de nouveaux murmures.

L'Aigle-Bleu dut s'avouer son impuissance à ramener l'esprit de la révolte et de la guerre parmi les chefs soumis à sa sœur.

Alors son exaltation sembla augmenter d'intensité.

Il garda le silence pendant quelques instants ; puis, couvrant d'un regard plein de dédain le groupe des sachems et la reine elle-même, il tira son calumet de sa ceinture et l'alluma.

On le regarda fumer avec surprise.

Que signifiait ce calme subit?

Pourquoi allumer le calumet?

La curiosité générale était vivement surexcitée.

Elle ne tarda pas à être satisfaite.

L'Aigle-Bleu, après avoir aspiré quelques bouffées, saisit son calumet à deux mains, en brisa le tuyau en plusieurs morceaux et jeta le tout au loin.

— Mes frères, dit-il, se font les lâches serviteurs des Visages-Pâles ; je les méprise, et je ne fumerai jamais avec eux le calumet de l'amitié devant le feu sacré du grand conseil.

« Je suis le prisonnier de nos ennemis qui m'offrent la liberté : je la refuse.

« Je reste leur esclave pour ne pas vivre au milieu d'un troupeau de coyotes. »

Ayant prononcé ces dernières paroles, l'Aigle-Bleu fit quelques pas pour s'éloigner dans la direction du camp.

Le comte l'arrêta d'un geste.

— Sachem, lui dit-il, vous n'avez pas été mon esclave, et vous n'êtes pas mon prisonnier.

« Je vous recevrai dans mon camp lorsque vous vous y présenterez comme un ami.

« Restez avec vos frères.

« Vous reconnaîtrez peut-être un jour que je ne mérite pas votre haine. »

L'Aigle-Bleu jeta un regard étonné sur le comte. Puis, sans mot dire, il alla tristement se mettre au dernier rang des sachems.

M. de Lincourt et la reine échangèrent un regard ; puis celle-ci, souriante et gracieuse, s'inclina, tendit une main amie à son allié, et lui dit à l'européenne un charmant adieu.

Bientôt elle s'éloigna avec ses guerriers.

Le comte la suivit un instant du regard, et, visiblement préoccupé, il reprit le chemin de son campement.

Son escorte venait à une vingtaine de pas derrière lui.

John Burgh seul se tenait à ses côtés.

L'Anglais était poursuivi par une idée fixe.

Il aurait bien voulu connaître le *Secret* du Trappeur, et il guettait le moment favorable pour parler à M. de Lincourt.

Mais il n'osait troubler la méditation de son chef.

Il se risqua pourtant.

— Excellence, dit-il, vous voyez en moi un homme profondément étonné.

Le comte releva la tête et demanda avec une certaine brusquerie :

— Étonné de quoi?

— Je me demande comment il se fait que Sa Majesté la reine des Indiens connaisse le *Secret* du Trappeur.

— Peu nous importe ; elle le connaît, n'est-ce pas?

— Qui sait? fit l'Anglais.

— Que veux-tu dire? demanda le comte.

— Je veux dire que ces faces de cuivre ne savent peut-être rien, mais qu'ils nous offrent leur alliance pour tout savoir.

Cette allégation de John Burgh parut exciter chez M. de Lincourt plus d'irritation que de méfiance à l'endroit des Indiens.

— Que ces sauvages connaissent le *Secret*

ou ne le connaissent pas, dit-il, qu'est-ce que cela peut nous faire?

« Ils me proposent une alliance défensive : je l'accepte.

« Ils nous concèdent les terrains qui nous sont nécessaires : j'accepte encore.

« Mais ils me demanderaient quoi que ce soit en échange de ces excellents procédés, que je saurais les mettre dans la nécessité de renoncer à toute espèce de prétentions.

« N'exploitera pas qui voudra notre *Secret*, maître John Burgh ; ni eux ni d'autres ne l'exploiteront, et il m'est absolument indifférent que la reine le connaisse ou non. »

Ces derniers mots furent prononcés sur un ton de mauvaise humeur qui ôta à Main-de-Fer l'envie de continuer l'entretien.

Il se contenta de faire mille réflexions et de bâtir autant de raisonnements plus ou moins solides ; puis il finit par se dire :

— Les sauvages paraît-il, ne peuvent tirer parti du *Secret*.

« Nous, au contraire, il nous est permis d'en attendre des bénéfices énormes.

« Je n'y comprends absolument rien.

« Qu'est-ce que tout cela peut bien vouloir dire ? »

Le brave Anglais se répéta dix fois cette question en grattant furieusement son oreille droite.

Et naturellement il rentra au camp sans avoir trouvé la moindre solution.

Jamais il ne fut plus intrigué.

Il aurait certainement sacrifié le dixième de sa part de bénéfices pour connaître dans ses résultats probables et possibles le but de l'expédition.

Cependant les Peaux-Rouges s'agitaient sur leur plateau.

On les vit faire des préparatifs qui annonçaient la levée de leur camp.

Ils prenaient en effet leurs dispositions pour se déplacer et se rapprocher de leurs nouveaux alliés.

Ils mettaient l'activité la plus grande à abattre leurs tentes, à rassembler leurs chevaux, à tout disposer pour le prompt transport de leur matériel.

Après une heure d'agitation et de va-et-vient, ils descendirent dans un ordre parfait le versant de la colline et vinrent s'établir dans la vallée, à cinq cents pas de l'endroit occupé par la caravane.

Les tentes furent dressées, et le camp indien reprit bientôt cette physionomie si intéressante et si pittoresque dont s'émerveille toujours un Européen, si habitué qu'il soit à la vie aventureuse de la prairie et des forêts de l'Amérique.

Dès que leur installation fut complète, les Peaux-Rouges vinrent, par escouade représentant chaque tribu, faire visite à leurs frères les Visages-Pâles.

Il s'agissait d'organiser, conformément à la volonté de la reine, un grand festin, et de fêter ainsi le traité d'alliance qui venait d'être conclu.

Du consentement de leur chef, les gens de la caravane se mêlèrent aux Indiens, entrèrent dans leurs vues et se mirent activement à préparer la fête.

Deux heures avant le coucher du soleil, les Indiens et les trappeurs faisaient largement honneur à un de ces plantureux repas comme on n'en improvise que dans ces contrées à peine explorées des vastes solitudes du Nouveau-Monde.

Gibier à profusion.

Eau-de-feu à volonté.

Il n'en fallait pas plus pour exciter une gaieté générale, pour consolider l'accord entre les convives *pâles* et *rouges*.

Une grande tente avait été dressée entre les deux camps.

C'est sous cet abri que se tenaient la reine et le chef de la caravane, ainsi que leurs invités.

La souveraine des Peaux-Rouges était accompagnée de son frère l'Aigle-Bleu, complètement guéri de ses blessures, et des principaux sachems.

Le comte avait prié ses chefs de compagnies de s'asseoir à sa table.

A côté de l'Aigle-Bleu se tenait Nativité, la jeune femme blanche compagne de Conception.

De temps en temps, la reine jetait un re-

...ara singulièrement doux et bienveillant sur cette jeune femme, que son frère avait prise pour épouse.

Les commencements du repas furent assez calmes et silencieux.

Mais la réserve générale céda peu à peu à l'influence des vins que l'on servait à profusion.

Bientôt les sachems se départirent de leur gravité ordinaire; les trappeurs et les squatters eux-mêmes ne tardèrent pas à afficher une aimable et entraînante gaieté.

CHAPITRE C

JOHN BURGH A LA RECHERCHE DU SECRET DU TRAPPEUR

Cependant la reine commençait à trouver désagréables les accès de gaieté de ses sachems et de leurs nouveaux amis.

Elle se leva.

Le comte, également lassé, et fatigué de se trouver dans une compagnie qui n'avait rien de cette distinction qu'il possédait et que par conséquent il aimait, s'empressa d'imiter la reine.

Il la reconduisit jusqu'au dehors, où l'attendait une escorte d'Indiens.

Puis, tout à ses réflexions, il regagna lentement sa tente en savourant distraitement un havane.

Cependant les sachems et les trappeurs étaient restés à table.

Ils devenaient de plus en plus bruyants, car ils ne cessaient de boire.

John Burgh avait d'ailleurs trouvé un moyen de faire vider les coupes plus souvent que la soif ne l'exigeait.

Selon son habitude invariable, il porta une infinité de toasts, et il fallait bien lui faire raison.

En véritable Anglais, il ne voyait rien, en dehors de son pays, qui fût digne de ses toasts.

Il but et fit boire à Sa Majesté Victoria, à l'Angleterre, à ses ministres, à ses lords, à son parlement, à ses flottes, à ses armées; à son peuple, enfin à tout ce qu'il put trouver d'anglais.

Burgh, comme on peut se l'imaginer, commençait à ressentir les inévitables effets de ses nombreuses libations.

D'ailleurs il le déclarait lui-même.

— Je suis très-solide, disait-il.

« Je me trouve très-gai.

« Buvons encore... »

Comme il portait un nouveau toast aux colonies anglaises, il sentit quelque chose de lourd qui lui pesait sur l'épaule.

Le contact lui fut désagréable.

Il se retourna, les sourcils froncés.

Un Peau-Rouge de haute taille, silencieux et grave, se tenait derrière lui.

— By God! dit-il.

« Ôte ta main, elle me gêne.

« Mon camarade, tu peux te vanter de porter une belle charge au bout de ton poignet.

« J'en ai l'omoplate endolorie.

« Je ne sais pas si mon nom de Main-de-Fer t'est connu, mais je déclare que l'on peut t'appeler Main-d'Acier.

— Mon frère m'excusera, répondit gravement l'Indien.

« Depuis une heure je cherche à attirer son attention, mais il ne daignait pas me répondre : alors j'ai dû le toucher plus fort.

— Comment, depuis une heure? réclama Burgh.

« Et je ne t'aurais ni senti ni entendu?

« Tu n'es qu'un farceur, mon cher Peau-Rouge. »

Toujours calme, l'Indien reprit sans se déconcerter :

— J'ai tiré l'oreille de mon frère, comme doit le faire tout porteur d'un message : il s'est secoué comme si une mouche le piquait.

« Je lui ai frappé légèrement sur la tête, il a écarté ma main d'un coup de poing, et il a même failli me casser un doigt.

— Qu'est-ce que tu me racontes? s'écria l'Anglais.

« Un messager, des mouches, des coups de poing!

« Décidément tu veux te moquer de moi. »

Et John Burgh prit une attitude menaçante.

L'Indien, toujours impassible, ne répondit pas.

Il lui présenta un papier plié en quatre.
— Ah! ah! fit l'Anglais, c'est le message.
« Je comprends. »

Et il s'empressa de lire.

Puis, s'adressant au messager, il lui dit :
— C'est bien ; je te suis.

L'Indien sortit.

— By God! murmura le trappeur, je voudrais bien savoir pourquoi la reine veut me voir.

« Mais patience !.. »

Et, prenant son verre plein, il s'écria :
— Je bois aux colonies de la Grande-Bretagne !

Il but, se leva sans ajouter un mot et sortit de la tente.

Une fois dehors, il s'orienta.

La nuit était venue, et les fumées du vin lui brouillaient quelque peu la vue.

Après avoir fait un tour sur lui-même, il partit dans la direction du camp des Peaux-Rouges.

Tout en marchant, il faisait ses réflexions :

— By God! se disait-il, il me semble que voici une bonne occasion pour connaître ce fameux secret.

« Mais il faut être habile.

« Il y a bien un moyen tout simple : ce serait de le demander.

« Mais quelle bêtise !...

« By God! j'ai trouvé !...

« Je n'ai qu'à faire semblant de tout savoir ; elle ne se doutera jamais de la ruse, et j'aurai enfin des explications.

« Bonne idée ! fameuse idée !

« Je m'y arrête. »

Tout en rêvant à sa combinaison, John Burgh arpentait d'un pas mal assuré la distance qui séparait le lieu du festin du camp indien.

— By God! se disait-il, j'ai bu beaucoup, il me semble.

« J'ai la tête en feu.

« Il me faudrait des rafraîchissants. »

En ce moment, le trappeur butta contre la berge d'un ruisseau qui serpentait dans la vallée.

— Voici mon affaire, dit-il.

Et il se trempa la tête dans l'eau froide pour ramener un peu de calme dans son cerveau surchauffé par de trop nombreuses libations.

Son bain pris, il se secoua et se remit en marche.

— Je me sens mieux, se dit-il au bout de quelques instants.

« J'y vois plus clair. »

Il arriva enfin auprès d'une sentinelle indienne, qui le laissa passer sans mot dire et lui indiqua d'un simple geste la tente de la reine.

Quand il eut traversé le cercle de tentes, il aperçut au centre le wigwam royal.

Il se dirigea de ce côté.

Un guerrier en armes se tenait à l'entrée de cette tente plus vaste et mieux construite que les autres.

Quand il vit le trappeur approcher, il leva une peau d'élan qui fermait l'entrée, et lui fit signe de passer.

John Burgh pénétra sans se faire prier.

Mais il ne fit que deux pas dans l'intérieur, et s'arrêta dans une attitude respectueuse.

La reine était devant lui.

A l'aspect de son visiteur, elle s'était levée à demi sur le lit de riches fourrures où elle se tenait nonchalamment étendue.

D'un geste gracieux, elle indiqua au trappeur une sorte de banc garni de peaux d'ours noir et placé près d'un guéridon en roseaux tressés, admirable travail dû à la patience de quelque vannier indien.

Sur ce guéridon flambait un bol de rhum, et à côté se trouvait un coffret en bois parfumé, tout rempli de blonds cigares de la Havane.

L'Anglais avait, en entrant, admiré la grâce et la merveilleuse beauté de la reine ; maintenant son regard ne s'arrêtait pas avec moins de plaisir sur le guéridon si bien orné.

Il s'assit en laissant échapper quelques paroles mal articulées, mais à coup sûr très-approbatives.

Ce punch, ces cigares avaient été préparés à son intention.

Il était extrêmement flatté.

Il couvrait d'un regard attendri le bienheureux guéridon, puis se tournait vers la reine, lui montrant une figure réjouie qui exprimait clairement sa satisfaction.

— By God! se disait-il, voilà une femme qui comprend comment on doit recevoir ses visiteurs.

« Je ne regrette plus maintenant d'avoir quitté les camarades.

J'avais encore beaucoup de toasts à porter, des toasts nombreux, très-nombreux; mais je vois ou je crois voir que je pourrai les porter ici. »

En ce moment, la reine, qui jusque-là avait gardé le silence, sortit de sa rêverie.

D'un geste gracieux et empressé, elle invita l'Anglais à se servir du punch et à prendre des cigares.

— Je vous en prie, trappeur, dit-elle, buvez et fumez.

« L'eau-de-feu amène les paroles sur les lèvres, et vous devez me parler longuement. »

Cette invitation encouragea Burgh à proposer un premier toast.

Mais il remarqua qu'à côté du bol de punch il ne se trouvait qu'une seule coupe d'argent, laquelle lui était évidemment destinée.

— Majesté, dit-il, vous savez ce que signifie notre coutume anglaise de porter des toasts?

— Je le sais, dit la reine.

« Les Anglais portent des toasts et les Français portent des santés, ce que je trouve plus aimable. »

Cette remarque de la reine froissa quelque peu l'amour-propre de l'Anglais, qui répliqua :

— Oui, mais en portant leurs santés les Français boivent seuls assez souvent, tandis qu'il est d'usage que l'on réponde à nos toasts en buvant comme nous.

« C'est pourquoi je demanderai à Votre Majesté de faire placer une seconde coupe à côté de la mienne.

« Votre Grâce pourra ne pas boire, mais au moins je n'aurai pas l'air d'être seul, et je me contenterai d'une royale approbation. »

Pour donner satisfaction à Burgh, la reine se fit apporter une coupe.

Le trappeur la remplit, ainsi que la sienne.

Puis tirant de sa ceinture de cuir une pièce d'or :

— Votre Majesté paraît croire, dit-il, que les Français sont plus aimables et plus galants que nous; elle se trompe.

« Je veux n'en citer qu'une preuve :

« Ces Français ne veulent pas de femmes pour les gouverner; nous, au contraire, nous avons le plus souvent une femme pour souveraine. »

Et montrant sa pièce d'or :

— Tenez, ajouta-t-il, voici le portrait de notre gracieuse reine Victoria ; je ne m'en sépare jamais.

« Je n'ai même qu'un désir, c'est d'avoir le plus grand nombre possible de ces portraits.

« J'en posséderais un million que je n'en serais pas embarrassé.

« J'en donnerais beaucoup, d'abord, car tout le monde adore notre reine, et il n'est pas de peuple où ses portraits ne soient très-recherchés. »

L'Anglais, saisissant alors sa coupe, demanda :

— Que Votre Grâce me permette de porter un toast à Sa Majesté la reine Victoria.

Un sourire et un signe d'adhésion répondirent à cette proposition.

Le trappeur porta la coupe d'argent à ses lèvres.

En amateur consommé, il ingurgita lentement, se passa la langue sur les lèvres, et murmura avec un hochement de tête satisfait :

— By God! c'est du bon!

« Doux et sec, moelleux et fort.

« Très-bon !

« Aôh ! yes, excellent ! »

Et il vida son verre jusqu'à la dernière goutte.

Puis, plongeant le pouce et l'index dans la boîte aux havanes, il dit :

— Avec la permission de Votre Majesté?...

Et prenant un cigare il l'alluma.

Il le goûta comme il avait goûté le

Quand il eut aspiré quelques bouffées :
— Pur, aôh ! yes, très-pur havane, dit-il.

Et il se versa un second verre de punch, porta un nouveau toast au prince-époux, et avala d'un trait la liqueur brûlante.

La reine paraissait remarquer avec plaisir que John Burgh aimait le rhum.

Elle eut un sourire quand il avala son second verre, et ce sourire s'accentua lorsqu'elle vit le visage du trappeur prendre cette couleur rouge-brique à laquelle on reconnaît infailliblement qu'un Anglais a trop bu.

John Burgh se trouvait en effet dans un état très-voisin de l'ivresse.

En quittant la table où il avait fêté l'alliance de la caravane et des Peaux-Rouges à sa manière, c'est-à-dire en portant des toasts à son pays, rien qu'à son pays, il n'était pas absolument solide sur ses jambes, il l'avait fort bien senti, et c'est pourquoi il s'était rafraîchi dans l'eau froide du ruisseau.

Mais ce bain, pour l'avoir calmé un instant, ne pouvait rester un remède contre de nouvelles libations.

Le punch eut donc pour effet immédiat de ramener Burgh à cet état de demi-ivresse, fort agréable au dire des ivrognes.

Ce n'était qu'une de ces ivresses supportables ayant pour effet de rendre l'homme gai, bavard, communicatif.

En étudiant la physionomie de la reine, on eût pu croire qu'elle comptait sur les effets du punch pour délier la langue de l'Anglais, ordinairement réservé et taciturne.

Tout en dégustant le punch et en fumant

son cigare, Main-de-Fer jetait de fréquents coups d'œil du côté de la reine, qui demeurait silencieuse, mais bienveillante, sur son divan de fourrures.

— By God! pensait-il, elle ne m'a pas fait demander pour se procurer le plaisir de me voir boire et fumer.

« Et puis je voudrais bien causer pour avoir l'occasion de lui parler du *Secret.* »

Il sembla que la reine comprit sa pensée. Rompant enfin le silence, elle lui dit :

— Trappeur, je vous prive du plaisir de rester avec vos frères.

« Ils se réjouissent sans vous, et des reproches sont peut-être dans votre cœur.

— Des reproches, fit Main-de-Fer, je n'aurais qu'à m'en faire, si je n'étais pas content.

« Si je n'avais pas voulu venir, rien ne m'y forçait.

« Mais, soyez tranquille, je ne regrette rien.

« Quoique Anglais, je suis un galant homme, et Sans-Nez que vous connaissez ne me vaut pas, bien qu'il soit Français. »

Et, sûr des bienveillantes dispositions de la reine, il ajouta avec une brusquerie toute britannique.

— By God! pour une reine comme vous, on peut bien quitter tous les amis et les camarades du monde.

« J'en ai bien vu des reines sauvages dans mes nombreux voyages ; mais, very God ! je n'en ai jamais rencontré d'aussi belle, d'aussi gracieuse que Votre Majesté.

« En Angleterre, dans mon pays, j'ai vu la reine d'Oude : elle était vieille et laide.

« J'ai vu encore la reine Pomaré : elle ressemblait plutôt à un vieux nègre qu'à une reine.

« J'ai été reçu en audience solennelle par la reine de Madagascar, dans son pays ; j'ai pensé un moment me trouver en présence d'une guenon, et une guenon féroce qui fait asseoir ses sujets sur des fers de lance.

« J'ai vu mille reines sauvages ; j'en ai même connu qui ne l'étaient pas.

« Mais, je vous le déclare, je n'en ai jamais rencontré d'aussi belle, d'aussi charmante que Votre Grâce. »

La reine ne fit pas le moindre geste pour interrompre John Burgh.

Elle parut même écouter avec plaisir les compliments qu'il lui prodiguait.

Elle y répondit :

— Vos paroles sont douces comme le lait et brillantes comme les fleurs.

« Je les ai écoutées.

« Mais, si elles ont frappé mes oreilles, elles ne sont point restées dans mon esprit.

« Elles sont oubliées et bien loin déjà. »

« Je vous sais heureusement trop loyal et pas assez vaniteux pour que l'on puisse attribuer à vos paroles les mêmes motifs qui ont causé à votre ami Sans-Nez le désagrément fâcheux que vous savez. »

Cette allusion au supplice infligé autrefois au trop entreprenant Parisien enchanta Burgh qui s'écria :

— Mon camarade Sans-Nez n'a eu que ce qu'il méritait.

« Je ne le plains pas, au contraire.

« Majesté, je bois à vos admirateurs respectueux. »

Et il vida une nouvelle coupe.

Cependant il pensa que le moment était venu de parler de l'objet de sa visite.

Prenant donc un ton sérieux, il demanda :

— Je me permettrai de faire remarquer à Votre Grâce que j'ignore encore pourquoi elle m'a fait venir ici.

La reine répondit aussitôt :

— Vous venez de me dire que vous aviez beaucoup voyagé ; connaissez-vous les grandes villes du pays des Visages-Pâles ?

— By God ! si je les connais ! s'écria Burgh en vidant un nouveau verre de punch et en allumant un second cigare.

« Je connais d'abord la plus grande ville du monde, la capitale de mon pays.

« Je connais Londres ; j'y suis né.

— Mais il y a une autre grande ville dont j'ai entendu parler, dit la reine ; il y a Paris.

Burgh comprit que la reine voulait surtout parler de Paris.

— Paris ! fit l'Anglais avec une moue dédaigneuse.

« Que Votre Majesté ne s'y trompe pas.

« Paris comparé à Londres n'est qu'un village.

« Londres, la capitale du Royaume-Uni et la plus grande ville de l'univers !

« Et la Cité ! la Cité seule est une ville immense et jamais on n'a vu...

— Mais Paris ? interrompit la reine.

« Vous ne connaissez donc pas Paris ?

— Si, je connais Paris, affirma l'Anglais.

« J'y suis allé avec un grand homme d'État de mon pays, avec un ambassadeur.

« Paris est aussi une grande ville... pour la France ; mais il n'y a que Londres.

— Et que fait-on à Paris ? demanda la reine avec une ténacité qui fit hausser les épaules à Burgh.

— On y fait ce que l'on fait partout.

« Les seigneurs, le grand monde et ceux qui ont de l'or s'y amusent.

« Ceux qui n'ont pas d'or travaillent.

« Tandis qu'à Londres, dans mon pays... c'est la même chose, si vous voulez ; mais il y a le commerce, les banques...

— Qu'entendez-vous par le grand monde ? fit la reine.

— J'entends les nobles, les riches, les gens... comme Son Excellence le comte de Lincourt, par exemple.

— Ah ! le comte ferait partie, à Paris, de ce que j'ai entendu appeler la haute société ?

— Sans aucun doute, répondit Burgh, qui avait prononcé le nom du comte pour se donner l'occasion de parler du *Secret*.

« Il est noble et il sera immensément riche quand nous aurons exploité *notre* secret ; vous savez ce que je veux dire ?

— Oui, je le sais ! fit la reine sans prendre garde au ton insinuant de l'Anglais.

« Mais, croyez-vous que, si j'allais à Paris en emportant de grandes richesses, je ferais aussi partie de ce grand monde ?

— By God ! je le crois bien ! s'écria Main-de-Fer.

« Une reine !

« Une reine sauvage ! belle ! très-belle !

« Avec beaucoup d'or ! »

Et d'un air finaud, tenant à son idée de savoir quelque chose du *Secret*, il ajouta :

— Votre Majesté pense donc que notre expédition sera assez productive pour qu'elle y ait une part, et qu'elle devienne alors assez riche pour soutenir à Paris son rang de souveraine ?

La reine ne parut pas avoir entendu cette question, ce qui contraria visiblement l'Anglais.

Elle reprit :

— Si j'allais à Paris, et si je voulais connaître beaucoup de monde, que me faudrait-il faire ?

— Il faudrait d'abord avoir un ou plusieurs amis qui vous présentent dans les réunions, qui vous fassent inviter aux soirées, aux fêtes.

— Croyez-vous, demanda encore la reine, que votre chef retournera à Paris quand votre expédition aura réussi ?

Main-de-Fer essaya encore d'une réponse propre à amener la reine à dire quelque chose du *Secret* :

— Son Excellence retournera nécessairement à Paris si nous réussissons.

« Et nous avons bon espoir.

« A moins que Votre Majesté ne voie des difficultés... »

Cette fois encore, l'Anglais en fut pour son insinuation.

La reine lui répondit par une nouvelle question.

— Pensez-vous, lui dit-elle, que, si je me trouvais à Paris en même temps que le comte, il me présenterait à ses amis, qu'il me mènerait à ces fêtes du grand monde ?

L'Anglais irrité oublia un instant de se conduire en gentleman.

Il ne répondit pas.

Et, se versant du punch, il regarda la reine comme s'il n'avait pas compris.

Celle-ci renouvela d'un air ingénu sa question, ne prenant pas garde à la mauvaise humeur du trappeur.

— Votre Majesté m'embarrasse, dit enfin Burgh.

« Son Excellence vous présenterait certainement si vous étiez sa femme.

« Mais autrement... je ne sais pas.

« Si vous voulez, je le lui demanderai. »

A cette proposition faite sur un ton quelque peu goguenard, la reine se souleva sur son lit de fourrures.

Une singulière émotion l'agitait.

— Trappeur, dit-elle sévèrement, que votre bouche reste fermée.

« Que les paroles qui sont tombées de nos lèvres ne sortent pas de ce wigwam.

— Soyez tranquille, Majesté, dit Burgh.

« Et comptez sur ma discrétion.

« Je ne suis pas un Français, un Sans-Nez, bavardant à tort et à travers. »

En donnant cette assurance, il s'était levé.

Alors il se versa une nouvelle rasade ; il éleva sa coupe à la hauteur de ses lèvres et s'écria :

— Je porte un toast à la prudence des Anglais !

Ayant bu, il fit un pas de retraite, supposant que l'entretien était terminé.

Cependant la reine, dans son émotion, était descendue de son divan de fourrures.

Elle s'approcha du trappeur et, lui posant la main sur le bras, elle lui dit gravement :

— Je sais que vous ne parlerez pas.

« Votre loyauté m'est connue.

« C'est pourquoi je veux vous adresser encore plusieurs questions. »

Burgh s'inclina poliment et s'empressa de répondre :

— Je suis à la disposition de Votre Majesté.

« Je répondrai à ses questions du mieux qu'il me sera possible. »

Et il ajouta mentalement :

« Plus l'entretien se prolongera, plus j'aurai de chance de savoir ce diable de secret. »

Après s'être recueillie un instant, comme si les paroles qu'elle allait prononcer étaient de la plus grave importance, la reine demanda :

— Croyez-vous qu'un Visage-Pâle, un homme de votre race consente à se marier avec une femme indienne ?

Cette question ainsi formulée embarrassait Burgh.

Il pouvait sans mentir y répondre par un oui ou par un non, connaissant des chasseurs qui avaient choisi leurs femmes parmi les Peaux-Rouges, et sachant aussi que nombre d'autres n'auraient jamais consenti à une union qu'ils considéraient comme une mésalliance.

Burgh se décida pour l'affirmative, sauf à faire les restrictions nécessaires.

— Je crois très-bien, dit-il, qu'un blanc se marierait avec une Indienne.

« Ainsi, moi, il m'en prendrait l'envie, que je n'hésiterais pas une minute. »

Cette assurance du trappeur ne parut pas convaincre la reine, qui insista :

— Il me semblait pourtant, dit-elle, qu'il existait dans votre pays ce que vous appelez un préjugé qui rendrait ridicules les hommes qui choisiraient pour épouses des femmes de nos tribus ?

— Certainement que ce préjugé existe, répondit Burgh.

« Mais beaucoup de gens ne l'ont pas.

« Il n'y a guère que dans le grand monde dont nous parlions tout à l'heure où l'on conserve de ces idées-là. »

En entendant prononcer ces derniers mots, la reine ne put se défendre d'un tressaillement.

Et sa voix tremblait un peu quand elle reprit :

— Ainsi vous pensez qu'un homme appartenant au grand monde ne voudrait pas devenir l'époux d'une femme indienne ?

— Je le crois, dit Burgh.

— Même si cette femme était la fille d'un chef renommé ?

— Que Votre Grâce me permette d'ajouter un mot.

« Il est possible que certains gentlemen se moquent des préjugés de leurs pairs.

« Il n'y a pas de règles sans exception, comme disent les Français.

« Et puis il y a des seigneurs pauvres qui consentiraient peut-être à se mésallier pour posséder les grandes richesses de leur femme. »

Ces réponses peu positives ne paraissaient pas satisfaire la reine.

— Votre langage est plein de détours, dit-elle.

« Je ne le comprends pas. »

Cette remarque déplut à Burgh, qui d'ailleurs parlait avec la plus entière bonne foi.

— J'assure à Votre Majesté, dit-il, que je lui dis tout ce que je pense.

Et il ajouta avec malice :

— Les renseignements que je vous donne contrarient peut-être vos projets ; mais je vous ai promis de ne pas mentir, je vous dis la vérité.

La reine tenait sans doute à ne point irriter Burgh, car elle s'empressa de lui dire :

— Trappeur, vous êtes aussi loyal que brave, et le mensonge ne peut souiller vos lèvres.

« Je le sais.

« Vous ne comprenez pas mes questions : je vais rendre mes paroles plus claires. »

Et, après avoir réfléchi quelques secondes, elle demanda :

— Depuis combien de temps connaissez-vous le comte de Lincourt ?

« Ah ! ah ! se dit Burgh, attention !

« Le moment de reparler du *Secret* va venir. »

Il répondit :

— Je l'ai vu pour la première fois quand il nous est venu rejoindre à Austin pour organiser la caravane.

« Mais j'ai déjà appris à le connaître et Grandmoreau m'a beaucoup parlé de lui. »

Il y eut un moment de silence.

La reine voulait évidemment formuler une question; mais elle hésitait.

— Trappeur, dit-elle enfin, supposez que j'aie une sœur, qu'elle soit, comme moi, reine de plusieurs tribus et qu'elle puisse se procurer d'immenses richesses....

— Comme celles du *Secret*, interrompit Burgh guettant toujours l'occasion d'amener la conversation sur ce terrain.

— De plus grandes encore, fit la reine.

— Serait-ce possible ? observa Burgh.

— Supposez-le, et dites-moi si vous croyez que le comte aimant une telle femme indienne consentirait à l'épouser.

— Permettez, Majesté ! répondit Burgh plus que jamais guidé par la curiosité ; le comte est noble et il sera avant peu prodigieusement riche.

« Vous savez bien qu'une fois arrivés, nous n'aurons plus qu'à... »

Il s'arrêta à dessein au milieu de sa phrase dans l'espérance que la reine l'achèverait et lui donnerait ainsi quelque éclaircissement.

Tentative inutile et vaine.

La reine, toute à ses propres préoccupations, répéta :

— Consentirait-il à se marier avec une reine indienne aussi puissante que moi, aussi riche que je pourrais l'être ?

« Répondez-moi loyalement, trappeur.

Burgh, vexé de n'avoir rien appris, dit av une certaine brusquerie :

— Lui, un comte, un des plus nobles seigneurs de France, épouser une reine sauvage ?

« Je jurerais que non.

« Majesté, vous êtes belle, très-belle, *beautiful*, je vous le dis respectueusement.

« Eh bien ! vous auriez une sœur mille fois plus belle, plus puissante et plus riche, que le comte de Lincourt ne l'épouserait pas.

« L'orgueil défend à un gentilhomme de se mésallier, et l'orgueil de notre chef est immense. »

La reine avait écouté avec calme les appréciations de l'Anglais.

Mais dès qu'il eut prononcé son dernier mot, elle fut prise d'un brusque tressaillement, ses lèvres se contractèrent, ses yeux lancèrent deux traits de feu.

Ce ne fut qu'un éclair.

Elle se remit aussitôt.

Un triste sourire vint errer sur ses lèvres et elle dit en indien :

— *Och ! widmoo ek Vacondah !* (Bien ! c'est la volonté de Dieu !)

Puis, versant elle-même du punch dans la coupe de Burgh, elle la lui présenta en disant :

— Trappeur, un dernier toast.

Burgh, confus et ravi de tant de prévenance, prit respectueusement la coupe, et s'étant profondément incliné, il se releva en s'écriant :

— Je porte un toast à la plus belle, la plus gracieuse, la plus charmante des souveraines...

Et, après avoir bu, il rectifia :

— ... Après Sa Majesté Victoria, reine d'Angleterre.

Ayant reposé sa coupe vide sur le guéridon, il s'inclina de nouveau, voyant que l'entretien était définitivement terminé.

Il pensa bien un instant à demander nettement à la reine des renseignements sur le *Secret;* mais d'abord il comprit toute l'inconvenance de cette tentative, et ensuite la réserve qui avait accueilli toutes ses insinuations ne l'encouragea aucunement.

Il se résigna à partir sans rien savoir.

Il regagna la porte à reculons, saluant avec l'élégance d'un courtisan consommé.

Au moment où il touchait la peau d'élan qui fermait le wigwam, la reine lui adressa un gracieux geste d'adieu, puis posa un doigt sur ses lèvres.

C'est en tout pays la manière de recommander le silence.

— Majesté, je serai muet, dit John Burgh; et il disparut.

CHAPITRE CI

D'UNE CONSULTATION QUE M. DE LINCOURT DEMANDA AUX DOCTEURS SIMIOL ET DU BODET, ET DE LA PERPLEXITÉ OU IL SE TROUVA.

Le trappeur reprit le chemin du camp.

Il marchait avec assez d'assurance et d'aplomb.

Le punch de la reine n'avait contribué qu'à l'entretenir dans cette demi-ivresse qui ajoute aux impressions que l'on ressent.

John Burgh, trompé dans son espoir d'apprendre quelque chose du *Secret*, était dépité, vexé, furieux.

Il ne fumait plus le cigare qu'il avait à la bouche : il le mâchonnait avec colère, il le chiquait avec rage.

Certes, il n'aurait pas fallu lui chercher noise dans ce moment.

— By God! grommelait-il tout en marchant; je suis donc bien stupide !

« Impossible de savoir la plus petite chose de ce secret !

« C'est désespérant... et pourtant je veux savoir et je saurai.

« N'avoir pas pu tirer un mot de cette reine !

« Je lui ai dit, moi, tout ce qu'elle a voulu.

« Mais allez donc la distraire de son idée fixe !

« Elle ne pense qu'à notre chef.

« Elle en est folle, j'en suis plus que convaincu.

« By God! quand j'y pense : être assez sot pour ne pas profiter de cette passion, pour ne pas avoir trouvé le moyen de faire parler une femme amoureuse !...

« Quel idiot je suis !

« Mais je veux la revoir.

« Toutes ces questions qu'elle m'a faites m'autorisent à lui adresser la parole quand je voudrai.

« Il faut que je trouve une combinaison. »

Burgh, on le voit, était bien Anglais.

Il avait cet égoïsme de ses compatriotes, qui consiste à user de tous les moyens possibles pour servir leurs intérêts ou leurs passions.

Ces terribles commerçants feraient volontiers des emprunts à un confrère au nom de l'amitié, pour couler ce même confrère au nom de la libre concurrence.

Burgh en était à chercher la combinaison qui devait lui permettre d'adresser, avec plus de chances de succès, de nouvelles questions à la reine, quand il aperçut tout à coup un homme à vingt pas de lui.

Il s'arrêta court et observa.

Cet homme paraissait se promener.

Burgh se rapprocha avec précaution, et de manière à ne pas attirer l'attention du promeneur.

Quand il n'en fut plus qu'à quelques pas, il reconnut le comte de Lincourt.

« Il visite les sentinelles, » se dit l'Anglais.

La supposition était juste.

En véritable chef d'expédition, d'une remarquable et exceptionnelle vigilance, le comte ne rentrait jamais sous sa tente qu'après avoir vérifié par lui-même si les gens chargés de veiller à la sûreté de la caravane étaient tous à leur poste.

Et cette manière d'agir était pour beaucoup dans la confiance qu'avaient placée en lui les trappeurs et tout le personnel de l'expédition.

En reconnaissant son chef, Burgh fut pris d'une folle envie de s'amuser un peu à ses dépens avant d'aller dormir.

Il pressa le pas pour rejoindre le comte qui s'éloignait.

Il butta contre un caillou.

M. de Lincourt se retourna.

La main sur la crosse de son revolver, il demanda :

— Qui va là ?

Burgh s'était arrêté.

Il savait qu'il se trouvait en présence d'un homme déterminé et parfaitement capable de joindre une balle à sa deuxième question.

Aussi s'empressa-t-il de répondre :

— C'est moi, Burgh !

Et, s'étant approché, il ajouta :

— Que Votre Honneur me pardonne si je me permets de l'arrêter dans sa ronde.

— Que me veux-tu ? demanda le comte qui ne paraissait pas disposé à entrer en conversation.

A cette question, Burgh eut un singulier sourire.

Il se balança sur ses jambes, et dit avec un accent goguenard qui lui était peu habituel :

— Si Votre Honneur voulait bien me le permettre, je lui adresserais une question.

Une si simple demande, faite avec tant de précaution, à pareille heure, en un tel endroit, ne pouvait qu'étonner le comte.

L'Anglais avait donc quelque chose de bien grave à lui confier ?

S'agissait-il du salut de la caravane ?

Il paraissait venir du camp indien : aurait-il eu vent de quelque trahison de la part des Peaux-Rouges ?

Toutes ces suppositions vinrent à l'idée du comte en moins d'une demi-seconde.

Il répondit toutefois, sans manifester la moindre surprise :

— Voyons cette question ?

Pendant que le comte faisait ses réflexions, Burgh avait fait les siennes :

« Ah ! on ne veut me rien avouer du *Secret !* » s'était-il dit.

« Je suis très-intrigué, et Son Honneur mon chef ne le serait pas ?

« Nous allons bien voir.

« Moi aussi, j'ai un secret qu'il ne saura pas.

« Et il voudra le savoir.

« Plus tard, il me questionnera.

« Alors je poserai mes conditions.

« Nous ferons un échange. »

Et, enchanté de son idée de troquer sa découverte de l'amour de la reine pour le comte contre le fameux *Secret*, il posa cette question en apparence si simple sur un ton qui tendait à lui donner une importance capitale :

— Avez-vous l'intention de retourner à Paris dès que notre expédition sera terminée ?

La surprise du comte augmenta.

Il ne s'attendait pas à une interrogation aussi dépourvue d'intérêt selon lui.

— Certes, je retournerai à Paris, dit-il.

« Crois-tu que je veuille m'enterrer dans ces pays perdus ?

« Mais pourquoi cette question ? »

Ici Burgh modifia son attitude.

Il avait été goguenard et important.

Il devint mystérieux et énigmatique.

— Excellence, dit-il, avez-vous jamais connu une de ces femmes indiennes qui font métier de sorcières, pratiquent la médecine, prédisent l'avenir, vendent des poisons et font enfin tout ce qui concerne leur commerce ?

Cette nouvelle question parut déplaire au comte, qui haussa les épaules et fit mine de s'éloigner.

Ce n'était pas l'affaire de Burgh.

— Je demande à Votre Honneur une minute de patience, dit-il.

Le comte demeura.

— Je viens du camp des Faces-de-Cuivre, reprit l'Anglais.

« J'y ai vu une de leurs sorcières, qui m'a dit des choses étonnantes, qui m'a fait de singulières prédictions.

« D'abord elle m'a parlé de notre expédition, du *Secret*.... mais.... »

Ici Burgh fit une légère pause, dans l'espoir de donner naissance à une discussion et d'obtenir ainsi quelque renseignement.

Mais le comte n'était pas homme à tomber dans un piège aussi grossier.

Il garda le silence.

Burgh fut obligé de continuer :

— .... Mais là n'est pas la question.

« J'ai parlé de Votre Honneur à la sorcière.

« Eh bien! j'oserais parier avec vous que vous ne devineriez jamais ce qu'elle m'a dit. »

Le comte sourit dédaigneusement et haussa de nouveau les épaules.

— Je ne chercherai pas à deviner, dit-il, car il m'importe peu de savoir ce que racontent sur moi les sorcières indiennes.

— Pardon, Excellence : la prédiction est tellement extraordinaire qu'elle m'a frappé.

« Je vais vous répéter mot pour mot les paroles de la devineresse.

« Les voici :

« — Dis au chef pâle que dans la grande
« ville de sa nation il sera poursuivi par les
« plaisirs de l'amour, mais que son cœur
« saignera, car son orgueil sera abaissé. »

Ayant improvisé ces paroles sur un ton solennel et prophétique, Burgh salua gravement le comte, pirouetta sur ses talons et s'éloigna en sifflotant son air de prédilection, le « *God save the Queen*. »

Il se dandinait en s'en allant avec cet air de contentement que prend d'habitude un homme qui vient de mener à bien la plus brillante opération.

La bouche grande ouverte, les lèvres retroussées, les dents à l'air, il riait en Anglais, c'est-à-dire en silence.

— Le comte est très-étonné, se disait-il avec de joyeux dandinements de tête ; il est extrêmement étonné.

« C'est très-drôle !

« Je m'amuse beaucoup, je m'amuse énormément plus que cela....

« Je ne puis plus tenir.

« J'ai la colique d'amusement. »

Tout en se tenant le ventre, l'Anglais rentra au camp.

Cependant le comte, qui avait eu un instant l'idée de rappeler le trappeur, s'était éloigné en se disant :

— Ce Burgh est complétement gris.

« C'est une plaisanterie anglaise dont il m'a gratifié.

« Pourtant ces questions... cette sotte prédiction ..

« Un Anglais ne peut m'avoir parlé ainsi sans-arrière pensée, sans viser quelque but caché. »

Et, tout à sa rêverie, M. de Lincourt continua l'inspection des divers postes disséminés autour du camp.

Le comte avait quitté le banquet, comme la reine, au moment où il menaçait de dégénérer en orgie.

Il était rentré dans sa tente, car il tenait fort peu à compromettre sa dignité au milieu de ses trappeurs ivres et des sachems qui ne devaient point tarder à s'abrutir avec l'eau-de-feu.

De leur côté, les docteurs du Bodet et Simiol avaient trop de morgue pour assister à des saturnales ; eux aussi, ils avaient déserté la salle du festin.

Inutile de dire que c'était en se disputant avec acharnement.

Le comte, qui avait fait sa tournée d'inspection, qui n'avait nulle envie de dormir, qui était privé de la société du colonel, grand causeur et précieux convive, le comte qui s'ennuyait fort, se promenait par le camp.

La solitude lui pesait particulièrement ce soir-là.

Il songeait à l'étrange prédiction de John Burgh.

Le bruit d'une furieuse dispute arriva jusqu'à lui.

Il sortait de la tente des deux docteurs.

Le comte entendit ce fragment de dialogue que glapissait Simiol et que barytonnait du Bodet :

— Je vous dis, moi, que la théorie de Darwin est sinon certaine, du moins infiniment probable.

« L'homme descend du singe. »

C'était Simiol qui s'affirmait ainsi partisan du darwinisme.

— Et le singe? demandait du Bodet irrité et gonflant sa voix.

« Le singe, votre digne ancêtre, de qui descend-il?

— D'un animal inférieur à lui, répondit Simiol de sa voix de bossu.

« C'est ainsi que l'on remonte l'échelle des âges, en descendant l'échelle des êtres jusqu'à

LE SECRET DU DOMPTEUR

l'éponge, jusqu'au brin d'herbe, jusqu'à la mousse.

« Au commencement, des embryons, des êtres rudimentaires...

« Peu à peu le grand principe de sélection opère.

« Les progrès s'accomplissent, la diversité des types se produit.

« Il faut votre entêtement et votre ignorance pour nier tout ce que l'hypothèse de Darwin a de séduisant.

— Séduisant pour vous.
— Qu'est-ce à dire?
— Pas pour moi.

Du Bodet se rengorgeait.

— Qu'entendez-vous par là?
— Eh! mais, que, vous voyant dans une glace, vous pouvez admettre qu'un chimpanzé a été votre aïeul.

78ᵉ LIVRAISON

« Au lieu qu'à moi, je vous l'avoue, cette idée n'est jamais venue devant une glace.

— Vous êtes un bellâtre!
— Vous un bélître!
— Vous un pître pour rimer.
— C'est vous qui êtes un paillasse de naissance, mon cher.

« A peine êtes-vous bon à faire la parade scientifique à la porte de l'Institut, dont vous ne ferez jamais partie.

— Monsieur!
— Monsieur?

Et le petit bossu se dressait sur ses ergots devant le grand docteur.

— Après? fit celui-ci s'apaisant, quoiqu'il n'eût guère lieu de redouter la vaillance de son adversaire.

« Vous ne comptez pas, je suppose, sur la force de vos biceps?

« Vous vous souvenez qu'une fois Grand-moreau vous a donné une leçon de modération et que vous n'êtes pas des plus braves ?

« Vous ne vous battriez pas avec moi.

— Ni vous avec moi.

— Eh ! eh !

« A la longue, on se fatigue.

« J'ai montré quelque courage dans l'affaire des mines.

« Si vous m'échauffiez trop les oreilles... »

Du Bodet avait pris une grande supériorité sur son adversaire, depuis l'aventure du picrate de potasse et celle de l'ours : quand il menaçait, Simiol baissait pavillon.

— Voyons, voyons, cher confrère ! dit le petit bossu, n'abusez pas de vos avantages physiques : ce serait déshonorant.

« Causons avec calme.

« Pourquoi repousser *à priori* cette théorie du darwinisme ?

— Pourquoi !.... fit du Bodet levant les bras au ciel.

« Parce que c'est la Révolution dans la science.

« Parce que cette hypothèse ruine toute croyance et mène à l'athéisme.

« Parce que, si l'homme descend du singe, le singe d'un mammifère quelconque et ainsi de suite, la formation des êtres s'explique tout naturellement.

« Vous supprimez Dieu, la création, la Bible, la morale et le gouvernement.

— Dieu est une hypothèse dont Laplace a dit qu'il n'avait pas besoin ! glapit Simiol.

« La création est une absurdité, car si vous trouvez nécessaire d'expliquer une créature par un Créateur, il faudra m'expliquer alors le Créateur lui-même et sa raison d'être.

« La Bible est, comme le Coran, comme les Védas, comme toute légende historique, un tissu d'absurdités mêlé à beaucoup de vérités et de poésie.

« La morale est la résultante des besoins, des nécessités sociales, des lois faites selon les populations, les mœurs et les climats.

« Le gouvernement varie selon le degré de civilisation des peuples.

— Ainsi vous êtes athée ?

— Oui.

— Répétez-le, cria du Bodet roulant des yeux furibonds.

— Je le répète.

— Vous êtes un misérable !

— Vous un sot !

— Vous êtes capable de tout !

— Vous de rien !

— Monsieur !

— Monsieur !

Le comte entrait en ce moment.

Il dit :

— Messieurs !...

Et chacun des deux docteurs se tourna vers lui en s'écriant :

— Monsieur le comte, vous êtes intelligent, instruit... voulez-vous être juge ?...

— Je juge, messieurs, dit sévèrement M. de Lincourt, que vous vous jetez des injures à la figure et que vous menez grand bruit.

« Il est inouï que des hommes de votre mérite se montrent grossiers à ce point et se donnent en spectacle.

« Chaque soir, il y a sous votre tente représentation à huis clos de scènes dignes de Molière que mes trappeurs écoutent du dehors.

« Vous vous traitez d'ignorants, d'ânes bâtés, de médicastres.

« Quelle confiance mes hommes peuvent-ils avoir en vous ? »

Les deux docteurs avaient l'oreille basse ; mais chacun voulut rejeter la mercuriale sur son adversaire.

— Vous entendez, dit du Bodet à Simiol, les trop justes reproches que M. le comte nous adresse.

« Vous êtes cause de toutes les disputes par votre entêtement et vos provocations impertinentes.

— Dites donc plutôt que c'est vous qui, par votre incroyable obstination dans la routine...

— Voilà que vous recommencez ! fit le comte avec autorité.

« C'est inouï !

« L'on n'a pas idée de cet acharnement.

« Et vous voulez que mes hommes se fient à votre savoir !

« Moi-même, messieurs, j'étais venu vous

demander une consultation; mais vraiment j'hésite.

— Monsieur le comte, si vous voulez m'en croire... dit du Bodet.

— Je réponds de vous si vous suivez mes conseils! s'écria Simiol.

— Prenez garde à l'homœopathie de mon collègue.

— Mon confrère va vous enterrer avec l'allopathie.

— Monsieur le comte...

— Monsieur le comte...

— Sacrebleu! dit M. de Lincourt, vous allez déchirer mon manteau en deux en me tiraillant ainsi!

« De grâce, messieurs, laissez-moi!

« J'ai une proposition à vous faire qui vous mettra d'accord.

« Vous me donnerez chacun un remède, et j'essaierai tantôt de l'un, tantôt de l'autre.

« Celui qui réussira le mieux aura mes préférences.

— Soit! fit du Bodet.

— J'accepte avec enthousiasme! s'écria Simiol.

« Je vais donc enfin vous confondre, mon cher confrère!

— C'est vous qui serez impuissant, mon cher collègue.

— Nous verrons bien!

— Là! là! messieurs, du calme!

« Savez-vous ce que prétendait Sans-Nez le Parisien?

« Il me disait très-plaisamment que vos têtes étaient des marmites pleines de lait toujours prêt à déborder à la moindre ébullition.

Puis avec un sourire :

— Si je vous proposais pour une fois de faire sérieusement ensemble une bonne consultation sans querelle!

« Je vous expliquerai mon indisposition en dégustant du Moët frappé.

— L'offre est séduisante, observa du Bodet.

« Si mon collègue...

— Comment donc, cher confrère!

Et les deux docteurs enchantés suivirent M. de Lincourt.

Sur un geste de celui-ci à son domestique, les pliants furent placés autour d'une petite table portative et le champagne fut servi.

Le comte proposa poliment un toast à la science, et les docteurs en portèrent un autre à la santé de leur hôte.

Puis ils commencèrent à poser des questions, impatients de savoir quelle pouvait être la maladie du comte qui semblait extrêmement bien se porter.

— Messieurs, dit le comte, voici ce dont je me plains.

« J'ai parfois des éblouissements et des lourdeurs de tête qui cependant ne sont pas de nature à me faire craindre l'apoplexie.

« C'est une sorte de chaleur généreuse qui du cœur monte au cerveau.

« Dans ces moments-là, j'éprouve des envies folles de dévorer l'espace, de chanter, de rire, de me battre, mais sans l'ombre de colère.

« J'ai au contraire des expansions de générosité et de sympathie.

« Mais ce qui m'inquiète, c'est qu'alors ma vue se trouble.

« Parfois je descends de cheval pour ne pas tomber.

« Ce qui me préoccupe le plus, c'est la perversion de mes facultés.

« Tout est bouleversé en moi.

« J'ai souci de ma dignité avant tout, et je sens que je la compromettrais sans des efforts de volonté énergiques.

« J'ai des tentations incroyables de traiter les chasseurs comme mes égaux, de faire débauche avec eux.

« Enfin les cantinières me paraissent presque des femmes... »

Ici du Bodet fut pris d'un violent éclat de rire.

Simiol se pinça les lèvres.

— Qu'avez-vous, docteur? demanda le comte à du Bodet.

— Oh! rien.

« Un souvenir...

« C'était si grotesque!

« Si pour vous une vieille cantinière est presque une femme, pour mon confrère Simiol c'est tout à fait une femme.

« La mère *Manille*, cette maritorne qui fume, qui prise et qui... *chique* (mille pardons, monsieur le comte!) cette mégère,

cette loque ambulante... oui... monsieur le comte... mon confrère la trouve adorable.
« Je l'ai surpris...
« Ah! ah! ah!
« Hi! hi! hi! »
Et du Bodet de se tordre.
— Monsieur, dit Simiol confus, rougissant, furieux.
« Monsieur, je...
— Niez donc!
— Je donnais une consultation.
— Vous avez une façon bien drôlatique d'ausculter vos clientes...
Et le docteur se tordait.
Le comte partageait son hilarité.
Simiol se mordait les lèvres.
— Et vous, dit-il, vous...
— Moi?
— Cette Indienne qui rôdait autour du camp et qui avait eu des rendez-vous dans la broussaille avec plus de vingt chasseurs en dix jours.
« Je vous ai vu, moi aussi.
« Fi, monsieur!
« Une guenon édentée qui a figuré dans l'arche!
— Monsieur!
— Quoi, monsieur?
« Prenez donc vos grands airs.
« Ne vous ai-je pas surpris?
— J'herborisais!
« Cette femme m'expliquait les vertus de certaines plantes...
— Ah! ah!... hi! hi...
« Elle ne sait pas un mot de français.
« Elle ne dit pas dix mots d'anglais et pas vingt d'espagnol.
« Vous deviez faire avec elle de singuliers cours de botanique! »
Et Simiol à son tour de rire aux éclats.
Du Bodet, de son côté, était déconfit et piteux.
— Messieurs, dit le comte que cette scène désopilait, messieurs, remplissons les coupes et... à vos amours!
On vida les verres, et du Bodet, bon enfant, finit par avouer :
— Que voulez-vous, monsieur le comte? la nature a des droits.

— Nous sommes tous soumis à ses lois, reprit Simiol.
« Et vous même, monsieur le comte...
— Moi!
— Sans doute!
— Assurément! appuya du Bodet.
« Vos lourdeurs de tête...
— Vos éblouissements... reprit Simiol.
— N'avez-vous pas dit que les cantinières vous semblaient moins laides?
— Quoi!... fit le comte... vous pensericz...
— Nous pensons que la chasteté porte au cerveau.
« Il faut profiter des occasions, monsieur le comte, s'il s'en présente de favorables.
— A la guerre comme à la guerre! observa du Bodet.
— Faute de grives, on prend des poules! ajouta Simiol.
— Messieurs, dit le comte, vous avez raison, je crois, sur un point : je vois d'où me viennent mes lourdeurs de tête.
« Mais je vous jure que jamais je ne me résignerai à compromettre ma dignité avec des femmes de bas étage.
— Comte, cependant...
— Si j'osais... insinua du Bodet.
« La petite reine...
« Elle est, dit-on, fort amoureuse de vous.
— Docteur, c'est possible.
« La reine a rêvé de m'épouser
« Je ne me donnerai pas ce ridicule.
— Sans l'épouser... sérieusement... vous pourriez...
— Oh! tromper même une Indienne n'entre pas dans mes habitudes.
« L'honneur n'est pas fait de pièces et de morceaux.
« Je promettrais le mariage que je me croirais obligé à tenir.
— Alors, monsieur le comte, il faut prendre des calmants! dit du Bodet.
— Quelles sornettes débitez-vous là! fit Simiol avec dédain.
« Des calmants!
« Le beau remède!
— Alors vous conseilleriez des excitants, vous, homœopathe?
— C'est ma théorie.

« Monsieur le comte, s'il m'en croyait, boirait une très-légère décoction de mouches cantharides en poudre, et...

— ... Et les femmes du camp n'auraient qu'à se bien tenir.

— Vous vous trompez !

« Erreur grossière !

« Après une exaltation passagère et peu dangereuse suivrait une réaction bienfaisante.

« Nous aurions une période d'épuisement et de calme.

— Mais l'exaltation... n'aurait-elle pas ses dangers ?

— En donnant des doses homœopathiques, rien à craindre.

Du Bodet se mit à rire.

— Savez-vous, monsieur le comte, demanda-t-il, ce qu'ils appellent doses homœopathiques ?

« Je vais vous le dire.

« Ils prennent gros comme deux grains de poussière d'une substance dangereuse et ils la font dissoudre dans un litre d'eau.

« Puis ils prennent dans ce litre plein un dé de ce liquide déjà inoffensif et ils le jettent dans un autre litre qu'ils remplissent d'eau.

« Ils répètent six fois l'opération, et cela s'appelle la sixième dilution.

« Vous comprenez que dès lors leurs remèdes sont absolument inoffensifs.

« La mouche cantharide à la sixième dilution n'est pas plus excitante qu'une crème au café ou qu'un grog au rhum.

— Que d'âneries, cher confrère ! s'écria Simiol.

— Niez-vous la sixième dilution ?...

— Non... mais...

— Monsieur le comte, vous êtes édifié maintenant.

— Je proteste ! glapit le bossu.

Le comte lui versa du champagne pour étouffer ses protestations.

— Et vous, docteur ? demanda-t-il à du Bodet.

« Que me donneriez-vous ?

— Des calmants !

— Qui ne feront qu'endormir un instant vos facultés ! observa Simiol.

« Prenez garde au réveil !

« Il sera terrible.

« De même qu'on n'arrête pas un fleuve et qu'il finit par renverser les digues qu'on lui oppose, de même ces prétendus calmants ne sont que des moyens d'emmagasiner des forces qui font explosion avec fureur un beau matin.

— Mais, observa du Bodet, gagner du temps c'est déjà quelque chose.

— Vous voyez qu'il avoue son impuissance ! exclama Simiol triomphant.

— Et vous ?

« Répondez-vous des excitations factices que vous voulez donner ?

— J'en réponds... dans une certaine mesure.

Le comte était édifié.

— Messieurs, dit-il en riant, je crois qu'au fond le seul remède est de fatiguer la bête.

« Je vous remercie de vos conseils contradictoires, et je vois que la médecine, au fond, n'a rien de l'infaillibilité mathématique.

« Je vous crois tous deux fort savants, je vous vois absolument divisés... et j'en conclus que m'abstenir est le plus sûr. »

Et le comte, emplissant les verres une dernière fois, porta un toast à l'accord des allopathes et des homœopathes, puis il reconduisit ses hôtes qui s'en furent l'oreille basse, sentant bien qu'ils s'étaient mutuellement déconsidérés.

Mais ils n'avaient point fait dix pas qu'ils s'injuriaient à outrance.

CHAPITRE CII

LE VRAI REMÈDE

Le comte écouta en riant la longue querelle des deux docteurs, qui s'insultaient en latin ; quand leurs voix se perdirent au loin, il rentra et poussa un soupir.

— De par Dieu ! dit-il en allumant un cigare, je crois qu'ils ont raison et que je suis amoureux.

« La reine me trotte dans l'esprit... »

Il se promena de long en large, et il en vint à étudier tous les dérivatifs possibles à sa passion ; il se disait qu'après tout, la tribu des Apaches suivant sa troupe, hommes, femmes et enfants, il trouverait peut-être quelque jolie petite Indienne peu farouche qui serait ravie d'être sa maîtresse.

Mais cette Indienne se présentait toujours à lui sous les traits de la reine, et ce fantôme charmant le poursuivait partout ; le rêve devenait peu à peu une hallucination, et le comte, que préoccupait tce songe agréable, fut tout à coup désagréablement distrait par le planton annonçant :

— Un Indien qui demande à *vous parler*, mon commandant !

— Qu'il entre ! dit M. de Lincourt.

Et un guerrier apache enveloppé dans son manteau, le visage absolument caché, pénétra sous la tente.

Le comte examina ce Peau-Rouge, tressaillit, fit un signe au planton et lui dit d'un air impérieux :

— Je n'y suis absolument pour personne !

« Vous vous écarterez vous-même, et les sentinelles se tiendront à vingt pas. »

Le planton sortit.

M. de Lincourt était certain d'être ponctuellement obéi.

Donc, sûr du tête-à-tête, le comte vint offrir galamment la main au nouveau venu : il avait reconnu la reine.

Celle-ci laissa tomber son manteau avec une grâce adorable.

Elle était charmante avec sa tunique indienne ; elle tremblait comme toute jeune fille qui se compromet ; elle rougissait, car elle avait encore les candeurs de la vierge, et voilà qu'elle hasardait le premier pas...

Le comte, cependant, ne laissait pas que d'être embarrassé.

Il était surpris, ému, troublé.

La reine avait agi sous l'empire d'une attraction irrésistible.

Elle alla droit au but avec la franchise d'une femme qui, ne voulant plus rien cacher, ne ménage rien.

Elle s'était assise sur le pliant que M. de Lincourt lui avait offert, et lorsque celui-ci lui dit :

— Je suis vraiment ravi de recevoir la visite de Votre Majesté...

Elle sourit, fit un léger geste de dénégation et répondit non sans une humilité profonde, touchante et vraie :

— Je viens, comte, poussée par une force à laquelle je n'ai pu résister ; mais je sais que ce n'est pas à cette heure qu'une jeune fille, blanche ou indienne, doit se trouver sous la tente d'un chef de caravane.

Puis, comme le comte allait parler, elle reprit vivement :

— Oh ! pas un mot !

« J'ai tout calculé.

« Je sais ce que je dis, ce que je fais.

« Entre nous le mensonge est inutile.

« N'ai-je pas lu l'étonnement dans vos yeux ? »

M. de Lincourt fut littéralement abasourdi par cette franche déclaration.

La reine avait un air si doux, si triste, que le comte en fut remué jusqu'au fond de l'âme.

— Madame, dit-il j'ignore, et ne veux pas deviner le motif qui vous amène ; mais je vous jure à l'avance que j'aurai toujours pour vous affection et respect.

Elle leva sur lui ses grands yeux, en ce moment étincelants de fièvre, hésita un instant, puis elle dit d'une voix haletante :

— Ce soir, comte, j'ai vu briser le rêve de ma vie.

« J'avais espéré que je pourrais, moi femme, aimer honnêtement, passionnément, dignement un mari de mon choix.

« La brutale et franche parole d'un de vos trappeurs m'a désillusionnée. »

Le comte tressaillit.

L'entretien prenait une singulière tournure.

Naïvement, loyalement, sans l'ombre d'une coquetterie, d'une perfidie féminine, la reine fit cette déclaration brusque, sincère et déchirante :

— Je vous aimais, comte.

« Je m'étais figuré que, pauvre et noble, vous cherchiez la richesse...

« Que la femme qui, vous adorant, étant belle au dire de tous, vous apporterait la fortune, serait la bienvenue.

« Mais il paraît que dans vos villes un homme de votre rang serait ridicule en épousant une reine sauvage.

« Donc je ne puis être votre femme, car pour rien au monde je ne voudrais vous rendre ridicule !

« Comte, je ne puis vous épouser... »

Puis sanglotant avec une explosion rapide impossible à comprimer :

— Cependant... je vous aime !

Et avec une exaltation croissante :

— Lutter est impossible.

« Vous êtes le chêne et je suis la liane.

« Mon orgueil a résisté longtemps, mais mon cœur est victorieux.

« Monsieur, je suis reine, je commande à une nation, j'ai de la fierté dans l'âme, je voudrais mourir de honte à vos pieds, je sens que de pareils aveux ne devraient point tomber de mes lèvres ; mais je suis vaincue, brisée, et, ne pouvant être votre femme, comte, je viens vous dire : « Votre maîtresse est à vos genoux, attendant vos sourires... »

Quelques secondes plus tard, l'obscurité devenait profonde dans la tente, et les sentinelles s'étonnaient de ne pas voir sortir l'Indien qui y était entré.

CHAPITRE CIII

APRÈS LE PREMIER PAS ?...

Les premiers rayons du soleil colorent d'un rose ardent les pâles blancheurs de l'aube.

Des brumes, dernières ombres de la nuit, bornent encore l'horizon à l'Occident, tandis qu'une éclatante lumière s'élève et grandit du côté de l'Orient.

Cinq minutes s'écoulent.....

C'est le grand jour !....

Déjà l'agitation règne parmi les gens de la caravane.

Il a été dit la veille que l'on se remettrait en marche de bonne heure, et chacun fait ses préparatifs.

De même les Peaux-Rouges vont et viennent dans leur camp, ils se disposent à suivre leurs nouveaux alliés.

Devant la tente hermétiquement close du comte de Lincourt stationne depuis quelques moments un groupe assez nombreux.

Ce sont les différents chefs de compagnies, les lieutenants du comte, qui, selon l'habitude de chaque jour, viennent au rapport.

Chaque lieutenant doit, à ce rapport, fournir des renseignements sur ce qui a pu se passer de grave le jour précédent ou pendant la nuit, et le comte alors donne ses instructions, indique la marche pour la journée, écoute et discute les observations qui lui sont présentées, et règle toutes les questions d'ordre et de discipline.

Suivant les intentions du comte, les principaux sachems indiens se sont joints aux chefs de la caravane.

Car, tout en acceptant l'appui et le concours des Peaux-Rouges, M. de Lincourt entendait commander seul les deux troupes, et, pour faire reconnaître immédiatement son autorité, il avait exigé dès le premier jour que les chefs indiens vinssent au rapport avec ses lieutenants.

Cependant chefs blancs et indiens attendent depuis quelque temps déjà, et la tente du comte reste close.

Les sachems ne donnent aucune marque d'impatience ; calmes et tranquilles, ils échangent à peine quelques mots entre eux.

Les trappeurs, au contraire, se montrent bruyants et agités.

Ils paraissent inquiets, tourmentés.

John Burgh, toujours si froid quand il n'a pas bu, ne tient pas en place.

Il va et vient sans cesse ; à chaque instant ses regards se portent sur la tente du chef avec une singulière ténacité, et des mots sans suite s'échappent de ses lèvres au milieu de ricanements que rien ne paraît motiver.

Cette agitation inquiète des trappeurs était justifiée par l'absence prolongée du comte qui, d'ordinaire, ne se faisait jamais attendre.

Mais bientôt, grâce à John Burgh, l'inquiétude fit place à la curiosité.

L'Anglais, qui paraissait se douter de quelque chose, questionna la sentinelle qui gardait la tente de M. de Lincourt.

— Le chef est bien là? demanda-t-il.

— Oui, répondit le factionnaire avec un singulier sourire.

— Il a passé la nuit sous sa tente? reprit Burgh.

— Toute la nuit, oui.

— Seul?

Le factionnaire ne répondit pas à cette dernière question, mais son sourire s'accentua.

Ce silence et la grimace significative qui l'accompagnait amenèrent naturellement cette réflexion chez tous les trappeurs trompés dans leur espoir d'obtenir un renseignement précis :

« Il en sait long, et s'il ne parle pas, c'est qu'il se passe quelque chose d'extraordinaire. »

Burgh et d'autres trappeurs essayèrent encore de faire bavarder le factionnaire ; mais celui-ci se renferma dans un silence absolu, tout en conservant ce sourire énigmatique bien fait pour exciter la curiosité des plus indifférents.

L'attitude réservée de la sentinelle eut encore pour conséquence d'exciter les imaginations.

Chacun émettait sa supposition, la transformait en fait réel et en tirait des conséquences plus ou moins singulières.

Les conversations avaient lieu à voix basse, vu la proximité de la tente; elles produisaient un chuchotement continu que ponctuaient par moment des éclats de rire.

Tout à coup le panneau de toile qui fermait l'entrée de la tente s'écarta.

La reine parut!...

A l'aspect de leur souveraine, les sachems demeurèrent muets de surprise et d'étonnement.

Leurs regards et quelques gestes sobres qui leur échappèrent témoignaient seuls de leurs sentiments.

De leur côté les trappeurs n'étaient pas moins étonnés.

Mais leur attitude fut moins respectueuse que celle des Peaux-Rouges.

Plus d'une remarque grivoise mal dissimulée accueillit l'apparition de la reine, et les rires, bien que contenus, dirent clairement ce qui se passait dans l'esprit de tous.

Cependant la reine, la tête haute, l'œil brillant et le maintien assuré, promena un regard à la fois doux et fier sur les deux groupes de sachems et de trappeurs.

Puis, dégageant des plis de sa tunique ce petit sifflet d'os humain dont on l'a déjà vue faire usage, elle en tira une note aiguë, stridente, prolongée.

Aussitôt on vit un cavalier indien sortir de l'enceinte formée par les wagons de la caravane.

Il tenait en main un superbe cheval blanc couvert d'un magnifique harnachement.

C'était la monture ordinaire de la reine, avec selle, bride et ornements des jours de grande cérémonie.

Gracieuse et légère, la reine monta à cheval.

Elle fixa de nouveau son clair regard sur le groupe des chefs indiens toujours silencieux, toujours sous le coup de la plus profonde stupéfaction, et d'une voix assurée :

— Sachems, mes frères, leur dit-elle, obéissant docilement à la voix des oracles et à la volonté du grand Vacondah, vous deviez choisir une vierge pour reine.

« Enfant d'un des plus illustres guerriers de nos tribus, votre choix se fixa sur moi, car j'avais les signes auxquels vous pouviez clairement reconnaître celle qui était appelée à commander notre nation.

« Sachems, je suis longtemps restée digne de vous et de mes braves guerriers.

« Mais l'inévitable jour où mon cœur parlerait devait luire : il nous éclaire!...

« Vierge, j'étais votre reine.

« Femme, je ne suis plus rien qu'une enfant de vos tribus.

« Sachems, en sages guerriers, choisissez une autre reine ou nommez un roi; moi, je veux rester la squaw fidèle du grand guerrier pâle! »

Cette déclaration faite avec une énergique assurance, la reine, sans attendre la réponse des sachems, lança son cheval dans la direction du camp indien.

En la voyant disparaître, les chefs Peaux-Rouges laissèrent éclater leur surprise.

Pendant quelques minutes, leurs exclamations bruyantes, leurs gestes désolés témoignèrent de leurs regrets et de leur embarras.

Mais bientôt la voix des plus âgés se fit entendre au milieu du brouhaha.

Alors le calme revint peu à peu, et enfin le silence se rétablit.

Au commandement d'un vieux sachem, les Indiens formèrent le cercle autour d'une poignée d'herbes sèches allumées à la hâte et figurant l'indispensable feu du conseil.

Le traditionnel calumet circula de bouche en bouche, après quoi la séance commença.

Cependant les trappeurs, de leur côté, se livraient bruyamment à mille appréciations sur l'événement et ses conséquences probables.

— Pour une alliance, disait l'un, c'en est une ; nous n'avons pas à en douter.

— Oui, mais, observait un autre, pourquoi abandonner le gouvernement?

« Ça serait le moment, au contraire, de le garder et de nous attacher le plus grand nombre possible de Peaux-Rouges.

— Moi, je suis d'avis que cette affaire nous procurera plus de désagréments que de plaisir.

— Allons donc ! disait une voix joyeuse, celle de Bois-Rude qui, comme tous ceux qui parlent peu, parlait d'or ; il y a mariage, n'est-ce pas ?

« Eh bien ! qui dit mariage dit noces, festins, balthazars, buveries, orgies, chansons, danses et le reste.

« J'en suis, de tout ça, moi.

« Et vive la joie ! »

Cette dernière manière d'envisager les choses ne pouvait que plaire aux trappeurs.

Ils y applaudirent avec ensemble.

Mais soudain applaudissements et conversations cessent.

Et les Peaux Rouges eux-mêmes, rompant le cercle du conseil, demeurent silencieux et attentifs.

Le comte vient d'apparaître.

Il s'est arrêté sur le seuil de sa tente.

Son regard un peu voilé ne se fixe pas.

Un vague sourire erre sur ses lèvres, et l'expression de sa physionomie semble dire :

« Eh bien ! oui.

« Que voyez-vous là d'extraordinaire ?

« Vous en penserez ce que vous voudrez,

vous en plaisanterez même si cela vous convient; mais vous parlerez assez bas pour que je ne vous entende pas. »

Les trappeurs n'étaient pas hommes à critiquer sérieusement les actes de leur chef, en tant que ces actes ne pouvaient compromettre la sécurité générale.

Il faut avoir vécu de la vie dans la prairie pour savoir que là plus que partout ailleurs les libertés individuelles sont scrupuleusement respectées.

Et puis le comte pouvait faire à peu près tout ce qu'il voulait, comme le plus intelligent, le plus fort, le plus brave.

Nul ne pouvait dire mieux que lui : *Quia nominor leo* (parce que c'est moi qui suis lion).

Cependant, en voyant paraître le comte, les sachems s'étaient approchés.

Le plus âgé d'entre eux se détacha de leur groupe.

Il salua M. de Lincourt avec une gravité tout indienne et lui dit sur un ton solennel et saccadé où chaque mot était scandé :

— Grand guerrier pâle, la voix du conseil des chefs mes frères parle par ma bouche.

« La vierge, enfant de nos tribus, est devenue ta femme. Elle ne peut plus nous commander.

« Mais puisqu'elle t'a sacrifié ses pouvoirs en dormant dans ton wigwam, il est juste que tu te montres reconnaissant en devenant toi-même notre roi.

« Grand guerrier, je te le répète, le conseil des sachems n'a qu'une seule voix pour t'engager à entrer en maître dans le wigwam royal où la vierge ne peut plus pénétrer que sous ta protection. »

Et, renouvelant le salut indien, le vieux sachem ajouta :

— J'ai dit.

« Que le grand Vacondah réponde par ta bouche ! »

M. de Lincourt avait écouté sans grand étonnement la proposition des Peaux-Rouges.

Il savait exercer sur eux un grand prestige depuis leur dernière défaite, et il venait d'entendre la reine renoncer à son titre.

Sa réponse était prête.

— Sachems, dit-il, je serais fier de commander à des guerriers aussi braves que vous.

« Votre loyauté et votre courage me sont connus : je vous estime et je reconnais que vous êtes la première des nations qui habitent les grandes savanes.

« Mais je ne puis, malgré mes désirs, devenir votre roi.

« Je me suis imposé une mission que je veux accomplir, mission difficile et dangereuse malgré votre alliance.

« Quand mon expédition sera terminée, qu'elle réussisse ou non, je quitterai l'Amérique. Je retournerai en France, dans mon pays.

« Vous voyez bien, sachems, qu'en loyal guerrier je ne puis accepter vos offres. »

En présence de ce refus, les Peaux-Rouges demeurèrent un instant consternés.

Ils ne comprenaient pas un pareil désintéressement.

De leur côté, les trappeurs appréciaient diversement la résolution du comte.

Ils échangeaient leurs impressions à voix basse, mais avec une passion que décelait la brusquerie de leurs gestes.

Sans se préoccuper des appréciations de ses lieutenants, M. de Lincourt s'approcha du groupe des sachems.

Il avisa un guerrier qui se tenait derrière les autres à l'écart, et qui semblait dédaigner de prendre rang parmi les siens.

C'était l'Aigle-Bleu.

M. de Lincourt le désigna du geste aux regards de tous.

— Sachems, dit-il, voici celui que vous devez prendre pour roi.

« Il est digne de votre choix.

« Je l'ai combattu.

« Je connais sa bravoure et son indomptable courage.

« Je le proclame le plus grand guerrier de la prairie.

« Il est le frère de la reine : qu'il soit votre chef ! »

Ces paroles de louanges qui lui étaient prodiguées par son ennemi étonnèrent l'Aigle-Bleu.

Cette proposition de le faire roi, émise par

celui-là même dont il rejetait les propositions de paix, le déconcerta un moment.

Défiant à l'excès, il ne pouvait croire à la sincérité du comte.

Mais celui-ci, allant à sa rencontre, lui prit la main en signe de réconciliation et d'amitié ; puis, prenant de nouveau la parole avec autorité, il s'écria :

— Sachems, écoutez la voix d'un allié loyal et sincère.

« Malgré les paroles de haine que l'Aigle-Bleu a prononcées contre moi, je vous le désigne comme le chef redoutable qui doit remplacer la reine.

« Choisissez-le.

« Et s'il veut rompre notre traité d'alliance je le laisse libre, car je ne veux pas nuire à vos tribus en vous conseillant de choisir un guerrier moins brave et moins digne que lui. »

Convaincu enfin de la loyauté du comte, l'Aigle-Bleu laissa échapper cette exclamation, si significative dans chacune des intonations variées que lui donnent les Indiens :

— Och ! fit-il d'une voix pleine, vibrante, émue.

Et il serra vigoureusement la main de M. de Lincourt.

Puis, s'adressant à son tour aux sachems, il leur dit :

— Frères, les paroles que vous venez d'entendre sont d'un grand guerrier.

« Mon cœur ne savait pas pardonner ; il pardonne aujourd'hui.

« Si vous me choisissez pour votre roi, le traité d'alliance avec les Visages-Pâles sera observé.

« Le chef de la caravane est maintenant mon frère, parce qu'il est noble et desintéressé.

« Je le suivrai dans ses courses à travers le désert, et je le protégerai dans le péril.

« Sachems, j'attends votre réponse.

« Qu'elle soit faite selon la volonté du Vacondah. »

L'Aigle-Bleu avait à peine fini de parler que les Indiens se réunirent de nouveau en conseil.

La délibération dura à peine quelques minutes.

Le vieux sachem qui avait déjà porté la parole s'approcha gravement de l'Aigle-Bleu et lui dit :

— La volonté des guerriers mes frères est que tu sois notre roi.

Et prenant la main du nouveau souverain le vieillard la posa sur sa tête en signe de respect et de soumission.

Cette cérémonie si simple fut répétée par tous les sachems, et elle se termina par trois longs cris poussés à intervalles égaux par les Indiens.

Jusqu'à ce moment, les trappeurs ne s'étaient mêlés de rien ; ils s'étaient contentés d'écouter attentivement et d'observer avec curiosité.

Mais quand les Peaux-Rouges poussèrent leurs cris, l'un des trappeurs, un Français, proposa de les imiter.

— C'est sans doute leur manière de crier : *Vive le roi!* dit-il.

« Répondons en français.

« Ça va-t-il ?

— Oui, oui, répondirent plusieurs voix.

— Bon ! allons-y donc, et ensemble !

« Une, deux, trois...

— Vive le roi ! vociférèrent les trappeurs avec un admirable entrain.

Le comte ne put s'empêcher de rire intérieurement de la plaisanterie.

Toutefois il parut la prendre au sérieux, et il expliqua au nouveau roi la signification de cette acclamation enthousiaste.

L'Aigle-Bleu, visiblement flatté, se tourna du côté du groupe des trappeurs et les salua à l'européenne le plus gracieusement du monde.

En ce moment Bois-Rude fit un solo ; il cria tout seul : Vive le roi ! mais il ajouta :

— Le roi boit !

Et les trappeurs refirent chorus avec enthousiasme.

Cette fois le comte rit franchement et dit à l'Aigle-Bleu :

— Il est d'usage qu'un roi célèbre son joyeux avénement par des libations.

L'Aigle-Bleu fit un signe et donna un ordre.

Bientôt l'on vit arriver une mule chargée de vins d'Espagne.

— Je sais, dit-il, que vous avez une coutume qui s'appelle *le coup de l'étrier*.

« Ce sera une préparation aux fêtes que je veux donner. »

En un clin d'œil la mule fut dévalisée, et aux cris de : « Vive le roi ! » l'on cassa les goulots des bouteilles.

L'Aigle-Bleu fit honneur au toast enthousiaste et bruyant.

Puis, se mettant à la tête des sachems, il échangea une poignée de main avec M. de Lincourt et marcha dans la direction du camp indien, éloigné d'une portée de carabine.

Deux heures plus tard, la caravane était en marche.

Un détachement de Peaux-Rouges formait une nombreuse avant-garde, tandis que le gros de l'armée marchait à la suite des wagons.

L'Aigle-Bleu, tout entier aux devoirs que lui imposait sa nouvelle dignité, était tantôt en tête de colonne, tantôt en queue.

Il surveillait la marche de ses guerriers en chef habile, et cherchait à établir dans ses troupes cet ordre et cette régularité qu'il admirait chez les gens de la caravane.

M. de Lincourt, à cheval, marche en tête du convoi, en avant des premiers wagons.

Sa maîtresse, également à cheval, se tient à côté de lui.

L'ex-reine ne porte plus les ornements royaux.

Colliers, bracelets et autres insignes de sa dignité ont disparu.

Elle n'a conservé qu'une bague, présent du comte.

Le harnais de son cheval est simple : plus d'effilés, de glands, de pendeloques et autres objets de même nature et de même futilité.

La jeune femme a également modifié son costume.

Une tunique de soie unie, de couleur foncée, a remplacé le même vêtement soutaché d'or, couvert de broderies et surchargé de pierres précieuses.

Enfin au manteau royal elle a préféré un riche puncho mexicain, plus utile et moins lourd.

Sous ce nouveau costume, la reine a déjà quelque chose d'européen.

Elle a d'ailleurs modifié sa coiffure en adoptant une forme nouvelle et en mêlant à ses magnifiques cheveux un large ruban de soie bleue.

Ainsi vêtue, la jeune femme est plus belle et plus charmante que jamais.

Elle a abandonné ces airs hautains et solennels de la souveraine pour ne conserver que la grâce et la douceur de la femme.

Le comte de Lincourt marche paisiblement à côté de sa maîtresse.

Il paraît très-empressé auprès d'elle et plein d'attentions.

De temps en temps il se penche de son côté, lui adressant quelque mot aimable ou feignant d'arranger le harnais du cheval, pour, en réalité, n'échanger qu'un serrement de main.

A voir tout ce manége, on pouvait se demander si M. de Lincourt n'avait pas le cœur pris plus qu'il ne se l'avouait à lui-même.

Cet homme si sûr de lui, si maître de sa volonté se mentirait donc?

Il aimerait passionnément !...

Il aimerait une Indienne !

Lui, le héros blasé de mille aventures galantes dans le grand monde parisien...

Lui pour qui vingt grandes dames se sont comprises en plein salon, au bal, au théâtre...

Lui dont certaine ambassadrice disait après un certain duel et le lendemain d'un certain souper :

— On ferait tuer dix maris pour un tel amant...

Un pareil homme se passionnerait pour une reine apache !...

Supposition bien invraisemblable..

Et pourtant...

John Burgh, qui suivait son chef, se faisait mille réflexions analogues...

Plus édifié que tout autre, il pouvait même, sans s'aventurer, tirer des conclusions fort raisonnables...

Et il n'y manquait pas.

— Il y a longtemps, se disait-il, que je m'attendais à cette affaire.

«.Dès leur première entrevue, j'avais remarqué quelque chose.

« Et depuis ce bal à Austin, je me disais que tout ça finirait par... ce qui est arrivé...

« C'est égal, by God! je fais une excellente sorcière : Son Honneur s'en apercevra un jour.

« Une Indienne pour maîtresse ici, c'est très-agréable.

« Mais à Paris, dans ce grand monde où elle veut être présentée, c'est là que Son Honneur sera embarrassée pour faire annoncer Sa Majesté la reine des Apaches.

« Je suis curieux de savoir ce que Sans-Nez en pensera s'il revient jamais.

« Et Grandmoreau qui fera une tête d'ours rencontrant une girafe !... »

CHAPITRE CIV

LA PRAIRIE TREMBLANTE

On marcha pendant tout le jour.

Aux approches de la nuit, un endroit favorable ayant été signalé, l'ordre de camper fut donné.

Deux heures après, chacun faisait honneur au repas du soir et se préparait à goûter un repos bien gagné par les fatigues de la journée.

Cependant le comte avait fait circuler un ordre par lequel il convoquait les principaux chefs des deux camps.

Il s'agissait d'adopter en conseil de guerre certaines résolutions importantes relatives à l'itinéraire que l'on devait suivre.

A l'heure fixée, les sachems indiens et les lieutenants de M. de Lincourt se trouvaient réunis autour d'un feu allumé sous une grande tente dressée pour la circonstance.

Quand tout le monde fut placé à son rang, le comte prit la parole sur ce ton grave et solennel consacré par l'usage dans toute assemblée de Peaux-Rouges.

— Trappeurs et sachems, dit-il, je suis averti par mes éclaireurs que nous nous trouvons en présence d'un grand danger.

« Mais tout péril signalé peut être facilement écarté.

« Avec des guerriers tels que vous, le chef le moins résolu peut bannir toute crainte.

« Je vous ai donc réunis pour qu'il soit pris, d'après vos avis, des mesures qui nous permettront de lutter victorieusement contre tous obstacles et d'assurer la sécurité de notre marche.

« Quand nous aurons franchi ces collines qui coupent la prairie de l'est à l'ouest, nous arriverons à une vaste plaine couverte d'herbes et d'arbustes, et nos regards se reposeront avec délices sur cette magnifique végétation qui forme dans la savane une oasis de plus de cinq lieues de largeur.

« Guerriers, cette plaine de verdure cache des gouffres insondables où la caravane entière pourrait tomber et disparaître à jamais.

« L'œil le plus exercé ne saurait reconnaître ces abîmes sans fond.

« La *prairie tremblante* les recouvre d'une épaisse et trompeuse végétation.

« Trappeurs et sachems, nous sommes en face d'un danger qui peut compromettre ou retarder beaucoup la réussite de notre expédition.

« Je fais appel à l'expérience de tous. »

Ayant ainsi parlé, dans un langage imagé qui devait plaire à ses nouveaux alliés, le comte s'assit, attendant que l'un des assistants demandât la parole.

John Burgh se leva.

— Parlez ! lui dit M. de Lincourt.

L'Anglais se recueillit un moment et commença son speech :

— Gentlemen, dit-il, je puis donner des renseignements sur la prairie tremblante qui nous est signalée.

« Je la connais.

« Je l'ai traversée plusieurs fois.

« Elle a dix-huit milles de longueur sur quinze de largeur.

« Ses gouffres de boue, de sables mouvants, et ses puits aux profondeurs inconnues sont le produit du trop-plein des nombreux bayous et lagunes de la vallée.

« Et ces lagunes et bayous sont eux-mêmes alimentés par les débordements annuels du Colorado.

« J'ai longtemps chassé les caïmans qui

fourmillent dans ces parages; c'est même dans ces lagunes que j'ai fait connaissance de notre ami le géant Tomaho, alors occupé comme moi et bien d'autres à faire collection de peaux de caïmans que nous vendions un bon prix à New-York.

« Mais il ne s'agit pas de caïmans : je reviens à la prairie tremblante.

« Son Honneur notre chef ne se trompe pas en disant que le passage est périlleux, surtout à cause de nos wagons et autres équipages; mais il est possible.

« Je m'en rapporte aux gentlemen sachems, qui pour la plupart doivent connaître la prairie. »

Plusieurs Indiens répondirent par un signe d'approbation à la question indirecte de l'Anglais qui continua :

— Ce passage est très-possible, mais il sera long et difficile.

« Et voici les raisons sur lesquelles s'appuie mon dire :

« D'abord les rares chaussées solides qui coupent la prairie forment des courbes, des lignes brisées, des détours interminables.

« Ensuite, ces chaussées étant très-étroites, on ne pourra avancer qu'en file et avec assez de précautions pour ne pas dévier du bon chemin. Car vous le savez, gentlemen, qu'une roue ou un bœuf s'engage dans les parties mouvantes, et bête et chargement sont infailliblement perdus; de plus, il faut s'estimer heureux quand la chaussée ne s'entame pas par suite de l'accident et du séjour prolongé d'un poids trop lourd sur une partie faible ; dans ce cas, le chemin se trouve coupé, et il faut reculer quand on peut.

« Vous voyez, gentlemen, qu'il y a mille précautions à prendre pour éviter les catastrophes.

« Mais je prétends malgré tout que le passage est possible avec de la prudence et de bons guides. »

Burgh parut borner là ses explications; il fit mine de s'asseoir; mais, se ravisant tout à coup et s'adressant au comte de Lincourt, il lui demanda :

— Si Votre Honneur voulait bien me le permettre, je lui ferais une question.

— Parle! dit le comte.

— Je vous demanderais, sir, de me faire savoir si vos éclaireurs n'ont signalé aucun parti ennemi aux environs.

« Ce point est très-important.

« Car une fois engagée en file sur les chaussées de la prairie tremblante, la caravane entière serait incapable de résister à cinquante hommes bien armés et solidement retranchés.

— Ton observation est des plus judicieuses, remarqua le comte.

« Mais il semble que depuis longtemps on ait renoncé à nous inquiéter.

« Nos éclaireurs n'ont fait aucune découverte dont nous puissions nous préoccuper.

« Songeons donc à nous tirer de ce mauvais passage le mieux et le plus tôt possible.

« Comment réglerons-nous notre ordre de marche?

« Je me fie à ton expérience.

« Je te demande seulement de tenir compte de ces deux observations :

« Il est nécessaire de nous hâter;

« Mais je ne voudrais à aucun prix subir des pertes de matériel. »

Après quelques instants de réflexion, Burgh reprit :

— Sir, voici, selon moi, le moyen de marcher vite et sûrement.

« D'abord je choisirai parmi les Indiens, si Votre Honneur y consent, ceux d'entre eux qui connaissent bien la prairie tremblante.

« J'en formerai une compagnie de guides dont je prendrai le commandement.

« Je vérifierai toutes les indications qui me seront données, toutes les observations qui me seront faites.

« En agissant ainsi, nous pouvons être certains de ne pas engager le convoi dans de mauvaises passes.

« Mais, pour plus de sécurité, nous pouvons encore nous faire suivre par toute la cavalerie : là où auront passé les chevaux, les wagons passeront.

« Enfin les attelages viendront en file, et chaque voiture aura une nombreuse escorte d'hommes solides et capables de la tirer rapidement d'un mauvais pas. »

Ayant ainsi formulé ses propositions, John Burgh promena un regard autour sur l'assemblée et ajouta en forme de conclusion :

— Gentlemen, je suis certain que mes avis sont bons à suivre; mais, comme je puis me tromper, j'écoute les observations de ceux qui en ont à présenter.

Personne ne contesta le dire du trappeur.

De toutes parts, il y eut au contraire un murmure approbateur, murmure que l'Aigle-Bleu se chargea de traduire.

— Le guerrier pâle a bien parlé, dit-il.

« Je connais aussi la prairie tremblante.

« Nous pouvons la traverser.

« La marche qu'il propose est bonne. »

Et s'adressant aux sachems le nouveau roi leur demanda :

— Notre frère pâle a-t-il bien parlé ?

Tous les Indiens levèrent la main en signe d'adhésion.

Alors l'Aigle-Bleu se tourna vers M. de Lincourt.

— Les paroles de ton guerrier resteront dans la mémoire des sachems, dit-il.

« Ils marcheront avec lui et comme lui.

— Voilà qui est convenu, fit le comte en se levant.

« Demain, au point du jour, nous nous mettrons en marche.

« Que tout le monde soit à son poste.

« Je laisse à Burgh le soin de choisir lui-même les guides qui lui paraîtront les plus expérimentés. »

Sur ces mots, M. de Lincourt sortit de la tente et le conseil se sépara.

Le lendemain, dans l'après-midi, la caravane se trouvait engagée toute entière sur la prairie mouvante.

Elle suivait une de ces chaussées naturelles reposant sur un fond pierreux ou rocheux et que les lentes infiltrations de l'eau n'avaient pu désagréger.

Jusqu'alors aucun accident ne s'était produit.

Mais la marche était lente et pénible.

Il fallait s'arrêter souvent pour permettre aux guides de sonder le terrain, pour leur laisser le temps de choisir le bon chemin à la bifurcation de deux chaussées.

Cette marche en interminable file était d'une désespérante monotonie.

Aussi l'ennui aurait-il assombri bien des visages si la crainte constante de donner dans quelque abîme n'eût tenu tout le monde en éveil.

Le danger était un, mais il était immense.

S'écarter d'un pas du chemin solide, c'était la mort...

Une mort affreuse, épouvantable...

Un engloutissement dans ces masses de verdure qui s'écartent comme pour laisser le gouffre aspirer sa proie, puis se referment lentement au dernier cri de l'agonisant à jamais disparu.

Pas un arbre sur ce sol vacillant dont la mince couche ne saurait supporter de poids.

Des herbes, des végétations aquatiques, des mousses.

Puis, çà et là, de rares arbustes couchés par le vent, dont la tige prend racine et dont les racines se couvrent de feuilles.

Étrange phénomène que ces prairies flottantes couvrant d'immenses étendues d'eau ou de boue toujours liquide, sous lesquelles ont disparu des troupeaux entiers de bisons aux époques d'émigrations !

Sur ces dangereuses plaines, la vue est égayée par une multitude de fleurs dont les brillantes couleurs se détachent vigoureusement sur un fond vert sombre.

Mais la vie animale n'y est représentée que par de rares insectes ailés.

Pas un oiseau ne se pose sur ces faibles tiges tantôt rameaux, tantôt racines.

Pas le plus petit, le plus léger quadrupède sur ce terrain sans consistance, semé de fondrières et de chausse-trappes.

Et, fait étrange, le coassement de la grenouille ne se fait jamais entendre dans ces marécageux parages.

A peine si l'oreille y est parfois surprise, en certains endroits, le long des chaussées solides, par le sifflet de cristal du crapaud solitaire domicilié dans quelque humide crevasse.

La prairie tremblante n'est enfin ni le marécage ni la terre ferme. Elle tient de celui-ci, elle tient de celui-là, mais elle reste la navigation des deux.

C'est une sorte de vide intermédiaire entre la terre et l'eau ; c'est un espace neutre résumant mille dangers que l'on ne peut désigner que par un seul mot : engloutissement !

Depuis trois jours, la caravane avançait péniblement sur les chaussées de terre ferme reconnues par les guides.

La marche était lente, mais il semblait que l'on dût se tirer sans catastrophe de cette dangereuse passe.

M. de Lincourt, complétement rassuré par les fréquents rapports de John Burgh et aussi par l'intelligente activité des guides, semblait ne plus penser qu'à ses nouvelles amours.

Il se montrait fort empressé auprès de sa maîtresse, et jamais il n'avait laissé autant d'initiative et de liberté d'action à ses lieutenants quant au *gouvernement* de la caravane.

Les trappeurs voyaient avec autant de surprise que d'inquiétude se développer une passion qui, pour le moment, semblait primer le succès de l'expédition, et pouvait du moins retarder cette conquête du *Secret du Trappeur* après laquelle chacun aspirait.

Ils pouvaient se tromper sur le degré d'intensité de la passion amoureuse de leur chef, mais ces attentions, ces soins dont celui-ci entourait la reine justifiaient et au delà les justes appréhensions de chacun.

Cependant la caravane, après avoir franchi les deux tiers de la prairie tremblante, se remettait en marche le matin du quatrième jour.

Elle se trouvait engagée toute entière sur une longue et étroite chaussée, la seule praticable en cet endroit de la prairie.

De chaque côté de cette chaussée, les herbes et arbustes aquatiques devenaient rares.

L'eau était profonde sur ce point et souvent assez agitée.

Sa mobilité avait jusqu'alors lutté victorieusement contre les empiètements d'une envahissante végétation ; ses flots déchiquetaient chaque jour le mobile rivage qui s'efforçait en vain et jetait à chaque printemps de nouveaux promontoires toujours déchirés et engloutis.

Au moment même où Burgh et sa compagnie de guides allaient reconnaître la solidité d'une passe douteuse, une formidable explosion fit sauter la chaussée à cent pas en avant des intrépides éclaireurs.

Et, complication terrible, vingt secondes après, une seconde explosion coupait toute retraite à la caravane en ouvrant deux larges et profondes tranchées dans le chemin solide qui venait d'être foulé par le dernier peloton d'arrière-garde.

Ces deux explosions presque simultanées ébranlèrent la mouvante surface du sol.

La prairie tremblante trembla réellement.

On eût dit qu'elle allait s'abîmer dans les profondeurs inconnues qu'elle recouvrait.

Une longue clameur courut, comme une traînée de poudre, d'un bout à l'autre du convoi.

Clameur d'épouvante !

Immense cri de désespoir !

La chaussée était largement entamée en avant et en arrière.

Impossible d'avancer !

Retraite impossible !

La situation était terrible, et tout le monde pouvait malheureusement l'envisager dans toute son horreur.

De là un commencement de panique qui faillit causer d'immenses et irréparables malheurs.

Il se produisit des encombrements sur plusieurs points de la chaussée, et, sans le sang-froid des trappeurs, plusieurs wagons avec leurs attelages eussent été précipités dans le gouffre.

Et ce qui augmentait les terreurs et la confusion, c'était moins la catastrophe en elle-même que ses conséquences probables et l'ignorance où l'on se trouvait quant aux intentions d'un ennemi resté invisible.

Cependant, grâce à l'activité des chefs de compagnies et à la bonne volonté des sachems indiens, M. de Lincourt parvint à rétablir l'ordre dans le convoi.

Les wagons engagés dans les boues furent ramenés sur la terre ferme, les attelages re-

prirent leurs distances, s'espacèrent régulièrement, et le convoi stationna enfin dans un ordre convenable.

Ces premières dispositions prises, M. de Lincourt assembla ses lieutenants.

— Nous sommes en présence, leur dit-il, du plus grand danger que nous ayons jamais couru depuis notre départ.

« L'ennemi est redoutable, si j'en juge par ses puissants moyens d'action et par cette tactique qui l'a rendu et le rend encore invisible.

« Toutefois vous n'êtes pas hommes à vous laisser aller au découragement, je le sais.

« Travaillons donc à notre délivrance.

« Nous disposons pour réussir de deux moyens :

« Combler avec des fascines la brèche pratiquée dans la chaussée, ou, si nous ne réussissons pas, établir un pont de bateaux. »

Une approbation unanime accueillit ces paroles du comte qui reprit :

— Allons! tout le monde à l'œuvre!

« Commençons par confectionner des fascines et tâchons de combler le vide.

« Pendant que vous ferez cette tentative, je vais surveiller moi-même le montage de nos bateaux. »

Les chefs de compagnies s'empressèrent de prendre toutes les dispositions nécessaires pour assurer l'exécution de ces ordres.

Trente escouades se trouvèrent formées en quelques minutes, et, avec les squatters pour guides, elles se mirent activement à récolter des herbes, racines, joncs, roseaux, arbustes, et à en confectionner d'énormes fagots.

Après une demi-heure à peine de travail, un grand nombre de fascines étaient réunies en tas sur divers points de la chaussée.

On commença alors à les transporter à l'endroit défoncé et qu'il s'agissait de combler.

Mais vingt de ces fagots n'étaient pas encore jetés dans le large fossé boueux creusé par les mines que trois obus lancés avec une admirable précision venaient jeter le trouble parmi les travailleurs et détruire leur œuvre à peine ébauchée.

M. de Lincourt monta aussitôt sur la bâche d'un wagon, et, armé d'une excellente lorgnette, il chercha à découvrir les canons dont l'ennemi venait de se servir avec tant d'adresse et d'à-propos.

Un nuage de fumée s'élevant au-dessus d'une butte de terre, sur une chaussée solide bornant la prairie tremblante du côté des bayous et lagunes, le guida dans ses recherches.

Une batterie de six pièces qui lui parurent d'assez fort calibre était construite dans une excellente position, à environ deux mille pas de distance.

Cette batterie commandait la brèche faite par les mines; il ne fallait pas songer à tenter le passage sur un remblai de fascines : c'eût été folie.

M. de Lincourt eut alors la pensée de renouveler la même tentative en arrière et de retourner sur ses pas.

Mais il fallut encore abandonner cette idée, car le feu d'une seconde batterie démasquée à propos chassa de nouveau les travailleurs et démolit leur ouvrage.

La situation se tendait singulièrement.

La marche en avant était absolument impossible et la retraite se trouvait coupée.

Le piége avait été admirablement tendu, et il présentait une solidité à l'épreuve des plus énergiques tentatives.

Mais ce qui inquiétait singulièrement M. de Lincourt, c'était d'ignorer absolument à quels ennemis il avait affaire.

Impossible de découvrir aucune troupe.

Les artilleurs eux-mêmes, très-bien à l'abri derrière un épais rempart de terre, demeuraient complétement invisibles.

Mais ce n'était pas le moment d'éclaircir ce mystère.

Il fallait à tout prix forcer le blocus.

Le comte appela John Burgh.

— Sais-tu, lui demanda-t-il, si ces eaux que les végétations n'ont pas encore recouvertes communiquent avec les lagunes du Colorado et par conséquent avec la terre ferme ?

L'Anglais répondit sans hésiter :

— Elles communiquent avec le fleuve même; mais il faut faire mille détours dans les lagunes pour gagner un point de débarquement.

— Ce n'est alors qu'une affaire de temps ? fit le comte.

— De temps et d'habileté, oui, sir.

— Te chargerais-tu de nous guider dans les lagunes ?

— Aôh ! très-bien, parfaitement bien, affirma Burgh.

— Essayons donc d'un dernier moyen, dit le comte.

« Nous allons mettre toutes nos embarcations à l'eau et emmener cent de nos meilleurs tireurs.

« Si nous parvenons à éviter d'être découverts par l'ennemi, ce qui est possible à cause de la hauteur des herbes de la prairie tremblante, nous opérerons une diversion pendant que la caravane, après avoir construit des retranchements, opposera notre artillerie à l'artillerie de nos assaillants.

— L'idée est bonne, approuva Burgh.

« Mais nous ne débarquerons pas avant douze heures et nous n'aurons pas rejoint l'ennemi avant vingt-quatre.

— Peu importe ! fit le comte.

« La caravane est pourvue de vivres ; elle peut tenir.

« D'ailleurs nous n'avons pas le choix des moyens. »

Sans perdre une minute, Burgh fit mettre une première barque à flot.

Pendant ce temps, le comte faisait choix des cent hommes d'élite qu'il voulait embarquer.

Bientôt le premier canot, monté par dix hommes, se trouva prêt à partir.

On allait en lancer un second, quand un coup de canon retentit.

Un obus siffla et vint briser le canot qui coula aussitôt.

Deux hommes furent tués, un troisième se noya.

Les autres purent se sauver.

Malgré toutes les précautions prises, l'ennemi s'était aperçu de la tentative d'embarquement, et il montrait victorieusement que ses artilleurs pointaient avec assez de précision pour faire échouer tout projet du même genre.

Le comte était furieux.

Certes, sa colère n'avait rien de bruyant ni d'exalté.

Mais il était très-pâle.

Ses lèvres décolorées s'amincissaient dans un rictus nerveux, et deux petites taches de mousse se voyaient à chaque coin de sa bouche.

Sombre, les sourcils froncés, il se promenait lentement, cherchant sans doute quelque moyen de briser la force qui lui faisait obstacle.

Tous les regards étaient anxieusement fixés sur lui.

Il le sentait, et ses impressions n'en devenaient que plus vives et ses appréhensions plus fortes.

Comment sortir de la terrible situation dans laquelle on se trouvait engagé ?

Lutter était presque impossible.

Avec son artillerie, l'ennemi pouvait non-seulement empêcher de reconstruire une chaussée factice, mais il lui était facile de briser les wagons et de jeter le désordre et la mort dans les attelages.

Il fallait se rendre ou se faire tuer.

Se rendre ! mais à qui ?

L'ennemi ne paraissait aucunement disposé à se montrer.

Il était là évidemment, à deux kilomètres à peine.

Mais quel était-il ?

Quelles seraient les conditions d'une capitulation, en supposant qu'elle fût acceptée ?

Cruelle incertitude, à laquelle succédera peut-être une plus cruelle réalité.

Tout à coup le comte s'arrêta dans sa promenade.

Il paraissait avoir pris une résolution définitive.

Il fit signe à ses lieutenants d'approcher.

Ceux-ci formèrent le cercle.

— Il n'y a pas à nous le dissimuler, dit le comte avec une légère altération dans la voix, effet de la violente colère qui l'agitait intérieurement, nous sommes prisonniers d'un ennemi que je ne connais pas encore, mais à l'habileté duquel je rends justice : ses plans étaient admirablement combinés, et ils ont été exécutés on ne peut mieux.

« Nous pouvons être forcés de capituler... »

A ce mot de *capituler*, de significatifs grognements se firent entendre.

Les trappeurs n'étaient pas hommes à se rendre sans combattre.

— Je sais, reprit le comte, que vous aimez mieux lutter jusqu'à la mort...

— Oui ! oui ! firent toutes les voix

— Je partage votre avis, mais je tiens à vous dire que nous avons mille chances de succomber contre une de vaincre.

— Battons-nous ! s'écrièrent les trappeurs.

« Nous avons du canon aussi !

— Nous nous battrons, continua le comte ; mais avant de livrer bataille il faut en rusant mettre de notre côté le plus de chances possible.

« Eh bien ! voici mon projet :

« Cette nuit, nous ferons ce qu'il a été impossible d'exécuter de jour.

« Nous nous embarquerons une centaine et nous irons à la découverte de l'ennemi par les lagunes et la terre ferme.

« Si nombreux qu'il soit, je pense que, pris entre deux feux, nous pourrons le battre.

« Est-ce dit ?

— Bravo ! s'écrièrent les trappeurs à qui l'espérance était revenue.

« Bataille ! et pas de quartier !

— Faites donc vos préparatifs, termina le comte, et choisissez les meilleures carabines.

« Vous avez également à tenir notre artillerie prête, car dès le soleil couché il faudra établir des retranchements et répondre au feu de l'ennemi, ne serait-ce que pour l'occuper. »

Les trappeurs s'empressèrent d'obéir à ces instructions.

Le soleil ne rayonne plus : son large disque rouge est noyé dans une brume épaisse ; il va bientôt disparaître derrière les montagnes dont on aperçoit les crêtes dentelées à l'horizon.

On travaille déjà à préparer les bateaux et les canons.

Le comte est seul sur ce point de la chaussée que baigne le lac sur lequel il va s'aventurer avec ses braves trappeurs.

Soudain une exclamation étouffée s'échappe de sa gorge.

Son regard se fixe ardent et anxieux sur un point qui semble grossir et se mouvoir.

Il ne se trompe pas.
Une barque s'avance rapidement.
Un seul homme la monte.
Il se trouve bientôt à dix pas de la rive.
Il s'arrête alors, vire... et le comte reconnaît le fameux chef de pirates John Huggs.
Celui-ci reconnut également le comte, car il lui cria :

— Le hasard me favorise; je ne pouvais mieux arriver.

— Que me voulez-vous? demanda M. de Lincourt en suivant de l'œil tous les mouvements de John Huggs.

Mais le pirate ne paraissait aucunement disposé à commettre quelque trahison.

— Gentleman, dit-il, vous êtes prisonnier.

— Vous ne m'apprenez rien, fit le comte.

« Mais laissez-moi profiter de l'occasion pour vous adresser toutes mes félicitations.

« Votre piège est admirablement imaginé, et vous vous en êtes servi avec une merveilleuse habileté.

— J'accepte vos compliments, répondit le pirate ; mais pas pour moi.

« Je les répéterai à notre chef. »

Ce mot de chef donna à réfléchir à M. de Lincourt.

— Quel est donc ce chef? demanda-t-il.

Sans répondre à cette question, John Huggs reprit :

— Voici ce que je suis chargé de vous dire :

« Vous êtes prisonniers, vous et toute la caravane.

« Vous vous exposeriez inutilement en essayant de lutter ou de fuir.

« Tous les passages sont gardés et minés.

« Et, si vous nous y forciez, nous ferions sauter une digue naturelle qui forme barrage dans la partie supérieure de la prairie, et vous seriez noyés tout simplement.

« Vous voyez que nos précautions sont prises et que vous n'avez qu'à rester calme.

« Demain je reviendrai.

« Vous aurez alors une entrevue avec notre chef, et vous traiterez directement avec lui des conditions qu'il veut vous imposer.

« C'est tout ce que j'avais à vous dire, gentleman.

« A demain, et bonne nuit! »

Et, se penchant sur ses rames, le pirate s'éloigna rapidement.

M. de Lincourt, immobile, le regardait partir.

— Vaincu! murmura-t-il avec un geste de dépit, de colère.

« Et par qui?... »

CHAPITRE CV

DANS LE GUÊPIER

Le lendemain matin dès l'aube, avant la sonnerie de clairon qui marque l'heure du réveil, tout le monde est debout dans le camp.

Une profonde inquiétude agite la caravane entière, et de sourdes rumeurs grondent de tous côtés.

Les trappeurs et squatters, informés par le comte de l'inutilité de la lutte projetée pour la nuit, n'ont pu dissimuler leur mécontentement.

Aujourd'hui que tout semble perdu, ce mécontentement s'est accentué.

Pour les uns, c'est un commencement de sédition qu'ils tentent.

Pour les autres, c'est le désir d'affirmer leur volonté et de discuter avec le comte les décisions à prendre pour assurer le salut de la caravane.

Mais chez tous la confiance qu'inspirait M. de Lincourt est fortement ébranlée.

On trouve que le chef manque d'énergie, que la défense est possible, et qu'en tout cas il n'est pas juste de laisser un seul homme décider du sort de tous.

Plus d'un trappeur est jaloux de l'autorité absolue du comte, et il ne demande qu'une occasion de secouer un joug que les circonstances l'ont jusqu'alors forcé de subir.

Ceux que cet esprit de révolte anime se montrent les plus bruyants, et les propos qu'ils font circuler dans tout le camp accusent plus de mauvaise foi que de conviction : ils sont surtout envieux et insolents.

Moins nombreux, il est vrai, que les autres,

leurs agissements n'auraient rien d'inquiétant si tous les autres trappeurs ne leur donnaient pas un appui, en adoptant cette idée qu'un conseil de guerre devait être tenu, et que le comte aurait à se conformer aux décisions de ce conseil ou à se démettre de son autorité.

Or il était présumable que l'autorité de M. de Lincourt, entamée par cette atteinte, serait bientôt entièrement méconnue.

Les plus ardents devaient finir par dominer les autres ; le prestige du chef détruit, c'en était fait de la direction.

Dès lors tout était fini ; c'était la ruine irrémédiable de l'expédition.

Et déjà il y avait unanimité pour adopter cette idée d'un conseil de guerre où tous les membres de la caravane indistinctement donneraient leur avis et leur vote sur les meilleures mesures à prendre pour sortir d'embarras.

Une pareille détermination entraînait nécessairement la perte de la caravane déjà compromise, mais non condamnée sans rémission.

La plupart des expéditions du même genre ont échoué en effet par les révoltes : témoins celles de du Pindray, de Guiton, de Lamberty et de tant d'autres.

Les conséquences de l'impatience, de la crainte ou du découragement sont toujours les mêmes.

Elles paralysent les efforts des chefs les plus déterminés, les plus intelligents.

Mais la foule a-t-elle jamais raisonné ?

En brute qu'elle est, elle frappe et renverse l'obstacle réel ou imaginaire que lui oppose la logique ou les faits. Elle préfère marcher en aveugle à sa perte plutôt que d'obéir à un homme dont l'habileté même est suspecte.

Ce qui donnait encore à la révolte naissante un caractère plus dangereux, c'est que la question de nationalité agitait sourdement les trappeurs.

D'un côté, les Français et les Canadiens de race normande.

De l'autre, les Allemands, les Yankees et les Canadiens de sang anglo-saxon.

Les Allemands surtout avaient toujours manifesté une certaine hostilité contre le comte.

Il était Français !

Cela leur suffisait.

Mais en outre, comme ils étaient marchands ou colons bien plus que trappeurs, ils n'avaient pas ces brillantes et solides qualités de marcheurs, de chasseurs de fauves, d'hommes des prairies enfin, qui distinguaient Grandmoreau et les autres Français.

Aussi ces Allemands étaient-ils maintenus dans une infériorité qui les blessait, quoiqu'ils l'acceptassent avec une hypocrite bonhomie.

Au fond, ils couvaient des désirs de vengeance, une haine que leur air placide et bonasse dissimulait trop bien.

Si la fausseté du caractère allemand avait été mieux connue du comte, aucun de ces hommes n'eût été accepté.

Mais à cette époque on ne se doutait généralement pas de ce qu'un blond Germain peut cacher de violence sous sa platitude de manières.

Cuisiniers, ordonnances d'officiers, conducteurs du convoi, les Allemands jalousaient l'état-major où l'élément français dominait.

A cette heure, ils pouvaient ébranler l'autorité du comte et ils allaient tenter de le faire.

Celui qui poussait le plus habilement, sinon le plus ouvertement à la sédition, et qui était le chef du parti allemand, se nommait Humann.

C'était un triste sire et d'aspect peu noble à coup sûr.

L'homme était en effet parti de bas et il était descendu plus bas encore.

Quand l'Allemand est laid, rien ne relève ses traits ; il est vulgairement laid.

Quand il est né dans la boue, il y reste le plus souvent, et souvent encore il va rouler avec l'eau fangeuse au fond de l'égout.

L'Allemagne du Nord est un pays de féodalité et de servilité.

La plèbe ne s'y relève pas sous le pied du maître.

Rien d'humilié et de vil comme le paysan allemand en face du seigneur, comme le soldat devant l'officier.

Rien d'immonde et d'abject comme la crapule des grandes villes d'Allemagne.

Et Humann était né dans un bas quartier de Berlin.

C'était ce que l'on peut appeler une mince canaille prussienne.

Nous en avons vu beaucoup de cette sorte défiler dans les rangs ennemis, lors de l'invasion.

Élancé sans élégance, maigre sans souplesse, ne possédant pas ce nerf, ce ressort de certaines natures sveltes, presque sans épaules et sans poitrine, avec un ventre un peu féminin, n'ayant pas de sang dans les veines, il produisait au premier abord l'effet d'une perche à houblon couronnée d'une perruque blonde.

C'était un de ces hommes dont on ne se défie pas assez, parce qu'ils semblent insignifiants.

Il savait se taire, se réserver, car il se sentait prêt à toutes les lâchetés, à toutes les défaillances en face d'une énergie ou d'une supériorité.

Quiconque voulait lui imposer silence le pouvait.

Il le permettait aussi bien à un sot bruyant mais décidé qu'à un homme d'esprit, et il en voulait tout autant à l'homme d'esprit qu'au sot; car son impuissance rageuse mais contenue s'offensait de tout ce qui le dominait.

Il s'avouait à lui-même son insuffisance trop manifeste, mais cette constatation l'irritait et le poussait au dénigrement.

Ce qui le caractérisait le mieux, c'était une absence absolue d'élan, de chaleur; nature flasque, visqueuse, réfractaire à tout enthousiasme, voire aux entraînements du crime.

En lui, rien ne vibrait.

Il faut se défier de ces hommes qui se taisent, s'insinuent, se glissent; il faut prendre garde à ces humbles qui acceptent toutes les hontes sans *rebiffer* à rien.

Ils ont l'apparence modeste, leurs effacements vous rassurent, leur maintien vous désarme, leurs silences vous endorment.

Mais s'ils ont un but, ils l'atteindront, soyez-en certain, à vos dépens; et ils auront l'adresse de vous donner de tels torts apparents, si vous les secouez de votre entourage, que tout le monde plaindra le pauvre jeune homme blond gémissant par votre faute sur le pavé de la rue.

Nous les avons vus, ces types, dans nos maisons de commerce, puis nous les avons revus dans leur armée.

Ils étaient petits, flatteurs et couchés à plat ventre derrière nos comptoirs; ils sont revenus insolents, voleurs et féroces, la lance du uhlan au poing; mais je défie bien qu'on leur ait jamais vu un éclair dans le regard, même quand ils venaient de vaincre... même quand ils glissaient une pendule sous leurs manteaux.

Le fond de ces caractères est une prudence froide qui les empêche de se compromettre.

Là est leur force.

Force négative, mais force.

Humann ne s'était jamais prononcé ouvertement contre le comte ou contre les Français; mais quand M. de Lincourt avait rudoyé quelqu'un ou quand un ordre donné mettait quelque détachement de mauvaise humeur, Humann avait une façon merveilleuse d'irriter les rancunes, d'ulcérer les blessures.

Demi-mots, railleries douces qui semblaient caresser et qui envenimaient les plaies, sourires équivoques, réticences calculées, il mettait en œuvre tous ces moyens perfides contre le chef de la caravane.

Et pourquoi?

Parce que M. de Lincourt, un jour qu'Humann était plus lâche encore que de coutume, l'avait sanglé d'un coup de cravache.

Et Humann attendait son heure de vengeance!

M. de Lincourt n'aurait jamais supposé que ce couard deviendrait dangereux.

Une attentive observation l'eût éclairé.

Cet homme, dont l'échine formait si bien l'équerre quand le chef passait, avait quelques traits de physionomie qui étaient des indices.

L'œil était terne, vitreux; mais on devinait derrière la prunelle de verre dépoli une profondeur de lumière qui vous trouble précisément parce qu'elle est indécise et vague; en regardant le jour, dans une chambre close, à travers des carreaux dont la meule a émoussé la surface, l'on éprouve cette impression.

Ce sont là des yeux inquiétants.

La bouche était ignoble.

Les vices du sang l'avaient démeublée en partie et la carie pourrissait le peu de dents qui restaient.

Un sourire faux, s'étirant de la lèvre mince sur une incisive isolée, bleuâtre et entamée, un sourire qui en s'accusant fût devenu rictus, un sourire révélateur enfin, aurait dû éclairer M. de Lincourt.

Ce Humann avait une histoire.

Ruffian mal réussi faute d'énergie, ayant cherché à exploiter les femmes et n'ayant abouti qu'au ridicule d'être bafoué par elles, cet homme avait été précipité du haut d'un rêve basé sur l'exploitation de la jupe; rêve qu'il avouait désirer fort recommencer, quand il voulait se grandir devant des cyniques.

Et depuis... il avait été tout ce que peut être un monsieur qui a vécu des femmes.

Un homme l'avait jugé : Sans-Nez.

Il avait vu ce pleutre prendre quelquefois sur plus vils et plus lâches que lui de terribles revanches des froissements subis.

Sans-Nez l'avait entendu écrasant des gens incapables de lui répondre, se développant à leurs yeux, faisant de l'esprit... allemand à l'aide de mots ramassés dans la conversation des Français; il avait à fond observé ce garçon prenant un plaisir cruel à broyer des misérables qu'il tenait bien en main; il l'avait jaugé et toisé.

Depuis lors, Sans-Nez l'avait observé.

Il s'était convaincu que cet homme, qui affectait devant le comte de ne lui tenir en aucune façon rancune du coup de cravache, était son mortel ennemi.

Humann, mouchard comme tous les Allemands de cette pâte, ayant comme fourrier d'ordres à voir le comte souvent, affectait de lui dire :

— Si vous saviez que de gens vous attaquent dans la caravane et comme je vous défends !

Mais Sans-Nez, lui, avait recueilli des propos tenus un jour d'ivresse dans la cantine, où, le vin aidant, maître Humann s'était oublié contre M. de Lincourt à des propos qui éclairèrent Sans-Nez.

Mais le Parisien avait en vain averti le comte qui méprisait trop Humann pour prendre garde à une vermine de cette sorte.

Et c'était un tort.

Cet ennemi dédaigné allait mettre le comte en péril.

Et quand vous rencontrerez une de ces natures-là, soyez sans pitié.

Écrasez-la comme vous feriez d'une de ces longues limaces efflanquées qui rampent au printemps après les jeûnes de l'hiver.

Écrasez, vous dis-je !

Cela vous mangerait vivant et vous finirait cadavre...

Déjà Humann s'agitait dans le camp comme une larve qui se dirige vers une proie.

Il fallait que l'autorité du comte fût fortement entamée pour que l'Allemand se risquât en de pareilles allures.

Mais il se sentait fort, cet artisan de ruine, parce que la maison craquait de toutes parts, parce que l'écroulement semblait prochain.

Du reste, Sans-Nez n'était plus là... Grandmoreau était absent.

Aussi Humann, non surveillé, manœuvrait-il à l'aise.

Il se démasquait presque ouvertement et menait la révolte grand train.

Mais il ne pouvait être sérieusement donné suite à une résolution aussi grave sans que le comte en fût au moins informé.

Or personne ne paraissait disposé à aller lui notifier la décision générale.

Difficulté toujours grande et toujours la même :

Qui attachera le grelot?

Et tout hardi qu'il parût être devenu, ce n'était pas Humann qui oserait se risquer à interpeller le premier M. de Lincourt.

Mais il est un éternel moyen que pratiquent invariablement les foules pour se tirer d'embarras en pareille circonstance.

De nombreux groupes s'approchèrent de

la tente de M. de Lincourt, et l'on se mit à discuter bruyamment.

Il eût été dangereux d'aller déranger le lion dans son repaire ; on essayait de le faire venir en l'excitant, en l'agaçant par mille bruits insupportables.

Mais cette fois la tactique manqua son effet tout d'abord.

Celui dont on attendait la venue n'apparaissait pas ; il demeurait invisible sous son abri de toile et ne semblait aucunement se préoccuper du brouhaha que pourtant il devait certainement entendre.

Il se montra enfin.

Mais, selon son invariable coutume, il ne parut qu'un quart d'heure juste avant le lever du soleil.

Pas une minute plus tôt, pas une minute plus tard.

A l'aspect du chef, il se fit un profond silence dans les groupes.

Le prestige de M. de Lincourt était toujours grand, et malgré eux les mécontents ne considéraient pas sans un insurmontable sentiment de respect et de déférence celui qui leur avait donné tant de preuves de courage personnel et d'habileté dans les luttes que l'on avait eues à soutenir.

Personne ne s'avançait pour prendre la parole.

Les trappeurs qui n'avaient pas d'arrière-pensée et qui voulaient seulement qu'une conférence éclairât la situation s'étaient laissé entraîner vers la tente ; mais ils se montraient beaucoup moins bruyants que les Allemands, tant que le comte ne fut pas là, debout devant la foule.

Mais ceux qui avaient poussé à la manifestation se taisant, reculant, se faisant petits, il se trouva que les trappeurs furent peu à peu au premier rang et seuls devant M. de Lincourt.

N'étant pas hommes à reculer, il fallait qu'ils parlassent.

Ils se consultèrent du regard.

John Burgh, toujours brave et déterminé dans les circonstances les plus difficiles, toujours le premier à affronter le danger en face, montra encore dans la circonstance ce calme honnête, cette tranquille assurance qui faisaient défaut aux plus chauds partisans de la révolte qui, à dix pas en arrière, attendaient le dénouement de l'affaire.

Burgh surmonta un dernier reste d'hésitation et s'avança seul au-devant du comte.

Il s'arrêta à trois pas de lui et salua gravement.

Puis, composant son maintien, il prit un ton solennel :

— Si Votre Honneur veut bien me le permettre, dit-il, je lui ferai part de la résolution que nous avons prise au sujet de...

M. de Lincourt ne le laissa pas achever.

Les sourcils froncés, le regard fixe et brillant, il fit un pas en avant.

— Burgh, dit-il, tu t'oublies, mon garçon.

« Nous sommes au rapport, ici.

« A ton rang, je te prie !

« Tu parleras quand je te le permettrai.

« Tu répondras quand je t'interrogerai.

« Et ce n'est pas de toi, Burgh, un brave officier et un trappeur intelligent, que j'attendais cette grave infraction à la discipline qui, seule, peut nous sauver en ce moment ! »

Ces hautaines paroles soulevèrent un long murmure dans le rassemblement.

Quant à Burgh, il resta un moment atterré.

Dans sa bonne foi, il avait cru raisonnable de transmettre au chef les réclamations de tous.

Il n'avait pas réfléchi à la situation exceptionnelle du comte qui se trouvait forcé de commander en maître absolu, s'il ne voulait pas voir la division et le désordre régner dans sa troupe et faire échouer misérablement sa tentative.

Le brave Anglais fit donc un subit retour sur lui-même, comprit tout ce que sa démarche pouvait avoir de dangereux, et répondit d'un ton respectueux :

— Votre Honneur a mille fois raison.

« By God ! je ne suis qu'une brute !

« Il nous faut toujours un chef, et je ne vois pas celui d'entre nous qui aurait l'audace de commander à Votre Honneur.

« Enfin, ajouta-t-il, vous venez de me faire voir clair dans toute cette affaire, et je m'aperçois que j'avais tous les torts en portant la parole au nom de mes camarades, que notre

situation pousse à la colère et au découragement. »

Et, élevant la voix, Burgh ajouta :

— Sir, vous ne douterez plus de ma loyauté.

« J'ai confiance en vous, et je ne demande aucune explication.

« Je ne vous quitte plus.

« S'il faut mourir, by God! j'aurai du moins la joie de trépasser en noble compagnie! »

Sur ces mots, Burgh fit trois pas en arrière, et il reprit sa place parmi les chefs de compagnie.

Il n'avait pas la figure d'un homme absolument enchanté, mais il se sentait débarrassé d'une lourde mission, et son air légèrement penaud cachait certainement plus de satisfaction que de mécontentement.

81ᵉ LIVRAISON

Cependant dans les rangs des Allemands de sourdes protestations accueillirent le brusque changement d'attitude de l'Anglais.

Des regards irrités, des gestes de menace lui furent adressés, et divers individus lui décochèrent même des épithètes qui eussent été vigoureusement relevées; mais Burgh ne voyait ni n'entendait rien de ce qui se passait derrière lui parmi les Allemands; il était tout entier aux réflexions que lui inspirait le rappel à l'ordre dont venait de le gratifier le comte.

Mais Bois-Rude qui, sous son air placide, n'était pas patient, sentait ses oreilles s'échauffer fortement.

Les Allemands l'agaçaient depuis plus d'une heure.

Il avait observé Humann que Sans-Nez

lui avait désigné souvent comme un homme peu sûr.

Et Humann poussait fort ses amis à gouailler Burgh.

Tout à coup Bois-Rude cueillit l'Allemand et il le posa devant Burgh en disant laconiquement :

— Humann va te répéter en face ce qu'il dit par derrière.

Burgh comprit.

Il reconnut son homme ; il l'avait vu à l'œuvre le matin même.

— Au fait, dit-il, nous avons à causer tous les deux.

« Montre donc un peu ta figure, toi qui parles des autres et qui te mêles de ce qui les regarde seuls.

« Tu es bon pour monter les têtes par tes discours débités sous les tentes, le soir.

« Tu as été le premier à prêcher la révolte et à demander la formation d'un conseil de guerre.

« Maintenant que le moment d'agir est venu, tu te tiens au dernier rang.

« Va donc lui parler, toi, au chef, puisque tu es si brave ».

Un grand silence s'était fait ; l'heure ou plutôt la minute était décisive.

Humann ne pouvait pas reculer ; il sentait que s'il hésitait il serait hué, battu et livré à la justice expéditive du comte.

Il n'avait de salut que dans l'audace ; il fallait en avoir à tout prix : il fit un violent effort pour en montrer.

Écartant donc les quelques hommes qui l'entouraient, il passa devant Burgh, lui jeta un regard haineux et marcha au-devant de M. de Lincourt...

Celui-ci paraissait ne pas remarquer ce nouvel ambassadeur.

A voir son air distrait et l'insouciance apparente avec laquelle il jetait ses regards de côté et d'autre, on eût pu croire que le comte avait déjà oublié la démarche de Burgh et qu'il ne soupçonnait aucunement les dangers dont le menaçait une révolte devenue imminente...

Humann s'était arrêté à quelques pas de son chef.

Il était visiblement embarrassé, il eût volontiers reculé...

Mais les regards de ses compagnons étaient braqués sur lui.

Il fallait s'exécuter...

L'Allemand joua son va-tout ; il prit l'attitude insolente d'un sot dans l'embarras, avança de trois pas et se campa en face du comte qui alors seulement parut s'apercevoir de sa présence. M. de Lincourt ajusta un élégant binocle d'écaille devant ses yeux et examina curieusement le drôle, qui se mit à frissonner.

CHAPITRE CVI

OU SIMIOL ET DU BODET TROUVENT A POINT UN CADAVRE POUR LEURS EXPÉRIENCES

Mais M. de Lincourt fut tout à coup distrait dans son examen par des éclats de voix dont la violence annonçait une dispute sérieuse.

Ces voix partaient de derrière un groupe de tentes à demi masquées par le rassemblement de la caravane.

— On n'est pas plus ridicule, disait l'organe le plus sonore.

« Non-seulement l'Académie est contre vous, mais l'opinion populaire vous condamne...

— Votre Académie ! parlons-en, répliquait une autre voix moins retentissante, mais plus criarde.

« Elle commet assez d'erreurs et de sottises pour intéresser les imbéciles et pour exciter la verve de ceux qui la prennent pour ce qu'elle vaut.

« Et, quand j'y pense, un homme qui se prétend savant et qui étaie son savoir avec des préjugés populaires !...

« C'est de l'avachissement scientifique !

— Doucement, doucement, cher confrère, reprit l'organe sonore.

« Ce qu'affirme l'Académie et ce que tout le monde dit se trouve parfaitement prouvé par de nombreuses constatations anatomiques.

— Allons donc! fit la voix en fausset.

« Des constatations sur des têtes en plâtre, dans vos officines gouvernementales, où l'on n'admet que des spécimens contrôlés, revus et corrigés... »

En ce moment, on vit déboucher les deux disputeurs, gesticulant avec animation, marchant avec précipitation ou s'arrêtant brusquement pour se regarder bec à bec comme deux coqs prêts à s'élancer l'un sur l'autre.

On a reconnu les docteurs du Bodet et Simiol, ces deux frères siamois de la science toujours rapprochés par une querelle.

Sans s'inquiéter des causes du rassemblement insolite qui leur barrait le passage, ils fendirent la foule et se dirigèrent du côté de M. de Lincourt qu'ils avaient aperçu.

— Comte, lui dit du Bodet, vous allez juger du différend qui nous divise, mon honoré confrère et moi.

— J'accepte, dit à son tour Simiol.

« Et sans m'en rapporter absolument à votre manière de voir je suis curieux de la connaître.

— Permettez, messieurs, dit le comte, je ne sais pas d'abord de quoi il s'agit.

« Ce serait peut-être long à expliquer, et je n'ai pas le temps de vous écouter. »

Simiol, sans s'embarrasser de cette objection, s'écria :

— En deux mots, voici l'affaire :

« Je prétends, moi, que les têtes d'Allemands sont sphériques.

— Et j'affirme, moi, ajouta du Bodet, qu'elles sont carrées.

« De plus, je cite à l'appui de mon opinion les auteurs les plus autorisés...

— Des ignorants officiels! interrompit Simiol ; on sait ce que valent leurs bourdes, ou plutôt ce qu'elle coûtent.

Cette insinuation indigna du Bodet qui répliqua avec aigreur :

— La calomnie est quelquefois bien payée.

— La calomnie? grinça Simiol en se dressant sur ses orteils.

« Que voulez-vous dire par là ? »

Du Bodet allait répondre, mais M. de Lincourt s'interposa.

— Messieurs, dit-il gravement, si vous n'aviez pour but que de vous quereller en ma présence, vous pouvez vous retirer.

— Pardon, comte, fit du Bodet; nous voulions d'abord vous demander votre opinion personnelle.

— Pure satisfaction pour l'un ou pour l'autre, observa Simiol, mais inacceptable comme preuve.

— Je sais que mon honorable confrère est difficile à convaincre, reprit du Bodet, c'est pourquoi je voulais obtenir de vous le moyen de lui prouver que les têtes allemandes ne sont pas rondes.

— J'ai dit sphériques et non pas rondes, fit Simiol.

— Oh! ne vous montrez pas si difficile sur le choix des mots, reprit du Bodet.

« J'ai lu de vos écrits, et vous n'êtes pas toujours d'une correction si grande....

— Et vous donc, qui passez votre temps à compiler, vous ne vous contentez pas de votre propre ignorance, vous rééditez celle des autres !

Le comte s'interposa encore une fois.

— Enfin, messieurs, dit-il, que voulez-vous ?

« Parlez, je suis pressé.

— Voici, dit du Bodet.

« Il y a des Allemands parmi les gens de la caravane.

« Or il est probable que vous ne serez pas sans livrer quelque combat pour sortir d'ici.

« C'est dans cet espoir que nous venons vous demander, pour l'examiner à notre aise, la tête du premier Allemand qui sera tué dans la lutte. »

Le comte eut un aimable sourire.

— Messieurs, dit-il, votre demande ne pouvait se produire dans un moment plus favorable.

— Est-ce que l'on va encore se battre, demanda Simiol avec une terreur mal dissimulée.

— Je ne le pense pas, dit le comte toujours souriant.

« Mais je puis néanmoins vous donner satisfaction. »

En ce moment, des cris d'impatience étaient poussés par les groupes les plus éloignés et les plus hostiles.

Aussi Humann esquissait-il sur son incisive gâtée un sourire haineux et sa tête prenait-elle un hideux caractère, ce qui fut remarqué par plusieurs.

Mais tout à coup le comte se tourna vers Humann, que l'apparition des deux docteurs avait forcé au silence; et, remettant son binocle à son œil, M. de Lincourt de nouveau toisa son homme qui parut très-mal à l'aise. Puis le comte le montra du geste aux docteurs.

— Tenez, ajouta-t-il en élevant la voix de manière à être entendu des trappeurs, voici un sujet sur lequel vous pourrez expérimenter à votre aise.

— Permettez, comte! observa du Bodet.

« Nous ne pouvons opérer avec certitude que sur la tête d'un homme mort, car les chairs, le cuir chevelu, les cartilages sont des obstacles qu'il est nécessaire de supprimer : ils arrondissent les angles, et la partie deviendrait trop belle pour mon honorable contradicteur.

— Oui, oui, dit Simiol, débarrassons-nous de la peau et des chairs : mon triomphe n'en sera que plus complet.

Toujours parfaitement calme, le comte reprit :

— Je vous répète que vous avez devant vous la tête qu'il vous faut.

« Cet homme est mort. »

On écoutait avec une curiosité et un étonnement profonds parmi les trappeurs; mais les deux docteurs firent un bond de surprise, et, s'approchant du trappeur, ils l'examinèrent avec les marques du plus profond étonnement.

L'embarras d'Humann était extrême, et une sourde terreur l'agitait, à en juger par la contraction de ses traits et l'expression de son regard.

— C'est étrange! dit gravement du Bodet.

« M. le comte veut dire sans doute que cet homme, atteint d'une grave maladie, est comme s'il était mort : il paraît pourtant assez bien portant.

« D'ailleurs il n'était pas malade, car je ne l'ai pas vu à la visite.

— C'est phénoménal! dit à son tour Simiol.

« Vous voulez rire, monsieur le comte.

« Cet homme est malsain, chassieux et pourri par le mercure ; mais je ne vois en lui aucun signe de mort immédiate.

— Et cependant, dit le comte, ce malheureux est condamné sans remède.

« Il a un mal qui mène rapidement à quatre pieds de terre, quand on est sous mes ordres.

« Docteur, cet homme est atteint de lâcheté, d'hypocrisie et de désobéissance chroniques.

« Il va vous fournir un sujet d'études anatomiques remarquable.

— Vous plaisantez, monsieur le comte!

— Je plaisante rarement, fit M. de Lincourt avec le plus grand sérieux, et en ce moment moins que jamais.

« Cet homme est mort, vous dis-je. »

Mais l'attitude des Allemands devenait très-hostile, car ils n'entendaient rien de la conversation et ils se figuraient que le comte hésitait.

Encouragé, croyant peu aux menaces du comte, Humann se sentit soutenu, et dit, pour provoquer une crise et en finir :

— Moi, je trouve que la plaisanterie a trop duré.

« Camarades ! » appela-t-il.

Il n'acheva pas.

Le comte ayant vivement tiré son revolver le lui déchargea en pleine poitrine.

L'homme battit l'air de ses deux bras et tomba mort...

M. de Lincourt se tournant alors du côté des deux savants terrifiés :

— Un homme mort, comme je vous l'affirmais, dit-il.

« Disséquez et examinez à votre aise.

« Remarquez, je vous prie, que je n'ai pas voulu endommager la tête. »

Et, laissant le cadavre aux mains des docteurs, il fit quelques pas vers le rassemblement.

Un profond silence régnait dans tous les groupes.

Silence de consternation, de stupeur.

Ces indomptables trappeurs, ces **hardis** squatters étaient dominés.

Ils subissaient le prestige de l'énergie, de la volonté, de l'audace.

Le comte, lui, était admirable dans sa fierté, dans son calme superbe.

Il commanda avec autorité :

— Tout le monde à son poste !

« Que les chefs de compagnie restent seuls. »

On se dispersa aussitôt.

Pas un geste de protestation, pas un mot de réclamation.

Quand les officiers se furent rangés dans l'ordre habituel :

— Que le rapport commence, dit le comte.

Chaque chef de compagnie rendit compte du service de ses hommes pendant la nuit, fit ses observations et reçut des instructions nouvelles pour la journée et la nuit prochaines.

La séance dura un quart d'heure.

Puis le comte, ayant d'un geste recommandé l'attention, dit :

— Les impatiences et les découragements sont la perte de toute expédition.

« Méconnaître l'autorité du chef, diviser ses forces et périr misérablement, voilà à quoi aboutissent les révoltes. »

Des murmures d'approbation accueillirent ces paroles.

M. de Lincourt les réprima d'un mot.

— Silence ! dit-il ; si je consens à donner quelques explications, on se contentera de les écouter.

« Je n'ai que faire d'opinions qui ne changeront pas ma manière d'agir.

« Apprenez d'abord que, selon moi, la caravane ne court aucun danger sérieux.

« Si mes pressentiments ne me trompent pas, c'est à moi seul que l'on en veut, c'est à moi seul que l'on fait la guerre.

« Rassurez-vous donc.

« Et croyez que si mes suppositions se réalisent, comme j'en suis à peu près certain, je ne gaspillerai pas inutilement la vie d'hommes tels que vous.

« Quand l'heure aura sonné, je saurai me sacrifier. »

A ces paroles, les trappeurs ne purent contenir leur émotion.

Quelques mots de protestation leur échappèrent.

Ils signifiaient clairement que personne n'entendait accepter un pareil sacrifice.

— Je disposerai de ma vie quand il me plaira, affirma le comte.

« Mais vous pouvez être certain que, si ce n'est pas à moi personnellement que l'on en veut, je me mettrai à votre tête, et qu'avant de nous vaincre l'ennemi aura dû faire de terribles efforts. »

Cet engagement formel amena la joie sur tous les visages.

Burgh surtout ne se tenait plus.

Visiblement ému, il s'approcha du comte.

— Sir, lui dit-il, permettez-moi de vous affirmer que mes compagnons et moi nous pouvons faire des sottises, mais commettre une lâcheté, jamais !

Une approbation unanime accueillit cet exposé.

Burgh continua :

— Vous dites que c'est à vous seul que l'on fait la guerre pour le moment, c'est possible. Nous ne nous permettons pas de douter de votre parole.

« Mais vous ajoutez que vous vous sacrifierez pour nous sauver.

« C'est là que nous ne nous entendons plus avec Votre Honneur. »

Ici le comte voulut d'un geste interrompre l'Anglais, mais cent voix crièrent avec ensemble :

— Laissez-le parler !

« Il nous comprend.

« Il a raison.

« Parle, Main-de-Fer ! ».

Burgh continua :

— Sir, vous voyez que c'est au nom de tous que je me permets de vous adresser la parole.

« Je vous disais donc que vous ne devez pas vous sacrifier pour nous : c'est l'opinion de tout le monde et surtout la mienne.

« Je me permettrai au surplus, de faire une proposition à Votre Honneur :

« Malgré le canon ennemi, malgré tout, nous nous embarquons en masse sur nos bateaux ou sur des radeaux de joncs, et nous ne laissons ici que peu de monde pour défendre les bagages au besoin.

« Vous partez avec nous, et nous engageons une lutte à mort avec nos adversaires.

« Nous pouvons vaincre.

« Mais je suppose que nous soyons battus une première fois : nous ne succomberons pas tous.

« Ceux qui survivront continueront la lutte ou trouveront le moyen de s'échapper et de se réorganiser pour combattre encore et venger nos morts.

— Mon cher Burgh, interrompit le comte en souriant, ce serait folie que de mettre ton projet à exécution.

« Nous serions décimés, broyés, anéantis dans les conditions désavantageuses où nous nous trouvons.

— Pardon, sir! fit l'Anglais avec une admirable simplicité; il s'agit de mourir en vrais trappeurs que nous sommes.

« Il n'est aucunement question de savoir si nous pouvons ou non espérer sortir d'embarras.

« Vous combattrez avec nous, nous combattrons avec vous jusqu'à la mort.

« Et, by God! nous mourrons en amis, contents les uns des autres.

« Après tout, il faut espérer que nous ne succomberons pas jusqu'au dernier.

« S'il en réchappe un cent, le dernier mot de cette affaire ne sera pas dit.

« S'il n'en revient que cinquante, on pourrait encore se mesurer dans d'autres conditions.

« S'il n'en reste que dix, que cinq, qu'un seul, eh bien! sir, celui-là saura, j'en suis sûr, recruter toute une armée pour nous venger.

« Et en tous cas on aura vu une belle bataille avant de partir pour le royaume des taupes, comme dit cet animal de Sans-Nez. »

Sur cette plaisanterie, l'Anglais, s'adressant aux trappeurs, leur demanda :

— Camarades, êtes-vous de mon avis?

— Oui, oui, crièrent toutes les voix.

« Bravo, Burgh!

« Vive Main-de-Fer

« Bataille à mort!

« Vive le capitaine!

« Vive le comte!

« Battons-nous!... »

Mille cris et exclamations enthousiastes se succédèrent pendant cinq minutes.

Étrange revirement obtenu par l'énergie d'un seul homme!

Tout à l'heure on accusait cet homme de mener la caravane à sa perte pour se ménager lui-même.

Maintenant qu'il offrait de se sacrifier pour le salut de tous, on voulait mourir pour lui.

Quelle inconstance! quelle mobilité!

Mais aussi quel admirable élan! quelle sublime générosité!

Cependant le comte attendait le silence pour répondre à l'enthousiaste proposition de Burgh.

Peu à peu le calme se rétablit.

Il put parler.

— Messieurs, dit-il gravement, si haut que j'estime ma vie, elle ne peut valoir celles d'hommes d'élite comme vous.

« Que vous manque-t-il pour être mes égaux?

« L'instruction, l'éducation, et ce que l'on pourrait appeler la pratique du monde.

« Mais vous tous êtes des hommes supérieurs et de plus mes amis.

« Je ne puis donc accepter vos offres généreuses.

« On ne fait pas tuer deux ou trois cents hommes de votre valeur pour sauver sa peau.

« Pourtant je veux vous demander un témoignage de dévouement.

— Parlez! parlez! s'écrièrent les trappeurs disposés maintenant à tous les sacrifices pour leur chef.

— Messieurs, dit le comte, je n'exige que deux choses :

« Confiance ;

« Obéissance.

« Laissez-moi traiter avec l'ennemi.

« Je vous promets en revanche de tout mettre en œuvre pour engager une lutte désespérée si je ne suis pas le seul tué ou capturé. »

Et se tournant vers Burgh le comte lui tendit la main en ajoutant :

— Merci, Burgh!

« Tes offres généreuses sont celles d'un grand cœur.

« Je croyais pouvoir compter sur toi dans les circonstances les plus graves : je ne me suis pas trompé. »

Puis s'adressant aux trappeurs :

— Merci à vous tous qui avez su dominer un moment de colère et de folie, qui venez de racheter votre erreur par un élan sublime et que je n'oublierai jamais.

Un long murmure de satisfaction accueillit ces paroles du comte qui, après quelques instants de réflexion, donna d'une voix ferme et avec une parfaite concision ses ordres pour la journée.

Les trappeurs et les squatters se disposaient déjà à regagner les différents points de la chaussée, dans la longueur de laquelle ils avaient établi leurs tentes.

John Burgh, au milieu du groupe le plus compact, s'écriait avec une triomphante et joyeuse conviction :

— By God ! voilà ce que l'on appelle un gentilhomme !

« On ne peut pas dire que celui-ci n'est pas de race.

« Il est pur.

« Le sang qui lui coule dans les veines n'est pas du sang de roturier.

« Il n'y a que la noblesse pour avoir un pareil sang-froid en présence d'hommes comme nous.

« S'il avait hésité une seule minute devant cette brute d'Humann, c'était un homme mort, car nous aurions été assez bêtes pour nous laisser aller à une colère stupide et sauvage.

« By God ! je suis un démocrate enragé, vous le savez ; mais ça ne m'empêche pas d'admirer les vrais nobles : leurs qualités et leurs défauts sont supérieurs aux nôtres. »

Au moment même où l'Anglais concluait ainsi, avec plus de bon sens que de prétention, une fusillade assez rapprochée se fit entendre.

Tout le monde devint silencieux.

On prêta une oreille attentive.

Les détonations étaient parfaitement distinctes.

Les ondes sonores couraient librement sur les eaux des lagunes et sur la prairie tremblante.

Et le vent était favorable, car le bruit paraissait venir du sud-est, c'est-à-dire du Colorado.

Pendant quelques minutes, les coups de feu se succédèrent sans grande rapidité, et l'on pouvait supposer que des trappeurs en expédition dans les bayous étaient en train de massacrer quelque horde de daims, assez nombreux dans ces parages.

Mais bientôt la fusillade devint d'une intensité telle qu'il n'était plus permis de croire à une chasse.

Il y avait donc bataille.

Mais quels étaient les belligérants ?

Amis ou ennemis de la caravane ?

Un secours inespéré arrivait-il ?

Est-ce que la discorde se serait mise dans le camp ennemi ?

En un instant, mille suppositions semblables agitèrent toutes les cervelles.

Tout à coup John Burgh, qui écoutait attentivement, s'écria :

— Silence !

« Il y a des amis par là. »

On se tut.

La fusillade continuait, crépitante et nourrie.

Mais bientôt une forte détonation domina le bruit de toutes les autres.

— C'est Tomaho, fit Burgh joyeusement.

« Je reconnais la voix de son fusil de rempart.

— C'est vrai, affirmèrent en même temps dix trappeurs.

« Il n'y a pas à s'y tromper.

— C'est du secours ! s'écria-t-on de toutes parts...

« Nos amis attaquent.

« Tête-de-Bison est là : ça va chauffer.

« Et Sans-Nez... et le colonel... et Bouléreau..... »

Chacun prononçait le nom de celui des absents qu'il aimait le mieux.

Une indicible émotion s'était emparée de toute la caravane.

Et M. de Lincourt lui-même, visiblement inquiet et préoccupé, mais silencieux, se tenait sur une petite éminence au milieu d'un groupe nombreux..

Sa longue-vue à la main, il fouillait l'horizon, mais inutilement.

On le questionnait avidement ; il ne pouvait répondre que par ce mot qui excitait les impatiences :
— Rien!... »
« Je ne vois rien ! »
Las de chercher, il passa la lorgnette à divers trappeurs qui ne furent pas plus heureux.

Une chaussée plus haute que les autres et garnie d'arbustes bornait la vue et empêchait de rien découvrir.

Cependant la fusillade continuait et l'émotion allait grandissant.

C'était bien la détonation de la carabine de Tomaho que l'on entendait distinctement à chaque instant.

Il n'y avait donc plus de doute pour personne :

Le géant était bien là, avec des amis.

Il livrait un combat...

Mais à qui ? pourquoi ? dans quelles conditions ?

On s'interrogeait, on supposait, on s'impatientait surtout.

Quelques-uns parlaient déjà d'aller à la découverte.

Celui-ci voulait tenter de remettre un bateau à l'eau.

Celui-là proposait de confectionner un radeau semblable à ceux qui avaient servi à passer le Colorado.

Un autre plus pressé s'écriait :
— Une botte de joncs pour nous soutenir, et à la nage !

Et l'on se rapprochait instinctivement du tertre où se tenait M. de Lincourt, avec l'espoir que, poussé par la volonté générale, il prendrait enfin une énergique résolution.

Mais le comte, quoique profondément inquiet, ne se montrait aucunement disposé à faire une tentative devant plus que probablement se terminer par une catastrophe.

Son calme apparent contrastait singulièrement avec l'exaltation de tous, et plus d'un trappeur condamnait déjà dans son esprit une inaction qui lui paraissait coupable.

Peu à peu les têtes s'échauffaient, et de nouveaux désordres auraient pu se produire.

Mais un nouvel incident vint apporter une diversion subite à l'enthousiasme irréfléchi des plus déterminés.

Un coup de canon vient de retentir.

Chacun prête l'oreille et attend l'arrivée d'un projectile.

Rien.

— On tire dans la direction de la fusillade, dit un trappeur.

« Et les coups partent de la batterie qui a démoli nos fascines et coulé notre barque. »

En ce moment une seconde et une troisième détonation se font entendre presque en même temps.

La stupéfaction a fait place à la bruyante agitation de tout à l'heure.

Les trappeurs échangent des regards consternés.

Pas une parole, pas un geste.

On craint de se questionner.

On ne veut pas prononcer tout haut ces mots :

« Ils sont perdus ! »

Mais cette même pensée est dans tous les cœurs.

Elle se lit sur tous les visages.

Il était vraisemblable en effet que Tomaho et les autres, engagés dans un combat, ne pouvaient lutter contre l'artillerie et qu'ils devaient fatalement succomber.

Il y avait plus maintenant : on ne pouvait songer à leur porter secours.

L'anxiété générale était à son comble.

Cependant plusieurs salves avaient succédé à de courts intervalles aux trois premiers coups de canon.

Et, remarque qui ajouta aux angoisses de tous, la fusillade cessa dès la deuxième salve.

Enfin le canon cessa lui-même de tonner.

Un silence profond succéda aux éclatements retentissants de l'artillerie et aux stridantes crépitations de la fusillade.

Silence inquiet, morne, lugubre.

Le trappeur Grandmoreau, aimé et estimé entre tous, venait de succomber dans une lutte suprême, entraînant dans sa chute les seuls dignes de lui succéder.

Longtemps la caravane entière demeura sous le coup des pénibles impressions qui serraient tous les cœurs

Les regards erraient dans la direction de cette fusillade subitement éteinte.

Les oreilles cherchaient à percevoir quelque nouveau bruit pouvant faire renaître le moindre espoir.

Mais rien !

Le calme semblait même devenir plus profond à mesure que le temps s'écoulait.

Soudain un trappeur qui s'était hissé sur un chariot pour voir de plus loin cria d'une voix étranglée par l'émotion :

— Une barque !

« Une barque ! »

La vigie ne se trompait pas.

La caravane entière put le constater.

Une embarcation venait de doubler une sorte de cap barrant à demi les eaux libres qui formaient lagune au milieu de la prairie tremblante.

C'était une espèce de pirogue longue et étroite et couverte d'un appentis.

Elle était montée par une dizaine de personnes, autant que la distance pouvait permettre d'en juger.

Ces gens paraissaient faire force de rames pour gagner la chaussée où se trouvait la caravane.

M. de Lincourt, sa lorgnette braquée sur les nouveaux arrivants, était entouré et pressé par une foule avide de recueillir un premier renseignement.

Tout à coup le comte eut un mouvement de joie.

Il s'écria :

— Grandmoreau !

« Le colonel d'Éragny et sa fille !

« Tomaho !

« Sans-Nez !

« Vive Dieu ! camarades, il y a longtemps que je n'ai éprouvé pareille joie ! »

Une immense acclamation accueillit cette heureuse nouvelle.

La barque approchait, cependant.

Bientôt elle aborda.

Ils n'eurent pas le temps de débarquer.

Ce fut un véritable enlèvement.

Seul Tomaho prit réellement pied.

Il était trop lourd pour que ses amis songeassent à le porter à terre.

Pendant un quart d'heure, ce ne fut que poignées de mains, embrassements et félicitations.

Puis vinrent les questions.

Questions multiples et diverses auxquelles Grandmoreau se chargea de répondre.

On forma le cercle avec empressement, on fit silence, et le Trappeur prit la parole.

Il raconta avec autant de concision que de clarté les nombreux événements que le lecteur connaît :

La lutte avec John Huggs ;
La victoire finale des pirates ;
La délivrance des femmes par Tomaho et Sans-Nez ;
L'affaire d'Austin et la vengeance de don Matapan ;
Le voyage à travers le désert de cendres et dans les lagunes.

Le Trappeur arriva enfin à la terrible lutte que lui et ses compagnons venaient de soutenir contre les caïmans.

— Nos munitions étaient presque épuisées, dit-il.

« Nous n'avions plus que quelques cartouches chacun, et les féroces bêtes, plus nombreuses et plus acharnées que jamais, nous assaillaient de tous les côtés à la fois.

« Il fallait nous résigner à mourir ; car non-seulement nous manquions de munitions, mais nous étions complétement épuisés par les efforts surhumains que nous avions dû faire pour soutenir une lutte si disproportionnée.

« Heureusement, tout secours n'était pas si loin que nous le pensions.

« Le premier obus tomba à cinquante pas de nous.

« Il éclata avec un bruit terrible et plus de dix caïmans sautèrent du coup.

« Comme vous le pensez, notre surprise fut grande, mais bien agréable, je vous assure.

« Deux autres obus arrivèrent presque en même temps ; ils creusèrent deux larges trous en plein tas d'alligators.

« Croyez que notre joie alla croissant, surtout quand nous vîmes la masse de nos assaillants hésiter et mollir dans leur attaque.

« Les détonations des projectiles les terrifiaient, et les éclats de fer faisaient plus de besogne que vingt coups de carabine.

« Enfin, les obus arrivant par volée, les caïmans prirent peur et nous nous trouvâmes dégagés.

« En moins de dix minutes, la lagune se trouva déserte, du moins en apparence.

« L'armée des alligators fuyait en désordre avec plus de rapidité qu'elle n'était venue ; les traînards et les éclopés qui ne se sauvaient pas assez vite étaient écrasés ou embourbés par la masse qui les pressait et leur passait dessus.

« Enfin, nous sentant libres, et le canon ayant cessé de tirer, nous abandonnâmes la position horizontale que nous avions prise prudemment au fond de notre barque pour éviter les éclats d'obus.

« Puis, ayant réparé tant bien que mal nos rames brisées à coups de dents par les caïmans, nous nous mîmes à nager vigoureusement dans la direction des coups de canons.

« Mais arrivés à quelque distance de la batterie qui nous a délivrés on nous cria de nous tenir au large et de filer de ce côté.

« Nous avons obéi, sans trop nous expliquer l'ordre que l'on nous donnait.

« Et nous voici. »

Un long et sympathique murmure accueillit le récit du Trappeur...

Murmure accompagné de mille commentaires, appréciations et nouveaux serrements de mains.

Cependant Grandmoreau demanda :

— Pourquoi diable vos canonniers nous ont-ils crié de passer au large ?

On allait lui répondre que ces canonniers étaient ceux de l'ennemi, quand de nombreuses exclamations partirent du point de la chaussée où avaient abordé Grandmoreau et ses compagnons.

L'attention générale se porta de ce côté.

On vit alors Tomaho détacher de l'arrière de la barque, où il était amarré, un gigantesque alligator.

Le géant rapportait un échantillon des terribles ennemis contre lesquels il venait de se battre.

L'animal était monstrueux.

Il mesurait dix-huit mètres du museau au bout de la queue.

Son énorme mâchoire seule avait plus de deux mètres d'ouverture.

Et les dents triangulaires qui la garnissaient étaient longues de quinze centimètres.

Ce géant des caïmans aurait d'un seul coup de gueule coupé en deux Tomaho lui-même.

De mémoire d'homme, jamais bête de pareille taille n'avait été vue dans les lagunes.

Et plusieurs squatters qui avaient chassé les caïmans dans les immenses marécages de la Louisiane déclarèrent n'en avoir jamais rencontré d'aussi gigantesque.

Cependant Tomaho, malgré sa force, tirait avec peine son monstre de l'eau.

Il le sortit enfin et le traîna jusqu'à un endroit gazonné où il le laissa, en disant à ceux qui lui demandaient pourquoi il s'était chargé d'une pareille pièce de gibier :

— Que mes frères se montrent moins curieux.

« Quand Tomaho fait quelque chose, ce n'est qu'après de longues réflexions.

« Si je me suis chargé de cet alligator, c'est avec une intention que je ne veux pas faire connaître. »

Le brave Cacique avait évidemment quelque projet en tête.

Mais il ne voulait rien en dire, et comme on le savait très-entêté, on ne le questionna plus.

On se contenta d'examiner la bête, et, ayant donné satisfaction à la curiosité, on s'empressait de reprendre son rang dans le groupe où Grandmoreau, Sans-Nez et Bouléreau continuaient à répondre aux nombreuses questions qui leur étaient adressées.

Las enfin de donner des explications, ils s'étaient mis à questionner à leur tour, comme nous l'avons vu.

— Il me semble assez extraordinaire de vous trouver campés au beau milieu de la prairie tremblante, avait dit Grandmoreau. Mais ce que je m'explique encore moins, c'est l'établissement de cette batterie, là-bas, au diable, sur la haute chaussée qui borde les lagunes du côté est.

— By God! c'est bien simple, répondit l'Anglais.

« Ces canons ne sont pas à nous.

« Ils appartiennent à l'ennemi qui nous bloque ici.

« Car nous sommes bloqués, pris, enfermés.

« La chaussée où nous sommes est défoncée devant et derrière nous... Et rien à faire !...

« Tiens, je vais t'expliquer toute l'affaire. »

Et Burgh se mit à raconter tout au long ce qui s'était passé ; il exposa la situation très-nettement, et finit par dire :

— Vous le voyez, vous êtes venus vous jeter dans la gueule du loup.

« Vous voici en plein guêpier, comme nous. »

Cette conclusion parut manquer de logique à Bouléreau.

Il s'interrompit dans une conversation particulière qu'il tenait avec un de ses squatters, et il observa :

— Mais ceux qui nous ont sauvé la vie auraient donc agi contre leurs intérêts, en ne nous laissant pas dévorer d'abord, ce qui leur aurait épargné de la poudre ; en ne nous faisant pas prisonniers ensuite, ce qui leur était facile ; et enfin en nous laissant vous rejoindre, ce qui augmente le nombre de leurs adversaires !

« Ces ennemis-là sont des imbéciles tout simplement.

« A moins qu'ils n'aient une arrière-pensée ; mais laquelle ?

— Voilà qui me paraît extraordinaire et inexplicable ! murmura Grandmoreau.

— Moi, dit Sans-Nez, ça me paraît moins extraordinaire qu'à vous autres.

« Est-ce que l'on n'a pas dit que ce bandit de John Huggs et sa bande sont mêlés à cette affaire-là ?

— Oui, répondit Burgh.

« Mais le pirate n'est pas le chef.

« Du moins il l'a dit.

— N'importe ! reprit Sans-Nez.

« Vous êtes là à vous demander pourquoi ces brigands nous ont délivrés des caïmans ?

« Vous ne trouvez pas de bonnes raisons, pas une seule ?

« Eh bien ! moi, j'en trouve une, et je ne

vous la cache pas; je vais vous la dire franchement. »

Et, regardant Paméla qui se tenait à côté de lui, l'éternel blagueur reprit :

— C'est à elle, c'est à mon épouse que nous devons la vie.

« Les pirates se sont souvenus d'elle et lui ont fait la galanterie de ne pas couler au fond de la lagune une aussi jolie personne; nous en avons tous profité. »

Un immense éclat de rire accueillit cette facétie.

Seule Paméla garda son sérieux.

Elle était furieuse, et le regard qu'elle lança à son amant n'avait rien de tendre.

Cependant le comte de Lincourt avait eu une longue conversation avec M. d'Éragny.

Celui-ci, après avoir donné quelques détails sur son aventureuse expédition et sur les pérégrinations souterraines de Tomaho et de Sans-Nez, reçut à son tour des explications du comte.

M. de Lincourt raconta franchement dans quelles circonstances un certain nombre de Peaux-Rouges étaient devenus ses alliés.

Puis il déclara sans hésiter que la position de la caravane était terrible, qu'il redoutait les plus grands malheurs, mais que l'on ne pouvait raisonnablement rien tenter avant de savoir à quoi s'en tenir quant aux exigences de l'ennemi.

Le colonel n'avait rien à objecter.

Il se borna à faire la même observation que Bouléreau à propos de la conduite de l'ennemi, qui les avait sauvés.

Le comte n'était pas moins étonné, et les deux associés en étaient à échanger leurs conjectures, quand ils furent interrompus par un concert d'exclamations que poussaient les trappeurs escortant les deux docteurs.

— Encore! murmura le comte.

« Ces deux savants sont insupportables. »

Mais, quand il les vit de près, il s'aperçut que du Bodet portait quelque chose sur un plat d'argent.

Il avait l'air piteux et Simiol semblait déconfit.

Les trappeurs riaient, mais ils paraissaient néanmoins frappés d'un certain étonnement.

Le comte comprit cette nuance de leurs impressions, quand il reconnut sur le plat que du Bodet venait lui présenter une tête humaine admirablement, mais fraîchement disséquée.

C'était le crâne d'Humann.

Et son aspect produisait un singulier effet, parce que la seule incisive qui lui restât apparaissait toujours verdâtre, infecte mais menaçante, meublant seule cette mâchoire de squelette.

— Monsieur le comte, dit du Bodet, nous sommes confus, mon collègue et moi.

« Nous avions tort tous deux, autant que l'on peut en juger sur un cas particulier.

« Le crâne est pointu.

— Ce qui vous prouve, messieurs, observa M. de Lincourt, l'inanité des disputes prématurées.

— Monsieur le comte, dit Sans-Nez, je vous fais mon compliment; c'était de cette façon-là qu'il fallait *laver la tête* à ce garçon.

Et montrant l'incisive :

— Il avait cette dent-là contre vous, et vous pouvez juger si elle était venimeuse.

En ce moment, un coup de canon vint faire diversion à cette scène.

L'ennemi avait tiré à blanc, car on n'entendit siffler aucun projectile.

C'était donc un avertissement.

Sans doute, car quelques secondes après on entendit distinctement la sonnerie du clairon parlementaire, et l'on vit flotter un drapeau blanc à la pointe de ce cap d'où avait débouché la pirogue des trappeurs.

Le comte, accompagné de M. d'Éragny, se dirigea vers l'endroit de la chaussée où il avait vu John Huggs la veille.

Toute la caravane le suivit.

Elle forma autour de lui un nombreux groupe qui allait s'étendant à droite et à gauche le long de la chaussée.

CHAPITRE CVII

OU L'ON VOIT A QUOI PEUT SERVIR UN CAIMAN MORT

La barque et l'homme qui la montait offrirent aux regards étonnés des trappeurs le plus surprenant contraste.

Cette barque n'était qu'une mauvaise pirogue indienne grossièrement construite avec l'écorce d'un arbre.

Cet homme, vêtu à la française, portait des habits coupés à la dernière mode parisienne.

Il y avait dans cette apparition, si peu en rapport avec les circonstances et le lieu où elle se produisait, une étrangeté, un imprévu bien faits pour étonner des coureurs de prairie.

Aussi les réflexions allaient-elles grand train pendant que la pirogue avançait lentement sur les eaux libres de la prairie tremblante.

Sans-Nez qui occupait le centre d'un nombreux rassemblement était surtout écouté.

Par ses observations intelligentes et gouailleuses, il excitait souvent le rire, et sa verve était intarissable.

— Voilà ce qui s'appelle un parlementaire de première catégorie, disait-il.

« On peut même dire que ce n'est pas un parlementaire; c'est un véritable ambassadeur.

« Et si je ne le voyais pas de dos pour le moment je vous signalerais d'ici le bouquet de décorations qui fleurit certainement à sa boutonnière.

« Mâtin ! il ne faut pas nous plaindre.

« Il y a des gens qui voudraient être bloqués à notre place, pour recevoir des visiteurs aussi distingués. »

Des rires répondirent à cette remarque du Parisien, qui continua :

— Mais regardez donc !

« Redingote noire dernière coupe ;

« Cravate blanche et gilet à cœur.

« Et comme tout ça est ficelé !

« Il n'y a qu'un tailleur pour mouler un homme aussi habilement :

« C'est Paul.

« Ces habits-là viennent en droite ligne de Paris. »

Et, prenant un ton sérieux que démentaient ses gestes, Sans-Nez ajouta :

— Camarades, de la tenue et des convenances !

« Le ministre plénipotentiaire qui nous arrive est nécessairement un de mes compatriotes.

« Car, voyez-vous, on ne s'habille pas comme ça en Amérique.

« C'est à Paris seulement que l'élégance atteint cette perfection.

« Voyez un peu ce chic, ce galbe, ce genre !

« Quand je brillais, quand j'étincelais de chic à Tivoli, dans le bon temps ; quand j'avais mon nez et tout, et que le sexe s'extasiait dans un continuel éblouissement, je n'étais pas plus galbeux.

« Aujourd'hui, il serait difficile de reconnaître en moi l'élégant favori de ces dames de la Chaussée des Martyrs. Sous ce grossier costume de chasse, toutes les beautés disparaissent.

« Plus de formes, plus de chic, plus de galbe, plus rien.

« Eh ! tenez, sans aller plus loin, notre chef, le comte, est ce qu'on appelle un bel homme.

« Il est moulé.

« J'en sais quelque chose, je l'ai vu se baigner dans le Colorado ; même qu'il a été dérangé par des caïmans qui devaient être des femelles, car elles avaient des airs de vouloir le gober, comme on dit...

« Enfin, quoi ? aujourd'hui il n'a plus rien de cette distinction, de cette tournure qui fait qu'une femme ne peut pas vous regarder sans en pincer du premier coup.

« Maintenant, le comte est un sauvage comme nous autres...

« Un trappeur tout simplement.

« C'est déplorable ! »

Et, comme les regrets du Parisien ne parurent aucunement être partagés par ceux qui l'écoutaient, il ajouta :

— Au fait, je suis bien bête !

« Je m'adresse à des gens qui ne connaissent pas plus le chic de Paris que je ne connais l'empereur de Chine.

« Moi qui avais mes entrées à Mabille et à Pilodo, je parlerais bal avec des gens qui n'ont jamais vu danser que des Peaux-Rouges !

« Je leur dirais que je pense toujours au boulevard et aux nymphes de l'asphalte, à eux qui n'ont jamais connu que des femmes tatouées et maquillées au suif de bison !

« Tenez, vous n'êtes que des barbares, et vous ne comprendrez jamais mon bonheur quand je pense que je vais voir de près un vrai Parisien, un vrai cocodès qui se fait habiller chez un des grands tailleurs de Paris, celui que m'avait procuré une certaine petite baronne...

« Ah! j'ai eu joliment tort de lui faire des traits, à celle-là.

« Elle m'adorait.

« Mais quand on a mon galbe, mon chic...

« C'est fatal... il faut voltiger...

— Comme un papillon, dit une voix.

— Tais-toi donc! répondit Sans-Nez.

« Comme un serin. »

Et, reportant son regard sur la barque qui approchait, il se frotta joyeusement les mains à l'idée de faire un bout de conversation avec un homme capable de le comprendre.

Mais soudain une affreuse grimace augmenta la laideur de son visage couturé; il demeura un moment immobile, stupéfait, comme s'il venait de faire la plus fâcheuse découverte.

Il ne garda pas longtemps son impression pour lui.

— Enfoncées mes espérances! s'écria-t-il.

« Ça ne m'étonne pas, du reste.

« Il fallait être fou pour croire qu'un vrai Parisien viendrait se promener en redingote sur une lagune de la prairie tremblante.

« Et j'aurais eu trop de veine.

« Vous voyez cet homme si joliment habillé, n'est-ce pas?

« De loin, il paraissait être un élégant de premier choix.

« Pour vous, il n'a pas changé.

« Eh bien! pour moi, ce n'est plus le même.

« Je suis certain à présent que non-seulement il n'est pas Parisien, mais je peux même affirmer qu'il n'est pas Français.

« Ça vous étonne, hein?

« C'est pourtant tout simple.

« Voyez-vous, camarades, les Français en général et les Parisiens en particulier sont les seuls au monde qui possèdent vraiment ce qu'on appelle le chic.

« Et j'en suis de ces gens-là, ça se voit.

« Figurez-vous bien que, nous autres, nous sommes tous nés artistes.

« Le dernier bourgeois de Paris est un artiste, et l'ouvrier même a quelque chose dans le torse qui le distingue des rustauds de tous pays.

« Ce chic genreux, ce galbe élégant, ces manières rondes et franches, c'est dans notre sang.

« Il y a des peuples qui trouvent gracieux de sauter en marchant, comme les Anglais; d'autres qui patinent, comme les Espagnols; d'autres encore qui ont toujours l'air de descendre de cheval après une course de vingt lieues, comme les Allemands.

« Nous autres, nous nous contentons de marcher tout simplement.

« Mais quel moelleux dans la manière de plier le jarret!

« Quelle distinction et en même temps quelle rondeur dans le geste!

« Vous comprenez donc que tous les tailleurs du monde ne confectionnent pas une tournure parisienne.

« Le pantalon et l'habit peuvent cacher des défauts, mais donner des qualités, jamais!

« Et puis, voyez-vous, ce n'est pas à la pelure que l'on reconnaît le chic, ni même à la peau. »

Ici Sans-Nez se frappa sur la cuisse, exécuta avec ses doigts un rapide roulement de castagnettes et reprit avec une insouciante désinvolture :

— Voilà! c'est aux jointures, c'est sous la peau qu'il faut regarder un homme pour découvrir le chic parisien.

« Soyez tranquilles, je l'ai toisé, cet ambassadeur qui nous arrive.

« Et je ne me trompe pas sur son compte :

« C'est un étranger passé au vernis de Paris.

« Bien habillé, ficelé dans le grand, mais toujours étranger : pas de chic! »

Pour être exprimées avec tant de légèreté et de folle insouciance, les réflexions du Parisien n'en étaient pas moins fines et justes.

Ce parlementaire si correctement vêtu ne manquait ni d'élégance ni de distinction, mais son geste avait une certaine raideur inconnue aux Français. On remarquait dans son maintien ce compassé, cette gêne dont ne se débarrasse jamais l'étranger à Paris et qui le fait toujours reconnaître.

Voyez cet attaché d'ambassade sortant du *Café Anglais* où il vient de déjeuner : il fait tout ce qu'il peut pour se donner les airs dégagés, la tournure légère, le débraillé comme il faut du Parisien; mais il perd son temps et ses peines, et c'est précisément parce qu'il se donne des peines qu'il n'arrive pas et qu'il n'arrivera jamais à la perfection qu'il désire si ardemment atteindre.

Voyez au contraire ce commis aux affaires étrangères. Il n'a que dix mille livres de rentes; mais quels grands airs corrigés par tant d'aisance et par ce laisser-aller de bonne compagnie qui sied à son âge sans faire tort à la particule qui précède son nom.

Il y a bien un peu de fatuité dans le maintien, et quelque arrogance dans le regard; mais il faut bien se distinguer par un défaut du bourgeois et de l'employé qui, possédant le même extérieur, se soucient peu d'en faire parade, ou le plus souvent n'en ont pas le temps.

Enfin, comme le disait Sans-Nez dans son jargon de faubourien, il n'y a que le Parisien pour posséder ce chic original auquel l'étranger n'atteindra jamais.

Tout en écoutant les plaisantes observations de Sans-Nez, les trappeurs ne perdaient pas de vue le parlementaire qui allait bientôt aborder.

Grandmoreau paraissait surtout très-attentionné.

Quand Sans-Nez eut cessé de parler, il lui frappa sur l'épaule et lui dit :

— Bavard, veux-tu que je le dise, moi, qui il est, ton faux Parisien?

— Ça va; dis voir un peu, fit Sans-Nez.

« Mais je commence par constater que j'avais raison :

« C'est un étranger.

— Tout ce qu'il y a de plus étranger, affirma le Trappeur.

« C'est un Peau-Rouge.

— Un Peau-Rouge habillé par **Paul**, mon ancien tailleur?

— Habillé par le tailleur de ta petite baronne ou par un autre, c'est un Indien.

— Tête de bison, s'écria Sans-Nez, tu me renverses !

« Alors, qui....?

— C'est le Sauveur.

— Le Sauveur? fit Sans-Nez de l'air d'un homme qui doute ou qui ne se souvient pas.

Et de nombreuses voix dans la foule répétèrent après lui :

— Le Sauveur?...

Ce nom évoquait le souvenir de la lutte terrible contre les Peaux-Rouges, et ramenait dans la mémoire de tous les histoires pleines de mystérieuses réticences propagées par la crédulité chez les uns et l'amour du merveilleux chez les autres.

— Le Sauveur? répéta Sans-Nez.

« Qu'est-ce que peut bien nous vouloir ce cocodès sauvage? ajouta-t-il irrévérencieusement.

— Je n'en sais trop rien, répondit Grandmoreau.

« Tout ce que je puis dire, c'est qu'il est le frère de la reine et de l'Aigle-Bleu, aujourd'hui nos alliés ;

« Qu'arrivant de France, où il a fait de grandes études, il n'a rien eu de plus pressé que de réunir une armée d'Indiens pour nous livrer bataille ;

« Que nous l'avons rossé comme il faut;

« Qu'enfin il est resté notre ennemi, qu'il a rusé avec nous, et qu'il a fini par nous vaincre sans se battre, d'après ce que je vois.

— Oh! nous vaincre ! répliqua Sans-Nez en faisant mine de friser une moustache absente; je demande à connaître la fin de l'aventure, avant de me rendre.

« Laissons-le tailler une bavette avec le comte ; si les affaires ne s'arrangent pas, nous verrons après à lui tailler autre chose, nous autres. »

Une approbation unanime accueillit ce propos de Sans-Nez, et pendant quelques instants une certaine agitation régna dans les groupes.

Tomaho n'avait pas perdu un mot des courtes explications données par Grandmoreau sur le compte du Sauveur, et il écoutait avec un réel intérêt, car lorsque le Trappeur eut fini de parler il écouta encore.

Quand il fut bien certain qu'il n'y avait plus rien à apprendre, il baissa la tête, prit le maintien d'un homme tout à ses réflexions, et de la main droite il caressa les plumes d'aigle qui ornaient sa chevelure, ainsi qu'il avait l'habitude de faire quand de graves préoccupations le tourmentaient.

— Le Sauveur avec des habits de Visage-Pâle! se dit-il profondément étonné.

« Il ne serait donc pas le véritable envoyé du Vacondah?

« Ces rayons de lune et de soleil ne seraient donc que de fausses médecines?

« Je veux savoir! »

Alors, avec une gravité plus solennelle que d'habitude, il s'approcha de Grandmoreau.

Il lui posa sa lourde main sur l'épaule en **disant** :

— Mon frère vient de parler du Sauveur?

— Oui, répondit le Trappeur.

« Mais ôte donc un peu ta main.

« C'est un poids inutile dont mes reins se passeront bien. »

A la question du géant, Sans-Nez avait prêté l'oreille.

Il entrevit une occasion de placer une plaisanterie de sa façon.

— Oui, mon vieux Cacique, dit-il, nous avons parlé du Sauveur.

« Est-ce que cela te gêne ? »

Le ton railleur qu'avait pris Sans-Nez pour lui adresser cette dernière question déplut à Tomaho qui fronça les sourcils et repartit d'un air courroucé :

— Si mon frère le Moqueur pâle ne cesse pas son chant pareil à celui des vieilles squaws, je saurai le punir et le faire taire.

— Me faire taire, toi, Cacique! riposta le Parisien ne voulant pas paraître craindre la menace, mais se mettant en mesure d'esquiver le contact du géant.

— Je te ferai taire en t'enfermant, dit Tomaho.

— Où est donc ta prison? demanda Sans-Nez.

— Là, fit le géant en montrant du doigt l'énorme caïman qu'il avait rapporté et que l'on pouvait voir allongé sur le bord de la chaussée.

— Comment! tu serais assez drogue pour me fourrer vivant dans le ventre d'un caïman mort! s'écria Sans-Nez.

Et faisant un geste de défi :

— Tu n'oserais pas, grand...

Il n'acheva pas.

Tomaho l'empoigna et s'approcha du caïman.

D'une main, il ouvrit l'énorme gueule du monstre ; de l'autre, il fit mine d'y introduire Sans-Nez qui poussait des cris terribles.

Les trappeurs riaient à se tordre.

Jamais scène plus extraordinaire et plus amusante ne pouvait être mieux jouée.

Grandmoreau lui-même, qui n'était pas très-rieur de sa nature, ne pouvait se retenir.

Il avait éclaté comme tout le monde, en s'écriant :

— Il n'y a que ce Tomaho pour avoir des idées pareilles !

« A-t-on jamais vu !

« Mais il va l'étouffer!... »

Cependant Sans-Nez, qui avait déjà la tête dans le vaste gosier du caïman, continuait à protester en gigotant et en criant à l'aide.

Mais sa voix n'avait plus de sonorité ; elle se perdait en partie dans les profondeurs de la singulière prison choisie par le géant.

Grandmoreau jugea qu'il était temps de s'interposer.

— Cacique, dit-il, un peu d'indulgence !

« La punition est suffisante, et la leçon lui profitera.

« Laisse-le, maintenant. »

Le géant ne paraissait pas disposé à se montrer clément ; mais d'autres trappeurs se joignirent à Grandmoreau pour intercéder en faveur du coupable.

Il se laissa fléchir.

Il maintint pourtant sa victime assez avant dans la gueule du caïman et lui cria :

— Mon frère promet-il de ne plus se moquer de son ami Tomaho?

— Oui, je promets tout, répondit Sans-Nez d'une voix étouffée.

— Mon frère ne sera plus curieux et bavard comme une squaw?

LE SECRET DU DOMPTEUR

— Non, non, jamais !

— Alors, que mon frère soit libre, fit le géant.

Et tirant le Parisien de son infecte prison il le remit sur les pieds et le lâcha.

Un long éclat de rire accueillit cette réapparition.

Sans-Nez vexé, dépité, furieux, mit une distance convenable entre lui et Tomaho et lui cria :

— Va donc, grand lâche !

« Je te revaudrai ça, sois tranquille.

« Tu as beau être fort et en abuser, je te jouerai encore plus d'un sale tour. »

Mais il pouvait insulter et menacer impunément.

Tomaho ne l'écoutait pas.

Il avait laissé là son caïman et s'était approché de Grandmoreau auquel il adressa cette question :

— Que pense mon frère du Sauveur, puisqu'il le connaît ?

Cette demande assez vague était aussi indienne qu'embarrassante.

Grandmoreau y répondit toutefois du mieux qu'il put :

— Je pense, dit-il, que ce Sauveur est un homme habile.

« Il me paraît avoir des vues, des projets que je ne connais pas; mais je soupçonne que, s'il nous fait la guerre, ce n'est pas précisément pour empêcher le succès de notre expédition.

« Enfin, nous voilà dans ses griffes, et je crains que nous ne nous en tirions pas facilement.

— Pourquoi le Sauveur porte-t-il des vêtements de Visage-Pâle ? demanda encore Tomaho.

— Parce que ça lui fait plaisir, apparemment.

— Mon frère le Trappeur, dont le regard est presque aussi perçant que le mien, doit distinguer les traits du Sauveur?

— Sans doute !

— Ne ressemble-t-il pas à l'Aigle-Bleu comme une balle à une autre balle de même calibre ?

— On dirait deux jumeaux.

— Alors il y a donc deux Aigles-Bleus? dit le géant.

— Oui, répondit le Trappeur.

— Il y a celui qui est devenu notre allié, et le Sauveur, son frère, qui lui ressemble beaucoup.

— Il ne peut y en avoir qu'un, reprit le géant.

« Pourtant ils avaient tous deux les signes. »

83ᵉ LIVRAISON.

Et le brave Cacique demeura un instant absorbé dans une profonde méditation.

Il se demandait quel était le véritable Aigle-Bleu ; il se perdait dans des suppositions invraisemblables.

La complication de toute cette affaire, la diversité des événements, jetaient le trouble et l'obscurité dans son cerveau rebelle et paresseux.

Il n'était certain que d'une chose : d'avoir délivré le Sauveur dans une grotte où il l'avait trouvé garrotté, et de reconnaître aujourd'hui ce même Sauveur sous des habits d'Européen.

Il sortit enfin de ses réflexions et dit à haute voix :

— Le Sauveur entendra mes paroles avant de rejoindre ses guerriers.

« Et si des explications loyales ne tombent pas de ses lèvres je croirai qu'il m'a trompé...

— Parbleu ! ça ne fait pas de doute ! cria une voix.

« Il t'a monté le coup.

« Il ne faut pas être bien malin pour ça. »

Cette voix était celle de Sans-Nez.

L'incorrigible blagueur ne pouvait se taire, mais il se tenait à distance.

La perspective de se faire refourrer dans le caïman le rendait prudent.

Cependant les questions et les réflexions de Tomaho avaient encore ajouté à l'avide curiosité de la foule.

Que voulait-il dire ?

Que signifiait son langage plein d'obscurités et de réticences ?

CHAPITRE CVIII

PARISIEN ET PEAU-ROUGE

En ce moment, la barque abordait et celui que l'on appelait le Sauveur sauta à terre.

Tous les regards étaient avidement fixés sur lui.

M. de Lincourt l'attendait sur la berge.

Les trappeurs se tenaient à distance, mais tous observaient cette scène avec un vif intérêt ; une question de vie ou de mort allait se discuter.

Le passage libre à certaines conditions allait se débattre, mais l'entrevue pouvait avoir pour dénouement un combat sans espoir et toute la caravane était menacée d'un ensevelissement dans les insondables profondeurs de la lagune.

Cependant M. de Lincourt n'avait rien perdu de son élégance et de son sang-froid.

Cette entrevue singulière mettait en présence deux types évidemment remarquables, deux hommes étonnants qui personnifiaient deux races.

Tous deux étaient des natures d'élite, éminentes, distinguées ; mais dès l'abord la comparaison faisait ressortir un contraste frappant.

L'Indien restait compassé, il avait des allures étudiées, il se *campait*, pour employer un mot d'atelier qui rend bien l'idée.

On était frappé, il est vrai, de la profondeur de son regard, de la majestueuse proportion de ses formes, de l'ampleur de son geste, de l'intelligence orgueilleuse de son front puissant et noble ; mais tout était en lui voulu, cherché.

Il y avait beaucoup d'acquis dans ses façons d'être.

Il était préoccupé de l'effet, que le comte, tout au contraire, trouvait sans le chercher, car il restait simple, dégagé de toute préoccupation de vanité.

Mais surtout il restait souverainement digne, adorablement grand seigneur, sans y penser, sans le vouloir.

Puis on sentait en lui ce fond charmant d'insouciance française qui attire la sympathie et qui, aux heures de péril, donne à la bravoure un attrait si piquant qu'elle force l'admiration.

Le Sauveur restait immobile sur la rive ; il était droit et ferme comme eût pu l'être un chef indien.

L'instinct de race survivait.

Mais le costume manquait à la pose.

Le comte, au contraire, marcha au-devant du *libérateur* indien avec une parfaite aisance.

Les deux chefs échangèrent un froid salut.

Puis le comte alluma un cigare avec une méthodique lenteur, et, faisant quelques pas pour gagner un sol plus ferme que celui du bord de la lagune, il indiqua du geste un petit tertre : il offrait ce banc gazonné à son visiteur avec autant de politesse et d'assurance que s'il se trouvait dans le plus somptueux salon de Paris.

Mais il y avait de l'affectation et de l'ironie dans sa manière.

Les paroles dont il accompagna son geste le prouvèrent.

— Puisque je suis encore chez moi, dit-il, permettez-moi de vous offrir un siége.

« Je regrette de me trouver dans l'impossibilité de vous faire avancer un fauteuil, mais vous me pardonnerez : la situation ne me permet pas de vous traiter avec les égards dus à votre toilette. »

Cette invitation faite de l'air le plus gracieux, le plus attentionné, le comte s'assit lui-même sur le tertre de gazon et se mit à fumer avec toute l'aisance d'un homme qui va causer de la dernière opérette à succès ou raconter quelque cancan de coulisse.

Cependant le Sauveur avait décliné d'un geste l'invitation qui lui était faite.

Sa toilette trop soignée ne lui permettait pas de prendre pour siége ce banc de gazon humide et glaiseux qui eût souillé son magnifique vêtement neuf.

Il resta debout :

Particularité qui fournit à Sans-Nez l'occasion de placer une observation en sourdine.

Il dit à ceux qui l'entouraient :

— Voilà ce qui s'appelle un Sauveur éduqué et soigneux.

« D'abord il n'abîmera pas sa toilette, ce qui est d'un homme sérieux, économe et désireux de voir monter l'addition de son livret de caisse d'épargne.

« Ensuite, pour un Sauveur, il est modeste. Je croyais bonnement qu'il allait se poser en vainqueur et dicter ses conditions avec l'aplomb d'un Touneins qui a subtilisé le trône de Tomaho ; pas du tout, il a l'air d'un larbin qui attend les ordres de son maître.

« Il est très-drôle, ce cadet-là.

« Moi, je le gobe, le Sauveur, et tout à l'heure j'irai lui demander l'adresse de son tailleur pour savoir si c'est bien Paul qui l'habille. »

En fait, le comte avait adroitement placé son adversaire dans une fausse position.

Ce dernier ne pouvait sans ridicule souiller ses habits.

D'autre part, debout devant le comte assis, il lui semblait inférieur et il paraissait gêné.

Cependant M. de Lincourt, confortablement installé sur son banc de gazon, et humant avec un visible plaisir la fumée odorante de son havane, paraissait attendre que son visiteur voulût bien prendre la parole.

Mais celui-ci restait silencieux.

Le comte, affectant alors de voir dans ce mutisme un certain embarras, entama poliment la conversation.

— Monsieur, dit-il, vous avez arboré le drapeau parlementaire ; vous êtes venu dans mon camp ; il ne m'appartient donc pas de commencer un entretien que vous avez bien voulu provoquer.

« Vous avez des communications à me faire : parlez, monsieur.

« Je vous écoute. »

Évidemment, ce n'était point là ce qu'avait prévu l'Indien.

Il était dérouté.

Tenir en ses mains le sort d'un homme, venir à lui, compter sur la supériorité de la position et se trouver, dès le début, sur un mauvais terrain, en face d'un adversaire qui le prenait de très-haut avec une grâce et une aisance presque impertinentes sous une forme polie, il y avait de quoi irriter un caractère de cette trempe.

Dès cet instant, le *libérateur* indien affecta une indéfinissable raideur d'attitude et un ton plein de hauteur.

— Il n'est pas utile, je pense, dit-il, de vous démontrer que vous êtes étroitement bloqué, absolument cerné.

— Inutile en effet, fit le comte.

« Passez ce détail et veuillez continuer.

— Permettez-moi de vous faire observer que votre caravane, si je le veux, est perdue sans retour.

« Sachez que je puis non-seulement détruire votre matériel, mais encore ruiner vos dernières espérances en massacrant votre troupe entière.

« Je suppose enfin que vous vous rendez exactement compte des périls qui vous entourent et de votre situation désespérée?

— Supposez tout ce que vous voudrez, monsieur, dit M. de Lincourt.

« Vous ne supposerez jamais assez...

« Et j'ai tout le temps de vous écouter.

« Mais il ne me serait pas désagréable pourtant de vous voir aborder d'une manière sérieuse et positive les propositions que vous venez sans doute me faire.

— J'y arrive, comte, reprit le Sauveur.

« Mais pour que ces propositions vous paraissent claires, franches et acceptables, il est indispensable que vous me prêtiez un moment d'attention.

« Je dois vous exposer nettement la situation générale, vous parler des grands projets qui occupent mon esprit, qui sont le mobile de tous mes actes. »

Ces paroles du Sauveur amenèrent un fugitif sourire sur les lèvres du comte qui, de l'air indifférent et fatigué d'un homme qui se résigne à écouter quelque ennuyeuse histoire, répondit :

— Exposez, monsieur, exposez!

« Je vous écoute. »

Puis, allumant un nouveau cigare, il s'assit aussi commodément que possible et se mit à écouter avec la plus complaisante bonne volonté.

CHAPITRE CIX

PROJETS D'ÉMANCIPATION

En ce moment, le visage ordinairement froid et calme du Sauveur s'anima.

Ce n'était plus l'homme du monde à la parole froide et polie, au geste sobre et étudié, c'était l'inspiré, l'illuminé, agité de cette fièvre, de ce délire, de cette foi qui transfigure le croyant, l'élève jusqu'au sublime, jusqu'à Dieu!

Ce n'était plus le Peau-Rouge façonné aux mœurs de la civilisation et devenu un véritable Européen : l'Indien reparaissait malgré le costume français qu'il avait revêtu ; on ne voyait plus qu'un grand chef de tribu, et l'imagination frappée lui rendait le pittoresque accoutrement du guerrier des savanes.

L'attitude de cet homme était celle d'un apôtre au moment de confesser sa religion et sa foi, de prêcher quelque doctrine nouvelle.

Il leva les yeux au ciel comme pour lui demander l'inspiration, les traits de son mâle visage s'agitèrent dans d'imperceptibles tressaillements, un long soupir s'échappa de sa poitrine.

Et majestueux, solennel, il dit :

— Un grand peuple est opprimé.

« Depuis de longues années, il se débat dans la cruelle étreinte qui le brise et l'avilit.

« La race rouge d'Amérique tombe et disparaît lentement sous le flot envahisseur des races blanche et noire.

« Les Européens conquérants du Nouveau-Monde, plus sauvages mille fois que ceux qu'ils qualifiaient de ce nom, se sont montrés implacables et féroces dans leurs luttes contre ceux qu'ils dépossédaient, qu'ils dépouillaient avec l'avidité de bêtes affamées.

« Loin de songer à pénétrer au milieu de nous le flambeau de la civilisation à la main, loin de chercher à dominer la race rouge par la science, à la soumettre par une pure et saine morale, loin de traiter en hommes ceux qu'ils venaient piller, ils les ont repoussés comme des monstres, les ont traqués comme des bêtes féroces, les ont massacrés lâchement après les avoir volés. »

En rappelant ces odieux souvenirs de la conquête de l'Amérique, ces tueries inutiles qui accompagnèrent l'établissement des premiers Européens dans le Nouveau-Monde, le Sauveur s'était animé.

Sa parole vibrante avait de sublimes accents.

Son regard brillait d'un vif éclat, et son visage s'était illuminé du feu d'un sublime enthousiasme.

Fièrement campé, la tête haute, le geste ample et majestueux, cet homme était admirable d'indignation.

On sentait qu'il parlait au nom de tout un peuple, et il semblait que des milliers de voix s'ajoutant à la sienne lui donnassent ces vibrations puissantes, cet accent de vérité qui s'impose et persuade.

Il reprit avec une croissante énergie :

— Pendant deux siècles, les massacres continuèrent avec la même fureur, la même rage inexplicable.

« La race rouge fut traquée et décimée avec un incroyable acharnement.

« Nos chevelures furent mises à prix ; on nous chassa comme des animaux sauvages, on nous tua comme des bêtes dangereuses.

« Il semblait que l'arrivée d'un homme de race blanche dans notre pays dût comporter la suppression d'un homme de race rouge.

« Aujourd'hui encore, ne sommes-nous pas considérés comme des parias, comme des brutes, des sauvages indignes de tout effort civilisateur?

« Malgré les fureurs homicides de nos conquérants, nous sommes restés fiers et indépendants.

« Retirés dans la solitude des savanes et des forêts inexplorées, nous vivons libres, malgré les efforts persistants de nos ennemis.

« Nos tribus réunies forment encore un grand peuple.

« Ce peuple, je veux le tirer de l'ignorance dans laquelle le maintiennent de coupables calculs.

« Je veux en faire une nation forte et indépendante.

« Je veux l'élever, le grandir à ses propres yeux et aux yeux du monde entier.

« C'est dans ce but que j'ai été chercher la science jusque dans votre pays ; avec cette science, j'ai rapporté l'émancipation de tout un peuple ! »

Le Sauveur s'arrêta dans son improvisation passionnée.

L'œil brillant, le teint animé, la lèvre frémissante, cet homme parlait avec une imposante autorité, avec une prophétique assurance, avec une religieuse conviction.

Le comte, la tête légèrement penchée, l'œil à demi ouvert, le visage noyé dans un vague sourire, avait écouté avec une obstinée patience.

Quand le Sauveur cessa de parler, il sembla faire un effort pour chasser les pensées intimes qui étaient venues caresser son imagination.

Le discours du Sauveur semblait avoir été pour lui les cahots de la voiture qui endorment le voyageur : quand la voiture s'arrête et que les cahots cessent, le voyageur s'éveille parfois encore sous le charme d'un agréable rêve.

Le comte, rappelé à lui par le silence, secoua négligemment la cendre de son cigare et fixa sur le Sauveur ce regard négligent qui annonce quelque involontaire préoccupation d'esprit :

— Tout ce que vous venez de me dire est fort bien dit, et le sentiment qui vous fait agir est on ne peut plus louable.

« Je comprends tout le plaisir que peut éprouver un homme comme vous à caresser ces projets d'émancipation dont vous me parlez.

« Mais, je vous le demande en conscience, pourquoi m'entretenir de ces projets?

« Il m'importe peu, je vous assure, monsieur, que les hommes de votre race soient civilisés un jour, ou restent à jamais sauvages. »

Le ton de profonde indifférence avec lequel M. de Lincourt prononça ces quelques mots parut impressionner vivement le Sauveur, le toucher au vif.

— Comment! comte, s'écria-t-il avec une animation croissante, il ne vous paraît donc pas grand, noble et généreux d'ouvrir à tout un peuple les voies qui doivent le conduire à la régénération, à l'unité, à l'indépendance?

— Pardon, monsieur! fit M. de Lincourt avec une certaine impatience.

« Si j'étais à votre place, si j'étais né dans le wigwam d'un Peau-Rouge, il se pourrait que les mêmes idées vinssent m'agiter le cerveau.

« Mais comment pouvez-vous supposer une seule minute que moi, comte de Lincourt, je m'intéresse sérieusement à l'éducation sociale de vos sauvages ?

« Qu'ils vivent, qu'ils meurent, cela peut-il me préoccuper ?

« Que la civilisation leur vienne ou que la barbarie leur reste, qu'est-ce que cela peut me faire ? »

Le Sauveur restait confondu en présence de l'attitude du comte.

Il était loin de s'attendre à pareille réponse et il eut un moment de stupeur, de consternation.

Son rêve allait donc s'évanouir !

Ses projets allaient donc s'écrouler au moment même de toucher à la réalisation !

Mais réellement enthousiaste, mais invinciblement entraîné par la grandeur même de ses conceptions, et ne voyant pas le but qu'il se proposait d'atteindre, il répliqua avec une sombre énergie :

— Quoi ! je viens vous dire que toute une race est condamnée à mourir par la persécution ou par l'abrutissement !

« Je manifeste l'espérance de tirer cette race de l'état d'infériorité dans lequel elle s'étiole, dans lequel elle disparaîtra, et vous m'accueillez par l'indifférence et le dédain !

« Que dois-je donc penser de vous, comte ?

« Ce cœur généreux, cette grandeur d'âme que je croyais rencontrer en vous n'existent donc que dans mon imagination ?

« Comment ! les nobles sentiments d'humanité, de sublime charité qui ont animé ces grands libérateurs dont les noms resteront immortels, ne vous enflamment pas de l'enthousiasme qui fait des héros admirés ou des martyrs vénérés ! »

CHAPITRE CX

ENTHOUSIASME ET SCEPTICISME

L'exaltation croissante du Sauveur ne paraissait guère émouvoir le comte de Lincourt.

Ce fut avec le même flegme qu'il répliqua :

— Mots, grands mots que tout cela !

« Une jolie engeance que votre humanité !

« Ne serait-ce que pour vous être agréable, je vais pourtant vous dire ce que j'en pense.

« Et tout d'abord, qu'est-ce donc que l'homme ?

« Pas grand'chose, si j'en crois le poëte qui a fort bien dit :

« Du Japon au Pérou, de Paris jusqu'à Rome,
Le plus sot animal, à mon avis, c'est l'homme. »

« Et n'est-ce pas absolument vrai ?

« Est-il rien de plus bête, de plus stupide, de plus ridicule, de moins intéressant, surtout que ce populaire civilisé ou non, que ces foules inconscientes qui se créent des idoles, les encensent d'abord et les brûlent ensuite ?

« Et sont-ils assez grotesques, vos libérateurs de peuples, vos héros, ces révolutionnaires par tempérament, ces pillards de trésors publics, ces fous ou ces avides toujours atteints par l'implacable ridicule, par le mépris ou mieux encore par une dédaigneuse indifférence ?

« Quand ils ne réussissent pas, ils tombent et se brisent.

« Ceux qui les acclamaient hier les traînent dans le ruisseau aujourd'hui.

« Et si d'ailleurs ils obtiennent quelque transformation dans l'État, s'ils arrivent à imposer quelque modification politique et qu'à ce maigre résultat on puisse donner le nom d'émancipation, qu'est-ce que cela prouve ?

« Qu'ils ont agi par vanité pure ;

« Qu'ils n'étaient rien et qu'ils sont devenus quelque chose ;

« Qu'ils ont grandi une race pour se grandir eux-mêmes.

« Vos héros !...

« Me parlerez-vous d'un Bolivar qui serait oublié depuis longtemps si un intelligent chapelier n'avait pas eu l'idée de donner ce nom ridicule à ses produits ?

« Vous me citerez Manin.

« Une dupe que celui-là!

« Il avait l'idée : les bras lui ont manqué.

« C'était un patriote perdu dans une foule sans ardeur et sans volonté.

« Et il est mort à l'hôpital!

« Dupe! mille fois dupe!

« Oserai-je parler de Jeanne d'Arc?

« Cette sublime illuminée rend le courage à une armée démoralisée.

« Elle fait renaître l'espérance dans tous les cœurs.

« Elle sauve son pays et son roi.

« Son roi et son pays la laissent mourir sur le bûcher... et Voltaire la chansonne.

« Dupe, toujours dupe !

« Si enfin il faut en croire la légende, le fameux libérateur de la Suisse, ce Guillaume Tell n'était qu'un lâche; un faux héros encore, celui-là, qui s'exposa à tuer son enfant! S'il avait eu autant de courage que d'adresse, il n'aurait pas attendu une seule minute pour débarrasser ses compatriotes d'un Gessler, cet autre lâche.

« Vos héros sont souvent des pantins, quelquefois des drôles.

« Mais en tout cas et invariablement ils sont dupeurs ou dupés.

« Trouvez-les sublimes si bon vous semble, mais ne me forcez pas à partager votre sentiment et surtout ne me donnez plus l'occasion de parler de pareilles gens.

« Il est certains noms qu'un homme comme moi ne doit pas prononcer.

« Vous songez à moraliser vos Peaux-Rouges?

« Mais quelle morale entendez-vous leur enseigner ?

« Chaque peuple, chaque morale ; et de même, chaque homme, chaque conscience.

« Morale, usages, religions, tout cela change et se modifie : affaire de latitude, de climat.

« Ce qui est bon et juste ici est mauvais et condamnable ailleurs.

« Tout n'est que convention.

« Un Français qui aurait deux femmes serait déshonoré.

« Un Turc qui n'en possède qu'une n'est qu'un va-nu-pieds.

« En Europe, le suicide est un crime

« Dans l'Inde, la veuve se livre aux flammes du bûcher en grande cérémonie.

« En pays civilisé, le prisonnier de guerre devient un être sacré.

« Certaines peuplades de la Nouvelle-Calédonie mangent leurs ennemis, et chez elles un guerrier serait déshonoré s'il abandonnait ses goûts de cannibale

« Et les religions?

« N'adore-t-on pas Dieu sous mille formes, sous mille dénominations diverses?

« Quelle forme, quelle dénomination adoptera le premier, le plus éminent d'entre les hommes?

« Optera-t-il même?

« Ne fera-t-il pas partie du nombre déjà si grand de ceux pour qui la divinité est devenue un point d'interrogation?

« Ce qui est vertu ici devient vice plus loin, et plus loin encore ce n'est plus rien.

« Des mots plus ou moins vides de sens, plus ou moins sonores, mais des mots, rien que des mots ! »

Le comte, on le voit, parlait en sceptique déterminé, mais sans aucune prétention.

Il pensait évidemment tout ce qu'il disait, et il exprimait sa pensée avec une simplicité qui lui donnait d'autant plus de poids et d'autorité.

Le Sauveur l'écoutait visiblement ému, et il semblait que chaque parole lui causât une douloureuse impression.

Mais cette douleur était doublée de colère, à en juger du moins par certaines rougeurs et des tressaillements mal comprimés.

M. de Lincourt reprit, après avoir ravivé son cigare à demi éteint :

— Monsieur, je pousserai la complaisance jusqu'à faire une supposition absurde.

« J'admettrai donc que je sois possédé de la manie humanitaire.

« Je connais des gens fort distingués qui ont la manie de la collection.

« Certains collectionnent des tabatières, des armes, des timbres-poste, des cannes et mille bibelots.

« D'autres, sous prétexte de science, arrachent des herbes, attrapent des papillons, chassent les lézards, ou ramassent des pierres.

« Je puis donc, à la rigueur et quoi qu'il m'en coûte, me donner la manie humanitaire.

« Me voilà donc plein d'idées libératrices, régénératrices et autres.

« Je suis enfin un émancipateur de peuples.

« Eh bien ! de bonne foi, croyez-vous, monsieur, que je penserais une seule minute à jouer ce rôle brillant à la tête de vos Indiens ?

« Jamais, car ce serait me montrer de la dernière ineptie !

« Et vous allez me comprendre.

« Les Peaux-Rouges errants dans le désert n'ont pas changé depuis trois mille ans, et l'arrivée des Européens n'a modifié en rien leur pernicieuse indifférence, leur mortelle immobilité. Avec un fier, mais stupide entêtement, ils ont conservé leurs usages, leur religion, leur existence de sauvages. Ils ont obstinément refusé les avances que leur faisaient le progrès et la civilisation ; ils sont restés braves, courageux et indépendants, il est vrai, mais il ne faut pas songer à modifier leur genre de vie. Ces hommes ont donné tout ce que leur intelligence leur a permis de donner ; ils sont condamnés à disparaître un jour, car la nature leur a refusé le don de se mêler, de se croiser et de se confondre avec les individus des autres races.

« Voyez d'ailleurs ceux qui ont consenti à se rapprocher des villes et établissements fondés par les Européens ; ils forment la partie crapuleuse et vile de la population ; ils sont abrutis par l'alcool ; ils meurent enfin, laissant après eux quelque rejeton débile et voué à une mort prématurée.

« Avouez donc, monsieur, que la tâche serait trop rude et le succès trop problématique.

« Vos Indiens resteront ce qu'ils sont jusqu'à leur complet anéantissement. »

Il était difficile de rétorquer des arguments que justifient malheureusement les faits.

Aussi le Sauveur n'essaya-t-il d'aucun moyen de réfutation.

— Vos appréciations, dit-il, sont d'une sévérité qui ne saurait modifier mes projets, et ne peuvent aucunement changer les propositions que je suis venu vous faire.

« Et j'espère encore que vous accepterez ces propositions.

« Car, s'il ne m'est plus permis de m'adresser à un esprit sceptique, à un cœur dont la désillusion a ralenti les battements, je trouverai dans votre orgueil et dans votre ambition des alliés puissants. »

Le comte eut un mouvement de dénégation.

Le Sauveur ne parut pas le remarquer et continua :

— Il existe aujourd'hui plus de cinquante tribus dont les membres sont de pure race rouge.

« Ces tribus, et quelques-unes comptent de nombreux guerriers, sont éparses sur une vaste étendue de savanes et de forêts : leurs territoires n'ont pour limites que les défrichements et les plantations des blancs.

« Ces tribus errantes, je veux les fixer ; je veux que nos guerriers aiment le sol comme l'aiment vos paysans de France.

« Pour atteindre ce but, je diviserai leur territoire en provinces qui seront commandées par des sachems ; puis, réunissant deux ou plusieurs provinces, selon le chiffre de population, je formerai des États et les ferai gouverner par des vice-rois élus par les sachems réunis.

« Ces projets ne sont point des rêves. J'ai l'autorité et la puissance nécessaires pour les réaliser : les Indiens m'obéiront aveuglément, j'en réponds.

« Mais je dois compléter mon œuvre en remettant le pouvoir suprême entre les mains d'un homme digne du nom de roi. »

Ici M. de Lincourt leva les yeux sur le Sauveur, et ses sourcils se froncèrent légèrement.

Celui-ci, tout à ses pensées, ne remarqua rien et continua avec une imperturbable gravité :

— Comte, depuis longtemps vous me trouvez sans cesse devant vous, et mon attitude, mon acharnement, ont pu vous étonner.

« A Paris surtout, je me suis montré maintes fois provocateur sans motif apparent.

« Comte, les duels et les luttes dans lesquels j'ai fini par être vaincu étaient autant d'épreuves que je vous faisais subir.

« Je me suis exposé à mourir de votre main pour m'assurer de votre valeur.

« Je vous ai entraîné ici, sur un terrain de combat qui vous était inconnu, afin de juger de votre courage, de votre puissance de volonté.

« Vous avez subi toutes ces épreuves en homme supérieur ; vous m'avez montré toutes les ressources d'un esprit élevé, d'une belle et vaste intelligence.

« Comte, vous êtes digne d'occuper un trône : je vous offre un royaume. »

A ces derniers mots, M. de Lincourt bondit d'indignation.

Le calme qu'il avait gardé jusque-là disparut subitement.

Ses traits légèrement contractés donnèrent à son visage une indicible expression de colère et de dédain.

Debout, superbe, frémissant, il lança au Sauveur un regard étincelant de fureur.

Le gentilhomme était blessé dans son orgueil.

Il ne pouvait supporter ce mot d'épreuve qui devenait pour lui synonyme de mystification.

Il ne voyait dans la proposition du Sauveur qu'une ridicule et sotte rêverie.

A force de volonté, il parvint pourtant à maîtriser sa colère et ce fut d'une voix relativement calme qu'il répliqua :

— Monsieur, il est temps, je le vois, de vous donner une dernière et définitive explication.

84ᵉ Livraison

« Mais reconnaissez d'abord que, rappelant nos luttes à Paris, vous expliquez d'une façon bien singulière vos continuelles agressions.

« Vous parlez d'épreuves et je m'étonne.

« Le premier parmi les premiers dans la grande société parisienne, j'étais le roi du monde civilisé.

« Paris était mon royaume, et j'avais pour courtisans la noblesse du faubourg et les heureux de la finance.

« J'avais pour courtisanes les plus nobles vertus ainsi que les plus riches.

« Un jour vous tombez rudement au premier rang de la foule qui m'entoure; vous m'éclaboussez de vos prétentions, et j'ai la sottise de prendre ces éclaboussures pour des provocations.

« Vous vouliez me disputer une royauté pour laquelle vous n'êtes pas fait.

« Je vous répondis par des coups d'épée heureux, par des succès éclatants, par des actes qu'un jury composé de princes proclama dignes des grands jours de la chevalerie.

« Je vous ai vaincu.

« Et cela devait être.

« Je joûtais sur un terrain connu, et de nobles ancêtres m'en avaient aplani les difficultés.

« Vous deviez trébucher et tomber sur ce sol que vous fouliez audacieusement pour la première fois.

« Peau-Rouge par la naissance, Européen par l'éducation, et métis en somme, vous ne pouviez sans danger vous élever à ces hauteurs vertigineuses où une antique civilisation a placé la race blanche. »

Au mot de métis, le Sauveur ne put réprimer un mouvement de dépit, et, interrompant le comte, il se récria :

— Métis ou non, dit-il, croyez-vous donc que tout cerveau humain ne puisse recevoir la même culture spirituelle et que, grâce à cette culture, il n'atteindra pas à toutes les cimes accessibles, à toutes les perfections possibles?

— Monsieur, répondit le comte avec une parfaite assurance, je prétends que la masse cérébrale d'un Indien est moins considérable et moins dense que celle d'un Européen, et je tire de cette différence physiologique les conclusions que je viens de vous dire et qui vous touchent si fort.

« Mais permettez-moi de reprendre.

« Après une lutte que je regrette aujourd'hui d'avoir soutenue, et dans laquelle je vous ai vaincu, ce dont je ne tire pas vanité maintenant, je vous assure, vous m'avez provoqué sur un nouveau terrain de combat, sur le vôtre.

« Je ne savais presque rien de l'Amérique et je ne connaissais pas ses déserts.

« Malgré mon ignorance et malgré votre science, je vous ai vaincu une première fois, et j'allais distribuer des millions à des centaines d'hommes quand une faute, ou plutôt un manque de prudence, m'a fait tomber dans votre embuscade.

« J'avais à lutter plutôt contre le terrain même que contre vous, et les plus grands capitaines ont été vaincus par des difficultés de même nature.

« Charles XII s'embourba en Pologne et Pierre le Grand se brisa dans les défilés du Caucase.

« Le génie était vaincu par l'obstacle inerte, et non par un adversaire, dans une joûte intelligente.

« Je suis à cette heure presque votre prisonnier, et vous choisissez ce moment, vous abusez d'une victoire de rencontre pour venir sans pudeur me jeter l'insulte au visage et, ce qui est pire, tenter de me rendre ridicule à mes propres yeux!»

Le Sauveur eut un geste de surprise et de dénégation.

— Oui, monsieur, l'insulte et le ridicule, voilà ce que vous m'apportez.

« Cet antagonisme que vous avez fait naître, ces luttes qui en résultèrent, tout cela n'était que comédie, que farce, dites-vous; j'aurais subi une série d'épreuves dont vous prétendez que je suis sorti vainqueur.

« Je vous dis, moi, que je n'en suis sorti que ridicule.

« Et, pour combler la mesure, vous venez vous jouer de ma dignité, vous agrandissez la blessure dont souffre mon orgueil, vous oubliez enfin que je suis Français et gentilhomme : vous m'offrez de devenir le roi de vos sauvages !

« Il est certaines injures que l'on pardonne, monsieur, mais il en est aussi que l'on n'oublie jamais.

« Confondre le comte de Lincourt avec un aventurier, le prendre pour un Touneins et vouloir en faire un nouveau Soulouque !...

« Ah ! je le répète :

« Il est des insultes que l'on n'oublie jamais ! »

Les sonorités éclatantes de sa voix ;
La grâce et l'ampleur de son geste ;
Sa noble et fière attitude ;
Le feu qui brillait dans son regard ;
Sa pâleur, sur laquelle se dessinaient plus nettement les lignes pures de son visage :
Quel admirable ensemble de perfections chez cet homme !
Quelle supériorité immense !.
Quel orgueil audacieusement proclamé, mais si pleinement justifié !

Le comte était sublime d'indignation et de colère. Les trappeurs devinèrent qu'il venait de remporter une grande victoire morale.

Un frémissement courut dans leurs rangs pressés.

Et l'on entendit une voix gouailleuse, celle de Sans-Nez, qui disait :

— Je parierais une poire à poudre pleine contre trois cartouches brûlées que M. du Sauveur vient de se faire aplatir comme une punaise !

Le libérateur indien était en effet fort impressionné par la véhémente sortie du comte.

Un moment, il resta sombre et silencieux.

Les rudes apostrophes du comte semblaient l'embarrasser singulièrement, et s'il cherchait à y répondre les recherches étaient bien lentes.

En homme déterminé à éviter toute complication, toute difficulté, et à marcher droit au but qu'il se propose d'atteindre, il ne voulut pas relever les dures paroles qui pourtant l'avaient fait tressaillir plus d'une fois.

Avec l'active persévérance d'un esprit qu'une idée fixe possède, il reprit d'une voix calme et profonde :

— Comte, vous ne me comprenez pas, et vous ignorez jusqu'où peut me pousser l'espérance de donner à nos tribus leur part de progrès et de civilisation.

« Ayez surtout plus de confiance dans l'aptitude, dans l'intelligence de la race rouge.

« Faites appel aux sentiments de générosité qui sont en vous et que je vois, malgré vos efforts pour les dissimuler.

« Devenez enfin le roi fondateur d'un puissant état.

« Disposez des moyens d'action que je vous ferai connaître.

« Le succès le plus éclatant couronnera vos efforts, j'en réponds, et vous aurez tiré de l'abîme un peuple qui s'étiole dans l'indifférence, qui meurt lentement dans le plus cruel abandon. »

Et pour donner plus de force à ses encouragements et à ses exhortations, il fit de l'abnégation et continua :

— Comte, soyez roi, je serai votre lieutenant.

« Commandez, j'obéirai.

« Soyez l'âme de cette sublime entreprise je serai le bras qui exécute. »

Le comte avait complétement maîtrisé sa colère.

Il écoutait parler le Sauveur avec une complaisance résignée.

Mais un sourire amincissait ses lèvres, et ce sourire était un muet sarcasme.

Aux dernières paroles du Sauveur, que celui-ci rendait aussi persuasives que possible, M. de Lincourt répondit avec une mordante ironie :

— J'attendais cette proposition désintéressée.

« Elle ne pouvait manquer de se produire.

« C'était un métis qui devait la faire.

« Comme le mulet suit le cheval, vous voudriez me suivre, monsieur ?

« Affaire d'instinct.

« Quand je vous le disais ! Les grandes races n'ont pas besoin d'affirmer leur supériorité, les races inférieures en sont la constatation évidente.

« « Vous venez de signer, monsieur, votre brevet d'infériorité. »

Le sang-froid du Sauveur ne résista pas à

ces méprisantes paroles; le ton qui les accompagnait l'exaspéra surtout.

— Comte, s'écria-t-il, vous m'avez offensé en doutant de ma sincérité, en vous riant des généreuses intentions qui me guident.

« Vous m'avez, de plus, causé une douleur immense en me précipitant du haut de mes espérances.

« Mais il est, comme vous le dites fort bien, des insultes que l'on ne pardonne pas, et vous oubliez que votre vie et celle de votre troupe entière sont entre mes mains.

— Je n'oublie rien, riposta le comte plus ironique que jamais.

« Je sais que vous pousseriez la manie humanitaire jusqu'à vous venger de moi en assassinant mes braves compagnons.

« Avouez que pour un émancipateur ce serait un fort joli début ! »

Cette réplique ne pouvait qu'augmenter la colère du Sauveur, et elle l'augmenta en effet. Mais, avec une force de volonté incroyable, cet homme parvint à se contenir.

Ce fut avec un calme démenti par l'expression de son visage qu'il reprit :

— Comte, je ne menace pas encore, malgré les imprudents propos que vous venez de tenir.

« Je vous prie toujours de croire à la sincérité de mes paroles, d'accepter mes offres, de reconnaître enfin que mes propositions n'ont rien de chimérique, d'éphémère, de ridicule.

— Décidément, fit le comte, votre insistance me confond.

« Quoi ! vous jouissez de votre bon sens et vous n'avez pas encore compris que la simple raison d'un homme de ma race ne saurait souffrir même l'examen de vos projets !

« Je voudrais trouver un moyen de vous prouver que vous vous plongez avec un étrange entêtement dans l'absurde le plus épais.

« Comprenez donc qu'aujourd'hui toute espèce de trône est ridicule, et qu'il est absurde de vouloir régner sur des hommes civilisés ou non, supérieurs ou inférieurs, blancs ou rouges.

« Entendez-vous parler d'une royauté parlementaire ?

« C'est à peine si un esprit bien équilibré peut concevoir l'économie de ce singulier régime.

« Car enfin, si je m'en rapporte aux théoriciens qui ont divagué sur cet important sujet, je suis amené à cette conclusion absolument logique :

« Mettez un singe sur le trône parlementaire, et vous aurez atteint l'idéal entrevu par les plus convaincus, les plus habiles, les plus savants propagateurs de cette forme de gouvernement.

« Et veuillez noter que les frais de liste civile, les propriétés apanagères et autres libéralités nationales deviendraient, pour le singe en question, cette perle que le coq de la fable échangerait volontiers contre un grain de mil.

« Vous voyez d'ici l'économie ?...

« Mais je n'insiste pas, et je suppose qu'il s'agisse d'une royauté à pouvoir absolu, d'une royauté à la turque.

« Joli moyen, en vérité, de compléter l'abrutissement d'un peuple, en subordonnant ses destinées aux caprices d'un seul homme.

« Il faut être fou aujourd'hui pour songer à fonder une jeune monarchie, quand on voit les plus vieilles s'écrouler au puissant contact de la raison, sous l'effort du vulgaire bon sens.

« Certes il est une royauté, monsieur; c'est celle de l'intelligence, de la valeur individuelle.

« Perdu dans la foule, élevez-vous au-dessus du niveau commun, efforcez-vous et planez sur cette foule. Les premières tentatives seront vaines, mais ne perdez pas courage : une fois en haut, vous y êtes maintenu par l'enthousiasme des uns et par l'envie des autres.

« Royales satisfactions que j'ai goûtées, monsieur.

« Gentilhomme par mon propre mérite plus que par ma naissance, vous m'avez vu roi de Paris, et vous parlez de me tailler une principauté dans la savane !

« Fi ! quelle pitié !

« Libre parmi les hommes libres, fort parmi les forts, grand parmi les grands, on s'affirme partout.

« Sachez enfin que, simple citoyen français, je préférerais encore ce titre à celui de roi des Peaux Rouges.

« Eh! tenez, je veux vous prouver à l'instant que je n'avance pas une seule parole de trop.

« Je vais prendre avec vous un engagement qui vous démontrera ma sûreté de vues en même temps que l'inanité de vos espérances.

« Je vais appeler un de mes trappeurs : vous lui proposerez la couronne que je refuse.

« S'il accepte, je le détrône immédiatement en souscrivant à toutes vos propositions, si peu sérieuses qu'elles me paraissent. »

Le Sauveur ne parut pas goûter cette expérience qui, en principe, rabaissait singulièrement ses vues et subordonnait ses grandes espérances au caprice d'un trappeur plus ou moins fantaisiste.

— Il ne me paraît pas digne, dit-il, de mêler un de vos hommes à l'importante affaire qui nous occupe.

« Le jugement de cet homme n'aurait pas grande valeur à mes yeux ni aux vôtres, j'en suis certain.

— Pardon! fit le comte.

« Je veux vous prouver qu'un homme de ma race qui me sera inférieur comme naissance, qui n'aura pas mon éducation, et qui peut se laisser aller à un sentiment d'ambition, refusera comme moi votre couronne royale.

« Je prétends vous montrer que votre race est inférieure à la nôtre, et que les idées que vous venez de me développer ne pouvaient germer que dans le cerveau d'un Peau-Rouge.

« Ne pas accepter cet arbitrage parfaitement raisonnable, c'est vous condamner vous-même. »

Le Sauveur hésitait encore.

— Mais, dit-il, un trappeur objectera de son ignorance, de son incapacité.

« Peut-être refusera-t-il par pure modestie.

— Ne craignez pas cela, dit le comte.

« Je vais, si vous voulez, désigner un de mes compatriotes, le Parisien Sans-Nez.

« Et vous pouvez être tranquille : le Français doute peu de sa valeur, et sa modestie n'est jamais bien grande. »

Le libérateur indien se décida enfin.

— Puisque vous le voulez, dit-il, faites venir ce trappeur.

« Mais que son jugement soit sans appel.

« J'ai votre parole.

— Et je la tiendrai, vous pouvez y compter, fit M. de Lincourt

Puis, se tournant du côté de la foule qui attendait anxieusement la fin de cette entrevue, il appela :

— Sans-Nez!

Aussitôt un homme se détacha du groupe le plus rapproché et s'avança d'un air délibéré.

C'était le Parisien.

L'appel du comte avait produit une grande sensation parmi les trappeurs.

Pourquoi appeler l'un d'eux?

Que pouvait-on bien lui vouloir?

La chose paraissait d'autant plus extraordinaire que M. de Lincourt n'avait pas l'habitude de demander conseil à ses lieutenants avant de prendre une décision.

Sans-Nez, lui aussi, était on ne peut plus intrigué.

Et, pendant les quelques secondes qu'il mit pour franchir la distance qui le séparait de son chef, il fit quantité de suppositions qui, bien entendu, se trouvèrent toutes fausses.

Mais son étonnement profond ne lui ôta rien de son assurance habituelle, et il conserva cet air crâne et gouailleur dont le faubourien de Paris a seul le secret.

Quand il se trouva en face de ceux qui le faisaient appeler, il adressa au comte un superbe salut militaire et roula dans la direction du Sauveur ses gros yeux ronds dépourvus de paupières.

L'Indien parut frappé de ce regard de hibou et il considéra avec une surprise mêlée de pitié le visage affreusement mutilé du trappeur.

Sans-Nez supporta l'examen avec une indifférence affectée, car au fond il n'était pas fâché de faire ce qu'il appelait lui-même un peu de pose.

Donc, pour mieux faire ressortir ses avantages, il se campa fièrement, le jarret gauche tendu, la jambe droite en avant et le poing sur la hanche; puis, relevant la tête avec une lenteur et un air penché qui firent sourire le comte, il sembla dire :
— Regardez donc quel galbe !

M. de Lincourt paraissait encourager cette scène par son silence, et l'expression de son sourire disait assez qu'il s'en amusait.

Sans-Nez, avec sa finesse d'intuition, avait compris, et il supposa qu'il pouvait risquer une légère plaisanterie.

A son tour il se mit à examiner le libérateur indien, à l'inspecter, pour ainsi dire, des pieds à la tête.

Puis, ayant exécuté en sourdine son inévitable roulement de castagnettes, il accentua le dégagé de sa pose et dit au Sauveur :

— Monsieur, depuis que je vous ai aperçu, je suis taquiné par une idée qui refuse absolument de me sortir de la tête.

« Et, ma foi ! puisque l'occasion s'en présente, je vais vous la dire, mon idée.

« Je suppose, — et je voudrais savoir si je ne me blouse pas, j'en suis presque sûr même, — que votre tailleur est précisément celui qui à Paris était le mien.

« Vous vous habillez chez Paul ? »

Une telle préoccupation dans un pareil moment était au moins surprenante.

Pourtant le comte ne s'étonna pas; il s'attendait à quelque extravagance. Son sourire s'accentua.

Le Sauveur, au contraire, éprouva une surprise qu'il ne parvint pas à dissimuler, et ce fut avec une certaine mauvaise humeur qu'il répondit :

— Un pareil détail...

« Je ne connais pas de tailleur.

— Ah ! c'est différent, fit Sans-Nez.

« Mais, voyez-vous, c'est que je les connais, les tailleurs, même que je dois encore quelque chose à plusieurs... Oh ! du reste ils ne sont pas inquiets : je leur ai fait des billets et on ne me les a pas présentés. Vous voyez qu'ils ont confiance

« Pour en revenir à mon idée, voici comment elle m'a poussé :

« Vous êtes parfaitement bien habillé.

« Y a pas à prétendre le contraire.

« C'est, comme on dit, du ficelé dans le soigné.

« Vous comprenez que moi, j'ai vu ça tout de suite.

« On peut s'en flatter :

« Pour l'œil et le goût, à moi la pige !

« Alors je me suis dit :

« Un client de Paul !

« Un élégant !

« Faut que je lui parle.

« Justement vous me faites appeler.

« Voyez comme ça se trouve !

« Maintenant vous vous direz : Pourquoi veut-il me parler, cet animal-là ?

« Et vous trouvez que, si c'est pour vous demander le nom de votre tailleur, c'est pour pas grand'chose.

« Si vous croyez ça vous vous trompez, car si je tenais à vérifier la sûreté de mon coup d'œil, je voulais surtout vous prouver que pour les questions d'élégance je suis de première force.

« Car vous comprenez que pour nommer un tailleur rien qu'en voyant la coupe d'un pantalon, il faut être un connaisseur de la bonne école. »

Le Sauveur n'écoutait pas sans ennui le bavardage du Parisien.

Son impatience était visible, et plus d'une fois il adressa un regard significatif à M. de Lincourt.

Mais celui-ci trouvait sans doute la plaisanterie amusante, et peut-être n'était-il pas fâché de mettre l'Indien dans une situation gênée, fausse et ridicule.

Il ne parut pas remarquer son irritation.

Sans-Nez, lui, était enchanté de l'occasion qui lui permettait de faire le beau et d'exercer en même temps sa verve gouailleuse.

Il continua en se dandinant agréablement et en ponctuant ses phrases par des claquements de doigts discrets mais habilement cadencés :

— Et puis, il faut le dire, j'avais un petit conseil à vous donner.

« C'est beaucoup de prétention de ma part, je le sais.

« Je ne dirai rien si vous voulez.

« Car vous pensez bien que je ne voudrais pas vous froisser.

« Mais je vois que vous êtes un homme de goût.

« Et quand on sait si bien s'habiller on ne refuse jamais un bon avis.

« Il faudrait être un sauvage pour ne pas mettre à profit l'expérience d'un raffiné dont sûrement vous appréciez déjà la distinction.

« Voilà la chose en deux mots :

« Vous êtes bien bâti, vous ne manquez pas de forme, vous avez enfin ce que l'on appelle, dans le monde, du galbe.

« Mais il vous manque une certaine tournure, ce balancé dans le torse, ce velouté dans les mouvements que vous devez remarquer en moi.

« Enfin vous n'avez pas de chic.

« Alors vous comprenez que, malgré la coupe artistique des habits, il y a toujours absence de cette perfection française qui est un don naturel.

« Mais ne froncez pas les sourcils comme ça et ne prenez pas de ces airs contrariés, puisque je vais vous indiquer un moyen d'attraper un peu de ce chic qui vous manque.

« Écoutez-moi bien, et jugez de la finesse de mes observations.

« Vous vous faites habiller par Paul, pour moi ça ne fait pas de doute.

« Eh bien ! c'est un tort, un très-grand tort, une faute capitale.

« Paul, voyez-vous, enveloppe les formes avec une admirable précision; avec lui, jamais rien de trop grand, jamais rien de trop petit, toujours juste : une exactitude mathématique, quoi !

« Mais ce géomètre des tailleurs ne cherche jamais à rectifier la nature : il a la coupe froide et si le client a les jambes en manches de veste, ça n'est pas une culotte qu'il lui confectionne, c'est une veste.

« A première vue, ça paraît naturel, et **un** homme moulé dans mon genre ne peut pas se plaindre.

« Mais tout le monde n'est pas parfait et **il** est souvent nécessaire que l'art vienne s'a**jouter** à la science pour embellir le client ou **tout** au moins le rendre moins laid.

« Parbleu ! vous me direz que le chic ne se remplace pas par du coton.

« Certainement mais il y a de c's perfectionnements de coupe qui vous relèvent joliment un homme, et il n'y a qu'un seul tailleur à Paris qui soit vraiment à la hauteur de sa mission.

« C'est Hermann !... pas celui dont les docteurs du Bodet et Simiol ont disséqué et travaillé le crâne tout à l'heure.

« Je parle du grand Hermann, celui qui a pour clientèle toute la noblesse ; c'est assez vous dire que les éléments ne lui ont pas manqué pour perfectionner ses études.

« Car depuis saint Louis ils se sont joliment dégommés, les nobles !

« C'est sec, c'est chétif, c'est malingre : on dirait des allumettes articulées.

« Avec toutes ces difficultés, Hermann arrive à habiller tous ces gens-là très-convenablement, et ils ont encore un certain chic malgré toutes ces infirmités.

« Vous remarquerez que je ne vous prends pas pour un infirme, puisque je vous accorde du galbe... mais croyez-moi, changez de tailleur.

« Le chic, monsieur, le chic ! il n'y a que ça.

« Et n'allez pas croire que j'exagère d'un mot.

« Le chic, voyez-vous, est d'une utilité incontestable.

« Ainsi, moi, pourquoi ai-je eu tant de succès auprès du sexe ? à cause de mon chic.

« Si je n'étais pas retenu par la modestie, je vous dirais qu'en moins de deux ans j'ai été adoré par... »

Le Parisien s'interrompit tout à coup ; un geste de M. de Lincourt venait de lui faire comprendre que ce n'était pas le moment de raconter ses exploits amoureux

Cela le contraria.

Il était lancé.

« C'est dommage ! pensa-t-il.

« M'arrêter au plus beau moment !

« J'allais lui faire voir, moi, à ce Sauveur, que malgré ses grands airs il n'y a qu'un homme chiqué dans mon genre pour enflammer les cœurs... »

CHAPITRE CXI

LES EXIGENCES DE SANS-NEZ

Cependant le libérateur indien paraissait plus à l'aise depuis que Sans-Nez se taisait.

Il ne perdit rien toutefois de la morgue hautaine sous laquelle il avait caché ses impatiences et son dépit, et ce fut avec un reste de colère mal dissimulée qu'il dit au comte :

— Puisque votre trappeur veut bien consentir à se taire, je vous prierai de lui faire part de nos projets.

— Vous avez raison, fit le comte en riant.

« Cette dissertation sur le galbe m'a fort amusé, mais il est temps, je le vois, d'aborder un sujet plus sérieux. »

Et s'adressant à Sans-Nez M. de Lincourt lui dit d'un air grave :

— Un événement considérable se prépare, de grands projets s'élaborent, une idée grandiose va se réaliser.

Le Parisien surpris par ce début, adressa à son chef un regard qui signifiait clairement :

— Eh bien! qu'est-ce que tout ça peut me faire, à moi?

Le comte affecta de ne pas comprendre et continua :

— Grâce à celui qui tient le premier rang parmi les Indiens de la savane, l'heure de l'émancipation a sonné pour la race rouge.

« Un royaume va être fondé, une monarchie va être constituée, un puissant État va prendre rang dans le monde. »

De plus en plus surpris, Sans-Nez regarda le comte avec une certaine inquiétude.

« Est-ce qu'il serait devenu fou? » se demanda-t-il.

Puis il observa à haute voix :

— Que les Peaux-Rouges se paient un monarque, je n'y vois aucun inconvénient; mais, je vous le demande; qu'est-ce que vous voulez que ça me fasse?

— Beaucoup, répondit M. de Lincourt avec le plus grand sérieux.

Et comme le Parisien faisait un geste de dénégation :

— Tu vas en juger, dit-il.

« Le Sauveur veut qu'un homme de race blanche occupe le trône indien.

« Il est venu me trouver et m'a dit

« — Les principaux trappeurs de votre « troupe sont des hommes supérieurs, j'ai « pu en juger. Choisissez vous-même le plus « digne d'entre eux, et je le fais roi de nos « nombreuses tribus. »

« Tu as l'esprit aventureux, et j'apprécie ton intelligence, ta valeur; j'ai donc pensé à toi. N'était-ce pas tout naturel? »

Jusque-là le Parisien avait eu raison de l'envie de rire qui lui gonflait la poitrine.

Il ne put résister plus longtemps.

Il éclata.

Et ce fut avec les gestes, les contorsions, les haussements d'épaules les plus comiques qu'il parvint à répondre :

— Ah! oui!... tout naturel!

« Le roi Sans-Nez!... la reine Paméla!...

« Ah! la jolie paire!...

« Le trône, la couronne, le sceptre!...

« Ous qu'est mon fusil?

« En voilà une pommée, par exemple!

« Et on dit que je suis un farceur!...

« Jamais je n'en trouverai de cette force-là.

« Ah! non! laissez-moi rigoler!

« J'en crèverai...

« Quelle bonne blague!...

« Nom d'un pétard, je la trouve salée! »

A chaque phrase, à chaque mot, le Parisien se tordait dans un accès de fou rire.

Il finit pourtant par retrouver un peu de calme.

Il en profita pour répéter intelligiblement :

— Voilà ce qui s'appelle une bonne plaisanterie.

« Jamais on ne me croira quand je la raconterai... et j'en rirai encore l'année prochaine... »

Il allait continuer, mais ayant regardé M. de Lincourt avec intention, il le vit sérieux et paraissant attendre qu'il eût fini de rire.

Le Sauveur conservait également une imperturbable gravité.

« Ah çà! mais, se dit Sans-Nez, est-ce qu'ils vont me la faire longtemps?

« C'est à voir.

« Je vais faire semblant de couper dans le pont. »

Et il reprit tout haut :

— Monsieur le comte, la plaisanterie est tellement réussie, que vous excuserez ma gaieté.

— Je ne plaisante aucunement, interrompit M. de Lincourt.

« Mes offres sont réelles.

« Et puisque vous ne me croyez pas, interrogez vous-même le libérateur de la race rouge. »

Il y avait bien un peu d'ironie dans ces dernières paroles, mais le Sauveur ne parut pas s'en apercevoir.

— Trappeur, fit-il, votre chef dit vrai.

« Je puis vous donner un royaume et vous transmettre la puissance que j'exerce sur tous les Indiens de la prairie. »

Sans-Nez demeura un moment interloqué.

Ces affirmations lui causèrent un visible étonnement.

Mais il redevint bientôt lui-même, c'est-à-dire ricaneur et gouailleur, et, ayant adressé un coup d'œil en-dessous au comte, il s'écria :

— Fichtre! du moment que ça devient sérieux, je ne rigole plus.

« Mais, comme je me trouve pris à l'improviste, un moment de réflexion, S. V. P.

« D'abord, récapitulons :

« Une couronne, des sujets qui respecteront leur seigneur et roi, et un territoire dont je connais l'immense étendue.

« Voilà qui n'est pas mal.

« C'est bien ce que vous m'offrez? »

Le Sauveur fit un signe affirmatif.

— Bon! très-bien! reprit le Parisien.

« Ça me va assez, cette affaire-là.

« Mais j'entends ne rien accepter sans faire mes conditions.

« Vous comprenez que, s'il fallait se disputer plus tard, j'aimerais mieux renoncer tout de suite à jouer le rôle de monarque.

— Faites vos conditions, dit le Sauveur en jetant au comte un regard de triomphe.

« Elles sont acceptées d'avance.

— Pas sûr, pas sûr! fit Sans-Nez.

« Du reste, nous allons bien voir.

« Premièrement, connaissez-vous Paméla? »

Le Sauveur fit signe que non.

85ᵉ Livraison.

— C'est fâcheux, mais je vous la présenterai.

« Paméla, voyez-vous, est une fille charmante.

« C'est ma connaissance.

« Elle m'a vu pour la première fois dans le plus élégant café du boulevard Montparnasse.

« Naturellement, elle se mit à m'adorer et je me laissai faire.

« Mais elle était jalouse, et je la lâchai pour voler à d'autres succès.

« Je n'y pensais plus depuis longtemps, quand par hasard je la retrouvai parmi les bandits de cette canaille de John Huggs; elle faisait, paraît-il, de brillantes affaires avec MM. les pirates.

« Malgré tout, elle n'hésita pas à revenir à moi, et j'ai le bonheur de la posséder encore.

« Maintenant que vous voilà au courant de la situation, je vous dirai que, si je suis roi, j'exige que Paméla soit reine.

— Comme il vous plaira, fit le Sauveur avec une légère marque d'impatience.

— Oh! mais ce n'est pas tout, reprit Sans-Nez.

« Je trouve que les Turcs sont les gens qui comprennent le mieux la vie.

« Ils ont des harems.

« Vous pensez bien qu'en qualité de souverain, moi, admirateur passionné du beau sexe, j'entends m'offrir le même agrément.

« Vous vous demandez peut-être si Paméla ne se trouvera pas offusquée.

« A vrai dire, elle me fera des scènes de jalousie, je m'y attends, c'est une tigresse; mais soyez tranquille : ça se passera dans l'intimité, et quelques coups de mon sceptre ramèneront le calme dans ses esprits.

« Le gouvernement intérieur de mon sérail me regardera, et je vous ferai voir que, par la seule puissance du chic, on arrive à dompter les beautés les plus rétives.

« Un autre vous demanderait la formation d'une garde d'eunuques; moi, je n'irai pas jusque-là : mes principes s'y opposent, et pour être un peu Turc je ne suis pas homme à profaner le plus beau chef-d'œuvre de la nature.

« S'il faut vous le dire, je pousse même le scrupule jusqu'à m'abstenir de manger du chapon; ainsi...

« Donc, pas d'eunuques, mais je tiens au harem. »

Et, comme le Sauveur ne répondait pas, Sans-Nez continua avec toutes les apparences de la bonne foi et de la plus entière conviction :

— Ce point important arrêté, je passe à des détails secondaires, mais qui ont toutefois leur valeur.

« Vous allez en juger.

« D'abord il me faut une liste civile.

« Vous comprenez, je pense, qu'un souverain, un monarque qui se respecte ne peut se passer de dotations, de revenus assez considérables pour se former une cour, pour acheter des dévouements, pour encourager à son profit les arts et l'industrie, pour fonder en un mot ce nouveau genre de prospérité financière qui a pour base l'emprunt perpétuel et pour pivot le virement sympathique.

« Je ne vous parle pas de l'amortissement : c'est un mot que l'on ne retrouve plus que dans les vieux budgets; il est vide de sens, on l'a constaté, et nos financiers n'ont fait ni une ni deux : ils l'ont rayé de leur dictionnaire.

« Admirable trait d'audace, monsieur!

« Mais j'en reviens à ma liste civile.

« Dix millions!... trouvez-vous le chiffre assez modeste?

— Évidemment c'est peu, mais je ne veux pas pressurer mon peuple...

— Trappeur, interrompit le Sauveur, vos plaisanteries durent depuis trop longtemps et ma patience se lasse.

« Il vous a été posé une question très-claire, on vous a demandé d'y répondre; répondez donc et gardez vos propos pour une meilleure occasion.

— Ah! ah! se dit le Parisien, il paraît que je l'ai chatouillé un peu trop fort, puisqu'il regimbe.

« Attends un peu, mon bonhomme! je vais recommencer pour voir. »

Et, d'un air parfaitement sérieux, **il reprit** à haute voix :

— Monsieur, je n'ai **pas terminé l'exposé**

des conditions auxquelles je consens à devenir roi des Indiens.

« Veuillez m'écouter un moment.

« Je continue.

« Non-seulement j'exige une liste civile de dix millions, mais comme je ne suis pas homme à plaisanter avec les choses sérieuses, quoi que vous en pensiez, je veux toucher d'avance la première année de mon royal traitement.

« Oh! ne croyez pas que j'obéisse à un sentiment de défiance. Loin de moi cette mesquinerie !

« Je prétends tout simplement que, pour faire le bonheur de son peuple, un roi doit choisir le meilleur gouvernement possible.

« C'est dans cette idée que je vous demande de me faire servir une première, une deuxième et peut-être une troisième année de mes revenus.

« Je pourrais alors parcourir le monde, étudier les différentes formes de gouvernement, faire mon choix en toute connaissance de cause. Alors, quand je reviendrai, dans deux ou trois ans, je m'occuperai d'organiser votre affaire... à moins pourtant que ce que j'aurai vu ne m'ait dégoûté d'avance du métier de roi; car, vous savez, je fais mes réserves.

« Et puis, tout en voyageant, je pourrais monter mon harem, ce qui...»

Sans-Nez, qui ne perdait pas un des mouvements du Sauveur, s'interrompit tout à coup et sa face couturée se rida affreusement.

Un éclat de rire sec, strident, s'échappa de sa gorge.

— Qu'est-ce qui vous prend donc? s'écria-t-il.

« Pourquoi tourmentez-vous ainsi le manche de votre poignard?

« On dirait que vous voulez jouer de l'orgue de Barbarie.

« Laissez donc votre couteau tranquille ; des joujoux pareils se briseraient sur la peau d'un trappeur. »

Ces paroles à la fois railleuses et provocantes étaient motivées par l'attitude hostile du libérateur indien qui, profondément blessé dans sa vanité, laissait voir toute sa fureur.

Dédaigné par le comte, outrageusement raillé par Sans-Nez, il ne pouvait se contenir.

Un nouvel éclat de rire le mit hors de lui, et il s'élança sur le Parisien; mais M. de Lincourt s'interposa.

— Monsieur, dit-il, vous vous oubliez.

« Il n'est pas digne...

— Que parlez-vous de dignité ! s'écria le Sauveur outré.

« Est-il donc digne de me laisser insulter par cet homme ?

— Remettez-vous, monsieur, fit le comte avec beaucoup de calme.

« J'ai voulu vous prouver l'inanité de vos espérances, et voilà tout.

« La leçon a été dure, j'en conviens, mais reconnaissez qu'elle était nécessaire. »

Le Sauveur allait répondre, mais Sans-Nez ne lui en laissa pas le temps.

— Des insultes ! dit-il avec cet inimitable accent du faubourien invectivant le bourgeois qui l'a traité de voyou.

« Des insultes ! Je vous conseille de vous plaindre.

« Je vous parle en ami, je vous donne des conseils sur la coupe des culottes, je vous fournis gratis l'adresse du meilleur tailleur de Paris, et vous venez vous f...... de moi !

« Vous me proposez une couronne, à moi, et une couronne de sauvage, encore !

« Parce que je vous ai démontré que vous n'aviez pas de chic, vous essayez de faire de moi une espèce de sachem en chef à la manière de don Matapan!

« Des royaumes !

« Est-ce que vous croyez que, si je voulais, je serais embarrassé pour m'en offrir un, de royaume?

« Je n'ai qu'à me payer un air d'Araucanie. Le lendemain de mon arrivée, je serai roi et Tomaho sera mon premier ministre.

« Des royaumes !

« Mais si ça continue on va s'en mettre marchand de royaumes, et je prédis de jolies banqueroutes à ceux qui monteront ce commerce-là.

« Des royaumes !...

« On est trappeur... on n'est pas roi... »
« Beau métier !... »
« Roi de sauvages... pour finir par être montré dans les foires comme une bête curieuse !... »
« Ca finit toujours comme ça... »
« Des royaumes !... »
« Qué malheur !... »

Et tout en murmurant, tout en haussant les épaules, le Parisien s'éloigna dans la direction de ses compagnons.

— Ne vous l'avais-je pas dit ? fit le comte.

« N'étais-je pas certain de ce refus ?

« M'était-il possible de ne pas considérer votre proposition comme une mauvaise plaisanterie, et ne devais-je pas y répondre comme je l'ai fait ? »

La colère du Sauveur n'était pas tombée.

Les facéties de Sans-Nez l'avaient touché plus profondément que les bonnes raisons du comte, et il souffrait du choc violent que venait de subir sa vanité.

Ce fut avec les marques du plus vif ressentiment qu'il répliqua :

— Comte, vos plaisanteries et celles de vos trappeurs ne sont pas de nature à entamer mes convictions.

« Je sauverai ma race du péril qui la menace ; je lui donnerai le rang qu'elle doit occuper dans le monde.

« Comte, vous m'aiderez dans cette noble tâche dont j'ai fait le but de ma vie...

« Vous me seconderez, ou vous mourrez. »

Cette menace fut prononcée avec une farouche conviction.

Il n'y avait pas à douter de la ferme résolution qui la dictait.

Pourtant le comte ne parut aucunement s'en émouvoir.

Et ce fut avec calme, avec simplicité même qu'il répondit :

— Monsieur, cette menace est indigne de vous et de moi.

« Vous savez que je ne tiens pas à la vie, et que l'annonce certaine de la mort ne saurait me causer la plus légère émotion.

« Je suis arrivé, à force de volonté, à dominer en moi ce que l'on appelle, improprement peut-être, le sentiment.

« J'éprouve quand je veux éprouver.

« Je sens quand il me plaît de sentir.

« C'est pourquoi je commande à mes passions.

« C'est pourquoi je ne me laisserai jamais entraîner à ce faux enthousiasme qui vous anime, qui vous énerve et vous affole.

« C'est pourquoi la fièvre, les emportements de l'ambition ne me troublent pas le cerveau.

« C'est pourquoi je me joue de l'amour, même dans ses sublimités, dans ses spiritualités, c'est-à-dire dans sa plus redoutable force.

« C'est pourquoi enfin vos regards éblouis cherchent à se fixer sur moi, mais n'y parviennent pas. »

Depuis un moment en effet le libérateur indien avait détourné les yeux ; il les tenait baissés.

Il paraissait réfléchir.

Soudain il releva la tête.

— Ni ambition ni amour ! fit-il.

« Vous vous trompez vous-même, comte.

« La reine vous aime, et, quoi que vous en disiez, vous l'aimez aussi.

« Eh ! tenez, je lis en ce moment sur votre visage que je viens de vous toucher au cœur. »

M. de Lincourt eut un dédaigneux sourire.

— Mon ambition, dit-il, était de vous prouver ma supériorité.

« Je vous l'ai prouvée, puisque après m'avoir fait tomber dans un guet-apens, puisque me tenant prisonnier, vous voici à mes pieds comme un humble solliciteur.

« Mon orgueil est donc satisfait.

« Je n'ai plus qu'un but maintenant : rester digne de moi.

« De l'amour, vous savez ce que j'en pense : il n'a plus de prise sur un homme que les femmes ont blasé.

« Et quant à la reine, elle est ma maîtresse depuis hier ! »

Le comte prononça ces derniers mots avec un inexprimable dédain.

Puis il se retourna lentement et s'éloigna

dans la direction du groupe formé par ses lieutenants.

Le Sauveur restait comme foudroyé.

« La reine est ma maîtresse depuis hier! »

Immobile, consterné, stupéfié, il suivit d'un œil égaré la retraite triomphante de celui qu'il avait cru vaincre, qui était à sa merci, mais qui restait vainqueur.

CHAPITRE CXII

SUPRÊMES DÉCEPTIONS.

Cependant M. de Lincourt avait franchi en quelques secondes la courte distance qui le séparait du rassemblement formé par l'élite de sa troupe.

Les trappeurs l'enveloppèrent aussitôt dans un cercle épais, compacte, bruyant.

L'agitation était grande, toutes les figures étaient réjouies, chacun exprimait à haute voix la satisfaction que causait à tous la fière attitude du chef.

Et comme celui-ci se taisait, les exclamations se changèrent bientôt en bravos, lesquels se transformèrent instantanément en une immense acclamation.

Évidemment Sans-Nez avait déjà bavardé, et tout ce monde était au courant de la situation ou à peu près.

Le comte n'en pouvait douter ; néanmoins il raconta en peu de mots ce qui venait de se passer, et il dit en terminant :

— Comme je l'avais prévu, c'était à moi que l'on en voulait, à moi seul.

« Je me sauvais en acceptant les sottes propositions qui m'étaient faites.

« Mais le pouvais-je, quand Sans-Nez, dans son bon sens, déclinait lui-même l'honneur que l'on voulait me faire ? »

Et reprenant cet air d'autorité, ce ton de commandement qu'il n'abandonnait que rarement, il ajouta :

— Il m'était d'ailleurs impossible d'abandonner le commandement de notre caravane.

« J'ai avec vous des engagements : j'entends les remplir et je les remplirai, même malgré vous.

« Il n'y a que la mort qui puisse me dégager de ma parole.

« Quant à celui qui est venu pour me poser des conditions, pour nous traiter en vaincus, voyez-le :

« Ses orgueilleuses prétentions se sont évanouies...

« Il se sent écrasé sous le poids du ridicule...

« Il s'affaisse sous le rude échec moral qui le brise. »

Tous les regards se portèrent dans la direction du Sauveur qui, toujours immobile à la même place, paraissait frappé de stupeur.

En ce moment, le colonel d'Éragny, qui jusqu'alors était resté inaperçu au milieu des trappeurs, s'approcha de M. de Lincourt.

— Comte, lui dit-il, le Sauveur s'est conduit envers moi et envers ma fille en homme d'honneur.

« Nous avons conservé pour sa personne autant de sympathie que de reconnaissance.

« Si donc ma démarche ne devait en aucune façon contrarier vos vues personnelles et vos projets de défense, j'aurais un entretien avec cet homme. »

Le comte ne s'étonna pas de cette demande.

Il savait que le Sauveur aimait mademoiselle d'Éragny, et que celle-ci, frappée dans son imagination à la vue de cet Indien civilisé au milieu des Peaux-Rouges, partageait cet amour.

Il savait encore que M. d'Éragny n'était pas homme à imposer ses scrupules à son enfant, et qu'il chérissait trop aveuglément sa fille pour lui opposer sa volonté en quoi que ce fût.

— Colonel, lui dit le comte avec empressement, agissez comme il vous plaira ; je comprends votre démarche et l'approuve.

« Je me permettrai toutefois une recommandation :

« Parlez, je vous prie, en votre nom seulement.

« Acceptez pour vous-même les offres que peut vous faire celui qui nous tient bloqués ici.

« Mais ne m'engagez en rien, et qu'il ne

soit aucunement question du sort réservé à la caravane.

« Il est des moments où l'on ne saurait sans sottise se montrer trop dédaigneux ; et vous verrez aujourd'hui ce que peuvent comporter le mépris de la vie, l'audace et la témérité. »

Et, tendant la main à M. d'Éragny, le comte ajouta :

— Allez donc, colonel!

« Vous voyez mon assurance ; que vos paroles n'en atténuent pas les effets, car elle est réelle.

— Soyez sans inquiétude, répondit M. d'Éragny.

Et tout en secouant sa tête grisonnante, il s'éloigna et rejoignit le Sauveur.

Celui-ci le reçut avec un triste sourire : il paraissait accablé ; il n'avait plus ces airs hautains, cette morgue, qui donnaient à sa physionomie une si désagréable expression de dureté.

Ce fut avec empressement, presque avec inquiétude, qu'il demanda :

— Le comte a consulté ses trappeurs?

« Il vous envoie me demander quelles sont mes dernières résolutions?

— Vous vous trompez, répondit aussitôt M. d'Éragny.

« Je ne suis l'envoyé de personne.

« Et le comte ne m'a chargé d'aucune mission.

— Comment! fit le Sauveur avec l'égarement d'un nageur épuisé qui croit prendre pied et ne rencontre que le vide, il pousserait l'orgueil jusqu'à refuser de traiter avec moi?

« Je lui ai pourtant prouvé qu'en moins de deux heures je puis anéantir sa caravane entière.

« Cet homme méprise la mort, je le crois ; mais aurait-il donc le criminel courage de laisser sa troupe périr avec lui?

« Il n'ignore pas que la défense est impossible.

« La tenter serait d'un fou ou d'un monstre avide de sang et de carnage. »

M. d'Éragny, malgré la pénible émotion qui l'agita intérieurement en entendant ces menaçantes prédictions, conserva un impénétrable sang-froid.

Outre qu'il ne voulait point entraver les desseins que le comte dissimulait sans doute, il se serait fait un scrupule de manifester lui-même le moindre sentiment de crainte.

Ce fut avec le plus grand calme qu'il répondit :

— Le comte de Lincourt, je vous le répète, ne m'a chargé d'aucune mission auprès de vous.

« Mais, je puis vous le dire, il est homme à ne reculer devant aucun danger, à lutter contre une armée, à broyer à coups d'audace les plus grands obstacles

« Ne croyez donc pas l'avoir réduit : on ne dompte pas de pareils caractères.

« La force, les prières, la raison même, se brisent contre la puissante volonté des hommes de cette trempe.

« Et c'est en prévision de périls imminents, d'un combat suprême, que je viens vous demander de sauver ma fille... Blanche! »

Le Sauveur, qui jusque-là avait écouté le colonel d'un air sombre et méditatif qui décelait son profond embarras, releva brusquement la tête ; un sourire erra sur ses lèvres et son regard s'anima.

— Blanche!... fit-il.

« La sauver?...

« Oh! oui, elle vivra... je le promets.

« Rassurez-vous...

« Je pourrai la secourir...

« Je m'y engage... »

Peu à peu le visage du Sauveur s'était assombri de nouveau, et ses mots coupés, ses phrases inachevées prouvaient clairement que son esprit était assailli par d'accablantes préoccupations.

Soudain il poussa une sourde exclamation, se passa la main sur le front comme pour en chasser de pénibles pensées, et posant deux doigts sur le bras de M. d'Éragny :

— Colonel, dit-il, ma résolution est prise.

« Venez!

« Je veux montrer au comte de Lincourt qu'un homme de race rouge sait répondre aux sarcasmes, au dédain, au mépris d'un homme de race blanche. »

M. d'Éragny avait senti trembler la main qui s'était appuyée un instant sur son bras.

Et il remarqua avec une vague inquiétude quelque chose de fiévreux, d'égaré dans le regard du Sauveur.

Toutefois il dissimula son impression et répondit :

— Allons !

« Et que de généreuses pensées vous inspirent ! »

Les deux hommes s'acheminèrent dans la direction du rassemblement formé par les trappeurs.

Quand ils furent à dix pas du groupe au milieu duquel se trouvait le comte, Tomaho écarta d'un geste puissant les rangs serrés de la foule, et en deux enjambées arriva en face du Sauveur.

Celui-ci s'arrêta étonné.

Tous les trappeurs ne voyaient pas sans surprise la démarche du géant.

Que pouvait-il avoir à dire au Sauveur ?

Et comment celui-ci allait-il l'accueillir ?

Tous les regards se fixèrent sur lui avec une avide curiosité.

On s'attendait à quelque incident extraordinaire.

On prêta l'oreille, on se rapprocha autant que possible pour ne pas perdre un mot du dialogue qui allait s'entamer.

Le Sauveur prit le premier la parole.

— Que me veut mon frère ? dit-il.

Tomaho, grave et solennel, réfléchit deux minutes avant de répondre.

Il avait sans doute des choses extrêmement importantes à dire.

Quelqu'un dans la foule en fit la remarque :

— Il paraît que ça n'est pas de la blague.

« Il va nous dégoiser quéque chose de pommé. »

On reconnut la voix de Sans-Nez.

Un long éclat de rire lui répondit.

Le géant seul parut ne pas avoir entendu, et s'adressant au Sauveur :

— Mon frère, Tomaho est simple et bon.

« Souvent il se laisse tromper, car le mensonge ne souille jamais ses lèvres, et il ne croit pas à la fausseté des autres.

« Mon frère s'est présenté à moi comme le Sauveur promis par le Vacondah à tous les Indiens ses enfants ; il m'a trompé, car il y a deux Aigles-Bleus, il y a deux frères de la reine, et j'ai vu les signes entre les mains de ces deux hommes. »

Le Sauveur voulut répondre, mais le géant leva une main menaçante.

— Tomaho parle, dit-il sévèrement.

« Il veut être écouté. »

Et il reprit :

— Mon frère a prétendu allumer selon sa volonté les feux du soleil et de la lune, et pour nous montrer sa puissance il a fait briller d'un grand éclat le sommet des montagnes ; il a fait trembler la terre, renversé des rochers et comblé des abîmes.

« Mon ami Sans-Nez m'a dit que mon frère avait le secret d'un grand sorcier de Paris qui fabrique des *médecines* de feu que l'on nomme artifices. Cette fois encore il m'a trompé et il a trompé tous les Indiens

« Mon frère a abandonné le costume des guerriers de sa nation, et il se couvre avec des étoffes comme un Visage-Pâle ; il n'est donc pas le Sauveur envoyé par le grand Vacondah : mon frère nous trompe.

« Tomaho est bon et juste, mais il se venge.

« Mon frère est ici comme un envoyé de paix : il ne court aucun danger.

« Mais que ses oreilles s'ouvrent et qu'elles gardent cet avertissement :

« Si, une fois sorti de notre camp, je retrouve mon frère libre dans la savane, je le punirai ; il mourra du supplice que doivent subir les menteurs et les faux sorciers.

« Mais en attendant le soleil qui éclairera son agonie, que tous mes frères le repoussent de leur wigwam, qu'ils le regardent comme une femme impure et qu'à son passage ils crachent sur ses mocassins ! »

Cette terrible malédiction lancée, le géant s'éloigna gravement sans vouloir écouter un mot d'explication.

Et on entendit la voix de Sans-Nez qui criait :

— Bravo, Cacique!
« Tapé, mon vieux!
« Si jamais nous allons à Paris ensemble, je te fais recevoir prédicateur.
« Tu lances l'anathème avec une pompe... qui a un fameux jet.
« Tapé, ma vieille!
« Je ferai la quête avec Paméla.
« Vive le Cacique! »

Un rire fou accueillit cette sortie du Parisien, mais en même temps toutes les mains se tendirent pour presser celles du géant. Sa déclaration de guerre avait causé une vive impression, car on savait qu'une fois sa détermination prise il s'y tenait inébranlablement.

CHAPITRE XIII

SANGLANT DÉNOUEMENT

Cependant le Sauveur restait toujours isolé, à dix pas de la foule des trappeurs.

Son attitude était belle encore, et il régnait dans toute sa personne un air de grandeur qui devait certainement impressionner le vulgaire.

Pourtant un observateur aurait pu remarquer sur son visage si régulièrement beau les traces non équivoques d'une profonde douleur; il aurait vu également que cette douleur n'était comprimée qu'à force de courage et de volonté.

Qu'il y avait d'amertume et de souffrances dans le cœur de cet homme pouvant se dire :

« Dédaigné par un grand caractère!
« Ridiculisé par un faubourien de Paris!
« Menacé par un homme de ma race! »
Que de honte ne devait-il pas éprouver!
Que de colère devait bouillonner dans son cerveau!

Après être demeuré quelques secondes comme écrasé par de pénibles réflexions, il releva fièrement la tête et promena un regard assuré sur les trappeurs.

Ayant aperçu le comte, il alla droit à lui.

— Monsieur, fit-il brusquement, il y a, m'avez-vous dit, des injures que l'on n'oublie jamais.

« Vous vous êtes trompé :

« Je veux oublier vos dures et outrageantes paroles;

« Je veux oublier les humiliantes plaisanteries de votre trappeur ;

« Je ne me souviendrai pas de la malédiction de l'honnête et bon Tomaho ;

« J'oublierai la grande et généreuse idée qui me brûle encore le cerveau ;

« Je consentirai à reconnaître l'infériorité de ma race, et à proclamer la supériorité de la vôtre ;

« J'oublierai enfin que ma sœur est votre maîtresse.

« Je serai bien lâche, n'est-ce pas, monsieur le comte?

« Et vous devez être satisfait de ma faiblesse?

« Ayez donc grand plaisir!

« Savourez votre triomphe!

« Délectez-vous dans ce bonheur, dans ces joies que malgré vous dénonce l'épanouissement de votre visage!

« Comte, j'oublierai jusqu'à ces joies qui sont ma dernière douleur!...

« J'oublierai tout enfin! vous ne serez plus pour moi! et je m'oublierai moi-même... si l'on peut oublier dans la mort!!... »

Le Sauveur ayant prononcé ces derniers mots, ou plutôt les ayant criés, il tira rapidement le poignard passé à sa ceinture et se le plongea dans la poitrine!...

Vivant encore, et encore debout, il parut chercher quelqu'un dans la foule des trappeurs...

Ses yeux s'arrêtèrent un instant sur l'Aigle-Bleu qui, froid et impassible, se tenait aux côtés du comte de Lincourt.

Le regard déjà voilé du Sauveur se croisa avec celui de son frère... il prononça quelques paroles en indien... puis la main sur le cœur, les doigts crispés sur sa blessure, il tomba...

Le libérateur indien était mort!...

La plupart des trappeurs avaient écouté avec une avide curiosité le rapide et véhément discours adressé par le Sauveur à leur chef.

Ils venaient d'être témoins d'un suicide inexplicable de la part d'un adversaire victorieux.

Une soudaine agitation se produisit dans leurs rangs pressés et de nombreuses exclamations témoignèrent de l'émotion générale en même temps que des divers sentiments de chacun.

Grandmoreau le premier traduisit la pensée des gens de cœur par cette courte exclamation :

— C'est très-bien !

John Burgh rendit la même impression par ces mots :

— By God ! une belle mort !

Tomaho en était encore à ses doutes sur la mission providentielle du Sauveur.

— Le grand Vacondah vient de punir un faux sorcier, prononça-t-il gravement.

Bois-Rude, tout en caressant sa gourde de rhum, sans doute pour lutter contre la violence de son émotion, n'approuva pas en tout la mort du Sauveur.

— Fâcheux, dit-il entre deux lampées. « Il ne boira plus. »

Sans-Nez, contre son habitude, fut le dernier à donner son avis ; et quel ton dédaigneux du gavroche mécontent du dénouement d'un mélodrame quand il prononça :

— J'ai déjà vu ça à l'Ambigu !...

Cependant le colonel d'Éragny, dou.ou.

reusement frappé par cette mort tragique, s'était approché du cadavre du Sauveur.

M. de Lincourt, calme sans affectation, froid sans cynisme, l'avait suivi.

— N'est-ce pas fatal? murmura le colonel avec une émotion qu'il ne chercha pas à dissimuler.

« Échapper à mille dangers pour arracher ma fille des mains d'un brigand...

« La sauver après avoir sacrifié la vie de mes plus braves squatters....

« Et être témoin de son désespoir quand elle apprendra la mort de celui qui allait devenir mon fils et son époux !...

« Il est des moments où l'homme trouve assez de force pour lutter contre le malheur, mais il en est aussi où l'accablement le brise et lui enlève même la faculté de protester contre l'injustice du sort. »

M. de Lincourt écoutait avec une sollicitude émue ces paroles du colonel partageant d'avance le désespoir de sa fille.

Ce fut avec un amical empressement et aussi avec une réelle conviction qu'il essaya d'écarter ses légitimes inquiétudes.

— Rassurez-vous, lui dit-il avec autorité; mademoiselle Blanche n'aimait pas le Sauveur.

« Séduite par son extérieur distingué, par sa beauté, par son apparition dans des circonstances romanesques, elle l'aime comme on aime un acteur en vogue ou l'auteur d'un roman à succès.

« Elle l'a admire comme on admire le héros sympathique jeté par le hasard au milieu d'aventures tragiques.

« La préférence inconsciente de votre enfant n'est ni de l'amour ni de la passion; c'est tout au plus un caprice né de cette curiosité inquiète si charmante, mais si dangereuse chez les jeunes filles.

«Ne vous alarmez donc pas : le danger n'existe que dans votre imagination de père.

« Mademoiselle Blanche n'aimait que par l'imagination; son cœur est resté pur de toute passion. »

Et, abaissant son regard, le comte étendit le bras dans la direction du corps du Sauveur :

— N'était-il pas bien imprudent d'ailleurs de confier votre enfant à un illuminé incapable d'imposer son autorité vivant, mais ne trouvant rien de mieux que d'affirmer sa sotte vanité en se tuant?

« Était-ce donc là un mari digne de votre enfant?

« Certes, ce fou raisonnable était vraiment au-dessus des individus de sa race; mais il n'avait que fort peu profité, en somme, des études qu'il fit en Europe.

« Avec ses idées d'émancipation, de régénération et de sauvetage national, où en était-il en définitive? Au sentimentalisme...

« C'est-à-dire à la sottise toute pure.

« Si j'avais rencontré en lui ce que l'on appelle un doctrinaire, passe encore, quoi que les politiques de ce genre soient sans force à cause de leur manque de souplesse, et que du reste le système soit foncièrement absurde, puisqu'il subordonne l'individu à une sorte de dogme impalpable, insaisissable et surtout indéfinissable.

« Croyez-moi, mademoiselle Blanche oubliera ce sentimental émancipateur, et se tendres regards s'arrêteront sur plus digne d'elle.

« Non pas enfin que je méprise ce brave Sauveur.

« Je constate au contraire, et avec plaisir, qu'il avait une certaine grandeur d'âme, il s'est élevé au-dessus des siens, je me plais à le reconnaître : la preuve, c'est qu'il est mort volontairement, et que de mémoire d'homme on n'avait jamais vu un Peau-Rouge se tuer. »

Pendant que le comte tenait ce discours où, quoi qu'on en puisse croire, la justesse d'appréciation avait plus large place que le sarcasme, les trappeurs s'étaient insensiblement rapprochés.

Bientôt ils entourèrent leurs chefs.

La curiosité générale n'était pas satisfaite.

On se poussait pour passer au premier rang, afin de mieux voir le cadavre du suicidé.

Il y avait même une certaine inconvenance non dans ce mouvement de curiosité bien naturel, mais dans les réflexions que les trappeurs échangeaient entre eux.

M. d'Éragny voulut mettre fin à cette scène.

— Comte, dit-il, veuillez donc faire cesser ce douloureux spectacle.

M. de Lincourt s'empressa de donner des ordres et ils allaient être exécutés, quand un incident imprévu se produisit.

Un Indien, écartant brusquement quelques hommes qui lui barraient le passage, s'avança dans le cercle formé autour du cadavre.

C'était l'Aigle-Bleu.

L'attitude du sachem était grave, solennelle.

— Que les Visages-Pâles respectent le frère de leur ami, dit-il.

« Le Sauveur était un grand guerrier.

« Ses ennemis ne doivent pas troubler le sommeil de la mort qui est venu lui fermer les yeux. »

Et, jetant un manteau sur le corps de son frère, l'Aigle-Bleu fit un signe.

Six Peaux-Rouges se présentèrent et chargèrent le mort sur leurs bras entrelacés.

— A mon wigwam! dit l'Aigle-Bleu.

La foule s'écarta et les Indiens s'éloignèrent dans la direction de leur campement.

Le colonel regardait tristement ce convoi funèbre, lorsque le comte posa sa main sur l'épaule du vieux soldat profondément ému :

— Cette mort, dit-il, est la signature de la vie du Sauveur.

« Tous ces Indiens sont incomplets.

« Chez eux, des élans, mais point de raisonnement.

« Vous voyez bien qu'il s'est tué croyant donner un dénouement à la situation dans laquelle il nous a jetés ; mais, par suite de cette irréflexion qui caractérise la race, il se trouve que notre position est empirée, puisque c'est John Huggs qui tient maintenant les clefs du défilé.

« Vraiment, colonel, vous m'accorderez qu'à sa place nous eussions au moins voulu sauver mademoiselle d'Éragny.

« En un mot, c'est héroïque, mais stupide ! »

Et le comte s'éloigna.

Le colonel n'était pas loin de partager son avis.

CHAPITRE CXIV

QUELS ÉTAIENT CES DEUX HOMMES ?

Le soleil vient de disparaître.

L'obscurité voilera bientôt les mornes solitudes de la prairie tremblante.

Quelques étoiles scintillent déjà dans les profondeurs du firmament dont le bleu s'assombrit peu à peu.

Les constellations, d'abord vagues pour l'œil, se dessinent lentement et se fixent...

Les dernières lueurs crépusculaires s'éteignent à l'occident.

Aussitôt l'espace infini semble s'animer.

Il se peuple de soleils et de mondes lointains...

Les ténèbres s'épaississent encore sur la terre.

Les astres naissent alors par myriades dans le ciel, écrasant à la fois l'esprit et la vue par les splendeurs de l'immensité.

Mais bientôt toutes ces lueurs astrales pâlissent ou s'éteignent.

La nuit est moins obscure.

Déjà l'aube d'un nouveau jour ?

Quel est ce doux rayonnement qui surgit et monte à l'orient ?...

Là-bas, au loin sur la colline, les vieux chênes séculaires dressent vers les cieux leurs grands bras feuillus, et leurs cimes touffues dentellent capricieusement l'horizon.

Voyez leurs sombres rameaux se détacher sur cette brillante clarté pareille à celle d'un vaste incendie.

On dirait que la forêt s'enflamme, et que les arbres géants prennent feu...

Non...

Une minute s'écoule et la lune paraît.

Elle éclaire la prairie tremblante de ce jour incertain qui creuse l'ombre et grandit le relief.

Pareils aux grains d'un immense chapelet, les chariots de la caravane s'alignent en longue file sur la chaussée solide ; de nombreuses tentes de toile sont irrégulièrement groupées sur les berges ; chaque groupe paraît être un village nain aux maisons à demi englouties et dont le toit reposerait sur le sol.

Le calme le plus profond règne dans le camp.

La caravane est endormie.

Çà et là une sentinelle s'immobilise dans l'ombre d'un wagon ou se dissimule derrière une broussaille.

Sur la lagune dont l'eau tranquille vient baigner le pied de la chaussée se balance sans bruit la pirogue d'écorce du Sauveur...

... Soudain un léger bruissement d'herbes froissées trouble le profond silence de la nuit...

Une forme humaine s'avance en rampant sur la berge.

Bientôt elle se trouve en face de la pirogue ; elle se dresse alors : c'est un homme de haute taille enveloppé dans un large manteau ; il entre dans l'eau, monte dans la légère embarcation et s'éloigne rapidement...

En ce moment, un buisson semble s'animer ; ses branches s'écartent lentement et laissent paraître un second personnage dont la forme indécise se perd dans le feuillage.

Évidemment cet homme observait la pirogue et voulait savoir ce qu'il en adviendrait, car lorsque la barque fut à quelque distance il quitta son poste, se mit à ramper dans la direction du camp, où il rentra sans avoir été aperçu par les sentinelles.

Quels étaient ces deux hommes ?...

CHAPITRE CXV

OFFRES DE TRAHISON

Le lendemain, au point du jour, un parlementaire était envoyé par l'ennemi à M. de Lincourt.

Ce parlementaire n'était autre que le chef de pirates John Huggs.

Au moment de son arrivée, le comte se promenait seul sur le bord de la lagune ; peut-être l'attendait-il ?

Le pirate était toujours l'homme que nous avons connu.

Ces Yankees sont coulés en métal : or bronze ou vil étain.

Aucune des catastrophes subies n'avait pu changer un trait de ce caractère, une ride de cette face.

C'était toujours le même mélange d'audace, de sans-façon, de rondeur matoise, de conception hardie et de rouerie commerciale.

Nul doute à concevoir.

John Huggs venait proposer un marché sous couleur de mission à remplir.

Avec cette assurance et ce sans-gêne qui ne l'abandonnaient jamais, le pirate fit aussitôt connaître l'objet de sa venue.

— Gentleman, dit-il, je ne sais pas grand'chose des arrangements que vous avez pris avec le Sauveur, mais c'est votre affaire.

« Quant à moi, je suis chargé de vous réclamer tous les Indiens qui sont dans votre camp et de les conduire à mon associé, mon chef à de certaines conditions. »

Tout le Yankee était dans cette restriction.

Il reprit :

— J'ai là dans une crique, à deux encâblures, trente pirogues pour transporter les guerriers à face de cuivre.

« Il paraît que c'est une affaire convenue ?

— Parfaitement convenue, fit le comte.

« Vous n'êtes chargé d'aucun message pour moi ?

— Si fait.

« Je dois vous répéter ces mots :

« Trois coups de canon. »

« Je ne sais pas trop ce que cela veut dire, mais je suppose que c'est un signal.

— Peu importe ? dit le comte.

« Ce mot d'ordre m'étant parvenu, il ne vous reste plus qu'à emmener les Peaux-Rouges.

« Je vais donner des instructions à ce sujet.

« Dans une heure, vous pourrez partir avec eux.

« Attendez. »

M. de Lincourt fit quelques pas dans la direction du camp.

John Huggs le rappela.

— Monsieur le comte, dit-il avec un certain air de déférence qui ne lui était pas habituel, j'aurais encore un mot à vous dire.

Le pirate yankee s'était tout à coup transformé.

Ses manières naturellement brusques, sa simplicité quelque peu rugueuse, avaient fait place aux façons cauteleuses et à la fausse dignité de l'Espagnol américain.

Le comte s'aperçut de ce subit changement.

Il se tint sur ses gardes.

— Gentleman, lui dit Huggs, vous savez que ce n'est pas dans un but de rapine et de pillage que j'ai tenté de lutter contre vous.

« Mes projets, en essayant d'arrêter votre marche, n'étaient pas ceux d'un aventurier ordinaire.

— Je sais, fit le comte avec un dédaigneux sourire, que vous n'êtes pas un écumeur de prairie comme les autres.

« Vos vues portent fort loin.

« Après?

— Je pensais qu'une fois entre mes mains vous consentiriez à racheter votre liberté et celle de votre troupe en partageant loyalement avec moi le péril et les chances de succès que comporte votre expédition.

« Après tout, vous n'auriez pas fait une mauvaise affaire en acceptant mon concours et celui de mes hommes.

« Et vous ne m'auriez pas mis dans la nécessité de m'allier au Sauveur pour vous combattre. »

Le comte riait franchement en entendant ce raisonnement du pirate.

— Vous êtes très-fort, Huggs, dit-il.

« Continuez, je vous en prie.

« Ces aveux pleins de franchise m'intéressent au plus haut point.

« Allez donc, je vous écoute. »

Le chef des pirates fut tenté de ne pas poursuivre.

Le ton railleur du comte l'indisposait.

Il ne céda pas toutefois à une première impression et il reprit sans aucune contrariété apparente :

— Gentleman, grâce au concours que j'ai prêté au Sauveur, vous êtes bloqué, vous êtes pris.

« Je ne connais pas les dernières résolutions arrêtées entre vous et votre vainqueur, mais je suis à peu près sûr que le succès de votre entreprise est bien compromis en ce moment. »

Le comte eut un geste de résignation.

— J'en étais convaincu, continua le pirate.

« Eh bien! gentleman, si vous voulez consentir à partager le bénéfice de l'expédition, je vous délivre de l'armée indienne, je vous laisse le passage libre et je joins ma troupe à la vôtre. »

John Huggs parut s'apercevoir du profond mépris que sa proposition faisait naître chez le comte.

— Gentleman, lui dit-il, ne soyez pas surpris de ce qui peut vous paraître une trahison.

« Je n'ai qu'une confiance très-limitée dans les Peaux-Rouges et qu'une estime médiocre pour leur race.

« Je suis blanc, moi, et je crois de mon devoir de vous offrir le salut.

« Je redoute quelque machination de ce Sauveur qui ne veut aucun bien aux gens de notre couleur.

« Enfin je ne vous cacherai pas que depuis hier soir le Sauveur m'a paru changé.

« Il est triste ; il ne se souvient pas de nos conventions ; il ne veut plus parler d'autre langue que l'espagnol.

« Tout ça me semble louche.

« Alors vous comprenez que si ma proposition vous convient tout est simplifié.

« Je m'empare de l'artillerie, je mitraille les Peaux-Rouges et l'affaire est arrangée. »

John Huggs se tut et attendit l'effet de sa proposition.

Son œil brillant chercha les traces d'une impression sur le visage de M. de Lincourt.

Ce fut en vain.

Le comte demeura froid et intraduisible.

— Ceci demande réflexion, dit-il.

Et il s'éloigna en ajoutant :

— A bientôt!

« Je vais faire prévenir les sachems indiens.

« J'ajourne ma réponse jusqu'après le départ des Indiens. »

John Huggs eut un geste de défiance.

Le comte souriant lui dit :

— Maître Huggs, ne comprenez-vous donc pas que si mes conventions avec le Sauveur ne s'exécutaient pas ; si même elles étaient simplement suspendues, le doute naîtrait dans l'esprit de mon adversaire ?

« Tandis que nous causerons bien plus à l'aise après le passage des tribus. »

Et M. de Lincourt prit résolûment le chemin du camp.

John Huggs murmura entre ses dents :

— Avec des hommes de cette force, on n'est jamais sûr de ne pas être joué.

« Décidément, le terrain sur lequel je marche n'est pas solide, et moralement je pourrais être bien plus embourbé que lui dans une prairie tremblante.

« Méfiance !... »

CHAPITRE CXVI

OU TOMAHO ÉTONNE SANS-NEZ PAR SA PERSPICACITÉ

Une demi-heure plus tard, les Peaux-Rouges étaient embarqués dans les pirogues amenées à leur intention.

M. de Lincourt, entouré de ses trappeurs, jeta un regard ironique sur John Huggs quand le dernier Indien eut défilé.

Le Yankee attendait d'un air piteux et réfléchi la décision du comte.

Celui-ci le toisa dédaigneusement et lui dit :

— Huggs, vous êtes un traître, un gredin et... un sot!

« Envoyé ici comme parlementaire, vous n'avez rien à craindre, malgré les bonnes raisons qui peuvent m'engager à vous faire pendre.

« Mais souvenez-vous qu'à la première occasion je ne vous ménagerai pas.

« Et surtout estimez-vous heureux que je n'attire pas sur vous la vengeance de ceux que vous vouliez trahir.

« Mais je reverrai le Sauveur.

« Alors, prenez garde. »

Sans en écouter davantage, le pirate sauta dans sa pirogue et poussa au large.

Une fois à distance, il cria :

— Merci pour ce bon avis !

« J'en profiterai.

« J'avais flairé le piége.

« On ne met pas dedans un vieux renard comme moi.

« Je vous échappe et j'échapperai à cet imbécile de Sauveur devenu votre allié.

« Seigneur comte, nous sommes à deux de jeu.

« A bientôt la grande partie ! »

Ayant lancé ses défis et ses menaces, le pirate se mit à ramer vigoureusement pour rejoindre les barques occupées par les Indiens...

En ce moment, un long sifflement retentit, et l'on aperçut une pirogue montée par un seul homme sortir d'une échancrure et s'éloigner rapidement en longeant les rives buissonneuses de la lagune.

— Et celui-là aussi vous échappe ! cria John Huggs devenu railleur et insolent.

Au coup de sifflet prolongé qui avait éclaté avec un résonnement particulier, les trappeurs avaient dressé l'oreille.

Un nom s'échappa de toutes les bouches :

— La Couleuvre !

« La Couleuvre ! »

Tomaho seul ne dit rien.

Mais épaulant sa lourde carabine il envoya un biscaïen à l'adresse du siffleur.

Le coup était à peine parti qu'il s'écria avec dépit :

— Manqué !

« C'est la première fois depuis treize lunes que Tomaho est maladroit.

— Ça n'est pas vrai ! s'écria Sans-Nez.

« Tu l'as été plus souvent.

« Tu es maladroit au moins trois fois par jour. »

Tomaho irrité se tourna vers le Parisien.

— Si mon frère ne cesse pas son bavardage de squaw, je l'enferme dans mon caïman.

Sans-Nez ne broncha pas.

Il savait par expérience que le géant était capable d'exécuter sa menace et qu'il ne céderait pas une seconde fois à l'intercession des trappeurs.

Il se renferma donc dans un silence prudent.

Le comte se chargea de consoler Tomaho.

— Peu nous importe, dit-il, que ce gredin reste vivant.

« Pas plus que John Huggs, il ne nous empêchera de sortir d'ici. »

M. de Lincourt avait prononcé ces derniers mots à voix haute et avec la plus parfaite assurance.

Il voulait certainement être entendu. Et c'était la première fois qu'il donnait aussi formellement l'espérance de forcer le blocus.

Aussi cette espérance fut-elle accueillie par une triple salve de bravos et de cris :

— En avant !
« Aux armes !
« Bataille !
« Mort aux pirates ! »

En réalité, les trappeurs ne savaient trop à quoi s'en tenir sur la situation.

Ils ignoraient complétement ce que signifiait ce brusque départ des Indiens.

Ils étaient certains de la rupture de toute négociation, puisque le Sauveur était mort.

Mais ils n'étaient pas hommes à s'embarrasser longtemps dans des raisonnements et des conjectures plus ou moins solides ou probables.

Impatients, réduits à l'inaction, ils rongeaient leur frein avec colère.

Ils ne demandaient qu'à entamer la lutte, si sanglante qu'elle pût devenir.

Ils voulaient sortir à tout prix de cette impasse où ils mouraient d'ennui.

Le comte accueillit avec un singulier sourire les acclamations enthousiastes de sa troupe.

Puis du geste il commanda le silence.

— Patience ! dit-il.

« Attendons l'heure favorable. »

Les trappeurs ne comprenaient rien à cette énigmatique recommandation.

Aussi fut-elle accueillie par un profond silence.

Et plus d'une paire de sourcils se froncèrent en signe de mécontentement.

On remarqua cependant que M. de Lincourt ne quittait pas la berge de la lagune.

Il se promenait avec une méthodique lenteur et de l'air ennuyé de quelqu'un attendant quelque chose.

Soudain un coup de canon retentit.

La prairie tremblante frémit sur ses mobiles assises.

Un second coup part.

Puis un troisième...

Et plus rien...

Le comte s'est rapproché du groupe formé par ses lieutenants.

Il est calme, froid, impassible.

Il appelle :

— Bouléreau !

Le chef des squatters s'avance.

Il ôte sa pipe de sa bouche, porte la main à sa casquette et répond militairement :

— Présent !

Puis, ayant réintégré le tuyau de sa pipe entre ses dents, il se remit à fumer en attendant que M. de Lincourt voulût bien prendre la parole.

— Bouléreau, lui dit celui-ci, combien vous faut-il de temps pour consolider la chaussée défoncée par la mine ?

Le squatter répondit sans hésiter :

— Deux heures, avec beaucoup de bras.

— Mettez-vous à l'œuvre immédiatement, commanda le comte.

« Et prenez autant d'hommes qu'il sera nécessaire. »

Puis s'adressant aux autres lieutenants :

— Tout le monde à son poste !

« Dans deux heures, levée du camp.

« Nous marchons en avant. »

Ayant donné ces ordres avec autant de rapidité que de précision, M. de Lincourt reprit le chemin de sa tente.

Les trappeurs étaient restés ébahis.

Ils se regardaient avec un étonnement qui tenait de la stupéfaction.

« Marcher en avant ! pensaient-ils tous.

« Nous sommes donc débloqués ?

« Pourtant l'artillerie ennemie est toujours là. »

Chacun se perdait en conjectures.

Sans-Nez, lui, ne se donna pas la peine de réfléchir longtemps.

L'énigme lui parut amusante, et ce fut riant qu'il dit à Tomaho :

— Eh bien! mon vieux Cacique, en voilà ncore une drôle !

« Comment la trouves-tu, toi ?

« Investissement, blocus, parlementaire qui se tue, autre parlementaire, une canaille, celui-là, qui enlève nos Peaux-Rouges, coups de canon à blanc, pas de bataille, la place est débloquée, l'ennemi est en déroute, à nous la victoire! et nous partons dans deux heures.

« Je déclare que je n'y comprends absolument rien et que je voudrais bien trouver un homme assez habile pour m'expliquer cette affaire embrouillée.

« As-tu compris, toi, Cacique? »

Incorrigible, Sans-Nez narguait le brave géant en lui adressant cette question.

Mais la peur de rentrer dans le ventre du caïman le rendait prudent.

Il se tenait à distance et prêt à esquiver toute tentative hostile.

A son grand étonnement, le géant ne parut pas remarquer ses airs gouailleurs.

Et ce fut avec le plus grand sérieux, la plus entière conviction qu'il lui répondit :

— Tomaho a compris.

En présence de cette affirmation si catégorique, le Parisien demeura un instant confondu.

Et l'étonnement des autres trappeurs égalait au moins le sien.

Ne pouvant en croire ses oreilles, il renouvela sa question :

— Tu as compris, toi?

« Tu as vu le truc?

« Pas possible!

« Alors tu deviens sorcier? »

Toujours grave, le géant répéta :

— Tomaho a compris.

« Si mon frère était moins bavard, il m'écouterait et comprendrait comme moi.

— Je t'écoute, mon vieux, s'écria le Parisien.

« Vas-y de ton mieux.

« Ah! elle est assez forte, celle-là, pour que je n'en rate pas un mot.

« Va donc!...

« J'en ferai une maladie épidémique, c'est sûr!...

— Mais tais-toi donc, bavard infernal! interrompit Grandmoreau impatienté.

« Laisse parler Tomaho. »

Sans-Nez se tut, et le géant reprit :

— C'est bien simple :

« L'Aigle-Bleu ressemblait beaucoup au Sauveur...

— Oh! pour ça, oui! fit Sans-Nez.

« Deux gouttes d'eau, comme on dit.

« Après tout, quoi d'étonnant?

« Les deux frères! »

Tomaho continua :

— Mon frère bavarde sans réfléchir.

« N'a-t-il pas remarqué que le chef des pirates a parlé du Sauveur comme s'il l'avait vu avant son arrivée ici?

— Tiens! mais, au fait, cet animal de Cacique a raison! murmura le Parisien en se grattant aux environs du trou qui lui restait comme oreille gauche.

« Qu'est-ce que tout cela peut bien signifier? »

Tomaho continua avec son imperturbable gravité :

— L'Aigle-Bleu a pris les habits du Sauveur et est allé rejoindre son armée.

« Ses guerriers l'ont pris pour son frère.

« Et c'est lui qui nous laisse le passage libre. »

Ces détails et la conclusion qui en découlait naturellement étaient plus que vraisemblables.

Sans-Nez et les autres trappeurs demeuraient stupéfaits de l'étonnante et rare perspicacité du géant.

— Mon vieux Cacique, lui dit le Parisien, reçois mes félicitations.

« Tu es plus malin que je ne l'aurais jamais cru.

« Mais dis-nous un peu comment il se fait que tu sois devenu si malin du jour au lendemain?

« Moi, ça ne me paraît pas naturel. »

Le brave géant fut un instant sans répondre.

Il était enchanté de mettre en défaut la finesse ordinaire du Parisien.

Sa joie se traduisit par un bon rire bien franc, bien bruyant.

Certes, il fallait que Tomaho éprouvât un grand plaisir pour oublier sa dignité indienne en s'abandonnant à un tel accès de gaieté.

Quand il fut parvenu à comprimer les retentissants éclats de son gros rire, il reprit avec sa gravité ordinaire :

— Je pensais que mon frère était aussi fin, aussi rusé que le renard subtil.

« Je me suis trompé.

« Il est étourdi comme l'écureuil et simple comme le jeune bison.

« Mais il est encore curieux comme une vieille squaw.

« Je vais parler.

« Qu'il écoute et soit satisfait.

« La pirogue du Sauveur était restée abandonnée sur la rive de la lagune.

« J'ai pensé que des guerriers du camp ennemi viendraient la chercher.

« Je me suis embusqué pour faire prisonniers ceux qui oseraient se présenter.

« Aucun guerrier n'est venu.

« Mais j'ai vu un homme ; il sortait de notre camp ; il monta dans la pirogue et s'éloigna dans la direction de l'armée du Sauveur.

« J'avais reconnu l'Aigle-Bleu, et j'ai vu que sous son manteau il portait les habits de son frère. »

Tomaho ne crut pas devoir en dire plus long.

Il se contenta de laisser tomber sur Sans-Nez un regard à la fois dédaigneux et triomphant.

Mais celui-ci, refusant de voir la moindre habileté dans la facile découverte du géant, lui répliqua lestement :

— Comme c'est malin !

« Tu veux te payer l'agrément de dénicher une couvée de pirates; tu ne déniches rien du tout, mais tu vois s'envoler un Aigle-Bleu.

« La belle affaire !

« C'est comme si j'allais à la pêche aux écrevisses et que j'en rapportasse une paire de souliers vernis.

« J'aime beaucoup les souliers vernis, mais j'adore les écrevisses, parce que ça se mange.

« Des découvertes comme celles-là, on en fait tous les jours...

« Et on ne s'en vante pas. »

Tomaho ne comprit pas grand'chose à cette sortie de Sans-Nez.

Les trappeurs l'accueillirent par un éclat de rire.

Mais comme ils n'étaient pas fâchés de savoir enfin pourquoi et comment la caravane se trouvait libre, ils ne félicitèrent pas moins le géant de sa découverte.

Enfin tous se séparèrent pour veiller aux préparatifs de départ.

CHAPITRE CXVII

LE CHAPELET DE GRANDMOREAU

A l'heure précise fixée par Bouléreau, la large brèche qui coupait la chaussée se trouva comblée : les plus lourds wagons pouvaient passer sans danger sur le solide ouvrage des squatters.

Toute la troupe était sur pied.

Les attelages étaient prêts, et leurs conducteurs s'assuraient de la solidité des harnais et du bon état des voitures.

On attendait avec impatience le signal du départ.

Le commandement : « En avant ! » se fit entendre enfin.

Le convoi entier s'ébranla.

La brèche fut franchie sans encombre et la caravane reprit sa marche prudente et régulière à travers la prairie tremblante.

On avançait rapidement.

Bêtes et gens semblaient avoir hâte de sortir de la dangereuse passe.

Les gens savaient d'ailleurs que l'on devait atteindre la terre ferme pour la halte de midi.

Et l'ardeur des animaux de trait s'expliquait par un long repos aussi bien que par les senteurs appétissantes des herbes succulentes de la savane.

Une gaieté générale s'était emparée de la troupe entière.

Les éclats de rire et les propos joyeux s'échangeaient d'un bout à l'autre du convoi.

Chaque poitrine aspirait avec délices cette bonne odeur de bois que la brise matinale apportait des montagnes voisines couvertes de forêts.

Puis on se sentait libre.

On allait enfin sortir des redoutables lagunes; alors on serait fort, capable de lutter contre tous les pirates du monde et de culbuter des armées.

Après cinq heures de marche, les premiers wagons sortirent de la prairie tremblante et s'engagèrent sur le terrain solide et légèrement en pente qui bordait le vaste abîme de bourbe et d'eau.

Bientôt le convoi entier se trouva rangé en sûreté sur le sol de la savane.

Les préparatifs de halte s'exécutèrent rapidement.

Les feux s'allumèrent comme par enchantement.

Les cuisines en plein vent fonctionnèrent.

La plus joyeuse activité régnait partout.

M. de Lincourt et ses lieutenants, selon leur invariable coutume, surveillaient avec sollicitude les apprêts et agissements de leur personnel.

Tout à coup le cri d'avertissement d'une sentinelle se fit entendre.

Les trappeurs interrogèrent leur chef du regard.

— C'est une visite attendue, fit tranquillement M. de Lincourt.

« Allons à la rencontre de l'Aigle-Bleu. »
Suivi de ses lieutenants, le comte s'achemina dans la direction d'un monticule où se trouvait placée la sentinelle qui venait de donner l'alarme.

De ce point, chacun put apercevoir une troupe composée d'une centaine d'hommes s'avançant rapidement.

En quelques minutes, elle arriva en présence de M. de Lincourt et des trappeurs.

C'était bien l'Aigle-Bleu, escorté de plusieurs sachems et de ses meilleurs guerriers.

Mais c'était l'Aigle-Bleu transformé, déguisé, presque méconnaissable. *Quantum mutatus ab illo!*

Il a abandonné son pittoresque costume de chef indien pour revêtir les habits européens de son frère le Sauveur.

Il est gêné et fort mal à l'aise dans ces vêtements trop étroits qu'il porte pour la première fois.

Ses gestes n'ont plus d'ampleur, son maintien est guindé, son attitude a quelque chose d'endimanché qui amène le sourire sur les lèvres des trappeurs.

Sans-Nez ne put même s'empêcher de rire un peu plus haut qu'il n'était convenable, et, cédant à un invincible besoin de railler, il fit d'une voix contenue ces plaisantes réflexions.

— En voilà un Sauveur qui peut se vanter d'être réussi!

« Regardez-moi donc ça, comme c'est tourné!

« Et moi qui blaguais l'autre!

« A-t-il l'air assez malheureux là-dedans!

« On dirait d'un aigle qui a endossé la pelure d'un oiseau-mouche!

« Il n'ose plus remuer ni bras ni jambes; on dirait qu'il a peur de faire craquer les coutures.

« Décidément, il faut que les Peaux-Rouges soient bien bêtes pour ne pas s'apercevoir qu'on leur a changé leur Sauveur.

« Mais, après tout, ça ne m'étonne pas :

« Ces gens-là n'ont pas plus d'œil que le bouillon Duval.

« Il a pourtant une fichue tournure, ce pauvre Aigle-Bleu.

« En voilà encore un qui aurait besoin de mes leçons! »

Les trappeurs accueillaient par des rires contenus les remarques et les saillies du Parisien ; ils semblaient les approuver.

Seul Tomaho ne riait pas.

Il considérait le nouveau Sauveur avec une visible admiration.

Évidemment il le trouvait superbe dans son costume d'Européen.

Il répondit aux plaisanteries de Sans-Nez en donnant son impression personnelle.

— Je ne comprends pas mon frère, dit-il avec sa gravité habituelle.

« L'Aigle Bleu est très-beau.

« Ces habits de Visage-Pâle lui vont bien.

« Et si je ne savais pas que le Sauveur est mort, je croirais le voir devant moi.

« Je veux, moi aussi, porter un costume pareil.

« Et mon frère verra que j'aurai comme lui du... de ces choses qu'il dit... du galbe... du chic! »

Cette prétention du géant et la manière dont il prononça les mots *chic* et *galbe* en essayant d'imiter la pose et les claquements de doigts de Sans-Nez soulevèrent un éclat de rire général.

Mais Tomaho ne se démontait pas facilement.

Il promena un regard assuré sur les rieurs et renouvela sa tentative d'imitation en répétant :

— Oui, j'aurai du galbe, du chic!...

Nouveaux rires des trappeurs.

Sans-Nez se tordait.

Impossible de parler.

Il se calma enfin.

— Cacique, dit-il, tu nous feras mourir!

« On prévient les gens...

« Ah! oui, tu seras un grand galbeux.

« Et quel chic!

« Je vois ça d'ici.

« Mon vieux, nous irons à Paris ensemble

« Je te promets un fameux succès... »

Cette scène pleine de gaieté menaçait de se prolonger.

M. de Lincourt y mit fin d'un geste et fit quelques pas à la rencontre du faux Sauveur.

Celui-ci s'était avancé seul, laissant une assez grande distance entre lui et ses guerriers, afin sans doute de pouvoir parler librement. Après avoir salué à l'indienne, il prit la parole.

— Mes frères pâles, dit-il en s'adressant aux trappeurs aussi bien qu'au comte, doivent honorer la mémoire du Sauveur.

« Il s'est montré grand et généreux à leur ard.

« Les mots qu'il a prononcés en indien avant de mourir s'adressaient à moi.

« Ils disaient :

« — Prends mon costume, commande à mes guerriers.

« En te voyant, ils me croiront encore vivant.

« Sauve la caravane des Visages-Pâles. »

« J'ai rempli ma mission, car vous êtes libres. »

Un murmure de satisfaction répondit à cette déclaration.

Et Sans-Nez résuma à sa manière l'opinion de ses compagnons :

— Décidément ce Sauveur valait mieux que nous ne pensions.

« C'était ce qu'on appelle un vrai *zig*. »

S'adressant alors plus particulièrement à M. de Lincourt, l'Aigle-Bleu reprit :

— Quand j'arrivai parmi les guerriers de mon frère, ils me prirent pour lui, et à leurs yeux je suis encore le Sauveur.

« Ainsi que vous me l'aviez recommandé, j'ai cherché à faire prisonnier le pirate John Huggs, la Couleuvre et leur bande.

« Mais je n'ai pu réussir.

« Ces gens se tenaient sur leurs gardes.

« Ils se sont enfuis avec nos canons.

« Je n'ai pu leur reprendre que deux pièces et leur faire dix prisonniers. »

L'annonce de cet insuccès parut vivement contrarier le comte.

— Il est fâcheux, dit-il, que John Huggs reste libre à la tête de ses pirates encore nombreux.

« C'est un homme dangereux.

« Il y a surtout ce la Couleuvre...

« C'est lui que j'aurais voulu prendre.

« Ce gredin est plus redoutable encore que le brigand dont il est devenu l'associé.

« Je le surveillerai. »

Et paraissant s'arracher à la préoccupation que venaient de traduire ses dernières paroles, le comte reprit :

— Ne me parliez-vous pas de quelques prisonniers enlevés à la bande de Huggs?

— Ils sont là, dit l'Aigle-Bleu en désignant le groupe formé par son escorte.

Et il accompagna son geste de quelques mots en langue indienne.

Aussitôt les Peaux-Rouges ouvrirent leurs rangs, et dix pirates garrottés furent poussés devant M. de Lincourt.

Celui-ci ne daigna même pas les regarder.

Il se tourna vers Grandmoreau et lui dit :

— Pendez!

Et il fit quelques pas pour s'éloigner.

Mais une voix indignée, partant du groupe des prisonniers, l'arrêta court.

— Je proteste! criait cette voix au timbre clair et sympathique.

« On juge avant d'exécuter.

« Et il est des supplices qu'on n'inflige pas sans déshonneur pour la victime comme pour soi-même. »

C'était un jeune homme de vingt-cinq ans à peine qui, au premier rang parmi les prisonniers, venait de lancer hardiment cette fière et énergique protestation.

Le comte eut pour lui un regard où se pouvaient lire à la fois la surprise, l'irritation et de vagues symptômes de curiosité.

— Approchez, pirate! dit-il.

Le jeune homme obéit.

C'était un fort beau garçon, à la figure ouverte et intelligente.

De taille moyenne, bien prise, il y avait dans toute sa personne un grand air de distinction qui contrastait d'une manière frappante avec les façons vulgaires, avec l'attitude basse et le genre commun de la plupart des autres prisonniers.

Particularité digne de remarque, ce jeune compagnon de John Huggs avait les mains emprisonnées dans des gants de chevreau propres, élégants et fins.

Le comte l'examina d'un rapide coup d'œil et lui demanda avec une certaine brusquerie :

— Qui êtes-vous donc, monsieur?

« Vous faites partie d'une bande de brigands...

« Et vous osez parler de justice, d'honneur !

« Il est une loi de sécurité générale qui n'a été édictée par personne, mais qui s'impose à tous les honnêtes gens.

« Cette loi dit que si l'on rencontre sur son chemin des êtres de votre espèce, on doit les écraser comme des animaux dangereux.

« En vous faisant pendre, vous et les vôtres, je débarrasse la prairie de quelques bêtes de proie.

« C'est mon droit.

« C'est surtout mon devoir. »

Ces terribles paroles ne parurent aucunement émouvoir le prisonnier.

Il ne baissa même pas les yeux devant le regard sévère du comte.

— Monsieur, répliqua-t-il avec assurance, certaines gens s'attribuent parfois le droit de tuer leurs prisonniers.

« En quelques pays, cette prétention serait sévèrement jugée.

« Mais, en me permettant d'apprécier cette façon de procéder à l'égard de ceux qui ont été capturés en même temps que moi, je ne vous demande pas de me faire grâce de la vie : je sollicite seulement l'honneur de mourir en gentilhomme.

« Fusillez-moi, mais ne me pendez pas!

— Mourir en gentilhomme, dites-vous? fit le comte vivement.

« Encore une fois, qui êtes-vous donc?

— Je suis le baron de Senneville, répondit fièrement le jeune homme.

« Et ce nom vous dit assez que je suis gentilhomme français.

— Devenu gentilhomme de grand chemin.

— Vous m'insultez en vous méprenant, reprit le prisonnier.

« Trompé par le pirate Huggs que je ne connaissais pas, je suis venu me joindre à sa troupe avec l'espoir d'aider plusieurs tribus indiennes dans une tentative d'émancipation et d'indépendance.

« J ai été dupe de la mauvaise foi de ce brigand, je le reconnais, et malheureusement je ne suis pas le seul qui, obéissant à une généreuse pensée, regrette aujourd'hui un mouvement d'enthousiasme irréfléchi. »

M. de Lincourt avait écouté ces explications avec la plus grande surprise.

A demi convaincu, il questionna l'Aigle-Bleu.

— Que savez-vous de tout ce que raconte cet homme? demanda-t-il.

« Vos prisonniers ne sont-ils pas tous des pirates?

— Cet homme dit la vérité, répondit gravement le chef indien.

« Il n'est pas pirate.

« Et quatre autres de mes prisonniers ne faisaient pas non plus partie de la bande de John Huggs.

— Désignez-les, ordonna le comte.

« Et qu'on les débarrasse de leurs liens. »

Puis s'approchant du baron de Senneville, il coupa lui-même les cordes qui lui liaient les poignets.

— Vous me pardonnerez une erreur involontaire, dit-il en lui serrant affectueusement les mains.

« J'allais commettre un crime avec la certitude de faire une bonne action.

« Le hasard a de ces fatalités.

« Encore une fois, pardonnez-moi, et veuillez me permettre de vous présenter à mon ami et associé le colonel d'Éragny. »

Celui-ci, qui n'avait pas perdu un mot de cette scène émouvante, s'approcha avec empressement.

Il échangea une cordiale poignée de main avec le jeune baron en disant :

— Quand on porte la tête si haut et que l'on affronte la mort avec un tel courage, on ne saurait être confondu avec de vulgaires gredins.

« Je ne vous aurais pas vu mourir sans être tourmenté par une inquiète et douloureuse arrière-pensée.

— La mort n'était rien, répondit le baron avec un tranquille sourire.

« Mais, je l'avoue, j'avais une peur horrible de la pendaison. »

En ce moment, l'Aigle-Bleu faisait avancer les quatre prisonniers qu'il désignait comme ne faisant pas partie de la troupe des pirates.

Le comte consulta M. de Senneville.

— Vous les reconnaissez? lui demanda-t-il.

— Parfaitement, et j'en réponds.
— Fort bien.
« Et les cinq autres sont bien des pirates?
— Oui, fit le baron.

M. de Lincourt se tourna vers Grandmoreau :

— Pendus sans délai! dit-il en lui montrant les cinq gredins.

Puis s'adressant aux prisonniers devenus libres, il leur demanda s'ils consentaient à se joindre à la caravane.

La proposition fut acceptée avec empressement, et, sur la recommandation de leur chef, les trappeurs firent le meilleur accueil à leurs nouveaux compagnons.

Cette affaire réglée, le comte prit le bras du baron de Senneville et celui du colonel en disant :

— Allons déjeuner.
« Nous causerons longuement.
« Et j'ai dans l'idée que notre entretien sera des plus intéressants. »

Ils s'éloignèrent.

Cependant Grandmoreau se livrait sérieusement et en conscience aux préparatifs que nécessitait le supplice des pirates.

Il avait tiré de son sac de chasse un paquet de corde fine et solide ; il en avait distrait une certaine quantité qu'il divisa en cinq bouts d'égale longueur.

Puis, avec un soin minutieux, il confectionna autant de nœuds coulants que de cordes.

Ces opérations préliminaires achevées, le Trappeur leva la tête et promena un regard investigateur sur les quelques arbres qui ombrageaient le monticule où il se trouvait.

Un vieux chêne aux grosses branches basses et horizontales fixa son attention.

Il s'en approcha et l'examina.

Après quelques moments d'hésitation, il fixa ses cordes à la plus forte branche, qui lui parut merveilleusement disposée pour former un solide bras de potence.

Les trappeurs regardaient faire Grandmoreau, et ils se livraient à mille appréciations sur ses talents de bourreau.

Sans-Nez et John Burgh se montraient surtout disposés à plaisanter leur compagnon.

— Cette vieille Tête-de-Bison travaille comme un ange, disait le Parisien.

« Il y met un cœur!... regardez-moi ça!

« M. Sanson, que j'ai vu travailler à la Roquette, n'était pas plus convaincu ni plus sérieux.

— Tu parles d'un bourreau qui coupe les têtes, fit Burgh, mais tu n'as jamais vu pendre comme sait pendre le bourreau de Londres.

« Il est très habile, le bourreau anglais.

« Mais, by God! Grandmoreau est plus fort que lui.

— Ça ne m'étonne pas, dit Sans-Nez.

« Et c'est qu'il va vite!

« Il ne flâne pas du tout.

« Tiens! en voilà déjà un d'accroché!

« Tu vois, il ne s'en occupe plus.

« Il le laisse gigoter et passe à un autre.

« Pas de danger qu'il tombe, va!

« Le nœud est soigné et la ficelle bien tordue.

« Houp! voilà le n° 2 en l'air!

— By God! il ne fait pas un mouvement! s'écria John Burgh.

« Il était mort d'avance.

— C'est vrai, appuya Sans-Nez.

« Tête-de-Bison, tu triches!

« C'est à recommencer. »

Grandmoreau n'écoutait pas les plaisanteries de ses amis.

Grave, sombre, silencieux, il était tout entier à sa sinistre besogne.

Il s'approcha d'un troisième pirate qui lui opposa une résistance désespérée.

— Aôh! fit Burgh.

« Il est méchant, celui-ci.

« Tête-de-Bison, prends garde, il va te mordre.

« By God! quels coups de pieds!

« Attends, nous allons t'aider.

— Non, pas vous autres, dit le Trappeur « Tomaho seul! »

Le géant s'approcha.

— Enlève-le! ordonna Grandmoreau.

Tomaho réunit dans sa main gauche les deux jambes du pirate et les y maintint sans efforts, malgré une résistance terrible.

Et soutenant le supplicié dans une position verticale, il lui passa la tête dans le nœud fatal.

Puis il demanda tranquillement :

— Mon frère a-t-il encore besoin de moi?
— Oui, dit le Trappeur.
« Finissons-en. »

Trois minutes après, les corps des cinq pirates se balançaient sous la maîtresse branche du vieux chêne.

... Et Grandmoreau, l'œil humide, la prunelle dilatée, la bouche entr'ouverte, contemplait son œuvre avec une évidente satisfaction.

Il y avait même plus que de la joie dans cet air de contentement.

C'était une sorte d'extase, de plaisir béat.

Un dévot, un illuminé ne regarderait pas autrement quelque céleste apparition.

Et pourtant le brave Trappeur n'était ni méchant ni cruel.

Mais le pirate, cette plaie de la savane, était sa bête noire.

Un réel sentiment de justice l'animait donc quand il pendait un de ces dangereux bandits, et sa satisfaction était celle du chasseur qui risque sa vie pour tuer des bêtes féroces.

— Quand j'ai pendu un pirate, disait Grandmoreau, je suis aussi heureux que si j'avais sauvé la vie à dix hommes.

Et de fait, c'était non-seulement punir de nombreux forfaits que de tuer un pirate, mais encore prévenir bien d'autres crimes.

Le Trappeur s'extasiait donc devant ses pendus et n'écoutait guère les plaisanteries de ses compagnons.

— Voilà ce qui s'appelle de l'ouvrage troussé ! lui disait Sans-Nez en imitant tous ses mouvements.

« On peut dire que c'est une jolie brochette.

« Et puis tu n'as pas lésiné !
« Tu leur as donné de la corde toute neuve.
« C'est gentil.
« Et vois comme c'est ingrat, des pendus !
« Pas la moindre reconnaissance.
« Ils te tirent tous la langue ! »

Un éclat de rire général accueillit cette mauvaise plaisanterie.

Grandmoreau fut troublé dans sa contemplation ; il l'abandonna et se frappa le front comme quelqu'un dont l'esprit s'éclaire d'un subit retour de mémoire.

Il jeta les yeux autour de lui et parut chercher quelque chose.

Son sac de chasse était à ses pieds.

Il s'empressa de le visiter.

On le vit en tirer une longue cordelette toute garnie de nœuds.

Sans-Nez s'approcha.

Il était curieux comme une femme.

Les autres trappeurs l'imitèrent.

On fit cercle autour de Grandmoreau.

— Qu'est-ce que tu veux faire de cette ficelle à nœuds? lui demanda Sans-Nez.

« Il n'y a plus personne à pendre.

« Et tous ces nœuds, qu'est-ce que ça veut dire ? »

Grandmoreau lui tendit la corde.

— Compte-les, ces nœuds, lui dit-il.

Le Parisien, étonné, compta.

— Cent quatre-vingt-douze !
— Fais cinq autres nœuds.
« Bien.
« Maintenant quatre-vingt-douze plus cinq, combien ça fait-il ?
— Parbleu ! quatre-vingt-dix-sept.
— Eh bien ! monsieur Sans-Nez, dit gravement le Trappeur, j'ai pendu ou fait pendre cent quatre-vingt-dix-sept pirates depuis que je chasse dans la savane.

Et passant la bretelle de son sac sur son épaule, il jeta un dernier coup d'œil à ses pendus et dit tranquillement :

— Si on allait déjeuner ?

CHAPITRE CXVIII

LE DÉJEUNER

Cependant M. de Lincourt, le colonel d'Éragny et le baron de Senneville étaient réunis sous une tente dressée à la hâte.

Ils étaient en face d'un excellent déjeuner improvisé par l'habile cuisinier que le comte avait découvert parmi les gens de la caravane.

Les trois convives se trouvaient dans des dispositions d'esprit très-différentes.

M. de Lincourt se voyait à peu près débarrassé des obstacles qui pouvaient faire échouer son expédition et il en était charmé.

Le baron était enchanté de ne plus faire partie d'une bande de pirates et de se trouver en bonne compagnie. Puis, à dire vrai, et malgré sa réelle bravoure, il n'était pas fâché d'avoir évité la pendaison, voire la fusillade.

Tous deux fêtaient donc gaiement un bon repas et certains vins français tirés du bagage personnel du comte.

Mais M. d'Éragny restait assez triste.

Il conservait pour le Sauveur une profonde estime, et la mort admirable de celui-ci avait produit sur Blanche une douloureuse impression partagée par son père.

La conversation était animée, quoique le colonel se tût.

M. de Lincourt racontait, avec beaucoup de verve et d'esprit, cette gaminerie de Sans-Nez qui voulait le faire changer de tailleur.

Et le baron riait avec cette insouciance toute française qui nous fait oublier si vite nos propres catastrophes, à plus forte raison les malheurs des autres.

Qu'un trait comique jaillisse dans une tragédie, si sombre qu'elle soit, c'est ce trait surtout que nous retiendrons.

M. d'Éragny protestait cependant par son silence.

Plusieurs fois il fronça le sourcil.

Le comte n'y prenait pas garde, et le colonel en éprouva une certaine irritation.

Sur une plaisanterie très-vive du comte, M. d'Éragny prit la parole :

— Reconnaissez pourtant, dit-il d'un ton acerbe, que le Sauveur s'est conduit très-loyalement.

« Quoi que vous m'en ayez dit, il a songé, avant de mourir, à sauver la caravane.

« Certes, vous avez connu sa belle résolution par l'Aigle-Bleu.

« Mais vous ne m'en avez pas soufflé mot.

« Avouez qu'il vous était désagréable de revenir sitôt sur une opinion trop légèrement émise. »

Le colonel avait fait cette observation sur un ton railleur et avec l'intention évidente d'opposer une logique de faits aux appréciations partiales du comte quant au caractère du Sauveur.

Le sens exact de cette remarque et l'intention critique qui la dictait n'échappèrent pas à M. de Lincourt.

La vivacité de sa réplique traduisit clairement son impression.

— Colonel, dit-il, je suis de ceux qui n'emploient jamais les petits moyens pour rabaisser un rival.

« Si je ne vous ai pas parlé de cet incident, c'est que je ne vous ai point vu depuis l'instant où il me fut révélé.

« Veuillez vous rappeler qu'hier vous étiez auprès de mademoiselle Blanche.

« Devais-je vous troubler? »

Le colonel regretta le reproche qu'il venait de faire et qui tombait à faux; mais il tenait à obtenir du comte l'éloge du héros indien.

— Je vous prie, dit-il, d'oublier l'injuste observation que je viens de vous faire.

« Mais ne trouvez-vous pas, cher comte, qu'il serait digne de vous d'accorder au Sauveur votre admiration?

— Admiration, c'est beaucoup dire! fit le comte avec un dédain marqué.

« Que faut-il admirer, je vous prie?

« Est-ce le plan ridicule qu'il avait conçu vis-à-vis de nous?

« De deux choses l'une :

« Ou, devant mon refus inébranlable d'accepter les offres qu'il tentait de m'imposer, il était obligé de me laisser passer :

« C'était un misérable échec!

« Ou il était forcé de nous massacrer.

« Voilà l'alternative dans laquelle il s'était mis en me jugeant, d'après lui, capable d'une faiblesse.

« S'étant trompé, je le répète, il aboutissait à ce résultat, que je continuais ma route ayant les rieurs de mon côté, ou qu'il nous égorgeait en se rendant odieux.

« Et en même temps il exterminait l'Aigle-Bleu son frère, sa sœur la reine, ainsi que les Indiens devenu mes alliés.

« Franchement, le premier pas de ce rêveur dans la voie de l'émancipation aurait

dénoté une façon très-originale d'appliquer ses chimériques théories.

« C'eût été la libération par l'anéantissement.

« Cette façon de se montrer humanitaire en tuant force gens est très-pratiquée par les conquérants, qui, vous le savez, affectent toujours de mettre de grandes idées creuses au bout des baïonnettes de leurs soldats.

« Sans compter les chefs de brigands qui ont des prétentions humanitaires aussi, et qui se targuent de protester contre les vices sociaux ou de servir une cause.

« J'ajoute que je n'accorde pas même au Sauveur le génie d'un Napoléon, ce charlatan qui prétendait unifier l'Europe ; je n'admets même pas que ce garçon eût le talent de Fra Diavolo, qui sut être général et bandit en ayant l'air de combattre pour son roi détrôné.

« Ce pauvre Sauveur n'était qu'un esprit mal équilibré et incomplet.

« Car il a subi l'instruction et l'éducation européennes et n'en a pas profité.

« Au lieu de se grandir par la science et la philosophie modernes; au lieu de s'approprier certains principes de morale utilitaire; au lieu de pratiquer les leçons des idéologues et précurseurs morts à la peine en leur temps, mais devenus possibles aujourd'hui, votre Sauveur s'est égaré dans un dédale d'abstractions qui l'ont ébloui et affolé; enthousiaste, il s'est abandonné aux décevantes caresses de sa propre imagination, et finalement il s'est noyé dans le sublime.

« Convenez-en, une pareille fin convenait à un tel homme ! »

Le baron de Senneville avait écouté avec réserve et déférence ces appréciations sévères du comte.

8ᵉ LIVRAISON

Mais évidemment il ne partageait pas la manière de voir de son hôte, à en juger du moins par l'expression de sa physionomie subitement attristée.

Il avait pu rire des plaisanteries de Sans-Nez, mais il tenait le Sauveur en haute estime.

— Monsieur, dit-il, le Sauveur était un grand caractère, une magnifique et vaste intelligence.

« Ses projets, croyez-le, n'avaient rien de chimérique, et la réalisation de ses idées généreuses était possible.

« Et devrais-je craindre de baisser dans votre estime que je n'hésiterais pas à vous le déclarer :

« La mort de cet homme est une perte irréparable pour la grande cause de l'émancipation des peuples.

— Quoi! s'écria M. de Lincourt d'un air à la fois surpris et railleur.

« Vous aussi!

« Vous croyiez à ses rêves?

« Vous partagiez ses folles idées?

« Vous aviez confiance dans le génie civilisateur de cet esprit malade?

« Je suis étonné, stupéfait.

« Mais vous n'avez pas pris la peine de réfléchir une seule minute!

« Si vous aviez voulu, vous auriez vu comme moi que le Sauveur était d'une incapacité, d'une impuissance absolue.

« Comment! un homme aux conceptions si vastes ne parvient même pas à organiser une armée avec des guerriers qui l'adorent comme un dieu, et vous êtes assez naïf pour l'admirer!

« Cet homme à principes pousse l'oubli de toute pudeur jusqu'à prendre pour second un John Huggs et pour alliés une troupe de pirates, et vous voulez bien lui tresser des couronnes!

« Voilà de l'admiration complaisante et de la gloire acquise à bon marché! »

Ces dédaigneuses paroles ne parurent aucunement modifier l'opinion du baron de Senneville, qui répondit avec cette fermeté d'accent que peut donner seule une conviction profonde :

— Détrompez-vous !

« Le Sauveur n'était ni incapable ni blâmable.

« S'il n'a pas organisé son armée indienne d'une manière aussi satisfaisante que possible, c'est que les Peaux-Rouges sont fort peu disciplinables, comme vous le savez.

« Et s'il a accepté le concours d'une troupe de pirates, c'était non-seulement pour déterminer le succès d'une lutte, mais encore pour détruire le brigandage de prairie en s'emparant de l'esprit de la bande la plus redoutable et en la détournant peu à peu de ses criminels appétits.

— Encore une jolie conversion manquée! railla le comte.

Le jeune baron ne s'arrêta pas à cette interruption.

Il reprit avec la même assurance :

— Mais je laisse volontiers de côté les aspirations politiques et les projets d'émancipation du Sauveur.

« Je ne veux voir en lui que le savant, que l'homme dont les grandes connaissances, dont les découvertes commandent l'admiration aux plus indifférents.

« N'avez-vous pas entendu parler de ces feux embrasant un horizon de plusieurs lieues, de ces tremblements de terre secouant des montagnes?

— Oui, oui, fit le comte en riant.

« Les fameux signes par lesquels il crut devoir affirmer sa puissance aux yeux de ses crédules Indiens !

« Toute cette fantasmagorie n'a jamais rien eu de bien surprenant.

« On obtient des résultats de ce genre sans posséder de grandes connaissances en pyrotechnie.

« Un de mes trappeurs, Sans-Nez, vous prouvera qu'il suffit d'avoir fréquenté les ateliers de l'artificier Ruggieri pour savoir comment on confectionne des astres fort brillants et comment s'y prennent les manipulateurs pour voler le feu du ciel.

« Fantasmagorie, vous dis-je, que tout cela !

— Croyez-moi, insista le baron, et ne jugez pas le Sauveur avec tant de légèreté.

« Cet homme s'était élevé par la science au niveau des plus grands.

« Il possédait certains secrets, il avait fait des découvertes et trouvé des formules chimiques qui dénotaient non-seulement un immense savoir, mais encore un véritable génie.

« Cet homme était redoutable.

« La science lui avait procuré des engins de destruction dont la terrible puissance m'est connue. .

— Soit ! dit le comte.

« Mettons que le Sauveur était un physicien, un chimiste.

« Mais qu'il eût l'étoffe d'un grand homme, non. »

Puis tout à coup le comte, frappé d'une idée, demanda au baron :

— D'après tout ce que vous me dites, je dois supposer que vous-même n'êtes pas étranger aux choses de la science.

« Pour formuler un jugement avec autant de conviction, il faut nécessairement y être autorisé par ses propres connaissances.

« Vous êtes donc chimiste ?

— En effet, répondit M. de Senneville.

« Privé de mes parents et de toute famille à quinze ans, le désespoir me jeta dans l'étude.

« La modicité de ma fortune ne me permettait pas de vivre sur le pied d'égalité avec mes pairs, et mon nom ne pouvait figurer sur la devanture d'une boutique.

« La science avait mille séductions pour mon esprit inquiet.

« Je me mis au travail avec une ardeur qui m'éleva bientôt à un rang fort honorable dans le monde savant.

« Mais cette ardeur même, qui me fit faire d'immenses progrès, causa aussi ma ruine.

Je ne m'occupai plus de gérer ma petite fortune, et un banquier me vola jusqu'à mon dernier sou.

« Je résolus alors de m'expatrier.

« Voici pourquoi le baron de Senneville, chimiste amateur, a l'honneur de déjeuner avec vous dans le désert américain.

« Et c'est pourquoi encore il se permet d'avoir une opinion très arrêtée sur les connaissances du Sauveur indien. »

— A merveille ! fit le comte.

« Je vous comprends maintenant.

« Entre savants, on se doit des égards.

« Mais, à propos, il me vient une idée !

« Puisque vous consentez à rester avec nous et à faire partie de notre caravane, j'ai une furieuse envie de mettre vos connaissances à profit.

— Parlez ! dit le baron.

« Je suis à votre disposition.

— Voici de quoi il s'agit, reprit M. de Lincourt.

« Vous savez que le trappeur Grandmoreau m'a fait part d'une découverte, et que cette découverte sera pour notre expédition une immense et inépuisable source de richesses ?

« Oh ! ne croyez pas qu'il s'agisse de trésors, de mines, de placers.

« Ces précieux dépôts s'épuisent, et je vous répète que notre Pactole est intarissable.

« Or, voici comment votre concours nous serait précieux :

« Une fois à destination, et avant de commencer toute tentative d'exploitation, je veux soumettre certaines matières à une analyse chimique, et je désire que cette analyse soit faite avec la plus scrupuleuse exactitude.

« Je vous donnerai quand il en sera temps de plus grandes explications sur ce sujet.

« Mais nous pouvons dès maintenant, si vous le voulez, et en vue de l'avenir, former une escouade d'hommes instruits et capables de vous seconder, dont vous prendriez le commandement.

« Cette petite troupe d'élite s'appellera, si vous voulez, la compagnie des ingénieurs.

— Je ne puis apprécier d'une manière certaine l'importance de votre idée, dit M. de Senneville, mais je l'adopte les yeux fermés, puisqu'elle vient de vous.

« Je choisirai donc des aides aussi intelligents que possible et me tiendrai à votre disposition.

— Vous n'aurez que l'embarras du choix, reprit le comte.

« Il ne manque pas de gens fort instruits dans la caravane.

« Vous trouverez d'abord deux docteurs que je vous recommande :

« MM. du Bodet et Simiol.

« Je vous parle de deux vrais docteurs, de deux savants se distinguant par une originalité qui, pour n'être pas rare entre médecins, est toujours fort amusante.

« Ces deux hommes ne peuvent se quitter, mais ils sont continuellement en dispute.

« C'est une véritable maladie.

« Vous en jugerez.

« Enfin, pour terminer, je vous donne l'assurance qu'il vous sera fait une large part dans les bénéfices très-considérables que je réaliserai. »

Et, avec un sourire quelque peu narquois, le comte ajouta :

— Avec beaucoup d'or, vous pourrez recommencer la tentative du Sauveur et rêver après lui l'émancipation de la race rouge.

« Je vous mettrai volontiers en relations avec l'Aigle-Bleu, mais je doute qu'il vous prête jamais un concours bien actif.

« Il est de ceux qui meurent plutôt que de se soumettre.

« En tout cas, réfléchissez avant de vous lancer dans une semblable entreprise, car c'est à la mort que vous irez, à une mort misérable, je vous le prédis.

« Et soyez sûr que votre martyre ne portera aucun fruit.

« Les races qui n'absorbent pas leurs vainqueurs ou ne se confondent pas avec eux sont des races mortes.

« Les Gaulois-Francs ont absorbé les Romains.

« Les Anglo-Saxons ont absorbé les Normands.

« Dans les races qui s'élèvent et grandissent, il y a une vitalité qui impose sa force irrésistible.

« Mais chez ces Peaux-Rouges il n'y a rien.

« Ils sont usés, morts, finis. »

Et le comte, saisissant une coupe de champagne, ajouta gaiement :

— Ce qui ne m'empêche pas de boire à vos succès futurs.

M. de Senneville allait répondre à ce toast.

Il en fut empêché par des clameurs étranges venant du dehors.

Ces cris avaient quelque chose de sauvage, de lugubre, de funèbre.

Certes, les trois hommes réunis sous la tente du chef de la caravane étaient de ceux qui ne se laissent pas émouvoir facilement.

Ils tressaillirent pourtant.

Et M. de Lincourt lui-même ne put dissimuler un mouvement d'inquiétude.

— Que se passe-t-il donc? dit-il en sortant le premier de sa tente.

CHAPITRE CXX

LES FUNÉRAILLES DU SAUVEUR.

Hors de leur tente, M. de Lincourt et ses compagnons reconnurent immédiatement que les clameurs qui les inquiétaient partaient du camp des Peaux-Rouges, établi à une portée de carabine et masqué par une ondulation du sol.

Tout aussi inquiets que leurs chefs, les trappeurs étaient déjà sous les armes.

Ils attendaient des ordres, tout en écoutant avec la plus grande surprise ces cris et ces hurlements étranges dont ils cherchaient en vain à comprendre la signification.

M. de Lincourt fit sonner le clairon.

Aussitôt les compagnies se formèrent.

Alors, à la tête de toute sa troupe, le comte se mit en marche pour le bivouac des Indiens.

Son artillerie et plusieurs wagons de munitions suivaient.

Il était en mesure de faire face à toute éventualité, à tout événement.

Tout en marchant, le comte s'entretenait avec Grandmoreau, dont l'expérience et les conseils n'étaient jamais à dédaigner.

— Je ne conçois pas un pareil charivari, disait M. de Lincourt.

« Il se passe là-bas quelque chose d'extraordinaire.

« Quel est ton avis? »

Le Trappeur avait certainement fait déjà

ses réflexions et l'on pouvait attendre de sa part une réponse nette et un raisonnement précis.

La netteté de la réponse ne laissa rien à désirer, mais la perspicacité ordinaire du vieux coureur de prairie se trouvait en défaut.

— Je n'y comprends absolument rien, dit-il.

« Et pas un de nos compagnons que j'ai consultés n'en comprend davantage.

« Je ne puis faire qu'une supposition :

« Il y a de la brouille entre les Indiens de l'Aigle-Bleu et ceux du Sauveur.

— Voilà une idée qui ne manque pas de vraisemblance! fit le comte.

« Il n'est pas étonnant que l'armée du Sauveur, ayant appris la ruse de l'Aigle-Bleu, refuse de reconnaître son autorité.

— Oui, en effet, tout ça vous paraît probable, comme à moi il n'y a qu'une seconde.

« Mais je me fais une réflexion et je me dis que les Peaux-Rouges ne se battent ni entre eux ni autrement.

— Ah! fit le comte.

« Et pourquoi te dis-tu cela?

— Parce que ces clameurs que nous entendons n'ont rien ne ressemble au cri de guerre indien, et qu'un Peau-Rouge ne lancera jamais une flèche sans pousser ce cri traditionnel.

— Cette observation me paraît concluante, dit le comte.

« Je vois qu'il vaut mieux patienter encore quelques minutes que de nous mettre l'imagination à la torture.

« Quand nous verrons, nous jugerons. »

On arriva enfin sur un point culminant, d'où l'on pouvait apercevoir le camp indien.

Un spectacle extraordinaire, inouï, invraisemblable, s'offrit aux regards des trappeurs stupéfaits.

C'est un trouble, un désordre, une confusion indescriptibles.

Hommes, femmes, enfants vont, viennent, s'agitent.

Des cavaliers courent éperdus parmi cette foule en délire.

Les chevaux affolés, la bride sur le cou, bondissent, renversent ou écrasent en poussant des hennissements de terreur.

Çà et là des groupes se tordent à terre paraissant succomber dans d'atroces convulsions.

Et tout cela gémit, crie, hurle avec une sorte de rage furieuse.

C'est une mêlée, un tohu-bohu, une bousculade à donner le vertige.

Jamais oreille humaine n'entendit plus assourdissant concert.

C'était effrayant, épouvantable, terrifiant.

Sans-Nez lui-même n'en revenait pas.

Il était abasourdi.

Et ce ne fut qu'après s'être remis de sa stupéfaction qu'il fit connaître ses impressions.

— En voilà une drôle d'affaire! s'écria-t-il.

« Une succursale de Charenton en pleine savane!

« Pour une surprise, c'en est une.

« Tous toqués!

« Tous fous à lier!

« Qu'est-ce qu'ils ont donc mangé ou bu, ces animaux-là?

« Quels braillards!

« Les musiciens de don Matapan sont dégotés!

« Ceux-ci font plus de bruit qu'eux. »

Cependant la troupe de M. de Lincourt ne s'était arrêtée qu'un instant.

Elle reprit sa marche dans la direction des Indiens.

Bientôt des Peaux-Rouges s'abandonnant à des courses folles et sans but traversèrent les rangs des trappeurs auxquels ils ne paraissaient faire nullement attention.

Ils allaient çà et là, décrivant les plus capricieux zigzags, ne voyant personne, trébuchant, tombant pour se relever aussitôt et reprendre leurs allures insensées.

Aux questions qu'on leur adressait, ils ne répondaient que par des hurlements plaintifs.

Impossible de leur arracher un mot d'explication!

A mesure que l'on approche, le bruit augmente; il devient insupportable; c'est un vacarme d'une effroyable intensité.

On voit des femmes et des enfants se rouler par terre en poussant de lamentables gémissements.

On entend des sons bizarres qui se mêlent aux cris humains.

Il semblerait que des gens cachés dans les tentes frappent sur des instruments de cuivre.

Nombre d'Indiens ne se bornent pas à pousser des hurlements de bêtes fauves et à se disloquer les membres dans d'effrayantes contorsions; armés de leur couteau à scalper, ils se font de larges incisions par tout le corps.

Leur sang coule; ils s'en couvrent de la tête aux pieds; et bientôt ils se tordent de nouveau en véritables convulsionnaires dans une buée tiède, âcre, empourprée.

Pas un de ces énergumènes ne paraît remarquer la présence des trappeurs.

Et c'est sans être vue, pour ainsi dire, que la troupe de M. de Lincourt entoure le camp indien.

L'indifférence des Peaux-Rouges est telle que les trappeurs en conçoivent une certaine méfiance.

Ils se demandent si les extravagances dont ils s'étonnent ne cachent pas quelque piége.

Aussi se tiennent-ils sur leur garde et observent-ils avec une vigilance que justifient doublement et leurs présomptions et leur curiosité.

Soudain leur attention redouble.

Des crieurs de guerre parcourent le bivac dans tous les sens et réclament le silence.

Les voix puissantes de ces hommes s'imposent par leur éclatante sonorité; elles dominent le tumulte avec une impérieuse et irrésistible autorité.

Peu à peu les cris et les vociférations s'éteignent.

Les Indiens s'arrêtent dans leurs courses désordonnées, se calment et cessent les sanglantes macérations qu'ils s'imposaient.

A une folle et bruyante agitation succède enfin un silence profond.

Alors les crieurs font entendre une sorte de commandement.

Aussitôt toutes les tentes sont abattues.

Une seule, plus vaste et plus ornée que les autres, reste debout sur un tertre, au centre du camp...

Le comte et ses compagnons considèrent avec un étonnement profond cet émouvant spectacle.

Ils ne peuvent se tromper maintenant sur la nature du sentiment qui agite les Peaux-Rouges.

Les tribus sont en proie au plus sombre désespoir.

L'affliction, la désolation, sont sur tous ces visages cuivrés aux traits réguliers et expressifs.

Les trappeurs ont compris comme leurs chefs qu'une immense désolation règne dans le camp indien.

Ils sont vivement impressionnés et de longs frissons parcourent leurs rangs.

Mais un ricanement retentit et la voix de Sans-Nez fit tout à coup diversion.

— *Great attraction*, comme dirait l'ami Burgh! s'écria le Parisien.

« Messieurs, je viens de consulter Tomaho, et je sais ce que signifient toutes ces mômeries qui arracheraient des larmes au caïman le plus endurci.

« Nous allons tout simplement assister au service funèbre, convoi et enterrement d'un grand chef indien.

« La cérémonie sera splendide.

« On se réunira à la maison mortuaire...

« Je ne sais pas la rue ni le numéro.

« L'enterrement est de première classe.

« *De Profundis!*

« Et voilà! »

Sans-Nez n'avait pas dit son dernier mot que les crieurs indiens, rassemblés autour de la tente restée debout, jetèrent cet appel dans toutes les directions:

— Celui qui s'appelait le Sauveur est mort!

En même temps, la tente est enlevée: un spectacle imposant s'offre aux regards de tous.

Le corps du Sauveur repose sur un lit de

feuillages qui recouvre une triple couche de peaux d'élans, de grizzlys et de jaguars.

Le mort est revêtu du grand costume des rois Indiens.

A ses pieds sont déposées ses armes de chasse et de guerre.

Tous les sachems sont rangés autour de leur ancien chef, et l'Aigle-Bleu, dont le costume est en tout semblable à celui de son frère, se tient auprès de la couche funèbre.

La ressemblance entre le mort et le vivant est frappante.

Ceux des Peaux-Rouges qui ne connaissent pas l'Aigle-Bleu sont dans une stupéfaction profonde.

Ils supposent quelque prodige.

Leurs croyances superstitieuses se traduisent par des exclamations d'une naïve crédulité.

— Vivant et mort! s'écrient-ils.

« Le Vacondah est grand!

« Il nous a donné deux Sauveurs!

« Ils sont ses enfants!

« Ils peuvent braver la mort! »

La foule s'agite et exprime bruyamment son étonnement.

Toutes les tribus qui faisaient partie de l'armée du Sauveur flottent entre la crainte, l'étonnement et l'espérance.

La vive animation qui règne dans les groupes témoigne de l'anxiété des esprits.

Mais un incident étrange se produit soudain.

Il contraste étrangement avec la solennité de ces funérailles indiennes.

Un silence profond succède à l'agitation qui s'était emparée d'une partie des Peaux-Rouges.

Et l'on entend distinctement des rugissements de bêtes féroces, des mugissements de buffles et toute sorte de cris d'animaux sauvages.

Ces bruits partent d'un bouquet de bois situé à une cinquantaine de pas du camp.

Les trappeurs se regardaient et se questionnaient avec le plus profond étonnement.

Que pouvait bien signifier ce vacarme, en plein jour et dans un pareil endroit?

Personne ne le soupçonnait.

Mais la surprise fit place à la stupéfaction quand on vit déboucher du bois une nombreuse bande d'animaux sauvages de toute espèce.

Il y avait des ours noirs, bruns et gris; des jaguars, des loups énormes, des sangliers, des bisons, des élans, des cerfs de différentes couleurs, des daims, et enfin toutes les bêtes de grande taille qui se trouvent dans les savanes et les forêts du Nouveau-Monde.

Ce troupeau aux allures étranges était conduit par des Indiens singulièrement accoutrés que les trappeurs reconnurent à première vue.

Ces Indiens sont des jongleurs, espèces de sorciers qui jouent le rôle de prêtres nomades parmi les tribus errantes des Peaux-Rouges.

Ils ont au désert un rôle assez semblable à celui de nos moines mendiants du moyen âge.

La singulière troupe qu'ils menaient se composait de sorciers affublés de peaux admirablement préparées et de têtes d'animaux que les Indiens savent mieux conserver que nos meilleurs naturalistes et auxquelles ils laissent une forme si naturelle, que l'on croirait ces têtes vivantes et animées.

Le troupeau s'avançait dans la direction du tertre où reposait le corps du Sauveur.

La marche avait un aspect des plus carnavalesques.

C'étaient des gambades, des sauts, des singeries parfaitement ridicules.

C'était un concert de rugissements, de glapissements, de mugissements, de hurlements plus ou moins bien imités et formant le plus atroce tintamarre.

A la vue de cette mascarade, Sans-Nez, comme on a pu le supposer, ne manqua pas de blaguer et de faire ressortir tout le ridicule d'une pareille cérémonie.

— En voilà encore un usage que je trouve idiot!

« A-t-on jamais vu chose pareille?

« Inviter tous les saltimbanques de la savane à un enterrement!

« Et les déguiser en bêtes!

« C'était pas la peine.

« Ils passeraient bien pour des brutes au naturel.

« J'aime autant les pleureuses à cent sous de nos grands enterrements de Paris.

« Au moins elles servent à quelque chose, ces bonnes femmes.

« Elles pleurent pour la famille, pour les héritiers, et surtout pour les cent sous. »

Et s'adressant à Tomaho :

— Dis donc, Cacique !

« Tes frères Apaches sont des imbéciles.

« Leurs usages sont bêtes comme chou.

« Et tu devrais bien leur dire qu'on ne fait de ces blagues-là qu'en carnaval ! »

Tomaho reçut avec son calme et sa dignité ordinaires l'impertinent avis du Parisien.

Il ne parut pas vexé.

Il prit au contraire un certain air de condescendance en répondant :

— Mon frère me dit qu'il trouve bête la cérémonie qu'il voit.

« C'est lui qui est bête, car il ne comprend pas.

— Hein ? s'écria Sans-Nez en se rebiffant.

« Je crois que tu m'insultes, Cacique.

— La vérité sort de ma bouche, fit sentencieusement le géant.

— Comme d'un puits, répliqua lestement le Parisien.

« Elle est assez grande et assez profonde pour faire illusion, ta g..... bouche. »

Heureusement pour Sans-Nez, Tomaho ne comprit pas l'apologue, et il continua avec le plus grand sérieux :

— Mon frère est bête parce qu'il est ignorant.

« Il ne sait pas que le Vacondah a donné pour cousin à chaque enfant de ses tribus un animal sauvage des forêts ou de la prairie.

« Qu'il se souvienne que les bêtes qui vivent en liberté dans le désert sont amies et parentes des Peaux-Rouges.

« Alors il comprendra que ces bêtes, conduites par les hommes de la *grande médecine*, doivent assister aux funérailles des guerriers dont l'esprit est retourné dans les heureux territoires de chasse du grand Vacondah. »

Sans-Nez avait dû invoquer toute sa force de volonté pour écouter sans éclater de rire les explications du géant.

Ce fut donc dans un accès de folle gaieté, partagé du reste par les autres trappeurs, qu'il répliqua avec cet esprit d'à-propos qui ne l'abandonnait jamais :

— Eh bien ! mon vieux Cacique, vous pouvez, vous autres Faces-de-Cuivre, vous vanter d'avoir de l'imagination.

« Des animaux pour cousins !

« Voilà ce qui peut s'appeler de la modestie.

« Se croire le parent d'un... cochon sauvage, c'est d'un drôle !...

« Mais après tout, comme il peut y avoir beaucoup de ressemblance, j'admets la chose.

« Veux-tu que je te dise, Cacique ?

« J'ai idée que je connais l'animal qui est ton cousin.

« Sois tranquille : quand tu tourneras de l'œil, je ferai tout mon possible pour m'informer s'il y a un éléphant dans les environs.

« Et tu peux être certain que je lui enverrai un billet de faire part. »

Tomaho avait écouté attentivement la réponse de Sans-Nez.

Il l'avait comprise.

Visiblement vexé, il fit un pas vers le Parisien qui recula de trois.

— Mon frère, dit-il, peut mourir avant moi.

« S'il *tourne ses yeux* dans le désert, j'inviterai à ses funérailles un grand nombre de bêtes.

« Un singe scalpé, aux oreilles et au nez coupés, rappellera ses grimaces.

« Un geai moqueur bavardera comme lui.

« Un renard subtil dira qu'il est rusé et perfide comme Touneins.

« Un jaguar montrera que la passion d'amour le rend fou.

« Et pour le cacher aux regards du Vacondah des Faces-Pâles, il aura pour tombeau le ventre de mon grand caïman. »

Comme de juste, les trappeurs accueillirent par de bruyants éclats de rire les menaces du brave Cacique.

Mais cette fois les rieurs étaient pour lui,

car Sans-Nez ne trouva rien à répondre.

Il aurait pu à la vérité puiser quelque insolente réplique dans son répertoire très-varié ; mais il préféra se taire, redoutant une sévère correction et pensant surtout au fameux caïman qui devait lui servir de prison même après sa mort.

Cependant M. de Lincourt suivait avec attention tous les détails de la cérémonie indienne.

Il était touché de la douleur profonde des Peaux-Rouges.

Il voulut leur donner une marque de sympathie en associant sa troupe aux funérailles du Sauveur.

Il fit sonner le *Garde à vous !* par ses clairons et ordonna de charger à blanc toutes les armes, ainsi que les canons.

Pendant que ces ordres s'exécutaient, la cérémonie funèbre devenait imposante et solennelle.

Les crieurs, au milieu d'un grand silence, font circuler cette invitation :

— Que les tribus viennent saluer une dernière fois le grand guerrier dont l'âme est allée vers le Vacondah !

Les Peaux-Rouges répondent par une immense clameur qu'ils répètent trois fois à intervalles égaux.

C'est le moment que choisit le comte pour rendre hommage au Sauveur mort.

Il fait un signe et toute l'artillerie lance en même temps une salve retentissante.

Puis aux coups de canon succèdent des feux de peloton roulants.

C'était surtout par politique que le comte s'associait aux funérailles du Sauveur.

Les Indiens demeurèrent surpris et touchés.

Heureux de cette manifestation et obéissant à un sentiment de reconnaissance, ils se retournèrent ensemble et saluèrent les trappeurs d'une longue acclamation.

La troupe du comte leur répondit par des hurrahs, et le canon continua à tirer de minute en minute en signe de deuil.

La cérémonie indienne reprit son cours.

Selon la coutume, le sachem le plus âgé s'avança près de la couche funèbre et invita à haute voix le plus proche parent du mort à venir raconter l'histoire de sa vie.

Touchant usage!

L'Aigle-Bleu se présente aussitôt.

Il est grave, solennel, majestueux.

Le costume et les ornements royaux qu'il porte ajoutent à sa mâle beauté, à la noblesse native que révèle sa magnifique prestance.

D'un geste menaçant, il désigne les jongleurs, devins et sorciers.

Il parle.

Et à sa voix la foule bruit, frémit, ondule comme un champ de blé au souffle du vent.

Cette voix tonnante a des accents irrésistibles.

Elle s'impose avec une autorité absolue.

Aux premiers mots que prononce l'Aigle-Bleu, le silence devient profond et recueilli.

Ces mots sont une énergique malédiction lancée aux devins et sorciers; ils prouvent que le frère du Sauveur s'est débarrassé depuis longtemps de ses croyances superstitieuses et qu'il connaît dans une certaine mesure la civilisation européenne.

— Devins et sorciers imposteurs, dit-il, vous êtes la cause de notre douleur.

« Vos bouches impures ont répandu le mensonge dans les tribus.

« Vous avez introduit de noires erreurs et de fausses espérances dans l'esprit de nos guerriers.

« Vous les avez touchés au cœur, et ils s'abandonneraient à vous, si mes paroles ne venaient les arracher à un dangereux sommeil.

« Devins et sorciers, vous êtes les ennemis mortels de notre race.

« Fuyez loin de nos tribus, si vous voulez vivre.

« Rentrez dans les forêts sombres et n'en sortez plus.

« Que leurs ombrages épais vous cachent à tous les yeux.

« Que nos oreilles n'entendent point vos pas sur la feuille humide.

« Que votre présence maudite ne souille jamais nos campements.

« Le mensonge était sur vos lèvres quand vous avez annoncé un Sauveur à notre race.

« Et le noble guerrier qui a suivi vos conseils a été trompé lui-même.

« Vous avez jeté dans l'abîme du mensonge et de l'erreur celui qui devait régner sur nos tribus et qui est là dormant d'un éternel sommeil.

« Ce que vous vouliez, je le devine.

« Toutes vos perfides pensées sont dans mon esprit.

« Vous aviez le désir de nous faire bâtir des temples pour vos dieux et des palais pour vous-mêmes.

« Vous avez connu les prêtres du Christ et vous vouliez leur ressembler.

« Il vous fallait comme à eux la puissance et les richesses.

« Vos rêves ne se réaliseront pas.

« Ils se sont évanouis dans la mort de celui que vous avez tué.

« Le Vacondah des Indiens est le Dieu de l'immensité.

« Il remplit le monde.

« On ne l'enferme pas dans des murs

« On ne le représente pas par des images aussi petites que grossières.

« Prêtres indignes, fuyez!

« Oubliez le chemin de nos campements, si vous ne voulez pas que la grande ombre du Sauveur arme nos bras et nous inspire la vengeance. »

L'Aigle-Bleu accompagna ces dernières paroles d'un geste énergique, et aussitôt les guerriers indiens chassèrent les devins et les sorciers de l'enceinte du camp.

Ceux-ci disparurent, en poussant des hurlements de terreur, dans le bois d'où ils étaient sortis...

Le trouble produit par cette rapide exécution s'apaisa peu à peu à la voix des crieurs.

L'Aigle-Bleu reprit son discours :

— Enfants de nos tribus, je vois l'avenir, et mon cœur saigne, car je le vois sombre.

« Dans des luttes loyales et justes, vous avez souvent combattu les Visages-Pâles.

« Ils vous ont vaincus.

« Le Sauveur a lutté, lui aussi.

« Il est mort !

« Je me suis moi-même engagé dans de nouveaux combats.

« Voyez mes blessures. »

Et l'Aigle-Bleu, ouvrant son ample manteau de peau d'élan, découvrit sa large poitrine.

Elle était littéralement couverte de cicatrices.

De nombreuses lignes d'un rouge vif tranchaient sur sa peau brune.

Ces lignes formant de sanglants hiéroglyphes disaient :

« C'est un héros ! »

— Vous pouvez tenter de recommencer la lutte, continua l'Aigle-Bleu.

« Vous serez anéantis.

« Entendez la grande voix du canon.

« Et redoutez la puissance de cette arme terrible.

« Vous pourriez, comme les Visages-Pâles, vous servir de ces monstres de cuivre, mais à quelles conditions?

« Voulez-vous vous enfermer comme eux dans de grandes enceintes de pierre, travailler comme des esclaves et vivre comme des prisonniers?

« Voulez-vous imiter leurs soldats?

« Voulez-vous comme eux marcher en ligne et d'un même pas que règle la voix du chef?

« Voulez-vous cesser d'être hommes et devenir des machines entre les mains d'un maître? »

Des dénégations énergiques répondaient à chacune de ces questions.

Et quand l'Aigle-Bleu cessa de parler, la foule entière des Indiens ne jeta qu'un seul cri

— Non ! non !

« Honte aux esclaves ! »

L'Aigle-Bleu attendit le silence.

Puis il continua d'une voix solennelle et prophétique :

— Notre race est abandonnée du Grand-Esprit.

« Elle doit mourir !

« Nous nous soumettrons à la domination des Visages-Pâles.

« Nous adopterons leurs coutumes et leurs usages.

« Nous deviendrons esclaves comme eux.

« L'eau-de-feu brûlera notre corps et fera de nous des animaux domestiques.

« Ou bien nous resterons libres tant que nous trouverons dans nos territoires de chasse une place pour dresser nos tentes, un bison pour apaiser notre faim et un ruisseau pour étancher notre soif.

« Alors le Vacondah verra mourir libre le dernier de ses enfants dans la dernière savane que n'aura pas souillée le mocassin d'un Visage-Pâle.

« Les races d'hommes sont comme de vastes forêts.

« Nous sommes les grands chênes de l'une de ces forêts.

« Le jour où le sol profond se dérobera sous nos pieds, nous périrons comme périssent nos bois.

« Les tribus disparaîtront une à une comme disparaissent les forêts vierges sous les coups de hache des hommes blancs. »

Ayant lancé cette terrible prédiction, l'Aigle-Bleu promena un regard fier et assuré sur la foule.

Une immense acclamation lui répondit.

Une fiévreuse agitation s'empara des Indiens.

Ce fut pendant quelques minutes un désordre et un tumulte indescriptibles.

Mais peu à peu le bruit s'apaisa, et des voix partant de différents groupes rendirent l'impression produite par le discours énergique de l'Aigle-Bleu.

— A nous la terre ! criait-on.

« A nous la savane !

« A nous les forêts !
« Nos territoires sont grands !
« Nous aurons nos montagnes !
« Restons Indiens !
« Soyons libres !... »

Les trappeurs, qui avaient écouté attentivement l'Aigle-Bleu et qui étaient témoins de l'enthousiasme des Peaux-Rouges, partageaient leur émotion.

Leurs exclamations, leurs réflexions échangées à haute voix disaient assez combien ils étaient intéressés, captivés.

Sans-Nez lui-même, dominé par la solennité de la situation, ne trouvait pas une plaisanterie à placer.

Mais Tomaho eut l'imprudence de dire :

— La nation apache est une grande nation.

Sans-Nez de s'écrier :

— Possible; mais toi, tu n'es qu'un imbécile !

Et il mit plusieurs rangées de trappeurs entre lui et le géant, qui méprisa cette insulte.

M. d'Éragny, qui avait suivi avec émotion les péripéties de cette scène grandiose, exprima toute sa pensée :

— Ces Peaux-Rouges, dit-il, sont véritablement sublimes.

« Je les admire jusque dans leurs croyances superstitieuses, dans leurs erreurs, dans leur simplicité.

« Cette fierté farouche prouve une grandeur d'âme que je n'aurais jamais soupçonnée. »

M. de Lincourt écoutait avec un fin sourire les paroles admiratives du colonel.

— Vous en arriverez, lui dit-il, à partager ma manière de voir en ce qui touche la race rouge.

« Vous reconnaissez déjà que ces Indiens sont admirables et sublimes de sauvage énergie en affirmant leur volonté de rester libres dans leurs déserts.

« C'est leur donner raison.

« Laissez-moi donc profiter de l'occasion pour vous rappeler le jugement que je portais sur le Sauveur, et pour en formuler un autre sur son frère l'Aigle-Bleu.

« Convenez que ce dernier est bien de sa race, qu'il en a toutes les qualités et que ses défauts sont fort peu apparents.

« Voyez son attitude :

« C'est celle d'un empereur romain sur son char de triomphe.

« Son discours est d'un héros.

« Car cet homme n'ignore pas, vous le voyez, que sa race est condamnée, perdue, morte.

« Et pourtant il se révolte contre l'évidence...

« Il lutte contre l'implacable fatalité...

« Il mourra digne de lui-même et des siens.

« Comparez donc ce grand caractère à celui du Sauveur et faites la différence.

« Chez celui-ci, vous ne voyez qu'ambition à courte vue, idées creuses, conceptions bâtardes.

« Chez celui-là, vous rencontrez un héroïsme devant lequel nous nous inclinons, nous, hommes supérieurs, nous, produits de la civilisation moderne.

« Entre l'un et l'autre, le choix est facile.

— Je ne ferai pas de choix, dit simplement le colonel.

« J'estime également ces deux hommes entre lesquels l'éducation s'est placée comme une infranchissable barrière. »

Le baron de Senneville ne crut pas devoir, par discrétion, donner son avis.

Mais il échangea avec M. d'Éragny un regard qui disait clairement :

« Je partage votre admiration et votre sympathie pour le Sauveur. »

Le comte ne jugea pas à propos de continuer l'entretien.

Il demeura silencieux et reporta toute son attention sur les Peaux-Rouges.

Les crieurs s'étaient placés sur différents points du camp.

Ils lançaient d'une voix retentissante cette formule consacrée :

— Les sachems ont délibéré.

« Écoutez les paroles du grand conseil.

« Le guerrier dont la mort a terni le regard suivait la voie obscure de l'erreur.

« Mais il était grand et généreux.
« Que chacun se présente devant lui.
« Qu'il lui donne une marque d'estime et « d'amitié en déposant auprès de lui tout « ce qu'il peut désirer pour faire le grand « voyage au pays des ancêtres. »

Singulière coutume, qu'explique une touchante croyance !

Les Indiens s'imaginent que l'âme des morts, partant pour ces lointaines et célestes prairies dont ils ont fait leur paradis, a besoin pour son long voyage de toutes choses nécessaires à la vie sur la terre.

Et quand un guerrier meurt, les plus grandes marques d'affection que l'on puisse lui donner sont de déposer auprès de son corps tout ce qui peut lui rendre le voyage agréable et facile.

On place d'abord à ses côtés ses propres armes.

Puis viennent les dons les plus divers : gibier, fruits, colliers et bracelets précieux, ustensiles et objets de toute sorte.

Dès que les crieurs eurent cessé de parler, les sachems qui entouraient la couche funéraire ouvrirent leur cercle des deux côtés opposés, afin de permettre aux Indiens de défiler un à un pour déposer leur offrande.

En ce moment, M. de Lincourt cessa d'observer.

Il vint à l'Aigle-Bleu, lui serra affectueusement la main et lui dit :

— Je veux honorer la mémoire de votre frère.

« En signe d'amitié pour vous et de réconciliation avec vos guerriers, je vais le premier déposer mon offrande.

« Mes trappeurs me suivront et déposeront la leur. »

L'Aigle-Bleu parut touché de cette marque d'estime.

Il était flatté dans son orgueil à la pensée de voir des Visages-Pâles se mettre au niveau des Peaux-Rouges en se conformant à leurs usages.

— Le cœur qui bat dans la poitrine de mon frère est celui d'un brave et loyal guerrier, dit-il.

« Ma mémoire gardera toujours le souvenir de cette preuve d'estime qu'il me donne ainsi qu'à tous ceux de ma race.

« Que les trappeurs viennent.

« Et je sentirai ma tristesse diminuer. »

M. de Lincourt donna aussitôt des ordres, et sa troupe se mit en mouvement pour commencer le défilé.

Le comte passa le premier devant le corps du Sauveur.

Il tira le riche poignard qu'il portait à la ceinture et le déposa.

Puis vint le colonel d'Éragny.

De la main gauche, il plaça une rose sauvage sur la poitrine du mort en murmurant :

— Le souvenir de Blanche !

De la main droite, il laissa tomber une fleur des prairies à laquelle les Indiens ont donné ce nom : *Havaë naye*, c'est-à-dire *vivante toujours*. Cette fleur est l'immortelle du désert.

— Que ton nom reste à jamais vénéré dans l'esprit de ceux qui t'ont connu ! ajouta le colonel en s'éloignant.

M. de Lincourt, qui s'était placé à côté de l'Aigle-Bleu, entendit M. d'Éragny et vit sa double offrande.

Il ne put retenir un sourire narquois et un léger haussement d'épaules.

Sans-Nez qui se tenait à quelques pas, à côté de Tomaho, remarqua geste et sourire.

Son regard se croisa avec celui du comte.

Tomaho qui, comme Indien, apportait dans toute cette cérémonie une conviction profonde, s'inquiéta des airs gouailleurs que prenait le Parisien. Il craignit de sa part quelque plaisanterie sacrilége et déplacée et lui dit d'un ton grave, presque menaçant :

— Mon frère ne dépose-t-il rien dans la tombe du Sauveur ?

Sans-Nez répondit en souriant :

— Si, si, je lui offrirai quelque chose, à ce brave Sauveur !

« J'ai mon idée. »

Tomaho prit le Parisien par le bras et, le regardant bien en face, il lui dit lentement et sévèrement :

— J'engage mon frère à se défier de ses idées; elles sont généralement inspirées par le mauvais Esprit.

« Il ferait mieux de donner de suite une offrande convenable et de rentrer au camp avec moi.

— Grand imbécile! dit Sans-Nez, tu me supposes de mauvaises intentions et je n'ai qu'un but : m'assurer que le Sauveur a bien tout ce qu'il lui faut, et notamment un certain objet indispensable à tout homme qui a pris des leçons de civilisation à Paris.

— Bon! dit Tomaho.

« Mais que mon frère se souvienne du caïman! »

Sans-Nez dissimula un fin sourire.

Pendant ce dialogue, M. de Senneville s'était approché.

Le cercueil en écorce d'érable qui devait contenir le corps du défunt était là, au pied du lit funéraire.

Avec la lame acérée d'un stylet, le baron entailla l'écorce, y gravant ces mots :

Sta viator, heroem calcas[1].

Puis il planta l'arme au-dessous de l'inscription et s'éloigna silencieux et attristé.

Grandmoreau vint après lui.

Le Trappeur avait tout le sérieux d'un homme convaincu de l'importance de sa démarche.

On le vit tirer gravement de son sac cette fameuse corde dont chaque nœud lui rappelait la pendaison d'un pirate de la savane.

Il déposa cette relique en disant :

— Tu étais juste et bon.

« Tu haïssais le crime et tu le punissais impitoyablement.

« Ceci est une corde de justice.

« Qu'elle te soit un témoignage de l'estime de Grandmoreau, qui a compris tes grands desseins !

« Les blancs qu'il a vus dans les villes sont méprisables, et il leur préfère les Indiens.

« Tout homme a le droit de vivre sur la terre qu'il occupe, et c'est à nous trappeurs, comme à vous Indiens, que les émigrants viennent enlever chaque jour les territoires de chasse.

« Notre cause est commune. »

Ce discours de Grandmoreau produisit un effet considérable sur ses compagnons, car il avait touché juste.

Les chasseurs des savanes, menant la même vie que les sauvages, doivent comme eux disparaître un jour devant les progrès de la civilisation.

Et tous les trappeurs sentaient qu'un jour ou l'autre les derniers d'entre eux se joindraient aux derniers Peaux-Rouges pour défendre la dernière solitude.

Le comte, qui assistait au défilé, parut frappé des paroles de Grandmoreau.

Mais il dit au colonel d'Éragny :

— A son point de vue, Grandmoreau a raison quant à l'alliance probable des trappeurs et des Indiens ; mais il a tort en ce sens qu'il ne comprend pas que le but du Sauveur était précisément de civiliser ses tribus ; par conséquent, de les arracher à la vie nomade.

Puis d'un ton fort dédaigneux :

— Décidément, la logique est rare en ce monde.

« Chacun y fait du sentiment, et voilà pourquoi la vérité reste au fond d'un puits. »

Un léger ricanement de Sans-Nez approuva cette conclusion du comte, qui partit d'assez mauvaise humeur dans la direction de son camp.

Il voyait avec un certain dépit que tous ses trappeurs à part le Parisien, très-émus de l'allocution de Grandmoreau, donnaient des signes évidents d'enthousiasme pour le Sauveur.

Bouléreau notamment, qui avait le cœur sensible, comme tous les gens gais, montrait, depuis le commencement de la cérémonie, un attendrissement que le comte trouvait ridicule, et quand Grandmoreau eut parlé le squatter applaudit en disant :

— Oui, c'était un très-grand homme, ce Sauveur; et il n'y a de bon que les Indiens et nous, qui vivons dans les solitudes.

John Burgh, Bois-Rude et leurs compa-

[1]. Traduction :
    Arrête-toi, voyageur, tu foules un héros!

gnons serrèrent la main de Bouléreau et de Grandmoreau, tandis que Tomaho élevait les bras et faisait une évocation indienne au grand Vacondah.

Sans-Nez, lui, profitait de ces manifestations pour se formuler à lui-même son opinion.

— Un tas de blagues! disait-il; un Sauveur de carton, des momeries!

« Il faut que je proteste et je protesterai! »

Le défilé était interrompu.

Cependant John Burgh s'avança vers le mort.

Il déposa un porte-cigares bien garni en disant :

— By God! des havanes!

« Pour charmer les ennuis du voyage!

« Ils sont excellents! »

Vint Bois-Rude.

Cet intrépide buveur ne trouva rien de mieux que de détacher sa gourde et d'en passer le cordon au cou du Sauveur en disant :

— Avec un coup de rhum, on va loin.

« Et c'est du bon que je t'offre. »

Bouléreau succéda à Bois-Rude.

Comme toujours, le chef des squatters fumait.

Il demeura un moment devant le corps du Sauveur.

Il paraissait hésitant, comme un homme qui va faire un grand sacrifice.

Soudain il prit une énergique résolution.

Il tira de sa poche sa blague et un briquet, ôta sa pipe de sa bouche avec un mouvement fiévreux et déposa le tout en disant :

— Des cigares, c'est très-bien!

« Mais une bonne pipe, ça vaut mieux. »

Et il s'éloigna vivement, comme pour ne pas succomber à la tentation de reprendre son offrande.

Puis, ralentissant peu à peu sa marche, il revint à la tête de ses squatters et parut s'abîmer dans ses pensées.

Mais bientôt ses lèvres s'ouvrirent et se fermèrent tour à tour, aspirant et repoussant par un tuyau absent la fumée d'un tabac imaginaire, et on le vit lancer comme d'habitude des jets de salive par le coin gauche de la bouche, tandis qu'avec l'index de la main droite il faisait mine d'arranger le foyer d'une pipe qu'il n'avait plus.

Un de ses fils vint mettre un terme à son supplice en lui présentant un brûle-gueule tout allumé, que Bouléreau s'empressa de fumer avec extase.

CHAPITRE CXXI

L'OFFRANDE DE SANS-NEZ

Tous les chefs de compagnie de la caravane étaient passés, sauf Sans-Nez et Tomaho.

Le géant tenta de faire avancer le Parisien.

Mais celui-ci résista.

— Laisse-moi donc! dit-il en se reculant.

« Je ne suis pas prêt.

— Pourquoi mon frère n'est-il pas prêt?

— Je vais te le dire, Cacique.

« Mais à condition que tu me laisseras tranquille et que tu me donneras ce que je te demanderai.

— Que mon frère s'explique, dit le géant.

— Voici la chose :

« D'abord je ne suis pas pressé.

« Et ensuite nos camarades les Indiens et toi-même vous oublierez tous de faire au Sauveur un cadeau qui lui serait très-agréable.

« Si tu veux m'en croire, attendons.

« Quand tout le monde sera passé, tu verras que je ne te monte pas le coup.

— Monte pas le coup? répéta Tomaho d'un air réfléchi.

« Mon frère veut encore se moquer de moi.

« Qu'il prenne garde!

« Je reste auprès de lui.

« S'il fait de ces choses qu'il appelle des blagues, je saurai le punir.

— Il ne s'agit pas de blague, dit en riant le Parisien.

« Je suis sérieux.

« Donne-moi une plume de ton scalp, et tu verras tout à l'heure si je plaisante.

« Quand on est d'enterrement, on ne rigole pas : nous savons ça.

« Allons, Cacique, donne-moi une de ces plumes d'aigle passées dans ton chignon. »

Malgré les assurances de Sans-Nez, le géant se méfiait, et il mit avec inquiétude la main sur le trophée de grandes plumes d'aigle qui ornaient sa coiffure.

La signification de certains mots lui échappait, et le Parisien ne se défendait qu'avec un certain air railleur fort inquiétant.

— Si mon frère se moque, dit Tomaho avec un geste de menace, qu'il se souvienne du caïman...

— Mais puisque je te dis que tu te mets le doigt dans l'œil ! fit Sans-Nez.

« Si je bouge, je te promets d'aller moi-même m'y fourrer, dans ta sale bête.

« Là, es-tu content ?

« Donne-moi une de tes plumes. »

Tomaho n'était pas convaincu de la sincérité du Parisien.

— Pourquoi mon frère me demande-t-il une plume ?

« Que veut-il en faire ?

— Comment ! tu ne comprends pas ? s'écria Sans-Nez avec un étonnement des mieux simulés.

— Je ne comprends pas, puisque mon frère ne m'a rien expliqué.

— Ah ! c'est juste : il faut des explications, à toi.

« Je vais t'en donner.

« Et si tu n'y vois pas clair du premier coup, c'est que tu seras fameusement bête.

« Écoute bien.

« Tu vois tous nos camarades défiler en bon ordre devant le Sauveur ? »

Tomaho fit un signe affirmatif.

— Tu les vois, bon ! reprit Sans-Nez.

« Mais vois-tu aussi quels sont les cadeaux qu'ils lui font pour son grand voyage ? »

Nouveau signe du géant.

— Très-bien ! continua le Parisien.

« Tu vois que l'on donne de la poudre, des balles, du biscuit, des armes, des gourdes pleines, et toute sorte de bonnes choses.

« J'aperçois même un cuir à rasoir.

« On peut dire que c'est du superflu.

« Le Sauveur est parfaitement rasé.

« Enfin tu vois, Cacique, qu'il y a à boire et à manger dans toutes ces offrandes.

« Eh bien ! moi, je trouve qu'il manque quelque chose dans tout ça.

« Et je te prédis que personne ne pensera à offrir au Sauveur une certaine chose qui lui ferait grand plaisir et qui est indispensable même en voyage.

— Quelle est cette chose dont parle mon frère ? demanda Tomaho.

— Laisse défiler les camarades, répondit Sans-Nez.

« Je veux voir s'ils penseront à cette importante affaire.

« Mais je suis sûr d'avance qu'ils l'oublieront.

« Cacique, donne-moi une plume de ta perruque.

— Pourquoi mon frère veut-il avoir une de mes plumes ? demanda le géant.

— Qu'est-ce que ça te fait ? dit Sans-Nez.

« Donne toujours.

« Tu verras tout à l'heure.

— Je veux voir avant, fit Tomaho toujours en défiance.

— Impossible !

« Allons, mon vieux Cacique, donne-moi une de tes plumes.

« Tu en as au moins une douzaine

« Ça ne se verra pas.

— J'ai le nombre que doit porter un grand chef, dit gravement le géant.

— Je sais très-bien, reprit Sans-Nez en s'efforçant de ne pas rire, que tu tiens à être costumé dans les règles.

« Mais tu peux bien me faire un sacrifice.

« Voyons, un bon mouvement, Cacique !

« Une plume, une seule !

« Tiens, je ne suis pas exigeant :

« Donne-moi la plus petite.

— Mon frère me dira ce qu'il en veut faire ?

— Je te le dirai

« Mieux que ça, tu le verras.

— Je veux bien voir, dit Tomaho avec entêtement ; mais que mon frère m'explique avant de voir.

— Mais tu ne m'as donc pas compris, grand pointu ? s'écria le Parisien inpatienté.

« Je t'ai dit que l'on donnerait beaucoup

de bonnes choses au Sauveur pour son grand voyage, mais qu'on oublierait de lui faire le plus beau cadeau qu'un homme de sa condition puisse désirer.

« Tu le vois :
« Tous les trappeurs sont passés...
« La caravane entière a défilé...
« Eh bien! ce que je prévoyais est arrivé :
« Pas un n'a songé à la chose indispensable dont je parle.

— Quelle chose? demanda le géant avec une persistante curiosité.

— Quand je te la dirais, répondit Sans-Nez, tu n'en serais pas plus avancé.

« Tu ne la connais pas.
« Tu ne la connaîtras peut-être jamais que de vue.
« Et malheureusement tous ces Indiens qui défilent en ce moment et qui empilent les vivres autour du mort n'en savent pas plus que toi.

« Alors tu comprends que cette chose qui ferait si grand plaisir au Sauveur, il ne l'aura pas.

« A moins pourtant que ce ne soit moi qui la lui offre.

« C'est désespérant!
« Cacique, donne-moi une plume. »
Le géant réfléchit une demi-minute.
Puis il dit gravement :
— Je comprends.
« Mon frère veut offrir une plume d'aigle au roi des Apaches.
— Tu ne comprends rien du tout! dit Sans-Nez.
« Il me faut une plume, mais ce n'est pas une plume que je veux offrir.
« C'est une affaire mystérieuse que je ne

veux pas t'expliquer : je perdrais mon temps.

« Veux-tu, oui ou non, me donner une de tes plumes?

« Je te promets de te tuer un aigle un de ces jours.

— Il faut qu'il soit tué par moi, observa le géant.

— Soit!

« Eh bien! je le blesserai et tu l'achèveras.

« Ah! si tu n'étais pas si haut, il y a longtemps que je t'aurais déplumé le chignon!

« Allons, donnes-tu?

« Non?

« Eh bien! mon vieux, tant pis pour toi!

« Si l'esprit du Sauveur n'est pas content, ça ne sera pas de ma faute, mais bien de la tienne.

« Et, tu sais, c'est dangereux de se brouiller avec les morts.

« Prends garde! »

Ébranlé par cet avertissement menaçant, Tomaho céda enfin; outre que l'insistance du Parisien excitait sa curiosité, il ne voulait pas mécontenter l'esprit du Sauveur.

Il détacha avec précaution une des plumes qui ornaient sa coiffure et il la tendit à Sans-Nez.

— C'est pas malheureux! fit celui-ci en la prenant.

« On voudrait emprunter vingt francs à Paméla qu'elle ne ferait pas plus de façons. »

Et, tirant de sa poche un canif, il se mit à tailler sa plume avec la plus grande attention.

Il enleva d'abord les barbes.

Puis il coupa et jeta la partie blanche et pleine.

Il ne conserva que le tuyau creux et transparent.

Et il s'appliqua à en tailler chaque bout en biseau, l'un plus arrondi et moins allongé que l'autre.

Tomaho le regardait faire avec une attention soutenue, avec une avide curiosité.

Il faisait des efforts terribles pour deviner à quoi pouvait servir ce bout de plume que le Parisien travaillait avec tant de soin.

Il eut beau se torturer l'imagination, il ne devina rien.

Il lui fallut en revenir aux questions :

— Mon frère, dit-il, je vois bien, mais je ne comprends pas.

« Pourquoi ce petit tube pointu des deux bouts fera-t-il grand plaisir au Sauveur? »

Sans-Nez se posa gravement devant le géant.

Il prit un air, un ton aussi solennels que possible, et répondit :

— Cacique, tu es d'une incroyable indiscrétion.

« Mais je ne t'en veux pas.

« Un homme de ta force qui possède un caïman comme le tien peut prendre bien des libertés avec son prochain.

« Ouvre donc tes vastes oreilles, grand Cacique : tu vas entendre des choses extraordinaires.

« Tu ne connais pas très bien les coutumes, les usages et habitudes des hommes civilisés, n'est-ce pas?

« Non?

« Eh bien! mon vieux, si tu les connaissais, tu saurais qu'il n'existe pas un Visage-Pâle un peu propre qui ne considère comme utile et même indispensable ce petit tuyau de plume pointu des deux bouts.

« Tu saurais, immense Cacique, que ce morceau de plume est le précieux complément d'un bon repas, et que dans nos grandes villes d'Europe ce divin brin de plume figure sur toutes les tables.

« Tu comprendrais enfin, énorme Cacique, que le Sauveur, ayant vécu longtemps parmi les Visages-Pâles, a adopté leurs usages et leurs goûts; que s'il a des provisions et des vivres pour tout son voyage, il ne sera pas fâché de trouver ce bienheureux ustensile sans lequel, entends-tu bien? sans lequel on n'achève jamais convenablement un bon repas.

« Voyons, as-tu ouvert tes larges oreilles?

« Y es-tu, maintenant? »

Tomaho avait écouté avec une profonde attention.

Pourtant il ne paraissait pas être absolument sûr de lui en répondant :

— J'ai compris.

« Il y a un truc dans ce petit tuyau de plume? »

Le lecteur se souvient que le géant, victime des farces du Parisien, appelait *truc* tout ce qui lui paraissait inexplicable, tout ce qui à ses yeux avait un caractère surnaturel et magique.

— Juste! s'écria Sans-Nez toujours sérieux.

« Tu y es en plein, mon ami Cacique.

« C'est un truc épatant.

« Tu le connais, maintenant.

« Es-tu heureux!

« Es-tu assez veinard d'avoir un ami qui te révèle gratis le plus précieux secret des Visages-Pâles!

— Mon frère a bien agi, dit gravement le géant.

« Je lui promets de jeter mon caïman dans la lagune s'il continue à être bon avec son ami Tomaho. »

Tout en faisant cette promesse, le géant tira une longue plume d'aigle de sa coiffure, et il se mit à la tailler avec son énorme couteau à scalper.

Sans-Nez le considérait avec une imperturbable gravité.

— Qu'est-ce que tu veux donc faire? lui demanda-t-il.

— Un truc, comme mon frère, répondit le géant en se mettant à tailler sa plume.

— Mâtin! s'écria le Parisien.

« Plus que ça de canif!

« Pourquoi ne pas prendre tout de suite un sabre de cavalerie?

« Il est vrai que ta plume est quatre fois grosse comme celle que tu m'as donnée.

« Mais ça m'est égal, elle est tout de même bonne.

« Dis donc, Cacique, qu'est-ce que tu vas en faire de ton truc? »

Tomaho releva la tête à cette question.

Il fixa un regard inquiet sur Sans-Nez, puis il reprit son travail en disant d'un air convaincu :

— Je verrai bien ce que fera mon frère.

— C'est vrai, je n'y pensais pas, fit le Parisien.

Et le géant continua à tailler sa plume avec une adresse dont on ne l'aurait pas supposé capable.

Il avait vu opérer Sans-Nez.

Il l'imitait avec l'étonnante facilité que dans maintes circonstances on a observée chez les Indiens.

Quand il eut réussi à son gré, il tira une seconde plume.

— Quoi donc? s'écria Sans-Nez.

« Tu veux en faire un autre?

— Oui, je veux deux petits trucs, dit le géant.

« Un pour le repas du matin et un pour le repas du soir.

— Fichtre! quel luxe! ricana Sans-Nez.

« Et quels trucs!

« On voit bien que tu travailles pour toi.

« Tu choisis des plumes d'une belle dimension.

— Rien n'est trop grand pour Tomaho, prononça gravement le géant.

Puis, remettant son couteau dans son étui et ses deux plumes taillées dans sa ceinture, il ajouta :

— Que mon frère regarde.

« Les derniers guerriers sont passés.

« Notre tour est venu.

« Qu'il marche devant moi.

— Non pas! dit Sans-Nez.

« Je veux être le dernier.

« Allons, va, mon vieux Cacique!

— Je pourrais forcer mon frère à passer, dit le géant; je ne le ferai pas parce qu'il m'a montré son truc.

« Mais je le crois capable d'offenser l'esprit du grand guerrier.

« Qu'il laisse dormir ma colère.

« Qu'il se souvienne du caïman.

« Je vais faire mon présent.

« Mais mon regard restera fixé sur mon frère.

— C'est bon, c'est bon! fit Sans-Nez.

« Va donc et ne t'inquiète pas!

« Je sais ce que j'ai à faire. »

Tomaho s'avança auprès du mort.

Il détacha son arc immense, ses flèches grosses comme des javelots, et déposa le tout à terre en disant :

— Que ces armes d'un grand cacique deviennent les tiennes dans les prairies heureuses du Vacondah!

« Tu étais bon et généreux.
« Ton souvenir restera dans la mémoire des hommes. »
Puis, reculant d'un pas, le géant ajouta :
— Mais ce présent n'est rien.
« Mon frère Sans-Nez va t'en faire un beaucoup plus précieux.
« Il va te donner un truc qui mettra ton esprit dans la joie. »
Et s'adressant au Parisien :
— Que mon frère approche, lui dit le brave Cacique.
Sans-Nez s'avança.
Il s'inclina profondément devant les sachems qui se tenaient toujours rangés de chaque côté du corps et leur dit gravement en français :
— Messieurs, j'ai bien l'honneur de vous saluer.
Pas un des chefs apaches ne comprit le sens de ces paroles, mais tous supposèrent que le trappeur leur adressait un compliment de circonstance.
Ils répondirent à son salut à la manière indienne.
Le Parisien, dont l'attitude était d'une irréprochable dignité, tira alors de sa poche un mignon portefeuille de cuir rouge, tout en se faisant cette réflexion :
« Il y a au moins un an que je me suis payé un cent de cartes de visite, à mon dernier voyage à San-Francisco ; pas moyen d'en placer une depuis ce temps-là. Mais voici une trop belle occasion d'entamer le paquet pour que je la manque. »
Il sortit de sa gaîne un petit crayon à bout d'ivoire et choisit une carte où se trouvaient gravés ces seuls mots :

SANS-NEZ,
TRAPPEUR.

Tomaho le regardait faire avec autant de curiosité que de défiance.
Le brave géant n'était aucunement rassuré sur les intentions du Parisien, et il redoutait toujours de sa part quelque pratique sacrilége.
Il se rapprocha et lui demanda sévèrement :
— Que fait donc mon frère ?

— Cacique, tu me bassines, répliqua Sans-Nez avec impatience.
« Je ne me suis pas permis de te questionner quand je t'ai vu te débarrasser de ton arc et de tes flèches ; je ne t'ai fait aucune observation, n'est-ce pas ?
« Eh bien ! laisse-moi tranquille, si tu ne veux pas te brouiller à mort avec l'esprit du Sauveur.
— Si mon frère ne médite rien de blâmable, dit Tomaho, qu'il me pardonne.
« Mais s'il est perfide, je le verrai, et je l'enfermerai pendant deux lunes dans mon caïman.
— Merci de tes bonnes intentions ! fit Sans-Nez.
Et il ajouta tout bas :
— Tu ne m'empêcheras pas de faire ce que je veux, et tu n'y verras que du feu, grand serin !
« D'abord, inscrivons la formule d'adieu.
« C'est court, mais ça rend bien ma pensée. »
Il s'apprêta à écrire sur sa carte, mais Tomaho, se trouvant insuffisamment renseigné, posa sa main sur l'épaule du Parisien.
Celui-ci, pliant sous le faix, se récria :
— Encore !
« C'est insupportable !
« Fiche-moi la paix, à la fin !
« On n'a jamais vu un Cacique aussi gendarme que toi.
— Mon frère est libre, fit imperturbablement le géant ; mais je veux qu'il m'explique ce qu'il va faire de ce carré blanc.
— Ah ! tu ne veux que ça ? dit Sans-Nez avec un malicieux sourire.
« Il fallait donc le dire tout de suite, sans me démolir l'omoplate !
« Je vais te satisfaire de mon mieux, Cacique.
« Écoute-moi bien.
« Tu sais que je veux faire un présent au Sauveur, un présent du plus grand prix ?
— Le petit truc ?
« Je sais ! fit Tomaho.
— Bon ! reprit Sans-Nez.
« Je vais donc déposer mon offrande, mais je dois y joindre ce carré blanc, comme tu dis.

— Pourquoi? demanda le géant.
— C'est bien simple, fit le Parisien.

« Mon truc ne vaudrait rien si le Sauveur ignorait qu'il vient de moi.

« Tandis qu'avec ce carré blanc il comprendra tout.

« Saisis-tu, maintenant?

« Il me semble que c'est clair.

— Clair?... répéta le géant en faisant des efforts inouïs pour voir une véritable explication dans les paroles du Parisien.

« Oui, je sais! fit-il après de laborieuses réflexions.

« Mon frère veut faire un talisman?

— Nécessairement! s'écria Sans-Nez.

« Un talisman de la grande médecine des Visages-Pâles.

— Et il faut ce talisman pour que le petit truc soit bon? demanda le géant.

— C'est indispensable! dit Sans-Nez contenant à grand'peine son envie de rire.

« Tiens, regarde-moi faire!

« Rien de plus facile. »

Et le Parisien traça au crayon, au bas de sa carte, ces trois lettres : P. P. C. (pour prendre congé).

— Maintenant, Cacique, dit-il, tu vas me permettre de dire un mot à MM. les sachems.

« Ils sont tous là à me regarder comme une bête curieuse, et ils ont l'air de croire que je ne veux rien donner à leur Sauveur.

« Ça ne me va pas, tu comprends?

« Je vais leur expliquer l'affaire et leur démontrer que c'est moi qui ai fait le plus beau cadeau.

« Écoute-moi un peu ça et tu me diras si tu as jamais entendu beaucoup d'orateurs aussi ronflants que moi. »

Et, saluant de nouveau les sachems, le Parisien commença gravement :

« Messieurs, je n'ai qu'une chose à vous dire :

« On a fait des présents superbes au grand chef qui vient de passer l'arme à gauche.

« Mais, comme je l'ai expliqué à mon ami Tomaho, on a oublié une chose indispensable.

« Je prévoyais cet oubli et je voulais le réparer.

« C'est pourquoi je suis resté le dernier.

« Le présent que je veux faire n'est pas gros, mais il est précieux, je vous en fiche mon billet. »

Et, faisant voir son bout de plume, le Parisien ajouta :

— Voici l'objet; c'est, comme je l'ai dit au Cacique, le complément indispensable d'un bon repas.

« Je ne vous en raconte pas plus long, parce que les grands discours sont aussi assommants que les hommes grands.

« Qu'il vous suffise de savoir que l'esprit du Sauveur sera dans la joie et dans l'épatement quand il sera en possession de mon offrande, qui est un véritable trésor pour un homme comme lui. »

Ayant prononcé ce speech avec le plus grand sérieux, Sans-Nez plia l'un des angles de sa carte et la déposa avec sa plume taillée auprès du corps.

Puis il adressa un troisième salut aux sachems en disant :

— J'ai encore celui de vous présenter mes très-humbles respects.

« Bien des choses chez vous! »

Les Peaux-Rouges répondirent gravement à cette politesse, qu'ils ne comprenaient qu'à demi, Sans-Nez s'étant encore une fois exprimé en français.

Le Parisien, toujours sérieux, s'éloigna dans la direction du camp des trappeurs.

Tomaho le suivit en silence.

Singularité remarquable! à mesure que les deux personnages s'éloignaient des Indiens, l'expression de leur physionomie se modifiait en sens contraire.

Sans-Nez abandonnait peu à peu cet air grave et solennel qu'il lui avait fallu prendre pour mener sa plaisanterie à bonne fin.

Il se déridait à vue d'œil, et déjà il avait laissé échapper deux ou trois ricanements étouffés.

Tomaho, au contraire, perdait visiblement cet air calme, placide et bon qui l'abandonnait si rarement.

Il se montrait préoccupé, sombre, taciturne.

Une profonde méditation semblait l'absorber.

Évidemment quelque secrète pensée lui travaillait le cerveau.

Tout à coup il fut tiré de sa rêverie par un éclat de rire du Parisien qui, se trouvant assez éloigné des Peaux-Rouges, se moquait de la bonne foi avec laquelle les sachems et le géant avaient accueilli ses farces.

Tomaho ne parut pas goûter cet accès de gaieté.

— Pourquoi mon frère est-il dans la joie? demanda-t-il en fronçant les sourcils.

« Un cœur loyal n'oublie pas si vite. »

Sans-Nez vit à l'air du géant que ce n'était pas le moment de le contrarier.

Aussi se contenta-t-il de faire le bon apôtre en répondant :

— Mon vieux Cacique, je n'oublie rien.

« Je me souviens, au contraire, et je ris quand je pense au plaisir qu'éprouvera le Sauveur en trouvant mon offrande.

— Alors mon frère a raison, dit sérieusement Tomaho.

« Moi aussi, je vais rire pour prouver à l'esprit du Sauveur que sa joie me rend content. »

Et le géant s'efforça de montrer sa gaieté par des éclats de voix aussi retentissants que faux.

— Bon! se dit Sans-Nez, voilà le Cacique dans un accès de folie.

« Je vais m'amuser, pour peu que ça dure. »

Mais le géant reprit bientôt toute sa gravité.

Il demeura silencieux pendant un bon moment; puis tout à coup, et comme éclairé par une idée subite, il dit vivement à Sans-Nez :

— J'ai une chose très-importante à demander à mon frère.

— Je t'écoute, fit le Parisien quelque peu surpris par ce début.

« Demande, mon ami, demande!

— Je voudrais, dit gravement le géant, un talisman pareil à celui qu'il a donné au Sauveur.

— Pourquoi faire? dit Sans-Nez qui ne s'expliqua pas d'abord le désir singulier du géant.

— Pour que mes deux petits trucs soient bons, fit sérieusement Tomaho

— Tes trucs?

« Ah! oui, j'y suis!

« Mais ils sont très-bons, tes trucs.

« Tu les as très-bien taillés.

— Mon frère veut me tromper, dit le géant sur un ton de reproche.

« Il m'a avoué que le truc du Sauveur ne serait pas bon sans le petit carré blanc sur lequel il a tracé des signes magiques.

« Qu'il me donne un carré blanc semblable. »

L'air convaincu avec lequel Tomaho insistait, ses naïves explications, amusaient le Parisien; mais il osait à peine rire, car il était convaincu qu'irriter le géant dans certains moments, c'était s'exposer à une rude correction.

Il y avait surtout pour lui cette perspective d'être fourré vivant dans le ventre du caïman, qui le rendait prudent et circonspect.

Pourtant il ne put résister à l'envie de taquiner un peu le brave géant.

— Cacique, tu m'embêtes! lui dit-il.

« Je n'en ai plus de carré blanc.

— Mon frère est menteur, fit Tomaho en désignant la poche où le Parisien avait remis son portefeuille.

« Il en a encore beaucoup.

« Je les ai vus.

— Mais, grand jobard, ce sont des cartes de visite.

« Je t'ai dit que je donnais un talisman au Sauveur : c'était pour avoir la paix.

« Il n'y a pas plus de talisman que sur ma main.

« J'ai fait ce qu'on appelle une visite d'adieu et j'ai laissé ma carte, comme ça se fait dans le monde.

« Comprends-tu, maintenant? »

Tomaho avait écouté Sans-Nez sans l'interrompre; mais il était facile de reconnaître à l'expression de son visage et à certains hochements de tête qu'il ne goûtait aucunement ses explications.

— Je comprends mon frère, dit-il.

« Je vois que le mensonge souille sa bouche.

« Je vois qu'il se moque de son ami et qu'il sera puni. »

— Je t'assure, Cacique, s'écria le Parisien que l'attitude menaçante du géant commençait à inquiéter, je te jure que je ne blague pas !

« Mes cartes de visite n'ont aucune vertu magique.

— Mon frère me trompe, reprit Tomaho.

« Qu'il me donne un talisman, ou je le fourre dans mon caïman. »

Malgré cette menace, Sans-Nez résista.

Certes, il ne lui aurait pas coûté beaucoup de se rendre au désir du géant ; mais il était aussi entêté que farceur, et il ne lui déplaisait pas d'exciter une colère qu'il serait toujours à même d'apaiser avec une des quatre-vingt-dix-neuf cartes qui lui restaient.

— Non, je ne t'en donnerai pas ! dit-il d'un ton résolu.

« En voilà un grand tyran !

« Il faudrait se plier à tous ses caprices !

« Cacique, tu n'en auras pas de carré blanc.

« Tu es trop brutal.

« J'aurais peut-être fini par me rendre à une prière ; mais tu m'as menacé : tu n'auras rien.

« Je n'aime pas ces manières-là.

— Ah ! mon frère refuse ! fit Tomaho avec un commencement de colère.

« Il a tort.

« Car je le forcerai bien à m'obéir. »

Et le géant étendit sa main ouverte pour saisir le Parisien.

Mais celui-ci se méfiait.

Il fit un brusque écart et se mit à jouer des jambes dans la direction du camp.

Il était agile et vigoureux ; mais quelle folie que de vouloir lutter de vitesse avec Tomaho !

Il n'avait pas fait cinquante pas que la main du géant le saisissait par le milieu des reins et le retournait brusquement.

Il n'y avait plus à lutter : il était pris et bien pris.

Allait-il enfin s'exécuter ?

Pas encore.

Le Parisien était en fureur.

Il oublia toute prudence, toute mesure, et se mit à invectiver Tomaho avec fureur :

— Grand imbécile ! grand idiot ! grande bête ! non, tu ne l'auras pas, mon talisman !

« Tu n'es qu'un brigand, un assassin, un pirate, et je te refuse tout, et tu seras pendu par Tête-de-Bison, et tu seras le premier nœud de sa nouvelle corde de justice ! »

Tomaho ne parut nullement impressionné par les insultes du Parisien ; il se contenta de le maintenir et lui dit avec une parfaite tranquillité :

— Que mon frère se calme.

« La colère le rend injuste et méchant.

« Qu'il me donne un de ses talismans et j'oublierai ses paroles pareilles au sifflement empoisonné de la vipère.

« Qu'il rende mes petits trucs aussi bons que celui du Sauveur et j'oublierai... »

Le géant s'interrompit tout à coup.

Un subit éclat de rire de Sans-Nez le jeta dans une grande perplexité.

Cet accès de gaieté était-il un nouveau défi ou un commencement de soumission ?

Le géant s'arrêta à cette dernière supposition en entendant le Parisien s'écrier :

— Lâche-moi ! je me rends.

Il le laissa libre.

Alors Sans-Nez sortit son portefeuille en se disant :

« Attends un peu ! puisque tu ne veux pas en sortir, de ta magie et de tes sorciers, je vais te mettre dans un embarras dont je ne serai pas le seul à rire, ou je me tromperais fort. »

Et ayant tiré une de ses cartes de visite il la présenta au géant avec cet air de mauvaise humeur d'un homme qui ne cède qu'à la nécessité.

A sa grande surprise, Tomaho refusa le talisman en disant :

— Non, non, il ne vaut rien.

« Que mon frère prenne son petit morceau de bois à moelle noire et qu'il trace les signes magiques.

— Les signes magiques ?... fit Sans-Nez.

« Ah ! oui, comme tout à l'heure ?

« C'est facile. »

Il crayonna au bas de son nom les trois lettres : P. P. C. et offrit de nouveau la carte au géant.

Celui-ci la refusa encore en disant :
— Et le petit côté plié?
— Bon! fit le Parisien.
« La voici cornée comme l'autre.
« Es-tu content, maintenant? »

Tomaho prit la carte avec un empressement joyeux et la mit dans sa ceinture avec ses bouts de plumes.
— Mon frère a bien agi malgré lui, dit-il.
« Il n'entrera pas dans le caïman.
« Mais son ami Tomaho le surveillera parce qu'il est menteur et perfide. »

CHAPITRE CXXII

TOMAHO A LA RECHERCHE DES PAROLES MAGIQUES

Nos deux personnages venaient de franchir l'enceinte du campement.

Dès qu'il se sentit au milieu des trappeurs, Sans-Nez reprit son assurance et ses airs gouailleurs.

Il se mit à plaisanter le géant sur ses croyances superstitieuses, puis, après s'être abrité derrière une rangée de wagons, et se trouvant à une distance convenable, au milieu d'un groupe assez nombreux pour le protéger, il cria :
— Cacique! ohé! Cacique! tu n'es qu'une grosse brute.

« Tu ne profiteras pas du truc ni du talisman.

« Tu as oublié de me demander la manière de s'en servir.

« Va donc!

« Tu ne sauras jamais comment les gens civilisés achèvent un bon repas. »

Tomaho avait laissé fuir Sans-Nez sans chercher à l'arrêter.

Il écoutait même ses injures avec toute l'indulgence bonhomme qui signifie clairement :

« Va, va, tu peux dire tout ce que tu voudras! j'ai ce qu'il me faut. »

Mais ses airs satisfaits se changèrent en une subite consternation quand il eut saisi le sens des dernières paroles du Parisien.
— Il a raison, se dit-il.

« J'ai le truc, j'ai le talisman, mais je ne sais pas m'en servir.

« Il y a peut-être des paroles sacrées à prononcer et je ne les connais pas. »

Le géant, comprenant l'inutilité de ses efforts et la stérilité de sa victoire, restait confondu.

Sans plus s'inquiéter de Sans-Nez, il se promena longtemps, préoccupé de cette unique pensée :

Comment savoir ces paroles magiques qui lui permettront d'utiliser ses trucs?

Il prit tout à coup une résolution.
— Tête-de-Bison est bon, honnête et brave, se dit-il.

« Je vais le consulter. »

Il se mit à la recherche de Grandmoreau.

Il ne tarda pas à le découvrir.

Le vieux trappeur, malgré son sérieux et sa gravité ordinaires, se trouvait mêlé à une grande partie de quilles organisée par Bois-Rude et Bouléreau.

Grandmoreau n'était pas un joueur de quilles de première force; il perdait presque toujours, mais il avait néanmoins des prétentions, et il annonçait, avant de les jouer, des coups qu'il manquait le plus souvent.

Mais s'il n'était pas fort, il raisonnait très-juste, trouvait le moyen d'expliquer ses insuccès et finissait par dire :

— C'est une affaire de coup d'œil; donc je sais jouer, et si je ne réussis pas, c'est que la chance m'est contraire.

Au moment où il fut aperçu par Tomaho, Grandmoreau pointait avec attention en disant :

— Il ne m'en faut qu'une.

« Je ne crèverai pas.

« Je démolis celle de gauche. »

Et il lança sa boule.

Au même moment, le géant rompait les rangs de la galerie et tombait en plein jeu.

Des protestations énergiques éclatèrent de toute part; mais Tomaho, dans sa préoccupation, ne les entendit pas.

Il passa tranquillement et renver

quilles avant que la boule de Grandmoreau eût fait la moitié de son trajet.

Le Trappeur était furieux

— Ces choses-là n'arrivent qu'à moi! s'écria-t-il.

« Le plus beau coup de la partie!

« Il fallait que ce grand n... de D... vînt tout bousculer! »

Tomaho s'avançait gravement, ne prêtant aucune attention aux réclamations et aux rires qui accueillaient son passage.

Il alla droit à Grandmoreau, le prit par le bras avec précaution et l'entraîna à l'écart.

Malgré son irritation, le Trappeur se laissa faire sans protester.

Il était intrigué par les airs mystérieux du géant.

— Ah çà! lui dit-il, qu'est-ce que tu me veux, Cacique?

» On dirait, à te voir, que tu viens m'annoncer une nouvelle extraordinaire.

— Je n'ai qu'un renseignement à demander à mon frère, dit le géant tout à sa préoccupation.

Et tirant de sa ceinture ses deux plumes taillées et la carte de Sans-Nez, il montra les trois objets à Grandmoreau en disant :

— Mon frère veut-il me faire entendre les paroles qu'il faut prononcer pour que ces trucs deviennent le complément indispensable d'un bon repas?

Le géant prononça cette longue phrase sans hésiter : il avait parfaitement retenu les paroles du Parisien.

Mais il n'en avait pas dit le dernier mot que Grandmoreau, lui rendant plumes et cartes, fut pris d'un accès de fou rire.

Le Trappeur se tordit, étouffa, pleura.

Lui si sérieux d'habitude se tint le ventre à deux mains et, plié en deux, il quitta Tomaho pour rejoindre les joueurs de quilles.

Il arriva auprès d'eux à demi suffoqué, et

ce fut à grand'peine qu'il parvint à leur expliquer en quelques mots la démarche du géant.

Un formidable éclat de rire, mêlé d'applaudissements et d'exclamations comiques, accueillit l'explication de Grandmoreau.

Puis cette contagion du rire, si singulière mais si réelle, s'étendant peu à peu, le camp tout entier se trouva bientôt pris d'une gaieté folle que plus d'un trappeur partagea sans en bien comprendre la cause.

Tomaho seul ne riait pas.

Plus soucieux, plus préoccupé que jamais, il s'était immobilisé à l'endroit même où l'avait laissé Grandmoreau.

Il écoutait avec une tranquillité apparente, mais avec un réel dépit, les quolibets et les mauvaises plaisanteries qu'on lui adressait de tous côtés.

Mais, aussi bon et indulgent que grand et fort, il pensait moins à imposer silence aux railleurs qu'à poursuivre l'idée fixe qui s'était logée dans son cerveau et le remplissait tout entier.

— Les Faces-Pâles ne veulent pas me montrer leur truc, se disait-il ; je le connaîtrai malgré eux.

« Moi aussi, je serai rusé et subtil comme le renard.

« Et je veux à mon repas du soir avoir le complément indispensable. »

Un quart d'heure après, un fourgon attelé de quatre mulets, précédé de Tomaho et suivi d'une dizaine de trappeurs, sortait de l'enceinte du campement.

Sur le fourgon était solidement attaché le caïman du géant.

CHAPITRE CXXIII

LA PÊCHE AUX ANGUILLES

Le soleil commence à baisser.

Son éclat est moins resplendissant.

Les nuages légers qui tachent le ciel bleu à l'occident se colorent déjà d'un rose pâle, tandis qu'à l'orient l'azur céleste prend des teintes sombres et ardoisées.

Il règne dans le camp des trappeurs une grande activité, une bruyante animation.

Il s'agit d'apprêter le repas du soir, d'assurer la sécurité générale pour la nuit, de soigner les bêtes de somme, de prendre enfin ces mille dispositions qui, en rase campagne, contribuent au bien-être de chacun et à la sûreté de tous.

Des feux sont allumés de tous côtés, et des odeurs de cuisine se mêlent à la fumée blanche du bois sec.

Des chasseurs partis à la découverte reviennent chargés de leur gibier.

On plume par-ci...

On écorche par-là...

On dépèce partout.

Ce sont des apprêts à faire venir l'eau à la bouche.

Les uns font bouillir leurs viandes : ce sont les amateurs de bouillon.

Les autres se contentent de faire rôtir des pièces tout entières sur un lit de braise ardente ; c'est plus expéditif, et la venaison grillée est excellente.

Certains raffinés font des rôtis à la caraïbe.

Ils creusent une fosse, la garnissent de cailloux rougis au feu, y placent leur pièce de gibier, parfois un daim entier, et la laissent cuire à l'étouffée, entourée d'herbes et de feuilles odoriférantes.

La préparation de ce mets de choix demande beaucoup de soins et un certain temps ; mais quelles délices pour le palais d'un gourmet !

L'aspect du camp ainsi vivant et agité est à la fois pittoresque et grandiose.

Il faut avoir vécu de cette vie du désert pour en sentir tous les charmes, pour comprendre ses attraits, pour goûter ses ravissements.

M. de Lincourt est assis à l'entrée de sa tente, en compagnie du baron de Senneville.

Un guéridon est placé devant eux.

Sur ce guéridon, deux verres et un flacon.

Le comte et son nouvel ami dégustent l'absinthe en attendant l'heure du dîner.

Ils fument et causent.

— Avouez, mon cher comte, dit M. de

Senneville avec enthousiasme, que cette vie aventureuse dans les solitudes de la savane et des forêts est vraiment attrayante.

« Quant à moi, j'éprouve des sensations de plaisir que je ne saurais exprimer. »

M. de Lincourt, négligemment penché en arrière et paraissant observer avec attention le bout incandescent de son cigare, répondit avec une tranquille indifférence :

— Oui, en effet, cette existence peut avoir des séductions pour vous qui êtes jeune et impressionnable.

« Mais je vous assure que la vie que je mène depuis quelque temps commence à m'ennuyer.

« Et je donnerais volontiers toutes les beautés du désert pour le trottoir du boulevard des Italiens.

« Oui, je sais ce que vous allez me dire :
« Les magnificences du pittoresque !
« Les splendeurs de la nature !
« L'inconnu et ses émouvantes surprises !
« J'admire toutes ces belles choses.

« Mais comme tout cela devient monotone et fatigant à la longue ! »

Ce raisonnement, ces dégoûts, étonnaient le baron.

— Comment ! dit-il, vous avez recruté une troupe admirable, vous l'avez parfaitement disciplinée...

« Vous êtes à peu près certain de mener ces gens à la fortune, et vous ne vous sentez pas de grandes satisfactions dans le cœur ?

— Ma foi ! non, dit le comte.

« Car après tout ces trappeurs, ces squatters, sont pour la plupart de très-braves gens sans doute, et je remplirai mes engagements vis-à-vis d'eux ; mais je vous assure qu'ils m'intéressent peu.

— Cependant Grandmoreau ?... observa M. de Senneville.

— Oui, fit le comte, je l'estime particulièrement, ainsi que plusieurs de ses compagnons.

« Mais quoi ?

« Grandmoreau et les autres, en les transportant en France, ne pourraient jamais faire que d'excellents gardes-chasse, de très-bons veneurs.

« Et, ma foi ! je les aimerais mieux dans ces conditions à mon service que je ne les aime dans le désert avec leurs habitudes de sauvages et leur rudesse de bêtes fauves.

« Tenez, il y a un trappeur que j'ai distingué entre tous et qui me plaît assez.

« C'est Sans-Nez.

« Il est d'une rare intelligence, plein de finesse et d'esprit.

« C'est un gamin de Paris auquel il n'a manqué que l'instruction et l'usage du monde pour faire un homme remarquable. »

M. de Senneville ne parut pas disposé à accepter sans conteste cette manière de voir du comte.

— Je connais déjà ce Sans-Nez, dit-il.

« Il me semble que c'est un simple farceur sans valeur réelle.

— Détrompez-vous ! fit le comte sans plus insister.

« Quand vous le connaîtrez mieux, vous reviendrez sur cette première et fausse impression. »

Puis, ayant porté à ses lèvres le verre qu'il tournait entre ses doigts depuis un instant, M. de Lincourt ajouta :

— Et puisque je vous ai avoué une faiblesse en vous faisant connaître mes sympathies pour Sans-Nez, je ne vous cacherai pas qu'un autre de mes trappeurs a sans s'en douter toute mon estime et ce que je puis donner encore comme affection.

« Je veux parler du géant Tomaho.

« Vous connaissez son histoire, ou plutôt celle de ce fameux Touneins qui l'a détrôné et chassé de son pays ?

— Je sais, fit le baron.

— Eh bien ! reprit le comte, ce brave Tomaho est le plus simple des hommes.

« Mais il est si bon, si brave, si bêtement honnête, que je ne puis me défendre de l'aimer.

« Observez-le à l'occasion et vous conviendrez avec moi qu'il serait fâcheux que notre civilisation, ou plutôt notre corruption, vînt gâter une si excellente nature.

— Permettez ! observa M. de Senneville.

« J'ai au point de vue civilisateur des opinions que vous connaissez, et j'admets volontiers une certaine rusticité chez l'homme, tout en maintenant qu'en principe il est bon et raisonnable de développer ses instincts de sociabilité.

— Oui, oui, fit le comte en riant.

« J'apprécie fort vos théories humanitaires, vous le savez.

« Mais je vous en prie, ne me gâtez pas mon Tomaho.

« Je le trouve bien, et je l'aime tel qu'il est.

« Je regretterais d'ailleurs d'entamer avec vous une de ces discussions oiseuses où les mots tiennent lieu d'arguments, où la phrase est creuse et l'idée vide.

« Si vous me le permettez, je vais, par une heureuse diversion, aborder un sujet qui m'intéresse particulièrement, quand je m'ennuie surtout. »

Et M. de Lincourt, élevant la voix, appela :
— Jean !

Aussitôt un homme sortit d'une tente accolée à celle du comte et formant une sorte d'annexe.

Cet homme barbu, moustachu, à l'œil vif et intelligent, à la physionomie rude et à la mine rébarbative, avait tout l'air d'un trappeur ou d'un squatter.

Il portait la blouse de chasse et les bottes fortes des trappeurs ; mais, singularité bizarre, il avait pour coiffure le béret blanc des pâtissiers et chefs de cuisine de Paris ; un large tablier à bavette également blanc lui descendait du menton à la cheville et l'enveloppait aux trois quarts.

Ce personnage se présenta devant le comte, la main droite ouverte à la hauteur de son béret et la gauche passée dans la bavette de son tablier.

Il ne se permit pas la moindre question et attendit, dans un respectueux silence, qu'on voulût bien lui donner des ordres.

M. de Lincourt se tourna vers le baron.
— Je vous présente mon cuisinier, dit-il.

« C'est un chef dont vous avez pu déjà apprécier le talent, et que certaines circonstances ont amené à embrasser le métier de trappeur, un métier qu'il exerce depuis longtemps avec une intelligence et une valeur exceptionnelles. »

Ces paroles élogieuses du comte enchantèrent le cuisinier.

Ses yeux brillèrent d'un vif éclat, sa grosse moustache s'écarta dans un sourire et laissa voir deux grosses lèvres rouges.

— On fait ce qu'on peut, mon commandant, dit-il avec une visible satisfaction.

— Et on n'arrive pas toujours à contenter son monde, n'est-ce pas?

« Enfin voyons un peu si aujourd'hui tu as trouvé le moyen de nous préparer un dîner convenable.

« Fais-nous connaître tes ressources, maître Jean ! »

Le cuisinier ne s'attarda pas dans de longues réflexions.

— Du gibier, dit-il.

« Un peu de plume.

« Beaucoup de poil.

— Toujours du gibier ! fit le comte d'un air dégoûté.

« Quelle déplorable cuisine

« Cela devient d'une écœurante monotonie.

« Enfin, quels sont ces plumes et ce poil?

— Des chevaliers, quelques canards et une cane-pétière, voilà pour la plume

— Pouah ! fit M. de Lincourt.

« Quelle pitié !

« Mais, malheureux, toute cette volaille aquatique doit sentir horriblement l'édredon, la vase, le marécage !

« C'est désolant !

« Passons au poil, je vous prie !

— Filets de daim, rognons de sanglier, opossum bardé et rôti, langue de buffle en daube.

— C'est tout? demanda le comte.

— Pardon, commandant ! j'ai encore des grenouilles frites...

— Incroyable nargue du hasard ! s'écria M. de Lincourt.

« J'allais te demander du poisson, et tu m'offres des grenouilles !

« Y songes-tu, malheureux?

« Tu veux me faire manger des grenouilles qui ont été prises nécessairement sur les bords de la lagune, et tu n'as pas songé à me faire pêcher quelques poissons dans cette même lagune, où il doit s'en trouver en quantité?

— Permettez, commandant ! fit maître Jean

blessé dans son amour-propre de cuisinier.

« J'ai pensé à vous procurer du poisson.

« Je sais très-bien qu'il n'en manque pas dans la lagune.

« J'ai prié mes pourvoyeurs ordinaires d'aller à la pêche.

« Mais pour la première fois ils m'ont envoyé promener.

« Impossible de les décider à s'aventurer du côté des marécages.

— Et pourquoi? demanda le comte avec une certaine irritation.

« Fais appeler ces hommes !

— Inutile, commandant! fit le cuisinier avec le plus grand calme.

« Ils sont dans leur droit, et moi-même je me garderais bien de m'abandonner aux plaisirs de la pêche dans des parages aussi dangereux.

— Dangereux, dis-tu? interrogea M. de Lincourt.

— Nom d'une lèchefrite ! je crois bien! s'écria le cuisinier.

« C'est plein de caïmans, par ici.

« Et ils sont de taille.

« Vous avez vu celui de Tomaho?

« Il y en a non-seulement dans l'eau, mais les berges boueuses du plus petit bayou en sont infestées.

— Mais, fit le comte, il me semble que l'on peut toujours se débarrasser de ces animaux en leur livrant bataille et pêcher tranquillement ensuite?

— Mon commandant, dit maître Jean, quand les alligators sont en nombre, on ne les met pas en fuite facilement.

« Rappelez-vous l'aventure de nos camarades qui auraient infailliblement péri sans le canon et les obus du Sauveur. »

L'exemple était récent, le fait concluant. Mais M. de Lincourt n'était pas homme à abandonner facilement une idée.

Les obstacles, loin de l'effrayer, l'attiraient au contraire.

Il était homme à éprouver moins de satisfaction pour le succès obtenu qu'à cause de la difficulté vaincue.

— Je comprends, dit-il, que mes trappeurs ne s'exposent pas pour prendre quelques poissons.

« Je leur ai recommandé la plus grande prudence et je renouvellerai ma recommandation.

« Mais je ne renonce pas à l'espoir de manger du poisson.

« Et j'en aurai, quand je devrais bombarder toute la lagune, quand je devrais pulvériser à coups de canon le dernier caïman. »

Puis, se tournant vers le cuisinier, le comte ajouta :

— As-tu tout ce qu'il te faut pour accommoder des anguilles à la tartare ?

— Oui, mon commandant.

— Fort bien !

« Tiens-toi donc prêt !

« Il y en a, des anguilles, dans cette lagune, n'est-ce pas?

— En quantité, mais....

— J'en mangerai, affirma le comte ; il ne sera pas dit que des caïmans m'auront empêché de satisfaire une fantaisie.

« Va ! »

Le cuisinier fit quelques pas pour s'en aller, mais il se ravisa :

— Mon commandant, j'oubliais... dit-il.

— Quoi donc?

— J'ai encore un autre plat pour le dîner.

— Ah! et lequel?

— C'est une surprise.

— Comment, une surprise?

— Oui; un trappeur qui veut garder l'anonyme vous offre un mets qu'il dit excellent et que vous ne connaissez pas.

— J'accepte, fit M. de Lincourt, mais à condition de me nommer ce mets en me servant et....

« Mais quel est donc ce tapage? dit-il en s'interrompant.

— Je crois cette agitation causée par l'arrivée du fourgon que vous voyez se diriger de ce côté, remarqua M. de Senneville.

— En effet, dit le comte, tout le monde se porte au-devant de ce chariot.

« Il doit y avoir du Sans-Nez ou du Tomaho là-dedans. »

Cependant le fourgon signalé par M. de Senneville avançait très-lentement.

C'était celui qui avait été emmené quelques heures auparavant par Tomaho et une dizaine de trappeurs.

Il revenait très-chargé, car les quatre mulets tiraient à plein collier et les roues traçaient de profondes ornières.

En apercevant leurs camarades, les gens du camp, mus par la curiosité, étaient allés en foule à leur rencontre.

Les questions allaient grand train :
— D'où venez-vous?
« Avez-vous fait bonne chasse?
« Qu'est-ce que vous rapportez?
« Pourquoi ce caïman de Tomaho sur votre wagon?
« C'est une surcharge inutile!
« Quel gibier avez-vous trouvé? »

A toutes ces questions, les trappeurs ne répondaient que par un silence mystérieux.

Ils se contentaient de faire des signes que personne ne comprenait, ou d'exciter encore la curiosité en disant :
— Attendez! attendez!
« Tout à l'heure, vous allez nous porter en triomphe. »

Tomaho, son wagon et ses compagnons arrivèrent enfin devant la tente de M. de Lincourt, située au milieu du camp.

Le géant s'approcha du comte qui, à sa vue, ne put retenir une exclamation enthousiaste.
— Bravo, Cacique! s'écria-t-il.
« Il n'y a que vous pour commettre de pareils exploits cynégétiques.
« Je vous proclame le plus grand chasseur de toute la caravane. »

L'admiration de M. de Lincourt était pleinement justifiée.

Tomaho était littéralement couvert de gibier, et, malgré sa force, il pliait sous la charge.

A en juger par les résultats, il s'était surtout occupé, suivant sa coutume, de tuer du même gibier; et, ce jour-là, les ressources de la contrée avaient singulièrement favorisé ses goûts.

De longues guirlandes d'oiseaux de toute espèce lui pendaient des épaules aux jarrets et lui donnaient, comme l'avait déjà dit Sans-Nez, l'apparence d'un étalage de marchand de gibier ambulant.

L'aspect du géant enguirlandé de plumages multicolores était vraiment étrange.

C'était un mélange et une profusion de couleurs à défier les plus habiles pinceaux.

On pouvait distinguer cependant des chapelets de rouges et d'albrans, de bécassines, de culs-blancs, de merles et de grives, d'ortolans et de gélinottes, de becfigues et de guignards, de rouges-gorges des marais, de vanneaux, de râles, de pluviers, de ramereaux et de toutes sortes d'oiseaux à la chair fine et délicate.

Tomaho ainsi enguirlandé s'était donc arrêté devant M. de Lincourt.

Il reçut son compliment en homme sachant à quoi s'en tenir sur sa valeur.

Puis, laissant glisser à terre son chargement, il répondit avec un calme tout indien :
— Pour le repas du soir de mon frère le chef pâle.

Le comte allait remercier le géant, quand tout à coup l'attention générale fut attirée par des sons étranges venant du fourgon, qui stationnait à quelques pas et autour duquel un nombreux groupe s'était formé.

Ce bruit ne ressemblait à aucun autre bruit : il n'avait rien d'humain; ce n'était pas la voix d'un animal, et jamais instrument de musique n'a rendu pareils sons.

C'était une succession de craquements rappelant vaguement ceux que produiraient des crécelles de différentes grosseurs que l'on ferait tourner alternativement dans l'intérieur d'un tambour.

Les trappeurs écoutèrent un instant cette musique extraordinaire, se demandant d'où elle pouvait bien venir.
— C'est dans le wagon, disait l'un.
« Ils ont découvert un animal que nous n'avons jamais entendu chanter.
— C'est une farce! disait l'autre.
« Il y a quelqu'un d'enfermé dans le fourgon.
— Mais non! fit une voix; c'est le caïman de Tomaho!
— Allons donc!
« Il est mort.
— Je vous dis que c'est lui.
« Tenez, il remue la gueule.
— C'est vrai! c'est vrai!
« Il est ressuscité, » s'écrièrent **plusieurs** trappeurs.

Et tous les regards se fixèrent sur le caïman, dont le corps énorme couvrait tout le dessus du fourgon.

L'étrange musique continuait; de temps en temps, la vaste gueule du saurien s'entr'ouvrait et les sons devenaient plus criards et moins caverneux.

Soudain la gueule s'ouvrit toute grande!...

Il n'y eut qu'un cri suivi d'un long éclat de rire :

— Sans-Nez!

C'était en effet le Parisien lui-même.

Il avait ouvert la gueule du monstre à grand'peine, et il maintenait les mâchoires écartées avec un long pieu.

Il pouvait se tenir debout.

— Encore un petit air avant la grande représentation! dit-il.

Et embouchant une espèce de grosse trompette en roseau, il en tira ces sons bizarres qui avaient excité l'étonnement de tous.

Quand il eut terminé son morceau, il frappa trois coups de son instrument sur le rebord du wagon et cria :

— Ouvrez la porte!

Aussitôt les barres de fer qui maintenaient le fond du fourgon tombèrent et la porte s'ouvrit à deux battants.

Le cercle formé par les trappeurs s'élargit soudain et des cris de terreur se font entendre :

— Des serpents!

« Des serpents! »

Mais bientôt à ces cris succèdent de joyeuses exclamations et ce mot circule dans la foule :

— Des anguilles!

Un énorme tas d'anguilles vient en effet de rouler à terre.

Le wagon en est plein, bourré.

Elles sont vivantes, et il y en a d'une taille monstrueuse.

Tout cela se tord, s'enroule, rampe et tombe en nappe du fourgon.

C'est à la fois magnifique et terrifiant, car on dirait d'énormes serpents.

Les trappeurs restaient stupéfaits devant cet amoncellement.

Il y avait là plus de deux mille anguilles de toutes longueurs et de toutes grosseurs.

Et personne ne pensait à s'emparer de celles déjà tombées à terre, qui, guidées par leur instinct, reprenaient le chemin de la lagune.

Sans-Nez, toujours dans son caïman, rappela ses compagnons à la réalité.

Il commença par jouer de sa trompette en manière d'avertissement, puis, s'avançant sur le seuil de son nouveau domicile, il prit la parole et déclama sur un ton de saltimbanque faisant une annonce du haut de ses tréteaux :

— Mesdames et messieurs!

« Écoutez l'étonnante, la surprenante, la renversante histoire d'une pêche miraculeuse inventée par le grandissime Tomaho, exécutée par ce géant extraordinaire, toute sa troupe et votre serviteur.

« On débute par confectionner une trompette marine pour Sans-Nez qui se fourre dans le caïman du grand Tomaho, joue des airs variés pendant qu'on le promène sur les eaux de la lagune et met en fuite tous les autres caïmans.

« Pendant le concert, le grand Tomaho profite de l'absence des caïmans, qui ont horreur de la musique, pour explorer les profondeurs des bayous et des lagunes.

« Pêche miraculeuse, mesdames et messieurs!

« A chaque coup de filet, des paquets, des bottes, des tas d'anguilles!

« Jamais on n'a vu, jamais on ne verra chose pareille!

« Maintenant, qu'il vous suffise de savoir que vous avez des vivres pour deux jours, qu'il est de votre devoir de nous voter des remerciements et surtout de ne pas laisser retourner notre gibier dans l'élément perfide qui est le sien.

« Allons, mesdames et messieurs, précipitez-vous sur l'ennemi!

« Tuez, assommez, dépouillez!

« Je vais vous refaire un peu de musique pendant ce temps-là. »

Et Sans-Nez se remit à jouer de sa trompette pendant que la caravane se partageait les produits de cette pêche vraiment extraordinaire.

Ce partage, ou plutôt la difficulté de s'emparer des plus grosses anguilles et de les tuer, donna lieu à plus d'un incident comique.

Bien des hommes ne savaient comment s'y prendre pour se rendre maîtres de leur part de butin, et leur force ne suffisait pas toujours.

Tomaho lui-même, après avoir fixé son choix sur la plus grosse anguille qu'il put trouver, n'arriva pas sans peine à la tuer.

Il y eut entre eux lutte terrible, combat acharné.

Enroulée autour du corps et des membres du géant, l'énorme bête ressemblait à un véritable boa, et certes elle eût brisé les os d'un homme de taille ordinaire.

Malgré sa vigueur, Tomaho fut un moment enveloppé et serré avec une telle force qu'il pensa succomber, et il aurait succombé en effet si, profitant d'un mouvement de la bête qui lui laissa le bras droit libre, il ne lui eût brisé la tête d'un coup de hache.

Demeuré victorieux, le géant chargea son anguille sur son épaule et alla à M. de Lincourt qui, avec le baron de Senneville, suivait toute cette scène avec autant de plaisir que d'intérêt.

— Mon cher Tomaho, lui dit le comte, recevez mes félicitations et mes remerciements !

« Vous ne pouviez mieux employer vos talents de pêcheur.

« Grâce à vous, la caravane, fatiguée du gibier, des salaisons et des conserves, va se livrer à un véritable régal.

— Le chef pâle est content, dit le géant, je suis heureux.

Et, laissant glisser à terre son énorme anguille, il ajouta :

— Je donne à mon frère le plus gros serpent d'eau.

— Grand merci ! dit le comte.

Et il fit emporter l'animal par maître Jean et un de ses aides.

— Tomaho, reprit-il, vous avez eu une merveilleuse idée, et je suis touché de vos attentions.

« Je ne sais vraiment comment vous féliciter et vous remercier.

— Que mon frère le chef pâle m'écoute, dit le géant après avoir réfléchi quelques secondes.

« Il peut me donner une grande joie.

— Parlez donc, mon cher Tomaho ! fit le comte avec empressement.

« Je serais enchanté de vous être agréable.

— Mon frère est un noble de son pays, dit gravement le géant.

« Il est d'une grande et ancienne famille.

« Moi aussi, je suis un noble de ma nation.

« Mes ancêtres étaient de puissants caciques de Patagonie et d'Araucanie.

« Moi aussi, j'ai été un grand cacique.

« Un Visage-Pâle menteur et perfide a trompé mon peuple et m'a fait chasser de mon pays.

« Je suis devenu trappeur.

« Mais je suis toujours noble et cacique.

« Je suis l'égal de mon frère le chef pâle. »

Le comte et M. de Senneville écoutèrent ce préambule avec autant de surprise que de curiosité.

« Où diable voulait en venir le géant ? » se demandaient-ils.

— Mon cher Tomaho, lui dit M. de Lincourt, j'ai pour vous la plus grande estime, vous le savez, et je vous considère non-seulement comme mon égal, mais comme mon ami.

« Parlez ! Que voulez-vous ?

— Je veux partager le repas du soir avec mon frère, dit le géant.

— Quoi ! s'écria le comte, c'est là ce que vous désirez ?

« Je suis enchanté de votre idée.

« Je n'ai qu'un regret, c'est de ne l'avoir pas prévue.

« Et je suis sûr que mon ami le baron sera enchanté de faire votre connaissance.

— Assurément, dit M. de Senneville en souriant.

« Le nom du cacique d'Araucanie est assez célèbre pour que je désire connaître celui qui le porte. »

Le géant fixa sur le baron un regard où se pouvaient lire en même temps la surprise et la satisfaction.

— Mon frère étranger savait mon nom? demanda-t-il.

— Depuis longtemps, par les journaux, répondit M. de Senneville.

La bonne figure du géant s'éclaira d'un large sourire.

Il était enchanté de se savoir si célèbre.

— Je raconterai à mon frère comment ce perfide Touneins...

— Oui, oui, interrompit le comte.

« Vous nous raconterez votre affaire à dîner.

« En attendant, laissez-moi vous offrir l'absinthe.

« Aimez-vous l'absinthe, Tomaho ?

— Puisque mon frère en boit! répondit simplement le géant.

— C'est juste ! vous pouvez en boire comme moi.

« Mais c'est que nos verres vont vous paraître petits. »

Le géant désigna du doigt la bouteille aux trois quarts vide en disant :

— Le verre est inutile.

— Comme il vous conviendra, dit M. de Lincourt en échangeant un coup d'œil avec le baron.

Et il fit servir une bouteille pleine.

Le géant éleva le goulot à hauteur de ses lèvres et se versa dans la bouche la moitié à peu près de la bouteille.

Il goûta en conscience cette absinthe pure et l'avala sans sourciller.

Puis il dit avec conviction :

— Je n'ai jamais bu d'eau-de-feu aussi bonne.

M. de Lincourt et le baron le regardèrent avec une véritable stupéfaction.

« Tudieu ! quel gosier ! » pensa le comte. Et de son côté M. de Senneville se dit :

« Malgré sa force, s'il vide cette bouteille, il va être gris comme plusieurs Polonais. »

Le géant ne s'aperçut pas de l'étonnement qu'il causait.

Ce fut avec le plus grand calme qu'il renoua la conversation.

— Je suis content, dit-il, de faire un repas en compagnie de mon frère pâle ; mais, comme je mange beaucoup, j'ai pensé que je devais apporter...

— Non pas, interrompit le comte, je vais donner des ordres pour que notre menu soit considérablement augmenté..

— Que mon frère se rassure, dit le géant.

« Mon repas doit être prêt.

« Avant mon retour, j'avais déjà envoyé du gibier aux trappeurs qui s'étaient engagés à me le faire cuire.

« Je vais leur demander s'ils ont tenu leur promesse.

« Mes frères n'attendront pas longtemps. »

Et saisissant sa bouteille d'absinthe, le géant l'acheva d'un coup et à la régalade.

Puis il s'éloigna dans la direction de sa tente.

— Quel homme extraordinaire ! dit alors M. de Senneville.

« Jamais je ne me serais imaginé un pareil type.

— Vous n'avez rien vu encore, fit le comte.

« Tomaho est inconcevable.

« Moi-même je ne puis m'habituer à le voir sans éprouver toujours une sorte d'étonnement admiratif.

« Si je ne me trompe, je penserais même qu'il nous réserve quelque surprise.

« Un homme de son caractère ne fait jamais rien sans raison.

« Et en venant ainsi me demander à dîner avec moi, sans apparence de nécessité, il obéit certainement à quelque secrète pensée.

« Vous verrez que je vois juste.

— Je ne conteste rien, dit le baron.

« Mais laissez-moi vous faire observer que, s'il boit le vin dans la même proportion que l'absinthe, soyez sûr qu'il sera complètement gris longtemps avant la fin de notre dîner.

— Je ne réponds de rien, fit le comte.

« Mais je crois pouvoir vous affirmer que Tomaho ne s'enivre jamais, quelle que soit la quantité de boisson qu'il absorbe.

« D'ailleurs peu importe !

« Et, à propos, vous ne me dites rien de Sans-Nez ?

« Ne trouvez-vous pas que c'est une personnalité des plus originales ? »

M. de Senneville se contenta de répondre :

— Un drôle de corps, oui.

« Un farceur assurément !

— Décidément il ne vous va pas, observa le comte.

« C'est que, comme je vous le disais, vous ne le connaissez pas assez.

« Vous ne tarderez pas à changer d'avis, j'en suis persuadé. »

En ce moment, des bruits de voix qui allaient se rapprochant attirèrent l'attention des deux causeurs.

— Eh ! mais, fit M. de Lincourt, je ne me trompe pas.

« C'est déjà Tomaho qui revient.

« Il me semble qu'il est escorté d'un nombreux personnel.

« Qu'est-ce que ça veut dire ?

« Ils sont une douzaine.

— Si tout ce monde apporte des victuailles, observa M. de Senneville, nous aurons de quoi dîner pendant quinze jours.

— Rien ne m'étonne de la part de ces diables de trappeurs, dit le comte.

« Ils sont tous plus ou moins fantaisistes, et il n'est pas de drôleries qu'ils n'inventent.

« Mais attendons, nous jugerons. »

Quelques minutes après, Tomaho et son escorte arrivaient devant M. de Lincourt et le baron.

Six hommes, qui se relayaient tous les trente pas, portaient sur deux longues perches une énorme masse noirâtre, couverte de cendres et environnée de vapeurs et de fumée.

Le comte et son ami examinèrent cette masse sans pouvoir deviner ce qu'elle pouvait bien être au juste.

Cela avait bien la forme vague, indécise, d'un animal de grande taille, tel qu'un bœuf, un bison, un élan; mais impossible de préciser.

Le comte ne se donna pas la peine de chercher longtemps.

Qu'est-ce donc que cet amas de chairs onisées?

— C'est mon dîner, répondit Tomaho en faisant signe à ses porteurs de s'en aller.

— Votre dîner! s'écria M. de Lincourt avec des signes non équivoques de profond dégoût.

« Mais vous n'y pensez pas, Tomaho!

« Votre cuisine est infecte.

« Vous ne goûterez jamais de cette viande brûlée où adhèrent encore des vestiges de poils et de peau durcie.

— Mon frère ne sait pas, dit le géant avec un sourire.

« Quand il m'aura vu manger, il n'aura plus de répugnance.

— Vous m'étonnez, mon cher Cacique, dit M. de Lincourt fort peu convaincu.

« Peu importe d'ailleurs!

« Vous êtes libre de faire une cuisine selon vos goûts. »

En ce moment, maître Jean sortit de son laboratoire de toile et annonça solennellement :

— M. le comte est servi!

On passa dans la salle à manger, c'est-à-dire sous la tente de M. de Lincourt.

Trois couverts étaient dressés sur une table d'assez petite dimension et faisant partie des bagages du comte.

Tomaho jeta un regard sur ce meuble trois fois grand comme ses deux mains réunies; il parut se demander si jamais il pourrait se faire assez petit pour trouver une place et assez léger pour ne pas broyer le pliant qui devait lui servir de siège.

M. de Lincourt surprit le regard et l'embarras qu'il traduisait.

— Nous serons un peu à l'étroit, dit-il, mais pour une fois...

« Je vais d'ailleurs vous faire apporter un siège plus solide.

— Que mon frère ne s'inquiète pas, dit le géant.

« Je vais aller chercher une table et une chaise pour moi. »

Il sortit, et cinq minutes après il rentra, portant sous chaque bras deux énormes quartiers de roche qu'il disposa à sa convenance.

M. de Senneville était stupéfait de voir avec quelle facilité le géant remuait ses deux énormes blocs de pierre.

Il ne put s'empêcher de faire cette réflexion :

— Un guéridon et un escabeau de mille kilogrammes! murmura-t-il.

« Cela promet.

— Vous en verrez bien d'autres, lui dit le comte tout bas.

En ce moment, maître Jean et un de ses aides servirent les premiers plats.

Sur un ordre muet du comte, ils en placèrent plusieurs devant Tomaho.

Mais celui-ci les repoussa en disant :

— Que mes frères apportent le taureau sauvage que j'ai fait déposer à l'entrée du wigwam.

« Ils l'ouvriront et y trouveront mon dîner. »

Les cuisiniers sortirent pour exécuter cet ordre, et ce ne fut pas sans peine qu'ils parvinrent à introduire sous la tente l'énorme bête qui paraissait à demi calcinée.

Obéissant aux instructions de Tomaho, maître Jean fendit dans toute sa longueur la peau du ventre du taureau.

Une odorante vapeur se répandit dans la tente.

— Je comprends, dit alors le comte au géant.

« C'est un rôti à la caraïbe que vous avez perfectionné.

— Je ne sais pas, répondit simplement le géant.

« Je ne puis dire qu'une chose :

« Les guerriers de mon pays ne prennent pas d'autre nourriture quand ils voyagent hors de leur territoire de chasse. »

Bientôt les cuisiniers, dégarnissant à grands

coups de fourchettes l'intérieur du taureau, remplirent nombre de plats de gibier fumant, cuit à point et exhalant d'appétissants parfums.

Le géant ordonna de placer plusieurs de ces plats sur la table de son hôte; puis, faisant un choix des pièces les plus délicates, il en couvrit symétriquement une large assiette.

Il prit ensuite une fleur qui ornait l'agrafe de son manteau, et la posa sur l'assiette qu'il tendit à maître Jean en disant :

— Pour Conception !

On le voit, le géant n'oubliait pas sa femme, et ses attentions délicates, ses petits soins disaient assez qu'il en était plus amoureux que jamais.

Tout en mangeant, le comte et M. de Senneville observaient le géant.

Ils échangèrent un coup d'œil, et M. de Lincourt eut un sourire qui disait clairement :

— Le procédé n'est-il pas d'un excellent mari en même temps que d'un amant passionné?

— Étrange personnage ! murmura le baron.

Tomaho, ayant accompli ses devoirs d'époux, se mit consciencieusement à dîner.

Il plaça devant lui un premier plat qui se composait d'une centaine de petits oiseaux gros comme des ortolans.

Puis, ayant extrait d'un étui d'écorce une sorte de fourchette à deux branches longues chacune de trois doigts, il enfila cinq ou six oiseaux, n'en fit qu'une bouchée, et continua ainsi jusqu'à ce que le plat fût vide.

Il ne s'interrompit, de minute en minute, que pour vider d'un trait une des nombreuses bouteilles toutes débouchées que le comte avait fait placer à sa portée.

Au premier plat succéda le second, puis le troisième et enfin tous ceux qui se trouvaient sur le rocher servant de table au géant.

Jusque-là le dîner avait été silencieux.

Tomaho mangeait et buvait en conscience.

M. de Lincourt et le baron admiraient son appétit.

Quand il ne vit plus rien devant lui, le géant vida coup sur coup trois bouteilles, et s'adressant à maître Jean, il lui demanda :

— Que reste-t-il dans le taureau?

— Un marcassin, répondit le cuisinier.

« Faut-il vous le servir, Cacique?

— Oui.

— Tout entier?

— Oui, répéta le géant en tirant son énorme couteau à scalper dont il se servait pour découper.

Le marcassin fut apporté.

Il était énorme.

Tomaho se mit à le dépecer avec adresse, puis il choisit deux morceaux délicats qu'il présenta à M. de Lincourt et au baron.

Ceux-ci acceptèrent en le complimentant sur la perfection de son procédé culinaire.

— Je vous félicite doublement, mon cher Cacique, ajouta le comte.

« Car, si vous n'aviez pas apporté votre plat, vous auriez fort mal dîné.

— Mon frère se trompe, dit le géant avec un mystérieux sourire.

« On mange toujours bien avec des Visages-Pâles.

« Je sais qu'ils possèdent tout ce qui est indispensable pour compléter un bon repas. »

Le sens exact de ces dernières paroles échappa au comte, et le ton sur lequel elles furent prononcées l'intrigua.

— Que voulez-vous dire, Cacique? demanda-t-il.

« Expliquez-vous plus clairement.

— Non ! fit le géant.

« Plus tard. »

Et, se renfermant dans un silence complet, il commença l'attaque de son marcassin.

Il mangea et but comme s'il venait de se mettre à table.

Il absorbait des morceaux énormes, broyait les gros os à moelle et buvait une bouteille toutes les trois bouchées.

C'était effrayant.

M. de Senneville le considérait avec un véritable effarement, et le comte s'amusait des mines effarouchées du baron.

Le dessert fut enfin servi.

M. de Lincourt remarqua que Tomaho s'était hâté d'en finir avec son marcassin et qu'il regardait avec attention les assiettes et coupes pleines de fruits, de pâtisseries sèches, etc.

Il l'observa avec plus d'attention.

Tout à coup le visage du géant s'anima, un sourire vint entr'ouvrir ses lèvres, et son regard demeura fixé sur un petit gobelet de cristal à pied d'argent dans lequel se trouvaient une douzaine de cure-dents.

Le comte suivit bien la direction du regard, mais il chercha en vain à s'expliquer ces traces d'émotion qu'il remarquait.

Poussé par la curiosité, il se décida à interroger Tomaho qui, dans une sorte d'extase, ne quittait pas des yeux les cure-dents.

— Cacique, lui dit-il, qu'avez-vous donc?

« Il me semble que vous êtes inquiet, préoccupé?

— Mon frère ne se trompe pas, répondit le géant.

« Qu'il m'écoute.

« Je veux qu'il sache d'abord que je ne suis pas venu m'asseoir dans son wigwam sans raison, comme l'aurait fait un étourdi.

« J'avais un projet.

« Je suis heureux d'avoir partagé le repas de mon frère, mais ma joie sera bien plus grande quand je connaîtrai le secret des Visages-Pâles.

— Cacique, je ne vous comprends pas bien, fit M. de Lincourt en échangeant un regard avec le baron.

« Expliquez-vous !

Tomaho montra le petit gobelet aux cure-dents.

— Sans-Nez m'a dit, fit-il, que ces petits trucs sont le complément indispensable d'un bon repas.

« Je sais qu'il m'a dit la vérité.

« Mais il a refusé de me faire connaître les mots qu'il faut prononcer pour réussir. »

Le comte eut grand'peine à retenir son envie de rire en entendant cette confidence du brave géant.

Et de son côté M. de Senneville dut, pour ne pas éclater, se fermer la bouche hermétiquement avec un coin de sa serviette foulé en tampon.

Ils parvinrent pourtant à se contenir tous deux, et M. de Lincourt demanda sérieusement à Tomaho :

— Je voudrais bien savoir par suite de quelle circonstance Sans-Nez a été amené à vous faire cette confidence.

— Je vais le raconter à mon frère, dit le géant.

Et il entama avec le plus grand sérieux le récit exact de la comédie jouée par le Parisien devant les sachems et le corps du Sauveur.

Puis il montra la carte de Sans-Nez et avoua qu'il avait dû employer la violence pour obtenir ce précieux talisman.

M. de Senneville et le comte eurent la force d'écouter sans rire cette burlesque histoire.

L'un ne voulait pas froisser le géant, et l'autre craignait de manquer aux convenances envers son hôte.

Cependant Tomaho était occupé à déboucher une bouteille de champagne qu'il voulait boire sans rien perdre.

M. de Lincourt profita du moment pour échanger à mi-voix quelques réflexions avec le baron :

— Quand je vous le disais! fit-il tout bas.

« Cette offrande de Sans-Nez n'est-elle pas une spirituelle protestation contre cette coutume indienne d'amonceler les vivres sur la tombe d'un mort?

« Et cette carte de visite avec le *pour prendre congé* ne dit-elle pas finement que le Parisien n'avait pas la moindre sympathie pour le Sauveur?

« Avouez, mon cher, que ce garçon n'est pas sot.

— Certainement non, il n'est pas sot, dit M. de Senneville.

« Mais son esprit est déplaisant, et je trouve dans toute cette farce un côté sceptique, agaçant et irritant.

— Esprit parisien, fit M. de Lincourt.

Et il observa Tomaho qui, avec une adresse de sauvage, avait bu son champagne sans en renverser une goutte.

Le géant jeta la bouteille vide, tira ses

plumes taillées de sa ceinture, les montra au comte et à M. de Senneville, et termina son histoire en disant :

— J'ai voulu demander les mots magiques à Tête-de-Bison.

« Il s'est mis à rire comme une femme folle, et tous les autres trappeurs l'ont imité.

« Je n'avais plus qu'à m'adresser à mon frère le grand chef pâle.

« Je me suis arrêté sous son wigwam; j'ai partagé ma chasse avec lui. Il me fera entendre les paroles magiques et je pourrai me servir de mes petits trucs. »

M. de Lincourt et le baron avaient lutté jusque-là contre une furieuse envie de rire.

La naïveté, les airs solennels et convaincus du géant eurent raison de leur volonté.

Ils éclatèrent.

Alors Tomaho, profondément affecté, reprit avec des reproches dans la voix :

— Mes frères se moquent de moi, comme Sans-Nez, comme Tête-de-Bison, comme les autres trappeurs.

« Ils veulent garder le secret des Visages-Pâles. »

L'air triste et décontenancé du brave géant était vraiment plus pitoyable que risible.

— Mon cher Cacique, dit le comte redevenu sérieux, en apparence du moins, il ne sera pas dit qu'en vous adressant à moi vous aurez mal placé votre confiance.

« Vous allez savoir comment les hommes de ma race complètent un bon repas. »

Et M. de Lincourt, ayant fait un signe d'intelligence au baron, découvrit un petit vase d'argent doré à l'intérieur et aux trois quarts plein d'une espèce de gelée ou de confiture de couleur verdâtre.

Puis, se servant d'un cure-dent en guise de cuillère, il mangea un peu de cette gelée.

M. de Senneville l'imita.

Tomaho observait avec attention tous leurs gestes.

Il écoutait même, **pensant entendre quelque invocation magique.**

Mais le comte se borna à lui dire :

— Cacique, prenez une de vos plumes et faites comme nous.

« C'est ainsi que nous terminons un bon repas. »

Tomaho ne se fit pas répéter l'invitation. Il s'empressa de plonger l'une de ses grosses plumes d'aigle dans les confitures et, tout en faisant un peu la grimace, il en avala une forte dose.

— Pas bon! dit-il quand il eut bien goûté.

— Vous vous y ferez.

« Recommencez, lui dit le comte.

« Vous êtes plus grand et plus fort que nous, vous avez besoin de plus de *complément*. »

Le géant absorba une seconde dose, puis une troisième et une quatrième.

Il eût volontiers continué, mais le comte l'arrêta.

— Assez! lui dit-il.

« Dans quelques minutes, vous saurez ce que c'est que le complément d'un repas de Visages-Pâles. »

Cependant M. de Lincourt et le baron entamèrent une de ces agréables conversations de dessert dans lesquelles l'esprit s'exerce sans fatigue.

Le sujet de l'entretien était tel que Tomaho pouvait y prendre part.

Mais le géant gardait un silence obstiné. Il attendait.

Et le comte riait sous cape en l'observant.

Bientôt le brave Cacique se trouva pris d'une invincible envie de dormir.

Ses yeux se fermaient malgré lui ; sa tête et son torse avaient ces battements lents et réguliers qui précèdent le sommeil.

Il s'accouda sur sa table de pierre, s'y coucha à demi et s'y endormit enfin.

— Décidément, dit alors le comte, mon hachich est excellent.

« Le colosse est vaincu.

« Hâtons-nous, avant de nous abandonner nous-mêmes aux rêves dorés d'un délicieux sommeil, de le faire enlever. »

Et M. de Lincourt appela maître Jean.

— Faites porter le Cacique dans sa tente, ordonna-t-il.

Cinq minutes après, le géant, porté par douze hommes, traversait le camp.

Les trappeurs accueillirent le convoi par des rires et des plaisanteries plus ou moins salées.

— Ah! le grand dégoûtant! s'écriaient-ils les uns après les autres.

« Il s'est soûlé!

« Il est ivre-mort!

« Quel plumet!

« Faut-il qu'il en ait absorbé!

« Il en a au moins trois barriques dans le ventre.

« Attends un peu, Cacique, ta femme va 'en donner!

« Tu seras fouetté, mon garçon!

« Conception t'en fera porter! »

Quantité de quolibets du même genre et plus ou moins traduisibles accompagnèrent le géant jusqu'à sa tente.

Conception, en voyant son époux dans cet état, s'imagina comme tout le monde qu'il était ivre.

Elle lui dit mille injures et tenta inutilement de le réveiller.

Mais Tomaho était insensible, et son sommeil léthargique résista aux cris et aux tiraillements de l'épouse irritée.

Le lendemain, quand il sortit de sa tente, Tomaho se trouva en présence de Sans-Nez et d'une douzaine de trappeurs rassemblés par ce dernier.

On attendait son réveil pour s'égayer un peu à ses dépens.

— Eh bien! mon vieux Cacique, lui dit le Parisien, étais-tu assez pochard hier soir?

« Il paraît qu'on dîne bien chez le comte!

« Grand soulaud!

« Tu n'as pas honte?

« Je parie que tu n'as pensé qu'à licher et que tu ne sais pas encore te servir de mes trucs! »

En entendant les railleries insolentes de Sans-Nez et en voyant ses airs gouailleurs, le géant fronça d'abord les sourcils.

Mais au mot de truc, son visage se rasséréna tout à coup; il eut un joyeux et malin sourire et répliqua avec bonne humeur :

— Mon frère se trompe, dit-il.

« Je sais me servir de ses trucs comme les Visages-Pâles.

« J'ai mangé du *complément* avec un truc.

« Et j'ai dormi.

« Pendant mon sommeil, des génies m'ont emporté dans les heureux territoires de chasse du grand Vacondah.

« J'ai poursuivi le gibier des prairies du ciel, et chaque fois que j'atteignais un élan, une biche, un buffle, je trouvais une femme plus belle que Conception. »

Ici le géant poussa un long soupir et demeura un instant absorbé dans ses souvenirs.

Puis, avec un geste plein d'expression, il ajouta :

— Je remercie mon frère Sans-Nez.

« Il m'a parlé le premier du *truc du bonheur*.

« Il peut être moqueur et bavard.

« Je le pardonnerai toujours. »

Le Parisien et les autres trappeurs écoutaient le géant avec une surprise que l'on conçoit.

Que voulait-il dire avec son *truc du bonheur*?

Que lui était-il arrivé en réalité?

Sans-Nez essaya d'une question.

— Alors le comte t'a donné quelque chose à boire ou à manger?

— Le chef pâle m'a donné du *complément indispensable*, répondit le géant.

« Quand je dînerai avec lui, il m'en donnera encore. »

Le Parisien et les trappeurs voulurent poser d'autres questions à Tomaho, mais celui-ci s'éloigna fièrement en disant :

— Le truc du bonheur est un bon truc.

CHAPITRE CXXLV

LA COULEUVRE SIFFLE ET REDRESSE LA TÊTE

Le soleil vient de disparaître.

Ses derniers rayons flambent encore à l'occident.

L'horizon se dessine nettement dans un éclatant rougissement.

La lumière empourprée de l'astre radieux brûle là-bas dans l'éloignement profond; elle s'élève et colore le ciel d'un rose ardent, puis elle monte pâlissante jusqu'au zénith et borne la nuit d'une immense écharpe violette.

Sur la terre, un jour blafard éteint le reflet et noircit l'ombre.

Partout le vague.

Le point éclairé s'entoure d'une pâle auréole.

Le fond sombre s'élargit d'une obscure pénombre.

Au milieu d'une vaste plaine, sur un plateau dénudé, sont dressées en désordre une cinquantaine de tentes.

Des hommes circulent, s'agitent, parlent haut dans l'enceinte du campement.

D'autres immobiles, silencieux, isolés, sont disséminés sur les postes, aux abords du plateau.

Ce sont autant de sentinelles veillant à la sûreté de tous.

Dans la plaine déserte, un ombre fait tache sur le fauve tapis des herbes desséchées par le soleil.

Cette ombre s'avance dans la direction du campement; elle marche rapidement, et, chose étrange! sans le moindre bruit.

Les tiges sèches des plantes semblent s'écarter sur son passage et se courber sous son silencieux glissement.

Quelle est cette ombre dont une enveloppe flottante semble cacher des formes humaines?

Une dernière lueur crépusculaire la revêt d'une auréole d'un rouge sanglant.

Par moments, son long manteau pareil à un suaire s'écarte, et il semble former les ailes d'une gigantesque chauve-souris.

Malgré sa marche silencieuse, le fantôme fut aperçu par une sentinelle, qui lança un cri d'avertissement.

Aussitôt un long sifflement se fit entendre, et la sentinelle reprit tranquillement sa faction en se disant :

— C'est la Couleuvre.

C'était en effet la Couleuvre qui pénétrait dans le camp des pirates de la bande John Huggs.

Il y avait conseil ce soir-là, et le capitaine avait rassemblé ses lieutenants et formé une sorte de conseil de guerre.

Il s'agissait de prendre une résolution définitive au sujet de la caravane du comte de Lincourt.

Pouvait-on se rendre maître de cette caravane, et par quel moyen?

Ou devait-on abandonner toute tentative contre les trappeurs?

Telle était la question à débattre.

John Huggs et ses pirates étaient depuis une demi-heure déjà en discussion quand la Couleuvre, écartant silencieusement la porte de toile de la tente, fit son apparition.

A l'aspect de cet homme, les pirates cessèrent tout à coup leur bruyante discussion.

Ils gardèrent un profond silence, non par respect pour le nouveau venu, mais plutôt par crainte.

Cet homme était devenu le génie.

Mauvais génie, sans doute, que chaque jour ils apprenaient à craindre.

Ils connaissaient sa puissance et ils en redoutaient les terribles effets.

Cependant la Couleuvre s'approcha de John Huggs, échangea une poignée de main avec lui et dit d'une voix claire, limpide et vibrante :

— Camarades, je n'aime pas les batailles, et je trouve qu'il est inutile d'en parler plus longtemps ici.

« Les coups de fusil et de couteau, c'est très-gentil, mais ça ne mène à rien.

« Donc, ne parlons plus guerre, combats et le reste!

« Vous pensez bien que depuis longtemps j'avais conçu un plan qui devait vous mener tout droit et sans le moindre danger au but que nous cherchons à atteindre.

« La caravane Lincourt était dans ma main avant huit jours.

« Malheureusement un accident que le plus malin n'aurait certainement pas prévu est venu déranger toutes mes combinaisons.

« Cet imbécile de Sauveur, en se tuant, a détruit tous mes calculs.

« J'avais construit une admirable machine dont ce Sauveur était le principal rouage.

« Il meurt, tout est brisé.

« Je pourrais perdre mon temps à vous expliquer longuement quels étaient les résultats certains que j'attendais de la lutte entre M. de Lincourt et le Sauveur.

« Je vous étonnerais, je vous aveuglerais d'éblouissements.

« Mais à quoi bon, maintenant?

« Mes projets n'étaient pas nés viables, paraît-il.

« N'en parlons plus.

« Non pas qu'il me déplaise de vous faire juges de la façon dont je conduis une affaire.

« Mais, voyez-vous, camarades, je déteste les longs discours quand ils sont inutiles, et je trouve qu'en toute occasion on a plus d'avantage à se taire qu'à parler. »

Ici la Couleuvre fit une légère pause, promena un regard défiant sur son auditoire et ajouta :

— Comme vous pouvez le croire, je ne suis pas de ceux qui n'ont qu'une corde à leur arc.

« J'en ai beaucoup, de cordes, et je crois même posséder plusieurs arcs.

« Donc, mon premier plan n'ayant pas réussi, j'en ai cherché un second.

Et je l'ai trouvé.

« Mais comme il n'est pas nécessaire que je vous le communique, je vous prie de vous retirer et de me laisser seul avec le capitaine. »

Pas un des lieutenants ne parut disposé à obéir à cette invitation.

Des murmures se produisirent même, et les plus déterminés réclamèrent au nom de leurs camarades qui n'osaient pas élever la voix.

— Nous sommes en conseil, dirent-ils.

« Il s'agit d'entreprendre une affaire.

« Nous voulons délibérer, selon la coutume.

« Vous n'avez pas plus de droits que le capitaine.

« Nous ne voulons pas marcher sans savoir où nous allons. »

La Couleuvre écouta ces réclamations des pirates.

Il n'y répondit que par un ricanement sec et strident.

Puis il fit un pas en avant, leva les bras, les étendant à hauteur de sa tête comme deux longues antennes ornées de griffes grêles et pointues.

La pâleur terne et blafarde de son visage, son regard tantôt brillant et incisif comme un jet de lumière électrique, tantôt morne et phosphorescent comme celui d'un fauve; son geste anguleux, rapide, fugitif comme celui d'une ombre, sa démarche ondulante et silencieuse; tout en lui inspirait la répulsion, le dégoût, l'effroi même.

Il y avait du vampire dans cet homme.

Dominés par son geste, par la puissance magnétique de son regard, les pirates reculèrent.

Silencieux et atterrés, ils gagnèrent un à un la porte de la tente et disparurent.

Un lugubre éclat de rire poursuivit le dernier.

La Couleuvre resta seul avec John Huggs.

Les deux bandits s'accroupirent sur un amas de peaux étendues sur un lit d'herbes sèches.

Ils causèrent à voix basse.

Leur entretien dura longtemps.

Un double éclat de rire le termina.

La voix rauque de John Huggs et le timbre clair de la Couleuvre donnèrent un accord bizarre, étrange, funèbre.

CHAPITRE CXXV

L'HOMME-VAMPIRE

Sept jours se sont écoulés.

La caravane a quitté les plaines marécageuses qui avoisinent le Colorado.

Elle est loin du fleuve, maintenant.

Elle avance à marches forcées dans d'immenses plaines arides, presque dépourvues de végétation, semées de pierres roulantes ou de longues bandes de roches formant platières.

L'eau est devenue rare.

On ne trouve plus que de petites sources de loin en loin, et à peine suffisantes.

Les animaux souffrent; les hommes se demandent avec inquiétude quand finira leur supplice, et ils interrogent l'horizon à chaque pas, dans l'espoir d'y découvrir des arbres, une forêt, c'est-à-dire l'ombre, la fraîcheur et l'eau.

Malheureusement, la route suivie est la seule possible.

La nature semble l'avoir tracée elle-même en échelonnant presque en ligne droite ces sources trop peu abondantes, mais si précieuses pourtant.

D'après les indications de Grandmoreau, il faut encore plusieurs jours de marche pour sortir de cette contrée aride.

Mais le vieux trappeur affirme qu'avant d'arriver sur un meilleur terrain on trouvera une source très-abondante où l'on pourra faire provision d'eau pour continuer la marche en avant.

Il est vrai que, au dire de Grandmoreau, cette bienheureuse source est encore éloignée de dix lieues et qu'il faudra encore passer une longue journée de fatigue avant d'y arriver.

Mais le Trappeur est sûr de ce qu'il avance, et personne ne perd courage

La caravane n'a pas d'ailleurs beaucoup souffert encore.

On a perdu quelques animaux de trait seulement.

Mais comme les wagons chargés de vivres et de grains s'allègent de jour en jour, on peut sans grand inconvénient dédoubler un attelage de temps en temps.

Un homme se tient accroupi sur une roche auprès de la source dont Grandmoreau a signalé l'existence.

Cet homme n'est autre que la Couleuvre.

Trente cavaliers caracolent autour de lui.

Ce sont des pirates de la bande de John Huggs.

La Couleuvre, dans une pose nonchalante, regarde évolutionner ses cavaliers.

Un sourire écarte ses lèvres minces et laisse voir une double rangée de dents fines et pointues.

Son œil brille d'un vif éclat.

Son front paraît s'être élargi.

Et il semble qu'une légère teinte carminée anime ses joues creuses et blêmes.

Évidemment la Couleuvre éprouve une grande satisfaction intérieure.

Il est content de lui-même.

Il se félicite d'avoir commis habilement quelque mauvaise action, quelque crime peut-être.

De même, les trente pirates qui vont et viennent autour de lui paraissent on ne peut plus joyeux.

Ils causent, rient, chantent comme des gens qui se sentent heureux d'avoir mené à bien une difficile besogne.

Mais tout à coup la gaieté des pirates tomba et la Couleuvre laissa de côté ses agréables réflexions.

Pourquoi ce subit changement?

Pourquoi cette inquiétude?

En suivant la direction de tous les regards fixés sur un même point, on pouvait s'expliquer cette nouvelle attitude des bandits.

Un fort détachement de cavalerie venait de surgir d'un pli de terrain à environ huit cents pas, et il se dirigeait au grand trot vers la fontaine.

Dans la prairie, les apparitions de ce genre sont généralement peu rassurantes, et les pirates ont trop d'ennemis pour que la crainte d'une surprise ne les tienne pas constamment en éveil.

Cependant les cavaliers approchaient rapidement.

Ils ne faisaient aucune manifestation hostile, et pourtant les bandits n'étaient pas rassurés.

Il leur sembla que les nouveaux venus portaient des vêtements européens, et c'est surtout d'un Européen qu'un pirate doit se défier.

Mais à mesure que le détachement gagnait du terrain, les craintes se dissipaient, et la Couleuvre finit par dire:

— Ce sont des Peaux-Rouges.

« Il n'y a aucun danger.

— Possible! observa un pirate.

« Mais je me demande pourquoi ils ont abandonné leurs costumes indiens pour se déguiser de la sorte.

— Eh! je comprends! s'écria tout à coup la Couleuvre.

« Ce sont des éclaireurs de la fameuse armée de don Matapan et de Sable-Avide. »

Et, comme les pirates ne paraissaient pas comprendre, le bandit ajouta:

— Je vous raconterai l'affaire tout à l'heure.

« C'est toute une histoire, et elle est drôle. »

En ce moment, les premiers cavaliers arrivaient à la fontaine.

La Couleuvre s'approcha d'eux sans aucune hésitation.

Il leur souhaita la bienvenue à l'indienne, ainsi que cela se pratique au désert entre deux troupes amies qui se rencontrent.

Habile et rusé, il sut questionner sans exciter la méfiance.

Les Indiens lui répondirent en toute sincérité.

Quand il se trouva suffisamment renseigné, il renouvela ses souhaits, rejoignit sa troupe et s'éloigna avec elle.

Aux demandes d'explications qui lui furent adressées, il répondit:

— Je ne me trompais pas.

« C'est une avant-garde de l'armée de don Matapan.

« L'ancien gouverneur et son ami Sable-Avide ne sont pas loin. »

Et la Couleuvre, toujours bien renseigné, raconta comment cette armée de Peaux-Rouges avait été formée, costumée et pourvue d'instruments de musique.

Il parla de la prise d'Austin, de la punition infligée aux habitants, et dit en terminant:

— Les tribus commandées par Sable-Avide sont soumises à la reine et à son frère l'Aigle-Bleu.

« Sachant que la caravane des trappeurs doit passer ici, ils ont coupé au court et sont venus au-devant d'elle.

« Leur intention est de prendre les ordres de leur reine.

— Fameuse idée qu'ils ont eue là! dit un pirate.

— Le lieu du rendez-vous est bien choisi, fit un autre.

— Le hasard a parfois de terribles fantaisies, ajouta un troisième.

— Oui, le hasard! murmura la Couleuvre avec un mauvais sourire.

« On dirait que c'est moi qui l'ai inventé, ce hasard-là ! »

Depuis un moment, un bruit étrange se faisait entendre.

Les pirates s'arrêtèrent pour écouter.

Le bruit devint bientôt tintamarre.

L'armée musicienne de don Matapan apparut tout à coup sur le sommet de la colline, suivant les traces de son avant-garde.

Les bandits contemplèrent à distance cette troupe singulière; leurs rires que rien ne semblait motiver en apparence répondirent au joyeux charivari des Peaux-Rouges.

Une note claire, retentissante et plaintive comme le cri de la hulotte, domina les voix rauques des pirates.

C'était le sifflement de plaisir de la Couleuvre.

Ce bandit, à en juger par l'expression de sa face de démon, était dans le ravissement.

Et ce fut avec l'accent d'une joie infernale que, montrant le soleil couchant, il lança cette prédiction :

— Demain, ton premier rayon éclairera un singulier spectacle !

CHAPITRE CXXVI

JOYEUSE VEILLE, TRISTE LENDEMAIN

L'armée de don Matapan était toujours la même.

Les Peaux-Rouges avaient conservé les défroques dépareillées, les uniformes impossibles dans lesquels ils se pavanaient avec une imperturbable gravité.

Ces costumes de carnaval, qui n'étaient pas très-frais quand don Matapan les avait achetés, se trouvaient alors fortement râpés ; plus d'un coude perçait l'étoffe, plus d'une jambe de pantalon pendait en lambeaux, et de nombreux accrocs laissaient apercevoir la doublure du vêtement ou l'épiderme cuivré de son propriétaire.

Les Indiens avaient également conservé leurs instruments de musique, et c'était toujours avec le même acharnement qu'ils se donnaient les plus diaboliques concerts.

Enfin une insouciante gaieté animait constamment cette troupe étrange, et sa marche à travers les savanes semblait être une longue cavalcade, une interminable promenade de mi-carême.

De nouveaux déguisements, plus baroques que tous les autres, étaient venus ajouter encore au burlesque de cette mascarade déjà si complète.

L'armée, après le départ du colonel d'Eragny, de Grandmoreau et des autres trappeurs, avait séjourné pendant quelque temps aux environs d'Austin, et les Indiens avaient, en chassant, recueilli des femmes qui, tout emplumées, s'étaient éloignées de la ville et égarées dans les forêts.

Ces malheureuses avaient pour la plupart été reconduites à Austin; mais quelques-unes ayant voulu rester, les Peaux-Rouges les gardèrent.

Parmi ces dernières se trouvait cette dona Maria, ancienne maîtresse de don Matapan, que cependant on avait emplumée comme tout le monde.

Cette vieille, qui, malgré tout, jouissait encore d'une certaine influence sur le gouverneur, s'était fait reconnaître, et elle partageait sa tente.

Elle s'entendait d'ailleurs très-bien avec Belle-Plume, la fille de don Matapan, devenue madame Sable-Avide.

Aussi mauvaises et acariâtres l'une que l'autre, elles se disputaient souvent, se battaient quelquefois, mais s'accordaient toujours pour faire enrager leurs hommes et même les battre quand ils étaient assez gris pour n'avoir plus la force de se défendre.

Dès que ses Indiens eurent installé leur bivouac, dont la fontaine occupait le centre, don Matapan, selon son habitude, s'occupa de faire préparer à manger.

Il choisit lui-même le gibier qui devait lui être servi ainsi qu'à son ami Sable-Avide.

Puis il ouvrit un wagon dont lui seul avait la clef et fit transporter à sa tente une quantité de bouteilles de diverses formes.

Ces dispositions prises, il parcourut le camp, donna des ordres pour la nuit et rejoignit Sable-Avide qui montait la garde auprès des bouteilles.

Les deux chefs se préparèrent à dîner.

Un Européen qui aurait vu pareil dîner et pareils dîneurs, se serait cru transporté dans quelque contrée inexplorée de la terre, ou il se serait imaginé voir se réaliser le rêve de quelque romancier fantaisiste.

Don Matapan et Sable-Avide, que le lecteur connaît, étaient déjà deux types d'une bien singulière originalité.

Mais ils étaient dépassés en excentricité par leurs femmes.

Belle-Plume, d'abord, portait un costume impossible.

Pour plaire à son mari, elle avait consenti à s'habiller à l'indienne et à se laisser imprimer quelques tatouages sur la figure et les bras.

Mais, malgré l'insistance de Sable-Avide, elle n'avait jamais voulu changer sa coiffure européenne.

Avec son costume indien, elle portait donc un chapeau à rubans de couleur tendre, orné de fleurs artificielles fripées et fanées.

Elle avait même ajouté à ces fleurs un magnifique panache de plumes d'aigle.

Impossible de s'imaginer plus étrange et plus ridicule contraste !

Dona Maria, emplumée de la tête aux pieds, n'était pas moins bizarre.

C'était bien le plus drôle d'animal que l'on puisse voir.

Don Matapan, qui lui passait la main dans les plumes quand il était en belle humeur, l'avait surnommée la *Mère l'Oie*.

La pauvre vieille avait bien tenté de se débarrasser de son plumage, mais inutilement : il était admirablement collé.

Elle avait également essayé de le cacher sous des vêtements, mais elle avait dû abandonner cette idée à cause de la chaleur insupportable qu'il lui fallait endurer.

Elle avait fini par se résigner.

Don Matapan et Sable-Avide étaient donc servis par leurs femmes, qui d'habitude ne prenaient place à table que vers le milieu du repas.

Elles apportèrent des viandes rôties et plusieurs brochettes de petits oiseaux.

Avant de toucher à un seul mets, don Matapan fit prestement sauter le bouchon d'une bouteille de champagne, se versa une pleine coupe et but qu'au sachem en disant :

— Il n'y a rien de meilleur pour ouvrir l'appétit.

« Buvons à la santé des braves Austinois, qui avaient des caves si bien montées !

— Mon frère a raison, dit gravement Sable-Avide après avoir bu.

« Je l'approuve.

— Et moi, je n'approuve pas, dit Belle-Plume d'un air revêche.

« Notre provision de vin diminue et vous ne paraissez pas y faire attention.

« Je m'inquiète, moi.

« Si vous continuez à boire comme vous le faites, notre réserve n'ira pas loin.

« Depuis deux jours, vos guerriers sont à l'eau et vous ne désoûlez pas.

« C'est une honte !

« Buvez du vin, mais mettez de l'eau dedans ! »

En disant ces derniers mots, madame Sable-Avide tendit son verre et ajouta :

— Versez-moi du champagne !

Dona Maria l'imita en silence.

Don Matapan, le goulot de la bouteille dans sa main, jeta un malicieux regard sur les deux femmes.

— Pardon ! dit-il.

« Vous nous reprochez de trop boire et vous voulez boire comme nous !

« Vous êtes inconséquentes !

« Nous ferons des économies, puisque vous le demandez.

« Et pour commencer je confisque votre part de vin.

« Buvez de l'eau, si vous avez soif. »

Belle-Plume eut un geste de colère et de menace.

— Ah ! pas de méchancetés ! s'écria l'ex-gouverneur.

« Je ne fais que suivre vos conseils.

« Quant à boire de l'eau, le sachem et moi, vous savez que c'est impossible.

« Nous avons juré sur votre tête, ma fille, de ne jamais tremper nos lèvres dans ce fade et impur liquide aimé des grenouilles.

« Nous sommes gens d'honneur, vous le savez.

« Un serment solennel nous engage.

« Nous ne l'oublierons jamais.

« Quand nous n'aurons plus de vin, nous prendrons d'autres villes, nous pillerons d'autres caves. »

Et remplissant de nouveau sa coupe et celle de Sable-Avide, don Matapan tendit la bouteille vide à sa fille en ajoutant :

— Allez chercher de l'eau fraîche.

Les deux femmes sortirent en maugréant.

Don Matapan, enchanté de son acte de sévérité, s'écria d'un air triomphant :

— Voilà comment il faut se conduire avec les femmes !

Sable-Avide, qui avait gardé le silence jusque-là, ne paraissait pas toutefois approuver son beau-père.

— Mon frère a tort, lui dit-il.

« Quand nous aurons bu beaucoup, ce soir, nous serons faibles comme des enfants.

« Les squaws seront là.

« Elles sont méchantes et fortes.

« Elles nous battront.

— Bah! et notre garde? fit don Matapan.

« N'ai-je pas prévu le cas?

« Au moindre geste, nous n'avons qu'à crier, et les guerriers qui veillent à l'entrée de notre tente nous protégeront.

— Mon frère est prudent, dit le sachem qui n'était pas complètement rassuré.

« Mais les squaws sont méchantes et rusées.

— Je ne les crains pas! fit bravement l'ex-gouverneur.

Et il se mit à manger avec appétit.

Sable-Avide l'imita, mais il demeura visiblement préoccupé.

Toutefois il n'en perdit ni une bouchée ni une gorgée, et, à l'exemple de don Matapan, il se mit à boire comme un ivrogne en possession d'une cave inépuisable.

Cependant les deux femmes rentrèrent.

A l'aspect de son épouse dont l'attitude décelait l'irritation, le sachem ne put s'empêcher de tressaillir.

Il s'attendait à un grand éclat.

Il fut trompé.

Belle-Plume et dona Maria commencèrent à dîner sans prononcer une seule parole.

Ce silence était plus inquiétant que des reproches violents.

Pour se donner une contenance, Sable-Avide se mit à boire avec acharnement.

Le verre ne quitta plus ses lèvres.

Don Matapan, dont la large face s'empourprait à vue d'œil, affecta de ne pas remarquer la rentrée des femmes.

Mais quand il les vit silencieuses et résignées, il se demanda s'il ne s'était pas montré trop sévère et même injuste.

Quand sa fille se versa un plein verre d'eau sans lui adresser le moindre reproche, il fut attendri.

Il prit le verre, jeta l'eau, la remplaça par du bordeaux dont il versa également une rasade à dona Maria.

Il s'attendait à un sourire, à un mot de remerciement.

Ce fut un reproche qu'on lui adressa.

— Il est un peu tard, lui dit Belle-Plume en buvant.

« Vous nous avez traitées comme des gueuses tout à l'heure : nous ne l'oublierons pas, malgré vos faux airs de repentir.

— Nous nous vengerons! ajouta la duègne avec un regard furieux.

« Ce sera justice.

« Il faut que vous soyez punis.

« Nous ne supporterons pas plus longtemps vos honteux déportements. »

Don Matapan voulut protester.

Sa fille l'interrompit aux premiers mots.

— Dona Maria a raison! s'écria-t-elle.

« Sable-Avide me trompe.

« Depuis que ces femmes d'Austin suivent notre troupe, il est toujours auprès d'elles.

« Il me délaisse pour ces aventurières.

« C'est un guerrier lâche et déloyal. »

Le sachem bondit à cette insulte.

Il leva la main sur son épouse.

Mais celle-ci évita la gifle et Sable-Avide retomba assis.

Il était déjà gris.

De leur côté, don Matapan et dona Maria s'injuriaient avec non moins d'entrain.

Les propos se changèrent bientôt en insultes et en invectives furieuses.

Une bataille devint imminente.

Elle eut lieu.

Les claques et les égratignures allèrent grand train.

Don Matapan, ayant reçu une forte gifle de sa duègne, craignit un moment de ne pas être le plus fort.

Il appela la garde qui devait le protéger, ainsi que le sachem, en cas de défaite.

Mais aucun guerrier ne répondit à son appel.

— Ils se seront endormis, pensa-t-il.

Et il recommença à taper de son mieux.

Cependant les femmes avaient trop compté sur leur force.

Comme tout en se chamaillant elles n'avaient cessé de boire, elles étaient aussi grises que leurs adversaires.

La colère et l'agitation du combat les achevèrent.

Elles furent vaincues et demandèrent grâce.

Don Matapan n'était pas méchant, et Sable-Avide adorait sa femme.

Ils pardonnèrent.

Les deux couples se remirent à boire.

Mais Sable-Avide gardait rancune à Belle-Plume

Il profita d'un moment favorable pour dire tout bas à don Matapan :

— Les squaws nous gênent.

« Il faut nous en débarrasser.

— Nous en débarrasser? demanda l'ex-gouverneur avec une certaine inquiétude.

« Comment l'entends-tu?

— En leur faisant boire beaucoup d'eau de feu brûlée, dit le sachem.

« Elles dormiront du sommeil de l'ivresse et nous serons libres.

— Ah! voilà un moyen qui me convient! fit don Matapan.

Et, s'adressant aux femmes, il s'écria :

— Mes enfants, je vous propose de terminer la soirée par un grand punch...

« Le punch de la réconciliation! »

Cette proposition fut accueillie avec enthousiasme.

Belle-Plume et dona Maria se mirent aussitôt à exécuter les préparatifs nécessaires; quatre bouteilles de rhum furent versées dans une espèce de saladier en métal, et bientôt la flamme bleuâtre de l'alcool jeta ses lueurs blafardes sur les visages enluminés de nos quatre personnages.

Les femmes, tout à l'heure si méchantes, étaient devenues charmantes.

Elles babillaient, riaient et se montraient d'une gaieté folle.

Belle-Plume faisait mille agaceries à Sable-Avide, qui les accueillait avec mauvaise humeur.

Dona Maria, de son côté, lançait à don Matapan ses œillades les plus amoureuses.

Cependant la flamme du punch baissait.

Belle-Plume la souffla tout à coup en disant :

— Il est assez cuit.

« Buvons! »

La liqueur encore brûlante fut goûtée et déclarée exquise.

En moins de dix minutes, le saladier fut vidé.

Grâce aux manœuvres de Sable-Avide et de don Matapan, les femmes avaient bu deux fois plus qu'eux.

L'effet d'un tel excès ne tarda pas à se produire.

Belle-Plume tomba en murmurant :

— Encore!... j'ai soif... verse!

Et dona Maria, vaincue par le lourd sommeil de l'ivresse, s'endormit bravement le verre aux lèvres.

Don Matapan considéra sa vieille maîtresse avec une dédaigneuse pitié.

— Ça voudrait enterrer un buveur de mon espèce! dit-il en haussant les épaules.

« Ces femelles ne doutent de rien! »

Et il enleva avec précaution le verre à moitié plein que tenait encore dona Maria, le vida d'un trait en ajoutant :

— Il ne faut rien laisser perdre, puisque nos provisions s'épuisent.

Pendant que l'ex-gouverneur pratiquait l'économie à sa manière, son gendre se livrait à une occupation qui paraissait l'absorber entièrement.

Don Matapan le remarqua.

— Que fabriques-tu donc là? lui demanda-t-il en s'approchant.

« C'est la bretelle de ton fusil, cette courroie? »

Sable-Avide fit un signe affirmatif.

— Pourquoi ce bout de bois? questionna encore l'ex-gouverneur.

« Est-ce que tu veux y mettre un manche, à ta bretelle de fusil?

— Oui, fit le sachem.

— Drôle d'idée! remarqua don Matapan.

« Tu veux donc en faire un martinet, un fouet à double lanière?

— Oui, répéta Sable-Avide.

— Tu as donc quelqu'un à fouetter?

— Oui.

— Qui donc?

Le sachem montra Belle-Plume en disant :

— La squaw m'a battu, je veux la battre.

— Malheureux! s'écria don Matapan qui après tout était le meilleur des pères en même temps que le plus faible.

« Tu veux battre ma fille?

— Je veux punir la squaw pâle qui est devenue mon esclave, dit gravement le sachem.

— Je te le défends, misérable!

Mais don Matapan aurait dû savoir qu'il est difficile de vaincre l'obstination d'un homme agissant sous l'empire de la boisson.

Or le sachem avait une idée d'homme soûl, comme disent les ivrognes, et il s'y tenait.

Il s'approcha de sa femme endormie et leva sa double lanière.

Don Matapan essaya de lui arrêter le bras.

Effort inutile !

Sable-Avide le jeta à terre d'un coup de coude.

Le fouet se releva menaçant...

Heureusement inspiré, don Matapan s'écria en tombant :

— Punch!

Ce seul mot épargna une rude correction à Belle-Plume.

Le sachem laissa retomber son bras en disant :

— Mon frère veut encore boire de l'eau-de-feu?

— Toujours! fit don Matapan en se relevant.

« Laisse là ta bretelle de fusil et aide-moi à préparer un second bol. »

Sable-Avide se rendit avec empressement à cette attrayante invitation.

Bientôt le rhum flamba de nouveau et nos deux intrépides buveurs vidèrent encore un plein bol.

Le sachem ne résista pas à ce nouvel exploit.

Il roula sur le sol et s'endormit entre sa femme et dona Maria.

Don Matapan, qui s'était un peu ménagé, avait conservé quelque force et une partie de sa raison.

Il se souvenait d'avoir appelé à son secours les guerriers qui avaient mission de le protéger contre les agressions fréquentes de dona Maria et de sa fille

On n'avait pas répondu à ses cris d'appel, et il avait conçu de l'inquiétude.

Les Peaux-Rouges qui composaient sa garde ordinaire lui étaient dévoués ; ils n'avaient jamais manqué de lui porter secours en toute occasion.

Que signifiait cette négligence inaccoutumée?

Il voulut le savoir.

Il se dirigea en titubant vers le panneau de toile qui fermait l'entrée de la tente.

Il sortit.

Malgré l'absence de la lune, qui ne devait se lever que plus tard, la nuit était splendidement éclairée.

Les étoiles brillaient d'un feu vif dans les profondeurs du ciel.

Elles se détachaient vigoureusement dans les noirs lointains de l'éther.

Elles perçaient de leurs scintillants rayonnements le bleu diaphane de notre terrestre atmosphère.

Ces milliers de soleils éclairant des mondes inconnus projetaient jusque sur la terre leur lumière pâlie par l'éloignement.

Ils rendaient moins lourde et moins pesante l'ombre qui couvrait la plaine aride où campaient les guerriers indiens de don Matapan.

Et l'ex-gouverneur, dont l'ivresse trou-

blait le regard, pouvait néanmoins apercevoir les limites extrêmes de son camp.

En sortant de sa tente, don Matapan avait été saisi d'abord d'un profond étonnement.

Les guerriers chargés de le protéger n'étaient pas à leur poste.

— La discipline s'en va! murmura-t-il.

« Il faudra prendre des mesures rigoureuses. »

Puis il fit quelques pas dehors.

— Tiens! se dit-il tout haut, tout le monde dort.

« Pas de musique, pas de danses ce soir!

« C'est assez drôle.

« Mais il me semble que j'entends des plaintes, des gémissements!

« J'en vois là-bas qui ne dorment pas, ou ils rêvent qu'ils font de la gymnastique.

« Ils se démènent comme des diables aspergés d'eau bénite.

« J'irais bien voir ce que c'est, mais j'ai un peu bu ce soir et je ne me sens pas solide sur mes jambes.

« Comme je veux qu'on me respecte et que je tiens à la discipline, je ne me montre pas.

« Je voudrais pourtant bien savoir ce que signifie ce sommeil général et extraordinaire.

« Ah! j'y suis!

« Il sont tous soûls.

« Je suis là à chercher!... c'est tout simple.

« Ce n'est pas la première fois que pareille chose leur arrive.

« Quels pauvres êtres que ces Indiens!

« A part Sable-Avide, mon gendre, il n'y en a pas un qui sache boire. »

Puis, une réflexion lui venant tout à coup, don Matapan reprit :

— Mais qu'est-ce que je dis ? des bêtises, certainement.

« Non, ils ne sont pas soûls.

« Où auraient-ils pris du vin ou de l'eau-de-vie?

« Décidément, je n'y comprends plus rien.

« Il faut que ces animaux-là aient découvert une source d'eau-de-feu, comme ils disent.

« Après tout, quoi d'étonnant?

« On trouve bien des sources d'huile.

« Oui, il se passe quelque chose d'extraordinaire.

« Demain, j'éclaircirai cela

« En tout cas, s'ils ont trouvé une source d'eau-de-vie, ma résolution est arrêtée d'avance :

« Je me fixe dans cet heureux pays. »

Tout en caressant cette excellente idée, don Matapan reprit le chemin de sa tente.

Avant de rentrer, il jeta un dernier coup d'œil sur son camp endormi en disant :

— Mes enfants, je vous souhaite un sommeil paisible.

« Ne faites que de beaux rêves.

« Bonsoir!

« Je vais me coucher en pensant que je verrai bientôt le trappeur Bois-Rude et que je le battrai au champagne. »

Et l'ex-gouverneur rentra sous sa tente sans faire attention aux gémissements, aux plaintes lamentables qui partaient de tous les points du camp.

L'air froid de la nuit l'avait complétement grisé.

Il n'entendait, ne voyait plus rien.

Les lueurs pâles de l'aube blanchissent l'azur du ciel à l'orient.

Les ombres de la nuit fuient rapidement, se hâtant d'aller couvrir de leurs voiles noirs les contrées et les peuples d'un autre hémisphère.

Peu à peu de légères teintes rosées animent la froide pâleur de l'aube.

C'est l'aurore naissante qui vient dire à la nature :

— Voici la lumière, voici la chaleur, voici le soleil.

« Renais à la vie. »

Et les fleurs s'ouvrent, les oiseaux chantent, l'air s'emplit de bruit : il semble que la terre s'éveille et respire.

L'astre radieux paraît enfin.

Ses chauds rayons dissipent les vapeurs matinales, égouttent la rosée et vont réveiller l'insecte endormi sous la mousse épaisse des grands bois.

Don Matapan et Sable-Avide sont sur le seuil de leur tente.

Ils paraissent complétement remis de leurs excès de la veille.

Cependant leur visage est sombre, leur attitude est indécise et inquiète.

L'armée, chaque jour sur pied avant le lever du soleil, est encore endormie.

Les bruits accoutumés qui accompagnent le réveil des guerriers ne se font point entendre.

Pas la moindre agitation, pas un signe de vie.

Partout, dans le camp, un silence profond.

Pas une voix humaine, pas un souffle dans l'air.

Les chevaux ne saluent pas le jour de leurs joyeux hennissements ; ils ne piétinent pas leurs entraves, et le sol ne retentit pas sous leurs sabots impatients.

Le calme qui environne les deux chefs est terrifiant.

C'est l'inattendu au réveil, le vague dans la réalité succédant à l'incohérence du songe.

C'est la sensation partielle du néant causée par l'absence du bruit ; c'est on ne sait quoi de vide, à la fois menaçant et glacial.

Le camp est là, il est... puisqu'on le voit : mais il semble qu'un souffle destructeur a passé sur l'armée, et l'œil cherche instinctivement l'ombre de la mort, dont l'oreille donne à l'esprit le pressentiment sinistre.

Cependant don Matapan a conservé un vague souvenir de ces plaintes, de ces gémissements qu'il a entendus dans la nuit.

Il pressent un grand malheur.

Il redoute quelque terrible catastrophe.

Il est en proie à une mortelle inquiétude.

— J'ai peur! dit-il à Sable-Avide.

« Il se passe des choses extraordinaires.

« Ce silence m'épouvante.

« Il me semble que notre armée toute entière est morte.

— Mon cœur est troublé, dit le sachem, et mon esprit s'inquiète.

« Mes narines frémissent comme celles du coursier frappées par les senteurs âcres et fétides qui se dégagent d'un champ de repos funèbre.

« Mon frère a flairé un désastre.

« Q'il m'accompagne.

« Nous allons visiter le camp. »

Pâle, tremblant, vacillant sur ses jambes grêles, l'ex-gouverneur suivit Sable-Avide.

Ils arrivèrent à un feu où fumaient encore quelques tisons.

Dix Indiens étaient là étendus, immobiles et paraissant sommeiller.

Sable-Avide s'approcha et posa la main sur la poitrine nue de l'un des guerriers.

— Mort ! dit-il d'une voix sourde.

Il se pencha vers un second, lui prit le bras et le souleva.

Le membre était rigide et lourd.

— Mort ! répéta le sachem.

Il toucha un troisième Indien.

— Mort ! dit-il encore.

Don Matapan le regardait d'un air abruti.

Il suivait tous ses mouvements d'un œil égaré.

Il était stupéfait, consterné, anéanti.

— Tous morts ! murmura-t-il d'une voix à peine intelligible.

« Pas une blessure !...

« Pas une goutte de sang !...

« Qui donc les a tués ?...

« Quel fléau, quelle peste les a foudroyés ?...

— Que mon frère ne se lamente pas comme une squaw, dit Sable-Avide avec une résignation et un calme tout indiens.

« Allons visiter les autres feux. »

L'ex-gouverneur fit un effort suprême ; il put marcher.

Il suivit le sachem.

Mais ses genoux tremblaient, ses dents claquaient comme s'il eût gelé à vingt degrés, et une sueur froide lui perlait au front.

Les deux chefs arrivèrent à un autre groupe :

Encore des cadavres !...

Ils passèrent à un troisième, à un quatrième :

Toujours des cadavres !...

Ils parcoururent tout le camp :

Toujours, toujours des cadavres !...

Ils arrivèrent à l'endroit où l'on avait parqué et entravé les chevaux et mulets :

Pas un de ces animaux n'était vivant.

Le souffle mortel qui avait foudroyé les hommes n'avait épargné aucun être.

C'était une scène navrante, lugubre, épouvantable.

Partout la mort.

Partout la désolation.

Le camp n'était plus qu'un immense charnier !...

Don Matapan et Sable-Avide, mornes et silencieux, se dirigèrent vers leur tente.

A chaque pas, ils étaient obligés de se détourner pour ne pas se heurter contre les cadavres.

Ils arrivèrent près de la fontaine située au centre du camp.

Les morts étaient plus nombreux sur ce point.

Sable-Avide rompit le premier le silence.

Superstitieux comme tous ceux de sa race, il ne voyait qu'une vengeance du ciel ou du mauvais esprit dans cet anéantissement de tous ses guerriers.

— Le grand Vacondah est terrible quand il punit, dit-il, mais il est juste.

« S'il a permis que la mort touche mes frères, c'est qu'ils étaient coupables. »

Don Matapan ne croyait guère au surnaturel et il faisait volontiers bon marché de l'influence divine en toute circonstance.

La réflexion absurde du sachem le tira de la noire rêverie qu'il subissait.

— Coupables de quoi ? fit-il en haussant les épaules.

« S'ils sont coupables de quelque mauvaise action, ne le sommes-nous pas autant qu'eux ?

« Alors, pourquoi es-tu vivant et moi aussi ?

« Et d'ailleurs, les chevaux, qu'avaient-ils fait ?

« Sont-ils doués de raison, pour que le Vacondah les frappe ?. »

Embarrassé par cette question, le sachem ne répondit pas.

— Il faut chercher une explication plus raisonnable, reprit don Matapan.

« Et d'abord, si j'en crois mes pressentiments, nos hommes sont morts victimes d'un ou de plusieurs gredins ayant intérêt à anéantir notre armée.

« Quels sont ces scélérats? Je n'en sais rien encore, mais ce dont je suis bien certain, c'est qu'ils existent. »

Et se rapprochant de Sable-Avide, l'ex-gouverneur lui dit avec une conviction profonde :

— Sachem, nos guerriers sont morts empoisonnés !

— Empoisonnés !

« Comment?

— Oui, répéta don Matapan en désignant la fontaine.

« Cette eau contient un poison mortel.

« Hommes et animaux en ont bu :

« Ils sont morts.

« Ma fille, dona Maria et nous deux, nous n'en avons pas avalé une goutte.

« Nous vivons. »

Le sachem, frappé de ce raisonnement, fixa un sombre regard sur l'eau claire de la fontaine.

Il semblait réfléchir.

En réalité, il observait.

Tout à coup il tressaillit, prit la main de don Matapan et la serra en disant :

— Mon frère a l'esprit subtil.

« Sa pensée est rapide ; elle va droit au but comme une flèche habilement lancée.

« La vérité a parlé par sa bouche.

« Nos frères sont morts empoisonnés.

— La supposition est au moins très-vraisemblable, observa don Matapan.

— Je ne suppose pas, reprit le sachem, car mes yeux ont vu.

Et comme l'ex-gouverneur paraissait étonné :

— Que mon frère regarde, continua Sable-Avide en étendant le bras du côté de la fontaine.

« Il voit ce petit oiseau sur l'herbe ?

« Il a bu quelques gouttes de cette eau et soudain la mort l'a frappé... »

En ce moment, plusieurs cris aigus, stridents et prolongés rompirent le silence qui régnait sur le champ de mort.

Ces cris avaient quelque chose de saisissant, de funèbre, de lugubre.

Ils semblaient venir d'en haut.

Don Matapan et Sable-Avide levèrent la tête.

— Les vautours ! dit le sachem.

— C'est épouvantable! s'écria don Matapan avec un tremblement d'horreur et de dégoût.

« Assister à ce hideux festin !...

« Voir déchiqueter les cadavres de nos malheureux compagnons !...

« Impossible de les enterrer !...

« Ah ! je ne veux pas regarder !... »

Et, se couvrant le visage d'un pan de son manteau, le pauvre homme se laissa tomber sur le rocher qui dominait la source.

Calme, mais profondément triste, le sachem s'accroupit silencieusement à côté de lui.

Mais quelle que soit la catastrophe qui frappe l'homme, le vice qui lui est cher le domine toujours.

Don Matapan était buveur : une pensée l'obsédait.

Il écarta lentement les plis du puncho qui cachait ses traits, et, d'une voix convaincue, il dit avec l'accent du triomphe :

— S'ils n'avaient pas bu d'eau, ils vivraient encore !

Propos inconséquent, mais cri du cœur

Le malheureux oubliait dans sa douleur que depuis deux jours les provisions de vin et d'eau-de-vie étaient épuisées.

CHAPITRE CXXVII

LA SOIF !

Un bruit sourd se fait entendre.

A peine perceptible d'abord, il augmente et devient plus distinct.

On dirait le galop d'un cheval accompagné de la cadence lourde et régulière d'une compagnie marchant au pas.

Au loin, dans la plaine aride, un point mobile et gris comme une épaisse vapeur

C'est le nuage de poussière que produit la marche rapide de deux hommes

Ces deux hommes ne sont autres que Tomaho et Sans-Nez éclairant la route que doit suivre la caravane.

Le géant, qui n'a jamais pu trouver un cheval assez fort pour le porter, est à pied.

Son pas lourd ébranle le sol assez puissamment pour produire l'illusion d'une troupe nombreuse.

Sa marche est d'ailleurs excessivement rapide ; Sans-Nez, qui est à cheval, ne le suit qu'à grand'peine, et il se trouve souvent dans la nécessité de lui demander de s'arrêter pour laisser souffler sa monture.

Cependant les deux éclaireurs avancent rapidement.

Ils savent qu'ils doivent trouver de l'eau dans ces parages, et la soif qu'ils endurent depuis plusieurs jours ajoute singulièrement à leur ardeur.

Ils arrivent enfin à la limite du camp indien.

Rien d'extraordinaire n'a encore attiré leur attention, si ce n'est cette quantité de vautours planant toujours dans l'air, mais n'osant pas s'abattre.

Et à ce sujet Sans-Nez avait fait cette réflexion judicieuse :

— Tiens ! il paraît qu'il y a de la charogne par ici !

Mais tout à coup le Parisien cessa de bâiller aux vautours : un violent écart de son cheval faillit le désarçonner.

— Qu'est-ce qu'il a donc, ce carcan-là ? s'écria-t-il en reprenant son équilibre.

— Il a eu peur d'un homme mort, dit Tomaho en montrant le cadavre d'un Indien étendu près d'un buisson.

« C'est une sentinelle qui a été surprise et tuée derrière ce fourré où elle s'abritait.

— Eh ! mais je ne me trompe pas ! s'écria Sans-Nez.

« Ce costume impossible...

« C'est un guerrier de don Matapan.

— Mon frère a raison, dit Tomaho en retournant le cadavre.

« Et moi, je me suis trompé.

« Il n'est pas blessé.

— Alors, c'est qu'il est venu au monde comme ça, fit Sans-Nez avec son insouciance habituelle.

« Avançons. »

Ils reprirent leur marche.

Nouvel effroi du cheval, nouvel écart, nouveaux cadavres.

Ils avancent.

Des morts de tous côtés !

— Nom de nom ! s'écria Sans-Nez.

« Je n'ai pas peur ; mais le cœur me bat tout de même.

« Tous claqués, les soldats de Matapan !

« Il y a donc eu une rude bataille ?...

— Il n'y a pas eu de bataille, dit le géant qui avait examiné plusieurs corps.

« Je ne vois pas une blessure.

— Alors, qu'est-ce que ça veut dire ? fit le Parisien.

« Je suis complètement dérouté.

— Le grand Vacondah souffle le vent de la mort sur ses enfants qui l'outragent, dit sentencieusement Tomaho.

— Eh bien ! c'est d'un bon père ! fit Sans-Nez en ricanant.

« En tout cas, il peut se vanter d'avoir l'haleine forte, ton Vacondah. »

Et, du haut de son cheval promenant ses regards de tous côtés, le Parisien reprit :

— Il n'y a pas à dire, tout y a passé, même les chevaux.

« C'est à en attraper la fièvre.

« Mais qu'est-ce que je vois là-bas ?

— C'est le rocher où se trouve la source, dit le géant.

« Deux hommes sont dessus, immobiles.

« Je reconnais don Matapan et Sable-Avide.

— Morts aussi, probablement, dit Sans-Nez.

« Allons voir ! »

Ils reprirent leur marche et s'arrêtèrent à dix pas de la fontaine.

Le sachem et le gouverneur, abîmés dans leurs douloureuses pensées, ne les entendaient ni ne les voyaient.

« Ah çà ! sont-ils morts ? se dit Sans-Nez.

« On le dirait.

« Voyons un peu ! »

Et il cria de toute sa force :

— Ohé ! du canot !

« Avez-vous perdu le nord ? »

Les deux hommes bondirent en même temps.

— Ah! ah! fit le Parisien dont rien ne pouvait arrêter la verve gouailleuse.

« Voilà ce que j'appelle se réveiller en *cerceau*.

« Allons, descendez de votre piédestal!

« Venez nous raconter vos malheurs.

« En attendant, je vais faire boire mon cheval et m'abreuver moi-même.

« J'ai une soif!...

« Viens-tu boire un coup, Cacique ?

« C'est moi qui régale. »

Et le Parisien fit quelques pas vers la fontaine.

— Arrêtez ! s'écria don Matapan.

« Ne buvez pas !

« L'eau est empoisonnée !

— Hein? fit Sans-Nez en reculant vivement.

« Pas de mauvaise blague !

« J'ai soif... sérieusement.

— Je vous donnerai du vin, dit le gouverneur en descendant du rocher suivi de Sable-Avide.

— Comment savez-vous que cette eau est empoisonnée? demanda le Parisien qui entrevoyait déjà toute la vérité.

Le sachem montra le camp jonché de cadavres; deux larmes s'échappèrent de ses yeux, traçant deux lignes brillantes sur ses joues cuivrées, et il dit d'une voix sourde :

— Nos guerriers ont bu :

« Ils sont morts !... »

Puis don Matapan, prenant la parole à son tour, raconta en détail ce qui s'était passé.

Et Sable-Avide ne manqua pas de compléter le récit de don Matapan en faisant remarquer qu'une troupe de cavaliers avait quitté la fontaine à leur approche.

— Quelle était cette troupe? demanda Sans-Nez.

« La connaissez-vous?

— Non, fit le gouverneur.

« Je ne m'en suis pas occupé.

« Je sais seulement qu'il y avait une trentaine de cavaliers.

« Je les ai vus s'éloignant dans cette direction. »

Il indiqua l'est.

Il sembla que Tomaho attendît ce renseignement, car il s'éloigna aussitôt, à pas de géant, du côté désigné.

Il revint au bout de dix minutes.

— Mon frère a eu tort de ne pas montrer plus de défiance, dit-il gravement.

« Les trente cavaliers qu'il a vus sont des pirates de la bande de John Huggs.

— Et la Couleuvre est avec eux? s'écria Sans-Nez.

— Oui, fit le géant.

« Cet homme est un grand sorcier.

« Il possède des secrets terribles.

« On l'a vu tuer des hommes rien qu'en les touchant.

— Pour cette fois, affirma le Parisien, le Cacique ne se trompe pas et n'exagère aucunement.

« Ce la Couleuvre passe pour un empoisonneur de première force.

« Il n'y a pas de temps à perdre ; il faut retourner sur nos pas et prévenir le comte.

— Que mon frère monte à cheval et retourne seul, dit Tomaho.

« Je l'attendrai ici.

« La caravane n'est pas éloignée.

« Depuis longtemps déjà, j'entends le bruit de sa marche. »

Et, explorant du regard l'horizon à l'ouest, le géant ajouta :

— J'aperçois l'avant-garde là-bas.

— Quel œil et quelle oreille ! dit Sans-Nez en se remettant en selle.

« A bientôt ! »

Il piqua des deux et s'éloigna au galop.

Un quart d'heure après, il était en présence de M. de Lincourt.

— Que se passe-t-il donc? demanda celui-ci étonné de ce brusque retour du Parisien et frappé surtout de son air sérieux.

— Il se passe des choses terribles, dit Sans-Nez.

« Vous savez, l'armée de don Matapan, qui a délivré le colonel et Grandmoreau ?

— Oui.

« Eh bien?

— Anéantie !

« Bêtes et gens, tout est mort, excepté don

Matapan, Sable-Avide et leurs femmes.

« La fontaine à laquelle nous allons arriver a été empoisonnée par la Chuluuvron.

« Sable-Avide, qui amenait ses guerriers à la reine, nous a précédés de douze heures.

« Les malheureux Indiens, mourant de soif comme nous, ont bu, et naturellement ils ont tous cassé leur pipe, comme dirait Rouléreau.

— Cette catastrophe est épouvantable, dit le comte, mais elle nous sauve.

— Permettez ! objecta Sans-Nez ; le danger de mourir empoisonné est écarté, mais nous avons la perspective de mourir de soif, ce qui n'est pas absolument consolant.

— C'est vrai ! fit le comte avec un froncement de sourcils.

« Toutes les sources seront empoisonnées sur notre chemin.

— Parbleu ! c'est clair ! dit Sans-Nez.

M. de Lincourt comprima un mouvement de colère, et s'adressant aux principaux lieutenants, qui l'entouraient et qui avaient entendu comme lui le rapport du Parisien :

— Nous touchons le but, leur dit-il.

« Il n'y a pas à reculer.

« De nouveaux retards pourraient détruire nos combinaisons.

« Marchons ! »

Une approbation enthousiaste accueillit cette énergique résolution.

Une demi-heure plus tard, la caravane stationnait auprès de la fontaine.

Et M. de Lincourt, questionnant don Matapan et Sable-Avide, complétait autant que possible les renseignements qui lui avaient été donnés sommairement par Sans-Nez.

Pendant cet entretien, M. de Senneville, aidé des docteurs du Bodet et Simiol, tentait d'analyser l'eau empoisonnée.

Quand il eut terminé ses expériences, il dut avouer son impuissance.

— Résultats absolument négatifs ! dit-il au comte.

« Nous trouvons bien les traces d'une substance étrangère dans cette eau, mais il nous est impossible de spécifier la nature de cette substance.

« Elle est rebelle à toute puissance décomposante ou réactive.

« Je ne puis donner qu'un inutile renseignement :

« Ce poison est végétal et il n'est pas compris dans la nomenclature de ceux que la science a classés et analysés.

— Je vois, dit le comte avec un triste sourire, que les chimistes ont encore bien des découvertes à faire.

Et, s'adressant à don Matapan, il ajouta :

— Ne m'avez-vous pas offert le reste de votre provision de vin et d'eau-de-vie ?

— En effet, dit le gouverneur.

— Fort bien ! reprit le comte.

« C'est l'affaire de quelques minutes.

« Burgh, veuillez donc donner des ordres à ce sujet !

— Aôh ! yes, fit l'Anglais en s'éloignant.

— Je voulais encore vous demander quelque chose, dit le gouverneur à M. de Lincourt.

— Parlez, senor !

— Je ne puis penser sans horreur, dit le gouverneur, que les cadavres de mes pauvres Indiens vont devenir la proie des vautours et des coyotes.

« Donnez-leur, je vous prie, une sépulture digne d'eux. »

M. de Lincourt réfléchit une demi-minute et répondit :

— Senor, votre demande est d'un homme de cœur.

« Elle vous honore, et, permettez-moi de vous le dire, elle ajoute à l'estime que j'ai pour votre personne. »

Don Matapan crut devoir s'incliner devant ce compliment.

— Pourtant, reprit le comte, je ne vous donnerai pas satisfaction, et cela pour une seule et unique raison :

« Le temps nous presse.

« Nous manquons d'eau.

« Vraisemblablement, nous trouverons encore les sources empoisonnées sur notre route.

« Il me paraît donc nécessaire de reprendre notre marche sans aucun retard, afin d'arriver aux sources prochaines avant les empoisonneurs, s'il est possible.

« Songez qu'en agissant ainsi je sauverai probablement ma caravane, tandis qu'en m'attardant à enterrer vos morts, je perdrais un temps précieux.

« Or, mon cher gouverneur, vous conviendrez qu'en pareille alternative il vaut beaucoup mieux abandonner des morts que de compromettre le salut des vivants. »

Don Matapan dut se rendre à ce raisonnement d'une irréprochable logique.

Sans plus tarder, M. de Lincourt fit circuler l'ordre de reprendre la marche en avant.

La caravane entière s'ébranla.

Seul un homme s'attarda auprès de la fontaine.

C'était Tomaho.

Bouléreau et Sans-Nez, qui avaient remarqué l'absence du géant, étaient également restés en arrière et, se tenant à distance, ils observaient le Cacique.

Ils le virent monter sur le rocher de la fontaine.

De ce point, il dominait tout le camp des Indiens.

En le voyant ainsi immobile sur son piédestal de granit, Sans-Nez et Bouléreau ne purent retenir une exclamation admirative.

— Il est superbe ! fit le squatter.

— On parle du colosse de Rhodes, dit le Parisien, et on prétend que des barques lui passaient entre les jambes.

« Eh bien ! je suis presque sûr que ce fameux colosse de bronze n'était pas plus grand que le Cacique. »

Cependant, et tout en faisant leurs réflexions, les deux trappeurs continuaient à observer leur compagnon.

Ils le virent tirer de son sac de chasse la fameuse chape dorée que lui avait donnée l'évêque d'Austin, l'ajuster tant bien que mal sur ses larges épaules, puis étendre les bras comme un prélat bénissant la foule.

Après être resté quelques secondes dans cette posture, le géant ôta sa chape, la remit dans son sac, descendit du rocher et allongea le pas pour rejoindre la caravane.

Sans-Nez et Bouléreau l'attendaient au passage.

Ils étaient fort intrigués, car ils ne s'expliquaient pas très-clairement cette espèce de cérémonie dont ils venaient d'être témoins.

— Cacique, dit Sans-Nez en abordant Tomaho, je voudrais bien savoir si par hasard tu ne serais pas sorcier.

— Pourquoi cette question dans la bouche de mon frère ? fit le géant.

— Parce qu'il nous semble, à Bouléreau et à moi, que tu viens de faire des invocations magiques, là-bas, sur le rocher de la fontaine.

— Mes frères sont des enfants curieux et étourdis, fit gravement Tomaho.

« Ils regardent sans voir !

« Ils entendent sans comprendre !

« Qu'ils m'écoutent.

« Les braves guerriers qui dorment là du grand sommeil sont abandonnés.

« Les jongleurs des tribus et les maîtres du grand voyage n'ont pas été rassemblés, pour mettre leurs esprits dans le chemin qui conduit aux prairies heureuses du Vacondah.

« Je ne connais pas les mots magiques de nos jongleurs et ne puis accomplir la cérémonie de l'enterrement indien.

« Mais j'ai un habit sacré qui m'a été donné par le grand-prêtre d'Austin et je sais comment il faut prier le Dieu des Visages-Pâles.

— Alors, fit Sans-Nez, tu leur as donné ta bénédiction, aux soldats de don Matapan ?

— Oui, j'ai invoqué pour eux le Dieu des chrétiens, dit Tomaho.

— Bonne idée ! s'écria le Parisien.

« Recommander des adorateurs du Vacondah à Jésus, ça ne s'est jamais vu.

« Mais dis-moi, Cacique, tu connais donc les paroles qu'il faut prononcer pour bénir ?

— Je les connais, dit le géant.

« Je les ai entendu répéter plusieurs fois par le prêtre qui m'a donné le manteau sacré.

« Il faut dire : *Dominus vobiscum*.

— C'est tout à fait ça ! s'écria Sans-Nez.

« On n'a pas plus de mémoire.

« Cacique, c'est très-bien, ce que tu viens de faire.

« Par ton moyen, les âmes des guerriers de Matapan sont toujours sûres de trouver à se caser.

« C'est le principal.

« Si le Vacondah leur interdit ses territoires de chasse, saint Pierre leur ouvrira le paradis.

— Amen! dit Tomaho décidément très-ferré sur la liturgie.

Sans-Nez et Bouléreau, étonnés tous deux, s'entre-regardèrent, puis ils s'éloignèrent pour rire à leur aise.

Tomaho continua droit son chemin, comme un brave homme qui croit avoir accompli un devoir.

Ce jour-là, la caravane doubla l'étape qu'elle devait fournir.

Malgré la fatigue, malgré la soif qui tourmentait les hommes et les animaux, douze lieues de prairies furent franchies.

Il s'agissait d'atteindre une seconde source que plusieurs trappeurs connaissaient, et dont ils avaient indiqué la situation.

On y arriva avant le coucher du soleil.

M. de Lincourt, qui avait formellement défendu à qui que ce soit de boire un verre d'eau sans son autorisation, vérifia lui-même la qualité de l'eau de cette nouvelle fontaine.

Il se fit amener un mauvais cheval et le laissa boire.

Trois minutes après, la pauvre bête se tordait dans les dernières convulsions.

La situation devenait critique.

Il fallut camper, malgré la nécessité de forcer la marche et de chercher à découvrir d'autres sources.

Bêtes et gens tombaient de fatigue.

Cependant la soif tenait tout le monde éveillé.

Chacun cherchait à diminuer ses souffrances.

Les uns mâchaient des herbes ou se mettaient des cailloux dans la bouche.

Les autres arrachaient quelques rares touffes d'arbustes, écorçaient les racines et suçaient le bois imprégné d'un peu de sève.

Mais de tous ces expédients le meilleur ne valait pas grand'chose, et les souffrances augmentaient.

La nuit entière se passa en allées et venues, en recherches infructueuses.

Les esprits faibles s'abandonnaient déjà au désespoir, et les caractères les mieux trempés ne pouvaient cacher leur inquiétude.

Une pareille situation se prolongeant pendant deux jours encore, la caravane était irrémédiablement perdue.

Cependant le jour vint.

Il fallut se remettre en marche.

M. de Lincourt fit distribuer en sa présence tout ce qui restait de vins, de liqueurs et d'eau-de-vie.

La part de chacun n'était pas grosse, mais elle suffit pour rendre un peu d'énergie aux faibles et pour augmenter l'ardeur des forts.

On se remit en marche.

Pendant la journée, trois nouvelles sources furent découvertes.

Mais on dut passer outre.

Comme les autres, elles étaient empoisonnées.

La nuit vint, et pas une goutte d'eau, plus de vin, plus rien.

Plusieurs chevaux avaient déjà succombé, et quelques hommes étaient malades.

Le péril prenait des proportions terribles.

La catastrophe approchait, menaçante et inévitable.

Les hommes d'élite parmi les trappeurs commençaient eux-mêmes à désespérer.

Grandmoreau était sombre, taciturne, irritable ; il ne cherchait pas à dissimuler ses inquiétudes.

Tomaho ne parlait plus que de sorciers, et il adressait de nombreuses et touchantes invocations aux génies des eaux.

Bois-Rude trouvait injuste que l'homme ne puisse pas, comme le chameau, boire pour huit jours.

L'Anglais John Burgh passait son temps à regarder le ciel, à consulter un petit baromètre de poche et à prédire la pluie.

Bouléreau ne fumait plus, il chiquait.

Sans-Nez résumait enfin tous les avis en disant :

— Si nous ne trouvons pas d'eau demain, nous sommes f.....

CHAPITRE CXXVIII

DE L'ÉTRANGE AVENTURE QUI ADVINT A DU BODET ET A SIMIOL

La consternation est générale.

Le camp est silencieux.

Pas d'allées et venues comme d'habitude.

Pas de groupes réunis autour d'un feu et causant.

Personne ne dort, pourtant.

La soif ardente tient tout le monde éveillé.

Mais on n'entend pas une plainte, pas un gémissement.

On souffre en silence.

Soudain ce calme profond est troublé par de bruyants éclats de voix.

Ce sont les docteurs du Bodet et Simiol qui se disputent.

Ces deux amis éternellement en querelle sont, comme tout le monde, torturés par la soif.

Mais le besoin de se chamailler est tel chez eux qu'ils oublient leur mal pour s'invectiver.

Ils sont à l'entrée de leur tente, criant et gesticulant comme des forcenés.

Simiol surtout se distingue par une mimique endiablée.

— Toujours la routine ! s'écrie-t-il.

« Vous n'en sortirez pas !

« Vous parlez des plaines arides de la Champagne.

« Vous les comparez à celles que nous traversons.

« Je n'ai rien à dire à cela, quoique cependant vous puissiez vous tromper, quoique vos souvenirs soient peut-être d'une fidélité contestable.

— Mon observation est exacte, affirma du Bodet.

— Je l'admets, reprit Simiol.

« Mais votre raisonnement n'en est pas moins absurde.

« La couche superficielle des deux terrains est la même, je le veux bien.

« Mais s'ensuit-il que les sous-sols soient également et invariablement les mêmes?

« Déduction insensée, sans base aucune !

« Simple affirmation d'ignorant !

— Monsieur! fit du Bodet d'un air menaçant.

« Ménagez vos expressions.

« Ne m'obligez pas à vous renvoyer vos insolences avec preuves à l'appui.

« Et d'ailleurs, sur quoi basez-vous votre dire?

« Comment procédez-vous?

— Je ne connais qu'une chose, moi, dit Simiol, l'expérimentation.

« Et dans le cas présent je procède comme vous, par analogie, par comparaison.

« Mais j'observe sérieusement et je n'affirme rien à la légère.

« Or, sachez, monsieur, que j'ai vu de près certaines falaises du Colorado et que nous sommes ici dans une vallée exactement semblable à celle où coule ce fleuve.

« D'où je conclus que nous avons :

« 4 mètres de terre et sable siliceux calcaire, 18 mètres de glaise jaune et noire en 2 couches, 5 mètres de marne et 3 mètres de roches vertes, friables, à l'état de formation : au total, 30 mètres, ni plus ni moins.

« Je ne sors pas de ce chiffre.

— Ridicule entêtement! fit du Bodet.

« Chiffre de fantaisie!

« Aucune théorie admise ne vous permet un pareil écart.

« C'est à 40 mètres au moins qu'il faut descendre.

— Eh! vous voilà bien avec vos théories! s'écria Simiol.

« Je m'en moque, des théories! je dis et redis 30 mètres, pas un pouce de plus! »

Cependant le comte et M. de Senneville, tourmentés par la soif et rêvant aux moyens de sauver la caravane, se promenaient dans le camp.

Leur attention fut attirée par le bruit de la dispute.

Ils se dirigèrent du côté de la tente des deux docteurs.

Ceux-ci les aperçurent et vinrent à leur rencontre.

— Messieurs, dit du Bodet, je vous fais juges de notre différend.

« Mon honorable confrère, dont vous connaissez les audaces novatrices, prétend...

— Soit! interrompit Simiol; vous allez voir jusqu'où peut mener cette routine absurde dont ne veut pas s'écarter mon honoré collègue.

— D'abord, fit le comte, de quoi s'agit il?

— Voici, reprit du Bodet.

« Moi, je suis pour une profondeur d'au moins 40 mètres; et à l'appui de mon opinion je cite des textes, je me base sur des théories que l'Académie...

— L'Académie! s'écria Simiol; voilà bien ces savants à jetons de présence!

« Je m'en moque, moi, de votre Académie!

« Elle n'est pas venue, je suppose, examiner les couches géologiques des falaises du Colorado?

« Je maintiens mes 30 mètres.

— Messieurs, dit le comte, votre discussion peut être fort intéressante; mais je vous ferai remarquer encore une fois que je n'en connais pas le motif.

— C'est bien simple, dit Simiol.

« Nous ne rencontrons pas une source qui ne soit empoisonnée, et le manque d'eau peut causer la perte de la caravane entière.

« Alors nous avons pensé à creuser un puits.

— Un puits!... s'écria M. de Lincourt avec un tressaillement de joie.

« Excellente idée!

« Et vous êtes là à perdre votre temps dans une vaine discussion?

— Permettez! observa du Bodet; il s'agit de la science, et je devais combattre avant tout les idées fausses de mon honorable confrère!

— Il était bien plus simple de chercher la preuve tout de suite, reprit le comte.

— Pardon! objecta Simiol; nous devions d'abord nous entendre sur l'exposé du problème.

— Soit! fit M. de Lincourt.

« Mais, en attendant que vous soyez tombés d'accord sur ce point important, je vais faire commencer à creuser.

« Les pompes qui ne devaient nous servir que plus tard, pour le *Secret*, nous seront très utiles.

— Des pompes?... observa M. de Senneville; à quoi bon?

« Les profondeurs de forage prévues par

ces messieurs sembleraient indiquer qu'il s'agit d'un puits artésien.

— Non pas! fit du Bodet.

« Puits ordinaire s'arrêtant à la première couche aqueuse et récoltant en outre les eaux de surface.

— Évidemment! ajouta Simiol.

« Source à niveau constant...

— Je n'ai pas l'intention de soulever une nouvelle discussion, reprit M. de Senneville; mais je soutiens qu'à une telle profondeur, et en cet endroit de la plaine, vous trouverez une nappe jaillissante.

Les deux docteurs échangèrent un regard et un sourire.

Ils se trouvèrent d'accord pour dénier absolument l'opinion du baron.

Ce fut d'un air dédaigneux que du Bodet lui répliqua :

— Je n'entreprendrai pas de changer votre manière de voir : la tâche serait trop facile.

— En certaines circonstances, une négation devient une concession, ajouta Simiol avec un imperceptible haussement d'épaules.

M. de Senneville n'était pas homme à entamer une dispute parfaitement inutile d'ailleurs, et il se contenta de répondre avec assurance :

— Prenez garde, messieurs, que les faits ne viennent vous donner un formel démenti!

— Enfin, conclut M. de Lincourt, qu'il s'agisse de puits artésien ou autre, de source à niveau constant ou de source jaillissante, peu importe!

« Creusons d'abord.

« Tout le monde souffre, nous avons déjà des malades, il n'y a pas de temps à perdre. »

Et ayant immédiatement fait appeler Bouléreau, il le mit au courant de la situation.

Celui-ci, enchanté de l'idée qu'on le chargeait d'appliquer et se voyant déjà dans l'eau jusqu'au menton, jeta sa chique, bourra une pipe, l'alluma et dit en s'éloignant :

— Faut-il que je sois bête pour n'avoir pas pensé à ça plus tôt!

Un quart d'heure après, le chef des squatters, avec une équipe de vingt de ses hommes les moins souffrants, se mettait courageusement à la besogne.

A la nouvelle que l'on creusait un puits, une joyeuse espérance anima les chasseurs.

Toute la caravane vint se ranger au bord de l'orifice et chacun suivait le travail avec anxiété.

Au point du jour, le puits avait déjà 10 mètres de profondeur.

Grâce à la merveilleuse habileté des squatters ainsi qu'à une ingénieuse combinaison permettant de faire fonctionner deux treuils en même temps, on creusait plus d'un mètre et demi à l'heure.

Tour à tour des escouades de travailleurs se relayaient, les uns remontés, les autres descendus, à l'aide des deux manivelles qui servaient, bien entendu, à ramener les terres hors du puits.

Du Bodet et Simiol, tantôt à l'orifice, tantôt au fond du puits, prenaient une part active aux travaux.

Ils ne perdaient pas toutefois une occasion de se communiquer leurs impressions, et comme elles différaient le plus souvent, c'était des disputes à n'en plus finir.

L'examen des terres, des sables, des glaises, des pierres, leur fournissait le moyen de n'être jamais d'accord et par suite d'échanger des propos plus aigres que doux et dégénérant toujours en invectives peu académiques et encore moins parlementaires.

M. de Senneville et le comte assistaient au forage, et le baron disait en tortillant sa moustache :

— J'ai dans l'idée que nos deux docteurs seront cruellement atteints dans leur amour-propre et peut-être singulièrement punis.

« A vingt mètres, si je ne me trompe, l'eau doit jaillir.

« Je vais en prévenir les travailleurs et leur indiquer à quels indices il sera temps de quitter précipitamment le puits. »

Et le baron eut un entretien assez long avec Bouléreau qui fit continuer le travail non sans rire dans sa barbe.

Cependant, vers le milieu de la journée, on en était arrivé à une profondeur de quinze mètres.

Les terres de déblai forment déjà une véritable colline, et les différentes couches du sous-sol que l'on traverse sont ou friables ou compactes, mais invariablement sèches.

On a rencontré du sable blanc très-pur, des argiles ferrugineuses, des marnes à peine crevassées et très-blanches, puis des glaises, des roches vertes, et toujours pas la moindre trace d'humidité.

Mais les chevaux et les bœufs commencent à donner des signes d'impatience; ils reniflent bruyamment et tous les chiens du camp se rapprochent peu à peu de l'orifice du puits.

Leurs narines desséchées s'imprègnent d'une vapeur humide; leur souffle devient moins haletant, et Grandmoreau, se penchant vers Sans-Nez, lui dit en se frottant les mains :

— Les chiens sentent l'eau !

En effet, les travailleurs sont enfin arrivés à une couche de sable très-fin et divisée par d'épaisses lames de quartz jaunâtre.

Heureusement le sable se désagrége facilement et le quartz s'émiette sous le pic.

Tous les gens de la caravane forment un grand cercle autour du puits.

On attend avec anxiété le résultat des travaux.

Trappeurs et squatters, au premier rang, échangent leurs impressions.

Les uns se désespèrent, les autres croient à une réussite, et tous, à l'idée de boire, passent une langue brûlante sur leurs lèvres desséchées.

Les docteurs du Bodet et Simiol, M. de Lincourt et ses lieutenants, ainsi que M. de Senneville, forment un groupe près du puits.

Les savants se disputent toujours.

Le comte attend avec une anxiété qu'il ne veut pas laisser paraître.

Les trappeurs, non moins anxieux, échangent leurs réflexions à voix basse.

Et M. de Senneville examine un morceau de quartz tout en ne perdant pas de vue l'orifice du puits...

Le baron tend un fragment de roche à un chien qui se met à le lécher avec avidité.

— Vous voyez, dit M. de Senneville au comte, que je ne me trompais pas ; l'épreuve est concluante.

Et, se penchant au-dessus du puits, il donna un certain signal à Bouléreau qui déjà prenait certaines dispositions.

Soudain un sourd grondement se fait entendre, et presque en même temps Bouléreau et les hommes qui travaillent avec lui demandent précipitamment à remonter.

Aussitôt le baron s'élance et s'écrie avec autorité :

— Alerte !

« Tomaho à la manivelle d'un côté !

« Six hommes de l'autre ! »

L'ordre est immédiatement exécuté.

Le câble s'enroule et se tend.

— Halte ! commande M. de Senneville.

Et, se penchant au-dessus du puits, il crie :

— Y êtes-vous ?

— Oui, répond Bouléreau.

— Solidement ?

— Oui, enlevez !

Le câble se tend de nouveau.

Une minute s'écoule.

Enfin les travailleurs reparaissent sains et saufs.

— Je crois qu'il était temps, dit Bouléreau en mettant pied à terre.

« Je ne sais pas ce qu'il y a là-dedans, mais à chaque coup de pioche, c'est un bruit infernal !

« Il semblerait que Tomaho tape avec un arbre sur un tambour de trente pieds de largeur.

« C'est effrayant ! »

M. de Lincourt, insuffisamment édifié par ce rapport, jeta un regard interrogateur au baron.

— Je m'en doutais, dit celui-ci.

« Nous touchons à une nappe.

« Entre l'eau et la voûte solide, il y a sans doute des amas gazeux qui déterminent cette sonorité puissante dont parle le squatter.

— Je suis sûr qu'il ne reste pas vingt centimètres à percer, dit Bouléreau.

— Je vous crois, fit le baron.

— C'est impossible ! observa M. de Lincourt.

« Une épaisseur de vingt centimètres ne résisterait pas à une forte pression.

— Je vous demande pardon, répondit M. de Senneville en montrant un large et épais fragment de quartz.

« Voici qui est aussi solide que plusieurs couches de verre superposées et matelassées avec de l'étoupe.

— Je comprends, fit le comte.

« Nous touchons le but, mais il devient impossible de l'atteindre.

— Impossible, non, dit M. de Senneville.

« Cependant il y a danger réel.

— C'est désespérant! fit le comte.

« Il faut pourtant que je sauve tout ce monde-là.

— Permettez! dit Bouléreau qui venait d'allumer sa pipe.

« Je vais redescendre.

« Seulement je veux être seul, et je travaillerai attaché au câble.

« Comme ça, vous êtes toujours sûr de me remonter mort ou vivant! »

M. de Lincourt pressa les mains terreuses du squatter.

— C'est bien, Bouléreau, lui dit-il simplement.

Cependant les deux docteurs, qui jusquelà avaient affecté l'attitude la plus méprisante et qui avaient chuchoté d'un air ricaneur, et tous deux paraissant parfaitement d'accord, jugèrent que le moment de donner leur avis était venu.

Simiol porta le premier la parole.

— Messieurs, dit-il avec une parfaite assurance, tout ce que vous venez de dire ne prouve qu'une chose...

— Notre ignorance? interrompit le baron.

— Votre manque de savoir, répliqua Simiol.

« Vous parlez de nappes, de cavités comprimant des gaz, de danger sérieux.

« Il n'y a rien de tout cela.

« Creusez encore onze mètres et vous trouverez une source plus ou moins abondante, mais une simple source.

« Quant au danger, il est nul pour un puisatier qui ne craint pas de prendre un bain de pieds.

— Ah! monsieur le savant, vous trouvez qu'il n'y a pas de danger? fit Bouléreau en ôtant sa pipe de sa bouche.

— Je le trouve, affirma Simiol.

— Et moi aussi, ajouta du Bodet.

« J'en suis d'autant plus certain que, contrairement à l'avis de mon honorable confrère, j'estime qu'il faut encore creuser vingt mètres au moins avant de trouver une seule goutte d'eau.

— Alors, dit Bouléreau avec un ricanement de défi, puisque vous êtes si sûrs de vous, descendez dans le puits tous les deux.

« Pour une fois, vous pouvez bien mettre la main à la pioche.

— C'est ce que je vais faire, répliqua du Bodet avec la plus parfaite tranquillité.

Et s'adressant à Simiol :

— J'espère que mon cher confrère voudra bien m'accompagner? demanda-t-il.

— Avec plaisir, répondit aussitôt le petit homme.

Sans plus d'hésitation, les deux savants s'installèrent dans la seille que venaient de quitter Bouléreau et ses squatters.

— Vous commettez une imprudence, leur dit M. de Senneville.

— Réfléchissez, ajouta le comte.

Pour toute réponse, du Bodet, s'adressant aux hommes qui tenaient la manivelle, commanda :

— Descendez !

« Doucement et pas de secousses ! »

La manivelle tourna lentement et les docteurs disparurent.

Mais si on les perdit de vue, du moins on les entendit.

La corde ne s'était pas déroulée dix fois qu'ils se disputaient déjà dans leur seille.

— Dans six heures, nous aurons les pieds dans l'eau, disait Simiol, et je rirai bien de vos grands airs et de vos petites sottises.

— Nous n'aurons pas d'eau au moins avant quatorze heures, répliquait du Bodet; je me moquerai avec plaisir de votre folle présomption.

La caravane écoutait cette discussion, et nombre de trappeurs conservaient une certaine confiance dans les deux savants.

— Encore attendre ! criait-on.

Et les visages s'allongeaient.

Mais d'autres, remarquant que tous les chiens, se faufilant entre les jambes des spectateurs, s'approchaient de plus en plus de l'orifice, en concluaient :

— Nous allons boire.

En ce moment, des chevaux qui avaient rompu leurs entraves accouraient au galop et leurs hennissements saluaient l'eau prochaine.

Peu à peu les deux savants s'enfoncèrent plus avant; bientôt leurs voix devinrent moins distinctes et l'on n'entendit plus qu'un sourd bourdonnement.

Puis les coups de pioche résonnèrent, et le double treuil fonctionna pour remonter les terres.

Cependant Bouléreau et ses squatters, ainsi que M. de Lincourt et les trappeurs, demeuraient sous le coup de la surprise que leur avait causée l'audacieuse détermination des savants.

— Je ne les aurais jamais crus capables d'un pareil acte, dit le comte.

« Malgré leurs ridicules, ces gens sont admirables.

— Nous devons les admirer et les plaindre, dit M. de Senneville, car je pense qu'ils courent un grand danger.

— J'en suis sûr, affirma Bouléreau.

« Il faut qu'ils soient enragés pour descendre là-dedans sans prendre plus de précautions.

« Nous avons senti le sol trembler sous nos pieds.

« Nous étions sur un gouffre; je jurerais qu'avant dix minutes l'eau va monter.

« Et je vous promets que ça ne sera pas drôle.

« J'ai déjà assisté à un spectacle de ce genre-là, et je puis vous affirmer que c'est émouvant.

— Mais il me semble, observa le comte préoccupé **du sort probable** des docteurs, que si l'eau **monte avec assez** de force, elle rejettera nos **deux** hommes hors du puits.

— **Sans doute**, dit Bouléreau, à moins pourtant qu'ils ne s'accrochent en route, ou qu'ils soient maintenus et noyés dans la colonne tourbillonnante **de l'eau.**

« Ils n'ont qu'une chance de s'en tirer, et c'est **une affaire de hasard.**

« Si l'eau s'élève à une certaine hauteur comme un jet ordinaire, ils seront maintenus vivants en l'air.

— Comment! maintenus en l'air? demanda le comte.

— Certainement, reprit Bouléreau.

« Vous avez vu dans les tirs, aux fêtes publiques, ces œufs qui dansent sur de minces filets d'eau?

« Eh bien! les deux savants danseront comme des œufs, voilà tout.

— La chose ne me paraît pas impossible, observa M. de Senneville, mais je la crois peu probable.

— C'est tellement possible, affirma le squatter, que je l'ai déjà vu, et il n'y aurait rien d'extraordinaire...

Soudain la terre trembla, on entendit très-distinctement un double cri d'appel brusquement couvert par un bruit sourd assez semblable à celui que produirait l'éclatement simultané de plusieurs mines souterraines.

Bouléreau s'avança sur le bord du puits, y jeta un rapide regard et se recula vivement en criant :

— Gare! l'eau!

Tout le monde recula et se tint à distance.

Mais cependant les cous restaient allongés et les regards demeuraient fixés sur le puits.

Soudain un bruit de cascade mugissante succède aux détonations; une immense colonne d'eau jaillit avec une force inouïe, poussant hors du puits en nuage épais un tourbillon de sable et projetant sa gerbe majestueuse et colossale à plus de cent pieds de hauteur.

L'air s'emplit d'humides senteurs, les bœufs mugissent, les chevaux se cabrent et hennissent, les trappeurs poussent une clameur bruyante qui salue la vie s'échappant du sol et montant vers le ciel.

Mais à l'explosion de la joie succèdent le silence et l'anxiété.

Tous ceux qui ont **entendu** Bouléreau exprimer ses craintes **au sujet** des deux docteurs fouillent d'un regard anxieux cette trombe jaillissante qui, sa force ascendante épuisée, double son **volume** en retombant avec fracas...

Tout à coup un son retentissant couvre et domine entièrement le bruit des eaux.

Le phénomène prédit par le chef des squatters s'est réalisé.

Les docteurs du Bodet et Simiol, tirés des profondeurs du puits et projetés à trente mètres de haut, évolutionnent de la plus plaisante façon sur le faîte extrême du puissant jet d'eau.

Et, chose incroyable, ces éternels disputeurs, secoués comme des marionnettes du théâtre de Bambochinet, s'adressent encore des injures et se font des gestes menaçants.

Parfois le hasard les rapproche, les accole pour, ainsi dire ; alors ils entrent en fureur, ils essaient d'échanger un coup de poing ; mais ils se trouvent bientôt séparés, et leurs éclats de voix dominent par instants le grand bruit des eaux.

Scène vraiment comique... qui pouvait, d'un moment à l'autre, tourner au tragique...

C'était bien là le spectacle promis par Bouléreau : ainsi les œufs dansent sur un jet d'eau dans les tirs des fêtes publiques.

Les trappeurs riaient, tandis que M. de Lincourt se demandait comment il parviendrait à faire descendre sans danger les docteurs de leur liquide perchoir.

Mais la soif, l'irrésistible soif lança toute la caravane, bêtes et gens, vers la nappe qui se formait et grandissait avec une inconcevable rapidité au-dessous du puits artésien.

Les chevaux entraient dans l'eau jusqu'aux genoux, buvaient avec délices, renâclaient et rebuvaient encore.

Les buffles, mouillés jusqu'au poitrail, se désaltéraient avec une sorte de fureur, battant le flot du pied et se couvrant d'éclaboussures. Et les hommes à plat ventre, éculant à mesure que la nappe avançait, aspiraient à longs traits le sable et l'eau.

Sable-Avide et don Matapan, oublieux cette fois de leur serment solennel, semblaient vouloir tarir le lac qui s'improvisait devant eux.

C'était l'orgie, l'orgie sans fin, aussi fiévreuse, aussi ardente, aussi folle que si le puits eût versé l'ivresse à plein jet.

A la tristesse, au découragement, succédèrent l'entrain et la joie délirante.

Quel supplice que la soif!

Mais que de jouissances dans les grandes lippées d'eau fraîche !

Cependant les docteurs dansaient toujours.

Après les avoir oubliés, la caravane, — dans la béatitude qui suit la satisfaction d'un besoin longtemps irrité par l'abstinence, — la caravane largement abreuvée en revint à s'occuper de l'étrange scène qui se continuait au sommet de la gerbe avec des péripéties burlesques.

M. de Senneville était bien, au fond, de l'espèce des savants, car il paraissait jouir un peu cruellement d'abord de la mésaventure des docteurs.

Il les regardait d'un air satisfait en disant :

— Mes prévisions se sont réalisées et j'en suis enchanté.

« J'aurais cherché une occasion de faire parade de mon savoir que je ne serais pas mieux tombé. »

Puis, très-finement, il ajouta :

— En tout cas, mon cher comte, je conserve l'espoir de vous être utile dans l'avenir, en m'en rapportant aux quelques renseignements vagues que vous m'avez donnés sur le *Secret*.

— Je compte beaucoup sur votre concours, dit le comte, et je suis enchanté que votre prédiction se soit réalisée quant à ce puits artésien.

« Mais vous me voyez dans un mortel embarras.

« Je ne sais vraiment quel moyen employer pour rentrer en possession de mes deux braves docteurs, qui exécutent là-haut une danse de Saint-Guy laquelle menace de s'éterniser.

— Les malheureux sont dans une situation intolérable en effet, dit le baron gouailleur.

« Ils peuvent compter sur un fort rhume de cerveau et une courbature complète.

— Va pour le rhume et la courbature, fit M. de Lincourt riant malgré son inquiétude.

« Ils se soigneront eux-mêmes.

« Mais comment les ravoir?

« Impossible de boucher ce puits!

« Cette épaisse colonne d'eau a une force

ascensionnelle qui défie toute tentative de ce genre.

« D'ailleurs l'inondation nous gagne et bientôt cette partie de la plaine ne sera plus qu'un vaste lac.

— Vraiment le cas est embarrassant, fit M. de Senneville.

« Je cherche un moyen, mais j'avoue qu'il ne me vient aucune idée pratique. »

Sans-Nez, qui entendait ce dialogue, s'approcha.

— J'ai mon idée, moi, dit-il, et elle est fameuse, je vous le garantis !

« Voulez-vous que je vous la communique ? Vous en ferez ce que vous voudrez.

— Parle ! fit M. de Lincourt.

— Quand j'allais à la fête à Saint-Cloud, dit le Parisien, je m'exerçais souvent aux tirs de salon, même que ça m'a servi et que je suis devenu assez fort depuis ce temps-là.

« Souvent il m'est arrivé de tirer sur des œufs maintenus en l'air par un jet d'eau.

« Eh bien ! j'ai remarqué que même sans toucher l'œuf, et rien qu'en coupant d'une balle le mince filet qui le soutient, il tombe du coup.

« Pourquoi ne pas employer le même moyen et décrocher les docteurs à coups de canon ?

« Ils tomberont dans l'eau ; il y en a déjà assez pour qu'ils ne se fassent pas de mal, et Tomaho ira les repêcher !

— L'idée me paraît excellente, dit M. de Lincourt. Qu'en pensez-vous, baron ?

— Je pense qu'il faut la mettre en pratique sans aucun retard, répondit M. de Senneville revenant à des sentiments plus humains.

« Ces malheureux me font pitié.

— Fais avancer une batterie, ordonna le comte à Sans Nez.

Celui-ci s'éloigna aussitôt en disant :

— Ils n'ont pas l'air si malheureux...

« Depuis qu'ils sont là-haut, ils ne cessent de se disputer. »

Quelques minutes après, cinq pièces de canon étaient pointées sur l'immense jet d'eau.

Mais à la vue de ces préparatifs on entendit les docteurs pousser des cris perçants.

Ils protestaient, pensant qu'ils allaient servir de cibles aux artilleurs.

— Tiens! dit Sans Nez, nos deux œufs là-haut qui croient qu'on veut en faire une omelette!

Et il demanda :

— Avez-vous pointé ?

— Oui, dirent les chefs de pièce.

— Feu! alors.

Et à Tomaho :

— Tiens-toi prêt à repêcher les docteurs.

« Ramasse le plus petit d'abord. »

Au commandement de Sans Nez, on fit feu.

Les cinq détonations n'en firent qu'une.

La colonne d'eau fut coupée et les docteurs tombèrent, non sans grâce.

Simiol battait l'air de ses bras et poussait des cris de chat qu'on étrangle.

Du Bodet formait bloc, mais vociférait des protestations en *la mineur*.

Tous deux s'engloutirent dans le lac.

Alors Tomaho s'avança gravement, ayant de l'eau jusqu'à la ceinture, empoigna du Bodet par le fond des culottes et le jeta sur son épaule, tandis que de l'autre main il tenait Simiol, par la taille, au-dessus de l'eau. Puis il se mit en devoir de regagner la rive.

Chose inouïe! les deux disputeurs trouvèrent le moyen, pendant ce court trajet, d'échanger des menaces et de se montrer le poing.

Tomaho, particulièrement irrité par l'attitude rageuse de Simiol, le fit sauter en l'air, le ressaisit par une jambe, le retourna et laissa traîner la tête dans l'eau.

O prodige d'entêtement!

Simiol continua la dispute par gestes; mais il était temps qu'on arrivât en terre ferme, car peu à peu le petit docteur cessa de s'agiter, et quand on toucha au rivage, il fut quelque temps à retrouver la voix.

Quant à Tomaho, il était fort rêveur, et pour le moment son esprit était tout entier aux choses extraordinaires qui venaient de se passer.

Il **ne** s'expliquait pas ce jaillissement spontané d'une aussi grande masse d'eau, et, selon son invariable coutume, il ne voyait dans toute cette affaire que du merveilleux, **de la magie, de la sorcellerie.**

Il attribuait la mésaventure des deux savants à quelque vengeance d'un esprit souterrain contrarié de se voir obligé, par les conjurations de Bouléreau, de fournir de l'eau à la caravane.

Arrivé sur un sol sec, il déposa à terre les deux docteurs et leur dit avec une solennelle gravité :

— Que mes frères se souviennent !

« Le génie des eaux est puissant et terrible.

« Une autre fois, ils se garderont d'exciter sa colère. »

Et, sans attendre aucune explication, le géant s'éloigna.

Quand il eut fait quelques pas, il s'arrêta indécis et parut chercher quelqu'un.

Il aperçut Bouléreau fumant et discourant au milieu d'un groupe de squatters.

Il alla droit à lui, l'attira à l'écart et lui dit d'un air parfaitement sérieux et convaincu :

— Mon frère est un grand sorcier.

« J'admire sa puissance, car il commande au génie des eaux.

« Je viens lui demander un service.

— Mon cher Cacique, répondit le squatter avec une certaine impatience, je ne suis pas sorcier et je ne commande à aucun génie.

« Mais si je peux faire quelque chose pour vous, je suis prêt.

« Parlez et soyez bref...

« J'ai des ordres à donner à mes hommes.

— Je demande à mon frère qu'il me donne le talisman des eaux, dit gravement le géant.

« Je veux comme lui pouvoir percer la terre et faire des rivières et des lacs.

— Tomaho, mon brave camarade, répondit Bouléreau en secouant les cendres de sa pipe, vous êtes l'homme le plus fort et le plus embêtant que je connaisse.

« Donc, fichez-moi la paix avec votre talisman et ne venez plus jamais m'assommer de vos sottises ! »

Tomaho ne répliqua pas.

Il s'éloigna indigné, se murmurant à lui-même :

— Si mon frère le squatter rencontre le malheur dans le sentier de la vie, je n'irai pas à son secours, car il est moqueur comme Sans-Nez et méchant comme Touneins.

Délivrée enfin du danger de périr par la soif, la caravane reprit sa physionomie accoutumée.

Pendant le reste du jour, l'activité régna dans le camp.

On fit une ample provision d'eau, on répara le désordre qui avait été la conséquence du malaise, des souffrances et du découragement.

On se prépara à passer une bonne nuit afin de se trouver dispos pour se mettre en marche le lendemain matin.

Le soleil a disparu depuis longtemps.
La nuit est sombre.
Un calme profond règne dans le camp.
La caravane est endormie.
. . . .
Soudain des cris troublent le silence.
Tout le monde se réveille et s'inquiète.
La garde prend les armes et se dirige vers l'endroit d'où partent les vociférations.

Elle arrive à la tente occupée par du Bodet et Simiol.

Les deux savants se disputent et se battent.

On les sépare et ils promettent de rester tranquilles.

Mais ils ne sont pas plutôt seuls qu'ils recommencent.

Pour les faire taire, le trappeur qui commande le poste de garde est obligé de les menacer.

— Si vous continuez, leur dit-il, je vous place en sentinelles perdues aux deux extrémités opposées du camp.

Ces quelques paroles produisent immédiatement leur effet.

Les deux docteurs se taisent, tout en se promettant de reprendre leur discussion au lever du soleil.

CHAPITRE CXXIX

PRÈS DU SECRET

Le lendemain matin, la caravane se remettait en marche, contournant le lac déjà immense formé par le puits artésien.

Pendant dix jours entiers, le convoi suivit la direction de l'est.

On avançait rapidement sur le sol durci d'une vaste plaine assez aride, mais où l'on trouvait pourtant en quantité suffisante, et de place en place, le fourrage nécessaire aux chevaux et mulets.

Aucun obstacle naturel à surmonter, aucun ennemi à combattre; il semblait que l'on avait triomphé de toutes les résistances, que tout danger était écarté.

La Couleuvre lui-même avait disparu sans doute, car on ne trouvait plus une seule source empoisonnée.

Le dixième jour, l'étape fut longue.

Quand M. de Lincourt fit sonner la halte, le soleil était déjà couché.

Le camp fut installé comme d'habitude, et les wagons disposés comme si l'on avait à redouter une attaque nocturne.

De nombreuses sentinelles furent placées et les postes installés.

Ces précautions prises, chacun se trouva libre de faire honneur au repas du soir.

Deux heures se sont écoulées.

La lune, qui vient de se lever, éclaire le camp, et ses blancs reflets font rougir les feux.

Cette nuit a un éclat qui ferait pâlir l'aube; elle n'a rien conservé des tristesses du crépuscule et elle a emprunté à l'aurore toute sa gaieté.

Les hiboux, trompés par ce demi-jour, ne font point entendre leurs lugubres cris.

Les fauves, que la lumière effraie, rampent silencieusement au plus épais de la broussaille.

Par moments, le chant d'un oiseau se fait entendre dans un buisson et s'arrête tout à coup.

C'est une fauvette ou un rouge-gorge qui se réveille, commence sa chanson du matin, s'aperçoit qu'il se trompe, s'interrompt brusquement, replace sa tête sous son aile et s'endort.

Malgré les fatigues de la journée, les gens

de la caravane ne paraissent pas pressés de re reposer.

Ils se sont formés en groupes de tous côtés et causent avec une certaine animation.

Tout à coup le clairon sonne, et l'ordre est donné de se rassembler devant la tente de M. de Lincourt.

Aussitôt les chefs de compagnie réunissent hommes et femmes, ainsi que le comte l'a recommandé, et au bout de cinq minutes tout le monde se trouve au centre du bivouac, devant la tente du chef.

Il s'agit, a fait dire M. de Lincourt, d'une *importante communication.*

Comme on peut se l'imaginer, cet ordre ainsi motivé a vivement excité la curiosité.

On s'attend à connaître ce *Secret* si bien gardé jusque-là.

Déjà il avait été dit que l'on approchait du terme du voyage; il devenait donc vraisemblable que le mystère allait enfin être dévoilé.

En attendant, les imaginations travaillent et les suppositions vont grand train.

Sans-Nez, qui se trouve au milieu d'un groupe formé des principaux lieutenants, se montre encore plus bavard que d'habitude, et plus que tout autre il semble avoir hâte de connaître le *Secret.*

— Nous savons que nous voici arrivés ou à peu près, dit-il; c'est déjà quelque chose.

« Mais je me demande avec quoi nous pourrons bien faire tous fortune dans ce pays aride et parfaitement misérable.

« Depuis deux jours, j'ai ramassé plus de cinq cents cailloux pour voir si je ne marchais pas sur des pépites d'or; mais je t'en fiche! je n'ai trouvé que de mauvaises pierres à fusil.

« Je n'y comprends absolument rien.

— By God! moi non plus, fit John Burgh qui, on le sait, était taquiné depuis longtemps par l'envie de connaître le *Secret.*

« Nous sommes partis du rivage de l'océan Atlantique, nous avons traversé le désert le plus mal fréquenté des deux Amériques, et nous voici à quelques milles du Grand-Pacifique. »

« Je n'y conçois rien du tout. »

— Nous allons peut-être établir une pêcherie, dit en riant Bouléreau.

— Ah! zut alors! s'écria Sans-Nez.

« Venir ici pour pêcher des crevettes ou ramasser des moules : je n'en suis plus !

« J'aime mieux aller peupler une île déserte avec Paméla.

— Mais s'il s'agissait de pêcher des huîtres?

— Des huîtres à perles, tu veux dire?

— Bien entendu.

— Mon vieux, dit le Parisien, je ne suis pas plongeur, et il faut trop de perles pour faire un boisseau.

« Je ne crois pas que ta supposition vaille la peine qu'on s'y arrête.

« Ah! si tu me parlais d'une mine de coquilles laissées à sec par la mer et enfouies sous un éboulement de falaises, je ne dis pas !

« On pourrait se mettre terrassier et travailler à la tâche.

« Mais encore il faudrait un banc de dix lieues de longueur pour nous enrichir tous !

« Décidément, Bouléreau, ton idée ne vaut rien.

« Il faut trouver autre chose. »

Et, s'adressant à Tomaho, Sans-Nez ajout

— Et toi, Cacique, tu ne devines rien?

— Que mon frère me laisse réfléchir, dit le géant.

« Je cherche.

— Eh bien! s'il faut attendre que tu aies trouvé, nous n'avons pas fini de droguer.

« Et toi, tu ne dis rien? demanda le Parisien à Bois-Rude.

— Moi? répondit tristement celui-ci.

« Depuis que je bois de l'eau, je ne parle plus et je ne pense plus.

— Pauvre chéri! railla le Parisien.

« Console-toi.

« Si nous restons longtemps dans ce pays-ci, je planterai de la vigne, et je te promets le premier verre de ma première cuvée.

— Et où iras-tu chercher des plants? demanda Bouléreau avec l'intention évidente d'embarrasser l'incorrigible blagueur.

— J'ai mon affaire, répondit Sans-Nez avec un merveilleux aplomb.

« L'autre jour, le cuisinier du comte m'a fait cadeau d'une grappe de raisin sec.

« En homme prévoyant, j'ai conservé les pepins et je les planterai.

— Il faut toujours que cette pie borgne jacasse ! grommela Bois-Rude avec mauvaise humeur.

Sans-Nez allait répliquer, mais il n'en eut pas le temps.

M. de Lincourt parut, accompagné du colonel d'Éragny et du baron de Senneville.

Le chef de la caravane est sérieux, grave, solennel même.

Le blanc rayonnement de la lune qui l'éclaire en plein semble ajouter à sa pâleur naturelle.

Son attitude, ordinairement froide, est superbement imposante et majestueuse ; et dans ce moment, par cette nuit claire, elle fait naître dans l'esprit l'idée de quelque apparition surnaturelle.

Le comte fit quelques pas hors de sa tente et ordonna de faire ranger toute la troupe en demi-cercle.

Le mouvement fut rapidement exécuté.

Puis on écouta dans un profond et religieux silence.

Le chef de la caravane parut se recueillir un moment, puis d'une voix claire et vibrante :

— Camarades, dit-il, vos efforts et votre courageuse persévérance vont recevoir leur récompense.

« Nous touchons au *Secret*.

« Demain, chacun pourra contempler l'inépuisable source de sa propre fortune.

« Vos regards seront éblouis !

« Vos esprits seront confondus ! »

Après un court silence, le comte, étendant le bras dans la direction de l'est, reprit :

— Vous avez vu dans la journée les montagnes qui bornent l'horizon de ce côté ? Vous les distinguez encore mieux maintenant qu'elles se découpent en noir dans le ciel...

« Vous apercevez, entre deux pics élevés qui semblent le garder, ce cône tronqué aux pentes presque verticales, au sommet coupé net et formant plateau ?

« C'est là ! »

Tous les yeux suivaient les rapides indications du comte.

A mesure qu'il parlait, le ravissement se peignait sur les visages, l'espérance et la joie gonflaient les poitrines.

Et quand il prononça les mots :

« C'est là ! »

Un long frémissement courut dans les rangs et il y eut un doux murmure de satisfaction semblable au bruissement des feuilles agitées par une légère brise d'été.

Puis le silence redevint profond et M. de Lincourt reprit :

— Au delà de ces montagnes, c'est le grand océan Pacifique, limitant notre territoire.

« Remarquez que je dis *notre territoire*, fit-il en insistant.

« Car depuis hier nous voyageons sur nos propres domaines.

« Voici la preuve de ce que j'avance. »

Le comte, dépliant un parchemin qu'il tenait à la main, se découvrit en lisant ces premiers mots :

République des États-Unis d'Amérique.

M. de Senneville et le colonel ôtèrent également leur casquette de chasse, et ils furent imités par la caravane entière.

Ces hardis chasseurs, ces audacieux trappeurs, ces courageux squatters, ces infatigables pionniers, la tête nue, la poitrine oppressée, le cœur plein d'espérance, saluèrent le nom du gouvernement qu'ils respectaient tous et écoutèrent avec recueillement.

Le comte lut :

« Le Président de la République, en
« vertu d'une loi votée par le Sénat, concède
« au citoyen de Lincourt et à la caravane
« qu'il commande toute la partie de terri-
« toire avoisinant la montagne du Nid-de-
« l'Aigle dans un rayon de vingt milles.

« Ledit comte de Lincourt et les siens,
« agissant à leurs risques et périls, ne sont
« tenus à aucune obligation envers le gou-
« vernement de la République. »

Le comte ayant cessé de lire, une immense acclamation retentit, un cri s'échappa de toutes les poitrines :

— Vive la République !

« Vive les États-Unis ! »

Et certes, on ne saurait trop acclamer un semblable gouvernement qui, à la demande d'un inconnu, concède une immense étendue de territoire, sur la simple promesse d'y créer une industrie, une exploitation quelconque, ou de défricher et de cultiver.

En Europe, il aurait fallu, pour obtenir pareille faveur, soulever des montagnes d'obstacles, attendre qu'une lente bureaucratie donnât son avis et envoyât ses commissaires, ses experts, ses délégués.

Ici, rien de tout cela !

Faites ce que vous voudrez, à la seule condition de ne rien demander au gouvernement qui d'ailleurs vous refuserait même un policeman, en vous disant :

— Organisez votre police comme vous l'entendrez.

« Vous êtes libres. »

Quand donc comprendra-t-on en Europe toute la valeur de cette manière de procéder ?

Cependant M. de Lincourt reprit son discours dès que les acclamations eurent cessé :

— Je vous ai promis la fortune à tous, je vous renouvelle aujourd'hui cette promesse.

« Ne vous étonnez de rien.

« Ayez confiance en moi.

« Les obstacles les plus dangereux sont écartés ; ceux qui restent ne sont plus que d'insignifiantes difficultés.

« Nous les surmonterons, car **tout est** prévu.

« Je ne vous demande que l'obéissance, la soumission absolue.

« Dès demain vous aurez compris, et avant huit jours vous saurez au moyen de quelles combinaisons j'ai assuré le succès de notre entreprise.

« Patience donc, confiance et travail !

« La fortune est à ce prix. »

Le comte cessa de parler.

Les vivats et les acclamations **éclatèrent aussitôt.**

— Vive le commandant !

« Vive l'Amérique ! »

Ce fut pendant cinq **minutes un tapage** d'enfer.

L'enthousiasme exaltait **toutes les têtes :** on avait besoin de crier, de manifester sa joie d'une façon bruyante.

Sans-Nez, qui subissait l'impression générale, ne trouva rien de mieux que d'empoigner sa maîtresse, de la soulever comme un enfant au-dessus de la foule et de crier :

— Vive Paméla !

Il s'apprêtait même à pousser d'autres vivats, mais il en fut empêché...

Tomaho, renchérissant sur cette manière d'exprimer sa satisfaction, enleva d'une main le Parisien portant Paméla et de l'autre sa femme Conception.

Et maintenant les trois personnages en l'air, le géant cria d'une voix de stentor :

— Vive mes frères pâles !

Un murmure sympathique répondit à Tomaho, tandis que Sans-Nez lui cria :

— Veux-tu me mettre à terre, grand farceur, ou je laisse tomber mon épouse ?

Le géant eut peur pour Paméla ; il remit le Parisien sur ses pieds ainsi que Conception qui, gigotant au bout du bras de son mari, laissait voir un peu plus de mollets que la bienséance ne le permettait.

Enfin M. de Lincourt fit rompre les rangs et rentra sous sa tente.

Presque tout le monde l'imita.

La journée avait été rude et chacun avait besoin de repos.

Un certain nombre de trappeurs et de squatters restent seuls.

Ils forment un groupe dont Grandmoreau occupe le centre.

On cause avec animation, et quelques-uns cherchent à faire bavarder le vieux trappeur.

Sans-Nez surtout se montre **curieux et** impatient.

— Avec tout ça, dit-il, nous ne **sommes** pas plus avancés que tout à l'heure.

« Pourquoi ne pas nous dire tout de **suite** de quoi il retourne ?

« Voyons, Tête-de-Bison, ne fais **donc pas** le malin et fais-nous tes confidences.

— Demain, répondit Grandmoreau.

— Pourquoi pas aujourd'hui, **puisque** nous y touchons, à ton secret, puisque **nous** sommes sur notre propriété, dans nos domaines?

« Qu'est-ce que ça peut te faire?

— Absolument rien, dit Grandmoreau.

« Je veux seulement vous laisser la surprise.

— By God! je voudrais être surpris tout de suite, fit John Burgh avec un geste d'impatience.

— Moi, je m'imagine, dit Bouléreau, que Tête-de-Bison a reçu l'ordre de se taire.

— Je n'ai reçu aucun ordre, affirma le Trappeur.

« Si je ne parle pas, c'est que je m'amuse de votre curiosité.

— Joli amusement! s'écria Sans-Nez avec dépit.

« Bel agrément!

« Embêter les gens pour le plaisir de les embêter, voilà-t-il pas qui est drôle!...

— Je te conseille de parler, toi, fit Grandmoreau.

« Tu ne t'en moques jamais, toi, des gens?

— Moi, je fais des farces de temps en temps, dit le Parisien; mais je ne laisse pas mon monde sur les épines quand j'ai quelque chose à leur raconter.

— Allons, fit le Trappeur paraissant se décider à parler, je vais vous en dire assez pour vous laisser deviner toute l'affaire.

Toutes les oreilles se tendirent, tous les yeux se fixèrent sur Grandmoreau, qui reprit avec un fin sourire :

— Mon secret ressemble à un grand miroir, il peut devenir un volcan, il peut se transformer en rivière.

« Voilà tout ce que je puis vous dire.

« Devinez si vous pouvez! »

Tout le monde chercha, personne ne trouva.

Bouléreau, malgré sa finesse et son bon sens, s'écria le premier :

— J'y renonce!

« Grandmoreau se moque de nous!

— Je vous assure que non, dit le Trappeur.

— J'ai beau me creuser la cervelle, s'écria Sans-Nez d'un air dépité, je ne vois rien dans ton miroir, ton volcan m'épate et je me noie dans ta rivière.

« Dis-nous quelque chose de plus clair.

— Non, je m'en tiens là, dit le Trappeur.

« J'ai déjà trop parlé... »

Tomaho poussa tout à coup une espèce de ricanement sourd et promena sur les trappeurs un regard parfaitement dédaigneux.

— Il semblerait que tu te donnes des airs de nous blaguer, lui dit Sans-Nez.

« Est-ce que par hasard tu aurais deviné, toi? »

Le géant, avec un air de suffisance qu'on ne lui avait jamais vu, répondit :

— Je pensais que mes frères pâles avaient l'esprit plus subtil.

« Je vois que je me suis trompé.

« On les croit fins et rusés parce qu'ils disent qu'ils le sont.

« Je m'aperçois bien maintenant qu'ils sont souvent embarrassés pour peu de chose et que leur esprit est lourd et paresseux.

— Ah çà! Cacique, as-tu bientôt fini de nous débiner? s'écria Sans-Nez.

« On sait bien que tu es un malin des malins, mais ça n'est pas une raison pour nous écraser de ta supériorité.

« Allons, un peu d'indulgence pour tes compagnons, et dis-nous le secret de Tête-de-Bison, puisque tu l'as trouvé.

— Oui, je l'ai trouvé, affirma le géant avec assurance.

« Je vais le dire, si mon frère Grandmoreau y consent.

— Parle! fit celui-ci.

« Je suis absolument certain que tu n'as pas deviné.

— Mon frère se trompe, reprit le géant.

« Il va le voir par les paroles que je prononcerai et que lui seul comprendra. »

Tous les regards étaient fixés sur le géant.

Personne ne croyait à sa perspicacité et on s'attendait à rire à ses dépens.

On écouta attentivement, quoique avertis que l'on ne comprendrait pas.

Tomaho, parfaitement grave et sérieux, fit un pas vers Bouléreau, lui retira sans façon la pipe de la bouche, et la montrant à Grandmoreau :

— Demain, il sera défendu à mon frère Bouléreau de fumer ; il ne pourra...

— Halte ! s'écria Grandmoreau.

« En voilà assez, Cacique !

« Je te fais mes excuses et je reconnais que tu as très-bien deviné. »

Tomaho jeta un regard triomphant sur les trappeurs et dit à Sans-Nez :

— Mon frère pense-t-il toujours que je suis un imbécile ?

— Mon vieux Cacique !... fit le Parisien qui abandonna aussitôt ses airs narquois et railleurs pour prendre ce ton repentant, soumis, caressant, d'un homme qui veut obtenir quelque chose.

« C'est vrai, je t'ai appelé imbécile quelquefois, dit-il.

« Mais je ne croyais pas à ce que je disais.

« Je t'ai toujours considéré comme une intelligence de première force et surtout comme le meilleur de mes amis.

« Et la preuve que je ne me trompais pas, c'est que tu nous étonnes tous par ta sagacité et que tu vas nous dire le secret... »

Malgré les airs de bon apôtre du Parisien, Tomaho ne parut pas disposé à parler.

D'ailleurs Grandmoreau s'empressa de répondre pour lui à la demande de Sans-Nez.

— Si le Cacique tient à l'amitié de son vieux camarade Tête-de-Bison, il ne parlera pas, dit-il.

— Voilà qui n'est pas juste, observa Bouléreau.

« Il est libre de parler si bon lui semble.

— By God ! certainement, très-certainement ! appuya John Burgh.

« On n'a pas le droit d'influencer le Cacique, on n'en a aucunement le droit.

— Je n'ai pas d'ordre à lui donner, fit le trappeur, et je n'exige rien de lui.

« Mais il me semble que je peux bien le prier de se taire !

— By God ! non, fit l'Anglais avec entêtement.

« Pas le droit !

« Aucun droit ! »

Et s'adressant au géant :

— Cacique, lui dit-il, si vous consentez à me dire le secret tout de suite, à l'instant je m'engage à recruter une compagnie entière et à vous aider à remonter sur le trône d'Araucanie.

Tomaho échangea un regard avec Grandmoreau et répondit :

— Mon frère a une bonne pensée.

« Je le remercie.

« Mais je ne puis accepter son offre, car je trahirais mon ami.

— Rien à faire, by God ! grommela Burgh en se voyant repoussé.

— A savoir ?... fit tout bas Sans-Nez.

Et s'approchant du géant :

— Baisse-toi, lui dit-il.

— Pourquoi mon frère veut-il que je me baisse ? demanda Tomaho avec défiance.

Et il se redressa.

— Je veux te parler à l'oreille, dit le Parisien.

— Alors je n'ai pas besoin de me courber, fit le géant en empoignant le Parisien par la ceinture et en mettant son visage à portée de son oreille.

— Cacique, lui dit Sans-Nez à voix basse, si tu veux me dire le secret, je te donnerai des trucs et des talismans tant que tu en voudras.

« Tu sais que j'en ai d'excellents.

« Tu en as déjà un très-bon...

« Je t'en ferai de meilleurs.

« Ça y est-il ? »

Tomaho reposa le Parisien à terre assez brusquement et lui répondit avec beaucoup de dignité :

— Mon frère vient de m'offenser, car il me croit capable de vendre ma parole.

« Qu'il le sache : il m'offrirait du *complément indispensable* comme celui que j'ai mangé avec mon petit truc quand j'ai dîné avec notre chef pâle, et qui m'a transporté pendant la nuit dans les Prairies heureuses du Vacondah, que je mépriserais son offre.

« Tomaho n'a jamais manqué à sa parole, et il tient à l'amitié de Tête-de-Bison. »

Il n'y avait plus à insister.

Le géant était absolument déterminé à garder le silence.

Les trappeurs le comprirent et ils s'éloignèrent pour la plupart.

Une dizaine, parmi lesquels Sans-Nez, John Burgh et Bouléreau, suivirent Tomaho

LE SECRET DU DOMPTEUR

qui regagnait sa tente en compagnie de Grandmoreau.

Le chef des squatters, intrigué surtout au sujet de ce qui avait été dit sur sa pipe, tenta encore une démarche.

Il se souvint que le géant lui avait demandé le talisman des eaux après l'affaire du puits artésien; il pensa à utiliser ce désir superstitieux.

Il n'y avait pas à s'embarrasser du choix de l'objet qui devait être le talisman.

Le squatter détacha une breloque d'argent attachée à sa chaîne de montre et l'offrit au géant avec toutes les précautions et le cérémonial possibles.

Mais il ne fut pas plus heureux que les autres.

97ᵉ LIVRAISON

Tomaho ne daigna même pas lui répondre.

Enfin, quand le géant fut rentré sous sa tente avec Conception, Sans-Nez imagina un dernier moyen.

Il ordonna à Paméla de pénétrer sous un prétexte quelconque chez Tomaho, de faire causer Conception d'abord, et enfin de l'amener habilement à obtenir des confidences de son mari.

Mademoiselle Paméla était une fine mouche.

Elle s'acquitta très-habilement de sa mission.

Elle réussit à endoctriner madame Tomaho, qui questionna son géant avec une adresse de femme.

97

Mais, pas plus que les autres, elle n'en put rien obtenir.

Elle ne reçut que cette réponse assez sévère :

— Quand les squaws se montrent trop curieuses, les guerriers de mon pays les punissent en leur bouchant les oreilles avec de la résine.

Conception n'insista pas devant cette menace indirecte.

La perspective de se voir couler de la résine brûlante dans les oreilles en guise de coton était bien faite pour la guérir du péché d'indiscrétion.

Paméla retourna donc trouver Sans-Nez et ses compagnons sans avoir obtenu le moindre résultat.

— Décidément, fit le Parisien découragé, il faut nous résigner à attendre à demain.

« Mais à partir d'aujourd'hui Tomaho change de nom.

« Je ne l'appelle plus que le *Tombeau des secrets.* »

CHAPITRE CXXX

AU-DESSUS DE L'ABÎME

Le lendemain matin, tout le monde se trouva sur pied avant la sonnerie du réveil.

Quand M. de Lincourt sortit de sa tente, il trouva les attelages prêts.

On avait hâte de partir.

Il remarqua en outre plusieurs rassemblements où régnait une grande agitation.

Il fit appeler Grandmoreau et lui demanda :

— Que se passe-t-il donc ?

« Il me semble qu'on se dispute.

— Ils ont le diable au corps, ces enragés ! dit Grandmoreau.

« Chacun veut connaître le *Secret* avant son camarade, et tous veulent faire partie de l'avant-garde. »

M. de Lincourt s'approcha des groupes et commanda :

— Tout le monde à son poste !

« Même ordre de marche qu'hier. »

Ce commandement fut lancé d'un ton sec et impératif.

On comprit que le chef était mécontent et l'on obéit en silence.

Alors le comte choisit trente hommes pour former l'avant-garde et désigna Grandmoreau et Sans-Nez pour les commander.

Quand ce dernier se vit certain de partir un des premiers, il ne put s'empêcher de manifester sa joie en faisant la nique à ses camarades.

— Amusez-vous bien, dit-il en partant.

« Quand je vous reverrai, je vous ferai part de mes découvertes ! »

Une demi-heure s'écoula pendant laquelle M. de Lincourt passa en revue tout son matériel de wagons, visita les attelages, ainsi qu'il le faisait chaque jour.

Enfin le convoi se mit en marche.

La gaieté était sur tous les visages, les propos étaient joyeux.

On allait enfin savoir.

Les bêtes elles-mêmes semblaient prendre part à l'allégresse générale.

Les chevaux caracolaient en hennissant et les mulets tiraient sur le collier comme s'ils avaient hâte d'arriver au terme du voyage.

A mesure que l'on avance, les montagnes que l'on avait aperçues à travers le bleu de l'air se dessinent plus nettement. Elles prennent une teinte gris sombre ; leurs pentes se hérissent de rochers, se zèbrent de noires crevasses.

Après trois heures de marche, on rejoignit l'avant-garde, stationnant au pied de cette montagne au sommet coupé qui avait été désignée par le comte et dont tout le monde reconnaissait la forme particulière.

Les trappeurs, qui croyaient voir Sans-Nez accourir à leur rencontre, l'aperçurent, non sans grand étonnement, se promener mélancoliquement le long des énormes rochers qui formaient une large et haute ceinture au pied de la montagne.

En voyant l'air déconfit du Parisien, tout le monde pensa qu'il ne savait rien encore, et Bouléreau lui cria :

— Eh bien! camarade, il paraît que ça ne t'a pas servi à grand'chose de marcher en avant?

« Ça t'apprendra à faire le malin.!...

— By God!... dit Burgh en jetant un coup d'œil de tous côtés, je pense que nous ne saurons jamais rien, puisque Sans-Nez n'a encore rien vu.

Et Tomaho, prenant un air goguenard, s'approcha du Parisien en disant :

— Mon frère n'a donc pas encore deviné, lui qui n'est pas un imbécile?

— Tu m'embêtes, toi, grand raseur! répliqua Sans-Nez en tournant le dos au géant.

Cependant M. de Lincourt s'avança au milieu du groupe formé par les trappeurs.

M. de Senneville et le colonel d'Éragny le suivirent.

— Messieurs, dit le comte, nous voici à pied d'œuvre.

« Nous n'avons plus qu'à nous hisser au faîte de cette montagne pour contempler nos richesses.

— C'est là-haut que perche le secret? demanda Bouléreau.

— C'est là-haut, affirma le comte.

— Commandant... fit Sans-Nez en s'approchant, voulez-vous me permettre une question?

— Certainement.

« Questionne!

— Est-ce que vous y êtes déjà monté, là-haut?

— Jamais!

— Eh bien! commandant, j'ai dans l'idée que vous n'y monterez pas de sitôt, ni vous ni d'autres.

— Et pourquoi cela, monsieur Sans-Nez? fit le comte.

— Parce que cette montagne à pic est inaccessible.

« Parce qu'il faudrait être lézard, mouche ou limaçon pour grimper contre ces roches lisses et droites comme des murailles.

— Sans-Nez, observa Grandmoreau avec une nuance de raillerie, l'impatience et la mauvaise humeur te font dire des bêtises.

« J'y suis bien allé, moi, là-haut!

« Crois-tu que je n'y retournerais pas ?

— Toi? s'écria le Parisien.

« Et c'est à moi, c'est à nous autres trappeurs que tu fais ce conte-là?

« Ah! en voilà encore une raide, par exemple!

« Tu avais donc un ballon?

— Non, fit Grandmoreau.

— Ah! ah! dit Sans-Nez avec son rire sifflant et saccadé.

« J'y suis.

« Il t'était poussé des ailes!...

« Cher ange!

« Je te vois d'ici.

« Pigez-moi ça!

« Tête-de-Bison en séraphin!...

« Ah! ah! Paméla, soutiens-moi, je m'évanouis! »

Quelques rires à peine accueillirent cette sortie, qui après tout avait un côté sérieux.

La montagne en effet était inaccessible.

Ses flancs s'élevaient presque verticalement à une hauteur de plus de cinq cents mètres, et il paraissait absolument impossible que jamais pied humain pût gravir ces murailles semblables à celles d'une immense tour.

Le comte vit que tout le monde partageait l'incrédulité de Sans-Nez.

— Mais je vous assure, dit-il, qu'avant ce soir nous serons sur le sommet de la montagne.

A cette affirmation donnée avec la plus entière conviction, tous les visages se déridèrent, et M. de Lincourt put voir qu'il possédait toute la confiance de sa troupe.

Sans-Nez seul ne paraissait pas persuadé, et il hochait la tête d'un air de doute.

Tomaho s'approcha de lui :

— Mon frère oublie, dit-il tout bas, que le chef pâle est un grand sorcier.

Le Parisien mit prudemment une certaine distance entre le géant et lui.

— Ce que je n'oublie pas, lui dit-il, c'est que tu n'es qu'un grand serin, toi !

Cependant le comte fit ranger le convoi sur une partie de terrain assez élevé au pied de la montagne et dominant la plaine.

De ce campement, on découvrait à une

grande distance, et il était impossible de se trouver surpris.

D'un autre côté, la caravane était en quelque sorte adossée à une série de hautes collines infranchissables dont la mer venait battre et miner le pied.

Dans cette situation, d'ailleurs provisoire, le convoi, s'il venait à être attaqué, se trouvait dans d'excellentes conditions de défense.

Quand tout fut disposé selon son gré, quand il eut donné des instructions pour la construction d'ouvrages de terre destinés à abriter l'artillerie, M. de Lincourt, à la tête d'une nombreuse compagnie de squatters et de trappeurs, se mit en marche pour contourner la montagne.

Cette colonne était suivie de quelques mulets chargés d'outils et de divers ustensiles dont Grandmoreau avait fait choix.

On avançait assez facilement sur un sable rouge et compacte.

De temps en temps le chemin qui contourne en spirale les flancs rocheux de la montagne s'élargit, la pente s'adoucit, et l'on se trouve sur des espèces de plates-formes où la roche forme dallage.

Ce chemin est profondément encaissé entre deux murs de rochers; c'est pourquoi on ne peut l'apercevoir de la plaine; c'est pourquoi, vu de loin, il ressemble à une large fissure entre la montagne et une série de rochers qui se sont détachés et forment une ceinture de hautes murailles aux pentes extérieures inaccessibles.

Les trappeurs marchaient avec un joyeux entrain.

La gaieté était sur tous les visages, la plaisanterie et le rire sur toutes les lèvres.

On allait enfin le connaître, ce *Secret;* on allait le voir, le toucher!

— Décidément, disait Sans-Nez, la route est belle.

« Je ne l'aurais jamais cru.

« Quand je dis belle, je vais peut-être un peu loin, car ça manque de perspective, par ici!

« Nous marchons entre deux murs. »

Puis regardant le sommet de la montagne :

— Il est vrai que nous ne sommes pas arrivés, ajoutait-il.

« Et j'ai bien peur que nous ne voyions le bout de ce beau chemin avant d'être parvenus là-haut.

— Parbleu! il faut s'y attendre, dit Bouléreau.

« Aller dénicher des fortunes en se promenant, ce serait trop commode! »

En ce moment le comte se tourna vers Grandmoreau :

— Ce défilé me paraît dangereux, dit-il.

« Je crois qu'il serait imprudent d'y engager la caravane entière.

— Le danger est nul dans toutes ces parties encaissées, dit Grandmoreau.

« A l'extérieur, impossible d'escalader tous ces rochers à pic.

« Si nous venions à être attaqués, ce serait sur le plateau qui forme la véritable base de la montagne; et, une fois installés sur ce point, il me paraît bien difficile de nous en déloger. »

Le comte, ayant paru méditer cette réponse du Trappeur, dit à M. de Senneville :

— Comme vous le pensez, je ne voudrais à aucun prix laisser nos wagons et notre matériel à une aussi grande distance.

« Je vois avec plaisir que je pourrai sans peine amener tout le convoi à pied d'œuvre, pour ainsi dire, si toutefois ce chemin reste praticable jusqu'au bout.

— Ce dont je ne doute pas, fit le baron.

« Il y a dans ces entassements rocheux une harmonie qui certainement se maintiendra jusqu'à ces premiers plateaux que doivent dominer des pics et amas volcaniques.

« Je pourrais même affirmer que ce chemin que nous suivons a été creusé par les laves. »

Cependant trappeurs et squatters continuent à monter.

Il y a déjà une heure que l'on a quitté la caravane, et l'on est toujours engagé entre deux murailles de grès d'un rouge sombre...

Tout à coup le ciel se découvre et l'horizon grandit.

La troupe entière se trouve sur un large plateau appuyé contre le flanc nord de la montagne.

Là plus de barrière pour le regard.

Un immense cri d'admiration s'échappe de toutes les poitrines.

Et cette vive impression ressentie par les trappeurs est pleinement justifiée par la splendide magnificence du paysage grandiose qui se déroule autour d'eux.

Du côté sud, le *Nid de l'Aigle* hérissé de rochers bizarrement superposés et dont le sommet s'est sensiblement rapproché.

Entre cette montagne et le plateau où sont arrivés les trappeurs, un large précipice s'ouvre béant et noir ; il semble opposer un obstacle infranchissable à tous ceux qui tenteraient d'aller à la découverte du secret de Grandmoreau.

A droite, l'océan Pacifique dont les flots verts comme l'émeraude se confondent dans un lointain brumeux avec le bleu foncé du ciel.

Et plus près, là, au pied des hautes falaises, viennent se briser sur le roc avec un fracas éclatant les lames qui déferlent en volutes écumantes.

A gauche, encore la mer, mer terrestre aux flots ondoyants, mais fixes, aux vagues verdoyantes et immobiles.

C'est la savane et ses solitudes profondes que bornent la montagne aride ou les forêts sombres.

C'est l'espace parcouru, c'est l'obstacle franchi, c'est le danger passé.

Et sur cette vaste plaine un long sillon, avant peu effacé, marque le passage de la caravane.

Au nord, se profile dans un désordre, dans un chaos saisissant, une chaîne de collines abruptes s'opposant comme une digue gigantesque aux efforts envahissants du Pacifique.

Çà et là d'énormes blocs de grès rouge, tout couverts de lichens et de mousses, sont entassés dans une pittoresque et sauvage confusion.

Chaque colline est séparée par une vallée profonde ou par une large crevasse au fond de laquelle roulent et se précipitent les eaux d'un torrent.

Ici, c'est un plateau rocheux dont la pierre lisse, lavée par la pluie, balayée par le vent, ne conserve pas une parcelle de terre où puisse germer la moindre graine.

Plus loin, c'est une sorte d'entonnoir, ancien cratère où les détritus végétaux se sont amoncelés, ont formé terreau et donné naissance à d'épais massifs de verdure.

A l'extrémité de ce chaînon de montagnes formant falaises s'élève un pic qui, à distance, paraît être un gigantesque monolithe enchâssé dans l'ancien cratère d'un volcan éteint.

Sur les pentes qui regardent la savane, de rares mélèzes et de chétifs bouleaux ont trouvé un peu de terre végétale dans une crevasse ; ils s'efforcent et poussent leurs racines au plus profond des fissures ; leur maigre feuillage égaie de quelques taches vertes le gris rougeâtre et uniforme des rochers ; et le vent qui froisse leurs branches devient un doux murmure qui anime ces mornes solitudes.

Longtemps les trappeurs restèrent sous le charme de cette contemplation.

Ils ne sortirent de leur extase qu'à la voix de M. de Lincourt.

— Il faut pourtant, dit le comte, ne pas perdre notre temps à admirer ce merveilleux panorama.

« Le moment d'agir est venu.

« A l'œuvre donc, et que bientôt, parvenus au sommet de cette montagne, le *Secret* du Trappeur n'en soit plus un pour personne » !

Comme nous venons de le dire, le plateau sur lequel se trouvaient réunis les trappeurs était séparé du pied de la montagne à gravir par une crevasse d'environ trente mètres de largeur, et au fond de laquelle grondaient sourdement les eaux d'un torrent qui vraisemblablement prenait sa source dans les profondeurs souterraines du désert et allait se perdre dans la mer au pied des hautes falaises.

— Il s'agit, continua le comte, de franchir cette crevasse.

A cette déclaration, tous les regards se portèrent sur M. de Lincourt, et la même expression de surprise et de désappointement se put lire sur tous les visages.

Évidemment on considérait le passage comme extrêmement périlleux, ou même comme impossible.

Sans-Nez, qui était de cet avis, ne manqua pas de manifester ses doutes.

— Franchir une simple crevasse, ça s'est vu, dit-il.

« Mais prendre son vol et passer au-dessus d'un pareil précipice, ça ne se verra pas encore aujourd'hui ».

Et s'adressant à Grandmoreau :

— Tu as déjà passé de l'autre côté, toi ? lui dit-il.

— Mais oui, répondit le Trappeur avec un sourire légèrement railleur.

« Et j'espère bien y passer encore.

— Alors, s'écria le Parisien, je maintiens ce que j'ai déjà supposé.

« Tu avais un ballon, ou il t'était poussé des ailes, car je ne vois pas d'autre moyen...

— Il en est un pourtant, interrompit le comte, et je charge Grandmoreau de vous l'indiquer.

« Vous passerez donc tous à l'aide de ce moyen.

« Pendant ce temps, je vais rejoindre la caravane et la faire monter sur ce plateau où je veux qu'elle soit campée avant la nuit. »

Puis, ayant désigné dix hommes pour l'accompagner, M. de Lincourt ajouta sur un ton d'autorité qui commandait l'attention :

— Dès que vous aurez franchi cette crevasse, je vous défends formellement de faire du feu, de fumer et même de battre le briquet !

« Je vous recommande également de ne pas tirer un coup de carabine sans y être contraints par une absolue nécessité. »

Cet ordre donné, le comte s'éloigna avec M. de Senneville et son escorte.

Alors Tomaho, posant sa large main sur l'épaule de Bouléreau, lui dit avec un air d'importance :

— Je le disais bien à mon frère, qu'il devrait éteindre son calumet quand nous serions dans la montagne du secret !

— Au diable tous ces mystères ! fit le squatter avec mauvaise humeur.

« Ne pas fumer !

« Je vous demande un peu pourquoi ?

« Il semblerait que nous allons marcher sur du fulmi-coton.

« Est-ce que la terre est de la poudre, de l'autre côté ? »

Et bourrant sa pipe qui venait de s'éteindre, il l'alluma en ajoutant :

— Enfin, puisque c'est comme ça, profitons du bon temps qui nous reste.

— Ah ! tu n'as pas besoin de te presser ! fit Sans-Nez.

« Nous ne sommes pas encore passés.

— By God ! je le crois bien, je le crois très-bien, que nous ne sommes pas passés ! dit John Burgh en se penchant sur le bord de l'abîme.

« Le voyage me paraît périlleux.

— Cré matin ! fit un squatter, c'est d'un noir là-dedans !...

« Je pense qu'un faux pas pourrait mener loin.

— Parbleu ! dit un autre, je croirai que l'on peut faire la traversée quand je l'aurai vu de mes yeux.

— Eh bien ! vous allez voir ça de vos yeux, messieurs les incrédules ! fit Grandmoreau avec la plus parfaite assurance.

Et, longeant le bord du précipice, il parut chercher un endroit favorable pour l'exécution de sa tentative.

Les trappeurs et squatters suivaient tous ses mouvements avec intérêt, mais l'expression de chaque visage était significative ; elle disait clairement : Il va faire une folie ; il lui est impossible de réussir, de quelque manière qu'il s'y prenne.

Seul, Tomaho ne paraissait pas douter des affirmations et de la réussite du Trappeur.

Sans-Nez avait même remarqué que chaque fois que Grandmoreau parlait, le géant l'approuvait du geste ou de la voix.

Le Parisien voulut savoir d'où venait cette confiance de Tomaho.

Il l'interrogea.

— Il me semble, lui dit-il, que tu en sais long sur toute cette affaire !

« Pourquoi ne parles tu pas plus franchement?

« Je crois que nous sommes arrivés à un moment où tu peux te dispenser de faire du mystère. »

Le géant, abandonnant sa gravité habituelle, eut un sourire railleur.

— Je n'aime pas les paroles inutiles et je suis moins bavard que mon frère, dit-il.

« Mais je peux satisfaire sa curiosité. »

Sans-Nez écouta avidement, et plusieurs trappeurs s'approchèrent pour mieux entendre les paroles qu'allait prononcer le géant.

— Si notre ami a déjà franchi ce précipice pour aller au *Secret*, dit-il, pourquoi ne passerait-il pas une seconde fois ?

— Admettons qu'il ait fait ce tour de force impossible, dit Sans-Nez ; mais comment s'y est-il pris ?

— Je ne sais pas, répondit simplement Tomaho.

« Je puis dire seulement qu'il n'est pas si difficile de passer, puisque moi-même je suis allé de l'autre côté.

— Toi ? s'écria le Parisien tandis qu'un murmure d'incrédulité circula dans le groupe des trappeurs qui refusaient de croire à cette allégation du géant.

— Alors tu as vu le secret ?

— Je l'ai vu, fit le géant toujours souriant en voyant l'émotion qu'il produisait.

— Tu n'as donc rien deviné ? reprit Sans-Nez.

« Tu connaissais le secret depuis longtemps ?

— Depuis trois fois douze lunes, répondit Tomaho.

— Et tu n'en as jamais rien dit ?

« Tu n'as pas pensé à t'emparer de ces richesses immenses dont on nous affirme l'existence ? »

Le géant haussa les épaules et répondit avec une dédaigneuse pitié :

— Je n'ai pas besoin de richesses.

« Et je ne savais pas que la... **chose** que **j'ai** vue fût si précieuse.

— Quelle chose ? demandèrent **en même temps** Burgh et Sans-Nez.

Avant de répondre, le géant interrogea du regard Grandmoreau.

Celui-ci lui fit signe de se taire.

— Mes frères connaîtront cette chose ce soir ou demain, dit-il alors.

« Qu'ils prennent patience.

— Le *Tombeau des secrets !* s'écria Sans-Nez avec un geste de dépit.

« Pas moyen d'en tirer un mot, de ce grand animal-là !

« Nous qui étions assez bêtes pour croire qu'il avait deviné l'énigme de Tête-de-Bison !

« Il savait tout... depuis trois ans !

« Et il n'en a jamais soufflé mot...

« Faut-il qu'il soit bien bouché, ce Cacique ! »

— By God ! je ne l'aurais jamais cru ! fit John Burgh.

« Aôh ! non, jamais cru, jamais !...

— Il faut voir et entendre des choses pareilles pour y croire, ajouta Bouléreau.

Cependant Tomaho, se renfermant dans un silence absolu, laissa bavarder les trappeurs.

Il suivit avec intérêt les préparatifs de Grandmoreau, préparatifs fort simples, mais qui finirent pourtant par attirer l'attention générale.

Après quelques minutes d'hésitation, le Trappeur parut avoir fait choix d'un emplacement convenable.

Il s'arrêta sur un point culminant qui formait une sorte de cap s'avançant de quelques mètres au-dessus du vide.

De cet endroit, il examina attentivement le bord opposé de l'abîme ; puis, ayant sans doute trouvé ce qu'il cherchait, il recula de quelques pas, déboucla son sac de chasse et en tira un lasso mexicain.

Il déroula cette fine corde de soie dont chaque bout se terminait par une balle de plomb, et qui était assez solide pour arrêter net, dans sa course, le plus fort taureau sauvage.

Cette corde, longue de quarante mètres au moins, représentait, si on la roulait en pelote, un volume à peine gros comme le poing.

Ayant fait un large nœud coulant à l'un des bouts de son lasso et le tenant à la manière des vaqueros mexicains, Grandmoreau fit une vingtaine de pas en arrière.

Sur son ordre, tout le monde s'écarta.

Il prit aussitôt son élan.

Le lasso tournoya dix secondes au-dessus de sa tête et le nœud coulant, maintenu et dirigé par la balle de plomb, passa au-dessus du précipice et alla se fixer à la pointe d'une roche saillante sur l'autre bord.

Grandmoreau tira sur la corde dont une extrémité lui était restée dans la main gauche.

Le nœud coulant se fixa plus fortement à la pointe du rocher.

D'unanimes applaudissements accueillirent l'heureuse tentative du Trappeur.

C'était un véritable coup de maître.

Le plus habile vaquero des pampas mexicains n'aurait pas mieux réussi.

Sans-Nez qui avait applaudi comme les autres ne voyait pas, non plus que personne, le côté utile et pratique du résultat obtenu.

— Bravo! s'écria-t-il.

« C'est admirablement lancé, et je n'en ferais pas autant.

« Mais je me demande à quoi pourra bien servir cette ficelle? »

Grandmoreau, à qui s'adressait nécessairement cette question, s'approcha du Parisien, se planta devant lui, bien en face, le regarda dans les yeux et lui dit avec une visible impatience :

— Maître Sans-Nez, tu commences à m'embêter avec tes réflexions!

« Tu joues un rôle d'imbécile ou tu deviens idiot.

« Tous ces airs de douter de ma parole ne me vont pas, et si j'ai un conseil à te donner, c'est de ne pas blaguer à tort et à travers sans te donner la peine de réfléchir. »

Sans-Nez allait répondre à cette sortie; mais Grandmoreau l'interrompit au premier mot.

— Imite-moi dans tout ce que tu vas me voir faire, dit-il; je ne t'en demande pas plus.

« D'abord tu vas remarquer que mon lasso, que tu appelles une ficelle, est aussi fort qu'un câble! »

Et le Trappeur, ayant appelé quatre hommes, leur commanda de tirer de toutes leur force sur la corde de soie.

Le lasso se tendit et résista.

— Bien! fit Grandmoreau.

« Le nœud coulant est solidement fixé, c'est tout ce que je voulais savoir.

« Maintenant il ne s'agit plus que d'attacher ce bout par ici.

« Bon! voici une roche élevée parfaitement convenable.

« En donnant plus de hauteur de ce côté, tout n'en ira que mieux.

« Trois tours et un nœud comme ça, pas de danger! »

Les trappeurs regardaient faire Grandmoreau avec une curiosité inquiète.

On ne savait pas encore au juste quel était son projet; mais on craignait de le deviner et on redoutait pour lui le fatal résultat que pouvait amener une folle imprudence.

Quand il eut terminé, Grandmoreau, parfaitement calme, jeta un regard de l'autre côté du précipice, se passa au cou son sac de chasse, mit sa carabine en bandoulière et s'enveloppa les mains avec deux épais morceaux de cuir en disant :

— Maintenant, en route!

« Camarades! regardez-moi faire et vous verrez que le voyage n'est pas si difficile que vous le croyez. »

Tout le monde comprit alors que l'audacieux trappeur allait traverser l'abîme en se suspendant à cette corde grosse comme le petit doigt.

Des murmures se firent entendre.

Et ces mots : Folie! imprudence! témérité! furent prononcés...

Tout à coup un profond silence s'établit; les regards ont une anxieuse fixité; les cœurs battent et chacun retient son souffle.

Grandmoreau a courageusement empoigné le lasso.

Il se balance, suspendu dans le vide, au-dessus du précipice.

Puis il se laisse glisser le long de la corde, et, s'aidant d'un pied, il se maintient dans une position horizontale, avance lentement

LE SECRET DU DOMPTEUR

comme une araignée accrochée à un fil et, sans aucun effort apparent, il touche enfin à l'autre bord de l'abîme.

Les acclamations joyeuses des trappeurs saluent l'heureuse tentative de Grandmoreau, et aussitôt un groupe nombreux se presse autour de la roche où est fixée l'une des extrémités du lasso.

Tout le monde venait de taxer de folie l'acte de Grandmoreau ; maintenant on se disputait à qui passerait le premier.

Cet étrange revirement était comique ; mais un trop grand empressement pouvait causer de terribles accidents.

Grandmoreau envisagea le péril d'un coup d'œil, et, d'une voix qui n'admettait aucune réplique, il commanda :

— Tout le monde à son rang !

« Chacun passera à son tour.

« Silence ! je vais vous appeler un à un.

« Attention ! soyez prudents et garnissez-vous les mains.

« Que ceux qui craignent le vertige passent une corde solide dans le lasso et la nouent à leur ceinturon ! »

Cette recommandation faite, le Trappeur appela d'abord Sans-Nez.

Celui-ci se précipita sans prendre la moindre précaution.

Oubliant ses doutes et ses incrédulités, il se lança dans le vide en s'écriant :

— En route pour le *Secret !* Il y a assez longtemps qu'on me fait droguer !

Leste comme un écureuil, le Parisien

trouva bientôt à côté de Grandmoreau, auquel il adressa brutalement cette question :
— Eh bien ! ce secret ?
« Par quel chemin y grimpe-t-on ?
— Patience ! fit tranquillement le Trappeur qui continua l'appel de ses compagnons.
Tous passèrent successivement et sans le moindre accident.
Quand le dernier eut pris terre, Grandmoreau poussa un long soupir de soulagement en disant :
— Dieu merci ! le plus fort est fait.
En ce moment, Sans-Nez poussa un cri de surprise.
Il venait de s'apercevoir que Tomaho était absent.
Il le chercha du regard sur la rive opposée :
Personne !
— Tiens ! où est donc passé le Cacique ? s'écria-t-il.
« On dirait qu'il a déserté.
« Lui qui faisait le malin en prétendant que le passage était facile !
— Parbleu ! observa Bouléreau, ne voudrais-tu pas le voir pendu à cette ficelle de soie, lui qui pèse autant qu'un bœuf ?
— Je ne m'occupe pas de son poids, dit le Parisien.
« Je ne vois qu'une chose :
« A l'entendre, il devait franchir le précipice comme je sauterais par-dessus ma casquette.
« Il recule :
« Je vais joliment le blaguer ! »
Et, dans cet espoir, le Parisien se frottait déjà joyeusement les mains, quand Grandmoreau lui frappa sur l'épaule en disant :
— J'ai dans l'idée que tu ferais mieux de te taire et d'attendre.
« Tu sais que le Cacique ne parle jamais à la légère.
« S'il a prétendu pouvoir passer, il passera, sois-en sûr.
— Allons donc ! fit Sans-Nez ; il faudrait pour ça remplacer ton lasso par un fort câble, et encore...
— Tiens ! le voilà ! s'écria tout à coup Bouléreau.

Le géant, sortant d'un ravin, apparut en effet sur le plateau et s'avança lentement dans la direction du précipice.
Tous les trappeurs l'accompagnaient du regard.
— On dirait qu'il porte quelque chose sur son épaule, remarqua Bouléreau.
« Eh ! oui, je ne me trompe pas.
« C'est un arbre.
— By God ! c'est un mélèze de plus de trente mètres, dit Burgh.
« On dirait le grand mât d'un bâtiment de haut bord.
« Que veut-il faire de cet arbre ?
— Une canne, probablement, fit Sans-Nez.
« Du reste, nous allons bien voir ! »
Cependant Tomaho arriva sur le bord du précipice.
Alors il posa son arbre à terre, tira une hache de sa ceinture et se mit à tailler en pointe la partie inférieure du tronc.
Ce travail fut rapidement exécuté : à chaque coup, le géant enlevait des copeaux d'un demi-pied d'épaisseur.
Quand il eut terminé, il dressa son mât et se pencha au-dessus de l'abîme, paraissant en examiner les parois.
Il s'arrêta à un endroit où une énorme roche formait saillie, à dix ou douze mètres de profondeur.
Il laissa alors glisser son arbre jusqu'à cette roche et en assujettit le bout pointu dans une fissure.
Puis, reculant de quelques pas, il mesura du regard la largeur du précipice et prit son élan...
Solidement cramponné à l'extrémité de son énorme perche, le géant décrivit une courbe au-dessus de l'abîme, et souriant, fier d'avoir montré son adresse, il tomba sur ses pieds, dans une pose gracieuse, au milieu de ses compagnons.
Comme de juste, il fut reçu avec enthousiasme.
Chacun le félicita sur sa nouvelle manière de voyager.
Sans-Nez émerveillé ne lui marchanda pas les éloges ; mais, selon son invariable coutume, il exagéra et redevint farceur.

— Cacique, dit-il, tu es un homme étonnant!

« Jamais pareille idée ne me serait venue.

« Cette façon de te lancer dans l'espace peut te mener loin; si tu veux, je vais te faire une proposition.

— J'écoute mon frère, dit gravement le géant.

— Fais bien attention! reprit le Parisien.

« Connais-tu la lune?

— Oui, fit Tomaho étonné de cette question.

— Sans doute, continua imperturbablement Sans-Nez.

« Tu la connais de vue, comme moi!

« Mais tu n'as jamais été jusque-là? »

Le géant fit signe que non.

— Eh bien! dit le Parisien, si tu veux, nous irons ensemble.

A cette proposition, Tomaho, supposant qu'on se moquait de lui, lança un regard soupçonneux à son interlocuteur.

Mais Sans-Nez ne broncha pas.

Il demeura très-sérieux et reprit:

— Tu as l'air de croire que le voyage est impossible; je vais te prouver le contraire.

« Tu sais que la lune se lève toujours derrière une montagne et qu'elle n'en est pas loin, par conséquent?

— Oui, dit naïvement Tomaho.

« Et je me souviens que j'ai grimpé sur le sommet des Andes parce que chaque soir je voyais la lune qui touchait la crête de la plus haute chaîne.

« Cependant je me trompais.

« Je la vis se lever d'une autre montagne très-éloignée ; j'y allai et ce fut encore la même chose.

« Je m'entêtai pendant trois mois, et toujours la lune se levait loin de moi. »

Sans-Nez se pinça les lèvres pour ne pas éclater.

— Mon cher, dit-il, tu as choisi justement la saison où la lune voyage le plus ; nous ferons notre expérience pendant le mois où elle se repose.

« Je continue à t'expliquer mon plan.

« Écoute-moi bien!

« D'abord nous coupons une perche beaucoup plus longue que ton mélèze : c'est indispensable.

« Ensuite nous escaladons une très-haute montagne et moi je te grimpe sur les épaules.

« Alors nous attendons que la lune se lève.

« Tu piques ta perche sur une autre montagne des environs, tu t'élances, et paf! le temps d'y penser, nous sommes dans les savanes de la lune.

« Comprends-tu le truc, maintenant? »

Après une bonne minute de réflexion, le géant répondit avec le plus grand sérieux :

— Je comprends le truc, mais je crois que pour le faire réussir il nous faut un talisman.

— Un talisman! s'écria Sans-Nez qui faisait des efforts surhumains pour conserver sa gravité.

« Un talisman, c'est mon affaire!...

« Je m'en charge.

« J'ai connu un grand sorcier qui a déjà fait le voyage.

« Il m'a enseigné le moyen de me procurer le talisman nécessaire et il m'a donné les paroles magiques.

« Ainsi nous sommes sûrs de la réussite.

« Si tu veux, quand nous en aurons fini avec l'affaire du *Secret*, nous entreprenons ce voyage.

— Je penserai à la proposition de mon frère, fit gravement le géant.

— J'y compte bien, dit Sans-Nez en s'éloignant pour rire à son aise, tandis que la plupart des trappeurs, encore sous le coup de l'admiration que leur avait inspirée le tour de force du géant, haussaient les épaules en signe de pitié : ils regrettaient de voir le brave Cacique se laisser ainsi mystifier.

Cependant le soleil baissait rapidement.

Il n'allait pas tarder à disparaître dans le ciel rouge que dentelaient en noir les forêts lointaines du désert.

Le trappeur Grandmoreau et ses compagnons sont là au pied de ce cône dont le sommet aplati renferme le fameux secret.

Tous attendent avec impatience l'arrivée de la caravane.

Tout à coup une sorte de bourdonnement trépidant se fait entendre.

Quelques hommes se couchent et, l'oreille au sol, ils écoutent.

— C'est le galop d'un cheval, disent-ils sans hésiter.

« Il suit le chemin par lequel nous sommes venus.

— C'est un courrier sans doute, supposa Grandmoreau.

Il ne se trompait pas.

Cinq minutes ne s'étaient pas écoulées qu'un cavalier apparaissait sur la plate-forme, de l'autre côté du précipice.

Il s'approcha, héla Grandmoreau et lui transmit cet ordre :

— Le commandant vous fait dire de camper là où vous êtes.

« La caravane ne pourra se mettre en marche que demain au point du jour.

« Vous devrez l'attendre avant de monter au *Secret*.

— Et des vivres ? demanda Grandmoreau.

— Cinq hommes et autant de chevaux me suivent, dit l'estafette.

« Avant un quart d'heure, vous aurez ce qu'il vous faut.

— Bon! fit le Trappeur.

« Nous nous chargeons d'aller chercher ces vivres.

« Adieu !

— Adieu ! répéta le cavalier qui fit pirouetter sa monture et s'éloigna dans la direction de cette coulée de lave qui conduisait au bas de la montagne.

Peu de temps après, on entendit distinctement la marche de plusieurs chevaux, on aperçut des ombres aller et venir sur le plateau et une voix cria aux trappeurs :

— Voici votre souper !

— C'est bon !

« On y va, » répondit Grandmoreau.

Et il désigna une dizaine de ses hommes les plus agiles et les plus déterminés pour repasser l'abîme et aller chercher les vivres.

Mais en ce moment Tomaho se planta devant le Trappeur avec son arbre à la main.

— Le passage est dangereux pour mes frères pâles, dit-il; qu'ils se tiennent en repos.

« Je vais passer seul et je rapporterai les provisions. »

Cette offre complaisante du géant ne pouvait qu'être agréable à Grandmoreau, qui toutefois ne crut pas devoir l'accepter sans objection.

— Cacique, dit-il, tu es extrêmement fort, mais laisse-moi supposer que tu ne pourras jamais supporter la charge de cinq chevaux.

— Je ferai plusieurs voyages, répondit simplement le géant.

— Tu es sûr de toi ? ajouta Grandmoreau avec sollicitude.

« Tu m'affirmes que tu ne cours aucun danger ?

— Puisque j'espère faire le voyage de la lune avec mon frère Sans-Nez, dit Tomaho avec une concluante sincérité.

Et choisissant son point d'appui, il assujettit le bout pointu de son arbre, s'élança et retomba de l'autre côté du précipice.

— Décidément, fit Grandmoreau en le voyant réussir cette seconde expérience, je suis tranquille.

« Mais du diable si j'aurais jamais pensé à le voir employer un pareil moyen de locomotion ! »

Quelques minutes plus tard, le géant retombait parmi les trappeurs avec un énorme sac de viande toute cuite.

Nouveau départ et nouveau retour avec deux barils d'eau.

Après cette seconde expédition, Tomaho déposa son arbre en disant :

— Il n'y a plus rien.

— Allons, mon vieux Cacique, lui dit affectueusement Grandmoreau, tu es expéditif.

« Nous en avons assez pour ce soir.

« Mangeons ! »

Aussitôt les provisions furent distribuées, et le souper commença.

Il fut vite achevé.

On avait besoin de repos.

Chacun, choisissant un abri derrière quelque roche et s'étant roulé dans sa couverture, s'abandonna au sommeil.

Absolument sûr de n'être pas surpris,

Grandmoreau dans sa sécurité oublia même de placer des sentinelles.

Précaution inutile en effet, car il était impossible d'arriver au pied de la montagne du Nid-de-l'Aigle sans traverser le précipice.

Bientôt le silence régna dans le bivouac.

Un ronflement par-ci par-là décelait seul la présence d'un dormeur plus convaincu que les autres.

Seuls deux hommes sont encore éveillés.

Bouléreau et Tomaho n'ont pas sommeil.

Le squatter, aux trois quarts enfoui dans une touffe de bruyère naine, s'abandonne à d'amères réflexions.

Il tient sa pipe à la main, la considère d'un œil attendri, en suce le tuyau de temps en temps et se dit :

— Comprend-on une pareille exigence?

« Ne pas fumer?...

« Jamais je ne pourrai supporter une pareille privation.

« Au diable la fortune!

« Je vais trop souffrir.

« J'aime mieux m'en aller...

« Oui, c'est décidé : demain je parle sérieusement au commandant et je lui dis que si cette privation doit durer longtemps je préfère abandonner toutes les richesses du monde.

« On ne met pas les gens au supplice comme ça.

« Dès demain, je demande mon congé! »

Cette résolution prise, le squatter aspira longuement l'odeur âcre de sa pipe vide; puis il tira de sa blague une forte pincée de tabac qu'il s'introduisit dans la bouche.

Il cracha deux ou trois fois et, les deux mains croisées derrière la tête, il se laissa tomber à la renverse sur son moelleux matelas de bruyères.

A trente pas de là se trouve Tomaho.

Le géant, les yeux au ciel, les bras en croix sur la poitrine, est assis sur un quartier de rocher.

Il contemple la lune qui vient de se lever et éclaire de ses pâles reflets le sauvage et abrupt paysage que nous avons décrit.

L'attitude du Cacique tient de l'extase; il parle à voix basse et avec une solennelle lenteur :

— Lune, dit-il, les hommes de la grande médecine affirment que tu es une terre comme celle que cachent les herbes de la prairie et les arbres des grands bois.

« Je crois aux paroles des sorciers.

« Mon ami Sans-Nez me donnera le talisman qui rend fort et léger; j'irai avec lui chasser l'élan, le buffle et l'antilope dans tes lumineuses savanes et dans tes forêts vierges.

« Je poursuivrai l'ours dans tes montagnes et le caïman dans tes lagunes. »

En prononçant ces derniers mots, le géant abaissa son regard fatigué et ébloui sur la chaîne des hautes collines qui se déroulaient devant lui.

Soudain il tressaillit et un sourd grondement s'échappa de sa poitrine.

Il se leva aussitôt et alla trouver Grandmoreau qui dormait d'un profond sommeil.

Il le secoua avec violence.

— Qu'y a-t-il? demanda le Trappeur en sautant sur sa carabine.

— Réveillons nos frères, dit le géant.

« Un grand danger est près de nous. »

Grandmoreau savait que Tomaho n'était pas homme à plaisanter; il ne songea donc pas à le questionner plus amplement et tous deux se mirent à réveiller les trappeurs.

En un instant, tout le monde fut debout.

On se groupa autour du géant qui, à la stupéfaction générale, commença ainsi ses explications :

— Lune brillante, tu as ma reconnaissance!

« C'est toi qui as écarté le sommeil de mes paupières.

« C'est parce que j'ai pensé à toi, parce que je t'ai parlé, que tu m'as dénoncé le péril, que tu m'as montré nos ennemis... »

Ce début, assez étrange d'ailleurs, ne plut pas à Sans-Nez qui, furieux d'avoir été réveillé brusquement, s'écria :

— Qu'est-ce que tu nous chantes avec ta lune?

« Nous la visiterons, c'est convenu; mais je trouve que tu choisis un singulier quart d'heure pour nous raconter tes rêves.

— Que mon frère soit moins impatient et qu'il m'écoute, fit gravement le géant.

« Ne sait-il pas qu'il faut veiller quand un ennemi nous menace ?

— Mais quel ennemi ? demandèrent plusieurs voix.

Tomaho étendit le bras du côté de la chaîne des montagnes en disant :

— Vous avez des yeux et vous ne voyez pas.

« Moi, j'aperçois là-bas, sur le versant d'une colline, une nombreuse troupe. »

Tous les regards plongèrent en même temps dans la direction indiquée.

Le géant continua :

— Je vois des hommes marcher.

« Je vois des sentinelles immobiles...

— C'est vrai ! s'écrièrent tout à coup plusieurs trappeurs.

« Il y a un campement.

— Il me semble en effet que des ombres se déplacent, fit à son tour Grandmoreau, lequel avait une bonne vue.

— Moi, j'en suis sûr maintenant, affirma Bouléreau.

« Mais qui diable peut bien s'aventurer dans ce pays perdu ?

— Voyons, Cacique, dit Grandmoreau, toi qui as des yeux plus perçants que ceux d'un vautour, ne devines-tu pas à qui nous avons affaire ?

— Ce sont des ennemis redoutables, répondit aussitôt le géant.

— Tant pis !... mais lesquels ?

— John Huggs, la Couleuvre et leurs pirates, fit gravement Tomaho.

— Tu en es sûr ? s'écria le Trappeur.

— Par le grand Vacondah, je l'affirme ! dit solennellement le géant.

— Tonnerre de D...! gronda Tête-de-Bison en serrant les poings, encore ces canailles !

« Nous n'en serons donc jamais débarrassés ! »

Puis, surmontant ce premier mouvement de colère, le Trappeur reprit tout son sang-froid et organisa une ligne de tirailleurs bien embusqués derrière les rochers afin d'empêcher le passage du précipice, dans le cas où les pirates le tenteraient.

Ces sentinelles furent placées sur les points culminants où elles pouvaient se cacher, et bientôt toute la troupe eut disparu dans les crevasses, derrière les bruyères et les roches qui garnissaient le pied du Nid-de l'Aigle.

Certes, il n'était guère supposable que le chemin du *Secret* fût gardé par plus de cinquante des meilleures carabines de la savane.

Les trappeurs étaient parfaitement embusqués.

Ces dispositions prises, Grandmoreau pensa à avertir le comte ; mais qui charger de cette mission ?

Son indécision fut de courte durée.

Tomaho franchissait trop facilement le précipice pour que cette mission ne lui revînt pas de droit.

— Cacique, lui dit le Trappeur, tu vas partir et rejoindre la caravane.

« Tu verras le commandant et tu lui raconteras ce qui se passe.

— Och ! fit le géant.

— Si tu veux, je pars avec toi, proposa Sans-Nez.

« Il peut se trouver qu'on ait maille à partir avec quelques pirates rôdeurs.

« A deux, nous nous tirerons d'un mauvais pas.

— Partez tous les deux, dit Grandmoreau.

« Toi, Sans-Nez, passe par le lasso.

« Quand tu seras de l'autre côté, tu le délieras et je le tirerai à moi.

« Et surtout pas d'imprudence !

— Le lasso est inutile, dit le géant.

« Que mon frère monte sur mes épaules : il passera en même temps que moi.

— C'est une idée ! s'écria le Parisien.

Il se hissa aussitôt sur le dos de Tomaho et s'accrocha solidement à son cou en ajoutant :

— Ça va me préparer pour notre voyage à la lune.

— Que mon frère reste tranquille, dit le géant.

Et, ramassant son mélèze, il le mit en place et s'élança.

Trois secondes après, Grandmoreau entendit Sans-Nez lui crier :

— On ne peut pas appeler ça un voyage au long cours ; pas de danger d'attraper le mal de mer

« La traversée a été heureuse.
« Nous sommes au port.
« Je vais détacher ton lasso
« Ça y est !
« Tu peux tirer. »
Et, après un court silence, le Parisien ajouta :
— Au revoir !
« Nous partons. »

CHAPITRE CXXXI

LA GRAPPE HUMAINE

Pendant toute la nuit, les trappeurs et squatters, veillant et dormant tour à tour, demeurèrent embusqués.

Pas un bruit ne vint les inquiéter.

Ils ne virent pas l'ombre d'un pirate.

Avant une heure le jour poindra ; tout le monde se laisse aller avec une parfaite quiétude à ce demi-sommeil qu'il est si difficile de vaincre.

Soudain une sentinelle pousse le cri ou plutôt le grincement métallique et strident de la chauve-souris.

C'est le signal d'alarme.

Chacun se tient sur ses gardes.

Grandmoreau s'avance avec dix hommes vers un amas de roches qui bordent le précipice et s'y tient caché.

Des bruits de voix et de pas se font entendre de l'autre côté de l'abîme.

Ces bruits deviennent de plus en plus distincts.

— Évidemment c'est une troupe nombreuse qui approche et qui marche de confiance, dit tout bas Grandmoreau à John Burgh.

— By God ! c'est certain, absolument certain, fit celui-ci.

« On pourrait même affirmer que ce sont les pirates, car le comte n'avancerait pas ainsi sans éclaireurs.

— Vous avez raison, dit Grandmoreau.

« Attendons !

« La nuit est assez claire pour que l'on puisse placer une balle à cinquante pas ; dans une heure il fera jour et nous sommes formidablement retranchés.

— Aôh ! fit Burgh, il me semble qu'on approche.

— Oui, dit Grandmoreau.

« J'aperçois une masse noire qui vient droit sur nous.

« C'est une troupe de cent hommes au moins. »

Le Trappeur voyait juste malgré l'obscurité.

C'étaient bien John Huggs et la Couleuvre s'approchant du précipice à la tête des hommes les plus déterminés de leur bande.

Ils arrivèrent bientôt sur le bord de l'abîme, en face même de cet amas de rochers où se tenaient cachés Grandmoreau et ses dix hommes, lesquels purent entendre la conversation échangée entre les deux chefs pirates.

— Si vos calculs sont exacts, dit John Huggs en regardant la montagne du Nid-de-l'Aigle dont la masse noire se détachait dans le ciel, les trappeurs ne peuvent nous avoir précédés ici ?

— Depuis que j'ai cessé de les observer, répondit la Couleuvre, ils ont dû fournir trois jours de marche avant d'arriver à une espèce de route qui mène à ce plateau. Comme ils sont fatigués, ils avancent lentement. Ils ne sont certainement pas éloignés en ce moment, mais je crois qu'ils ne recommenceront pas leur ascension avant le milieu du jour.

— Alors nous avons tout le temps de prendre nos dispositions pour leur barrer le passage ! dit le capitaine des pirates en se frottant les mains.

« D'ailleurs, le gros de la troupe et l'artillerie sont parfaitement établis à mi-chemin de la crevasse et de la vallée.

« Impossible de franchir le défilé où mes hommes ont établi leurs retranchements.

— Je crois en effet, dit la Couleuvre, que l'emplacement est admirablement choisi.

« Aussi est-ce en toute liberté que nous allons essayer de franchir la crevasse.

« Car, croyez-le, c'est au delà de cette crevasse qu'est le *Secret* ; ce précipice a été traversé par Grandmoreau et il doit avoir usé du procédé dont nous allons essayer.

« Si ce n'est pas celui-là, c'est quelque chose d'approchant.

— Oh! vos calculs sont justes, dit John Huggs, et la victoire nous appartient.

« Nous rirons bien quand ce noble comte de Lincourt viendra humblement nous faire sa soumission et ses offres de service ! »

La Couleuvre répondit par une espèce de sifflement voilé et saccadé assez semblable à celui qu'on obtient en soufflant sur le tranchant d'un couteau : c'était sa manière de rire.

Et cet accès de gaieté passé :

— Il s'agit de ne pas perdre de temps, dit-il.

« Il faut tenter le passage.

— Vous parlez d'or, approuva le capitaine.

« Je vais envoyer soixante hommes par là, tandis que le reste de notre troupe prendra position à l'endroit convenu, avec l'artillerie.

« Si toute la caravane n'est pas broyée ou prise, nous aurons bien du malheur. »

Et le capitaine, se tournant du côté de sa troupe qui se tenait à distance, appela :

— Pedro !

Un homme sortit des rangs et s'approcha de son chef.

C'était un grand gaillard de mauvaise mine, portant les restes d'un costume mexicain et se drapant dans un puncho, ou plutôt dans une grande loque effiloquée, sale et percée de mille trous...

Un vrai bandit espagnol, au teint basané, à l'œil noir étincelant sous d'épais sourcils, aux membres décharnés mais nerveux.

— Pedro, lui dit John Huggs, tu vois cette grosse pierre qui ressemble à un tronc d'arbre coupé à deux mètres du sol, de l'autre côté de l'abîme?

— Je la vois, senor, répondit le pirate.

— En ta qualité d'ancien vaquero, tu manies le lasso avec adresse ?...

— On le dit, senor.

— Bon ! fit le capitaine.

« Alors tu te charges de passer une corde autour de cette roche, de manière à établir une communication solide avec l'autre rive ?

— Je m'en charge, répondit le pirate avec assurance.

Et s'éloignant un moment, il revint avec un paquet de fine corde qu'il déroula et disposa à peu près comme l'avait fait Grandmoreau. Seulement, au lieu de faire un nœud coulant, il improvisa une sorte de lasso double.

Ces préparatifs terminés, l'ancien vaquero lança sa corde qui toucha le but, mais ne se fixa pas.

Seconde expérience, même insuccès.

Enfin, à la troisième tentative, la double corde, dont une extrémité formait boucle, tomba en plein sur la roche et l'entoura.

— J'ai réussi ! dit le pirate.

— Bon ! fit John Huggs.

« Il ne s'agit plus maintenant que de remplacer cette ficelle trop faible par le fort câble que voici.

— C'est facile, répondit Pedro.

« Je vais attacher ce câble à un bout de ma corde, je tirerai l'autre, et il fera le tour de la roche.

— Alors, s'il est assez long, nous en aurons deux au lieu d'un.

— Bien trouvé ! approuva le capitaine.

Aidé de quelques pirates, Pedro mit son idée à exécution, et bientôt les deux rives de l'abîme furent reliées par un double câble assez solide pour supporter le poids de vingt hommes de la taille de Tomaho.

Cependant les trappeurs avaient observé en silence tous les détails de cette opération.

Grandmoreau, John Burgh et leurs dix hommes se trouvaient surtout en position de bien voir.

La corde lancée par le pirate était même tombée tout près de Burgh, qui se tenait caché derrière la pierre où la boucle se fixa.

S'il n'en avait été empêché par Grandmoreau, il eût immédiatement coupé cette corde.

— Laisse-les faire, lui avait dit le Trappeur.

« Il ne faut pas leur laisser soupçonner notre présence ici.

« Ne bougeons pas et ouvrons l'œil.

« J'ai dans l'idée que nous allons nous amuser. »

John Huggs était loin de penser qu'on le surveillait de si près.

Aussi procédait-il à tous ces préparatifs avec la plus parfaite tranquillité.

Quand son câble fut fixé et tendu avec toute la solidité désirable, il fit former le cercle à ses bandits et leur adressa ce speech :

— Il faut que soixante d'entre vous passent de l'autre côté de ce précipice.

« Le pont n'est pas large, mais je vous réponds qu'il est bien suspendu et qu'il est assez fort pour vous porter tous en même temps.

« Un lieutenant va partir avec vous.

« Il sait ce qu'il a à faire.

« Vous lui obéirez comme à moi, et je vous préviens qu'il a ordre de brûler la cervelle au premier qui bronchera.

« Vous voilà prévenus.

« Maintenant, que ceux qui veulent faire le voyage viennent se ranger à ma gauche. »

Le capitaine attendit quelques secondes.

Pas un pirate ne bougea.

— Ah! ah! dit-il avec un ricanement railleur, il paraît que ce genre d'expédition ne vous convient pas!

« Il faut pourtant vous décider.

— Ils ont peur! fit la Couleuvre avec son rire de démon.

— Je vais essayer d'un moyen qui m'a souvent réussi, lui dit tout bas John Huggs.

Et, s'adressant à ses bandits, il reprit :

— Je sais que vous avez profité de mes leçons et que pour obtenir votre dévouement il faut y mettre le prix.

« Remarquez que le danger que vous redoutez n'est pas sérieux, et que je ne vous demande pas de vous sacrifier pour les autres.

« Je pourrais me montrer exigeant sans cesser d'être juste.

« Mais je consens à reconnaître que ceux qui passeront les premiers donneront un bon exemple aux autres.

« C'est pourquoi je vais offrir une prime aux soixante volontaires dont j'ai besoin. »

Au mot de prime, les pirates, en gens avides et rapaces, commencèrent à dresser l'oreille.

En vrais hommes de proie, ils semblaient flairer déjà, comme des carnassiers, le morceau de viande qu'on allait leur montrer.

— Les soixante volontaires qui se présenteront les premiers, reprit John Huggs, recevront double part de prise au premier pillage.

« Et je vous avertis qu'avant peu nous serons maîtres de la caravane Lincourt.

« Vous savez si elle est richement équipée! »

Le capitaine se tut, attendant l'effet de cette promesse.

Une douzaine de bandits seulement sortirent des rangs.

Le chef des pirates haussa les épaules avec dédain et mépris.

— Tas de lâches! murmura-t-il.

Puis, s'adressant à la Couleuvre, il lui demanda :

— Trop peu, n'est-ce pas?

— Certainement, fit le lepero empoisonneur.

— Comment faire? dit John Huggs avec embarras.

« Ils sont trop nombreux pour que je joue du revolver. »

La Couleuvre réfléchit pendant dix secondes, puis paraissant s'arrêter à une résolution :

— Attendez! dit-il.

« Je vais essayer de vous venir en aide. »

Alors le terrible empoisonneur fit quelques pas vers les pirates.

A son approche, il se produisit un mouvement de recul dans les rangs.

Tous les bandits redoutaient ce dangereux personnage au point de ne pas oser le toucher.

Il inspirait à ces chenapans, qui ne croyaient ni à Dieu ni à diable, de superstitieuses terreurs.

Il s'arrêta devant un groupe nombreux qui paraissait déterminé à refuser de marcher.

— Je vais nommer, dit-il, ceux qui doivent passer l'abîme.

Au son de cette voix claire, sifflante, métallique, les pirates tressaillirent.

Un souffle d'effroi sembla courber dans le même moment toutes ces têtes constamment animées d'un esprit de rébellion.

— Je me souviendrai de ceux qui refuseront d'obéir.

Cette menace, ainsi formulée, produisit un effet qui surprit désagréablement John Huggs et amena un sourire de satisfaction sur les lèvres minces et blêmes de l'empoisonneur.

L'un constatait avec plaisir sa prestigieuse influence.

L'autre regrettait cette influence et craignait de perdre cette autorité absolue sous laquelle se courbaient ses plus dangereux bandits.

La Couleuvre commença son appel

Chaque pirate, en entendant prononcer son nom, alla docilement se ranger auprès du capitaine.

Pas un n'hésita.

Aucun murmure ne se fit entendre.

Quand le nombre fixé se trouva complet, John Huggs prit la parole.

— Vous êtes de singuliers volontaires, dit-il; mais je veux vous prouver encore une fois que l'on peut compter sur mes promesses, quand bien même on me donnerait le droit de ne pas les tenir.

« Je m'étais engagé à donner double part de notre prochaine prise à ceux qui les premiers franchiraient ce précipice.

« Je maintiens cet engagement. »

Un murmure de satisfaction accueillit ces paroles.

Le capitaine reprit :
— Voilà qui est convenu.
« Maintenant, en route! »
Un pirate s'avança sur le bord de l'abîme, y jeta un regard et recula en laissant échapper une exclamation de terreur.
Ce vide immense l'épouvantait.
John Huggs ne lui laissa pas le temps de réfléchir longuement.
Il tira son revolver, décidé à faire un exemple.
— Allons! dit-il d'un air menaçant.
« Ma patience est à bout.
« Il n'y a plus à reculer.
« Empoigne le câble et passe, ou je te casse la tête! »
Le capitaine avait élevé son arme, et son doigt était sur la détente.
Une seconde d'hésitation, c'était la mort.
Le pirate se cramponna au câble, se lança dans le vide et s'éloigna à la force des poignets.
Sans attendre qu'il eût fait une brasse, John Huggs, son revolver à la main, commanda :
— Allons, vivement! Un autre!
« Nous n'avons pas de temps à perdre.
« Voici le jour.
« Vous devriez être déjà tous à votre poste.
« Dépêchons!
« Encore un!..
« Allez toujours!
« La corde est solide.
« Vous voyez que ça marche on ne peut mieux! »
Vingt hommes se trouvèrent bientôt suspendus au-dessus de l'abîme.
Contrariés dans leurs efforts par les oscillations brusques et irrégulières qu'ils imprimaient au câble, ils n'avançaient que très-lentement.
Enfin celui qui est parti le premier n'est plus qu'à trois mètres du bord.
Il se hâte et va l'atteindre...
Soudain deux coups sourds se font entendre...
Puis la voix de Grandmoreau, vibrante de plaisir, lance cette terrifiante menace:
— Mort aux pirates!

Au même instant, le câble coupé par le Trappeur se détache d'un côté...
Un immense cri retentit...
Cri de suprême désespoir!
Dernier appel de vingt agonisants!
Le câble, rapidement emporté par le poids de ceux qui s'y tenaient accrochés, alla frapper avec force la paroi verticale de l'abîme du côté où il était encore fixé.
Le choc fut tellement violent que trois pirates lâchèrent prise et furent précipités.
Alors il se passa une scène épouvantable.
Ceux qui avaient pu rester cramponnés au câble pendant au-dessus du précipice firent des efforts désespérés pour se hisser à la force du poignet.
C'étaient en même temps des cris de fureur, des blasphèmes horribles, des lamentations et des gémissements.
Et, circonstance épouvantable! celui qui se trouvait poussé par un camarade vigoureux et agile placé plus bas le repoussait à coups de pieds.
Chacun luttait avec l'énergie et avec la férocité du désespoir...
Tout à coup la voix de Grandmoreau se fit entendre de nouveau, dominant les cris des pirates.
— Attention! commanda le Trappeur.
« Ensemble, et de l'adresse!
« Joue!
« Feu! »
Une douzaine de coups de carabine partirent en même temps.
Les bandits jetèrent un nouveau cri... un seul...
Le câble venait d'être coupé net par les balles des trappeurs...
La grappe humaine disparut dans les profondeurs du précipice.
On entendit un grondement sourd... puis plus rien... plus rien qu'un joyeux ricanement de Tête-de-Bison et que les exclamations de triomphe de ses compagnons.

Cependant pas un trappeur n'avait bougé de sa cachette.
Il avait été formellement convenu qu'il fallait laisser ignorer aux pirates l'importance du détachement.

Grandmoreau et John Burgh s'avancèrent donc seuls sur le bord de l'abîme.

Le Trappeur tenait à constater par lui-même que les vingt pirates étaient bien et définitivement engloutis.

— Nous pouvons nous montrer à découvert, dit-il.

« Maître John Huggs est la prudence même.

« Notre présence l'a surpris, à ce qu'il paraît, et comme il ne connaît pas nos forces, il se tient à distance.

— By God! fit Burgh en explorant d'un coup d'œil le large plateau qui s'étendait au delà de la crevasse, il n'en reste pas trace, de ces brigands, pas l'apparence, pas l'ombre!

« Eh! eh! c'est assez amusant, cette déroute... mais je m'en étonne.

— Pourquoi? demanda Grandmoreau.

— Parce que John Huggs n'est pas de ceux qui se laissent facilement intimider : je le connais.

« Je suis donc surpris qu'il ait si vite abandonné la partie.

« Depuis qu'il s'est séparé de l'armée du Sauveur devenue celle de l'Aigle-Bleu, il a du canon, et du canon excellent : nous avons pu en juger.

« De plus, il a recruté de nouveaux bandits : nos espions et nos éclaireurs nous l'ont positivement affirmé.

« Et, by God! quand on dispose de forces pareilles, on ne prend pas la fuite parce qu'on a entendu dix coups de carabine et perdu vingt hommes.

— Voilà un raisonnement qui pourrait sembler juste à un autre qu'à moi, fit Grandmoreau, et je vais vous dire pourquoi, camarade.

« Vous croyez les pirates en fuite, et vous vous étonnez, vous vous inquiétez.

« C'est tout naturel.

« Mais moi je ne m'étonne pas, et cela pour une excellente raison :

« Les pirates ne sont pas en fuite.

« Ils se sont tout simplement abrités dans quelque défilé ; ils tiennent conseil et prennent peut-être déjà leurs dispositions pour nous attaquer.

— C'est possible! fit Burgh.

« Mais nous n'avons rien à craindre.

« Jamais ils ne pourront forcer le passage.

— Aussi, reprit Grandmoreau, je ne suis guère inquiet, et je me charge de les recevoir.

« C'est la caravane qui me préoccupe.

« Nous n'avons vu qu'une centaine de ces bandits.

« Où sont les autres?

« Où est leur artillerie?

« Je n'ai qu'une crainte, c'est que le comte soit surpris, attaqué et broyé dans ce défilé où il va s'engager.

— Mais il me semblait que les pentes extérieures sont inaccessibles, objecta Burgh; on ne peut donc pas approcher.

— On peut toujours barricader ce passage, dit le Trappeur.

« Et avec du canon, placé sur un plateau dominant, il est facile d'arrêter la marche de la caravane.

— By God! s'écria John Burgh, voilà qui n'est pas rassurant.

« Heureusement que le comte est prévenu.

— Hé! voilà justement ce dont je voudrais être certain, dit Grandmoreau.

« Tomaho et Sans-Nez ont-ils pu rejoindre la caravane?

« N'ont-ils pas donné dans quelque embuscade? »

John Burgh demeura silencieux et pensif.

Ces doutes, exprimés par un homme de la valeur de Grandmoreau, n'avaient rien de rassurant.

Et le brave Anglais se demandait avec une inquiétude bien naturelle si, au moment de toucher le but, une catastrophe n'allait pas anéantir toutes les espérances.

Cependant Grandmoreau s'était avancé sur le bord du précipice.

Il y jeta un long regard, puis se retourna vers son compagnon.

Son visage prit tout à coup une expression de joie profonde, de bonheur suprême.

— Burgh, dit-il, jamais, depuis que je

suis dans la prairie, je n'ai éprouvé autant de satisfaction.

« Exterminer vingt pirates, ce n'est rien ; mais c'est la manière dont nous avons procédé qui m'enchante.

« Cette grappe d'hommes, leurs hurlements, leur désespoir, c'était superbe !

« Non, jamais je n'aurais rêvé une pareille exécution !

« Je les vois encore au moment où le câble a été coupé par nos balles.

« Il y a longtemps que je me demandais s'il ne serait pas de toute justice de torturer ces assassins du désert, ces brigands qui tuent sans pitié hommes, femmes et enfants ; malgré cette idée, je me suis toujours contenté de pendre tous ceux que je prenais, n'ayant pas trouvé de supplice assez terrible pour eux.

« Mais aujourd'hui le hasard est venu à mon aide, et si les tortures de ces vingt bandits n'ont pas duré longtemps, elles ont du moins été cruelles.

« Ils se sont vus mourir : c'est ce qu'il faut...

« Et leurs pareils savent comment ils sont morts : c'est surtout de quoi je suis heureux.

« Il n'y a rien de tel qu'un semblable exemple pour les dégoûter de leur métier de bêtes féroces. »

Tout en faisant ces réflexions, Grandmoreau regagna son embuscade avec son compagnon.

Puis, ayant réuni les trappeurs, il donna des ordres et prit ses dispositions pour résister à une attaque de jour si elle venait à se produire.

Il fit embusquer ses soixante hommes derrière les roches et isolément.

Mais chaque place fut choisie de telle façon que les tireurs pouvaient, en se dissimulant dans des crevasses ou en passant rapidement d'une roche à l'autre, se porter secours mutuellement.

— Par ce moyen, dit Grandmoreau, nous pouvons empêcher les pirates de s'établir sur ce plateau au delà du précipice.

« Il y a bien cette ligne de rochers, là-bas, derrière laquelle ils peuvent prendre position, et par conséquent nous bloquer ; mais peu importe : nous n'avons pas de sortie à faire pour le moment.

« En tout cas, s'il leur prend fantaisie d'y amener de l'artillerie et de nous canonner, nous n'avons pas à nous en inquiéter.

« Disséminés comme nous le sommes, leurs projectiles ne peuvent nous faire grand mal. »

Et comme dernière recommandation le Trappeur ajouta :

— Surtout, pas de dépense de munitions inutile !

« Si nous sommes attaqués, ne tirez qu'à coup sûr.

« S'il se présente un groupe, si vous apercevez quoi que ce soit de suspect, concentrez votre feu et attendez le résultat avant de le prolonger sans nécessité. »

Ces instructions rapidement données, ces dispositions intelligemment prises, le Trappeur choisit sa place au centre de sa formidable ligne de tirailleurs et, avec un calme apparent, mais non sans inquiétude, il attendit les événements.

CHAPITRE CXXXII

UN NOUVEAU TITAN

Revenons à Tomaho et à Sans-Nez, que nous avons quittés au moment où ils venaient de franchir le précipice pour aller informer le chef de la caravane de la présence des pirates.

Suivons-les dans cette coulée de lave qui descend en spirale jusqu'à la plaine, et sachons ce qui leur arrive pendant que John Huggs essaie de franchir l'abîme qui le sépare de la montagne du Nid-de-l'Aigle et que sa tentative échoue d'une façon si tragique.

Voyons enfin si quelque malheureux événement n'est pas venu justifier les inquiétudes et les craintes exprimées par Grandmoreau dans son dernier entretien avec John Burgh.

Après avoir dénoué le lasso de Tête-de-

Bison, Sans-Nez rejoignit Tomaho, et tous deux s'engagèrent dans le chemin creux, où régnait une obscurité assez profonde, car le pâle rayonnement de la lune n'y pouvait pénétrer.

Parfois cependant une tache blanche, aux contours bizarrement découpés, se détachait sur les parois lisses du roc, éclairant jusqu'au fond l'étroit défilé.

On eût dit d'un large morceau de miroir cassé appliqué contre une muraille de granit.

C'était un rayon de lune profitant d'une échancrure, d'une crevasse, pour aller chercher le reflet au plus épais de l'ombre.

Tomaho, grave et silencieux, marche assez lentement pour permettre à Sans-Nez de le suivre.

Celui-ci est au contraire très-gai ; il trotte aux côtés du géant et lui débite avec sa verve habituelle mille propos plus fantaisistes les uns que les autres.

Il l'entretient de leur prochain voyage à la lune, des moyens magiques à employer pour réussir, parle de semblables voyages déjà accomplis, et autres extravagances de même force.

Puis il est question du *Secret*, et il finit par dire :

— C'est tout de même avoir du guignon !

« Nous y étions, nous allions enfin pénétrer le mystère.

« Et, crac ! il faut que ces vermines de pirates viennent nous déranger !

« C'est à s'en arracher les cheveux !

« J'enrage quand j'y pense, et j'y pense toujours !

« Ce qui me fait le plus mal au cœur, c'est d'avoir été si près du but et de m'en éloigner sans rien savoir. »

Et, s'approchant du géant, le Parisien lui prit un doigt de la main en disant d'une voix caressante :

— Cacique, je vais te faire une proposition.

« Tâche de bien me comprendre et réponds-moi franchement.

— J'écoute mon frère, dit Tomaho.

« Mais qu'il parle moins haut, car nous pouvons rencontrer des pirates.

— Tu as raison, reprit Sans-Nez en baissant la voix.

« Voici ce que je voulais te dire :

« Nous sommes seuls, n'est-ce pas ?

« Eh bien ! si je te donnais ma parole d'honneur de ne jamais rien révéler à personne, me dirais-tu le *Secret* ? »

Le géant fronça ses épais sourcils et jeta un regard menaçant au Parisien.

— Si mon frère m'insulte encore, dit-il avec sévérité, s'il me suppose bavard et déloyal, je le battrai.

Le ton sur lequel ces quelques mots furent prononcés ne permettait pas de douter de leur valeur.

Aussi le Parisien n'insista pas.

Il se contenta de murmurer :

— Pas mèche d'en tirer un mot, de ce *Tombeau des secrets !*

Puis il continua à trotter en silence à côté du géant.

Tout à coup celui-ci s'arrêta et dit à voix basse :

— Je viens d'entendre un bruit.

— De quel côté ?

— En avant.

— Écoutons ! fit Sans-Nez.

Et après un moment :

— Moi, je n'entends absolument rien.

— C'est que mon frère n'a plus d'oreilles, dit Tomaho.

« Moi, j'entends toujours le même bruit. »

Le géant se coucha et colla son oreille contre terre.

— Des pas d'hommes, dit-il.

« Ces hommes ont des mocassins cousus et garnis de clous comme ceux que portent les Visages-Pâles.

— Parbleu ! fit Sans-Nez, c'est peut-être le comte avec la caravane, ou une nouvelle escouade qui fait une marche de nuit.

— Non, reprit Tomaho avec assurance et après avoir écouté de nouveau.

« Ce n'est pas une marche régulière, c'est un piétinement.

— C'est une halte, supposa Sans-Nez.

— Je ne crois pas, dit le géant en se relevant.

« Mais je pense que nous devons avancer avec prudence et sans faire aucun bruit.

— Marchons, dit le Parisien avec son insouciance habituelle.

« Si un pirate veut savoir ce que pèse une balle de ma carabine, il n'a qu'à se montrer : il fait assez clair pour que je trouve le point de mire.

— Que mon frère se taise, lui et sa carabine, recommanda Tomaho avec autorité.

« Si nous avons des ennemis devant nous, nous devons essayer de les éviter plutôt que de les combattre : nous ne sommes pas en force.

— Prudemment raisonné ! observa Sans-Nez quelque peu moqueur.

« Mais comme il faut que nous passions...

— Il y a des ruses de guerre, répliqua le géant.

« Silence ! Avançons. »

Ils reprirent leur marche, usant de toutes les précautions pour amortir le bruit de leurs pas et évitant de butter ou de déplacer les pierres roulantes.

Pendant un grand quart d'heure, rien de suspect ne vint justifier leurs craintes.

Tomaho s'arrêtait de temps en temps, écoutait l'oreille à terre et disait chaque fois :

— Le même bruit...

« Il augmente toujours. »

Sans-Nez, lui aussi, commençait à écouter avec une attention marquée.

— Décidément, il y a quelque chose, fit-il à un certain moment, et je crois qu'en effet ce n'est pas là ce bourdonnement sourd d'une troupe en marche.

« Il me semble que j'ai déjà entendu pareil bruit en approchant d'un bivouac... »

Sans-Nez s'interrompit soudain.

Un geste significatif de Tomaho lui apprit qu'il y avait du nouveau.

Il vit le géant s'arrêter, puis se courber dans l'ombre et se dissimuler contre la noire muraille de rochers.

Le Parisien imita ce manège, et, se rapprochant de son compagnon, il lui demanda à voix basse :

— Qu'est-ce que tu vois ?

Le géant étendit le bras dans la direction du chemin creux qui, après avoir fait un coude assez brusque, descendait en ligne droite sur une longueur d'environ cinquante pas.

— Que mon frère regarde en avant, fit Tomaho.

— Je regarde, dit Sans-Nez, mais je ne vois rien que du noir.

« Je remarque même un endroit plus sombre là-bas...

« On dirait qu'un éboulement a eu lieu depuis notre passage.

— Les yeux de mon frère commencent à s'ouvrir, fit le géant.

« Le chemin est barré par un amas de sable et de pierres qui ne provient pas d'un éboulement naturel.

— Alors c'est une barricade ? dit le Parisien.

« Une barricade construite par ces canailles de pirates ?

— Mon frère ne se trompe pas, répondit Tomaho avec assurance.

— Fichue affaire ! murmura Sans-Nez.

« Elle doit être défendue, cette barricade.

« Comment forcer le passage ?

« Nous ne sommes pas en nombre, il s'en faut. »

Tomaho ne répondit pas.

Pendant plusieurs minutes, et toujours immobiles, nos deux compagnons ne quittèrent pas des yeux cet obstacle infranchissable qui rendait impossible l'accomplissement de leur mission.

Et n'était-il pas désespérant de supposer que M. de Lincourt, dont les forces se trouvaient maintenant divisées, pouvait être victime d'une surprise et succomber dans un irréparable désastre ?

Après un long silence, Tomaho parut avoir suffisamment examiné la position de l'ennemi.

Il se pencha vers Sans-Nez et lui adressa cette question :

— Mon frère a-t-il cherché le moyen de passer, et l'a-t-il trouvé ?

— J'ai cherché, répondit le Parisien avec un geste de colère, et j'ai trouvé que nous sommes dans une fichue situation !

— Mon frère se désespère vite, reprit le géant.

« Son esprit n'est pas subtil, comme je le croyais.

« Il ne trouve pas une ruse de guerre ?

— Et toi, peux-tu m'indiquer le moyen de passer sur le corps de cent, peut-être de cent cinquante pirates? fit Sans-Nez avec impatience.

— Mon frère veut-il me suivre? demanda Tomaho sans faire attention à la mauvaise humeur du Parisien.

— Oui, répondit celui-ci.

— Il m'obéira?

— Oui, répéta Sans-Nez.

— Qu'il vienne donc! fit le géant, et surtout qu'il reste calme et silencieux.

Le Parisien allait demander des explications, mais Tomaho lui fit signe de se taire, et il se mit à ramper dans l'ombre le long de la paroi de rochers.

Sans-Nez le suivit, se traînant sur les mains et sur les genoux.

L'obscurité était complète dans cette partie du chemin creux, qui se trouvait profondément encaissée entre deux talus à pic.

L'œil le plus exercé n'aurait su découvrir les deux ombres qui glissaient silencieusement sur le sol sableux et qui se confondaient avec le gris sombre des rochers.

Soudain Tomaho s'arrêta.

Une forme humaine était là, immobile, à quelques pas.

C'était évidemment une sentinelle.

Le géant se souleva à demi, replia ses jambes comme deux ressorts prêts à se détendre, et, un instant appuyé sur une seule main, il parut calculer la distance qui le séparait de la sentinelle.

Sans-Nez, accroupi, retenant son souffle et imitant tous les mouvements de son compagnon, se tenait prêt à tout événement.

Tout à coup le géant bondit, étendit la main gauche, et le cou du pirate se trouva pris, enserré, broyé comme dans un étau.

Allongeant aussitôt sa main droite, Tomaho tordit : les os craquèrent, le sang jaillit, les muscles se déchirèrent, et la tête fut séparée du tronc...

Le bandit n'avait poussé ni un cri, ni un râle, ni un gémissement, pas même un soupir... Le géant laissa tomber le cadavre.

Circonstance fatale !

Le pirate serrait encore son fusil dans ses doigts crispés par la mort.

En touchant terre, l'arme porta sur une pierre et partit.

Tomaho et Sans-Nez n'étaient pas à trente mètres de la barricade.

Le bruit de la détonation fut le signal d'une alerte générale.

Une masse confuse s'agita dans l'ombre, des commandements furent lancés, plusieurs coups de sifflets retentirent et bientôt un groupe nombreux s'avança.

Sans-Nez avait déjà épaulé sa carabine, s'apprêtant à vendre chèrement sa vie.

Tomaho ne lui laissa pas le temps de viser; il l'empoigna par la ceinture, le plaça sur ses épaules et, posant le pied dans une fissure, il franchit d'un bond la haute muraille de rochers qui, sur ce point, semblait servir d'assise à la montagne.

Sans-Nez, fidèle à son engagement de jouer un rôle passif, se laissa enlever sans souffler mot.

Il se cramponna aussi solidement que possible sur le dos du géant et le laissa faire.

Celui-ci, avec une agilité dont on ne l'aurait pas cru capable, se mit à escalader les roches inaccessibles pour un homme de taille et de force ordinaires.

Observant de se tenir dans l'ombre, il grimpa en biaisant, de manière à toujours mettre d'énormes amas de rocs entre lui et le chemin creux.

En marchant ainsi presque toujours à couvert, le géant craignait peu les balles des pirates.

Précaution inutile d'ailleurs, car pas un coup de carabine ne fut tiré.

Un vague murmure de voix chuchotantes, de sourds piétinements, de fugitifs cliquetis d'armes froissées, furent les seuls bruits qui parvinrent aux oreilles de Tomaho et de Sans-Nez.

Il semblait que les pirates, marchant au secours de leur sentinelle, n'avaient pas aperçu leurs audacieux assaillants.

Cependant le Parisien et le géant, l'un

LE SECRET DU DOMPTEUR

portant l'autre, arrivèrent, après quelques minutes d'une rapide ascension, sur une sorte d'extumescence collée au flanc de la montagne et formant comme une large terrasse demi-circulaire à surface parfaitement plate et horizontale.

On eût dit d'un immense champignon sortant de l'écorce rugueuse d'un arbre gigantesque.

De cet observatoire, élevé de plus de trois cents pieds, on dominait toutes les pentes avoisinantes, et l'on apercevait une partie du chemin creux contournant la montagne, comme un ruban noir capricieusement frangé.

Jugeant que la distance et la hauteur qui le séparaient des pirates étaient suffisantes, le géant s'arrêta sur la plate-forme et déposa Sans-Nez à terre.

— Cré mâtin ! comme tu y vas, Cacique !

s'écria le Parisien encore tout ahuri de cette vertigineuse escalade.

« Je ne te croyais pas si leste !

« A première vue, on te croirait lourd comme un éléphant, mais en y regardant de plus près on s'aperçoit que tu es léger et agile comme un écureuil.

— Je suis fort, dit Tomaho avec un fier sourire.

Et, jetant un regard sur les pentes qu'il venait de gravir, il ajouta :

— Les pirates ne nous poursuivent pas.

— Parbleu ! fit Sans-Nez en regardant à son tour, ils ont de bonnes, d'excellentes raisons pour ça !

« D'abord une pareille escalade est impossible pour des hommes qui ne sont pas taillés sur ton patron.

« Ensuite, ne nous ayant pas vus franchir la muraille à pic du chemin creux, ils ne peuvent supposer que tu as des branches de compas assez longues pour grimper un escalier dont les marches les plus petites ont trois mètres de haut.

« Évidemment ces imbéciles doivent supposer que nous avons battu en retraite en suivant tout simplement le seul chemin praticable, c'est-à-dire celui par lequel nous sommes venus. »

Tomaho écoutait peu, ou plutôt n'écoutait pas le raisonnement apparemment fort juste de son compagnon.

Caché dans l'ombre d'un rocher, il regardait attentivement la partie du défilé qui se trouvait précisément au-dessous de la plateforme.

— Qu'est-ce donc que tu examines avec tant d'intérêt? lui demanda le Parisien.

— Que mon frère s'approche et regarde, fit le géant.

— Eh bien ! quoi? fit d'abord Sans-Nez.

« Je ne vois rien du tout. »

Puis se reprenant :

— Ah! si! je vois, maintenant.

« Nous sommes juste au-dessus de la barricade de messieurs les écumeurs de prairie.

« Diable ! il me semble que j'en vois grouiller une masse, de ces vermines !

« Impossible de les compter dans ce défilé obscur ; mais je ne crois pas me tromper de beaucoup en portant leur nombre à cent cinquante.

« Qu'en dis-tu?

— Je pense que mon frère a raison, fit le géant, mais il ne voit pas tout.

— Quoi donc encore ?

— Les canons.

— Des canons ! répéta le Parisien.

« Ils ont amené du canon, là ?

« Avec tes yeux de chouette, tu vois tout, toi !

« Eh ! je commence à distinguer !

« Deux grosses pièces

« Mille pétards ! voilà qui n'est pas drôle !

« Si la caravane n'est point prévenue et qu'elle donne de confiance dans une pareille embuscade, elle est anéantie du coup.

— Nous devons prévenir le chef pâle, fit le géant avec une étonnante tranquillité.

— Nous devons, nous devons... répéta Sans-Nez ; sans doute qu'il faudrait prévenir le comte. Mais le moyen de sortir d'ici ?

Tomaho regarda le Parisien, et un sourire quelque peu railleur anima sa bonne figure.

— Mon frère ne croyait pas qu'il était possible d'escalader la montagne et d'arriver jusqu'à ce plateau? demanda-t-il.

— Qui l'aurait cru? répondit Sans-Nez.

« Il faut être taillé comme tu l'es pour réussir un pareil tour de force.

— Que mon frère réfléchisse, reprit le géant avec son même sourire.

« Si je suis monté, je puis descendre.

— Je crois bien que nous pouvons descendre, répliqua le Parisien.

« Nous pouvons même dégringoler plus vite que nous ne le voudrions, car les pirates nous apercevront à la fin, et gare aux coups de fusil !

« Du reste, plus j'examine le terrain, plus je vois que nous sommes parfaitement bloqués.

« Nous ne pouvons descendre que par où nous sommes montés, car la pente qui nous permettrait de rejoindre le chemin creux en avant de la barricade est à pic.

« Donc, une fois en bas, en supposant que nous n'y arrivions pas en morceaux, nous devrons livrer bataille à cent cinquante hommes pour forcer le passage.

« Mon cher Cacique, tu sais que je ne suis pas de ceux qui reculent devant un coup d'audace ; mais apprends, si tu l'ignores, que je ne suis pas assez fou pour aller au-devant d'une mort plus que certaine.

— Mon frère a bien parlé, dit le géant toujours souriant.

« Je suis prudent comme lui et je l'approuve.

« Quels sont ses projets d'attaque ? »

Sans-Nez, à cette question qu'il trouvait hors de propos, regarda le géant avec étonnement.

— Mes projets ? dit-il ; je n'ai aucun projet.

« Je vais tout simplement attendre, et si l'impatience me prend, je ferai voir à ces brigands ce que coûte la peau du trappeur le plus galbeux, le plus chic de la savane !

— L'esprit de la folie touche la tête de mon frère, dit gravement le géant, car il parle comme un insensé.

« Qu'il se repose et garde le silence.

« Je vais attaquer seul. »

Sans-Nez voulut protester, mais Tomaho le calma en disant :

— Je ne quitte pas mon frère, et il me suivra quand le moment de partir sera venu.

Le Parisien alla s'asseoir sur une pierre en se demandant :

— Quelle diable d'idée peut bien avoir poussé dans le cerveau de ce grand animal?

Et il se mit à observer sans mot dire.

Le géant commença par se débarrasser de ses armes, de son sac à munitions et de tout ce qui pouvait gêner la liberté de ses mouvements.

Puis il se dirigea vers un amoncellement de roches que des tremblements de terre, un défaut d'équilibre ou même les eaux pluviales avaient détachées du flanc de la montagne, et qui s'étaient trouvées arrêtées dans leur chute par cette large extumescence horizontalement plane.

Après avoir jeté un rapide coup d'œil sur ce tas de rochers, Tomaho fixa son choix sur l'un des plus gros et des moins anguleux.

Puis, enlaçant de ses bras nerveux cette pesante masse, il la tira de son alvéole de sable et de pierrailles, et, avec cette force prodigieuse qu'on lui connaît, il la transporta sur le bord de la plate-forme.

Sans-Nez n'en était certes pas à s'étonner de l'extraordinaire puissance musculaire de son compagnon, mais il ne put néanmoins retenir une exclamation admirative à la vue du colosse déplaçant et *portant* un poids sous lequel auraient plié trente hommes.

— Quel tranche-montagne! fit le Parisien.

« Ce monstre-là jonglera avec des mondes, si jamais nous faisons ensemble des voyages interplanétaires.

« Et on parle des Titans!

« Il vaut toute la famille à lui tout seul! »

Sans écouter les réflexions flatteuses de Sans-Nez, le géant revint à la charge, enleva une nouvelle roche et la transporta à côté de la première.

Puis une troisième, une quatrième...

— Ah çà! se disait Sans-Nez en observant tout ce manége, il construit un fort, une citadelle...

« C'est de la folie : nous ne serons jamais attaqués dans une position aussi formidable. »

Cependant Tomaho continuait à déraciner et à transporter ses rochers.

Il ne s'arrêta que lorsqu'il s'en trouva vingt de rangés sur le bord de la plate-forme.

Alors il se reposa un instant, s'essuya le front et ramassa ses armes et munitions.

Sans-Nez, qui ne perdait pas un de ses mouvements, crut comprendre les intentions du géant.

— Que je suis bête! se dit-il ; j'aurais dû deviner le coup il y a longtemps.

« Mais il faut être de la force du Cacique pour que de pareilles idées vous viennent.

« Il va tout simplement... »

Un signe d'appel de Tomaho interrompit le Parisien dans ses suppositions.

Sans-Nez s'approcha aussitôt.

— Que mon frère se tienne prêt, lui dit le géant; nous allons partir.

— Quoi! comme ça, tout de suite?

Tomaho s'approcha d'une de ses roches, et montrant les pirates massés derrière leur barricade :

— Quand ils seront écrasés, dit-il d'une voix sourde.

Et il poussa le rocher...

L'énorme bloc roule et rebondit sur la pente rapide avec un bruit de tonnerre.

Deux, trois, quatre, vingt rochers sont précipités successivement.

Le premier n'a pas encore touché le fond du chemin creux quand le dernier tombe de la plate-forme.

C'est un roulement sourd en même temps qu'un fracas épouvantable.

C'est une avalanche, un tremblement de terre, une éruption volcanique.

Il semble que tout s'effondre, que le sol s'affaisse, que la montagne s'abîme.

Ces masses de grès rouge, roulant avec

une rapidité foudroyante, brisent les pointes de rochers qu'elles rencontrent, rebondissent, s'entre-choquent et éclatent au milieu de gerbes d'étincelles.

Chaque pierre est une fusée brillante et chaque quartier de roc un fulgurant aérolithe.

Pendant quelques secondes, une lueur étincelante fait pâlir le blanc rayonnement de la lune et éclaire jusqu'au fond l'étroit défilé.

Les pirates sont là, épouvantés à la vue de cet effroyable cataclysme.

Soudain des cris terribles se font entendre :

Cris d'effroi, de douleur et d'agonie !

Les éclats de pierre frappent, contusionnent, déchirent.

Les blocs écrasent, broient, assomment.

Les bandits de John Huggs fuient éperdus.

Quelques-uns paraissent braver l'avalanche, mais leurs genoux tremblent et c'est la terreur qui les paralyse.

Les blessés poussent des cris déchirants, tandis que les agonisants, enfouis sous des monceaux de terre, de sable et de débris de rochers, ne laissent échapper que de sourds gémissements.

Du haut de leur plate-forme, Tomaho et Sans-Nez pouvaient à peine juger des résultats de cette sanglante exécution.

Quand pourtant ils entendirent les cris des écloppés et les plaintes des mourants; quand ils n'aperçurent plus que quelques ombres où ils avaient vu l'épais groupe de pirates cachés derrière la barricade, ils ne purent douter de la victoire.

— Voilà ce qui s'appelle un bombardement! dit Sans-Nez en exécutant avec ses doigts un joyeux roulement de castagnettes.

« Il y en a au moins la moitié d'éreintés !

« Quel feu d'artifice !

« Jamais je ne me serais attendu à assister à pareille fête.

« Quel vacarme

« Je crois bien que tous les projectiles ont porté ! »

Tomaho était assurément enchanté de son succès, mais il conservait un calme imperturbable.

— Nous nous livrerons à la joie quand nous serons hors de danger, dit-il gravement.

« Il faut songer à passer la barricade et à rejoindre la caravane.

« Partons ! »

Et il ajouta en se baissant jusqu'à terre :

— Que mon frère monte sur mon dos !

Sans-Nez se mit à califourchon sur les épaules du géant en disant :

— Comme ça je suis très-bien, et tu paraîtras encore plus grand.

« Je suis sûr que si nous nous promenions comme ça le soir dans Paris, on croirait que la colonne Vendôme a lâché son socle. »

Sans prêter la moindre attention aux saillies du Parisien, Tomaho se mit en devoir de descendre.

Il suivit à peu près le chemin qu'il avait pris pour monter, sautant lestement d'une roche à l'autre, se laissant glisser le long de quelque paroi trop haute, enjambant les crevasses.

Sans-Nez n'était pas absolument à son aise, grâce à ce violent exercice ; mais il ne laissait échapper aucune plainte ; il se gardait même de parler, car il s'était dit:

— Si j'ai la langue entre les dents au moment où le Cacique sautera par-dessus un obstacle, je me la coupe net.

Tout à cette crainte, le Parisien gardait donc un silence absolu.

Enfin le géant tomba dans le chemin creux au milieu d'un groupe de fuyards.

A cette apparition, les pirates furent pris d'une nouvelle panique.

Ils s'enfuirent en hurlant d'épouvante.

Quelques-uns tombèrent à genoux et se signèrent.

Ils prenaient nos deux compagnons superposés pour quelque monstre vomi par l'enfer.

Et, certes, bien d'autres auraient frémi à l'aspect du géant augmenté du torse de Sans-Nez.

Tomaho s'avança avec une tranquillité

parfaite dans la direction de la barricade. Tout fuyait devant lui, tout tremblait sur son passage.

Pas un pirate ne songea à lui tirer un coup de fusil. La plupart avaient d'ailleurs jeté leurs armes pour se sauver plus vite de l'avalanche de rochers.

Le géant, marchant d'un pas ferme au milieu des morts, des blessés et des débris qui jonchaient le chemin, arriva enfin à la barricade.

Là il fut pris d'une idée subite.

Sans faire descendre Sans-Nez, il empoigna les deux canons l'un après l'autre et les renversa violemment sur leurs affûts qu'il brisa.

Puis, une pièce sous chaque bras, il franchit lestement la construction en pierres sèches élevée par les bandits et s'éloigna rapidement.

Une demi-heure plus tard, nos deux compagnons rejoignaient la caravane.

Ils se rendirent immédiatement à la tente du comte de Lincourt.

Sans-Nez lui signala la présence de la nombreuse bande de John Huggs, lui raconta comment ils avaient été arrêtés dans le défilé, comment ils s'étaient tirés d'affaire grâce à Tomaho, et termina en disant :

— Commandant, je proclame que le Cacique a bien mérité de la caravane ; et je me propose, à la première occasion, de lui faire voter des remerciements solennels.

— En attendant, merci, mon brave Tomaho ! dit le comte en pressant la main du géant.

Et s'adressant à Sans-Nez :

— Ce que je ne conçois pas, dit-il, c'est que nous n'ayons aperçu ni l'ombre ni la trace d'un pirate de ce côté.

— Ils sont arrivés par cette chaîne de hautes collines qui relie la montagne du Nid-de-l'Aigle à ce pic dont on aperçoit le sommet d'ici.

« A première vue, on croirait qu'il n'y a aucun chemin praticable dans ces collines, mais il n'y a plus à en douter.

— En effet, répondit M. de Lincourt.

Et pensif, préoccupé, sombre, il rentra sous sa tente.

CHAPITRE CXXXIII

LE DANGER GRANDIT

Ainsi que l'avait supposé Grandmoreau, John Huggs battit en retraite, se replia momentanément, mais ne se retira pas.

Le chef des pirates n'était pas homme à abandonner une partie engagée depuis si longtemps, partie dont il paraissait connaître l'inestimable enjeu et qu'il voulait gagner à tout prix.

Certes, il avait hâte d'en finir ; mais, pour s'assurer la victoire finale et décisive, il lui fallait ménager la vie de ses bandits et ne pas les exposer inutilement aux coups de carabine des trappeurs.

En voyant le câble coupé et ses hommes précipités dans l'abîme, John Huggs s'était immédiatement jeté avec sa troupe derrière une longue bande de rochers.

Là il se trouvait parfaitement à l'abri et pouvait communiquer avec le gros de sa troupe sans être vu par les trappeurs.

Une fois derrière le rempart de rochers, John Huggs s'approcha de la Couleuvre.

Il était visiblement irrité.

— Un joli début ! dit-il sur un ton de reproche.

« Grâce à vos renseignements, à vos combinaisons que j'ai eu tort d'écouter, nous perdons vingt de nos meilleurs soldats. »

Le lepero jeta un furtif regard sur le capitaine, puis, détournant aussitôt les yeux, il répliqua :

— Vous étiez libre d'agir sans moi

« Vous l'êtes encore.

« Prononcez un mot et je vous quitte.

— Non, non ! s'empressa de dire le capitaine avec sa fausse bonhomie de Yankee.

« Vous êtes un précieux compagnon, et je ne serais pas assez sot pour me priver de votre concours au moment où il peut m'être le plus utile.

« Allons ! ne pensons plus à cet accident ; il est probable que la caravane Lincourt a doublé une étape depuis que vous l'avez quittée, ce que vous ne pouviez prévoir.

— Après tout, dit la Couleuvre, cette tentative, quoique malheureuse, ne nous est pas inutile.

« Nous savons qu'il y a un certain nombre de trappeurs de l'autre côté du précipice, et il est certain que ce n'est qu'une avant-garde.

« Les wagons et le reste de la caravane sont encore dans la plaine.

« Nous sommes à même de barrer le passage, et nous réussirons d'autant plus facilement que les forces de l'ennemi sont maintenant divisées.

— Raisonnement simple et juste! fit John Huggs.

« Mais avant tout nous devons tenir bloqués les trappeurs qui ont franchi le précipice.

« Et je crois que quarante hommes bien armés et pourvus de beaucoup de cartouches suffiront pour garder le passage.

— Mille hommes ne passeraient pas, fit la Couleuvre.

— C'est mon avis, dit le capitaine en faisant un signe à l'un de ses lieutenants.

Celui-ci s'approcha.

— Casse-cou, lui dit John Huggs, je te charge de veiller à ce que pas un seul trappeur ne repasse le précipice.

« Prends quarante bons fusils!

« Pas de négligence, pas de faiblesse; vous ne courez aucun risque derrière cet abri.

— Rappelle-toi que tu me réponds sur ta tête de ne pas laisser passer un seul trappeur, tu m'entends? pas un seul!

— J'entends, capitaine, répondit le lieutenant.

« Personne ne passera, j'en réponds.

— Bon! fit John Huggs.

« Cette assurance me tranquillise.

« Mais, pour plus de sûreté, je vais vous envoyer des cartouches et de l'artillerie.

« Ces trappeurs sont capables de tout, et nous ne prendrons jamais trop de précautions pour en venir à bout.

« En attendant, choisis tes hommes.. »

Le lieutenant appela quarante pirates, et, sur les indications de John Huggs, il établit aussitôt son embuscade.

Puis le capitaine s'éloigna avec le reste de sa troupe.

Le chemin suivi était assez large et beaucoup moins accidenté qu'on n'aurait pu le supposer : on l'aurait cru tracé par des pionniers depuis longtemps disparus.

John Huggs en fit la remarque et ajouta :

— Je ne comprends pas que le seigneur comte de Lincourt, toujours si bien renseigné, ne sache pas que cette partie de la montagne est d'un accès et d'un parcours si facile.

— Il ignore bien d'autres choses encore, fit la Couleuvre.

« Je suis peut-être le seul qui ait jamais parcouru cette chaîne de collines.

« Il ne faut pas oublier non plus que, vus des points culminants des environs, ces chemins que nous suivons paraissent être autant de crevasses profondes et impraticables.

« Il n'est donc pas étonnant que personne ne pense à se risquer dans ces parages.

« Et moi-même je ne m'y serais jamais engagé une première fois, si je n'avais pas eu pour guide et pour compagnon un de ces rares Peaux-Rouges poussant jusqu'ici pour chasser les bouquetins qui viennent lécher du sel dans les falaises. »

Après une demi-heure de marche à peine, John Huggs et ses pirates atteignirent ce versant de colline où était établi leur camp.

C'était précisément cet endroit que Tomaho avait découvert dans la nuit, à la clarté de la lune.

En arrivant à son bivouac, le capitaine vit qu'il y régnait une agitation inaccoutumée.

Des groupes s'étaient formés de tous côtés, et, à en juger par l'éclat des voix, les conversations étaient excessivement animées.

Que s'était-il passé?

Que se passait-il encore?

Un rassemblement plus nombreux que les autres s'était formé au centre même du campement.

Là on ne discutait pas, on ne s'agitait pas.

De nombreux pirates rangés en cercle, dans une attitude singulièrement calme, morne, silencieuse, semblaient considérer avec stupeur quelque terrifiante scène.

John Huggs sentit qu'il allait apprendre une fâcheuse nouvelle.

-- Encore une catastrophe! dit-il à la Couleuvre.

« Nous jouons de malheur.

— C'était à présumer, répondit le lepero avec son sourire de vampire.

« Il y a un proverbe français qui dit : *Un malheur ne vient jamais seul.*

« J'y crois, moi, à ce proverbe, et je ne m'étonnerais pas d'apprendre la nouvelle d'un nouveau désastre. »

En ce moment, quelques bandits aperçurent leur chef; plusieurs vinrent à sa rencontre.

— Que se passe-t-il donc? demanda John Huggs avec une indifférence affectée.

L'un des pirates s'avança.

— La barricade du chemin creux a été surprise cette nuit, dit-il.

— Surprise! s'écria le capitaine avec colère.

« Que l'on m'amène le lieutenant qui la commandait. »

Et comme on ne lui répondait pas :

— M'avez-vous entendu? ajouta-t-il avec une irritation croissante.

« Où est ce lieutenant?

— Mort! dit le pirate qui avait déjà parlé.

— Mort? répéta John Huggs subitement calmé.

« Et les cent cinquante hommes qu'il commandait?

— Vingt-cinq tués et plus de quarante blessés.

— Et les autres?

— Ils sont ici, répondit le pirate.

« Vous voyez, on les soigne.

« Le chef mort, j'ai pris le commandement et fait battre en retraite, afin de prendre vos ordres.

« Il fallait également beaucoup de monde pour transporter les blessés ; c'est pourquoi nous avons dû abandonner la barricade. »

John Huggs que la fureur agitait intérieurement, mais qui savait se maîtriser, dit au pirate :

— Puisque tu étais là, raconte-moi ce qui s'est passé.

— Capitaine, fit le bandit, nous avons été broyés par une avalanche de rochers.

« Pas un coup de fusil n'a été tiré.

« Seule une de nos sentinelles a été attaquée en arrière de la barricade ; on lui a arraché la tête.

« Nous n'avons pas aperçu nos ennemis, et tous nous croyions à un tremblement de terre.

« Ce n'est qu'après l'avalanche de rochers qui se détachaient de la montagne et roulaient avec un bruit de tonnerre, ce n'est qu'après l'écrasement de nos compagnons, que nous avons vu un homme qui paraissait avoir deux têtes : une grosse au milieu de la poitrine et une plus petite à sa place naturelle.

John Huggs haussa les épaules à ces derniers mots.

— Je jure que je dis la vérité, reprit le pirate.

« J'ai vu de mes yeux cet homme extraordinaire.

« Il avait au moins quinze pieds de haut. »

Un haussement d'épaules plus accentué répondit à cette affirmation du pirate, et le capitaine serra les poings en disant :

— Vous aviez de l'artillerie; il fallait le canonner, ce colosse!

« Vous auriez bien vu qu'un obus aurait eu raison d'un fantôme que la peur vous a fait voir double.

— Mais... les canons... fit le pirate avec hésitation.

— Eh bien! quoi?

« Vous aviez deux pièces de sept...

— Le géant les a emportées après avoir brisé les affûts, dit le pirate.

— Emportées, lui seul! s'écria John Huggs.

— Seul, affirma le bandit.

« Il a disparu avec une pièce sous chaque bras. »

Le capitaine examina attentivement l'homme qui osait alléguer un pareil fait.

Évidemment cet homme était fou, ou il se moquait.

Mais plusieurs pirates joignirent leur attestation à celle de leur camarade.

— C'est vrai, dirent-ils.

« Il a raison.

« Nous l'avons vu comme lui.

« C'était un être surnaturel. »

John Huggs, fort embarrassé, se tourna vers la Couleuvre qui écoutait sans souffler mot.

— Je crois qu'ils divaguent tous, lui dit-il.

— Ils ne font qu'exagérer un peu quant à la taille du fantôme, répondit le lepero.

« Je crois deviner quel est le héros de cette terrible aventure.

— C'est ?... interrogea le capitaine avec impatience.

— C'est tout simplement le géant Tomaho, répondit la Couleuvre.

« Tout l'indique.

« Et je serais bien surpris si je ne devinais pas juste. »

John Huggs ne répondit pas.

Connaissant la force extraordinaire du Cacique, la supposition du lepero lui parut très-vraisemblable.

Les dents serrées, il murmura quelques paroles inintelligibles, paroles de menace et de fureur sans doute ; puis élevant la voix et s'adressant aux nombreux bandits qui l'entouraient :

— Nous nous battrons aujourd'hui, leur cria-t-il.

« Je vous promets une revanche terrible.

« Préparez-vous ! »

De nombreux vivats accueillirent ces paroles, et les pirates s'éparpillèrent dans le camp.

John Huggs suivi de la Couleuvre se rendit sous sa tente.

Ces deux personnages eurent un entretien qui dura un quart d'heure à peine.

Quand ils sortirent, le chef des pirates redevenu calme dit avec assurance :

— Le succès est infaillible.

« Cette fois, nous les tenons.

— Mais comme il faut tout prévoir, même l'impossible, observa la Couleuvre, n'oubliez pas d'assurer nos moyens de vengeance en cas de défaite.

— Notre réussite est assurée, j'en réponds, dit John Huggs ; mais soyez tranquille : en cas de malheur, je serai toujours en mesure de remplir nos conventions.

Puis, appelant un pirate, il lui donna l'ordre de prévenir les chefs de compagnies qu'un conseil de guerre allait être tenu.

Quelques minutes après, les lieutenants de la troupe étaient rassemblés autour de leur chef.

— Gentlemen, leur dit ce dernier avec une brutalité tout américaine, si je me suis acharné depuis si longtemps à la poursuite de la caravane Lincourt, ce n'est pas, vous le savez, pour piller un convoi où nous ne trouverions pas de quoi nous payer de nos peines.

« J'ai d'autres projets que vous ne tarderez pas à connaître.

« Sachez seulement qu'aujourd'hui le moment d'agir sérieusement est venu.

« Il est temps d'en finir avec cette caravane qui nous résiste depuis trop longtemps.

« Nous allons tenter un coup décisif.

« Si vous savez me seconder, je puis vous répondre du succès.

« Je n'ai pas à vous expliquer mon plan d'attaque : il n'existe pas.

« C'est une bataille défensive que nous allons livrer.

« C'est à l'abri de tout danger sérieux que nous allons écraser nos adversaires.

« Et, pour vous prouver que toutes les chances sont de notre côté, je vous apprendrai que déjà un grand nombre de trappeurs sont bloqués par les nôtres dans une impasse où ils se sont imprudemment engagés.

« Par suite, les forces de la caravane sont considérablement amoindries, et vous voyez comme moi qu'il sera facile de lui porter un coup mortel. »

Ce speech du capitaine fut accueilli par des bravos enthousiastes, et, sur l'ordre qui leur en fut donné, les lieutenants rassemblèrent aussitôt leurs hommes.

Pendant ce temps, John Huggs s'occupa d'envoyer des pièces de canon aux quarante pirates qui gardaient la crevasse.

Il n'était pas absolument persuadé de l'utilité indispensable de cette mesure ; mais comme il connaissait l'audace des trappeurs aussi bien que l'excessive prudence de ses bandits, il se dit que ces derniers, se sentant

soutenus par de l'artillerie, ne plieraient pas quoi qu'il arrivât

Quand toute sa troupe fut sous les armes et l'artillerie attelée, le capitaine adressa quelques nouvelles recommandations à ses lieutenants et donna le signal du départ.

Arrivés à une bifurcation de la vallée que l'on suivait depuis environ vingt minutes, John Huggs et la Couleuvre se séparèrent.

Celui-ci s'engagea avec une troupe nombreuse et six canons au milieu des montagnes, et disparut bientôt au détour d'un large ravin.

Le capitaine, avec deux canons et cinquante pirates seulement, continua sa route dans la direction du chemin creux qu'avaient pris les trappeurs pour arriver à la montagne du Nid-de-l'Aigle.

Bientôt il arriva à la barricade abandonnée.

Alors il put voir que le récit qui lui avait été fait n'était aucunement exagéré.

De larges taches rouges et encore humides marbraient le sol sableux; çà et là des débris sanglants et des lambeaux humains avaient été oubliés par les bandits enlevant à la hâte leurs morts et leurs blessés.

L'amoncellement de rochers broyés dans leur chute et comblant à demi une partie du chemin creux;

Les canons enlevés et leurs affûts brisés;

Tout témoignait de l'irrésistible violence de l'attaque devant laquelle les pirates avaient dû fuir ou succomber.

John Huggs, après avoir examiné le terrain, se dit que pareille agression ne pouvait se renouveler, et il fit réparer et remettre la barricade.

Puis, ayant fait remplacer les deux canons enlevés par ceux qu'il avait amenés, il rassembla ses bandits et donna devant eux ses instructions au lieutenant qui devait les commander.

Et il ajouta en terminant :

— Si vous ne pouvez résister, si vous vous apercevez que l'on vous tourne, battez en retraite précipitamment et ne vous laissez pas prendre.

« Quand l'ennemi sera dans cette position, je me charge de le déloger. »

Le capitaine prononça ces derniers mots en homme parfaitement sûr de son fait ; puis il s'éloigna et disparut dans les rochers.

Vingt minutes plus tard, il avait rejoint la Couleuvre et sa nombreuse troupe, qui stationnaient sur un point culminant de la chaîne de montagnes.

De cet endroit, on découvrait de vastes espaces et le regard pouvait plonger jusqu'au fond des plus étroites gorges.

On dominait la barricade du chemin creux et ce chemin lui-même sur une partie de son parcours.

John Huggs examina attentivement cette formidable position et promena un regard satisfait autour de lui.

— Eh bien ! lui demanda la Couleuvre, n'ai-je pas eu une bonne idée ?

— Excellente ! fit le capitaine.

« Ce mamelon est une véritable forteresse.

« Il est imprenable et presque inattaquable, car on ne peut le canonner que de bas en haut.

« Décidément, personne ne passera sans notre permission. »

Et, s'adressant à son lieutenant, John Huggs ordonna :

— Allons ! à l'œuvre !

« Nous n'avons pas de temps à perdre.

« Les canons d'abord ! »

Aussitôt les pièces d'artillerie furent mises en batterie derrière un épais rempart naturel de rochers et de terre, dans lequel furent pratiquées des embrasures.

Et, tandis que s'opérait ce travail, de nombreux caissons pleins de projectiles étaient rangés à l'abri d'une seconde ceinture de rochers et à portée des artilleurs.

Ces premières dispositions prises, John Huggs divisa sa troupe en plusieurs compagnies et garnit de nombreux tirailleurs les approches de la position, ainsi que diverses crêtes faciles à défendre et les abords de ce chemin creux, cette seule voie dans laquelle devait s'engager la caravane pour atteindre la montagne du Nid-de-l'Aigle.

Grâce à l'énergie et à l'étonnante activité de John Huggs, tous ces préparatifs s'exécutèrent très-rapidement.

Il n'était pas midi quand ils se trouvèrent complètement terminés, et quand le capitaine, ayant rejoint la Couleuvre, lui dit avec un sinistre ricanement :

— Nous le tenons enfin, ce noble comte de Lincourt, lui et ses invincibles trappeurs !

Certes le chef des pirates pouvait espérer d'écraser la caravane, si, comme tout le faisait supposer, le comte marchait en avant.

Dans une position aussi formidable que celle occupée par son artillerie, John Huggs pouvait couvrir de plomb et de fer le seul défilé praticable pour des wagons et des chevaux ; il pouvait tout broyer sans craindre qu'on lui ripostât.

Un seul plateau dominait sa batterie, et il aurait été possible, tirant de cet endroit élevé, d'empêcher le service de ses pièces ; mais le danger n'était pas plus là qu'ailleurs ; comment supposer en effet que l'on arrivât à monter de l'artillerie sur ces pentes à peine accessibles pour des hommes à pied.

Jamais la caravane n'avait couru un danger aussi grand que celui auquel allait l'exposer la marche en avant.

L'embuscade était organisée avec une admirable habileté.

C'était un obstacle que l'on ne pouvait ni vaincre ni éviter...

Leur piége tendu, John Huggs et la Couleuvre, l'oreille au guet et le cœur plein d'espoir, pareils à des animaux de proie, attendirent leurs victimes.

CHAPITRE CXXXIV

JUPITER TONNANT

Quand M. de Lincourt fut rentré dans sa tente, Tomaho et Sans-Nez se regardèrent un moment comme pour se demander :

« Qu'allons-nous faire? »

— Ma foi! dit le Parisien, puisque notre mission est terminée, je crois que nous pouvons nous reposer en attendant le jour.

« Je vois que le comte a besoin de réfléchir avant d'arrêter son plan de bataille.

« Je vais aller surprendre Paméla.

— Mon frère a raison, fit le géant.

« Moi aussi, je vais aller voir Conception.

— Et tes canons? dit Sans-Nez.

« Tu ne les portes pas au parc d'artillerie?

— Je les porte, répondit Tomaho en ramassant les pièces et en s'éloignant.

— Bien des choses à madame! lui cria le Parisien.

« Moi, je vais en raconter de drôles à Paméla! »

Au point du jour, M. de Lincourt, qui n'avait pas fermé l'œil depuis son entrevue avec Sans-Nez et Tomaho, fit appeler M. de Senneville et le colonel d'Éragny.

En quelques mots, il les mit au courant de la situation et termina en disant :

— Il faut que ces pirates aient rusé bien adroitement pour échapper aux recherches de nos éclaireurs et de nos batteurs d'estrade!

« Évidemment ils ont suivi une route connue d'eux seuls pour arriver avant nous dans ces montagnes.

« Quoi qu'il en soit, j'ai commis une faute en divisant nos forces et en laissant au pied du Nid-de-l'Aigle l'élite de ma troupe.

« Enfin, messieurs, que nous allons être obligés d'engager une lutte terrible et de laquelle nous ne sortirons peut-être pas vainqueurs.

« Je me garderais d'exprimer cette crainte devant qui que ce soit; mais à des hommes de votre valeur et de votre caractère je dois faire connaître toute ma pensée.

« Avant de prendre aucune mesure sérieuse, j'ai tenu à vous consulter; et maintenant que vous pouvez envisager le péril dans toute sa gravité, éclairez-moi de vos conseils.

— Mon cher comte, dit le colonel après quelques moments de réflexion, je crois que nous ne devons pas laisser aux pirates le temps de s'établir fortement dans leurs positions et qu'il faut les assaillir sans aucun retard.

« Nous pouvons perdre beaucoup de monde dans une seule affaire; mais n'en perdrions-nous pas en différant notre attaque?

« Nous pouvons d'ailleurs espérer que les trappeurs qui sont au Nid-de-l'Aigle trouveront le moyen d'opérer une diversion sur les derrières de l'ennemi.

— Voici qui entrerait assez dans mes vues, dit le comte.

« Attendre, différer, c'est nous épuiser en escarmouches et nous faire tuer en détail.

« Qu'en pensez-vous, baron?

— Moi, répondit M. de Senneville, je suis moins pressé d'entamer la lutte.

« Toutefois je ne saurais me prononcer avant de connaître exactement les forces des pirates et d'être parfaitement renseigné sur les dispositions qu'ils ont prises.

« Avez-vous un homme, un seul, capable d'explorer les montagnes et de se rendre compte exactement des forces que nous aurons à repousser?

« Je dis un seul homme, car une troupe d'éclaireurs opérerait moins facilement et donnerait l'éveil aux pirates.

— Votre avis est des plus sages, dit le comte, et je vais en profiter sans perdre une minute.

« J'ai un vieux trappeur que Grandmoreau estime fort et qui nous a déjà rendu de pareils services. »

Et s'adressant au planton qui se promenait devant la tente, il lui ordonna :

— Qu'on fasse venir Touchard !

Quelques minutes après, le vieux trappeur se présentait devant son chef.

C'était un homme de cinquante-cinq à soixante ans, aux cheveux et à la barbe grisonnants, au visage bistré, hâlé, tanné par l'air vif de la savane.

Court, trappu et large d'épaules, il devait être d'une force peu commune.

Son œil vif et pétillant d'intelligence s'abritait sous d'épais sourcils broussailleux qui donnaient à sa physionomie un air dur, mais non repoussant.

C'était un véritable type de montagnard basque.

M. de Lincourt lui expliqua rapidement ce dont il s'agissait, et insista surtout sur la rapidité avec laquelle devait être opérée la reconnaissance.

Touchard écouta sans faire une seule observation.

Puis, le comte ayant cessé de parler, il demanda :

— C'est tout?

— C'est tout.

— Bon! fit le trappeur en jetant sa carabine sur son épaule.

« Je me charge de l'affaire.

« Dans deux ou trois heures, vous aurez de mes nouvelles. »

Et il s'éloigna en sifflotant une fanfare de chasse.

M. de Lincourt, parfaitement décidé à ne pas rester dans l'inaction, quel que fût le rapport de Touchard, donna l'ordre de tout préparer pour se remettre en marche.

Il fit distribuer des cartouches, des vivres, et veilla lui-même à ce que la levée du camp eût lieu dans les meilleures conditions.

Sans annoncer positivement qu'on allait se battre, il le laissa pressentir en invitant tout le monde à prendre les précautions nécessaires pour exécuter une marche longue, difficile et dangereuse.

Quand enfin il eut pris toutes les mesures que lui prescrivait la prudence, il fit appeler Sans-Nez et Tomaho; dans un long entretien, il leur fit raconter de nouveau leur expédition nocturne, leur demanda des détails sur la situation des trappeurs qui se trouvaient au delà du précipice, et il estima en fin de compte que le nombre des bandits commandés par John Huggs devait être considérable.

Cet entretien n'était pas achevé, quand Touchard, après trois heures d'absence, se représenta devant son chef.

L'intelligent trappeur avait complétement réussi dans sa périlleuse entreprise.

Il fit un rapport parfaitement clair et détaillé sur la position de l'ennemi.

Il énuméra ses forces, détermina l'emplacement de la barricade du chemin creux et de la batterie qui pouvait couvrir de son feu tous les défilés des montagnes et particulièrement ce chemin creux, le seul que la caravane pût suivre.

Et il termina en disant :

— Le passage est peut-être possible, mais à coup sûr il est excessivement dangereux.

« Il n'y aurait qu'un moyen, ce serait de bousculer leur artillerie en montant deux ou trois pièces sur un certain plateau qui domine leur batterie.

« Mais, ajouta naïvement le trappeur, je ne devrais même pas en parler, de ce moyen, car le plateau en question m'a paru très-étroit et il est situé sur un pic inaccessible. »

Quand Touchard eut cessé de parler, M. de Senneville et le colonel d'Éragny, qui avaient été appelés pour entendre son rapport, échangèrent un regard de consternation et attendirent que le comte donnât le premier son avis.

— Notre situation est plus mauvaise que je ne le pensais, fit ce dernier après un court silence.

« Les difficultés s'accumulent et les obstacles grandissent.

« Néanmoins je persiste dans cette idée qu'il faut à tout prix marcher en avant.

« Qu'en pensez-vous, baron?

— Je vous dirai franchement, répondit M. de Senneville, qu'une attaque immédiate et à découvert me paraît des plus dangereuses.

« John Huggs doit avoir pris ses mesures pour résister au choc, si violent qu'il soit, et il se croit certainement en mesure de nous exterminer.

« Je pense donc qu'il vaut mieux ne pas se hâter, et que nous avons un véritable siége à faire.

« Notre troupe manie aussi bien la pelle et la pioche que la carabine; n'avançons donc que lentement et sûrement; creusons des tranchées, abritons-nous, et nous arriverons à forcer le passage et à repousser l'ennemi.

« Voilà, je le crois, ce que nous conseille la prudence.

— En toute autre circonstance, dit à son tour M. d'Éragny, en pays civilisé surtout, je ne reculerais pas devant cette idée de prolonger la lutte et de faire une espèce de siége régulier ; mais ici je ne puis admettre cette manière de procéder, et voici mes raisons :

« Nous allons perdre un temps précieux.

« Nous allons gaspiller nos munitions de guerre, épuiser nos vivres ; et n'oubliez pas, je vous prie, que déjà nous n'avons plus que de l'eau à boire.

« Il n'est pas dit d'ailleurs que nous ne perdrons pas autant de monde, plus peut-être, en prolongeant la lutte au lieu d'en finir tout de suite.

« Enfin rien ne prouve que ce John Huggs, qui a déjà fait de nombreuses recrues depuis quelque temps, ne recevra pas de nouveaux renforts avant de se trouver réduit.

« Donc la prudence et l'hésitation deviennent, dans le cas présent, imprudence et danger. »

Le colonel parlait avec une chaleur et une conviction entraînantes.

Il était redevenu soldat et soldat français, c'est-à-dire impatient, déterminé fougueux jusqu'à la témérité.

M. de Lincourt, calme et résolu, termina la discussion en disant :

— Nous ne pouvons en effet nous attarder dans une lutte qui en définitive peut nous être fatale, et il est nécessaire que nous soyons au *Secret* avant trois jours.

« De plus, nos compagnons, qui se trouvent très-certainement bloqués au pied de la montagne du Nid-de-l'Aigle, sont sans vivres : nous devons les secourir sans délai et coûte que coûte.

« Nous marcherons donc avec toutes les précautions nécessaires, mais nous marcherons.

« Ainsi, messieurs, tenez-vous prêts.

« Dans deux heures, nous partons. »

Et, sans plus tarder, l'ordre fut transmis à tous de prendre les dispositions nécessaires pour la levée du camp.

Secondé par le colonel d'Éragny et M. de Senneville, le comte surveille les préparatifs de départ avec une attention particulière.

Il inspecte les attelages et fait soigneusement fermer les wagons contenant les engins et munitions de guerre.

Il forme une arrière-garde qui doit protéger les femmes.

Il prend et prescrit enfin toutes les mesures que comporte la gravité de la situation.

Mais il ne tarde pas à remarquer que ses instructions sont reçues avec distraction.

Une vague agitation se produit, des groupes se forment, et nombre de gens quittent leur besogne pour aller aux informations.

M. de Lincourt, étonné et irrité à la fois, s'approche d'un rassemblement.

Tout le monde s'écarte devant lui.

Il pénètre jusqu'au milieu du groupe et, les sourcils froncés, il demande avec autorité :

— Que se passe-t-il?

« Pourquoi ce désordre? »

Un homme s'avance et répond :

— On vient de nous dire que le géant Tomaho se révolte et qu'il est dans une fureur terrible contre le capitaine d'artillerie.

En ce moment, un squatter, faisant fonctions de chef de pièce dans la batterie d'artillerie de la caravane, fendit la foule et s'arrêta devant le comte.

Cet homme était pâle et il paraissait très-ému.

— Commandant, je vous cherchais, dit-il à M. de Lincourt.

« Le cacique Tomaho veut reprendre les deux canons qu'il a déposés cette nuit au parc d'artillerie.

« Il dit que ces canons lui appartiennent parce qu'il les a pris aux pirates ; le capitaine refuse de les lui rendre sans vos ordres, mais le géant ne veut rien entendre et il menace de tout bouleverser si on ne lui rend pas ses canons.

— Qu'on les lui rende donc, ordonna le comte en réprimant un sourire ; ils sont bien à lui.

« Je ne sais trop ce qu'il veut en faire, mais peu importe !

« Dites à votre capitaine de satisfaire au désir de ce brave Tomaho.

— Mais c'est que... fit le chef de pièce en hésitant.

— Quoi encore? demanda le comte.
— C'est que le Cacique veut qu'on lui laisse prendre trois caissons de projectiles.

M. de Lincourt hésita une seconde.

Il ne comprenait rien à la fantaisie du géant.

Mais il avait toute confiance en lui, et il ordonna :

Qu'on laisse faire Tomaho et qu'on lui donne tout ce qu'il demandera !

« Nous avons, je l'espère, plus de munitions que nous n'en userons. »

L'artilleur s'empressa d'aller transmettre cet ordre à son chef.

Il arriva à temps pour empêcher un conflit qui certainement n'aurait pas tourné à l'avantage du capitaine.

Malgré son irritation et sa mauvaise volonté, celui-ci dut enfin se soumettre aux exigences de Tomaho.

Enchanté de l'approbation du comte, Sans-Nez, qui naturellement accompagnait le géant, lui dit :

— Je le savais bien, qu'on nous laisserait libres.

« Allons, viens, et choisissons nos projectiles.

— Je suis mon frère, répondit le géant avec un sourire de satisfaction.

Séance tenante, Sans-Nez fit démolir, préparer et garnir trois caissons.

Puis Tomaho, les ayant rassemblés et ficelés à sa guise avec d'énormes courroies, en fit une seule charge qu'il fixa sur ses robustes épaules.

Un fantassin ajustant son sac aurait agi avec moins de facilité et d'aisance.

Le lourd fardeau n'était rien pour un pareil colosse.

Ayant assuré et équilibré sa charge par quelques secousses, le géant se baissa et dit à Sans-Nez :

— Que mon frère reprenne sa place, car il ne marcherait pas assez vite.

Puis, s'emparant de ses canons, il s'en plaça un sous chaque bras, à la manière des chasseurs fatigués de porter leur fusil, et s'éloigna à grands pas dans la direction des montagnes.

Deux heures se sont écoulées depuis que le comte de Lincourt a ordonné de se préparer à lever le camp; chacun est à son poste.

On s'attend à lutter contre les pirates, et personne n'ignore que la tâche sera rude.

Enfin le signal est donné et la caravane s'ébranle.

Une avant-garde peu nombreuse précède le gros du convoi.

Cette avant-garde s'engage dans ce chemin creux déjà connu et où les pirates ont établi leur barricade.

Puis vient une ligne de tirailleurs très-éparpillés, qui avance avec précaution dans les montagnes, contourne les points inaccessibles et ne marche qu'avec une prudente lenteur.

Trappeurs et squatters, en gens habitués aux terrains difficiles et aux luttes qu'ils soutiennent chaque jour dans la savane ou dans les forêts inexplorées, savent observer sans se découvrir.

Ils n'abandonnent pas une touffe de bruyère, pas une roche, pas un abri enfin, sans avoir fouillé du regard le chemin à parcourir.

M. de Lincourt et le baron de Senneville sont dans le défilé, en tête du convoi, avec l'artillerie.

Le colonel d'Éragny est parmi les tirailleurs, dont il dirige la marche avec plusieurs trappeurs expérimentés.

On avance depuis une demi-heure sans qu'il se produise le moindre incident.

Pas un coup de feu !

Pas un pirate !

Le comte s'étonne et s'inquiète.

Il redoute quelque ruse de John Huggs.

M. de Senneville au contraire est rayonnant et plein d'espoir.

— L'ennemi recule, c'est plus que probable, dit-il.

« Nous devrions déjà en avoir connaissance, s'il s'était maintenu dans ses positions.

— Je n'y conçois rien, fit le comte soucieux.

Et, se hissant sur un rocher, il jeta un long et attentif regard sur ces montagnes ces rochers, ces précipices, où se trouvait engagée une grande partie de sa troupe.

Soudain il laissa échapper une exclamation de surprise.

— Voyez donc! dit-il à M. de Senneville. « C'est inouï!

« Ce pavillon sur ce pic!... »

Le baron regarda dans la direction qui lui était indiquée.

— Ce pavillon, fit-il, est celui des États-Unis.

« Ce pic est celui dont nous a parlé l'éclaireur Touchard, et du haut duquel il serait facile, à ce qu'il prétend, de broyer l'artillerie des pirates.

« Mais il a eu raison d'ajouter qu'il était impossible de monter du canon au faîte de ce piton hérissé de rochers.

— Pourtant, observa le comte, ce drapeau...

Il s'interrompit.

Un homme venait d'apparaître au sommet de la montagne.

Malgré la distance, cet homme paraissait être de la même taille que le premier venu vu à dix pas.

Tout à coup il prit le drapeau, l'agita assez longtemps, puis le replanta et parut attendre l'effet de ses signaux.

Cependant M. de Lincourt, un moment distrait par la surprise, songea qu'il avait une excellente lorgnette.

Il examina l'apparition et s'écria :

— C'est Tomaho!...

« C'est ce brave Cacique, avec Sans-Nez dont j'aperçois la tête entre deux rocs!

— Incroyable! fit le baron stupéfait.

« Comment ont-ils pu grimper là-haut?

« Eh! tenez, le géant agite encore le pavillon.

« Que veut-il nous dire? »

Le comte se mit à lorgner de nouveau :

— Il nous commande de suspendre notre marche.

« Nous devons nous en rapporter à cet excellent Cacique, car il est posté pour bien voir. »

Et, s'adressant à divers trappeurs qui faisaient fonctions d'officiers d'ordonnance, il fit donner l'ordre aux tirailleurs de ne plus avancer.

Le comte avait bien vu et parfaitement compris.

Tomaho et Sans-Nez étaient sur le sommet du pic inaccessible, et la caravane venait d'être invitée à faire halte.

Et non-seulement le géant était parvenu, grâce à sa taille et à sa force extraordinaire, à escalader la montagne, mais encore il avait pu y transporter ses deux canons, ses munitions et même Sans-Nez.

A vrai dire, la montée avait été difficile et pénible; mais, déployant une énergie surhumaine, le colosse ne s'était laissé arrêter par aucun obstacle.

De ce point élevé, qui se trouvait situé à peu près au centre de la chaîne de montagnes, on pouvait facilement distinguer au plus profond des gorges et des recoins de ce sol bouleversé.

On apercevait distinctement, à moins de mille pas, la batterie si bien placée de John Huggs.

On voyait les pirates circulant dans les vallées par escouades nombreuses ou s'embusquant à l'entrée d'un défilé.

Certes, la place était bien choisie et terriblement forte.

Quand il s'aperçut qu'il était compris, le géant demanda à Sans-Nez :

— Les canons sont chargés?

— Oui, tu peux y aller, répondit le Parisien.

Tomaho, prenant alors une des deux pièces qui se trouvaient à demi emboîtées dans de l'écorce de mélèze afin que l'on pût les manier facilement une fois échauffées, en posa la gueule sur une roche et, appuyant la culasse à son épaule, il pointa comme s'il n'avait eu entre les mains qu'un simple fusil de rempart.

— Prends garde au recul! fit Sans-Nez.

Tomaho continua à viser sans répondre.

Le coup partit.

Le géant ne broncha pas... Il fit un léger mouvement en arrière et ce fut tout.

On eût dit qu'il venait de tirer un fusil chargé trop fort ou depuis longtemps.

Sans-Nez voyant la parfaite tranquillité de son compagnon se rassura quant aux conséquences du recul qu'il redoutait et chercha à se rendre compte de l'effet produit par le projectile.

— Tu as tapé en plein dans la batterie, dit-il, mais je ne vois pas bien...

Le géant se pencha un peu en avant et regarda avec attention.

— J'ai brisé les roues d'un canon, dit-il.

Et plaçant sa pièce sur deux quartiers de rocher derrière lui, il ajouta tranquillement :

— Que mon frère recharge, je vais démolir les autres canons.

Le Parisien se mit en devoir d'exécuter l'ordre, tandis que Tomaho se prépara à ajuster avec sa seconde pièce.

En ce moment, cinq détonations retentirent presque en même temps.

Deux obus passèrent en sifflant au-dessus du pic, et trois autres éclatèrent en touchant les rochers.

— Oh! oh! fit Sans-Nez, il paraît que MM. les pirates se donnent des airs de riposter. Quel luxe!

Et arrondissant ses mains autour de sa bouche, il cria de toutes ses forces :

— Imbéciles!

« Vous perdez votre temps!

« Vous gâchez votre poudre!

« Vous ne démolirez pas notre citadelle! »

Les pirates ne pouvaient guère profiter de cet avis, vu la distance, qui les empêchait d'entendre.

Toutefois le conseil était bon, et les artilleurs de John Huggs auraient dû s'apercevoir que leur tentative de riposte ne pouvait amener aucun résultat.

En effet, tirant de bas en haut, leurs projectiles ne devaient atteindre que la roche, ou passer par-dessus, et les éclats ne pouvaient pénétrer dans l'espèce d'entonnoir aux trois quarts plein dans lequel se tenaient Tomaho et Sans-Nez.

Rigoureusement, un obus pouvait frapper l'un deux quand ils passaient la tête dans l'une des crevasses qui formaient embrasure ; mais c'eût été un bien grand hasard.

Cependant le géant, ayant de nouveau braqué son canon, tira un second coup.

— Pan! s'écria le Parisien après avoir jeté un regard par-dessus le rempart...

Puis imitant la voix de ces gens qui tiennent des tirs dans les fêtes publiques et provoquent les passants :

— Encore un affût d'cassé,
V'là l'canonnier qui passe...

« Voyez, messieurs, jeu d'adresse!...

« Exercez-vous, montrez que vous avez de l'œil et que vous ne tremblez pas.

« Allons, les amateurs! chaque coup de noir, chaque demi-douzaine!

« A la fin de la soirée, la personne qui aura fait le plus beau carton recevra un lapin ou un canard à son choix.! »

Tout en débitant ses folies, Sans-Nez chargeait prestement les pièces que Tomaho posait à sa portée après les avoir tirées.

Les pirates ripostèrent faiblement dès les premiers coups, mais bientôt leur feu cessa.

Tomaho s'arrêta à la douzième décharge et dit à Sans-Nez :

— Que mon frère regarde : je crois que c'est fini!

— Déjà! s'écria le Parisien.

« Sais-tu, Cacique, que tu fais un fameux pointeur?

« Tu as gagné le lapin, j'en suis sûr.

« Voyons un peu ce carton! »

Et Sans-Nez se pencha pour mieux voir la batterie ennemie.

— Bigre! je crois bien que tu as pointé juste! fit-il après une minute d'examen.

« Tout est bouleversé.

« Pas une pièce n'est sur son affût!

« Et je vois des espèces de taches sur le sol qui me font l'effet d'être autant de cadavres.

« Voilà ce qui s'appelle de *la belle ouvrage!* comme on dit à Pantin.

« Une batterie culbutée en douze coups et les artilleurs tués ou en fuite!

« On ne nous reprochera pas de gaspiller nos munitions.....

Le Parisien s'interrompit tout à coup.

— Eh! qu'est-ce que je vois? s'écria-t-il.

« Ces canailles ont complètement rétabli leur barricade du chemin creux; ils l'oc-

cupent et ils y ont ramené deux canons.

« Allons, mon vieux Cacique!...

— J'ai vu avant mon frère, interrompit le géant; je vais tirer.

Avec un calme parfait, Tomaho épaula de nouveau l'une de ses pièces et fit feu.

Une formidable détonation succéda presque instantanément à celle de l'obus.

— Un caisson qui saute! s'écria Sans-Nez.

« Début superbe! »

Quatre nouveaux projectiles furent lancés avec une précision telle que canons et affûts se trouvèrent bientôt renversés et brisés derrière la barricade.

— Ah! ah! ricana le Parisien en se penchant au-dessus de la ceinture de rochers, MM. les pirates se donnent de l'air avec autant d'empressement que cette nuit.

« Ils doivent se dire que cette barricade est bien mal placée... »

Soudain le Parisien se tut.

Il se rejeta vivement en arrière; sa casquette de chasse tomba et fut emportée au loin par le vent.

— Tas de brigands! s'écria-t-il, ils vont me faire attraper un rhume!

— Mon frère a reçu une balle? demanda Tomaho en s'approchant vivement de son compagnon.

« Il n'est pas blessé?

— Pas seulement égratigné! répondit

Sans-Nez; mais c'est ma pauvre casquette qui est perdue... elle était toute neuve... pas plus de six mois de services!...

« Brigands, vous me le paierez cher, mon rhume! »

Tout en maugréant, le Parisien s'approcha d'une crevasse formant embrasure et se mit à explorer du regard les vallées, les défilés, les ravins où s'abritaient de nombreuses escouades de pirates.

Il aperçut non loin du pied même du pic une vingtaine de bandits; c'était de là qu'avait été tiré le coup de carabine qui aurait pu lui coûter plus qu'une casquette.

Quand il eut terminé son rapide examen, il dit à Tomaho:

— Cacique, regarde à ton tour.

— Je regarde, fit le géant après s'être approché.

— Tu vois toutes ces vermines?

— Des pirates?

« Oui, je les vois.

— Veux-tu que notre besogne soit complète?

— Je le veux, répondit le géant, car la caravane doit passer sans être attaquée; je l'ai dit à mon frère, et j'ai juré par le grand Vacondah que le chef pâle n'aurait pas à faire brûler une seule charge de poudre.

— Eh bien! mon vieux Cacique, dit Sans-Nez, je te réponds, moi, que nous allons assister à un joli spectacle.

« Attends un peu!

« L'un de nos trois caissons est plein de boîtes à balles.

« Nous allons mitrailler, balayer, pulvériser toute cette canaille.

— Que mon frère charge les canons, dit tranquillement le géant.

Sans-Nez était déjà à l'œuvre.

En moins de dix minutes, une douzaine de boîtes furent tirées sur les groupes les plus rapprochés et les plus compacts.

A chaque coup, nombre de pirates tombaient tués ou blessés.

Tomaho visait avec une remarquable adresse.

Bientôt les cris des mourants et des éclopés remplirent l'air de leurs sinistres éclats et formèrent un lamentable concert.

Puis, affolés de terreur, les bandits s'éparpillèrent, fuyant la grêle de balles et de biscaïens qui ricochaient sur les rochers avec des sifflements de reptiles et paraissaient chercher des victimes.

La panique fut telle, enfin, que les pirates et leurs chefs eux-mêmes se mirent à fuir à toutes jambes, ne cherchant pas un abri, mais ne songeant qu'à agrandir la distance qui les séparait de ce terrible pic d'où Tomaho, nouveau Jupiter, lançait ses foudres.

Un grand nombre de bandits jetèrent leurs armes pour mieux courir, pour gravir les escarpements, pour pouvoir sauter les crevasses profondes.

Tomaho et Sans-Nez, debout alors sur les remparts de granit de leur forteresse, assistent à cette débandade de l'armée de John Huggs.

Le géant a la main sur la culasse d'un de ses canons verticalement posé et qu'il vient de décharger une dernière fois.

Il affecte le calme et la froideur, mais il ne parvient pas à dissimuler complètement la joie qui l'agite intérieurement.

Un vague sourire de satisfaction erre sur son visage, son regard brille d'un éclat inaccoutumé et ses lèvres laissent échapper par moments des sons inintelligibles.

Sans-Nez, lui, est selon sa coutume très-bruyant, très-démonstratif et surtout très-communicatif.

On sent qu'il voudrait avoir un auditoire à qui faire part de ses impressions.

Il se frotte vigoureusement les mains, pousse de joyeuses exclamations et s'agite sur son rocher au risque de se précipiter de cent pieds de haut.

— Cré matin! s'écrie-t-il, quelle déroute, mes enfants! quelle déroute!

« On dirait qu'ils ont le feu au cul!

« Ils sont au moins quatre cents, sans compter ceux qui sont restés sur le carreau!

« Et dire qu'un seul homme (car moi je ne compte pas), dire qu'un seul homme a fait peur à une pareille bande de bêtes féroces!

« Dis donc, Cacique, il me semble que tu as fait une jolie tuerie à toi tout seul!

« Voyons, à combien élèves-tu le nombre de tes victimes ? »

Le géant réfléchit quelques secondes, puis il répondit :

— Je ne sais pas compter une si grande quantité en une seule fois, dit-il.

« Que mon frère attende un peu. »

Et après avoir réfléchi de nouveau :

— Je pense, dit-il, que vingt pirates sont morts cinq fois.

— Comment ! morts cinq fois ! s'écria Sans-Nez.

« Je ne comprends pas cette manière de calculer.

« Ah ! si, j'y suis !

« Tu veux dire cinq fois vingt pirates ?

— Och !

— Bon !

« Eh bien ! mon cher Cacique, ça fait cent, chiffre rond !

« Mais je crois qu'il y en a plus que ça.

« En tout cas, les vautours et les coyotes vont faire une rude noce ! »

Et pensant à la caravane qui, pendant la canonnade, était restée et restait encore dans une complète inaction :

— Cacique, ajouta-t-il, nous pouvons faire avancer le convoi.

« Il n'y a plus de danger, à ce qu'il me semble...

— Mon frère a raison, répondit le géant.

Et saisissant la hampe du drapeau américain qui était resté planté dans une crevasse, il se mit à agiter ce drapeau, faisant signe de marcher en avant.

Ce manége dura assez longtemps, car il ne semblait pas qu'il fût compris.

Bientôt cependant des symptômes d'agitation se manifestèrent.

Les travailleurs éparpillés dans la montagne se mirent en mouvement pour regagner le gros de la caravane, qui bientôt se trouva massée dans le chemin creux.

— Ils ont parfaitement compris, dit Sans-Nez.

« Ils ont pu voir, de certaines hauteurs, la déroute des pirates, et ils savent que le danger n'existe plus.

« La preuve, c'est que les tirailleurs ont été rappelés. »

En ce moment, Tomaho reprit le drapeau des États-Unis et l'agita de nouveau.

— Qu'est-ce que tu fais donc ? lui demanda Sans-Nez.

« C'est inutile !

« Tu vas les mettre dans l'embarras !

— Que mon frère regarde, fit le géant en désignant de la main un énorme rocher sur le bord du chemin creux.

— Je vois un homme qui agite quelque chose de blanc, un mouchoir, dit le Parisien.

« Je ne distingue pas bien.

« C'est quelqu'un de la caravane, mais qui ?

— C'est le chef pâle, fit le géant avec un sourire de satisfaction.

« Il veut nous dire qu'il est content.

— Parbleu ! fit le Parisien, on le serait à moins.

« Il te doit, ainsi que tous nos compagnons, une fameuse chandelle.

« C'est la moindre des choses qu'il nous dise merci.

« Mais je pense que pour le moment il nous invite plutôt à rejoindre le convoi.

« Tiens, le voilà en marche !

« Si tu veux m'en croire, descendons !

— Mon frère est impatient et imprudent, fit le géant.

« Il oublie que les pirates peuvent revenir et que la caravane n'est plus protégée par ses tirailleurs.

« Nous devons attendre. »

L'objection était parfaitement juste.

Sans-Nez le reconnut en disant :

— Cacique, tu m'épates de plus en plus !

« Tu deviens plus malin que ne le fut jamais Tounoins !

« Je ne pensais déjà plus aux pirates, et je doute fort qu'ils tentent un retour offensif après une si rude leçon, mais j'avoue qu'il est prudent de ne pas se fier à cette canaille de John Huggs et surtout à cet empoisonneur de la Couleuvre.

« Restons donc. »

Tandis que nos deux braves compagnons montent la garde sur leur pic transformé en citadelle, la caravane s'avance assez rapidement et en toute sécurité dans le chemin creux.

Bientôt elle arrive à la barricade abandonnée par les pirates.

Ce n'est plus qu'un obstacle matériel : les pioches et les pelles fonctionnent, le déblaiement s'opère en peu de temps, et le convoi reprend sa marche.

Avant le coucher du soleil, l'avant-garde atteint le plateau sur un point duquel John Huggs a établi cette embuscade qui doit tenir bloqués les trappeurs commandés par Grandmoreau.

Mais les pirates ont depuis longtemps pris la fuite et le poste est abandonné.

Donc, au lieu d'avoir à repousser de nouveaux ennemis, l'avant-garde est accueillie par les acclamations et les cris de joie des trappeurs qui ont passé l'abîme et ont reconnu leurs amis.

Enfin les premiers wagons du convoi apparaissent à l'entrée du chemin creux et toute la caravane ne tarde pas à mettre le pied sur le plateau.

Après s'être informé de Grandmoreau et de sa troupe, M. de Lincourt donna des ordres pour l'établissement du camp ; puis, accompagné du colonel d'Éragny, il visita les environs et choisit des emplacements convenables pour les postes et sentinelles qui devaient veiller à la sûreté de la caravane pendant la nuit.

Ses dispositions prises et ses instructions données, le comte se rendit au bord du précipice, où il échangea avec Grandmoreau quelques paroles relatives aux mesures à prendre pour établir une communication facile entre la montagne et le plateau.

Cet entretien, fait à haute voix à cause de la distance qui séparait les deux interlocuteurs, ne dura pas longtemps.

Il fut interrompu par des cris et des hurrahs aussi bruyants qu'inattendus.

Le comte jeta un regard sur la foule qui se portait dans la direction du chemin creux, et il comprit aussitôt de quoi il s'agissait.

Tomaho et Sans-Nez rentraient au camp et ils étaient l'objet d'une ovation.

— Vive le Cacique !

« Vive le canonnier !

« Bravo, Sans-Nez ! » criait-on de tous côtés.

C'était un concert assourdissant, mais sincèrement enthousiaste.

Le géant, ses canons sous le bras et ses caissons sur le dos, s'avance lentement au milieu de la foule, et il fait certainement tous ses efforts pour conserver sa gravité, sa dignité de guerrier et de chef indien.

Mais il ne peut toutefois dissimuler cet air de satisfaction qui épanouit sa bonne figure, et l'on voit qu'il jouit de son triomphe.

Quant à Sans-Nez, il se montre indifférent à tout compliment ; avec une modestie dont on ne l'aurait pas cru capable, il se contente de répondre à ceux qui le félicitent :

— Adressez-vous au Cacique : moi, je n'y suis pour rien !

« C'est lui qui a tout fait. »

Le comte, en apercevant le Cacique, s'empressa d'aller à sa rencontre.

Il l'aborda et lui serra la main en disant :

— Tomaho, vous vous êtes conduit comme un héros.

« Jamais je n'oublierai les preuves de courage, de dévouement et d'attachement que vous nous avez données.

« Par vous, la caravane a été tirée du plus grand péril qu'elle ait jamais couru.

« Nous vous devons plus que la vie, nous vous devons le succès.

« Tomaho, c'est au nom de tous nos compagnons que je vous dis : Merci ! »

Le géant, profondément ému par ces paroles, que M. de Lincourt prononça d'une voix haute et ferme, demeura un moment silencieux et embarrassé.

Évidemment il avait quelque chose à répondre, mais il semblait hésiter.

Il se décida enfin.

— Que le chef pâle, dit-il gravement, consente à échanger avec moi le baiser de l'alliance ; nous deviendrons frères dans le sentier de la guerre et Tomaho sera heureux.

— Frères d'armes ! fit le comte souriant à cette proposition du brave géant.

« J'y consens avec plaisir : échangeons l'accolade. »

Tomaho, joyeux de ce consentement, enleva délicatement M. de Lincourt à la hauteur de son visage et l'embrassa.

Puis, le reposant doucement à terre, il lui dit avec une solennelle gravité :

— La joie est dans mon cœur, car je suis le frère du plus grand guerrier pâle.

— J'aurai donc un frère et un ami dévoué répondit le comte en tendant la main à Sans-Nez.

Celui-ci répondit à l'étreinte en disant :

— Et moi je ne serai pas le plus mal partagé !

« Un ami de la valeur du commandant et un autre de la force du Cacique ! Avec de pareils hommes, on va loin, et je commence déjà à croire que je ne suis pas le premier venu. »

La facétie du Parisien mit fin à cette scène à la fois touchante et originale.

Le camp reprit sa physionomie accoutumée et chacun se disposa à passer convenablement la nuit.

Tomaho porta des vivres à la troupe de Grandmoreau en sautant plusieurs fois le précipice à l'aide de sa perche, ou mieux de son arbre.

Bientôt enfin le calme régna dans le bivouac et chacun ne tarda pas à trouver le sommeil après une journée si remplie.

CHAPITRE CXXXV

BOULÉREAU, INGÉNIEUR DES PONTS ET CHAUSSÉES

Le lendemain, au point du jour, M. de Lincourt réunit ses lieutenants afin de prendre une détermination quant aux meilleurs moyens à employer pour rendre facile le passage de l'abîme et l'ascension de la montagne du Nid-de-l'Aigle.

Grandmoreau et John Burgh, qui ont franchi le précipice sur le dos de Tomaho à la manière de Sans-Nez, assistent à la conférence.

Les docteurs du Bodet et Simiol, ainsi que M. de Senneville et le colonel d'Éragny, sont également présents.

Le comte, prenant le premier la parole, exposa la situation :

— Messieurs, dit-il, il est nécessaire que nous soyons au Secret dès demain.

« Mais il faut songer d'abord à mettre en communication la montagne et ce plateau, et de plus il est indispensable de transporter d'assez lourdes charges de l'autre côté de l'abîme.

« Or, voici le moyen que j'avais imaginé lors de l'organisation de notre expédition, moyen que je vous propose encore aujourd'hui.

« Avant notre départ, je me suis procuré tout le matériel nécessaire pour établir un pont suspendu. Trois wagons sont chargés de ce matériel.

« Il manque les planches qui doivent former le tablier, mais avec quelques mélèzes coupés dans les environs il sera facile d'en débiter.

« Tel est, messieurs, mon projet.

« Vous paraît-il réalisable ? »

Une adhésion générale répondit à cette question, et Bouléreau s'écria avec une entière conviction :

— Certainement que la chose est possible !

« Je m'en charge si on veut.

— Soit, fit le comte.

« J'avais précisément pensé à vous confier la direction de ce travail qui me semble être de votre compétence.

— Mais oui, c'est son affaire ! dit Sans-Nez.

« Bouléreau, nous te nommons ingénieur des ponts et chaussées de la colonie que nous allons fonder.

— Approuvé ! dit en riant M. de Lincourt.

« Maintenant, passons aux principaux détails de l'opération.

« Que Bouléreau veuille bien me renseigner sur quelques points d'importance capitale.

« D'abord, comment fixera-t-il ses câbles en fil de fer de chaque côté de l'abîme ?

— Dans la roche même, que j'entaillerai s'il est nécessaire, répondit le squatter.

— Bien !

« Et les quatre piles sur lesquelles doivent porter ces câbles, comment seront-elles rapidement élevées ?

— C'est bien simple, dit Bouléreau.

« Les pierres ne manquent pas ; j'en ferai tailler un certain nombre que je placerai sur de fortes assises, et ces pierres s'emboîteront l'une dans l'autre par des rainures, à la manière indienne ; comme ça, pas besoin de mortier !

— Parfait ! dit le comte ; je ne vois plus de difficultés sérieuses à vaincre.

« Maintenant, je passe à un autre sujet non moins important.

« Comme il nous est impossible de hisser nos bêtes de somme et nos wagons au sommet du Nid-de-l'Aigle, nous devons établir notre véritable camp sur ce plateau même.

« Or les pirates, malgré la terrible leçon que Tomaho leur a infligée, peuvent nous attaquer encore.

« En prévision de cette éventualité, il me paraît nécessaire de nous fortifier, non-seulement pour résister à une attaque, mais encore et surtout pour éviter une surprise et repousser facilement un coup de main.

— L'idée est aussi pratique que facile à réaliser, dit le colonel d'Éragny.

« Si vous voulez, comte, nous choisirons les emplacements les plus favorables, et je dirigerai nos travaux de fortification, pendant que Bouléreau fera construire son pont.

« Je n'aurai même pas besoin de beaucoup de monde, car le terrain, par sa situation, réduira singulièrement l'importance de ma tâche.

— N'oubliez pas, messieurs, observa le comte, que ces travaux doivent être terminés entièrement aujourd'hui même.

« Est-ce possible, selon vous ?

— Moi, dit Bouléreau, je réponds d'avoir fini avant l'heure.

— Je prends le même engagement, sans craindre d'y manquer, fit le colonel.

— A l'œuvre donc ! s'écria joyeusement M. de Lincourt.

« Et demain le grand jour ! »

On se sépara sur ces mots qui renfermaient tant d'espérances.

Bouléreau, comprenant qu'il n'avait pas de temps à perdre s'il voulait tenir son engagement, fit immédiatement choix des ouvriers qui lui étaient nécessaires pour la construction du pont suspendu.

Il divisa par escouades ces travailleurs, leur donna des chefs et leur expliqua avec autant de concision que de clarté ce dont il s'agissait.

Tous se mirent à l'ouvrage avec un entrain qu'expliquait leur désir de gravir enfin ces pentes, au sommet desquelles chacun pourrait contempler ses propres richesses et celles des autres.

De son côté, M. d'Éragny, de concert avec le baron de Senneville, s'occupa activement des travaux de défense dont il était chargé.

Après avoir choisi les points culminants les mieux situés et qui commandaient à une grande distance les environs du plateau, il fit exécuter rapidement les terrassements nécessaires pour recevoir et protéger de l'artillerie, pour abriter les postes et pour rendre impraticables les abords de la place.

Pendant cette journée, tout le monde travailla avec une ardeur sans pareille.

Les femmes elles-mêmes demandèrent de l'ouvrage, et leur bonne volonté fut utilisée.

Enfin le soleil n'était pas encore couché quand Bouléreau et M. d'Éragny vinrent presque simultanément informer le comte que leurs tâches étaient entièrement accomplies, et l'inviter à visiter une dernière fois leurs travaux.

M. de Lincourt approuva sans restriction les savantes dispositions prises par le colonel et quitta les fortifications si rapidement improvisées en disant :

— Trois mille pirates peuvent nous attaquer dans cette position, je suis certain de les repousser.

Puis il visita le pont suspendu, en vérifia la solidité et dit à Bouléreau :

— Sans-Nez vous a qualifié d'ingénieur des ponts et chaussées ; il ne vous a pas flatté, car beaucoup de ceux qui portent ce titre en France seraient bien embarrassés pour exécuter un pareil travail dans des conditions si difficiles et avec tant de rapidité.

Et, apercevant M. de Senneville, le comte

alla à sa rencontre avec le colonel en disant à Bouléreau et à ses travailleurs :

— Maintenant je réponds du succès de notre entreprise.

« A demain ! »

CHAPITRE CXXXVI

LE SECRET DU TRAPPEUR

Avant le jour, la caravane est sur pied.

C'est partout une animation, un brouhaha, un trouble indéfinissables.

Tout le monde attend avec impatience le moment du départ pour gravir cette montagne du Nid-de-l'Aigle et pour connaître enfin ce *Secret* si plein de promesses qui a tant excité les imaginations.

Les visages sont rayonnants d'espérance.

Seul un homme ne prend aucune part à la joie fiévreuse, à l'impatience de tous.

Cet homme, c'est Grandmoreau.

Le Trappeur se promène seul à l'écart.

Son front est baissé.

Il fixe à terre un regard vague et sans éclat.

Il semble que les poils de sa barbe sont plus droits, plus raides, plus hérissés que jamais.

Grandmoreau est triste, profondément triste.

Son *Secret* qu'il a précieusement caché pendant de longues années, ce *Secret* ne sera plus dans quelques heures !

L'honnête et brave Trappeur regrette-t-il donc de faire la fortune de ses compagnons ?

Est-il donc dominé par un subit et violent accès d'égoïsme ?

Oui et non.

Grandmoreau est comme un père heureux de marier son enfant, mais malheureux de s'en séparer.

De même, le Trappeur veut bien donner son *Secret*, mais quel chagrin de ne l'avoir plus !

Cependant le temps passe et M. de Lincourt n'est pas encore sorti de sa tente.

Il semble à tout le monde qu'il est en retard.

Effet de l'impatience !

L'heure à laquelle le comte sort chaque matin pour inspecter le campement n'a pas encore sonné.

Elle sonne enfin et le chef apparaît.

Il remarqua l'agitation inaccoutumée qui régnait parmi les chasseurs et squatters.

Il en comprit le motif et un sourire joyeux vint errer sur ses lèvres.

Puis, s'approchant du groupe formé par ses lieutenants qui l'attendaient, il salua en disant :

— Messieurs, nous partirons dans une heure.

« D'ici là, prenez toutes vos dispositions pour vous mettre à même de franchir ou d'écarter les obstacles que nous pourrions rencontrer.

« Nous devons compter surtout avec les éboulements.

« Munissez-vous donc de pics, de leviers et de cordes.

« Bouléreau, je vous charge spécialement de faire emporter une de nos barques en caoutchouc. »

Cette recommandation occasionna un mouvement de surprise, et les trappeurs se regardèrent avec un étonnement qui fit sourire le comte.

— Vous comprendrez bientôt, dit-il.

« En attendant, une dernière recommandation :

« Défendez formellement à vos hommes de fumer, et prévenez-les qu'ils ne doivent emporter avec eux ni fusils, ni pistolets, ni cartouches, ni poudre, rien enfin qui puisse produire de feu, même une étincelle.

« Notifiez-leur que toute infraction à ces recommandations sera impitoyablement et sévèrement punie.

« Maintenant, continua le comte après un moment de silence, il faut que nos bagages et notre matériel soient gardés.

« L'un de vous restera donc ici pour commander cinquante hommes de bonne volonté ; s'il ne s'en présente pas assez, vous ferez tirer au sort dans chaque compagnie.

— Bigre ! s'écria Sans-Nez, voilà qui ne fait pas mon affaire !

« Moi, je ne reste pas, d'abord !

— Ni moi!

« Ni moi! firent plusieurs voix.

— Messieurs, dit sévèrement le comte, votre mauvaise volonté est presque excusable dans les circonstances actuelles, mais comme la mesure que j'entends prendre est indispensable à cause du voisinage des pirates, il sera fait comme je viens de l'ordonner. Un lieutenant commandera les hommes de garde, et pour qu'il n'y ait pas de jaloux vous allez tirer au sort.

Et déchirant plusieurs feuilles de son calepin, le comte les tendit à M. de Senneville en disant :

— Veuillez écrire les noms sur ces carrés de papier et les mettre dans ma casquette.

« Très-bien !

« Le colonel va prendre au hasard un de ces bulletins et il vous dira le nom de celui qui doit rester. »

M. d'Éragny mit la main dans la casquette, en tira un papier qu'il déplia, et il lut :

— John Burgh !

En entendant prononcer son nom, l'Anglais eut un violent geste de dépit.

— By God ! s'écria-t-il avec colère, j'ai beaucoup de malheur !

« Quel grand malheur !

« Détestable malheur ! »

En ce moment, Grandmoreau, qui se tenait tristement à quelques pas, s'approcha de l'Anglais et lui mit la main sur l'épaule.

— Ne te désole pas, grand enfant, lui dit-il.

« Je ne tiens pas à monter là-haut.

« Je le connais, mon *Secret*.

« Je resterai à ta place.

— C'est vrai ? s'écria Burgh.

— Très-vrai !

— By God ! c'est bien, c'est très-bien, Tête-de-Bison !

« Je suis enchanté, car depuis longtemps j'étais très-curieux de connaître ton *Secret* !

— C'est bon, c'est bon ! fit le Trappeur. Va, mon vieux !

M. de Lincourt ayant approuvé la détermination de Grandmoreau, les lieutenants se séparèrent pour exécuter les ordres qu'ils venaient de recevoir et hâter les préparatifs du départ.

A l'heure dite, M. de Lincourt se mit à la tête de sa troupe.

Il passa le pont suspendu et s'engagea dans la montagne du Nid-de-l'Aigle, accompagné du colonel d'Éragny et du baron de Senneville.

Venaient derrière lui Tomaho, Sans-Nez et les principaux lieutenants de la caravane.

Le comte avançait sans hésiter au milieu des rochers ; il semblait connaître parfaitement son chemin.

Il le connaissait en effet, car Grandmoreau le lui avait parfaitement indiqué.

Ce chemin contournait en spirale les pentes abruptes de la montagne et formait une rampe de déclivité moindre qu'on n'aurait pu le supposer.

La marche était donc assez rapide, et les mulets chargés des divers ustensiles que M. de Lincourt avait ordonné d'emporter montaient d'un pied ferme dans les passages les plus difficiles et les plus rocailleux.

A mesure que l'on s'élevait, le paysage s'étendait, l'horizon s'éloignait, et les montagnes voisines, et les forêts lointaines, et le tapis vert de la prairie, et les vagues mêmes de l'Océan semblaient se rapprocher.

Mais les trappeurs n'avaient pas d'yeux pour ces magnificences ; ils n'aspiraient qu'à un but : connaître le *Secret*.

Ils ne voyaient que ce bienheureux sommet, et de minute en minute ils mesuraient du regard la distance qui les en séparait.

Peu à peu cette distance diminuait, et les cœurs battaient plus fort, et les poitrines haletaient, et pourtant la marche s'accélérait de plus en plus.

Le comte lui-même, soit qu'il se sentît poussé par la masse qui se pressait derrière lui, soit qu'il partageât l'empressement général, hâtait le pas.

Particularité remarquable : en se mettant en route, les conversations étaient bruyantes et animées, puis elles avaient cessé peu à peu, et maintenant qu'on allait atteindre le but, un profond silence s'était établi.

On n'entendait qu'un grand souffle, produit par la respiration de toutes les poitrines oppressées.

L'ascension a duré une demi-heure à peine.

M. de Lincourt et sa troupe sont enfin sur le faîte de la montagne du-Nid-de-l'Aigle.

Quel magnifique panorama se déroule de tous côtés !

L'océan Pacifique et ses vagues bleues comme un ciel pur à perte de vue...

La savane verdoyante, les forêts sombres, le désert aride et jaunâtre; et plus loin de fugitifs miroitements : ce sont les lagunes boueuses qui reflètent les rayons du soleil.

Entre la terre et l'eau, une longue chaîne de montagnes, hautes falaises, immense digue de granit contre laquelle se brisent les efforts destructeurs de la mer envahissante.

Mais que sont toutes ces splendeurs à côté du spectacle qui attire et fixe tous les regards?

Le sommet de la montagne, régulièrement arrondi, représente une surface de plus de cinq cents pieds de diamètre.

Une bordure de rochers plats forme une sorte de quai circulaire et peu élevé autour d'un véritable lac.

Mais quel étrange aspect offre ce lac situé à une si grande hauteur!

Ses eaux sont noires et elles paraissent solidifiées.

Malgré une brise assez fraîche, il n'y a pas une ride sur cette nappe que l'on dirait glacée.

Çà et là seulement quelques légères ondulations; mais pas le plus léger clapotis sur les rives rocheuses.

Sur ces eaux mornes paraît s'étaler une couche huileuse sur laquelle le vent glisse sans laisser une ride.

La surface tranquille de ce singulier lac ressemble à un vaste miroir dont le cristal noirci amoindrirait la puissance reflétante.

Cet absorbant réflecteur jaunit les rayons du soleil; il rougit la pâleur de la lune et détruit l'éclatant scintillement des étoiles.

Particularité étrange enfin, une senteur âcre et pénétrante se dégage des eaux noirâtres.

De semblables émanations sont produites par le goudron de houille et les résidus des usines à gaz.

En mettant le pied sur la plate-forme qui entoure le lac noir, trappeurs et squatters ont vu cette masse liquide, ils en ont aspiré l'odeur, et un immense cri, un seul, est sorti de toutes les poitrines :

— Le pétrole [1] !!!...

Et, dans un désordre indescriptible, dans un enthousiasme inexprimable, la foule s'éparpilla sur le bord du vaste réservoir.

Chacun voulut tremper ses mains dans ce liquide en échange duquel on obtiendra des monceaux d'or, d'incalculables quantités de dollars.

On se demandait si l'on n'était pas le jouet d'un rêve, d'une hallucination.

On s'assurait de la réalité du fait.

Les plus incrédules reniflaient la bienheureuse huile; quelques-uns même la goûtaient comme ils eussent fait d'une sauce, et ils exprimaient leur satisfaction par une mimique aussi excentrique que réjouissante.

Seul entre tous, l'Anglais John Burgh ne partageait pas l'enthousiasme général.

Le front plissé, sombre et méditatif, il regardait le lac sans répondre aux joyeux propos et aux manifestations bruyantes de ses compagnons.

---

1. Ici nous insérons une note qui est une remarquable étude de M. Tissandier sur le pétrole. Elle est tirée de son livre précieux *la Houille*, publié par la maison Hachette. On sait quel rang distingué M. Tissandier occupe parmi nos savants; nous livrons donc au lecteur des faits indiscutables. Cette étude sur le pétrole va courir parallèlement à notre récit, en note, de telle sorte que le lecteur ne pourra nous taxer d'exagération ou de fantaisie dans la description de la source immense, presque infinie, de richesses que Grandmoreau avait découverte.

« Dans un grand nombre de localités, on trouve, au milieu de rochers ou de terrains compris entre le bas silurien et la période tertiaire, une matière liquide huileuse et noirâtre, qui brûle comme la houille, et qui offre avec ce combustible quelques analogies. Cette huile épaisse est le pétrole, que les Américains désignent sous le nom de charbon liquide. Depuis des siècles, les hommes connaissent les gisements d'huiles minérales, et depuis des siècles ils les utilisent dans un grand nombre de pays, principalement en Perse, dans le Caucase, en Chine et dans le Nouveau-Monde; mais c'est seulement depuis quelques années que l'industrie moderne en a réellement pris possession.

A certaines époques de l'année, au moment des grandes réjouissances publiques, le port de Bakou, aux confins de la Perse, sur les bords de la mer Caspienne, offre le plus singulier aspect; une foule immense, rassemblée sur le rivage, se prosterne devant des montagnes de feu qui semblent glisser sur les eaux, et qui s'étendent jusqu'à perte de vue en lançant jusqu'au ciel mille rayons étincelants, mille flammes gigantesques. Ce sont les habitants du pays qui ont répandu sur les flots l'huile minérale, qui surnage; on l'enflamme, et le feu se propage de proche en proche, en offrant bientôt l'étonnant spectacle d'une mer incandescente. Les traditions du pays font remonter jusqu'à des milliers d'années l'origine de ce feu, qui a ses adorateurs et ses prêtres.

Les gisements souterrains de pétrole émettent souvent des vapeurs combustibles, que l'on peut mettre à profit à la surface du sol; c'est ainsi que, près du port de Bakou, des Indiens adorateurs du feu enflamment les gaz qui s'échappent du sol par des trous qu'ils ont forés. Ces orifices sont bouchés à l'aide de tampons, et quand un des habitants veut du feu pour cuire ses aliments, il débouche le puits étroit, l'enflamme, et utilise ce foyer toujours prêt à brûler. La nuit, de petits orifices lancent des jets lumineux dans l'air, et dissipent l'obscurité en produisant le plus singulier spectacle; ils fonctionnent comme de véritables becs de gaz naturels. Ces feux naturels sont employés à cuire la pierre à chaux et à consumer les cadavres; le gaz qui les produit est quelquefois emprisonné dans des vases, et les Indiens font commerce de ce combustible rendu portatif; ils le transportent jusqu'au fond des provinces les plus éloignées de la Perse, et les prêtres surtout s'en servent pour entretenir la superstition et la foi dans le surnaturel.

Il existe en Chine des sources semblables de vapeurs de pétrole; le gaz s'échappe des puits d'eau salée qui se trouvent en abondance dans le district de Young-Hian, et les Chinois le dirigent habilement dans des tuyaux de bambou jusqu'au lieu où ils veu-

M. de Lincourt remarqua cette attitude au moins singulière du trappeur.

Il voulut en avoir l'explication.

— Burgh, lui dit-il, il me semble que vous n'êtes pas satisfait.

« Ignorez-vous donc le prix d'une tonne de pétrole ?

« Ne comprenez-vous pas que la plus riche mine d'or ou de diamant vaut beaucoup moins qu'un bon puits à pétrole, et nous possédons un lac ?

— Je pense à tout cela, répondit Burgh, et je connais la valeur des huiles minérales.

« Pourtant je suis moins enchanté qu'eux, parce que je calcule.

— Ah ! ah ! fit le comte que les airs réservés et réfléchis de l'Anglais amusaient.

« Et serait-il indiscret de connaître ces calculs ?

— Puisque Votre Honneur me questionne, dit sérieusement le trappeur, je vais lui répondre.

« J'ai estimé en argent le nombre de tonnes de pétrole que peut contenir ce lac, j'ai ensuite fait la part de tous les gens de notre expédition et j'ai trouvé que la part de chacun ne sera pas considérable. »

Sans-Nez, qui n'avait pas perdu un mot de ce que venait de dire John Burgh, jugea à propos d'intervenir dans la conversation.

Il n'attendit pas que M. de Lincourt eût répondu et s'écria :

— By God ! pour un homme qui a de la poigne et qu'on a surnommé Main-de-Fer, voilà un raisonnement qui n'est pas fort !

— Je puis me tromper dans mon estimation, fit Burgh.

« La quantité est peut-être plus considérable que je ne le pense, car je ne connais pas exactement la profondeur du lac.

lent l'employer. Ils s'en servent pour éclairer leurs ateliers ou pour évaporer les eaux salées.

Dans les États-Unis, à Bristol et à Middlesex, des effluves de gaz enflammé s'échappent des lacs, des rivières et des fissures du sol ; quand la campagne est couverte de neige, quand l'eau est protégée par un manteau de glace, rien n'est plus imposant que le spectacle de la combustion des vapeurs de pétrole ; la flamme, emportée par la brise, glisse à la surface des glaçons ; elle se promène sur les campagnes de neige, elle s'élance en gerbes lumineuses, et l'observateur, rempli d'émotion, peut assister à la plus splendide des illuminations de la nature.

Les anciens connaissaient quelques-unes de ces sources, mais l'inflammation des vapeurs d'huiles minérales leur paraissait un phénomène inexplicable. Pline parle avec stupéfaction des feux naturels du mont Chimère, en Asie-Mineure, et il reste confondu d'étonnement en décrivant le spectacle qu'ont signalé quelques hardis voyageurs.

Quelle est l'origine de ces liquides combustibles ? quelle réaction chimique mystérieuse les a produits au sein de la terre, et quelle est la matière que la nature a distillée pour les former dans son grand laboratoire souterrain ?

L'analogie de composition que présentent le pétrole et les huiles produites par la distillation de la houille met le géologue en droit de supposer que c'est le charbon de terre qui est la source des huiles minérales. Il serait possible en effet que des masses de charbon fossile, chauffées dans les profondeurs du sol, au foyer central, toujours incandescent, aient émis des vapeurs dont la condensation se serait faite dans des crevasses ou des cavernes supérieures.

On emploie diverses méthodes pour exploiter le pétrole ; à Rangoon, dans le Birman, on fore des puits à une profondeur variant de 61 à 91 mètres et consolidés par des échafaudages. Un vase en poterie est descendu dans le puits, au moyen d'une corde qui glisse sur une poulie ; quand il est rempli de liquide, il est ramené à terre par des ouvriers qui tirent la corde en s'éloignant du puits, jusqu'à ce que le vase arrive à son ouverture supérieure. On verse le liquide dans un trou pratiqué dans le sol : l'eau qu'il renferme se rassemble à la partie inférieure, et l'huile qui surnage est enlevée par décantation. Dans toutes ces contrées, l'huile minérale imbibe le sol et les pierres, elle suinte de toutes parts, et partout on la puise en abondance.

Dans la plupart des cas, l'huile, en Amérique, est rassemblée dans les fissures de rochers généralement verticales, et on la recueille encore à l'aide de puits forés. La profondeur de ces puits est très-variable : tantôt on rencontre le liquide combustible à 12 mètres ; tantôt, au contraire, il faut s'enfoncer dans le sol jusqu'à 90 mètres pour l'atteindre. Une fois le gisement mis à découvert, une pompe à vapeur aspire l'huile jusqu'à la surface du sol, et quelquefois elle jaillit d'elle-même comme l'eau des puits artésiens.

Les veines d'huile sont très-capricieuses, et le foreur est obligé de s'ingénier, d'imaginer mille procédés toujours nouveaux pour la rencontrer. Généralement l'approche de la veine se signale par des débris d'argile bleue, molle et visqueuse, saturée d'un liquide huileux et rougeâtre. « Quand le foreur rencontre ces débris, dit naïvement le *Toronto Globe*, il se livre à toute sa joie, il retourne sa chique dans sa bouche avec bonheur, et avec une figure rayonnante

« Mais en moyenne...

— En moyenne, tu te fiches dedans! interrompit le Parisien.

« Tu patauges, mon vieux camarade, et je vais te le prouver.

« Je commencerai par te dire que le pétrole s'évapore : c'est un fait incontestable.

« Du reste, on n'a qu'à se donner la peine de renifler un peu pour priser mon raisonnement.

« Tu me diras que je manque de nez et tu douteras de ma compétence.

« Tu auras tort.

« Car, vois-tu bien, je n'ai pas le nez long, mais je l'ai creux.

« Je ne me mouche pas avec les doigts, ça se comprend, mais je n'en ai pas moins de flair.

« Donc le pétrole s'évapore, c'est une chose entendue.

« Eh bien! alors, pourquoi ce lac, que vous avez sous le nez et moi devant le nez, reste-t-il toujours plein?

« Il me semble qu'il n'est pas là d'hier et qu'il devrait être à sec depuis longtemps. »

Tout le monde écoutait le Parisien et on s'impatientait, on avait hâte de connaître sa conclusion.

Le comte lui-même, ainsi que M. de Senneville et les docteurs du Bodet et Simiol, ne perdait pas un mot de sa dissertation quelque peu fantaisiste par la forme, mais très-intéressante au fond.

Burgh, plus impatient que personne, était irrité du bavardage de Sans-Nez.

— By God! s'écria-t-il, toutes ces paroles sont inutiles.

« Le fait! dis le fait!

— Une minute! fit le Parisien que l'esprit de taquinerie n'abandonnait jamais.

de satisfaction, ruisselante d'huile et de sueur, il s'écrie avec enthousiasme : « Comme c'est beau! » Oui, vraiment, si vous avez des intérêts engagés qui vous font rêver des bénéfices à venir; mais dans le cas contraire, ce n'est certainement pas beau en ce qui regarde l'odeur et le coup d'œil. Le foreur est joyeux, car l'huile qu'il va puiser a une valeur de cinq centimes le litre, avec la perspective d'en valoir le double! N'est-ce pas assez pour la rendre belle?... Les *Oil springs* sont remarquables par leur malpropreté, et des quatre points cardinaux les bruits des pédales qui mettent en mouvement les forets se font entendre pendant la nuit entière.

« Chaque jour voit augmenter le nombre des voyageurs couverts de boue qui, le sac sur le dos, ont traversé la vase, escaladé les arbres abattus, et franchi les fossés fangeux, sur les chemins à peine tracés de Wyoming et Florence. Plusieurs viennent chercher une occupation qu'ils sont sûrs de trouver; d'autres, les poches garnies de dollars, viennent forer de nouveaux puits et grossir le nombre de ceux qui existent déjà [1]. »

Le rendement des différents puits est très-variable. Les uns ne produisent que 10 à 12 fûts de pétrole par jour; à Idione, il existait en 1861 dix-sept puits qui en fournissaient plus de 45,000 litres en 24 heures et lançaient le liquide avec une force extraordinaire jusqu'à 18 mètres au-dessus du niveau du sol. En Pensylvanie, dans le comté d'Erie, un puits a donné jusqu'à 300 fûts par jour. A Mecca, dans l'Ohio, un trou de forage vomit 90,000 litres en 24 heures.

L'exploitation du pétrole aux États-Unis, et surtout en Pensylvanie, prend de jour en jour un plus grand développement, et l'huile minérale se recherche actuellement avec presque autant d'avidité que les métaux précieux. Les découvertes les plus importantes ont été faites de 1860 à 1862 ; c'est surtout dans le district d'Enniskillen qu'elles se succédèrent importantes et rapides. Pour l'huile minérale, comme pour l'or, on cite des exemples curieux de faveurs subites de la fortune, et le pétrole a quelquefois élevé soudainement des ouvriers à de grandes fortunes.

En 1862, un modeste industriel américain, nommé Shaw, fit une découverte importante d'huile minérale, et l'histoire de ce malheureux est trop populaire en Amérique, trop instructive et trop intéressante pour que nous la passions sous silence. L'élévation soudaine de cet homme de la misère à la fortune, sa mort tragique, formeraient les bases d'un roman, car, quoi qu'on en ait dit, le roman n'est pas mort; s'il n'est plus un aussi bon article de librairie que par le passé, on ne peut nier qu'il ne se développe chaque jour autour de nous.

Si, au commencement de l'année 1862, vous aviez passé près de Victoria, dans le district d'Enniskillen, vous auriez été frappé de l'aspect étrange qu'offre le pays : des puits nombreux d'où l'on extrait l'huile noirâtre et puante, de la boue; de l'huile minérale par terre, et de toutes parts des ouvriers noirs et crasseux tout couverts d'huile; des charpentes de forage, des fûts et des tonneaux ; puis des poteaux avec de grandes inscriptions : ON NE FUME PAS ICI, vous rappelant que tout ce qui vous entoure est combustible et qu'une allumette pourrait mettre en feu tout un pays. Sur le lot 18 de la deuxième concession d'Enniskillen, vous auriez vu le puits de John Shaw sur lequel son propriétaire a fondé toutes ses espérances. John Shaw a travaillé depuis sa naissance.

« Le premier devoir d'un professeur quand il fait une démonstration, c'est d'être clair.

« Mais puisque tu veux que j'arrive au fait, m'y voici.

« Nous disons donc que le pétrole s'évapore et que, malgré ce phénomène naturel...

« (Phénomène naturel, voilà qui est fort et distingué, hein?)

« Je reprends :

« Malgré ce phénomène naturel, il y a toujours autant de pétrole dans ce réservoir.

— Tu vas nous dire qu'il en pleut, n'est-ce pas? fit Burgh en haussant les épaules.

— Non, je ne dirai pas une pareille bêtise, répliqua Sans-Nez d'un air capable.

« Je dirai que le lac sus-indiqué et ici présent est alimenté par des sources, par des courants souterrains...

— Tais-toi donc! interrompit Burgh.

« Ces sources montent à une pareille hauteur pour te donner raison, sans doute?

— Certainement, affirma le Parisien avec un imperturbable aplomb.

« Ces courants, ces conduits souterrains sont alimentés par des réservoirs placés au niveau de ce lac et de mon intelligence.

« Je ne m'étonnerais pas d'apprendre par expérience, un jour, que ces hautes montagnes dont nous apercevons les cimes là-bas, à près de deux lieues, sont les réservoirs en question.

« D'où je conclus que ce lac découvert par notre ami Tête-de-Bison est inépuisable. »

Et prenant un pose théâtrale et triomphante, le Parisien exécuta avec ses doigts un rapide roulement de castagnettes en ajoutant :

— Hein! qu'est-ce que tu en dis?

il travaille encore, et travaillera jusqu'à sa mort; mais la fortune lui est contraire. Du matin au soir, il creuse péniblement et fore son puits ; il pompe sans cesse et l'huile ne jaillit pas ; le lendemain, il creuse et pompe encore, il dépense tout son argent et perd tout son crédit; il épuise ses forces, ruine sa santé par le labeur, et pas une goutte d'huile ne vient le récompenser de ses peines. Cependant ses voisins ont des puits en pleine prospérité, l'huile minérale abonde chez eux : John Shaw est le seul qui ne puisse rencontrer le courant souterrain de pétrole. Le malheureux Shaw est bientôt à bout de ressources, et les voisins, peu bienveillants, loin de le plaindre, se moquent de lui; ses poches sont vides, ses vêtements en lambeaux : il est ruiné, *dead broke*, perdu à tout jamais. On dit même que ses bottes percées ne tiennent plus à ses pieds, et qu'il est dans l'obligation de suspendre ses travaux, car il lui faut des chaussures neuves pour piétiner dans l'huile et dans la boue. Désespéré, abattu, craintif et timide comme la misère, il va trouver humblement un cordonnier et lui demande une paire de bottes à crédit. Un refus insolent est tout ce qu'il obtient, et le commerçant opulent accable de son dédain le vieux Shaw qui, suivant l'expression américaine, *ne vaut plus* une paire de bottes. Le pauvre puisatier revient à son atelier : il est bien accablé et le découragement saisit son âme; il tentera demain encore un dernier effort, il donnera son dernier coup de sonde et son dernier coup de pompe; mais si l'huile ne jaillit pas, il quittera cette terre pleine d'amertume et tâchera de gagner des parages plus favorables! Il se couche accablé, mais ne dort guère. Dès le lever du jour, il reprend son outil perforateur et en frappe le roc avec l'énergie du désespoir. Tout à coup il croit entendre le clapotement d'un liquide; ce n'est pas une illusion... c'est l'huile qui monte sifflante et bouillonnante... c'est le pétrole qui s'échappe de sa prison séculaire! Le courant augmente, le liquide monte et se précipite comme l'inondation, rugit comme la tempête, remplit le tuyau, comble le puits; il monte, il monte toujours, irrésistible et formidable. Cinq minutes, dix minutes, un quart d'heure se passent; le courant s'élève encore... un bruit épouvantable, formidable, se fait entendre; un torrent impétueux jaillit du puits comme un volcan; l'huile remplit une bâche énorme, déborde, résiste à tous les efforts qui veulent arrêter son cours, envahit tous les canaux, se précipite sur le sol comme un torrent, jusqu'au Black-Creek, où elle est entraînée avec les eaux vers les lacs et le Saint-Clair. Vous dire ce qu'éprouvait alors John Shaw n'est pas possible, les spectateurs stupéfaits n'ont pas raconté s'il avait bondi de joie, ou s'il avait versé des larmes; on prétend cependant qu'il éleva son chapeau avec un enthousiasme fébrile, et qu'il poussa des hurrahs de toute la force de ses poumons, en dansant comme un fou sans respecter ses pauvres bottes percées à jour! Mais le puisatier ne s'abandonna pas longtemps à ces démonstrations extravagantes, et en philosophe yankee qui sait aussi bien supporter la fortune que les malheurs, il s'empressa de récolter son huile et se remit au travail pour arrêter le courant trop impétueux. Le bruit du puits jaillissant attira tous les voisins, et le territoire de Shaw fut un centre de *great attraction*; tout le monde félicitait l'intelligent industriel, qu'on n'osait plus appeler le père John, mais qu'on saluait respectueusement du titre de *monsieur* Shaw. Il recevait une grêle de félicitations,

« Voilà ce qui s'appelle raisonner.

« Et ce qui épate les malins, c'est que je n'ai pas eu besoin de chercher longtemps pour te river ton clou !

— Aôh ! je doute encore, fit Burgh.

« Je ne vois pas la preuve dans tout ce bavardage. »

M. de Senneville, qui écoutait les explications de Sans-Nez et s'en amusait, fut pourtant frappé de leur vraisemblance.

Il demeura un instant plongé dans ses réflexions, puis il s'approcha des deux interlocuteurs et dit à John Burgh :

— Je pense que votre camarade Sans-Nez a raison.

« Sa supposition au sujet de l'évaporation de l'huile minérale et de l'alimentation du lac par des courants souterrains est la seule possible.

— Parbleu ! fit le Parisien triomphant.

— Démonstration hypothétique, objecta le docteur Simiol se mêlant au débat et paraissant enchanté de trouver l'occasion d'être en désaccord avec le baron.

— Une vérification quelconque serait au moins nécessaire, appuya du Bodet également hostile à M. de Senneville depuis l'affaire du puits artésien.

— Inutile ! fit le baron peu désireux d'entamer une discussion.

« Attendons que l'exploitation soit en train ; nous verrons bien alors quelle sera l'opinion triomphante.

— Non, non ! s'écria Sans-Nez.

« Vérifions tout de suite.

« D'abord nous allons sonder le lac.

« Si nous trouvons le fond, vous aurez le droit de dire que je me suis fourré le doigt dans l'œil.

« Ça va-t-il, messieurs les savants ?

et tandis que, couvert de boue et ruisselant d'huile, il se dressait avec orgueil auprès de son puits, le marchand qui lui avait refusé des bottes arrive. Le commerçant avait vite apprécié la situation, et il venait s'incliner devant le soleil levant, devant l'homme enrichi : — « Mon cher monsieur Shaw, c'est par erreur que je vous ai refusé hier votre demande : je n'avais pas compris nettement votre proposition ; mais s'il y a dans mon magasin quelque chose qui puisse vous convenir, toutes mes marchandises sont à votre disposition. » — Quelle belle heure pour Shaw et quel fortuné moment ! Nous ne pouvons pas toutefois répéter sa réponse, car elle fut beaucoup trop énergique, et le lecteur français veut être respecté.

Le puits jaillissait toujours avec une force inusitée, et Shaw s'empressa d'en mesurer le débit ; il vit de suite, en bon commerçant, qu'il produisait 2 fûts de 180 litres en une minute et demie, ce qui faisait (le cours de l'huile étant de 1 fr. 40 c. l'hectolitre) 3 fr. 36 c. par minute, ou 201 fr. 60 c. par heure, c'est-à-dire 4,838 fr. 40 c. en vingt-quatre heures et 1,500,000 francs par an, sans compter les dimanches, et en négligeant les fractions ! Le *Toronto Globe,* à qui nous empruntons ce curieux récit, ajoute avec raison : « Ni les auteurs célèbres des *Mille et une Nuits,* ni même Alexandre Dumas, n'ont pu imaginer une transformation si subite que celle de John Shaw ; le matin, c'est un mendiant ; le soir, c'est un millionnaire capable de satisfaire toutes les fantaisies qu'on se procure au prix de l'or. »

L'infortuné Shaw ne profita pas longtemps des faveurs de la fortune ; riche et célèbre, il devait bientôt mourir de la manière la plus horrible. Un an après l'heureux événement que nous avons raconté il se fait descendre à 4 mètres dans son puits pour retirer un bout de tuyau ; il place son pied dans un étrier et se suspend à l'extrémité d'une chaîne. Après avoir atteint le tuyau, il ordonne qu'on le ramène à la surface du sol, mais aussitôt il semble faire de grands efforts pour maintenir sa respiration ; on se hâte de retirer le câble... il est trop tard ! John Shaw a lâché prise ; il tombe à la renverse et disparait à tout jamais dans le gouffre d'huile.

L'exploitation de l'huile minérale, comme celle de la houille, offre parfois de grands périls, et son histoire se signale aussi par d'épouvantables catastrophes : des incendies terribles ont quelquefois anéanti, en quelques heures, le travail de toute une année. Rien n'est plus effroyable que la combustion des puits à pétrole amassés sur toute une contrée. La flamme, comme un fléau dévastateur, plus foudroyante que l'inondation, se répand avec une rapidité inouïe ; elle consume en un instant les habitations, dévore tout sur son passage, brûle les mines et les hommes, et ne laisse plus qu'un désert de cendres à la place même où l'industrie faisait vivre, par le travail, toute une colonie prospère.

Au mois d'avril 1861, pendant le forage d'un puits, à Idione, en Pensylvanie, un courant d'huile jaillit subitement à 12 mètres au-dessus du sol. Cette colonne liquide mugissait au milieu d'un nuage épais de vapeurs fétides et combustibles. Aussitôt on éteint les feux du voisinage, mais pas assez rapidement pour prévenir le désastre. Un dernier feu, situé à plus de 300 mètres, enflamme la colonne combustible qui vient de sortir fortuitement des entrailles de la terre, et bientôt toute l'atmosphère est embrasée. La masse d'huile s'élance en gerbes de feu, et des ruis-

— Nous sommes prêts! répondirent en même temps Simiol et du Bodet.

Le Parisien adressa alors un regard à M. de Lincourt, comme pour s'assurer de son approbation.

— Allez! fit le comte.

« Mon intention était de m'assurer de la profondeur de ce réservoir qui, au dire de Grandmoreau, est insondable. »

Enchanté de cette approbation, Sans-Nez, aidé de Bouléreau, s'empressa de gonfler et de mettre à flot la barque de caoutchouc qui sur l'ordre du comte se trouvait parmi les ustensiles apportés à dos de mulets.

Un rouleau de corde de plus de cinq cents pieds de longueur fut placé dans le bateau, ainsi qu'une lourde masse de fer qui devait servir de sonde.

Les deux docteurs s'embarquèrent et Sans-Nez se mit aux avirons.

La barque n'avait pas quitté la rive que les savants se disputaient déjà, à la grande satisfaction du Parisien, qui tout en ramant les excitait de son mieux.

— Mon cher confrère, disait du Bodet. votre entêtement est ridicule.

« J'ai étudié la question, et je connais à fond toutes les exploitations de Pensylvanie.

« Ce lac est un simple puits

— Vous êtes fou, grinçait Simiol en s'agitant de façon à faire chavirer la barque.

« Nous sommes dans un cratère éteint qui, à la suite de quelque violente poussée souterraine, s'est rempli de pétrole; il est possible même qu'une pression mécanique y projette encore une certaine quantité d'huile par des fissures, des crevasses... »

Tout en se disputant, les docteurs et leur pilote Sans-Nez arrivèrent au centre du lac.

seaux incandescents se précipitent dans les campagnes. Les ouvriers s'enfuient pêle-mêle en faisant entendre des clameurs épouvantables; le ciel s'éclaire au-dessus de ces effluves embrasées; çà et là, les fûts, étendus sur le sol, sont défoncés et font explosion en imitant une sinistre canonnade. Au milieu de cette scène d'horreur vraiment indescriptible, on voit des cadavres qui sont jetés dans l'espace, on aperçoit des femmes, des enfants, à moitié brûlés, qui cherchent à s'échapper de cet enfer; on dirait des fantômes et des spectres, éclairés par une lueur surnaturelle... des cris d'agonie s'échappent de leur poitrine comme un râle lugubre! Les flammes grandissent et s'élèvent pour aller lécher les nuages, les explosions redoublent et le feu se propage avec la vitesse de l'ouragan. Nulle résistance à opposer à cette force invincible, nulle prière à tenter, nul combat possible! Il faut attendre que la dernière goutte d'huile ait jeté dans l'air sa dernière flammèche!

Plusieurs fois, des scènes semblables, aux États-Unis, ont jeté l'épouvante dans des contrées entières, et malheureusement de terribles catastrophes ont trop souvent désolé nos ports les plus prospères. L'incendie de Bordeaux, où trente navires furent impitoyablement livrés aux flammes, est encore dans tous les souvenirs! Ces terribles exemples enseignent les dangers qu'offrent les huiles minérales, et on est en droit de s'indigner en présence de la négligence coupable qui cause ou ne sait pas prévenir de tels désastres!

Nous ne pouvons abandonner le chapitre des désastres dus aux huiles de pétrole sans rappeler l'usage barbare que les Prussiens en ont fait pendant la guerre de 1870. Ce peuple arrogant et cruel a profité des enseignements fournis par les incendies que nous venons de mentionner pour organiser des bataillons de soldats incendiaires, chargés de mettre le feu aux villages, aux chaumières de paysans inoffensifs, qu'ils fusillaient sans pitié, parce qu'ils voulaient défendre leur toit et leur patrie. La Commune a pris leçon sur l'armée prussienne, et les *pétroleuses* de 1871 seront désormais placées dans l'histoire à côté des sinistres *tricoteuses* de 1793! Détournons les yeux de ces scènes monstrueuses, qui souillent comme de taches sanglantes le livre de l'histoire, et rentrons dans le domaine de la science, où ne se rencontrent plus ces drames navrants!

Le pétrole est depuis longtemps employé pour l'éclairage. L'essence la plus volatile obtenue par la distillation est employée dans la lampe sans huile où il imbibe une éponge et brûle à l'état de vapeur. La lampe ordinaire est trop connue pour qu'il soit nécessaire de nous y arrêter. Le pétrole peut encore servir d'une manière efficace comme combustible, et les esprits se préoccupent, en Europe et en Amérique, de cet important problème, surtout au point de vue du chauffage des machines à vapeur. Cette question, moins connue que celle de l'éclairage, offre un trop grand intérêt pour que nous la passions sous silence. Les avantages que présente le charbon liquide sont faciles à démontrer: ce combustible huileux brûle sans laisser de cendres ni fluidité lui permet de couler de lui-même sur le foyer, en supprimant le pénible travail du chauffeur et en évitant la perte de chaleur due à l'ouverture momentanée de la porte du foyer. La houille en fragments occupe un grand volume, à cause des vides laissés entre ses morceaux; une tonne de houille forme une masse de combustible bien plus considérable qu'une

Ils se mirent aussitôt en devoir de filer la sonde.

La corde se déroula lentement.

Cent pieds, deux cents pieds disparurent dans le gouffre d'huile noire et... pas de fond!

Trois cents, quatre cents pieds encore, et la lourde masse de fer était toujours dans le vide.

Sans-Nez rayonnait.

— Quand je le disais! s'écria-t-il.

« Pas besoin d'avoir fait sa rhétorique pour deviner une chose aussi simple! »

Les derniers trente mètres du cordeau furent lâchés, et toujours pas de fond.

— Voilà ce qui s'appelle triompher! railla Sans-Nez.

« Et vous croyez que c'est fini? Eh bien! non.

« Vous allez voir que cette profondeur énorme existe aussi bien sur les bords qu'au milieu.

« Ce lac est une espèce de tube qui s'enfonce au centre de la terre, où se trouve un océan de pétrole.

« Grandmoreau y est allé; ainsi... »

Les docteurs n'écoutaient pas les plaisanteries du Parisien, qui se mit à remonter la sonde et à enrouler la corde à l'arrière du bateau.

Les deux savants, rendus soucieux par cette expérience qui réduisait singulièrement la valeur de leurs assertions et tendait à justifier celles du baron de Senneville, gardaient un silence embarrassé.

Mais sur une observation de Simiol, la rage de la dispute leur revint tout à coup, et les deux confrères ennemis se mirent à échanger des propos où l'invective trouva une large place.

tonne d'huile minérale; or la place est précieuse dans les locomotives, et surtout dans les navires à vapeur. Là ne se bornent pas les avantages du pétrole : une tonne de ce liquide produit, par sa combustion, deux fois plus de chaleur qu'une tonne de houille. Il n'en faut pas davantage pour que le nouveau combustible soit désigné aux puissances maritimes et aux compagnies de navigation à vapeur, comme permettant de faire un voyage d'une longueur double avec un chargement d'huile minérale égal à celui de la houille.

Il y a déjà plusieurs années que des tentatives sérieuses ont été faites pour employer l'huile minérale comme combustible dans le foyer des machines à vapeur. Des ingénieurs anglais essayèrent d'abord, à Woolwich, de faire brûler le pétrole à la surface d'un vase poreux, mais le système offrait le grave inconvénient de ne pas suffisamment séparer le foyer du réservoir et de rendre imminente une terrible explosion.

Plus tard, à Lambeth, on injecta le liquide au moyen de vapeur surchauffée dans un foyer ordinaire, mais on remarqua que ce procédé donnait lieu à des pertes de chaleur considérables.

Les essais des Américains ont conduit à des résultats bien plus satisfaisants, non-seulement sur les chaudières fixes des usines, mais aussi sur des bateaux, des omnibus à vapeur et des pompes à incendies. Un violent incendie, à Boston, fut rapidement éteint à l'aide de pompes à vapeur mises en action par le pétrole; en quelques minutes, la pression était suffisante pour lancer sur le foyer incandescent des masses d'eau énormes, et le succès de cette expérience décida les autorités municipales à se pourvoir d'autres appareils de même nature.

Depuis quelque temps, un grand nombre de chaudières à vapeur fixes, et même des locomotives, ont été chauffées au pétrole, dans les régions de l'Amérique où abonde l'huile minérale. L'économie est manifeste dans ces régions où le combustible liquide ruisselle de toutes parts et où la houille fait défaut. Dans le courant de juillet 1867, on vit passer, sur le chemin de fer de Warren à Franklin, une locomotive alimentée de pétrole; elle traversa tout le comté de Venango, région couverte de puits d'huile, et elle arriva à destination avec le plus grand succès. Le pétrole brûlait à l'état de gaz, en s'échappant d'un bec; la grille du foyer était remplacée par une cuvette de fonte sur laquelle reposaient six réchauffeurs jouant le rôle de générateurs du gaz. L'huile était amenée à l'état gazeux dans ces réchauffeurs et venait brûler à l'extrémité des becs situés sous chacun d'eux. La flamme non-seulement chauffait la chaudière, mais elle servait encore à distiller le pétrole. Il faut aller en Amérique, dans le *pays de l'huile* (*oil region*) pour voir jouer ainsi avec le feu, car les dangers d'un tel système sont évidents. Mais qu'importe au hardi Yankee! Entraîné par sa machine qui fonctionne, il n'a pas le temps de songer aux explosions!

Bientôt après ces tentatives, le colonel Footes organisa un nouveau système à bord d'un navire de guerre de l'Union, *le Palos*. Il disposa l'appareil de distillation du pétrole à une assez grande distance du foyer, afin de supprimer toute chance d'explosion. Les vapeurs, entraînées par des conduits, brûlaient dans le foyer de la machine. Une puissante pompe d'air y insufflait, d'une part le gaz combustible, et de l'autre l'air nécessaire à sa combustion. Une commission officielle assista aux premiers essais et déclara

LE SECRET DU DOMPTEUR

La querelle s'échauffa au point que Sans-Nez, interrompant sa besogne, se demanda s'il n'allait pas y avoir bataille.

Il n'y eut pas bataille.

Et pourtant la dispute menaça tout à coup de tourner au tragique.

Le docteur Simiol, qui gesticulait comme un possédé, imprima à la barque une oscillation telle, et il fit en même temps un mouvement si malheureux, qu'il perdit l'équilibre et tomba à l'eau, ou plutôt dans le pétrole...

Circonstance fatale! en cherchant à reprendre son équilibre, il empoigna du Bodet par ses vêtements et l'entraîna avec lui dans le noir et huileux liquide.

Sans-Nez qui, en ce moment, reposait la

---

que, d'après des expériences minutieuses, il y avait une économie notable en faveur de l'huile minérale. De nouvelles tentatives ont bientôt lieu en Californie, avec des huiles minérales extraites des schistes de Santa-Cruz, brûlant dans un appareil analogue au précédent. D'après le *San-Francisco Morning Call* d'octobre 1867, une tonne de cette huile aurait produit le même effet qu'une quantité d'excellente houille de Cardiff dix fois supérieure! Malgré ces exagérations évidentes, disons, comme conclusion, avec M. Foucou : « Les huiles minérales sont un combustible dangereux, elles exigent des précautions spéciales; mais dans les appareils bien combinés et bien conduits, elles peuvent être d'un emploi commode et brûlent sans produire de fumée. A égalité de poids et de volume, elles dégagent un calorique bien supérieur à celui que fournissent les houilles les plus recherchées. »

La combustion du pétrole se produisant sans fumée, le navire qui s'en alimente offre un singulier aspect : on est tellement accoutumé à voir le steamer traîner à sa suite un nuage noir et épais, allongé dans le ciel comme un grand panache, qu'il semblerait que quelque force mystérieuse fasse agir les roues; elles fen-

sonde dans la barque, faillit lui-même tomber dans le lac; heureusement il put se maintenir.

Sans perdre une seconde, il saisit une rame et la tendit aux deux imprudents qui, après un court séjour entre deux eaux (plus exactement entre deux huiles), reparurent à la surface.

Noirs, graisseux, puants, ils voulurent remonter dans le bateau; mais Sans-Nez s'y opposa énergiquement.

— Vous allez me faire chavirer! s'écria-t-il menaçant.

« Accrochez-vous au bordage, je vais vous remorquer.

« Et n'essayez pas de remonter : je vous renvoie d'où vous venez!

« A-t-on jamais vu?

« Je n'ai pas envie de prendre un bain de pétrole, moi! »

Les deux malheureux baigneurs ne répliquèrent pas; ils se cramponnèrent du mieux qu'ils purent de chaque côté de la légère embarcation.

Le Parisien se mit à ramer doucement, non sans faire les plus grands efforts pour ne pas se moquer des savants.

Il manquait en vérité une belle occasion, car les deux personnages avaient une mine aussi piteuse que risible.

La barque rangea enfin la rive et Sans-Nez risqua une plaisanterie :

— Ces messieurs n'ont pas voulu s'en rapporter à la sonde; ils ont plongé!

« Quand ils seront un peu remis, je leur demanderai s'ils ont trouvé le fond. »

On tira du pétrole les deux docteurs.

Dans quel état!

On eût dit qu'ils sortaient d'une cuve d'huile et de goudron mélangés.

Ils furent déshabillés, essuyés, roulés dans des toiles et chargés sur des mulets.

Quelques hommes se détachèrent pour les reconduire au camp.

Cependant Sans-Nez, qui voulait avoir raison jusqu'au bout, avait redescendu sa sonde sur le bord même du lac.

Il se trouva que là comme au milieu la masse de fer ne fut arrêtée par aucun obstacle.

Évidemment ce vaste réservoir était un immense puits aux parois verticales, descendant à une grande profondeur.

— Décidément, dit en souriant M. de Senneville, c'est la théorie de Sans-Nez qui triomphe.

---

dent la lame sans qu'aucune vapeur visible s'échappe du tuyau de la cheminée. Ajoutons, en passant, que ce fait n'est pas sans importance pour les navires de guerre, qui désormais, grâce au pétrole, peuvent aller surprendre l'ennemi sans tracer dans le ciel ce sillon de fumée noirâtre, véritable messager qui annonce son arrivée de longues heures à l'avance. On voit que ces tentatives, faites en Amérique, tout intéressantes qu'elles soient, sont dénuées du caractère de précision propre à jeter les bases d'une estimation sérieuse; ces incertitudes ont décidé M. H. Sainte-Claire-Deville à mesurer, par une méthode pratique, la quantité de chaleur fournie par chaque espèce d'huile minérale, et à chercher les dispositions à donner à un appareil de combustion. Il est maintenant positif, d'après ces intéressantes expériences, que 1 kilogramme de pétrole brut de Pensylvanie vaporise 15 kilogrammes d'eau, ce qui montre que l'huile minérale a un pouvoir calorifique double de celui de la houille Cardiff. L'appareil de M. Deville diffère de celui du *Palos* en ce sens que le combustible liquide, non distillé, brûle à l'état liquide en coulant le long de la porte du foyer, véritable grille verticale. La chaudière ainsi disposée permet de brûler alternativement de l'huile ou du charbon, car, pour passer d'un système à l'autre, il suffit de remplacer la plaque réfractaire par une grille ordinaire, et la plaque de fonte, percée de trous, qui livre passage à l'huile, par la porte ordinaire du foyer à charbon. Il est très-important, à notre avis, d'envisager le problème sous cette double face, car il est utile de pouvoir remplacer un système par l'autre dans la navigation transocéanique. L'Europe n'est pas très-riche en huiles minérales, et pour répondre aux règles de l'économie, qui est la base des opérations industrielles, il faut que les vaisseaux qui entreprennent le voyage de l'Amérique du Nord puissent brûler du charbon à l'aller et du pétrole au retour. On ne doit pas oublier, en effet, que l'huile minérale, qui coûte 7 fr. 50 par 100 kilogrammes dans *Oil-Creek*, vaut au moins 32 francs au Havre.

Un avenir immense s'ouvre à la navigation à vapeur par l'emploi du pétrole et ressort d'une curieuse observation de M. Deville. — On sait que la combustion des corps hydrogénés produit de l'eau, que le gaz de l'éclairage, par exemple, en brûlant, fournit une certaine quantité d'humidité à l'atmosphère des salles qu'il éclaire. — Eh bien, en brûlant l'huile minérale dans le foyer d'un navire, on produit, par synthèse, de l'eau qu'il est possible de recueillir et

— Parbleu! repartit le Parisien; pour une fois que je me mêle de faire le savant, c'est bien le moins!

La scène tragi-comique qui vient d'être racontée avait un peu apaisé le bruyant enthousiasme du premier moment.

Le comte de Lincourt profita du calme pour parler à sa troupe.

Il fit ranger tout le monde en cercle; le drapeau des États-Unis à la main, il monta sur un rocher et dit d'une voix forte :

— Au nom du président de la République des États-Unis d'Amérique, je prends possession de cette montagne, des richesses qu'elle renferme et du territoire environnant qui nous a été concédé.

Et plantant le drapeau étoilé dans une fissure du roc, le comte reprit :

— Honneur et merci à ce gouvernement de progrès et d'avenir qui encourage les grandes et audacieuses entreprises, qui respecte la liberté de chacun au profit de tous, qui entraîne l'ancien monde dans des voies nouvelles de prospérité et de grandeur!

« Vive la République !

« Vive les États-Unis ! »

Une formidable acclamation répondit à ces vivats que le comte avait lancés d'une voix vibrante.

Les bras se levèrent; les casquettes s'agitèrent; ce ne fut pendant quelques secondes qu'un seul cri, cri d'enthousiasme, de bonheur et d'espérance.

M. de Lincourt fit un signe, et le silence s'étant rétabli peu à peu, il reprit :

— Comme l'a deviné le trappeur Sans-Nez, ce lac de pétrole est inépuisable, j'en suis certain.

« C'est donc une véritable mine d'or qui assure la fortune aux plus exigeants, aux plus avides, une fortune qui se chiffrera à notre volonté!

« Mes mesures sont prises pour assurer l'exploitation et le transport de nos produits.

« Quand vous vous trouverez suffisamment riches, quand vous direz : Assez! nous nous séparerons. »

De nouveaux vivats accueillirent ces assurances nettement formulées, et après un moment le comte reprit :

— Avant de commencer les grands travaux d'exploitation, je veux fêter notre suc-

de condenser. Cette eau ainsi générée est pure, exempte de tout corps minéral; il est possible de l'employer pour alimenter la chaudière à vapeur, sans qu'elle dépose, par son évaporation, de matières salines qui forment des incrustations embarrassantes ou dangereuses. Il y a un nouvel horizon qui s'ouvre à la mécanique et qu'il est permis d'atteindre dans un temps peu éloigné, car des expériences, déjà exécutées à bord du *Puebla*, à Boulogne, ont donné les plus belles espérances. — Ces essais ont encore fourni d'autres faits inattendus, bien propres à intéresser la marine; ils ont montré que les cales des navires pourraient être maintenues fraîches, tandis qu'elles peuvent être assimilées aujourd'hui à de véritables étuves, où les mécaniciens étouffent; en outre, ils ont prouvé qu'il était possible de supprimer le tuyau de cheminée qui se dresse au-dessus du pont du navire, et qui par le nouveau système de chauffage où l'on emploie l'air comprimé, il est possible de faire déboucher ce tuyau dans l'eau elle-même. — Mais alors, si la cheminée peut impunément communiquer avec la mer, si la cale du navire n'est plus portée à une haute température, n'est-on pas en droit d'attendre la création presque complète de ce monstre qui s'est déjà fait voir de l'autre côté de l'Océan, et que l'on nomme le vaisseau sous-marin,

terrible scaphandre qui, plongé dans les profondeurs de la mer, fendra l'élément liquide, et qui, à l'instar des cétacés, se cachera sous la vague, quand l'ouragan et la tempête seront déchaînés à la surface des flots? »

(*La Houille*, par G. Tissandier).

Et maintenant le lecteur peut juger de l'importance de la découverte de Grandmoreau ; il peut voir si le Secret du Trappeur constituait une colossale fortune à tous les membres de la caravane.

Ceci dit, un mot à certaines gens qui, au milieu de l'immense succès de notre œuvre, nous ont écrit une lettre anonyme signée : *Un groupe de la rue Serpente*.

Ces lecteurs sont d'étranges personnes qui nous envoient des conseils.

Tantôt on rit trop, tantôt on ne rit pas assez dans nos œuvres : tel est le reproche qui nous est adressé par ce groupe anonyme.

Ces gens-là paraissant avoir de l'esprit à eux tous de quoi faire un auteur, nous leur proposons de les mettre en rapport avec nos héros survivants.

Le groupe de la rue Serpente recevra les notes les plus intéressantes de Burgh, Sans-Nez, Grandmoreau et Tomaho. Ce groupe écrira un livre pour faire suite au *Secret du Trappeur*... et... nous verrons.

On prie le groupe de se prononcer et de répondre.

cès et la prise de possession de nos richesses.

« Demain nous boirons à la grande République américaine et à notre réussite. »

Le comte allait descendre de son rocher quand un trappeur lui cria :

— Commandant, elle est très-bonne, votre idée de boire à toutes sortes de choses ; mais vous oubliez le plus important : depuis l'affaire des fontaines empoisonnées, nous n'avons plus une goutte de vin.

« Vous comprenez alors que des toasts à l'eau... ne seraient pas sérieux.

« Quant à moi, j'y renonce ! »

C'était Bois-Rude qui, enchanté et tourmenté à la fois, ne pouvait supporter l'idée de festoyer convenablement en se régalant de viandes salées, de conserves et d'eau fraîche surtout.

Le comte qui savait avoir affaire à un buveur passionné, accueillit l'observation en riant.

— Tranquillisez-vous, Bois-Rude, dit-il gaiement ; nous aurons demain du vin, de l'eau-de-vie et des vivres frais en abondance.

Les autres trappeurs qui, sans partager la soif de leur camarade, préféraient le vin à l'eau, accueillirent avec un murmure d'étonnement cette promesse du chef.

M. de Lincourt, sans s'expliquer plus clairement, ajouta :

— Demain matin, nous serons riches en provisions de toutes sortes, je puis vous l'affirmer !

Descendant alors de sa tribune improvisée, le comte désigna quinze hommes pour passer la nuit sur le sommet de la montagne, et il donna le commandement de ce poste à Bois-Rude, avec lequel il échangea quelques paroles à voix basse, circonstance qui intrigua Sans-Nez et lui fit faire ces réflexions :

— Pourquoi un poste ici ? se demanda-t-il.

« Évidemment, ce n'est pas pour garder le lac, puisque l'on ne peut y arriver qu'en passant le pont du précipice.

« Du reste, ces gardiens n'ont pour armes que leur couteau de chasse...

« Et ce vieux soiffard de Bois-Rude qui se frotte les mains !...

« Je voudrais bien savoir ce que signifient toutes ces manières ! »

Le Parisien fut interrompu dans ses réflexions par la voix du comte qui ordonnait la retraite.

Une heure après, trappeurs et squatters avaient regagné leur camp, et Sans-Nez dut s'endormir ce soir-là en se demandant comment le comte pourrait bien s'y prendre pour changer le pétrole en vin.

CHAPITRE CXXXVII

UNE VOILE, UN FESTIN ET UNE EXPLICATION

La nuit fut parfaitement calme et tranquille.

Les sentinelles placées en avant des redoutes et des postes abrités établis par le colonel d'Éragny n'entendirent aucun bruit inquiétant, ne signalèrent la présence d'aucun rôdeur.

Évidemment John Huggs, la Couleuvre et leurs pirates, découragés par leur dernier échec, avaient renoncé à la partie, ou bien ils s'étaient repliés à distance, pour attendre une occasion plus favorable.

Dès que le soleil parut, le camp s'anima.

Les visages étaient joyeux et le rire sur toutes les lèvres.

Des groupes devant les tentes causaient bruyamment.

Chose curieuse, tout le monde avait rêvé cette nuit-là.

Et quels songes dorés !

Les imaginations surexcitées s'étaient laissé bercer par les plus extravagantes visions.

Chacun racontait son rêve, tâchant, souvent en vain, d'en élaguer les invraisemblances.

Et les rires, les quolibets et les commentaires d'aller grand train.

Tout le monde, enfin, se trouvait dans d'excellentes dispositions pour fêter l'heureuse découverte du Secret de Grandmoreau.

Sans-Nez, qui avait fait quelques frais de toilette, remarqua que tous ses compagnons, obéissant à la même idée, étaient vêtus avec plus de recherche que de coutume.

— Tiens, tiens! avait dit le Parisien, il paraît que les camarades sont comme moi, ou que je suis comme eux.

« Je ne sais pas pourquoi il me semble que c'est dimanche aujourd'hui et que je suis invité à aller manger une gibelotte à Romainville!

« Je me sens léger comme tout, j'ai des inquiétudes dans les jambes, et il me semble que j'aurai envie de danser après boire.

« Seulement je me demande toujours comment le commandant va faire pour tenir ses promesses d'hier. »

Le Parisien en était là de ses réflexions, quand il fut accosté par Bouléreau, lequel s'inquiétait également de la façon dont M. de Lincourt s'y prendrait pour se procurer les boissons et les vivres frais dont rien ne faisait jusqu'alors pressentir la venue.

Les deux compagnons en étaient arrivés à conclure que le comte avait certainement promis plus qu'il ne pouvait tenir, quand Tomaho, venant se mêler à la conversation, leur fit cette observation interrogative :

— Mes frères ont remarqué que le chef pâle a planté hier le drapeau des États-Unis sur la montagne du Nid-de-l'Aigle?

— Nous avons remarqué la chose, fit Sans-Nez; après?

— Ce matin, le drapeau flottait encore là-haut, reprit le géant.

— Je l'ai vu en effet, dit Bouléreau qui regarda le sommet de la montagne.

« Mais je ne le vois plus.

« Il a été abattu par Bois-Rude ou par le vent, je suppose?

— C'est Bois-Rude qui l'a enlevé, affirma Tomaho.

« Mon regard est puissant et sûr.

— Tu as un œil de vautour, nous savons ça, dit Sans-Nez.

« Mais que ce soit notre camarade qui ait enlevé le drapeau ou que ce soit tout simplement le vent, je ne vois pas là quelque chose de bien intéressant.

— Mon frère sera toujours étourdi comme l'oiseau des buissons, prononça gravement le géant.

« Il ne pense pas que la disparition du drapeau est un signal!

— Quel signal? demandèrent en même temps Sans-Nez et Bouléreau.

— Je ne sais pas! répondit simplement Tomaho.

« Mais je suis sûr que c'est un signal que doit comprendre le chef pâle. »

Le Parisien eut un geste d'incrédulité; mais Bouléreau observa après réflexion :

— Au fait, le Cacique peut bien avoir raison.

« Le Nid-de-l'Aigle nous masque toute la chaîne de montagnes du côté sud, ainsi qu'une partie du désert que nous avons parcouru pour arriver ici; de même, nous ne pouvons découvrir, de ce plateau où nous sommes, toute la ligne d'horizon du Pacifique.

— Donc?... interrogea Sans-Nez.

— Donc, reprit le chef des squatters, nous ne saurions deviner ce qui se passe sur ces points dont le Nid-de-l'Aigle nous masque la vue, tandis que de là-haut Bois-Rude peut tout voir et communiquer par signaux avec le comte.

— C'est ce que je voulais dire à mes frères, approuva Tomaho.

— Possible, après tout! fit Sans-Nez.

« Mais... »

Il s'interrompit, puis il acheva :

— ... Voici le commandant; nous allons savoir à quoi nous en tenir.

M. de Lincourt venait en effet de sortir de sa tente.

Son premier mouvement, dès qu'il eut mis le pied dehors, fut de regarder le sommet du Nid-de-l'Aigle.

Puis, avisant nos trois causeurs, il les appela et leur donna cet ordre :

— Faites harnacher et bâter vingt mulets et tenez-vous prêts à m'accompagner.

« Il s'agit du transport des provisions fraîches qui nous arrivent.

— Décidément, je crois que Tomaho est dans le vrai avec son idée de signal, murmura Sans-Nez en s'éloignant avec ses deux compagnons.

Dix minutes après, M. de Lincourt et le baron de Senneville, guidés par Grandmoreau et suivis par une escouade de trappeurs qui conduisaient le convoi de mulets, passèrent le précipice.

La troupe s'engagea dans des sentiers assez difficiles décrivant milles courbes capricieuses au milieu des rochers qui formaient la base du Nid-de-l'Aigle en même temps que la crête des falaises contre lesquelles venaient se briser les lames de la grande mer Pacifique.

Ce chemin assez profondément encaissé ne permettait pas au regard d'embrasser un large horizon.

D'un côté, le pic du Nid-de-l'Aigle s'élevait presque verticalement à une hauteur de plus de six cents pieds; de l'autre était un mur de rocher qui masquait la vue de l'Océan dont on devinait le voisinage au bruit sourd des eaux battant le pied de la digue de granit.

Mais soudain la route s'élargit et le convoi déboucha sur un spacieux emplacement où la roche unie et lisse formait platière.

En mettant le pied sur ce sol que l'on eût supposé dallé par des ouvriers colosses, les trappeurs ne purent retenir des exclamations de surprise et de joie.

Là, à vingt mètres au-dessous d'eux, le flot déferle avec tranquillité et presque sans murmure sur une plage de sable blanc, une véritable plage s'étendant à droite et à gauche et formant un vaste demi-cercle dont les extrémités rocheuses s'avancent en droite ligne dans la mer comme deux longues jetées.

Les trappeurs ont devant eux une sorte de port naturel vaste et profond où mille vaisseaux pourraient trouver un excellent abri.

Certes, la vue de ce magnifique bassin devait singulièrement frapper tous ces gens qu'intéressait à un si haut degré l'exploitation du lac de pétrole; pourtant les joyeuses exclamations qui retentirent soudainement furent motivées par une découverte bien autrement surprenante.

Un superbe vapeur était à l'ancre au beau milieu de la rade, à quelques encâblures du rivage.

Dès que les trappeurs parurent sur la plateforme de rochers, ils purent apercevoir facilement les officiers du bâtiment leur faire des signaux de reconnaissance et de bienvenue.

De même, ils entendirent très-distinctement le capitaine qui, monté sur la dunette, cria dans son porte-voix :

— Salut, sir comte de Lincourt !

« Bonjour, gentlemen ! »

M. de Lincourt répondit en agitant à plusieurs reprises sa casquette de chasse et les trappeurs lancèrent un formidable hurrah qui leur fut immédiatement renvoyé par l'équipage du vapeur.

Bientôt un canot se détacha du bord et quelques minutes après il vint s'échouer sur le sable du rivage.

M. de Lincourt et sa troupe se trouvaient là, car il était facile de descendre les vingt mètres qui séparaient la platière de roche du rivage : la nature avait taillé un véritable escalier dans le granit.

C'était le capitaine du navire qui venait lui-même saluer le comte.

Un grand beau garçon de trente-cinq ans, ce marin.

Il se nomme Willis et est Américain.

Il est né sur mer, il a toujours vécu sur le pont d'un navire et il ne veut avoir pour tombe que l'océan.

C'est un rude marin, que son air franc et ouvert ferait prendre pour un Français.

Il sauta à terre et dit au comte en le saluant :

— Vous voyez que je suis à l'heure !

— Très-exactement, fit M. de Lincourt.

« Recevez mes compliments.

« Veuillez maintenant donner des ordres pour le débarquement des vivres et des vins que vous devez nous apporter en quantité. »

Le capitaine s'empressa de renvoyer son canot au navire et bientôt un véritable déchargement commença.

Pendant ce temps, M. de Lincourt et le capitaine regagnèrent le camp.

Ils causèrent longuement pendant le trajet, et plus d'un trappeur observa que leur conversation à voix basse paraissait être extrêmement intéressante.

Pendant une grande partie de la journée, tout le personnel de la caravane travailla au débarquement des provisions de bouche, qui paraissaient former le principal chargement du navire.

L'opération s'acheva rapidement, grâce à l'activité que chacun déploya, et ce fut avec satisfaction que l'on se vit muni de plus de deux mois de vivres frais.

Le transport et l'emmagasinage terminés, les apprêts du festin commencèrent immédiatement.

Les barriques furent défoncées, l'eau-de-vie, le vin coulèrent à flots.

Les cuisines installées en plein vent commencèrent à fumer et bientôt tout le bivouac présenta l'aspect le plus étrange, le plus pittoresque qu'il soit possible d'imaginer.

Chacun s'arrange à sa fantaisie.

Les uns se réunissent par groupes, les autres s'isolent; tous sont libres d'agir comme bon leur semble et pour leur plus grande satisfaction.

La plupart des gens de l'équipage du vapeur ont débarqué.

Ils se sont joints aux trappeurs, qui racontent leur voyage aventureux à travers la prairie.

Bois-Rude, qui est descendu de son poste, s'est joint à Sable-Avide et à don Matapan.

Ces trois buveurs émérites sont dans la joie et les délices : la quantité de liquide qu'ils absorbent est véritablement étonnante.

Ils se rattrapent d'une longue privation.

Sable-Avide et l'ex-gouverneur surtout, qui avaient dû se résigner à boire de l'eau malgré leur serment, ingurgitent avec si peu de retenue, qu'ils sont complètement gris en moins de deux heures.

Grandmoreau et les principaux lieutenants forment un groupe à part dont fait partie Tomaho.

Le géant s'est fait cuire un mouton qu'il dévore à belles dents.

Conception est à côté de lui, et le brave Cacique est plein d'attentions pour sa femme.

Il casse dans ses puissantes mâchoires les plus gros os de son mouton et il lui offre la moelle.

Sans-Nez est moins attentionné auprès de Paméla : il la néglige pour bavarder et pour tâcher de dérider Grandmoreau. Le Parisien a remarqué la tristesse du Trappeur et il a parié avec Burgh qu'il arriverait à le faire rire.

M. de Lincourt a réuni à sa table le capitaine Willis, M. de Senneville, le colonel d'Éragny et les docteurs Simiol et du Bodet.

Là aussi on est gai et plein d'entrain. La présence de la reine des Peaux-Rouges et de mademoiselle d'Éragny ajoute encore un grand charme à cette réunion où il ne doit être question que de succès et d'espérances.

Il était fort tard quand M. de Lincourt, accompagné du baron de Senneville, alla reconduire le capitaine Willis jusqu'à son canot.

Malgré l'intérêt que peut offrir la conversation qui eut lieu entre ces trois hommes, nous ne la rapporterons pas; nous nous bornerons à citer les paroles que le comte prononça en donnant une dernière poignée de main au marin :

— Muni de mes instructions et des lettres que je vous ai remises, dit-il, vous traiterez avec la maison Baring frères de Londres pour la quantité qu'ils voudront fixer; mais n'oubliez pas de stipuler dans le traité que si la production dépasse cette quantité, je reste libre de vendre à qui bon me semblera.

— Convenu! fit le capitaine en sautant dans son canot.

Puis il ajouta :

— Vous fixez le délai de deux mois; c'est arrêté?

— Parfaitement, répondit le comte.

« Adieu! »

Au commandement du capitaine, les marins se penchèrent sur leurs avirons et la barque s'éloigna rapidement dans la direction du vapeur.

Le comte et M. de Senneville reprirent le chemin du camp.

M. de Lincourt paraissait préoccupé et le baron semblait s'abandonner à ses réflexions. Ce dernier rompit tout à coup le silence en disant :

— Comte, me permettez-vous de vous adresser une question?

— Comment donc! je vous en prie!

— Je vous préviens qu'il y aura peut-être indiscrétion, observa le baron.

— Questionnez toujours, répondit M. de Lincourt en souriant.

« Maintenant que le *Secret* du Trappeur est connu, je n'ai plus rien à cacher.

— Je voudrais savoir comment il se fait que ce navire soit ici.

— C'est bien simple, répondit le comte; ce vapeur a été mis à ma disposition par un armateur intelligent, un Anglais à qui j'ai inspiré toute confiance, et qui gagnera gros, je vous assure.

« Avant de m'engager dans la savane, j'avais pris rendez-vous avec le capitaine Willis, et nous nous sommes rencontrés à l'heure dite.

« Et si nous n'avions pu arriver au jour convenu, le capitaine m'aurait attendu pendant un mois.

— Voilà un point éclairci, dit en souriant le baron; mais il en reste un autre très-obscur...

— Parlez donc! fit le comte avec enjouement.

« Je fais rarement des confidences, mais quand je suis en train, je ne m'arrête plus.

— Eh bien! voici... dit M. de Senneville.

« Je me demande pourquoi vous vous êtes exposé à traverser les savanes, pourquoi vous avez risqué cent fois de compromettre le succès de votre entreprise en luttant contre les Peaux-Rouges et les pirates.

« N'était-il pas plus simple de venir ici par mer?

— A coup sûr, c'était plus simple et plus sûr, dit le comte.

« Mais vous oubliez que je ne suis pas venu en Amérique pour y chercher fortune.

« Provoqué à Paris par le Sauveur, je m'étais engagé à venir combattre cet homme chez lui, sur son propre terrain.

« Le hasard a voulu que je fisse la rencontre de Grandmoreau et qu'il me confiât son *Secret*.

« Cette circonstance m'a fait modifier mes premiers plans.

« J'ai résolu alors, comme on dit vulgairement, de faire d'une pierre deux coups.

« J'ai monté une caravane dans le double but de combattre le Sauveur et d'exploiter le Secret.

« En agissant ainsi, j'arrivais à mener à bonne fin ma lutte avec ce Peau-Rouge et à enrichir mes braves compagnons d'aventures.

« Vous voyez que les faits sont heureusement venus confirmer mes espérances. »

Le comte parlait avec une simplicité, une bonhomie parfaites.

Évidemment il tenait fort peu à ces immenses richesses qu'il allait pouvoir généreusement distribuer à la caravane, et s'il avait été d'un caractère à tirer vanité de quoi que ce soit, il se serait certainement plus applaudi d'avoir eu raison d'un ennemi que de posséder une inépuisable source de richesses.

— Je vous comprends maintenant.

« Je vous admire surtout, fit le baron avec une entière conviction.

— Aller jusqu'à l'admiration, dit le comte en riant, c'est exagérer.

« Vous n'auriez pas agi autrement que moi.

« Mais peu importe tout le passé!

« Une seule chose m'est particulièrement agréable aujourd'hui, et j'éprouve une joie qui grandit à chaque instant. »

Le baron eut un geste qui équivalait à une interrogation.

— Oui, reprit le comte, je suis enchanté d'enrichir tous mes braves trappeurs, et vous comprendrez ma satisfaction si je vous avoue qu'au dernier moment j'ai craint que la découverte de Grandmoreau fût moins importante qu'il ne l'affirmait.

— Vous pouvez être tranquille, affirma M. de Senneville; la source est intarissable.

Tout en causant, nos deux personnages arrivèrent au camp.

L'animation y était toujours grande.

On buvait, on jouait, et on se querellait fort peu.

Sans-Nez avait organisé un bal, et ce n'était pas là qu'on s'amusait le moins.

Les danses, surtout du côté des hommes, manquaient peut-être un peu de retenue et même de décence ; mais au désert et en l'absence de tout municipal, on pouvait bien se permettre quelque licence.

Sans-Nez se faisait surtout remarquer par la légèreté de ses mouvements et la hardiesse de ses poses.

Mais le roi du bal était incontestablement Tomaho.

Le géant dansait avec une sorte de fureur sauvage un cancan effréné.

Il jouait avec sa danseuse comme avec une poupée, et il savait, dans ses évolutions les plus risquées, se montrer d'une douceur et d'une adresse qui enlevaient toute crainte aux femmes.

Le comte et M. de Senneville se promenèrent longtemps dans le camp, allant de groupe en groupe, s'amusant du plaisir des autres et admirant les nombreux danseurs qui se démenaient aux *accords* d'un orchestre des plus bizarrement composés.

La fête dura jusqu'au jour, circonstance qui détermina M. de Lincourt à prolonger de vingt-quatre heures l'inaction de la caravane.

Il avait d'ailleurs besoin de ce délai pour étudier les travaux à entreprendre.

CHAPITRE CXXXVIII

CE QUE SANS-NEZ APPELLE UNE MISE EN PERCE

Si le lecteur nous a suivis avec attention dans les différentes descriptions qui précèdent, il doit être édifié sur la situation exacte de ce cône tronqué appelé le Nid-de-l'Aigle, au sommet duquel se trouve le lac de pétrole dont Sans-Nez a vainement tenté le sondage.

Toutefois, pour éviter toute obscurité, toute invraisemblance, nous résumerons en quelques mots les détails que nous avons donnés précédemment, et que l'on aurait pu oublier en partie.

Le Nid-de-l'Aigle repose sur un plateau inaccessible du côté de la prairie, ainsi que du côté de la chaîne de montagnes qui se prolonge dans le sud.

Au nord, ce plateau est brusquement coupé par la crevasse sur laquelle est établi un pont, et qui va s'élargissant jusqu'à la mer.

A l'est, l'océan, de hautes falaises surplombantes partout, excepté en face de cette rade où nous avons vu à l'ancre le vaisseau du capitaine Willis.

On voit par ce court résumé qu'il n'est possible d'arriver sur le plateau qui sert de base au Nid-de-l'Aigle qu'en traversant le précipice ou en venant par mer.

Et encore faudrait-il, dans ce dernier cas, pour monter au sommet du cône, aller passer le long du précipice et rejoindre ce sentier dans lequel nous avons vu s'engager les trappeurs.

Ce sentier est le seul praticable.

Pendant que la caravane se repose des fatigues de la danse, des jeux et des excès de toute sorte, M. de Lincourt, le baron de Senneville et Bouléreau prennent le chemin de cette grande platière où la veille a eu lieu le débarquement des vivres.

Bientôt ils ont traversé les grands rochers qui dentèlent le haut des falaises, ils sortent de l'étroit sentier encaissé dans ces masses de granit et débouchent sur la plate-forme.

En jetant un coup d'œil sur la rade dont les eaux tranquilles clapotaient à quelques vingt mètres en contre-bas, Bouléreau laissa échapper un cri de surprise.

— Eh! mille pipes vides! fit-il, nos amis les marins n'ont pas fait long séjour ici!

« Il paraît que le capitaine Willis a levé l'ancre de bonne heure?

— Oui, dit le comte; ce marin est d'une activité exceptionnelle, et je m'en félicite, car sa présence nous sera plus utile ailleurs qu'ici.

Puis ayant mesuré du regard la hauteur du Nid-de-l'Aigle, dont la base reposait sur la platière de rochers, et qui, de ce côté, s'élevait presque verticalement, M. de Lincourt ajouta :

— Évidemment nous ne devons pas songer à puiser dans le lac et à descendre l'huile au moyen de seilles, de treuils, de mécaniques quelconques.

« Nous perdrions un temps considérable...

— Et rien ne dit, observa Bouléreau, que les cordes, chaînes et autres appareils résisteraient à leur propre poids, ou du moins fonctionneraient convenablement.

« Autant vaudrait descendre l'huile par le chemin que nous avons suivi pour grimper là-haut.

« Ce serait aussi long, mais plus sûr.

— C'est mon avis, reprit le comte.

« Mais précisément la question de temps me détermine à repousser ces deux moyens.

« Il faut que, une fois commencée, notre exploitation ait lieu avec une rapidité foudroyante.

« Baron, vous connaissez mes projets, et vous savez que j'ai certains engagements à remplir avant peu.

« Vous m'avez dit que vous aviez une idée, mais que vous ne désiriez me la soumettre qu'après avoir de nouveau examiné la montagne sur ce point.

« Or, vous voici sur le terrain : à vous la parole !

« Bouléreau envisagera votre projet au point de vue pratique et de l'exécution; moi, je ne penserai qu'aux résultats probables. »

Depuis qu'il avait mis le pied sur la platière, M. de Senneville ne quittait pas du regard la pente presque verticale du cône. Il avait examiné de près la paroi de roche lisse et dure; à plusieurs reprises, il s'en était approché et l'avait flairée longtemps.

Après ce minutieux examen, après de mûres réflexions, il prit enfin la parole.

— Ce cône, dit-il, est creux, et tout me fait supposer que la colonne de pétrole qui le remplit s'enfonce à une grande profondeur au-dessous du point où nous nous trouvons; enfin, comme il a déjà été dit, ce vaste tube est très-probablement alimenté par des nappes souterraines, plus élevées ou simplement comprimées et pressées par d'épaisses couches de terre d'un poids énorme.

— Toutes ces hypothèses sont des faits à mes yeux, dit le comte.

« Rien que les deux coups de sonde donnés par Sans-Nez sont des preuves suffisantes.

— Eh bien! reprit le baron, si vous admettez que la montagne forme intérieurement un véritable cylindre, pourquoi ne pas percer ce cylindre à sa base?

« L'huile nous arrivera avec une pression qu'il sera facile de comprimer, et le rendement sera ce que nous voudrons qu'il soit: nous l'augmenterons et le diminuerons à volonté.

— Mille noms d'une pipe! s'écria Bouléreau, voilà ce qui peut s'appeler une idée!

« Quand nous arrivons au liquide, nous n'avons plus qu'à adapter un fort robinet et nous soutirons le pétrole le plus tranquillement du monde.

— Opération aussi simple que peu pénible, fit le comte souriant de l'enthousiasme du chef des squatters.

— Certainement, reprit celui-ci.

« Et mieux que ça, nous pourrons conduire l'huile sur des bâtiments qui viendraient s'ancrer le plus près possible de ce plateau.

« Il ne nous faudra que des tuyaux de caoutchouc ou de zinc qui seront soutenus de distance en distance par des poteaux et des bouées que l'on immobilisera le plus possible.

— Voilà qui est parfait! s'écria M. de Lincourt; mais, avant d'obtenir ce merveilleux résultat, il faut percer la montagne, et je vous avouerai, mon cher Bouléreau, que la difficulté de cette opération ne laisse pas que de m'inquiéter.

— Bah! fit le squatter avec une complète assurance, nous y arriverons, à ce percement.

« C'est une affaire de temps, voilà tout.

— Du temps, toujours du temps! observa le comte; c'est bien là ce qui cause mon indécision.

— Oh! mon Dieu! quand je parle de temps, je ne veux pas dire que le percement durera six mois.

« Mais, en tout cas, nous regagnerons bien nos peines et nos journées passées, quand nous n'aurons plus qu'à tourner le robinet et à regarder couler le pétrole.

— Il est vrai... fit le comte toujours réfléchissant et indécis.

— Nous n'avons pas à hésiter, reprit M. de Senneville.

« Ma proposition, dont Bouléreau a raison de ne pas s'effrayer, ne comporte pas dans l'application une perte de temps aussi considérable que vous pouvez le supposer.

« Et voici les raisons qui motivent mon optimisme:

« A son sommet, l'épaisseur des parois de cette montagne creuse n'excède pas huit mètres; or, veuillez remarquer que de ce côté le pic s'élève presque verticalement et qu'alors il n'est probablement pas plus épais à sa base qu'à son sommet.

« Mais, pour ne rien laisser au hasard, je double cette épaisseur de huit mètres mesurée là-haut; nous aurons donc une galerie de seize mètres à creuser dans le roc; mettons même vingt mètres: est-ce là un travail si difficile?

« Notez, je vous prie, que nous pouvons trouver la pierre très-tendre et poreuse à une certaine profondeur, circonstance qui simplifierait beaucoup la besogne.

« Enfin je sais que vous êtes muni de tous les instruments et outils de fer ou d'acier qui sont nécessaires pour un semblable forage; j'insiste donc et demande que mon projet soit mis à exécution

— Moi aussi, j'insiste! s'écria Bouléreau avec une chaleur enthousiaste; et, tout bien pesé et considéré, je m'engage à terminer l'opération dans le délai de deux mois.

M. de Lincourt, souriant, écoutait les explications du baron et les paroles pleines d'assurance du chef des squatters.

Il y avait dans son sourire une imperceptible nuance de raillerie.

— Il y a longtemps, dit-il enfin, que j'ai pensé à ce forage; l'idée de cette opération m'est venue la première fois que Grandmoreau m'a parlé de son secret et qu'il m'a fait connaître topographiquement le terrain; la preuve, c'est que je me suis muni, comme vous l'avez observé, de tous les ustensiles indispensables pour ce genre de travail.

— Eh bien! alors... fit M. de Senneville avec étonnement, votre hésitation...

— S'explique, reprit le comte.

« Je me défiais de moi-même, et je voulais être certain que vous partageriez ma manière de voir sans la connaître.

— J'admire votre prudence, dit M. de Senneville; mais tant de précaution était inutile : mon avis, en tout cas, eût été aussi sincère...

— Il n'est aucunement question de bonne foi et de sincérité, interrompit M. de Lincourt.

« Croyez-moi : on peut se laisser entraîner à partager mon opinion, à s'enthousiasmer à contre-sens; c'est une pente sur laquelle je ne voulais pas vous placer en parlant le premier.

« En somme, la science et la pratique donnent raison à l'imagination, et nous voici parfaitement d'accord.

« Il ne nous reste plus qu'à nous entendre sur les questions de détail et d'exécution.

« Permettez-moi tout d'abord, mon cher baron, de vous abandonner la direction de ce travail d'ingénieur des mines : c'est votre affaire.

— J'accepte la tâche, et j'espère m'en tirer, répondit M. de Senneville.

Et, regardant Bouléreau, il ajouta :

— Avec un second comme le squatter et des hommes comme ceux qu'il commande, j'entreprendrais le percement de la montagne entière!

— Vous croyez rire? réclama Bouléreau.

« Vous ne savez donc pas que j'ai été mineur pendant longtemps, avant d'être défricheur, et que la plupart de mes hommes ont exercé le même métier?

« J'en ai fait bien d'autres de percements, de forages et de creusements de toute espèce.

— Allons, Bouléreau, puisqu'il en est ainsi, je ne doute pas que nous ne réussissions dans notre entreprise.

« Retournons au camp. »

Le jour même, les instruments de forage furent transportés à dos de mulet sur le terrain d'opération.

Les trappeurs construisirent une hutte spacieuse se divisant en deux compartiments.

L'un devait servir de magasin pour les outils de fer ou d'acier, tels que pics, leviers, masses, couperets, vrilles-sondes, etc.

L'autre était un abri destiné aux travailleurs pendant les temps de repos et à l'escouade qui, la nuit, protégeait ce point accessible contre toute tentative de débarquement de la part des pirates.

Le lendemain, au point du jour, tous les transports et les préparatifs de la première heure se trouvèrent terminés.

Le forage commença.

Trappeurs et squatters, se relayant d'heure en heure, commencèrent à attaquer vigoureusement le roc.

Tous se mirent au travail avec un entrain que justifiait l'importance du résultat qu'il s'agissait d'obtenir.

L'état sanitaire de la caravane étant d'ailleurs excellent, grâce aux provisions fraîches et aux vins récemment débarqués, la force ne trahissait aucun courage, aucune volonté.

Tout le monde tapait, cognait, grattait, perforait avec acharnement.

Les chefs montraient l'exemple et maniaient le ciseau et le pic à leur tour.

Tomaho donnait un coup de main quand il y avait quelque pesée à faire ou quelque poids à soulever ; souvent il ca....... ... ..-tils ou tordait les leviers, et le brave géant se lamentait alors, disant que l'on aurait dû lui faire fabriquer des instruments à sa taille.

Il n'était pas jusqu'à Sans-Nez qui ne fît en conscience le métier de carrier tailleur de pierre.

Toujours de bonne humeur, il s'entendait admirablement avec Bouléreau, et tout en blaguant les uns et les autres, tout en raillant du matin au soir, il se montrait d'une intelligence et d'une adresse qui surprenaient souvent les mineurs de profession.

Dès le commencement des travaux, il trouva une expression parisienne résumant toute l'opération :

— Voilà, dit-il, ce que l'on peut appeler la mise en perce !

L'expression fit fortune.

Il ne fut plus question de forage, de percement, de sondage.

En se mettant à l'ouvrage ou en le quittant, les travailleurs disaient :

— La mise en perce marche !

« La mise en perce réussira ! »

CHAPITRE CXXXIX

APRÈS LE BAIN, LA DOUCHE

Depuis cinq semaines, la caravane travaille activement au percement de la muraille de rocher derrière laquelle on doit vraisemblablement trouver l'immense colonne de pétrole dont la puissance ascensionnelle s'arrête au sommet du Nid-de-l'Aigle.

La galerie creusée en plein roc, est un véritable tunnel. Elle a six pieds de hauteur sur quatre de largeur.

Ces dimensions ont été exigées par M. de Senneville, qui a dit non sans raison :

— Il ne s'agit pas d'arriver simplement à faire jaillir l'huile par un trou de foret ; c'est une exploitation que nous avons en vue.

« Il faut donc opérer de telle façon que nous restions maîtres de la situation.

« Or, pour obtenir ce résultat, il est absolument indispensable que deux hommes puissent circuler dans la galerie que nous creusons. »

Et, sur une observation de M. de Lincourt qui ne trouvait pas l'explication suffisamment claire, le baron avait ajouté :

— Mon cher comte, vous m'avez abandonné la direction de ces travaux ; je vous en prie, laissez-moi toute ma liberté.

« Je réponds du succès. »

Il n'y avait rien à répliquer ; aussi le comte se borna-t-il à dire :

— Faites comme il vous plaira ; je vous approuve de confiance.

La galerie avait donc conservé la dimension que nous avons indiquée.

Elle avançait déjà à une profondeur de dix-huit mètres en plein roc, toujours presque aussi dur qu'à la surface.

Ici se place une courte explication.

Quand, après un long travail, les mineurs se trouvèrent à dix ou douze mètres de l'orifice de la galerie, l'obscurité rendit leurs opérations lentes et difficiles.

Ils tâtonnaient et perdaient un temps considérable.

Enfin, plus ils avançaient, plus les difficultés augmentaient.

M. de Senneville imagina alors un moyen pour éclairer la galerie sans risquer d'enflammer le pétrole.

Le comte avait dans ses bagages un appareil électrique assez puissant et tout ce qu'il fallait pour le faire fonctionner.

Le baron fit monter cet appareil sur un rocher de l'une des jetées naturelles qui s'avançaient dans la mer et formaient ce port où nous avons vu à l'ancre le navire du capitaine Willis.

Ayant obtenu un brillant jet de lumière, M. de Senneville le projeta à l'aide d'un réflecteur dans la direction de la platière de rochers.

Là un second réflecteur, dont la puissance réfléchissante correspondait exactement au fond de la galerie, envoyait aux travailleurs une lumière éclatante qui leur permettait d'opérer comme en plein jour.

Le foyer électrique se trouvait placé à près de trois cents mètres en mer ; il n'y avait donc pas à craindre que l'huile prît feu, et les gaz mêmes, à cette distance, n'avaient plus les propriétés inflammables qui auraient pu faire craindre quelque catastrophe.

On continue donc à creuser en toute sécurité.

Les trappeurs et squatters sont toujours pleins de courage et de bonne volonté.

Pourtant, depuis plusieurs jours, ils paraissent n'avoir plus la même confiance dans le succès de leur entreprise.

Ils travaillent avec activité, mais il y a moins d'espoir et dès lors moins d'entrain.

Ils ne laissent échapper aucun murmure, mais ils sont silencieux et ennuyés.

Sans-Nez lui-même a dit tout haut :

— En voilà une barrique difficile à percer !

« Ça devient sciant, à la fin ! »

L'approbation significative qui accueillit cette sortie prouva clairement la fatigue générale.

Cependant M. de Senneville et Bouléreau ne paraissent aucunement découragés.

Il semble même que leur espoir augmente à mesure que le doute se répand autour d'eux.

Enfin, vers le milieu du quarante-troisième jour, Bouléreau, qui travaillait au fond de la galerie avec trois de ses squatters, sortit tout à coup en appelant le baron de Senneville et M. de Lincourt.

Ceux-ci accoururent anxieux, et avec eux une foule de travailleurs.

— La roche mollit, dit Bouléreau tout joyeux.

« Elle tourne à la glaise.

— Diable ! fit le baron en fronçant les sourcils.

« Et pas de filtrations ?

— Du tout, répondit le squatter.

« Mais ça pue le pétrole à plein nez !

— Dites-le donc ! s'écria le baron.

Et il s'élança dans la galerie en ajoutant :

— Arrêtez !

« Pas un coup de pic de plus ! »

Il fut obéi.

Ayant pénétré jusqu'au fond de la galerie, il put vérifier l'assertion de Bouléreau.

La roche n'était plus qu'une sorte d'argile excessivement dure et dont la couche devait être épaisse ; mais on pouvait espérer la percer à l'aide d'une simple sonde en forme de vrille dont se servent les puisatiers

M. de Senneville remarqua en outre qu'une forte odeur de pétrole s'était subitement répandue dans la galerie.

— Allons ! s'écria-t-il après un court moment de réflexion, à l'ouvrage !

« Nous n'avons pas de temps à perdre.

« Cette glaise, quoique solide, pourrait céder, et nous serions envahis.

« Vite ! que l'on entaille largement les parois de la galerie : nous allons y placer notre vanne. »

Cet ordre donné, M. de Senneville sortit, et les ouvriers se mirent à jouer du pic.

En moins d'une heure, ils eurent terminé.

Alors une plaque de fer, épaisse de dix à douze centimètres, fut apportée et enchâssée solidement dans les rainures pratiquées à la voûte, à terre et sur les côtés de la galerie.

Puis cet ouvrage exécuté rapidement fut consolidé au moyen d'un massif cadre de charpente, également enchâssé dans les parois du couloir souterrain ; pour plus de sûreté, des encoches furent pratiquées dans ce cadre, et quatre troncs de mélèze arc-boutés contre des parties saillantes de la roche vinrent donner à l'ouvrage entier une force de résistance à l'épreuve de la plus grande pression.

— Nous aurons bien quelques fissures, mais elles se boucheront naturellement, observa M. de Senneville.

Et, poussant un soupir de satisfaction, il ajouta :

— Enfin nous sommes en sûreté

« Pour un moment, j'ai cru que ce mur de glaise ne résisterait pas assez longtemps pour nous permettre de le consolider.

— C'eût été une terrible et dangereuse inondation, fit le colonel d'Éragny lequel n'était pas au courant de tous ces travaux

« Mais maintenant que vous avez bouché votre galerie avec tant de soin, comment ferez-vous pour mener toute cette affaire à bonne fin?

— C'est bien simple, répondit le baron.

« Vous voyez que cette épaisse plaque de fer est percée de dix trous dans lesquels sont vissés autant de tubes en fonte douce, de douze centimètres de diamètre et formant robinets?

« Eh bien! regardez, et vous allez voir comment il faut s'y prendre pour avoir le pétrole dans chaque robinet, et cela sans risquer de s'inonder. »

Et s'adressant à Bouléreau, le baron lui dit :

— Veuillez me faire apporter une sonde de dix mètres par deux hommes solides.

Quelques minutes après, deux squatters arrivaient portant une longue tige de fer terminée par une sorte de vis.

— C'est tout simplement un vilebrequin dont Tomaho se servirait fort bien, remarqua le colonel.

— En effet, dit le baron, cet outil serait facilement manié par le géant ; mais cet homme est trop grand pour conserver la liberté de ses mouvements dans cette galerie, sans quoi je l'emploierais plus souvent.

Et s'adressant aux squatters, le baron leur ordonna de commencer l'opération.

La longue vrille fut enfoncée dans un des tubes de fer, et bientôt elle mordit dans la glaise.

Puis on la retira pour débarrasser la vis des détritus qui s'engorgeaient dans la spirale.

Enfin, après une demi-heure de travail, la tige avait presque entièrement disparu, quand les deux hommes qui la manœuvraient s'écrièrent en même temps :

— Ça y est!

« Voilà l'huile! »

En effet, le pétrole jaillit aussitôt autour de la tige de fer.

Bouléreau, s'emparant alors de la clef du robinet, s'apprêta à boucher le tube, dès que sonde en sortirait.

Mais le jaillissement eut lieu avec une telle violence, qu'il lui fut d'abord impossible d'adapter cette clef au trou vertical pratiqué dans l'épaisseur du tube.

Le jet de pétrole s'élança avec une force irrésistible presque jusqu'à la mer, inondant la galerie d'un brouillard d'huile pulvérisée par la résistance de l'air.

Fort heureusement tous ceux qui se trouvaient dans le couloir eurent le temps d'obéir à l'avertissement qui avait été lancé au moment où l'on retira la sonde du trou.

Ils en furent quittes pour une fine ondée d'huile.

Pourtant il y eut deux victimes de ce jaillissement dont on n'avait pas prévu l'extrême violence.

Ces victimes furent les docteurs Simiol et du Bodet.

Nos deux savants étaient jaloux de M. de Senneville depuis l'affaire du puits artésien, et cette jalousie n'avait pu qu'augmenter lorsque le baron fut chargé de diriger les travaux de percement du Nid-de-l'Aigle.

Vexés de se voir mis à l'écart, les deux docteurs ne se disputaient plus.

Ils passaient leur temps à se prouver l'un à l'autre que le baron n'était qu'un ignorant incapable de réussir dans une entreprise aussi difficile.

Ils poussèrent même la passion jusqu'à parler très-haut, pendant les travaux, de l'incapacité de celui qui les dirigeait, ce qui obligea M. de Lincourt à leur imposer silence pour ne pas décourager ses hommes.

On voit dans quelle disposition d'esprit étaient les deux savants quand ils apprirent que le forage de la montagne allait enfin aboutir à une réussite.

Ils ne voulurent pas nécessairement assister à la dernière opération de sondage ; leur dignité les obligeait à se tenir à distance.

Ils se contentèrent donc de se promener sur la platière, aux environs de l'ouverture pratiquée dans le rocher et dont on apercevait le fond éclairé par la lumière électrique.

Naturellement, tout en passant et repassant devant le couloir souterrain, ils y jetaient de furtifs regards et faisaient des vœux contre M. de Senneville.

Ils furent punis de leur malveillance.

Attirés par une invincible curiosité en face de la galerie par les cris d'avertissement des squatters qui maniaient la sonde, ils reçurent en plein le puissant jet de pétrole.

Renversés, balayés, inondés, aveuglés, ils poussèrent des cris terribles et appelèrent au secours.

Des trappeurs les tirèrent d'embarras.

Ils furent en un tour de main essuyés, épongés, nettoyés, et l'on changea leurs vêtements.

En tombant et en roulant sur le rocher, ils s'étaient quelque peu contusionnés et écorchés : aucune blessure grave, d'ailleurs.

L'accident tournait au comique.

Ce fut l'avis de Sans-Nez qui s'écria :

— Vous ne voyez donc pas, vous autres, que ces messieurs nous montent le coup !

« Ils viennent de compléter l'expérience commencée dans le lac, là-haut.

« Ils ne sont pas médecins pour rien.

« Après avoir pris un bain de pétrole, ils ont sans doute trouvé que ça leur avait fait du bien.

« Alors il leur est venu l'idée de prendre une douche du même liquide.

« C'était tout naturel.

« Affaire convenue avec Bouléreau qui n'étant pas doucheur de son naturel a un peu forcé la dose.

« Ces sorciers pâles, comme dirait le Cacique, ont découvert un nouveau remède.

« En rentrant en France, ils diront que les bains et les douches d'huile minérale guérissent les constipations, dyspepsies, indigestions, soulographies, gastrites, gastralgies, coliques haricofuges, le typhus, la phtisie, le rhume de cerveau, l'asthme, le diabète, le spleen et la stérilité virginale.

« Ils appelleront ce genre de médication *la pétrothérapie*, et leur fortune est faite.

« Voilà le truc, mes enfants !

« Eh ! tenez, quand je vous disais qu'ils nous ont jobardés !

« Les voilà qui se frottent les mains et rigolent comme une bande de bossus. »

Les savants, qui ne prêtaient aucune attention aux propos et aux railleries du Parisien non plus qu'aux rires des trappeurs, paraissaient en effet avoir subitement oublié leur mésaventure.

L'un se frottait encore les côtes, l'autre se tâtait les fesses ; mais tous deux avaient la joie peinte sur le visage

— Ah ! ah ! disait Simiol en grimaçant un sourire, en voilà un joli résultat !

« Ce monsieur le baron qui veut se donner des airs de grand homme.

« La leçon est rude, mais elle est bonne.

— Et surtout elle arrive à propos, appuyait du Bodet.

« Le comte va bien être forcé d'en rabattre quant au mérite de son M. de Senneville.

« Ce jeune présomptueux devenait agaçant avec sa fausse modestie.

« Qu'il arrête maintenant ce flot et nous applaudirons... »

Au moment même où le savant prononçait ces derniers mots, le jet d'huile s'arrêta tout à coup.

— Quand je dis nous applaudirons, rectifia du Bodet dans sa mauvaise foi d'envieux, je fais tout au moins mes réserves.

— Certainement, ajouta Simiol.

« Nous verrons si le fait n'est pas plutôt dû au hasard qu'à la science de l'ingénieur hydrographe. »

Et les deux docteurs allèrent se mêler au groupe qui s'était formé à l'entrée de la galerie.

Voici ce qui venait de se passer au fond de cette galerie :

Pendant un certain temps, Bouléreau se trouva aveuglé par cette espèce de brouillard intense que produisait l'huile chassée hors du tube de fer et pulvérisée par une force de jaillissement extrême.

Toutefois le squatter se remit bientôt de la surprise que lui avait causée le phénomène.

Il chercha à tâtons le tube de fer, et, après de nombreuses tentatives infructueuses, il réussit à introduire la clef dans le large robinet.

Ce fut alors que le jet s'arrêta brusquement, au grand ennui de Simiol et de du Bodet.

Ceux qui se trouvaient dans la galerie purent enfin se voir.

Chacun constata avec satisfaction que l'on avait eu plus de peur que de mal.

Tout le monde était trempé, voilà tout ; de plus, le pétrole répandu dans la galerie

LE SECRET DU DOMPTEUR

dégageait une odeur qui fit dire à Bouléreau :

— Il est de première qualité.

« Clair, gluant et puant ; impossible de trouver mieux !

« Cré mâtin ! si les dix tubes que nous allons percer nous donnent un pareil rendement, nous en aurons bientôt récolté des millions de tonnes. »

Et tout en assujettissant sa clef dans le robinet au moyen d'une forte cheville de fer, le squatter demanda :

— Est-ce que nous continuons ?

— Certainement, répondit M. de Senneville.

« Seulement, prenons nos précautions pour ne pas nous exposer à une nouvelle inondation. »

Les travaux de percement furent repris immédiatement.

La longue sonde fonctionna de nouveau à travers un second tube qui fut fermé assez à temps pour comprimer le jet d'huile.

Enfin, après plusieurs heures d'un travail acharné, les dix robinets de la plaque de fer correspondaient à dix trous forés dans la glaise dure, et M. de Senneville put constater avec joie, après expériences réitérées, que le fonctionnement de l'appareil entier ne laissait rien à désirer.

Furieux de ce succès, mais curieux et guidés par l'espoir de trouver quelque imperfection à critiquer, les docteurs du Bodet et Simiol examinèrent l'œuvre parfaitement conçue par le baron et le travail intelligent de ses aides.

Les robinets fonctionnèrent devant eux.

Impossible de nier l'évidence :

Tout allait dans la perfection.

Pourtant nos deux envieux terminèrent leur inspection en se disant tout bas :

— C'est idiot !

« Un enfant aurait fait mieux.

« Attendons-nous à un accident un de ces jours prochains. »

Cependant les gens de la caravane, ayant appris que le percement de la montagne était terminé et avait réussi, voulurent voir le travail auquel ils avaient tous contribués.

Le défilé dura longtemps.

Il fallut nécessairement faire jouer les robinets souvent, tâche dont s'acquittait Bouléreau avec sa bonne humeur habituelle et tout en répétant chaque fois :

— Voilà plus de vingt tonnes d'huile de perdues.

« Heureusement que le réservoir n'est pas près de tarir. »

Le lendemain, M. de Senneville paracheva son œuvre en faisant adapter des tubes de caoutchouc à chaque robinet dont le rendement était réglé par une simple clef ordinaire.

Ces dix conduits furent dirigés jusque sur le rivage de la mer.

Puis le baron, ayant fait sonder et visiter la rade, s'assura que les bâtiments du plus fort tonnage pouvaient s'approcher de terre sans aucun danger.

Il y avait un fond assez considérable et pas de moindre écueil sous l'eau.

Alors une nouvelle opération commença. Le comte de Lincourt avait dit :

— Je veux que le pétrole coule dans les navires mêmes et que le chargement le plus considérable soit exécuté en moins d'une heure.

Pour obtenir ce résultat, on établit une sorte de jetée légère, mais solide, avec de hauts mélèzes fortement reliés à leurs extrémités supérieures et dont les pieds se trouvaient maintenus à fond par des masses de fer et de plomb.

Certes, cette construction n'aurait pas résisté à un gros temps dans un endroit moins abrité que le port naturel où elle était établie ; mais, en définitive, il ne s'agissait que de lui donner la solidité nécessaire pour supporter les dix conduits qui devaient mener le pétrole jusqu'aux bâtiments stationnant en rade.

Le résultat fut facilement obtenu après un travail de quelques jours.

Et quand enfin M. de Senneville en eut terminé avec toutes ces difficultés naturelles, ce fut avec un certain orgueil qu'il considéra son œuvre.

D'ailleurs les compliments ne lui furent pas marchandés.

M. de Lincourt le félicita avec un enthousiasme qu'il ne montrait que dans de rares occasions.

La caravane réunie lui vota des remerciements par acclamation.

Sans-Nez lui offrit un bouquet.

Seuls les docteurs du Bodet et Simiol gardèrent un silence embarrassé.

Ils reconnaissaient *in petto* le mérite de leur cadet ; mais ils se seraient bien gardés de laisser lire dans leur pensée.

On dit que les loups ne se mangent pas entre eux.

Possible.

Mais les savants, c'est autre chose.

Ils s'entre-dévorent avec plaisir.

CHAPITRE CXL

L'OR COULE A FLOTS

Il y a huit jours que les travaux et tous les préparatifs sont entièrement terminés.

La caravane est dans une complète inaction.

Trappeurs et squatters s'ennuient.

Ils mangent, boivent, dorment et se montrent de mauvaise humeur.

Ils jouent bien un peu, mais ils sont obligés de se cacher, car le comte, en chef intelligent, a prohibé cette distraction souvent dangereuse.

Cette prohibition a été imposée comme condition expresse à tout le monde lors de la formation de la caravane.

Donc on s'ennuie.

Il faut du mouvement, de l'activité, de l'agitation à tous ces gens, habitués à une lutte continuelle dans la vie aventureuse et presque sauvage que la plupart mènent depuis longtemps.

Or ils se trouvent pour ainsi dire bloqués dans leur camp.

Plusieurs ont tenté de s'éloigner dans les

montagnes ou de descendre du côté de la prairie, dans le but d'y chasser.

Mais ils ont dû renoncer à toute expédition de ce genre, à cause du danger à courir.

La première troupe qui s'engagea dans les montagnes fut obligée de battre en retraite au plus vite, pour ne pas être détruite ou prise par les pirates.

La bande de John Huggs n'avait pas en effet quitté les environs.

Elle s'était au contraire fortement installée dans d'excellentes positions, et la caravane se trouvait complétement bloquée du côté de la terre.

Certes, si le comte et sa troupe ne réussissaient pas dans leur entreprise, ils ne devaient nullement songer à retourner sur leurs pas.

Malgré leur audace et leur valeur, les trappeurs auraient été massacrés.

Le nombre aurait certainement triomphé dans une dernière bataille.

Nous disons le nombre, car il résultait clairement de plusieurs reconnaissances opérées par ordre de M. de Lincourt que la troupe de John Huggs s'était augmentée d'une quantité considérable de recrues nouvelles attirées par l'espoir de s'emparer du *Secret* du trappeur.

Cette troupe se composait d'au moins un millier d'individus.

Malgré ce voisinage dangereux, la caravane ne se trouvait pas sérieusement menacée tant qu'elle demeurerait en repos.

Retranchée sur le plateau de l'abîme, protégée par ses fortins garnis d'artillerie, les pirates ne pouvaient chercher à l'attaquer.

C'eût été folie.

Or John Huggs était prudent.

De plus, il savait qu'il ne devait pas trop compter sur le courage de ses bandits.

Les trappeurs se trouvaient donc en sécurité, mais toute excursion hors de leurs lignes était défendue.

Ils étouffaient en plein air.

Quelques-uns avaient bien essayé de la pêche; mais quelle triste distraction pour des gens qui n'aiment que leur carabine et n'ont confiance qu'en elle!

Pourtant quelques personnes paraissent supporter assez bien la longueur du temps.

M. de Lincourt d'abord se montre très-gai, et les trappeurs, qui l'ont toujours vu froid en toute circonstance, s'étonnent de ses airs avenants, de ses manières aimables et engageantes.

Mais ce changement ne surprend pas tout le monde.

Plus d'un trappeur a déjà chuchoté à l'oreille d'un camarade :

— Le commandant est tout simplement amoureux.

« Et c'est un amoureux parfaitement heureux.

« Voilà pourquoi nous le voyons si content de lui-même et des autres. »

Ceux qui tenaient ce propos ne se trompaient pas.

Le comte était toujours épris de la reine des Indiens.

A le voir, on ne pouvait douter du sentiment qu'il éprouvait.

Il s'abandonnait franchement à la passion qui le possédait.

Cet élégant blasé avait donc enfin été touché au cœur.

Et par qui?

Par une femme indienne, une reine de sauvages.

Drôle de machine que l'homme!

Ce noble gentilhomme, si fier de sa supériorité, de sa haute situation dans le monde parisien, ce brillant cavalier qui avait été courtisé par nos plus charmantes mondaines, le roi de Paris foulait aux pieds tous les préjugés; il se moquait du ridicule, il narguait les convenances et paraissait tout disposé à braver l'opinion de ses pairs.

Adorable folie d'amour, quelle n'est pas ta puissance !

De son côté, M. de Senneville, depuis que l'achèvement de ses travaux lui laissait des loisirs, semblait se plaire beaucoup dans la compagnie du colonel d'Éragny.

Cela se comprend.

Quand le baron causait avec le colonel, il n'était pas loin de mademoiselle Blanche d'Éragny.

Or il aimait ce charmant voisinage et le recherchait aussi souvent que possible.

Le colonel s'était aperçu de ce manége, et il le favorisait, désirant faire oublier à son enfant le souvenir du Sauveur.

Il accueillait le jeune homme avec empressement et ne négligeait aucune occasion de louer son mérite de savant, d'applaudir à ses discours et d'apprécier son généreux caractère.

Blanche ne paraissait pas prêter grande attention aux assiduités du baron; elle était toujours triste et ne pouvait oublier la mort tragique du Sauveur.

Toutefois cette tristesse semblait diminuer peu à peu, et M. de Senneville aurait pu remarquer déjà que sa présence amenait parfois un éclair de plaisir sur le visage pâli de la jeune fille.

Il y a encore au camp trois autres personnages qui ne paraissent aucunement s'ennuyer.

Ces trois personnages sont Grandmoreau, John Burgh et Sans-Nez.

Ils ont trouvé une distraction ou une occupation à laquelle ils consacrent tout leur temps.

Tous trois ils quittent le campement dès le matin, disparaissent dans une vallée cachée par des amas de rochers, et on ne les revoit que le soir.

Que vont-ils faire dans cet endroit?

Pourquoi ce mystère?

Personne ne savait rien.

Les trois trappeurs ne répondaient pas aux questions qui leur étaient plus ou moins habilement posées.

Naturellement, ce silence et ces absences journalières excitèrent la curiosité; on tenta de suivre Grandmoreau et ses amis, mais il fallut bien s'arrêter devant les injonctions du vieux Trappeur, qui menaça de trouer le crâne au premier qui avancerait.

On connaissait l'homme, on le laissa tranquille.

Mais, pour plus de sûreté, Grandmoreau fit placer quelques sentinelles aux environs de l'endroit mystérieux, avec ordre de recevoir les indiscrets à coups de carabine.

Et ces sentinelles se trouvaient placées à une assez grande distance, et de telle façon qu'elles-mêmes ne pouvaient se rendre compte exactement du genre d'occupation auquel se livraient les trois trappeurs.

Tomaho, plus intrigué que les autres, finit par croire que Tête-de-Bison et ses amis faisaient de la sorcellerie.

Il questionna Sans-Nez à plusieurs reprises.

Il insista avec acharnement pour savoir à quelle grande médecine travaillait Tête-de-Bison.

Le géant en fut pour ses frais.

Chaque fois le Parisien l'envoya promener sans vouloir répondre à une seule de ses questions.

Fortement étonné de cette discrétion et plus intrigué que jamais, Tomaho tenta de passer malgré les sentinelles placées par Grandmoreau; mais il dut rétrograder devant la menace de recevoir une balle dans la tête. Il savait avoir affaire à des gens très-capables d'exécuter leur consigne. Il n'insista plus et se dit qu'après tout Grandmoreau était dans son droit.

On aurait pu essayer d'une visite de nuit; mais sortir du camp après le coucher du soleil, c'était enfreindre les ordres du commandant et s'exposer à être tué par une sentinelle ou par un pirate.

Donc, impossible de découvrir le nouveau secret de Grandmoreau.

Le comte de Lincourt lui-même ne savait presque rien de cette affaire.

Huit jours auparavant, c'est-à-dire dès que les travaux de percement du Nid-de-l'Aigle avaient été terminés, le Trappeur était venu le trouver et lui avait dit :

— Vous avez confiance en moi?

— Oui... Pourquoi cette question?

— J'ai quelque chose à faire ici près, mais je veux que personne ne connaisse mon idée, pas même vous.

— Eh bien?

— Eh bien! il me faut certains outils et votre promesse de me laisser agir à ma guise, sans vous inquiéter aucunement de ce qui m'occupe.

— Mon cher Trappeur, avait répondu

M. de Lincourt, fais ce que tu voudras et qu'il n'en soit plus question

« Je te donne carte blanche, sachant fort bien que tu n'es pas homme à commettre une imprudence ou une action déloyale. »

Le comte et le Trappeur avaient alors échangé une poignée de main, et ce dernier s'en était allé en murmurant :

— Nous verrons bien ce qu'il y a de vrai dans la supposition de Sans-Nez!

« S'il ne se trompe pas, nous rirons un de ces jours. »

Et Grandmoreau, se frottant joyeusement les mains, alla s'entendre avec John Burgh et Sans-Nez pour commencer ces mystérieuses absences qui intriguaient si fort toute la caravane.

Cependant le temps passe et l'on ne voit pas paraître les navires dont M. de Lincourt a annoncé la venue.

Lui-même commence à donner des signes d'impatience, sinon d'inquiétude.

Enfin, après quinze longs jours d'inaction et d'attente, la caravane est tout à coup tirée de sa torpeur par le cri d'une vedette placée en observation sur un point culminant des falaises.

Cette sentinelle n'a prononcé qu'un seul mot :

— Une voile!

Et ce seul mot a suffi pour mettre toute la caravane en révolution.

En un instant, les rochers sont escaladés, et la troupe entière peut s'assurer que la vedette ne s'est pas trompée.

Les hautes voiles d'un grand navire dépassent en effet la ligne d'horizon, et bientôt l'on apercevra le bâtiment lui-même.

Mais tout à coup diverses exclamations dominent le bruit des conversations.

— Un autre navire! crie-t-on de toute part.

— Deux!

« Trois!

— Encore d'autres!

« Il y en a plus de dix!

— Et ça n'est pas fini!

« C'est une vraie flotte! »

Tout le monde bat des mains et de joyeuses exclamations retentissent.

On échange mille propos extravagants, on se lance des plaisanteries au gros sel, on s'abandonne aux manifestations les plus enthousiastes.

De la tristesse, on a passé sans transition à la joie folle.

On va enfin sortir de l'inaction qui depuis quinze jours pèse sur la caravane comme un malaise, comme un mortel engourdissement.

L'exploitation du pétrole va réellement commencer...

Cependant les regards de tous continuent à explorer l'horizon.

De nouveaux navires apparaissent.

Bientôt vingt sont en vue.

Ils avancent rapidement, toutes voiles dehors.

Ils grossissent à vue d'œil.

Avant une heure, ils seront dans le port naturel où ils doivent recevoir leur chargement.

Le comte, profitant de ce moment où la caravane entière se trouvait massée autour de lui, donna quelques explications sur l'arrivée de cette flotte.

— Ces bâtiments, dit-il, me sont envoyés par ordre de la maison Barings frères de Londres.

« Ils sont partis de différents ports les plus proches.

« D'autres navires ne tarderont pas à arriver, car j'ai pris l'engagement, facile à tenir, de fournir autant d'huile que l'on pourra en venir chercher.

« J'ai d'ailleurs fait prévenir d'autres négociants, et je suis persuadé qu'ils ne tarderont pas à suivre l'exemple de la maison Baring. »

Puis, ayant désigné une escouade qui devait aider au chargement des navires sous les ordres de M. de Senneville et de Bouléreau, le comte ajouta :

— Nos provisions commencent à s'épuiser.

« Nous allons pouvoir les renouveler en grande partie.

« Que l'on prépare les moyens de transport nécessaires afin que le débarquement des vivres et vins que je vais acheter s'opère simultanément avec le chargement du pétrole. »

Ces ordres donnés, M. de Lincourt et le baron se rendirent immédiatement sur la platière où avait eu lieu le percement du Nid-de-l'Aigle.

Ils étaient suivis par de nombreux travailleurs ayant Bouléreau à leur tête.

M. de Senneville, ne voulant rien laisser à l'imprévu, résolut de s'assurer du fonctionnement de son appareil.

Les robinets furent ouverts l'un après l'autre. Le pétrole coula en abondance.

Les conduits furent examinés : ils étaient parfaitement intacts et solides.

Son examen terminé, le baron s'écria avec satisfaction :

— Allons! tout va bien!

« Le chargement sera aussi rapide que possible.

— Je crois en effet, dit le comte, que jamais les circonstances n'ont permis à qui que ce soit d'user de moyens aussi expéditifs que ceux dont nous disposons.

— Il est vrai que la disposition du terrain nous a singulièrement favorisés, observa le baron.

« Mais n'importe : ce qui me réjouit en ce moment, c'est de voir la stupéfaction des marins en voyant couler l'huile dans leurs bâtiments.

— On serait étonné à moins, dit le comte. Puis s'adressant à Bouléreau :

— Y a-t-il un canot de caoutchouc ici?

— Oui, répondit le squatter.

« Là, dans la galerie.

« Mais il est dégonflé.

— Qu'on le mette en état immédiatement.

« J'irai à bord des navires, afin de dispenser les marins de descendre à terre.

« Leur présence ici est plus qu'inutile, en ce sens qu'elle pourrait devenir nuisible. »

Et comme le baron fit un signe d'étonnement en voyant M. de Lincourt si défiant, celui-ci ajouta :

— Vous allez me comprendre.

« Nous allons avoir en rade les équipages peu nombreux de vingt transports de commerce; certes la présence de ces gens ne m'inquiète pas, car nous sommes en force pour les rejeter à la mer s'il leur prenait fantaisie de nous inquiéter.

« Mais il ne faut pas perdre de vue que dans quinze jours nous aurons peut-être cent navires dans notre port, et qu'alors la situation ne serait plus la même.

« Enfin je vous dirai que ce que je redoute le plus, c'est la malveillance et l'incendie qui pourrait en être la conséquence.

— Vous avez mille fois raison! s'écria M. de Senneville.

« Je n'avais réfléchi à ce danger qu'au point de vue de l'imprudence.

« Certes, en cas d'incendie, notre affaire serait ruinée, et rien ne prouve que nous ne péririons pas tous dans la conflagration épouvantable qui se produirait.

— Vous voyez bien, reprit le comte, que je ne saurais prendre trop de précautions.

« Les hommes de la caravane sont la prudence même : je n'ai aucune crainte à leur sujet.

« Mais en serait-il de même si nous admettions ici des matelots plus ou moins disciplinés, et qui, une fois ivres, seraient parfaitement capables de transformer le Nid-de-l'Aigle en volcan?

« D'ailleurs j'ai encore un motif plus sérieux de me défier.

« Il ne faut pas oublier que nous sommes toujours menacés par les pirates de ce forban de John Huggs.

« Or cet individu, se voyant dans l'impossibilité de nous voler, peut songer à la vengeance.

« Je ne serais pas étonné de trouver sur un navire marchand quelques-uns de ses bandits chargés de nous incendier.

« Donc, pas d'étrangers sur nos domaines!

— On n'est pas plus logique, fit le baron.

« Je comprends que vous teniez à ne pas établir de précédents en laissant venir à terre les gens des premiers équipages qui nous rendent visite. »

Pendant cette conversation, Bouléreau avait fait mettre à la mer le canot demandé par le comte, lequel donna de nouveaux ordres pour que les autres barques de caoutchouc fussent apportées et disposées pour aller prendre à bord des navires les provisions à transporter.

Tandis que ces préparatifs s'exécutaient, la flotte avançait rapidement.

Bientôt elle fut en rade.

Alors M. de Lincourt, accompagné de deux rameurs, alla s'entendre avec les capitaines qui, sur sa demande, s'étaient rassemblés sur le même bâtiment.

Il leur expliqua le mode de chargement adopté, et naturellement il excita l'étonnement le plus complet en disant que toute la flotte pourrait remettre à la voile le lendemain.

Enfin il fut convenu que dix navires allaient immédiatement prendre position pour emplir leurs tonnes à pétrole.

Puis le comte, ayant fait marché pour les vivres et les vins dont il avait besoin, prit congé des capitaines en s'excusant de ne pouvoir les inviter à venir à terre.

Quelques heures plus tard, le pétrole coulait à flot sur les dix navires stationnant à proximité des tuyaux de conduite supportés par la construction en charpente de mélèze.

En même temps, les barques de la caravane transportaient les provisions achetées par M. de Lincourt.

A la fin de la journée, cette dernière opération de déchargement était terminée, et les dix premiers bâtiments étaient lourdement lestés d'huile minérale.

Le lendemain matin, les robinets furent ouverts de nouveau et les dix autres navires se trouvèrent chargés en fort peu de temps.

Le comte eut alors une nouvelle entrevue avec les commandants des transports ; il régla selon un tarif convenu le prix de la quantité de pétrole embarqué et il reçut en traites sur diverses banques d'Angleterre et d'Amérique la valeur de sa marchandise.

Le jour même, la flotte entière appareilla, et avant la nuit elle avait disparu.

Jamais, très-certainement, pareil exemple de rapidité ne s'était produit quant au chargement de toute une flotte, quelle qu'ait été la nature des matières à embarquer.

M. de Senneville, lui-même en demeurait stupéfait.

Dès le lever du soleil, le lendemain, trois hommes sortirent du camp, traversèrent le pont suspendu et se mirent à gravir le Nid-de-l'Aigle.

Ces hommes n'étaient autres que Grandmoreau, Sans-Nez et John Burgh.

Ils suivirent pendant près d'une heure ce sentier rocailleux par lequel nous avons déjà vu passer la caravane lors de la reconnaissance du lac par M. de Lincourt.

Arrivés au sommet du pic, nos trois personnages s'arrêtèrent sur cette espèce de quai contournant le vaste réservoir et leur regard demeura un instant fixé sur la surface tranquille et noire du lac d'huile.

— Même niveau exactement, dit Sans-Nez.

— Tu es sûr ? demanda Grandmoreau.

— Absolument.

« Le liquide n'a pas baissé d'une ligne.

« Je m'en rapporte à Main-de-Fer.

— By God ! le Parisien a raison, approuva John Burgh.

« Il a mille fois raison !

« Je suis entièrement de son avis.

« Le niveau est resté exactement le même.

— Alors c'est une preuve à ajouter à celle que nous avons déjà, dit le Trappeur.

— Parbleu ! j'en étais convaincu dès le premier jour, reprit Sans-Nez.

« Du reste, le baron de Senneville a tout de suite été de mon avis.

« Il y a ces deux savants qui ne sont jamais de l'avis de personne qui ont eu des airs de douter... J'aurais dû les laisser aller à fond pour leur apprendre à vivre.

— C'est bien vrai, murmura Grandmoreau.

Et comme se parlant à lui-même :

— Ce lac est alimenté par d'immenses réservoirs, par des rivières souterraines courant dans toute la chaîne de montagnes qui s'étend jusqu'à près de deux lieues au nord.

— By God ! Tête-de-Bison, la chose est certaine, fit Burgh.

« Tous ces parages sont minés et pleins de pétrole.

« Je crois même qu'en creusant un puits

dans la plaine on trouverait des courants ou des infiltrations.
— C'est possible! fit Grandmoreau pensif.
« Mais peu nous importe la savane !
« C'est ce côté de la chaîne rocheuse par où passent les courants, où il y a peut-être des nappes entières, qui nous intéresse.
« Allons, tout est pour le mieux.
« Partons ! »
Les trappeurs reprirent le chemin du camp.
Avant de traverser le pont du précipice, Sans-Nez demanda à Grandmoreau :
— Dis-moi un peu, Tête-de-Bison, il n'est pas défendu de dire au commandant que l'huile n'a pas baissé là-haut ?
— Du tout, répondit le Trappeur.
« D'autant plus qu'il peut faire vérifier la chose quand il le voudra.
« Seulement tu ne diras que ça.
« Il est inutile de lui parler de notre affaire.
« Nous verrons au dernier moment.
— Suffit, mon ancien ! répondit le Parisien.
« On mettra sa langue dans sa poche. »
Et quittant ses amis, il alla trouver M. de Lincourt qu'il aperçut causant avec le colonel d'Éragny et le baron de Senneville.
— Monsieur le comte ? dit-il en saluant militairement.
— Qu'y a-t-il de nouveau ? demanda celui-ci.
— Oh ! rien de bien extraordinaire, répondit Sans-Nez.
« Pourtant il y a quelque chose.
« Mais d'abord voulez-vous me permettre de vous adresser une question ?
— Comment donc ! fit M. de Lincourt qui était habitué aux manières du Parisien et s'en amusait.
« Deux, trois, autant de questions que tu voudras.
— Une seule, reprit Sans-Nez.
« La voici :
« Croyez-vous fermement que c'est bien du pétrole qui coule par les robinets de M. le baron ?
— Je le crois, fit le comte quelque peu surpris par ce début.

« Le liquide a été analysé chimiquement.
« Mais pourquoi cette question ?
— Je vais vous le dire en deux mots, répondit le Parisien d'un air goguenard.
« Je me moque de la chimie, parce que je ne la connais pas et que probablement nous serons toujours étrangers l'un à l'autre.
« C'est pourquoi, malgré ce qu'elle peut dire, j'affirme, moi, que c'est de l'or qui coule du flanc du Nid-de-l'Aigle.
— Ah ! bah ! s'écria le comte en riant.
« Je crois deviner l'arrière-pensée qui t'a dicté cette affirmation si catégorique.
« Mais, dans la crainte de me tromper, je te demanderai, maître Sans-Nez, une explication plus nette.
— C'est bien simple, répliqua celui-ci.
« Comme je l'avais prévu, nous sommes en possession d'une source aussi abondante qu'inépuisable.
— Sûrement ? fit le baron.
— Tout ce qu'il y a de plus certain maintenant, affirma le Parisien.
« Nous sommes montés au sommet du Nid-de-l'Aigle ce matin, Grandmoreau, Burgh et moi.
« Nous en arrivons.
« Eh bien ! nous avons reconnu que le chargement d'hier n'a pas fait baisser le pétrole du tout, pas d'un millimètre. »
Le comte, le colonel et le baron laissèrent échapper en même temps une exclamation de joie.
— Je m'en doutais, mais je n'osais pas y croire, fit ce dernier.
— C'est en effet une mine d'or liquide, dit M. de Lincourt.
— Prodigieux, incroyable, inouï ! murmura M. d'Éragny.
— Donc, en fait de baisse, continua le Parisien, nous n'en n'avons qu'une à craindre : la baisse des prix.
— Je vendrai à moitié prix, dit le comte.
« Nous aurons terminé notre récolte de millions plus tôt.
« Je veux défier toutes les concurrences et voir mille navires dans cette rade. »
Et une idée paraissant lui être venue **tout** à coup, il demanda à Sans-Nez :

— Mais comment se fait-il qu'il te soit venu à la pensée de faire cette vérification dès le point du jour?

Le Parisien se gratta une oreille absente.

— Oh! simple curiosité! répondit-il après un moment d'hésitation.

— Je comprends cela, fit le comte en souriant.

« Et Grandmoreau et Burgh partageaient cette curiosité?

— Ne m'en parlez pas: ils sont encore plus curieux que moi.

— Je m'en doute, ajouta M. de Lincourt avec finesse.

« Grandmoreau surtout voulait savoir, n'est-ce pas?

« Enfin je connaîtrai peut-être un jour ce nouveau *Secret* du Trappeur. »

Sans-Nez allait s'éloigner sans répondre, quand la vigie qui se tenait constamment sur un rocher des falaises cria:

— Un navire!

« Un vapeur! »

M. de Lincourt armé de sa jumelle examina le bâtiment signalé.

— Des nouvelles! dit-il après un moment d'attention.

« Je reconnais *le Castor*, capitaine Willis.

— Un vrai navire de trappeurs, dit Sans-Nez en s'éloignant.

M. de Lincourt ne s'était pas trompé: c'était bien le capitaine Willis qui revenait rendre compte au chef de la caravane du résultat de sa course.

Une heure plus tard, le vapeur était à l'ancre dans le port.

M. de Lincourt se rendit aussitôt à bord.

107ᵉ Livraison

Il eut avec le capitaine un long entretien qui se termina ainsi :

— Enfin, réussite complète? dit le comte. « Notre exploitation va marcher régulièrement et rapidement?

— Assurément, affirma le capitaine ; cent navires me suivent, et je puis vous affirmer en outre que la nouvelle de votre découverte était déjà répandue à mon passage dans différents ports : je n'ai eu qu'à donner exactement la route à suivre pour que les armateurs et négociants se missent en mesure de vous envoyer des transports.

« Eh ! tenez, ajouta le capitaine en étendant le bras du côté de la pleine mer, voici trois bâtiments en vue.

« Il y en a d'autres qui suivent de près.

« Vous pouvez organiser votre service de distribution avec la certitude qu'il marchera régulièrement.

« Je vous conseillerai même de diviser vos travailleurs par escouades afin de leur laisser le temps de se reposer, sans pour cela interrompre le travail de chargement.

— Le conseil est bon et je vais en profiter, répondit le comte en quittant le vapeur.

Ainsi que l'a annoncé le capitaine Willis, les bâtiments de transport ne tardent pas à affluer.

Il en arrive de tous les points de l'horizon.

Dans la rade et jusqu'à perte de vue en mer, c'est un va-et-vient, une animation qui contraste singulièrement avec la profonde solitude d'autrefois.

Il y a des navires de toutes formes, de toutes grosseurs, de tous pays.

En fort peu de temps, la nouvelle de la découverte des trappeurs s'était répandue dans le monde entier, et les spéculateurs intelligents s'étaient empressés de profiter de la baisse de prix consentie par M. de Lincourt.

Aussi le port ne désemplit pas.

Les chargements sont continuels.

Le pétrole coule, coule à flots, toujours aussi abondant, toujours aussi pur.

Fait inouï, le niveau du vaste réservoir se maintient à la même hauteur.

Pendant un mois entier, les navires se succèdent sans interruption sous les jets abondants des dix conduits dont on règle le rendement comme on veut.

Par moments, il y a jusqu'à cinq cents navires en rade.

C'est magnifique !

Les tonnes s'emplissent et sont roulées dans les cales.

L'huile déborde, jaillit, ruisselle, se perd : peu importe, il y en a d'autre, il y en a toujours ! embarquez ! embarquez vite ! c'est tout ce que l'on demande.

Le comte, aidé de quelques-uns de ses hommes, anciens marins, estime à vue d'œil la contenance des navires; le prix de tant de tonnes d'huile est perçu en bonnes valeurs sur les plus solides maisons de banque, et le pétrole coule.

Ou plutôt, comme l'a dit Sans-Nez, c'est de l'or liquide qui jaillit à profusion, enrichissant acheteurs et vendeurs!

Les trappeurs et squatters sont sur les dents.

Ils n'ont pas une minute de repos.

Le comte et ses aides n'en peuvent plus.

Le pétrole coule toujours, et toujours de nouveaux bâtiments arrivent plus nombreux.

Tout ce monde a la fièvre du pétrole, c'est-à-dire la soif du gain, de l'or.

CHAPITRE CXLI

RÈGLEMENT DE COMPTES

M. de Lincourt vit qu'il allait être débordé.

Ses hommes, harassés de fatigue, pouvaient d'un moment à l'autre se trouver hors d'état de continuer leur pénible travail de surveillance et de distribution.

Il eût bien fallu alors laisser débarquer une certaine quantité de marins, ce qui était un danger sérieux à tous les points de vue.

Songeant d'ailleurs que depuis quelque

temps il entendait les trappeurs se dire qu'ils devaient déjà être assez riches, le comte résolut de suspendre l'exploitation, de tenir un grand conseil et de marcher avec l'opinion générale.

Cette détermination, communiquée au colonel d'Éragny, au baron de Senneville, à Grandmoreau et aux principaux lieutenants de la caravane, fut approuvée unanimement.

Un matin donc, il fut annoncé aux navires en rade que les chargements étaient momentanément suspendus.

Grand émoi à cette nouvelle !

Les commandants des transports demandent si la source d'huile est tarie.

Ils veulent savoir ce qui se passe.

Furieux de ce contre-temps et craignant de voir de gros bénéfices leur échapper, ils deviennent menaçants.

Ils exigent des renseignements sur la situation.

M. de Lincourt, dont l'orgueil s'accommodait peu de ces criailleries et réclamations, parvint à se dominer pourtant.

Sentant toutefois qu'il lui fallait montrer beaucoup de réserve et de prudence, il consentit à donner quelques explications.

Mais cette concession ne parut aucunement satisfaire les marins, qui menacèrent de descendre à terre et de prendre ce qu'on refusait de leur vendre.

Complication grave.

M. de Lincourt eut un moment l'idée de céder ; mais, après réflexion et conseillé par l'expérience, il pensa que faire une pareille concession, c'était montrer de la faiblesse et s'exposer à de nouvelles exigences.

Il demanda un délai de quelques heures pour se consulter avec ses lieutenants.

Il ne consulta personne.

Il alla trouver le capitaine Willis dont le vapeur stationnait dans le port.

— Capitaine, dit-il sans autre préambule, votre navire, votre équipage et vous-même vous êtes ici à ma disposition, n'est-ce-pas ?

— Oui, certainement, répondit le marin un peu surpris de ce début.

— Votre armateur vous a prévenu que vous auriez à exécuter les ordres qu'il me conviendra de vous donner, et il vous a recommandé spécialement de secourir la caravane que je commande, en cas de péril ?

— En effet, dit le capitaine.

« Disposez de moi.

— Fort bien, reprit le comte.

« Vous avez des canons ?

— Douze pièces de marine d'un calibre respectable.

— Parfait !

« Eh bien ! apprenez, mon cher capitaine, que les commandants des bâtiments que vous voyez en rade menacent de s'emparer de notre exploitation, parce que je prétends suspendre mes livraisons.

« En pareille circonstance, je n'ai qu'un ordre à vous donner :

« Empêchez toute tentative de débarquement.

« Canonnez s'il le faut.

« Je suis ici propriétaire d'une concession que je tiens du gouvernement des États-Unis.

« J'entends rester maître chez moi, et je ne céderai devant aucune menace

« Agissez en conséquence.

— Ma tâche sera facile, répondit le capitaine.

« Tous ces bâtiments sont des transports de commerce sans aucune artillerie.

« Ils n'oseront pas faire acte d'hostilité devant l'injonction que je vais leur adresser.

« Comptez sur moi et soyez sans inquiétude.

— Je pars et je suis parfaitement tranquille, fit le comte.

Et il échangea une poignée de main avec le capitaine Willis, lequel prit immédiatement ses dispositions pour réduire les prétentions des commandants des transports.

Cependant M. de Lincourt, ayant regagné le camp, donna l'ordre de rassembler le personnel entier de la caravane.

Un quart d'heure après, tout son monde se trouva rangé en demi-cercle devant lui.

On faisait silence.

Personne ne savait au juste de quoi il s'agissait, mais on s'attendait à recevoir quelque communication importante.

M. de Lincourt prit la parole.
Il paraissait ému.
Pourquoi?
C'est qu'il allait pour la première fois parler des bénéfices réalisés depuis près de deux mois.

Ces bénéfices étaient considérables et le comte se réjouissait d'avance des joies qu'il allait faire naître.

— Notre exploitation, dit-il, a produit une somme énorme; je vous ai réunis pour vous la faire connaître et pour que chacun sache à quel chiffre s'élève la part qui lui revient.

« Nous pourrions continuer nos livraisons, vendre encore et longtemps, car le réservoir du Nid-de-l'Aigle se remplit à mesure qu'on le vide; il est véritablement inépuisable.

« Mais j'ai fait une remarque qui m'oblige à vous consulter avant de prendre aucune détermination nouvelle engageant l'avenir.

« Vous êtes tous très-fatigués, et quelques-uns d'entre vous ne pourraient résister longtemps aux travaux pénibles que nous avons dû nous imposer.

« N'est-ce pas vrai?
— Oui, oui, répondit-on de toutes parts.
— Nous sommes éreintés, dit Sans-Nez.
« Et malgré ça, quand on me donnera la parole, je ferai une proposition qui, j'en suis certain, sera adoptée à l'unanimité.
— Nous t'entendrons quand j'aurai terminé, reprit le comte.

« J'aborde la question des bénéfices réalisés.

« D'après les conventions que chacun connaît, la somme qui me revient aujourd'hui est de vingt millions. »

En entendant prononcer ces deux mots: *vingt millions*, les trappeurs parurent surpris et ravis à la fois.

Ils avaient vu couler le pétrole à flots dans les flancs d'un grand nombre de navires, mais ils n'avaient pas pris la peine de calculer ce qu'avait pu produire en argent une quantité aussi considérable d'huile minérale.

— Vingt millions! vingt millions! répétaient-ils tous.

« C'est superbe!

« En si peu de temps!...»
Et ils se disaient tout bas:
— Nous allons avoir une jolie part chacun.

Quand le silence se fut rétabli, le comte reprit:

— La somme revenant à mon associé le colonel d'Éragny est de dix millions.

« M. le baron de Senneville recevra huit millions pour le concours précieux qu'il nous a prêté.

« Il revient à chacun de mes lieutenants six millions, et la part de chaque homme faisant actuellement partie de la caravane est de trois millions de francs.

« De plus, il me paraît juste d'élever à vingt millions la somme qui doit être comptée à celui qui m'a révélé le secret qui nous enrichit tous, à notre ami Grandmoreau.

« Nos bénéfices à ce jour étant de un milliard deux cent quarante millions, il restera deux millions dont, j'espère, vous me laisserez disposer à ma guise.

« Je vous ferai distribuer à tous, dès demain, les traites et lettres de change représentant le montant de vos parts. »

Dès que M. de Lincourt eut cessé de parler, les manifestations joyeuses éclatèrent.

Les hurrahs, les vivats, les acclamations retentirent avec un entrain assourdissant.

Pendant quelques minutes, ce fut un bruit, un tapage infernal.

On se bousculait, on échangeait des poignées de main, on s'embrassait.

C'était une joie, un délire, une folie.

Scène indescriptible et touchante, que M. de Lincourt contemplait avec un sourire de bonheur.

Cependant le calme revint peu à peu.

Le comte fit signe qu'il avait encore à parler.

On écouta.

— Messieurs, dit-il, maintenant que vous êtes renseignés sur l'état de votre fortune, il vous reste à faire connaître si vous êtes satisfaits.

— Oui, oui! cria-t-on de toutes parts.

— Entendons-nous bien, reprit le comte.

« Je désire savoir si vous êtes complètement satisfaits, c'est-à-dire si vous vous trouvez assez riches.

— Oui, oui, répéta la foule.

« Assez ! assez !

« Allons-nous-en !

« Laissons la place à d'autres.

— Votre résolution est sérieuse ? insista le comte.

« Réfléchissez !

« Nous pouvons doubler notre avoir si cela nous convient.

— Non, non ! répétèrent les trappeurs.

« Assez de millions !

« Nous n'en voulons plus.

— Je vois que vous êtes très-décidés, reprit M. de Lincourt, mais comme vous ne voudriez pas, j'en suis certain, peser sur la volonté de ceux d'entre vous qui ne partageraient pas l'avis du plus grand nombre, nous allons voter.

« Écoutez-moi bien : que ceux qui se trouvent assez riches et qui désirent abandonner l'exploitation lèvent la main. »

Toutes les mains se levèrent aussitôt.

— Bien, fit le comte.

« Maintenant, passons à la contre-épreuve.

« Que ceux qui veulent continuer l'exploitation lèvent la main. »

Une seule main se leva, celle de Sans-Nez.

Un murmure d'étonnement et des rires moqueurs se firent entendre.

Personne ne comprenait cette opposition du Parisien, qui en sa qualité de lieutenant avait double part.

M. de Lincourt, non moins surpris que les trappeurs, observa :

— Sans-Nez, tu remarqueras que tu es seul de ton avis.

« Or je ne vois pas comment tu t'y prendras pour continuer l'exploitation...

— Avec si peu de monde, n'est-ce pas, commandant ? acheva le Parisien.

« Mais rassurez-vous : je ne suis pas de mon avis tant que j'en ai l'air.

« Vous oubliez que j'ai demandé la parole.

« Donnez-la-moi et je vais expliquer mon vote.

— Parle ! fit le comte.

Sans-Nez, la main sur la hanche, la tête légèrement inclinée sur l'épaule, l'air aimable et vainqueur à la fois, débuta ainsi :

— Camarades, j'ai un reproche grave à vous adresser.

« Vous voilà riches, c'est très-bien !

« Vous nagez dans la joie, c'est parfait !

« Moi aussi, je suis heureux quand je pense à la vie de Grand-Turc que je vais me payer.

« Mais ça ne m'empêche pas d'avoir des scrupules sur la manière dont on doit se conduire avec le sexe.

« Eh bien ! voulez-vous que je vous dise ? nous nous conduisons aujourd'hui comme des pas grand'chose.

« Comment ! nous nous distribuons des millions et nous ne pensons pas à faire une part aux femmes de la caravane !

« C'est honteux !

« Vous manquez de galanterie pour le moins.

« En tout cas, la reconnaissance vous fait un devoir de ne pas oublier les femmes dans la distribution de nos richesses.

« Ces malheureuses ont partagé nos périls; elles se sont montrées aussi courageuses que nous en maintes occasions, et quand elles n'auraient fait que notre cuisine, nous ne devons pas les oublier, sous peine de passer pour des polissons. »

Ici le Parisien fut interrompu par de nombreux murmures :

— Laisse donc les femmes tranquilles ! lui cria-t-on.

« Tu nous embêtes avec ta galanterie !

« Le polisson, c'est toi ! »

Tomaho lui-même protesta en disant :

— Quand les squaws suivront le sentier de la guerre, elles partageront le butin.

Sans-Nez ne fut aucunement démonté par les observations du même genre qui lui arrivaient de tous les côtés.

Il jeta un coup d'œil sur M. de Lincourt, et, remarquant qu'un sourire l'encourageait à continuer son speech, il reprit avec véhémence :

— Non-seulement vous manquez de galanterie, de chic et de reconnaissance, mais vous êtes des imbéciles.

Des grognements significatifs accueillirent

cette apostrophe; mais le Parisien était lancé, il continua :

— Oui, des imbéciles, surtout si vous ne comprenez pas qu'en enrichissant sa femme on achète la liberté.

« Hein !... vous êtes là à me regarder comme si je parlais chinois.

« Certainement qu'on achète la liberté pour soi-même ; vous me comprendrez, si jamais vous avez à vous faire pardonner des fantaisies qu'un homme à millions ne peut manquer de s'offrir.

« Mais je laisse cette question de côté, et je vous accuse tous de manquer à tous vos devoirs en ne faisant pas une belle part aux femmes qui nous ont suivis dans notre expédition.

« De plus, si vous avez un remords de conscience, si vous réparez votre faute, vous n'oublierez pas, j'espère, la reine des Indiens et mademoiselle d'Éragny. »

Le Parisien cessa de parler.

— Messieurs, dit alors le comte, je ne m'oppose aucunement à l'adoption de la mesure proposée par Sans-Nez.

« Nous pouvons nous montrer généreux ; c'est l'affaire de deux jours de travail. »

Il sembla que les trappeurs n'attendissent que cette adhésion de leur chef pour adopter la proposition du Parisien.

Du consentement de tous, il fut décidé que les navires en rade recevraient leur chargement, ainsi que tous ceux qui se présenteraient dans le délai de quarante-huit heures.

CHAPITRE CXLII

UNE VISITE INATTENDUE

Ainsi qu'il avait été convenu, les livraisons de pétrole se prolongèrent pendant deux jours.

Mais ce délai expiré les robinets furent fermés et le capitaine Willis, ayant ancré son vapeur au milieu de la rade, fit défense formelle d'approcher de la construction en bois supportant les tuyaux de distribution.

A partir de ce moment, il ne fut plus question de travail ni d'occupation d'aucune sorte.

La caravane n'eut plus qu'à veiller à sa sûreté, toujours éventuellement menacée par le voisinage des pirates.

Car John Huggs n'avait pas abandonné le pays, bien au contraire.

Il paraissait avoir renoncé à ses pérégrinations dans les savanes et s'être fixé dans les montagnes au nord du Nid-de-l'Aigle, et il se tenait à une distance aussi rapprochée que possible du campement des trappeurs.

Évidemment ce bandit comptait profiter d'une occasion pour s'emparer de l'exploitation du pétrole, ou bien il se résignait à attendre que la caravane eût abandonné le terrain.

La troupe des bandits augmentait d'ailleurs de jour en jour.

Tous les maraudeurs, tous les voleurs, tous les pillards de la savane semblaient s'être donné rendez-vous autour de John Huggs et de la Couleuvre.

L'écume de la prairie, composée d'individus, dont le moins criminel avait trois ou quatre assassinats sur la conscience, était là, au milieu de ces rochers, à un ou deux kilomètres de la caravane.

Mais, lâches autant que cruels et avides, ces gredins, au nombre de près de trois mille, n'osaient pas attaquer les trappeurs.

Pareils à une nuée de vautours, ils attendaient que les lions eussent terminé leur repas pour se disputer les débris de la proie abandonnée.

Pas un homme de la caravane n'ignorait la présence des pirates; aussi faisait-on bonne garde nuit et jour aux environs du plateau où se trouvait installé le bivouac.

Grandmoreau surtout se distinguait par la rigueur avec laquelle il inspectait les hommes désignés chaque jour pour occuper les postes avancés.

De plus, le vieux Trappeur ne manquait jamais de se renseigner à l'occasion sur le nombre des pirates campés dans la montagne, sur leurs agissements, sur leur organisation apparente.

De tous les renseignements recueillis, il

résultait clairement que John Huggs ne préparait aucune attaque.

Pourtant Grandmoreau agissait comme s'il se fût trouvé à la veille de livrer bataille.

Pourquoi cet excès de prudence ?

Nul ne le savait.

Sans-Nez et John Burgh étaient peut-être les seuls qui ne s'en étonnassent pas ; mais, s'ils devaient garder le silence à ce sujet, jamais muets ne se montrèrent plus discrets.

A toutes les questions, ils répondaient avec cet air étonné et impatient qui décourage l'insistance des plus curieux.

Cependant M. de Lincourt en termina avec la répartition des bénéfices attribués au personnel de la caravane.

Il distribua les chèques, lettres de change et traites diverses à chaque intéressé et se trouva ainsi débarrassé de toute responsabilité vis-à-vis de sa troupe.

Puis, ayant provoqué une réunion générale, il annonça que le moment était venu de se séparer.

— Comme il nous est impossible, dit-il en terminant, de songer à traverser de nouveau le désert pour regagner des contrées habitables, nous devrons nous embarquer.

« *Le Castor*, en rade pour le moment, m'est réservé ainsi qu'à ceux qui voudront se rendre en France ou dans quelque autre partie de l'Europe.

« Deux autres navires frétés par moi et spécialement destinés à l'usage de la caravane vous transporteront tous dans les divers ports américains que vous choisirez librement.

« Si enfin beaucoup d'entre vous veulent aller en Europe, ces navires s'y rendront ; nous en avons la libre disposition pour une année entière. »

Puis, sur une observation qui lui fut adressée par plusieurs trappeurs, le comte ajouta:

— Notre matériel de wagons et tous objets lourds et encombrants seront abandonnés ; nos chevaux, mulets et bœufs seront remis en liberté dans le chemin creux qui mène à la plaine ; la vie sauvage est la plus belle récompense que nous puissions offrir à ces excellents animaux qui nous ont rendu tant de services.

« Vous avez d'ailleurs peu de temps pour faire vos préparatifs de départ, car les bâtiments que j'ai fait fréter à votre intention ne tarderont pas à arriver. Ils devraient déjà être ici.

« Hâtez-vous donc, afin que du pont des navires qui nous emporteront dans les contrées de notre choix nous puissions tous ensemble lancer un dernier hurrah, un dernier adieu au Secret du Trappeur ! »

Un murmure d'adhésion ayant accueilli ses derniers mots, le comte se disposait à regagner sa tente quand un matelot du *Castor* apparut et demanda :

— M. le commandant de la caravane ?

— C'est moi, fit le comte.

« Qu'y a-t-il ?

— Le capitaine m'envoie vous porter ces papiers, répondit le marin en tendant deux larges cartes de visite.

Étonné, M. de Lincourt prit les cartes et y jeta un rapide coup d'œil.

Soudain il tressaillit et laissa échapper un grand cri.

Cri de joie, assurément, car son visage était rayonnant.

Les trappeurs considéraient leur chef avec un profond étonnement ; jamais ils ne l'avaient vu ainsi.

Habituellement calme, froid, réservé, le comte se montrait tout à coup follement joyeux ; il ne faisait aucun effort pour cacher son émotion ; il laissait voir tout le plaisir qu'il éprouvait.

Le rire aux lèvres et le geste brusque, il articulait des mots sans suite, des phrases incompréhensibles.

— C'est un peu fort ! disait-il.

« Ici, eux !...

« Quelle folle idée !...

« Comment ont-ils pu savoir ?...

« Flatteuse, la visite !...

« Il faut croire que nous avons fait du bruit dans le monde.

« Ces chers amis !

« Je les méconnaissais en ne les croyant pas hommes à faire un pareil voyage. »

Puis élevant la voix et s'adressant aux trappeurs :

— Messieurs, dit-il, avant de quitter cette terre, avant de nous séparer, je vous propose de fêter l'heureuse issue de notre expédition.

« Demain nous nous réunirons tous autour de la même table, et notre repas sera le dernier que nous prendrons en commun.

« Préparez la salle à manger dès maintenant, puis vous ferez transporter les provisions que nous fournira *le Castor*.

« Je vais donner des ordres dans ce sens au capitaine Willis. »

Une explosion de bravos accueillit la proposition de M. de Lincourt.

La perspective d'un festin semblable à celui qui avait eu lieu avant l'exploitation du pétrole réjouissait tout le monde au plus haut point, et cela se conçoit.

Tous ces nouveaux millionnaires se trouvaient dans les dispositions d'esprit excellentes pour commencer immédiatement la vie de plaisirs et de bombances qu'ils se promettaient.

— Voilà qui est convenu, termina le comte.

« Un dernier toast au pétrole et nous cédons la place à d'autres.

« A demain, et faites bonne garde !

« Je passerai sans doute une partie de la nuit à bord du vapeur. »

A ces mots, M. de Lincourt rentra sous sa tente, échangea quelques paroles avec la reine des Indiens, sa maîtresse, et s'éloigna bientôt dans la direction du port.

Mais il n'avait pas passé le pont suspendu quand il fut rejoint par Grandmoreau.

— Monsieur le comte, lui demanda gravement le Trappeur, n'avez-vous pas dit tout à l'heure : « Nous céderons la place à d'autres ? »

— Oui ; après ? fit le comte avec une certaine impatience.

— Monsieur, reprit Grandmoreau toujours grave, je ne veux pas troubler la fête de demain, mais je me réserve de vous parler et de vous faire ma proposition avant notre départ.

— Pourquoi pas tout de suite ? demanda M. de Lincourt.

— Non, plus tard, fit le Trappeur.

« Je voulais seulement savoir si j'avais bien entendu et compris vos paroles. »

Et, sans plus d'explications, il s'en retourna dans la direction du camp.

— Diable d'homme ! se dit le comte tout en marchant.

« Il a quelque projet en tête depuis quelque temps, mais impossible de rien savoir, avec sa réserve farouche.

« Il est devenu sauvage, à force de vivre dans la solitude des savanes et des forêts ; mais quelle nature vraiment supérieure, malgré ces rugosités de caractère !

« Enfin il parlera quand il voudra... »

Cependant les trappeurs et squatters, sous la direction de Bouléreau et de Sans-Nez, s'occupèrent de l'installation nécessaire pour la grande fête du lendemain.

Les wagons étant sacrifiés, ils en commencèrent la démolition et utilisèrent toutes les planches pour improviser une série de tables intelligemment disposées autour d'une table principale, laquelle devait être occupée par le chef de la caravane et ses lieutenants.

Puis des bancs furent installés, et enfin Sans-Nez fit construire une estrade pour l'orchestre, en prévision du bal qui, selon lui, devait nécessairement succéder au festin.

Tout en ordonnant ces préparatifs, tout en en surveillant l'exécution, Bouléreau et le Parisien échangeaient des propos qui n'avaient aucunement trait à leur travail.

— Cet animal de Cacique, disait Sans-Nez ne nous donnerait pas un coup de main !

« Mais attends un peu, grand flâneur, je vais te faire sortir de ton indifférence !

— Le moment serait bien choisi, ajoutait le squatter.

« A la veille de partir, quel réveil de toutes ses fureurs !

— Laisse-moi, faisait Sans-Nez tout en observant Tomaho qui se promenait gravement dans l'enceinte du bivouac.

« Je ne lui dirai rien aujourd'hui.

« Je veux le faire languir.

« Ce sera plus amusant.

— Bon ! approuvait Bouléreau, j'y suis en plein !

LE SECRET DU DOMPTEUR

« Le Cacique sera intrigué pendant toute la journée de demain :

« Voilà qui nous procurera un plaisir de plus.

« Mais, pour que ce soit drôle, il faudra mettre pas mal de camarades dans la confidence.

— Sois tranquille ! disait le Parisien ; je me charge de monter l'affaire.

Tout en complotant ainsi, nos deux amis ne perdaient pas de vue le géant.

Bientôt ils eurent donné leurs derniers ordres et Bouléreau se chargea seul de veiller à leur exécution.

Alors Sans-Nez, se donnant des airs de flâner, se promena dans le camp et se trouva par hasard en présence de Tomaho avec lequel il échangea d'abord quelques mots insignifiants.

Puis il se frappa le front comme un homme rentrant tout à coup en possession d'une idée oubliée :

— A propos, Cacique, j'ai des nouvelles extraordinaires à t'apprendre.

Le géant jeta un regard méfiant sur le Parisien.

Il avait été trop souvent mystifié par lui pour ne pas le suspecter constamment.

Pourtant, au lieu de s'éloigner dédaigneusement comme il lui arrivait souvent, il répondit avec une solennelle gravité :

— Que mon frère parle.

« Mes oreilles sont ouvertes.

— J'ai des nouvelles d'Araucanie et de Patagonie, dit Sans-Nez sans plus de préambule.

Le géant eut un violent tressaillement.

Sa large main ouverte se leva et retomba sur l'épaule du Parisien qui plia sous le faix.

— Que sait mon frère ?

« Qu'il parle ! s'écria Tomaho avec des rayonnements dans le regard.

— Retire ta main d'abord, reprit Sans-Nez, ou sinon je ne prononce plus un seul mot.

« Bon !

« Maintenant j'ajoute que non-seulement je sais ce qui se passe dans ton ancien royaume, mais encore que je sais très-bien ce que fait ton ennemi Touneins. »

Tomaho, toujours plein de défiance, eut un geste de doute.

108ᵉ Livraison.

— Mon frère veut encore se moquer de moi, dit-il.

« Je ne le crois pas, car sa langue est menteuse.

« Comment saurait-il ce qui se passe dans mon royaume, quand il en est si éloigné ?

— Ah ! tu me prends pour un blagueur ! s'écria Sans-Nez affectant un air vexé.

« Eh bien ! je ne t'en dirai pas plus long aujourd'hui ; mais souviens-toi que non-seulement je suis certain de ce que j'avance, mais que je te donnerai des preuves quand je voudrai.

— Alors, que mon frère parle, dit le géant à demi convaincu.

— Nous verrons plus tard, fit le Parisien en s'éloignant.

« Pour le moment, je me tais.

« Ça t'apprendra à me traiter de blagueur.

— Je pourrais forcer mon frère à m'obéir, dit Tomaho avec un geste menaçant ; mais je ne veux lui faire aucun mal.

« Il est léger et bavard comme une squaw, je suis patient comme le jaguar à l'affût ; j'attendrai et je saurai demain ce qu'il me cache aujourd'hui. »

Et Tomaho, reprenant tranquillement sa promenade solitaire, laissa Sans-Nez rejoindre Bouléreau.

Malgré son calme apparent, le géant était très-ému.

Il ne voulait rien laisser deviner de ce qui se passait en lui ; pourtant il était profondément troublé.

Sans-Nez qui le connaissait s'aperçut fort bien de cette agitation intérieure, et il aborda Bouléreau en disant :

— Ça y est !

« Je lui ai, comme on dit, mis la puce à l'oreille.

« Il est déjà dans un épatement complet !... »

Pendant que se passait cette scène et que se terminait l'arrangement de ce que Sans-Nez appelait la salle du festin, M. de Lincourt était arrivé sur la plate-forme dominant la rade ; il avait pris place sur un canot qui l'attendait.

Avant d'accoster le Castor, il avait déjà reconnu les deux personnages dont il venait de recevoir les cartes de visite.

Il répondit par des paroles de bienvenue aux saluts qu'on lui adressait.

Il sauta enfin sur le pont du vapeur et échangea avec les étrangers une triple accolade et de multiples poignées de main.

Disons tout de suite que ces deux personnages étaient simplement des amis intimes du comte.

Nobles, riches et désœuvrés comme lui, le prince de L... et le marquis de B... s'étaient liés d'amitié, d'amitié véritable et sérieuse, avec leur compagnon de plaisir.

Depuis longtemps, ce trio formait en quelque sorte le pivot autour duquel gravitait tout ce qu'il y avait de plus distingué dans la fashion parisienne.

On conçoit quel désarroi le départ du comte pour l'Amérique avait dû jeter dans ce grand monde où il régnait sans conteste.

On s'imagine quelles furent les inquiétudes de ses meilleurs amis en ne recevant plus de ses nouvelles.

La première émotion calmée, M. de Lincourt et ses amis échangèrent mutuellement nombre de questions.

— Permettez-moi d'abord, fit le comte, de vous demander comment il se fait que vous soyez ici.

— C'est bien simple, répondit le prince de L... ; nous nous ennuyions de vous : nous avons appris votre découverte d'une riche source de pétrole en même temps que la situation géographique exacte de cette source.

« Qu'avions-nous à faire ?

« Un voyage d'agrément à la recherche de notre ami.

« Aussi notre détermination fut bientôt prise, aux acclamations du Jockey-Club tout entier.

« Nous avons acheté cet excellent yacht que vous voyez, nous l'avons lesté de six mois de vivres, nous nous sommes embarqués, et après une navigation heureuse nous vous retrouvons.

« Voilà toute l'affaire.

— Et nous vous enlevons, ajouta le marquis de B...

« Nous nous y sommes formellement engagés.

« Vous comprenez que c'est un véritable engagement d'honneur.

« Quelle réception, mon cher !

— Oui, reprit le prince de L..., nous pouvons vous promettre une réception digne de vous.

« Elle ne sera d'ailleurs que ce qu'elle doit être.

« Nous connaissons vos exploits ; votre lutte avec le Sauveur, avec les pirates ; vos triomphes constants.

« Votre caravane a fait des prodiges.

« Du reste, nous connaissons déjà vos principaux compagnons d'aventures : Grand-moreau, Sans-Nez, Tomaho et les autres.

— Enfin nous savons à peu près tout, dit le marquis de B... avec un sourire malicieusement significatif.

Le comte comprit paroles et sourire.

Évidemment son ami faisait allusion à la reine des Indiens.

Mais il négligea de répondre à cette provocation réservée et polie, par laquelle on paraissait lui demander une confidence, et en gardant le silence il savait que ses interlocuteurs étaient trop bien élevés pour se permettre la moindre insistance.

— Je comprends ! fit-il d'un air dégagé et souriant.

« Mes trappeurs ont bavardé, et les premiers navires qui sont venus charger ici ont emporté notre histoire avec notre pétrole.

« Eh bien ! voilà qui m'évitera d'écrire la relation de mon voyage, puisque c'est chose faite. »

Puis ayant fait appeler le capitaine Willis :

— J'espère que vous pensez à nous offrir à dîner à votre bord ? lui demanda-t-il.

— Quand il vous plaira de vous mettre à table, répondit le capitaine en s'inclinant, nous sommes servis.

— Allons, dînons ! s'écria gaiement M. de Lincourt.

« J'ai hâte d'entendre parler de mon bien-aimé Paris.

« Demain, je compléterai les renseignements que vous avez déjà sur notre expédition, et je vous ferai faire connaissance avec mes hardis compagnons d'aventure. »

M. de Lincourt et ses amis, guidés par le capitaine Willis, disparurent dans l'intérieur du bâtiment.

CHAPITRE CXLIII

OU TOMAHO APPREND DES NOUVELLES EXCESSIVEMENT GRAVES ET INTÉRESSANTES

Le lendemain matin, tout était préparé pour la fête qui devait réunir une dernière fois tous les membres de la caravane.

Les cuisines marchaient grand train.

Les tables étaient dressées avec un soin et un luxe inaccoutumés, car le capitaine du *Castor* et les amis du comte avaient fourni tout un matériel de vaisselle, de couverts, etc.

De plus, les deux navires, abondamment pourvus de vivres et de vins, avaient positivement été mis au pillage.

— Quel luxe ! s'exclamaient les trappeurs.

« Quelle noce !

« En voilà du liquide et de la mangeaille !

« La soûlerie sera complète. »

Et tout en faisant maintes réflexions de cette nature, ils allaient et venaient affairés et mettant la dernière main aux apprêts.

Mais bientôt la voix de Grandmoreau, dominant tous les bruits, lança un commandement.

Alors toute la troupe se rassembla, se forma en compagnies et se dirigea du côté du pont suspendu.

Là elle s'arrêta, attendant l'arrivée de M. de Lincourt et de ses amis qu'une sentinelle avait signalés.

Quelques minutes après, le comte parut, accompagné du prince de L..., du marquis de B..., du capitaine Willis, et suivi d'une partie des équipages du *Castor* et du yacht.

Les trappeurs accueillirent leur chef par de bruyants vivats, et de même ils acclamèrent ses amis dont la présence leur avait été signalée dès le matin par ceux qui étaient allés débarquer les provisions.

Le comte, ayant répondu par quelques mots d'amitié à la manifestation de sa troupe, se dirigea vers le camp.

Là chacun prit place selon son rang.

Sans-Nez et Bouléreau, qui s'étaient faits commissaires-ordonnateurs de la fête, conduisirent leur chef à la table qu'il devait occuper avec ses amis et les lieutenants de la caravane.

A cette table vinrent encore s'asseoir les docteurs du Bodet et Simiol, ainsi que don Matapan, sa fille Belle-Plume et Sable-Avide.

Enfin Tomaho, qui ne pouvait se contenter d'un banc et d'une table ordinaires, s'était procuré deux meubles à sa taille. Il avait nettoyé et arrangé un fond de chariot; puis ayant fixé en terre quatre énormes pieux, c'est-à-dire quatre troncs de mélèzes, il s'était tout bonnement contenté de fixer le fond de chariot sur les pieux. Voilà pour la table.

Quant au siége, le géant l'avait trouvé tout fabriqué.

Ce siége était une paire de larges roues de wagon.

L'une des roues était horizontalement posée à terre et l'autre soutenue dans le même sens par l'essieu de fer vertical : cet ensemble formait une sorte d'escabeau tournant, assez comparable à un tabouret de piano.

Quand tout le monde eut pris place, quand M. de Lincourt eut terminé les présentations d'usage, il demanda la permission de s'éloigner un moment en disant :

— Dans quelques minutes, je suis à vous.

On le vit disparaître dans l'intérieur de sa tente et en ressortir presque aussitôt.

Mais il n'était plus seul.

La reine, vêtue de ce costume moitié européen, moitié indien que l'on connaît, marchait à côté de lui, gracieusement appuyée sur son bras.

Toujours admirablement belle, la sœur de l'Aigle-Bleu n'était plus la femme hautaine, fière et dédaigneuse d'autrefois.

Ce n'était plus la reine guerrière d'une peuplade de Peaux-Rouges.

L'amour et le bonheur l'avaient transformée.

Sa beauté incomparable, tout en conservant un certain caractère d'étrangeté sauvage, s'était en quelque sorte modifiée.

Toute apparence de rudesse avait disparu, pour faire place à la grâce et à la douceur.

Cependant le comte, arrivé près de ses amis, prit la main de la reine et dit simplement :

— Messieurs, je vous présente madame la comtesse de Lincourt.

En hommes du monde qui savent dissimuler leurs impressions, le prince et le marquis se contentèrent de s'incliner profondément devant la reine, puis ils serrèrent la main du comte, lui faisant ainsi un discret compliment, et reprirent leur place à table.

M. de Lincourt s'assit à son tour, ayant *sa femme* à sa droite.

Mais si MM. de L..., et de B... ne laissèrent pas paraître leur surprise quand la comtesse de Lincourt leur fut présentée, les trappeurs admis à la table de leur chef ne parvinrent pas si facilement à dissimuler leur étonnement.

Ils comprenaient que le comte eût pris la reine pour maîtresse ; mais ils ne croyaient pas qu'une Indienne devînt la femme d'un homme de cette valeur.

Ces braves gens ne pouvaient connaître la reine ; ils la voyaient plus belle que les autres femmes de sa race, c'était tout.

Sans-Nez, lui seul, avait assez de finesse et de pénétration pour deviner les sentiments intimes qui faisaient agir le comte ; et il exprima en partie sa pensée en disant tout bas à Bouléreau :

— Il a bien raison, le commandant.

« Jamais il ne trouverait une femme pareille à Paris.

« Jamais il ne sera adoré comme il l'est par la reine.

« Il était complétement blasé ; le voilà rajeuni par l'amour.

« Tu comprends que toutes les Paméllas du faubourg Saint-Germain ne seraient pas capables d'opérer un pareil miracle.

« Et puis, vois-tu, ma vieille, avec des

femmes comme la reine, on est toujours sûr d'être le père de ses enfants. »

. . . .

Nous nous abstiendrons de décrire le repas auquel la caravane fit largement honneur.

Nous ne citerons pas les nombreux toasts qui furent portés.

Nous ne raconterons pas les exploits des mangeurs et des buveurs émérites qui font partie de la troupe.

On connaît don Matapan, Sable-Avide, Bois-Rude ; on sait comment ils se comportent le verre à main.

On sait que John Burgh dit Main-de-Fer mange comme quatre et Tomaho comme trente.

On n'ignore pas que Sans-Nez et Bouléreau sont des bavards souvent amusants et dont la gaieté communicative charme et entraîne.

Disons seulement que les trappeurs ne se montrèrent jamais plus joyeux, plus follement insouciants.

Certes, on n'aurait jamais supposé que tous ces gens avaient des millions dans leur poche.

Ajoutons encore que le prince de L... et le marquis de B..., ne s'étant jamais trouvés à pareille fête, laissaient paraître des étonnements qui divertirent plus d'une fois le comte et ses compagnons.

Nous arrivons enfin au moment où l'on vient de servir le café.

Là se place un incident que nous ne pouvons passer sous silence.

Les amis de M. de Lincourt qui, pendant tout le repas, avaient vingt fois arrêté leur regard étonné sur Tomaho buvant et mangeant sa table particulière, demandèrent des renseignements sur le géant.

Ils parlèrent bas, mais pas assez pourtant, car Tomaho, dont l'ouïe, comme la vue, était d'une finesse extraordinaire, les entendit, et il savait assez de français, grâce à ses conversations avec Sans-Nez, pour les comprendre.

Il ne laissa pas au comte le temps de répondre.

— Mes nouveaux frères pâles, dit-il, sont curieux.

« Ils veulent connaître mon histoire : je vais leur dire comment le Renard-Subtil, le traître et déloyal Touneins, m'a fait partir de mon royaume.

« Ce lâche coyote qui a fumé avec moi le calumet de paix..... »

Le comte, prévoyant une histoire interminable, interrompit le géant.

— Il est inutile de continuer, Cacique, dit-il.

« Ces messieurs connaissent parfaitement votre histoire et celle de ce Touneins qui vous a détrôné.

— En effet, affirma le prince de L..., les journaux ont depuis longtemps parlé de cette affaire.

Tomaho, visiblement contrarié de ne pouvoir cette fois encore raconter ses malheurs, but d'un trait les deux litres de café brûlant qu'on venait de lui servir dans une soupière.

Puis s'adressant au prince :

— Je comprends mon frère pâle, dit-il.

« Les feuilles qui parlent ont fait le récit de mes aventures.

« Disent-elles que Touneins est un traître et un ennemi déloyal?

— Assurément, s'empressa de répondre M. de Lincourt ; elles le nomment voleur, même.

— C'est bien, fit le géant.

« J'apprendrai à entendre le langage des feuilles qui parlent, car elles parlent bien.

— Ce qui va vous étonner et vous faire grand plaisir en même temps, dit le marquis de B..., c'est que votre ennemi, ce Touneins, n'est plus roi d'Araucanie à votre place.

A cette nouvelle, le géant fit un tel soubresaut sur son tabouret, que les raies des roues en craquèrent.

Agité d'un tremblement nerveux, les yeux grands ouverts et les bras étendus en avant, il s'écria :

— Que mon frère pâle répète ses paroles !...

« Qu'il me dise que mes oreilles ne me trompent pas...

— Je vous répète et je vous affirme que votre successeur au trône d'Araucanie et de Patagonie a été obligé par ses sujets de quitter votre pays.

« Il est même retourné en France. »

Sûr, cette fois, d'avoir bien entendu et parfaitement compris, le géant s'abandonna à une joie folle.

— Le grand Vacondah est juste! s'écria-t-il.

« Il a puni le traître et il récompensera le guerrier brave et loyal.

« Tomaho reverra la grande nation de ses ancêtres.

« Il sera encore le premier Cacique des caciques et les feuilles qui parlent raconteront son triomphe. »

Tout en parlant, le géant sautait et gesticulait avec une gaieté en quelque sorte furieuse.

Se rappelant les leçons de danse de Sans-Nez, il cancanait sur place avec une frénétique énergie.

Spectacle à la fois touchant et comique.

Les amis de M. de Lincourt étaient stupéfaits.

Ils avaient bonne envie de rire, mais ils se contenaient par crainte de faire entrer le doute dans l'esprit du géant et de détruire son bonheur.

Sans-Nez, qui n'avait pas les mêmes scrupules, trouva le moment opportun pour placer une rectification.

— Ce qui vient d'être raconté au sujet de Touneins est parfaitement exact, dit-il, mais c'est de l'histoire ancienne.

Tomaho, entendant la voix du Parisien, se souvint tout à coup de la conversation qu'il avait eue avec lui la veille.

Il cessa aussitôt ses joyeuses manifestations et redevint silencieux et attentif.

— Je sais très-bien, moi, continua Sans-Nez, que le Renard-Subtil, l'ennemi du Cacique, n'est plus en France.

« Je sais même qu'il a pris passage sur un navire de commerce et qu'il a l'intention de débarquer en Araucanie s'il n'y est pas déjà.

— Et l'on suppose qu'il arrivera à remonter sur son trône, appuya Bouléreau.

Tomaho, les sourcils froncés et l'œil menaçant, s'approcha du Parisien.

— Mon frère est moqueur et méchant, dit-il d'une voix étranglée par l'émotion.

« Il ment, il veut faire de la peine à son ami Tomaho... je vais le punir. »

Et le géant étendit la main pour se saisir de Sans-Nez.

Mais celui-ci se laissa glisser sous la table, reparut derrière le comte, et s'écria :

— Grand pointu! viens-y donc, maintenant!

« Tu n'oserais pas! »

Et, tirant un journal de dessous sa blouse de chasse, il continua :

— Tu vas voir si je blague.

« Moi aussi, j'ai lu une feuille parlante qui me donne des nouvelles de Touneins.

« La voici.

« C'est un journal américain que m'a prêté le second du capitaine Willis.

« Ce journal porte une date récente, tandis que ceux qui ont été lus par ces messieurs en France sont de vieux journaux de six mois.

« La preuve est dans ma main. »

Et, tendant son journal au comte, le Parisien ajouta :

— Lisez, commandant!

M. de Lincourt parcourut rapidement un article où il était dit en effet que le sieur Touneins venait de s'embarquer avec quelques aventuriers, dans l'intention de reconquérir ses anciens États.

Tomaho, l'œil fixe et la bouche béante, attendait avec anxiété la fin de cette lecture.

Le comte aurait voulu lui cacher la vérité, mais il n'était plus temps, il lui fallait tout dire pour épargner au Parisien une rude correction.

— Mon brave Cacique, fit-il, la nouvelle ne me paraît que trop vraie.

« Sans-Nez ne vous a pas trompé!

— J'ai confiance dans la parole de mon frère le chef pâle, dit le géant en baissant tristement la tête.

« Je le crois.

« Mais j'espère que le Renard-Subtil sera scalpé par mes anciens guerriers. »

Ayant formulé ce souhait, Tomaho quitta sa table et, plongé dans une profonde méditation, il s'éloigna du camp.

On ne le revit plus de la journée.

CHAPITRE CXLIV

OU GRANDMOREAU SE MONTRE INTRAITABLE

Le départ de Tomaho et le motif qui l'avait causé impressionnèrent désagréablement tous ceux qui avaient été témoins de cette scène.

M. de Lincourt qui, on le sait, aimait beaucoup le géant témoigna son mécontentement à Sans-Nez.

— Je m'attendais à une bonne plaisanterie, lui dit-il, et tu nous sers une mauvaise action.

« Tu baisses dans mon estime.

« Il eût été si simple de laisser ce brave Cacique dans une erreur qui le rendait heureux. »

— Baste ! répliqua le Parisien avec sa légèreté habituelle, il se consolera.

« D'ailleurs il aurait toujours fini par apprendre la vérité.

« Autant qu'il la connaisse tout de suite.

« Du reste, je ne croyais pas, je l'avoue, qu'il aurait pris la chose d'une façon aussi sérieuse.

— Cet aveu, reprit le comte, atténue ta faute sans l'excuser complétement.

« Mais oublions cet incident, messieurs, et parlons de nos projets de départ.

« Je vous apprendrai d'abord que les deux vapeurs que nous attendons étaient en vue au moment où j'ai quitté *le Castor*.

« Ils doivent être mouillés en rade maintenant.

« Nous pouvons donc nous embarquer tous dès demain si nous voulons.

— Nous ne demandons pas mieux, fit Bouléreau, d'autant plus que nous commençons à nous ennuyer ici.

— Il n'y a pas d'opposition ? demanda le comte.

— Non, non, répondirent ensemble les lieutenants.

— Fort bien ; mais avez-vous pensé à vous diviser de manière à vous trouver un nombre à peu près égal sur les deux navires qui vous sont destinés ?...

— Pardon, mon cher ami, dit le prince de L..., permettez-moi de placer un mot à propos de vos arrangements.

— A votre aise ! fit le comte.

— Vous oubliez, dit M. de L..., que nous venons vous chercher, que nous avons un yacht aussi solide et meilleur marcheur que vos vapeurs et que nous vous emmenons de gré ou de force.

— Vous ne pouvez nous refuser le plaisir de vous avoir à notre bord, appuya le marquis de B...

— Je ne refuse pas, dit le comte indécis, cependant...

— Pas de prétextes ! insista le prince ; vous retournez en France avec nous.

— Soit ! j'y consens avec plaisir.

« De cette manière, la caravane pourra disposer de trois navires au lieu de deux, car je comptais réserver *le Castor* pour moi seul.

— Eh bien ! s'écria tout à coup Sans-Nez, voilà un arrangement qui me va comme un gant.

M. de Lincourt le questionna du regard.

— Commandant, je vais expliquer mon idée.

« Écoutez tous ! fit-il en s'adressant à ses camarades.

« Je propose que les lieutenants s'embarquent tous sur *le Castor* et qu'ils soient autorisés à n'admettre à leur bord que les hommes qu'il leur plaira de choisir.

— Est-ce que cette proposition convient à tout le monde ? demanda le comte.

— Oui, oui, répondirent les trappeurs.

« C'était déjà chose convenue entre nous.

— Fort bien, alors.

« Faites donc comme vous voudrez. »

Et, s'adressant au colonel d'Éragny, M. de Lincourt ajouta :

— Il est bien entendu, n'est-ce pas, que vous m'accompagnez avec mademoiselle Blanche ?

— Certainement, répondit le colonel avec empressement.

« Je veux revoir la France et ne plus la quitter.

— Vous venez aussi, Senneville? demanda encore M. de Lincourt.

Le baron hésita à accepter l'offre qui lui était faite.

Mais ayant jeté un regard à la dérobée du côté de mademoiselle d'Éragny, il surprit un imperceptible geste de la jeune fille qui le décida aussitôt.

— Je reste des vôtres avec le plus grand plaisir, dit-il.

— Allons! s'écria joyeusement le comte, voilà qui est entendu :

« Nous partons tous demain.

« Buvons un dernier verre de champagne à notre succès, et qu'après nous d'autres profitent des richesses que nous dédaignons.

— Quoi! s'écrièrent en même temps le prince et le marquis, vous abandonneriez une pareille mine d'or?

— Assurément, dit M. de Lincourt.

« Que voulez-vous que nous en fassions, maintenant que nous nous trouvons tous assez riches?

— C'est impossible! reprit M. de L..

« Donnez-la! vendez-la!

« Je vous l'achète, moi.

— Ah! ah! l'excellente idée! fit M. de Lincourt en riant.

« Et comment exploiterez-vous l'huile?

« Comment conserverez-vous votre propriété?

« Vous seriez pillé demain, mon cher ami.

« La gendarmerie est inconnue dans ces parages. »

Il n'y avait rien à répondre à de pareils arguments.

Le prince de L... se tut, et le comte ajouta :

— Vous voyez donc bien que nous n'avons qu'à abandonner notre exploitation sans nous occuper de ceux qui nous succéderont.

Grandmoreau avait jusqu'alors écouté cette discussion sans dire un seul mot.

Sérieux, grave, solennel, il se leva.

— Pardon, monsieur le comte, dit-il lentement, nous n'abandonnerons pas notre exploitation sans anéantir la source où nous avons puisé tant qu'il nous a plu.

M. de Lincourt fronça les sourcils en demandant au Trappeur :

— Pourquoi cette destruction?

— Parce que mon Secret ne doit pas faire la fortune de John Huggs et de ses pirates, répondit Grandmoreau avec une froide résolution.

« Parce que j'ai failli être brûlé par ces brigands, cent fois plus féroces et plus lâches qu'un loup de prairie.

« Parce que Tête-de-Bison le Trappeur a le droit de détruire le Nid-de-l'Aigle comme vous avez le droit de disposer de la chose qui vous appartient.

— Mon cher Trappeur, insista le comte, nous sommes hors de danger : ne devons-nous pas raisonnablement oublier les misères, les dangers passés et ceux qui en ont été la cause?

« Que nous importe, après tout, que ce soient les pirates ou d'autres qui vivent de nos restes?

« Je puis d'ailleurs, si tu y tiens, faire des démarches auprès du gouvernement des États-Unis pour qu'il prenne ou fasse prendre possession du Nid-de-l'Aigle et de tous les terrains qui nous ont été concédés. »

Grandmoreau secoua la tête avec mauvaise humeur et devint brutalement énergique.

— Je ne veux rien de tout cela! s'écria-t-il.

« C'est la vengeance qu'il me faut.

« Trois mille pirates sont là dans la montagne, cachés dans les ravins, à une portée de carabine.

« Ils guettent notre départ pour s'emparer du Nid-de-l'Aigle.

« Ils ne toucheront pas à mon secret.

« Je veux anéantir d'un seul coup toute cette vermine.

« Je veux la mort de l'assassin John Huggs.

« Je veux la mort de l'empoisonneur la Couleuvre. »

Les trappeurs qui écoutaient Grandmoreau

leur maître à tous avec une véritable déférence ne dissimulèrent pas leur satisfaction de l'entendre parler ainsi.

Ils avaient comme lui une haine profonde pour tout ce qui était pirate, et ils trouvèrent que Tête-de-Bison avait raison de penser à tirer vengeance de John Huggs et de sa bande si considérablement augmentée.

Sable-Avide, qui n'était pas complétement gris, n'avait pas oublié l'empoisonnement en masse de ses Indiens.

Il s'approcha de Grandmoreau et lui serra la main en disant :

— Mon frère a bien parlé.

« La Couleuvre doit mourir, car il a tué mes braves guerriers.

— Il mourra, lui et les autres, murmura sourdement le Trappeur.

M. de Lincourt, qui depuis quelques instants paraissait réfléchir profondément, releva brusquement la tête.

— Grandmoreau, dit-il, je te comprends et je t'approuve.

« Dans notre situation, nous devons punir le crime quand nous le pouvons, et cela sans nous préoccuper des convenances sociales à respecter en pays policé.

« Je devine à peu près le moyen que tu as l'intention d'employer pour assurer ta vengeance : il s'agit évidemment de mettre le feu au pétrole ; mais les détails d'exécution m'échappent.

— Ils sont simples, dit le Trappeur.

« Deux ou trois mines qui mettent le feu à l'huile : les montagnes sautent, et notre camp, celui des pirates, toute cette chaîne s'abîment dans un immense volcan.

— Il serait possible ?... fit le comte.

— Vous avez compris, continua Grandmoreau.

« Tous ces terrains bouleversés,

laises rocheuses, tout cela est creux comme le Nid-de-l'Aigle.

« Le pétrole coule à flots sous nos pieds; il forme des courants souterrains qui alimentent le vaste réservoir dont nous avons percé la base.

— C'est incroyable ! fit M. de Lincourt.

— C'est très-vraisemblable, dit le baron de Senneville intervenant dans la conversation.

— C'est absolument vrai! affirma nettement Grandmoreau.

— Comment le sais-tu ? demanda le comte.

— Accompagné de John Burgh et de Sans-Nez, j'ai fait des fouilles en plusieurs endroits.

« Partout j'ai rencontré le pétrole jaillissant à peu de profondeur.

« Si le sol que nous foulons n'était pas composé de roches et de glaises, il y a longtemps que l'huile l'aurait miné.

— Voilà donc l'explication de ces fréquentes et mystérieuses absences? dit le comte.

« C'est fort bien, mon cher Trappeur.

« Mais tu es un homme terriblement vindicatif.

« Enfin, à quand l'extermination ?

— Demain, une heure après l'embarquement, et dès que les vapeurs seront prêts à sortir du port.

— Bon !

« Mais te charges-tu d'exécuter seul les préparatifs nécessaires ?

— Sans-Nez et John Burgh m'aideront. Et, regardant M. de Senneville, Grandmoreau ajouta :

— Si monsieur le baron veut nous aider de ses conseils pour la disposition et le chargement des mines...

Celui-ci hésita.

Il lui répugnait de se faire le complice de la terrible hécatombe projetée par le Trappeur.

Mais son indécision cessa quand M. d'Éragny lui dit :

— La vengeance de Grandmoreau est à mes yeux un acte de justice.

« Rappelez-vous, mon cher baron, que moi aussi j'ai failli être brûlé vif par les pirates.

« Vous pouvez sans remords prêter la main à cette exécution.

— Demain je vous accompagnerai, dit M. de Senneville au Trappeur.

Cette discussion terminée, ces terribles arrangements pris, le champagne coula de nouveau et avec lui la gaieté revint peu à peu.

M. de Lincourt, aussi causeur et communicatif maintenant qu'il avait été sombre et sévère pendant l'expédition, se laissait entraîner par une verve et un esprit dont il n'avait jamais fait montre.

Il trouvait d'ailleurs à qui parler.

Ses lieutenants, surtout Sans-Nez et Bouléreau, lui donnaient la réplique avec beaucoup d'à-propos et de tact.

Grandmoreau lui-même, depuis qu'il espérait massacrer les pirates, avait des accès de joie qui contrastaient singulièrement avec sa réserve habituelle.

Las enfin de sabler le champagne et de raconter leurs aventures, les trappeurs s'agitèrent sur leurs bancs comme des gens qui ont besoin de mouvement.

Sans-Nez, remarquant ces dispositions, se hâta de les mettre à profit.

S'adressant au comte :

— Commandant, lui dit-il, vous savez que nous possédons un orchestre et que nous avons organisé un bal.

« Nos musiciens ne valent pas le diable, mais nous ne sommes pas difficiles et nous danserons tout de même.

« Avec votre permission, la sauterie va commencer.

— Excellente idée ! fit gaiement le comte.

« Je veux danser le premier quadrille.

« M. de Senneville et mademoiselle d'Éragny nous feront vis-à-vis, à la comtesse et à moi.

— Bravo ! s'écria le Parisien.

Et, se précipitant aussitôt du côté de l'orchestre, il fit aux musiciens cette recommandation :

— Dites donc, vous autres, il ne s'agit pas de jouer comme en revenant de Pontoise

« C'est le commandant qui ouvre le bal : tâchez de vous distinguer. »

CHAPITRE CXLV

L'EXÉCUTION

Les danses et les libations se prolongèrent pendant toute la soirée et une partie de la nuit.

Jamais fête n'avait été aussi complétement réussie.

Pas un trappeur, pas un squatter ne se tint à l'écart, comme il arrive souvent dans une troupe nombreuse.

Tous sans exception se livrèrent sans réserve au plaisir, tous s'abandonnèrent aux plus franches manifestations.

Ces braves aventuriers, si unis dans les luttes qu'ils avaient eu à soutenir dans le désert américain, allaient se séparer le lendemain.

Ils pensaient à cette séparation, ils la redoutaient; c'est pourquoi ils échangeaient en hâte les confidences du dernier moment; c'est pourquoi les camarades devenaient des amis et les amis des frères.

Le lendemain, dès le lever du soleil, l'embarquement commença.

Les femmes furent conduites à bord des bâtiments où leurs maris avaient pris passage.

Puis chacun ayant fait choix des objets qu'il désirait emporter, on procéda rapidement au transport de ces bagages.

Enfin les chevaux, bœufs et mulets que l'on était forcé d'abandonner furent conduits dans le chemin creux et chassés dans la direction de la prairie.

C'était Grandmoreau qui dirigeait cette dernière opération; il voulait bien tuer des pirates, mais il se serait fait un scrupule de massacrer des animaux inoffensifs et qui avaient rendu tant de services à la caravane.

Toute la matinée, ce ne fut qu'un va-et-vient continuel entre la terre et les navires mouillés en rade.

Peu à peu cependant l'agitation cessa.

Trappeurs et squatters s'embarquèrent à leur tour...

Le ciel est sans nuage.

Le soleil a des rayonnements d'une aveuglante blancheur.

L'astre radieux vient d'atteindre sa plus grande hauteur.

Il est midi.

Quatre hommes se tiennent immobiles et silencieux au milieu du camp abandonné par la caravane.

Autour d'eux, des chariots brisés, des tentes abattues, des harnais, des outils, des ustensiles de toute sorte éparpillés çà et là.

De toutes parts, ce désordre, cette désolation que présente un bivouac, un campement dont une troupe nombreuse a dû s'éloigner en toute hâte.

Les hommes dont la présence seule anime encore le camp ne sont autres que le baron de Senneville et les trappeurs Grandmoreau, Sans-Nez et John Burgh.

Leur attitude est sombre.

Ils paraissent attendre un signal.

En effet :

Un coup de canon retentit et le baron de Senneville rompt le silence.

— Tout le monde est embarqué, dit-il.

« Il est temps d'agir.

« Sans-Nez, allez poser ces deux paquets de poudre au sommet du Nid-de-l'Aigle.

« Soyez prudent et n'oubliez pas mes instructions.

« Vous aurez une heure pour descendre et nous rejoindre sur la plate-forme du port.

— Soyez tranquille, je ne m'amuserai pas en route, fit le Parisien en s'éloignant.

— Vous, Grandmoreau et Burgh, voici la double charge de dynamite et de poudre pour les deux puits que vous avez creusés de ce côté.

« Placez ces charges comme je vous l'ai indiqué et revenez me trouver.

— Vous croyez que l'huile jaillira et prendra feu? demanda Grandmoreau.

— J'en suis sûr, répondit le baron.

« La couche de glaise qui comprime

le pétrole sera pulvérisée et l'huile prendra feu aussitôt.

— Bon! fit le Trappeur

Et, suivi de John Burgh, il disparut au milieu des rochers.

M. de Senneville s'engagea également dans la montagne pour aller charger une troisième mine

Une heure plus tard, nos quatre personnages se trouvaient réunis sur la plate-forme, en face de la galerie creusée dans le flanc du Nid-de-l'Aigle.

— Il s'agit maintenant de faire sauter cette galerie, dit M. de Senneville.

« A-t-on pratiqué l'excavation nécessaire?

— Oui, répondit Grandmoreau.

— Très-bien! fit le baron en entrant dans le couloir souterrain.

Il y resta à peine cinq minutes et dit en sortant :

— Allons, vite, embarquons!

Ils descendirent la falaise, sautèrent en canot et s'éloignèrent rapidement.

Les trappeurs montèrent à bord du *Castor* et M. de Senneville rejoignit le comte et ses amis sur le yacht.

Ainsi qu'il était convenu d'avance, les quatre navires se mirent immédiatement en mesure de quitter la rade.

Une demi-heure plus tard, ils stationnaient à une lieue en mer

La caravane entière attend l'effet des mines qui doivent anéantir le Nid-de-l'Aigle et le pétrole qu'il renferme.

M. de Lincourt et tous les passagers du yacht, armés de lorgnettes et de longues-vues, ne sont pas moins attentifs que les trappeurs.

Grandmoreau et ses camarades, groupés sur la dunette du *Castor*, attendent l'événement avec une muette impatience.

Quinze minutes s'écoulent.

Les regards commencent à se troubler, les poitrines sont oppressées...

Soudain un sourd mugissement se fait entendre.

Une large colonne rouge s'élance du Nid-de-l'Aigle, chassant dans le ciel un épais nuage de fumée noire.

Ce puissant jet de flamme s'élève à une prodigieuse hauteur et se perd dans le lourd nuage de fumée qui le couronne.

Mais bientôt une formidable explosion ébranle les airs...

C'est la mine de la galerie qui éclate

Les flancs du Nid-de-l'Aigle se crevassent, le pétrole s'enflamme, il coule et brûle jusque dans la mer...

Les masses de rochers sont brisées, elles roulent et tombent dans l'huile avec un bruit terrible.

Les parois du cône se déchirent sous l'effort puissant des flammes, de sinistres craquements se font entendre, la terre tremble, la mer frissonne... le Nid-de-l'Aigle s'affaisse, chancelle sur sa base, s'écroule et disparaît enfin au milieu d'un épouvantable embrasement.

Le pétrole enflammé a déjà gagné l'emplacement du camp.

Tout à coup de nouvelles explosions ébranlent le sol.

Des torrents d'huile incandescente s'échappent des puits minés par les trappeurs

Une véritable inondation de feu envahit toute la chaîne des montagnes qui longent l'océan sur un espace de plus de deux lieues.

Les terres, les rochers se soulèvent avec d'épouvantables éclatements.

D'énormes quartiers de pierre, lancés avec une force incroyable, décrivent dans l'espace des courbes lumineuses.

On dirait des aérolithes, d'énormes bombes ou des pièces d'artifice de dimensions invraisemblables.

Et tout retombe, tout s'engouffre, tout disparaît dans un abîme de feu et de fumée.

Peu à peu l'immense cratère se creuse, les flammes semblent dévorer la terre et fondre le roc.

Les écroulements se succèdent avec une terrifiante rapidité, les déchirements se multiplient, les détonations deviennent assourdissantes.

Il semble que le continent américain va

disparaître dans un effondrement, dans un cataclysme, dans un déluge de feu.

Les hautes falaises rocheuses sont encore debout, mais elles chancellent sur leur base, mais elles sont attirées dans le vaste lac incandescent qui a déjà englouti des montagnes et se creuse toujours.

La gigantesque digue s'ébrèche enfin sous l'action dévorante du feu, et la pression des eaux la précipite.

Les flots mugissants de la mer se mêlent à l'huile enflammée.

Des nuages de vapeurs se forment avec d'effroyables sifflements ; ils s'élèvent vers le ciel et emportent avec eux la fumée noire du pétrole.

La lutte entre le feu et l'eau se prolonge.

L'huile bondit sur le flot dont elle dévore l'écume blanche.

Elle s'étale sur la vague et la réduit en vapeur.

Efforts impuissants !

La mer triomphe !

Elle a fait reculer le rivage.

Elle recouvre maintenant l'endroit où s'élevait le pic du Nid-de-l'Aigle.

Le plateau occupé par la caravane et toute la chaîne des montagnes s'étendant sur une longueur de plus de deux lieues sont à cent pieds sous l'eau.

Trois mille pirates sont brûlés et engloutis...

Grandmoreau a contemplé ce désastre avec le calme d'un juste.

Il n'a pas prononcé un seul mot.

Il n'a pas fait un geste.

Toutefois, au moment où les montagnes se sont écroulées dans la vaste fournaise, il a tiré une longue corde de son sac de chasse et l'a jetée à la mer en disant :

— A quoi bon une corde de justice ?

« A partir d'aujourd'hui, je ne compte plus. »

Épilogue..... qui pourrait bien devenir un véritable prologue.

Les trois vapeurs montés par les trappeurs naviguaient de conserve

Le yacht où se trouvaient M. de Lincourt et ses amis avait depuis longtemps disparu, grâce à sa marche supérieure.

Bouléreau, Sans-Nez et les autres lieutenants de la caravane se promenaient sur le pont du *Castor* et s'entretenaient bruyamment de la terrible exécution exigée et organisée par Grandmoreau.

Seul Tomaho n'était pas parmi ses compagnons.

Il se promenait à l'écart.

Il était triste et paraissait absorbé dans une profonde méditation.

Les interpellations de ses amis, le bruit qui se faisait autour de lui, rien ne pouvait le distraire de ses pénibles réflexions.

A peine avait-il prêté une attention distraite à l'anéantissement du Nid-de-l'Aigle et des montagnes où campaient John Huggs et sa bande.

Sans-Nez, que ces airs mélancoliques agaçaient, s'approcha du géant et lui dit en manière de consolation :

— Eh bien ! quoi ? Fais-en ton deuil de ton royaume.

« Voilà-t-il pas une belle perte ?

« Tu es assez riche pour en acheter un autre.

— Mon frère veut-il m'écouter ? demanda brusquement Tomaho.

— Je ne demande pas mieux.

« Mes oreilles sont ouvertes, comme tu dis.

— Je veux empêcher le déloyal Toueins, dit le géant, de redevenir roi de ma nation.

— Bon ! fit Sans-Nez.

« Comment t'y prendras-tu ?

— Je vais demander à mes frères les trappeurs de venir avec moi pour combattre le Renard-Subtil et pour réduire mes guerriers à l'obéissance.

— Parfait ! s'écria le Parisien.

« Je me charge des négociations, mais je doute qu'elles aient grand succès, maintenant que nous avons à traiter avec des millionnaires. »

Sans plus tarder, Sans-Nez visita les trois navires l'un après l'autre et fit part aux trappeurs et squatters de la proposition de Tomaho

Il ne recueillit pas une seule adhésion.

— Mauvaise volonté générale, dit-il à Tomaho qui l'attendait avec impatience.

« Personne ne veut s'enrôler dans ton armée.

« Ainsi, mon vieux Cacique, Ta Majesté peut se fouiller.

« Ils m'ont tous ri au nez... Et quand je dis au nez, tu comprends que c'est une figure.

— Mon frère ne ment pas? fit le géant avec méfiance.

— Je te donne ma parole d'honneur que je te dis la vérité vraie! affirma Sans-Nez.

Il paraissait sincère, et il l'était en effet.

Tomaho n'insista pas et retomba dans sa méditation.

Soudain il releva la tête et un sourire satisfait éclaira sa large face bronzée.

— Mes frères trappeurs, cria-t-il d'une voix retentissante, approchez tous!

On fit cercle autour de lui.

Alors, promenant son regard sur ses compagnons, il reprit avec une solennelle gravité :

— Grandmoreau, Sans-Nez, John Burgh, Bois-Rude, vous avez promis à votre ami Tomaho de l'aider à chasser le traître Touneins du royaume d'Araucanie et de Patagonie.

« Vous avez dit que votre ami Tomaho redeviendrait le grand cacique des guerriers de son pays.

« Vous êtes trappeurs, vous êtes braves, vous êtes pleins de loyauté...

« Le mensonge et l'artifice vous sont inconnus...

« Vos cœurs sont purs comme l'esprit du Vacondah qui vous fait vivre...

« Vous n'avez jamais manqué à votre parole...

« Vos promesses sont des engagements sacrés.

« Tomaho compte sur vous pour l'accompagner, pour combattre et pour vaincre l'infâme Touneins. »

Le géant cessa de parler.

Les trappeurs se regardèrent.

La promesse qui leur était rappelée, ils l'avaient positivement faite à plusieurs reprises.

Tomaho était donc dans son droit en exigeant qu'elle fût tenue.

Grandmoreau prit la main du géant et lui dit simplement :

— Cacique, nous te rendrons ton royaume.

— Oui, approuva Sans-Nez. Mais, tu sais... pas de caïman pour salle de police, hein?

Tomaho ravi se baissa, étendit ses grands bras, enleva les quatre trappeurs dans une seule étreinte et les embrassa avec une joie furieuse

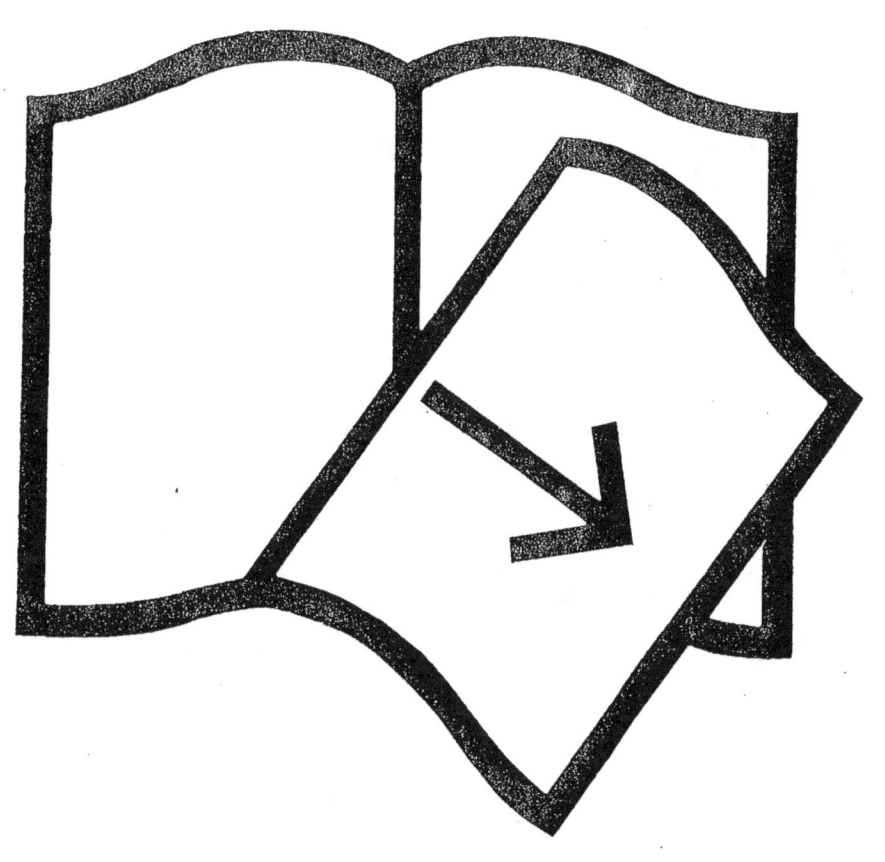

Documents manquants (pages, cahiers...)
NF Z 43-120-13

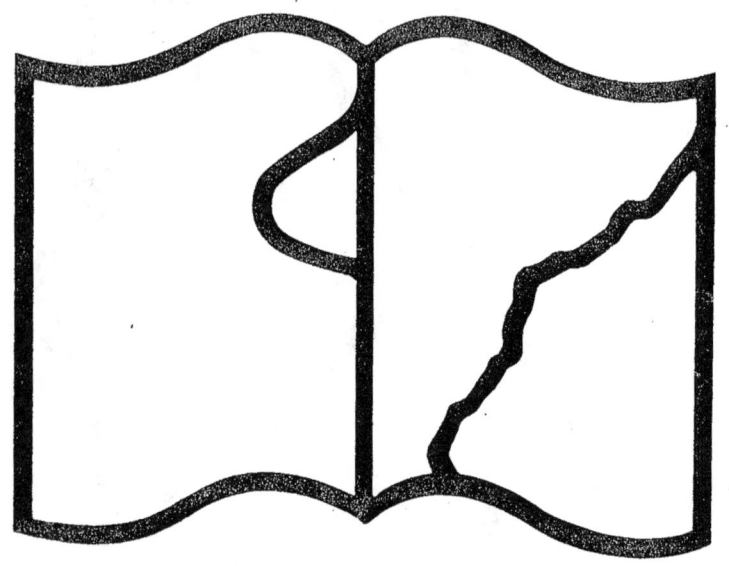

Texte détérioré — reliure défectueuse
NF Z 43-120-11

www.ingramcontent.com/pod-product-compliance
Lightning Source LLC
Chambersburg PA
CBHW070857300426
44113CB00008B/865